青岛市志

·1978～2005·

经济卷（中）

青岛市史志办公室 编

方志出版社

图书在版编目(CIP)数据

青岛市志·经济卷. 中, 1978-2005 / 青岛市史志办公室编. —北京：方志出版社, 2016.10

ISBN 978-7-5144-2144-6

Ⅰ. ①青… Ⅱ. ①青… Ⅲ. ①青岛－地方志②地方经济－经济史－青岛－1978-2005 Ⅳ. ①K925.23

中国版本图书馆CIP数据核字(2016)第252647号

青岛市志·经济卷(中)(1978～2005)

编　　者：青岛市史志办公室
责任编辑：陈华　陈菁

出 版 人：冀祥德
出 版 者：方志出版社
地址　北京市朝阳区潘家园东里 9 号(国家方志馆4层)
邮编　100021
网址　http://www.fzph.org
发　　行：方志出版社发行中心
电话(010)67110500
经　　销：各地新华书店
设计制作：济南世同华印印刷有限责任公司
印　　刷：山东新华印务有限责任公司

开　　本：889mm×1194mm　1/16
印　　张：43.25
字　　数：1140千字
版　　次：2016年10月第1版
印　　次：2016年10月第1次印刷
印　　数：0001-3000册

ISBN 978-7-5144-2144-6　　定　价：678.00元

《青岛市志》编纂委员会

凡　例

一、本志以《地方志工作条例》和《山东省地方史志工作条例》为依据，坚持辩证唯物主义和历史唯物主义的立场、观点和方法，客观记述青岛市自然、政治、经济、文化、社会等各方面的发展变化状况，力求做到思想性、资料性和科学性的统一。

二、本志为《青岛市志》续志，按“事以类聚、类为一志”的要求，设大事记、城市、政治、经济（上）、经济（中）、经济（下）、文化、社会8卷。各卷设篇、章、节、目4个层次。

三、本志上限起自1978年，下限断至2005年。其中，大事记卷专记部分下限延至2010年。

四、本志体裁为述、记、志、传、图、表、录，以志为主。图片使用与文字同步，力求图文相得益彰，扩大信息量，增强可读性。

五、本志记述范围为2005年市辖7区5市，即市南、市北、四方、李沧、崂山、黄岛、城阳7区及即墨、胶州、胶南、平度、莱西5市。个别内容为反映历史原貌，按当时行政区域记述。

六、本志按照生不立传原则设人物篇，排列以卒年为序。立传人物为在本行政区域有重大影响者，以及本籍人物在外地有重大影响者。

七、本志纪年采用公元纪年，必要时括注历史纪年。1949年10月1日中华人民共和国成立前后，称“建国前”“建国后”。1949年6月2日青岛解放前后，称“解放前”“解放后”。

八、本志采用规范语体文、记述体。文风力求严谨朴实，语言力求简洁流畅。使用的文字、标点、数字、计量单位等，均按国家颁布的统一规范书写，个别计量单位兼顾习惯用法。

九、本志称谓一般使用规范简称。如中国共产党青岛市委员会、青岛市人民政府简称市委、市政府；青岛市××局简称市××局。

十、本志采用资料以档案文献为主，同时参考相关图书、报刊资料以及调查采访实录等，经核实后不另注明出处。

编纂说明

一、本卷包括商业经济、物资 供销、对口支援与国内经济合作、对外经贸、旅游与节庆会展、农业经济、种植业、林业、畜牧业、海洋与渔业、水利、乡镇企业共12篇。

二、本卷记述内容时间断限为1978～2005年。为完整记述企业发展历程，其时间上限追溯于事物发端；个别事物因起始于1978年以后，或结束于2005年以前，记述断限为事物起止时间。

三、本卷为承接前志，各篇前设简述，时间断限为事业发端至1978年。

四、本卷记述区域范围为2005年青岛市行政区域，部分内容为当时行政区域。1994年区划调整前，“市内5区”指市南、市北、台东、四方、沧口5个区，“5市2区”指即墨、胶州、胶南、平度、莱西5个市及崂山、黄岛2个区；区划调整后，“市内4区”指市南、市北、四方、李沧4个区，“5市3区”指即墨、胶州、胶南、平度、莱西5个市及崂山、黄岛、城阳3个区。

五、本卷乡镇企业篇中，2001年全市乡镇企业改制基本完成后，因统计资料原因，本篇采用了2001年主要乡镇企业情况统计表及2004年主要行业统计资料。

六、本卷采用数据，一般为统计部门的数据；统计部门未有统计的，采用业务主管部门的统计数据。

七、本卷图、表分别按篇排序编号。统计表中，空白无标注者，表示该项统计指标数据不详；标“—”者，表示无该项统计指标。

八、本卷未在年代前标注世纪的均指20世纪。未标注币种的货币均指人民币。

编　者

目 录

第一篇 商业经济

第二篇　物资 供销

第三篇　对口支援与国内经济合作

第四篇　对外经贸

第五篇　旅游与节庆会展

第六篇　农业经济

第七篇　种植业

第八篇　林　业

第十二篇　乡镇企业

第一篇 商业经济

青岛商业之繁荣肇始于港口贸易之兴盛。自唐宋至明清，板桥镇、金家口已是南北货物集散地和对外贸易口岸。

1891年青岛建置后，城市商业逐步兴旺。时有绸布、成衣、饭铺、药铺、杂货等商业经营活动。德日侵占时期，筑港口、修铁路、建工厂、开洋行，殖民当局利用掌握的行政、海关、司法等权力，依靠外商企业，控制商品货源，操纵批发环节，进行垄断性、掠夺性经营，青岛商业因此具有殖民地商业的明显特征。

北洋政府统治和南京国民政府第一次统治时期，对内采取保护和鼓励商业的政策措施，对外实行贸易公开，青岛民族商业得到发展。亨得利、宏仁堂、盛锡福等国内老字号纷纷在中山路北段建立分号；顺兴楼、春和楼、聚福楼、天真照相馆、万宝金楼、国货公司、福生德茶庄等本地老字号声名鹊起。至1933年，全市华商企业增至5514家，年营业额40.43亿元。青岛成为中国东部沿海地区的产地市场、集散市场和消费市场。

日本第二次侵占青岛时期，日伪当局为支持其侵略战争，实施战时统制经济政策。强行吞并商业企业，改组商业社团组织，并通过日商控制的统制团体，限制纺织品、五金、交电、建材、文化用品、医药、食糖等22类商品出境，严重阻碍了商品流通，扼制了青岛商业的发展。

1945年9月南京国民政府接收青岛后，通过对部分商品的统购统销和专卖制度，控制市场，操纵物价，同时对解放区实施经济封锁。该时期，青岛陆路交通基本中断，工厂停产，物资缺乏，通货膨胀，苛捐杂税名目繁多，商业企业不堪重负，纷纷歇业或倒闭。

青岛解放后，逐步建立起计划经济体制，实行商品分级计划管理，国营商业企业工业品进销差价实行多层次固定倒扣的作价办法，企业利润主要实行地方和中央三七分成。至“文化大革命”时期，全市商业实行单一的指令性计划管理体制，国家对大部分农副产品和工业品实行统购、派购、包销、统销，购销价格由国家统一管理，商品零售业主要由国营商业和供销合作社经营。“文化大革命”结束后，在商品流通领域出现农村社队集体、社员长途贩运活动，城乡集贸市场得到较快恢复。

至1978年，全市批发零售贸易业机构（网点）7200多个，从业人员3.16万人，社会商品零售总额10.03亿元。全市城乡集贸市场284个，市场成交额1.41亿元。其中，市区有商业服务网点1767个，平均每1000户居民拥有网点1.84个。

第一章　商业改革

中共十一届三中全会后，在中央“对内搞活经济，对外实行开放”方针指导下，青岛市加快推进商业经营管理体制、商品流通体制和国营商业企业改革，逐步扩大商品流通领域对外开放，进一步激发了商业发展的动力和活力。同时，全市国营商业系统广大干部职工支持改革、参与改革，为企业改革和发展作出积极贡献。1978～2005年，全市商业改革经历了3个主要阶段。

起步阶段（1978～1984年）。在国家和山东省计划指导下，全市商业系统以简政放权为主线，调整和改革商品购销体制，逐步下放价格管理权限，改革日用工业品批发体制和商业经营管理体制。通过扩大产销直接挂钩试点，融合农商、工商关系，增加城乡商业服务网点等措施，实现了商品快速分配调剂、保障供给的目标。在稳步发展国营商业的同时，青岛市结合安排城市待业人员，大力发展集体、个体商业。贯彻落实《中共中央关于经济体制改革的决定》、国务院和山东省政府关于扩大企业自主权的决定，在国营商业企业推行不同形式的经营承包责任制试点，对大中型商店采取征税和利润递增包干上缴相结合和利改税等措施，对二三十人以下的小店实行“国家所有、集体经营、照章纳税、自负盈亏”的经营机制，直接将经济指标、企业和职工利益挂钩。经过探索和改革，至1984年底，全市商业基本形成多种经济形式、多种经营方式、多条流通渠道、少环节的流通体制新格局。

进一步发展阶段（1985～1991年）。1984年中共十二届三中全会后，按照发展有计划的商品经济的要求，青岛市逐步减少指令性计划，扩大指导性计划和市场调节范围。全市流通领域纳入国家计划收购、调拨的商品由1979年的65种减至1988年的23种。至1992年，大部分商品实行放开经营。在价格改革方面，采取“调放结合、以放为主”的方针，逐步放开商品价格，引导和促进生产发展。在企业经营机制改革方面，将中央、山东省确定下放的权力，不折不扣地放给企业。1987～1991年，全市财贸企业经过两轮承包和“四放开”（经营放开、价格放开、内部分配放开、用工放开）试点，以及深化价格体系、财政金融、劳动工资等配套改革，逐步把企业推向市场。至1991年，全市基本建成以市商业街为中心、大中型商店和区商业街为骨干、小店群为基础、农贸市场和个体商户为补充的商业服务网。

深化改革阶段（1992～2005年）。1992年，邓小平南方谈话和中共十四大召开后，青岛市围绕建立社会主义市场经济体制，加快商品流通体制改革。在市区国有商业推广“四放开”经验，把发展商贸流通业的主体让位给企业；对“偏、小、少、微、亏”的小型商业企业实行兼并和改转租卖，兴建流通企业集团；以建设区域性商业中心城市为目标，发展商工联合、商农联合、内外联合、地区联合等形式的批发交易机构。同时，充分发挥沿海开放城市的政策和区位优势，推进商贸流通业向外资开放。至2005年，全市共引进15家世界500强商贸企业和著名跨国公司，拥有商务部划定的17种零售业态。当年全市实现社会消费品零售总额870.11亿元，居全国15个副省级城市第八位。

第一节　商贸管理体制改革

管理机构

1978年10月，青岛市商业局革命委员会改称青岛市革命委员会商业局，对全市商业企业行使管理职能。1980年7月，青岛市革命委员会财贸办公室更名为青岛市人民政府财贸办公室（简称市财贸办）。同年10月，青岛市革命委员会商业局改称青岛市商业局，主要职责是组织全市商品流通和商办工业生产，安排城乡市场供应，协助市计委制定商业发展规划，调整商业组织结构和网点布局，组织商业基本建设工作，制定青岛市具体的商业政策，并对执行情况进行检查、监督、考核和处理等。

1982年1月，撤销青岛市人民政府财贸办公室，成立青岛市财贸委员会（简称市财贸委）。1983年12月，撤销市财贸委，成立市财贸办，作为市政府管理和协调全市财贸工作的职能部门，管理和协调商业、供销、粮食、财政、税务、审计、工商管理、石油、金融、保险等部门。

1994年8月，为适应社会主义市场经济需要，撤销市财贸办，成立市财贸委，同时加挂青岛市国内贸易局牌子，为市政府组织、指导、协调商品流通和财贸工作的综合管理部门。主要职责包括：会同有关部门制定商品流通和财贸工作发展规划、法规和政策，并组织实施和监督检查；组织发展全市商品流通和主要商品的供需，会同有关部门调节流通中粮食、蔬菜、副食品和日用工业品、敏感商品的供求，保证市场供应；负责国内贸易部和山东省国内贸易厅商品分配计划的执行，保证军需供应商品供应工作；参与协调重点建设、重点技改项目和重点企业的物资供应工作，组织协调工农业生产资料供应和部分重点商品的储备；培育建设商品市场，协调监督解决市场建设和运行中有关问题；指导全市财贸企业改革、管理和发展工作，组织审批流通企业；负责全市商业、物资、供销、石油行业的管理，会同和组织有关部门对流通中商品质量标准和服务规范的管理、监督、检查，指导流通领域中的科技管理、决策、应用和推广工作；负责全市财政、税务、审计、粮食、工商、物价、金融和保险的综合协调等方面工作；指导流通企业发展外向型经济，参与规划、指导、审批合资零售企业的工作。同月，青岛市物资局实行转体改制，成立青岛市物资总公司，为市直属国有企业，受市政府委托，运营原市物资局所属企业国有资产。同年11月，青岛市商业局转体改制，组建青岛市商业总公司，受市政府委托，对市商业局所属企业国有资产进行运营，并对集体资产进行管理。市商业总公司注册资本3.16亿元；直属企业27家，事业单位6家，分支机构398个；从业人员2.6万人，离退休职工8065人；受托运营的范围包括商品批发、零售、餐饮服务、商办工业、仓储运输、对外贸易6个方面30多个行业。市商业局、市物资局转体后，其管理职能移交市财贸委员会。同年，成立青岛市粮油供应总公司，实行政策性经营和商业性经营分离运行。

2001年8月，设立市财贸办（与市财贸委合署），是市政府协调、管理全市财贸工作的办事机构。主要职责包括：组织制定财贸工作的政策和法规、规章，并组织实施和监督检查；制定商品流通和餐饮服务行业发展规划，指导流通行业各种经济成分的商品经营活动；协调有关部门制定防止不平等贸易的措施、办法，维护行业公平竞争秩序；审核（批）有关特种商品经营企业及拍卖、典当等企业的设立和监督管理；研究流通市场体制改革，制定流通市场调控的政策措施并组织实施；监测分析流通市场运行和重要商品的供求状况，组织流通市场预测和信息发布；会同有关部门组织实施关系人民生活有关重要商品的市场调控，协调工农业生产资料、部分重要商品的储备和供应；协调衔接军需特供商品的供应工作；研究制定培育、发展、规范商品市场的政策措施并组织实施；负责市区集贸市场的规划、审批和监督管理；负责全市生猪（牛、羊）定点屠宰的行业管理和屠宰活动的监督管理；组织实施与人民生活密切相关的“菜篮子”工程建设；研究流通营销方式的改革，推进流通业态和流通组织的创新、发展；制定流通行业引进外资规划，指导流通行业的对外开放和招商引资；研究金融保险业发展战略，协调全市金融风险的防范和化解工作；负责商业、粮食、供销、物资、石油、财政、税务、审计、工商、物价（市场物价）、金融等部门的综合协调工作。

2003年，市商业总公司、市物资总公司停止履行资产运营管理职能。同时组建青岛市商业企业托管中心和物资企业托管中心，承接市属商业企业及物资企业国有资本的管理、有序退出及处理历史遗留问题。

2004年10月，撤销市经济委员会、市财贸办，组建成立青岛市经济贸易委员会（简称市经贸委）。主要职责包括：贯彻执行国家有关工业、流通服务业、中小企业（含乡镇企业、民营企业，下同）发展的方针、政策和法律、法规；制定全市工业经济、财贸工作的政策、法规和规章，并组织实施。分析监测全市经济运行态势，调节日常运行，组织市场预测和信息发布；协调解决经济运行中的重大问题；制定流通市场调控的政策措施并组织实施；协调工农业生产资料、部分重要商品的储备和供应，会同有关部门组织实施关系人民生活有关重要商品的市场调控；协调衔接军需特供商品的供应工作；负责全市电力的行政管理工作。研究制定工业、商品流通和餐饮服务行业规划、行业规范和行业标准，实施行业管理；协调有关部门制定防止不平等贸易的措施、办法，维护行业公平竞争秩序；指导行业协会工作；对各区市经贸工作进行业务指导。研究商业营销方式的改革，推进流通业态和流通组织的创新、发展；指导流通行业各种经济成分的商品经营活动；组织协调全市整顿和规范市场经济秩序工作，推进“诚信青岛”建设。负责全市工业、流通服务业、中小企业对外招商引资工作；负责全市中小企业的改革与发展工作。研究制定培育、发展、规范商品市场的政策措施并组织实施；负责市区集贸市场的统筹规划和审批管理。负责全市生猪（牛、羊）定点屠宰的行业管理和屠宰活动的监督管理；组织实施与人民生活密切相关的“菜篮子”工程建设。研究青岛金融业发展战略，综合协调金融业监管部门及银行、保险、证券、非银行金融机构工作；协调全市金融风险的防范和化解工作，推进金融安全区建设。会同有关部门拟订企业技术进步政策，指导和推动技术创新机制的建立及产学研联合。审核（批）煤炭、成品油等特种商品经营企业及典当行等企业的设立和监督管理；负责酒类流通管理。负责全市供销、石油、财政、税务、审计、工商、质检、药检、物价（市场物价）等部门的综合协调等。

随着市场经济体制不断完善，以同行业的企业法人和自然人自愿参加的行业协会在青岛商贸流通领域开始出现。2000年8月，青岛市洗染行业协会率先成立。2001年，青岛市商品市场协会、市美容美发协会、市粮油行业协会等相继成立。2003年1月16日，青岛市商业联合会成立。其主要职责为：协助政府指导全市流通服务业各行业协会和企业，搞好兴业自律，维护企业和消费者的合法权益；参与制定、修改本行业各类标准，组织推进标准的贯彻实施；组织兴业技术成果的鉴定、推广应用和品牌推荐；为政府和企业提供市场信息、产业政策、经营策略和科学技术等服务等。至2005年，全市商业行业协会组织有青岛市商业联合会以及餐饮、美容美发、摄影、印染、粮油等行业协会。其中，青岛市商业联合会有会员企业70余家。

管理体制

中共十一届三中全会后，青岛市商贸管理体制改革以简政放权、放开搞活为主要特征。一是将应下放的管理权限逐步下放到下级职能部门和相关企业，增强商业企业的发展活力和市场竞争力。二是通过放宽购销政策、放开商品价格、鼓励多种经济成分共同发展等措施，搞活市场流通，保障商品供应。三是推进政府职能转变，逐步建立符合市场要求的管理体制，通过规划引导、宏观调控和政策扶持，促进全市商贸流通业的发展与繁荣。

1978年12月25日，根据全国财贸“双学”（学大庆、学大寨）会议关于将“区委工作重点转移到抓好商业和服务事业上来”的精神，市委确定对市、区两级财贸体制进行调整，逐步扩大各区的管理范围。至1980年1月，市商业系统蔬菜、烟糖零售商店和饮食服务业的饮食、照相、理发、洗染等行业核算店下放至各区管理，并在各区设立蔬菜、烟糖、饮食服务区公司。市商业部门不收购的产品和试制的新产品，企业可按国家规定政策自销；对于畅销产品，企业在完成国家收购计划后，可将其增产部分直销。同年，青岛市医药公司和药材批发站分别划归山东省医药公司和山东省药材公司。1983年3月，市商业局印发《关于改革对集体商业和供货手续审批的通知》，实行分级审批，简化审批手续。

1984年，市商业局将下放各区管理的国营和新集体零售商业、饮食服务业收归相关市专业公司领导，各蔬菜、饮食服务区公司仍然保留，作为市公司的派出管理机构。老集体、社会兴办的集体和个体商业、饮食服务业，仍归所在区商业局领导。同年7月，青岛纺织品批发站及其所属单位划归青岛市纺织工业总公司。1985年11月，山东省商业厅所属工业品二级采购供应站全部下放由市商业局直接领导。1986年，市商业局所属商业系统以外如物资、粮食、供销、外贸、医药、文化、旅游、工业交通等系统的商业企业，转由其系统主管局管理。个体商业和日用工业品、农副产品市场以及工商企业登记归市工商局管理。

1994年，按照建立社会主义市场经济体制的要求，青岛市加快商贸管理体制改革，推进政府职能转变和国有商业企业改革。同年，市商业局、物资局实行转体改制，市粮食局实行政策性经营与商业性经营分开。与此相适应，市财贸委员会逐步将管理职能转移到规划引导、宏观调控和政策扶持等方面。

第二节　商品流通体制改革

中共十一届三中全会后，青岛市通过理顺管理体制、拓宽进货销售渠道、压缩中间环节、实行产销对接、推进区域联合、向外资开放流通领域等，逐步解决长期存在的“管得太多、统得过死、渠道单一、设施落后”等问题，商品流通领域改革逐步深化。主要经历了3个阶段：1979～1984年，重点改革传统流通体制，放宽购销政策，增加商品供应；1985～1991年，重点改革流通企业管理体制，培育商品市场，拓宽流通渠道；1992～2005年，不断完善现代流通体制，重点加强商业设施建设，发展多种经济成分的商业企业，构建多功能、多层次、结构合理的商业流通网络。

改革购销体制

长期以来，青岛市国营百货商店实行计划购销，由国营百货专业公司组织货源，购货渠道主要有地产品收购、省内外系统内调入以及到全国各地采购。

中共十一届三中全会后，国营批发、零售企业逐步打破工厂—二级站—三级批发—零售店的“二三零”流通模式，实行多渠道、少环节进货方式。1980年取消布票后，纺织服装率先从百货店独家经营走向市场多元经营。1981年，茶叶由定量供应改为全部敞开供应。1982年，按照山东省政府规定，卷烟批发业务移交山东省青岛烟草分公司自产自销；国营商业将啤酒经销移交啤酒厂自产自销；取消食糖定量供应。此后，一般粮食白酒敞开供应，结束了按户或凭券（证）供应的历史。该时期，青岛市在继续执行农副产品政策收购的同时，恢复建立城乡集贸市场，活跃城市和农村物资交流。同时发展集体和个体商业，放手经营农副产品。

1982年7月，青岛市各国营批发公司进行“批发下伸”试点，建立县以下批发或批零兼营的联营店，以及基层社代批发。同时，将工业品供应重点转向农村市场，利用串乡赶集、展销、带样下乡、巡回访销、定期下店等形式，扩大商品销售。1983年1月，青岛市商业工作会议提出7项改革任务：调整和完善农副产品收购政策，进一步完善工业品购销形式，调整放宽商品购销政策，继续调整社会商业结构，改革工业品流通体制，改革供销体制，改革零售企业的管理体制。自3月11日起，按照市商业局印发《关于改革对集体商业和供货手续审批的通知》要求，街道、社队、区属机关、工厂、企事业单位创办商业网点的，由所在区商业局审查同意，根据营业执照分别办理供货手续，不再由市商业局集中统一审批、发证；放手发展集体商业，重点发展与群众生活密切相关的饮食服务、蔬菜副食品、小副食、小百杂货和加工修配服务等行业；商业各批发供货单位对集体商业和个体商业给予"立户"，所有商品允许自由选购，保障货品供应。同时，进一步放宽购销政策：除对关系国计民生的重要农副产品继续实行统购派购外，对完成统购派购任务（不包括棉花）和非派购的产品，允许多渠道经营；对工业品除继续实行统购统销（统配）、计划收购、选购外，增加代批、代销和工商联营联销等形式；发展工商、农商之间多种形式的经济联合，广泛推行合同制，把产、供、销连接起来；整顿和发展农村工商联合公司、社队企业产品经销部、贸易货栈，鼓励社队到城市设点经商；允许农村工副业、商业和服务业一家一户或几户集资合股经营。

1984年，山东省属7个二级批发站下放至青岛市管理后，青岛市相应成立百货、文化用品、五金、交电、化工、副食品、土产杂品7家公司。至此，青岛市商业系统打破国营批发企业延续30多年的"三固定"（固定供应对象、固定货源、固定价格）批发模式和"一二三零"（一级、二级、三级批发站和零售企业）封闭式经营模式，初步实现计划指导下的自由购销。1984年10月，中共十二届三中全会召开后，青岛市积极发展集体和个体商业，开展工商、农商、农工商、贸工商之间跨城乡、跨地区、跨省市经济合作，扶持发展贸易中心、批发交易市场以及批零兼营的小型批发企业。在支持农村发展商品生产的基础上，完善农副产品合同定购制度，通过各种形式的批发交易市场扩大产销、产需直接见面。1985年5月，市烟酒糖茶采购供应站几经调整，更名为青岛市糖酒副食品批发公司，下设市南、市北、台东、四方、沧口以及茶叶和工业品贸易中心副食品部7家分公司，青岛糖果冷食厂、生活林糕点厂、清真糕点厂、儿童食品厂、台东糕点厂、沧口糕点厂6家糕点食品厂，22家零售核算店。1986年，全市商业(不包括饮食服务业)零售机构发展到54162个。与1978年相比，全民所有制商业所占比重由54.5%下降为37%；集体所有制商业(包括供销社企业)由45.5%上升为47.9%；个体商业从无到有，达到15.1%。当年，市百货文化用品批发公司商品总购进额3.22亿元，总销售额3.44亿元。市国营百货专业公司由外地系统外购进商品5487.8万元；各国营百货零售企业直接从当地工厂进货5300万元；从外地采购商品8850万元，占企业销售额的46.6%。

此后，随着全国商品购销政策逐步放开，全市流通领域纳入国家计划收购、调拨的商品逐步减少。至1988年减少到23种，比1979年减少42种。其中，实行指令性计划管理的有粮食、食油、棉花、紧压茶、食糖、铁丝、圆钉、化肥、农药、废钢铁共10种，实行指导性计划管理的有生猪、棉布、涤棉布、中长纤维布、呢绒、名酒、洗衣粉、胶鞋、铁锅等13种。同年，全市除对粮、棉、油、猪肉、食糖、"大路菜"实行合同订购外，其他大多数品种实行市场调节。另外，对全市39个批发机构实行内部专业细化，划为160个进销合一的专业科（店）或经营部，进一步减少中间环节。市及各县市相继组建工业品、农副产品等多种形式的贸易中心，除某些重要生产资料和紧缺消费品归市统一掌握、实行计划供应外，其他产品通过各种贸易中心、批发公司自由购销。

1992年邓小平南方谈话后，全市加快以商贸流通业为核心的第三产业发展。在生产资料的生产和流通领域，经过多次向市场放权，自由购销成为衔接产需关系的主要形式。至1993年，全市大部分商品实行放开经营，按计划分配供应物资仅有10种。全市生产企业所需物资的95%以上、重点大型企业所需物资的85%以上均通过市场自由购销。

放开商品价格

改革开放初，青岛市对部分商品价格进行调整，同时逐步下放物价管理权限，扩大企业定价权，实行多种价格管理形式。

1979～1984年，主要采取“以调为主”的价格体系改革，大幅度提高18种农副产品收购价格，相应提高8类主副食品零售价格，调整了部分生产资料及工业品价格。自1982年起，青岛市将百货、文化、五金、交电、化工类小商品价格分3批全部放开，由工商企业协商定价，不受国家规定的各种差价政策限制。1983年11月，针对国家管理价格过多过死，青岛下放价格管理权限，累计下放收购价格的农副产品5类58种，出厂价格的工业产品14类345种，市场销售价格商品16类364种，非商品收费项目3类8种。权限调整后，市物价局管理收购价格的农副产品及加工品有8类89种，出厂价格的工业产品18类233种，市场销售价格商品23类258种，非商品收费项目6类13种。同年12月5日，在国务院和山东省政府确定放开小商品的品种数量之外，青岛市结合自身实际另外增加放开73种，并制定放开小商品的4种作价办法：①凡商业批发站经营的小商品，为扩大产品销售，工商执行统一的批发、调拨价，如需实行批量价格，也应协商一致，执行一个价格。②商业系统内部调拨可按进价加费用的办法作价。③工商企业协商定价后如需调价时，对商业二级站经营的品种，在工商协商后由商业二级站、生产厂分别于调价前通知到各零售单位；对商业二级站不经营的品种，由生产企业通知各经营单位。④各经营单位可根据实际经营情况略高或略低于现行的批零差率和地区差率。1984年8月，根据山东省政府放宽物价政策的通知精神，市政府补充规定：对三类日用工业品，除学生作业本的价格仍由市管外，余者全部实行工商企业协商定价；饮食、食品、服务业的价格进一步放开，用议价原材料制作的饭菜、熟食、糕点、小食品等，企业可参照同类平价品种的作价办法自行定价；宾馆、招待所、旅店、浴池可按实行收费标准作为中准价，根据淡旺季节变化浮动价格。该时期商品价格变化相对平稳，全市零售物价指数平均每年上升3.5%。

1985～1992年，青岛市主要采取“放调结合、以放为主”的形式，取消粮、棉、油统购制度，放开三类工业小商品价格，调整肉、蛋、菜和食糖4种主副食品和相关制品价格，继续实行差率控制，保留财政补贴。1986年9月，市政府印发《进一步放开搞活小商品价格的意见》，撤销原统一规定的小商品各种差价及作价办法，大小商品执行统一作价规定的，放开价格的小商品退出原作价规定，由企业自行确定各种差价；停止由批发企业向零售企业下达统一零售价格通知单的办法；凡适宜实行季节差价、花色差价、拆零差价的小商品，由企业根据产销情况灵活制定；小商品放给企业定价，各级行政部门不得以任何形式限制和拦截定价权。当年，全市各类商品中属于国家统一定价的商品仅34个品类、国家指导价商品84个品类，除一、二两种管价商品外，余者均为市场调节价(包括工商协商定价和集市贸易价)商品。1988年，调整放开各种名烟、名酒价格，理顺调整农药、农膜、化肥等生产资料价格，实行粮食购销同价，放开肉、蛋、菜、食糖价格等。大部分商品价格放开后，促进了生产的迅速发展，扭转了商品匮乏的局面。但该时期物价上涨较快，全市零售物价指数平均每年上升9.5%。

自1992年起，青岛市按照以市场形成价格为主的指导原则，以快调快放价格为重点，有计划、有步骤、大范围地放开400余种（类）商品价格，对部分放开的居民基本生活必需品价格分别实行利润率、差价率控制和提价申报、调价备案等办法。同时，对棉花收购价格实行“双轨制”，对化肥、农用柴油等农业生产资料实行最高销售限价。

1997～2000年，青岛市采取“控中求改，择机调放”的改革方式，对粮食实行保护价敞开收购、顺价销售；将棉花收购价格由政府定价改为政府指导价，放开销售价格。2000年后，青岛市进一步缩小政府定价和政府指导价范围，扩大市场调节价比重。至2005年，在农副产品收购总额、生产资料销售总额和社会消费品零售总额中，97.7%的农副产品、91.9%的生产资料、95.6%的社会消费品价格实行市场调节价。

拓展流通渠道

改革开放后，青岛市从恢复农村集市到设立市区商贸中心，从生产资料市场建设到各类批发市场兴起，商品流通渠道不断拓展，市场交易日益活跃，商业经营空前繁荣。

1980年12月，即墨路小商品市场在中山路北端正式建立开业并迅速繁荣。此后，全市城乡集贸市场、小商品市场、生产资料市场等日渐增多，各类市场成为产销见面、商品流通的新渠道。

1983年，根据中共中央《关于经济体制改革的决定》和国务院、山东省政府关于扩大企业自主权的决定精神，青岛市对流通体制作出重大改革，成立工业品、农副产品、粮油、副食品等贸易中心7个，开辟生产资料市场3个，同时筹建市工业品贸易中心。1984年10月8日，青岛市第一个大型综合贸易中心——青岛市工业品贸易中心（简称青岛工贸中心）开业。该中心坐落于营口路32号，占地面积3.2万平方米，以市商业系统的百货、烟糖、五金、交电、化工5个二级站和市纺织工业总公司所属纺织站为主体，并有工业企业参与，是工商结合、服务与自营结合、进销结合的综合批发交易市场。主要经营日用百货、文体用品、针纺织品、呢绒丝绸、服装鞋帽、五金、交电、化工、烟酒糖茶以及出口转内销商品、华侨物资、政策范围内的进出口商品、生产及生活资料等。同年10月12日，青岛市农副产品贸易中心开业。该中心经营干鲜果品、干菜调味品、水产品、议价粮油、日用杂品、农业生产资料、废旧物资、建筑材料、工业原料、乡镇企业产品以及其他农副土特产品和副食品。实行联合经营、常年展销、定期交流、代购代销、代储代运、代展土产品、代做广告，以及信息服务、出租场地和自营购销等。另外，青岛市积极开展与外地联营和协作。1984年，组织召开首次国内经济技术协作洽谈会，与国务院有关部门和18个省市自治区共110多家单位建立起经济技术协作关系，签订协议120项，吸引资金2.48亿元。通过与外地联营和协作，解决了发展生产急需的一些紧缺物资。至1990年，青岛市商贸流通业联合范围遍及28个省市自治区，与1万余家生产企业建立起经销、联销、代销关系，全市实现产销直接见面的商品占商品总经营量的40%以上。同时，青岛市积极培育和发展市场体系，先后建立钢铁、木材、汽车贸易、机动车交易等物资市场，逐步放开一批计划内生产物资，调剂社会供需。与之相适应，为商品流通服务的仓储设施获得较大发展。至1992年，全市流通仓储面积达到245万平方米，货场127万平方米、粮库47万立方米，冷库年处理能力达到6.5万吨。

中共十四大后，青岛市围绕建设区域性中心城市的目标，进一步拓宽商品流通渠道，逐步构建起多功能、多层次、结构合理、辐射力较强的商业流通网络。1992年，在改造中山路、胶州路老商业街的同时，在市区东部定点开发新的商业中心，市级商业中心逐步向市区东部拓展。当年，全市第三产业增加值为75.1亿元，占国民生产总值30.4%，是改革开放后发展最快的一年；社会商品零售总额达88.8亿元。1993年，青岛市组织开展“名优名品进名店”活动。在全市确定

10家大型商场，组织全市名优日用工业品企业进名店开设专柜，扩大本土工业品市场占有率。其间，青岛市一批大型商业设施动工建设，重点培育和发展重庆南路汽车贸易大道、308国道消费品市场走廊、即墨服装市场、临港保税区高端生产资料、城阳区人造首饰制品五大市场群（带），各类市场在商品流通中的地位和作用更加突出。

至2005年，全市消费品市场、生产资料市场达866个。其中消费品市场786个，实现成交额368亿元；生产资料市场80个，实现成交额71.5亿元。两类市场共有经营业户18万家，其中90%以上为个体私营业户。

第三节　国营商贸企业改革

实行改革开放后，青岛市按照“先试点、后推广”的思路，针对企业的不同情况，采取“一企一策”“一企多策”，积极推进国营商业企业改革和调整，在全国率先试行经营承包责任制和小型商业企业“改、转、租、卖”试点，并在全市率先完成所有制结构战略性调整和国有企业改制。青岛市国营商业企业的调整和改革大致经历了4个阶段。

1978～1983年，推行以“扩权让利”为主要内容的商贸企业经营责任制。1978年，商业部、财政部联合决定，提高小型饮食、服务、修理等行业的留成比例。自1979年起，青岛市商业系统对上述企业实行二八分成（20%归财政，80%归商业），改变了财政统收统支局面，促进了饮食服务业的发展。1981年7月，在全市国有商业实行经营责任制，采取利润定额包干、超收分成、自负盈亏等形式，在保证国家多收的原则下，鼓励“企业多留，个人多得”，改变了“吃大锅饭”和“平均主义”的老办法。1982年，按照国家关于商业系统改革的有关精神，青岛市试行经营承包责任制。当年，在市属和区属财贸企业中，实行集体承包的有107家，其中国营单位53家、集体单位54家，并落实到167家门市部；实行单独承包的有14家，另有33人实行个人承包。其中，市北区人民照相馆外照组1982年实行个人承包，包干营业额6400元。当年实际完成2.3万元，超额2.6倍，实现纯利润1.6万元，创全市同行业最高水平。承包者除工资、补贴外，当年个人多得1200元。

1983年，全市商业、供销系统从实际出发，推行多种形式的经营承包责任制。对大中型商店，实行征税和利润递增包干上缴相结合的办法，部分店参照有关规定实行利改税；对二三十人以下的小店，实行承包责任制、经济效益分配制、服务质量奖惩制，把经济指标、社会效果与企业和职工利益直接挂钩。1983～1984年，在商业企业实行第一、第二步利改税办法，国家与国有企业之间的分配关系转变为纳税关系。同时，根据国内贸易部、商业部关于财务管理的规定，全市商业系统制定和实行企业财务管理制度，包括财务计划的编制、审批与检查分析、流动资金和固定资金等各项资金来源及使用管理、费用开支标准、货币结算、财产管理等方面的内容。

1984～1990年，推行小型商业企业“改、转、租、卖”和承包经营责任制。1984年6月，市商业局执行国家对小型商业企业进行“改、转、租、卖”试点的有关政策，对市饮食服务公司下属的饭店、旅馆、洗浴、理发、照相、洗染和旧货七大行业进行体制改革。在国营大店、名店实行全民所有、国家经营、内部承包。基本原则是利润递增包干、超额全留、缺额赔补、工资浮动。所有中小型国营网点门市部全部实行全民所有、集体经营、照章纳税、自负盈亏、税后承包、多劳多得。承包形式有集体承包、租赁承包、转让等，提倡职工个人或合伙承包原店，也可离店经营。集体所有制企业彻底恢复自筹资金、自主经营、自负盈亏、自行管理的办法，鼓励职工集体入股，年终按股分红，企业亏损，共同负担。实行简政放权，在核定的经营范围内，企业有权根据市场需求，自行确定经营形式，调整服务项目和时间。市饮食服务公司的中层干部和大店、名店经理由公司任免，副经理由经理提名，报市公司备案；企业内部机构人员由企业自行确定；企业有权按合同择优录用员工，有权对员工进行奖励和直接开除的惩罚，有权对职工浮动晋级工资，允许职工退职自谋职业。同年10月，青岛糖酒站所属瑞芬茶庄，青岛化工站所属市南、市北、四方化工商店，市百货公司所属湛山百货商店以及云南路食品店、龙口路食品店、四流中路食品店、观城路食品店、中山路食品店、滋阳路食品店等首批15家小型国营零售商店转为集体所有制企业。至1984年底，市区国营小型商业企业有249家门店改为集体经营，103家门店转为集体所有制，49家门店租赁给集体或个人经营。

中共十二届三中全会后，青岛市开始新一轮商业企业经营机制改革，主要试点和推行承包经营责任制、“改、转、租、卖”和股份制。全市财贸系统推行承包责任制大致分为3个阶段。1987年下半年，首先在11家国有大中型商业企业进行承包试点；1988年上半年在商业企业全面推行，有80%以上的企业签订承包合同；1988年下半年，逐步完善企业内部配套改革，制定和实施《青岛市中小型商业企业租赁经营暂行规定》《青岛市商业企业股份制试行办法》以及《集体企业承包经营试行意见》。在推行承包经营责任制中，主要采取以下形式：对472家生产经营较稳定的国营企业实行上缴利润递增包干，超收分成或全留；对432家生产经营较稳定、但有更新改造任务的企业，实行上缴利润基数包干，超收分成或全留；对46家更新改造任务较重、但有还贷能力的企业，采取“两保一挂（保上缴利税、保企业发展后劲、工资总额与经济效益挂钩）”；对10家更新改造任务特重、还贷困难的企业，采取“零字包干”。承包形式虽不同，但承包期限一般为3年。实行承包经营责任制后，各承包企业将承包指标层层分解落实到部、柜组或科室、车间，并推行劳动、人事、工资等配套改革，优化劳动组合，推行工效挂钩，以销售定分配、以服务定奖罚，以调动职工经营积极性。在第一轮承包经营中，95%以上企业超额完成各年度承包任务。

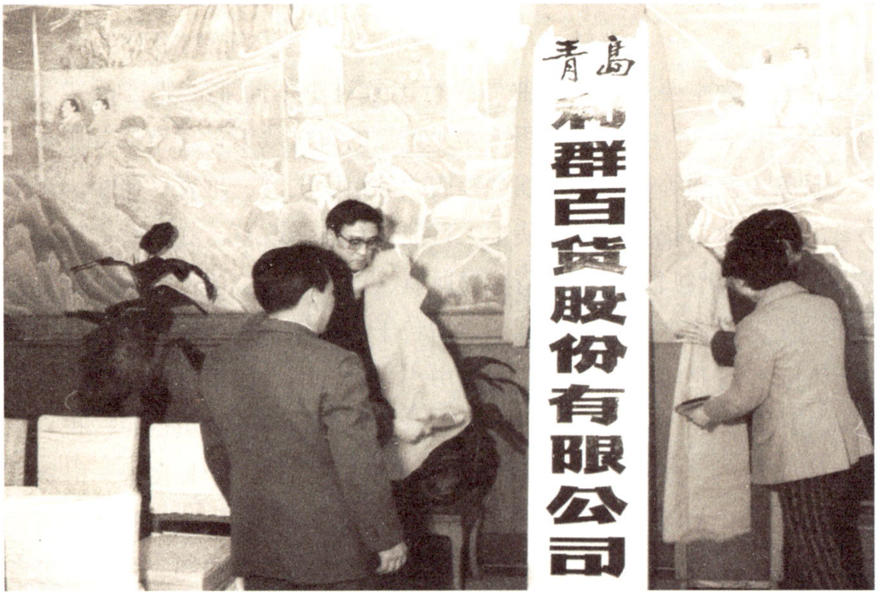

1988年3月19日，利群百货商店改制成为青岛利群百货股份有限公司，是山东省首家商业股份制试点企业。

1988年，青岛市在全省率先开始股份制改革的探索。当年，利群百货商店改制为青岛利群百货股份有限公司，成为山东首家商业股份制试点企业。1989年，全市商业、粮食、供销系统有250家企业通过招标层层聘任了管理干部，有159家企业实行全员风险抵押承包。1990年8月，青岛市百货文化用品批发公司调整组建为青岛市百货商品批发公司和青岛市文化体育用品批发公司。同年，推进企业兼并和联合，试办企业集团。由21家经营管理好、效益高的企业对25家经营管理不善或在亏损边缘的小企业实行兼并。在商业、供销系统3家企业进行股份制试点，其中全民所有制企业1家，集体所有制企业2家，3家企业共有职工409人。至1990年10月，全市有1616家财贸企业实行了承包经营责任制，占全部1631家财贸企业的99.1%。

1991～1992年，实行以“四放开”为重点的商贸企业改革。为进一步搞活国有商业企业、供销合作社企业（简称国合商业企业），更好地发挥其主渠道作用，提高经济效益和社会效益，1991年10月，市政府印发《关于在我市国合商业企业进行“四放开”试点的通知》，在部分国合商业批发、零售企业进行经营、价格、内部分配和用工“四放开”试点。主要内容包括：①经营放开。除专营、专卖和国家指定单位经营的商品外，企业根据自身设施、资金、人员素质等条件，在坚持搞好主营业务前提下，放开经营范围和经营方式，开展多种经营和服务。有条件的企业，经有关部门批准，经营或兼营重要商品的批发业务。②价格放开。除中央、山东省管理的商品价格和青岛市确定的部分敏感商品价格按规定执行外，余者商品价格全部放开，由企业按价值规律和市场供求状况，自行确定进销差价、地区差价、批零差价、季节差价等。③内部分配放开。在落实经营承包责任制和工效挂钩的基础上，企业内部根据按劳分配原则，把工作、劳动效率与职工收入紧密挂钩，适当拉开分配差距，企业职工原有工资作为档案工资保留。企业结合自己特点，在内部推行联销联利计酬、百元销售工资含量、效益与岗位职责双重考核等多种分配形式，把职工工资、奖金捆在一起全额浮动，实行上不封顶，下不保底。④用工放开。按照“国家指导、企业自主、形式多样、全员合同”的原则，在企业内部实行劳动合同制、干部聘任制和待业制试点，职工原有身份作为档案保留。企业根据生产经营需要，有权编报用工计划。经批准，按“面向社会、公开招收、全面考核、择优录用”原则，自主招工。企业职工有权辞职自谋职业，企业有权辞退违纪职工，有关部门对按规定辞退的职工予以接收和管理。市政府成立“四放开”指导小组，“四放开”试点实行“三步走”：1991年下半年试点起步，1992年上半年总结交流经验，1992年下半年逐步推开。试点分两个层次进行，市财贸办会同有关部门负责15家企业试点，各市、区政府选择3～5家国合商业企业试点。“四放开”试点的15家国合商业企业来自商业局7家、粮食局2家和供销社6家，分别是：青岛市五金商品批发公司、青岛工贸中心、青岛第二百货商店、青岛第六百货商店、青岛环球文化体育用品商店、青岛台东交电公司、青岛海滨食品商店；青岛市粮油贸易公司、青岛植物油公司；青岛市果品食杂公司、青岛民用品商场、青岛东海商场、胶南市王台供销社、平度市南村供销社、莱西市土产杂品公司。

1992年12月，市财贸办、市体改委组织全市商业、粮食、供销、石油等系统，开展转换企业经营机制改革。当年，在市百货公司基础上，对青岛百货商品批发公司进行调整，并吸收部分零售企业组建青岛百货总公司，具有企业法人资格，享受大型二级企业待遇，隶属市商业局。第一百货商店和利群百货股份有限公司从原市百货公司中划出，直属市商业局管理。

1993～2005年，对商贸企业实行股份制改革和产权制度改革。1993年，加快市粮店国有民营改革。至7月底，全市具备条件的186家粮店全部实行国有民营。当年，青岛国货公司、利群百货股份有限公司实行定向募股的股份制试点；有5家集体所有制企业和国营小企业改组为股份合作制；对47家国有和集体企业、83家门店、网点进行国有民营改革，占107家独立核算单位的44%。其中小型商业企业28家，占小型商企总量的43%。

1994年，市财贸系统以提高经济效益为中心，以理顺产权关系、转换经营机制、建立现代企业制度为主要内容，推进多种形式的企业改革。主要内容是：在商业、粮食、供销系统选择6家企业进行现代企业制度改革试点，选择5家国有企业改制为定向募集股份有限公司，选择20家经济效益较好的中小型企业进行股份制改革；继续通过租赁承包等形式，吸引个体私营经营机制，加快推行国有民营改革；在批发企业内部实行大包干，通过组建个体公司、母体裂变以及批零一体化改革等形式，重新构建国有批发组织体系；利用外资和国外先进技术、设备、管理手段，采用整体或部分嫁接的办法，改造传统商贸企业。

1995年2月，市财贸办《进一步深化财贸企业改革的实施意见》确定，组织实施7家企业建设现代企业制度试点，加快批发企业改造，培育企业集团；在中小企业继续推行股份合作制，发展和完善公有民营，选择少数微利或亏损的小企业，进行股份合作制试点；坚持“先出售、后改制”办法，加快向内部职工出售产权。同年，在股份制改革试点基础上，制定实施《关于深化完善中小商业企业改革的意见》，加快企业公司制改组。市财贸系统通过实施“以小带大、以名带小、以强带弱”发展战略，加快连锁经营试点。其中，华联商厦实施“你大我多”战略，向东部发展连锁店；青岛海滨食品店通过租赁、兼并，扩大连锁网点4个，探索中小型零售企业规模发展。当年，全市中小商业企业改革位居全国前列。1996年，市商贸系统实施“抓大放小”和集团带动战略。其中，实力较强的华联商厦和国货公司分别跨行业兼并资不抵债的大陆商城和百丽制衣公司。通过出售、改制、租赁、兼并、嫁接等多种措施，当年共改制组建及新建中小股份合作制企业和有限责任公司17家，兼并企业11家，全市中小企业改制累计达48家。

1997年4月7日，市财贸委印发《“九五”期间培育发展重点商贸企业集团实施意见》，确定将国货公司、华联商厦、东方贸易大厦、崂山百货、金属集团、青岛工贸中心股份有限公司、再生资源集团、第二面粉厂和海滨食品公司、亨得利钟表眼镜店、彩色摄影服务中心、妇女儿童用品商店作为“八大”“四小”企业集团进行重点培育。同时，以产权制度改革为重点，以股份合作制、有限责任公司为主要形式，因企制宜，分类推进企业改革。一是对经济效益尚可、资产评估确认后还有较多净资产的企业，争取把评估确认后的部分净资产折股出售，改制为投资主体多元化的股份制企业。二是对中小企业经济效益较差、资产评估确认后净资产较少的企业，根据市政府有关政策规定，对超比例安置在职职工和全部安置退离休退养职工的，给予适当折抵企业净资产出让价格的政策，对折抵后尚剩余的净资产，全部出售给企业内部职工，改制为股份合作制企业；对折抵后债务大于资产的，则负债转让给企业内部职工，改制为股份合作制企业，并在劳动、税务等部门支持下，争取使其享受新办劳动企业的政策扶持。三是对中小企业中经济效益差、资不抵债，但尚有可盘活的土地、房屋、设备等实物资产的企业，实行由优势企业兼并或嫁接改造，通过优势企业的商誉、资金、技术、管理等优势，盘活存量资产，优化重组，使中小企业脱困。四是对不具备整体改制条件的企业，先分离后改制，恢复单独企业法人资格，经资产评估确认后，将净资产全部出售或负债转让给企业内部职工，改为股份制合作企业。五是对尚不具备股改条件的中小企业采取新老规划，将其中有效经营部分与以前较重债务分离，实行租赁或承包经营。至1997年底，全市共完成小商业企业改制805家，改制面84.9%。同年，华联商厦、百货集团公司、饮食服务集团等大型商业零售企业试点建立现代企业制度，东方贸易大厦A股发行上市。1998年，市属商贸企业在大中型企业中初步建立起现代企业制度的基本框架。先后有24家企业改组为规范的股份有限公司，并有2

家企业改组为上市公司。同时，通过存量出售、资本增量、租赁承包、合资嫁接等形式，在中小企业中初步确立劳动合作与资本合作相结合的企业财产组织形式，使职工具有劳动者和资产所有者双重身份。当年，市属中小企业改制面达到94%，其中进行产权制度改革的占全部改制企业的83.8%。

1999年，市财贸委印发《关于进一步加快财贸企业改革和发展的意见》，提出改革和发展的主要目标是：通过深化企业产权制度改革，建设现代企业制度的基本框架；通过对国有经济布局进行战略调整和国有企业战略性改组，探索促进生产力发展的公有制多种实现形式；通过制度、市场、管理创新，解决影响企业改革和发展的深层次问题。2000年，市政府印发《青岛市属财贸企业改革发展方案》，提出重点培育发展10家优势骨干企业集团，市属财贸企业改革调整面达98%以上，其中产权制度改革面达70%以上，大中型公司制企业建立规范的现代企业制度，缩小市属财贸大中型企业亏损面等硬性指标。当年，全市财贸系统实行多种形式改制的企业为116家，改制面达95.93%。其中，有12家企业进入产权交易所整体挂牌转让，4家国有股权比重大的改制企业挂牌减持部分国有股权；国有资本从47家企业中全部退出，占全系统企业总数的38.21%，其中18家企业、4个行业的国有资本全部退出；实行产权制度改革的企业占全市商业企业的78.05%。

2001年，按照“一企一策、因地制宜、分类指导、实事求是”原则，加速推进商业企业国有资本战略性调整。年内，完成25家企业的产权制度改革，系统内实行产权制度改革的企业达到118家；采取出售改制、股权转让、分立重组等形式，国有资本从32家企业中全部退出，累计81家改制企业的国有资本全部退出，占财贸系统企业总数的65.32%。国有资本退出领域从中小企业向大中型企业延伸，从经营良好的零售企业扩大到有经营困难的老批发企业。市交电家电总公司、化工原料总公司、糖酒副食品总公司、文化用品公司、千川公司等一批中型批发企业国有资本全部退出。2002年7月，市政府《关于进一步推进国有企业产权制度改革的意见》提出，用3年左右的时间，使处于竞争性行业又不属国家重点控制的大多数国有企业，退出国有资本，改造成非国有的公司制企业。当年，市属财贸企业产权制度改革面达98%，国有资本全部退出面达72%。2003年，市属279家财贸企业，除9家暂不符合改制条件外，全部退出国有资本，率先在全市完成所有制结构战略性调整和国有企业改革任务。

至2005年，青岛市国有商业企业基本建立起产权明晰、法人治理结构完善的现代企业制度。

第四节　引进外资商业

1992年7月，国务院《关于商业零售领域利用外资问题的批复》同意，首先在北京、上海、天津、广州、大连、青岛6个城市和深圳、珠海、汕头、厦门、海南5个经济特区，各试办1～2家中外合资或合作经营的商业零售企业，暂不举办外商独资经营的商业零售企业。青岛市抓住政策机遇，积极推动商业利用外资工作。中外合资青岛第一百盛项目于1993年被国务院批准立项，青岛第一百货商店与马来西亚金狮集团于1994年5月正式签订了合资兴建青岛第一百盛有限公司合同。

1998年1月，由日本永旺株式会社（世界500强企业之一）和青岛市供销社共同出资建立的青岛东泰佳世客东部购物中心开业。该中心建筑面积4.7万平方米，营业面积3.1万平方米，设3家自营核心店和52家专门店，并配备可泊1000余辆车的免费停车场，以及为残疾人专设的无障碍通道、电梯、专用卫生间等。同年9月30日，青岛第一百盛有限公司正式开业。1999年12月9日，法

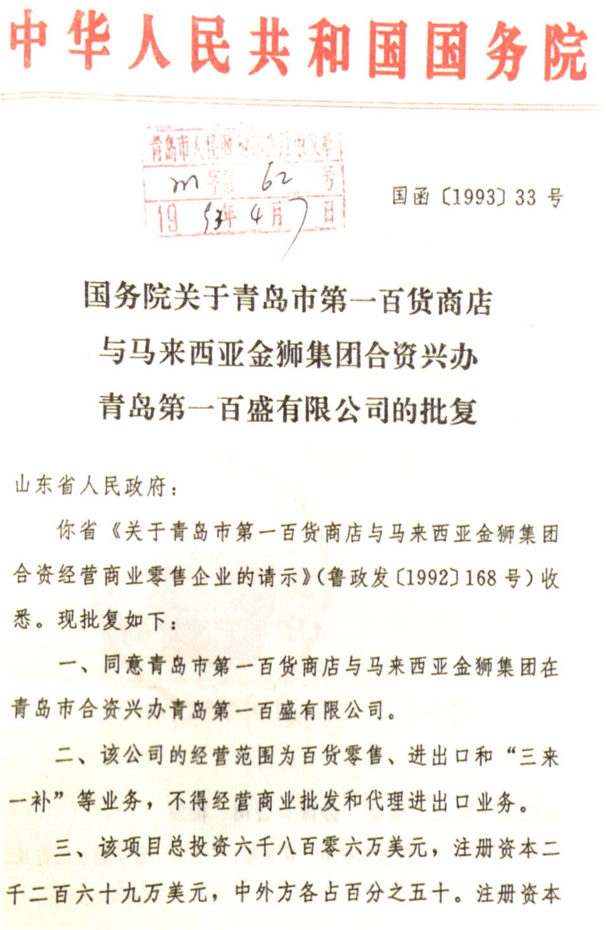
中华人民共和国国务院

国函〔1993〕33 号

国务院关于青岛市第一百货商店
与马来西亚金狮集团合资兴办
青岛第一百盛有限公司的批复

山东省人民政府：

你省《关于青岛市第一百货商店与马来西亚金狮集团合资经营商业零售企业的请示》(鲁政发〔1992〕168 号)收悉。现批复如下：

一、同意青岛市第一百货商店与马来西亚金狮集团在青岛市合资兴办青岛第一百盛有限公司。

二、该公司的经营范围为百货零售、进出口和“三来一补”等业务，不得经营商业批发和代理进出口业务。

三、该项目总投资六千八百零六万美元，注册资本二千二百六十九万美元，中外方各占百分之五十。注册资本

1993年，国务院批准青岛第一百货商店与马来西亚金狮集团合资兴办青岛第一百盛有限公司项目，并于1994年5月正式签订合同。

国家乐福集团在青岛投资兴建的大型超市——家乐福青岛名达店开业。2001年，德国欧倍德、台湾大润发等5家著名大型流通企业进入青岛。至2005年，全市共引进15家世界500强企业和著名跨国公司，其中日本东泰佳世客、法国家乐福、德国麦德龙、第一百盛、英国百安居等均在青岛市区兴办起一家或多家现代化大型卖场。

外资商业进入青岛，同时引入大型综合超市、购物中心、专卖店、便利店、仓储式销售等新型零售业态和连锁经营、物流配送等现代流通方式，激发了本土商业流通企业经营理念、服务理念、经营管理及发展方式的转变和创新。自1998年起，利群、维客、利客来、北方国贸等青岛本土商业零售集团嫁接国外商业管理运营技术，启动建设信息化管理系统，建设大型物流配送中心和采购中心，引进新型商业业态，以规模化连锁经营模式，加快开拓市区、周边县市和省内中心城市市场。全市零售商业逐步向大型化、一体化、多样化、自动化和信息化为特征的现代商业方向发展，呈现出内资与外资、本土与外地企业相互竞争、融合发展、满足消费需求、促进经济发展的良好局面，青岛市逐步成为全国性区域商贸中心。

第二章　商业网点

1978年，青岛市商业网点建设处于计划经济阶段，大部分商业网点的设置仅为满足市民的基本生活需要，店面规模小，聚集度不高，形式单一，设施简陋，区域之间发展不平衡。当时，全市最大的商业网点——青岛第一百货商店商场面积仅1900平方米。随着改革开放的深入，各级政府及相关部门加强政策扶持和规划引导，并兴起“全民经商”热潮，全市商贸业日益繁荣。90年代，外资商业的进入为青岛商业带来先进的建设经营理念。2003年，《青岛市市区商业网点专业规划》(2003～2010年)制定实施，进一步引导和推动了商业网点建设的科学规范发展。

1978～2005年，青岛商业网点经历了由单门店发展向连锁经营方向发展的转变，由单纯追求单一业态量的扩张向多业态规模集聚的转变，由传统商业向现代商业的转变，全市初步形成中山路、香港中路、台东、李村、辽宁路、人民路、黄岛七大商业街区和团岛、辽宁路、浮山后、海云庵、小村庄、水清沟、双山、振华路、麦岛、沙子口、城阳北部副中心以及黄岛区的辛安、崇明岛路共13个区级商业中心。至2005年，全市拥有各类商业网点22.36万个，是1978年的31倍；

全市连锁企业96家，拥有各类连锁门店4500家；商务部2004年划定的17种零售业态青岛市均有设置。全市商业网点建设跨入高端聚集、城乡一体的现代流通网络体系发展新阶段。

第一节　网点规划

1978年12月，青岛市成立市革委商业服务网点领导小组，有计划地组织商业服务网点建设，更好地为市民生活服务。1979年4月，市委工作会议提出，“凡是改建或新建住宅区，一定要同时规划和建设商业网点”。当年，市革委财贸办与市、区两级规划部门和建设单位协商确定，在沧口区振华路、台东区威海路、市南区武昌路等7个路段规划设计、改造住宅大楼时，新改建、扩建商业零售服务网点14个。其中，职工宿舍大楼底层网点8个、市饮食服务公司自建浴池1个、威海路新建网点5个，总建筑面积11880平方米。

1980年，市政府转发市商业局《关于大力发展商业服务网点的报告》，对1978～1985年和1980年网点建设作出规划。建设规划以有利于生产、方便群众生活为原则，采取集中与分散相结合，以分散为主；专业与综合相结合，以专业为主；大中小型相结合，以中小型为主；逐步形成市、区、街道三级包括不同行业和经营范围的商业服务网，逐步达到以市商业街为中心，区商业街为骨干，“小店群”为基础，分散和固定摊点、商亭、集体商业、农贸市场以及个体工商业户为补充的星罗棋布的商业服务网。主要内容包括：①市商业街为中山路、胶州路，重点发展胶州路，以减轻中山路顾客拥挤的压力，主要满足全市居民和流动顾客需要，经营上要“高（经营高档商品的店）、大（大中型商店）、专（专业店）、特（传统经营特色店）、全（行业要全）”。②逐步形成各区商业中心，主要解决本区居民一般生活吃、穿、用和修配等服务，区商业街为市南区中山路、市北区辽宁路、台东区威海路、四方区人民路、沧口区四流中路和振华路。③根据群众需要，发展和改造历史已形成的“小店群”，主要解决居民日常的蔬菜副食、烟酒糖茶、日用杂品、小百杂货、理发和修配服务等，全市除加强改造现有32个传统“小店群”外，同时规划17个“小店群”。④加强沧口区、四方区和火车站、长途汽车站、码头等重点地区网点建设，以适应生产和人民生活需要。1980年，全市计划安排建设商业、服务网点34个，面积39250平方米，投资总额800万元，其中包括5家较大商店。同时发展街道、集体商业亭等170个。

1984年1月5日，《青岛市城市总体规划》（1980～2000年）经国务院批复实施。其总体布局是：根据青岛市带形城市的特点，采取以李村河、海泊河两条河道市区分为3个组团和独立的黄岛区的总体布局形式。李村河以北为北组团，李村河以南至海泊河为中组团，海泊河以南为南组团。其商业服务规划是，近期着重搞好中组团、北组团以及火车站、汽车站、港口等地段的商业配套建设，使市区每1000人占有的商业服务网点的建筑面积由266平方米增加到400平方米。

1991年，《青岛市城市总体规划》（1980～2000年）调整补充纲要对商业服务设施规划进行调整补充。规划在山东路、湛流干路建立全市现代化的行政、商业、金融、文化、娱乐中心，在中山路、辽宁路、威海路、人民路、沧口广场等分别建立各区级金融中心，形成布局合理的金融网络。商业服务业、集贸市场除按照原规划实施外，重点加强市级、区级、居住区级和新规划的浮山地区、山东头地区、大学区南、中韩镇地区、南渠地区、女姑山地区、错埠岭地区的商业服务中心建设。

1995年，《青岛市城市总体规划》（1995～2010年）对城市中心区作出规划：以公共建筑为主体组成，形成1个主中心和5个副中心的多中心均衡分布结构，是城市发展的核心地区。①沿山东路、湛流干路围绕市政府办公区形成以行政办公、商务商贸为主的城市“主中心”，并作为青岛市的中心商务区。②沿中山路、莱州路、馆陶路、胶州路形成以商业商贸为主的主城西部副中心。③在海尔路以东形成以行政办公、商业、文化娱乐为主的主城东部副中心。④自沧口广场沿李沧路至李村中心形成以商业及综合服务业为主的主城中部副中心。⑤在城阳区中心城区形成以行政办公、商业服务为主的主城北部副中心。⑥在黄岛区的唐岛湾北部形成以行政办公、商业商贸、文化娱乐为主的城市副中心，同时作为辅城中心。商业服务设施规划分为市、分区、社区3个等级，布局形成商贸区、商业街、社区商业服务网点配套的网络，按照发展“大市场、大流通”战略，发展具有区域性辐射能力的大型专业批发市场和方便群众生活的农副产品集贸市场。①在城市主中心、西部副中心、东部副中心、中部副中心、辅城中心建设形成5个市级商贸区。②在台西、龙山地下、辛家庄、901工程、台东、浮山后、海云庵、小村庄、水清沟、振华路、麦岛、朱家洼、北部副中心、黄岛、新街口西形成15个分区级商业街区。③结合分区规划和详细规划布置建设社区级商业服务网点。④大型专业批发市场规划按生产资料市场和生活资料市场两大类进行建设。生产资料市场以建设批发市场为主体，规划在城阳一带结合公路主枢纽，集中建设金属材料、化工、橡胶、建材、机电等大型专业批发市场，形成现代化的生产资料信息交流和交易中心。扩建完善小白干路的汽车贸易中心，结合前湾港煤码头建设燃料批发市场，城阳以南的主城区和辅城中心城区内不再发展大型生产资料批发市场；生活资料市场规划在抚顺路、城阳、李沧形成蔬菜集散中心，在小港、沙子口、积米崖、上马形成4个专业水产品批发市场，在山东路中段形成电子产品市场，在901工程、902工程和火车站地下商业街形成小商品批发市场。⑤新建居住区按2万人一个的规模，设置农副产品集贸市场，不得占用道路设置集贸市场，占路市场于2000年前全部“退路进室”或“退路进场”。

2003年，《青岛市市区商业网点专业规划》（2003～2010年）制定实施，规划范围为青岛市市区，规划期限近期至2005年，远期至2010年。该规划是青岛市历史上首个商业网点设施专业规划，青岛市被商务部表彰为全国“商业网点规划”编制工作先进城市之一。

该规划立足于与国际接轨和城市发展战略定位，按照“逐步建设成为区域性贸易中心”的要求，完善和优化城市现代商业网点网络和商品市场体系，增强商贸设施的服务和辐射功能，确立“三主（以中山路商业区、香港中路商业区、台东商业区为主中心）、两副（以李村商业区、黄岛商业区为副中心）、十三区（13个区级商业中心）”的市、区级商业中心格局，提出在市内七区培育建设“市级—区级—社区”三级商业中心体系的发展目标。内容包括商品流通网络的5个部分，即市、区级商业中心，大中型商业零售网点，商业街，大型专业批发市场和社区商业服务设施。主要是以中型超市、大型专业店为重点，适度发展大型综合超市，并对规划期内发展的数量、规模、业态和地点进行详细的界定。

该规划确定市内各区商业设施配置。市南区：规划建设天津路大型综合超市，海泊路、香港花园两家大型专业店，云南路、湛山、香港花园及疗供、龙山5家中型超市。市北区：规划建设浮山后大型综合超市、胶州路大型专业店、辽宁路科技街大型专业店、内蒙古路中型超市和连云港路大型建材超市。四方区：规划建设重庆南路大型专业店，人民路与重庆南路交界处大型专业店，四流南路和双山村两家大型综合超市，洛阳路、湖岛、小水清沟、河西4家中型超市。李沧区：规划建设楼山、金水路两家大型综合超市，沧口广场大型专业店，东李建材超市，小坡子、大枣园、文安路、虎山、下王埠、刘家下河6家中型超市。崂山区：规划建设海尔路大型购物中心，麦岛和沙子口两家大型综合超市，高科园建材类大型专业店，金家岭、午山、西姜和王哥庄4家中型超市，沙子口办事处大型专业店。城阳区：规划建设城阳中型超市，在流亭、惜福镇、夏庄、棘洪滩、红岛、上马、河套规划建设7家中型超市。黄岛区：规划建设井冈山路大型综合超市，太行山路和黄浦江路大型专业店，辛安百货店，崇明岛、嘉陵江路、薛家岛、江山路、保税区、辛安北6家中型超市。

2005年6月，市政府批准实施《青岛中央商务区及周边地区控制性详细规划》。规划范围及用地规模：东至福州路，西至山东路，南至延吉路，北至308国道（市北、四方区区分界线），总用地面积402.31万平方米，规划人口8万人。规划目标：秉承青岛的独特建筑风格，形成一个多元共存的城市公共开放空间；是青岛现代服务业中的金融、中介服务、信息等高端资源的聚集区和核心区；构筑良好的中央商务区城市形象，形成与自然环境和谐的城市生态环境，创造具有现代城市形象的全新标志性区域；展现多层次视野，创造商务之都、现代之都、动感之都、魅力之都。功能定位：是青岛商务、金融、商贸及文化中心，现代都会形象的象征，城市活动的焦点。以发展商务、金融、信息流通、中介等现代服务业为先导，形成以办公、金融、会展、商业、文化娱乐用地为主，休闲、居住用地为辅的综合片区。规划结构：根据区域用地特点及总体结构关系，确定该区域规划结构为“一心、两轴、两带、四区”。“一心”指中央商务区主中心，以中心广场为几何中心，形成以商务办公、

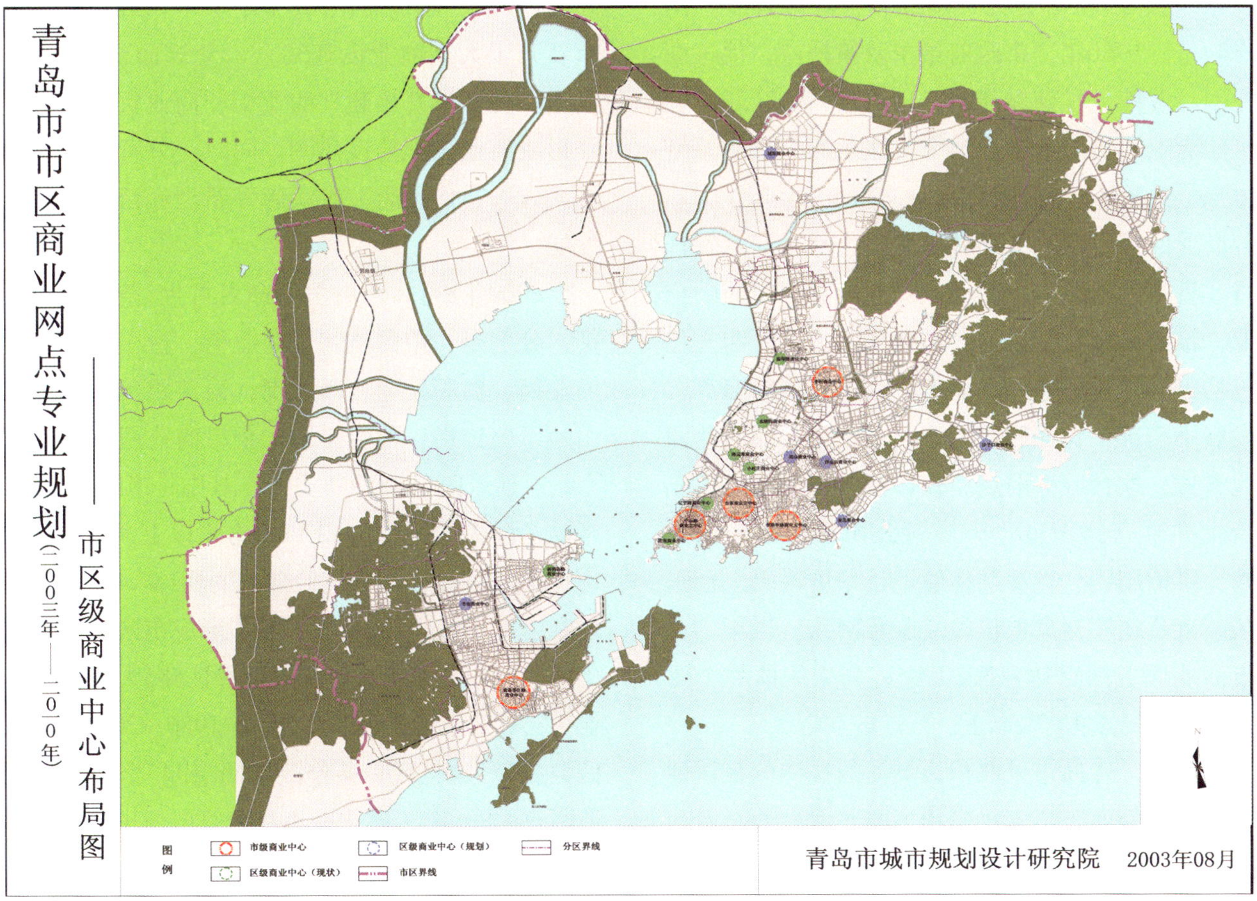

2003年，青岛市首个商业网点设施专业规划——《青岛市市区商业网点专业规划》（2003~2010年）制定实施。该规划确立“三主、两副、十三区”的市、区级商业中心格局。

信息、金融为主的商务中心核心区；“两轴”指贯穿区域沿敦化路的东西向商务发展轴和绍兴路两侧绿化景观轴；两带指辽阳西路城市景观带和海泊河滨水景观带；“四区”指商务办公区、金融中介服务区、信息产业发展区和综合居住区。

自2004年起，按照商务部统一要求，在《青岛市市区商业网点专业规划》（2003～2010年）基础上，青岛市开始编制各区市商业网点规划。至2005年，胶州市、平度市、莱西市、李沧区、城阳区、黄岛区先后编制完成各自辖区商业网点专业规划。

第二节　零售网点

中共十一届三中全会后，青岛市加强商业服务网点改扩建工作。至1979年底，全市商业、粮食系统共投资160万元，新建和扩建零售服务网点44个。1980年，市政府给予政策扶持，促进商业网点改建、扩建和新建。1981年，市区新建、扩建商业零售服务网点24个，建筑面积1.39万平方米，总投资达140.53万元。自1982年起，为弥补商业网点不足，方便城市居民生活，同时安排待业青年就业，市、区两级商业主管部门鼓励企业、粮店、学校、街道、驻青部队、科研和文化机构等利用位置较好的厂房、仓库、临街房等，发展小卖部、食品店、招待所、五金杂品店等商业零售、饮食服务网点。仅1982年7月、8月，先后批准泰安路街道、市燃料公司市南第一供应站、市话剧团、青岛晶体管厂、华侨饭店、台东区蔬菜公司等24家单位设立服务网点。当年，全市商业服务网点达到2.2万个，其中集体和个体商业服务网点占87%以上。

此后，青岛市采取积极灵活的扶持政策，催生“全民经商”热潮，带动了商业网点的建设和扩张。至1986年，全市商业零售网点达到1.36万个。其中，青岛国货公司经过扩建，营业面积由800平方米增至1250平方米，经营品种达7000余种；青岛第二百货商店、第三百货商店等综合商场营业面积达到1000平方米以上。这一时期，传统行业得到恢复，原有商业分工被突破，装潢、修理等服务业发展较快，全市集体商业、合营商业和个体商业持续发展。1988年，全市新发展各类商业、饮食服务业网点8663个，累计达9.27万个。其中，零售商业网点6.99万余个，服务业网点1.46万余个，饮食业网点6382个。

自1990年起，青岛市着力推进大型商场、新建居民区配套网点和旧城区大面积改造片网点三大建设。当年，多渠道筹集网点建设改造资金3200万元，建设和更新改造网点92个，面积6万平方米。1991年，建筑面积2万平方米的华联商厦建成开业，结束了青岛市没有“万米商厦”的历史。另外，市场三路建筑面积6万平方米的网点群竣工；山东路二小区等新建居民区配套网点开业151个，建筑面积5.8万平方米。1992年，全市新开工大型商业设施30个，建筑面积123万平方米。各区市开始建立商业街和商业贸易中心，并形成商业设施建设热潮。同时，外资商业开始进入青岛，连锁店、专卖店等新型经营业态逐步发展。

2000年8月，市财贸委命名首批5条特色商业街，分别是：中山路综合商业街、台东三路步行商业街、向阳路综合商业街、云霄路美食街、龙山地下服饰街。至当年底，全市商业网点达12万个，总建筑面积700万平方米。其中，市区1万平方米以上百货商厦18家，2500平方米以上大型综合超市14家，购物中心1家，仓储式商场1家，专业店、便利店等连锁店700余家。初步形成市区东部、中山路、台东三路、李村和黄岛香江路5大区域性商业中心和20条特色街。据统计，1986～2000年，市区共投资1.4亿元，装修改造网点947个，占应改造网点的80.7%。其中，市饮食服务公司系统投资1100万元，装修改造网点80多个。

2001年，市财贸委《市区商业网点规划发展导向意见》指出，青岛市零售业现有业态、规模、布局与形势发展存在许多不相适应问题：一是商业网点规划滞后，布局和重点存在随意现象。二是百货商厦过多，经济效益呈现下滑趋势，市区大型百货商厦有3家亏损、4家停业。三是新兴零售业态处于起步阶段。综合超市有较大发展空间，布局上需要加强规划；专业超市发展不足，大型购物中心尚处于空白。《意见》提出，要以建设区域性贸易中心和构筑大市场、大服务、大流通格局为目标，以加快发展新型零售业态为重点，扩大规模，合理布局，调整结构，提高效益，努力实现全市商业快速、健康、有序发展。当年，青岛本土商业企业签约、开工大型零售网点10个，开张大型综合超市、小型购物中心7家，建筑面积近10万平方米。至2002年底，全市共有各类商业网点13.21万个(市区6.07万个)，其中大中型商业零售网点76个；市区初具规模的商业街20余条。全市社会商品零售额实现428亿元。1992～2002年，社会消费品零售额年均增长达到20.2%，是改革开放后全市商业发展最快、最好的时期。

2003年，《青岛市市区商业网点专业规划》(2003～2010年)实施，全市大型商贸流通设施建设进入新一轮快速发展期。其中，市南区加快现代服务业聚集区、滨海旅游休闲区、现代商业品牌区建设，启动中山路旅游商贸区改造，香港路—山东路金融产业集聚带快速发展；市北区一批标志性项目集中落户，商业中心更加繁荣活跃；加快胶州湾沿线市场群建设，城阳国际农产品中心、青岛粮油批发市场、重庆路汽车贸易大道等一批大项目新扩建工程相继竣工并投入运营。当年，全市大型商贸流通设施开工面积达20余万平方米，坐落在各繁华商业区的1万平方米以上商厦达40余家。其中，佳世客、家乐福、第一百盛、国货公司、利群商厦、崂山百货、东方贸易大厦、北方国贸、沃尔玛、家世界、阳光百货、百安居、发达商厦、华联商厦、万达购物中心、千川百货等10多家商厦年销售额超过1亿元。2005年，全面实施市和区市两级商业网点规划管理，建立大型商业网点、重点商业项目联系制度。当年，重点规划的5个市级商业中心、4个区级商业中心、20个社区商业中心基本建成。利群、第一百盛、崂山百货、北方国贸等全市十大流通企业集团到市外设立3000平方米以上大型商业设施22个，跨区域销售额达20亿元。

至2005年，全市零售业、批发业网点共计19.89万个，从业人员52.82万人。其中，零售业网点15.14万个（个体经营网点14.3万个，占总数的94.45%），从业人员33.39万人（个体业者25.86万人，占总人数的77.45%）；批发业网点4.75万个（个体批发网点3.69万个，占总数的77.68%），从业人员19.43万人（个体业者8.7万人，占总人数的44.78%）。

2005年青岛市市区大中型商业零售网点情况表

表1-2　　单位：万平方米

区划	单位名称	零售业态	地址	营业面积
市南区	海信广场	百货店	山东路9号	2.7
	第一百盛商厦	百货店	中山路44号	3.5
	家乐福名达超市	大型综合超市	香港中路21号	1.2
	发达商厦	百货店	中山路12号	2
	新华书店书城	大型专业店	香港中路67号	1.36

续表1-2-1

区划	单位名称	零售业态	地址	营业面积
市南区	苏宁电器（香港中路店）	大型专业店	南京路3号	0.8
	国货商厦	百货店	中山路149号	2
	东泰佳世客购物中心	购物中心	香港中路72号	1.2
	华联商厦	百货店	费县路6号	1
	华普朝阳超市（团岛店）	大型综合超市	贵州路5号	0.5
	工艺美术品商店	大型专业店	中山路212号	0.45
	百安居建材超市	大型专业店	山东路38号	1.6
	大润发购物中心	大型综合超市	宁夏路162号	2.1
	五星电器超市（宁夏路店）	大型专业店	宁夏路89号	0.8
	阳光百货商厦	百货店	香港中路48号	2
市北区	青岛利群商厦	百货店	台东三路77号	1.95
	法宝生鲜超市	中型超市	长春路89号	0.3
	东方贸易大厦	百货店	胶州路140号	2.2
	伊都锦商厦	大型专业店	胶州路158号	
	五星电器超市（辽宁路店）	大型专业店	辽宁路263号	0.8
	电子信息城	大型专业店	辽宁路226号	1.5
	千川百货	大型专业店	台东三路116号	0.57
	维客超市（台东店）	中型超市	桑梓路3号	0.33
	国美电器台东商城	大型专业店	威海路6号甲	0.4
	五星电器南山超市	大型专业店	桑梓路9号	0.5
	诺玛特超市（台东店）	大型综合超市	台东一路37号	1.6
	百信鞋业商厦	大型专业店	台东一路76号	0.3

续表1-2-2

区划	单位名称	零售业态	地址	营业面积
市北区	利群三百惠商厦	百货店	延安路129号	0.88
	海博家居超市	大型专业店	敦化路28号	1.7
	东方家居之窗	大型专业店	鞍山路20号	0.5
	家乐福新兴超市	大型综合超市	山东路126号	1.2
	法宝生鲜超市（乐陵路店）	大型综合超市	乐陵路88号	0.45
	诺玛特超市（辽宁路店）	大型综合超市	辽宁路226号	0.53
	深港时装广场	大型专业店	威海路201号	0.6
	富时莱购物中心	大型专业店	威海路362号	0.9
	欧倍德家居超市	大型专业店	辽阳西路188号	1.5
	沃尔玛超市	大型综合超市	台东三路63号	2
	家世界购物广场	购物中心	辽阳西路100号	4.5
	易初莲花购物中心	大型综合超市	辽阳西路369号	2
四方区	海滨超市	中型超市	南宁路22号	0.21
	华普朝阳超市（四方店）	大型综合超市	兴隆路3号	0.6
	四百购物中心	中型超市	鞍山路21号	0.43
	利群四方购物广场	大型综合超市	重庆南路1号	1.2
	锦江麦德龙仓储超市	仓储超市	重庆南路116号	1.5
	五星电器（四方店）	大型专业店	杭州路22号	0.26
	国美电器四方商城	大型专业店	杭州路26号	0.5
	东方家园建材超市	大型专业店	重庆路120号	2.3

续表1-2-3

区划	单位名称	零售业态	地址	营业面积
李沧区	北方国贸大厦	百货店	向阳路50号	3.6
	利客来商厦	大型综合超市	京口路58号	1.5
	维客崂山百货大楼	百货店	向阳路65号	1.5
	维客超市（李沧广场店）	大型综合超市	李沧广场地下	0.6
	亿时代数码广场	大型专业店	京口路18号	0.6
	崂山华隆商厦购物广场	百货店	振华路161号	1.7
	第一百盛沧口超市	大型综合超市	升平路38号	0.7
	第一百盛爱客家超市	大型综合超市	308国道649号	2.2
	书院商城	大型专业店	书院路59号	0.7
城阳区	喜盈门超市	大型综合超市	崇阳路1号	3.5
	国货城阳购物中心	大型综合超市	崇阳路491号	1.7
	华联家佳源（城阳）购物中心	大型综合超市	正阳路2号	1.8
	城阳太阳城商场	百货店	正阳路209号	0.65
黄岛区	利群长江商厦	百货店	香江路78号	1.32
	黄岛区国货商厦	百货店	崇明岛西路55号	1
	海滨超市	中型超市	崇明岛路20号	0.22
	百利来商城	百货店	香江路58号	0.7
	瑞源商城	百货店	崇明岛西路40号	0.78
	华联家佳源（黄岛）购物中心	大型综合超市	长江路66号	1.6
	国美电器城（黄岛店）	大型专业店	紫金山支路22号	0.46
	利群瑞泰购物广场	百货店	长江中路268号	1.55
	世纪商贸城	百货店	长江路	4.2

第三节　商业街区

改革开放后，经过大规模的商业设施改建、扩建、新建，青岛商业逐步培育形成了中山路、香港中路等7大商业街区和团岛、辽宁路等13个区级商业中心。

中山路商业区

中山路商业区始于德国侵占时期，是青岛市历史上最繁华的商业区。该商业区以百年老街中山路为主体，连接周边10余条小商业街，在城市长期发展过程中形成其城市的商业中心地位。

1984年《青岛市城市总体规划》明确中山路为重要的商业街，并在中山路以及周边区域规划和建设一批现代化大型商厦，使商业经营网点更加密集，经营品种更加繁多，商业功能更加突出。同时，规划中山路、胶州路、市场三路为全市性商业服务中心。90年代中后期，随着青岛市东部开发、市行政中心东移和其他商圈的崛起，中山路商业区人流分流严重，商业经营大不如前。

2002年，组织对中山路旅游商业区实施规划和改造。规划范围包括：胶州路和北京路以南、河南路以东、安徽路和济宁路以西、太平路以北区域，占地面积为56.6万平方米。主要内容包括：以中山路商业街为主轴线，形成以经营中高档商品为主的名店、名牌一条街；培育现代商业购物区、金融商务区、传统商业购物步行街区、旅游观光区4个区域；形成以购物、旅游、观光为特色的“一线四区”商业街区。至2005年，中山路商业区有商业网点1000余个，商贸企业150家。汇聚国货公司、东方贸易大厦、亨得利钟表店、海滨食品店、盛锡福、春和楼、第一百盛、发达商厦、中山商城、即墨路小商品市场等一批名店大店和“中华老字号”企业。

中山路商业区始于德国侵占时期，是青岛市历史最悠久的商业区，汇集了青岛商业的一批老字号企业。2005年，该商业区有商业网点1000余个。

香港中路商业区

90年代初期，青岛市实施东部开发和行政中心东移，加速了以香港中路为中心的东部商业区的成长壮大。该商业区以香港中路为中心，辐射山东路、南京路、福州路、闽江路、漳州路、燕儿岛路、东海路等20余条商业街，逐步形成以大型商业、现代服务业集群为主，面向中高端、时尚消费群体，具有国际化趋势的青岛东部商业中心。香港中路商业区以行业和业态的集群化为鲜明特点，是青岛市高端消费商业区。

该商业区内各类专业连锁店、特色店、特许经营店分布集中，特色突出，业态完备，聚集了以东泰佳世客、家乐福、阳光百货为代表的商业零售业集群，以香格里拉大酒店、海天大酒店、丽晶大酒店、颐中假日大酒店、贵都大酒店为代表的宾馆业集群，以中银大厦、中国建设银行、中国工商银行、中国农业银行、交通银行、中信实业银行、人寿保险公司、人财保险公司、中国平安保险为代表的金融业集群，以青岛国信实业有限公司、青岛市企业发展投资公司、青岛开发投资有限公司为代表的国有投资业集群，以云霄路美食街、闽江路美食街、漳州路美食街、燕儿岛路美食街为代表的餐饮业集群，以世贸中心、金都花园、泛海名人广场为代表的商住集群，以福泰广场、太平洋中心为代表的会展业集群，以国美电器、苏宁电器、半岛数码生活广场为代表的家电业集群，以中国移动、中国联通、中国网通为代表的现代通信业集群，以红领、新郎·希努尔、巴龙、杉杉、顺美为代表的服装业集群，以及青岛国际银行、香港上海汇丰银行有限公司青岛分行、中国银行（香港有限公司青岛分行）、日本山口银行青岛分行、韩国中小企业银行青岛分行、英国渣打银行青岛代表处、新加坡华侨银行青岛代表处等外资金融业集群。至2005年，香港中路商业区经营商家达1500余家。

香港中路商业区形成于90年代后期，是以大型商业、现代服务业集群为特点的中高端消费商业区。2005年，聚集商业零售业及现代服务业企业1500余家。

台东商业区

台东商业区兴起于20世纪初，伴随市域扩大和新城区的建设渐次成型。该商业区以台东三路步行商业街为中心，南起延安路，北至长春路，西靠威海路、延安二路，东临延安三路，占地面积69.6万平方米。作为该商业区中心的台东三路，历史上是一个商家集中、客流密集的传统商业区域，以服装、服饰、布料、皮具经营为主要特色，台东、四方和沧口区的居民大多到此购物。

90年代，随着市区行政区划调整和城市功能日益完善，该区域公共交通发达，周边人口密集，商业网点规模不断扩大。2000年，经过市、区政府改造，台东三路

台东商业区是青岛市客流量最大的商业区。其核心商业街——台东三路步行街是青岛市首条综合步行商业街，2005年，有商业网点1700余个，是大众消费的首选之地。

成为青岛市首条综合步行商业街，并集聚利群商厦、万达购物中心、千川百货、国美电器、当代商城、维客超市和沃尔玛等大小各类商店400余家，商业网点1700余个，形成了经营规模、客流量最大的市级商业中心。同时，市北区通过旧城改造，培育了8条特色商业街，成功打造出红火的夜间市场。至2005年，台东商业区经营商家和经营范围进一步扩大，成为以购物消费为主、档次适中、功能完善、满足大众化需求的市级商业主中心。

李村商业区

李村商业区南邻百年李村大集，东接东李商业中心，汇集了向阳路、京口路、九水路、书院路、少山路、大崂路等10余条周边商业街。由于其南北交会、城乡融合的地理优势以及集市贸易的强势拉动，该商业区经历了从城乡接合部的商品集散地到传统商业购物场所，再到现代商贸物流中心的历史变迁，成为青岛市区北部最大的市级商业中心。

李村商业区是青岛市区北部最大的市级商业中心，具有南北交会、城乡融合的地理优势。

自2000年起，李村商业区加速改善商贸配套设施，提升产业层次，塑造商业品牌，并加快引进会展物流、餐饮娱乐、电子商务、金融中介等多种业态，尤其是李村美食街和古镇路齐鲁小吃街相继建成，使李村商业区的经营业态更加丰富完善。至2005年，李村商业区初步形成了以崂山百货、北方国贸、利客来商贸等大型零售业为主导，以特许店、专卖店、专业店为主体，集综合购物、商务办公、文化休闲及餐饮娱乐等功能于一体、多业态聚集的市级商业中心区。

辽宁路商业区

早在30年代，以辽宁路为中心，连接黄台路、益都路、桓台路、博兴路、泰山路、乐陵路等20余条路段的商业街区即初具规模。该商业区以中小型百货店、服装店、交电商店、饭店、美容店、食品店和照相馆等居多，是重要的商业购物区。至2005年，青岛科技街、青岛电子信息城、美特好大型超市、法宝超市、五星电器和博兴路农副产品市场相继开业，经营商家达500多家。该商业区作为重要的市级商业购物区，以电子产品销售为主要特色。

人民路商业区

人民路商业区以人民路为中心，包括鞍山路、抚顺路、温州路、重庆南路、人民一路、瑞昌路、嘉定路、嘉善路等10余条路段，西北与海云庵相连，南与鞍山路、威海路相接，是四方区的商业中心地带和传统商业购物区。

该商业区在80年代后初具规模，区内道路两侧大部分为商业网点，以中小型百货店、机电、家电、食品店居多，有大小商店1000余家。至2005年，该商业区内有利群商厦四方购物中心、方中圆美食街、东方家居之窗、人民路百货商店、四方商贸大厦、劝业商场、海尔公司销售中心、四方新华书店等大中型商场，以及人民一路、四方北岭两个规模较大的农贸市场。

黄岛商业区（香江路—长江路商业区）

长江商业中心位于黄岛区中部，南起长江路、北江路，北至香江路，西靠太行山路、紫荆山路，东临武夷山路，总占地面积105.3万平方米。90年代，随着青岛经济技术开发区的开发建设和城市人口的快速增长，在香江路相继建成利群长江商厦、百利来商城、世纪商贸城等大型商业网点，逐步形成以香江路为中心的经营门类和功能较为齐全的市级商业中心。2003年以后，该商业中心向长江路延伸扩展，华联家佳源超市、永旺东泰购物中心等商业设施相继建成，商业规模进一步扩大。至2005年，该商业区汇集有1670个商业网点。其中，百货店1家，大型综合超市4家，大型专业店8家；各类专业店和专卖店890家，占网点总数的53.2%；小超市和便利店、餐饮、文化娱乐、金融、美发洗浴、住宿、摄影和中介服务等服务网点770个。

90年代，黄岛区形成以香江路为中心，后逐渐向长江路延伸扩展的市级商业中心。2005年，汇聚商业网点1670个。图为利群长江商厦。

特色商业街

1985年，市政府提出“要兴建各具特色的综合性商业街和食品、服装等专业性商业街”。当年，龙山地下服饰街建成。该商业街位于龙山路14号，全长1000米，门店300余家，其中服装店占70%以上，是青岛市较早以个体租赁形式为主的服装类商业街，并以款式新、变化快、货色全、价位低闻名岛城。此后，青岛市特色商业街建设进入新的发展阶段。云霄路美食街、青岛啤酒文化街、海云庵民俗特色街、温州路机电一条街、向阳路步行商业街、麦岛路海鲜美食街、武夷山路美食街等特色商业街渐成规模。

1985年，龙山地下服饰街建成营业，全长1000米，是青岛市较早以个体租赁形式为主的服装类特色商业街。至2005年，市区共有各类特色商业街22条。

为加快商业街规模化、规范化发展，突出专业特色，提高商业街知名度，2000年，《青岛市商业（专业特色）街认定办法》制定实施。该办法将市商业专业特色街划分为综合商业、餐饮美食、建材装潢、五金机械、家具装饰、电子家电、文化娱乐、服装服饰、日用百货、生产资料等。认定条件包括：总长度在200米以上，专业特色街的特色门店占该街门店总数的50%以上，以及无假冒伪劣商品，不出售“三无”、过期失效商品等。同年8月，市财贸委在市内4区开展评选“青岛市商业专业特色街”活动，经各区推荐、群众投票和专家论证，中山路综合商业街、台东三路步行街、向阳路综合商业街、云霄路美食街、龙山地下服饰街被命名为青岛市首批商业专业特色街。2004年6月，市财贸办公室将市北区的延安二路、登州路，四方区的温州路和黄岛区的香江路4条商业街，分别命名为青岛市延安二路婚纱摄影街、青岛市啤酒文化街、青岛市温州路机电贸易街、青岛市香江路综合商业街。同时，将2000年命名的青岛市向阳路综合商业街更名为青岛市向阳路商业步行街。

至2005年，青岛市市区共有各类特色商业街22条，其中市财贸办公室认定的商业专业特色街共14条。

2005年青岛市市区特色商业街情况表

表1-3

区划	名称	地址	特色	长度（米）	店面数量（家）
市南区	龙山地下服饰街	龙山路	服饰街	1000	300
	中山（地下）女子服饰街	中山路	服饰街	700	240
	云霄路美食街	云霄路	小吃街	960	110
	中山路综合商业街	中山路	综合商业街	1360	180
	闽江路餐饮休闲街	闽江路	餐饮、娱乐	1000	50
市北区	台东三路步行商业街	台东三路	步行商业街	530	80
	青岛市文化商品街	昌乐路	文化街	1500	600
	青岛啤酒文化街	登州路	餐饮	710	50
	镇江北路家具街	镇江北路	家居装饰街	1500	60
	辽宁路科技街	辽宁路	科技街	500	30
	婚纱摄影特色街	延安二路	摄影	500	25
	威海路商业街	威海路	综合商业街	1500	120
四方区	重庆南路汽车走廊	重庆南路	汽车配件街	5700	200
	海云庵民俗特色街	嘉禾路	步行商业街	1000	30
	温州路机电一条街	温州路	机电配件街	800	50
李沧区	向阳路步行商业街	向阳路	综合商业街	200	80
	少山路服饰街	少山路	服饰	340	210
	滨河路商业街	滨河路	商业街	1100	80

续表1-3

区划	名称	地址	特色	长度（米）	店面数量（家）
崂山区	麦岛路海鲜美食街	麦岛路	小吃街	700	50
黄岛区	武夷山路美食街	武夷山路	小吃街	400	30
	香江路综合商业街	香江路	综合商业街	800	70
	井冈山路综合商业街	井冈山路	综合商业街	1400	50

第三章　商品经营

中共十一届三中全会后，青岛市社会商品进一步丰富，商品可供量不断增加。同时，单一的计划经济体制逐步向有计划的商品经济体制转变，突破了原来“统购包销，集中统一调拨、分配”的商品经营模式。90年代，商业街区、商业网点、专业市场等设施遍布城乡，商品品类更加丰富，市场供求紧张状况缓解，个别品类出现过剩；零售业态种类更加完备，个性化商品成为新诉求、新卖点，全市商贸流通业进入快速发展时期。

进入21世纪，商品品类、品种、科技含量等随时代进步而提升，各类商品丰富充足、市场竞争激烈成为商品经营的主要特征。全市商业企业积极进行管理方式和经营业态创新，利群、国货、利客来等一批本土中小型零售商业企业快速成长，个体私营商业在激烈的市场竞争中寻求发展，第一百盛、东泰佳世客、家乐福、沃尔玛等一批外资企业落户青岛，共同创造了青岛市商业发展的繁荣局面。

第一节　商品品类

中共十一届三中全会后，随着商品可供量不断增加，集中统一调拨、统一分配的计划管理模式开始松动。自1980年起，计划供应了30年的棉布及其制品取消凭布票购买，原来控制供应的部分工业品、副食品等陆续减、免票券或敞开销售，茶叶、卷烟、啤酒、食糖、肥皂、一般粮食白酒等商品供应逐步放开。该时期，全市农副产品、纺织服装和日用工业品生产快速增长，商品供应量大幅增加。

80年代中后期，随着国民经济的快速发展和城乡居民收入的增加，工业品类耐用消费品如自行车、手表、缝纫机和录音机“三转一响”成为市场紧俏商品，电视机、电冰箱、洗衣机、空调“新四大件”开始走入普通百姓家庭。1985年，自“文化大革命”时期凭票供应的手表、自行车和高价供应的永久、凤凰等名牌自行车等放开经营。至1986年，除名优彩色电视

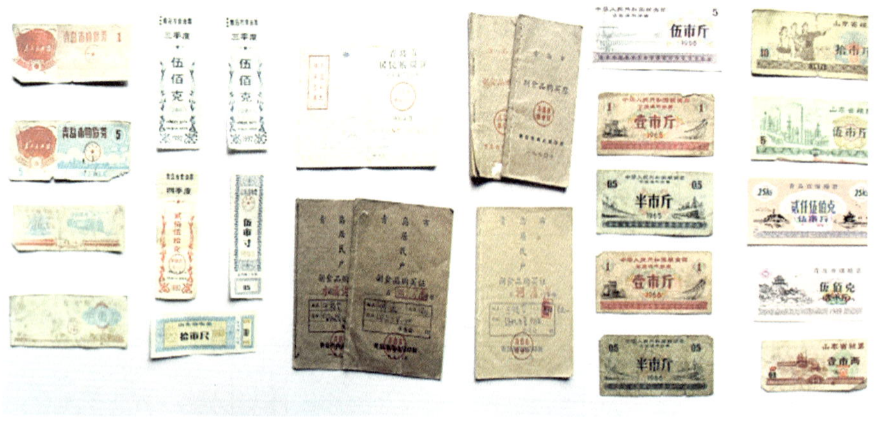

改革开放前，市民凭票证购买商品、粮油副食品等。自1980年开始至90年代中后期，按计划供应的商品陆续减免票证或敞开销售。

改革开放初期，国营百货商店是市民购买商品的主要场所。图为80年代青岛国货公司一角。

1980年布、棉票取消后，棉布敞开供应，纺织服装由过去的国营百货店独家经营发展到商店、市场、厂家直销等多家经营，促进了服装市场的形成和发展。1980年11月建立的即墨路小商品市场，辟有服装专卖区，吸引服装经营业户进场经营，苏杭织锦面料、服装等成为重要商品。同年，即墨县服装批发市场创办，设摊位3000多个，主要交易时装、童装、针织服装3大类，1600多个花色品种。青岛震泰服装店扩建后，总面积达7000平方米，经营时令服装，并进行来料加工、代客剪裁和邮寄等业务。

机、电冰箱、自行车、缝纫机以及金制首饰等以外，其他商品基本上满足市场供应。1990年，市商业系统国营商业总购进完成26.54亿元，总销售完成29.94亿元，集体商业企业完成销售8.87亿元，全市社会商品零售额达到65.8亿元。1992年，城乡集贸市场各种时令蔬菜日上市达50余种，常年经营的鱼类、贝类、藻类、虾等水产品及干鲜海珍品上百种，全市集贸市场成为蔬菜、水产品、肉类禽蛋流通的重要渠道。

90年代中期以后，全市城乡居民消费快速升级。在生活必需品消费持续增长的同时，以计算机和手机为代表的电子产品、以家具及室内装饰材料为代表的家居用品以及以家用轿车为代表的高端消费品迅速增长。

百货

长期以来，青岛市国营百货行业实行“二三零”的计划购销商品流通体系。国营百货行业的商品经营由省属二级站通过省内外收购、调入，并按计划将百货商品拨至青岛的三级批发公司，再由零售业进货销售。中共十一届三中全会后，原来计划供应的商品陆续减免票券或敞开销售。其中最具有代表性的是，

在百货商品经营逐步取消计划供应后，青岛市国营百货批发公司和各国营商业零售商积极拓宽进货渠道，增加商品种类，扩大商品销售。1984年，市商业局所属百货系统有零售网点93个，年销售额2.3亿元。至1986年，市区商业系统百货零售网点增加到171个、批发机构17个。其中，市百货文化用品批发公司设综合、百货、小商品、日用化妆品、鞋帽、钟表眼镜、缝纫设备、照相器材、纸张油墨、文教用品、文娱体育用品等14个业务(经营)部；市百货公司设百货、针纺织品、鞋帽3个业务部，另有22个零售店兼营批发业务。市百货文化用品批发公司经营日用百货和文化用品两大类商品，计15个品类3万多个品种。主要经营品类包括鞋、洗涤用品、取火照明用品、钟表和缝纫机、家用器皿、纸笔油墨、照相机和感光材料等。各国有大中型百货零售商店经营范围更为广泛，几乎囊括交电器材、家用电器、民用五金、家具、副食品等各个品类。1986年，市国营百货批发公司由外地系统外购进商品5487.8万元；各国营百货零售企业直接

从当地工厂进货5300万元，从外地采购商品8850万元，占企业销售额的46.6%。同年，市百货文化用品批发公司商品总购进3.22亿元，总销售3.44亿元。

90年代，青岛市各类商业设施日趋完善，单一的主业经营被打破，跨行业、方便市民的商品经营业态出现。大型综合商场和超市以百货业为主，兼营家电、服装及副食品等各类商品；蔬菜、副食品商场兼营百货服装鞋帽等商品，拓展了商品经营范围。1992年后，由于专业市场、批发市场大量增加以及新型经营业态不断出现，百货、服装纺织、家电、电子产品、家居用品等开始向专卖店、专业店转移，服装、化妆品等成为百货业商品经营的大宗商品，全市百货零售形成了以超市、百货、便利店、专业店、专卖店等多形态并存的新格局。

1983年开始，五金、交电商品流通渠道完全敞开，商品种类、规格逐年丰富。图为当时青岛市最大的五金专业店——台东五金交电商场。

1996年12月31日，青岛市第一家由外地民营企业（山东大发达集团）投资兴建的大型综合性商场——发达商厦开业，位于中山路南端。商厦经营面积2万平方米，开业首日销售额突破200万元。

五交化工

改革开放初期，青岛五金、交电和化工企业实行分级管理，二级站由山东省下达统一购销调拨供应任务。随着商业流通体制的改革，经营权下放，购销渠道逐步放开。

五金　1983年以前，青岛市五金专业批发公司按山东省划分的经济区（包括烟台专区、昌潍专区、临沂专区和青岛市计20多个县）供应商品。1983年后，经过国民经济全面整顿，五金市场转旺，地区之间、产销之间的商品流通渠道完全敞开，在部分商品初试双轨经营后，五金商品经营进入开放搞活新阶段。自1985年起，交电、化工、五金等商品种类、规格逐年丰富。五金商品经营包括建筑五金、水暖器材、五金工具、机械配件、消防器材和日用五金六类商品，共213个品种、1208个规格。1986年，在原有品种基础上，新开辟装潢五金219种，电动、风动、液动工具58种。同年，市五金商品批发公司商品总购进1.41亿元，总销售1.56亿元，较1978年分别增长32.6%和36.5%。90年代中期特别是房地产市场和装饰装修市场发展壮大后，五金商品出现多元化、个性化需求，对商品品类和市场销量等不再统计。

交电　1978年，按照国家计划系统内调入是交电业进货主渠道之一，每年由商业部、山东省专业公司分配青岛市供货指标。根据不同时期、不同商品情况，采用收购、包销、统购、订购、加工订货等多种形式。1979年后，随着城乡居民购买力不断提高，交电商品市场供不应求，不得不采取凭票供应和限量销售措施。青岛市交电业打破传统的商品购进模式，先后同外地116家工厂建立进货关系，增加摩托车、空调器、石英电热炉等40多个品种的经营。同时，交电商品进口额增大，主要品种有黑白电视机、彩色电视机、收录机、洗衣机、电冰箱和空调器等家用电器。交电商品的流向主要是城乡电力、运输事业需要和民用。

80年代初期，“经济区供应”仍是交电商品销售的主要渠道，但工商之间联合展销会、商商之间联合订货会及旺季市场到来之前的补货会等营销渠道日益增多。至1984年，地区之间，产销之间，批零之间，全民与集体、个体之间的商品流通渠道全部敞开，经济区划供应模式不复存在。1985年，原山东省属交电二级站下放青岛市，改为市属企业，更名为青岛市交电商品批发公司，下设家用电器经营部、家电维修中心及零售商店。市工贸中心成立后，也设立交电经营部专门经营家用电器。同时，海尔、海信、澳柯玛以及长虹、康佳、格兰仕等家电生产企业不断推出新产品、新规格和新款式，名优家用电器产品凭票供应终止。至1985年底，全市交电商品经营累计1234种，其中交通器材625种、电工器材609种。当年共销售电视机69834台、电冰箱8528台、洗衣机9516台、录音机28448台。

90年代初期，电唱机、录音机、黑白电视机等传统家电滞销，彩色电视机市场需求增加，电冰箱、洗衣机等耐久性家电畅销。以国美、苏宁、青岛雅泰为代表的一批大型专业商场借势崛起，高档家用电器相继归口经营，家电商品退出原交电商品经营范围，逐步进入专业化、品牌化、连锁化经营阶段。

电子产品　以电话机、寻呼机、电子计算机为代表的电子产品兴起于80年代末，电子产品的销售最早由百货店兼营。此后，电子产品种类增多，放开经营，升级换代加快，并从办公用品逐步转变为居民生活用品。在市区的辽宁路、台东、人民路、李村等商业聚集区，各类电子产品专卖店、专业店随之兴起。1992年，市北区辽宁路科技街设立，青岛市电子产品市场由此形成。自90年代中期起，电话机、寻呼机等通信类电器和组合音响、录放机、VCD播放机市场趋旺。

90年代末，雅泰、国美、苏宁等大型专业家电商场相继开业，并陆续建立连锁店，家电商品逐步进入专业化、品牌化、连锁化经营阶段。图为国美电器香港中路店。

1999年10月，青岛电子信息城成立，以经营电脑硬件、软件、配件、耗材，办公自动化，通信器材和工业控制及其他电子产品为主。至2005年，青岛电子信息城发展成为胶东半岛一流的具有较大规模和辐射功能的电子信息产品集散地和信息服务交易中心，吸引了微软、IBM、康柏、戴尔、三星、联想、海信等300多家国内外知名品牌入驻。

化工产品　改革开放前，国家将化工商品货源分一、二、三类，并规定了分级管理权限，实行统一调拨供应。中共十一届三中全会后，对外地化工商品除系统内调入外，允许自行采购。市化工商品批发公司与全国200多家工商企业建立业务关系，进一步拓宽进货渠道。

1981年，原有的封闭式批发模式和流通环节被打破，批发和零售企业可直接从工厂进货或到外地采购，青岛市化工商品市场呈现活跃繁荣局面。1986年，市化工商品批发公司经营的3大类化工商品共有38个品类、2735个品种和规格；商品总销售18750万元，较1978年增长46.8%。为了扶持工业生产，市国营化工专业公司积极帮助工厂解决原材料与设备困难。据统计，1979～1986年，共解决计划外合成甘油、氧化铁红、氧化亚铜、纯碱、硫酸、包装铁皮、钢材、有色金属及燃料等1912吨，电机、真空泵、钢板锅、反应罐等100余台。

此后，化工商品的种类、规格日益多元，经营主体、经营业态更加分散，对商品品类和市场销量等不再统计。

家具及室内装饰材料

改革开放后，青岛市家具商品逐步向多用途、多功能、多品种和组合化方向发展。家具加工企业设立门市部，面向市场销售套装家具、组合家具、工艺家具等11大系列1300多个品种。1993年，延安三路建材市场最早建成开业，此后相继建成一批建筑装饰材料市场。主要经营木材、石材、陶瓷卫浴、卫生洁具、木地板、门窗、夹板、木线条、木制品、灯饰、灯具、油漆、玻璃、涂料、壁纸、厨具、窗帘、工艺饰品等。在营销方面引进先进的营销理念，采取“装修、装饰与家具展示文化整合”的营销方式。

2000年6月，好一家高科园装饰城开业后，东方家园青岛四方店、青岛百安居、欧倍德时尚家居、天津家世界青岛家居店等相继开张，主要经营厨具、洁具、灯具、电工电料、油漆、涂料、瓷砖、家具、软装饰、五金工具、木材地板、建材管件、园艺、家用电器等5万多种商品，并提供上万种特殊订购商品。至2005年，全市家具、家居用品及室内装饰材料90%以上由各类专业卖场销售。

汽车及零配件

90年代中期，青岛市汽车及汽车配件市场放开经营。1999年，青岛华东汽车展销中心建成，经营重型、轻型、微型、载重、轿车、摩托车等，包括一汽红旗车系列、金杯面包车系列、南汽依维柯车系列和柳州五铃面包车系列等30多个品牌的汽车和摩托车。

2003年，青岛汽车贸易城一期完工并投入运营，海南马自达、韩国起亚、广州本田、切诺基、上海大众和上海通用等国内外著名品牌建立4S(整车销售Sale、零配件Sparepart、售后服务Service、信息反馈Survey)专营店进行品牌专营。同年9月，市财贸办将重庆南路命名为青岛市汽车贸易大道。当年，东风标致、长安福特、一汽奥迪、北京奔驰、东风本田、韩国双龙、北京现代等汽车品牌入驻重庆南路青岛汽车贸易大道。2004年，日本普利司通旗舰店、汽车装饰材料市场、汽车玻璃总汇和汽车用品超市相继建成开业，汽车配件市场沿全市汽车市场的重点布局形成商品集散地和物流中心，经营产品包括发动机配件、传动系配件、制动系配件、行走系配件、电器仪表件、车身及附件、转向系配件、横向件及其他，各种规格、品种配件上万种。

至2005年，青岛市初步形成重庆南路、308国道、福州北路、银川路、李山东路及海尔路5条汽车贸易大道，经营品牌涵盖从高端到中高端的所有车型和各大品牌的4S店。

成品油

1978年，国家对石油实行统购统配和定量供应，按照汽油、柴油、煤油、润滑油的不同供应范围，在上级分配的计划指标内，区别不同需要，核定供应标准。同时，对市区用油单位，改变通过市直主管局分配的方法，由青岛石油分公司直接定量到户，凭证供应。对市辖县供应实行两级管理，县石油支公司将供油指标定到公社，再由公社或供销社分配到用户。1979年，对全市汽车、拖拉机、船舶、内燃机等进行全面普查，核定社会动力机车拥有量，建立县、社两级耗油机具档案，在此基础上，对市区1364个单位，5县（区）93个公社、580个县直单位全部实行定量供应。

自1980年4月1日起，青岛市石油采购供应站所属加油站实行通用加油票制度，发行平价加油票和高价、议价加油票。1983年，青岛市执行国务院批转商业部《关于成品油统购统配定量包干办法》，按分配计划层层包干和用油单位定量包干。遇有抗旱救灾等工农业生产建设急需用油，按报批临时指标办理。同年第二季度开始供应高价油。对平价油供应则划分为5种不同类别的单位，实行定量计划分配。对1982年以后新增加的车辆一般不供应平价油，但对新增加的大客车、食品专用车、公安、消防、救护、邮政等特种车供应定量平价油，供应区域扩至平度县和莱西县。

1984年，青岛地区各种车辆激增至5万余辆，而城乡加油站却只有10座，仅能承担四分之一车辆的加油任务，出现加油排队挨号、跑长途大桶备油的现象。为此，市县石油公司打破石油纵向流通的单一经营方式，分别与郊区村委、乡镇企业、乡镇供销社实行农商、工商、商商联合，由农村自筹资金建设加油站，市石油公司按牌价供应货源，农村一方负责全面管理，自负盈亏，实行利润双方分成。至1986年6月，市郊交通要道旁建起15座联营加油站，加油量约占青岛地区车辆加油量的40%，基本缓解了农村车辆加油难问题。

80年代中后期，成品油经营出现倒买倒卖、哄抬价格、牟取暴利等现象。1988年，市财贸办、市经委、市工商局联合印发《关于加强石油成品油市场管理的通知》，严肃查处加油站（包括联营站）从事批发业务和转手倒卖，取缔个人经营加油站和零售点，全市成品油市场秩序得到好转。

1993年，全国成品油经营全面放开，成品油销售从此纳入以国营机构为主体，个体、私营成品油企业为补充的成品油流通体系。当年，市石油公司在5个自营加油站增开服务网点，直接对外零售。此后，通过增建、改扩建、收购、联营等多种形式，增加加油站（点），扩大零售市场占有份额。2000年8月，经市成品油市场清理整顿办公室审核验收，市财贸委对首批符合条件的191个加油站颁发“成品油零售经营批准证书”。2004年8月，使用了25年的加油票被废除。至2005年，全市共有加油站812个，加油点96个。

农副产品

农副产品类由于受季节、气候、生产等影响，市场供应极易发生波动。改革开放后，为保证市民日常生活不受影响，市政府加大对肉、蛋、菜等主要商品经营的调控和管理。一方面给予经营公司政策性财政补贴，另一方面采取旺储淡销的办法，在节日和淡季保证对市民的平价商品供应。同时，青岛市积极恢复和发展城乡集贸市场，逐步放开农副产品经营，充分发挥市场在促进购销、调剂供求中的积极作用。1988年，市政府实施“菜篮子”工程，大力扶持蔬菜、肉类、禽蛋生产，努力保障城市居民基本生活需求。至2005年，全市共有农副产品市场724个，实现交易额达215亿元。居民的蔬菜、肉类禽蛋、水产品等农副产品主要通过城乡集贸市场购买。

蔬菜　1978年，城乡集贸市场逐步恢复，城市蔬菜供应除国营菜店外，个体菜贩占有相当比重。1982年，市区蔬菜网点266个。1983年，青岛市逐步进行蔬菜产销体制改革，将统购包销改为定购定销。1985年，取消指令性计划，市政府不再下达指令性种植计划和统购派购任务，在既定的商品菜田面积内，菜农根据市场需要，自主安排种植茬口、品种、出园上市时间和数量。取消包购包销后，市蔬菜公司一方面广泛组织菜店深入农村，与村、户挂钩，签订产销、联营或代销合同；另一方面扩建抚顺路等国有蔬菜批发市场，引进全省乃至全国商家到青岛参与经营。同时，放开购销价格，产地菜、调入菜一律随行就市、以质论价、议购议销。当年，市区蔬菜网点总数增加到418个，包括国营126个、集体151个、非商办菜店38个、个体店103个。自此，青岛市区蔬菜市场形成多种经济成分经营、多渠道流通的新格局。

1991年，全市蔬菜行业实行优质菜上市，并在7个菜店实行净菜上市试点工作，使蔬菜市场供应质量进一步提高。当年，市区蔬菜销售11.34万吨，占社会上市量的56.7%。此后，农贸市场、早市等成为市区蔬菜流通的主渠道，原国营菜店逐步退出蔬菜经营。

肉类禽蛋　1979年，青岛市实行家禽和熟肉制品放活经营，猪肉、牛羊肉和蛋禽类逐步放活经营。1980年，鲜蛋品类市场放开，专业公司实行旺储淡销。1984年，市区居民人均消费猪肉28公斤、鸡蛋9.25公斤，是市政府实行旺储、节供历年中市区消费肉、蛋最高的年份。1985年后，取消生猪派购，猪肉、鲜蛋放开经营，进一步活跃了肉类禽蛋市场。1991年，肉、蛋、菜生产发展迅速，生猪存栏猛增，购销价格趋于合理，政府取消财政补贴。同时实施生猪屠宰定点经营，并把专业公司推向市场，经营多年的食品和蔬菜专营公司开始自办批发市场进行竞争性经营。此后，市区肉类禽蛋的流通主渠道转入农贸市场，并成为农贸市场商品经营的主项。

水产品　80年代初实行渔业生产大包干责任制后，青岛市议价销售的水产品逐渐增多，1984年水产品全部进入市场调节。1985年，对水产品全部实行议购议销，并形成国营水产供销企业、蔬菜公司水产零售店、私营、个体水产经营者多种经营、多渠道流通的购销格局。当年，市区水产品集市发展到37个，鱼摊达数百个，年销水产品4000多吨，形成了市场三路、四方路、云南路、台西三路、人民一路、南山市场、永定路等水产品市场。其中，市场三路号称“水产品一条街”，常设鱼摊上百家，干鲜水产品购销两旺。此后，全市水产品销售主要通过城乡集贸市场进行。

第二节　经营业态

1978年，百货业是主要商业经营业态。当时，青岛市区以“百货”命名的综合卖场有青岛第一百货商店、第二百货商店、第三百货商店等6家较大的百货店。郊区各县百货大楼和供销社均以百货业为主，兼营农业生产资料。利群百货商店同时经营旧货委托业务，1978年营业额53.9万元。1980年1月起，实行企业滞销产品委托寄售，并可自进自销商品，利群委托商店当年利润额达到20多万元。至1985年，市区国营物资委托店增至4个，集体物资委托店3个。

90年代初，作为超市的雏形——自选开架商场在青岛市区部分大商场内出现。1995年3月，全国部分省市连锁商业座谈会召开后，市政府印发《关于加快我市连锁商业发展试点的通知》，确定青岛市连锁商业发展目标、重点和政策扶持。6月30日，市财贸委组织召开发展连锁商业座谈会，并制定《青岛市发展连锁商业三年规划》，引导连锁商业发展。90年代中期，利群、崂百、华联、国货等大型综合商厦根据市场需求纷纷向外拓展，扩大规模，并打破旧有业态，增设专业超市。1996年，市商业总公司系统针对大零售网点增多、市场竞争激烈的状况，把发展连锁作为抢占市场、扩大规模经营的战略任务来抓。国货公司发挥名店、大店优势，以连锁形式组建起黄岛开发区商厦。海滨食品有限公司通过租赁、兼并，扩大连锁网点10个，组建配送中心1个。年内，市商业总公司系统发展连锁超市52家，营业面积4.6万平方米。市饮食服务集团股份有限公司积极开发名店、名吃效应，先后开发开办“青岛大包”快餐连锁店、谷香村面馆等6家风味小吃店，仅1996年7～12月就增加营业收入700多万元。当年，全市新发展连锁商店、超市和便民店105家，使连锁、超市网点增加到285个。

1997年，以连锁配送为特征的现代营销方式迅速发展，全年新增连锁超市52家，营业面积2.38万平方米。当年，南山百盛超市建成开业，标志着以大型综合超市为代表的新型零售业态在青岛正式运行。至年底，全市有连锁公司26家，连锁、超市网点396个，营业面积达到12万平方米，完成销货额11.5亿元。1999年，山东雅泰在青岛创办第一个家电专营商场——雅泰电器超市，结束了青岛市没有家电专营商场的历史，标志着专业家电超市业态形成。当年，全市新增门店100家，经营面积5万平方米。连锁商业企业发展到500家门店，经营面积累计达到19万平方米。1999年后，雅泰电器相继发展家电连锁超市宁夏路店、即墨店、李村店、辽宁路店和东部店，使家电连锁超市成为家电零售市场的主要流通方式。2000年，青岛市各连锁经营公司创新经营方式，并逐步向规模化、规范化方向发展。其中，青岛青联股份有限公司在各区新发展“放心肉”专场店连锁网点64家，青岛酿造总公司发展加盟连锁店69家。当年全市新增各类连锁门店191家，使连锁门店总数达到796家，比上年增长31.6%；连锁企业实现销售收入25.8亿元，比上年增长39.5%。连锁经营领域涉及食品、百货、蔬菜副食品、餐饮、医药、洗染等16个行业。

1996～2000年，在各类专业市场不断涌现背景下，青岛商业零售业进入规模化、专业化经营的整合阶段。原百货业兼营的五金、交电商品和原交电业经营的家电商品，逐步从传统经营业态分离，分别归类专业市场经营。大型综合商场和超市以百货业为主，兼营家电、服装及副食品等各类商品，拓展了商品经营领域。其间，以星火家居为代表的家居专业卖场、以重庆南路为代表的汽车及汽车配件专业街、以雅泰电器为代表的家电和电子产品专业店、以延安三路建筑装饰材料市场为代表的专业

90年代末，以大型综合超市为代表的新型零售业态在青岛正式运行。此后，佳世客、家乐福等大型外资超市陆续进入青岛市场。图为1999年12月开业的家乐福名达店超市卖场。

建筑家装装饰市场开始形成，其商品经营规模、品种、档次均得到提升。该时期，青岛市连锁店主要有6种类型：一是超市连锁店，主要经营蔬菜、副食品、日用小百货等；二是便民连锁店，主要经营粮油、蔬菜、副食品、小百货；三是精品专卖连锁店，主要经营国内外名品如服装、名表等；四是生产资料连锁店，主要经营汽车及配件、建材、五金工具等；五是快餐连锁店，主要提供标准化、系列化、大众化的餐饮服务；六是服务连锁店，包括彩扩、洗染等。

传统商场嫁接现代商业业态，在底层开设综合型超市，自第二层起改造升级为现代购物中心，由此催生了新的综合性业态——百货+超市，并成为21世纪之初青岛商业的典型特点。连锁经营领域涉及食品、百货、蔬菜副食品、餐饮、医药、洗染16个业种。2001年，麦德龙、台东奥特莱斯等相继在青岛开业，同时将仓储会员店、折扣店等新型业态带进青岛。2002年，青岛市启动“万村千乡工程”，加快发展便利店和农资零售网点。利群、维客、利客来等16家大型骨干流通企业在市郊掀起便利店建设热潮。2003年，青岛百安居、欧倍德时尚家居青岛店、青岛保税区内的天悦国际建材虚拟市场、家世界家居建材市场相继开业，标志着青岛家居建材业态形成规模。当年，全市65家连锁企业连锁门店总数达3300家，销售额超过130亿元，新型业态和连锁经营占社会消费品零售总额的比重分别达到25%和25.3%。同期，国内著名家电连锁零售企业国美、三联、苏宁、五星等进入青岛市场，家电连锁超市业态步入成熟期。

2005年，全市以新型业态、连锁经营、物流配送为标志的现代流通产业呈现集约化、集群化趋势，商业企业集群化发展形成规模。商业零售业形成了以利群、维客、利客来为代表的连锁零售企业集群，餐饮业形成以肯德基、良友、小绍兴、美达尔为骨干的餐饮连锁企业集群，服务业形成以植物秀面、SPR咖啡、芳子美容、青岛洁神、二十一世纪不动产为代表的现代生活服务连锁企业集群，药品专卖形成以国风、丰硕堂、康杰、鲁抗为骨干的药品专卖连锁企业集群。当年，全市十大商业零售连锁企业店铺总数1533家，比上年增长60%，销售额比上年增加40%，利润比上年增长21%。十大餐饮连锁企业销售额比上年增长24%，连锁店铺比上年增长26%。全市商业连锁企业拥有物流配送中心45个，配送率达50%。同时，专业超市形成一定规模和影响，特别是东泰佳世客、家乐福、沃尔玛、麦德龙、大润发、法宝等大型外资超市，以其优雅的购物环境、物美价廉的商品经营特点，受到广大消费者喜爱。“万村千乡工程”成效显著。利群集团在乡镇、农村开设连锁加盟店达到400多家，并全部实现统一配送；利客来开张村级便利店200多家，扩大了企业品牌美誉度。当年，各骨干零售企业在市郊镇村发展连锁店1383家，比上年增长45%，农村现代流通网络初具规模。另外，青岛市各连锁经营企业立足青岛，加快向市外连锁发展。SPR咖啡在北京、上海等地开连锁店超过100家，摸错门餐饮公司在东北等地开连锁店超过29家，美达尔在上海等大城市开设21家分店，青岛锅贴走出国门在阿联酋开设两家分店。

至2005年，全市连锁企业达96家，连锁业种发展至60个，拥有各类连锁门店4500家；实现销售额170亿元，连锁销售额占消费品零售额的比重达到27.6%。

第三节　主要零售企业

利群集团股份有限公司

利群集团股份有限公司（简称利群集团）具有悠久的发展历史。早在30年代，以台东三路为核心，与人和路、长兴路相接形成的十字形街面上，汇聚德源泰百货店、永信绸布店、福兴祥杂货店、大光明眼镜店、福兴裕玻璃店、瑞城书局等40多家老字号商铺，为青岛的繁华商业街区之一。1964年，青岛市百货公司将福兴祥杂货店和德源泰百货店合并，同时整合永信绸布店、大光明眼镜店、福兴裕玻璃店等周边部分小商铺，冠名“国营利群百货商店”。1982年，由国营企业改制为集体企业——利群百货商店。

1988年3月19日，利群百货商店改制成为青岛利群百货股份有限公司，共筹集股金120万元，是山东省首家商业股份制试点企业。当时，由于股份制尚不完善，多年沉积的体制不顺、机制不活等弊端依然存在，利群百货公司经营效益严重滑坡。1991年销售额为3900万元，企业负债200余万元，积压库存商品200余万元，流动资金贷款300余万元。

1992年，市百货公司副总经理徐恭藻兼任利群百货股份有限公司总经理后，带队到全国第一家正式注册的股份制企业——北京天桥百货店，学习其比较成熟的股份制运行机制和运作方法，并按照《中华人民共和国公司法》在利群建立起真正意义上的董事会、监事会。在徐恭藻带领下，经过强化管理、调整经营结构、改革流动资金使用办法和奖金分配制度、折价处理积压商品等一系列改革，1992年底，利群各项经济指标均创历史最好水平，销售额达6700多万元，同比增长71%。当年，入选山东省50家最佳商业企业并位列第八名。

在规范和完善股份制的同时，徐恭藻带领员工开始规划建设现代化商厦。当时，青岛除中山路周边有华联、东方、国货等商业大厦外，其他地方均无大型商业设施。在调查、论证台东区域城市建设规划的基础上，利群将商厦选址于台东三路、台东二路、福寺路、大成路围合的4600平方米待建商业用地。其间，利群首先申请发行1000万元三年期债券，使1000万元资金顺利到位。1992年12月6日，利群通过社会定向募集股票，计2000万股，每股1.8元，共筹资3600万元，成为改革开放后青岛市第一家向社会定向募集股票的企业，对探索企业的股份制改革具有重要历史意义。1993年9月，经中国人民银行批准，中国工商银行、交通银行、中信银行等5家银行通过利益均摊、风险共担的方式，组成银团向利群发放贷款9000万元。1994年10月底，利群商厦主体及附属楼完工，11月5日正式营业，营业面积3.8万平方米，企业开始步入快速发展轨道。

90年代中期起，零售业中外合资试点实施，跨国商业公司开始进入中国，青岛是跨国公司首选的目标市场之一。在对全国和全市零售市场发展现状及趋势、自身优势和前景进行深入分析的基础上，利群作出“农村包围城市”的战略决

1994年11月5日，利群商厦建成开业，营业面积3.8万平方米。

策，率先向城乡接合部和周边县市发展。1997年4月30日，营业面积4400平方米的利群长江商厦在青岛经济开发区正式开业，成为青岛市首家以自主经营方式在老市区以外建商场的商业零售企业。

此后，通过租赁、并购、控股、自建等方式，利群不断实施对外扩张战略。1998年，利群收购原胶南市商业大厦，营业面积1.1万平方米，成为胶南市最大的零售企业。1999年4月，利群超市开业，营业面积5000平方米。1999年10月，利群集团成立后，开始实施品牌发展战略，当年销售额突破6亿元，跻身全国重点大型商场销售排名前50名。2000年8月，利群集团二级扩张店——长江商厦金海岸商场开业。2001年2月，青岛利群投资有限公司成立，并于2003年11月变更为青岛利群担保投资有限公司，利群开始涉足金融业务。2001年9月，利群兼并诸城商厦并重装开业，成为利群集团走出青岛、迈向山东的标志。2001年11月，利群集团自行征地建设的占地1.67万平方米，建筑面积2万多平方米的福兴祥商品配送有限公司办公楼及仓储项目投入运行，利群集团商业物流发展进入新纪元。2002年8月，营业面积2万平方米的利群威海购物广场开业。2002年，利群在青岛市区的17家加盟便利店开业，标志着以台东利群商厦为旗舰店，以大型购物中心为中心店，以中型超市为辅助，以便利店为补充的利群业态新格局初步形成。当年利群集团销售额突破25亿元，位居山东省商业零售业榜首。2004年，利群集团位列中国企业500强第448位，是山东省唯一入选的商业零售企业。

2005年3月，利群在连云港市购置土地26.67万平方米，进行58万平方米的住宅建设，利群集团正式进入商业房地产开发领域。至2005年底，利群集团在山东省内共拥有经营面积1万平方米以上商厦20座、便利店600余家，大型物流中心2个，总经营面积达70余万平方米。并形成以百货零售连锁为主，集商业物流配送、房地产开发、酒店连锁等业态于一体的多元化发展新格局。当年集团销售额突破100亿元，位列中国企业500强第369位，在商务部公布的全国连锁企业30强中名列第21位；实现利税2.1亿余元。

1998～2005年，利群集团先后获“中华老字号”、全国“百城万店无假货”示范店、百货零售服务全国用户满意服务单位、全国连锁百强企业、中国商业名牌企业、中国优秀企业、中国企业500强等荣誉20余项，山东省及青岛市级荣誉60余项。集团董事会主席、总裁徐恭藻先后获全国优秀企业家、山东省劳动模范、全国五一劳动奖章、全国十大杰出跨世纪人才等荣誉称号。

2005年青岛利群集团股份有限公司部分经营面积1万平方米以上商厦情况表

表1-4

名称	建立时间	经营面积（万平方米）	营业额（亿元）	税收（万元）	员工数（人）	地址
利群商厦	1994年	3.8	3	514.11	413	青岛市台东三路77号
青岛长江商厦	1997年	1.32	2.69	93.96	233	青岛经济技术开发区香江路78号
利群胶南商厦	1998年	1.1	2.04	390.45	194	胶南市人民路276号
利群四方购物广场	2000年8月	2	3.37	800.12	302	青岛市重庆南路1号
利群胶州商厦	2000年12月	1.2	2.04	538.09	154	胶州市苏州路118号
利群诸城商厦	2001年9月		1.27	375.02	146	诸城市和平街54号

续表1-4

名称	建立时间	经营面积（万平方米）	营业额（亿元）	税收（万元）	员工数（人）	地址
利群即墨购物广场（即墨商厦）	2001年12月	2.6	3.31	841.24	213	即墨市鹤山路144号
利群莱州购物广场	2002年1月	1.2	0.54	26.84	177	莱州市文化路东
利群威海购物广场	2002年8月	2	1.3	259.76	116	威海市文化西路166号
利群荣成购物广场	2002年	2	1.02	13.14	144	荣成市沿河北街
利群瑞泰购物广场	2003年11月	2	1.65	205.75	143	青岛经济技术开发区长江中路266号
利群蓬莱购物广场	2003年	3.6	0.96	98.85	169	蓬莱市北关路686号
利群莱州商厦	2004年9月	3.6	1.24	272.93	160	莱州市文化东路
利群文登购物广场	2004年9月	3.2	1.13	104.49	202	文登市昆嵛路1号
利群日照购物广场	2004年10月	4.2	1.66	87.82	175	日照市海曲中路76号
利群潍坊购物广场	2004年12月	2.9	1.02	87.57	194	潍坊市奎文区新华路与福寿东街交叉路口西南侧
利群淄博购物广场	2005年4月	5.8	0.95	29.62	366	淄博市张店区商场东路2号
利群乳山购物广场	2005年4月	2.2	0.63	50.13	219	乳山市商业街东段、贸易城北侧

维客集团股份有限公司

维客集团股份有限公司（简称维客集团）总部位于向阳路65号。其前身是1951年张家和创办的李村消费合作社，当时营业面积仅20平方米，员工5人，主要经营小百货。此后，经过两次扩建，营业面积扩大至700平方米，营业人员增至54人。1971年1月，李村消费合作社更名为国营崂山百货商店，是崂山县规模最大的百货商店。

1983年，崂山百货商店改建为高4层、营业面积5000平方米的商场，并改名为崂山百货大楼（简称崂百）。1987年，崂百作为经营承包责任制试点企业与政府签订承包合同，并将承包指标层层分解落实到部、柜、组，形成内部承包网络，实行工效挂钩，以销售定分配，以服务定奖惩，打破“大锅饭”经营体制，调动了职工的积极性。同年，创办崂山纺织品公司。1988年，根据市场需要，崂百创办崂山第一家侨汇商店，并由此造就岛城一流的黄金珠宝城。同年3月，崂百改建当时最时尚的门头，并在青岛商界中率先打出车体广告——“逢二遇七李村集，崂山百货欢迎你”“崂百，老百姓的家”，使“崂百”走进千家万户。当年，销售额突破6000万元。1990年，崂百进行跨行业兼并企业的尝试，接收崂山人民商场和崂山信托商行。

1992年，是崂百发展最关键的一年。作为全市第一批国有商业企业改革试点单位，崂百进行股份制改革。当年11月，企业更名为青岛崂山百货大楼股份有限公司，其中国有股53%，职工持股21%，企业融资120万元。依靠内部股募集的资金，崂百大楼安装2台自动扶梯，并改造启用三楼长期闲置的卖场。当年，崂百经营面积扩至6650平方米，销售额首次突破1亿元。公司董事长兼党委书记邵立芬获全国五一劳动奖章。1994年青岛市区划调整后，崂百兼并接收濒临倒闭的崂山饭店，并利用其原址兴建2.1万平方米的商场。1995年，崂百集团收购崂山人民商场等商业企业。同时，通过国有股减持、向社会定向募集的方式筹资8000万元，对崂山百货大楼实施大规模改造扩建，建成集购物、餐饮、娱乐于一体的综合性商场，营业面积达2.1万平方米，跨入大型商业企业行列。同年12月，崂山百货大楼股份有限公司组建为青岛崂山百货大楼（集团）股份有限公司，总股本2072.63万股，张贤存任总经理。

1997年，崂百集团实施资产经营战略，走跨越式、低成本扩张之路。在兼并7个特困企业之后，全资收购破产工业企业崂山花边厂（国家二级大型企业），并成功组建天凤工艺品有限公司，共安置下岗职工1253人，在青岛首开零售商业兼并工业企业的先例。1998年，投资3000万元在李村商业繁华区建造青岛市区北部最大的现代化维客广场超市。

进入21世纪，崂百集团开始由传统商业向现代商业转变，进入“一业为主，多业态规模连锁发展”新时期。2000年1月8日，维客广场超市开业。此后，陆续在山东半岛开设8家大型购物中心和超市。其中维客高密购物中心营业面积3.1万平方米，是高密市经营规模最大、商品种类最全的大型现代化购物中心。自2000年起，崂百引进加拿大先进的数据分析技术，开发商业企业大型综合数据中心系统（BERP系统），对商品经营、物流配送、财务核算、信息、人事等实行信息化管理。2002年5月，崂百集团被山东省确定为28家企业管理信息化试点单位之一，是青岛市唯一一家入选的零售企业。

2002年12月，崂百集团实现国有股整体转让，并投入2000多万元对崂百大楼后院进行改造，新建5层商场。2003年3月，崂百集团出资买断李沧广场的冠名权、管理使用权后，对其进行绿化、亮化，更名为维客广场。10月28日，崂百集团正式更名为青岛维客集团股份有限公司。2005年5月，维客厚德担保公司成立。8月，维客集团按照国际标准规划建设大型现代化物流配送中心—— 维客天天配送物流中心，占地5.3万平方米，年配送能力2000万箱。

至2005年，维客集团股份有限公司拥有以崂山百货为旗舰店的8家大型连锁门店、800余家加盟店，连锁加盟店遍布青岛及山东半岛地区。集团商业总营业面积达20万平方米，成为集零售业、采购物流、餐饮业、商务休闲、加工制造、投资置业等连锁发展的大型企业集团。当年，集团销售额达20.6亿元，居青岛市零售业第二位。企业综合经济效益进入全国商业50强，列中国服务业企业500强第309位。集团先后获全国商业百强企业、全国百家名店、全国零售业百强企业、中国商业名牌企业、中国百货行业优秀企业、全国“百城万店无假货”活动示范店等全国性荣誉近20余项，省、市级荣誉70余项。集团董事长张贤存被授予青岛十大杰出青年、山东省“富民兴鲁”劳动奖章、全国“振兴行动”先进个人等荣誉称号。

青岛永旺东泰商业有限公司

1992年，青岛市被列为全国11个试办中外合资或合作经营商业零售企业的城市之一。随后，多家外商到青岛洽谈合资经营零售商业。市政府经反复比较和慎重研究，确定将日本佳世客株式会社作为合作伙伴，并委托青岛市供销合作社联合社与之洽谈合资事宜。中方认为，日本永旺集团所属的佳世客株式会社是亚洲商业零售排名第一的企业和世界500强企业，与其合作有利于借助国外的资金和管理经验，尽快提高国内商业企业的经营管理水平。经多次谈判，双方于1994年5月13日签订合作意向书，1994年12月28日，国务院以国函〔1994〕146号文件批复同意成立合资公司。1996年3月21日，市供销社与日本佳世客株式会社合资注册成立青岛东泰佳世客有限公司，市供销社占40%，日方占60%。公司位于市区东部湛流干路72号（香港中路72号），其项目建设列为当年市政府重点办好的“十件实事”之一。

1996年底，青岛东泰佳世客有限公司东部购物中心（东部店）开工建设，1998年1月18日建成开业。东部店占地5万多平方米，建筑面积4.7万平方米，营业面积3.1万平方米，设3家自营核心店和52家专门店，采用开架式销售的商品达4万多种。其中3个自营店为衣料GMS（大型综合百货超市）、食品SM（食品超市）和家居用品GMS。52家专门店分布在购物中心周围，包括7家餐饮店、3家工艺品店以及珠宝店、茶叶店、海产品店、渔具店、服饰店、书店、大型游艺厅、美容店、银行等。另外，地面、楼顶配备大型停车场，可同时停车1000多辆。1999年底，青岛东泰佳世客有限公司通过ISO 9002质量体系认证。

2000年，青岛东泰佳世客有限公司租赁青岛印染厂厂房（辽宁路80号），按东部店的建设模式改造开设佳世客2号店——市北购物中心。2000年11月15日该购物中心建成开业，总投资627万美元，营业面积1.39万平方米，设食品SM、衣料GMS和家居用品GMS 3个自营核心店以及餐饮店、服装店、药店、银行等22个专门店。配备9000平方米的地面停车场，可同时停放400余辆小型车。

2003年，青岛东泰佳世客有限公司更名为青岛永旺东泰商业有限公司。2004年10月31日，市北购物中心因所处老城区居民购买力较弱，难以完成营业预算，开业后连年亏损而关闭。2005年12月，青岛永旺东泰商业有限公司黄岛购物中心（黄岛店）开业。黄岛店位于黄岛区长江中路、井冈山路交界东北侧，建筑面积5.24万平方米，营业面积3.5万平方米，停车场可泊车1000多辆。该店以GMS业态的佳世客黄岛店为核心店铺，并配备56家专卖店的摩尔型购物中心，其中有首次进入黄岛区的星巴克咖啡、必胜客比萨、日式沙龙餐厅等知名品牌店。

2005年，青岛永旺东泰商业有限公司（东部店、黄岛店）共实现销售收入8.5亿元，利润5978万元。

青岛永旺东泰佳世客东部购物中心位于香港中路72号，建筑面积4.7万平方米。由市供销社和日本佳世客株式会社合资建设，1998年1月建成开业，是青岛市第一家开业的中外合资商业企业。

青岛家乐福商业有限公司

1999年，法国家乐福集团在香港中路和南京路交叉口投资兴建大型超市——家乐福青岛名达店，是法国家乐福集团在中国境内开设的第21家连锁店。法国家乐福集团成立于1959年，是大卖场业态的首创企业、欧洲第一大零售商、世界第二大国际化零售连锁集团。家乐福青岛名达店于1999年3月开工建设，12月5日建成试营业，12月9日正式开业。建筑面积2.3万平方米，共2层。一层是大型停车场和专卖店，能同时泊车200辆，专卖店除经营世界知名品牌外，还设有肯德基、永和豆浆等著名快餐店。二层是现代化的大型超市，经营面积为6600多平方米，主要经营服装鞋帽、家用电器、床上用品、日用百货、烟酒糖茶、办公用品及各种生鲜食品等2万余种商品。家乐福大卖场的全新流通业态，一改此前传统百货店经营模式，迅速赢得市民青睐，并为本土商业改造升级提供了模本。试营业4天间，每天营业6小时，客流量达十几万人次，平均每小时销售额达10万余元。正式开业6个月，即创造青岛市商业零售企业单位面积销售额、日客流量和利润3项新纪录。

2000年12月，由家乐福集团投资1.2亿元（不包括购地费用），在山东路和敦化路交界处开工建设青岛家乐福二店。当年，青岛名达店以580万笔的买单量一举成为全球近1万家连锁店的第一名。2001年，根据市场需求，家乐福名达店在二楼上面又加盖一层，进一步扩大商品种类、拓展消费层次。当年，家乐福青岛名达店销货额达4.7亿元，上缴税金3000万元，并在全球家乐福连锁店中率先突破买单量600万笔的纪录。

2002年12月4日，青岛家乐福商业有限公司成立，家乐福集团占有65%股份，北京中商集团、青岛浮山所实业（集团）公司、青岛新兴集团占35%股份。同年12月19日，青岛家乐福二店——新兴店开业，建筑面积2.8万平方米，其中营业面积1.5万平方米，可供应货品4万余种，提供停车泊位400个。青岛家乐福秉承“一次购足、超低售价、免费停车、自助式服务、新鲜和品质”的全球经营理念，同时实施经营本地化战略，不断开发适合本地销售的新产品。

至2005年，青岛家乐福商业有限公司拥有市南名达店和市北新兴店，营业面积共计2.4万平方米。年营业额达7.7亿元，年创利税4200万元。其中，名达店年营业额达5亿元，利税3000万元；新兴店年营业额为2.7亿元，利税1200万元。

青岛北方国贸集团股份有限公司

1994年，李沧区供销社注册成立北方国贸大厦股份有限公司，投资5500万元，在土产杂品公司原址（向阳路50号）建设大型综合商业大厦——青岛北方国贸大厦（简称北方国贸）。1995年12月29日，北方国贸建成开业，建筑面积2.1万平方米，内设中央空调、电视监控、双向自动扶梯、客货梯等先进设备。经营商品品种多达4.5万种，从业人员800人，以零售为主，兼营批发。开业当日，销售额高达319万元。1996年2月，北方国贸成立国际业务部，开展外贸业务。同年成立针织用品专卖店、北方国贸迎宾馆、北方国贸家具大世界、名酒销售公司及北方国贸海尔加盟店等。当年，北方国贸实现销售额2.14亿元、利税1200多万元，被全国供销总社授予“百强商场”称号。

1997年3月10日，北方国贸股权证在青岛证券交易中心挂牌交易。4月，晋级为国家大型二类企业。1999年5月，北方国贸进行第一次扩建改造，扩增营业面积至9000平方米，并建成2100平方米的停车场；2001年8月，再次进行扩建改造，营业面积增至3.6万平方米；2002年3月，北方国贸兼并青岛崂山第一商场。至2003年营业面积扩建至5万平方米，并拥有316个泊位的立体停车场。同年，北方国贸浮山超市、板桥坊超市、东山超市相继开业，标志着北方国贸开始发展连锁超市经营。2004年11月28日，北方国贸一佳一时装中心开业，是李沧商圈唯一一家女性服装专营商场。2005年，北方国贸家得百货业有限公司注册成立。

至2005年，北方国贸集团辖有北方国贸大厦、北方迎宾馆、名酒批发公司、广告公司、中心工业品批发公司、茶叶公司等企业10余家，企业职工达600余人。有商用面积5万余平方米，经营商品6万多种。当年集团实现商品销售额8.5亿元，利税1411万元。北方国贸自成立起，先后获全国“百城万店无假货”活动示范店、中国商业服务名牌、中国服务业企业500强、山东省消费者满意单位等荣誉。

青岛第一百盛有限公司

1992年7月，国务院《关于商业零售领域利用外资问题的批复》确定，首先在青岛等6个城市和深圳等5个经济特区，各试办1～2家中外合资或合作经营的商业零售企业。自此，青岛开始进行合资商业的探索。1993年，青岛百盛经国务院批准立项。1994年5月12日，青岛第一百货商店与马来西亚金狮集团正式签订合同，合资成立青岛第一百盛有限公司，这是山东省第一家由国务院批准的大型中外合资零售企业。百盛集团由马来西亚金狮集团于1987年创立，是其旗下最大、最成功的零售百货连锁集团。青岛第一百盛有限公司是百盛百货在中国大陆开设的第一家企业。项目总投资7.8亿元，注册资本金2.33亿元，双方各占50%股份，中方任董事长、外方任总经理，合同期为30年。

1997年9月，位于桑梓路9号、营业面积6000平方米的百盛南山超市开业，这是青岛第一家现代化大型超市。开业初期，最高日销售额200多万元，每平方米年营业额高达5.3万元，是全国超市平均水平的4倍，位居亚洲零售百货业前列。百盛南山超市将先进的超市业态率先引入青岛，以低价位引起强烈的市场冲击波。开业当天，与其毗邻的台东利群商厦一楼超市日销售额竟不足1000元。

1998年8月30日，第一百盛商厦建成试营业，9月30日正式开业。该商厦位于中山路44—60号，地处中山路商圈，紧邻前海一线著名旅游景点——栈桥和火车站，交通便利。商厦共54层，其中地下一层设超市，1～8层为集购物、餐饮、儿童娱乐为一体的综合购物中心，营业面积3万平方米，定位于中高档时尚百货店，以经营品牌化、专业化、系列化商品为特色。其他楼层用作写字楼对外出租。青岛百盛依托中国百盛集团强大的网络优势、采购优势和品牌优势，汇聚各地名牌商品，是最早将品牌消费文化引入青岛的商业企业之一。购物中心一楼时尚名品馆引进CHANEL、雅诗兰黛、欧莱雅等知名化妆品品牌；2～6楼分别经营皮具、女装、男装、运动休闲用品；7楼为餐饮区，8楼设儿童天地供儿童娱乐。商厦经营面积大、品牌全、风格多，高中档次兼顾，为顾客提供较宽的选择空间，可满足各方面多层次的消费需求。

2000年初，青岛百盛在淄博开办“爱客家”万米超市。同年底投资并输出管理，在即墨开办青岛百盛即墨购物中心。2001年底，青岛百盛在市内开辟沧口爱客家超市。2002年初，在青岛百盛崂山购物中心二楼设爱客家超市，营业面积达1.3万平方米，创山东省超市营业面积之最。同年4月29日，青岛百盛潍坊购物中心开业。青岛百盛逐渐发展成为以青岛为中心，辐射周边地区，面向全省市场，拥有7家分店的山东区域连锁企业。2002年，青岛百盛顺利通过ISO 9001：2000国际质量管理体系认证。2004年，青岛百盛创立并成功注册“百里挑一，盛情满怀”服务品牌，成为青岛市第一家拥有自己注册服务商标的外资商业企业。

2005年，青岛第一百盛销售额达7.13亿元，实现利税2976万元。企业先后获得全国商业质量管理奖、全国百家优秀侨资企业奖、全国“百城万店无假货”商店、山东省服务名牌等荣誉。

海信广场

1997年7月1日，海信实业有限责任公司的龙头企业——海信广场开业，位于山东路9号。总投资约2亿元，营业面积2.2万平方米，商品品种达4万余个。海信广场首次将“高端百货”的概念引入青岛，率先开启青岛高端消费市场。

海信广场硬件设施定位于青岛市乃至山东省同行业企业中最高端、最现代化水平。一楼大厅宽敞明亮，大厅中央设三角钢琴演奏；广场内设8部自动扶梯、中央空调、触摸导购电子屏、电脑统一结算、层层方便座椅等。海信广场杜绝出租柜台和联营柜台的销售方式，以总经销和总代理形式，实现名牌化和品牌化经营。同时建设配送中心，采取买断经营和批量进货等形式，降低进货成本，提高市场占有率。在服务上，海信广场将星级酒店的管理体系引入商业服务。在一楼大厅设置总服务台，向顾客提供咨询，为残疾人、老人、儿童进行全程导购，一站式受理顾客退换货以及其他便民服务等。自1998年3月1日开始实行零风险退换货制度，实行1个多月即受理顾客退换1144次，退换货款额达68万余元。在营销手段和塑造企业方面，海信广场采取与企业实际经营定位和经营方式相吻合的促销手段，并开展多种企业形象建设活动。如在青岛商业企业中首次推行购物会员制，建立旨在提高会员生活和消费优越感的海信广场会员俱乐部，举办多种时装发布会和展示会活动等，既有效促进企业形象传播，又取得良好的促销效果。开业一年后，海信广场即发展成为海信集团最具实力的新的经济增长点之一。

受亚洲金融危机以及区位、交通、经营策略等因素影响，海信广场经营逐渐陷入困境并出现亏损。1999年，海信广场日销售额仅为7万多元，库存累计高达6000万元，其中两年以上的滞销库存达2000万元。为扭转经营局面，海信集团派周涛兼任海信广场总经理。企业加大招商力度，引入国际知名品牌。先后引进法国、意大利、英国、美国、日本、中国香港等地的POLO（圣大保罗）、HUGO BOSS（胡戈波士）等20多个国际品牌。2003年下半年，海信广场投资1000余万元，对广场户外环境、外立面及内部环境、结构布局实施全面调整改造。2003年9月24日，位于中山路商业街南端的海信广场金座购物中心正式开业，建筑面积达1万平方米，是青岛首家高级服饰专营店。当年，海信广场会员达到5.6万余人，日销售额增至近100万元，最高日销售额达到500余万元。

2005年11月，海信广场与天津华信商厦有限公司正式签约，投资1.8亿元，建设海信（天津）国际购物中心。由此，海信广场成为首家进入天津高档百货业的外来商业企业，同时也是青岛第一家省外扩张的商业企业。至2005年底，海信广场经营各类品牌300余个，其中世界知名品牌占有率超过50%。以2万平方米的单店经营面积实现年营业额4.6亿元，利税1700万元，成为青岛市十大零售企业之一。当年，海信广场被推选为中国高级百货店联谊会轮值主席单位。

青岛利客来商贸集团股份有限公司

青岛利客来商贸集团股份有限公司（简称利客来）前身是1950年成立的崂山县李村供销合作社，位于京口路58号。营业面积仅300余平方米，员工不足100人。

改革开放后，青岛商业蓬勃发展。在多种经济成分、多种经营方式、多种经营业态相互竞争中，李村供销社作出“进军城区，搞批发、搞零售设施建设”的经营战略调整。1990年12月，李村供销社在原址改扩建成崂山商贸大厦，营业面积达到4000平方米。主要经营食品、百货、家电、五金、服装、鞋帽、针纺、家具、日用杂货等，彻底改变以农资为重点的经营结构。开业当天，销售额突破100万元。但由于体制、机制落后，企业经营很快滑坡，一度面临被收购的窘境。1992年3月，崂山区茶叶公司经理李云敬调任崂山商贸大厦总经理后，逐步建立起商品采购渠道管理、信息化建设、资金流使用控制、人才储备、企业文化建设等大商场管理体系。1997

年7月，崂山商贸大厦改制为股份制企业，李村供销社占股54%，职工股占46%，注册资本1000万元，员工300人，李云敬任公司董事长兼总经理。当年销售额达8000万元。

90年代中后期，崂山商贸尝试与外资零售企业合资。但在与一家外资企业谈判中，总经理李云敬改变合资初衷：外资企业的管理是可以学习的，而本土商业更有自身优势，特别是供销社系统的商业企业，在几十年发展历程中，已经形成贯穿城乡的渠道和网络，与广大消费者积累了深厚感情。崂山商贸大厦决定，自筹资金4000万元建设崂山商贸中心。1999年2月8日，崂山商贸中心开业，营业面积1.5万平方米。此后，经过两年的探索和完善，至2001年，崂山商贸成功跻身青岛十大商场之列。

2002年2月6日，崂山商贸正式更名为青岛利客来商贸股份有限公司，导入CIS（企业识别系统）理念，推出“利客来——利惠顾客，共创未来”服务品牌，并由此开始跨区域经营发展。2002年8月2日，2万平方米的利客来莱西购物中心开业，标志着利客来“农村包围城市，城乡并举发展”的连锁经营战略顺利实施。9月18日，利客来完成企业二次改制，社有股全部退出，改由全体职工持股，注册资本5000万元，并由此确定“做大做强，区域领先”的奋斗目标。同年底，利客来走进生活小区，开设第一家加盟（便利）店。2003年5月18日，在崂山区王哥庄开设第一家中型超市，随后，利客来仙家寨超市、利客来李权庄超市相继开业。同年8月，利客来与青岛公交集团签约合作，将李村公交客运站旧址与利客来商贸大厦改造嫁接，改建为7万平方米的利客来李村购物中心。2004年8月正式开业，这是超大型购物中心业态第一次进入青岛，为青岛市单体面积最大的商场。2005年12月28日，青岛利客来商贸集团股份有限公司（简称利客来商贸集团）正式成立，开启集团化管理发展模式。同时，利客来商务酒店开业，建筑面积1.5万平方米，可容纳360人住宿，600人同时就餐。

至2005年，利客来商贸集团拥有利客来购物中心、莱西购物中心、利客来商务酒店等自营连锁门店10家，经营面积14.58万平方米，经营服务范围涉及百货、超市、便利店、采购物流、餐饮宾馆等领域。企业先后获得中国商业名牌企业、中国商业服务名牌、全国“守合同、重信用”企业、“富民兴鲁”劳动奖状、山东省消费者满意单位等荣誉。当年，实现销售6.53亿元，利税1318万元，共有员工508人。

青岛阳光百货股份有限公司

青岛阳光百货股份有限公司（简称阳光百货）位于香港中路38号，地处市南区中央商务区中心地段。阳光百货由江苏阳光集团、青岛红领服饰发展有限公司、新世界（青岛）置地有限公

阳光百货位于香港中路38号，2003年9月正式开业，是经营名品服饰、化妆品、居家用品的高端百货店，先后引进400多个世界知名品牌，其中30%品牌首次进入山东。

司、江阴盛银投资有限公司、青岛现代朝阳实业有限公司5家民营企业共同投资3亿元成立。其中最大的投资方——江苏阳光集团是纺织业龙头企业，是亚洲最大、世界排名第三的精毛纺企业，拥有中国驰名商标——“阳光”。

2002年11月，青岛阳光百货股份有限公司正式注册成立，2003年9月29日正式开业。经营面积3万多平方米，一楼大厅设2个中央共享空间，建有7000平方米的空中花园，每层设有6个自动扶梯，地下设两层智能化停车场有400余个泊车位，外加路面停车场100余个车位。阳光百货定位为经营名品服饰、一线化妆品、名优居家用品，集购物、商务休闲、娱乐、体验生活于一体、具有综合经营功能的剧院式高端百货店。开业之初即一次性引进300多个世界知名品牌，包括CERRUTI1881（切瑞蒂）、A.Testoni（铁狮东尼）近80个国内外女装品牌。

阳光百货以“专注于服务与品质，成为受人尊重的企业”为目标，以“时尚、阳光、快乐、健康、爱心”为品牌定位，以“人本、诚信、学习、团队、责任、荣誉”作为企业的价值观，不断进行管理和服务的创新和完善。阳光百货采用单品治理，采购部如同“海关”，每个供给商的资质、每件商品的品质都要经过阳光百货采购部的严格检验。开业2年间，阳光百货商品真货率达100%，在消费者协会及政府各职能部门始终保持“零投诉”纪录，树立起诚信的企业形象。2004年6月22日，亚洲合作对话第三次外长会议在青岛召开期间，阳光百货接待了各与会国外长夫人的参观访问。同年9月2日，中国外交部部长李肇星夫人秦小梅陪同澳大利亚、保加利亚等12个国家外长夫人及大使夫人到阳光百货参观购物。秦小梅称赞：“阳光百货作为一家高级百货店，无论在商品品牌、购物环境还是人员服务上，感觉都很像欧洲的高级百货店，人文气息很浓，突破了国内商业的一贯模式，达到了国际上的一流水平。看到家乡的商业有了如此大的突破和进步，我从心里为青岛感到骄傲和自豪！”此后，阳光百货承接了中俄联合军演官兵、拉美议长参观团、斐济总理及夫人、圣卢西亚两院议会议长及夫人参观团等外事接待工作。

2005年4月，世界著名咖啡品牌星巴克中国境内首家直营店和冰淇淋第一品牌哈根达斯山东旗舰店入驻阳光百货。随后，相继引入世界顶级品牌GUCCI、顶级汽车品牌德国保时捷、德国美丽田园美容中心、韩国李嘉子形象设计中心等。开业2年间，阳光百货与全球1000多家品牌商长年保持业务联系，与400多个国内外著名品牌建立长期合作关系，其中90%是国际、国内著名品牌，30%是首次进驻山东省。阳光百货先后获得国家金鼎级百货店精品店、中国商业信用企业等众多荣誉，并成为青岛首家零售业全球合作伙伴。

2003～2005年，阳光百货销售收入以每年40%以上的速度增长，2005年，实现销售收入3亿元。

青岛国货有限公司

青岛国货有限公司可追溯至民族工商业发展较快的30年代。当时，青岛工商业者发起“抵制日货、提倡国货”运动，并于1933年在天津路组建青岛国货公司。1936年，青岛国货公司与上海国货公司青岛联营所合作，在河南路组建青岛中国国货股份有限公司。1937年4月，国货公司迁至中山路149号营业大楼。青岛解放后，1950年实行公私合营，1966年改称国营青岛国货公司。

改革开放后，青岛国货公司成为国有商业企业改革的试点。1979年，市劳动局“计时工资加奖励”首选国货公司进行试点。当年，在全国60家大中型百货商业零售企业经济效益评比中，青岛国货名列前茅。1980年，商业部在青岛国货公司召开贯彻《工业品零售管理条例》现场会，推广公司经营管理经验。1983年，国货公司进行定额百分计奖和经营承包联销计酬试点。1984年，姜玉玲被任命为总经理后，对企业经营机制和管理模式进行一系列改革和创新。改革用人制度，从32名科室负责人和行政组长中选聘17名年富力强、具有改革创新精神的干部。改革内部分配制度，实行“联售计酬、计分算薪”。拓展货源渠道，与全国22个省市近600家名优厂商建立起稳固的货源基地，并与北京天桥商场等全国大中型商场创立全国大中城市百货商店联合会，扩大与全国各地的联网经营。同年，全国家电热刚刚升温，国货公司立刻成立家电门市部；1986年，女装畅销，公司将女装柜增设为2个。国货公司顺应消费市场变化，在市场竞争中赢得了先机。1989年晋升为国家二级企业。

1990年，国货公司实现销售额7408.2万元，利税596.7万元，分别是1978年的5.65倍和4.7倍。1984～1990年，国货公司销售额实现年均增长30%，综合经济效益连续7年居全省同行业第一位。企业先后获全国商业先进单位、全国百货纺织商业经营管理先进单位、全国城市文明经营示范单位、山东明星企业等荣誉。公司总经理姜玉玲也先后被评为全国商业优秀经理、全国优秀女企业家、全国三八红旗手等。

1991年，青岛国货公司决定在不足2000平方米的原址扩建一座集购物、博览、餐饮、娱乐、商驻办公为一体的大型综合性购物中心。当年12月27日开工，1993年12月19日正式开业。购物中心高20层，总面积3.8万平方米，营业面积2.1万平方米，内设自动扶梯、中央空调和闭路监控系统。经营烟酒食品、日用百货、服装鞋帽、五金交电、家用电器、金银首饰、钟表眼镜、照相器材、工艺美术、文体用品等4万余种商品的零售、批发和代销业务，是山东省规模最大的商业零售企业。1992年，由青岛国货公司、中国工商银行青岛市信托投资股份有限公司、青岛市益青房地产开发公司共同发起，定向募股，当日完成1000万元定向法人股和800万元个人股招募。当年5月，青岛国货股份有限公司成立。12月29日，改制后的青岛国货重新开业，初期创下日销售额506万元、月销售额5000万元、83天过亿元、半年2亿元的良好业绩。1996年7月19日，青岛国货股份有限公司在深圳证券交易所成功上市。

90年代后期，由于青岛市行政中心逐渐东移等原因，公司效益连续下滑。2000年12月24日，青岛国货公司首家大型分店——胶州新世纪购物中心开业，共投资1500万元，营业面积2.37万平方米，是胶州市成立最早的一家集购物、娱乐、休闲、餐饮、服务于一体的综合性购物中心。2002年1月20日，青岛国货城阳购物中心正式开业，经营面积1.6万平方米。成为公司实施辐射经营的新增长点。同年9月7日，投资2000万元的青岛国货莱州购物中心开业，国货公司开始向埠外扩张发展。

2001年，青岛国货集团股份有限公司与上海华馨投资有限公司合作实施资产重组。剥离部分商业资产和市商业总公司合资组建新的商业经营有限公司——青岛国货有限公司。2005年，青岛国货有限公司营业收入达7亿元，上缴利税4000万元。

青岛华联商厦

青岛华联商厦位于费县路6号，坐落于青岛标志性旅游景点栈桥和火车站之间，具有独特的区位优势。1991年12月26日，青岛华联商厦竣工开业。商厦建筑面积2万平方米，营业面积1万平方米，是当时山东省规模最大的现代化、综合性、多功能、批零兼营的大型国营商场，结束了青岛市没有“万米商场”的历史。

青岛华联商厦提出“穿在华联，美在华联”和“不用东奔西走，华联样样都有”的经营口号，派出专职进货员赴全国各地直接采购。商场二楼、三楼的服装羊毛羊绒衫全部在生产厂家采购，并全部实现品牌化经营，专设五楼精品商场，引进花花公子、梦特娇、皮尔卡丹等国际国内知名品牌，商场一楼引进全国最大的洋酒经销商，设立青岛第一家洋酒专柜，并开设食品自选超市，经营的商品花色品种达2万余个，服装、家电等70%的营业柜实行开架销售和自选购物。开业第一年实现销售收入2亿元，利税2900万元。

青岛华联商厦始终把人员素质提高和管理水平提高放在首位。开业之初，公司为提高员工管理服务水平，与天津商学院联合创办华联商厦职工学校，开设包括市场营销、财会和公共关系等专业的大专学历教育班，对公司管理人员进行不脱产培训。青岛华联商厦始终把让消费者满意作为经营目标。1992年初，青岛华联商厦在全省率先推出“八试二退一保”的便民措施，先后推出“全国联网退换货”承诺和“质量先行负责制”，在消费者购买商品出现问题时，青岛华联商厦先行给予赔付。1996年上半年，为满足市场变化和消费者需求，在不停业的情况下对商场设施和经营布局进行大规模改造。并将3部单向自动扶梯改造为10部双向交叉自动扶梯，经营品种增至3万余个。当年实现销售额3.4亿元，日销货提高近20%。

90年代末期，随着青岛市经济中心的东移，分流了大量顾客。同时青岛火车站封闭施工，导致客源减少，青岛华联商厦销售业绩急速下滑。公司研究决定以“家佳源”为连锁品牌，以“购物中心业态”为经营新方向，以“开拓新商圈”为目标，向市区以外发展扩张。2001年初，青岛华联商厦选址黄岛区长江中路308号，筹建第一家家佳源购物中心，并于当年11月24日建成开业。总面积2.3万平方米，设有大型室内外停车场，并获得当地消费者认可。2005年9月9日，以“家佳源”为品牌和模式，总面积3.5万平方米青岛家佳源（城阳）购物中心正式营业，成为城阳区东部首家现代化大型购物中心。

2005年，青岛华联商厦实现销售额2.4亿元，上缴利税900万元。

青岛东方贸易大厦

1991年，为改变青岛市商业服务设施落后的状况，市政府批准组建青岛东方贸易大厦，并将其确定为中型一类集体所有制企业，隶属市供销合作联社，实行自主经营，独立核算，自负盈亏，具有法人资格。由市供销合作联社利用当年全系统企业减免税1840万元投资兴建，并将其列为青岛市1991年十件大事之一和市重点工程。1991年2月工程动工，1992年12月竣工投入使用，1～5层零售商场对外进行试营业。青岛东方贸易大厦地处胶州路，紧临中山路商业街，建筑面积3.6万平方米，营业面积2.9万平方米，大楼主体高14层，有7个零售商场，并设有宾馆、酒店、写字间、珠宝城、飞利浦专卖店、广告服务中心、商务公司等经营机构。主营日用百货、针织纺织品、五金交电、化工、各类主副食品、音像制品、劳保制品、金银首饰、装潢材料等，兼营客房、餐厅、游乐、日用品维修、服装加工业务，经营方式为零售、批发、加工服务，经营商品约有6万种。试营业当月实现零售额3000余万元，创青岛商业零售史最高纪录。

东方贸易大厦以让消费者满意为目标，不断推出别具一格的经营策略和服务措施，在商品质量、商品价格、服务质量等方面充分发挥大型商场的表率作用，赢得消费者的信赖，经济效益连年提升。开业第一年即实现营业额2.74亿元，创全市大型商场开业首年营业额最高纪录。

1994年，东方贸易大厦东升大酒店落成开业。1995年，东方贸易大厦推出“东方爱心年”活动，并组建消费俱乐部，全年完成销售3.4亿元，同比增长3%；实现综合经济效益2500万元，同比增长63%。同年10月，探索发展连锁经营，东方贸易大厦错埠岭社区便民店成立。11月，东方贸易大厦升级为大型二类企业。1996年，销售总额达3.7亿元，实现综合经济效益2454万元，利润总额1995万元，各项经济指标在山东省同行业中名列前茅。并相继获评全国青年文明号、山东省管理示范企业等荣誉。

1997年1月，东方贸易大厦实施资产重组，将与主营业务密切相关的经营性资产投入股份有限公司，辅助经营性资产、土地使用权及非经营性资产分离出来成立青岛东贸物业管理公司。通过优化配置、剥离重组、控股参股等形式，东方贸易大厦改制成股份有限公司，并于当年成功上市。公司借改制上市的契机，投入1960万元，全资收购平度华联商厦，实现跨行业、跨地域、跨所有制兼并。1997年，东方贸易大厦股份有限公司全年实现商品销售总额5.5亿元，同比增长45.1%；实现利润1743万元，同比增长47.5%。当年底，东方贸易大厦餐饮娱乐股份有限公司成立。

1998年，东方贸易大厦股份有限公司实施“大型企业集团化，中型企业股份化，小型企业多元化”的改革战略，以资产为纽带，联合系统优势企业组建成立青岛东方集团公司，顺利实施增资配股方案，募集资金7300万元。1999年，东方集团公司“东方家居”6000平方米二期工程开业，加上一期和东部6000平方米租赁商场，东方家居营业面积达1.8万平方米。2000年起，市供销合作社转让东方上市公司股权5830万股，使市供销合作社股权减持到6.67%。同年，东方集团公司与中国电信青岛分公司合作投资成立青岛市电子商务公司；东方网上商城于6月初正式启动，汇集服装、家电、食品等2000余个品种，当年信贷消费总额突破2000万元。

2001年12月，市供销合作联社与横店集团控股有限公司共同出资组建青岛横店东方贸易大厦有限公司。此后，东方集团公司实施资产重组，逐步脱离商业零售行业，转向生物制药业。

青岛海滨食品股份有限公司

青岛海滨食品股份有限公司（简称海滨公司）前身是位于中山路143号的海滨食品商店，是具有青岛地方风格和专业特色的食品企业，是全国首批命名的、青岛食品零售行业唯一一家“中华老字号”企业。

海滨公司的历史可追溯至1925年。当年夏天，江浙籍商人王少乾、洪荣芳和张根睦3人在中山路北端与高密路转角呈丁字形的街口开设食品店，店名为“万源永南货店”，取意“万源辏集，年永财广”，并请清代书法大家吴郁生题署“万源永”字号，是中山路第一家由中国人开设的专业食品店。青岛解放后，店名改为“三阳食品店”。1956年实行公私合营后，改名为“海滨食品商店”，其经营范围、规模形式与特色亦沿袭未变。

1984年，海滨食品商店由全民所有制改为集体所有，全店30余名职工一致选举李立明为经理。李立明上任后，实施一系列内部创新改革。为突出专业特色经营，走出去开拓进货渠道，引进全国各地的名、优、新、特产品。1990年，海滨食品商店对原有商店进行拆除扩建，建起总面积704平方米的3层楼商场，并推出中山路第一家食品自选超市。海滨食品商店成为青岛食品零售行业中品种全、质量优、服务佳的商场，深受消费者的喜爱和社会各界的好评。

1992年，作为全市首批18家实行劳动、工资、社会保险制度综合配套改革试点企业，海滨食品商店打破传统的劳动用工与个人薪资分配机制，建立起全新的经营管理机制和工作流程。1993年，海滨食品商店实行股份合作制改造，员工自愿投资入股，占总股本的45%，真正成为风险共担、利益均沾的企业主人。1994年，海滨食品商店实施“连锁经营”发展战略，在台西居民区开设第一家连锁店。至1995年发展连锁店5家。位于中山路上的海滨老字号商场，以各项指标均达国内同行业最高水平，被国内贸易部连锁经营办公室评为“中国连锁业十佳门店”。1996年，企业改制成立海滨食品有限责任公司，年销售过1亿元大关。

自1997年起，海滨食品有限责任公司发展批发、商贸、生产加工多家控股子公司，企业规模再次扩张。同年9月，组建成立海滨食品股份

90年代末，青岛海滨食品公司金喜凤以专业、优质的服务赢得消费者的信赖，由此创立“海滨小金”品牌。2000年，“海滨小金”商标在国家工商局注册。图为金喜凤（左一）为顾客介绍和挑选海参。

有限公司，并先后托管和整合青岛茶业集团公司和青岛糖果冷食品总厂。至1999年，连锁门店发展到60家，生产商贸公司10余家，总营业面积达1.5万平方米，员工1200余人，经营品种近1万个，年营销收入2.3亿元，年上缴利税717万元，被评为中国连锁业百强企业，并被省委常委、市委书记俞正声称赞为“青岛小型企业商业快速发展的一面旗帜”。

90年代末，面对消费品市场严峻的假冒伪劣形势，海滨公司建立起《销售商品质量先行负责制》等质量管理制度，有效杜绝了假冒伪劣产品进店销售，被评为全国打假先进单位。同时，海滨公司实施“品牌战略”，寓“产品创优”与“知识服务”双重功能于一体，首创“海滨小金”品牌。为保证“海滨小金”的海参、海产品品质，海滨公司在建立海参鲍鱼采捕基地的同时，实行“六级把关”“八项措施”“十道工序”管理，并通过ISO 9001：2000国际质量管理体系认证。经多年研发培育，“海滨小金”纯淡干海参、水发即食海参、休闲海产品三大系列30余个品种，得到社会各界的广泛关注，逐步成长为青岛海参、海产品行业的知名领军品牌。另外，公司以金喜凤为典型，强化知识服务，不断丰富“海滨小金”服务品牌的内涵。“买海参、到海滨、找小金”，“海滨小金”赢得了消费者的信赖和喜爱。在1999年全市首批“选树服务品牌”活动中，“海滨小金”被评为全市“六大服务品牌”之一。2000年，“海滨小金”服务产品商标在国家工商行政管理局注册，成为青岛首个以个人名字命名的海参品牌。2002年5月，“海滨小金”被中国商业联合会认定为中国商业服务名牌，金喜凤个人获全国商业服务明星称号。海滨公司先后获得全国连锁百强企业，省、市文明单位和消费者满意单位等100余项荣誉。董事长李立明先后获得全国集体商业企业优秀经理，省劳动模范和省优秀企业家等荣誉称号。

2002～2003年，海滨公司在继续扩大海产品、土特产品传统经营的基础上，重点转向旅游海产品的生产和经营，研发生产出携带方便的即食休闲海洋小食品等品种多样礼盒礼箱，形成中山路上老字号海特产品专营店特色，以适应旅游消费需求。同时，将重点转向海参、干海产品、高档滋补品专业连锁化经营，在市区重点区域和大型卖场超市中开设具有“海滨食品”老字号特色的“海滨小金”海参、干海产品专卖店5家，商场超市“海滨小金”专柜10个。

至2005年，海滨公司发展成为以青岛特色食品、旅游商品为主的综合性食品企业，具备三大系列、60个品种的旅游休闲产品生产加工规模。当年，海滨公司实现产值3000余万元，营销收入8000余万元，上缴利税200余万元。

青岛环球文化体育用品公司

青岛环球文化体育用品公司（简称环球公司）位于中山路北端，是山东省经营文化体育用品最大的老字号专业零售企业。1956年，青岛市对30年代创建的环球乐器行、大生体育用品店、丰盛昌文具店、同发和五金店、新昌百货店进行公私合营，合并组建青岛环球文化体育用品商店。商店设2个营业店面，分别位于中山路188号和中山路127号，总占地715平方米，建筑面积1060平方米，经营面积400平方米。

1978年后，青岛环球文化体育用品商店打破计划经济的制约，不断拓展进货渠道，增加从厂家直接采购的比例。同时，根据市场需求，扩大经营品种，增加钢琴、电子琴、运动服、运动鞋、计算器、测绘仪器等1000多种商品，经济效益连年递增。至1988年，销售额达1194万元，比1978年的380余万元增加2倍多。

1990年10月，青岛环球文化体育用品商店兼并沧口区晓翁村百货店永安路门市部，成立青岛环球文化体育用品商店沧口分店，在全市商业系统首开跨区设店的先河。当年，销售额增至1568万元。1992年，青岛环球文化体育用品商店先后获评“青岛市十大名店”“山东省商业系统经济效益百强企业”。1993年，青岛环球文化体育用品商店经过“风险收益券试点”，进一步调动了干部职工的积极性。至1995年，销售额达到1800万元、利润130万元，创历史最高水平。

1996年，企业投资数十万元对部分商场和商场内大部分周转仓库进行扩建和更新，扩大商场营业面积近90平方米，并设立运动鞋、运动服装和文件橱、保险柜等部分商品的开架销售柜台。同年8月，青岛环球文化体育用品商店由全民所有制企业改革为股份合作制企业，更名为青岛环球文化体育用品公司。其中，国有股占29%，职工股占71%。改制后，企业一方面减员增效、增收节支，深挖企业内部潜力，另一方面，以“人无我有、人有我全、人全我新、人新我优”的经营思路和优良的商业信誉，同全国500多家工商企业建立稳定的业务关系，形成进货渠道畅、信息反馈快、经营商品全、商品价格廉的经营优势，经营品种达到15大类、3000余种。1997～2002年，企业年销售额均在1000万元以上，位居全市同行业前列。

2003年8月，环球公司出资收回所占29%的法人股，国有资本全部退出。此后，随着市场竞争日趋激烈以及中山路商圈衰落，公司销售逐年下滑。2005年，环球公司实现销售额600万元，上缴利税30万元。

青岛长青集团股份有限公司

青岛长青集团股份有限公司的前身是青岛市干鲜果品公司，1955年11月由山东省供销社青岛批发站分设成立，是青岛市最早的果品经营机构。此后，几经合并、调整、更名，1992年5月称青岛市果品总公司。

90年代初，受传统经营模式束缚，市果品总公司的经营严重下滑，企业濒临破产。1993年9月，市供销社对市果品总公司管理层进行调整后，公司由批发业为主向零售业转变，由传统的果品经营转向重点经营食品和副食品，同时把经营重点转向经营灵活、投资少、见效快、风险小的便利连锁店。1996年，在台东威海路建立青岛第一家24小时店，面积70平方米，开青岛便利店先河。此后又开设了敦化路、水清沟、桓台路等7家连锁自选商场。1994～1996年，市果品总公司年销售额连年增长，分别完成1.44亿元、1.6亿元、1.88亿元。

1997年，市果品总公司实施股份制改革，将所属零售商场以及与之相关的经营部门进行剥离。同年8月12日，以长青果品店为主，由青岛市东方贸易大厦股份有限公司、青岛市物华股份有限公司、青岛市供销社对外贸易总公司、中房集团青岛开发公司4家企业参股，组建成立青岛长青股份有限公司。改制后，公司确定“以长青连锁为龙头，带动贸易发展，寻找新的经济增长点，建立大型连锁经营体系”的总体经营发展思路。在便利连锁店的发展上，实施以中心店为单元的区域辐射，同时发展适宜城郊农民消费的便利店，实现连锁网点发展从城市居民小区向城乡接合部和郊区农村的跨越。在批发配送业发展建设上，对原市果品总公司的批发企业进行改造、调整、整顿，设立食品饮料、食品原料、糖酒副食品、生活日用品4个大宗商品分类配送中心，重点是开展青岛长生牌花生油、青岛钙奶饼干、崂山矿泉水等青岛地产名牌产品的配送业务。至2000年，青岛长青股份有限公司拥有以“长青”为服务品牌的78家直营便利连锁店、2家加盟店、4个大宗商品分类配送中心、2个专业分公司、1个大型冷藏厂和1个大型灯具市场，主要经营食品、副食品、日用生活品等20个大类、2万余种商品。2000年，销售额达1.55亿元，实现利税396万元，成为山东省最大的便利连锁企业，在全国连锁百强企业中位居第95位。

2002年11月，市果品总公司进行二次改制后，公司及其所属企业社有资本整体退出，成立青岛长青青果商贸有限公司，与之后成立的青岛长青连锁超市有限公司、青岛长青食品原料有限公司，组建成立青岛长青集团股份有限公司。集团全面调整公司整体经营战略，筹措资金1000多万元，对所属青岛市灯具市场进行大规模改造，经营面积达5万平方米，其中现代化展厅达3万平方米，是山东省最大的灯具市场。同时，利用重庆中路的闲置资产建立青岛长青物流配货市场，扭转公司连年亏损局面。

至2005年，青岛长青集团成为集灯具市场、窗帘市场、物流配货、仓储加工、连锁超市、农贸超市、商品配送、房产经营及农副产品经营为一体的大型多元化综合企业。有员工1300余人，年销售额4亿元，实现利税1000万元。

青岛台东五金有限公司

青岛台东五金有限公司的前身是创建于1936年的一大五金行，位于威海路80号。1955年实行公私合营，1961年8月10日更名为青岛国营台东五金商店（简称台东五金）。1969年，商店在原址扩建改造为营业面积800平方米的商场，为青岛市最大的五金专业店。

改革开放后，台东五金继承一大五金行“讲诚信，童叟无欺，老老实实做人”的经营宗旨，坚持以老带新，以师带徒，培养造就了以全国商业服务明星郑广玉为代表的“富民兴鲁”劳动奖章获得者、市劳动模范、市服务明星等优秀专业人才。商店经营业绩平稳上升，逐渐成为青岛市五金行业的先进店。1990年，台东五金被国内贸易部命名为“中华老字号”企业，成为青岛市五金行业唯一的“中华老字号”企业。1993年，青岛五金商品批发公司改名为青岛五金集团公司，台东五金也随之更名为青岛五金集团公司青岛台东五金商店。90年代后期，为适应市场需求，台东五金自主采购的商品越来越多，在产品结构上增加电器、电动工具、水暖五金等类目，经营业绩平稳上升。

1997年12月30日，台东五金实行第一次改制，股本设置100万元，国有股份占45%，职工股占55%。改制给企业带来活力，在党支部书记、总经理于秀琴的带领下，台东五金发挥老字号五金专业优势，借鉴外资企业和海尔、海信、利群等企业的先进管理经验，赋予老字号新思想、新理念，建立“台东五金”企业文化体系。在经营上与国际接轨、与大市场接轨，探索与国内外五金著名品牌合作，先后与博世电动工具、日立电动工具、上工、哈量、田岛、鑫达、捷科、埃美柯阀门等39个国内外知名品牌建立总代理、总经销合作关系，形成品牌经营的独特优势。1998～2002年，5年的销售额为8033万元，相当于改制前10年销售额的1.07倍。

2002年10月18日，台东五金进行二次改制，国有股全部退出。2004年，台东五金获“全国商业服务名牌”称号。同年，企业引进海信商业大型管理软件，实现对进、销、存到结算送货服务各个环节的微机管理。2005年10月17日，台东五金原址改扩建后，营业面积达1600平方米，主要经营建筑五金、水暖管件、电动工具、手动工具共10大类、3万多个品种。当年，台东五金销售额达2008万元，实现利税33.79万元。

麦德龙青岛四方商场

麦德龙青岛四方商场位于重庆南路116号，隶属于德国麦德龙集团。麦德龙集团是德国最大、欧洲第二、世界第三的零售批发超市集团。1995年，麦德龙进入中国，在上海开设第一家商场。

2000年4月1日，四方区丰华农工商公司与德国麦德龙集团签约合资兴办麦德龙青岛四方商场。项目总投资额1500万美元，是全省最大的德资项目，是德国麦德龙集团在中国北方地区开办的第一家商场，是山东省第一家仓储式现购自运会员制商场。2001年1月11日，麦德龙青岛四方商场正式开业。占地4万多平方米，营业面积1万多平方米，经营商品质优价廉，共有2万余种。麦德龙青岛四方商场以酒店餐饮客户、商贸客户及企业客户为目标顾客群。

麦德龙青岛四方商场提供一站式购物，进口商品、本地品牌及自有品牌齐备，通过冷链、产地直接供应、HACCP（危险分析和关键控制点）、商品产地的追溯性等多种方式对产品品质进行严格控制。并专门聘请CCIC（中国检验认证集团）对商场日常质量和卫生进行审核，从第三方的角度协助商场监控商品质量和安全问题。

食品是麦德龙最擅长销售的商品种类，麦德龙青岛四方商场所经营食品的比重占全部商品的50%以上。为保证所售1万余种食品安全、可靠、质优，麦德龙将国际食品质量控制体系HACCP创新性地导入卖场中，是山东省首家引入HACCP质量控制体系的商场。麦德龙青岛四方商场进口商品的种类超过3000种，是青岛市最大的进口商品展示场，约占全部商品种类的12%。其进口商品全部来自正规的采购渠道，进口手续齐全，均有中文标示和说明，为顾客把好价格和品质关。

自开业第一天起，麦德龙商场的塑料袋不是免费提供而是合理收费，是青岛市首家塑料袋收费超市。麦德龙始终将员工视为成就企业目标的核心力量，给予员工充分的关注和关心，员工队伍稳定，至2005年，自商场开业即在麦德龙服务的员工占35%，超过4年的员工达60%以上。在全球知名的盖勒普公司为麦德龙中国近50家商场做的“职工满意度调查”中，麦德龙青岛四方商场位居第三名。麦德龙的商品过硬的质量、价格、服务和社会责任感赢得市场，客户群不断扩大，销售额逐年增长。

麦德龙青岛四方商场位于重庆南路116号，于2001年1月11日开业，占地4万多平方米，经营商品2万余种，是山东省首家仓储式现购自运会员制商场。

青岛亨得利有限公司

青岛亨得利有限公司（简称青岛亨得利）的前身是1924年3月9日浙江商人郑章华等合资在中山路144号开设的亨得利钟表眼镜店。1936年2月，该店又在中山路117号开设亨达利钟表眼镜店。1958年，同业中的长城、金龙、金星眼镜店并入亨达利，与亨得利统一核算，改为国营企业。

改革开放后，青岛亨得利适应市场发展需要，不断改革经营模式。1980年，恢复“亨得利”老字号，设南北两个营业门市部，营业面积370平方米。当年，在全国同行业首家推出“钟表售出退换规定”，打破了“贵重商品，概不退换”的陈规。1982年，青岛亨得利与日本精工合作，建立起山东省第一家钟表特约维修中心，成为全市百货系统第一家创汇企业，并扩建维修车间，形成以修促销的经营结构。1985年，亨得利更名为青岛亨得利钟表眼镜公司，设置2个门市部、1个批发部、钟表维修车间和眼镜磨制车间。实行钟表零售、批发、维修一条龙服务，眼镜生产、定制、零售配套经营，经营品种达960余种。同年，青岛亨得利与北京、天津、沈阳等7家同行店倡议发起，并联合全国具有一定规模的亨得利店、亨达利店成立全国“两亨”（亨得利、亨达利）钟表联合会，在全国范围内实行“一店买表，全国保修”，极大地方便了顾客。

1995年，青岛亨得利实施“名牌商品经营战略”，引进世界知名品牌替代国产机械、石英表占主导的商品经营结构，由中低档经营向中高档经营过渡。投资近1000万元引进瑞士欧米茄、雷达、浪琴、天梭等18个著名手表品牌，联合瑞士手表厂家投资100多万元完善手表售后检测服务体系，为产品结构调整提供售后服务保证。1996年1月，青岛亨得利向社会公开推出《规范服务十承诺制度》，是青岛商业系统第一次向社会公开推出的服务承诺制度。同年6月8日，企业召开股份合作制创立大会，完成由全民所有制经济向股份合作制经济过渡。至1996年底，青岛亨得利拥有欧米茄、浪琴、雷达等30余个国际知名钟表品牌和卡地亚、古驰等60余个国际知名眼镜品牌，同全国60多家钟表、眼镜厂家建立供销和特约维修关系。当年销售额达1002万元，实现利税81万元。

青岛亨得利创建于1926年，是“中华老字号”企业，是山东省钟表行业规模最大、品牌最多的国际著名品牌特约经销、代理、维修中心。

1986年以前，青岛没有专业的光学镜片加工厂，配副眼镜需用时3~6个月。为解决顾客配镜难的问题，1986年，青岛亨得利整建制接收青岛市百货纸箱加工厂，投资30余万元，建立眼镜磨片联营车间，培训技工近100人，形成年产镜片6万余副的生产规模。使配镜交件期缩短至10天，配简易散光镜和单光镜立等可取。另外，青岛亨得利在经营商品质量上求优，建立严格的售前检验制度，规定非正牌和无售后保障的商品一律不进不销。在经营品种档次上求全，低到几毛钱的螺钉，高到数万元的高档手表，商品品种增至1400余种。尤其是青岛亨得利始终秉承价低质优的经营理念，国家允许浮动的商品一律不上浮，企业自行定价的商品宁低勿高。并承诺：凡亨得利经营的商品一律执行全国最低牌价，若顾客发现价格高于其他店，公司负责退还差价并赠物赔礼。该规定虽通过新闻媒体在全国通告，但未发生过一次退赔。

1999年3月5日，山东省第一家国际著名钟表品牌——欧米茄手表专卖店在青岛亨得利总部落成。2000年7月，青岛亨得利成功举办“首届钟表眼镜文化节”，此后每年举办一届，形成常态化的节庆活动。同时，青岛亨得利陆续在市内4区以及即墨、胶州、烟台等地成功开设网点13个，兼并和吸收青岛百货公司纸箱加工厂、辽宁路百货店、振华服装店、百货站照相器材公司4家企业，先后与利群、家乐福、百盛、阳光百货等著名企业集团合作，进驻中高档百货店、大卖场，开设店中店，成功地拓展新的经营渠道。

2004年1月，青岛亨得利实现国有资本整体退出。同年6月，企业更名为青岛亨得利有限公司。2005年，青岛亨得利与全球规模最大钟表零售集团——亨得利集团合作，将品牌引进、网点拓展、服务标准进行全面延伸，企业规模快速发展。至2005年底，亨得利拥有19家专业连锁店，一个配送中心，一个钟表维修中心；拥有国家二级验配师、钟表维修技师40人，高级验配工、维修工43人，高级营业员150人。企业先后获评“中华老字号”、中国商业名牌企业、全国商业信誉企业、山东省“百城万店无假货”示范店等荣誉。当年，公司实现销售额4481万元，利税123万元。

谦祥益

谦祥益创办于1830年前后（清道光年间），山东章丘旧军镇人孟毓溪在山东周村开设第一家布店兼染店的恒祥布店，后改为谦祥益。1911年，谦祥益在青岛市北京路9号开业，初期有平房5间，员工30人，是青岛最大的绸缎布匹店。1922年，在原址扩建成3层楼房，员工增至100人。解放后，“谦祥益”老字号在公私合营中得以保留。“文化大革命”期间，更名为东风绸布商店。

1985年，恢复“谦祥益”老字号，经营商品不限绸布、呢绒，而以时装为主。1987年，青岛谦祥益与全国200多个厂家联合发起成立全国纺（针）织品“祥”字老号联合会，进一步沟通与各地纺织品产销联系，经销杭州、上海等地名牌产品。之后，青岛谦祥益扩建地下商场，并进行整体装修，恢复中国传统式楼宇的古典色彩，经营面积达3000平方米。主要经营丝绸、呢绒、棉布、化纤布、装饰布、针织品、服装、皮革制品、工艺品、百货化妆品、金银珠宝等11大类1万余种商品。

谦祥益以“货真价实、尺足秤准、买卖公平、童叟无欺”著称，坚持“人无我有，人有我新，人新我优，人优我廉”的经营策略，取得良好的社会效益和经济效益。至1997年，青岛谦祥益固定资产净值890万元，营业额3600万元，利税120万元，职工150人。

90年代末期，随着青岛市行政中心的东移以及台东、李沧商圈的崛起，中山路商业街日渐萧条，地处中山路商圈的青岛谦祥益也逐渐衰落。

瑞蚨祥

青岛瑞蚨祥有限公司（简称青岛瑞蚨祥）位于胶州路35号，前身是1905年11月孟洛川开办的瑞蚨祥青岛分号。主要经营绫罗绸缎、各色布匹以及呢绒、皮货，经营方式为批发、零售、加工，同时兼营药品、报关行、房地产等。1937年，经营商品达3000余种，年销货27.33万银元。1945年后因美货倾销，曾一度停业。解放后，青岛瑞蚨祥恢复营业。1956年公私合营，称瑞蚨祥呢绒绸缎商店。

改革开放后，青岛瑞蚨祥继承销售面料和服装加工相结合的传统，尤其在旗袍设计加工上，将东方女性的风韵之美与中国丝绸的华丽之美完美结合，深受青岛女士的喜爱。瑞蚨祥以经营绸布呢绒为主，兼营百货，以“童叟无欺，货真价实”为经营理念，并将其书于主店门面上，恪守重合同、守信用、专业经营、薄利多销的经营方针。1985年，瑞蚨祥被国内贸易部命名为“中华老字号”。

1994年，青岛瑞蚨祥探索连锁经营，在中山路164号、192号开设连锁商店，主要经营裤装和羊毛衫。1996年，青岛瑞蚨祥营业面积600平方米，店内增设量体算料、来料加工服装等业务，开办市内免费送货、外地代办托运等便民项目。当年，固定资产净值134万元，销售额988万元，利税17万元。此后，因经营不善以及银行贷款、社会债务等原因，企业陷入资不抵债的困境。2001年，青岛瑞蚨祥有限公司倒闭，其铺面对外出租。

盛锡福

盛锡福始建于1911年，由山东掖县人刘锡三在天津创建。“盛”字取买卖兴盛之意，“锡”“福”字则分别取自刘锡三的大号和乳名。注册商标为“三帽”牌。刘锡三曾在青岛一家洋行做业务员，负责下乡收购草帽辫。洋行把草帽辫运至国外制成草帽再返销中国，从中获取高额利润。刘锡三对草帽辫的质量好坏、品种、产地及草帽的制作工艺等了解得非常清楚，并从中发现创办盛锡福帽店的商机。自在天津建立总号后，陆续在北京、上海、南京、武汉、济南、青岛等地开设20多家分号，盛锡福行庄和销货商几乎遍及全国，并在新加坡、菲律宾、捷克、瑞士、缅甸、越南、英国、法国、美国、意大利等国家设立代销处。

1946年，青岛盛锡福在中山路141号创办，以草细、有韧性、色泽鲜明、“四平”（帽顶平、帽身平、帽檐平和帽箍平）草帽为主打产品，受到青岛人的喜爱，时有“头戴盛锡福，身穿谦祥益”之说。1956年公私合营后，青岛盛锡福生产和经营优势得到充分发挥。除继续发扬选料精良制作考究的传统外，还随行就市，不断翻新花色品种，销售量成倍增加，相继推出青年人喜爱的羊剪绒帽、适合中老年人的长毛绒帽、女士们喜欢的针织帽、多姿多彩的儿童帽以及各式草帽等。

改革开放后，盛锡福继续秉持“质量第一、信誉至上”宗旨，以优质的产品、合理的价格赢得消费者。盛锡福帽子制作工艺是历代制帽师傅在长期生产中积累总结的技术成果，具有机械制造无可比拟的优点。在盛锡福，每加工制作一顶帽子，通常需要经过几十道工序，并且每道工序都非常讲究。为维护老字号品牌，盛锡福宁肯返工、作废，也不允许劣质产品出厂。因此，盛锡福帽子以其用料考究、做工精细、品质优良、舒适美观、货真价实而闻名于世。1984年、1985年，青岛盛锡福制作的环球牌缝制女帽先后获评轻工业部优质产品、山东省优质产品。1986年，环球牌太阳帽、月球帽获评全国部优产品。1990年9月，环球牌缝制帽获评纺织工业部优质产品。

90年代中后期，为扩大经营、拓展经营场所，中山路盛锡福商场陆续进行翻建改造，经营面积达400平方米，前店后厂，集产、供、销一体。同时，盛锡福在继承传统手工工艺的基础上，融合现代制帽技术与时尚元素，不断推出新款式、新花色。至2005年，盛锡福在国内有北京、上海、天津、武汉、南京、青岛6家分号，位于中山路141号的青岛盛锡福铺面最大，经营1000多个花色品种。

第四章　商品市场

改革开放初，青岛市城乡集贸市场率先恢复，拉开了商品市场建设的帷幕。此后，随着国家对各类商品经营的逐步放开，各级政府逐年加大对市场建设的政策支持，社会力量逐渐进入市场建设。市财贸委、工商、物价等市场管理部门加强对各类市场的规划引导、政策扶持和监督管理，促进市场建设和经营活动健康发展。

全市商品市场建设经过80年代至90年代初期的初级发展，90年代中后期的全面发展和进入21世纪后的升级发展，商品经营范围由初期的农副产品、小商品扩大至基本涵盖主要生活资料和生产资料，服务领域由单纯的百姓消费扩大至从生产到消费的各个领域，逐步形成覆盖城乡、门类齐全、交易活跃的商品市场网络。商品市场的建设与发展，为促进生产、搞活流通、保障消费、提供就业、增加收入、繁荣区域经济发展发挥了巨大的作用。至2005年，全市共有各类商品市场866个，实现成交额439.5亿元。其中，各类消费品市场786个，实现成交额368亿元，占市场交易总额的83.73%；各类生产资料市场80个，实现成交额71.5亿元，占市场交易总额的16.27%。

第一节　零售市场

中共十一届三中全会后，随着国家对各类商品经营的逐步放开，居民日常生活需要的农副产品和日用工业品市场相继兴起，并成为商品零售业的重要力量。

城乡集贸市场

1978年12月30日，经市革委会批准，市工商局在市内5区筹备设立12个农副产品贸易市场。至次年春，有市南区黄岛路，市北区市场三路、博兴路，台东区南山，四方区鞍山一路、人民一路，沧口区永定路7个农贸市场形成雏形，并开始营业。由于市场上市品种多且鲜嫩、价格适中并可随意挑选，深受群众欢迎。同时，郊区各县（区）积极恢复和发展城镇集市。至1979年11月11日，崂山、胶南、胶县、即墨县及黄岛区城镇兴办各类小市场45个。1980年，全市新建城乡集贸市场7个，其中市区农贸市场4个、农村集市3个。另外恢复山会18个、古庙会3个。当年，全市共有各类市场174个(农村集市159个、城市农贸市场14个、自行车市场1个)；全年成交额1.13亿元，占社会商品零售额的8.49%。城乡集贸市场共有固定售货台3261平方米，固定售货棚3922平方米，固定或临时饮食点939个。

80年代初，全市城乡集贸市场进入快速发展时期。1981年，市政府贯彻国务院《城乡集市贸易管理办法》，加快城乡集贸市场建设。市、区工商系统投资46万元，对14个市区市场进行改扩建，增加售货棚6938平方米、固定售货台4267米。当年，全市有集贸市场178个，成交额为1.41亿元。1982年12月26日，市工商局在胶县召开建设农村集市座谈会，部署推进农村集市发展的具体措施，并推广即墨县刘家庄工商所、胶县城关工商所兴办棚顶式综合市场的经验做法。1984年，青岛市根据中共中央1号文件《关于1984年农村工作的通知》中“大中城市要有计划地建立农副产品批发市场”的要求，在继续开办农村集市的同时，开设市北区莱州路农副产品批发市场，并对即墨路小商品市场进行扩展。1985年春，在市内各区新增市南区湛山农副产品市场、辛家庄综合市场，台东区广饶路市场，四方区北岭农副产品市场，沧口区商丘路市场、沧台路水产品批发市场等9个。当年，全市新增设临时性市场2个，迁移市场4个，新建市场21个，扩建20个，调整6个，平整市场面积6976平方米。至年底，全市累计有城乡集贸市场433个，年成交额4.09亿元。其中农村393个，平均1.3万人拥有1个集市；市区40个，平均3万人拥有1个市场。

1987年，省委常委、市委书记刘鹏带队赴江苏、浙江两省六市（地区）学习考察，并形成《进一步加快城乡集贸市场建设报告》。该报告提出，要把青岛市城乡集贸市场建设纳入总体规划，加快城乡专业、批发市场建设步伐，加强集贸市场建设、组织领导和市场管理的设想与建设性意见。此后，社会力量开始参与创办市场，国有企业、集体企业入市经营，改变了个体业户为市场经营主体的局面。至1987年底，全市城乡集贸市场464个。其中，农村集市421个、市区农贸市场43个，初步形成了城乡结合、大中小配套、专业综合协调、批发零售兼有的集贸市场网络。1988年，坚持新市场建设与老市场改造并举，着力解决“公路赶集、路旁设摊、河套交易”的传统集市状况。年内，对市区四方路、南山、营口路、人民一路、宣化路市场进行大面积改造、扩建和重建。年底，市场建设总面积7.83万平方米。1989年，城乡集贸市场商品更加丰富，市区居民从农贸市场人均购买商品168公斤，人均支出230.55元。当年，全市城乡集贸市场总成交额达15.19亿元。其中，农村集市成交额10.79亿元，占71.03%；市区农贸市场成交额4.4亿元，占28.97%。集贸市场农副产品成交额11.46亿元，占75.44%；工业品成交额3.73亿元，占24.56%。至1990年，全市城乡集贸市场达510个，其中农村464个，市区46个；市场成交额达17.5亿元。

1991年，全市新建市场43个，改建、扩建市场98个，市场建设总投资达8636万元。其中，国营、集体企业到集贸市场设点1709个，实现销售额5046万元。有74个市场被命名为“文明集贸市场”，包括国家级4个、省级22个、市级48个。当年全市共有城乡集贸市场553个，商品成交额23.52亿元；实现商品零售总额18.5亿元，占全市社会商品零售总额的20.15%。1992年3月，全市集贸市场工作总结表彰大会召开，会议提出实行现有市场“退路进室”，尽快改变市区马路市场多的状况。1994年，《青岛市集贸市场管理办法》实施后，鼓励企业、事业单位、其他社会组织和个人投资建设集贸市场，调动了社会各方投资兴办城乡集贸市场的积极性。1995年，青岛市实施市场“管办分离”，解决工商行政管理部门既管市场又办市场的问题。1997年，青岛综合便民市场开始向居民小区延伸，天山小区室内农贸市场、洪泽湖路室内农贸市场等小区市场相继建成开业。

2001年，市政府实施《青岛市市区农贸市场专业规划》（2000～2010年）。该规划以抚顺路蔬菜副食品批发市场、李沧蔬菜副食品批发市场、城阳蔬菜批发市场3个市场为青岛市农副产品集散中心，将市区农贸市场分为区级中心农贸市场、居住小区级农贸市场两个等级。区级中心农贸市场是服务半径1000米以上，服务人口3万～5万人的农贸市场。居住小区级农贸市场是服务半径1000米以下，服务人口1万～3万人的农贸市场。居住小区级农贸市场原则上以居住区、居住小区为基本单元配置。2003年，进一步加快市区农贸市场标准化建设和“农改超”（农贸市场超市化）工作，组织对基隆路金麦园、天山、观城路庄大、天桥、海誉丰、市

2005年，市区有农贸市场107个，经营面积54万平方米，平均每2.17万人拥有1个市场。图为位于逍遥二路的生活家农贸市场。

场三路亚美、伊春路、广饶路、鞍山一路、田家花园、菜市楼、本溪路和兴山路等13个农贸市场进行标准化改造，建设和改造市场建筑面积7.6万平方米。对乐陵路、北仲路、镇江南路、天山小区和标山路等5个农贸市场实行“农改超”，并完成上杭路和峰山路2个农贸市场标准化改造规划定点。当年，市内七区建设标准化农贸市场达24个，占市场总数的19.5%；“农改超”5个，占市场总数的4%。

2005年，全市有农村集贸市场582个，年交易额173亿元。图为崂山区王哥庄农贸市场。

2005年，市经贸委、市工商局联合印发《关于整顿和规范市区农贸市场秩序，促进市场全面升级的意见》，制定实施《青岛市农副产品零售市场建设与管理规范》，从市场经营、场容场貌、业态、上市商品质量、经营秩序和监督管理6个方面，继续开展市区农贸市场的改造升级。当年，建设改造鞍山一路、本溪路、海誉丰等示范性标准化农贸市场12个，改造市场面积5万多平方米。全市确定重点培育建设的10个产地农产品批发市场累计投入资金3200万元，实现成交额105亿元，增长30%以上。1997～2005年，全市三大蔬菜批发市场的蔬菜供应量一直占全市蔬菜销售总量的80%左右。

至2005年，全市城乡共有集贸市场689个，交易额为283亿元。其中，市区农贸市场107个，经营面积54万平方米，主要以菜、肉、蛋、水产品、面食等群众日常生活消费品为主。平均每2.17万人拥有1个市场，市民日常消费的农副产品90%来自于农贸市场。农村有集市582个，年交易额173亿元。

日用百货及纺织服装市场

1980年11月，即墨路小商品市场成立，并将市场经营范围由农副产品扩展到工业产品，成为青岛市商品市场发展的重要标志。此后，随着工业企业扩大自主权和日用工业品价格逐步放开，台东工业品市场于1984年建成开业。至1985年，即墨路小商品市场经营商品种类有小百货、服装、工艺品、鞋帽、木器家具、修配等10个市口，仅小百货商品达600种之多。党和国家领导人杨尚昆、田纪云、习仲勋等先后视察该市场，并赞誉其为“小商品王国”“青岛市对外开放的一个窗口”。至1987年，全市有工业品专业市场5个。

进入90年代，尤其是1992年邓小平南方谈话之后，青岛市推进大型商品市场建设，进一步发展日用百货市场、服装专业市场等。1994年，以百货业为主的大型小商品专业市场——利津路小商品批发市场建成开业。1995年，以日用小商品经营为主的早夜市实现快速发展。当年，市内4区达45个（早市26个、夜市19个），共有摊位6752个，经营人员8445人，其中下岗职工3538人，年交易额1.75亿元。其中，经营摊位100个以上的早夜市有30个，200个以上的有11个。1995年7月，市财贸委、市城乡建委、市规划局、市工商局联合印发《关于我市市区集贸市场退路进室实施的意见》，提出5年内全部完成35个占路经营市场的退路

90年代初，以日用小商品经营为主的早夜市快速发展。1996年，青岛市确定具备开办条件的早夜市29个。图为市北区榉林山早市。

家具等旧耐用消费品。

1999年后，全市小商品专业市场伴随外向型经济发展，呈现出规模化、集群化态势。当年，由即墨市与义乌中国小商品城联合投资建设的即墨小商品城开工，2000年一期工程完工并投入使用，成为中国北方规模较大的日用百货商品集散地之一。2005年，位于城阳区的中韩小商品批发市场和青岛国际工艺品城开建，主要经营国际珠宝饰品、流行饰品、工艺品和饰品配件。

进室。1996年2月，《青岛市城市早夜市管理办法》印发实施，对早夜市的设立以及经营时间、地点、范围等作出明确界定。市财贸委会同市工商、城管、公安、市政等部门，对市内4区开办的早夜市进行审查，确定秀湛路早市、威海路夜市等29个早夜市具备开办条件，并予以批准。

90年代中后期，青岛市区日用百货类专业市场进入整合期，市场分工日益细化。1997年2月，为搞活商品流通，盘活闲置设备和积压物资，青岛市旧货市场试营业。该市场位于市北区大港一路14号院，建筑面积6000多平方米，营业房100多个，是全国旧货调剂业第二批试点单位之一和山东省最大的旧货交易场所。经营商品范围包括家电、家具、工具、服装、文化用品、企事业单位和机关团体闲置设备等，实行批零兼营。1998年6月，市物资总公司所属市机电设备总公司利用温州路44号营业楼2000平方米开办青岛市机电设备市场，主营机电设备，并附设维修、仓储、信息咨询等服务。1999年5月，四方区利用青岛第十二织布厂在长沙路107号闲置的9000平方米厂房开办旧货市场，主营旧家电、旧家具等旧耐用消费品。

家具及家居用品市场

1991年以前，青岛市没有专业家具市场，家具大多由土产杂货店兼营，或由家具加工企业设立门市部零售。1991年，青岛市第一个家具专业市场——星火家居长春路店开业，为摊位式租赁经营的专业市场。至1993年，该市场经营面积扩大至6000平方米。此后，青岛市大型家居超市、多层专业家具市场相继出现。1996年，青岛市灯具市场建立，占地面积4.8万平方米。1999年，星火家居营业面积扩大至2万平方米，推出“装修、装饰与家具展示文化整合”营销方式，标志着青岛家具市场进入文化展示阶段。

2001年，市北区敦化路海博家具城开业。该家具城一期、二期工程营业面积达4.8万平方米。此后，拥有5万平方米营业面积的富尔玛家具城和拥有3万平方米营业面积的东方家居之窗相继开业，市北区“家具一条街”初步形成。该时期，百安居、家世界、欧倍德、东方家园和好美家等大型建材超市，均附设经营面积上万平方米的家居市场，兼营家具零售。海伦家居、一木、泰旭、尊龙等大型家具经营企业在全市设立连锁专卖市场达21家。至2005年底，全市家具及

青岛市灯具市场位于杭州路76号，创建于1996年，总占地面积4.8万平方米，是青岛市最大的灯具市场。2005年，入驻经销商100余家，年购销额近1亿元。

家居用品市场总经营面积达到50万平方米，形成了商场集中、品牌集中、经营规模大型化和品牌文化展示的家居消费市场。

建筑装饰材料市场

90年代之前，建筑装饰材料作为生产资料经营。此后，青岛市房地产市场快速发展，城乡居民住房条件显著改善，面向市民的建筑装饰材料市场开始兴起。

1994年，市政府批准建立青岛第一个大型建材市场——青岛市建筑材料市场。该市场占地逾13.3万平方米，设有木材、石材和装饰材料等营业区，并备有大型货场和仓库。1995年6月，青岛印染厂投资120万元，将停产闲置的车间改造建立起大成装饰材料市场，由该厂所属劳动服务公司——青岛印染实业总公司负责开发和经营，市场面积约1万平方米。1997年，青岛市商业网点实业总公司开发建设的青岛装饰城正式开业，该装饰城占地2万平方米，经营业户200余家。1999年，青岛装饰新材料科技市场在李沧区文昌阁正式开业。该市场是由青岛文昌企业集团承办的一家综合性大型交易市场，不仅为全国的装饰新材料提供了一个固定交易场所，而且还与建设部科技发展促进中心共同组建了建材科技产品推广中心，把市场作为建筑新材料的推广应用示范基地。

2000年，青岛高科园装饰城开业，市场总占地面积10万平方米，建筑面积8.5万平方米。其中展厅面积为2.7万平方米，营业面积为2.3万平方米，仓储3万平方米，共有摊位1000个，可容纳500余家经营户。2002年，由世界500强企业英国B＆Q有限公司与山东省机械进出口集团公司、青岛市南区经济开发投资公司共同投资组建的青岛B＆Q（百安居）装饰建材超市项目落户青岛，成为山东最大的大型仓储式连锁装饰建材零售超级市场。项目总投资1500万美元，建筑面积1.9万平方米，营业面积1.5万平方米。为用户提供从家庭装修设计、预算服务到配送装修建材、施工安装、维修及售后服务。

2003年，是国内外商业资本争相在青岛开张家居建材专业卖场的一年。3月，青岛百安居装饰建材有限公司开业，该店是百安居在中国的第九家连锁店。同年5月，由世界500强建材家居企业欧倍德股份有限公司（德国）和海尔集团联合组建的中国欧海家居有限公司第一家店——欧倍德（OBI）时尚家居青岛店开业，营业面积1.5万平方米；同月，青岛保税区内的天悦国际建材虚拟市场正式开通，以此为中心的国际建材采购联盟正式启动。同年6月，全市单体面积最大的超市——家世界开业，占地5万平方米，建筑面积6万平方米，经营建材品种5万多种。当年，隶属上海友谊集团股份有限公司的国内大型建材家居连锁企业——上海好美家在青岛市建设好美家

2002年，青岛百安居装饰建材超市建成开业，由英国百安居有限公司与山东省机械进出口集团公司等共同投资建设，是山东省最大的装饰建材仓储式零售超市。

（青岛）国际装潢建材中心，经营面积5万平方米。2005年，百安居（高科园店）装饰建材有限公司成立，由英国翠丰集团的全资子公司B&Q百安居与武重集团、武商亚贸合资组建，是B&Q百安居在华中地区投资的第一家大型零售业公司。市场经营面积为1.9万平方米，主要从事装饰建材、家居用品的零售、仓储配送、维修装潢及进出口等业务，提供从装潢咨询、设计、选材、施工到质量监理的专业服务。至2005年，全市共有大型建筑装饰材料市场14个。

电子产品市场

改革开放初，以家电电子产品为主的电子产品市场在青岛逐步兴起。此后，电子手表、BP机、电话机、手机、计算机、打印机等成为电子产品市场的新宠。90年代初期，青岛市电子产品市场逐渐形成规模。

1992年，根据《青岛高新技术产业开发区总体发展规划纲要（1991～2000年）》，市政府确定在辽宁路商业区内设立青岛科技街，并成为“一园（高科技工业园）、一区（新技术产业开发试验区）、一街（青岛科技街）”规划建设的重要组成部分。科技街以辽宁路为轴线，东至道口路，南至包头路，包括吉林路、章丘路、益都路，全长1800米，规划面积0.175平方千米，有为之配套的文化娱乐和饮食服务街，总占地8.44万平方米，建筑面积32万平方米，总投资6亿元。1992年10月28日，青岛科技街揭牌。青大电脑、高校电脑、海纳特电脑、科城电脑、五环电脑、奥深电脑、电子学校经营部等40余家企业入驻开业。年内，入驻科技街的经销商170家。

1999年10月16日，青岛电子信息城正式开业，是青岛市第一家大型IT产品卖场。电子信息城位于聚豪大厦主楼，建筑面积4万平方米，以经营电脑硬件、软件、配件、耗材，办公自动化，通信器材和工业控制及其他电子产品为主，并开设电脑培训、维修、组装等服务，是山东半岛唯一的大型IT产品交易服务中心。同月，青岛山贺电子器材有限公司在市北区威海路220号开办青岛山贺电子配套市场，营业面积3000平方米，主营电子元器件、仪器仪表、计算机及其配套产品。

2000年，青岛钟表总公司在宁夏路78号，利用闲置商业网点开办青岛格林通电子商城，建筑面积2120平方米，主营电子信息产品及配件。2001年9月，青岛中泰集团有限责任公司利用青岛第二针织厂闲置厂房开办闲置电器市场，建筑面积4000平方米，主营工业和民营闲置电器。同年12月，李沧区财贸委在向阳路23号利用商业网点2228平方米开办网顺电子城。2002年3月，青岛电子信息城二期竣工，与青岛电子信息城连成一体，总建筑面积达4万平方米。当年，信息城入驻商户500余家，年销售额近18亿元。

2005年，位于科技街北侧的颐中科技广场开

1999年10月16日，青岛电子信息城开业，是青岛市第一家大型IT产品卖场。至2005年，总建筑面积4万平方米，入驻商户600余家，年销售额近20亿元。

工建设，规划范围为辽宁路以西、乐陵路以东、临淄路以南、邹平路以北，规划用地面积约4.6万平方米，总建筑面积达5.7万平方米。由台湾蓝天集团承建的百脑汇数码港，年内完成规划设计并开工建设。当年，青岛科技街对街区软、硬环境进行全面综合整治，加快电子信息城三期招商引资，加快科技创业服务中心建设。科技街以青岛市最大的科技市场——电子信息城为依托，陆续建成青岛市高新技术孵化中心、高新技术会展中心和高新技术产权交易中心，入孵企业达346家，初步构建起“一街四中心”功能框架。2005年，青岛科技街入驻企业达1400多家，实现总收入28.2亿元。

汽车及汽车配件市场

90年代初期，青岛市汽车及汽车配件专业市场开始兴起。1995年，以青岛市机电设备总公司为主建设的青岛汽车市场建成开业。同年，四方区与青岛第一汽车运输公司联办的青岛市汽车配件市场开业。该市场占地面积1万余平方米，经营业户100余家，并配有2000余平方米的仓储位，年交易额过亿元，成为青岛市规模最大、功能齐全的大型汽配批发市场。

1999年，青岛华东汽车展销中心在平度市同和工业园建成开业。该中心占地2万余平方米，总投资1800余万元，场内展销面积2万平方米，展销车型包括重型、轻型、微型、载重、轿车、摩托车、农用车等。有30余家汽车、摩托车、农用车制造厂家和一汽红旗、金杯、南汽依维柯、柳州五铃等30多个品牌的汽车入场展销，是国内建筑面积最大的室内展销市场。2000年，由闫家山企业总公司投资兴建的青岛汽车配件城建成开业。该汽车配件城占地8万平方米，建筑面积9.2万平方米，投资额8000万元。2002年，在汽车配件城内建成汽车超市并开业。汽车超市建筑面积1.72万平方米，展厅1.12万平方米，可同时容纳120家汽车经销商交易。2003年3月，市政府确定的2002年重点项目——青岛汽车贸易城正式兴建。该工程占地约33.3万平方米，建筑面积近20万平方米，改变了汽车销售经营中存在的场地分散、模式单一、规模偏小、档次较低、售后服务欠缺等问题。年内，青岛汽车贸易城一期工程完工，总面积3万平方米，海南马自达、韩国起亚、上海大众等14家著名品牌在汽车贸易城建立起4S专营店。2004年，青岛汽车贸易城开业的4S专卖店达25家，全年实现成交额11.9亿元。

2003年9月，市财贸办将重庆南路命名为青岛市汽车贸易大道，南起人民路，北至郑州路，长约5千米。以青岛汽车贸易城为基础，整个汽车贸易大道及周边路域的汽车贸易和相关产业均得到快速发展。全国三家试点单位之一、山东省唯一的专业汽车置换企业——中嘉汽车交易置换广场以及世界500强日本普利司通轮胎旗舰店——车之翼先后落户汽车贸易大道；长沙路汽车装饰材料

2003年9月，市财贸办将重庆南路命名为青岛市汽车贸易大道，至2005年，全市共形成5条汽车贸易大道，汽车销售及相关企业300多家，经营汽车品牌近100个。图为重庆南路汽车贸易大道。

市场、星火汽车玻璃总汇、鲁邦汽车用品超市等相继建成；东风标致、长安福特、一汽奥迪、北京奔驰等汽车品牌纷纷入驻。2005年，占地面积15.3万平方米、总投资5亿元、容纳14家国内外名牌汽车4S店的崂山汽车城开建。该汽车城位于海尔路以东、辽阳东路以北、李山东路以西、合肥路以南。当年，北京、上海、济南等地10家汽车销售商签订入驻框架协议。至2005年，青岛市基本形成重庆南路、308国道、福州北路、银川路、李山东路及海尔路5条汽车贸易大道，涵盖从低端到高端所有车型和品牌的4S店。

第二节　批发市场

改革开放后，传统的“二三零”流通模式被逐步打破。1984年，山东省属7个二级批发站下放归市管理，全市商业初步实现计划指导下的自由购销，为批发市场的形成和发展奠定基础。

80年代中期，全市集贸市场、专业市场、批发市场建设呈现齐头并进的局面。其中，即墨县服装批发市场入市商品销往全国21个省、市、自治区和山东省内60多个县(市)。进入90年代，青岛市在积极建设批发市场的同时，不断完善市场功能，提升管理水平。至2001年，全市成交额过1亿元的专业批发市场44个。其中，青岛钢材批发交易市场、青岛保税区棉花批发市场和平度南村蔬菜批发市场等大型批发市场建立和完善了电子商务平台，全市实行电子结算的大型批发市场达到8个。

2005年，全市共有各类农副产品批发市场达59个、工业消费品批发市场10个、生产资料批发市场80个。其中，九联集团、青岛蔬菜科技示范园、万福集团和城阳蔬菜水产品批发市场、平度南村蔬菜批发市场3家企业和2个市场列入商务部“双百市场工程”。青岛七级生猪批发市场、青岛东庄头蔬菜批发市场、青岛南村蔬菜批发市场、胶州市蔬菜果品批发市场被农业部确定为定点市场。

农副产品批发市场

青岛市农副产品批发市场起步较晚，1984年5月，市区才建立第一个农副产品批发市场。1992年之后，在改建、扩建市区农副产品市场的同时，加快产地农副产品市场建设。至2000年，全市农副产品批发市场达到35个。2005年，市政府规划建设的10个重点大型批发市场全部竣工。其中，城阳蔬菜水产批发市场总占地面积为24万平方米，市场可容纳摊位2.1万余个，实现成交额70.31亿元，并在国家市场行业协会评比中进入前十强。当年全市共有各类农副产品批发市场59个，品种齐全、功能完善、辐射带动作用强的农副产品批发市场网络基本成型。

市区批发市场　1984年5月1日，青岛市第一个农副产品批发市场在莱州路开业。市场设有咨询接待室，并开展帮助推销货物、过磅算账、代存代汇现金、出租用具、介绍食宿、寄存商品等服务项目。1985年，崂山县城阳村投资2600万元，在蔬菜市场的基础上建设青岛城阳蔬菜批发市场。1986年，该市场建成开业。市场占地3.3万平方米，年交易额2.6亿元。至1994年，该市场年总交易额达到9.75亿元。其中，上市蔬菜品种50多个，日上市量42万公斤，日交易额36.5万元；上市水产品品种10多个，日上市量10.2万公斤，日交易额64万元；其他商品日交易额达96万元。1991年抚顺路蔬菜批发市场正式成立，1992年蔬菜成交量达到4300万公斤、年交易额4500万元。90年代初期，沧口财贸委员会和区蔬菜公司共同组建沧口蔬菜副食品批发市场，市场占地约1000平方米。

1999年10月26日，位于小港码头的青岛市水产品批发市场建成营业，市场划分为批发区、零售区、冷冻区、活鲜区、干货区5大区域，是市区最大的水产品专业市场。

1996年，青岛市重点实施蔬菜、肉类、水产品、服装等6大批发市场的建设和改造，总投资达1.97亿元。抚顺路蔬菜批发市场、城阳蔬菜批发市场、沧口蔬菜批发市场、青岛肉类批发市场以及水产品批发市场等市场功能得到大幅提升。其中，抚顺路蔬菜批发市场分两期进行扩建改造后，建筑面积达到5.8万平方米。设大宗蔬菜交易区、无公害蔬菜交易区和果品、冷冻食品、熟肉制品、粮食、水产品交易区域，并扩大了中高档鲜活水产品、全国名优干货调味品区域。市场配有1000吨冷库、1000吨恒温库，附设招待所、配送服务中心、结算中心等服务设施，同时配套建设了3000平方米的福顺小吃城。1999年，蔬菜成交量达2.5亿公斤、交易额10.1亿元。城阳蔬菜批发市场经过1996年和2000年两次扩建，占地面积达到17万平方米，网架结构交易大厅3.2万平方米，塑钢交易大棚1.4万平方米，营业网点房19350平方米，可容纳摊位1.6万个，入驻经商人数达5000人，日人流量4万人次，日成交额450万元，年总交易额达23亿元。1996～1998年，李沧蔬菜批发市场一、二、三期扩建工程竣工开业，新设计算机代理结算中心和蔬菜检测中心。至2000年，蔬菜年上市量达8000万公斤，成交额2.5亿元。1999年，位于小港码头的青岛市水产品批发市场建成营业成为市区最大的水产品专业市场。

2002年，市政府将青岛市粮油批发市场（四方区四流南路64号甲）扩建工程列为年度“十件实事”，当年完成市场一期工程。该市场占地2.27万平方米，设立总面积6000余平方米、98个复式经营摊位的粮食现货批发交易区，并建立较为完备的服务、管理体系和粮油产品质量监控体系。2002年，城阳蔬菜水产批发市场实现交易额37.6亿元，被列为农业部定点市场、国家级农产品信息采集点、农业部鲜活农产品定点市场。沧口蔬菜批发市场进行改革，职工采用入股方式募集资金，年末顺利转型为股份制有限公司，并更名为青岛华中蔬菜批发市场。2003年，城阳水产品批发市场建成营业，成为全市规模最大的

2002年，枯桃花卉交易中心被列为国家农业开发项目，总投资2100余万元，占地1.4万平方米。2005年，入驻商户60余家，并获评山东省十佳花卉市场。

水产品专业市场，常年经营水产品品种包括鱼类、贝类、藻类、虾等应时水产品及干鲜海珍品上百种。

至2005年，市区有蔬菜、水产品、果品、粮食等6个批发市场。其中，抚顺路、华中、城阳三大蔬菜批发市场蔬菜副食品供应量，占市区农副产品零售市场销售量的80%以上。

产地批发市场 自1992年起，市委、市政府大力发展以商贸流通业为核心的第三产业。各区市党委、政府更加重视和支持各类批发市场建设。1993年，产地农副产品批发市场建设形成高潮。当年，青岛东庄头蔬菜批发市场（莱西店埠镇）、胶州市蔬菜果品批发市场、即墨市移风蔬菜批发市场、青岛七级生猪批发市场、平度市粮油批发市场等先后开工建设。平度市何家店花生市场、胶州市胶西镇蔬菜批发市场、胶州市沙梁蔬菜批发市场等原有市场纷纷进行改建、扩建。此后，青岛南村蔬菜批发市场、胶州市胶西镇西门油料批发市场、胶州于家村大椒城、胶南市城南蔬菜批发市场、胶南市灌汶蔬菜批发市场等建成开业。同时，兴办了胶州湾海产品批发市场、胶南泊里果品批发市场、胶南黄山镇徐村芋头批发市场、崂山晓望茶叶批发市场、崂山枯桃花卉批发市场一批专业批发市场。莱西的蔬菜和山楂、即墨的生猪、平度的花生以及胶州花卉和土豆等农副产品专业批发市场成为拉动当地经济发展的龙头市场。

至2005年，全市产地农副产品批发市场达到53个。其中，年交易额过10亿元的3个：青岛东庄头蔬菜批发市场（13.8亿元）、平度市何家店花生市场（13亿元）、青岛南村蔬菜批发市场（10.2亿元）；年交易额过5亿元的5个：胶州市沙梁蔬菜批发市场、胶南市城南批发市场、青岛七级生猪批发市场、胶州于家村大椒城、莱西马连庄果品批发市场；年交易额过1亿元的10个：胶州市胶西镇蔬菜批发市场、胶州市胶西镇西门油料批发市场、胶州市蔬菜果品批发市场、平度旧店果品批发市场、胶南市灌汶蔬菜批发市场、平度姜家疃综合农贸市场、平度市粮油批发市场、胶州城子屠宰场、平度大水泊生猪批发市场、胶州西宋生猪批发市场。

工业消费品批发市场

1983年，即墨县投资50万元，在墨水河滩建成一个服装批发市场。市场开业初期，经营服装种类和数量较少，经营业户自产自销，均为现金现货交易。80年代中期，即墨县实行新办个体经营业户试营业制度，服装批发市场入市经营业户增多、市场规模扩大。1985年，即墨县服装批发市场扩建后，入市商品、经营业户快速增加；服装批发从原来的即墨周边地区拓展到山东省内60多个县(市)、全国21个省市自治区；批发市场带动了周围6个乡镇的167个村、7100多家加工户的服装生产，年产量达2000多万件，花色品种1600多个，形成针织、服装、绣花、童装生产基地。

1987年10月1日，即墨县投资165万元，在鹤山路贸易区南端、龙泉河北岸建成新市场，占地3.2万平方米，1000多家服装经营户从河滩市场迁入。至1992年，该市场成交额达到4.4亿元。

1993年，市政府决定用2年左右时间建设平度粮油批发市场、青岛市人防地下中心市场、青岛市机动车辆交易市场、即墨服装批发市场、城阳蔬菜批发市场5个大型市场，总建筑面积57.8万平方米，总投资8.5亿元。1994年，即墨服装批发市场一期工程竣工启用。1996年，全市消费品批发市场成交额实现106亿元，比上年增长25.3%。1997年，全市新增商品批发市场8个，涉及日用工业品、金属材料、五金机电等多个门类。其中，即墨服装批发市场发展成为国内有重要影响的服装市场，交易额达到46亿元。

2001年，市政府确定培育发展18个重点商品市场和10个行业龙头重点市场，进一步推动全市专业市场加快发展。2002年，即墨服装批发市场及即墨小商品城、即墨布匹和床上用品批发市场、即墨皮鞋批发市场统一命名为“青岛服装城”，半数以上的商品实现了一级批发，发展厂家代理式经营业户400家，经销品牌产品800多种，交易额125亿元。

至2005年，全市共有工业消费品批发市场10个，交易额为110亿元。其中，服装批发市场1个、日用五金机电批发市场2个、家具批发市场3个、副食品（茶、酒水）批发市场1个、日用百货批发市场3个。其中，即墨服装批发市场交易额73亿元、即墨副食品批发市场交易额22亿元、平度贸易城20亿元。

生产资料批发市场

青岛市生产资料市场形成和发展略迟于消费品市场。1985年，青岛市第一家生产资料市场——青岛市机动车辆交易市场建成开业。此后，生产资料市场逐步兴起。其中比较大的有青岛钢材批发市场、城阳陶瓷建材批发市场、海城装饰材料市场和青岛汽车交易市场。市场主办者大部分为原国有物资、供销企业。借助产业支撑和港口优势，青岛钢材批发市场和汽车市场成为规模较大、辐射力较强的区域性市场。2005年，由青岛保税区管理委员会和中国橡胶工业协会联合发起，青岛市政府批准设立青岛国际橡胶交易市场，是从事进口橡胶等国际商品交易的专业化市场。青岛国际橡胶交易市场改变传统的交易模式，利用先进的网络技术，采用电子商务方式，即期现货、远期现货、竞买竞卖等多种交易模式相结合，为国际橡胶提供一个全新的交易平台，是全国唯一一家与国际市场接轨的国际橡胶交易市场。至2005年，全市共有各类生产资料市场80个，实现成交额71.5亿元，占市场交易总额的16.3%，涉及钢材、木材、建材、煤炭、汽车、机电、化工等11个门类。

第三节　主要商品市场

青岛市城阳蔬菜水产品批发市场

80年代初，随着家庭联产承包责任制的推行，依托城阳大集和周边蔬菜种植区，城阳蔬菜市场自发形成。1985年，城阳村投资2600万元，在蔬菜市场的基础上建设综合性的大型批发市场——青岛城阳蔬菜批发市场。1986年市场建成，占地3.3万平方米，建有蔬菜大棚1个，年交易额2.6亿元。市场位于城阳区308国道西侧，胶济铁路和308国道、204国道、青威、青烟、环海公路等多条国家级交通干道均路经此地；距市区20千米，距青岛流亭国际机场仅2千米，距青岛港码头25千米，水陆空交通十分便利。城阳镇是山东经济强镇，经济实力位居全市159个乡镇前列，为市场的迅速发展提供了雄厚的物质基础。优越的地理位置、便捷的交通条件、良好的投资环境使市场具有得天独厚的发展条件。1994年，市场年总交易额9.75亿元，占城阳区市场交易总额的75%。其中，上市蔬菜除本地自产外，还来自山东省内10多个县市和四川、浙江、辽宁、河

青岛城阳蔬菜批发市场位于城阳区308国道西侧，1986年建成开业。2005年，占地24万平方米，日客流量7万余人次，日成交额1700余万元，是全国5大批发市场之一。

消费者的合法权益。市场经营服务成立了市场办公室为主体的经营服务体系，提供运输、物流、冷藏、配送、餐饮等完善的配套服务。

2001年，城阳蔬菜批发市场改建为城阳蔬菜水产品批发市场。为提高市场交易效率、加强农产品交易食品安全追溯性，市场开通IC卡信息化收费系统，成立市场微机结算中心，并在全省率先一次性通过ISO 9001质量管理体系认证。同年，开通无公害蔬菜检测通道。2002年，城阳蔬菜水产批发市场

北、安徽等地，共计50多个品种，日上市量42万公斤，日交易额36.5万元；水产品有海水鱼、淡水鱼、对虾、海螺、扇贝、蛤蜊等10多个品种，来自烟台、莱州、江苏、辽宁等地，日上市量10.2万公斤，日交易额64万元；其他商品日交易额达96万元。

1996年，为改善交易环境，提升服务水平，市场扩建了3.2万平方米的蔬菜、水产品交易大厅。2000年，投资2000万元建成1.2万平方米的钢结构果品交易大厅和430米长的城阳步行商业街。先后融资1.1亿元扩建市场，形成青岛市最大的蔬菜、水产品、副食品供应基地。占地面积17万平方米，网架结构交易大厅3.2万平方米，塑钢交易大棚1.4万平方米，营业网点房1.9万平方米，可容纳摊位1.6万个，入驻经商人数达5000人，日人流量4万人次，日成交额450万元，总交易额达23亿元。

市场实行市场监督和经营服务职能的分离。市场监督管理以工商为主，税务、公安、质量技术监督、卫生防疫组成完备的执法管理体制，确保公平交易环境，有效维护经营者和

实现交易额37.6亿元，被列为农业部定点市场、国家级农产品信息采集点、农业部鲜活农产品定点市场。2003年，在全国同行业中首家通过ISO 14001环保体系认证，实现成交额47.63亿元。2004年实现成交额55.07亿元。2005年，城阳蔬菜水产批发市场投资2.8亿元，建成并启用山东国际农产品展示交易中心和青岛民生商贸城，建筑面积10万平方米。山东国际农产品展示交易中心一期展览面积2.5万平方米，可容纳1200个展位。设有展示交易大厅、农产品质量监督检测中心、信息和电子商务中心、跨国采购服务区及新闻发布、银行、超市和商务中心等配套设施，自2005年起成为每年举办青岛国际农产品交易会的固定场所。

至2005年，城阳蔬菜水产批发市场总占地面积为24万平方米，拥有固定资产5亿元，网架结构交易大厅9.6万平方米，塑钢交易大棚1.9万平方米，营业网点房21.9万平方米，农产品检验检测中心2000平方米，安全监控中心100平方米，微机结算中心500平方米，信息中心200平方米，无公害蔬菜检测室100平方米，并设有与农

业部信息中心联网的大型电子信息屏幕。市场可容纳摊位2.1万余个，主要经营蔬菜、水产品、干鲜果品、副食品、日用百货等10余类1000多个品种。日人流量7万余人次，日成交额1700余万元，是青岛市最大的蔬菜、水产品、副食品供应基地，是全国五大批发市场之一，山东半岛最大的农副产品集散地，连续多年获得农业部信息联网先进单位、全国农产品批发市场十佳、全国农产品批发市场十强、农产品批发市场绿色样板单位、省级文明市场、消费者信得过市场等荣誉。2005年实现成交额70.3亿元。

青岛市抚顺路蔬菜副食品批发市场

青岛市抚顺路蔬菜副食品批发市场始建于1991年。最初由青岛市蔬菜副食品总公司承办，以四方区东吴家村的一个蔬菜仓库为基础组建而成，占地不足2万平方米，设施简单、管理粗放，主要是蔬菜批发，有零星水产品、肉禽蛋销售，服务于市内4区的大型伙食单位和市蔬菜副食品总公司所属各菜店的蔬菜供应，交易量、交易额均较低。

1993年后，随着外地蔬菜经营客商的进入，市场交易额逐年增长，但上市量增加与经营场地狭小的矛盾日益突出。1996年，该市场扩建工程被列为全市重点建设工程项目。至1998年，先后由企业投资1.12亿元，对市场进行一、二期扩建改造，使市场占地面积增加1倍，营业面积扩大3倍多，并建立电子监控中心。1998年，在蔬菜交易厅建立计算机统一结算系统，入场的所有业户持卡登记、统一结算，该系统被农业部列为全国推广项目。1999年，市政府投资400多万元，在蔬菜交易厅建立无公害蔬菜检测中心，日均抽检200多个批次，有效遏止有害蔬菜的流通。2000年，蔬菜交易厅设立大屏幕电子显示屏，并与农业部及各大批发市场联网，随时报告全国各大城市蔬菜副食品的即时价格行情，并同时公布当天的价格和蔬菜农药残留检测信息、市场动态及经济动态。

2001年，市场承租海城宾馆1.13万平方米的场地，继续扩大经营和服务功能，形成以蔬菜交易为龙头，拥有蔬菜、副食品、生肉、果品、鲜活水产品、冷冻食品、日用杂品等近20个交易市口、700多个固定摊位、300多个流动车位的经营格局。日客流量约3万人次，常年交易品种1万余个，涵盖全国各地的干鲜农产品、土特产，业务辐射到全国31个省市自治区的300多个市县。

自1991年开业的14年间，市场年交易额由最初的2000万元，到1995年过1亿元，1999年突破10亿元，2002年突破20亿元，成为青岛市区唯一一个大型蔬菜副食品综合批发市场，也是山东省交易面积最大、交易设施最先进、服务功能最完善的销地大型批发市场。先后被确认为青岛市内唯一具有调控作用的批发市场，被农业部和国内贸易部命名为鲜活农产品中心批发市场和国家级区域性中心批发市场，是国家经贸委等八部委首批命名的“三绿工程”（批发市场试点单位）。通过了国家级绿色市场认证，被全国“三绿工程”办公室命名为全国绿色批发市场。先后被评为山东省三十强市场、山东省规范化文明市场、全国竞争力百强市场、全国五十强农副产品综合批发市场。至2005年，市场占地5万平方米，交易面积7万平方米。其中，一层蔬菜交易厅营业面积2.2万平方米，交易摊位300个，日交易量70多万吨，年交易额为2.85亿元。露天果品市场营业面积1.8万平方米，交易摊位130个，年交易额为0.67亿元。二层副食品交易厅营业面积2万平方米，交易摊位300个，日交易额300余万元，地下一层交易厅营业面积1万平方米，交易摊位270个，日交易额150万元。当年，市场实现交易总额23亿元，从业人员3000多人，人均工资性收入达1万多元。

莱西市东庄头蔬菜批发市场

莱西市店埠镇东庄头村地处大沽河南岸，种植蔬菜有得天独厚的条件。90年代以前，村民自种的蔬菜数量不多，大多到城镇集市摆摊，或者走村串巷吆喝叫卖。90年代后，村民种植蔬菜越来越多，仅靠集市摆摊和走村串巷已经满足不了销售需要。1992年，由于销路不畅，全村5万多公斤优质香菜全部腐烂，菜农损失巨大。为从根本上解决村民卖菜难的问题，村两委经研究决定开办一个有组织、有领导、交易有序的蔬菜市场。全村共集资3万余元，在村中央大街开办起蔬菜交易市场。1992年5月8日，蔬菜交易市场开业，占地约3334平方米，主要由7位村老年协会老人为菜农、菜商提供过磅、市场卫生打扫、车辆秩序维护等服务。1992年底，随着交易的蔬菜车辆、人员逐渐增多，原来的场地不能满足市场发展需要。1993年，村两委决定将市场搬迁到村西。该市场西临南城路，南靠通村路，交通便利，本村、外村菜农到此卖菜都非常方便。

东庄头蔬菜批发市场成立之初，村内群众经常与外来的客户发生矛盾冲突。为此，市场制定“三严三宽三让”管理规定，即“对本村人严，对外村人宽，本村人让利给外村人；对熟人严，对生人宽，熟人让利给生人；对当地人严、对外地人宽，当地人让利给外地人”，切实保障外地商户的利益。因治安好、交通好，交易有保障，东庄头市场的名号越叫越响，客商越来越多，云南、浙江、江苏、陕西、甘肃、东北地区等各地客商都到此采购、交易，市场逐渐发展成为远近闻名的规范化市场。随着市场发展壮大，为菜农、菜商提供便利服务的农资、种子、餐饮等第三产业业户逐步增多，同时，公安、工商、交通、邮电、金融等部门随之在市场开设办事机构。市场基础设施不断升级提高，建起钢架交易大棚，硬化交易场地，市场工作人员及灵活务工人员为菜农、菜商提供从采购、包装、装卸、过磅、付款、矛盾纠纷调解等一系列服务。私营的冷库也发展迅速，1995年市场建成第一家冷库，1999年市场周边冷库总容量为6000吨左右，蔬菜保鲜出口常年进行。另外，做泡菜和对蔬菜进行脱水深加工的企业也逐渐增多。

经过连续多年的扩建、升级，至2002年，东庄头蔬菜批发市场交易场地占地面积达20万平方米，玻璃钢架交易大棚2万平方米，拥有8000吨恒温保鲜库、2000吨速冻库和3000吨蔬菜脱水加工厂。当年，东庄头蔬菜批发市场蔬菜年交易量达5.5亿公斤，交易额6亿元。并以其巨大的交易量和市场占地面积，成为全国最大的村级产地蔬菜批发市场。

莱西东庄头蔬菜批发市场位于莱西市店埠镇，1992年开业。2005年，占地32万平方米，年交易量8亿公斤，交易额13.8亿元，是青岛市最大的产地农产品批发市场。

2003年，东庄头蔬菜批发市场建立起与全国“菜篮子”工程信息中心联网的信息系统，成为中国蔬菜流通协会的会员市场和农业部鲜活农副产品定点市场。建立起由公安、工商、税务等部门参加的市场管理机构，综合服务功能日趋完善。市场以“发展农村菜园子，丰富城市菜篮子，为四面菜农造福，帮八方客商发财”为宗旨，以“公平、合理、安全、方便”为服务标准。市场交易秩序良好，服务热情周到，人们称赞：到东庄头市场办事方便，人财安全，本人省心，家人放心。市场先后被评为省级文明市场、省级规范化管理样板市场和省级规范化文明市场。

2005年，该市场占地达到32万平方米，年交易量8亿公斤，交易额13.8亿元。蔬菜销往全国20多个省、市、自治区，并出口俄罗斯、韩国、日本、新加坡等国家和中国香港地区。

东庄头蔬菜批发市场的发展，在带动农民种菜增收的同时，也带动了其他产业的发展。至2005年，村庄通过招商引资建起多家大规模的食品加工企业和20多个与市场蔬菜运输需要相配套的大型冷库，吸纳劳动力4000多人；以市场为中心，物流、装卸、包装、餐饮、维修、加油、商贸等服务业有所发展，个体私营业户达到600多家，市场吸纳劳动力达3000多人。同时，拉动了周边6个县市40余个乡镇高效农业的发展。

青岛华中蔬菜批发市场

青岛华中蔬菜批发市场位于青岛城市主干线重庆中路与振华路交界处，占地面积约5万平方米，设有4.3万平方米钢结构大棚交易厅，包括蔬菜批发区、蔬菜零售区、生肉市、熟食市、果品市、水产市、百货市、调味品市和粮油市，另有商业网点8300平方米，冷库1000吨。

青岛华中蔬菜批发市场前身为沧口蔬菜副食品批发市场，90年代初期由区财贸委员会和蔬菜公司组建，当时仅有几间瓦房和不足1000平方米的空地，日蔬菜批发车辆不足10辆。1994年，褚良孟调任市场总经理后，带领职工到蔬菜产地开展宣传招商。1995年初，日均入市蔬菜交易车辆增至35辆，开放交易时间由全天交易改为3:00～11:00。1995年底，入市交易车辆基本实现饱和。市场通过贷款筹集资金，对市场进行扩建。1996～1998年，市场一、二、三期扩建工程竣工开业并开设微机代理结算中心和蔬菜检测中心。2000年，蔬菜年上市量达8000万公斤，成交额2.5亿元，同比增长4.2%，实现利税48万元。

2001年末，由于多年沉积的体制不顺、机制不活，市场经济效益滑坡，负债和贷款近200万元。2002年，沧口蔬菜批发市场职工采用入股方式募集资金，顺利转型为股份制有限公司，并更名为青岛华中蔬菜批发市场。同年，市场投资70余万元进行熟食市的升级改造，将之前的旧台案拆除，全部更新为网点式经营，网点内有防蝇、防虫、防尘、冷藏陈列以及上下水等设施，有效地解决了食品卫生问题。同时成立“菜篮子”商品质量检测中心，引进台湾高级检测仪器1台和色谱仪、高光仪及检测配套设施（测量工具、提取工具、电脑、网络通信、检测药品、蔬菜粉碎机），建立不合格农产品销毁室，配备8名经过市检测中心专业培训的专职人员，主要对蔬菜、果品、生肉等品种进行农药及其他有害物质残留的检测。对进入市场的所有蔬菜进行24小时不间断抽样检测，发现农药残留超标蔬菜，即会同工商部门予以封存、销毁。2003年，该市场检测中心与市检测中心联网，发现疑难检测品种可立即上报市检测中心，进行联合检验，从根本上杜绝了不合格蔬菜流向市场。2001～2004年，共协议封存、销毁蔬菜384个批次、7.8万公斤，价值6.2万余元。

2003年，投资120余万元，对市场北网点进行改造，将网架式摊位改造为网点房，地面全部重新硬化，改造房屋和增加网点60余间。2003～2004年，市场投资280万元，对市场生肉摊位进行改造，将台案式经营改造为吊挂式经营，增加钢网架大棚6300平方米，并采用全钢化生猪滑动轨道；投资115余万元，扩建市场水产市，建设钢网架大棚3800平方米、经营台面65个、营业面积1800平方米。同时，建立生肉市微机代理结算中心，对电子信息大屏幕实施升级改造。

在建设改造市场的同时，逐渐建立健全食品安全制度。凡进入市场从事食品经营的业户，必须证照齐全，建立食品备案登记台账，严格记录货物的来源和去向；保持经营场所的宽敞明亮和卫生整洁，专用工作衣帽整洁；建立了“协议准入制度”“经销商管理制度”“索证索票制度”“购销台账制度”“不合格食品退市制度”五大食品安全保障制度。2004年，华中蔬菜批发市场被确定为青岛市唯一一家三方监管（工商、动物检验检疫、市场开办方）的生肉制品入市查验单位，全面杜绝病害肉制品进入流通环节。

2002～2005年，华中蔬菜批发市场通过不断更新硬件设施，完善市场管理，年均上市量1.91亿公斤，年均交易额14.37亿元，累计上缴税金近800万元。市场先后获得全国农产品批发五十强市场、山东省规范化文明市场、全国价格监测定点单位、青岛市“菜篮子”暨“三绿工程”先进单位等荣誉。

平度贸易城

80年代初，平度集市贸易迅速发展，常有周边村民聚集于平度青岛路中段南侧摆摊赶大集，逐渐形成较大集市。平度县政府为方便群众，促进市场发展，于1987年4月建成贸易城前身——平度市农副产品批发市场，总占地面积13万平方米，市场门面房100间。东关村、巷子村、南关村、杜家疃村等周边村民开始在市场内固定经营，主要以经营蔬菜、果品、食品、副食品为主，当年交易额为6000万元。

随着平度市商品经济的发展，平度市农副产品批发市场日益显现出设施相对匮乏、经营商品种类少的状况。为此，1991年，平度市政府投资200余万元，在市场中心地带建成100余套门面房，引进200余家个体商户进入市场。随后，东关村、南关村、后巷子村等市场主办单位也相继投资1000余万元对市场进行扩建，市场得到快速发展。1991年，门面房增至1000余间，经营商户达到1200余家，年交易额达到1.4亿元。

1992年，东关村、南关村、后巷子村、杜家疃村等市场主办单位不断加大投资力度，市场规模迅速扩大。烟酒副食品、家具、五金机电等行市逐渐占据市场主导地位。同年，平度市政府在城区西部新建果蔬专业批发市场，经营果品、蔬菜批发的经营业户外迁至果蔬专业批发市场内，并将平度市农副产品批发市场更名为平度贸易城。

至1996年底，平度贸易城扩展到东至苏州路、西至胶平路、北至青岛路、南至杜家疃区域，总投资额达到4500万元，总占地面积20.2万平方米，成为拥有16个贸易区的综合性贸易市场。同时，贸易城实行商品划区分类管理，设立小家电、农资、烟酒副食品、家具、小百货等大型贸易区，提高了市场竞争力。倡导业户自发组成行业协会，成立了家电行业协会、农资行业协会、副食品行业协会、家装行业协会、文体用品行业协会，实行行业自律，自觉抵制恶性竞争及假冒伪劣商品，改善了市场经营秩序，树立起市场信誉。平度贸易城逐渐发展成为胶东地区最大综合批发市场。

2000年后，贸易城不断翻新改造，硬件设施不断升级，各门面房配备消防器材、修建防火墙，主要区域安装路灯监控等，加强消防通道占位经营管理，市场安全系数大大增加，贸易城在安定繁荣的基础上稳步发展，同时也为平度商贸业发展造就了大批经商人才。

至2005年，平度贸易城经营业户达到2000余家，主要经营食品、家具、五金机电、百货、调味品、副食品、服装等，交易范围辐射整个胶东半岛。当年交易额达到20亿元，实现税收近2亿元，实现房租和摊位收入约2亿元，为社会提供就业岗位6000个左右。

青岛市大连路农贸综合市场

大连路农贸综合市场位于大连路13号，地处市北区传统商业经贸区，由青岛交运第一汽车运输有限公司投资300余万元建设，1997年1月18日建成开业。市场占地面积1万平方米，设有摊位400余个，经营房屋100余间，拥有服装、鞋帽、蔬菜、干鲜果品、土产杂品、小食品等十几个行市。当年，市场交易额达350余万元。

90年代末，对市场实行现代化改造。对市场内水管、电线进行全部更新；对市场海鲜摊位进行优化设置，采用了统一货架。2001年，市场推行“农加超”规范化管理模式，先后在市场内建成熟食品和副食品两个超市，明显改善了市场经营秩序。2005年，对市场进行多次标准化升级改造，改变熟食超市面积与布局，维修市场大棚，整修市场地面，基本达到“环境整洁化、布局合理化、价格大众化、商品品牌化、量器具统一化、设施人性化、消费安全化”的规范要求。同时，将“对业户要讲友情，对消费者要讲亲情，对员工要讲爱情”的“三情”理念贯穿于日常管理中，不断推进温馨市场品牌建设，打造“让业户满意、让市民满意”的温馨市场。大连路农贸综合市场是青岛市第一个通过ISO 9001质量认证的农贸市场，2002年、2005年先后两次被评为山东省规范化文明市场。

至2005年，该市场占地面积达1万余平方米，设有各类摊位、经营房屋450余个，拥有蔬菜、水果、肉类、豆制品、服装、鞋帽、海鲜、土产杂品、小食品等20多个行市，全年交易额500余万元。

即墨服装批发市场

1979年，即墨县部分服装加工个体户开始从事小批量服装生产，并在集贸市场摆摊出售。1980年，在县城共济街南端河滩上形成一个服装市场，南关村60户服装生产者成为即墨首批个体服装经营业户。随后，服装生产迅速由县城辐射到周边乡镇，形成以即墨镇（生产青年装）为中心，以留村镇（生产针织品）、大信镇（生产童装）为主体的3大生产基地，当年到县工商局申批服装生产的个体户达1000余家。随着经营业户不断增加，服装市场狭小的场地无法满足经营者需要。1983年，即墨县投资50万元，在墨水河滩建成一个服装批发市场。市场经营服装种类和数量较少，经营业户自产自销，均为现金、现货交易。

80年代中期开始，即墨县在政策上支持个体私营经济发展，实行新办个体经营业户试营业制度，服装批发市场规模进一步扩大。1987年10月1日，即墨县投资165万元，在鹤山路贸易区南端、横河北岸建成新市场，占地3.2万平方米、水泥摊位4850米、玻璃钢瓦棚1.05万平方米、水泥路面1.6万平方米、摊位4500个，1000多家服

即墨服装批发市场始建于1983年，至2005年，先后扩建开办室内批发市场、服装城、针织城，总建筑面积11万平方米，经营业户5887家，是中国北方规模最大的服装专业批发市场。

装经营户从河滩市场迁入。1988年，市场成交额为1.81亿元，1992年达4.4亿元。

90年代初，即墨市确立“商贸兴市、以市兴城，把即墨市建设成胶东最大商品集散中心”的思路。1993年，在鹤山路中段北侧的城区最佳位置征地8万平方米，总投资1亿元，建设大型室内服装批发市场。1994年底，市场建成并投入使用。市场总建筑面积6.5万平方米，交易大厅上下两层，设摊位6480个。上下两层设立自动扶梯，大厅内设置闭路电视监控室，并设有大型电子广告屏幕，周围建有集通信、仓储、食宿、交通运输等配套服务设施。服装批发市场建成后，吸引了全国各地客商前来设摊经营和采购，江苏、浙江、湖北、福建、吉林、辽宁、黑龙江等省3000余家客户和厂商在市场内设点经营，步森、雅戈尔、波司登等众多名牌产品进入市场设立专卖店，服装档次大大提高，商品成交额大幅增长。1997年，市场商品成交额达15.8亿元，是1992年的3.59倍。至1998年，连续10年获全国文明集贸市场称号。

2000年，投资600万元，扩建市场建筑面积6000平方米，开办“女人街”。2001年，投资7000万元，建起建筑面积3.8万平方米的即墨服装城，开办青岛圣帝亚服饰中心，并引进青岛利群集团开办大型购物广场。2002年，投资1000万元，改造扩建二楼建筑面积8800平方米，开办即墨针织城。即墨服装城、服装市场与即墨针织城相连，集商贸、仓储、研发、代理等于一体，总建筑面积达11万平方米，成为中国北方规模最大的服装专业批发市场之一。在加强基础设施建设的同时，即墨服装批发市场加大投入提升市场品质，打造市场品牌。一方面发展厂家代理式业户，引进发展厂家直销、总代理、总经销业户；另一方面引导完成原始资本积累的业户，围绕市场兴建生产基地，生产加工与市场相配套的产品，扩大本地产品在市场上的占有率，突显价格优势。

即墨服装批发市场的兴起，带动全市二、三产业迅速发展，促进个体工商企业不断壮大。部分有远见卓识的经营业户在实现资本积累的基础上，不断扩大生产规模，实施品牌战略，把产品从即墨服装批发市场打入全国市场和国际市场。比如红领集团董事长张代理，1987年在莱西开办小服装厂生产西服，在即墨服装批发市场设摊批发，1995年创立红领制衣公司，2000年成立青岛红领（集团）服饰股份有限公司，成为拥有总资产达1.3亿元的大型企业。2002年，建起占地26.67万平方米的红领工业园，拥有进口专业设备1000余台（套），年生产能力达100万套服装，实现生产设备现代化、管理网络化、物流控制智能化，并在13个国家注册商标。红领西服被指定为第28届奥运会中国代表团唯一礼仪服装。再如好事中制衣有限公司、一诺服饰有限责任公司等，均由家庭作坊式小规模生产发展成为现代化大型企业。即墨服装批发市场带动发展起规模较大的服装、针织企业计100多家。2002年12月，即墨市被中国纺织协会命名为“中国针织名城”，成为全国主要针织服装生产基地之一。

至2005年，即墨服装批发市场拥有经营业户5887家。其中，外地业户2000多家，厂家代理式业户2000多家，品牌商品经营业户2000多家。主要经营服装、纺织品、针织品3大类2800余个花色品种，其中本地产品占有率达35%。商品辐射21个省、市、自治区，当年实现交易额73亿元，日均上市8万余人次。2005年11月，即墨服装批发市场在全国十大服装批发市场评选活动中名列第四。

青岛即墨路小商品市场

即墨路小商品市场所在的大鲍岛地区是青岛最早的商业中心区。70年代后期，大批返城知青人员就业困难，其中部分人在即墨路、李村路附近自发进行商品交易活动。1980年，市政府批准在市区内建立17个农副产品市场，即墨路市场应声而起。同年11月，即墨路市场建立。最初时只有50余个摊位，且摊位不固定，经营范围以木器、家具、自行车为主。

市场建立初期，部分人思想认识上有偏差，对市场能否发展起来存有疑虑；周边居民也存有偏见，新搭起的市场设施夜晚常被人拆除。为了办好市场，市场管理部门采取有效措施，积极组织生产经营者入市设摊，安排待业青年和社会闲散人员入市摆摊，吸引外地客商入市经营，市场逐步扩大到李村路、潍县路、易州路、博山路等周边区域，形成较大的市场规模。1982年，即墨路小商品市场基本定型，市场商品主要有小百货、服装、工艺品、鞋帽、箱包、缝纫、木器家具、修配、旧自行车和小百货批发等10余个种类。由于品种比较齐全，缓解了群众购物难、做衣难、修理难等问题，给群众生活带来极大便利。即墨路小商品市场逐渐声名远播，除了本地的商户，许多周边县市的商户也慕名而来。

1983年划行分市后，即墨路小商品市场扩展为具有相当规模的小商品市场，以即墨路、李村路为中心，纵横跨越潍县路、易州路、芝罘路、博山路4条支路，占地1.48万平方米。该市场建有6292平方米的交易棚厦，建起服装、纺织品、土产、小百货、鞋帽、工艺品、家具和自行车8个行市，另有修理业、缝纫业等，经营商品达2万余种，有近8000个品种是国营、集体商业不愿经营或断档缺门的商品。日上市摊位1340个，日均客流量4万余人次，日成交金额30余万元。其中，即墨路全段长300多米、宽14米，全段共分为5个管理区。一区主要经营草编织品和苏杭织锦缎袄面料及部分小百货，二区主要经营小百货、小五金、小家电等，三区主要经营各类手提包、背包、公文包和小百货、眼镜等，四区主要经营各类皮鞋，五区批发小百货（大部分摊户来自浙江义乌、温岭等地）。李村路服装行市全段长300米、宽14米，共分为5个管理区，一区东南侧主要经营布匹，西北侧主要经营服装（服装的摊户，大都来自即墨、崂山等市郊）；二区至四区全部是经营服装的摊户；五区为缝纫服装制作市，在缝纫市尾段经营成品沙发、木器家具等。潍县路经营部分草编织品和部分小百货摊，博山路经营贝雕制品和打火机修理，易州路经营服装和修鞋业务，芝罘路主要经营服装，零星有几个书摊和鞋摊。其中，服装经营尤具特色，在很长时期内，即墨路小商品市场一直位居青岛服装消费的先导地位，广州、上海推出的新潮服装不出3天即可在即墨路小商品市场面世。很多商户因为眼光独到，进货款式时尚，服装供不应求，生意红火，青岛的第一批“万元户”很多就是从这里诞生的。1984年，反映该市场的专题片《青岛小商品市场》，被中央电视台作为重点节目播出，随后在美国纽约宏声电视台、洛杉矶斯扬电视台、旧金山华声电视台、加拿大中文电视台、温哥华国泰电视台等境外中文电视媒体播放。由此，即墨路小商品市场蜚声境内外。

即墨路小商品市场十分重视管理服务。开业

即墨路小商品市场初建于1980年，1982年基本定型并逐渐扩展为具有相当规模的小商品市场。占地1.48万平方米，上市摊位1300余个，日客流量4万余人次，是当时青岛市最大的小商品集散地。

初期即实行“三定六保”岗位责任制（定人员、定任务、定岗位；保证市场交易秩序好，保证市场卫生好，保证亮证经营好，保证文明经商礼貌待客好，保证以理服人、秉公办理，大公无私文明管理好，保证摊户商品陈列美观好），被山东省工商局借鉴并在全省推广。1983年，制定入市摊户“十五要”的规范化实施规定，即入市要登记、摊位要整齐、陈列要美观、设摊要定位、标价要明码、服务要周到、态度要和蔼、买卖要公道、童叟要无欺、管理要服从、交费要主动、治安要维持、秩序要井然、卫生要讲究、场地要清洁。1987年，即墨路小商品市场完善“三定六保”岗位责任制，并对摊户实行“入市登记，摊位定点，人员定位，对号入市亮证经营，明码标价，佩戴入市交易证，悬挂摊户意见箱”等管理方式，引导商户开展“文明经商”活动，进一步规范经营秩序，促进市场健康发展。当年市场成交额达7800万元，比1986年增长了13.8%。

“货自四方来，广招天下客”。至1990年，即墨路小商品市场的辐射面扩大到28个省、市、自治区，不仅成为青岛市最大的小商品集散地，而且成为中外游客观察青岛市经济发展的一个重要窗口。为了进一步改善交易条件，优化市场环境，即墨路小商品市场建起1万多平方米宽敞明亮的大型过街棚厦，制作配备1000多个售货台架。该市场连续多次被评为全国文明集贸市场和省级文明市场。先后有30多个国家的政府首脑和领导人到该市场参观购物，党和国家领导人杨尚昆、习仲勋、田纪云等先后到即墨路小商品市场视察参观，并给予充分肯定。

1997年10月18日，即墨路小商品市场实行“退路进室”后，正式对外营业。新市场位于聊城路、临清路、清平路和夏津路及“九〇一”工程周边区域，首期营业面积2万余平方米，建筑面积达2.5万平方米，可同时容纳业户1022家，开业时有868家入驻。即墨路小商品市场由此进入新的经营时期。

2005年，即墨路小商品城共设有经营性区域近3000个，参与经营业户近5000家，从业人员近1万余人。经营服装、鞋帽、箱包、工艺品、小百货、珍珠项链、草编、服装加工等20多个行市，当年营业额超过2亿元。

青岛启城建材批发市场

80年代中期，在城阳电影院、城阳商厦附近，十几家民宅临街开辟建材销售网点，陈设摆放零散样品，经营低端民用陶瓷。

1994年城阳区设立后，建材市场发展速度加快。1998年，城子村两委经反复研讨论证，决定依托城阳新区建设和优越的交通、地理优势，兴建以经营陶瓷为主的大型综合性建材批发市场。市场规划占地32万平方米，计划投资1.6亿元，分3期实施。一期工程投资6600万元，其中吸引温州业户投资1300多万元。1999年8月开工建设，回填土石方32万立方米，将坑洼不平的村后蛤蟆湾填平。10月中旬，市场一期工程竣工，占地8.4万平方米，建筑面积4.7万平方米，建成网点房680间、停车场9800平方米，以及与之配套的办公楼和住宿房。市场北接308国道，青威、青烟、青银公路和胶济铁路环绕周围，距流亭国际机场3千米，距青岛港35千米，地理位置优越，出入便捷，货源流通。1999年12月26日，城阳陶瓷建材批发市场正式开业，初期招商率为70%。由街道党委政府、工商、公安、城建等部门组成的市场建设管理委员会把“高起点运作”贯穿于市场的规划论证、工程建设、招商引资和管理服务全过程。设立工商所、派出所、招商办、物业、装卸队等职能部门，招聘经济、财会、计算机、保安等专业人才，全方位提高服务效能。同时建立市场网站，通过互联网发布查找供求、价格、动态、招商等信息，扩大销售渠道。市场管委会提出并践行“您只需专心经营，其余的事情我们来承办”的承诺，各地厂家、经销商纷纷入驻。

2000年7月20日，城阳陶瓷建材市场二期工程——木材钢材批发市场开工。平整回填土石方25万立方米，占地8万平方米，投资2000万元。2001年建成投入使用，引进业户70家，主要经营形式为土地租赁，业户自行搭建临时建筑。新开辟的经营项目有木材、钢材、装饰板材等。2002年，位于308国道高架桥北的三期工程——装饰材料批发市场落成营业，投资1600万元，占地2.8万平方米，建筑面积2万平方米，门面房160个，仓库面积8000平方米，彩钢瓦库房结构，主要经营装饰板材、家具、灯具等。为保证经营安全，市场统一营业时间，实行全封闭式管理。2003年，以城阳陶瓷建材批发市场为依托组建青岛启城集团有限公司，城阳陶瓷建材批发市场更名为青岛启城建材批发市场。2003年8月，按前店后库设计，投资1300万元，在市场以西建成2.6万平方米营业场所。库房储存大宗品种货物，入户区域设计为展室、办公室等，展示产品铺贴实际效果，便于消费者直观选购。该经营理念被首次引进市场，众多地方级代理商纷纷前来洽谈寻求代理合作，市场交易活跃。

至2005年，市场建设及配套设施累计投资1.2亿元，总占地面积30.67万平方米，建筑面积12万平方米，包括陶瓷建材、木材钢材和装饰材料3个批发交易市场。主要经营建筑陶瓷、卫生洁具、钢材、木材、胶合板、家具、厨具等十多类千余个品种。当年交易额实现30亿元，比1999年开业当年增长7倍，直接从业人员达1200多人。来自中国香港、广东、福建、江苏、浙江、安徽、河南、河北、山东等全国7个省18个城市的厂家和业户600多家在此经营，有厂家直销处20多家，省、市级代理商50多家，先后涌现出惠达、恒洁、利群等广东名优洁具品牌，瓷砖类有蒙娜丽莎、诺贝尔、维多利、鹰牌等百余个品牌，市场逐渐形成了代理和加盟店总部经营模式，成为辐射胶东半岛及山东内地的建材批发集散地。

青岛启城建材批发市场的建立和发展，带动了市场周边私营企业和个体业户的建立和发展，形成了以市场为中心的第三产业密集区。市场连续多年被评为青岛市十大商品市场、规范化管理达标市场、山东省规范化文明市场、中国商业信用企业等。

青岛电子信息城

1992年9月，青岛科技街筹建处投资400万元，在吉林路、章丘路和青岛儿童公园广场两侧，建起3000平方米的临时网点房，实际占地面积36万平方米。10月28日，青岛科技街揭牌。青大电脑、高校电脑、海纳特电脑、科城电脑、五环电脑、奥深电脑等40余家企业入驻开业。这些临时经营网点成为青岛电子信息城的雏形。

1992年12月，青岛科技街管理委员会成立。根据《青岛高新技术产业开发区总体规划纲要》，青岛科技街选址在市北区辽宁路繁华的商业区内，位于辽宁路、包头路口、乐陵路、泰山路口围成的梯形区域内，规划面积0.175平方千米，建筑面积近3.3万平方米，是青岛高新技术产业开发区（青岛高科技工业园、青岛高新技术产业开发试验区、青岛科技街）的重要组成部分。1999年10月16日，青岛电子信息城正式开业，是青岛市第一家大型IT产品卖场。在科技街临时网点房经营的企业以及分散在青岛市区经营的海洋电子、康悦电子、巨星科技、新金安科技、清华紫光青岛办事处、联想电脑青岛分公司等企业相继入驻经营，入驻企业300余家，经营商户400余家。经营商品包括全球知名IT品牌在内的电脑、通信、数码设备、OA设备、DIY装机、耗材、配件、电玩、安防产品等。针对IT行业的发展特点，信息城制定“以硬带软、以软促硬”的经营策略，对软件研发企业提供“免二年减三年”优惠的税收政策，吸引企业在信息城注册经营。金海王电脑技术有限公司、紫光开源等软件开发企业先后入驻。2000年，青岛电子信息城全年销售额达到9亿元，上缴税收近2000万元。

2002年3月，青岛电子信息城二期竣工，与青岛电子信息城一期连成一体，总建筑面积达4万平方米。经营面积8层，负1层为耗材经营区，1层为品牌笔记本经营区，2至6层为DIY装机、办公设备等电子卖场，7层为办公区及餐厅服务区，业态分布清晰丰富。当年，信息城入驻商户500余家，从业人员约3000余人，年销售额近18亿元。

2004年10月，青岛电子信息城由青岛科技街管委办交予企业自主经营。信息城进行二次创业和二次招商，陆续引进东芝电脑、戴尔电脑、惠普电脑等国内外的著名品牌入驻，为青岛信息城及青岛科技产业链的结构与品质带来质的飞跃。青岛信息城除扶持一批本地小企业外，部分企业经营商户在信息城内发展成为知名品牌的省内或区域代理企业，从零售商发展成为批发商。在做好IT硬件市场管理的同时，信息城坚持诚信经营，实行收取质保金、消费者投诉“先行赔付”管理制度，在行业内较早提出并实施诚信经营管理制度。

青岛电子信息城集IT产品零售、批发、信息产业软件研发、办公为一体，是青岛市最大的IT产品聚散地和山东省IT产品销售渠道中坚，是中国电子商会理事单位，并获评中国电子市场营销创新奖、中国电子企业最具潜力品牌等荣誉。至2005年，入驻电子商品批发、零售商户达到600余家，从业人员约4000人，厂商电脑笔记本品牌代理商有惠普、联想、戴尔、华硕、方正、东芝、清华同方等。当年市场销售额近20亿元，实现税收4000万元。

平度农机及配件市场

平度市是传统的农业大市，有着广阔的农机生产和销售空间。80年代初在县城汽车站南500米，以县农机公司为中心，聚集10多家最早的农机经营户，形成平度农机市场的雏形。

80～90年代，随着改革开放的逐步深入，平度个体私营经济进入飞速发展阶段。以县农机公司为中心的农机经营业户迅速增多，便利的交通环境和广阔的农机需求空间，在县汽车站南高平路两侧聚集了40余家农机及配件经营户，并形成一个新的产业集群，特别是1989年平度撤县建市，让更多的农民进入市区从事商业经营活动，短短五六年间，在高平路两侧聚集了100余家农机及配件经营商，交易额及经营范围逐步扩大，品种越来越齐全，成为周边县市区影响力较大的农机经营市场。

2000年，平度市政府提出“商贸兴市”，借助平度有利的地理位置及区位优势，全力打造市区建设三大板块之一——以农业为主的西部市场群。2001年4月，平度市市场管理局与李园街道西马家沟村签订土地租赁合同，选址平度汽车站西2千米处，当年开工建设平度农机及配件市场。2001年8月29日，市场正式开业，总计投资1000余万元，占地10万平方米，房屋120间，沿街门面房49间，大棚12个，露天经营面积达5.6万平方米。当年入驻业户30余家，主要从事农业机械及配套产品的经营。全国知名的巨力、时风、双力、五征等品牌农用三轮车生产厂家，以及山东潍坊拖拉机厂、天津一拖、洛阳一拖等知名农机生产集团均在市场内派驻代表，产品涉及200个门类、4000余种配件，市场销售覆盖胶东半岛。2002年，市场日均销售400余台（件），年销售额达到2.7亿元。

平度农机及配件市场的兴起，带动了农业机械领域生产与销售，并涌现出一批农机经营大家。比如青岛福盛农机有限公司总经理杨春生，1994年开始从事个体农机经营，最初只有20多平方米的营业房，经营单一的柴油机。2001年进入市场后，规模持续扩大，经营产品丰富多样，涉及农业的各个领域，营业额也由最初的几万元发展到2005年的3000万元左右，是多家知名农机企业的青岛和山东省总代理，成为农机市场的领头羊，也是全省唯一一家6S农机经营店。同时，平度农机及配件市场的发展也带活了周边农机及配件生产厂家，如田庄镇铸造工业达到100余家，明村镇有橡胶轮胎企业15家。

2002年之后，平度农机及配件市场经营规模逐步扩大，知名度和竞争力显著提高。业户发展至110余家，市场经营面积利用率达到90%以上，经营产品达到400余个、10000余种，逐步出现农机4S店（4家）、农机合作社（6家）、大型售后服务店（5家）等经营模式。产品销售覆盖胶东半岛，非洲、东南亚、韩国等地区和国家的外商也组团到市场洽谈购机项目。

至2005年，平度农机及配件市场发展成为青岛市唯一一家五星级农机市场，是青岛市工业品市场双十强市场、山东省规范化文明市场、中国十大农机市场之一。当年，市场营业额达到4.7亿元。

青岛福瀛装饰城

七八十年代，黄岛区无大型专业建材和家具市场，90年代初，辛安街道10余家个体工商户在辛安村沿街开店经营建材生意，并在辛安河南侧形成一个建材市场。随着城市化进程的加快，建材市场供求两旺。青岛福瀛建设集团创始人焦志福经过多方考察，全面分析国内建材装饰市场行情、动态，决定投资建设青岛福瀛集团建筑装饰材料城。

2000年，青岛福瀛建设集团在辛安街道开拓路征地22万平方米，筹建青岛福瀛集团建筑装饰材料城，计划总投资1.3亿元。2001年3月该工程开工，2002年4月，青岛福瀛建筑装饰材料城更名为青岛福瀛装饰城。2002年5月18日，市场建成并投入试营业，同年9月28日正式开业。总建筑面积20万平方米，设展位520个，分为陶瓷区、家具区、板材区、地板区、木门区、灯具布艺区、木材石材加工区、仓储区共8个区域，全国230多个商家数千种装饰产品的地区总经销、总代理入城经营，经营品类涵盖陶瓷五金、油漆、地板、橱柜、灯具、布艺、石材等。其中，经营的陶瓷卫生洁具品牌有欧朗、斯米克、鹰牌等，经营的木地板品牌有达木、雅坤、宜华等，经营的名牌家具产品有富得宝、喜得宝、顾家工艺等。

市场引进先进的管理模式，建立创新的经营机制和专业化物业管理，为客户提供优质服务和安全保证。与工商、税务、公安、消防、卫生防疫、技术监督等部门以及经营业户代表共同成立综合管理办公室和市场管理委员会，实行统一综合管理、统一实行市场综合执法、统一办理证照、统一收取税费的“四统一”管理模式。同时凭借现代经营理念、市场监管监控手段和信息技术支持，缩短供货周期，减少供货环节，杜绝假冒伪劣商品。2003年9月，青岛福瀛装饰城在黄岛区率先成立由职工和经营业主组成的工会联合会。

2004年，青岛福瀛装饰城市场进行整体布局规划调整，对二号厅、地板区、陶瓷区圆厅南侧进行改造、装修及业户调整，使市场布局更加科学、规范、合理。同时扩建市场板材区6048平方米，当年建成并投入使用。加强网络信息化建设，与中国建材网强强联合新建山东建材网并正式运行，当年发展会员6932名，网上专卖店2438个，成为山东省内知名的建材行业门户网站。

至2005年，青岛福瀛装饰城拥有品牌商品经营业户300多家，直接从业人员2000多人。入驻全国各地知名品牌1000多家，商品辐射至青岛市区、胶南等周边区域。当年，市场交易额突破5亿元。

青岛中山商城

中山商城位于青岛市传统商业中心中山路中段的地下，西起中山路中段与德县路西端交会处、东至安徽路公园北端，总长度约380米，建筑面积9600平方米，使用面积7600平方米，其中营业面积约3600平方米，是利用人防工程开发的平战结合商业项目。由福州汇城房地产有限公司、香港希特国际贸易公司与市南区人防工程开发有限公司共同投资兴办，由青岛中山商城有限公司负责经营管理。

中山商城1993年4月开工建设，1997年11月29日建成开业，共有240多个店铺。经过近两年的市场培育，中山商城逐渐形成以服装为主，以少量鞋帽和箱包为辅的服装一条街，尤其是以时尚年轻女性服饰为主要特色，从店铺装修到商品陈列，从服装款式到从业人员的穿着，都体现出时代潮流，被誉为青岛最靓丽的“女人街”。

90年代中期，中山商城的业户大多从引领时尚的广州、深圳进货。从青岛至广州、深圳最快的交通工具是火车，进一次货需要1个星期。业户平均10天左右进一次货，经常上一批货已售罄，下一批货还未到。为加快进货频率，许多商户就自己扛着大包（编织袋）挤火车，付出的辛苦获得了丰厚收益。中山商城开业4年即孵化出100多个“百万元户”，有的商户一年的经营利润高达100余万元。

自中山商城开业起，经营团队始终抓住管理和服务不放松。一是严格维护市场秩序，不允许超范围经营，不允许销售“三无”产品，不允许有欺诈顾客行为，不允许有随意迟到早退现象。二是确保安全经营，从装修材料把关到电线电器安装，从灭火器材配备到消防逃生培训，各环节由专人管理落实。三是搞好业户服务，由于店铺内用电负荷的限制，专门设立熨衣区和开水间；由于商城建设较早，没有餐饮服务区，商城专门联系流动餐饮车解决从业人员午餐问题；在寸土寸金的商城内增设20多间库房供业户使用，并投资500多万元增设除湿系统。四是增设服务台、投诉台，提供导购服务，解决矛盾纠纷。由于管理到位、经营有特色，使用面积仅7600平方米的中山商城日均客流量达到5000人次以上。2000年前后达到顶峰，日均客流量超过1万人次，年营业额超过3亿元，税收超过500万元。

2003年12月，青岛市经济开发投资公司与青岛市房产置业集团有限公司共同出资联合收购福州汇城房地产有限公司持有的股权，同时市南区人防工程开发有限公司退出公司合营。改造后的公司性质为中外合资企业。

2005年，商城内有经营业户300余家，从业人数1000余人，主要经营服装、皮具、化妆品、金银饰品、工艺品等。自开业至2005年，中山商城店铺的租赁率始终保持在95%以上，创山东省同类商场最好水平，连续8年获山东省规范先进市场称号。

李村大集

李村大集早在明万历《即墨县志》已有记载。此时，李村大集已属即墨乡间十二大集之一。清末民初，大集交易的商品有粮食、海产品、手工制品、木材、禽蛋、蔬菜、水果等。据1928年出版的《胶澳志》记载，当时李村大集以农历逢二、逢七为集日，利用李村河的河滩为临时市场，每场临时卖店约1200家，鱼类、杂货、种子、古衣、钱摊、食物摊不计在内。当农事闲散，又逢天气晴朗时，卖店可至1400多家。30年代，李村大集按货类分市，有粮食市、布匹市、杂货市、鱼肉市、猪市等。此后，战乱不断，大集趋于萧条。青岛解放后，社会安定，集市复兴。

改革开放后，李村大集进入繁盛时期。90年代，李沧区政府对集市的基础设施进行改造，对李村河南岸实施地面硬化，设立台式固定摊点，辟为海产品市，并改为全日市场。河北岸全线建设起两层网点房，部分业户退河进室，同时吸引更多行业参与集市经营。2000年以后，李沧区政府先后投资320万元，对大集进行改造完善，包括硬化铺装河床10万平方米，开挖修砌宽4米、长1500米的“河中河”，在京口路和向阳路桥之间安装总面积3800平方米的钢结构大棚等。

至2005年，李村大集已发展成为综合性市场，摊位设于李沧区九水路与滨河路之间的李村河河道，东至东李村，西至杨哥庄，东西长约1500米，南北宽约80米，占地总面积约12万平方米。自东至西分为4大交易市场：东李段为汽

李村大集最早记载于明万历年间，农历逢二、逢七为集。改革开放后多次改造扩建，至2005年，占地约12万平方米，交易品种2万余种，日客流量近20万人次，年交易额5亿余元。

车、摩托车交易市场，每集上市车辆2000余辆，汽车、摩托车各半；东北庄段主要是服装、鞋帽和旧货市场，约有摊位600个；河北段为蔬菜、海鲜、粮食、肉类产品市场，为设有大棚的全日制市场，固定摊位400余个；杨戈庄段为花鸟、农产品、木材、日用品、自行车市场，摊位1000余个。除河北段为固定市场外，其他3段皆为集市场所，集日逢二排七，为露天市。京口路和向阳桥两侧河床之间长约300米区域设常年农贸市场。李村大集交易品种十分广泛，有百货针织、成衣鞋帽、旧货、五金电器、干鲜水产品、调味品、土产杂品、生肉禽蛋、粮食、熟食、蔬菜水果、花鸟鱼虫、古董古玩、旧机动车和非机动车等2万余种。集日客流量近20万人次，高峰期达30万人次，年交易额（包括常年集贸市场）达5亿余元。

第五章　餐饮及其他服务业

实行改革开放之前，青岛市餐饮及其他服务业相对落后。1978年，市区饮食服务网点仅有325个，居民餐饮、住宿、理发、洗澡、照相等较为困难。经过恢复与发展，至1979年底，全市餐饮及其他服务业网点1797个，从业人数13970人。进入80年代，全市餐饮及其他服务业发展步伐加快，经营机构（网点）、从业人数、服务设施同步大幅增长。1981年，全市餐饮业网点2455个，从业人员1.6万人；服务业网点4117个，从业人员9970人。1983年，餐饮及其他服务业网点、从业人员分别增至1.85万个、5.67万人。

1984年1月，青岛市深化国营饮食服务业改革，在市饮食服务公司直接领导下，按照企业经营规模和服务层次建立分级管理的体制，同时市公司对各区公司实行垂直领导。1985年，市饮食服务公司系统共有独立核算企业96家。其中，市公司直接管理的有29家大的核算店(饮食4家、浴池9家、旅馆10家、照相1家、委托1家、其他4家)，各区公司直接管理的有67家中小型核算店(饮食46家、旅馆1家、照相9家、洗染3家、理发7家、委托1家)。同年，市政府制定实施相关政策，鼓励企事业单位、部队和街道及个体经营者开办饮食服务业。市饮食服务公司系统恢复高中档名菜400余种、面食160余种，并开展彩照、彩扩业务。当年，市饮食服务公司年营业额3511万元，利润额515.3万元。至1985年底，市区饮食服务业网点1688个，市商业系统以外经营的饮食服务业网点338个，个体经营网点634个，临时摊点448个。此后，全市餐饮及其他服务业经营网点、项目增多，服务水平提高。旅馆内增设中高档客厅、会议厅、接待室、餐厅和小卖部；照相业增添彩色照相、冲洗、扩印、放大业务；理发业增加了美发美容、化妆等，浴池业附设修脚、搓背、洗衣等服务项目。1987年，市区旅馆年接待旅客达180万人次。当年，青岛市开展名优菜品、面点、小吃评选活动，共评出“十大名菜”“十大名面点”“七大优秀小吃”。

90年代，全市餐饮、旅馆以及照相、理发、浴池等行业快速扩张，中断了40多年的拍卖、典当、担保等传统行业逐步恢复。1991年9月，《青岛市拍卖管理试行办法》颁布实施后，青岛市拍卖管理委员会成立，并组建了青岛拍卖行。1993年4月，青岛信达荣昌典当行成立，成为青岛解放后设立的第一家典当行。青岛市担保业自1999年起步。当年9月，《青岛市企业贷款担保资金管理暂行办法》颁布施行。至2005年，全市有拍卖行44家，典当企业17家、分支机构4家，担保机构30家。与此同时，海天大酒店、丽晶大酒店等星级饭店相继开业，全市餐饮及其他服务业的设施条件、接待能力和服务质量全面提升。正餐业仍是发展的主流，风味特色小吃发展迅速，快餐业初具规模，外国风味餐馆不断增多。洗浴业、洗染业快速集聚，呈现出集团化、规模化连锁发展的趋势。至2005年，全市星级酒店发展到115家，其中五星级6家、四星级8家。

第一节　餐饮业

经过近30年发展，青岛市餐饮业实现了饮食网点由少而差到多而好，经营主体、菜系由单一到多元的嬗变。川、粤、京津、江浙等各地风味汇聚，中式餐饮和西式快餐竞相发展，较好地满足了广大市民的美食需求。

1978～1983年，青岛市餐饮业主要是解决市民“吃饭难”。在计划经济时期，青岛市饮食服务业以国有集体饭店为主、街道代营饭店为补充，餐饮品种花样少，以解决市民吃饭难为主要目标。该时期，市区共有饮食网点233个。其中，国营饭店73家、集体饭店43家、街道办代营饭店117家。国营和集体饭店所需食物原料、酒水等实行严格的配给制，每年上报计划，所得利润全部上交。由于猪肉严重短缺，且实行严格的供应制度，很多饭店研制了炒腰花、熘肝尖、猪头肉等菜品，并发展成为鲁菜主打菜品和特色菜品。1983年，市区饮食服务业网点发展到1069个，从业人员15229人。其中，市饮食服务公司系统网点286个，员工6337人；社会办网点783个，从业人员8892人。

1983年后，以城市为重点的经济体制改革逐步深入，青岛市鼓励利用沿街门面店发展个体餐馆，安排和吸纳城市待业人员、外地流动人员进市区经营餐饮网点。1984年，恢复高中档名菜400余种、面食160余种。至1985年，青岛市区饮食业网点快速增长至1547家，其中个体饮食业1420家，国营、集体饭店仅有127家。当年市饮食服务公司营业额1548.9万元，利润额164.7万元。同时，国有餐饮企业加快店面装修改造，经过扩建、改建和设施更新升级后，春和楼、青岛饭店等具备了涉外接待和服务能力。在继承和发扬传统鲁菜工艺基础上，青岛餐饮名店、大店挖掘研制独具特色的新潮鲁菜，融食品雕刻艺术与烹饪技艺为一体的青岛“十大风景菜”相继推出。这一阶段，由于打破了僵化的供给制，全市饭店、餐馆可自主采购原材料、调味品，青岛菜品实现了推陈出新，特色餐饮、招牌菜纷纷出现。同时，青岛市鼓励厂矿企业、社会各界兴办第三产业，亚海大饭店、海王大酒店等企业兴办了一批酒店、餐馆，更好地满足了市场需求。

此后，青岛餐饮业迎来发展的高峰期。以肉末海参、原壳鲍鱼、油爆海螺、大虾烧白菜、崂山菇炖鸡为代表的本土菜品成为青岛的金字招牌；以辣炒蛤蜊、海菜凉粉、流亭猪蹄、鲅鱼水饺、三鲜锅贴为代表的风味小吃形成地方特色。同时，专业经营粤菜、川菜等菜系的餐馆开始出现。

80年代末期，青岛餐饮酒店设施进入改造升级阶段。1989年12月，青岛第一家商业涉外酒店——东方饭店开业。1992年6月，为适应对外开放需要，组织筹建中外合资企业——青岛美食宫有限公司。1993年，美国百胜餐饮集团与青岛饭店合资成立岛城首家洋快餐——肯德基在中山路青岛饭店一楼开业，汉堡、炸鸡翅等很快博得市民喜爱，店里常常排起长队。随后，亚特兰大贵族有限公司、台北快餐有限公司、南洋快餐有限公司、好来屋快餐有限公司等4家合资饭店开业，麦当劳、红屋牛排、景福宫等境外品牌相继进入青岛餐饮市场，带动了全市快餐业发展。以今日、勇丽、大晚来为代表的民营餐饮企业快速崛起。这一时期，为加快青岛国有饮食服务企业经营机制的转换，以青岛市饮食服务公司（含青岛饭店、四方大酒店等9家经营单位）为基础，组建青岛饮食服务集团公司，并以此为核心层企业，组建青岛饮食服务集团。1994年2月，市体改委、市财贸办同意批复成立青岛饮食服务集团。该集团有职工1883人，营业面积14.8万平方米，网点31个，拥有资产9500万元，当年营业收入达5400多万元，实现利税930多万元。1994年12月，市财贸委将首批100家餐馆确定为当年首批规划发展的大众饭店，并于12月20日正式挂牌。1996年，青岛市饮食服务集团股份公司积极开发名店、名吃效应，先后开发开办青岛大包快餐连锁店、谷香村面馆等6家风味小吃店。

1997年1月，市财贸委、市烹饪协会联合印发《确定地方风味菜管理办法》。同年，海云庵民俗小吃城建成开业，面积1.2万平方米，汇集全国各菜系、名优小吃和全市十大特色小吃。1997年3月20日至4月28日，青岛市组织举办“市民最满意的大众饭店”评选活动，其间共收到选票4.1万多张，青岛饭店等10家饭店获“最满意的大众饭店”。1997年10月1～31日，市烹饪协会组织开展“全国大众化名优菜点和风味小吃联展联销月”活动，全市共有62家餐饮企业的126家门店参加，参展品种近500个。当年，青岛十大特色小吃企业积极发展连锁业态，共开张连锁店53家。其中，青岛大包和小红楼分别开办15家和10家连锁店，青岛大包还在烟台、沈阳开张了2家连锁店。1998年，市财贸委明确“大众面食工程”发展目标：国有粮食部门大众面食制品月产量250万公斤，市场占有率达75%；改造扩建30家粮店，使粮食部门“三位一体”“四位一体”经营的粮店达90家；发展连锁经营，市区实现连锁经营的粮店达103家，培育名优面食品牌3～5个。该时期，青岛餐饮业经营品种有正餐、点心、小吃三大类，常见品种千余种，极大地方便和丰富了市民的日常生活。

90年代开始，肯德基、麦当劳、景福宫等境外品牌陆续进入青岛餐饮市场。

至1998年，云霄路、闽江路、台东三路、麦岛、海云庵等规模较大的美食餐饮特色街区初步形成。以海鲜为主要特色的青岛菜品与川、粤、沪、京津、江浙等各地特色风味，群英荟萃，争奇斗艳，极大地提升了青岛餐饮业的品位和档次。

2005年，油爆海螺、香酥鸡等被认定为青岛十大代表菜，辣炒蛤蜊、三鲜锅贴等为青岛十大特色小吃。

90年代末期，青岛市大力发展假日经济、旅游经济和会展经济，中外客商、游客以及本地市民对餐饮服务的要求越来越高。青岛市餐饮业积极适应消费者需求，开展规模化、连锁式经营，不断提高餐饮服务的档次和质量。该时期，餐饮业成为全市第三产业中增长最快的行业。1999年，全市8个小吃街全部完成规划定点并开建，其中4个建成开业；实施“便民早点工程”，101家便民早点营业店挂牌营业；“大众筵席”活动发展迅速，全市100家餐饮企业承揽“大众筵席”1.5万桌，营业额突破500万元。首届青岛海洋节期间，市财贸委成功地举办“海鲜烹饪技术大赛”，评出青岛十大海鲜名菜和20个青岛海鲜优秀菜。当年，全市餐饮业实现营业额22.65亿元，增长13.5%。

自2000年5月起，市财贸委在全市范围内组织开展评定“青岛名优菜点和风味小吃”活动，全市有100多家餐饮企业600多个品种报名参加，经专家现场评审，共评定青岛首批名菜52种，名吃8种，风味小吃17种，授予“青岛名优菜点和风味小吃”称号。2001年8月，青岛市正式命名首批27名“青岛烹饪大师”。

2002年，青岛菜馆、怡情楼海鲜巨无霸、怡景楼海鲜大世界、银海大世界、海梦园海鲜美食城、海明威大酒店、老转村山东菜馆7家大型餐饮企业相继开业，实现了青岛市规模以上餐饮企业的较快增长。同年，继续实施“便民早点工程”“家庭厨房工程”“大众筵席”活动，推出首批77个地方名优菜点，初步确立了青岛菜风格。2004年，通过品牌培育，海鲜菜、特色小吃逐步成为各餐饮企业的招牌。当年，市南、市北、李沧、崂山、黄岛5区餐饮业零售额年增长均超20%。据青岛市第一次经济普查，当年全市餐饮业法人企业共有775家，从业人员26706人，营业额达25.13亿元。其中，限额以上法人企业152家，从业人员16950人，营业额为19.73亿元；限额以下法人企业623家，从业人员9756人，营业额为5.4亿元。

2005年，良友大酒店、阳光佳日、青岛菜馆、小绍兴等餐饮企业发展连锁店7家，总规模达4万平方米，新增日营业额50万元以上；美达尔、万和春、新尚等中式快餐连锁企业在胶州、黄岛、李沧等地发展连锁店11家，规模达8000多平方米。年内，为挖掘青岛餐饮文化、培育青岛特色餐饮品牌，市经贸委委托市饭店和烹饪协会组织开展业内研讨、专家论证、网络大家谈等，认定了10个“青岛代表菜品”（肉末海参、原壳鲍鱼、油爆海螺、大虾烧白菜、崂山菇炖鸡、黄鱼炖豆腐、酸辣鱼丸、炸蛎黄、香酥鸡、家常烧牙片鱼）和十大“青岛特色小吃”（辣炒蛤蜊、海菜凉粉、烤肉串/鱿鱼、酱猪蹄、鲅鱼水饺、三鲜锅贴、白菜肉包、海鲜卤面、鸡汤馄饨、排骨米饭），初步确立了青岛菜的风味和体系。当年，重点培育了太平角酒吧街、登州路啤酒文化街、韩国美食城、大崂路美食街，并对相关餐饮街区进行改造建设。市区基本形成了云霄路、闽江路、麦岛等14条特色餐饮街。至2005年底，全市餐饮业网点2.47万个，其中营业面积1000平方米以上餐饮网点122个，从业人员11.51万人。全市餐饮业零售额突破100亿元。

青岛市历届“山东名小吃”一览表

表1-5

小吃名称	所属企业	入选年份
三鲜锅贴	青岛锅贴有限公司	1997
联生猪蹄	青岛饭店	1997
如意糕	青岛饭店	1997
千层饼	青岛饭店	1997
三鲜蒸饺	青岛春和楼饭店	1997
香酥鸡	青岛春和楼饭店	1997
谷香村排骨面	青岛谷香村饭店	1997
大虾烧麦	青岛四方大酒店	1997
银丝卷	青岛四方大酒店	1997
长城水饺	青岛长城饭店	1997
牛肉灌汤包	青岛小红楼餐饮有限公司	2004
鸡汤馄饨	青岛吉云快餐店	2004
微波烤肉串	青岛吉云快餐店	2004
微波烤鸡心	青岛吉云快餐店	2004
烤羊肉串	青岛国鹏食品有限公司	2004
烤鱿鱼	青岛国鹏食品有限公司	2004
芝麻汤圆	青岛大老李工贸有限公司	2004
八宝汤圆	青岛大老李工贸有限公司	2004
周钦公流亭秘制猪蹄	青岛鑫复盛大酒店	2004

青岛市历届“中华名小吃”一览表

表1-6

小吃名称	所属企业	入选年份
美达尔烤肉串	青岛美达尔食品有限公司	1997
砂锅排骨米饭	青岛万和春餐饮有限公司	1997
联生猪蹄	青岛饭店	1997
如意糕	青岛饭店	1997
千层饼	青岛饭店	1997
三鲜蒸饺	青岛春和楼饭店	1997
香酥鸡	青岛春和楼饭店	1997
谷香村排骨面	青岛谷香村饭店	1997
大虾烧麦	青岛四方大酒店	1997
银丝卷	青岛四方大酒店	1997
三鲜锅贴	青岛锅贴有限公司	1997
长城水饺	青岛长城饭店	1997
牛肉灌汤包	青岛小红楼餐饮有限公司	1997
瑶瑶海鲜火锅	青岛瑶瑶火锅美食城	2003
涮牛肚	青岛摸错门饮食文化有限公司	2003
活鱼锅	青岛老山炮餐饮连锁公司	2003
庄氏小豆腐	青岛庄氏快餐有限公司	2004
黄瓜虾仁水饺	青岛海岛渔村大酒店	2004

第二节　旅馆业

改革开放之初，青岛市旅馆业除市饮食服务公司管理的旅馆外，多数为机关、部队和企事业单位等社会办招待所、疗养院。1978年，市饮食公司旅栈业营业额仅为1581万元。1979年汇泉宾馆正式营业，成为青岛最早的涉外宾馆之一，担负主要外事接待任务。

80年代初，随着经济交流和人员往来日益增多，中央各部委、省市各部门在青岛再次形成建设疗养院高潮，先后建设了国家储备局青岛疗养院、水电部青岛疗养院、新华社青岛休养所、经贸部青岛疗养院、化工部青岛疗养院、邮电部青岛疗养院、青岛粮食职工温泉疗养院、齐鲁石化总公司青岛疗养院、解放军第二炮兵青岛疗养院等。同时，各单位自办招待所情况比较普遍。1982年，青岛市区有旅馆242家，拥有床位2.22万个。其中，市饮食服务公司系统41家，占总数的16.9%；社会办201家，占总数83.1%。

1984年青岛实行进一步对外开放以后，大众旅馆和旅游饭店均得到较快发展。1984年4月，为弥补主要风景区高标准宾馆不足，方便外地游客食宿，安置“农转非”社员，市商业局批复同意市南区浮山公社湛山生产大队在延安三路与湛流路交会处设立湛山宾馆。该宾馆有床位500个，从业人员180人，实行独立核算、自负盈亏，隶属湛山大队。同时兴建的还有新兴旅社、交通宾馆等。其中，新兴旅社一改旅馆业过去“坐门等客”的老规矩，把服务工作直接做到了轮船、火车上，创造出港口、车站、旅馆一条龙服务方式。凡是来青岛的旅客，在旅途之中便可办妥入住旅社的手续，甚至返程的车船票。凭借着超前的经营理念和良好的服务质量，新兴旅社成为青岛乃至全国的服务行业标兵。1985年，市区旅馆增至460家，床位增至4.23万个。其中，市饮食服务公司系统49家，社会办411家。每逢旅游旺季，正式床位与临时增加床位可达6.05万个，基本解决了住宿难题。当年，市饮食服务公司旅栈业固定资产429.6万元，国营旅馆服务人员945人，分别是1978年的4.7倍和1.52倍。另外，在各类旅馆逐步增加的同时，旅馆的设施、设备和服务得到改善，尤其是高中档旅馆开始配备彩电、地毯、电话、空调、卫生间、弹簧床以及新式用具，并附设餐厅、旅游用品和交通工具等。1987年，市区旅馆增至775家，服务人员近万人，旅游高峰时期每日可接待旅客6.7万人次。

以1986年3月与新加坡合资建设的石峰宾馆奠基为标志，青岛市迎来饭店建设热潮。1988年，华侨饭店、汇文宾馆、海天大酒店、石峰宾馆等装修改造、扩建和新建项目相继开业，旅游接待能力大大提高。年底，全市宾（旅）馆达到

自80年代起，青岛各类疗养院建设形成高潮，先后建设国家储备局青岛疗养院、水电部青岛疗养院等30余家。图为位于台湾路4号的胜利油田青岛疗养院。

1335家，床位9.16万张（包括各县国营、集体招待所和个体旅馆）。1989年9月，华侨饭店被评定为二星级饭店，青岛市诞生了第一家星级旅游酒店。10月28日，海天大酒店正式对外营业，是青岛市第一家外资酒店。1996年，丽晶大酒店被国家旅游局批准为五星级饭店，成为山东省第一家五星级饭店。青岛市星级饭店经过数量快速增长阶段后，在服务质量上达到了新的高度。至1997年，全市共有旅游涉外饭店55家，客房8000间，经国家评定为星级饭店的有20家，其中五星级2家（丽晶大酒店、海天大酒店）、四星级3家（汇泉王朝大酒店、东方饭店、海景花园大酒店）、三星级7家、二星级7家。

1997年的亚洲金融风暴，对青岛涉外旅游饭店业带来严重负面影响。此后数年时间里，青岛旅游饭店业整体出现亏损，发展速度减缓。2000年，中国申奥成功，青岛成为奥帆赛举办城市后，旅游饭店业逐步走出低谷。同时，大众旅馆和经济型酒店有所发展。2004年4月，由市旅游局、市旅游饭店业协会联合组建的青岛市经济型宾馆联合体成立，首批共有教师之家、铁道大厦、宏宇大酒店、建设宾馆、大都市酒店、环岛大酒店、胶州阳光大厦、紫罗兰酒店、地矿宾馆、现代人宾馆等20多家经济型宾馆参与，专门迎接越来越多的旅游散客及大众化旅游团队，并以其专业化的社会服务，取得较好的经济效益。据青岛市第一次经济普查，2004年全市住宿业法人企业共有344家，从业人员18458人，营业额达18.3亿元。其中，限额以上法人企业77家，从业人员12756人，营业额为14.34亿元；限额以下法人企业267家，从业人员5702人，营业额为3.96亿元。

第三节　典当 拍卖 担保

典当

1993年4月，青岛信达荣昌典当行成立，是青岛解放后成立的第一家典当行。2002年，人民银行青岛市中心支行将典当业监管职能移交市财贸办。针对行业的特殊性，市财贸办对典当业进行清理整顿，按照优先填补空白、促进适度竞争、发展规模经营、在规范中发展的原则，对申报企业实行评委会论证联批制度，规范行政审批，其经验做法在全国进行推广。当年，全市有10家企业申报，通过论证确定1家。

1988年10月28日，青岛市最早的中外合资酒店——海天大酒店建成开业。2005年，酒店总体建筑面积6.5万平方米，有客房561间(套)，累计接待境内外宾客近70万人次。

2003年，按照公开、公正、透明的原则，青岛市进一步规范典当行审批发展程序，督促典当行进行股本改造，优化资本结构。针对个别典当行股本结构不合理等历史遗留问题，加快进行资本再造，促进股本结构优化，并支持典当行实现增资扩股，增强发展实力。至2004年底，全市典当企业发展到10家。其中，青岛市金源典当有限责任公司，注册资本3000万元，是山东省注册资本最大的综合性典当融资企业。

2005年，青岛市执行商务部、公安部《典当行管理办法》，年内新设典当行7家、分支机构3个。各典当企业针对中小企业、个体工商户和居民“急需、额小、期短”的资金需求特点，探索推出一系列便捷服务方式。典当质（抵）押物从一般金银首饰等物品，扩展到房产等不动产，汽车等高档消费品，厂房、设备、原材料等生产资料以及债券、股票、保单等有价单据，呈现出多样化的特点。在典当客户群体中，中小企业主和个体工商户占总量的80%左右。在典当业务领域中，房地产抵押典当业务约占70%，金银首饰等传统业务约占10%，财产权利质押及其他业务约占10%。

青岛市拍卖业务始于90年代初，至2005年，全市共有拍卖行44家，举办各类拍卖会600多场，成交额43亿元。图为1999年6月27日举行的青岛夏季房产拍卖会。

至2005年，全市有典当企业17家、分支机构4家，分布在市南、市北、李沧、崂山、黄岛、城阳、即墨、胶南、胶州等区市，注册资本2.38亿元，职工118人，资产总额2.5亿元。全年累计发生典当业务近5万笔，累计融通资金8.6亿元。其中，对中小企业融资4.9亿元，对居民融资3.7亿元，年末典当余额1.6亿元。

拍卖

1991年9月，《青岛市拍卖管理试行办法》颁布实施。为完善拍卖市场体系，推动社会物资合理流动和充分利用，经市政府批准，成立青岛市拍卖管理委员会，其办公室设在市财政局，市工商行政、财政、税务、审计、物价、公安、监察等部门依法对全市拍卖活动进行监督管理。拍卖管理委员会主要职责是：研究拟定拍卖政策和规章制度，并监督执行；研究拟定拍卖业发展规划；协调和决定有关拍卖的重要事项。同年，为发挥国有公司在拍卖市场中的主导作用，组建成立青岛拍卖行，负责经营青岛市的拍卖业务，是山东省首家具有公物拍卖资格的大型拍卖行。

2002年，受市政府委托，青岛拍卖行对雕塑园、城市道路保洁权以及沿街广告经营权进行拍卖，成为拍卖市场的一个亮点。当年，全市有拍卖行发展到4家。2003年，全市拍卖成交额32.73亿元，拍卖范围从最初的单一罚没物资扩大至矿产企业财产、法院执行物资和银行不良资产等，涉及日用消费品、机动车、生产资料、房产、土地、无形资产和艺术品等。拍卖地域从市区逐渐拓展至周边县市及泰安、滨州，远及北京、南宁、石家庄等地。2004年8月，全国拍卖业市场准入放开，一些民间资本先后进入该领域。10月，青岛市拍卖行业协会成立。当年，全市拍卖企业发展到35家，最大单体拍卖成交额达12亿元。

2005年，全市共有拍卖行44家。全年举办各种类型拍卖会600多场，拍卖成交额43亿元，比上年增长15%，其中最大单体拍卖规模达22亿元，居全省第二位。

担保

青岛市担保业1999年起步。当年9月，《青岛市企业贷款担保资金管理暂行办法》颁布施行。11月，市政府专门投入2.35亿元组建青岛市担保中心，隶属青岛市企业发展投资公司。

2003年7月，市政府印发《关于建立和完善信用担保体系促进中小企业发展的意见》，推动全市担保机构重点面向科技创新型、出口创汇型、吸纳就业型、社区服务型，以及从事仓储、配送、分销业务的服务贸易型中小企业开展业务。当年，按照“谁出资、谁管理、谁受益”的原则，全市设立多层次、多类型的担保机构。至2004年，全市注册成立16家担保公司，注册资本金4.24亿元。其中，商业性担保机构15家，总注册资本1.8亿元。主要分布于市内4区及即墨、平度、黄岛等地。2005年，注册资本5000万元的青岛市中元籴焜金融投资担保有限公司和注册资本过亿元的中海投资担保有限公司、联合创业担保有限公司落户青岛，促进了青岛担保业发展。当年，市经贸委与中国人民银行市支行着手部署全市信用担保机构信用评级试点工作。

至2005年，全市商业型担保机构达到30家。

第四节　照相 理发 浴池

中共十一届三中全会后，由于新设备、新技术、新材料的引进，照相业跨入新的发展时期。1983年6月，市饮食服务公司组建山东省彩色服务中心青岛服务部，投资55万元引进美国生产的冲卷机、冲纸机、扩印机。1984年4月正式营业，12月投资21万元引进快速冲印机1台。该中心承担了全省213家单位彩色照片的冲、洗、扩印任务，当年营业额即达67.7万元，利润额26.6万元。同年，天真、万年青两家照相馆增加彩色照相，使照相技术从传统的黑白照相发展到彩色照相、扩印等。同时，个体照相业得到大的发展。1985年，市区照相业户138家。其中，国营24家、集体3家、其他企业办10家、街道办6家、个体95家。

70年代末期，青岛市国营理发业实行定额超产奖励制度，改革“大锅饭”“铁饭碗”体制，扭转了连续3年亏损局面。1979年实现净利润12.3万元，1980年13.7万元。1984年后，曙光、南京、大新等理发店先后进行整修改造，并从日本引进电动座椅、烘发机、电推子、手把吹风机等，理发业由烫梳整理进入了美发、护发的新时期。1985年，组织市南区南京、市北区曙光、沧口区新风、台东区利民等7家国营理发店的理发人员，创作了一批发型，并从中选出11种作为标准发型推向市场。此后，美发厅、发廊、洗头房、美容店等名目繁多的护发、美发、美容服务门店遍及各市区。

80年代中期，传统澡堂业在经过多年沉寂后，开始改头换面，出现桑拿浴、芬兰浴等洗浴方式，洗浴价格从几十元到几百元不等。这一时期，传统的黑白照相基本淘汰，取而代之的是大量现代彩扩和婚纱影楼。同时，集体、个体和街道、企业等社会力量成为兴办照相、浴池、理发业的主体。1987年，全市共有服务业机构12785家（全民所有制214家、集体所有制1924家、合营1家、个体10646家），从业人员29011人。

90年代，是照相、理发、浴池业发展最快的时期。照相业中彩扩中心、影楼不断增加，出现了摄影、彩扩、婚纱摄影、婚纱礼服出租、艺术写真照等服务项目。浴池业由单纯洁身卫生型向洁身、保健、美容综合型转变。传统理发业由梳烫整理向美发、美容、美甲发展。1992年，全市仅美发店就达2960家，从业人员5076人。

2000年，市商业总公司国有资本从洗浴、照相、美容美发3个行业整体退出。青岛市美发美容协会、青岛市摄影协会、青岛市洗染协会等行业协会相继成立，并分别制定行业标准，引导行业健康发展。

至2005年，青岛市服务业大致包括浴池业、美发美容业、照相业、旧货委托业、家政服务业、休闲服务业等行业，基本形成高中低档并举的服务网络。

第五节 外供 侨供

外供

1982年9月，青岛市外轮供应公司更名为青岛市对外供应公司，其服务对象由单纯供应外籍海员扩大为所有外籍人员。同时，将原来的国际海员供应部扩建为青岛友谊商店(新疆路12号)，并增设友谊饭店。1984年8月，开设青岛市外汇购物中心。经营范围有日用百货、文化用品、针纺织品、服装、缝纫机、计算机、工艺品、家用电器、电讯器材、手表、照相机、土产杂品、五金、化工等各类商品4000余种。供应方式为批发、零售兼营。中外国际海员、外商、外侨、外籍游客等均可凭外汇券或用外币直接兑换人民币购置商品及办理托运、代邮。1985年，国家为增加外汇储备，鼓励个人把外汇卖给国家，而国家除按外汇牌价支付人民币外，同时返还一定数额的外汇券。青岛友谊商店开始有限制地向市民开放，每天下午1时至5时接待国内顾客。1986年，青岛市对外供应公司年营业额1826万元。此后，随着国内商品市场的日益丰富，过去只有在友谊商店买到的商品，已经出现在各商场的货架上。同时友谊商店优先采购权被取消后，其货源优势消失。90年代起，坐落于新疆路上的青岛友谊商店开始投放“大路货”。1995年1月1日，使用了15年的外汇券在全国范围内停止使用。1997年，青岛友谊商店处于关门歇业状态。至2002年，包括友谊商店、友谊宾馆在内的青岛对外供应公司关停。

侨供

1978年，青岛华侨商店迁至中山路百货一店五楼，对内不独立核算，对外以青岛侨汇物资供应商店名义提供定向服务。实行凭侨汇券、证供货，同时兑换外汇，向侨属、侨眷、外侨、外国留学生及外商、外国旅游者提供商品及服务。侨汇商店经营项目主要是国内名牌及优质高档商品，包括日用百货、五金、交电、丝织绸缎、家用电器、服装鞋帽、烟酒糖茶等共780多种商品。除可基本保证全市7200多户侨眷消费需要之外，还吸引着大量国内外游客。1982年1月，侨汇商店迁至中山路65号，实行独立核算。当年7月隶属关系改归青岛市对外供应公司之后，又迁至中山路54号。自1982年底开始，对107种商品实行凭券优待价格，优待幅度按现行市场零售价格降低10%～20%不等。1986年，青岛侨汇商店营业额达到404.3万元，1991年12月1日，国家实行侨汇改革政策后，实行了40年的侨供制度停止。

第六节 主要餐饮服务企业

青岛春和楼

春和楼创建于1891年。青岛开埠以前，青岛口（大学路一带）商家云集、店铺林立，十分繁荣。北平人胡掌柜与其妻周氏便在此开设餐馆，取名为胡家馆子（春和楼前身），专为往来渔民提供餐饮。次年，胡掌柜夫妇又开张一家经营快餐的锅贴铺。在当时青岛口的众多商铺中，胡家馆子最为有名，原因是胡家馆子有一位王姓大师傅，山东福山人，祖上是在巡抚衙门专为巡抚大人做饭的师傅，对菜品研究很深。王师傅在继承祖上厨艺的前提下，又进一步改良菜品，他炒的菜色香味俱佳。王师傅的拿手菜油爆海螺，选用近海捕捞的大海螺，个大皮薄，一个大海螺王师傅一刀一刀均匀地片成九九八十一片，片片薄如纸，经过急火爆炒，码在盘中，可清晰看到盘子底部的花纹，螺片入口，脆鲜嫩滑。1891年末，山东巡抚张曜陪同北洋大臣李鸿章到胶澳视察海防，闻听胡家馆子的师傅手艺高超，专程请李鸿章前往品尝油爆海螺。李鸿章吃后大为赞赏，并

春和楼创建于1891年，是“中华老字号”企业，以经营鲁菜特色为主。香酥鸡、蒸饺系列等菜点先后获评中国名菜、中华名小吃，是山东省获国家级名菜、面点最多的饭店。

亲自到后厨召见厨师朱子兴（王师傅徒弟），由此朱子兴名声大噪。1897年，周氏（胡掌柜的妻子）又开设春和楼饭庄，面积600平方米，并委派朱子兴任经理，主要经营鲁味菜品。

香酥鸡作为春和楼的名吃，其创制可追溯到20年代以前。据《中国烹饪百科全书·春和楼饭店》记载：“20年代该店推出烤鸭、香酥鸡等名菜后，声誉更著。”1936年，上海《时报》报道：“青岛春和楼厨师前日应邀抵沪，其拿手的香酥鸡，酥香入味，百吃不厌，在城隍庙南酒楼出售”。可见春和楼香酥鸡因其独特烹饪技艺而名声在外。

康有为多次在春和楼设宴或受邀赴宴与亲朋好友相聚，同春和楼结下极深的美食情缘。1925年秋，梁启超到青岛看望康有为先生。为招待梁启超等同僚文友，康有为请春和楼派厨师到其住处烹制菜肴。时任掌门人选派掌灶大厨刘景伦携原料、调味品前往康有为家中为其烹制香酥鸡、葱烧海参、油爆螺片、八珍鸡卷、活加吉鱼、清汤燕菜等菜肴。康有为提出，对加吉鱼的烹制要不蒸、不煮、不炖、不烧。刘景伦大厨当即答应，并逐一把香酥鸡、葱烧海参等几道菜端上桌。刘景伦用滚开的水将加吉鱼烫过数遍，配上肉丝、笋丝、火腿丝等十种丝料，热油煸炒，加入调料、勾芡，浇在鱼上，其造型美观，鱼肉香嫩，味道鲜美，这道“五柳班加吉”博得康有为、梁启超等人的高度赞誉。

春和楼几易其主后，1933年，田文魁和刘景伦等12人共同出资，将其扩建成上下两层楼，共有员工27人，被誉为“岛城第一楼”。1939年2月，春和楼重新办理商业登记证，经营地址为天津路3号，店名为春和楼利记。1951年，将店面由600平方米扩建为800平方米，主门牌号由天津路3号改为中山路146号，店名改为春和楼，年营业额24.34万元，时为青岛市最大的饭店。1957年，徐特立到青岛，并携家人慕名到春和楼饭店品尝正宗鲁菜。由时任厨师长、特级烹调师任荃为其精心烹制香酥鸡、油爆双脆、爆炒腰花、盐水大虾等菜品。在品尝色泽棕红、外酥里嫩的香酥鸡后，徐特立称赞说：“在京城就听说青岛有名的天下第一鸡，今天品尝后，果然名不虚传。”

70～80年代，春和楼在继承和发扬传统鲁菜工艺基础上，研制出一批独具特色的新潮鲁菜，整理推出以青岛栈桥、小鱼山等十大景观为主题、融食品雕刻艺术与烹饪技艺为一体的青岛“十大风景菜”，被誉为“岛城风光在餐桌上的艺术展现精品”。1988年10月11～13日，美国海军作战部长特罗斯特上将一行11人及美国驻华海军武官等4人到青岛参观访问，即将离青时，特罗斯特在春和楼举办答谢宴会，春和楼的“青岛十大风景菜”被特罗斯特称之为“皇帝规格”的宴席菜品。1997年，春和楼被国内贸易部认定为“中华老字号”企业。

90年代后期，随着青岛东部、台东、李沧商圈兴起以及各式餐馆酒楼涌现，春和楼面对市场竞争的严峻考验，着力开发春和楼蒸饺系列与特色面食系列品种，仅蒸饺就由过去的几个品种发展至12个品种。另外，春和楼连年举办“人在青岛，足不出市，品尝天下美味”活动，先后邀请宁波状元楼、杭州楼外楼、上海德兴馆、上海西湖饭店、苏州得月楼、苏州松鹤楼、扬州富春茶社等10余家异地百年餐饮老字号联袂献艺。与全国20余家旅游公司、大型旅行社签订“游百年旅游城，吃百年饭店饭”旅游美食联姻协议，吸引更多外地游客品尝新潮鲁菜美食。

2002年9月，春和楼顺利完成企业改制，组建青岛春和楼饭店有限责任公司。2003年起，春和楼发挥品牌优势，加快连锁经营步伐。至2005年，春和楼共辖4个分店、市内3个蒸饺连锁店和1个香酥鸡专营店。总资产2200多万元，其中固定资产近1200万元，总营业面积1200平方米，可容纳400位顾客就餐，年营业额324万元，年创利税17万元，共有员工80人。

春和楼的油爆海螺、葱烧海参、香酥鸡、春和楼蒸饺系列、春和楼面点系列等先后被评为中国名菜、中华名小吃，海参肘子、糖醋鲤鱼等20余个菜点被评为省市名菜名点，成为山东获国家级、省级名菜、名点数量最多的饭店。春和楼先后获中国鲁菜名店、中华餐饮名店、山东省先进企业、山东省文明单位等称号。2005年，经商务部复评，再次被命名为“中华老字号”企业，并被商务部中华老字号保护和促进发展委员会作为传承发展的范例在全国推广。

美达尔集团

1989年，美达尔集团创始人陈文强投资5000元，在中山路与德县路交界的三角地开设第一家无名烤肉店，面积不足7平方米。从开店第一天起，陈文强就立下规矩：肉料一律用上好肉，辣椒面不掺假，肉块只许大不许小。无名烧烤店在食客中逐渐有了好口碑，生意越来越红火，经常出现排队买肉串的现象。

1991年，陈文强在四方路开设第二家烧烤店，并开始探索品牌经营。1992年，首先在青岛注册“美达尔”商标，取义“让美味达到你满意，用美味传达你我的真情”。此后，美达尔改革烧烤工艺，在青岛率先推出以电烤鱿鱼、电烤肉串为主打产品的电烤系列。尤其是电烤鱿鱼，首次将海鲜加入烧烤主料，由此成就了一个颇有地方特色的青岛小吃新品种。至1996年，美达尔又陆续在台东三路、聊城路开设2家分店。当年，美国独资的青岛美达尔食品有限公司正式成立，为各分店提供肉串半成品，实现了规模化、标准化生产，美达尔开始由作坊式加工向工厂化

美达尔集团始建于1989年，从不足7平方米的无名烤肉店起步，2005年，发展为有6家有限公司、40多家烧烤连锁店的企业集团，规模和利润居中国烧烤行业第一位。图为超市售卖的美达尔肉串半成品。

生产转变。

美达尔在经营主打产品的同时，顺应顾客需求，不断创新开发新品种。1997年，在全市烧烤业首次推出电烤里脊肉串。里脊肉串以精选里脊肉原料，肉质香嫩无筋，不肥不腻，并加入各种调料和中草药，腌渍入味，深受老人和儿童喜爱。2000年12月，美达尔泰山路店成立，带动泰山路烧烤业的发展，引领泰山路烧烤一条街的形成。

为更好地发展品牌形象，提升品牌价值，2003年，美达尔二次创业，聘请专业品牌策划公司，策划成立青岛美达尔品牌管理有限公司，对各连锁分店进行管理并提供服务。在连锁经营中实行“八统一”：统一标志、统一原材料、统一店面装修、统一管理服务、统一员工培训、统一产品工艺流程、统一标准设备、统一广告宣传及促销方式。其中，统一的“心”形标志图案诠释着“以我之美、达尔之心”的经营理念。

2003年4月，美达尔第一家社区定位的连锁店大尧三路店开业。该店在厨房设计上采用开放式，顾客一方面可以吃得放心，同时可以边吃边欣赏加工美味的过程。同年9月，美达尔第一家加盟店青岛经济技术开发区紫金山路店签约，美达尔走上特许加盟连锁之路。此后两年间，美达尔陆续在全市开设22家烧烤连锁店，并面向山东发展连锁店，店面覆盖山东省各大城市。2005年4月，美达尔江西九江店、辽宁鞍山店签约成立，美达尔品牌走向全国。同年7月，美达尔宾馆正式营业，美达尔物流有限公司、餐饮有限公司陆续成立。8月，美达尔集团正式成立，确定以品牌为依托，以烧烤主营为基础，以专业连锁为主线，以产业化发展为链条，以实现品质化、市场化、多元化发展为目标的企业发展战略，将美达尔做成中式快餐的杰出品牌，为中国人带来适合民族口味的快餐文化。

至2005年，美达尔辖有青岛美达尔集团有限公司、青岛美达尔（中国）餐饮连锁公司、美国独资（青岛）美达尔食品有限公司、青岛美达尔品牌管理有限公司、青岛美达尔投资咨询有限公司、青岛美达尔物流有限公司、美达尔宾馆及40多家以烧烤为主的餐饮连锁店。其中，市内分店包括大尧三路店、泰山路店、中山路店、聊城路店、江西路店、闽江路店等共21家。总营业面积7000平方米，可容纳3000位顾客就餐，共有员工500余人。当年实现营业额3200余万元，利税400余万元，其规模和利润稳居中国烧烤行业第一位。

美达尔秉承“诚信、守德、创新、仁爱”的企业宗旨，将小小的烧烤事业一步步做大、做强，先后获评中国餐饮百强企业、中国著名餐饮连锁品牌、全国绿色餐饮企业、全国消费者满意品牌、中国连锁经营企业50强、中华餐饮名店、山东省著名商标等荣誉称号。

青岛怡情楼

青岛怡情楼实业有限公司（简称怡情楼）位于汕头路5号，始建于1995年10月，创始人为青岛人陈红。当时的怡情楼酒家租用一个300平方米的门面房，主要经营家常炒菜。1998年5月，怡情楼酒家迁至位于汕头路1号的新地大酒店1～3层营业，营业面积增加到3000平方米，拥有单间45个和宴会大厅1个，一次可容纳600人同时就餐，员工增至220人，是当时青岛少数几个大酒店之一。开业之初，怡情楼酒家提出“精品、精致、精心”的经营战略和“低利润赢市场”的经营方针，从店堂设计、内部装饰到原料选购、出品效果都由董事长陈红亲自把关。凭着优美的质量、优雅的环境和优质的服务，怡情楼得以迅速发展。2000年，实现营业收入1000万元，利税200多万元。

2000年，成立青岛怡情楼实业有限公司，并进行多元化发展。2002年，怡情楼第二家分店——怡情楼海鲜巨无霸店在宁夏路80号手表厂院内正式营业。海鲜巨无霸店共5层，营业面积1万平方米，店内装修豪华，环境优雅，有风格迥异的豪华包间68个，以及灯光音响设施齐全的宴会厅4个，一次可容纳2000人同时就餐，是青岛市最大的专业海鲜酒楼。同时，酒店确立“以海鲜为主打”的经营策略，建设规模宏大的海鲜池，并从国外空运各种鲜活海鲜约200种，被国内外食客誉为青岛最大最全的海鲜展览馆。酒店高薪聘请粤菜名师主做正宗南方经典菜品，另由技术过硬的鲁菜大师为广大顾客精心制作各种口味的北方大菜，每餐供食客选择菜品达600多道。

为满足大众追求绿色无污染健康饮食的需要，怡情楼提出“天下鲜”的全新经营理念，在做大经营门店的基础上，投资建立自己的原材料供应基地——占地5.33万平方米的海参养殖基地和占地3.33万平方米的蔬菜种植基地。同时，为确保菜品质量，公司规定供应基地所提供的食材必须经过至少4层严格检验才可进入厨房。怡情楼在不断发展壮大的同时，始终坚持回报社会。公司年吸纳就业人数高达1000人，其中实习生约有300人，就业困难人员约有200人，残疾人员约有10人。企业先后涌现出“山东省十佳打工妹”“餐饮服务标兵”等多个先进个人。

为应对市场变化，保持企业核心竞争力，怡情楼在做大做强餐饮服务行业的基础上，探索产业横向扩张、多元经营发展。2004年8月，公司投资兴建新泰源船业有限责任公司，并成为山东省首家开拓美洲市场的民营造船企业。

至2005年，怡情楼拥有怡情楼酒家、怡情楼海鲜巨无霸2家店面，总营业面积1.5万平方米，可容纳3000余位顾客就餐。同时形成餐饮、养殖、绿色农业等项目齐头并进的发展格局。总资产3亿元，餐饮年营业额8000余万元，利税1000余万元，共有员工1300余人。公司先后获评全国绿色餐饮企业、中国诚信品牌企业、中国餐饮企业500强、山东省餐饮百强企业等荣誉称号。

青岛万和春

万和春排骨砂锅米饭的历史可追溯至19世纪50年代。1858年，山东莱州府高密县一厨师王守春，采用高密烧肉独特工艺制作豚骨时加入不同的调料，用中国传统的容器陶土砂锅焖制。经过不断尝试，逐渐形成王家排骨的制作方法及口味雏形。19世纪60年代，为谋生计，王守春携全家闯关东。结合关东地区酱骨头的独特制作方法，逐渐形成独特的王家排骨米饭制作工艺，并世代相传。1941年，王守春重孙王治绪在青岛老台东（营口路）开设排骨米饭店——万和春大成号。自此，王家排骨米饭定字号为“万和春”。因其秉承独特的焖制和配料工艺，产品品质深受老百姓的喜爱。1956年公私合营后，万和春大成号关停。

1982年，个体经营得到恢复发展。万和春继承人王世河重操父业，挖掘整理家传排骨米饭配方，重新启用“万和春”字号，于1985年在威海路126号成立万和春饭店，营业面积60平方米。由于当时工资水平较低，而1斤排骨要5元钱，所以第一次只做了50份排骨米饭，一上市就非常畅销。1996年6月，万和春迁至台东八路66号，成立万和春总店，营业面积达300平方米。同年8月，注册成立青岛万和春商贸有限公司，“万和春”作为商标在国家工商总局成功注册。企业与原有的工作技师全部签订合同，保证万和春排骨米饭技艺的传承性。同时积极培养技艺接班人，由第六代传承人王涛亲授古法制作技艺。1997年11月，在聚仙路6号开设营业面积达1000平方米的万和春特色小吃街。除保留传统特色排骨砂锅外，还汇集全国名特小吃品种多达300种，包括北京风味的木炭火锅，东北风味的系列砂锅，不仅有正宗的鲁菜精选，还有川、粤、苏等地方风味菜肴。后因经营不善于1998年8月关闭。

1999年11月16日，万和春第一家加盟店在济南历下区朝山街43号正式营业，标志着万和春特许加盟发展的开始。同年4月29日，即墨加盟店在即墨市新兴路和平三区24号开业后，陆续成立万和春胶州店、麦岛店、黄岛佳世客店等连锁加盟店。2002年3月1日，万和春特色大酒店在台东八路38号开业，营业面积1000多平方米，企业开始向高层次、多元化方向发展。翌年，公司总部随迁于此，并建立起配送中心。

万和春排骨米饭传承独特的工艺、配方、流程，形成“出色、出形、出味、出香”的特点。在选料上，排骨选用山东的鲁西南猪（6个月左右），取猪脊骨处约50厘米长标准是肉厚在0.5厘米左右的鲜骨，在屠宰2小时内迅速经单体包装速冻冷藏，排除肉内酸性物质，以保证原料特有的鲜香。大米选用东北黑龙江单季稻米，颗粒饱满，质地坚硬，色泽清白透明。排骨采用特制砍刀进行剁制，从骨缝处垂直下刀，完整地保护排骨的肌理不受破坏，并且保证排骨在炖制过程中无骨渣。排骨在剁制完毕后，由专人对每块排骨进行手工清洗，每块排骨浴水的时间不超过10秒，保证肉质后期的蓬松和清洁。在配料上，主要选用肉柱、公丁香、豆蔻、肉蔻、砂仁等“十大样”加大枣、枸杞、桂圆等“六小样”（属秘方），绝不添加味精和鸡精，使得排骨“料重味浓、香而不腻”。在制作上，运用传统鲁菜中泖、煮、炖、焖四大工艺，排骨成亮红色，汤汁清而浓郁。万和春排骨米饭传承数百年来用陶土砂锅盛装排骨的传统，能最大限度地释放排骨原有的香味。另外，万和春在继承和发扬传统美食过程中，先后开发7大类100余种以青岛地域特有食材为代表的砂锅菜肴，形成万和春经典菜品系列。其中，排骨砂锅米饭和海水豆腐被中国烹饪协会认定为中华名小吃，排骨砂锅米饭被山东省烹饪协会评为山东金牌快餐。“万和春”品牌先后被评定为中国驰名商标，成为山东省第一家获此殊荣的民营餐饮企业。

至2005年，万和春下属万和春商贸公司、万和春餐饮娱乐公司、万和春大酒店、600平方米的配送中心、20余家快餐直营连锁店及5家特许加盟店；总资产2200多万元，其中固定资产近1200万元；总营业面积达4000多平方米，可容纳1800多名顾客就餐。当年营业额2600余万元，利税300余万元。共有员工231人，其中安置大龄下岗女工20多名。

青岛老船夫酒店

“老船夫”字号的渊源可追溯到1927年秋，日本轮船“现德丸”自红石崖开赴青岛，于小港外10余里处沉没。其中胶州人殷康昆等侥幸获救，后与几名幸存者共同在鲍岛街开办一家饭馆，取名“船夫面馆”。

1995年秋，殷康昆嫡孙殷悦明利用搞建筑装饰积累的资金，重操祖业，在青岛化工学院对面的郑州路46号建起青岛老船夫海鲜城，专营胶东海鲜菜品。海鲜城共两层，经营面积近500平方米，可容纳100余名顾客同时就餐，是以海洋、船舶、沙滩、渔网作为装饰特色的主题饭店。在当时作为工业区的市区北部，鲜少档次较高规模较大的饭店，加之老船夫秉承“真诚、淳朴、勤劳、友善”的服务宗旨和“吃海鲜原汁原味到老船夫”的绿色餐饮经营理念，老船夫的品牌逐步被周边大众所认识，菜品的口味受到顾客的好评。其中，船夫海螺选用胶州湾独有的红岛海螺，经过精细的加工工艺，采用大块螺肉，改变加工成薄片的传统做法。佐以秘制调料，备受顾客喜爱，每天可销售2000元左右，成为老船夫的招牌菜。

2000年4月，“老船夫”商标在国家工商行政管理局成功注册。同月，投资近1000万元的第二家老船夫海鲜城于4月20日建成开业。该海鲜城位于尚志路2号，营业面积1600平方米，共3层，设26个包间，其一楼大厅可容纳320个客位。2001年6月，老船夫开始实行厨房成本管理，推行产品成本工艺卡制度。打破中餐菜品凭厨师自己个性决定的陈规，对所有被公认好的菜品进行倒溯记录，解决“人走菜没”的无序状态，使船夫烧鱼、船夫海螺、船夫烤墨鱼、船夫海肠、船夫大碗翅、船夫大刀面、船夫海参、大虾烧白菜等传统优秀菜品得以沉淀，保证经营稳定性。同时，建立菜品研发机制，由烹饪大师挂帅按“三三制”规则（三分之一传统菜保留在档作为当家菜，三分之一随季节更新使顾客耳目一新，三分之一根据市场需求进行学习研发推陈出新，促进菜品开发），保证老船夫产品的寿命和出新。

2005年4月，老船夫选择延吉路111号近1万平方米网点，签订18年租赁合同，5月初开工改造建设青岛市北区老船夫品位餐饮店。至2005年底，老船夫有尚志路和郑州路两个店，总经营面积达2100平方米，可同时容纳400余人就餐，员工共130余人。当年，实现营业额2000余万元，税收100万元。企业先后获评中国商业信用企业、全国绿色餐饮企业和山东省餐饮百强民营企业、山东省著名商标等荣誉称号。船夫海螺、船夫烧鱼、船夫海参、船夫烧烤30多个菜品先后被认定为山东省、青岛市名吃、名菜、特色菜品。

青岛鑫复盛大酒店

青岛鑫复盛大酒店成立于2003年6月，地处城阳区流亭街道白沙河畔，是以经营周氏流亭猪蹄系列酱货产品、中高档活海鲜及城阳当地特色菜为主的大型餐饮连锁企业，其中，周钦公流亭秘制猪蹄品牌是青岛地方特产的代表。

据1918年《周氏族谱》记载及后人口述，青岛鑫复盛大酒店的历史可追溯至1855年，创始人为周方绪，其精通烹饪技术，用猪头、猪蹄、内脏等进行烹煮酱炸，研制创造周氏流亭猪蹄制作技艺，酱制出的猪蹄等肉食品色香味俱佳，供不应求。其孙周应林经营时期，投入大量资金扩大经营，并自养生猪，设屠宰场，更新饭馆设施。至1894年，逐渐形成小而全的猪蹄及肉食品生产加工作坊，定名为“復盛饭庄”。据记载，民国初期，逊清的宫廷大员避居青岛，对流亭猪蹄格外偏爱。1935年，青岛市长沈鸿烈约同韩复榘、吴佩孚、史景洲、杜月笙以及乡贤士绅100余人，为重修流亭古观音寺聚集于此，对流亭猪蹄赞不绝口，自此流亭猪蹄名声大振。青岛解放后，周氏流亭猪蹄仅限于小饭馆制作。1955年11月，“復盛饭庄”合营为流亭供销社饭店，周钦公成为流亭供销社饭店的正式工人。

改革开放后，个体私营经济得到迅速恢复和发展。1985年10月，周钦公重操祖业，在小白干路东侧的3间平房开办复盛饭店。同时，在传统制作技艺上完善调料配方，增加2种天然植物成分配制成酱制料包及陈年老汤料包，制作技艺更加独特，口感更加清爽不腻。另外，周钦公根据现代炊具特点，制定新的蒸煮时间，并形成加工车间。当时，饭店铺面不大，流亭猪蹄产量不多，食客们只能在店里吃不准打包带走，经常出现食客排队等候现象。1996年10月，周钦公在西流亭村后兴建2层楼房的复盛饭店，占地1667平方米，建筑面积800余平方米，有员工70余人。复盛饭店生意非常火爆，年营业额达到1000余万元。

2003年6月，青岛鑫复盛餐饮有限公司成立，周钦公任董事长。同年9月29日，在城阳区流亭街道白沙河路329号建起营业面积3800平方米的青岛鑫复盛大酒店。酒店内有容纳400余人的婚庆大厅，28个豪华包间，能同时承接各种喜庆宴席、旅游团体就餐，主营传统的“周氏流亭秘制猪蹄”系列产品及各种高、中档活海鲜。其中，“周氏流亭秘制猪蹄”系列产品除传统的酱香味猪蹄，还包括麻辣猪蹄、五香猪蹄，以及酱香猪尾、猪耳朵等产品。

2004年4月，企业建成2000平方米的现代化加工车间，开始实施规模化生产。加工车间建成之初，由于饭店内猪蹄的需求量比较大，生产的周氏流亭猪蹄及猪尾、猪耳、猪肚、猪头肉等系列产品只供给饭店作为外卖和菜品销售，每天的生产量可达400公斤左右。同年6月，根据消费者的需求，引入现代制作生产设备，生产便于携带的真空包装周氏流亭猪蹄。从作坊式制作到规模化生产，周氏流亭猪蹄一直秉承老秘方、老味道、老传统手工艺，严把每一道生产工序。每个合格的猪蹄制作出来，都要经过20多道工序，以

周氏流亭秘制猪蹄始终秉承老秘方、老味道、老工艺，保持了猪蹄色泽鲜亮、味道鲜美、清爽不腻的特色风味。图为流亭猪蹄传人周钦公（左二）在配置秘方料包袋。

保证猪蹄色泽鲜亮、味道鲜美、清爽不腻、咸淡适中，肉质软硬适度、组织紧密有弹性、不添加任何防腐添加剂，先后被评为青岛十大特色小吃、青岛市著名商标、山东省著名商标、山东省名小吃、中华名小吃等。

至2005年，青岛鑫复盛大酒店有营业面积3800平方米，可同时容纳1000余名顾客就餐；生产加工车间面积2000平方米；总资产1524万元，其中固定资产1128万元；实现营业额1332万元，利税249万元，共有员工120余人。

青岛锅贴有限公司

青岛锅贴有限公司的前身是万香斋饭店，始创于20世纪初。当年，一对中年夫妇自京城辗转来到青岛，在四流中路安家落户，开起小饭店，取名“万香斋”。最初的万香斋饭店分早中晚餐经营，品种有锅贴、油条、蒸包、稀饭、甜沫和酱货。锅贴只有一个招牌品种，就是用新鲜猪肉、韭菜和青岛盛产的小海米作原料制作的三鲜锅贴。因锅贴的制作工艺，相对于其他面食要复杂，用料更为考究，包制煎炸有专门程序，普通家庭无法制作，加之其特有的外焦里嫩、鲜香可口，很快便誉满青岛。此后几十年，战乱不断、民心不稳，万香斋饭店生意起起伏伏，几经易人，无较大发展，一直维持至青岛解放。

解放后公私合营，万香斋并入沧口的三盛楼饭店，成为国营企业。此后饭店又在三鲜锅贴的基础上创新发展牛肉锅贴，逐渐取代其他的面食品种，成为锅贴的专营店。“文化大革命”时期，万香斋更名为沧口锅贴铺。改革开放后，沧口锅贴铺成为独立的国有法人企业。

1998年，沧口锅贴铺改制成立青岛锅贴有限公司后，秉承“诚实做人，诚心待人，诚信经营，一心一意谋发展，上下一致创品牌”的经营理念，企业进入快速发展时期。首先从源头上严把原材料进货关。1998年公司成立专门配送中心，对所有涉及锅贴的原辅材料，制定采购计划，联系供货单位。新鲜猪肉选用山东省内知名猪肉生产企业，成批进货，并安排专人剔骨分割、分类，根据不同锅贴，使用不同部位的放心猪肉；海产品，同渔村港口对接采购，减少中间流通环节，避免中间商的其他不良加工行为，保证海产品的原汁原味和安全健康。通过严把原料关和一系列的食品安全制度，确保原料源头的安全，使产品质量得到保障。在原材料采购过程中，坚持索证制度。将所有的原辅材料的生产许可证、经营许可证、卫生合格证、产品合格证等全部收录存档，保证原辅材料的采购源安全合法。其次，严格规范生产加工过程中的规章制度和工艺流程。全员负责，层层把关。人人有权拒收不合格的原材料，人人有权监督检查指责批评违反工艺规程的行为。第三，顺应大众需求，不断创新，研发出迎合不同人群口味的4大系列

50多种锅贴。其中既有高雅的三珍锅贴，又有适合大众口味的三鲜锅贴等。并集锅贴之大成推出“集京鲁川粤之精华、纳鲜香焦嫩之特点”的青岛锅贴宴，有导吃小姐为顾客提供导吃服务。

青岛锅贴有限公司自1996年开始开设连锁店。2000年，青岛锅贴有限公司开始探索直接向境外发展。董事长邢学智先后到欧美和澳大利亚等地考察，并结合各地市场特点，选择阿联酋作为切入点。2000年6月6日，具有标志意义的第一家境外分店——阿联酋“中国风”餐厅在沙迦落成，首开青岛市饮食业跨国经商的先河。初期的经营情况并不如意，“水土不服”等症状逐渐暴露。为此，厨师们反复研究尝试，调整菜品结构，不断丰富锅贴的品种，做到中外食客口味皆宜。阿联酋的海鲜十分丰富，因此海鲜味的锅贴很受欢迎。为吸引国外客人，店方最初采取请君免费品尝的促销办法，使青岛锅贴的知名度不断扩大，顾客越来越多，逐渐度过国外创业的“磨合期”。2003年12月22日，经过近8个月的施工，青岛锅贴在阿联酋的第二家分店——古色古香的中国海餐厅在迪拜建成开业。至2005年，两家境外餐厅成为中国人在阿联酋吃中餐的首选店，同时也成为国外食客了解中国餐饮文化的一个窗口。

至2005年，青岛锅贴有限公司共有分店7家，各连锁店就餐环境均采用统一的古香古色的庭阁式装修风格，是山东省大中型饮食企业30强之一。其中，市内5家：青岛锅贴沧口锅贴铺位于四流中路5号，是青岛锅贴的总店；青岛满口福饭店位于振华路136号，是专营“满口福饺子”的独立法人企业；青岛锅贴四方分店（即洛阳路分店）位于四流南路177号；青岛锅贴濠景连锁店位于鞍山路1号；青岛锅贴胜利桥快餐店位于舞阳路2号。沧口锅贴以其外焦里嫩、鲜香可口的特色，被评为山东名小吃、中华名小吃、中国名点；企业先后获评全国商业信誉企业、中华老字号、中国鲁菜名店等荣誉称号。

劈柴院

劈柴院位于中山路、北京路、河北路和天津路围合的街区之内，占地面积约1.35万平方米，建筑面积约2.5万平方米。

劈柴院的形成始于德占青岛之初。德国侵占青岛后，按照德国城市的模式对青岛进行城市规划。1901年，平度官姓商人和即墨胡姓商人在大鲍岛直隶路（今河北路）置地建房，是劈柴院最初形成的原点。1902年，德国人在此修建江宁路，此路整体呈“人”字形，东连中山路，西通河北路，北至北京路。关于“劈柴院”名字的来历，有多种说法。据1924年《中国青岛报附张》的《江宁路游乐地》一文所记：“江宁路，原系本商埠初建之时烧砖瓦备柴草处，后渐为乡民以及闯青岛港者之栖身处。原先多为板房寮屋，光复之后主政之官员为民生计，着手改良此处建筑。现今除少数板房以外多已改建为砖房。江宁路呈人字形，街路两旁多列店肆，中间亦有几处二层楼。一年多前陆续有杂耍卖艺以及唱周鼓子说书者聚此处，而今竟渐次繁盛起来。本商埠民众多来江宁路消遣游乐，采买些日常用什物。为供给游乐之民消遣购物计，街路两旁陆续增添了许多海物小吃摊。人们晌午多买包子、饺子、豆脑填肚。江宁路也有福山菜酒馆，多穿长衫者光顾。此处被民众称为劈柴院，而江宁路名却叫者甚少。”

随着德国人城市规划的实施和青岛港的开放，大量外来人员涌入青岛，劈柴院随之繁荣。1907年，三江会馆成立，是江苏、浙江、江西3省商人组成的同乡会团体，也是青岛最有影响力的工商团体之一，对于劈柴院的繁荣起到重要的促进作用。1912年，孙中山先生到青岛时曾经到访三江会馆。1922年，北洋政府接管青岛，正式将劈柴院街区定名为“江宁路”，但“劈柴院”之名早已深为百姓所接受，所以其官方名称仅用于档案公文和地图等处。二三十年代，劈柴院发展成为青岛最繁华的商业、餐饮、娱乐聚集地，市井民俗味也渐次浓厚，成为一处与北京天桥、天津南市齐名的市井民俗文化空间。劈柴院分布有许多歌榭茶社和饭馆酒楼，其中美食美酒有义盛楼的包子、异美斋的砂锅、春和居的黄酒、李家饺子楼的饺子以及福山烧鸡、阴岛海螺、酱肉、醉蟹等知名小吃。有100余家售卖众多品牌香烟和土制烟的香烟摊，有卖各种水果点心、瓜子糖果的摊位。位于东门洞的书摊上摆满武侠言情小说、爵士古典乐集、书报杂志、古今书帖等，可购买也可以租阅，还有问卜馆、卦摊等。一天之中，每天上午10点之前是早市，挤满前来批发日用杂货的商贩，接着便是大批顾客游人。傍晚，戏院、茶社、书场、撂地（露天演出）开始营业，开启劈柴院夜生活模式。

三四十年代，寓居青岛的文化名人和演艺名流为劈柴院带来新鲜文化空气，促进了劈柴院的进一步繁荣，使劈柴院有“乐子院”的别称。康有为、梁实秋、老舍、臧克家等文化名人寓居青岛时经常到访劈柴院。梁实秋在《雅舍谈吃·西施舌》中说：“我第一次吃西施舌是在青岛顺兴楼席上。”顺兴楼即劈柴院之顺兴楼，是由清末书法家王塽提议集资在北京路修建，“西施舌”也因梁实秋而成为一大名菜。到劈柴院演出的名艺人有相声艺术大师马三立、刘宝瑞，著名评剧表演艺术家新凤霞，琴书艺人李金山，山东快书大师高元钧、杨立德，以及时人称为“王傻子”的“戏法大王”王鼎臣等。由于劈柴院市井民俗文化极盛，故而颇受当时媒体的关注。

1947年，劈柴院遭遇一场大火，院内原有的木结构建筑焚烧殆尽。劈柴院的重建采用了砖瓦材料，但重建工作缺乏合理规划，部分建筑任意而为，不仅影响居民的生活环境，而且存在安全隐患。原有木制建筑雕刻细致的楼梯、檐头、山花、回廊等多为杂乱的砖石所取代。

青岛解放后，胶东文协组织艺人成立大众游艺社，在劈柴院等场所演出。从青岛解放到“文化大革命”以前，劈柴院里仍有武术功夫、山东快书、茂腔柳腔等各种表演，吸引着青岛市民和外地游人前往游乐消遣。“文化大革命”期间，劈柴院主要经营地方小吃和小百货零售。

80年代中期至90年代，劈柴院伴随着中山路商业街的繁荣恢复一段红火热闹的时期。90年代以后，劈柴院里的房屋早已年久失修，江宁路的路面石残缺不平，除破旧的老式住宅和传承下来的风味小吃店之外，原来明显的市井民俗文化特色已经逐渐变淡。

青岛丽晶大酒店

青岛丽晶大酒店位于香港中路110号，地处青岛市东部商业、金融、娱乐和购物中心，始建于1986年6月。1987年酒店主体工程完工后，由于建设资金缺口等原因导致工程停工。1993年，省委常委、市委书记俞正声亲自牵头组织启动青岛丽晶大酒店的重建工作，及时解决了丽晶重建中的历史遗留问题和实际困难。1994年底，重建工程竣工。1995年3月10日，青岛丽晶大酒店建成试营业。总投资达6000万美元，总建筑面积为6.8万平方米，内外设计与装饰均呈欧陆风格。主楼层高23层，设有附楼及全市第一座独立的6层旋转停车楼。酒店设计和装修全部采用浓郁的欧陆风格，设“十大景观”和谐分布在酒店各个区域。1997年，酒店被国家旅游局中国旅游业标志性饭店形象宣传活动组织委员会评为中国旅游业标志性饭店建筑A级，丽晶殿被评为中国旅游业标志性饭店建筑金奖多功能厅，酒店大堂被评为中国旅游业标志性饭店建筑金奖大堂。

1995年11月15日，德国总理赫尔穆特·科尔一行下榻丽晶，随访的有德国经济部长、教育部长、科研技术部长、议院议员、德国驻华大使及各界企业家200余人，是建国以后青岛市接待人数最多、影响最大、规格最高的西方国家代表团。为做好接待工作，酒店多次与德国外交部有关人员进行商谈，全面了解代表团各项需求。丽晶24小时的成功接待，得到山东省、青岛市政府以及外交部的认可，得到“德方对丽晶各方面服务感到满意”的高度评价。科尔总理在下榻期间为丽晶大酒店留言：“我衷心感谢你们热情友好的安排和服务”，这是他出访以来第一次在下榻地为酒店亲笔题词。此后酒店又相继接待过赞比亚副总统米扬达、新加坡资政李光耀、新加坡总理李显龙、俄罗斯联邦委员会主席特罗耶夫等多国政要。

1995年11月，德国总理赫尔穆特•科尔一行200余人下榻丽晶大酒店，是建国后青岛市接待人数最多的外国政府代表团。科尔为酒店留言：“我衷心感谢你们热情友好的安排和服务。”

1996年7月8日，丽晶大酒店被国家旅游局评定为山东省首家五星级旅游涉外饭店，成为全国第39家五星级酒店，是山东省第一家五星级大酒店。当年，酒店营业收入达到9731万元。

随着1997年亚洲金融危机及1999年后国际品牌酒店进入青岛，丽晶大酒店的经营受到较大冲击，出现连年亏损。2002年，在认真分析青岛市场酒店行业的经营特点和现状后，酒店提出以“孙膑赛马”为经营原则，确立新的发展战略：以日本客源和中高端商务散客为主、长住客人为基石的营销策略，以网络市场和会议团体为辅，以欧美、韩国市场为补充客源的市场定位，以物超所值、稳中求升的价格定位；以维护忠诚客户、回馈关爱回头客、努力开发新客户为目标的营销理念。酒店从每一个细节入手，认真研究酒店客人的结构特点，在硬件设备和服务上都做到整体配套，精心打造酒店的设施和服务特色。并针对中、欧、美、日、韩等商务客人的特点和需求，改造各具特色的商务楼层；结合欧美客人喜爱中国传统文化的特点，设计和装修了中式楼层，配备精通英、日、韩等语言的员工，组成贴身管家团队，专门服务于商务楼层。同时，研究商务客人的出行特点，将床和床上用品、宽带、淋浴的舒适度和实用性完美结合，并在浴袍上绣有镶金的客人名字等个性化标志，使客人在享受细致温馨服务的同时，更感受到丽晶对他们的尊重与用心。至2005年，酒店的日本客源市场做到接近50%，欧美市场做到近15%，客源市场结构的合理组合，保证了酒店收入的稳步增长。酒店经营收入从2002年的6000万元跃升至2005年的9119万元，丽晶的客房出租率和市场占有率均居青岛五星级酒店前三位。

2005年，丽晶大酒店共有员工602人，客房总数393间（套），拥有中、西、日、韩式餐厅和酒吧共8个；完善的会议设施包括丽晶的标志性建筑丽晶殿和其他5个大、中、小型会议室，能同时容纳1200人。当年，在首届中外酒店白金奖评选活动中，总经理李志获中外酒店白金奖——中国十大杰出经理人称号。

青岛海天大酒店

海天大酒店坐落于浮山湾畔，南面大海，西邻八大关风景区，是青岛市最早的中外合资企业之一。

1985年3月12日，海天大酒店有限公司注册成立，成为青岛市最早的中外合资企业之一。合资方分别来自4个国家（地区）的8个股东（青岛华侨饭店、中国银行青岛信托咨询公司、香港宝生银行、香港盐业银行有限公司、香港中南银行有限公司、澳门南通信托投资公司、澳门保利企业有限公司、新加坡首邦翠华楼有限公司），寓意四面八方会海天。1986年1月，李梦周调任青岛海天大酒店董事长。由于中外双方思想观念差异，外方反应十分强烈，李梦周上任后，以高效的工作扭转了被动局面，与各方股东建立起友好、合作、开拓的董事关系。

1986年9月20日，海天大酒店在湛山大路39号（香港西路48号）奠基兴建，1988年10月28日，海天大酒店一期工程建成试营业。一期工程总投资2200万美元，总建筑面积近3万平方米。主楼15层，地上13层，地下2层，共有各类客房303间。酒店内设有中餐厅、西餐厅、日餐厅、咖啡厅、酒吧间、宴会厅、商场等服务区域。主楼东侧建有1座高3层的多功能厅，内设可同时容纳800人、配备最先进的影音系统和5种语言同声传译设施的会议大厅。酒店使用电脑管理，设中央空调、闭路电视、卫星地面接收站等设施设备，还设有民航办事柜台、银行代换点、邮电、报关、快递、运输、商务中心等服务项目，现代化酒店功能一应俱全，成为中国最早投入使用的中外合资高星级涉外饭店之一。1989年10月28日，海天正式对外营业。

1990年3月1日，海天大酒店二期工程（东楼）动工兴建，1992年6月18日建成开业。二期工程总投资800万美元，建筑面积约为3万平方米，高25层，拥有客房258间（套）。至此，海天大酒店总体工程建筑面积6.5万平方米，拥有客房561间（套），配置完善的会议、健身、娱乐设施。

海天大酒店一方面因其优越的地理位置，一度成为接待重要来宾的指定酒店。同时，酒店拥有一流的硬件设施、高素质的员工队伍，以专业、优质的服务赢得国内外宾客的高度认可。1991年，酒店销售额达到2.4亿元，在全国旅游饭店排名第四位，创汇排名第28位。1992年1月28日，海天大酒店正式成为四星级旅游涉外饭店，并跻身中国500家最大服务企业，居全国500家最大旅游业服务企业第40位，当年获第一届中国烹饪世界大赛团体赛金杯奖。至1992年底，酒店先后接待了党和国家领导人吴学谦、田纪云、李岚清以及外国政要孟加拉国总统侯赛因·穆罕默德·艾尔沙德、密克罗尼西亚联邦总统约翰·哈格莱尔加姆、巴布亚新几内亚总督赛雷·艾里、世界旅游组织主席拉瓦特、新加坡政府资政李光耀、副总理王鼎昌等。

1992年邓小平南方谈话后，旅游业作为开放的先导产业获得空前发展机遇。同年中韩建交后，韩资大量进入青岛。海天大酒店作为青岛的高星级饭店，以其良好声誉和独特优势，成为日商、韩商及欧美客人在青岛的首选酒店。在前期成功创业孕育品牌的基础上，海天大酒店一方面进一步加强宣传促销力度、提高知名度，同时，开始总结、提炼酒店管理经验，初步形成以安全、舒适、规范、周到为服务宗旨的海天管理模式，建立起高效率的管理体系。1995年，海天大酒店进入全省三资企业经济实力500强，名列第13位。1994年、1996年，被国家旅游局评为全国最佳星级饭店。1997年4月17日，海天大酒店经国家旅游局批准成为五星级旅游涉外饭店。当年，酒店销售额达1.34亿元。

90年代后期，随着全市旅游业和酒店业的不断发展，高档酒店迅速增加，国际酒店连锁集团不断进入，酒店业进入典型的买方市场，竞争日趋激烈。1998年，青岛旅游涉外饭店78家，客房突破1万间，分别是1994年的2.3倍和2.7倍。海天大酒店原有设计和功能布局不尽合理及酒店产品缺乏个性的弊端日益凸显，效益较前期出现下滑。同年，海天大酒店董事会作出二次创业的决策，决定对东、西楼客房，东楼大堂，多功能厅，海天厅，会议室等实施改造，使海天可出租客房数增至606间（套）。同年，海天旗下分公司青岛海天大酒店管理公司成立，成为山东省唯一经国家旅游局批准的国家级专业饭店管理公司。1999年，青岛海天国际旅行社注册成立，2000年3月7日开业，成为青岛酒店业经国家旅游局批准成立的唯一一家国际旅行社。2001年，海天大酒店开始创建“海天之间一个家”服务名牌。当年，海天大酒店通过ISO 9002国际认证，是山东省首家通过ISO 9002国际认证的五星级酒店。2004年，海天大酒店被山东省工商行政管理局认定为山东省著名商标。2005年，获评山东省旅游细微服务示范企业，并进入中国饭店民族品牌20强。

1998～2005年，海天大酒店先后接待摩洛哥首相阿卜杜勒·拉赫曼、日本前首相村山富士、韩国前总统卢泰愚及夫人、韩国前总理朴泰俊、澳大利亚前总理霍克、中国国民党荣誉主席连战及夫人一行等，以及新加坡总理吴作栋及夫人率新加坡政务及商务代表团、亚洲合作与发展第三次外长论坛（ACD）、22国外长会议、中国—东盟名人小组首次会议、“和平使命——2005”中俄联合军事演习五国国防部长及俄方总导演部军官团等高端国际会议团队。

海天大酒店在长期的经营管理过程中不断学习、实践和探索，立足实际与积极创新相结合，创立具有海天特色并与国际接轨的海天管理模式，形成海天管理系统及其精髓——海天文化哲学。海天文化哲学以“为顾客创造价值”为核心理念，秉承“合作、开拓、高效”的企业精神，在工作中融入和谐、完美的管理法则，力争营造“海上生明月、天涯共此时”的服务境界，形成“海天之间一个家”的经营理念。海天大酒店管理集团充分发挥资信、品牌、人才、技术、网络等优势，依照海天管理模式对外输出现代饭店管理技术和服务，充分发挥海天大酒店的品牌和人才优势，依托酒店先进的饭店管理技术，对外输出现代饭店管理技术和服务，并成功地管理了70多家酒店，覆盖北京、上海、山东、辽宁、河北、山西、江西、安徽等省市。

2001年，海天大酒店创建“海天之间一个家”服务品牌。2003年，酒店获国际服务业最高奖项——五星钻石奖。

2005年，海天大酒店发展成为拥有海天管理公司、海天国际旅行社两家分公司，正式在册员工808人。1992～2005年，酒店共接待境内外宾客近70万人次，累计实现营业收入近20亿元，利润达4亿元。

青岛香格里拉大酒店

青岛香格里拉大酒店位于香港中路9号，地处青岛市政治、经济中心地带，是总部设在香港的香格里拉国际酒店管理集团的第37家连锁酒店，也是青岛市第一家外商独资国际连锁酒店。

酒店于1995年3月24日开工建设，总投资额5500万美元。1997年8月18日建成开业，是集客房、餐饮、商场及康乐设施为一体的国际酒店。建筑面积52770平方米，占地面积29931平方米，共19层，地下一层。共有502间客房，包括25间套房和69间豪华阁客房。酒店内设有香宫中餐厅、咖啡苑自助餐厅、酒吧、大堂酒廊，并提供24小时送餐服务。酒店拥有1353平方米的大宴会厅，可同时供1650人作酒会之用，是青岛市最大的宴会厅，另设有14间多功能厅。所有宴会厅和多功能厅均装配最先进的影音装置，并提供同声翻译及投影系统。健体中心拥有室内游泳池、网球场等先进齐备的健身设施，其他服务设施有美容美发、商场、豪华车队服务等。1997年8月开业至2000年，营业收入4.2亿元，平均入住率64%。

自开业起，酒店经营严格遵守服务规范，以诚为本，以信为上，明码实价，公平交易，不欺客，不宰客。在客房定价上严格恪守星级酒店定价标准，不恶意降价，维护市场的正常价格体系。在餐饮经营中，做到明码实价，尤其是海鲜等时令食品，保证客人准确地了解价格，并在质量上严格把关，建立由总经理主抓、培训兼质检经理跟进执行的质检组织结构体系，以保证提供给境内外客人最好的食品。2000年，酒店通过ISO 14001环境管理体系的认证。

自2003年起，青岛香格里拉大酒店对客房、宴会厅、餐厅分批进行装修改造。2003年初，酒店投入1300万元，对12～14层的110间豪华阁客房进行改造。2004年2～5月，投入100万元，对一楼大宴会厅实施翻新，对二楼24～27号多功能厅进行装修改造。2004年10月～2005年2月，酒店对15～18层的豪华客房进行改造，升级至豪华阁客房。改造后，酒店共有豪华阁客房160间，以其更便捷的设施和更卓越的服务为客人提供超值服务。2005年3月，酒店投入100万元，对咖啡苑进行翻新。10～12月，投资约1200万元，对9～11层的豪华客房进行改造。另外，2004年11月24日，青岛香格里拉大酒店二期工程奠基。计划投资1亿余美元，位于一期大楼西侧，为双塔式设计，是青岛市2004年重点外资项目。二期总设计建筑面积8万平方米，集商务写字楼、酒店式公寓、高档酒店客房于一体，完工后酒店客房总数达696间。

高端的硬件设施、优质的管理服务和丰富的接待经验为酒店带来许多承接重大活动的机会。至2005年，酒店先后接待过世界华人论坛、第三届APEC中小企业技术交流洽谈会、亚洲合作对话第三次外长会议、青岛市时装周、冰岛总统代表团、斐济总理代表团、英国副首相代表团、泰国副总理代表团、中国消费电子博览会开幕欢迎宴会、中国经济社会论坛等。其中，在冰岛总统格利姆松携夫人及代表团于2005年5月下榻青岛香格里拉大酒店期间，酒店宴会部利用白砂糖和色素染色，在欢迎晚宴主桌的中央部分拼出一幅巨大的冰岛地图，在地图的四周用砂糖、冰糖块、崂山石、萝卜蔬菜雕刻等，做出“五四”广场、崂山、栈桥、泰山、曲阜、蓬莱阁6个微型景观，既美观又让客人用餐同时了解到山东的人文景观。在餐饮方面，尽量选用北欧客人喜欢的食品。冰岛总统及夫人非常感动，总统夫人说，她参加过无数国宴，还是第一次看到宴会摆台如此布置，让她有种回家的感觉。

“殷勤好客香格里拉情”是香格里拉酒店的服务宗旨。其核心是：尊重备至、温良谦恭、彬彬有礼、乐于助人、真诚质朴。开业8年间，青岛香格里拉大酒店的常客和回头客一直保持在30%以上。2005年，青岛香格里拉大酒店共有员工746人，客房502间，其中豪华客房141间，客房平均出租率79.4%，实现营业收入2.13亿元。酒店先后被评为山东省优秀星级酒店、山东旅游细微服务示范企业、青岛市十佳星级酒店、青岛市十大餐饮企业等。

青岛汇泉王朝大酒店

青岛汇泉王朝大酒店位于南海路9号，坐落于汇泉湾畔。其前身青岛汇泉宾馆筹建于1976年

7月，1979年7月16日正式营业，是山东省最早的旅游涉外宾馆之一，担负着全市主要外事接待任务，先后接待了莱索托王国首相、安提瓜巴布达总统等外国贵宾。

1986年，青岛汇泉宾馆与香港王朝发展公司合资成立青岛汇泉王朝大酒店有限公司，总投资2000万美元，筹建二期工程。1990年2月，完成对青岛汇泉宾馆（老楼）的装修改造。1994年8月，二期工程（新楼）建成并对外营业。至此，青岛汇泉王朝大酒店由新楼和老楼组成，占地2.1万平方米，总建筑面积5万余平方米。设有客房408间（套），880个床位；大中型餐厅4个，1200余个餐位。其中位于25楼的旋转餐厅可俯瞰青岛山海美景。酒店建有多功能厅、观光电梯、保龄球场、健身房、室内游泳池、夜总会等服务设施。1991年，在全国八大菜系展销会上，青岛汇泉王朝大酒店的“九龙宴”获综合评价第一名。1992年2月，被评为四星级旅游涉外饭店。1993年，接待境内外游客达1.6万人次，营业收入4765万元，利润1311万元。

1994年青岛市行政中心东移，尤其是1997年亚洲金融危机，对酒店经营带来不利影响，致使企业出现连年亏损，直至资不抵债。1998年7月，张立强调任汇泉王朝大酒店董事长、总经理后，理顺酒店外资管理权之争，并带领全体员工转变经营观念，重新确定企业市场定位，对原有的经营格局进行调整，同时凭借资源优势，开拓多元化市场，在短时间内扭亏为盈，并取得可观的经济效益。自1998年开始，连续推出以王朝为品牌的王朝月饼、王朝面食、王朝佳肴等亲民产品，在取得可观经济效益的同时，得到社会各界及同行的认可。2001年，汇泉王朝大酒店创立全市首家纯青岛地方风味的青岛菜馆，推出具有浓厚青岛地域特色的胶东大排翅、肉末烧海参、鱼翅海鲜佛跳墙、葱油鲍鱼、田横岛鲜鱼饺、仰口翡翠鱼丸等青岛菜，开创青岛本埠菜的先河。2001年，青岛菜馆被中国烹饪协会命名为中国餐饮名店、中国鲁菜名店，成为青岛市餐饮业的知名品牌。2002年，青岛王朝大酒店通过国际ISO 9002认证，并被国家旅游局认定为五星级饭店。

青岛汇泉王朝大酒店以“提升服务品质，打造服务品牌”为目标，以“温馨王朝、优质服务”为主题，以“全心全意为宾客提供标准化、个性化、情感化服务”为宗旨，通过全员参与、全过程控制和全方位管理，推动饭店服务细微化，全面提高饭店服务质量。酒店先后获山东省优秀星级饭店、全省诚信旅游示范单位、山东十佳星级酒店、山东十佳特色餐饮品牌等荣誉。

2005年，青岛汇泉王朝大酒店共有客房408间，拥有可容纳500人的多功能厅和近900平方米的国际会议中心及风格多样的中、小型会议室。当年，酒店营业总收入7737万元，其中餐饮收入为2900万元，年客房出租率为64.1%，共有员工600余人。

青岛麒麟皇冠大酒店

青岛麒麟皇冠大酒店位于香港东路197号，坐落于石老人国家旅游度假区中心。由青岛市东亿实业总公司投资建设，青岛麒麟皇冠大酒店管理有限公司管理。1999年，东亿实业总公司决定在一座20层“烂尾楼”的基础上，投资建设一座集餐饮、娱乐、会议、住宿为一体，具备国际五星级标准的大酒店。管理公司注册资本500万元，总投资7亿元，定名为麒麟皇冠大酒店。

2000年2月5日，青岛麒麟皇冠大酒店管理有限公司正式筹建。2000年8月25日，青岛麒麟皇冠大酒店建成试营业。酒店占地面积4.2万平方米，建筑面积6.5万平方米，主楼为现代欧式建筑，高146米，共35层。酒店拥有总统套房、豪华套房、行政房、标准房等各类房间400套，共有床位643个。房间内设有国际电影频道、高速宽频网络、客房直饮纯净水系统、自动清洗和恒温的卫生洁具等设施。设有中餐厅、西餐厅、咖啡厅等，共计1300多个餐位。客人可乘坐户外100米高观光电梯，直达位于酒店顶层的全海景旋转自助餐厅，窗外美景一览无余。大堂酒吧提供各式咖啡、茶、鲜榨果汁、鸡尾酒等多种饮品，是商务洽谈、商务休闲、朋友小聚的理想场所。酒店配有可同时容纳500人的大宴会厅和各种大小不同的会议室，并拥有经验丰富的婚庆部、宴会及会议统筹团队。商务中心提供复印、打字、翻译、文秘等一应俱全的服务。酒店还设有世界著名JURLIQUE SPA会所，所有产品均来自澳大利亚南部有机农场的植物原料。青岛麒麟皇冠大酒店的建成，为青岛国际啤酒城、山东省国际会展中心提供良好的酒店配套设施，标志着青岛高科园旅游经济发展提升到更高层次。

青岛麒麟皇冠大酒店以高品质的硬件设施设备和科学严谨的管理、专业细致的个性化服务在酒店业、旅游业中树立起良好的品牌形象。2003年，青岛麒麟皇冠大酒店加入全球最大的酒店连锁集团之一——“Best Western”（最佳西方），最佳西方国际酒店集团把麒麟皇冠大酒店作为在青岛的首选酒店。2004年，青岛麒麟皇冠大酒店成为大中华地区的精品级酒店。当年6月20日，外交部部长李肇星在青岛麒麟皇冠大酒店会见韩国外长。2005年9月，青岛麒麟皇冠大酒店顺利通过五星级评定。

至2005年，青岛麒麟皇冠大酒店共有客房400间，员工423人。实现营业总收入2.06亿元，客房平均出租率达66.56%。

青岛颐中皇冠假日酒店

青岛颐中皇冠假日酒店位于香港中路76号，地处青岛市商业和购物中心。隶属于青岛颐中国际大酒店有限公司，是颐中烟草（集团）有限公司实施多元化经营战略的重要项目。

1994年12月，根据青岛市东部开发需要，颐中集团拆除5层营业楼，翌年1月在该址兴建集职工教育、科研培训于一体的颐中大厦。1997年6月，集团总经理办公会和党委会决定，将颐中大厦改建为功能配套、硬件设备达到五星级标准，经营软件符合国际四星级酒店管理标准涉外酒店。1998年8月19日，经国家工商行政管理局批准注册成立青岛颐中国际大酒店有限公司。1998年9月29日，与巴斯饭店集团签订10年的假日品牌酒店委托管理合同，并将酒店命名为青岛颐中假日酒店。2000年7月28日，青岛颐中假日酒店正式开业。酒店共38层，建筑总面积75518平方米，拥有388间客房及套房。其中，有112间面积为52平方米、当时青岛最大的行政商务套房。房间设施齐全，可以接收卫

青岛麒麟皇冠大酒店地处青岛高新技术产业开发区、石老人国家旅游度假区中心，2000年8月开业。占地4.2万平方米，有客房400套（间），设有餐位1300多个。图为顶层全海景旋转自助餐厅。

星电视节目，配备有国际直拨电话，传真和电脑宽带接口。酒店拥有16套服务式公寓，配有全套厨房设施、餐厅和宽敞舒适的客厅。酒店6～13层为配套完备的高档写字间，租赁给国内外公司作为青岛总部或代表机构。

青岛颐中皇冠假日酒店拥有风格各异的餐厅，提供各种风味的美食。亚洲咖啡厅环境优雅，有5个开放厨房，聘请国际一流厨师现场主理亚洲、欧陆、印度、蒙古及巴西美食；颐中轩中餐厅提供正宗粤菜及地道鲁菜；梦拉诺意大利餐厅提供由意大利厨师主理的具有纯正意大利口味的菜肴。非洲吧和大堂酒廊提供各式饮品及精美小吃。酒店拥有260平方米的多功能厅和286平方米的大宴会厅以及健身房、室内游泳池、美食角等服务设施。2001年，颐中假日酒店获得六洲酒店管理集团亚太地区宾客意见调查第一名。2002年，实现营业总收入10790万元，毛利润达到4036万元；平均年住房出租率达77%，位居青岛各大酒店之首。2002年7月28日，酒店开业2周年之际，青岛颐中假日酒店升级并更名为青岛颐中皇冠假日酒店。皇冠品牌目标市场定位在中高端商务市场，尤其是针对成功的商务人士，提供先进的会议设施、专业会务服务队伍及完善的商业服务，服务更加完善化、成熟化、专业化。当年，获得六洲酒店管理集团颁发的“最佳酒店提名”奖。

至2005年，青岛颐中皇冠假日酒店有员工497人。年平均入住率达到77.85%，实现经营总收入14973万元，毛利润达7408万元，净利润为1719万元。

青岛饭店

青岛饭店前身是1932年希腊人霏尼代司在中山路53号开办的青岛咖啡饭店。初创时以经营西餐为主，兼设舞厅。主打招牌是煎牛排和烤制小面包，另有烤小鸡、炸猪排、罐焖鸡、俄国菜汤等。餐厅洁净、美观，充满“洋味”，菜品盘大量足、口味纯正，是青岛人吃西餐的首选饭店。

颐中皇冠假日酒店地处香港中路商业购物中心，2000年7月开业。酒店共38层，有客房388间，定位于中高端商务市场。

1956年，青岛咖啡饭店实行公私合营，更名为青岛饭店。后历经多次改建、扩建，至1980年10月，青岛饭店发展成为西5层东9层的两幢楼房相连接、总面积1.36万平方米的大型饭店兼旅馆，共有职工430人，床位1022个。

80年代，青岛饭店专营以海鲜为主的鲁菜，是全市知名度最高的饭店之一。尤其是干烧大虾、清蒸加吉鱼、汤爆双脆、山东蒸丸、锅烧肘子等传统特色菜点，以及新创的两吃大虾、油爆海螺、绣球干贝、白扒鱼翅等高档名菜，深受顾客喜爱。

进入90年代，为适应时代发展和对外开放的需要，青岛饭店不断加大投资改造力度，更新设施设备，改革经营模式，调整经营项目，经营服务水平不断提高。在恪守鲁菜传统工艺的基础上不断创新，白扒通天鱼翅、花篮拼盘、什锦花拼、富贵虾球、雪里大蟹、葱烧海参等特色菜被列入山东省及全国名菜谱。1991年，青岛饭店开设全市首家专营粤菜厅，增加约60余种广式菜点，除正宗糯米鸡、虾球、香酥饺等广式早茶精品外，饭店还开发制作白皮酥、肉丝春卷等精美面点，青岛饭店早茶系列开创青岛及山东地区早茶品牌之先河。另外，引进了上海粤式名菜烟昌鱼、铁板牛肉、葱姜、螃蟹、豉汁牛心等近100种粤式菜肴精品。

青岛饭店的大包薄皮大馅、三鲜灌汤、味道鲜美、价格公道，备受消费者欢迎，先后被评为山东省名小吃和中华名小吃。白扒通天鱼翅在全国菜点大赛中获银奖，青岛猪蹄在全省菜点大赛中获金奖。白扒通天鱼翅、青岛猪蹄、清汤燕菜3款菜品被命名为十大名菜，其中“白扒通天鱼翅”获全省十大名菜第一名。1993年，青岛饭店“海之情”系列菜品获全国烹饪大赛团体金奖。1996年10月3日，青岛饭店被山东省旅游局评定为三星级饭店。

2002年2月，青岛饭店确定以特色经营、品牌经营求生存谋发展的经营思路，在保证“中华老字号”龙头企业——青岛饭店发展的基础上，先后组建谷香村饭店有限责任公司、香粥馅饼坊、天宇旅行社、奥富德商贸公司等公司。其中谷香村饭店是青岛餐饮老字号，20年代即在中山路落地生根，招牌排骨面、熏鱼面、打卤面、阳春面享誉青岛，谷香村排骨面以汤鲜爽、肉香嫩、面筋道的独有特色，被评为青岛市十大特色小吃之一。至2003年，青岛饭店共有建筑面积1.6万平方米，员工290人，拥有各类客房198套，设有3个餐厅、1个以经营水饺为主的“独一家水饺”快餐店及40余个KTV雅座宴会包间，能同时容纳1200余人就餐。

2004年3月，青岛饭店为配合市政府对中山路商贸区的统一规划改造，暂停营业。9月28日，仅用时6个月，迁至香港中路66号恢复开业。迁址后的青岛饭店营业楼层共14层，营业面积为1.8万平方米，有各类客房203套（间），客房全部配备中央空调、数字电视、国际国内直拨电话等。设有中式大餐厅2个、风味餐厅1个，可容纳700人同时就餐。菜品仍以青岛饭店特色鲁菜为主。2005年推出新菜600余款，满坛香、葱烧海参、白扒鱼肚等传统鲁菜深受好评，油爆海螺、酸辣鱼丸、香酥鸡、炸蛎黄4款菜被评为青岛市十大代表菜品。另外，青岛饭店将传统特色早茶与粤式早茶相结合，由中国烹饪大师亲自主理，填补了岛城东部早茶的空白。2005年6月，青岛饭店被中国商业联合会批准为“中华老字号”会员单位。总经理王国忠获山东省劳动模范、中国饭店协会授予的经营管理大师等称号。

2005年，青岛饭店共有职工190人，实现营业收入2212万元。客房出租率达到65%，居青岛市三星级酒店前列。

青岛天真摄影有限公司

青岛天真摄影的历史可追溯至1921年，浙江商人郭锦卿在位于海泊路的华德泰百货店内开办照相部。据史料记载，天真照相馆真正开始独立经营是在1927年，由华德泰艺术部负责人郭锦卿独资，注册经营“天真日夜美术照相馆”，意为24小时营业。位于中山路131号，为面积700平方米的两层楼。天真最早使用弧光摄影，将屋顶天花板改为玻璃，晴天时，以天然采光为主，辅以电灯光。

天真是山东最早的照相馆，经营项目涵盖团体照、肖像照、儿童照、证件照、广告产品照、照片冲洗放大、经营摄影器材等摄影行业的全部经营项目。二三十年代，众多军政要员和社会名流到天真留影。如民国时期的山东省政府主席韩复榘，对天真照相非常认可，并将所拍照片冲洗多张送予亲朋好友。上海大陆剧团的明星周楚与林默予也都与天真渊源颇深。

天真的布景是青岛最丰富的，既有古典花园，也有青岛的海滨风光，并专门辟出一处实景拍摄。天真的技术水平是青岛最好的，不仅黑白照拍摄技术保持领先，而且在青岛照相行业最早推出彩色照片雏形——人工局部上色。天真摄影技师都经过非常专业的培训，技术一流。尤其是天真在业内绝对一流的修补技术“开眼”，即将拍摄时闭着的眼睛，完美修正好，并丝毫看不出差异。为吸引顾客，天真率先推出京剧戏装照、西洋贵妇造型照等艺术照拍摄，其他照相馆也随之效仿。1956年公私合营后，天真日夜美术照相馆更名为天真照相馆。

青岛天真摄影公司开办于20年代，是山东省最早的照相馆，是全国摄影业仅有的4家“中华老字号”企业之一。

天真凭借一流的技术和良好的企业信誉，始终是企事业单位和个人照相的首选，并先后为18位党和国家领导人拍过照片。1957年，毛泽东主席与周恩来总理到青岛，与青岛地方党政领导和驻青部队领导的合影由天真拍摄。青岛市重大活动如党代会、人代会、“五一”表彰会等大型团体照均由天真拍摄制作。各个时代的照片和使用过的设备，天真均予以完好保存，贯穿起青岛照相行业发展的历史。

80年代，天真照相馆在山东省最早投入彩色摄影。自1985年引进山东省第一台彩扩设备起，先后购置狄伟亚彩色放大机18台、霍普5240大型冲纸机2台、柯达预影机、山东省首台巨幅喷绘机、先纳数码后背机、各品牌的数码相机、各型号的彩扩机和数码彩扩机共15台，是山东省拥有设备最完善、最先进的行业龙头企业，并实现从拍摄到照片制作完全自行完成。同时，加强员工培养，技术力量空前雄厚。通过山东省商业厅考核的各工种技师达40余人，占全市技师数量的80%以上。

90年代开始，外资影楼、个体影楼进入青岛摄影市场，国有照相馆或关停或维持经营。天真摄影秉承“人无我有，人有我精，人精我新”的经营理念，在竞争中不断发展壮大，继续保持较好的市场竞争力。1994年，天真大投入大产出，投资推出大型广告创意摄影及电脑喷绘业务，填补山东省同行业和青岛市广告创意摄影的空白，并垄断青岛市及周边地区的灯箱片制作市场。1995年，率先推出“欧陆风情”婚纱摄影系列，打破港台影楼独占婚纱摄影市场的局面。1996年，超前推出“典雅东方”婚纱摄影系列，将中国民族文化与婚纱摄影艺术完美融合，既取得可观的经济效益，又取得良好的社会效益，博得东南亚华侨及国内同行和顾客的一致好评。1996年，实现营业收入2092万元，利税240万元，位居山东省同行业效益第一。

与此同时，天真经过5次改革、改制，不断调整经营结构，实施大规模投资建设，发展加盟连锁经营。2000～2005年，天真拥有中山路旗舰店、闽江路时尚店、崂山布拉格影视基地、茹莎婚礼策划中心、天真儿童店、天真冲洗扩印店等，总营业面积达1万平方米，年均营业收入700万元，年均利税60万元，是青岛品牌实力最强、消费者最信赖的摄影专业机构之一。

天真近30年的发展，创造青岛摄影的“天真时代”，将天真打造成闻名全国的“金字招牌”，是全国摄影业仅有的4家“中华老字号”企业之一。连续14年被评为山东省文明单位和山东省著名服务商标，并先后获评中国十大杰出影楼、全国十佳照相馆、全国摄影百强企业、全国摄影业管理成就奖、全国摄影名店、中国商业AAA信用企业等荣誉称号。

青岛南京美发美容有限公司

青岛南京美发美容有限公司，位于中山路86号，其历史可追溯至30年代。1936年6月18日，江苏江都人熊廷栋与9名同乡合伙创办新南京开记理发馆（简称新南京），主要经营男女理发和简单的电烫发。30年代，青岛有中国、日本、欧洲人经营的理发店近100家，新南京属于一等理发店，价格比二、三等理发店高许多。新南京地处中山路中段，邻近永安大戏院，对面是山东大戏院（中国影院），到青岛演出的京剧坤旦、话剧女星多在此理发。理发店将明星照片放大摆放在橱窗里，以此作广告，扩大新南京的知名度。此后，由于战乱，新南京勉强维持经营，直至青岛解放。1956年公私合营中，青岛市将10余个名为“新南京”的店面合并为国营南京理发店，隶属青岛饮食服务公司，中山路86号新南京仍保留原址和名称。

1978年后，理发行业在改革后迅速发展。1984年，南京理发店进行装修改造。淘汰全部旧设备，从日本引进男士全自动按摩椅、电动女式椅、烘发机、美容机、理发师专用工具等先进设备，增设美发美容用品经销部、美发美容培训学校和美发美容职业技能鉴定所。对员工进行严格强化技能培训，通过派出去（到各地美发行业学习）、引进来（到上海、北京请师傅），使员工美发技能不断提高。同时，定期挑选优秀美发师充实培训学校的师资力量，先后培训学员1万多人，分布在全省各地的美发美容行业。

80年代，南京理发店的美发水平在青岛市和山东省始终名列前茅，是青岛美发行业的领军企业。随着市民生活水平的提高，追求流行时尚逐渐成为消费主流。为满足社会需求，南京理发店不断推出国内国际流行发式，青岛流行的发型大多由该店首先推出，而后推向社会。同时派出选手参加各种美发技能比赛进行切磋交流，并先后在第18～24届亚洲发型大赛中获大奖，在中国“威娜杯”及山东省美发美容发型化妆大赛中多次获男女剪发与吹风冠军，另有2名美发师分别成为国家级评委和省级评委。青岛南京美发在山东省及全国美发行业的知名度迅速提高。每逢节假日，烫发的顾客要排队等候，特别是逢结婚吉日，顾客必须提前预约。

90年代开始，经营更为灵活又颇具个性的个体私营理发店大量出现，使“南京”老字号国营店受到严重冲击。尤其是90年代末期，随着美发美容业的迅猛发展，国有、集体、个体、外资、合资企业纷纷办起美发厅、美容院，美发美容行业的竞争空前激烈。2000年，青岛南京理发店实行企业改制，当年12月成立青岛南京美发美容有限公司。营业面积600平方米，总店中山路86号，下设云霄路106号、古田路14号两家分店，共有职工32人，其中高级美发师26人。青岛南京理发店始终以“信誉第一，效益第二，顾客满意是企业的生命”为宗旨，其优质服务誉满岛城。至2005年，先后获评市级文明单位、山东省十佳美发美容名店、全国美发美容知名企业等20余项荣誉。并有4名美发师分别获评青岛十佳青年、全国五一劳动奖章、山东省劳模和市优秀女企业家。

第六章　“菜篮子”工程

改革开放后，市委、市政府高度重视蔬菜、肉类、禽蛋等市民生活必需品供应工作，采取一系列政策措施，加强蔬菜基地建设，发展肉类禽蛋生产，保障城市居民肉蛋菜等基本生活资料供应。

青岛市“菜篮子”工程始于80年代末。在城市规模扩张、城市人口增长以及商品市场基本放开、农副产品供应偏紧的大背景下，市政府加大资金扶持和政策支持，加强“菜篮子”生产能力建设和质量体系建设，实行科学监管，提供优质服务，青岛市“菜篮子”品种丰富、货源充足、质量提高、价格平稳，成为最受老百姓欢迎的“民心工程”之一。至2005年，“菜篮子”工程经历了计划经济、由计划向市场过渡和市场经济三个主要阶段，实现了产销由计划经济向市场经济、供求由注重数量向注重质量、管理由粗放型向信息化方向等三次重大转变，基本形成适应市场经济发展的蔬菜副食品产销格局。

保障供应阶段（1978～1984年）。该时期“菜篮子”商品生产实行单一的计划经济模式，蔬菜、猪肉、禽蛋等品种单一、供不应求、市民仍需凭票购买。因此，以计划调剂为主线，大力发展“菜篮子”商品生产，尽快缓解市场供需矛盾，是“菜篮子”工作的重中之重。为做好城区市场供应，全市商业流通部门搞好市场调研和预测，及时掌握市场供求变化，扩大收购，大力组织青岛市所辖区县和周边区域农副产品进城；在对肉、蛋、菜等农副产品继续实行合同订购和议购相结合的同时，大力发展城乡联营和农工、农商、商商联合等新的流通形式，逐步建立起产销联合的生产经营体系，并兴办各类以服务为宗旨的专业协会、合作社、服务站，引导和支持农民进入流通领域，增加城市农副产品供应。

稳价保供阶段（1985～1990年）。该时期“菜篮子”工作的难点是，市场供求矛盾仍然突出，同时肉、蛋、菜等农副产品价格上涨过快。1983年和1985年，市政府对“菜篮子”流通体制先后进行两次重大改革，由指令性计划、指导性计划并行到取消指令性计划、将自主权交给菜农和养殖户。

1987年，青岛市制定保护和促进生猪发展的具体政策，以扭转生猪存养量下降趋势，并采取措施使瘦肉型猪有较快发展。1988年，在胶南、平度、莱西等地选择一些地广粮多、生产基础好的乡镇，建立生猪生产基地，全市生猪存养量达150万头；在市郊各县新建6个肉食牛基地、9个肉食羊养殖基地，发展肉食鸡100万只，新建扩建6个蛋鸡场，使其饲养规模达78万只。在流通领域，国营商业和供销合作社发挥主渠道作用，完善各种合同订购、议购制度，增强旺储淡销、吞吐调剂、平抑物价的能力，切实组织好各种农副产品的购销，增加上市量，特别是抓好蔬菜、猪肉、鲜蛋等对市场影响大的副食品的购销，千方百计保持市场稳定。当年，由于产、供、销措施得力，青岛以肉、蛋、菜为主的副食品供应好于上年。

1989年，市政府贯彻落实农业部“菜篮子”工程建设意见，从菜园子抓起，稳定近郊菜田面积，适当发展远郊菜田，有计划地发展蔬菜生产；大力扶持生猪生产，通过抓好基地建设，保证年猪肉市区上市量达3.5万吨；采取扶持发展养鸡基地、重点村、专业户等形式，扩大禽蛋生产，搞好旺储淡销。1990年，市区政府增加投入，加强指导，继续抓好“菜园子”建设，全市菜田面积稳定在5万亩以上。同时，坚持合同订购和议购相结合制度，组织好蔬菜购销，全年蔬菜合同订购9600公斤。当年，新建、扩建两个大型蛋鸡场，并选择部分小型鸡场进行改造和扩建，使市区鲜蛋供应情况有所好转。

市场价格与供求调节机制形成阶段

（1991～1995年）。为进一步稳定“菜篮子”商品价格，市政府在稳定生猪和养鸡生产，建立稳固的肉、蛋、奶等副食品基地，稳定菜田面积，增加蔬菜品种等方面，采取更加积极的政策措施，至1993年，全市“菜篮子”商品基本实现供需平衡、物价稳定。1994年，市政府印发《关于进一步加强“菜篮子”工程建设的通知》，成立市“菜篮子”工程建设领导小组。同年，青岛市加快副食品批发市场和集贸市场改扩建步伐，建立健全蔬菜购销体系，加强生产、储运、批发、零售一条龙建设。1995年5月1日起，青岛市在蔬菜零售环节实行统一差率控制，进销差率限定为10%以内，逐步建立起以差率控制为主线的蔬菜调控体系，调控量约占需求量的20%。同时发展蔬菜门店，扩大市控菜店范围，当年市区蔬菜副食品供应网点达到145个，其中市控菜店112家，其蔬菜经营总量达4880万公斤，占社会供应总量的20%。有农贸市场533个，其中市区45个，基本保证了居民生活消费需求。

品丰价稳及建设质量管理体系阶段（1996～2005年）。1996年，按照“三级政府、三级管理、分级负责”原则，实行县（市）长管“菜园子”（含生猪、蛋鸡基地）责任制，在全市建立起市长管“菜篮子”、区长管“菜摊子”、县（市）长管“菜园子”的“三长”负责制，并每年签订责任状。同时，在“菜篮子”商品基本实现供需平衡的基础上，青岛市又在品种、质量、供应、价格4个关键环节上寻求创新和突破：一是1996年7月，集新品引进、种植模式创新、试种、推广于一体的青岛蔬菜科技示范园成立运行，极大地丰富了青岛蔬菜品种；二是完善淡季菜、冬储菜、猪肉等重要“菜篮子”商品的储备制度，有效地平抑物价，保证了缺期及节日市场的平稳过渡；三是在供求关系基本平衡、价格基本稳定的基础上，针对市场化后出现的商品质量问题，把“菜篮子”工程的重点转移到提高蔬菜质量上来，率先在全国建立起由市监测中心为总监控，蔬菜批发市场检测室和农贸市场、商场超市等零售市场检测点组成的三级蔬菜监测网络体系，保证了“菜篮子”的品质；四是1998年改建、扩建抚顺路、沧口（华中）、城阳蔬菜三大批发市场，使蔬菜年交易量达4.5亿公斤，占市区蔬菜上市量的80%以上，保障了“菜篮子”商品供应渠道的畅通和稳定。

2000年，青岛市“菜篮子”工程建设领导小组印发《关于进一步搞好我市无公害蔬菜产销工作的实施意见》，将无公害蔬菜产销作为重点，实现“菜篮子”工程重心由追求商品数量增加向追求商品质量提高方向转变。2004年5月20日，全国“三绿工程”（绿色消费、绿色市场、绿色通道)工作座谈会在青岛召开。商务部、科技部、财政部、铁道部、交通部、卫生部等国家11个部门以及福建、黑龙江、广

2005年11月，青岛市获评全国“三绿工程”样板城市，其建设经验被商务部等命名为“三绿工程”青岛模式。图为首届中国“三绿工程”博览会上的青岛“三绿工程”成果展示。

州、大连、青岛等省、市代表出席会议。青岛市“三绿工程”项目受到全国人大食品安全重点建议办理组、国务院整顿市场秩序领导小组的充分肯定。当年，青岛市创建“绿色消费社区”的经验被列入国家《“三绿工程”五年发展纲要》，成为加强食品安全工作的一种新模式。

2005年，青岛市基本建立起无公害蔬菜生产加工体系、质量检测体系、产品营销体系以及供需关系平衡、质量保证两大组织监管调换体系，“菜篮子”市场一年四季货源充足、品种丰富、价格平稳，基本实现了优质、营养、安全的目标。同年11月14日，在全国“三绿工程”工作会议上，青岛市获得全国“三绿工程”样板城市称号并作典型经验发言，青岛市“三绿工程”建设经验被商务部等命名为“三绿工程”青岛模式。

第一节　生产与储备

蔬菜

1978年，为发展蔬菜生产，市政府对发展蔬菜有资金困难的，根据不同情况给予补助。当年对发展韭菜的公社，每亩补助100元；对种植架黄瓜、架芸豆的公社，每亩补助架材费30元。同时，为弥补淡季蔬菜不足，青岛市各酿造厂增加酱菜花色品种，不少菜店恢复炒咸菜、炸酱、发海带、蒸虾酱等小品种，供应市民。

1981年12月23日，为加强对蔬菜工作的领导，便于蔬菜产销统一，搞好蔬菜供应，市委研究决定，成立市蔬菜办公室，与市财贸委蔬菜科合署办公。当年，青岛市有蔬菜生产大队136个，菜田面积4.77万亩，蔬菜总上市量1.97亿公斤。

1982年9月，市委决定在全市农村普遍推行“大包干”责任制后，带来了农副产品结构和生产布局的变化。农区蔬菜种植由原来的白菜、萝卜等当家品种扩展到西红柿、黄瓜、芸豆等细菜品种；种植模式由大田露地栽培向塑料薄膜覆盖保护地生产发展，一批专业种菜户在各村镇不断涌现。该时期，对商品菜生产基地仍采取计划管理。每年蔬菜的种植面积、交售数量由市政府主管部门编制，逐级下达到蔬菜基地各公社，然后由其分解到生产大队。

1983年，青岛市进行蔬菜产销体制改革，在既定的商品菜田面积内，根据市里下达的产销计划，市蔬菜公司与生产单位签订定购合同，对定购部分实行指令性计划，对定购外的实行指导性计划。1985年5月，青岛市取消蔬菜生产的指令性计划，菜农可根据市场需要自主安排种植茬口、品种、出园时间和数量。蔬菜生产由集体种植转为7万多个专业户参照政府提供的指导性计划和市场信息安排种植。至1986年，全市商品菜生产初步形成了一个以近郊生产叶类菜、早春菜，郊区生产瓜果菜、淡季菜，远郊生产大白菜、生姜、芋头、辣椒等为主的梯次格局。当年，全市蔬菜种植面积增加到53.78万亩，总产量增加到14.35亿公斤，其中，商品菜基地菜田面积4.98万亩，总上市量2.3亿公斤。

90年代初期，青岛市加快蔬菜生产基地建设，以“菜园子”保“菜篮子”，蔬菜生产向区域化、规模化、设施化发展。至1995年，全市蔬菜种植面积99万亩，蔬菜总产量32.2亿公斤，比1990年增长80.3%。1996年，青岛市发展市控蔬菜基地，构建蔬菜调控体系。次年3月，全省科技含量最高、规模最大的蔬菜大棚——崂山区高效农业园建成。该园占地500余亩，总投资1517万元，主要生产大棚无公害绿色蔬菜。至1997年底，全市共有市控蔬菜基地6.34万亩，蔬菜科技示范园5个，全市蔬菜上市总量5.2亿公斤，日均上市30多个品种。

1998年，市“菜篮子”工程建设领导小组印发《关于认真做好无公害蔬菜产销工作的通知》和《关于在我市推行无公害蔬菜产销工作的实施意见》，制定无公害蔬菜生产操作规程和无公害蔬菜标准。在抓好青岛市蔬菜科技示范园建设的基础上，在城阳、胶州等地新建6个总面积达2000亩的蔬菜科技示范区，引进名、优、新、特蔬菜品种30余个，推广使用二氧化碳施肥、节水滴灌和无土栽培等新技术，当年全市建成无公害蔬菜基地5000亩。至1999年，全市蔬菜社会总面积达160多万亩，生产总量达6.9亿公斤，建成无公害蔬菜生产基地1万亩。

2000年，青岛大力实施“放心菜”工程，全年引进各类蔬菜新品种70多个，推广无土栽培、防虫网等新技术20多项，培育蔬菜品牌20多个，发展集生产加工、科技示范和观光旅游为一体的蔬菜种植示范园区20多个，形成以城阳区为中心的无公害蔬菜生产基地群，种植面积达2.6万亩。

2005年，城阳蔬菜水产品批发市场、抚顺路蔬菜副食品批发市场、华中蔬菜批发市场等三大蔬菜批发市场蔬菜上市量6.8亿公斤，同比增长8%；平均批发价格1.31元/公斤，同比上涨18%。

肉类禽蛋

1978年，作为“菜篮子”重要品类的肉类、禽蛋，其生产与消费矛盾突出，市民需凭票定量供应。此后几年，特别是推行家庭联产承包责任制后，全市农村生猪和家禽业发展提速，市场上逐步出现了猪肉半敞开供应、有票多买不限量、禽蛋和熟肉制品敞开供应的现象。1984年，市区居民人均消费猪肉约28公斤。

为解决全市群众吃蛋难问题，市政府投资1300万元兴建年养蛋鸡15万只的大型国营养鸡场。1989年，市禽蛋公司蛋鸡场一期工程竣工。该场全部生产能力形成后，每年向市区提供鲜蛋250万公斤、活鸡25万公斤。

1990年，青岛市通过大力发展养殖基地，实行定点屠宰，初步建立起以青岛肉联厂为骨干，连接即墨、莱西、平度等市控生猪基地的生猪生产和菜店销售产销体系。至1995年，全市有不同类型的养猪场、养猪专业户1.5万个，养鸡场、养鸡专业户4.7万个；全市肉类总产量33.4万吨、蛋类总产量24.3万吨，比1990年分别增长129%、144%。

1997年，青岛市进一步完善猪肉调控体系，全年6个市控生猪基地存栏量稳定在6万头规模，设立生猪定点屠宰场152个和5个猪肉复验点。市控蛋鸡基地保持60万只的存养规模，“菜篮子”工程建设逐步由粗放型向集约型转变。1999年，市控生猪基地出栏生猪达15万头，3000头以上的生猪养殖基地达11个，万只以上的蛋鸡基地6个，年产鲜蛋600万公斤。

90年代初，青岛市推行无公害蔬菜生产，先后发展蔬菜种植示范园区20多个，形成以城阳区为中心的无公害蔬菜基地群，种植面积2.6万余亩。图为1996年建成的青岛蔬菜科技示范园。

2005年，全市生猪屠宰量190万头，同比增长11%；市级生猪定点屠宰厂生猪上市量40万头，同比减少18%；生猪肉批发价格（白条肉）平均11.5元/公斤，同比下降10.9%。

储备制度

80年代，青岛市即着手建立淡季菜、冬储菜、猪肉等重要“菜篮子”商品储备

青岛市"菜篮子"商品储备制度始于80年代。随着商品产销结构调整，全市重要储备商品数量连年增长。2005年，储备蔬菜、猪肉、水产品6100吨。

制度，主要是冬季大白菜和夏季圆葱、马铃薯等品种。市蔬菜公司在白菜收获季节到产地收购，指定生产队就地贮存，按贮存时间付给管理费。每年贮存白菜2500万公斤左右，土窖贮存萝卜1000万公斤，露天堆贮大葱100万公斤以及菠菜、芫荽等小杂菜。

1985年，市蔬菜公司试验成功露天贮存大白菜技术，大白菜贮存全部改由市蔬菜公司露天贮存，提高了国营商业的调控能力。1996年，全市全年共组织淡季菜储备1500吨，猪肉储备3000吨（其中，实施生猪活体储备1000吨），向市民按户定量优惠供应大白菜2000万公斤。

1998年，青岛市改革猪肉储备制度，在坚持生产储备和实物储备相结合基础上，合理安排淡季菜生产，适当增加猪肉活体储备，实现了储备结构由单一型向复合型的转变，保证了缺期及节日市场的平稳过渡及菜、肉的新鲜度，满足市民不同消费层次的需求。

1999年下半年，青岛市对大白菜购销体制进行改革，取消集中储存办法，不再收购大白菜，由政府安排企业适量储备，必要时调剂市场，历时40余年的大白菜定购终结。2000年，青岛市改革市场调控手段和方式，把重点放在"淡、灾、节"三个缺期市场，实施必要的储备，平抑物价，调节供求矛盾。当年，全市共投放储备蔬菜180万公斤、生猪储备7.5万头、豆制品80万公斤。

随着"菜篮子"商品产销结构调整，全市蔬菜、猪肉等重要储备商品数量一直保持连年增长势头。2005年，全市落实蔬菜、猪肉、水产品储备6100吨，生猪活体储备4万头，对调节产销关系、平抑市场波动、满足消费需求发挥重要作用。

第二节　供应与购销

蔬菜

1978年至80年代中期，根据市政府下达的指令性计划，市蔬菜公司负责组织安排蔬菜收购和销售，在流亭、城阳等产地集中的村镇设立固定收购点，现场收购蔬菜。交售有3种方式：一是生产队自行运菜到收购点评价后，送到零售店过磅收货。二是市蔬菜公司派车到地头收菜，收购点评价后，送到零售店收货。三是由生产队运到收购点，按质量标准由收购点分等评价后，由市蔬菜公司派车运到各蔬菜零售商店销售。对计划外及超产的蔬菜，菜农或集体可自行销售。在市区，为方便市民购买蔬菜，市蔬菜公司设立蔬菜销售网点。1982年，市区蔬菜网点发展到266个，员工5971人。

1983年，青岛市将蔬菜统购包销改为定购定销。根据市政府产销计划，市蔬菜公司与销售单位签订定销合同，对定购部分实行指令性计划，对定购外的实行指导性计划，对主要蔬菜品种实行计划价格，对非主要品种实行浮动价格，对小品种实行自由价格。1984年7月，为加强专业管理，进一步安排好生产加工与市场供应，市商业局将市蔬菜公司所属的酿造、豆制品、粉丝等9家生产厂划出，组建青岛市酿造公司。

1985年蔬菜经营放开后，市郊蔬菜专业村分为定购村和非定购村。在定购村普遍建起由村委会领导的蔬菜产销服务站，根据定购合同衔接落实蔬菜专业户的种植计划，为专业户提供生产服务，组织对各村商品菜的收购和交售。购销方式包括：一是蔬菜定购村的产销服务站与零售店订立定购合同，参照指导价格收购蔬菜，送菜进城。其中，定购部分约占市区上市总量的55%。二是对定购合同以外的蔬菜，蔬菜种植承包专业户可在批发市场和集贸市场自行销售。三是冬贮大白菜购销仍由市蔬菜公司组织人员到生产基地，根据定购合同收购。同年6月，为适应城市蔬菜购销体制改革需要，有利于繁荣市场，搞活经营，在流亭镇仙家寨村（青岛国棉十厂对面）设立青岛市蔬菜公司流亭批发交易市场，主营蔬菜，兼营干鲜果品、肉、禽蛋。

1985年，全市蔬菜网点达418个，其中国营126个、老集体100个、新集体51个、非商办菜店38个、个体103个。全年市区蔬菜上市量为1.63亿公斤。其中，国营企业经营1.1亿公斤，占66%；集市市场成交5400万公斤，占34%。自此，蔬菜市场逐步形成了多种经济成分经营、多渠道流通的新格局。

1991年11月10日，青岛市第一家以国营商业为主体、工商等有关部门参与管理的开放式交易市场——青岛市抚顺路蔬菜批发市场正式开业。该市场集批发、零售为一体，是以蔬菜为主、果品和其他副食品并举的综合性批发市场，对进场经营者不分国营、集体、个体，一律辅以低收费、减免税等优惠政策，以达到促进生产、搞活流通、繁荣经济、丰富人民生活的目的。同年，市蔬菜公司在有关部门配合下，先后于4月1日和5月8日实行优质蔬菜上市和净菜试点工作，推动蔬菜市场由传统粗放经营向精细文明经营转变。

1992年1月，鉴于郊区蔬菜批发市场均为乡镇创办，设施简陋、功能不全、品种单调，市蔬菜公司决定将位于入市主干道上的罗家仓库，改建成青岛罗家蔬菜副食品批发市场，主营蔬菜，兼营果品、干菜、调味品、肉禽蛋、水产品等。

1994年，青岛加快副食品批发市场和集贸市场改扩建步伐，建立健全蔬菜购销体系，加强生产、储运、批发、零售一条龙建设。同年，市政府决定自8月15日起开征蔬菜副食品调节基金。基金征收范围：凡在市南、市北、四方、李沧区规划范围内有经营性接待床位和包租客房的，不分其所有制性质，均须按规定向住宿宾客、包租客房单位（个人）代征基金。对租住旅店的宾客，按每人每天1元计征；对包租客房的单位（个人），按包租客房每间每天2元计征。

自1995年5月1日起，青岛市在蔬菜零售环节实行统一差率控制，进销差率限定为10%，调控量约占需求量的20%。同时，积极发展蔬菜门店，扩大市控菜店范围，至年底，市区蔬菜副食品供应网点145个，其中市控菜店112家，其蔬菜经营总量达4880万公斤，占社会供应总量的20%。全市有农贸市场533个，其中市区45个，基本保证了居民生活消费需求。

1998年，青岛市组织对抚顺路、沧口（华中）、城阳3大蔬菜副食品批发市场进行改建、扩建，并在抚顺路蔬菜副食品批发市场率先实行了交易代理制和微机统一结算。当年，3大批发市场蔬菜交易量达4.5亿公斤，占市区蔬菜上市量的80%以上，逐步成为青岛市重要的蔬菜副食品聚散中心和价格形成中心。2005年，3大批发市场蔬菜上市量6.8亿公斤。

肉类禽蛋

70年代末至80年代中期，肉类、禽蛋的收购价格由商业部管理，调拨价格由山东省食品公司管理，下货、肉制品的销售价格由市商业局管理，市食品公司负责议购议销价格。1978年，肉类、禽蛋购销采用补贴包干制，由政府确定包干金额，并给予政策性补贴。1979年经省、市主管部门批准，先后8次下调零售价格。当年，青岛市地方财政支付调价补贴计445万元。

1985年之后，国家取消生猪派购，猪肉、鲜蛋放开经营，实行有指导的议购议销。市食品公司专门设立肉食经营部、禽蛋制品厂、肉食禽蛋贸易中心、肉制品加工厂等11家批发单位和以门市部为主要形式的6家零售单位，通过合同定购或市场收购方式，调节肉禽蛋市场供应，发挥主渠道作用。

1992年3月1日起，市政府决定对市区猪肉供应取消凭票定量，放开价格，放开经营。当年4月，以市食品公司和青岛肉类联合加工厂为基础，组成核心层，组建青岛市肉类食品集团，推进国营肉类食品企业经营机制转换。

1999年，为解决猪肉质量问题，防止病、死猪肉和注水肉入市，按照“活猪进城、定点机械化屠宰、规范化检疫、多种经济成分自主经营和依法管理”原则，青岛市设立7家生猪定点屠宰厂，实行定点屠宰，对进入市区销售的猪肉实行市场准入制，初步建立起新的猪肉生产和流通体系，以保证质量和市民需求。当年，全市生猪定点屠宰量和猪肉上市量迅速增加，7家市级定点屠宰厂屠宰生猪42万头，市区日均上市量保持在2500头左右。2000年，全市定点屠宰生猪达到139.2万头，其中，7家定点屠宰厂共屠宰进市生猪85.8万头，市区及城阳、莱西等5个县级市城区实现生猪机械化屠宰、规范化检疫检验，乡镇生猪进点屠宰率达到95%，有效遏制了私屠乱宰和不合格猪肉入市问题。

2005年，青岛市修订发布《市政府关于加强市区生猪肉市场管理的通告》，印发《加强市区生猪肉市场入市备案管理的实施办法》，实施以“入市备案、统一换证、集中批发、品牌销售、合同约束和执法监管”为主线的新型市区生猪肉市场入市备案管理办法，当年，共确认入市备案的生猪定点屠宰厂14家，开设生猪肉品牌专卖店（柜）183个。

第三节　质量监管

青岛市对肉、蛋、菜、奶等涉及人民群众身体健康的食品质量问题一直非常重视。市卫生、防疫、检疫、工商等部门有组织、有计划地开展监督检查。市政府实施“菜篮子”工程后，农副产品质量监管由过去的主要针对肉食品、豆制品逐步扩展到奶制品、豆芽、蔬菜等各品类。1996年初，青岛市在实现“菜篮子”商品的供需平衡和价格稳定后，即把工作重心转向“菜篮子”质量调控监管上来。1999年，青岛市以安全健康为导向，启动以保障百姓“菜篮子”食品安全为目的的“三绿工程”建设，并形成享誉全国的“三绿工程”青岛特色。

实施“放心肉”工程

1994年6月，市政府发布《关于加强市区猪肉市场管理的通告》，组织实施新一轮“放心肉”工程，对上市猪肉实行“一猪一证”制度，定点批发，挂牌销售，在全市配备了129台注水肉检测仪，对市场900多个猪肉经销业户制发了明示牌和信誉卡。此后，陆续制定《生猪定点屠宰厂生产经营管理规范》《青岛市畜禽产品入市备案登记管理办法》及相关配套措施，对定点屠宰厂实行入市备案管理。对入市的14家生猪定点屠宰加工企业及其分销商进行登记备案管理，对入市肉品实行“四证”（检疫证、车辆消毒证、肉品品质合格证、“瘦肉精”检测合格证）换一证（畜禽产品销售凭证），并将过去的“一猪一证”改为“一户一证”，进一步完善“入市备案、统一换证、品牌销售、合同约束、执法监管”为主线的新型肉品市场准入管理制度。

实施“放心豆腐”工程

1997年，青岛市针对豆腐市场商品质量问题，实施 “放心豆腐”工程，对青岛四方豆制品厂、青岛三聚成豆制品厂、青岛益康食品有限公司、青岛高科园京华实业公司豆制品厂4家市控豆制品厂进行改扩建，形成年产1.7万吨的豆制品生产能力。同时，在全市56家市控菜店、20个集贸市场设立专柜或销售点，挂牌销售“放心豆腐”，全年生产豆腐及豆制品6000多吨，品种10余个，占全市年需求量的60%。

2000年，青岛市在全国率先建立由市监测中心、批发市场检测室和零售市场检测点组成的三级蔬菜监测网络体系。图为利群四方购物广场超市的无公害蔬菜检测点。

2000年7月，青岛市印发《关于推广即时豆腐的实施意见》，在市内4区设立70余个即时豆腐生产点、300余个青岛市“菜篮子”工程豆制品销售点，运用市场竞争办法迫使非法小豆腐作坊退出零售市场，进一步提高了放心豆腐市场占有率。

实施“放心菜”工程

1999年7月6日，青岛市在抚顺路蔬菜副食品批发市场设立蔬菜农药残留快速检测室，对市场蔬菜农药残留进行抽检。这是省内第一家无公害蔬菜检测中心。2000年，青岛市在全国率先建立起由市监测中心为总监控，蔬菜批发市场检测室和农贸市场、商场超市等零售市场检测点组成的三级蔬菜监测网络体系。市监测中心主要负责全市蔬菜监测工作的监督管理，定期通报监测情况。批发市场检测室运用“农药残留速测仪”对重点蔬菜进行全批次抽样检测，零售市场使用“农药残留速测卡”，对上市蔬菜进行随机抽检，合格的发放检测合格证明，切实把好入市关。

2003年1月27日，市政府发布《关于加强市场蔬菜质量卫生安全管理的通告》，要求市区蔬菜经营单位设立蔬菜检测室（点），配备检测人员，对规定蔬菜品种进行抽样检测，对不合格蔬菜，由市场、商场主办单位以签订销毁协议的形式予以协议销毁，在国内同等城市中率先推行不合格蔬菜退出和销毁机制，打破了“检测不合格蔬菜无依据处理”“只检不退”的被动局面。

至2005年，全市共有蔬菜质量监测单位171家，覆盖全市主要“菜篮子”商品批零市场，其中，蔬菜批发市场7家，农贸市场49家，商场、超市81家，生产和集团消费企业34家。全市各监测单位累计检测蔬菜品种44个140万批次，检出并协议销毁不合格蔬菜1.1万批次25.8万公斤，价值36.9万元。市监测中心累计抽检蔬菜35个品种4570个样品。市场蔬菜抽检合格率由2001年的73.8%上升到2005年的92.4%。

创建“农副产品绿色市场”

2003年6月，国家颁布《农副产品绿色市场标准》，青岛市在市内4区率先组织开展创建“农副产品绿色市场”活动。该活动以健全市场准入、完善市场软硬件建设为重点，通过对“菜篮子”商品批零市场及其经营业户实行“红黄牌”分级警示管理，督促市场主办者和经营者严格落实“菜篮子”商品监督抽查、索证索票、进销台账、产地标识、检测结果公示制度与不合格蔬菜协议销毁、病害肉无害化处理制度。同时，加快推进批零市场标准化改造与管理升级步伐，推动“菜篮子”市场经营设施、监督管理等优化升级。

至2005年，全市累计发展“万村千乡市场工程”标准化农家店3600家，市区累计新配置或升级改造标准化农贸市场45个，共有12个批零市场通过了国家级“农副产品绿色市场”认证，全市“农副产品绿色市场”创建单位达56家。

创建“绿色消费”社区

2004年2月，市经贸委联合市民政、文明办等8部门开展“绿色消费”社区创建活动，通过举办“菜篮子”暨“三绿工程”市民开放日、组建青岛市绿色消费讲师团等形式，有计划、分层次地对社区干部和居民进行食品安全和绿色消费知识宣传培训，把绿色消费理念送进社区。不到一年时间，组成由620名社区工作者、1000名志愿者、328名社区监督员和执法人员组成的“绿色消费”社区队伍，举行各类培训班200多期，直接培训干部、居民近50万人次，活动覆盖全市145个试点社区、30万户居民、90万人，在全市营造了浓厚的“绿色消费”社会氛围。该项工作受到全国人大食品安全重点建议办理组、国务院整顿市场秩序领导小组的充分肯定。当年，青岛市创建“绿色消费”社区的经验被列入国家《“三绿工程”五年发展纲要》，成为加强食品安全工作的一种新模式。2005年，青岛市把“绿色消费”社区建设活动推向农村。

实施“阳光食品”工程

2004年，青岛市开展“阳光食品”工程建设活动，扶持和指导30多家集团消费单位建立蔬菜质量检测室，制定进货检验、索证备案、质量公示、责任追溯等质量监管措施，保障就餐安全。2005年，全面推行“阳光采购”制度，进一步完善以“公开招标、协议供货、广泛监督”为主的“阳光采购”模式，建立公开透明的价格形成机制和信用约束机制，促进了优质食品价格与质量的统一。同时，大力推进集团消费“阳光食品工程”向学校、机关、企业、驻青部队延伸。当年，全市62家集团消费单位的60万人次的消费群体受益“阳光食品工程”。

第二篇　物资 供销

物资　青岛解放前，物资流通的主要形式为自由购销，从事生产资料经营的工商业户规模小且分散。1947年，全市生产和经营生产资料的厂家、商店有286家，其中五金业111家、木材及加工业72家、煤炭及煤球业51家、建筑材料业24家、橡胶业28家。

青岛解放后，国家实行国民经济计划管理，对重要物资进行计划调拨、平衡分配。1955年，山东省物资供应局在青岛设立物资供应转运站，全市物资管理工作开始向有计划、有组织的物资流通体系发展。1957年，青岛市物资供应局（简称市物资局）成立，负责全市工农业生产所需物资的统一申请、调度、分配、供应工作，物资计划分配供应体系逐步形成。1962年，青岛市设立金属材料、机电设备、化工轻工、建筑材料、木材、生产资料服务和仓储7个专业公司，主要物资供应量不断增长。1970年，国家调整和减少统配物资目录，至1972年减为217种。1977年，统配、部管物资有所增加，至1978年共有589种。

供销　青岛市合作社事业始于30年代，主要形式有工人消费合作社、农村合作社和机关团体组织的其他合作社。1930年12月1日，胶济铁路消费合作社最早建社。至1938年，在市区先后成立青岛港务局工人消费合作社、沧口华新纱厂职工消费合作社、市政府职工消费合作社等。在乡村先后成立崂山九水乡农村合作社、薛家岛农村合作社、李村区农村合作社等。至青岛解放前，合作经济屡遭破坏，各类合作社相继停办。

1949年8月，青岛市合作总社成立。1950年召开第一届社员代表大会，并成立青岛市合作社联合社后，各县（区）联合社随之成立。至1952年，全市城乡合作商业网络初步形成，各类供销合作社发展到242个、经营网点1636个。其中市区26个、经营网点96个，各县（区）216个、经营网点1540个。自1953年起，全市供销合作社组织实施城乡私营商业改造，同时向农民供应生产、生活资料，并组织收购、供应农副产品和工业急需农产品原料。此后，全市供销合作社系统一直把支援和发展农村生产作为工作重点，积极做好农业生产资料供应和农副产品收购工作，开展城乡之间、地区之间、产销之间的物资交流，组织农民进行副业生产，扶持农村多种经营，努力增加农民收入。至1978年，全市有各类供销合作社138个、经营网点和代销点3584个；完成商品总购进1.72亿元，商品总销售5.31亿元，实现利润1262.24万元。

第一章　物 资

实行改革开放后，生产资料指令性计划分配逐步缩小，指导性计划和市场调节范围日益扩大。1984年，国家统一分配的物资（简称统配物资）和中央各部委管理的通用物资（简称部管物资）大幅减少，其中统配物资品种从256种缩减到23种。青岛市物资部门除继续担负计划分配物资的供应外，同时经营计划外物资。

1985年以后，全市经济建设进入快速发展时期，尤其工业产值连年保持23%的速度增长，导致棉花、煤炭等生产资料严重短缺。市物资部门在指令性计划物资分配缺口逐年加大的情况下，实施经营、价格、分配、用工“四放开”配套改革，转换物资经营机制，进一步落实企业自主权。通过投资开发、联营联销、补偿贸易、协作串换、扩大进口等多种形式组织货源，物资供应量不断扩大，保持物资供应量与生产需求量同步增长。至1990年，全市开发计划外货源占总购进额的80%以上。当年，青岛生产资料市场建立，成为青岛市生产资料市场全面开放的主要标志。随后，青岛金属材料批发市场、青岛煤炭批发交易市场、汽车交易市场、洛阳路装饰材料市场、南京路装饰装潢市场、旧货市场以及国家级旧机动车交易中心、机动车拍卖中心、机电设备调剂中心等相继建立。1994年，除少数重要物资仍实行计划管理外，90%以上的物资均通过市场交易实现资源配置。

1994年，青岛市物资局撤销，成立青岛市物资总公司，受市政府委托，运营原市物资局所属企业国有资产，其行政（行业）管理职能移交市财贸委员会。

自1994年起，受国家宏观调控的影响，多数生产资料供大于求，市场疲软，价格倒挂，全国物资行业出现亏损。1996年，全市物资企业亏损达3300万元。市物资总公司物资经营工作重点逐步转向销售市场，利用已有的供销渠道，开展多元化经营，经营项目拓展到纺织、旅游客运、项目工程、酒店、汽车驾驶培训、金融、物资租赁等领域。

1997年，青岛市对具备改制退出条件的物资企业，进行产权制度改革，对亏损严重，无力开展经营的企业实施关停。同时开辟新型流通组织形式。2003年，青岛市物资总公司停止履行职能，组建青岛市物资企业托管中心，承接完成市属物资企业国有资本有序退出和处理历史遗留问题。至2005年3月，全市物资系统以青岛金属集团有限公司完成整体改制退出为标志，28家企业完成改制退出，青岛市物资系统物资经营工作全部停止。

1994年，青岛市物资局转体改制，成立青岛市物资总公司，受市政府委托，运营原市物资局所属企业国有资产。

第一节　金属材料

1978年，全国冶金企业对生产的超产钢材放宽自主销售权，企业可自行召开订货会议，销售计划外产品。同时，青岛市计划内钢材供应逐年减少，不能满足经济建设需要。市物资部门在搞好计划内物资订货的同时，加强计划外资源订货工作。1982年，市金属材料公司开展物资协作、地区调剂、补偿贸易、超计划收购等各种形式的横向经济联合，组织计划外资源，弥补计划分配资源的不足，物资购销额连年大幅度上升。1985年，物资购进额和销售额首次突破1亿元，分别达到1.52亿元和1.5亿元，是1979年的3.71倍和3.63倍。1987年5月，青岛市钢材市场建立，吸引钢铁企业自销钢材和社会库存多余钢材进入市场交易。自1988年实行承包经营后，各项经济指标连创历史最好水平。1990年，销售额完成5.66亿元，实现利润970万元；1991年，销售额完成5.8亿元，实现利润1115.25万元，连续居山东省第一位。

自1992年开始，国内钢材需求量增大，供需矛盾更为突出。青岛市物资系统其他专业公司相继开展金属材料经营业务。同年，市金属材料公司加入上海金属交易所期货市场，成为全国金属行业第一批参加交易的会员单位之一，并成立上海金属交易所青岛经纪公司。当年，市金属材料公司与淄博市临淄区工业公司成立青临物资联合发展公司，筹建以租赁钢模板和建筑管件为主的租赁分公司，投资100万元建成一条卷板开平加工生产线。同时，企业在市生产资料市场成立汽车经销分公司等经营实体，实现跨地区、跨行业经营。1994年，市金属材料公司取得进出口经营权。

1996年以后，全国每年两次的钢材和有色金属订货会规模逐渐缩小，到1999年延续了30多年的全国订货会停止。各冶金企业与用户自行洽谈订货，金属材料实现全面的市场化经营。1998年5月，青岛金属材料批发交易市场开业，物资吞吐能力100万吨，可容纳进驻客户100家，具有经营、仓储、运输、租赁、加工配送、进出口代理代销等多种功能。该市场经营范围包括金属材料、机电产品、化工产品（不含危险品）、轻工产品、建筑装饰材料、汽车（不含小轿车）及配件、百货等，并按外经贸部核定范围经营进出口业务。经营方式为批发、零售、代购、代销。当年，包头钢铁公司、首都钢铁公司、2672军工厂和烟台巨力公司、上海正联物资公司等19家客户进驻市场，累计到货额8.5万吨，交易额2.1亿元，市场经营收入373万元。2000年，进驻客户达51家，其中大型冶金企业有上海宝钢公司、武汉钢铁公司、鞍山钢铁公司、包头钢铁公司、邯郸钢铁公司、马鞍山钢铁公司等15家。市场吞吐量51万吨，交易量26万吨，交易额8.1亿元，市场经营收入755万元，利润303万元，交易额在山东省钢材市场中排名首位。至2005年，驻市场客户100余家。当年市场交易量44万吨，交易额35亿元。1979～2003年，金属材料公司销售额83亿余元，实现利润近1.3亿元。

经营机构（青岛金属集团有限公司）

前身为成立于1962年的中国金属材料公司山东省青岛市公司，主要负责中央和山东省计委分配给青岛市属工厂企业生产建设所需金属材料的供应和管理工作。1978年1月，改称青岛市金属材料公司，主要负责国家统配金属材料的平衡分配、订货管理、调剂串换，保证青岛市工农业生产所需金属材料的供应。1979年，为保证24个非工业部中央驻青单位所需金属材料，中国金属材料公司成立青岛供应站，由市金属材料公司代管业务。同年9月，市金属材料公司接收市储运公司的金属材料储运业务后，成立储运科。为使企业的管理体制和管理制度适应不断扩大的市场化要求，国家分期分批对国有工业企业进行全面整顿。1982年3月，市金属材料公司被列为青岛市首批整顿企业之一。整顿后，设立钢材供应站、有色金属供应站、仓库、汽车队、金属回收加工厂5个独立核算的经济实体，撤销储运科，建立起联劳、联责、联利3种经济责任制，为公司由计划管理向市场化经营发展奠定了基础。1984年，成立金属材料交易中心，于9月8日开业。1985年，撤销金属材料交易中心，组建青岛市物资贸易中心金属材料经营部，于1986年6月正式营业。1987年5月，青岛市钢材市场成立，为国务院指定的全国182个钢材市场之一。市钢材市场的经营业务由市金属材料公司为主承办，主市场设在中山路31号，分市场设在青海路44号。市场以经营为主，兼营代购代销、联购联销、加工、代办进口、协作、调剂串换，为企业和用户进入市场交易提供服务，并按规定办理减免税收的签证等。

1990年8月，经物资部考察并报国务院企业管理指导委员会核准，青岛市金属材料公司被确定为1989年度国家二级企业。

1992年，为适应市场经济的要求，市金属材料公司在经营体制上实行“经营专业化，资源定点化，销售多样化，资金集中化”；在管理体制上“建立市场机制，引入竞争机制，推行激励机制，强化约束机制”。设立型钢、钢板、优质钢、钢管、不锈钢专业公司、生资市场、租赁、汽车经销分公司和青临物资联合发展公司、开发区金属材料公司。同年4月，青岛市金属材料公司更名为青岛市金属材料总公司。1993年9月，经中国证监会批准，成立青岛金友期货有限公司，在青岛代理上海金属交易所的金属材料期货交易业务。1994年1月，经营业务部门调整为：第一型钢分公司、第二型钢分公司、第一钢板分公司、第二钢板分公司、优质钢分公司、钢管分公司、有色金属分公司、炉料加工分公司、不锈钢分公司、生产资料市场分公司、汽车经销分公司、仓储分公司、运输分公司、金属回收加工厂、租赁分公司、生活服务公司。当年，被对外经贸部授予企业自主进出口权。1995年2月，撤销生产资料市场分公司、汽车经销分公司。

1996年7月，青岛市金属材料总公司改制为青岛金属集团有限公司，为大型二档国有独资企业。同时，以青岛金属集团有限公司为基础组建青岛金属集团。1997年9月，由青岛金属集团有限公司的型钢、钢板、黑色金属、有色金属、钢管、不锈钢、钢板加工等分公司组建青岛金属集团股份有限公司。在青岛证券交易中心挂牌转让，权证简称为“青岛金属”，证券代码为“Q035”。1998年2月，成立证券管理办公室、房产开发办公室，将钢管分公司与有色金属分公司合并为钢管有色分公司，将钢板加工分公司更名为钢板加工配送中心，撤销市场开发部。同年3月，成立青岛金属材料批发交易市场管理办公室。5月，青岛金属材料批发交易市场正式开业。9月，成立胶南分公司、即墨分公司，撤销不锈钢分公司。1999年4月，经营机构调整为：销售部、武钢产品销售分公司、第一销售分公司、第二销售分公司、第三销售分公司、第四销售分公司、第五销售分公司、第六销售分公司、即墨分公司、胶南分公司。6月，撤销金属回收加工厂，分别成立青岛金属集团有限公司废旧金属回收加工厂和青岛金属集团有限公司报废汽车回收分公司。2001年6月，撤销钢管销售分公司、有色产品销售分公司、鑫源分公司、资源项目开发部、济南分公司、烟台分公司，成立青岛金属股份有限公司第一分公司、第二分公司、第三分公司，武钢产品销售分公司下设济南经营部、烟台经营部、青岛经营部和武钢办事处。2002年1月，撤销第一、第二、第三分公司，成立黑色金属分公司、钢管有色分公司。9月，青岛金属集团有限公司金属回收加工厂与青岛市物资综合利用开发公司合并，共同组建青岛联合报废汽车回收公司。9月，青岛金属集团有限公司将租赁分公司的国有股权评估折抵后，转让给租赁分公司职工，国有资本全部退出，青岛金属集团有限公司租赁分公司整体改制为青岛金属租赁有限公司。

2003年5月，青岛金属集团有限公司开始实施整体改制。2005年3月，正式成立由内部职工持股的有限责任公司，国有资本整体退出。改制后，青岛金属集团有限公司名称不变，注册资本为100万元，全部由企业内部职工出资。原企业职工全部由改制后的企业接收安置和管理。公司主营金属材料，兼营进出口业务、金属材料加工、建筑机具及汽车租赁、汽车货物运输、仓储业务、收购生产性废旧金属、开办金属材料批发市场。至2005年底，青岛金属集团有限公司下设青岛金属股份有限公司、青岛保税区鑫源国际贸易公司、中国五矿进出口青岛联营公司3个子公司，共有职工137人。

材料来源

计划经济时期，青岛市物资系统经营的金属材料主要由国家分配资源、山东省分配资源、地方资源和计划外资源4部分构成。对国家分配资源和山东省分配资源，市物资部门深入厂矿产地，落实供货合同，加强催运力量，抓好计划内的物资进货，做到订到、进足。同时，在国家物资分配计划缺口大，生产企业需用量多的情况下，有组织地开展品种调剂串换工作和地区间的物资协作，组织地方资源和计划外资源，以弥补国家计划分配的缺口。1979年，青岛市金属材料公司共组织计划外钢材1.98万吨，占当年国家分配计划指标的38%。

1984年以后，青岛市地方资源和计划外资源所占的比重日趋加大。市金属材料公司主要通过发展物资协作、集资补偿贸易、联合营销等多种形式的横向经济联合，建立资源基地，组织计划外资源。1986～1987年，利用本地产青岛啤酒等进行物资协作，为青岛企业协作钢材1.6万吨。1987～1988年，以集资补偿贸易的形式开展物工联合，先后与武钢、邯钢、济钢、青钢、鞍钢等9个大中型钢铁企业签订集资配材协议，总投资近1亿元。其中向武钢投资5000万元，武钢连续13年向青岛市供应有差价的冷轧钢板、镀锌板（马口铁）、硅钢片等缺口钢材共计14.8万吨；与其他钢铁企业签订的协议1～3年不等，每年为青岛市提供钢材共计4万吨。1988年共购进计划外钢材6.6万吨，计划外有色金属5200吨。1989年，以串换、联合营销等形式发展深层次的物工联合，与四川长城特殊钢公司达成以中板、圆钢等材料串换优质钢材的长期协议，当年用中板串换青岛市急需的优质钢材2000多吨。同年还与青钢、青岛钢丝绳厂签订联营销售协议，两厂把超产自销的钢材、钢丝绳、钢丝全部投放到钢材市场，售后利润按比例分成。至1989年底，共联营销售钢材2万余吨，组织调剂外汇860万美元，进口钢材2.3万吨。

1989年以后，青岛市每年使用部分地方外汇进口钢材，作为青岛市自行安排项目使用。同时，市金属材料公司自行组织外汇，扩大钢材进口量。1991年，与抚顺钢铁厂、四川长城特钢、大连钢厂、天津第四轧钢厂等8个冶金企业签订联营联销协议，每年争取不锈钢、优质钢、有缝管等钢材8000吨。至1992年底，青岛市同全国近30个钢厂有业务往来。1993年，对青岛市进口的批量大、价格偏低、销售不畅的金属材料，组织向外地辐射销售，先后向大连、济南、天津、上海和三峡工程等销售钢材5300吨。1995年，市金属材料公司自营出口创汇75万美元。1995年之后，青岛市金属材料市场不断发展，实现材料来源多样化。

材料供应

1979年，青岛市金属材料供应的重点是保证轻纺、化工生产的需要。80年代后期，重点是保青岛市重点工程项目、保出口创汇、保名优产品，对产品销路好、经济效益高、原材物料消耗低的企业优先保证、择优供应，并实行专人管理、专料专供。市物资部门定期走访重点工程和重点企业，做到数量、价格、时间“三优先”。1985年，青岛市重点保证青岛经济开发区、流亭机场扩建、杭州路立交桥建设、青岛大学等14个重点建设工程建设需要，共供应钢材3.13万吨。1988～1989年，重点供应引黄济青工程、黄岛电厂建设和流亭立交桥建设项目，仅1989年供应引黄济青工程和黄岛电厂钢材就达1万吨。1990年，对青岛市100多个重点企业实行“包保供应”。市物资系统实行定人、定点、定任务“三定”办法，从企业所需金属材料的数量、品种、规格、质量和价格上给予保障，满足青岛市重点建设项目和工农业生产的需要。全年签订包保合同126份，供应钢材4.97万吨、有色金属3828吨。

1991年以后，青岛市金属材料供应工作的重点逐步由保证物资供应转向抓用户、抓销售、抓市场，在保证全市重点企业、重点工程建设需要的同时，逐步开辟多方位、多元化的销售渠道。1991年，市物资系统销售钢材达26.15万吨，销售额达5.81亿元。1993年，市金属材料公司完成销售额12.31亿元，创历史最高水平，并实现由保证材料供应到参与市场竞争的根本性转变。

废金属回收利用

1979年，青岛市的废金属收购业务由市供销社统一负责，市计委安排分配计划，市物资部门组织调拨使用。80年代初，市物资部门在开展废金属管理工作的同时，开展回收加工业务。1982年，成立青岛市计划委员会金属回收办公室，对全市废金属实行统一计划、统一分配、统一管理。市物资局、市供销社按照市计委金属回收办公室下达的回收计划，组织回收金属经营业务。废旧汽车、报废锅炉、报废库存机电产品的回收、加工、上交和供应由市物资部门负责。同年3月，市金属材料公司成立金属回收加工厂，开展回收报废汽车加工业务，负责市内5区各单位更新报废汽车的接收和拆体、挑选、分类加工业务，同时负责销售已回收加工可利用的成品和原料。淘汰、报废的锅炉设备，库存机电产品和驻青部队的4大类设备以及4县1区（崂山、即墨、胶州、胶南、黄岛）的报废汽车，由青岛崂山县仙家寨金属回收加工厂负责接收、加工。1982～1986年，市金属材料公司金属回收加工厂共回收旧车1254辆，拆车1215辆，实现利润近60万元。1985年，改进废钢铁计划管理体制，实施废钢铁上交任务与钢材分配计划挂钩的办法，采取“每欠交1吨废钢铁扣减1吨钢材指标，超交者给予适当奖励”措施。为保证青岛市小商品和化工专用产品所需的部分边角下料和铁屑，按先利用回炉的原则优先挑选利用，实行定点供应。

1987年，青岛市印发《关于改革废钢铁计划管理体制的通知》，将指令性计划改为指导性计划取消废钢铁回收上交指令性计划，开放废钢铁回收市场。改革上交废钢铁计划办法，由原来的“欠一扣一”改为预扣5%钢材指标的办法；完成上交计划后剩余的废钢铁可串换钢材，防止废金属资源外流。1990年，青岛市废金属的回收、加工、供应及串换业务由物资、供销部门按照各自分工开展，其他任何单位和个人不得收购和经营生产性废金属。同时，市计委、公安、工商、物价、物资、供销等部门联合成立清理整顿废金属市场领导小组，对非法经营废金属的单位和个人进行全面清理，依法取缔996个收购点、60个冶炼厂，责令停业整顿35家。

2002年，青岛金属集团有限公司金属回收加工厂整建制与青岛市物资综合利用开发公司合并，共同组建青岛联合报废汽车回收公司，主要经营报废机动车收购拆解，收购生产性废旧金属，废旧物资回收。2002年之后，废金属回收利用实现市场化运作。

1979～2000年青岛金属集团有限公司物资经营情况表

表2-1

年 份	购进额（万元）	销售额（万元）	利润总额（万元）	费用水平（%）	资金周转（天）
1979	4098	4125	132	4.8	140
1980	4751	4985	171	4.46	130
1981	4355	4759	138	3.71	134
1982	5512	5916	244	3.95	102
1983	5925	6304	234	3.85	101
1984	8565	9271	322	3.7	78
1985	15197	14765	573	3.17	62
1986	18273	18626	500.9	3.42	56
1987	24199	24240	624.9	3.49	68
1988	33458	36786	1805.31	3.24	51
1989	47504	49913	1873.7	2.36	50
1990	50778	56591	970.7	3.63	47
1991	56320	58054	1052	2.32	47
1992	97361	103622	1154	1.95	24
1993	113871	123129	1497	1.9	22
1994	98296	95762	152	1.77	—
1995	28982	36755	406	7.7	—
1996	39835	38241	418	7.2	—
1997	36008	38027	212	6.3	—
1998	33493	38004	222	5.1	—
1999	30800	32003	111	6.9	—
2000	26966	29492	61	5.7	—

说明：1993年之后资金周转不再作为考核指标。

第二节 化轻原料

改革开放初期，青岛市化轻原料经营年进销额均在1500万元左右，维持计划内分配供应业务。

1985年以后，青岛市打破地区、行业界限，扩大货源渠道，为用户开展调剂串换业务，扩大销售，占领市场。1989年，原部管物资除纯苯、甲苯、二甲苯、精萘4个品种必须按规定订货外，其余部管物资全部列入调剂产品范围。市化轻公司仍负责全市工农业生产所需的无机化工、有机化工、塑料、火工产品、橡胶、橡胶辅料及橡胶制品等化工原材料的计划、分配、供应和管理工作。当年，化轻原料购进额28154万元，销售额31612万元，利润839万元，创历史最好水平。

1992年，全国化轻系统经营整体滑坡，市场疲软，价格下跌，国家计划价格投放化轻商品减少，市化轻公司采取增设经营网点、薄利多销、开展多种经营等措施，经营情况实现好转，利润额和销售额分别列全国计划单列市化轻系统第一位、第二位。自1994年起，市化轻公司各项主要经济指标大幅下滑，1995年、1996年亏损额均超过1300万元。

为扭转困难局面，市化轻公司对所属经营机构和人员实行撤销、合并、调整和精简，只保留8个经营部门，开源节流，减员增效。1997年，市化轻总公司接收青岛橡胶及橡胶制品市场后，以调整组织结构，实行资产重组，盘活存量资产为主要内容，实施企业改革。组建青岛益华橡胶化工有限公司，主要化轻原料经营业务转移到益华橡胶化工有限公司。

经营机构（青岛市化工轻工总公司）

前身为成立于1962年12月的中国化工轻工公司山东省青岛市公司。1970年，更名为青岛市物资局化工轻工公司，承担青岛市化工原料的统一平衡分配任务。1980年7月，国家物资总局化工建材公司委托青岛市化工轻工公司建立中国化工建材公司青岛化工供应站，其业务、财务由国家物资总局化工建材公司领导，行政由青岛市化工轻工公司代管。1984年10月，撤销化工科、橡胶科，成立化工供应站和橡胶供应站，并由两个站共同组建起青岛市化工轻工物资交易商场。1985年7月，物资交易商场撤销，化工供应站、橡胶供应站恢复为化工科、橡胶科，同时组建青岛市物资贸易中心化工轻工经营部，主要经营计划外化工轻工物资，兼营其他生产资料。1987年，撤销化工科、橡胶科、化工轻工经营部，成立化工经营部、橡胶经营部、综合经营部；与中国化建公司联合组建中青化工联合公司，自主经营、自负盈亏；将教育科划归企业管理科；财务科改为财务物价科；撤销储运站，改设基建设备科、计划统计科。1988年，撤销计划统计科改设资源开发部，增设劳动服务公司。

1991年5月，成立台东经营部。同年8月，设立市化工轻工公司经营部、化工一科、化工二科、化工三科、四方经营部、第二经营部、第三经营部、青岛吴江化工联合公司。将原综合经营部改为市化工轻工公司生产资料市场经营部。9月，与崂山区、即墨市、平度市、莱西市、胶州市、胶南市、黄岛区化轻（建）公司联合成立青岛化轻物资供销联合公司。11月，成立青岛市化轻公司沙子口经营部。1992年2月，将化工经营部、橡胶经营部、进口物资经营部、生产资料市场经营部、台东经营部、四方经营部、化轻经营部和第二经营部分别更名为化轻物资分公司、橡胶物资分公司、进口物资分公司、生产资料分公司、台东分公司、四方分公司、市北分公司、沧口分公司。同年4月，青岛市化工轻工公司更名为青岛市化工轻工总公司。5月，青岛化轻大厦开业。1992年，先后成立化轻大厦劳动服务公司、化轻大厦经营部、青岛市化轻服务公司、综合服务公司、化轻工贸公司、经贸分公司、青岛化轻物资供销联合公司莱西经营部等经营机构，并在北京市、广州市、大庆市设立办事处。1993年，成立青岛市高科技工业园化工轻工公司、青岛市化轻机电物资公司、青岛经济技术开发区华青物资公司、青岛市化轻物资公司、青岛市化轻招待所。青岛市化工轻工总公司大沙路库变更为仓储分公司，青岛市化工轻工总公司202处更名为储运分公司，将中国化工轻工总公司青岛供应站合并到青岛中青化工联合公司。

1996年4月，对所属经营机构进行合并精简为：橡胶分公司、化工分公司、民爆分公司、中青联合公司、塑料分公司、综合分公司、华青物资公司、鲁青联营公司。1997年3月，青岛橡胶及橡胶制品市场划归青岛市化工轻工总公司管理。7月，青岛市化工轻工总公司将经营状况良好的部门、项目、品种和业务骨干人员分离，转入青岛益华橡胶化工有限公司。同时，青岛橡胶及橡胶制品市场不再单设机构，统一纳入化轻总公司管理。同年9月起，青岛橡胶及橡胶制品市场划归青岛益华橡胶化工有限公司管理。2001年11月，市化工轻工总公司以系统内土地变现收益安置企业职工、清理企业欠薪欠费，人员全部分流安置，企业关停。

购销方式

1979年后，随着计划指标逐年减少，市物资系统化轻原料逐步转向以计划外物资经营为主，并开展横向经济联合，建立较为稳固的购销渠道。1987年，市化轻公司与中国化工轻工总公司成立中青化工联合公司，与常州、大连等8城市联合组建通达化工联合公司，与沈阳等计划单列市成立全国计划单列市化工物资集团，同时参加山东省内各大城市、跨省区8城市组成的物资协作网，联合开展化轻物资经营。同时，该公司自行组织外汇，委托外贸部门进口国内紧缺物资弥补缺口，重点进口用户少、用量小、需求急的化轻产品。1988年，该公司联合物资部开发公司、中国化工轻工总公司开展投资补偿贸易，签订向青岛化工厂投资1.2亿元的协议。投资主要用于烧碱、氯气等7种青岛市短缺产品的生产建设，两期工程提供青岛市10万吨化工原料，极大缓解青岛市化工原料的供需矛盾。至1990年，先后与齐鲁、扬子、燕山、大庆4大石化公司和兰州化学工业公司、吉林化学工业公司、大连石油化工公司、南京化学工业公司、金陵化工石油公司、高桥石油化工公司、天津碱厂等大型化工骨干企业建立起供需关系，形成较为稳固的资源基地。当年计划外物资的购进额占总购进额的76.6%。

90年代，青岛市化轻原料实现市场化购销，由企业自主选择购销方式。市化轻公司适时调整经营格局，加强资源基地建设，优化配置经营网点，积极参与市场竞争。

供应服务

80年代初，市化轻公司开展送货上门服务、预约登记、业余时间发货、召开用户座谈会等措施，每年对青岛市重点企业、重点工程项目和救灾扶贫实行倾斜供应。1988年，市化轻公司对青岛市名优特和出口创汇企业实行配套承包供应，先后与青岛晶华玻璃厂、电视机厂、电冰箱厂、红星电器集团公司等160多个生产厂家签订配套承包供应合同，合同兑现率达90%以上，供应塑料3600吨、纯碱55000吨、烧碱4700吨、橡胶24039吨。1989年，对青岛市20家重点企业实施倾斜供应，供应纯碱500吨、橡胶6702.2吨。1990年，对65家重点企业实施倾斜供应和配套承包供应，向海尔、双星等名优产品和出口创汇企业供应塑料3432吨、纯碱1708吨、橡胶20687吨。

1993年，市化轻公司逐步实施物资配送，向青岛电冰箱厂配送专用性塑料300多吨。当年，该公司完成物资购进额4.35亿元，销售额5.18亿元。此后，由于受市场等因素影响，公司经营业绩严重下滑尤其是企业亏损额逐年上升，2000年化轻物资供应仅为600多万元。

1979～2000年青岛市化工轻工总公司物资经营情况表

表2-2

年份	购进额（万元）	销售额（万元）	利润总额（万元）	费用水平（%）	资金周转（天）
1979	2526	2757	38	3.65	85
1980	3577	3818	77	2.73	57
1981	3611	3853	98	3.18	54
1982	5354	5593	182	3.44	41
1983	6156	6198	252	2.64	44
1984	6863	7233	207	2.64	43
1985	8346	8684	282	2.59	36
1986	10422	10496	304	2.75	39
1987	15621	15077	494	5.92	42
1988	26367	28381	695	2.73	40
1989	28154	31612	839	3.13	39
1990	25170	29574	795	3.85	36
1991	31736	31307	652	3.36	40
1992	38275	40424	324	2.52	30
1993	43458	51842	91	2.72	25
1994	19726	19883	-489	9.48	—
1995	16273	16941	-1360	6.04	—
1996	10098	10593	-1336	17.32	—
1997	4823	5782	-885	20.84	—
1998	2193	2938	-452	18.07	—
1999	1698	1718	-738	48.96	—
2000	617	665	-135	28.42	—

说明：1993年之后资金周转不再作为考核指标。

第三节　燃 料

青岛市燃料供应主要是煤炭。改革开放后，随着青岛市生产和基本建设的发展，企业煤炭消耗不断增加。同时，国家给予青岛市的指令性煤炭计划指标逐年减少，且山东省内煤炭资源紧张，省外资源受运力制约，计划兑现率较低。为保证全市工农业生产和居民生活用煤，市燃料公司在搞好计划内煤炭进货的同时，积极组织计划外煤炭供应青岛市场。1993年，国家煤炭市场基本放开，山东省内煤炭价格完全并轨。1993年下半年，民用煤市场价格放开。当年市燃料公司煤炭销售额达到3.12亿元，是1978年3665万元的8.5倍，创历史最好水平。

1994年3月，青岛市取消型煤凭票供应，青岛市居民型煤供应全部放开，煤炭经营全部走向市场。此后，市燃料总公司调整经营机构，以煤炭经营为主，开展多种经营，先后开办各类多种经营项目和实体达46个。1996年以后，市燃料总公司型煤供应量逐年大幅下降，销售额逐年减少，企业连续亏损，经营困难。2001年11月，市燃料总公司停止经营。

经营机构（青岛市燃料总公司）

前身为青岛市工业燃料公司，成立于1974年。1978年12月，为建立全市统一的燃料管理供应机构，将市商业局所属的青岛市煤建公司及其批发、零售液化气的机构（包括合作煤店），成建制地移交市物资局。与市物资局所属的工业燃料公司合并成立青岛市燃料公司，隶属市物资局，负责全市燃料的供应管理工作。

1979年，市燃料公司所属全市煤炭零售门市部共91个，其中国营73个、集体18个，有7个国营门市部兼设煤球生产车间。各零售门市部分别由各区供应站领导。各区设节煤办公室，人员属各供应站。同年6月，将燃料公司所属市内各国营、合作零售煤店移交归各区管理。居民生活用煤用柴的服务供应工作和生活用煤的节约工作归各区负责。增产节约计划仍由燃料公司审批下达。1990年，公司下设11个经营单位：市南区公司、市北区公司、台东区公司、四方区公司、沧口区公司、沧口供应站、城阳供应站、燃料站、燃料经营部、服务公司和楼山供应站。

1992年4月，青岛市燃料公司更名为青岛市燃料总公司。同时调整为18个经营机构：青岛市燃料总公司供销公司、运销公司、油品经营公司、多种经营公司、机械设备技术服务公司、节能技术咨询服务公司、基建工程公司、沧口供销公司、城阳供销公司、楼山供销公司、储运公司、市南区经营公司、市北区经营公司、台东区经营公司、四方区经营公司、沧口区经营公司、经营服务公司、生产资料经营公司。同年6月，市燃料总公司成立11个经营分支机构，即：市燃料总公司运销分公司、供销公司分公司、油品经营分公司、机械设备技术服务分公司、节能技术咨询服务分公司、多种经营分公司、基建工程分公司、市北区公司经营部、市南区公司油泥厂、四方区公司型煤加工厂、四方区公司四平酒店。

1993年3月，青岛市燃料总公司采暖设备公司成立，主要经营机械设备、机电产品、煤炭、建筑材料、金属材料、五金交电、木材、化工产品（不含危险品）、电子产品、采暖、制冷、给排水设计、安装、维修和技术服务等项目。1994年8月，撤销原青岛市燃料总公司调运分公司、供销分公司，组建青岛市燃料总公司运销分公司、省外调运科、外销科。将青岛市燃料总公司原市北区公司更名为市北区一公司，原台东区公司更名为市北区二公司，原沧口区公司更名为李沧区公司。1996年3月，成立青岛市燃料总公司金属材料公司，主要经营金属、木材及制品、建筑材料、机电产品、五金、交电、日用杂品、化工产品（不含危险品）等项目。1996年9月，青岛市燃料总公司与青岛国立煤炭经销有限公司（2002

年2月，青岛国立煤炭经销有限公司将持有的股权转为自然人持有）共同投资成立青岛舒尔雅针织服装有限公司。市燃料总公司投资55万元，占55%。1999年4月，利用长顺路7号和杭州支路4号场地和设施，建立青岛市煤炭批发市场。主要经营各种煤炭批发业务，兼营煤炭加工、配送等。

1999年7月，市燃料总公司经资产评估确认并折抵后，将青岛市燃料总公司金属材料公司、青岛市燃料总公司采暖设备公司国有资产全部出售给企业内部职工，改制为股份合作制企业，国有资本退出，原企业职工全部由改制后的企业接收安置并与新的企业法人代表签订劳动合同。改制后，市燃料总公司金属材料公司股本总额为50万元，全部由企业职工出资购买。企业名称不变，主营机械设备、机电产品、煤炭、建筑材料、金属材料、五金交电、木材、化工产品（不含危险品）、电子产品、采暖制冷、给排水设计、安装、维修和技术服务，兼营日用杂品、烟、酒、饮料。青岛市燃料总公司采暖设备公司股本总额为100万元，全部为企业职工个人股，企业名称不变。主营机械设备、机电产品、煤炭、建筑材料、金属材料、五金交电、木材、化工产品（不含危险品）、电子产品、采暖制冷、给排水设计、安装、维修和技术服务，兼营日用杂品、烟、酒、饮料。

2001年4月，由于青岛益华橡胶化工有限公司整体改制，青岛建航化工建材销售中心划归青岛市燃料总公司管理。主要经营黏合剂、油漆涂料、染料颜料、建筑材料、水暖器材、装饰材料等。同年11月，市燃料总公司经资产评估确认并折抵后，将青岛建航化工建材销售中心国有资产全部转让给企业内部职工，改制为有限责任公司，国有资本退出。原企业职工全部由改制后的企业接收安置并与新的企业法人代表签订劳动合同。改制后，企业改称为青岛建航博宇商贸有限公司，股本总额为30万元，全部为企业职工个人股。主要经营销售、“四代”化工产品（不含危险品）、建筑材料、五金交电、办公用品、电讯器材、汽车配件、服装、百货、橡胶制品、炊事机械、化妆品等业务。同年11月，市燃料总公司以土地变现收益安置企业职工、清理企业欠薪欠费，人员分流安置，企业关停。

生产用煤供应

1978年，市燃料公司承担除中央、山东省属直拨企业之外的生产用煤的供应管理工作。由于煤炭资源缺口很大，在供应中坚持“统筹兼顾、保证重点、照顾一般”的原则，并通过各种渠道，组织计划外煤炭，缓解供需矛盾。同时，市燃料公司建立服务队，深入工厂企业，管供、管用、管节约，协助企业推广先进经验，改造炉窑和工艺，降低煤炭消耗。当年，在100家工业企业中实行煤炭消耗定额，采取“凭证定量、择优供应、按期核销、超耗加价、节约奖励”的办法。1980年扩大到384家企业。

1984年国家允许煤矿超产自销后，市燃料公司积极组织经济煤、协作煤、计划外超产煤供应青岛市场，弥补计划缺口。为保证全市工农业生产的需要，市燃料公司对市政府确定的重点企业实行“保包供应”。1991年，共向73家重点企业供应煤炭29.78万吨。根据生产需要，为20多家企业调剂4.3万吨优质煤，保证重点企业的生产经营。

1994年以后，国家煤炭市场完全放开，市物资系统承担的生产用煤供应职责进一步弱化。市燃料公司将工作重点转移到销售市场，建立各种促销奖励办法，并积极开拓外地市场。

生活用煤供应

1978年，青岛市居民生活用煤供应由市燃料公司负责。1985年8月，改革市场用煤供应办法，将凭证限量、连续有效的供煤办法改为票证合一、定量供应、当季有效的办法，制止煤炭外流和超供现象。90年代初，市燃料公司加强原料进货质量监测和化验试烧环节，健全市、区公司、生产点三级质量检查考核制度。为方便市民购煤，各煤店变“等客上门”为送煤到地段、大院，后逐步发展到送煤到户。1994年3月起，青岛市城市居民生活用煤取消定量供应。市燃料公司以搞好服务，保证供应为目标，不断完善服务措施，1994～1996年，每年生产型煤均在11万吨以上。此后，随着煤炭市场逐步开放，青岛市城市集中供热、供气率的提高，以及家用取暖电器的增加，型煤需求量减少，煤炭销售量逐年下降。型煤供应量由1992年的28.3万吨下降到1998年的4.3万吨。1999～2003年，燃料总公司重新调整型煤供应网点，由56个减至30个，在青岛市城区设5个型煤配送中心、13个供应点、12个分销店，其余网点改办三产等多种经营项目。2004年1月起，青岛市型煤供应工作转由青岛燃料运销公司承担。

型煤生产与普及

1979年，青岛市生产的型煤主要有蜂窝煤和小煤球两种。1985年小煤球停产，当年全市拥有蜂窝煤原料粉碎生产线2条，年加工能力合计为6.3万吨。蜂窝煤成型加工生产点17个（含合作店4家），年加工能力为5.3万吨。1986年，市政府提出“三年实现型煤化，达到无黑烟城市”的要求。青岛市型煤生产本着“集中粉碎、分散成型”的原则，在青岛市区推广、普及烧用型煤，投资建设、改造型煤加工点和生产线，提高型煤生产能力。至1990年，青岛市型煤原料粉碎加工能力达到24万吨，型煤生产能力达到25万吨，有4条原料粉碎生产线、32个成型加工生产点。当年生产型煤25.3万吨，型煤户普及率达到70%。1991年，以市南、市北区为重点，调整散煤供应点，扩大型煤销售，提高型煤普及率。至1993年，青岛市型煤普及率达到100%，实现型煤化。之后，随着型煤需求量的减少，型煤生产量逐年下降，1996年为13.8万吨，1998年后，每年减至4万吨左右。

1979～2000年青岛市燃料总公司物资经营情况表

表2-3

年份	购进额（万元）	销售额（万元）	利润总额（万元）	费用水平（%）	资金周转（天）
1979	2722	4008	148	23	25
1980	3504	4244	78	22	25
1981	3908	4740	43	23	22
1982	4390	5987	170	23	17
1983	3890	5308	237	24	18
1984	4990	6965	409	24	36
1985	6976	8446	424	23	45
1986	7135	9690	382	21.9	39
1987	10245	12390	598	18.9	30
1988	12072	13131	448	16.4	21
1989	21766	24562	742	19.7	45
1990	17138	26098	692	23.8	59
1991	20888	26916	-489	21.94	146

续表2-3

年 份	购进额（万元）	销售额（万元）	利润总额（万元）	费用水平（%）	资金周转（天）
1992	22470	28687	37	19.44	124
1993	22466	31236	-201	16.64	—
1994	22015	27874	73	17.96	—
1995	21275	28367	107	17.32	—
1996	16100	21185	-1689	21.81	—
1997	11998	15188	-498	18.72	—
1998	6441	7855	-479	24.02	—
1999	7805	10136	-68	15.04	—
2000	9017	11812	-8	10.08	—

说明：1993年之后资金周转不再作为考核指标。

1979～2005年青岛市成型煤产量表

表2-4　　单位：吨

年份	合计	其中		年份	合计	其中	
		蜂窝煤	小煤球			蜂窝煤	小煤球
1979	23294	16574	6720	1993	186725	186725	—
1980	26629	21416	5213	1994	134986	134986	—
1981	27150	23836	3314	1995	116893	116893	—
1982	28966	27353	1613	1996	138173	138173	—
1983	30662	29216	1446	1997	89485	89485	—
1984	29964	29122	842	1998	45556	45556	—
1985	31686	31280	406	1999	29086	29086	—
1986	40957	40957	—	2000	36088	36088	—
1987	69210	69210	—	2001	46028	46028	—
1988	79100	79100	—	2002	48474	48474	—
1989	174600	174600	—	2003	47715	47715	—
1990	253500	253500	—	2004	42978	42978	—
1991	233258	233258	—	2005	41128	41128	—
1992	252235	252235	—				

说明：1985年之后小煤球停产。

第四节 木 材

1978年，青岛市木材供应以计划内调拨为主、计划外自筹木材为辅。1979年下半年，国内木材资源短缺，开始有少量进口木材供应青岛。1982年和1984年，青岛市进口木材大量增加，分别占当年总进货额的84.38%和84.07%。进口木材主要来自美国、东南亚、苏联等地，主要品种有苏联松、美国松（铁杉、云杉和花旗松）、东南亚杂木和美国红木板材等。国内计划外木材主要来自东北各大林业局（吉林、松花江、牡丹江、合江、伊春、大兴安岭、牙克石林管局所属各局、厂）的落叶松、樟子松、红皮云杉、白桦、蒙古柞、山杨、红松、鱼鳞松、水曲柳、榆树及黄菠萝等，以及南方顺昌、上饶、邵武、永安等地的江南山地丘陵常绿栎类和浙江、福建南岭山地常绿栎类。胶合板则主要有印度尼西亚和马来西亚的柳桉，以及吉林长春胶合板厂、青岛人造板厂、哈尔滨松花江胶合板厂生产的曲柳、椴木、桦木、杨木等。

1990年后，青岛市开放木材市场。市木材公司加强与各地区、各部门、各单位之间的横向经济联系，积极开拓木材市场。1991～1993年，木材市场疲软，竞争激烈，市木材公司采取内外销结合、城市乡镇结合、计划内计划外兼营、大小买卖并重等灵活多样的经营方法，扩大销售市场。1993年，完成销售额1.9亿元，实现利润200万元。自1994年起，木材经营市场出现产销价格倒挂，木材销售额大幅下降，连续出现经营亏损。2003年8月，青岛市木材总公司整体改制为股份合作制企业。

经营机构（青岛市木材总公司）

前身为成立于1963年4月的中国木材公司山东省青岛市公司。1970年11月，中国木材公司山东省青岛市公司改称青岛市物资局木材公司。1976年，青岛市物资局木材公司改称青岛市木材公司。1979年4月，胶县、城阳木材转运站的业务和财务工作划归市木材公司，分别改称为青岛市木材公司胶县木材转运站和青岛市木材公司城阳木材转运站。

1986年11月，青岛市木材公司与中国木材公司联合成立中国木材公司青岛联合公司，1990年改名为青岛木材转运站。1992年4月，青岛市木材公司更名为青岛市木材总公司，并将木材公司经营部更名为木材总公司第一木材经销分公司，将木材公司生产资料市场经营部更名为木材总公司综合经营分公司。同时，成立青岛市木材总公司第二木材经销分公司、进口木材经营分公司、装饰材料经营分公司。同年，先后成立霓虹电器装饰分公司、木材综合经营公司和青岛市木材总公司生产资料物资经营分公司。1993年8月，青岛市木材总公司与吉林省松江河林业局产品销售总公司联合成立青松物资联合经销公司。1994年5月，成立长江霓虹电器公司。

2003年8月，青岛市木材总公司将经评估验证确认并按照有关规定折抵后的净资产出售给企业内部职工，整体改制为股份合作制企业。原企业职工全部由改制后的企业接收安置和管理。改制后，青岛市木材总公司名称不变，注册资金71万元，主要经营木材、金属材料、化工产品、建筑材料、上下水管件等。

供应与服务

中共十一届三中全会以后，青岛市经济建设和社会事业快速发展，全市木材需求量迅速增加。由于国内木材资源严重不足，导致供需矛盾十分突出。自1979年下半年起，市木材公司将6项木材指标划成中央划转、基建材、包装材、生产维修4个供应片，开始分片供应进口木材。1983年，市木材公司开展“四代一调”（代用户开单、代办托运、代办交款、代加工，做好串换调剂）业务。当年办理“四代一调”业务25000笔，木材总计达37700立方米。1985年，完成“四代”业务1358笔、木材91174立方米；串换调剂37笔、木材2035立方米。

1985年后，市木材公司开展联营联销，进一步扩大木材购销渠道。1987年，与中国木材公司联营成立中国木材公司青岛供应站，当年从中国木材公司进货71000立方米，经营木材42857立方米，销售额达1436万元。1988年购进的计划外木材占全年木材供应量的68%，比1987年增长39.2%。1986～1990年，重点保证青岛市重点工程建设和重点企业的木材供应，累计供应木材65535立方米。其中仅供应黄岛电厂和引黄济青工程就达40555立方米，供应市重点企业木材13226立方米。同时，市木材公司采取下厂服务、预约登记、送货上门等服务措施，不断增设零售网点，先后设立计划外木材销售点和胶合板零售点，举办3次计划外木材现场交易会，明码标价，自由选垛，当场提货，极大地方便了用户，扩大了销售。1992年，由于进口木材汇率上调，国内木材运力不足，青岛市木材供应一度紧张。市木材公司采取集中管局、分片包干的办法，组织国内木材2万立方米，进口美国松5万立方米、胶合板4000立方米、柳桉9000立方米，弥补资源不足，保证市场供应。

1993年，全国木材市场由热变冷，资源供应由紧到松，木材价格由高到低。市木材公司以批发代理形式拓宽销售，在保证青岛市东部重点工程建设木材供应的同时，将销售延伸到江苏、安徽、上海等地，全年共销售木材11万立方米。

随着科学技术的快速发展，国内木材替代产品增加，产品升级换代速度加快，木材需求量逐年减少，木材价格下降。木材市场出现低销量、低效益，甚至是产销价格倒挂现象。1994年，市木材总公司亏损443万元。1995年之后，市木材公司主要开展代理代销业务，以及联营经销进口木材业务。

节约代用

1984年，青岛市经委木材节约办公室正式在市木材公司挂牌成立。按照“坚持资源开发与节约并举，把节约放在首位”和“大幅度提高能源、原材料的利用率”的方针，结合青岛市实际情况，开展技术革新工作。推广运用新材料、新技术、新产品，发展人造板业、木材加工业、木材防腐业、菱镁制品业等生产代木材料和产品等。至1990年，全市代木材料达总用量的80%以上。木材综合利用和各种包装箱的回收复用率大幅度提高，年节约木材17万立方米。随着国家木材供应计划逐年减少，市木材公司的节约代用业务逐步消失，至1997年11月完全停止。

1979～2000年青岛市木材总公司物资经营情况表

表2-5

年份	购进额（万元）	销售额（万元）	利润总额（万元）	费用水平（%）	资金周转（天）
1979	1253	904	14	25.42	89
1980	2133	2490	299	11.54	116
1981	2054	3380	318	10.83	145
1982	3838	4521	574	9.32	133
1983	3882	5178	622	7.93	90
1984	5360	6468	869	10.51	138
1985	5686	7661	1140	8.36	87
1986	6995	8133	471	10.69	92

续表2-5

年份	购进额（万元）	销售额（万元）	利润总额（万元）	费用水平（%）	资金周转（天）
1987	5707	6582	575	5.97	105
1988	20111	19012	1108	6.86	89
1989	6305	8559	322	9.58	159
1990	2529	4313	90	15.17	612
1991	8181	11094.7	-781	11.19	395
1992	9060	14452	223	7.54	260
1993	19168	19256	200	4.59	—
1994	3025	3085	-443	25.12	—
1995	2440	2246	-1199	64.78	—
1996	1856	867	-339.6	88.93	—
1997	754	1226	-292	49.18	—
1998	261	805	-158.77	52.94	—
1999	25	182	-125.6	196	—
2000	53.4	1267	-39.7	21.4	—

说明：1993年之后资金周转不再作为考核指标。

第五节　机电设备

70年代末，市机电设备公司经营的机电产品主要包括统配产品（通称一类机电产品）、部管产品、二类机电产品、地方管理产品（通称三类机电产品）和工矿配件5大类，计6900个品种、4.9万个规格。1982年开始经营汽车产品。1986年后，机电产品指令性计划减少，经营品种日益增多，购销渠道由封闭、少渠道、多环节向开放、多渠道、少环节方向转变，价格由长期固定不变逐步向市场调节供求方向转变，机电产品市场竞争日趋激烈。青岛市先后建立汽车贸易中心、旧机动车交易中心、机动车拍卖中心以及多个经营网点，并通过加强服务、让利销售、召开展销会和调剂会等方式销售产品。1987年，青岛市机电产品购销额首次突破1亿元。

1990年后，青岛市机电设备公司经营的产品为工具轴承、电器仪表、重型通用设备、机械配件、汽车及摩托车、工程配套设备等6大类。1993年，物资购销额分别达到3.8亿元和4.5亿元，创历史最好水平。1994年，青岛市机电产品经营业务开始萎缩，销售下滑。1998年，汽车经营业务从市机电总公司分离，市机电总公司物资销售额由1997年的2.2亿元下降至3419万元。同年，青岛市汽车贸易中心成立。在巩固一汽、二汽、上海大众等厂家总代理的基础上，建立捷达汽车、东风汽车、富康汽车和昌河汽车青岛中转站。1999年，销售汽车3247辆，销售额3.9亿元。2000年，发展代理代销，建立一汽捷达、二汽富康、上海桑塔纳等国内优质品牌的青岛代理10余家。全年销售汽车4117辆，销售额4.3亿元，为汽车销售历史最好水平。

2001年，市机电设备总公司关停。2002年4月，市汽车贸易中心将汽车经营业务整体移交青岛旧机动车交易中心，市汽车贸易中心关停。

经营机构（青岛市机电设备总公司）

前身为中国机电设备公司山东省青岛市公司，成立于1962年10月，专门经营机电设备。1978年11月，改称青岛市机电设备公司。1985年6月，成立青岛市机电设备公司贸易中心，主营计划外机电设备。同年10月，改称青岛市物资贸易中心机电设备经营部，同时撤销青海路供应站。1986年，成立汽车贸易中心，经营计划外汽车。同年，成立沧口供应站和台东供应站。

1992年4月，青岛市机电设备公司更名为青岛市机电设备总公司，同时将所属台东供应站、沧口供应站、生产资料市场经营部、电工站、工具轴承站、统配站、承包配套站、仪器仪表站、机械站分别更名为第一分公司、第二分公司、综合经营分公司、电工产品分公司、工具轴承分公司、统配部管物资分公司、工程配套分公司、仪器仪表三类物资分公司、机械配件分公司。同年8月，成立青岛市机电设备公司汽车、摩托车修配站，接运分公司，仓储分公司。1994年12月，成立青岛市汽车市场。1995年4月，汽车、摩托车修配站改为青岛市机电汽车修理厂，接运分公司改为汽车运输租赁中心。同年10月，成立青岛市机动车拍卖中心。拍卖标的物的主要范围是：接受国家有关部委及各级党政机关委托拍卖的公务车辆（含摩托车）、罚没车辆、无主车辆、抵押车辆、破产企业清盘车辆、海关获得的抵税车辆和放弃车辆、国外捐赠车辆，以及国际、国内企业法人和自然人委托拍卖的各种机动车辆。

1997年9月，由青岛市物资总公司和青岛市机电设备总公司共同出资，组建青岛旧机动车交易中心。其主要功能和业务范围包括：旧机动车评估定价及旧机动车收购、销售、寄售、代购、代销、租赁、检测维修、配件供应、美容及信息服务，并为买卖双方提供过户、上牌、保险一条龙服务。1998年5月，成立青岛机电设备调剂中心，主要功能和业务范围包括：机电设备的评估定价、收旧卖新、寄售、代购、代销、租赁、维修配件供应、信息咨询等服务功能。同年6月，开办青岛市机电设备市场，主营机电设备，并提供维修、仓储及信息咨询服务。9月，将青岛市机动车拍卖中心、青岛旧机动车交易中心、南方分公司、东北分公司、北方分公司、上海分公司及一汽联营公司、二汽联营公司、汽车商行、汽车销售公司、汽车修理厂等汽车经营部门从青岛市机电设备总公司中分离，组建由青岛市物资总公司直属的青岛市汽车贸易中心。

1999年4月，市机电设备总公司出资50万元对青岛市机电设备总公司第一分公司实施股份合

1998年9月，市机电设备总公司分离汽车经营业务，组建成立青岛市汽车贸易中心。图为汽车交易大厅。

作制改制，同时将第一分公司更名为青岛机电设备总公司销售中心。同年11月，青岛市机电设备总公司经资产评估确认并折抵后，将青岛市机电设备总公司销售中心国有资产全部转让给企业内部职工，改制为股份合作制企业，国有资本退出。原企业职工全部由改制后的企业接收安置并与新的企业法人代表签订劳动合同。改制后，企业股本总额为50万元，全部为内部职工个人股，企业名称不变。主要经营汽车及配件、机电产品、金属建材、金属材料、木材、土产杂品、五金、交电、日用百货、仓储、国内货物运输、技术咨询服务等项目。2000年4月，成立青岛闲置设备调剂市场。主要经营积压、闲置机电设备，兼营代购、代销、寄售和维修业务。2001年9月，由青岛市机电设备总公司重通分公司职工出资，注册资金50万元，组建青岛青机机电设备有限公司。10月，青岛市机电设备总公司所属汽车销售分公司、进口汽车分公司、汽车销售中心内部职工出资，组建青岛新机机电设备有限公司，注册资金100万元，主要经营销售汽车业务。

2001年11月，市机电设备总公司以土地变现收益安置企业职工、清理企业欠薪欠费，人员分流安置，企业关停。

供应

1979年，青岛市机电产品除少量汽车等仍实行计划内分配外，其余产品则作为商品进入市场，取消计划，敞开供应。至1982年，市机电设备公司先后为青岛市3次大规模引水工程供应各种设备2000余台（件），电缆170余千米，水表17000只、约50万元，水泵1226台、约560万元，以及大量10千伏的避雷器等，保证青岛市重点项目机电产品的配套供应。1985年6月，青岛市机电设备贸易中心成立，主要经营计划外物资，并承担青岛市重点工程所需机电产品的配套任务。同年，市机电设备总公司成立综合经营部，专门负责对重点工程的物资供应。1986年4月，青岛市汽车贸易中心成立，吸引不同地区、不同行业进入市场交易，当年销售计划外汽车869辆。1988年，为引黄济青、青岛大学供热、经济开发区、前海工程等省市重点工程项目供应锅炉6台、电梯7部、电缆40千米，以及配电设备等物资，约计500万元。1990年，公司为6个重点工程服务项目提供物资价值800万元，供应农村机电产品价值306万元，支援菜农汽车25辆，让利2.5万元。支援贫困地区汽车13辆，价值80万元，让利7万元。为保证全市重点工程和大型生产企业的物资配套供应，1991年初，机电公司成立承包配套供应站，当年承接配套项目10个，供应物资260万元。

1992年，市机电公司对经营、物价、用工、分配实行“四放开”，先后在山东路物资大厦、四方生资市场等地段增设经营网点，分别投资110万元和100万元在小白干路和黄岛购置营业网点。1994年，市机电公司实行从考察、订货、代运、代储、调试到跟踪服务的一条龙服务。全年共为青岛发电厂、海豚馆、错埠岭热电厂、地铁工程、机场扩建等近10个青岛市重点工程供应机电物资1487余万元。1995年后，机电产品经营逐年萎缩。至2001年，青岛市机电设备总公司停止经营。

联营联销

1979年，青岛市机电设备公司与上海市机电设备公司在青岛组织联营联销，共销售机电产品1000多万元。1980年，青岛、大连、烟台、潍坊4地市机电设备公司联合成立机电产品协作联营组织。1983年10月，二十五地市地产品协作联营组织联营会议改为二十六地市机电设备公司机电产品协作会，协作会员包括青岛、大连、惠阳、郴州、宜春、湘潭、烟台、衡阳、黄冈、潍坊、蚌埠、萍乡、苏州、南通、株洲、九江、铁岭、柳州、荆州、马鞍山、宁波、建阳、金华、开封、三明、淮南。1987年，青岛市机电设备公司组织青岛市各县（市）、区机电公司成立青岛机电产品联营体，加强联营体之间信息交流，相互调剂物资。全年系统内销机电产品3471万元，占总销售额的23%。为扩大机电产品资源，发展名优产品基地，1988年起，青岛汽车贸易中心先后与中国第一汽车制造厂（简称一汽）、中国第二汽车制造厂（简称二汽）及天津、沈阳、南京等地的生产厂家开展联营业务，设立特约经销处，同天津汽车工业公司签订销售服务协议。并同二汽、青岛第二汽车运输公司维修站联合建立产销技术服务一体的青岛销售技术服务中心。同时，以资金投入的方式与生产厂家产销协作，争取短线资源。先后向一汽、江西、重庆五十铃等6家汽车生产企业投资，金额达1500万元。1991年，联营厂家优惠提供汽车1000余辆，占公司购车总数的50%以上。市机电公司还加强与商业及其他经营单位的物贸、物商联合。同全市商业五金交电、百货店、土产店、贸易商行、服务公司等160多家经营单位建立合作关系。物商联合的销售额约占二、三类机电产品的30%。1992年，市机电公司针对物资供应稳中趋紧的资源矛盾，向一汽、二汽、南汽、庆铃、江铃、济南轻骑集团等厂家集资1700万元，组织适销对路的畅销货源，全年销售各类汽车1960辆，销售额达15001万元。1995年，与瓦房店轴承厂、哈尔滨轴承厂合作，成为青岛地区具有代理证、悬挂统一标识的总代理商和总经销商。1996年，与一汽、上海大众合作建立青岛一汽汽车贸易有限公司、上海汽车青岛特许经营公司，扩大市场占有率。1997～2000年，市机电公司通过联营联销、代理代销等方式，实现销售额达15208万元。

1979～2000年青岛市机电设备总公司物资经营情况表

表2-6

年份	购进额（万元）	销售额（万元）	利润总额（万元）	费用水平（%）	资金周转（天）
1979	3439	3715	-39	4.3	165
1980	3658	3846	28.9	3.89	159
1981	3107	3750	46	3.39	134
1982	4823	5268	208.9	2.1	82
1983	5524	5806	243.2	2.22	76
1984	5690	6763	233.5	2.21	71
1985	6915	7891	393.2	2.3	60
1986	8063	9529	332	2	55
1987	13253	15237	427	2.19	77
1988	17601	20978	923	2.33	60
1989	20019	22193	562	2.3	70
1990	19202	22562	288	1.96	90
1991	21216	26291	179	1.96	23
1992	26735	31531	451	2.4	21
1993	38339	45869	479	3.33	17
1994	22196	23778	20.5	6.38	—

续表2-6

年份	购进额（万元）	销售额（万元）	利润总额（万元）	费用水平（%）	资金周转（天）
1995	27438	30226	28	5.09	—
1996	24180	27942	35	5.42	—
1997	21007	22031	25	4.67	—
1998	2659	3419	5	10.18	—
1999	4120	5271	20	8.1	—
2000	7290	9307	21	5.65	—

说明：1993年之后资金周转不再作为考核指标。

第六节　建筑材料

1978年后，主要建材产品指令性计划逐年减少，而社会需求量逐年增加。市建筑材料公司在做好计划物资分配供应的同时，开展市场经营。1979年1月，市建筑材料公司接收市燃料公司的沥青经营业务。同年，改进供应办法，对基建、维修用料如玻璃、石棉瓦等产品，由层层申请、层层分配改为不下达分配指标、按需核实供应。并对卫生陶瓷、油毡敞开供应。1980年，市建筑材料公司将矿渣、石膏经营业务移交市建筑材料工业局。至此，由市建筑材料公司经营管理的建材产品为137种，其中统配、部管产品72种，三类物资65种。主要包括：水泥及其制品、平板玻璃及其制品、工业技术玻璃、油毡、沥青及其防水材料、石棉水泥瓦、金刚石及其制品、石棉及其制品、玻璃纤维及其制品、云母及其他电绝缘材料、墙地瓷砖、建筑陶瓷、卫生陶瓷及配件、耐火材料、保温材料、造型材料、装饰材料、园林建筑材料、新型建筑材料、地方建筑材料（砖、瓦、灰、砂、石）、暖气片及配件、照明灯具及其他建材产品。为弥补计划分配的不足，市建筑材料公司开展玻璃、石棉等物资的综合利用和节约代用，并通过补偿贸易、调剂串换等横向经济联合组织计划外建材。1985年，购进计划外水泥40284吨，占总进货额的16.6%。

自1993年下半年开始，全市建材产品逐渐供大于求。市建材公司及时调整经营方向，重点经营水泥、建筑钢材、石棉保温材料、卫生陶瓷等建筑材料。1995年后，为适应市场经济发展的需要，先后投资建设商品混凝土中心、洛阳路装饰材料市场、南京路装饰材料市场。2000年，市建材总公司物资销售额由1999年的8839万元，下降至3643万元。2001年，青岛市建筑材料总公司停止经营。

经营机构（青岛市建筑材料总公司）

前身为中国建筑材料公司山东省青岛市公司，成立于1962年12月。1963年10月，接收青岛市地方建筑材料公司的产品销售业务。1970年11月，中国建筑材料公司山东省青岛市公司改称青岛市物资局建筑材料公司，1976年改称青岛市建筑材料公司。1980年，成立玻璃制品加工厂。1984年，经营机构设有：综合供应站、储运站、市南供应站、市北供应站、台东四方供应站、沧口供应站、石棉供应站、造型保温材料供应站、玻璃制品加工厂（集体）、板桥坊仓库、唐河路仓库、阎家山仓库、汽车队、青岛市建筑材料贸易中心。

1985年，撤销综合供应站，成立业务一科、业务二科、业务三科，承担原综合供应站的业务；撤销台东四方供应站、储运站，改设储运科；将石棉供应站、造型保温材料供应站合并，成立石棉保温材料供应站；将青岛市建筑材料贸易中心改称为青岛市物资贸易中心建筑材料经营部；新设企业管理科和玻璃加工厂门市部，门市部主要负责玻璃加工和建材物资零售业务。1986年，市北供应站改称台东四方供应站。1987年，玻璃制品加工厂改为青岛市环境艺术设计装饰公司，开展建筑设计、施工的配套材料供应工作。1988年9月，与山东省承包配套公司联合筹建南北方现代建筑装饰集团公司山东分公司。1989年12月更名为山东省物资装饰公司。

1992年7月，撤销业务一科、二科、三科，成立水泥经营部、玻璃经营部、装饰材料经营部、防水材料经营部、陶瓷经营部、金属材料经营部、木制品经营部、资源开发一部、资源开发二部、驻京办事处。8月，青岛市建筑材料公司更名为青岛市建筑材料总公司，同时调整经营机构：将青岛市建筑材料公司市南供应站、台东四方供应站、沧口供应站、石棉保温材料供应站、玻璃经营部、生产资料市场经营部、水泥经营部、金属材料经营部分别更名为青岛市建筑材料总公司市南分公司、台东分公司、沧口分公司、四方分公司、石棉保温材料分公司、综合经营分公司、水泥分公司、金属材料分公司。成立青岛建达摩托车公司、市北分公司、汽车经营分公司、房地产开发分公司。11月，成立机电设备分公司、商业经营部。1993年，成立建材总公司开发区公司、钢材经营公司，将木制品经营部更名为木制品公司，撤销劳动服务公司。1994年4月，成立青岛市建筑材料总公司钢模板租赁公司。1995年5月，建材总公司混凝土中心建成投产。1996年6月，成立建材总公司运输公司、工程项目公司。同年9月，建立洛阳路装饰材料市场。1997年12月，撤销建材总公司经济技术开发区公司。1998年8月建立南京路装饰装潢市场。

2001年1月，青岛市建筑材料总公司及企业内部职工共同出资组建青岛天建实业有限公司。11月，青岛市建筑材料总公司以土地变现收益安置企业职工、清理企业欠薪欠费，人员分流安置，企业关停。2002年5月，青岛市建筑材料总公司将投资到青岛天建实业有限公司的国有股权评估后转让给企业内部职工，国有资本整体退出。

建材来源

自1978年起，青岛市通过补偿贸易、协作串换、信息交流代理代销等多种形式，组织计划外建材和短缺建材供应青岛市场。至1985年，累计组织计划外物资5282.5万元，占同期总进货额的41%，品种也由1978年的24个增至1985年的253个。其中白水泥3805吨、普通水泥2.28万吨、平板玻璃12.24万标箱（含浮法玻璃）、石棉水泥瓦10.47万标张、油毡21.84万卷、沥青3781吨。同年，市建筑材料公司与济南、淄博市建筑材料公司共同向淄博市福山陶瓷厂投资10万元，生产高档卫生陶瓷，该厂每年向青岛市提供一定数量的合格产品。

1986～1990年，市建筑材料公司利用洽谈会、信息会、联席会、订货会、调度会等方式，加强横向联系，开展联营联销争取资源。至1990年底，市建筑材料公司先后与全国28个省（市）、57个成员单位建立信息交流关系，开拓多种渠道，丰富花色品种，满足市场需要。先后同洛阳玻璃厂、无锡塑料铺地材料厂、北京新型建筑材料厂、宁波江东耐火厂、江阴玻璃纤维厂、大同造型材料厂、辽宁北票矿务局、河北殷邱工业经理部、青岛人民造纸厂、青岛化工厂分厂等近100个单位建立经销、联销、代销、试销业务关系。1991年，与山东铝厂、潍坊水泥厂、诸城陶瓷厂、胶南玻璃厂、青岛石棉制品总厂等10家生产企业签订联营联销协议。巩固和新开辟资源基地累计达59个，全年进货总额达3600万元，占总购进额的88%。1998年，水泥市场一度供不应求，市建材公司为保证全市水泥资源充足，在巩固与鲁南、潍坊、莱州等水泥厂合作的基础上，又与招远、长岛、平度等水泥厂建立代理关系。1999年，与烟台长城、蓬莱义利、临沂等水泥厂建立青岛地区总代理、总经销，与佛山淋浴房厂、上海活性炭厂、昌邑铸铁件厂建立代理代销关系，当年代理代销额达到3500万元，占公司总销售额的30%以上。2000年，建材产品经营大幅萎缩。2001年11月，青岛市建筑材料总公司停止经营。

供应与服务

青岛市的建材产品供应以“从生产出发，为生产服务”为原则。为方便用户，市建材公司不断增设经营网点，在青岛市内各区设立供应站、门市部和商店，逐步形成前站后库的供应体制。并先后成立石棉加工厂和玻璃制品加工厂，为用户加工平板玻璃，套裁加工石棉橡胶板。1985年，在市区共设有7家供应站、3家建材商店和1家玻璃制品加工厂。至1985年，共供应物资总值达1579.2万元。1983～1990年，向全市重点企业和重点工程供应水泥共计23.5万吨，支援救灾扶贫水泥近3万吨。1990年，调整经营策略，实施多种经营，在青岛市区仅保留市南、台东四方、沧口供应站和石棉保温材料供应站。采取划片定点、分工包干、下厂服务、送货上门、调剂余缺等措施，不断提高供应水平。

1995年，为青岛电厂二期扩建工程、流亭立交桥、海泊河两岸改造、辽宁路改造等重点工程配送水泥6.7万吨、钢材0.56万吨。1997年，为政法大厦、中信银行、青岛卷烟厂、东海路改造等工程供应混凝土46000立方米。为台东鞋业城、市北交电大厦、东海路电业宿舍楼工程配送混凝土6000立方米、水泥1.5万吨、钢材500吨。1999年，重点保证山宁立交桥、宁镇立交桥，颐中烟草、电力大厦、市广电中心工程，以及浮山后安居工程、棚户区改造等工程项目的水泥供应。向国安综合楼、开源热力公司办公楼等40多个建筑工地配送混凝土，全年共销售混凝土5.1万立方米，销售额达1500万元。1991～1999年，青岛市建材总公司的水泥销售量均保持在8万～11万吨，并以水泥的供应带动建筑钢材、门窗、装修、陶瓷、小五金等物资的成套供应。2000年，建材产品经营大幅萎缩。2001年11月，青岛市建筑材料总公司停止经营。

1979～2000年青岛市建筑材料总公司物贸经营情况表

表2-7

年份	购进额（万元）	销售额（万元）	利润总额（万元）	费用水平（%）	资金周转（天）
1979	1187.6	1289.15	34.6	6.1	68
1980	1455.21	1571.53	48.6	5.81	57.1
1981	1213.29	1375.87	40.7	5.2	71.85
1982	1830.36	1989.87	80.4	4.98	44.4
1983	2377.48	2531.89	90.9	4.98	42.86
1984	2954.54	3257.55	125.3	5.85	39.96
1985	3992.05	4315.75	173.8	6.85	40.96
1986	4654.71	5365.3	195.9	6.94	37
1987	6506.76	6927.58	201.2	6.14	34

续表2-7

年份	购进额（万元）	销售额（万元）	利润总额（万元）	费用水平（%）	资金周转（天）
1988	7529.93	9088.52	187.2	5.16	27
1989	6150.7	6961.84	172.1	7.59	39
1990	4421.48	4732.57	3.08	10.07	54
1991	4342	5036	17	9.13	32
1992	0	6000	26	8.7	28
1993	11801	11608	74.5	8.28	48
1994	865	825	12	8.62	—
1995	14134	14489	32	6.94	—
1996	10164	9348	35	6.1	—
1997	6169	6206	0	0	—
1998	9892	4736	308	8.22	—
1999	8000	8839	51.1	5.2	—
2000	3198	3643	-15.8	10.47	—

说明：1993年之后资金周转不再作为考核指标。

第七节　其他经营业务

改革开放后，青岛市物资系统积极应对计划内物资供应逐年减少的形势变化，大力组织计划外物资购销服务，努力满足青岛生产资料供应，为全市经济社会发展作出不可替代的贡献。同时，充分利用自身优势，主动为企业提供以“四代”（代购、代销、代加工、代托运）为主要形式的信托服务、设备租赁服务，组织开展生产资料市场建设。

信托服务

改革开放初期，市生产资料服务公司通过代购、代销、代加工、代托运等“四代”信托手段，开辟购销渠道，促进物资交流。1984年，恢复和参加由全国10多个重点城市组成的全国服务网和全国服务公司信息中心，与烟台市生产资料服务公司共同发起组建胶东半岛23个毗邻市县的“鲁东信息网”，延伸购销渠道，减少委托代办环节，加快物资流通速度，支持全市工农业生产和乡镇企业的发展。同年完成信托服务业务175笔、877万元，成交钢材2422吨、木材9035立方米、汽车45辆、拖拉机6台。1984年后，随着企业自营业务逐步增加，市生产资料服务公司“四代”业务在经营中所占比例逐渐减少。80年代后期开始，青岛市物资系统的其他专业公司也曾开展信托业务，并成为在市场经济条件下的多种经营项目之一。

1979～1985年青岛市生产资料服务公司“四代一调”业务情况表

表2-8　　　　单位：万元

年份	营业额	服务费收入	利润	年份	营业额	服务费收入	利润
1979	3786	16.1	10.18	1983	3761	92.22	72.97
1980	4246	19.23	12.32	1984	4945	83.01	55.9
1981	2129	15.41	4.06	1985	5048	91.01	58.9
1982	2216	52.8	31.64				

设备租赁

自1987年起，市生产资料服务公司重点开展建筑机械设备、钢模板、钢模架的租赁业务。至1988年，共投资500万元，租赁钢模板5万平方米、脚手架钢管500吨、配件50万个、钢支撑5000支、门式脚手架5000片、脚手板5000块，为建筑单位节约大量木材和资金。1991年，租赁钢模板13.4万平方米、钢管73.1万米、各种配件62.3万件，租赁用户达到195家。至1996年，累计设备租赁投资2500万元。1997年，青岛市的租赁企业发展到近500家，市场竞争更加激烈。市生产资料总公司全年签订租赁合同1001份，租赁钢模板42.9万平方米，管件275.3万米，分别比1996年增长11%、35%和21%，实现业务额1.25亿元。1999年3月，由市生产资料总公司和企业内部职工共同出资，组建青岛物资租赁经营有限公司。当年公司追加投资220万元，更新钢模板1.75万平方米。全年完成业务额11956万元，实现利润227万元。

2001年4月，青岛物资租赁经营有限公司实施二次改制，国有资本完全退出。青岛物资租赁经营有限公司整体改制为有限责任公司，主要经营物资经销和建筑设备租赁业务。

生产资料市场

1985年，青岛市物资贸易中心成立，是由物资系统各专业公司组成的松散型经济联合体，实行“统一管理、独立经营、分别核算、权益归己”管理方式。主要经营计划外金属材料及制品、化工轻工产品及原材料、煤炭、燃料油、低热值燃料、节能器具、机电设备产品、建筑材料、装饰材料、木材、木制品、汽车等。经营方式主要为自营经销、代购代销和调剂串换业务，同时开展部分物资协作业务，有偿提供信息、技术、生活服务。按照面向生产、方便用户、搞活经济的原则，开业当年组织召开订货会、调剂会5次。青岛市物资贸易中心的成立，带动了专业市场发展。1987年5月，青岛市钢材市场成立，吸引冶金企业超产钢材和社会库存钢材进入市场交易。1989年销售钢材31.83万吨，销售额23669万元。1989～1990年，青岛市物资系统每年举办春秋两季大型生产资料交易会，物资交易额共计5.14亿元。

1990年，青岛生产资料市场成立，市物资贸易中心同时将管理、服务、协调、监督职能移交予生产资料市场。青岛生产资料市场以经营生产资料为主，生活资料为辅，集物资、商业、外贸为一体，展销、零售、批发相结合。至1996年，共有25家物资、商贸公司进驻市场，开展钢材、木材、机电产品、汽车以及汽车配件、建材、家具、期货、娱乐等经营项目，辐射面由青岛地区逐渐扩展到省内外、国内外。1991～1996年，该市场先后举办9期各类交易会、洽谈会和订货会，累计交易额8.6亿元。随着市场经济的发展，全市生产资料市场呈多元化发展，青岛生产资料市场的管理职能不断弱化，逐渐转变为以租赁经营场所和自营业务为主。至1999年，市场的经营单位减少至9家，市场交易额7364万元。自2000年起，进驻市场的经营单位逐步撤出，生产资料市场经营停止。2005年8月，青岛生产资料市场撤销。

1979～2000年青岛市物资局（总公司）物资经营情况表

表2-9

年份	购进额（万元）	销售额（万元）	利润额（万元）	费用水平（%）	定额流动资金周转（天）	年末固定资产原值（万元）	年末固定资产净值（万元）	工业总产值（万元）	统计范围
1979	15262	16798	340	10.2	103	1268	879	875	市内七公司及人造板厂
1980	19097	20954	709	8.6	92	2124	1142	1064	市内七公司及人造板厂
1981	18283	21857	597	8.93	94	2243	1569	1122	市内七公司及人造板厂
1982	25833	29274	1491	8.41	70	2376	1635	1201	市内七公司及人造板厂
1983	27844	31326	1721	7.42	64	2937	2102	1200	市内七公司及人造板厂
1984	34631	41076	2223	7.97	71	3136	2208	1326	市内七公司及人造板厂
1985	48248	52415	3333	6.88	51	3479	2467	1438	市内七公司及人造板厂
1986	48717	53925	1963	6.68	52	3531	2492	1245	市内八公司及人造板厂
1987	71308	75488	2424	6.48	46	4081	2896	1062	市内八公司及人造板厂
1988	105994	118485	4676	5.11	38	4928	3575	1558	市内八公司及人造板厂
1989	132438	142945	4028	5.73	45	5757	4169	1539	市内九公司及人造板厂
1990	128863	154267	2139	6.59	44	7043	5173	1118	市内九公司及人造板厂
1991	161615	174812	2165	5.86	41	8114	5869	2208	市内九公司及人造板厂
1992	233677	259663	3150	4.62	31	7964	5791	—	市内十公司
1993	235153	343800	2648	4.49	36	11021	8696	—	市内十一公司
1994	203518	212736	-512	7.04	—	14516	10830	—	市内十二公司
1995	136881	156339	-1661	11.01	—	22441	18171	—	市内十一公司
1996	—	129286	-3330	11.36	—	26798	21967	—	市内十一公司
1997	—	116981	-2252	9.92	—	28436	22657	—	市内十公司
1998	—	91958	-1460	8.43	—	28736	22332	—	市内九公司
1999	—	90886	-656	8.32	—	27866	21393	—	市内九公司
2000	—	100936	79	6.2	—	27455	20819	—	市内十二公司

说明：1. 1993年之后资金周转、1996年之后购进额均不再作为考核指标。

2. 1992年市人造板厂转出后，物资系统无工业总产值指标。

第二章　供销合作

中共十一届三中全会后，全国供销合作社体制改革逐步展开，青岛市供销合作事业进入快速发展时期。

1981～1985年，青岛市供销合作社进入恢复发展时期。5年间，全市供销合作社系统累计供应农业生产资料总值9.2亿元，其中供应化肥206万吨、农药5.87万吨、中小农具825万件；供应青岛市工业部门原棉316万吨、废钢铁45万吨、造纸原料3.6万吨，组织投放市场的日用工业品总值18亿元；为农民推销果品33万吨、粮油16万吨、蔬菜28万吨。同时，市供销合作社自身经济实力进一步加强。5年间实现利润9044万元，上缴国家税金5145万元，自有资金增至10360万元。

1986～1990年，青岛市供销合作社进入改革探索时期。从各级供销合作社管理体制改革到企业所有制变革，从单一经营农业生产生活资料到引进外资并开始向城乡工商业领域拓展，全市供销合作社进入全面发展的快车道。至1990年，青岛市供销合作社有企业300个，经营网点3559个，干部职工33474人。全年商品总购进25.9亿元，总销售27.5亿元，实现利润2362万元，费用率降为7.25%。全市供销合作社系统兴办的农村饮食服务业稳步发展，当年营业额为3861万元，实现利润239万元。社办工业生产的出口品种增加，当年出口创汇2592万美元。其中，平度、莱西、胶南等市社办工业生产、加工的白棉布、糠醛、果脯、保鲜蒜薹、速冻芋籽等产品打入国际市场。

1991～2005年，青岛市供销合作社进入深化改革和稳定发展时期。一批大中型综合商场、超市建成营业，各类农副产品加工企业建成投产，组建涉及农资、烟花爆竹、再生资源、蔬菜、果品、茶叶、花生等多个领域的各类协会18个，基本形成覆盖市区、乡镇、村的供销服务网络。2005年，全系统完成商品总购进42.41亿元，总销售55.6亿元，实现利润总额1.18亿元。全市农资连锁店总数达到827家，农资网络辐射面约占全市行政村的80%。供应农业生产资料总值14.17亿元，其中供应化肥114.8万标准吨、农药7530万吨、农膜6093吨；收购籽棉21050吨，回收废旧物资3940万元；各类专业合作社收购推销农产品总值2亿多元，全系统资产总值26.76亿元。全市专业合作社74个，发展基地5442公顷，当年产值3.61亿元，年为农民增收3744.8万元。在主要经济指标、服务“三农”指标、体制创新指标三大类共23项内容综合考评中，列全国计划单列市和副省级城市第一位，获得全国供销合作总社表彰。

1978～2005年青岛市供销合作社经营情况统计表

表2-10

年份	商品总购进（亿元）	商品总销售（亿元）	实现利润（万元）	年份	商品总购进（亿元）	商品总销售（亿元）	实现利润（万元）
1978	1.72	5.31	1262.24	1983	1.82	3.9	1603
1979	1.87	5.5	1551.3	1984	10.93	12.26	2321.35
1980	2.05	6.36	1511	1985	12.63	14.2	2818
1981	1.56	3.91	1383.2	1986	14.8	16.5	2376.46
1982	1.46	3.74	941	1987	15.05	16.97	2085.8

续表2-10

年份	商品总购进（亿元）	商品总销售（亿元）	实现利润（万元）	年份	商品总购进（亿元）	商品总销售（亿元）	实现利润（万元）
1988	20.3	22.2	3792	1997	40.65	45.2	3818
1989	23.7	25.4	3504	1998	41.53	46.34	3286
1990	25.9	27.5	2362	1999	39.5	47.13	2660
1991	28.7	30.9	2552	2000	40	50.4	4733
1992	30.9	35	2107.8	2001	40.08	49.5	3418
1993	30.9	37.5	2593	2002	37.98	49.5	4451
1994	28.9	32.7	2041	2003	38.84	50.23	5576
1995	34.6	38.9	1728	2004	44.5	51	8359
1996	38.7	42.5	1976	2005	42.41	55.6	11800

第一节　体制改革

供销合作社承担农副产品收购、农业生产资料和生活资料供应的职责，是城乡经济交流的主要渠道，同时也是促进农村经济联合的重要纽带。中共十一届三中全会以后，青岛市积极推进供销合作社体制改革，大力发展合作商业尤其是农民合作商业，在搞活流通、促进生产、繁荣城乡经济、方便农民生活中发挥了不可替代的作用。

管理体制改革

改革开放初，供销合作社的体制改革成为农村经济体制改革的重要组成部分。1982年1月，中共中央批转《全国农村工作会议纪要》，要求消除“文化大革命”对供销合作社的“左倾”影响，恢复供销合作社的“三性”（组织上的群众性、管理上的民主性和经营上的灵活性）。1983年4月，山东省政府对供销合作社体制进行改革。主要改革措施是：在清理原有社员股金、兑现分红、换发股金证的基础上，积极扩大吸收农民入股；制定社章，恢复社员代表大会制度，建立理事会、监事会；冲破用行政手段固定区域、固定渠道、固定层次的条条框框，尽量减少环节；基层供销社不负担国家政策性亏损；开展多种形式、多层次的联营，扩大服务范围和服务领域；全面推行经营承包责任制等。

1984年1月，根据中共中央《关于1984年农村工作的通知》精神，各级供销合作社要实行独立核算，自负盈亏，有关制度按合作企业性质进行改革。青岛市、县两级供销合作社在保留原有职能不变的情况下，从机构设置上退出政府序列，机关经费转为自筹。同年7月，市政府作出10项具体规定：（一）要紧紧围绕改“官办”为“民办”、改全民为集体这个核心，本着“清‘左’、松绑、放权、搞活”的精神，大胆进行改革；（二）采取多种形式，放手发动农民入股，扩大供销社的股金；（三）在保证完成国家任务的前提下，突破现有经营范围的限制；（四）要实行综合服务，农民需要什么就经营什么；农民需要什么服务，就提供什么服务；供销社可以在市区和县城建立农副产品批发市场和贸易中心；（五）供销社要做到购销结合，综合经营，逐步形成农村经济的综合服务中心；

（六）在严格执行国家物价政策的前提下，扩大供销社的物价管理权限；（七）打破干部的终身制度和职工的“铁饭碗”；（八）有关工商税收问题；（九）采取点面结合的方法，加快改革步伐；（十）切实加强对改革的领导，有关部门要主动配合、支持供销合作社的体制改革。1985年9月，随着青岛市行政区域的变更扩大，除原崂山县供销社外，即墨、胶县、胶南、平度、莱西县和黄岛区供销合作社相继划归青岛市供销社领导。同时，青岛市供销合作社不再列入政府序列，实行自负盈亏，自主经营，并根据实际需要，对供销合作社内部机构设置和人员编制进行调整。至1985年，青岛市供销合作社在清理原有社员股金，落实社员股权，偿还历年积欠红利的基础上，实行民主办社，增股扩股，灵活经营，进一步搞活农副产品购销，改进农业生产资料和日用工业品的供应工作。

1986年7月，在青岛市供销合作社第一届社员代表大会召开36年后，召开青岛市供销合作社第二届社员代表大会。会议通过《青岛市供销合作社联合社章程》，选举产生27人组成的第二届理事会和23人组成的第二届监事会，成立青岛市供销合作社联合社，同时召开二届一次社员代表大会，选举产生常务理事9人和理事会主任、副主任；选举产生常务监事10人和监事会主任、副主任。9月，青岛市供销合作社更名为青岛市供销合作社联合社，并调整内设机构。1988年7月，召开青岛市供销合作社二届二次社员代表大会，大会审议通过市联社理事会、监事会工作报告和财务状况报告，通过《青岛市供销合作社联合社章程》，补选市联社理事会理事2人和监事会监事8人，并一致通过供销社关于发展外向型经济战略规划。1989年2月，召开青岛市供销社合作社二届三次社员代表大会，大会通过市联社理事会《关于深化改革、开拓经营、促进供销合作事业全面发展的工作报告》，市联社监事会《关于认真搞好监督检查、保证和促进供销社治理、整顿和深化改革任务顺利完成的工作报告》。1990年9月，召开市供销合作社二届四次社员代表大会，会议审议通过市联社理事会、监事会工作报告和财务状况报告，增补市联社理事会理事3人和监事会监事4人。1992年8月，召开青岛市供销合作社第三届社员代表大会，会议审议通过市联社理事会、监事会工作报告和财务状况报告。大会选举产生第三届理事会和监事会，同时召开三届一次社员代表大会，选举产生常务理事和理事会主任、副主任，常务监事和监事会主任、副主任。

1996年3月，市供销合作社精简职能机构，由13个处室压缩为8个处室；人员由117人减为54人。各区（市）供销社随之进行相应改革。4月8日，市委、市政府印发《关于深化我市供销合作社改革的意见》，明确深化青岛市供销合作社改革的整体思路和目标任务。当年，市供销合作社选取20个基层供销合作社进行深化改革试点工作。主要试点内容包括，对部分基层社按照经济区域调整建制，撤社留店；将地处近郊的基层社转体为专业或综合性商贸公司；清产核资，全面清理政策性历史挂账，重点解决政策性亏损问题，对长期亏损，扭亏无望的企业坚决予以调整兼并，优化资产配置；完善基层门店的承包经营，掌握基层门店管理的主动权。同年10月10日，青岛市机构编制委员会《关于印发〈青岛市供销合作社联社职能配置、内设机构和人员编制方案〉的通知》明确，市供销合作社联社的主要职责、内设机构、人员编制。其主要职责是：（一）研究制定全市供销合作社的发展规划和年度计划并组织实施；（二）指导全市各级供销合作社的发展和改革；（三）按照政府授权对重要农业生产资料、农副产品的经营进行组织、协调、管理；（四）协调与市有关部门的关系，指导全市供销合作社的业务活动，维护青岛各级供销合作社的合法权益；（五）考核全市供销合作社社有资产保值增值指标，负责市直属企业社有资产管理并对资产负债和损益情况进行考核、监督；（六）依照国家、市政府和社章规定，决定或批准市社直属企业的设立、合并、兼并、分立及小型企业出售和企业投资；（七）宣传贯彻党中央、国务院、省委、省政府、市委、市政府有关农村经济工作的方针、政策，负责市社所属企事业单位领导干部的政治和业务培训；（八）促进对外合作与交流，发展进出口业务。1997年，全市供销合作社机构改革全面展开，共有60家基层社完成改革任务，占全系统基层社的57.14%。当年，全市基层社实现商品总销售10.73亿元，同比增长17%；亏损额减少103万元，其中平度市、崂山区、黄岛区无亏损基层社。同时，全市基层社累计发展社员68万户，占全市农户总数的51%，吸收社员股金1.29亿元，同比增加579.3万元。

2001年10月16日，青岛市机构编制委员会印发《供销合作社联社改革中有关问题的通知》，重新确定青岛市供销合作社联社机关内设机构和人员编制，并明确“市供销社机关经费自2001年1月1日起列入市财政经费预算，不再向所办企业提取管理费”。2003年，青岛市县级供销社机关经费入到本级财政预算。

2005年，根据中华全国供销合作总社和山东省供销社“关于加强基层供销社建设的有关意见”，市供销社确立改体制，转机制，调建制，整合资源建网络，盘活资产增资减债增活力，发展新型合作经济组织，完善服务体系地位的发展思路，进一步加强基层供销社建设。

经营体制改革

1978年，青岛地区供销社经营机构有山东省供销社所属6家二级站：食品站、棉烟麻站、生产资料站、日用杂品采购供应站、土产采购供应站、干鲜果品采购供应站。市供销合作社所属经营机构4家：青岛市废旧物资公司、青岛市果品公司、青岛市信托服务公司、青岛市供销社汽车队。经营项目和商品种类涵盖城乡居民衣食住行各个方面。

1979年7月，青岛市供销合作社开始探索三项改革：一是土产杂品采购站成立信托服务部，经营方式以代营为主，代营和自营相结合，既可以经营土产杂品站经营和兼营的品种，也可以委托代购代销土副产品。从而实现跨行业经营，对搞活城乡经济、满足人民群众的生产生活需求具有重要意义。二是市果品公司成立果品公司货栈，实行半独立核算，对该公司经营范围内的计划外商品开展代购代销业务。企业的自主权从经营范围扩大到职工收入分配，极大地调动企业职工的工作积极性。三是将市南、市北、台东、四方、沧口5个区的土产杂品、果品零售商店全部移交各区管理。当年，青岛土产杂品贸易货栈、青岛市副食品贸易货栈等多家企业开始扩大经营范围，实行独立核算，统负盈亏。市果品信托服务部不仅实行独立核算，统负盈亏，而且把经营范围由原来仅经营干鲜果品，扩展到干菜、调味品、肉、禽、蛋、水产品等。随后，市供销社所属企业经营规模不断扩大，在各区增设服务网点，经营收益明显增加。

1984年10月，市供销合作社成立青岛农副产品贸易中心，实行联合经营、常年展销、定期交流、代购代销、代储代运、代展土产品、代做广告、信息服务、出租场地和自营购销等。经营范围为干鲜果品、干菜调味品、水产品、议价粮油、日用杂品、农业生产资料、废旧物资、建筑材料、工业原料、乡镇企业产品及其他农副土特产品和副食品。同年底，山东省供销合作社将省属青岛土产杂品采购供应站下放归青岛市供合作销社管理，并更名为青岛市土产杂品公司。1985年4月，成立青岛市供销合作社物资站，经营范围包括汽车、汽车配件、建筑材料、农业机械、农用化肥、五金交电、化工、废旧物资、棉麻制品、土产杂品、日用百货等。此后，先后成立青岛市供销社工业品批发公司、青岛市青棉贸易公司、青岛市供销合作社贸易公司、青岛市超储备积压物资调剂市场、青岛市供销社经济技术开发区经营处、青岛市棉麻公司等。至1990年，市级经营机构达到9家：青岛市再生资源总公司（下辖21家分公司和11家独立核算零售企业）、青岛市土产杂品总公司（下辖8家分公司和独立核算零售企业25家）、青岛市果品食杂公司（下辖7家分公司、1家冷藏厂和6家果品店）、青岛市棉麻公司（下辖4家仓库）、青岛市农副产品贸易中心（下辖5个批发部和1家商场）、青岛市农业生产资料公司、储运公司、市供销社招待所。拥有经营服务网点5695个，职工33662人。入股社员占全市农户的90%，社员股金发展到3300万元，比1980年增长1.3倍；自有资金由1980年的9858万元增至3.9亿元，增长2.8倍；固定资产由1980年的4646万元增至2.85亿元，增长5倍；商品购销总额达53.32亿元，比1980年增长3.29倍；实现利润2332万元，比1980年增长1.4倍。

1991年10月，根据市政府《关于在我市国合商业企业进行“四开放”试点的通知》要求，市供合作销社在所属果品食杂公司、民用品商场、后海商场等单位率先进行企业经营放开、价格放开、用工放开和分配放开的“四放开”试点工作。自1993年开始，市供销合作社全面推进以转换经营机制为重点的各项改革，在分配、用工、经营等方面实施一系列改革措施。企业在保证国家多得、企业多留的前提下，自主决定奖金的分配形式和分配数额。全系统90%以上的企业全面推行全员劳动合同制，彻底打破“铁饭碗”。除继续实行经营承包责任制以外，在亏损面较大的县和基层供销社中推行以“租壳卖瓤”为主要内容的“社有民营”承包制改革，有效地遏止经济效益下滑的局面。同时，对长期亏损且资不抵债的市供销储运公司实行兼并，撤销主营业务日渐萎缩、企业效益下滑的市社物资站。对凯通经贸公司实行一分为三的“母体分离”改革。在市属企业中进行批零合一的经营体制改革，解决零售组织货源难、批发缺乏经营窗口的弊端。

1994年，全市供销合作社系统普遍推行劳动、工资、保险三项制度改革。市社直属59家独立核算企业全部实行全员劳动合同制，共有6800余名干部职工签订劳动合同。对企业工资实行分类调控，与绩效挂钩。对部分基层社按照经济区域调整建制，撤社留店。将地处近郊的基层社转体为专业或综合性商贸公司，对部分扭亏无望的基层社进行调整兼并。截至年底，全系统有6家企业改制为股份合作制企业；有1537家基层门店实行租、包、卖，占门店总数的43%。自1996年起，市供销合作社进一步深化所属企业改革。市再生资源集团公司按照集团化的改革思路，对其资产进行优化配置和重组，对不景气的企业进行合并、兼并，初步形成集团化、规模化的运行机制。市果品总公司按照建立便民连锁店的改制思路，积极实施改造批发、改善零售、发展连锁经营的改革方案。全年发展连锁商店9家，通过统一管理、规范经营，呈现出良好的发展势头。市土产杂品总公司实行大化小分立改组，将所属8个分支经营机构全部从公司中分离，实行独立核算，并对公司下属小企业实行股份合作制、风险抵押承包和抽资式租赁经营。东方贸易大厦在错埠岭社区便民店成立消费合作社之后，于12月成立全市首家商业消费俱乐部，并发展会员1.5万名，探索社区便民服务新途径。同时，通过优化配置、剥离重组、控股参股等形式，东方贸易大厦、北方国贸大厦、再生资源集团公司、农资公司、果品总公司等一批大中型企业先后改制为股份有限公司。其中东方贸易大厦股份有限公司、北方国贸股份有限公司、物华股份有限公司分别实现上市、上柜，共募集资金2.4亿元。其中，东方贸易大厦股份有限公司借改制上市契机，投入1960万元，全资收购平度华联商厦，实现跨行业、跨地域、跨所有制兼并。

1997年，各级供销合作社按照“扶优助强发展壮大一批，千方百计救活生存一批，优胜劣汰调整改组一批”的思路，坚持“抓好大的，放活小的，分门别类进行调整和改组”的原则，通过成立股份合作制、有限责任公司，采取兼并、合并、联合、出售、嫁接改造、承包经营、租赁经营以及分离经营、托管经营、私营等多种改制形式，使中小型企业走出低谷，大型骨干企业增强实力。当年，全系统社属企业改制193家，改制面占全系统社属企业的70%。其中，市社直属中小企业完成改制45家（有限责任公司3家、股份合作制企业10家、租赁3家、被兼并21家、其他形式8家），改制面达90%。通过改制，社属企业经济效益显著提高。其中，东方贸易大厦股份有限公司当年实现商品销售总额5.5亿元，同比增长45.1%，实现利润1743万元，同比增长47.5%；北方国贸大厦股份有限公司当年实现商品销售总额3.2亿元，增长48.4%，实现利润820万元，增长35.2%。1998年，组织实施“大型企业集团化，中型企业股份化，小型企业多元化”改革战略。市供销合作社先后以东方贸易大厦股份有限公司和物华股份有限公司为核心企业，以资产为纽带，联合系统优势企业，组建成立青岛东方集团和物华集团。胶南市社组建成立青岛大世界国贸集团，崂山区社组建成立青岛广辰集团。年内，全系统改制股份有限公司7家，有限责任公司36家，股份合作制企业24家，抽本租赁门店1620个；全系统社属企业完成改制112家，占全系统社属企业的50.5%，其中市社直属企业年内完成改制17家，改制面达98%。青岛长青股份有限公司通过租赁、购买、改造等形式，以城乡接合部为重点，发展连锁网点21个，配送中心1个。以品牌为重点的总代理、总经销规模扩大，年内新发展全省总代理、总经销品牌3个。全年全系统推出海尔产品、古井贡酒等30个品牌作为联购分销重点品牌，联购分销额突破4亿元，同比增长25%。另外，青岛长青股份有限公司、物华集团、青岛东方贸易大厦集团、市土产杂品总公司4家企业，利用闲置资源先后兴办青岛灯具市场、物华家庭装饰市场、东方家居之窗、振华旧货市场4个专业市场；即墨市社开办装饰材料市场、果品市场；黄岛区辛安供销社开办装饰材料市场。截至年底，全系统有各类专业市场11个，总营业面积达4.9万平方米，年交易额2亿元。

1999年，市供销合作社将“壮大活小，转化机制”“抓大放小，有进有退”作为企业改革重点，并首次提出社有资本从企业中退出。其中，东方集团公司顺利实施增资配股方案，募集资金7300万元；物华集团公司实施二次改制，完善母子公司体系；市社汽车检测修理厂实施“先出售，后改制”，退出社有资产，改制为世泰实业有限公司；对亏损企业经贸总公司实施托管改组，划归市社外贸总公司管理。当年，市社直属企业新组建有限责任公司10家、股份合作制企业4家，收购兼并5家，对外承包1家。年内，市社118家独立核算法人企业中有117家完成改革调整，其中，实施产权制度改革的企业占企业总数的58.5%。

自2000年起，青岛市供销合作社系统所属企业开始产权制度改革，社有资本在一部分企业中逐步退出。当年，有8家市社直属企业实施改制和调整，6家已改制市社直属企业的股权结构进行重新调整。其中，转让东方上市公司股权5830万股，使市社股权减持到6.67%；台东土产店和后海商场市社法人股全部退出，成为全部由内部职工持股的股份合作制企业。关闭、撤销9家名存实亡的小企业。截至年末，市社89家独立核算企业中有65家企业实施产权制度改革，其中有限公司37家、股份有限公司5家、股份合作制23家，实施产权制度改革的企业占企业总数的73%，企业改革调整面达100%。2001年，完成青岛物华实业有限公司、青岛同欣饭店有限公司、颂尼克儿童用品专卖店和供销房地产公司4家企业的改制组建和出售工作，使产权制度改革企业达到69家，产权制度改革面达到96%。同时，对农资股份有限公司、物华房地产开发有限公司、榉林园旅行社有限公司等企业实施社有资本的减持工作，共减持股份700多万股。对13家企业实施社有资本的退出，使社有资本全部退出企业总数达到41家，社有资本退出面达到57%。

2002年，组织对市农资股份有限公司实施股权转让，重组青岛农资实业有限公司；对市棉麻公司实行分离改制，重组青岛棉麻有限公司；对市果品公司实行整体拍卖出售，对农贸中心实施托管。当年，4家市社直属企业完成产权制度改革，全市供销社系统产权制度改革企业累计71家，改制面100%。有9家企业退出社有资本，社有资本全部退出的企业累计48家，社有资本退出面为68%。在推进企业改革的同时，市社与所属企业分别成立再就业服务中心，建立市场化的劳动用工制度，实施再就业工程，妥善分流安置职工。全系统共分流安置职工1633人，分流安置费用2099万元。其中退养473人、协保253人、大龄留职协议256人、重新上岗85人、再就业367人、小龄人员解除劳动合同199人。

2003年，围绕优化资本结构，重点推进社有资产退出。年内有18家中小型市属企业完成社有资本退出工作，2家大型企业改制退出改制全面启动。同年7月，青岛市供销社资产运营中心更名为青岛市供销社资产运营（集团）中心，总资产2.2亿元，全面负责供销社社有资产的管理和运营，实行社有资产的保值增值。当年，市供销社系统社有资本全部退出的企业累计达70家，社有资本退出面97%。2004年，直属企业改制退出工作基本完成。全年市社先后完成16家企业的改制退出，清偿欠薪欠费727万元，确保了再就业服务中心内246名退养人员足额发放基本生活费和缴纳社会保险金，确保了市属企业2284名离退休人员基本养老金的足额发放。

至2005年，除青岛物华集团股份有限公司社有股份退出和青岛再生资源总公司及下属企业整体转让或改制工作没有完成之外，市供销社直属企业改制退出工作基本完成。当年，全市供销合作社商品总销售达到57.3亿元，实现利润1.8亿元。

第二节　农业生产资料

农业生产资料的供应是供销合作社的主要经营业务。改革开放前供应的品种主要有化肥、农药和农药器械、农用塑料薄膜（简称农膜）、中小型农具等。改革开放后，青岛市各级供销合作社根据党和国家不同时期在农村的方针政策，组织货源，扩大供应，加强服务，最大限度地满足农民对生产资料的需要，促进农业生产的健康发展。1979～2005年，全市供销合作社农业生产资料销售总值平均每年递增6580万元。2005年，全市生产资料供应总额为14.17亿元，是1978年的9.68倍，农资连锁店总数达到827家，农资网络辐射面约占全市行政村的80%；镇级农资超市14家，年销售额突破1亿元。

农资供应政策

价格政策　自1979年开始，国家有计划、有步骤地逐步理顺农业生产资料的不合理价格，以缓解生产、经营部门的政策性亏损。1984年，国务院决定调整化肥价格，尿素出厂价由每吨360元调为每吨410元；销售价由每吨458元调为每吨520元。青岛市执行山东省制定的价格，同时建立化肥价格调剂基金制度，以调节经营单位因执行平价而造成的亏损。

1994年8月，随着农资专营政策的结束，农业生产资料的价格由国家制定统一出厂价改为国家只对17个大型化肥企业生产的尿素、硝酸铵制定出厂价。企业根据“保本微利”原则以及季节、地区差别和市场供求情况，按国家确定的中准价格及浮动范围，确定出厂价格。省内化肥企业生产的尿素、硝酸铵出厂价由省级物价部门参照国家确定的中准价格具体核定。1995年，全市全年农资销售总值7.58亿元，比上年增长46.1%。1999年之后，由各级政府制定所属农资生产企业的产品出厂指导价格。

2000年，全国农资市场开始全面放开，销售价格随行就市。当年，全市农资市场货源充足。农资市场放开并没有削弱供销合作社的农资销售主渠道作用。在激烈的市场竞争中，市供销社所属农资销售企业凭借可靠的质量、良好的信誉和完善的技术服务占据着农资市场的绝大部分份额。2005年，全市生产资料供应总额为14.17亿元。

1994年8月起，农业生产资料由供销社一家专营改为多家经营，农资市场逐步放开。图为1999年建立的全国首家新型农资超市——平度市金色谷农资超市。

专营政策　自1978年实行改革开放之后的10年间，农业生产资料一直实行计划分配政策。从1987年开始，农业生产资料出现市场乱、渠道乱、价格乱的现象，直接阻碍农业生产发展，侵犯农民经济利益。1988年9月，国务院印发《关于化肥、农药、农膜实行专营的决定》，从1989年1月1日起，对化肥、农药、农膜，由供销合作社所属农业生产资料公司及基层供销合作社专营，其他部门、单位和个人一律不准经营。市政府根据国务院的决定和山东省政府有关文件精神，结合实际情况，发布暂行办法，并很快在全市范围执行，对取缔假冒伪劣农业生产资料、制止就地转手倒卖和乱涨价发挥了重要作用。当年全市农资商品可供货源增加，供求矛盾有所缓和。全年共销售化肥61.6万吨、农药3623吨、农膜3776吨。在年底召开的全国化肥、农药、农膜专营工作会议上，市供销社被授予全国1989年化肥、农药、农膜专营先进单位称号，市政府作为全国唯一的先进单位代表在大会上介绍经验。1990年，市政府印发《化肥、农药、农膜专营办法》，进一步明确供销合作社为农资经营的主渠道。

1994年8月，国务院印发《关于改革化肥等农业生产资料流通体制的通知》后，化肥和其他农业生产资料由供销社一家专营改为多家经营，农资市场随之逐步放开。

主要农资供应

化肥　改革开放之前，国产化肥由国家统一收购、统一分配，进口化肥由国家纳入计划统一分配供应。青岛市供销合作社按国家统一分配计划组织调运，由基层供销社实施供应，并负责奖售化肥兑现。从1978年起，为便于平衡和按计划供应，改为国家统一计划，供销合作社分级收购和进口。国家总社和山东省供销合作社收购大中型化肥厂的化肥，按计划分配调运。县级供销社收购定点小化肥厂的产品，组织基层供销社分配供应。自1980年起，改变供销合作社包销的办法，一部分由生产厂直销，一部分由供销社销售，并实行化肥供应到户。1984年前，化肥销售只有一种价格政策，即国家统一规定的价格（称牌价）。1984年后，实行两种价格并存，即奖售计划内的执行牌价（也称低价），计划外的销售实行议价（也称高价）。随着农村联产承包责任制的推行，农民对化肥的需求量快速增加，计划内的化肥供应远远不能满足农村的需要。从1985年开始，市农资公司和各基层供销合作社为弥补计划内化肥供应不足，到农资二级批发站和化肥生产厂家直接进行计划外采购。计划外采购的化肥从品种和数量上可以基本满足当地农民的需要，价格也能控制在农民能够接受的范围。1994年取消化肥专营后，化肥的出厂价格仍旧由国家和省级政府物价管理部门制定，直到1999年，才改为由政府制定化肥出厂的指导价格。2001年，化肥销售价格基本放开，当年全市供销合作社系统化肥销售历史上第一次过百万吨。

另外，随着农副产品统购、派购、换购和计划收购的品种逐年减少以及化肥产量的提高，奖售化肥的农副产品种类逐年减少。到1990年底，保留化肥奖售的农副产品种类减为棉花、粮食、油料、烤烟4种。到1994年化肥专营结束，面向市场放开。由于供销合作社系统采购和销售渠道通畅，质量和价格让农民放心，在专营结束后的很多年内，供销合作社依旧是化肥供应的主渠道。2005年，全市供销合作社系统销售化肥114.86万吨。

农药　在计划经济年代，农药属省级管理商品，实施计划管理，在一般情况下，由市政府经济计划主管部门下达年度计划，市供销社按季度将计划指标分配到各县（区），各基层供销再按销售渠道组织供应，并保持供求基本平衡。特殊情况下，向省农业生产资料公司申请增拨计划或向外地公司调剂解决。1978年以后，为防止高残留农药对各种农作物产品及环境的污染，全市经营的农药品种主要是低毒、高效农药，即对人、畜毒性低、杀灭虫害效率高并且对农作物无内吸残留性的农药。如有机磷、氨基甲酸酯和除虫菊酯类农药等。同时，逐步淘汰一些低效高残留的品种，当年全市供销合作社供应农药1.1万吨。1983年，国家决定停止“六六六”“滴滴涕”原粉的生产。1984年，全市供销合作社供应农药1.4万吨。此后，全市供销合作社农药供应量显著减少。1985～1988年，年供应量一般在4500吨左右。

1989年国家对农药实行专营政策后，农药由供销合作社独家经营。为解决农药需求量日益增大，供应出现较大缺口而影响农业生产的问题，市供销合作社千方百计争取计划指标，积极组织货源，满足农业生产需要，当年全市供应量4406吨。1994年以后，农药供过于求，农药专营政策取消，农药的销售完全由市场调节。在专营期间，全市年供应量一般在3500吨左右。2005年供应量为7530吨。

农药械　改革开放前，农药械列为国家管控产品，由供销合作社负责统一收购、调拨和供应。农药械的品种单一，一般只有喷雾器一种。1978年，青岛市农药械的供应量为1.35万架。随着市场的开放和农药施产量的增加，农药械退出统购统销，销量逐年增长，1990年供应量达5.55万架。此后，随着工业制造水平和能力的提高，农药械已变为极普通的农业生产用具，不再列为供销合作社年度统计范围。

农膜　70年代初，青岛市开始推广塑料薄膜技术，主要用于蔬菜及地瓜育苗，随后逐步扩大到农作物地膜覆盖、场间覆盖和塑料大棚生产。农膜开始由农业部分配，轻工业部安排生产和供应，农村由基层供销合作社销售。1978年，全市供应农膜999吨。1980年改为由农业部门分配，供销合作社经营。

1980年后，全市农膜货源比较充足，品种由少到多。有普通膜、强力膜、地膜、超薄地膜、大棚模等多种类型和不同规格，使用范围普及到各种农作物，农膜供应量逐年增加。1982年，为减少环节，改由供销社直接向生产厂订货，并负责调拨供应，轻工业部门负责质量标准，实行包换、包退、包赔的质量出厂负责制，以保护农民的利益。1985年，全市供销合作社系统农膜供应量1452吨。1986年，由于市场放开，多渠道经营，假冒伪劣充斥市场，一度造成混乱。从1989年起国家将农膜列为专营品种，实行严格的指令性计划，价格由省级政府物价主管部门制定，由供销合作社负责经营。专营期间，全市年供应量一般在3500吨左右。1994年，农膜与化肥、农药等农业生产资料一并结束专营，市场逐步放开。2001年，全市供销合作社系统农膜供应量达到7850吨，为专营结束后的最大供应量，2005年为6093吨。

农资科技服务

市供销合作社所属市农资经营公司及各县农资经营公司普遍设立科技部门，担负着农资商品的试验示范、推广和指导农民施肥用药技术咨询等任务。1978年后，全市各级农资科技服务组织进一步完善壮大。到1990年，全市共建立7个农资科技服务中心、224个农资科技服务站、588个农资科技服务部。1994年，化肥、农药和农膜等主要农业生产资料专营结束后，各级供销合作社继续巩固主渠道地位，同时加大了农资技术服务力度。

技术服务　改革开放后，青岛市供销合作社为适应科技兴农、支农的需要，积极扩大经营服务范围。自80年代起，青岛市农资技术服务体系建设开始全面铺开。在农闲季节，通过举办化肥、农药等农资商品应用技术培训班，邀请有关专家讲授和解决农资商品使用的有关技术问题。从1981年开始，市供销合作社采取“突出重点、分期培训”的办法，由市农资经营公司培训县级公司，县级公司培训基层供销社。培训内容扩展到测土配方施肥、植保、作物栽培技术和农资商品使用技术等。

1987年，市供销合作社实施“以点带面，示范与推广相结合”的农资技术服务新举措，率先在即墨段泊岚乡刘家营里村的90亩涝洼低产田进行花生测土配方施肥的技术服务试点，制定出配方施肥方案和亩产350公斤花生的产量目标，并与9户农民签订技术承包合同，实行风险共担，利益均沾。为确保试点成功，市农资公司与即墨农资公司以及段泊岚乡供销社成立三级联合服务站。在试点工作中，技术人员精心组织，采取优化选种、地膜覆盖、病虫害防治等管理措施，使试验结果圆满成功。按当年价格计划，试验区平均每亩实际投入30.05元，比农民习惯性施肥低20元，亩产平均384.5公斤，而农民自行施肥有的每亩投入高达90元，但产量最高只有300公斤左右。这一试验成果在当地农民中引起很大反响。市供销社及时召开现场会，在总结经验的基础上决定再扩种1000亩小麦，并在胶州、平度等地相继进行棉花、果品、蔬菜的配方施肥技术服务试点，各试点地块均取得显著的增产效果。即墨段泊岚乡刘家营里村新扩种的1000亩小麦，虽然遇到严重的冻灾和旱灾，仍获得大丰收，平均亩产329公斤，比农民习惯用肥增产130公斤，共增产小麦13万公斤，按当时价格计算，试点的农民增收15.6万元，减少投入2万元。即墨段泊岚乡的试点取得成功后，测土配方施肥技术迅速在各县（市）、区的小麦、花生、棉花、果品、蔬菜等作物种植上全面推广，农资技术服务体系建设在全市范围兴起。

1989年，先后3次召开全市农资科技服务工作现场会议，交流推广典型经验。全市设立市、县两级农资公司的科技科（股），基层社配备专业技术人员，从事农业科技服务工作。建立健全服务网络，强化服务功能。全市供销社系统共配备农资、棉花、果品、食用菌等各类专业技术人员和技术骨干800余人；为农民提供科技咨询服务31000多次；开办培训班培训农民科技骨干6964人次。市供销合作社总结推广市农资公司和即墨市生资公司在即墨段泊岚乡联合进行的花生、小麦测土配方施肥的试点经验，并在各县（市、区）进行了较大面积的推广应用。其中测土配方施肥的示范基地已经达到6750亩，大田推广面积达到9万多亩。推广的范围也由小麦、花生扩大到玉米、棉花，果品、蔬菜等十几个品种的农作物上，并都程度不同地收到了少投入、多产出的效果。花生、玉米、小麦一般每亩增产100公斤以上，大白菜每亩增产2500公斤以上，棉花每亩增产15公斤以上，深受农民欢迎。同时，各县（市区）供销社引导农民组织各种产、供、销一体化的联合组织，发展以花生、果品、棉花、蔬菜为主的产销集团、专业生产合作社、生产协会已经发展到34个，农资技术服务体系得以初步建立。1990年，全市形成拥有12个化验室、341个服务网点、588名技术人员的市、县、乡三级农资科技服务网络，并开始向村级延伸。在小麦、花生、棉花、蔬菜、果品等作（植）物上全面推广测土配方施肥技术，全市发展测土配方施肥的基地45个，建立示范田43.8万亩，大田推广81万亩，产生直接经济效益1亿多元。全年共举办各种不同内容的培训班20余期，培训技术人员6000人次，召开现场示范会40余次，培训农民3.5万余人次。5月，商业部农资局在青岛召开全国二十省市测土施肥现场会，与会代表对青岛市供销社的农资技术服务工作的成绩给予充分肯定。12月，由市供销社及农资公司系统组织实施的“配方施肥的农资系列化服务”通过市科委主持的科技成果鉴定。

为适应科技兴农、支农需要，市供销社建立健全科技服务网络，组织农技专家，为农民开展技术咨询和培训。图为市供销社特邀青岛农业大学教授为种植户培训草莓生产技术。

1991年，市供销社和7个市区供销社全部建立农资科技服务中心，153个乡镇全部建立农资科技服务部，覆盖面达100%。建立庄稼医院105个，覆盖面达68%，建立村级综合服务站4078个，覆盖面达53%，初步形成市、县、乡、村4级农资科技服务网络。各市、区社采用分期培训或脱产培训、以干代训等多种形式，共举办果树、化肥、土地分析等各类技术培训班1070次，培训系统内农资科技服务人员1380人次，培训农民4万人次。1992年，各级供销社大力开展以测土配方施肥为重点的农资科技服务，当年推广测土配方施肥面积163万亩，1993年增加到180万亩。

1995年，市供销合作社成立“三农”办公室，指导和协调全市供销合作社系统的农资科技服务工作，各市区供销合作社及主要涉农企业也都相应成立领导机构和组织。胶南市供销合作社建立和完善农资供应、生活资料供应、农产品产加销、蔬菜贸工农一体化、石油购销和信息服务等6大服务体系，并在泊里供销社进行试点，收到很好效果。同时各级供销合作社坚持“科技兴农”的方针，恢复和建立科技服务网络。据统计，全系统恢复和建立庄稼医院101个，村级服务站1780个，配备农业科技人员862人。当年，全系统共建立农副产品生产基地43.9万亩，养殖基地150万亩，开展测土配方施肥42.7万亩，为农民培训各类技术骨干11545人，开展技术咨询7.3万人次。

1997年，全市供销合作社新建庄稼医院38个、村级综合服务站1872个。平度市供销社村级综合服务组织建设成效突出，其村级综合服务站已达到应建村庄的100%。全国总社、省社先后对平度市社村级综合服务组织建设工作进行考察，给予肯定。1999年，平度农资公司投资200万元建立起全国首家新型农资超市，为破解高新技术农资产品与市场流通脱节的难题闯出了一条新路。金色谷农资超市开业仅3个月，就引进新型农资产品200多种，销售额达到3187万元。

2001年，农资技术服务体系不断完善。年内全市供销社建立专业合作社64个，其中种植业37个、养殖业4个。建立商品基地13个，其中种植业11个、养殖业2个，商品基地的农产品销售额4018万元。为进一步搞好为农服务，年内共建村级综合服务站865个、庄稼医院76个，建立试验示范田6559亩，测土配方施肥21055亩，提供技术培训、咨询服务23852人次，为农民提供种子、种苗200万元。系列化的农资技术服务，提高了农民科学种植、科学养殖水平，提高农作物产量和品质，增加农民收入。村级综合服务站的数量和覆盖范围不断增大。2002年达到1084个，2004年达到1546个，实现农民不出村就可以得到农资技术方面的有效服务。

随着农资服务体系的不断完善，服务领域也不断延伸。2005年，全市各级供销合作社大力发展农村合作经济组织，把分散生产的农民组织起来，有序进入市场，实现小生产与大市场的有效对接。全市专业合作社总数达到74个，农资连锁店总数达到827家，农资网络辐射面约占全市行政村的80%。共计发展社员10530户，发展基地81623亩，年产值36123万元，年为农民增收3744.8万元。11个专业协会共发展会员721户。农资技术服务体系已成为“公司+专业合作社+农户”的产业化经营模式中的一条重要纽带。

质量检验　改革开放后，青岛市供销合作社为保证化肥、农药的质量，在市农资经营公司建立起较先进的实验室，配备先进的器械、设备，承担全市化肥、农药等产品的质检，并承接山东省内的有关业务，在省内享有很高的信誉。

改革开放以后的10年间，化肥、农药和农膜等主要农资产品绝大多数由大中型农资生产企业生产，并一直实行计划分配政策，使得产品供销渠道直接，质量有可靠保证，农资产品质量检验在农资服务中所占的比例不大。农资市场逐步放开之后，假冒伪劣农资商品开始进入流通领域，市供销合作社加强质量检查工作，坚持全市各级供销社在农业生产资料经营中，非定点厂的产品不进，没有质量检验结果和出厂合格证的商品不进，包装不合格的产品不进的“三不进”原则，以确保农资供应质量，支援农业生产。1989年，市供销合作社和各县（市、区）供销社共计拨款66万元，为各县（市、区）农资公司建立化验室，配备必要的化验检测设备。农资质量检验成为农资服务的经常性工作之一。

1990年，市供销合作社投资为所属各县（市、区）供销合作社建立10个常规化验室，并将服务与经营有机结合，坚持“先检验，后进货”的制度，形成上下贯通的检测网络，有力地抵制假冒伪劣农资商品的流入，维护农民利益。

1995年，各级供销合作社和农资企业配合有关部门整顿农资流通秩序，加强市场管理，打击制售假冒伪劣商品的行为，全系统联合技术监督部门共设立化肥、农药保质监销处223个，全年全系统未发生一例制售伪劣农资商品的案例。1996年，根据国务院关于清理整顿农资流通秩序电话会议精神，市社积极配合有关部门对全市农资市场进行清理整顿，并对系统内农资经营部门进行自查自纠。在继续实行化肥、农药保质监销的基础上，全系统新增设化肥、农药保质监销处82个，使全系统化肥、农药保质监销处达310个。1990～2005年，全市各级供销社所属的农资质检机构严格把关，使农资检验成为供销社系统长年坚持的为农业生产服务项目，有效地防止和杜绝假冒伪劣农资商品流入市场。

1978～2005年青岛市供销合作社农资供应量统计表

表2-11

年份	化肥（标准吨）	农药（吨）	农膜（吨）	年份	化肥（标准吨）	农药（吨）	农膜（吨）
1978	315885	10952	999	1992	657000	3715	4417
1979	335061	20548	1142	1993	563500	4108	3195
1980	465065	17126	1021	1994	445000	4067	3657
1981	483555	13808	1089	1995	576000	4396	3869
1982	436238	13038	1091	1996	735000	5647	3504
1983	424614	12611	919	1997	720000	6970	4821
1984	383753	13954	1770	1998	775000	6702	6136
1985	327990	5352	1452	1999	790000	6800	5902
1986	409829	4751	2153	2000	889800	6527	5858
1987	451459	5290	1925	2001	1050000	7650	7850
1988	505774	3657	8487	2002	1057000	5768	5467
1989	615788	4406	6816	2003	1022600	10625	7746
1990	655602	4062	3722	2004	1174000	7766	6890
1991	714000	3407	4301	2005	1148592	7530	6093

第三节　土产杂品及其他生活资料

土产杂品

青岛市供销合作社系统土产杂品供应包括炊事用具、陶瓷器、手工纸、日用杂品、土副产品等5大类，涉及锅碗瓢盆、茶壶茶碗、炉子烟筒等。改革开放以前，土产杂品一直由供销合作社系统统购统销。凡实行计划管理的品种，均按国家计划由产地派购，调拨给销地供应市场，或按计划分配原材料组织加工供货。地产炊具、陶瓷器、木制家具等品种，由市土产公司和县供销合作社向生产者收购，供应给零售单位销售。非计划管理的省外调入品种，属于大宗批量调入的，由市土产公司与产地联系进货，供应给零售单位销售；零星调入的其他品种，由各级供销社自找货源，自主经营。非计划管理的地产品，由各产地供销社的经营单位收购，一方面向其他非产区供销社供货，一方面供应所需零售单位销售。需组织当地以手工方式或半机械方式加工的品种，有的由群众自行组织加工，由当地供销社收购销售；有的由供销社购进原料，组织或委托群众加工后销售。实行改革开放后，土产杂品市场日渐丰富，统购统销的品种逐渐减少。到1985年，全市土产杂品市场逐步放开。此后，市土产杂品公司对原综合批发机构进行专业划分，成立陶瓷经理部，茶叶经理部，炊事机械经理部等专业部门，提高专业经营能力。对各县（市、区）供销社所属的县公司也实行按商品分工专业划细，形成具有一专多功能的批零结合的新体制。同时，各基层供销合作社改“坐商”为“行商”，开展下乡送货、预约销售、赶集赶会、代购代销等活动，积极引导消费，扩大销售。

90年代，全市土产杂品出现供大于求的局面。市供销合作社系统土产杂品经营品种开始向土产杂品以外的日用生活品拓展，土产杂品商店也逐步向全方位经营日用生活品的商店转变。1992年，市土产杂品总公司开始对批发零售体制和经营结构进行改革和调整，重组一批批发零售合一的经营实体，并对店面进行装潢改造。调整改造后的青岛家具城、民用品商场、金冠商场、帝豪食品商场等一批土产杂品企业的经营状况明显改善。1997年，全系统土产杂品经营萎缩，企业严重亏损，年销售额1742万元，仅为1994年的六分之一。市供销合作社积极采取措施，对市土产杂品公司本身实行大化小分立改组。把总公司所属的8个分支经营机构全部从总公司中分离出来，实行独立核算；对公司下属的小企业实行股份合作制、风险抵押承包和抽资式租赁经营，企业的经营状况出现转机。

90年代后期，全市土产杂品企业经营陷入困境，效益大幅度滑坡。青岛市土产杂品总公司开始艰难转型，主要是将经营场所大的土产店转型为日用百货商场或专卖店；对小的土产店实行承包经营或租赁经营。2002年，全市供销合作社土产杂品企业销售总值仅为300.56万元。2003年5月，对市土产杂品总公司下属的土产建材公司和土产杂品工业品公司实施转让。2004年12月，市土产杂品总公司整体改制为青岛顺华泰商贸有限公司。随后，市供销合作社资产从土产杂品经营企业中全部退出。

其他生活资料

除土产杂品之外的日用工业品统称为其他生活资料。在计划经济时期，生活资料中的日用工业品由国营商业控制货源，供销合作社只经营农村市场的零售业务。1980年，经市政府批准，市供销合作社建立贸易货栈，开始经营计划外的日用工业品。通过代购、代销、代储、代运等形式，开辟工业品下乡的另一条渠道。各市、县供销合作社逐步建立日用工业品公司，开展联购分销业务，改变日用工业品经营的格局，农村供应状况进一步改善。当年，全市供销合作社建立贸易货栈18家，日用工业品批发机构179家。同年5月，青岛市贯彻执行国务院关于“城乡都需要的工业品优先供应农村”的指示精神，全市供销合作社日用工业品如自行车、缝纫机、半导体收音机、木钟、煤油、铁丝、圆钉、电灯泡、保温瓶、碱粉等货源增加，供应状况得到改善。同时，对生产用房的构件及建材等，由供销合作社经销、代销或以组织业务的形式供应给农民。1981年7月经国务院批准，商业批发企业掌握的自行车、缝纫机货源，在保持1978年城乡分配比例的基础上，从1981年起每年增加的部分80%分配给供销社供应农村。1982年以后，计划分配的限制被逐步突破，供销合作社货源渠道拓宽，生活资料供应状况明显改观。1990年全市供销合作社供应生活资料总额为5.99亿元，占全市城乡消费品零售总额的12.48%。

90年代后，其他生活资料的涵盖范围不断扩大，市场全部放开。市供销合作社所属生活资料销售企业在激烈的竞争中，整合优势资源，盘活固定资产，加快多种经营步伐，一批大中型商品零售企业相继建成，经营收入逐年稳步提高。1992年全系统共完成生活资料销售额7.6亿元，2004年销售额达到26亿元，平均每年递增1.7亿元。至2005年，仅东泰佳世客东部店一家商业企业的营业额就达到10.3亿元，相当于1990年全市供销合作社系统生活资料销售总额的1.72倍。

防汛物资储备

1990年以前，列为防汛所需物资如草袋子、苇席、苇箔、竹竿等土产杂品，每年由山东省供销合作社下达储备计划，市土产杂品公司执行储备，并建有专门的防汛物资储备仓库储存。防汛储备物资由市土产杂品公司贷款储备，集中存放在铁路沿线调运方便的指定仓库，并负责储备期内的商品安全。防汛物资储备所需的各项费用，一部分由国家承担，一部分由省供销合作社按储存数量给予相应的补贴。在储备期内动用的物资，由储存单位向委托单位结算。未动用部分，由委托单位付清包干费用后，物资由储备单位负责处理。从70年代初到90年代初的20年间，青岛市供销合作社每年储备的防汛物资数量通常保持在90万条草袋、1万根竹竿、11万张苇席。从1991年开始，省供销合作社不再下达储备防汛物资的指令性计划，储备补贴也随即取消。1992年，青岛市防汛物资的储备改由市政府向供销合作社下达计划，所需费用由市财政负担。随着土产杂品市场的逐步放开，防汛物资的储备职能逐步移交给市水利主管部门。2005年12月26日，市财政局、水利局联合印发《青岛市市级防汛物资管理办法》规定：市级防汛物资由市财政安排专项资金，市防汛抗旱指挥部办公室负责购置、储备和管理。

第四节　棉 麻

青岛地区棉花种植主要集中在平度，即墨、胶州、胶南也有少量种植。改革开放初期，全市棉花种植面积达43万亩，年总产量在1.9万吨左右。到1990年，全市只有平度保留棉花种植，种植面积32万亩，当年总产量为1.74万吨。青岛地区麻类种植主要集中在即墨和莱西，平度、胶州和胶南有少量种植，品种以红麻和黄麻为主。进入80年代后，青岛地区麻类生产逐步淘汰。长期以来，市供销合作社承担棉、麻收购任务，同时负责扶持生产、改进栽培技术、推广优良种苗、提高加工质量以及购销价格管理等工作。

棉花购销政策

改革开放前，实行棉花统购统销政策。从1984年起，随着农村生产经营体制的改变，棉花由生产队交售、结算改为按户交售、结算，对棉农不再发放预购定金。与此同时，因1984年全国棉花大丰收，产棉区库存大量积压。当年，平度棉花产量达3.65万吨，为历史上最高年产量。市供销合作社根据国务院的决定，自1984年新棉上市起实行定额收购。从1985年开始，青岛市棉花统购改为合同定购。市供销合作社在棉花种植前后与农户签订收购合同，收获时按合同收购和结算。合同定购内的棉花，不准上市或计划外销售，仍由供销社统一收购、统一经营、统一价格。1991年，国家鼓励销棉区到产棉区投资，联合开发宜棉荒地，生产的棉花5年之内不纳入分配计划。当年，全市供销社系统收购新棉2.57万吨，超额完成定购任务，是历史上棉花收购量最多的年份。

1993年，国家取消棉花合同定购和棉花调拨指令性计划，实行市场、价格、经营“三放开”。1994年，国家提高棉花收购价格，由1993年的每50公斤330元调整到544元；用棉单位每50公斤加收30元调棉奖励款，专项用于扶持棉花生产。由于棉花收购价格大幅上涨，在下半年出现棉农惜售现象的情况下，当年全市供销社系统收购量达到6772吨，比1993年翻一番。1995年，为扭转棉花市场的混乱局面，市供销合作社恢复合同定购和各项奖购政策。实行不放开市场、不放开价格、不放开经营的“三不放开”和统一政策、统一收购、统一价格、统一经营的“四统一”政策，并把棉花收购价格调整到每50公斤700元。当年，全市收购棉花6436吨。

1998年11月，国务院印发《关于棉花流通体制改革的决定》，合同定购和定购内棉花加价和奖售政策终止，棉花市场逐步放开。市供销合作社及棉花企业、棉花加工厂、经资格认定的纺织企业可以直接收购棉花，但个体棉贩和其他未经资格认定的单位不得收购、加工棉花。同年，国家再次调整棉花收购价格，由每

50公斤700元降到650元。当年，全市供销社系统收购棉花4130吨。

2001年7月，国务院印发《关于进一步深化棉花流通体制改革的意见》，推进棉花产业化经营，棉花购销市场全面放开。当年，全市供销合作社收购棉花3981吨。2005年收购棉花6315吨。

棉花收购价格

改革开放前，青岛市实行由国家制定价格的棉花管理体制。棉花作为较重要的一类商品，国家对其价格实行指令性管理，收购、调拨供应价格比较平稳，每50公斤标准级皮棉的价格基本稳定在95元左右，调拨供应价格稳定在110元左右。1978～1988年是棉花价格的调整期。国家先后8次调整棉花价格，其中，上调5次、下调3次，但多属微调。总体来看，棉花价格呈上升趋势，11年间，标准级皮棉收购价格及调拨供应价格分别比1977年提高87.45%和63.55%。1978年以前，青岛市执行国家物价部门确定的棉花收购价格、调拨价格，实行12级制，按籽棉等级质量定价；1979年以后实行7级制，按皮棉等级质量定价，以3级27毫米长度的皮棉为标准，其他等级按规定差率计算价格。1979年，国家决定实行棉花收购超基数加价政策，即以各省、自治区、直辖市前三年平均收购量作为定购基数，基数以内按规定牌价收购，超过基数部分，加价30%，以鼓励多产、多交。1983年3月国务院决定：山东省从1983年新棉上市起，将超基数加价办法改为按比例加价办法收购。即收购量的30%按牌价，70%加价，随收购随兑现。1983年8月1日，国务院通知，取消1979年规定的5%的北方棉价外补贴，全国实行按比例加价的办法收购新棉，长江以北地区按“倒二八”（即80%加价，20%牌价）计价。1985年执行国务院决定，棉花的收购价由“倒二八”改为“倒三七”（即70%加价，30%牌价）计价。从1987年新棉花上市起，棉花收购实行同质同价，不再划分南方棉、北方棉。统一按照“倒三七”计价，即收购量的70%按加价30%收购。为改进棉花生产技术，从1980年起征收棉花生产技术改进费，细绒棉4级以上每50公斤0.3元，长绒棉3级以上每50公斤0.4元。棉花生产技术改进费由纺棉单位缴纳，县供销合作社代收，交县农业部门统一掌握使用。自1986年新棉上市起，棉花生产技术改进费改由山东省供销合作社集中后，交省农业厅统一掌握使用。

1989～1995年，国家先后7次上调棉花价格，其中，1994年一年内就上调3次，7年间棉花收购、调拨供应价格累计上调幅度分别达到256.4%和337.06%，是建国以来棉花价格上调较频繁、涨幅较大的时期。这种方式的价格调整，主要是想通过发挥价格杠杆的调节作用，尽快恢复棉花生产，并抑制棉花消费的进一步扩张。1994年，棉花收购价格由1993年的每50公斤330元，调整为每50公斤544元；1995年调高到每50公斤700元。1998年，国家再次调整棉花收购价格，由每50公斤700元降为650元。

1996～1998年是棉花价格的过渡期。国家制定棉花市场交易制度，规定从1996年开始，棉花销售价格可在国家确定的中准价基础上上下浮动4%，具体成交价格由供需双方依据市场供求状况确定，此举打破棉价长期由国家确定的机制，逐步向市场形成价格方向转变。1998年11月，国务院印发《关于棉花流通体制改革的决定》之后，棉花价格进入全面开放期。从1999年9月1日起，棉花收购价格、销售价格主要由市场形成，由购销双方协商确定，国家不再作统一规定。国家主要通过储备调节和进出口调节等经济手段调控棉花市场。

棉花收购、加工与储备

收购　1954年国家实行棉花统购政策后，棉花的购销调存全部执行国家计划。1984年，根据国家有关规定，市供销合作社将过去的统购改为合同定购，交售棉花的方式由生产队交售、生产队结算变为户交售、户结算，仅平度县供销社收棉户头由3840个变为11.5万个，工作量增加30倍。为适应新的形势和要求，全面完成国家棉花收购任务，各县从1986年开始全部实行棉花收购一条龙服务，既方便棉农，又保证收棉质量。市供销合作社1978年收购皮棉7285吨，占当年全市棉花产量的89.8%。1984年收购量最大，为3.65万吨，占当年全市棉花产量的91.3%。2005年收购皮棉6315吨，占当年全市棉花产量的85%。

加工　1978年以前，棉花主产区平度县棉花加工厂有5个。其中平度县供销社大驾埠棉油加工厂曾研制成功110型大锯片锯齿轧花机，改制141型脱绒机，将丝杠榨油机改制成200型螺旋榨油机，使轧花、脱绒、榨油三个主要车间实现单车间自动化控制。到1990年，平度市供销社共有棉油加工厂6个，棉花加工机械比较齐全，技术比较先进，拥有新型轧花机10台、脱绒机53台、200A型螺旋榨油机20台、双箱油压打包机15台、各种加工辅助机械24台（套），年加工生产能力4万吨皮棉，年工业产值6649万元，职工2717人。由于青岛市棉花种植面积多年保持在35万亩左右，产量有限，棉花的年加工能力一直保持在4万吨皮棉的水平。

储备　自1954年起，市供销社收购入库的皮棉，全部为国家库存，除按批准的计划指标调出、销售外，其余部分为国家储备。1985年为国家代储棉花1.94万吨，存量达到历史最高峰。1985年之后，由于政策调整和全国棉花生产滑坡，全市储备棉数量逐年下滑，1990年减至2120吨。2000年，青岛市争取到中央直属储备棉花库建设项目，库址在市棉麻公司红寨仓库，占地面积131.25亩，总建设仓容2.5万吨，批准总投资3170万元。2001年储备库库房工程竣工，2002年第一季度开库储棉，结束了青岛市无国家级大型棉花储备库的历史，对青岛市和周边地区棉花产业的发展发挥了积极作用。

扶持棉花生产

奖励政策　为鼓励农民种植棉花，青岛市对棉农实施4项奖励政策。

一是棉花奖售政策。从60年代初，青岛市开始执行棉花奖售政策。棉农交售皮棉奖售粮食、化肥、布票等。1978年提高棉花奖售标准化肥标准，棉田播种时，每亩预拨化肥5公斤，收购棉花按“斤棉斤肥”兑现奖售。对收购棉花500万公斤以上的县，再奖售标准化肥2000吨。1982年改为每交售50公斤皮棉奖售化肥35公斤。1986年、1987年每交售50公斤皮棉奖售标准化肥20公斤，1988年起恢复为35公斤。1993～1994年，由于国家取消棉花合同定购和棉花调拨指令性计划，奖售政策取消。1995年，为扭转棉花市场的混乱局面，国家恢复合同定购政策，奖售政策随之而恢复。1998年后，棉花市场逐步放开，奖售政策取消。

二是粮棉挂钩政策。从1981年起，青岛市执行国务院相关决定，超过计划收购数每一公斤皮棉奖售2公斤粮食，由供销合作社与生产队结算。1983年起，山东省实行棉花收购比例加价试点，棉花奖售标准改为每50公斤皮棉奖售粮80公斤。1984年10月，国务院决定取消棉花奖售粮食和扩大棉田的补助粮，对口粮紧缺的棉区，按统购价供应口粮。1998年粮棉挂钩与奖售政策一同取消。

三是保证棉农口粮不低于邻近产粮区农民口粮水平。自1979年起，青岛市执行粮棉挂钩政策，即按生产队为单位，人均交售皮棉5公斤的，保证年人均口粮182.5公斤；人均交售皮棉10公斤的，保证年人均口粮190公斤；人均交售皮棉10公斤以上的，每多交售1公斤皮棉，增加4公斤口粮，或增加奖售化肥2公斤。1985年，青岛市停止执行该项政策。

四是棉花饼、油、皮返还政策。从棉花实行计划收购开始，青岛市供销合作社就收购和加工皮棉。收购时，皮棉、籽棉都收。交售籽棉的，除扣除国家统购的棉油以外，棉籽加工后的饼、油、皮由县供销合作社的棉花收购站和棉花加工厂负责向生产队返还。1979年以后，棉花收购由籽棉计价改为皮棉计价后，市供销合作社代棉农加工籽棉，加工后的棉籽或棉油、棉饼、棉籽皮全部返还给生产队或棉农，收取加工费。籽棉由生产队轧花留种后，向供销合作社交售皮棉，也可以由供销合作社代轧。收购的籽棉，加工时首先留足种子，并组织调剂。1998年终止合同定购、定购内棉花加价和奖售政策。

技术扶持　1978年后，农村改革调动农民生产的积极性，全市棉花生产稳定发展。青岛市各级供销社积极引进推广优良品种，指导棉农采用地膜覆盖、营养钵育苗栽培等技术。在产棉区先后引进和推广鲁棉2号、鲁棉6号、鲁棉9号、鲁棉10号、鲁棉11号、鲁棉12号和自运-321等具有品质好、出苗率高、抗逆性强的优良品种。1980年全市棉花种植面积达到43万亩，总产量达到1.96万吨。进入80年代，山东省只对青岛市的平度县安排棉花定购计划，即墨、胶南、胶州棉花种植面积逐年减少。至1990年，全市只有平度县种植棉花，种植面积保持在32万亩以上，年总产量达1.74万吨；棉花亩产量由1949年的9.5公斤提高到54.3公斤，居山东全省前列；优良品种率达到90.7%。从1995年开始，国家不再实行计划收购，停止关于棉花收购的有关优惠政策，全市棉花种植面积随棉花收购价格上下浮动。

1999年，棉花市场放开后，市供销合作社在完善各种社会化服务体系的同时，积极配合农业部门推广新技术，对棉田进行测土配方施肥。配备专职和兼职棉花技术人员200多人，开展棉田植保服务，并通过举办培训班、印发科普资料和田间指导等形式，帮助棉农选用优良品种、防治病虫害，提高科学种棉水平。

麻类购销

青岛地区麻类品种较多，主要有黄麻、红麻、大麻、苎麻、青麻等，以黄红麻最多。麻类收购价格在计划管理时期，执行国家牌价。自1979年起，在完成国家麻类派购任务后，允许黄红麻、苎麻、大麻上市自由交易。1980年，麻类收购价调整为每50公斤53元，市供销合作社收购7298吨。1983年，大麻改为三类商品，实行市场自由购销，麻类价格管理权限下放到市物价部门管理。

1979年以后，青岛市麻类种植面积逐年减少。1981年、1982年两年仅收购5621吨。1983年后，青岛地区麻类生产逐步从种植业中淡出。

1978～1990年青岛市棉花产量及收购量统计表

表2-12　　　　单位：吨

年份	产量	收购量	年份	产量	收购量
1978	8715	7285	1985	19335	15904
1979	11415	10848	1986	13880	11549
1980	19630	19219	1987	21317	18160
1981	12660	12481	1988	13819	13324
1982	17410	16697	1989	14638	14528
1983	30225	28947	1990	17500	17378
1984	39985	36500			

1991～2005年青岛市棉花收购、加工、调出量统计表

表2-13 单位：吨

年份	收购籽棉	加工皮棉	生产棉籽油	加工短绒	调出皮棉
1991	85750	25714	4460	4025	21510
1992	25560	8520			15885
1993	10640	4225	1680	780	6990
1994	22575	6845	3325	1150	12135
1995	20455	6045		2395	4885
1996	8265	2365	845	780	3710
1997	7105	1610	320	220	1020
1998	13770	3380	340	225	2960
1999	11470	1420	255	480	5390
2000	11025	1670		275	5425
2001	13270	3225		825	4155
2002	24535	8680		2705	
2003	2600	860		910	
2004	32800	10930		2240	
2005	21050	6945			

说明：通常所说的棉花收购指的是皮棉，一般5公斤籽棉可加工出1.5公斤皮棉。

第五节　干鲜果品

青岛农村地区是山东省干鲜果品的主产区之一。主要品种有苹果、梨、桃子、杏子、柿子、西瓜、葡萄、山楂、板栗、枣等。70年代，全市果品种植面积在30万亩左右，总产量6万吨左右。改革开放之初，青岛果品产区实行联产承包责任制，果品生产出现大发展的新形势。到1985年果品种植面积发展到71万亩，年产量增加到20万吨。到1990年全市果品种植面积达到85万亩，年产量达到近30万吨。2005年，全市果品种植面积达到100余万亩，年产量达100万吨，全市供销合作社系统年销售量6794吨。

果品购销

改革开放初，青岛市供销合作社干鲜果品经营企业主要经营地产时令果品，如苹果、梨、山楂、葡萄、桃、杏、柿子、红枣等，南方贩运来的香蕉、柑橘、甘蔗等，炒货品种有瓜子、糖炒栗子以及果脯蜜饯、罐头食品等。1984年，为进一步搞活果品流通，国务院决定将苹果、柑橘等品种的计划管理全部取消，改为议购议销。为适应市场竞争需要，扩大销售，全市各级供销合作社在干鲜果品的经营方式上，开展跨地区产销之间的横向经济联合，实行跨地区、跨部门的储藏、加工联营，不断优化批发结构，增加批发网点，扩大经营规模，形成多渠道、少环节的流通新格局。青岛市果品公司成立果品货栈，开展“四代”（代购、代销、代储、代运）业务和自营业务。1985年，全市供销合作社收购苹果3.93万吨、梨9292吨、红枣392吨，达到历史最高水平。自1987年起，市果品公司组织人员在不同季节到各新鲜水果产区收购水果，投放青岛市场。全年销售伏季瓜果和南方瓜果总量达到1.26万吨。到1990年，青岛市与全国各省、市、自治区建立干鲜果品业务往来。当年，全市地产主要果品收购总量为26839吨，其中苹果21961吨、梨4344吨、红枣378吨、柿饼41吨、板栗10吨、核桃105吨。

1992年，市果品总公司在省内外租赁9座冷库，解决外地水果就地储存和青岛产水果外运储存的难题。当年，果品经销量增至1.9万吨。同年，与香港中亚贸易行合资兴建的大家乐美食城开业，成为全市供销合作社系统第一家合资企业。同年，市果品总公司所属杭州路果品批发市场开业，全年交易额达到1000多万元。1994年，市果品总公司专门成立外贸分公司，将业务范围向国外拓展。当年果品收购额达3006万元，其中收购苹果1.24万吨、柑橘2182吨，出口干果600吨。

1996年，市果品总公司针对自身实行大化小分立改组，对所属的8个分支经营机构全部从公司中分离出来，实行独立核算；对下属的小企业实行股份合作制、风险抵押承包和抽资式租赁经营，使全行业经营萎缩、亏损严重的局面得以控制。同时，积极实施“改造批发、改善零售、发展连锁经营”的改制方案，全年新发展连锁店9家，新增营业面积2060平方米，占总营业面积的48.28%。

1997年8月，在青岛长青果品店的基础上组建青岛长青股份有限公司。下半年市果品总公司完成改制。2002年10月，市供销合作社将长青股份有限公司的股权无偿转让给市果品总公司。2002～2005年，全市供销合作社系统累计收购果品3.74万吨，其中苹果2.38万吨、柑橘2004吨。2005年8月，市属干鲜果品经营企业青岛长青果品连锁店完成企业改制，市社资产全部退出，市果品总公司及其下属企业一并整体转让。

储藏保鲜

改革开放前，青岛市果品产量低，市场销售量少，果品的贮藏保鲜方法比较落后，保鲜效果差。1979年，青岛市果品公司与科研部门一起为解决苹果、柑橘、梨的长年贮藏，利用原四方北岭地下水果库改造建成第一座水果机械冷风库，实现果品贮藏由土法向现代技术贮藏的转变，并为各县区兴建新型冷库提供技术和管理方面的经验。

随着果品生产和经营业务不断扩大，果品主产区平度县供销合作社于1980年率先在产区建设第一座贮量4000吨的冷风库。青岛市果品公司于1983年和1985年分别建设贮量3000吨和5000吨的果品冷风库各一座。从1985年开始，胶州、胶南、莱西供销合作社先后建起贮量2000吨的果品冷风库。到1990年，全市共有果品机械冷风库6座，总贮藏量达18000吨。果品贮藏保鲜能力的提高，对改善市场供应、调剂淡旺季节需求发挥重要作用，缓解多年来水果采收季节集中调运的压力。

扶持果品生产

80年代，农村实行家庭联产承包责任制，千家万户的果树承包者应运而生。全市各级供销社积极指导果品生产，促进果品产业结构调整，推广优良品种，合理安排果树布局，给果农以信息、技术、物资等扶持。仅1988年，全市供销社系统为农民提供良种果树苗260万株，举办各种形式的培训班113期，培训农民技术骨干24600人次，编印科技信息资料4万余册，召开苹果品种改良、病虫害防治、幼树嫁接、矮化栽培等现场技术交流会20次。

1989年，市供销合作社率先在果品行业采取以供销社为依托的果品合作经济组织形式，在全市各县区的果品重点产区普遍成立乡、村级的产销协会或合作社，同时在莱西、胶南两县成立县级果品产销协会和合作社，为果农提供技术服务以及信息、资金、加工、贮藏、购销等系列化服务，帮助果农解决产前、产中、产后遇到的实际困难，形成比较稳定的生产基地。

90年代后，为摆脱果品产销服务的被动局面，全市供销合作社系统强化服务，着重发展果品合作经济组织，推进适度规模经营。有关县（市、区）在重点果品产区普遍成立乡、村级产销协会（合作社），莱西、胶南两县还成立县级协会（合作社）。各级供销合作社组织果品技术人员分片包干，全面负责果品生产的物资、技术、运销保障。同时，有关县（市、区）还相继建立起优质果品苗木繁育基地，为果农低价供应优质苗木，促进果树品种改良。初步形成以市、县果品公司为龙头、以基层供销社为基础的果品生产服务体系。

第六节　再生资源

青岛市再生资源的回收大体分13类：有色金属类、黑色金属类、废旧橡胶类、废轮胎类、破布和破布鞋类、废棉类、废纸类、废麻制品类、废塑料类、杂骨类、碎玻璃类、旧料瓶类、其他废品类。改革开放前，市供销合作社所属青岛市物资回收公司担负废旧物资回收任务。根据经营单位所在的行政区域和企业性质，青岛市对再生资源回收进行严格分工：（一）各区物资回收分公司负责回收其行政区内的工厂、企业、机关、学校、商店的再生资源，不得跨行政区和去外地从事居民回收。（二）各回收商店负责本片内的社会居民废旧物资回收，不得从事其他方面的回收。（三）市物资回收公司可以去外地采购再生资源；负责接收各回收单位上交的再生资源，但不能参与青岛市的再生资源回收。（四）部队的废旧物资由各区物资回收公司选派政治上可靠的专人回收，其他任何人不得介入。1978年，青岛市供销合作社系统共回收再生资源8314万吨，价值3221万元；加工废旧金属和废旧橡胶7072吨，加工产值441万元。

自1984年起，青岛市允许再生资源自由购销，但价格并没有全部放开。市供销合作社不再承担为国家回收旧有色金属及废旧钢铁、造纸原料、废橡胶等再生资源的任务。当年全市再生资源收购总额达到5101万元，收购总量11.21万吨。其中废钢铁8.9万吨、杂铜1558吨、废铝354吨、废锡4吨、废铅581吨、破布2850吨、废橡胶3269吨、废旧棉1759吨、废纸8109吨、废麻及麻制品2677吨、废塑料633吨、废轮胎1380吨、旧玻璃瓶963万个。

1985年，根据商业部、公安部、国家工商管理局《关于城乡个体商业户经营废旧物资的暂行规定》，青岛市对从事再生资源收购的个体商户实行登记审批制度。1986年，国家计委下放废旧有色金属物资价格权限，废钢铁收购价格由国家物价局管理；杂铜购销价格的中准价格浮动幅度，由省物价局会同省供销合作社共同管理；废铝、废锡、废铅的中准价格浮动幅度，由省供销社负责管理。随着企业设备更新换代速度加快以及居民消费数量增多、消费层次提高，全市再生资源回收利用快速增长。全市供销合作社系统以市废旧物资回收公司和区县返利网站回收公司为主体，发挥个体收购户的基础作用，全面做好再生资源回收工作。1986年，全市完成再生资源收购额7325万元；收购废钢铁8.22万吨、有色金属2804吨、废纸7031吨，再生资源加工产值931万元。

1987年后，再生资源回收分工被打破，任何单位、任何人可以到任何地方收购再生资源。1988年，根据省废旧物资回收公司的要求，废旧有色金属的经营业务和购销价格放开，不再实行计划管理。市物资回收公司对原综合批发机构进行专业划分，相继成立不锈钢经营部，造纸原料经营部，杂骨经营部，工业品经营部等专业部门，提高专业经营能力。各县（市、区）供销合作社所属公司逐步建立起一专多能、批零结合的新体制。当年，全市完成废旧物资收购额1.42亿元，收购废钢铁7.16万吨，有色金属833吨，废纸1.59万吨，再生资源加工产值532万元。

1989年，全国开展再生资源市场清理整顿。市供销社根据省政府《山东省钢材有色金属管理暂行规定》，负责统一收购废钢铁和废有色金属，并组织实施调拨计划。1990年，全市完成废旧物资收购额1.33亿元；收购废钢铁8.06万吨、有色金属2013吨、废纸7542吨，再生资源加工产值850万元。1992年，市再生资源总公司以本系统30家企业为核心层和紧密层，联合不同行业、不同地区、不同所有制的36家企业，在全国同行业和全市流通部门率先成立企业集团，实行多业并举，在竞争中求生存、谋发展。其中，集团所属的超储积压物资调剂市场经营活跃，在两年的时间里，交易额达到13亿元。1993年，市再生资源总公司主攻钢材购销，全年实现商品总销售4.7亿元，实现利润424万元，分别比上年增长54.98%和23.9%。

1994年，全市再生资源市场全面放开。市再生资源集团公司对资产进行优化配置和重组，对不景气的企业实行合并、兼并，初步形成集团化、规模化的运行机制。由于市场放开，青岛市再生资源经营出现萎缩，收购量急速下降。1994年，全市供销合作社系统再生资源回收总值7676万元，比上年锐减24.2%。

自2001年5月1日起，国家实行废旧物资回收经营业务增值税优惠政策，市供销合作社系统再生资源回收企业并未出现转机。当年再生资源回收总值滑落到3986万元。2002年，国务院取消生产性废旧金属收购企业特种行业许可证制度，市场进一步放开。当年，全市供销合作社系统再生资源回收总值有所上升，达到6489万元。2005年回落至3940万元。

销售渠道

1987年之前，市供销合作社系统回收的再生资源，不同的种类按不同的规定分别进行调拨或销售。其中，废金属类严格按照国家指令性计划，遵照市计委的计划调拨单执行。回炉料供应各钢厂重新炼钢。工厂下脚料和从废钢铁中挑选出的料铁供应给青岛市轻工企业和市属各县的社队企业。1987年，废金属由国家指令性计划变为指导性计划以后，则由市废旧物资回收公司按市计委的指导性计划用废金属与各大钢厂串换钢材，串换的钢材销售给青岛市各工厂企业。造纸原料类主要供应给青岛市的造纸厂重新造纸，在青岛造纸厂不用的情况下，方可销售给外地的造纸厂，这种销售方式一直延续到1988年。废杂骨类根据山东省废旧物资公司的计划安排和全国三类物资交流会上签订的合同，从1984年起供应销售给青岛明胶厂制胶。废橡胶按不同的品种和质量，销售给再生胶厂、制鞋厂等。废轮胎经过加工分离出胎面和胎里，胎面分别销售给制鞋厂做鞋底和再生胶厂生产再生胶，胎里销售给社队企业做氨水桶、建筑用小灰桶等。割成的胶条供给胶东沿海一带搞海上养殖。商业部安排进口利用的旧轮胎，执行商业部的分配计划和调拨价格。市物资回收公司自营部分则销售给胶东地区的社队企业（该项业务自1986年终止）。废玻璃销售给玻璃厂重新熔化生产玻璃板。旧料瓶则销售给啤酒厂、饮料厂、调料厂，经消毒处理后替代新瓶。废麻袋经过修补和清选分级，分别销售给基层供销社和工厂，重新替代包装物料。

加工利用

改革开放初，青岛市共有利废化工厂、铁桶五金修配厂、洗涤加工厂、皮胶厂、织布厂、金属加工厂、再生胶厂等7家再生资源加工企业，加工生产品种达22个。再生资源加工主要集中在3个方面。（一）废钢铁清选加工。从废钢铁中清选出可直接利用的料铁一般在5%～10%左右。（二）废旧麻袋修补加工。对回收的各种旧麻袋，经修补加工后替代新麻袋。年平均加工修补10万条左右。（三）旧运输带、废轮胎的加工。从冶金行业回收的废运输带，先把胶层与胶布分离，用胶布制造苫盖篷布。废轮胎的加工通常是将胎面胶销给制鞋厂或生产再生胶，把带线层的胎里子销给社队企业生产氨水桶或车马挽具。当时，利废化工厂从废定影液等金银“三废”中提炼出黄金和白银的工艺，在全国具有一定影响。青岛市再生资源加工企业普遍存在生产规模小、机械化程度低、能耗高、污染严重、经济效益差等问题，到90年代初均相继停产。

第七节　多种经营

改革开放前，市供销合作社系统的多种经营主要是小型旅馆、饭店、茶馆、理发店、照相馆、刻字店和修表店等农村服务业。改革开放后，在餐饮及其他服务业快速发展的同时，养殖业、社办工业、外经外贸等逐步兴起，多种经营的范围和规模不断扩大。

餐饮及其他服务业

1978年后尤其是供销合作社体制改革之后，全市各级供销合作社普遍加大对饮食服务业的投入，陆续建设一批水平较高的宾馆、酒楼，使饮食服务业规模迅速扩大，档次水平有较大提高。同时，各饮食服务企业，挖掘当地传统名吃，引进外地知名菜品，经营特色更加突出。其中，平度的杠子头火烧、蟹壳黄点心，胶州的什锦小豆腐，胶南的冬营饼等传统小吃以及引进的北京烤鸭和德州扒鸡等系列名吃，受到消费者欢迎。至1987年，全市农村供销合作社共有饭店186家，旅馆181家，照相、理发馆44家，家用电器维修处26家，衣服干洗店和彩照扩印点6个，职工达1800多人。当年饮食服务业总收入2750万元，实现利润195万元，创历史最好水平，被山东省供销社评为饮食服务优质市。

1988年，市供销合作社系统投资473万元新建13个农村饮食服务网点，新增营业面积1.48万平方米，改建98间店堂，恢复传统名吃27个，增加饭菜品种306个，增加服务项目113个，同时改善饮食服务业设施和条件。1990年，全市饮食服务业各类网点达到376个，职工2030人，年营业收入3861万元，实现利润239万元。其中旅社、宾馆发展到178家，客房2183间，床位6476个，从业人员达到539人。此后，全市供销合作社系统对餐饮及其他服务业小微企业实行租赁经营、承包经营和资产转让，并重点发展大中型餐饮服务企业。1992年，全市供销合作社系统餐饮及其他服务业实现营业额4000万元，1999年达到5773万元。此后，随着改革的不断深入，基层供销社对绝大多数小型饮食服务网点实行“租壳卖瓤”（即把餐饮网点房租给职工，把设备、库存食品等卖给职工，变社办为个体经营）式处理，把更多的资金和精力转向发展大中型商业企业。

社办工业

1978年后，市供销合作社所属加工工业随业务的扩大而逐步增加。由于棉花收购量的增加，棉花加工业有新发展；适应再生资源回收加工利用的需要，建立发展一批再生资源加工企业；糕点、酿造及食品加工业也逐步扩大。至1980年，市供销合作社工业拥有棉花加工企业6家、废旧物资综合利用加工企业7家，以及22家基层社兼办的小作坊式的糕点、酿造加工企业。实现工业总产值2973万元，完成利税243万元。

1982年后，市供销合作社对社办工业进行体制改革。1986～1990年，市供销合作社对社办工业共投资3250万元，实施重大技术改造179项，新增生产能力1.2亿元。至1990年，全市社办工业企业发展到139家，固定资产达5324万元，产品有15大门类、360多个品种，实现工业总产值1.76亿元（80年不变价），其中产值达1000万元的企业有6家，产值过100万元的有21家，实现利税1020万元。社办工业逐步发展成为市供销合作社系统重要的经济支柱。此后，社办工业发展速度加快。1994年实现工业产值3.1亿元，实现利润930万元，分别比1990年增长76.1%和32.7%。1995年，平度市供销合作社在扩大生产规模的同时，实施产品结构调整，初步形成以骨干企业为龙头的加工体系，当年实现工业产值2.89亿元，实现利税957万元。莱西市供销合作社大力发展新的加工项目，加强老项目嫁接改造，当年实现工业产值3753万元，实现利税335万元。1997年，市供销合作社加大社办工业投资力度，当年投资4260万元，新上项目和技改项目9个。1999年，全市供销合作社社办工业销售收入达到2.38亿元。随着市场经济的发展，个体经济对社办工业产生较大冲击，部分社办企业经营困难，随之实行租赁经营、承包经营和变卖等改革措施。其他社办企业由于高能耗、高污染或产品销路不畅而退出经营。至2005年，市社所属企业仅有10家，产值为4.25亿元。

外经外贸

改革开放初期，全市供销合作社系统的出口贸易仅限于皮棉、苹果、梨、山楂等农副产品及部分手工制品。1978～1984年，全系统累计出口商品总额5501万元。1985年后，对外经贸活动逐渐增多。全市各级供销合作社相继组建专门外经外贸工作机构，加强国际交流。先后同十几个国家和地区建立起贸易关系。同时，以补偿贸易、银行贷款等形式，引进境外先进技术和设备。同时，出口商品或委托外贸部门代为出口的商品品种不断增加。1990年，出口创汇2592万美元，是1984年的8.5倍。

1990年后，市供销合作社系统开始兴办合资企业，出口商品的工业附加值得到提高。其中，市果品总公司和香港中亚贸易行合资兴建的大家乐美食城、胶南市供销社与日本三菱商事株式会社合资兴办的青岛华菱食品有限公司，于1992年相继开业。至1993年，全系统兴办“三资”企业10家，合同利用外资62万美元，全年对外贸易总额4000多万美元。1994年，全面发展对外合作项目，大力培育新的经济增长点。至1996年，全系统进口用汇1800万美元，出口交货值8600万元。

1997年，市供销合作社获进出口经营权。当年利用外资2074万美元，出口创汇600多万美元。此后，各级供销合作社以招商引资为突破口，大力发展外经外贸，提高出口创汇能力。其中，平度市供销社投资1350万元，先后建起产品远销欧美的银杏加工厂和年产能力达1200吨的木糖生产线。莱西市供销社引进内资项目5个，合同资金430万元，实际到位资金396万元；引进外资10万美元。此后，市供销合作社通过内引外联，不断拓展经营空间。2005年，全市供销企业出口创汇达到94万美元。

商业经营

80年代末开始，青岛市供销合作社系统陆续兴建一系列大中型商业服务设施，供销商业发展较快。1988年9月，营业面积为4873平方米的农贸中心在市北区鞍山路开业（1999年5月更名为东海商场），是当时市北区规模最大的商贸企业。1991年，投资近1亿元兴建东方贸易大厦。1992年竣工开业，建筑面积3.6万平方米。开业第一年即实现营业额2.74亿元，创青岛大型商场开业首年营业额最高纪录。1996年，中日合资东泰佳世客大型购物中心（后更名为青岛永旺东泰商业有限公司）开工建设。1998年1月开业，并以崭新的经营业态、良好的购物环境和先进的管理手段，带动了青岛零售业向国际先进水平发展。此外，在青岛市区先后建设榉林园大酒店、东方购物中心等商业服务设施，以及杭州路果品批发市场、青岛灯具市场、物华家庭装饰市场、东方家居之窗、振华旧货市场等专业市场。至2005年，市供销社所属大中型商业网点10个，营业面积42.99万平方米，营业额24.2亿元；有各类专业市场11个，总营业面积达4.9万平方米，年交易额2亿元。所属各区（市）供销社建成营业的商业服务设施有崂山商贸大厦（后更名为利客来商贸大厦）、北方国贸大厦、胶南大世界商场、平度绿洲大厦、胶州供销贸易大厦、胶州市金州贸易大厦，以及即墨装饰材料市场、即墨果品市场、即墨橱具市场、黄岛装饰材料市场、建材市场、胶南小商品市场、胶南物华家庭装饰市场等。

第三篇　对口支援与国内经济合作

解放初期，在中央和山东省统一财经政策指导下，青岛市同省内外各地保持密切经济联系。五六十年代，青岛市发挥老工业基地作用，挖掘潜力，扩大生产，通过调出工业产品、物资和设备以及选派工程技术人员和工人，支援国家内地建设。在“小三线”建设时期，山东省主要从青岛市纺织系统抽调人力物力，在鲁西、鲁西北、鲁西南等地建设棉纺织企业。据统计，1964～1970年，全市纺织系统16个大中型企业总投资3300多万元，分别在全省11个地区（县）建设分厂，共计建设棉纺织厂10家、针织厂2家、印染厂1家、纺织配件厂1家、纺织器材厂1家，国营青岛纺织机械厂还在陕西渭南建设一家分厂。青岛各纺织企业抽调近3000名职工支援“小三线”初期建设，后期又陆续增加人员，加上随迁的职工家属以及从青岛纺织技术学校分配的学生等，青岛支援“小三线”建设总人数达上万人。

概 述

中共十一届三中全会后，青岛市贯彻国务院《关于推动经济联合的暂行规定》和“对外实行开放、对内搞活经济”政策，坚持“发挥优势、保护竞争、促进联合、内联外挤”方针，开始探索同行业、跨地区、跨部门的横向经济联合。

1979年10月，青岛市革委计划委员会物资协作办公室成立，设在市物资局。1982年4月，青岛市革委计划委员会物资协作办公室撤销，成立青岛市人民政府经济技术协作办公室，负责全市横向经济联合的协调、组织、指导工作。各县（市、区）相继成立协作机构，各工业局（公司）成立专门机构或设专人负责横向联合工作。企业间的横向经济联合主要是物资串换、技术协作和经济联合，协作内容、形式以及项目均处于起步阶段。

1984年9月，第一次全国经济协作和对口支援工作会议召开，提出要进一步加强对口支援工作。此后，根据国家和山东省的安排，青岛市先后与山东省的沂水县、沂南县、博兴县、菏泽地区，三峡库区的湖北省宜昌市夷陵区、西藏日喀则市、新疆乌鲁木齐市、内蒙古包头市建立对口支援或对口帮扶关系。1986年3月全国第一次城市经济体制工作会议后，青岛市按照国务院关于进一步推动横向经济联合的要求，制定《〈关于进一步推动横向经济联合若干问题的规定〉实施办法》，确定发展青岛市城乡之间、省内地市之间和国内重点城市间三个层次横向经济联合的基本战略思想。在维护企业横向经济联合的自主权，在征税办法、资金和物资横向融通、改进计划管理和统计办法等方面进行改革，并按照“扬长避短、互通有无、平等互利、共同发展”的对内联合工作原则，有计划、有重点地推动企业间的联合向群体化、集团化发展。同年，青岛市政府在北京、上海、广州等大城市设立办事机构。1995年3月，市委、市政府颁布实施《关于进一步扩大对内开放的意见》，提出“降低门槛、公平待遇、重点扶持、综合配套”开放原则和改善投资环境的措施，要求全市各单位充分利用优势条件，促进与外地的联动发展、共同繁荣，横向经济联合逐步向全方位的联合与合作发展。

1995年，全国扶贫开发工作会议确定青岛市对口帮扶贵州省安顺市、铜仁地区，8月，青岛与两地区正式建立对口支援关系。1998年初，市政府调整经济协作工作机构，对口支援工作机构单列，成立青岛市对口支援工作小组办公室。1999年，青岛市响应中共中央西部大开发的战略决策，组织参与西部大开发的课题研究。2001年12月，市委、市政府制定《关于参与西部大开发的工作意见》，确定“把握机遇、各方参与、优势互补、互惠互利、共同发展”的方针，结合对口支援，组织企业参与西部大开发。海尔、海信、红星、澳柯玛、双星、青啤等企业开始参与西部大开发，拓展发展空间，实现低成本发展。2001年4月，为进一步整合资源，全面推进对内开放，撤销青岛市对口支援工作领导小组办公室、经济技术协作办公室和国内招商办公室，组建青岛市国内经济合作办公室，负责全市国内招商、对口支援、参与西部大开发和外地政府、企事业单位驻青机构管理等综合协调工作。至此，青岛市的横向经济联合逐步扩展为全方位、宽领域、高层次的国内经济合作。

2001～2005年，青岛市确定“青岛以外都是外”的国内经济合作理念，坚持招商引资与深化企业改革结合，项目引进与发展产业集群结合，引进先进制造业与现代服务业结合，对外开放与对内开放结合，引进资金与引进智力结合，探讨并推进政府引导、企业参与、市场化运作的国内经济合作机制，着力改善投资环境，强化国内招商力度，加快利用内资的规模扩大和质量提高，推进与山东半岛城市群、环渤海经济带、长三角、珠三角、京津冀、中西部、东北老工业基地及受援地区的经济互动与合作，国内经济合作实现持续、快速、稳定发展，逐步成为青岛市全方位开放的重要组成部分。

第一章　对口支援与西部大开发

第一节　对口支援

根据山东省政府安排，青岛市自1984年起，对青海海北藏族自治州、内蒙古锡林郭勒盟、四川白玉县、内蒙古包头市和赤峰市、吉林延边朝鲜族自治州、四川甘孜藏族自治州、新疆奎屯和石河子等地区进行经济帮扶。1992年开始，青岛市按照中共中央、国务院和山东省委、省政府安排，先后对口支援湖北省宜昌市宜昌县（2001年7月改设为夷陵区）、秭归县、兴山县，西藏日喀则市，新疆乌鲁木齐市，贵州省安顺市和铜仁地区。至2005年，青岛市对口支援地区逐步调整为西藏日喀则市、贵州省安顺市和铜仁地区、三峡库区湖北省宜昌市夷陵区，与其他地区的对口支援工作转为双方经常性的经济合作。

对口支援西藏日喀则市

1994年，中共中央、国务院召开第三次西藏工作座谈会。根据会议要求，山东省委、省政府确定青岛市承担对口支援西藏日喀则市。1997年8月，市政府印发《青岛市1996年至2005年对口支援西藏自治区日喀则市发展规划的通知》，明确对口支援的基本目标：用10年时间，通过人力、物力、财力、智力以及其他方面的有效支援和经济增长项目的开发，帮助日喀则市提前并高质量地实现“10年奔小康”和远景规划纲要确定的目标。确定工作重点：一是坚持开发式扶贫方针，强化农业基础地位；二是实施“造血”工程，发展第二产业；三是以商贸、旅游为龙头，发展第三产业；四是加强城市建设，完善城市功能；五是发展教育、卫生、科技事业，做好人才培训，全面提高人口素质；六是以脱贫解困为中心，举办有关社会公益事业。至2005年，青岛市先后选派4批28名党政干部和9批93人次技术干部赴藏工作；共向日喀则市无偿投入资金1.12亿元，援建经济、社会项目192个。

2005年，日喀则市生产总值达到72147万元，全市经济总收入达到3.9亿元，地方财政收入达到2752万元，农牧民人均纯收入达到3380元，分别比1994年提高8.5倍、4.5倍、9.6倍和2.3倍。

派出援藏干部　按照国务院确定的“分片负责、对口支援、定期轮换”援藏工作方针，青岛市先后选派4批党政干部共28人赴藏工作（第一批7人、第二批8人、第三批6人、第四批7人），分别担任日喀则地委、行署和日喀则市委、市政府和市直部门的领导。1995年5月～1998年5月，第一批援藏干部赴藏工作，确定以农牧业生产为基础，以城市规划、建设、管理为重点，大力发展二、三产业，商贸兴市，勤俭建市，依法治市，依照将日喀则市建成现代化高原城市的思路，制定城市总体发展规划和一系列城市管理的规章制度，并率先开通3条主要城市道路，完成卡龙沟防洪工程、贸易市场等6项重大建设项目，增添城市交通红绿灯等12项基础设施。1998年5月，第二批8名援藏干部在援助资金、项目等方面实现了突破，重点实施“五大工程”：以青岛路为代表，展示日喀则市新成就、新面貌为主要内容的城建工程；以政法楼建设为代表，维护社会稳定、促进文明建设为主要内容的基础工程；以贸易市场为代表，方便群众、服务群众为主要内容的民心工程；以“菜篮子”基地为代表，扶贫济困、造福百姓为主要内容的富民工

1999年8月，青岛援建日喀则市贸易市场工程竣工，总投资240万元，建筑面积9500平方米，可容纳800多个摊位，是条件优良、功能齐全的综合贸易市场。

程；以办公自动化为代表，转变作风、提高效率为主要内容的效率工程。2001年5月～2004年5月，第三批援藏党政干部突出智力援藏，全力实施“四大战略”：以种植业调整为切入点，实施结构调整战略；以加快中心城区建设为契机，实施城市化战略；以培育新的经济增长点为抓手，实施税源建设战略；以扶贫开发为突破口，实施外向型战略。第四批援藏干部坚持以加快经济结构调整、扩大对外开放、推进科技进步、拓展城市发展空间为重点，以提高人民群众生活水平为出发点和落脚点，实施“12356”的总体经济工作思路，即：抓住发展“第一要务”；确保“农牧民收入、财政收入”两个提高；实施“富民强市、小康建设、扶贫开发”3大工程；突出“结构调整、旅游开发、新城拉动、项目带动、民营推动”5大重点；实现“招商引资、劳务输出、特色产业、城市规模、城郊经济、生态环境”6个突破，促进全市经济快速、健康、协调发展。

资金投入　1995～2005年，青岛市每年向日喀则市无偿援助资金，重大项目投入资金逐渐增长：第一批干部援藏3年投入1400万元，第二批干部援藏3年投入2353万元，第三批干部援藏3年投入3252万元，第4批干部援藏投入达到4500万元。这些援藏资金的投入，有力地支持了日喀则市重点项目建设。其中，配套塘河电厂建设投入810万元，修建青岛路投入1100万元，2005年建设日喀则市行政中心投入3000万元。同时，援藏干部通过争取国家开发资金和招商引资，引进区外大量资金，促进了日喀则市经济和社会事业的发展。1995～2005年，日喀则市新增固定资产投资项目60个，总投资14.64亿元，建成一批以小商品、建材、大牲畜交易为主的专业

1998年5月，青岛市实施援建日喀则市城建工程。图为投资1100万元建成的日喀则市主干道——青岛路。

市场。

优化农牧业结构　日喀则市主要产业是农牧业。为改变产业结构不合理，农牧民增收缓慢的状况，青岛市在援藏工作中，把调整农牧业产业结构作为关键措施。实施“青岛林”建设项目，投资种植优质速生树种，植树造林7640公顷。进行沼气项目推广，1000户居民用上沼气，既增加了燃料供给途径，又保护了植被。实施“科技兴农牧业”，推进农牧业产业化，扶持当地农牧民开垦荒地、开发草滩、兴修水利，引导农牧民进行开发式脱贫。援藏初期，为亟待农业机械的乡、办事处赠送拖拉机，为贫困户提供生产用具。以种植业、养殖业调整为切入点，实施日喀则市“菜篮子”示范基地建设，推广种植大棚蔬菜，兴办养鸡场、养猪场、食品加工厂，并取得经济和社会效益；引进了保健茶、高产奶牛、藏野猪繁殖等一批农牧科技技术，进行了猪、鱼、牛、羊、鸭、鸡基地的项目建设；建设了情怡农业科技示范园，引种果蔬品种25个；进行黄牛繁育新技术示范项目及草养奶牛、绵羊育肥项目，稳步推进“一村一品，一乡一业”的发展。

在青岛市援藏技术人员的指导下，日喀则市郊的大棚蔬菜生产日益普及。

发展二、三产业　中央第四次援藏工作会议后，按照国家经贸委安排，青岛市总投资1300万元，援助建设工业项目。在日喀则市建设了轮胎翻新厂、塑料编织袋厂两大项目，占地2万平方米，建筑面积7000平方米，设计能力年产1000万条塑编水泥包装袋和1万条翻新轮胎。两大项目成为当地发展工业的起点。以这两个工业项目为依托，规划设立了经济技术开发区。新上荞麦产品精深加工项目，开发了饼干、挂面等食品和荞麦皮枕头等日用品生产。加强专业市场建设，建成一批以小商品、建材、大牲畜交易为主的专业市场，促进了人流、物流、信息流、技术流和资金流的聚集，推动了个体私营经济发展。日喀则建筑业有市场需求，为培植建筑产业的税源，青岛市帮助日喀则市进行城市开发，发展房地产业，由当地建筑企业开发了拉萨路商品房、欧珠新苑小区等项目，使房地产业成为日喀则市财政增收的重要来源。在创建全国优秀旅游城市工作中，青岛市选派旅游工作技术干部，组织开发旅游业务。以扎什伦布寺、东风林卡等古迹景观为依托，兴建民俗文化村、藏家风情苑，开工建设旅游市场，引导企业和工商户开发金银铜器和藏毯等具有民族特色的旅游产品，吸引大量国内外游客，取得较好经济效益。

文教卫生援助　1999～2004年，青岛市先后投资建成青岛希望小学和日喀则市民族希望小学，为两所学校配建微机室、电教室、语音室；援建起日喀则市乡镇企业培训中心；帮助解决日喀则市部分中小学7000名学生无课桌椅和更换课桌椅问题；为日喀则市捐赠150万册各类图书；开展村村通电视、通广播工作；参与援建日喀则

1999～2005年，青岛市先后投资建成东嘎乡青岛希望小学和日喀则市民族希望小学，并为两所学校配建微机室、电教室、语音室。图为1999年6月建成的日喀则市东嘎乡青岛希望小学。

市文化馆，为群众文化生活提供场所；出资援建日喀则市机关医院，捐助部分医疗救助设备和器械，组织当地医护人员开展巡回医疗。2005年9月，青岛市调整各区市援藏资金数额及投向，由各区（市）3年内援建日喀则市25所希望小学，改善教育基础设施条件。

对口支援宜昌市夷陵区

1992年，青岛市成立三峡工程坝区移民对口支援领导小组，在经协办设立办公室。1993年，对口支援三峡坝区工作全面开展。当年，共签订并实施对口支援坝区项目13个，总投资1130万元。1994年，中央明确青岛市对口支援三峡坝区湖北省宜昌市宜昌县（2001年7月改为夷陵区）。自当年起，青岛市财政每年支援宜昌县100余万元，12个区（市）财政每年各支援10万元。至2005年，青岛市共向夷陵区援助资金9300多万元，其中无偿援助资金1000万元，援建经济合作和社会公益项目43个，项目带动新增产值3亿多元。同时，在青岛市对口援助项目中，优先安置400多名坝区移民就业。

企业参与　青岛市发挥优势企业、名牌产品优势，采取政府协调、贷款贴息等措施推动企业进入三峡地区发展，为安置移民创造条件。1998～2001年，海尔集团与宜昌县银豪公司合作生产海尔品牌吸排油机。共生产5万台海尔牌吸排油烟机，产品投放市场后供不应求。2000年8月，澳柯玛集团投资控股占51%，与宜昌县稻花香集团合作，宜昌县利用土地、厂房、设备作股占49%，成立澳柯玛宜昌有限责任公司，生产太阳能热水器。2001年，鲁能集团与宜昌瑞华永耀公司合作成立鲁能宜昌瑞华永耀电气有限公司，生产17.8万千伏安的新型环保节能型变压器。安置当地移民就业60余人，累计产值2068万元，销售收入1700万元。2002年后，青岛市按照国务院三峡建设委员会关于引进企业支援三峡库区经济发展要求，引导青岛企业在夷陵区实行资源与企业之间的优势互补，拓展发展空间。当年，颐中集团采用出品牌、出市场的方法与宜昌县三峡卷烟厂合作开发雪茄烟，当年生产雪茄烟100多大箱，并安置部分移民就业。青岛南墅石墨矿公司援助指导开发夷陵区石墨矿资源，并帮助代理出口。长虹乳品有限公司无偿向宜昌县乐天饮品有限公司提供软包装设备。2003年上半年，山东嘉源进出口有限公司投资6000万元兴建宜昌嘉源食品有限公司，利用当地盛产柑橘的资源优势，结合嘉源进出口公司的人才、管理、客户、市场、外贸等优势，建成当地最大的柑橘加工企业，产品全部由青岛总公司包销并出口美国、日本、德国，并成为日本DOLE公司定点加工企业和沃尔玛公司在中国的橘子罐头采购点。企业成为纳税大户，橘农年收入大幅度提高，同时带动当地食品制罐、纸箱、商标辅料和饲养业等相关产业发展。

2004～2005年，青岛市政府先后两次组织相关市直部门和多家企业赴宜昌考察洽谈，对接经济合作项目，签订合作协议12项，投资额5.8亿元。

高效农业扶持　1998年起，青岛市将一些技术含量高且已种植、养殖成功的农业项目引入宜昌县，与宜昌县联合兴办高效农业试验园，重点扶持宜昌县林果、中药材、牧草、茶叶种植及奶牛养殖等特色产业项目。至2005年，先后无偿提供西门塔尔牛良种及其养殖技术，将青岛市培植成功的反季节、高附加值果树新品种在夷陵区推广，并提供从美国引进的红提葡萄种苗和10多个品种大泽山葡萄种苗、中华寿桃种苗等，高效农业试验园共建成1.5万亩水果基地、1万亩牧草基地、3500头奶牛基地、1000亩白桃基地、3万亩黄姜中药材基地以及优质茶园基地等。

产品市场开拓　青岛市通过市场培育和贸易活动拓展夷陵经济发展空间，带动相关产业发展。2002年起，借助青岛国际经贸洽谈会、农业技术博览会、青岛国际农业产品交易会等会展，引荐国内外客商和驻青岛商社与夷陵区企业进行交流、洽谈，促成夷陵区天麻、茶叶、柑橘、酒类等产品向沿海城市及新加坡、韩国、日本等国家批量销售和出口。同时，帮助夷陵区在青岛开辟磷矿和稻花香酒的销售市场，中药材、茶叶、柑橘、山野菜等坝区特色产品通过青岛进入东部沿海城市，形成经常性供货关系，年销售额达6000多万元。

坝区移民援助　1995～1996年是夷陵区移民搬迁高峰期，青岛市无偿提供运输工具，成立移民运输队，帮助移民搬迁，安排移民就业，增加移民收入。组织青岛塑钢门窗生产企业到移民区投资办厂，专门生产移民安置住房急需的塑钢门窗。先后援建移民乡镇卫生院4所，培训医务人员65人次。先后援建移民中小学5所、幼儿园2所。出资为夷陵区图书馆阅览室配备计算机，运用海信信息教育技术系统实施智能化教学，对移民进行劳动技能培训。

人力资源培训　2002年后，青岛市每年安排专项资金，为夷陵区培训专业管理人员和种植、养殖专业人员，传授先进的农牧业种植、养殖技能。2002～2005年，先后培训各类专业技术人员100多名、区镇两级干部160余名。同时，在当地通过提供计算机、配备网络等方式，提高移民劳务输出所需的劳动操作技能，培训移民800余人次。

对口支援贵州省安顺市、铜仁地区

1996年，国务院确定青岛、大连、宁波、深圳4个计划单列市对口帮扶贵州省，青岛市对口帮扶贵州省安顺市、铜仁地区进行扶贫开发。至2005年，青岛市广泛发动社会力量参与扶贫，市直各部门相继开展“巾帼扶贫”“文化扶贫”“科技扶贫”“教育扶贫”“卫生扶贫”、社会捐赠等活动。在贵州省安顺市、铜仁地区新建、改造30余所学校和20余所医院、诊所，援助特困大中专学生600余名，救助失学女童6000余人。至2005年底，青岛市共向贵州省安顺市、铜仁地区无偿支援资金1.596亿元，项目融资约7亿元。

“一对一”结对子　1998年，中共中央、国务院提出要尽快解决全国2000万贫困人口的温饱问题。青岛市调整对口支援工作思路，将帮助贵州省安顺、铜仁两地区60余万贫困人口的任务分解落实到各区（市）。当年，李沧区、黄岛区、崂山区、城阳区、即墨市、胶州市、胶南市、平度市、莱西市分别与安顺、铜仁地区9个贫困县和对口部门结成“一帮一”对子，以解困救急、提高人口素质、培植经济增长点、增加当地财政收入、增加当地群众收入为重点开展结对帮扶。市南区、市北区、四方区及市供销社、市医药总公司、海尔集团、海湾集团、颐中烟草集团、双星集团、青啤股份公司等19个单位和企业作为对口联络与合作单位。青岛市派出2名干部到地直机关挂职，各区（市）向结对县派出1～2名联络员，具体负责落实结对帮扶任务。

1998～2001年，青岛各区（市）根据结对县具体情况采取不同帮扶措施。平度市帮助松桃县在平度设立办事处，引进先进技术，推广两地名优特产品；李沧区为铜仁地区设立苦丁茶直销处；市南、四方、黄岛、城阳、平度等区（市）开设劳务市场，接收安排结对地区人员到青岛务工。各区（市）共安排劳务人员近2000人，人均月工资达500元以上，帮助受援地区人口脱贫致富。同时，各区（市）将本级援助资金用于扶持本地企业到受援地区开办经济合作项目，这种帮扶形式一直延续。

温饱村援建　1999年，国家扶贫开发会议提出扶贫重点是解决贫困人口脱贫问题，要落实到村、到户。根据要求，青岛市当年即实施帮助贵州安顺、铜仁两地区建设温饱村。在各结对县进行一个温饱村建设试点，每个试点村投入28万元建设资金，其中区（市）财政投入20万元，青岛市财政投入8万元。重点解决特困群众无钱医病、购粮、购衣、修房、上学等实际困难。当年共投入建设资金162万元，建成温饱试点村7个。2000年，青岛市根据试点经验，提出在温饱村实施“五小工程”（村基层组织建设工程，建设村党支部和村委综合室；信息传播工程，设立卫星电视接收转发装置；教育建设工程，在较大村寨建设希望小学，在较小村寨建设图书阅览室、文化活动室；卫生和村容整治工程，建设卫生室，建厕改厕，发展沼气；生产项目建设工程，进行道路建设，兴修水利，扶持发展猪、牛、羊、鱼养殖和林果、蔬菜种植专业户），温饱村建设逐步规范。2000～2005年，累计建成温饱村79个，共修建乡村道路180余千米，建设引水渠80多千米，改造耕地1.2万余亩，新开垦荒地1950余亩，改建、扩建村党支部、村委会活动室50余个，新建、扩建村图书室、文化活动室31个，安装电视卫星接收装置50多套，新修或改扩建村级小学19个，新增校舍建筑面积2600多平方米，3000多名村寨学生得以就近上学，维修人文设施5处。基本解决道路不畅，水利设施匮乏，生产、生活用水困难等问题，改善基本生产条件，农民人均收入成倍增长。

农业项目援建　贵州省安顺、铜仁两地区是典型的山区农业地区，贫困人口约占农业人口的80%。青岛市与两地区建立对口支援关系后，把支持当地贫困群众发展农业项目作为工作切入点。1996～2001年，先后通过无偿提供人才、技术、资金、项目、信息、物资等多种形式，帮助当地农民发展农业产业项目。其中，帮助松桃县建设高效农业示范园项目，大棚果蔬生产技术辐射到周边县乡及农户，全县1000余人到示范园参观或接受培训；农乐1号浸种剂推广项目，净种植面积达8万亩；罗氏沼虾养殖推广项目，育苗场当年生产虾苗400多万尾，建成12个养殖点，养殖面积143亩；迪佳乳业项目2000年启动，当年日产鲜奶500多公斤，固定奶户1200多户。至2001年底，种植养殖和乳业生产项目成为当地新兴产业，农民人均纯收入增加近800元。2002～2005年，青岛市把帮扶工作重点转向温饱村建设，同时继续提供资金、技术和人才支持，帮助铜仁地区开展1万余亩中药材基地项目、1.5万余亩种草养畜项目、莱茵鹅养殖项目、冷水资源养殖等项目，在安顺市进行牲畜改良和新品种经济作物种植推广。

企业参与　为使贵州受援地区能够依托自身工业项目促进经济发展，自1995年起，青岛市引导和支持本地企业进入贵州发展。青岛红星集团率先进入贵州省安顺市创业。至2005年，该企业连续创造碳酸钡单体产量最高、成本最低、质量最优、环境最好的4个世界第一，使红星集团钡盐产品的市场销售量占世界三分之一，累计为镇宁县上缴税收近2亿元。青岛红星集团承接了青岛市政府安排的冷水养殖项目，在铜仁投资成立的贵州红星梵净山冷水渔业公司，养殖各类进口鲟鱼、三文鱼获得成功，填补当地冷水养殖空白。2001年，红星发展在上海证券交易所上市，相继在贵州铜仁、毕节地区、黔南州投资近5亿元，兴办一批新企业，年工业总产值达3.47亿元，同时带动当地采矿、运输、服务等产业发展，职工年收入逐年递增，当地人称“一人进红星，全家都脱贫”。1999年，温家宝副总理在全国东西协作扶贫会议上详细介绍红星集团参与东西协作扶贫开发的经验，红星集团成为东西协作扶贫开发典型，青岛创建的对口支援模式得到肯定。

青岛海尔、海信、双星、汉缆等企业集团也积极参与贵州扶贫工作。1997年，海尔集团兼并重组遵义风华电冰箱公司，1997～2005年累计生产冰箱100多万台，产值20多亿，纳税5000万元。同年，海信集团兼并重组贵阳华日电视机厂，形成年产电视机35万台的规模，年销售收入6亿元，并在贵阳建立海信工业园，建成年销售收入40亿元的现代化大型企业。2000年，双星集团控股贵阳市胶鞋厂，将生产线由3条扩大到8条，年产胶鞋100万双。2002年，青岛汉缆集团在贵州实施资产重组，迅速成长为当地优势企业，解决近1万人就业，1997～2005年累计创造产值10多亿元。

产品市场开拓　2002年，青岛市提出“先有市场、后建工厂”的扶贫思路，通过举办展销会、产品推介会、风土民情展等多种方式搭建市场平台，帮助贵州在青岛举办绿色产品推介会、贵州风情展等经贸洽谈活动，组织贵州省和安顺市、铜仁地区农产品加工企业参加青岛市国际农业产品交易会，使贵州特色产品通过青岛口岸出口到日本、韩国等国家和中国香港地区，部分企业与世界级采购商签订购货合同。同时，青岛市在安顺市、铜仁地区贫困县和重点贫困乡建设3个有特色的农产品批发市场，引导农业、畜牧业相关产业发展。2002～2003年，青岛市先后两次组织贵州省暨安顺市、铜仁地区80余家企业，参加青岛市国际农业产品交易会，共签订协议48个，订货额2325吨，协议贸易额2445万元。其中3家企业与贵州企业签订魔芋系列产品出口日本、韩国的对外贸易协议，贸易额达580余万元。

人力资源培训　2000年起，青岛市把贵州人才培训工作列入计划，投资160万元，先后派出4批200名优秀教师、医疗骨干、高级农业技术人员赴安顺市、铜仁地区支教、支医、支农，传授现代管理理念和专业技术，在当地医疗、教育、工业、农业等行业中开辟30多个新专业领域。同时，在青岛市组织举办贵州省县（市、区、特区）委书记、县长、乡镇长、企业经理、温饱村书记、种养业带头人培训班等35个班次、1100人次。2003年3月，中国海洋大学与铜仁地区行署按照“优势互补、产学结合、共同发展”原则，建立科技开发长期合作关系。在铜仁地区建立中国海洋大学人才培训基地，开展各类教育培训、科技讲座，开通远程教育网络。每年在铜仁地区定向招收本科生，逐步委培学士、硕士、博士等学位人才；为铜仁地区经济发展相关技术攻关和科研项目研发提供服务，合作建立研究开发生产基地。

社会参与　自1996年开始，青岛市在政府扶贫和组织企业参与扶贫的同时，广泛发动社会力量参与扶贫。市妇联系统开展“巾帼扶贫”活动，帮助贵州安顺市、铜仁地区失学女童完成小学教育；市文化系统开展“文化扶贫”活动，组织向贵州贫困县捐赠图书；市科技系统开展“科技扶贫”活动，派出科技人员，开展工业农业技术讲座；市教育系统开展“教育扶贫”活动，组织教师100多人次赴贵州安顺市、铜仁地区进行支援教育活动，在全市中小学开展“手拉手”活动，组织学生向贵州结对同学捐赠学习用具、进行书信往来；市卫生系统开展“卫生扶贫”活动，派出20名医护人员赴贵州安顺市、铜仁地区医院工作。同时，市民政系统组织社会开展捐赠等活动，1996～2005年，累计捐赠衣被1170余万

件、图书70余万册。通过政府组织和社会各界广泛参与扶贫开发活动，在贵州省安顺市、铜仁地区新建、改造30余所学校和20余所医院、诊所，援助特困大中专学生600余人，救助失学女童6000余人。

省内对口支援

1984年开始，青岛市按照山东省委、省政府统一安排，先后对沂南县、沂水县，菏泽地区及博兴县实施对口支援。

对口支援沂南县、沂水县 1984年11月，山东省召开全省经济协作会议，传达中共中央关于改变沂蒙山区面貌的重要指示和中共山东省委关于青岛市对口支援沂南、沂水的决定。当年，青岛市确定大型企业下乡支援老区建设的基本思路。一方面加强科技扶贫，把人才培训和技术支援作为对口支援工作的重点。1985～1987年，青岛市先后派出各类技术人员678人次赴两沂进行技术支援，为两县代培技术管理人员752人次。同时，帮助企业从基础入手，进行技术改造，提高管理水平，增强产品竞争能力。沂水卷烟厂自1985年在青岛卷烟厂的帮助下，改造设备，改革配方，改进生产工艺，使产品质量由三类品多、二类品少、一类品无提高到一类品多、二类品少、基本消灭三类品，1987年联营生产的青岛牌、海滨牌香烟实现产值2130万元、利税1423万元。在此基础上，支持发展重点行业和重点产品，把支援的重点放在轻工、纺织、服装、食品、造纸、建材、机械等7个重点行业和30多种重点产品上。青岛第一木器厂帮助沂南、沂水木器厂调整产品结构，提供部分设备，帮助培训人员，木器厂生产面貌迅速发生变化。沂南县木器厂扭亏为盈，产品在全省家具设计大奖赛中获设计创新奖。1987年按照山东省委、省政府提出的“今后每个市的所属县、区和各大中型企业都要分别对口支援一二个乡镇包点扶贫，共建扶贫责任制”要求，青岛市确定崂山县、莱西县、胶州市和青岛钢厂、四方机厂分别支援沂水县5个乡镇，平度县、胶南县、即墨县和前哨机械厂、青岛纺织机械厂分别支援沂南县5个乡镇。至1994年，青岛市帮助两县完成技改项目50多个，开发新产品100多个，新上工业项目31个，累计为两县新增产值近3亿元，新增利税5000多万元，培训各类人才6000多人次。

1985年青岛市与沂南县、沂水县经济技术协作项目表

表3-1

协作单位	协作内容
青岛地毯工业公司与沂南县乡镇企业	帮助发展地毯加工
青岛纺织机械厂与沂南铸造厂	帮助提高企业素质，开发新产品
青岛弹簧厂与沂南县板簧厂	按照联合生产协议联营生产板簧
青岛市舞台用具厂与沂南县福利刺绣厂	提供技术指导，探讨来样加工，帮助开发新产品
青岛市环保局与沂南县环保局	提供技术指导、信息资料，帮助培训人员，帮助监测仪器的选购、安装和维修
青岛国棉三厂与沂南县苧麻厂	提供技术指导，帮助进行深加工
青岛明胶厂与沂南县骨胶厂	提供技术指导，帮助提高质量，发展生产

续表3-1-1

协作单位	协作内容
青岛农药厂与沂南县农药加工厂	技术指导，帮助开发新产品
青岛塑料工业公司与沂南县包装容器厂	帮助发展各种日用塑料制品生产
青岛食品工业研究所与沂南县综合食品厂	提供指导，帮助提取姜油精、胡萝卜素和山楂高档浓缩汁
青岛食品工业研究所与大王庄加工厂	帮助进行花生和瓜干深加工
青岛市一轻局与沂南县标牌厂	帮助生产中高档纸包装、塑料包装等
青岛化工学院与沂南县农药加工厂	进行技术支援，帮助开发新产品
前哨机械厂与沂南县张庄镇	帮助乡镇企业发展生产
青岛市文办、教育局与沂南县	帮助安排定向委培生，大专11名、中专15名
青岛市文办、卫生局与沂南县	帮助安排内、外、妇、儿、针灸、推拿等专业医护人员到青岛培训；青岛派出专家到沂南举办心电图短训班
青岛市劳动服务公司与沂南县劳动局	帮助安排富余劳动力
青岛市食品厂与沂水县青援食品厂	联营生产钙奶饼干
青岛钢铁总厂与沂水县姚店子镇钢窗厂	支援轧钢生产
青岛食品工业研究所与沂水县食品厂酿造厂	帮助提高饼干、糕点质量
青岛市化工商品批发公司与沂水县崔家峪镇李家峪蜡烛厂	优先优惠提供原料，帮助销售产品
四方机厂与沂水镇	帮助发展镇办工业
青岛金羊皮鞋厂与沂水县鞋厂	提供技术支援，帮助改进工艺，提高产量，增加花色品种
青岛市纺织工业总公司与沂水棉纱厂	帮助改进工艺管理，进行技术指导，帮助提高产品质量
平度市羽绒皮件厂与沂水县羽绒制品厂	提供技术指导，帮助开发新产品
青岛市建材工业公司与沂水县建材公司	提供技术支援，指导其进行花岗岩的开采和加工
青岛无线电二厂与沂水县武家洼造纸厂	优先提供纸箱下脚料，支援板纸生产
青岛市市级机关汽车修理厂与沂水县汽车大修厂	进行技术援助，帮助其提高喷漆、烤漆及轿车修理质量
青岛皮件二厂与沂水县皮件厂	提供技术指导或联营，帮助其提高产品质量，开发新产品
青岛农科所与沂水县经济作物站	在沂水县联合培育100亩大白菜菜种
青岛食品工业研究所、莱西县食品罐头厂与沂水县罐头厂	帮助开发山楂制品
青岛市副食品批发公司与沂水县罐头厂	提供信息，帮助开拓市场和开发新产品

续表3-1-2

协作单位	协作内容
胶州胱胺酸厂与沂水县	支援新上胱胺酸项目
青岛市乡镇企业局与沂水县乡镇企业局	建立定期信息交流关系，帮助技术攻关
青岛市文办、教育局与沂水县	帮助安排定向委培生，大专18名、中专16名
青岛市劳动服务公司与沂水县劳动局	帮助安排富余劳动力

对口支援菏泽地区　1987年3月，山东省委、省政府确定青岛市对菏泽地区实施对口支援。当年，青岛市确定16个对口支援项目。1991年，青岛市选拔12名县以上领导干部赴菏泽地区进行一年半时间的对口挂职交流，签订《青岛市、菏泽地区关于进一步搞活商品流通，开拓地产品销售市场的协议书》，两地交流地产品协议总额达9000万元，其中青岛供给菏泽5000万元。1996年9月，青岛市向遭受洪涝灾害的菏泽捐助价值52万余元的救灾物资。1998年，青岛市开始结对帮扶菏泽市曹县，建立青岛啤酒（菏泽）有限公司。2000年，青岛市投入资金3000万元，建立结对帮扶曹县的贷款担保资金，当年支出1000万元帮助曹县企业融资。2002年6月，青岛—菏泽直通口岸暨青岛港菏泽集装箱场站开通，每年拉动40大类、600余个品种产品出口，货值2亿美元，菏泽成为鲁西南地区重要的货物集散和供应基地。当年，在全省东西结合加快菏泽发展项目洽谈会上，青岛企业与菏泽有关企业签约项目11个，投资额为22123万元。同年10月，由青岛工业建筑设计研究院完成总体规划的曹县工业园开工建设，青岛市引进纺织、食品、铝塑、钢塑、木业、机械、工贸、工艺、生物科技、不锈钢制品等16个项目进入园区，总投资9.06亿元。2004年，根据山东省委、省政府“突破菏泽”战略要求，青岛市实施“1+9合作项目”，即在做好重点帮扶曹县的同时，将经济合作项目扩大到菏泽其他9个区县。至2005年，青岛啤酒集团、六和集团、青岛益佳国际贸易集团、青岛纺织集团六棉公司、青岛鑫宇制衣有限公司、颐中（青岛）实业有限公司、青岛鲁民公司绿色科技工程有限公司、港务局等企业（集团）共在菏泽市投资2.1亿元，建设啤酒饮料、罐头食品、纺织、制衣、制漆、饲料、电缆、发制品、医疗用品、热电联供及出口货物场站等50多个项目。同时，青岛市组织菏泽地区人员到青务工。至2005年，曹县常年在青岛务工人员达到2200多人，菏泽其他市县务工人员达到4300人。

2005年9月，青岛市帮扶曹县（青岛）工业园建设各区市包片开发项目奠基。年内，各区市共落实项目13个，固定资产投资4.4亿余元。

1987年青岛市与菏泽地区对口支援项目表

表3-2

协作单位	协作内容
青岛食品厂与成武食品厂	提供生产钙奶饼干等食品技术或联合生产
青岛第一木器厂与菏泽家具公司	帮助搞好管理，提高产品质量和生产技术
青岛羊毛衫厂与菏泽羊毛衫厂	帮助提高纯毛羊毛衫的质量或联营生产
青岛皮革研究所与菏泽皮鞋厂	帮助提高产品质量，开发新产品
青岛东方衬衫厂与鄄城服装二厂	提供生产衬衫技术，开发新产品
青岛塑料公司与菏泽塑料二厂	提供生产塑料桶、盆、玩具等技术（模具）
青岛明胶厂与曹县轻工化学厂	提供照相用明胶生产技术
青岛二轻局与定陶剪刀厂	帮助建立电镀生产线，提供镀铬技术
青岛生物制药厂与菏泽生化制药厂	帮助提高生物药品生产技术
青岛酿造公司与菏泽酿造厂	帮助提高酱菜半成品加工能力和产品质量
青岛铝制品总厂与巨野铝制品厂	提供生产技术
青岛电度表厂与菏泽仪表厂	联合研制DD861电镀表
胶南化肥厂与郓城化肥厂	帮助提高技术改造设备
青岛建材工业公司与东明县	转让涂料生产技术
青岛肉联厂与菏泽冷藏厂	帮助开发肉制品的深加工
青岛汽水厂与东明酒厂	帮助提高可乐汽水的质量

对口支援博兴县 1990年3月，青岛市政府与山东省滨州地区（现滨州市）博兴县政府签订《关于相互开展对口支援的协议》。1991～1995年，青岛市采取“厂乡挂钩”和“厂厂挂钩”的帮扶方式，对有引黄济青移民搬迁工作任务的博兴县进行对口支援和经济合作。青岛市橡胶工业公司、青岛市纺织工业总公司、青岛市电子仪表工业公司等企业分别从技术、销售、管理等方面帮助支持博兴镇、蔡寨乡、店子乡等8个乡镇发展经济，青岛明胶厂、青岛国棉九厂等企业分别与博兴县第一明胶厂、博兴县棉纺厂等企业挂钩，提供技术支持和扩大生产规模，进行厂间协作。

1991年青岛市与博兴县厂乡挂钩、厂企挂钩单位情况表

表3-3

挂钩单位	合作内容
青岛市橡胶工业公司与博兴县博兴镇	巩固、发展橡胶产品销售业务，扶持博兴墙纸厂小帆布生产项目
青岛市化学石油工业公司与博兴蔡寨乡	探讨工业项目和改造原有企业
青岛市纺织工业总公司与博兴县店子乡	开展协作，帮助第二织布厂扩大帆布生产能力
青岛市电子仪表工业公司与博兴县阎坊乡	对纸箱厂给予技术和管理上的支持，在品种、价格方面支持电子仪表展销部扩大业务
青岛钢铁总厂与博兴县庞家乡	在技术、管理和原材料方面对新建拔丝厂提供指导
青岛市二轻局与博兴县乔庄乡	探讨草、苇、柳编制工艺品销售渠道，开发新产品，开展青岛二轻名优新特产品在博兴的销售业务
青岛市一轻局与博兴县寨郝乡	对博兴县造纸厂提供技术支援，探讨其他工业项目
青岛市建材工业公司与博兴县陈户镇	探讨新上工业项目
青岛明胶厂与博兴县第一明胶厂	提供技术支援，帮助扩大生产规模
青岛布鞋厂与博兴县兴华皮鞋厂	巩固和发展协作关系，争取更好的效益
青岛国棉九厂与博兴县棉纺厂	保持和发展协作关系
青岛食品厂与博兴县食品厂	巩固和发展协作关系，落实钙奶饼干生产协议
青岛农药厂与博兴县化工厂	吸收博兴县化工厂220吨合格二氧乙烷
青岛国棉八厂与博兴县第四油棉厂	帮助第四油棉厂新上32支以上高支纱产品
青岛一木集团公司与博兴东风木器厂	巩固和发展协作关系
青岛啤酒厂与博兴县啤酒厂	进行技术、管理指导，帮助解决部分啤酒花
青岛服装工业公司与博兴县服装厂	在西装、衬衣制作方面进行技术支持
青岛自来水公司与博兴县建委	帮助新建自来水厂
青岛食品工业研究所与博兴县园艺饮料厂	帮助开发和生产饮料产品
青岛国棉五厂与博兴县第四织布厂	发展协作关系
青岛塑料工业公司与博兴镇化工塑料厂	帮助提高管理水平，开发新产品
青岛酿造公司与博兴县植物油厂	帮助新上酱油生产项目

1995年，青岛市和博兴县《关于相互开展对口支援的协议》到期后，双方继续保持对口支援与经济协作关系。青岛市在工农业生产、项目开发、物资支援、人才培训、扩大市场销售和外贸出口创汇等方面继续给予博兴县大力支持。1997年，青岛市扶持资金10万元，帮助蔡寨乡建立生猪养殖场。1998年，共青团青岛市委支援30万元，帮助蔡寨乡建立青援希望小学。自2000年开始，青岛市对博兴县的对口支援逐步转向对高效农业项目和人力、市场资源开发项目。先后扶持项目资金210万元帮助引黄济青渠首有关镇解决在高效农业开发中的困难，扶持80万元用于博兴县驻青岛办事处的经费补贴和人力资源项目开发。其中援助的高效农业项目主要有：博兴县情远农业高新技术示范园、蔡寨乡荒碱地开发项目、乔庄乡波尔山羊良种改良当地山羊项目、湖滨镇奶牛养殖项目、庞家镇双孢菇生产项目、乔庄镇荒碱地开发项目及淡水养殖基地、店子镇蔬菜育苗工厂、陈户镇大棚养蚕项目、庞家镇冬枣科研开发项目、桑园生产基地项目、吕艺镇万亩大蒜生产基地项目、庞家镇樱桃谷鸭养殖项目、吕艺镇荒碱地开发建设等项目。1997～2005年，青岛市对博兴县无偿支援资金共计330万元。

第二节　参与西部大开发

1999年，中共中央提出西部大开发战略。当年7月，青岛市西部大开发工作领导小组成立。并研究形成参与西部大开发的基本工作思路：发挥青岛对外开放、名优企业、信息、管理和西部地区资源、能源、土地、劳动力、市场两个方面的优势，寻求最佳结合点，加大“直通式”运输的覆盖面，引导青岛名优企业通过收购、兼并中西部地区企业，盘活资产，壮大实力，实现低成本扩张；积极参与西部地区基础设施建设，引导青岛建筑安装企业发挥优势，承担西部工程的设计、监理和施工建设；加强与新疆地区的经贸合作，发挥青岛口岸优势，推进对中亚5国的经贸工作。

2000年起，青岛市大型企业逐步加大投入力度，参与西部基础设施建设。青岛市主动发挥口岸优势参与西部大开发，开通海铁、海陆联运直通式出口通道，多次举办经济贸易洽谈会，促进青岛市与西部地区的经济合作与交流。

2001年，青岛市委、市政府制定《关于参与西部大开发的工作意见》，确定12条参与西部大开发的具体措施。在参与西部大开发中加快“以港兴市”步伐，大力开拓西部产品市场，积极参与西部基础设施项目建设，鼓励企业到中西部地区进行低成本扩张，在参与开发中实施产业产品结构调整，积极探索利用西部的能源，加强旅游合作，在西部地区建立原材料供应基地，与西部地区合作开发农业经济项目，与西部地区开展社会公益活动和开发公益性合作项目，支持国家在西部的重要工程建设和西部地区扶贫攻坚任务的完成，吸引西部高新技术企业、科技专业人才到青岛开展经济技术合作等。同年9月，青岛市参与西部大开发网站开通，为青岛各界及各地企业和网民参与西部大开发提供信息资源。

2003年，市委、市政府制定《关于参与西部大开发，加强区域经济合作的工作意见》，依托港口优势，在参与西部大开发中加快以港兴市，参与西部基础设施建设，有效利用西部的优势矿产资源，鼓励企业到中西部地区进行低成本扩张，与西部地区合作开发农业经济项目，促进双方旅游业发展，加强与西部地区的科技教育领域的合作。

2004年，市委、市政府制定《关于贯彻落实国发〔2004〕6号文件精神，参与西部大开发的实施意见》，以市场为导向，开展多渠道、多形式的经济合作，提高项目合作的总体效益；以产业为主线，加快东西两地产业结构调整和升级，提高两地经济增长的质量和效益，促进可持续发展；以青岛名牌企业为主体，推动两地企业建立互惠互利的合作关系，形成利益共享、风险共担、产权清晰的合作机制；以对口支援为载体，提升对口支援层次，增强对口支援实效；以政府引导、市场运作为主要途径，进一步强化政府牵线搭桥的服务意识，组织各级政府、各类企事业单位、各民间团体共同参与西部大开发。

企业参与

自1995年起，红星集团、海尔集团、海信集团、青啤集团、橡胶集团、纺织总公司等企业（集团）利用参与对口支援形成的合作关系进入西部，既增强西部地区自我发展能力，又实现青岛企业的低成本发展。1999年，中央提出西部大开发战略后，青岛市大企业参与力度不断加大。2000年，青岛海尔集团在贵州追加投资，在遵义建立海尔工业园，当年销售额达2亿元。青啤汉斯公司控股陕西渭南啤酒公司，并多次与贵州、西藏、新疆等地的啤酒企业洽谈合作事宜。当年，青岛市在重点领域共与西部地区企业签订合作开发项目协议50余项，启动合作发展资金15亿元。2001年，青啤公司出资700万元并承接5032万元债务，收购重庆黄河垫江啤酒公司，当年实现啤酒产销量1.6万吨；投资现金4000万元及无形资产折价控股55%与四川泸州啤酒厂成立合资公司，当年产销量达2万吨。当年，青岛啤酒西安有限责任公司实现啤酒销量22万吨、利润8773万元；青啤渭南啤酒厂产销量4.6万吨、利润211万元；青啤汉中啤酒饮料总厂实现产销量2万吨，扭转长期亏损局面。双星集团控股贵阳胶鞋厂，年产600万双鞋。2003年，青岛中能信投资有限公司在四川省广元市投资6000万元，创立青川中能信天然沥青矿开发有限公司，建成全国第一条自行设计的天然沥青精加工生产线，研发的重交沥青改性剂填补国内空白。2004年，青啤集团投资6000多万元与甘肃农垦啤酒厂签订增资扩股协议，投资1亿多元建设湖南长沙啤酒厂。青岛汉缆集团投资3000多万元收购广西南宁电缆厂。青岛市民营企业欧美投资集团收购原青岛味精厂后，在银川投资建立年产15万吨的味精原料生产基地。2005年，青岛昌华化工集团与青海省海西州政府签订青海盐湖钾肥生产合作项目协议，投资额达2.6亿元。同年，青岛市组织10家公司先后在新疆维吾尔自治区举办7次经济合作项目洽谈会。青岛益佳、青岛天人物流、青岛捷能、青岛钢铁等集团与新疆有关企业就香梨和棉花的加工外销、煤炭和焦炭的采购、热电联产、布艺加工出口、建立物流基地、格瓦奇饮料生产等项目达成初步合作意向。截至2005年，青岛企业（集团）共在中西部地区累计投资46.2亿元，建设合作项目30多个；有200多家西部企业到青岛投资发展，投资额累计超过20亿元。

援建基础设施

2000年，青岛建设集团承揽乌鲁木齐成功购物广场建设项目，工程总投资3.5亿元，是青岛企业在新疆维吾尔自治区承揽的最大工程建设项目。同年，市妇联在全市开展“爱心奉献西部·捐建集雨水窖”募捐活动，募集资金176.2万元，全部用于帮助西部农户解决吃水难问题。2001年4月，共青团青岛市委在全市团员青年中开展绿化西部、建设一片“青岛林”活动，共募集资金40多万元，当年在青海省海南藏族自治州贵南县三坝台龙羊峡库区营造近2万余亩“青岛林”。2005年，青啤集团捐款50万元建设新疆伊犁哈萨克自治州特克斯县齐勒乌泽克乡青啤希望学校，校舍总建筑面积2005平方米，有教室18间、办公室10间，教学班18个、在校生585人，是该乡农区唯一一所哈语授课的初级中学。颐中集团捐款50万元建设新疆伊犁哈萨克自治州特克斯县齐勒乌泽克乡颐中希望小学，校舍总建筑面积1000平方米，有教室10间、办公室2间，教学班10个、在校生516人，是该乡唯一一所哈语寄宿制小学。

开办新疆班

2000年上半年，国务院加快边疆地区的人才培养，推进开发大西北进程，促进民族团结，要求东部沿海地区12个城市开办新疆班。青岛市崂山二中被指定为山东省唯一承办新疆班的学校。8月29日，新疆班80名学生抵达青岛。崂山二中配备最好教学设备和最强师资，为新疆学生提供最好的学习、生活环境。至2005年，青岛崂山二中共开办新疆班6批480人。

农业科技培训

2002年，青岛市提出将对口支援的人才培训模式和范围延伸到西部地区，在青岛市建立西部开发现代农业科技培训中心。5月中旬，市国内经济合作办公室会同市计划委员会、青岛现代农业开发中心，向国务院西部地区开发领导小组办公室作“中国西部开发现代农业科技培训中心”专题汇报，领导小组对培训的定位、运作方式、针对性与实用性、资金筹集等提出具体要求。7月3日，青岛西部开发现代农业科技培训中心正式成立，是全国第一家专门面向西部地区培训农业科技“乡土人才”的培训中心。2002～2005年，累计为西部地区培训各类农业科技人才120余人。

陆海联运及经贸通道

青岛市发挥口岸优势参与西部大开发，通过海铁、海陆联运直通式出口通道，辐射河南、陕西、甘肃、新疆、四川、江西等中西部地区。2000年，青岛市先后在贵州和新疆举办青岛新产品新技术、乡镇企业、轻纺产品等经贸洽谈和展销活动，签订2亿元的项目合作协议，达成6000多万元的产品经销协议，带动西部地区产品的批量生产。2001年，青岛与新疆维吾尔自治区达成“海铁联运直通式运输”协议，使口岸优势通过亚欧大陆桥延伸至中国最西部。与贵州省有关部门达成“海铁联运直通式运输”协议，并把青岛港口、口岸和对外经贸的窗口延伸到西南、西北，辐射到河南、陕西、甘肃、新疆、四川、江西、云南等中西部省区，形成中、西外经贸通道。2004年4月，在第八届中国东西部合作与投资贸易洽谈会上，青岛参会单位和企业共提报46个招商引资项目，签订合同和意向7个，协议投资额2.17亿元。9月，青岛市组织7区5市及市工商联、海尔、昌隆等28个单位参加中南协作区投资贸易洽谈会暨名优商品展销会，达成深圳华伦百富特实业有限公司投资即墨生产销售服装皮具项目、中国船舶重工业集团在崂山区建设研发中心等合作意向，贸易合同额2.6亿元。2001～2005年，青岛市企业通过参加西安洽谈经贸会、乌鲁木齐经贸洽谈会、青海贸易洽谈会、西安国际博览会、昆明经济贸易交流会等各类展会，累计签订投资、贸易合同金额115.8亿元。其中，海尔、海信、青啤、中能信、红星化工、欧美投资等企业（集团）与中西部地区签订合作项目30多个，累计投资46.2亿元。

第二章　国内经济合作

改革开放初期，为解决棉花、煤炭等生产资料计划供应严重不足问题，青岛市按照优势互补、调剂余缺的原则，以城乡经贸洽谈会、展销会等方式，进行全国范围的物资串换和横向经济联合，并与国内其他省、市和地区签订实行长期经济技术协作协议，开展经济技术协作。通过横向经济联合，青岛市先后与市外地区合作兴办宾馆、科研、教育及工业、商业、物资等项目。1994年开始，青岛市实施请进来“筑巢引凤”和走出去“招商引资”并举的经济合作方针，先后采取登门招商、“青岛日”招商、以商招商、园区招商和“中中外”招商等方式，推进横向经济联合深入发展。同时，与国内其他城市建立友好关系，参与环渤海区域合作和半岛城市区域合作等，加强区域城市间的互动交流和合作。

第一节　经济技术协作

1983年，青岛晶华玻璃厂以技术入股的形式与山西沂县玻璃厂签订联营合同，使产品合格率短时间内由65%上升到75%，年创利润70万元。这是改革开放之后第一家对外开展经济技术合作企业。1984年，青岛市提出把横向经济联合作为贯彻对内搞活经济、对外开放方针的重要措施。同年8月，青岛市人民政府经济协作办公室更名为青岛市人民政府经济技术协作办公室。1985年5月，市政府召开全市第二次城乡经济技术洽谈会，6县1区（崂山县、即墨县、胶县、胶南县、平度县、莱西县，黄岛区）共签订协议313项。年内，青岛市先后与国内10个省、市和地区签订实行长期经济技术协作协议，青岛企业联合群体发展到120多个，800多家企业参加，青岛市工业品贸易中心、农副产品贸易中心和青岛百货商店等单位先后与全国数十个大中城市的商业贸易系统建立协作网或联合会，商业购销网络遍及全国28个省、市、自治区的3700多个厂家。1987年，青岛市先后与全国27个省、自治区、直辖市，国务院的10个部委，50所大专院校、科研单位建立经济协作关系。至1987年底，全市共签订各类内联协议2000多项，吸收资金4.9亿元，协调引进计划外煤炭、木材、水泥、钢材、纯碱等各类物资总额10亿多元。先后组建轮胎、纺织机械、电器、运动鞋、电子电视、锻压机械、制冷等11家企业集团，签订项目协议758项，引进资金4000万元。

1990年，青岛市、太原市、石家庄市、昆明市、长沙市、贵阳市等15城市联合组建“中外信息”服务网络正式开通。至1993年，青岛市与国务院10多个部委，全国28个省、市、自治区，116所大专院校和科研单位建立长期稳定的经济技术协作关系，共引进技术协作项目3966项，引资11.3亿元；实施联合项目3333个，投入资金19.9亿元，完成物资协作约18亿元。1994年，青岛市先后组织华东地区11个省市经济协作系统物资技术交流洽谈会及新疆维吾尔自治区、沈阳等地工业产品青岛展销会，调入和调出棉花、钢材、石油、纯碱、水泥等物资总额达1.1亿元，创收达800万元，实现净收入300万元。1996～1998年，青岛市共引进国内外经济技术合作项目820项，总投资额29亿元，调入调出物资、商品总额12亿元，通过青岛口岸协调出口值38亿元。

1999年，青岛市的经济技术协作重点转向参与东西部经济的协调发展。年内，青岛市政府在新疆维吾尔自治区设立办事处，开辟青岛企业通过新疆口岸向中亚国家发展业务的通道。2000年，青岛市拓展与西部省区的经济技术合作，合作区域由乌鲁木齐发展到喀什、伊犁、博州等地市，并同周边中亚五国进行经贸往来。青岛工程技术研究所、青岛高科技工业园天然气新技术开发公司先后赴新疆维吾尔自治区阿克苏地区、库尔勒地区考察合作项目，新疆维吾尔自治区屯河集团在青岛市红岛工业园投资设立番茄酱出口分装厂。2001年市经济技术协作办公室撤销，成立国内经济合作办公室，经济技术协作转为以国内招商、对口支援、参与西部大开发为主的经济合作和帮扶。

第二节　招商引资

1994年，青岛市政府提出简化审批手续，实行一条龙全方位服务战略，在横向经济联合中实施请进来“筑巢引凤”和走出去“招商引资”并举方针，首次提出招商引资的概念。当年，青岛市与一汽集团签订资产经营一体化协议。1995

年，海南港澳国际信托公司投资近4亿元，在青岛建立港澳新城和科技协作园项目；国内工业企业500强之首的上海汽车工业集团在青岛投资1000万元建设桑塔纳汽车中转站。1996年，青岛市先后组织部分大企业参加1996乌鲁木齐经贸洽谈会和上海齐鲁商品展销会，共签订3.71亿元、100万美元的经贸合同和400万元、140万美元的经贸协议，产品成交额50余万元。1997年，青岛市坚持以引进“起点高、效益好”的内联项目为重点，加快区域经济合作，投资近2亿元建设3万平方米的科技协作园。至1997年，青岛市通过请进来“筑巢引凤”和走出去“招商引资”等方式，累计引进外地资金约20亿元。

1998年3月，青岛市制定《关于进一步扩大对内开放的若干意见》。坚持对外开放与对内开放紧密结合，增强服务功能，完善投资环境，面向全省、全国广揽人才，开拓市场，吸引投资，运用国内外两种资本，开拓国际、国内两个市场，实行资本运营，以更紧密的协作带动周边地区发展；鼓励外地企业投资青岛支柱产业、新兴产业、高新技术企业、外向型企业、农业、基础设施建设、第三产业7个领域；鼓励和吸引国家级科研机构、高等院校及其所属的科研开发机构成建制迁入青岛或设立分支机构，吸引各类高级专业人才到青岛创业；鼓励和引导有条件的企业走出青岛开展跨地区经营，扩大青岛产品的市场覆盖率，拓展发展空间，发挥辐射、带动作用；实行“政策随项目”办法，一事一议、在所得税方面与青岛国有企业享有同等待遇、减半征收城市建设综合开发配套费、允许为青岛作出贡献的国内客商落户、对投资合作者予以奖励等一系列优惠政策。同年，组建青岛市政府国内招商办公室，为国内客商在青岛投资发展提供协调服务，业务归口市计划委员会。同时，建立对内开放联席会议制度，研究制定关于外地驻青人员落户、评定职称、评选先进、购买商品房、子女入学，外地投资企业税收、用地优惠等24个优惠政策实施细则。1998年9月，制定《青岛市国内招商重点项目目录》，确定15个行业、164类项目可享受青岛市对内开放的各项优惠政策。同月，《青岛市对外地在青投资企业和大企业认证实施办法》印发实施，将外地投资企业的范围界定为：符合青岛市产业发展中长期规划和对内开放鼓励投资领域，固定资产投资100万元以上的生产、商业批发、零售、科技开发、咨询服务及外地在青企业通过再投资达到条件的企业；外地在青岛投资大企业界定为国家级大企业（集团）、国家有关部委所属大企业和国内512家大企业在青岛投资达到1000万元以上的企业。经过认证的外地投资企业享受青岛市对内开放优惠政策，获得及时便捷的服务。

2002年，市国内经济合作办公室与市发展计划委员会、市外经贸局联合印发《关于提报重点招商项目的通知》，从全市筛选22个涉及海洋经济、现代农业、电子、新材料、城建、旅游等领域的重点招商项目进行统一包装、设计，作为全市对外招商项目，总投资约400亿元。

2004年开始，青岛市为推进社会主义新农村建设，提出建立全市农村对外开放招商引资服务平台，并把农村国内招商引资纳入年度目标绩效考核。5市3区立足于产业结构调整和推进农业产业化，发挥各自优势和特色，建立健全国内招商引资促进、服务体系，全面推进农村国内招商。至2005年底，即墨、胶州、胶南、平度、莱西5市引进国内资金占全市利用内资总额的50%以上。

1998～2005年，青岛市先后与中国太平洋学会、全国工商联等13家团体及1000多家企业建立密切联系，与中船重工、中石油、中石化、中海油、中冶建设、宝钢、莱钢、农科院烟草研究所、包头钢铁设计院等100多家大型、特大型企业集团建立战略性合作关系。全市累计引进青岛市以外企业投资与合作项目10428个，利用青岛市以外各类投资资金总额为894.2亿元。

1998～2005年青岛市国内招商项目情况统计表

表3-4

年份	统计口径起点(万元)	项目数(个)	到位资金（亿元）	增幅（%）
1998	50	600	20	
1999	50	800	25.6	28
2000	50	1000	47.1	83.98
2001	50	1446	73.2	55.41
2002	50	1980	112.1	53.14
2003	200	2038	164.9	47.1
2004	500	1206	192.7	16.86
2005	500	1358	258.6	34.25
合计		10428	894.2	

2005年青岛市利用内资统计表

表3-5

区（市）	单项投资500万元以上			其中：单项投资1000万元以上		
	项目（个）	到位资金（亿元）	同比增长（%）	项目（个）	到位资金（亿元）	同比增长（%）
市南区	98	14	37.49	16	11.86	37.52
市北区	78	16.1	31.69	68	14.17	36.7
四方区	29	6.3	33.55	13	5.39	35.06
李沧区	27	8.7	24.05	19	8.03	35.29
崂山区	39	17.5	27.18	27	17.04	37.31
黄岛区	113	34.1	31.6	59	31.74	36
城阳区	92	27.2	26.18	77	26.34	36
即墨市	211	30.2	37.13	145	24.08	36.8
胶州市	225	29.1	38.45	150	22.85	36.12
胶南市	119	25.3	40.03	95	20.27	40.48
平度市	225	24.1	44.05	110	18.47	35.7
莱西市	93	24.2	35.45	78	19.4	35.7
保税区	9	1.8	13.88	2	1.43	0.25
合 计	1358	258.6	34.25	859	221.07	36.31

登门招商

1998年3月，青岛市政府国内招商办公室成立，采取定期联络方式，分阶段、按地域与国内大企业直接建立联系。当年建立100余家国内大企业档案，与10余家企业达成合作意向。其中，山东玻璃集团在青投资2.3亿元的金晶玻璃深加工项目当年建成投产；中国海洋石油总公司与青岛广源发集团签订合作生产“中海36-1高级沥青”协议；北海船厂与4家国内大企业签订海西湾修造船基地建设合同，筹集资金4亿元；中苑集团增资建设海上广场项目，累计投资近6亿元。1999年，青岛市将北京、上海、西安等大城市作为国内招商重点城市。当年共登门走访100余家国内大企业，接待107家大企业（集团）及高校院所到青岛投资合作项目，年内共有71家外地大企业与青岛市签订经贸合作协议或合同，110家国内大企业在青岛投资。全年共引进合作1000万元以上的内资项目51个，利用内资额11.5亿元。2000年，引进投资1000万元以上项目89个　投资额21.2亿元。2002～2005年，青岛市政府领导17次带队登门走访56家市外企业集团。市国内经济合作办公室先后共73次走访218家企业集团，16次组织有关区市和企业走访82家企业和商（协）会，累计签订合作协议65项。

“青岛日”招商

“青岛日”招商推介活动始于1999年。至2002年，青岛市先后在北京、上海、深圳、长春等大城市举办“青岛日”招商推介活动7次，签订国内投资合作项目69个，合同利用内资额近20亿元。2002年，青岛市在深圳、香港举行“青岛日”招商推介会。香港30多家客商达成到青岛考察的意向。2003年后，随着政府职能转变和国内招商向市场化运作转型，市政府逐步淡出具体的招商引资及推介活动。

以商招商和园区招商

自2000年起，青岛市除发挥专门招商部门作用外，注重加强以商招商和以友招商。即墨、胶州、平度、莱西等市聘请在外地工作的本市籍人员为招商顾问，分别在济南、北京等地设立联络处，为家乡提供信息、推荐项目。城阳、胶州等区（市）在互联网上制作综合性和专业性较强的招商引资网站，及时发布产业导向和投资项目目录，建立针对性较强的招商引资项目库，与各地大企业建立经常性联系和合作渠道。2003年，青岛市国内经济合作办公室聘请32位国内外知名企业家为招商代表。2003～2005年，招商代表积极向外地客商推介青岛的投资环境，广泛联系合作项目和投资伙伴，推动青岛的国内招商市场化运作进程。在推进以商招商的同时，各区（市）利用各自优势开展园区招商。崂山区利用软件科技工业园和民营科技工业园的政策，加强对外招商联络，仅2000年就引进8个内资大项目，总投资额达22亿元；青岛经济技术开发区利用区内大企业和品牌等优势，引进众多国内知名大企业前来投资合作；青岛保税区利用其特殊政策和功能优势，吸引内地企业前来设立窗口企业或商贸加工企业。

“中中外”招商

2000年，青岛市在探索多种国内招商方式中，提出实行“以商招商”“中中外”招商概念。2004年，青岛市开始大力推进内引外联、内外并举的“中中外”招商模式，即通过引进国内知名企业与青岛企业合作，利用国内知名企业的实力、信誉、团队、发展潜力等优势，形成强势招商载体，然后再引进外资形成三方合作项目。年内，青岛港与中远集团携手，引进世界最大的航运巨头英国铁行和丹麦马士基，三国四方合作投资8.87亿美元兴建青岛前湾港集装箱码头，开创国际码头合资经营新模式；青岛太阳玻璃与洛阳浮法玻璃合作，引进法国圣戈班集团设立高档玻璃生产项目；青岛粉末冶金厂与莱钢集团合作，引进日本汽车零部件厂商合资的莱钢明治橡塑项目，一期项目开工投产，投资超过1000万美元；青岛越嘉投资有限公司和中国人民解放军总医院联手，与世界500强全球最大诊断试验公司——美国奎斯特探索诊断股份有限公司三方合作成立青岛博新生物制药产业化基地项目，总投资达6亿元；青岛港集团与烟台三菱水泥合作，引进日本三菱综合材料株式会社投资兴建水泥中转站项目；石老人旅游度假区与大连海昌集团合作，与新加坡西瑞克石油公司合资建设极地海洋世界项目，总投资达2.6亿美元。2004年7月，市国内经济合作办公室和市高级专家协会与韩国生产技术研究院三方合作成立中韩生产技术协作中心。当年以“中中外”模式引进项目的合同外资逾10亿美元，占全市利用外资总量的30%左右。2005年，通过“中中外”招商，香港证大凯伦商业广场项目落户崂山，圣戈班韩格拉斯洛玻、和记黄海橡胶及三统万福等项目签约。当年全市签约的“中中外”项目实际投资额达到2亿多美元。

团队招商与“靠大引强”

2004年，青岛市开始探索专业化招商模式，以“靠大引强”为主线，以国内知名大企业、百强民营企业、行业龙头企业为招商重点，以“投资主体多元化、资金来源多渠道、投资方式多样化”为引资目标，以“招商布局合理化、招商队伍专业化、项目推进全方位、中介服务市场化”为手段，优化“重商、亲商、安商、富商”环境。通过组建专业招商团队，推进“四大板块（北方地区板块、上海板块、南方板块、西南板块）”招商。围绕家电电子、石化、汽车、造船、新材料等领域的大项目，加强与中石化、中粮、宝钢、中远、中冶建设等“国字号”大企业开展全方位、多层次、宽领域的合作，形成产业链条长，产业本地配套率高的“块状经济”。当年，青岛市引进投资200万元以上项目实际利用内资222.78亿元，同比增长35.1%；引进投资500万元以上项目1206个，实际到位资金192.7亿元。其中，引进投资1亿元以上项目89个，全年在建过亿元项目达到148个。2005年，青岛市围绕产业集群发展规划，提出6大类企业定向招商思路，当年共引进中央直管大企业、国内500强企业、民营百强企业、上市公司百强企业、中国驰名商标企业、国家级高新技术企业等6大类企业47家，其中国内500强企业35家，在青岛投资的国内500强企业累计达到139家。共引进投资500万元以上的内资项目1358个，实际到位资金258.5亿元。引进投资5000万元以上项目108个，到位资金125亿元，其中投资过亿元项目32个，到位资金65亿元。引进中石化大炼油和中海油海洋石油工程项目，中船重工集团船用机械、船用曲轴等9个大项目，中国铝业再生铝合金项目，上汽通用五菱微面及发动机生产项目，南京汽车散热器项目，北汽福田工程机械项目，国际物流青岛铁路中心站，以及宝钢钢材物流中心、深圳环胶州湾物流中心等重点骨干项目62个，项目单项实际投资近4000万元。

引进民营企业

自2000年开始，青岛市逐步加大对国内知名民营企业的招商力度。发挥区位优势、比较优势，研究民营企业发展战略和投资动向，挖掘行业招商题材，开发民营企业招商载体，搭建民营企业招商信息平台。2000～2005年，青岛市先后引进北京东方家园、天津家世界、大连万达、江苏阳光百货、深圳永捷电子、山西恒康乳业、济南豪普制衣、山东六和集团、四川新希望集团、河北龙飞集团、浙江义乌小商品城有限公司、北京曦华公司、北京华普产业集团、山东大陆企业集团、陕西海升果业、三盛宏业、山东泛海集团等近100家国内知名民营企业，民营企业投资在青岛利用内资中的比重逐年提高。2005年2月，青岛市委、市政府印发《关于促进民营经济大发展的决定》，积极鼓励民营资本投资创业，加大对民营经济发展扶持力度。至2005年末，民营企业投资已占全市利用内资总额的50%以上。

第三节 友好区域合作

1986年起，青岛市开始与国内其他城市开展区域合作，在经济、文化、宣传等方面建立密切合作关系。同时，参与环渤海区域合作和半岛城市区域合作，加强区域友好协作，促进经济共同发展。

建立友好合作关系

青岛市与国内各城市间的互动交流始于1986年。8月，青岛市与山西省大同市结为友好城市，是青岛市缔结的第一个国内友好城市。两市建立长期经济技术协作关系，通过投资补偿、技术支援等形式疏通煤炭、钢铁渠道。同年，青岛市各县（市、区）分别与省内外31个市、区缔结为友好城市。1987年，青岛市县（市、区）、企业开始以不同方式发展大跨度的区域性联合。即墨县与天津河西区，胶南县与上海嘉定区、太原市南郊区等分别结为友好县区。1989年，青岛市与洛阳市缔结友好城市。同年，青岛市政府驻京办事处在北京召开经济技术信息交流会。黑龙江省黑河地区考察团抵青岛考察访问。至1989年底，山东省内地（市）政府及机构在青岛市建立的派出机构达到29个，山东省外地（市）政府及机构在青岛市建立的派出机构达到30个。

1990年，沿黄经济协作带各省、区顾问委员会主任联谊会在青岛召开。12月，青岛市政府驻厦门办事处成立。1991年，青岛市与厦门市结为友好城市。至1999年，青岛市与全国28个省、市、自治区和116所大专院校和科研单位建立友好合作的关系。

2000年，新疆维吾尔自治区9个地区的代表团以及河南、陕西、浙江、广东、四川、黑龙江等18批省经贸考察团组到青岛考察、学习。2002～2003年，青海省、长沙市、银川市、鞍山市、重庆沙坪坝区、济宁市泗水县、菏泽市东明县、新疆建设兵团、辽宁省经协代表团、青海省经协代表团、甘肃省经协办、广西南宁市、黑龙江省牡丹江市、天津市北辰区、潍坊市寿光市、新疆维吾尔自治区玛纳斯县等地先后在青岛举办推介会或项目对接活动。2004年8月，辽宁省经贸代表团在青岛举办辽宁省经济合作新闻发布会，辽宁省17个市政府分别举行经济技术项目专场推介会，与青岛大企业集团和外商投资企业对口开展项目洽谈活动。年内，聊城、滨州、徐州、连云港等省内外城市先后在青岛举办招商促进会、推介会，环渤海地区联席办公室、乌鲁木齐市政府代表团、四川广元市党政代表团、山西省经协代表团、安徽省地市代表团等16个项目推介、考察学习、经贸洽谈团队先后到青岛考察。2005年10月，上海、广州、重庆、成都、南京、杭州、宁波、乌鲁木齐、青岛等42个城市在杭州召开国内合作交流研讨会，围绕“创新合作思路、构建合作网络”主题，就“十一五”期间加强国内合作交流工作进行探讨，达成“网络共建、信息共享、工作共研、平台共用、市场共兴”5点共识，并签署《关于进一步加强国内合作与交流工作的友好协议书》。青岛市与内蒙古、云南、四川、青海、宁夏等省区就国内招商推介与协作等问题达成合作意向。当年，新疆维吾尔自治区乌鲁木齐市，河南省济源市，甘肃省庆阳市，青海省招商局，新疆维吾尔自治区阿克苏、伊犁、喀什等地20余个党政、经贸代表团到青岛考察，青岛捷能集团与新疆阿克苏市政府代表团达成在阿克苏投资1.2亿元建设热电联产项目协议。

环渤海区域合作

1986年5月，由天津市市长李瑞环倡导，联合青岛、大连、丹东、营口、锦州、盘锦、秦皇岛、唐山、沧州、滨州、东营、潍坊、烟台、威海14个沿海城市，发起成立环渤海地区区域性经济合作组织——环渤海地区经济联合市长（专员）联席会。此后，济南、淄博、聊城、沈阳、通辽、承德、葫芦岛、安阳、邢台、廊坊、石家庄、太原、满洲里、呼伦贝尔、呼和浩特、朝阳、阜新等城市陆续申请加入，截至2005年底，环渤海地区经济联合市长（专员）联席会共有32个成员市。

1987年7月，环渤海经济区第二次市长（专员）联席会在青岛召开，环渤海经济区15城市确定要“联合起来，振兴渤海，服务全国，走向世界”，建立金融、信息、旅游、广播、商业流通、技术市场、人才培训、理论研究等协作网络。青岛市参加协作网络，承担沿黄河7省区发展对外贸易的桥梁和窗口责任。1986~1992年，各成员市共达成1000多个经济技术项目协作意向，总投资4亿多元。中共第十四次全国代表大会工作报告提出加快环渤海地区的开发、开放，并把该地区列为全国开放开发的重点区域之一。此后，国家有关部门在重新划分经济区时正式确立“环渤海经济区”概念，国家计委于1994年在唐山工作会议上对环渤海经济区进行单独的区域规划。环渤海地区市长联席会议的活动日益活跃。1993~1996年，青岛市积极组织企业参加环渤海地区中外招商洽谈会，签订项目18个，投资总额达10.07亿元。

1997年12月，天津市被定位为环渤海地区的经济中心、现代化港口城市和中国北方重要经济中心。1998~2000年，环渤海地区的经济合作进一步扩大，青岛市组织部分企业先后参加环渤海地区科技博览会、建材交易会、人才智力交流洽谈会和经贸洽谈会，促进区域内人才、物资、资金、信息流动和优势互补。

2001年，青岛市坚持“请进来与走出去”相结合，参与环渤海地区的交流与合作。2002年10月，环渤海地区经济联合市长联席会第十次会议在济南举行，澳柯玛集团澳鸿自动商务有限公司与丹东市经济技术协作办公室就澳鸿公司在丹东市投资布放澳柯玛自动售货机达成协议并签约。2003年3月、6月，环渤海地区经济联合市长联席会先后两次召开特派员集中办公会议，确定在成员间逐步建立“市场相通、资源共享、机制相融、交通共连、人才互通、产业互补”的区域经济合作新机制。2005年6月，环渤海企业合作促进会成立大会暨首届理事会在天津召开，青岛市作为环渤海地区经济联合市长联席会成员，推荐海利尔药业集团、天人物流集团、富香园企业总公司、颐中集团新型建材公司、鞍钢集团青岛公司等7家企业顺利入会，其中海利尔药业集团当选为常务理事企业。同时召开的环渤海港口城市旅游联谊会通过《环渤海港口城市旅游联谊会章程》和《环渤海港口城市旅游联谊会倡议书》。当年，青岛欧美投资集团在内蒙古呼和浩特市金川开发区投资29亿元建设生物发酵工业园（一期建设投资近8亿元）；青岛海信集团投资额1.8亿元建设集购物、休闲、餐饮、娱乐为一体的天津海信广场，成为青岛市第一家省外投资的商业综合体企业。2001~2005年，青岛海尔等企业参与环渤海地区投资项目30余个，总投资额达50亿元，到位资金约20亿元。

在引导企业走出去参与环渤海地区经济合作的同时，青岛市加强与各成员市企业的联系，并吸引企业到青岛投资。2002~2003年，天津家世界集团先后在青岛投资设立2家大型超市。2004年，北京大中电器集团与上海永乐电器集团合作，在青岛投资1000万元成立大中永乐电器集团青岛公司。2001~2005年，仅天津市在青岛投资项目就达52个，总投资额21亿元，到位资金约13亿元。

山东半岛城市区域合作

1988年3月，经中共山东省委、山东省政府批准，山东半岛经济开放区协调小组在青岛市正式成立。4月，山东半岛对外开放工作座谈会在青岛举行。1989年，青岛市重点加强与省内城市的经济联系，缓解青岛市原材料紧缺的困难。1991年6月，由青岛市主办，河南、陕西、山东三省协办的1991年中国青岛对外经济贸易洽谈会在青岛市召开，达成经济技术协议799项，引进外地资金1.73亿元。2003年，山东省委、省政府开始对半岛城市经济发展进行规划，加快济南、青岛、淄博、东营、烟台、潍坊、威海、日照8个设区半岛城市建设。按照山东省委、省政府要求，青岛市提出“面向全国，服务全省，主动融入区域一体化发展大格局”的工作目标。

2004年4月，青岛市和日照市率先在半岛都市群区域内签订《关于进一步发展两市交流合作关系的框架协议》，确立两市市长联席会议制度。青岛市相关单位与日照市东港区、计委、教育局、科技局等29个单位签订合作交流协议，青岛市市南区、黄岛区、城阳区分别与日照市东港区、五莲县、莒县建立友好区（县）关系。当年，青岛市有关部门和企事业单位先后共66批次1100余人赴日照进行参观考察。至2005年底，两市互访活动达900多批次，青岛市在日照市投资项目350多个，实际到位资金13.5亿元。其中，投资过5000万元的项目9个。日照在青岛投资500万元以上项目12个，实际到位资金3.57亿元。

2004年底，山东半岛“8+2”旅游项目推介会在北京举行，青岛、济南、烟台等8个山东半岛城市群组成城市和曲阜、泰安两市的旅游部门联手向国内外进行山东旅游项目推介。年内，半岛8个城市先后在济南、淄博、潍坊举行3次大规模的人才交流会，组织各地1000余家企业共同参与，同时，山东半岛城市群网上人才市场开通，由青岛市筹备运作的8城市网上人才库也开始相互开放。2005年，青岛市在国家批准实行“区港联动”试点的政策引导下，将口岸向山东腹地延伸，建设港航、物流业互动的区域经济大口岸，规划建设青岛、烟台、威海城际轻轨项目。

第四节　管理与服务

对口支援资金筹集与管理

1984～1995年，青岛市对口支援湖北省宜昌市夷陵区、新疆乌鲁木齐市以及山东省的菏泽地区、沂水县、沂南县、博兴县等地区，主要采取经济协作，提供物资、技术支持，大企业下乡、无偿援建工业项目等方式进行。1995～2001年，依据《青岛市本级财政大额专项经费管理办法》，青岛市本级财政每年安排的对口支援资金实行“一事一申请”。在市本级财政之外，由各区、市财政每年安排专项资金80万元用于对口支援工作。其中，援助西藏日喀则市10万元，援助湖北省宜昌市夷陵区10万元，援助贵州省20万元，援助菏泽曹县40万元。2002年，市委常委会议研究确定，建立青岛市对口支援项目专项资金管理制度。市财政局、市国内经济合作办公室印发《青岛市对口支援项目专项资金管理暂行办法》，各区、市对口支援资金同时纳入青岛市对口支援项目专项资金，由市国内经济合作办公室和市财政局按统一管理、单独列支，根据中央和山东省确定的对口支援工作任务，定向用于对口支援的重点项目。2004年，市财政局、市国内经济合作办公室修改完善《青岛市对口支援项目专项资金管理暂行办法》，建立对口支援项目评估、论证、审核立项制度，专项资金管理负责制，经费使用绩效评估报告制度和资金使用情况监督检查制度，加大专项资金经费使用的监督与管理。同年11月，市政府《关于结对帮扶曹县工作目标及责任分工的通知》要求，2005～2007年，青岛市财政每年安排专项资金1000万元，市南区、市北区、四方区、李沧区、平度市、莱西市财政每年各安排专项资金50万元，崂山区、黄岛区、城阳区和即墨市、胶州市、胶南市财政每年各安排专项资金100万元，统一纳入“青岛市对口支援项目专项资金”，实行集中管理，主要用于曹县(青岛)工业园基础设施和标准厂房建设等重点项目。

至2005年，青岛市对口支援投入受援地区财政资金29117万元。按地区和区市两级财政分：支援西藏日喀则市5910万元，其中，市财政4590万元，区市财政1320万元；支援夷陵区2377万元，其中，市财政1277万元、区市财政1100万元；支援贵州省安顺市、铜仁地区12600万元，其中，市财政11160万元、区市财政1440万元；支援菏泽市曹县7900万元，其中，市财政1800万元、区市财政6100万元；支援博兴县资金330万元。

项目资源库管理

1998年，青岛市政府国内招商办公室组建后，印发《关于进一步做好对内招商引资工作的意见》。市国内招商办公室与市计委、市经委等部门配合，建设国内招商引资项目库。根据《国家重点鼓励发展的产业、产品和技术指导目录》，编制《青岛市国内重点项目目录》，组织筛选编制涉及全市机械、纺织、化工、旅游等12个行业100个项目，并向国内大企业进行推介。同时，建立《全市国内招商重点项目报告制度》，将国内大企业到青岛考察动态列入综合管理，并对项目运作中出现的问题及时进行内部反馈。2003年“非典”期间，外出招商受到很大限制。当年6月18日，市政府举办2003青岛网上招商暨进出口商品交易会，开通网上“国内招商馆”。市国内经济合作办公室将经过专家论证的17个项目和全市筛选的30个重点项目，用中文和英文两种版本在“国内招商馆”推出，点击数达21812人次。2004年，市国内经济合作办公室在调整、充实“国内招商馆”项目库的同时，编印《青岛市国内经济合作商务指南》特刊，将国内招商项目以对外交往材料的形式进行推介。2005年，完成“青岛市国内经济合作信息网”建设，设立网上随时更新的动态项目库，集中公布了工业、农业、服务贸易类及基础设施建设等120个国内招商项目。

外地驻青机构管理

1987年3月，市经济技术协作办公室设置经济联络处，负责外地驻青办事机构的审批、年审、日常管理和协调、服务工作，协助外地驻青机构联谊会开展工作，组织与驻青机构派出地区开展横向经济联合，参与经济技术项目以及人才、资金、物资的引进洽谈活动，并开始对外地政府、企事业单位（含科研、新闻、部队的实体）在青岛设立的办事机构和经济实体进行管理。1989年12月和1992年7月，市政府相继颁布《青岛市对外地驻青办事机构审批管理的暂行规定》及《青岛市外地驻青办事机构管理办法》，将外地驻青机构纳入规范化管理轨道。1996年2月，市经济技术协作办公室设置驻青机构管理处，负责外地驻青办事机构的日常管理。2001年4月，市国内经济合作办公室组建后，外地驻青办事机构管理职能改由市国内经济合作办公室承担，主要负责外地政府和企事业单位驻青机构的登记备案工作，具有对外地政府和企事业单位驻青机构的登记备案的行政审批权。2001年8月，国家新闻出版总署《关于进一步加强对报社记者站管理的通知》规定，新闻单位外设机构一律为记者站，并归口新闻出版部门管理。市国内经济合作办公室不再对新闻单位驻青办事机构进行登记注册和管理。2003年6月，市政府修订印发《青岛市外地驻青办事机构管理办法》，将外地政府、企事业单位驻青办事机构的审批变为备案登记，“外地驻青办事机构注册证”改为“外地驻青办事机构登记证”。当年，市国内经济合作办公室对驻青办事机构进行重新普查并登记备案。至2005年，在青岛市登记备案的外地政府、企事业单位驻青办事机构共598家。其中，政府办事机构45家，科技电子行业71家、建筑行业75家、信息咨询行业81家、交通物流行业25家、能源物资行业34家、机电汽车行业43家、轻工行业70家、商贸行业67家、医药行业87家。

2005年外地政府驻青办事机构一览表

表3-6

单位名称	地 址
贵州省人民政府驻青岛办事处	市南区漳州一路21号
山西省人民政府驻山东办事处	市南区正阳关路20号
山西省人民政府接待中心驻青岛办事处	市南区正阳关路20号
济南市人民政府驻青岛办事处	市南区山东路16号
太原市政府驻青岛办事处	四方区南宁路14号
齐齐哈尔市对外贸易经济合作局驻青岛办事处	开发区长江中路355号
鞍山市人民政府驻青岛办事处	市南区华严二路
克拉玛依市人民政府驻青岛办事处	开发区香江路223号
菏泽市发展和改革委员会驻青岛办事处	市南区云霄路36号
吉林省四平市人民政府青岛办事处	市南区香港中路18号
临河市人民政府驻青岛办事处	四方区四流南路64号
汕头市人民政府驻青岛办事处	市南区吴兴路6号
济宁市政府驻青岛办事处	市南区巫峡路28号
郴州市政府驻青岛办事处	市南区宁夏路306号
郴州市北湖区政府驻青岛办事处	市南区宁夏路306号
新疆对外经贸委员会驻青岛办事处	崂山区香港东路锦绣花园
潍坊市人民政府驻青岛办事处	市南区香港中路6号
河南省建设厅驻青岛办事处	市南区香港西路63号
胶州市城乡建设局驻青岛办事处	崂山区香港东路466号
湖州市人民政府驻青岛办事处	市南区闽江路113号
南通市建设局驻山东办事处	市南区新竹路2号9号
临沂市劳动和社会保障局驻青劳务办事处	市北区长春路7号
蓬莱市人民政府驻青岛联络处	崂山区海安路2号
沂南县劳动和社会保障局驻青岛办事处	市北区大港一路6号
利津县人民政府驻青岛办事处	市南区燕儿岛路51号
博兴县人民政府驻青岛办事处	市南区香港中路18号
延边州政府驻青经济联络处	市南区福州南路20号

续表3-6

单位名称	地 址
吉林省延吉市人民政府驻青岛办事处	崂山区香港东路81号
合肥市建设委员会驻青岛办事处	市南区香港中路143号
吉林省珲春市人民政府驻青岛联络处	市南区江西路160号
钟祥市人民政府驻青岛办事处	市南区广西路24号
日照市东港区人民政府驻青岛办事处	市南区正阳关路20号
莒县人民政府驻青岛办事处	市南区澳门路135号
大庆市人民政府驻青岛办事处	市南区闽江四路1号
莒县驻青岛农产品销售信息服务办公室	城阳区蔬菜批发市场南侧
莒县驻青岛劳务输出信息服务办公室	城阳区蔬菜批发市场南侧
山东省人民政府驻新疆办事处青岛工作站	市南区安徽路19号
巴中市经济贸易委员会驻青岛办事处	崂山区香港东路237号
河北省广平县人民政府驻青岛办事处	市北区延吉路14号
甘肃省人民政府劳务工作办公室驻青岛劳务管理处	市北区内蒙古路17号
青海省海北藏族自治州人民政府青岛办事处	
章丘市招商局驻青办事处	市南区徐州路14号
朝阳市人民政府青岛经济联络处	黄岛区舟山岛街1号
巴中市巴中区人民政府劳务领导办公室青岛办事处	四方区南宁路18号
乳山市人民政府驻青岛办事处	市南区太平角六路7号

第四篇　对外经贸

青岛对外贸易往来历史悠久。考古发现，距今四五千年前，由胶州湾起航，经辽东半岛、朝鲜半岛，最后到达日本列岛的“东方海上丝绸之路”已成雏形。春秋战国时期，琅琊（古称琅邪）港位列中国五大古港之首，为当时重要的沿海港口和南北海路枢纽。公元623年（唐武德六年）密州设板桥镇，密切了与朝鲜半岛、日本列岛的官方经贸往来。1088年（宋元祐三年），板桥镇设市舶司，开启了青岛500年之久的海洋文明辉煌时代。当时除与朝鲜、日本及东南亚各国开展商贸活动外，更有大食国商船出入胶州湾。自元朝至明清时期，海上民间贸易屡经海禁而未绝。若即墨金口者，乾隆年间有“商船林立、商贾云集”之繁荣，“市街宽敞、店肆栉比，为沿海城市之冠”。

1897年德国侵占青岛后，德占当局筑海港、修铁路，对外贸易得到发展。1914～1922年，日本垄断青岛对外经贸活动，仅1916年日本通过青岛港的贸易额多达2662万海关两，约占青岛港对外贸易总额的87%。南京国民政府第一次统治时期，青岛民族外贸企业有所发展，对外贸易额较前期有一定增长。1938年日本第二次侵占青岛后，花生、猪鬃、蛋品等国内传统大宗商品出口陷于停顿，日棉、糖品、纸张、化学品等日货则大量对华倾销，青岛港成为日本出口商品的集散地。至解放前，青岛对外贸易严重入超，其中1947年入超为当年青岛出口额的2倍。

解放后，青岛积极扶持和鼓励出口，争取工业原料和器材进口。1958年，外贸进口47.4万吨、出口25.5万吨，比1949年分别增长约7.5倍和8.8倍。1959年，青岛市建立市级外贸机构，发展外贸企业，当年出口商品收购值18574万元。此后，受三年国民经济困难、“文化大革命”等影响，工农业生产受到干扰，出口商品货源短缺，进出口贸易发展缓慢。1976年经过全面整顿后，商品收购值有所回升，1978年出口商品收购值达到4.9亿元。

概　述

中共十一届三中全会后，青岛市外经贸事业进入新的发展时期。1979年青岛市被批准为对外贸易出口基地后，出口商品收购值明显增长，利用外资开始起步。1983年，出口额达9.38亿元，批准利用外资项目38个。该时期，青岛市外贸工作的重点为出口创汇，农副产品、纺织品出口占70%以上，机电产品出口规模有限。利用外资项目较少，且均为“三来一补”（来料加工、来样制作、来件装配和补偿贸易）和对外借款项目，尚无外商直接投资项目。

1984年5月4日，青岛市被列为全国14个沿海开放城市之一。同年6月，国务委员、国家经委主任张劲夫专程到青岛解决“经济扩权”问题，确定利用外汇贷款对老企业进行技术改造，成为青岛市工业企业引进国外先进设备和技术的开端。9月11日，中共中央书记处书记、国务委员谷牧到青岛视察，对青岛市设立经济技术开发区的规划设想给予充分肯定。10月20日，国务院批准设立青岛经济技术开发区（简称青岛开发区）。同年，经对外经济贸易部（简称外经贸部）批准，中外合资企业青岛华和国际租赁有限公司和青岛对外经济技术贸易公司相继成立。青岛电视机总厂、青岛电冰箱总厂等先后与日本、联邦德国企业签订引进彩电生产线、电冰箱生产技术和设备协议，逐步实现产品的升级换代。至1986年底，全市有190多个引进项目竣工投产，年增加产值17亿元，实现利税3.7亿元。

1987年6月，中国国际贸易促进委员会青岛市分会（简称市贸促会）成立，同市外经贸委合署办公。9月，青岛市对外经济贸易实行计划单列，享有省级管理权限。1988年，青岛市正式承担自营进出口任务。至此，青岛市对外贸易实现了由单纯收购型向出口经营型的历史性转折。当年，承担自营进出口计划18160万美元，实际完成21731万美元。为适应改革形势变化和加速发展对外经济贸易的需要，市委、市政府对市外经贸领导机构进行调整，将原市外经贸委、市外资办、市外贸总公司合并成立新的青岛市对外经济贸易委员会。市贸促会单设为正局级事业单位。同年，中国粮油食品进出口总公司青岛市分公司、中国纺织品进出口总公司青岛市分公司、中国土产畜产进出口总公司青岛市分公司等8家外贸专业公司相继成立，并批准青岛电视机厂、青岛橡胶九厂等19家生产企业直接经营进出口业务，外商投资企业产品也开始出口。

1988年4月，中国国际贸易促进委员会青岛市分会会长刘吉德以中日合资华和国际租赁有限公司董事长的身份带领4人小组，辗转日本，赴尚未与中国建交的韩国进行实地考察，成为全国第一个赴韩经贸招商团组。1990年12月，中国青岛国际经济技术合作公司成立，促进对外经济合作与对外贸易的紧密结合，在全市形成了外贸专业公司、地方外（工）贸公司、自营进出口生产企业和外商投资企业共同发展对外贸易经济合作的新格局。1991年初，市委、市政府确定以乡镇企业为突破口，以老企业嫁接为重点，以开发区建设为后劲，实施全市发展外向型经济的战略方针，在继续吸引欧美和港澳投资的同时，重点发展对韩国、日本和中国台湾的经济合作。当年，全市乡镇企业获准外商投资企业项目68个，占全市批准总数的48%；总投资9995万美元。

1992年4月5日，山东省委书记姜春云在青岛召开座谈会提出，青岛市要在对外开放中发挥“龙头”作用，率先进入国际市场。同年5月4～6日，全市对外开放工作会议（时称“六千人大会”）召开，省委常委，市委书记、市长俞正声作重要讲话。会议提出加快青岛对外开放的奋斗目标、布局、重点及措施。5月7日，市委、市政府印发《关于进一步加快对外开放的决定》，提出加快经济技术开发区建设、积极兴办保税区、加快建设高科技工业园等18条决定，推动形成“一园二区三线”的对外开放新格局。一园，即在崂山区中韩镇建立高科技工业园；二区，即加快建设青岛经济技术开发区，争取设立建好保税区；三线，即沿烟青、济青、环海3条公路两侧建设一批外商投资小区。以全市对外开放工作会议为标志，拉开了青岛新一轮对外开放的序幕。

1992年5月4～6日，全市对外开放工作会议召开。7日，市委、市政府印发《关于进一步加快对外开放的决定》，拉开全市新一轮对外开放的序幕。

1992年5月，国务院批复同意青岛建立国家高新技术产业开发区（简称青岛高新区）。8月1日，经国务院批准设立的青岛高科技工业园（简称青岛高科园）正式开园。10月，国务院批准成立石老人国家旅游度假区。11月19日，青岛保税区经国务院批准设立。同时，开辟青岛流亭机场为国际机场，并引进外资金融机构和外商投资商业零售业。当年全市批准利用外资项目1100个，合同外资12.44亿美元，实际利用外资3.48亿美元，分别比上年增长2.2倍、5.4倍和3.3倍；全市自营出口创汇达6.63亿美元，比上年增长48.1%。这一时期，崂山区、胶州市、即墨市等郊区乡镇企业成为外商投资的重点。其中，崂山区流亭镇至1992年引进韩资企业达28家，形成了远近闻名的“韩资企业一条街”。

1994年7月，市委、市政府《关于进一步扩大对外开放，加快实施外向带动战略的决定》提出，青岛市对外开放的总体布局是，在90年代以及21世纪前10年，以老市区为依托，以西部黄岛新经济区和东部新区为两翼，以“一园（青岛高科园）三区（青岛开发区、青岛保税区、青岛旅游度假区）三线（沿济青、烟青、环海3条公路建设乡镇工业园区）”为重点，以5个县级市为腹地，力争到20世纪末，年出口创汇能力实现40亿美元，累计利用外资实现60亿美元，境外办企业和贸易机构达到50家。1995年，青岛市重点推进市外经贸委直属外贸专业公司体制改革，优化外贸公司的资产结构、商品结构和人员结构，推进外贸公司规模经营，外贸出口增长的质量效益得到提高。1997年，先后组建青岛纺织服装实业集团公司、青岛益佳集团有限公司和青岛世贸中心集团有限公司。年底，对外贸易经济合作部批准上述3家集团公司进出口经营权。亚洲金融危机后，为确保外贸出口和利用外资持续稳定增长，1998年，市委、市政府建立外贸出口、利用外资目标责任制。市政府与各区（市）政府、资产经营（集团）公司和自营进出口企业共43家单位签订责任书。当年，全市完成外贸出口38.3亿美元、实际利用外资8.5亿美元。

2001年中国加入世界贸易组织（WTO）后，青岛市对外开放进入新的时期。在外贸出口方面，重点实施5大工程：一是主体多元化工程。打破所有制和行业界限，组织各类符合条件的企业申报自营进出口权。二是“骨干企业”工程。打破所有制和行业限制，在政策上优先向骨干企业倾斜，涌现出青纺联、海尔、青钢、双星、红星、惠普、朗讯等大批出口中坚企业。三是“拳头产品”工程。结合实施名牌商标战略，制定扶持政策，支持出口拳头商品增强竞争力。四是“加工贸易”工程。鼓励和引导大批企业开展加工贸易，通过加工贸易推动企业技改，熟悉国际市场，逐步增强参与国际竞争的能力。五是“三位一体”工程。在扩大商品出口的同时，发展服务贸易、技术贸易和投资贸易，做到全方位发展。2001～2005年，全市累计完成进出口额990.87亿美元，是“九五”期间累计完成总额的2.9倍，年均增长23%。与此同时，出口商品结构发生根本性变化。2005年，初级产品出口额23.47亿美元，占全市出口总额的13.3%；工业制成品出口152.41亿美元，占86.7%。在利用外资方面，重点实施3大工程：一是“百项工程”。即从产权出售及股权和经营权转让、农业综合开发、基础设施、高新技术、服务贸易等领域，策划包装100个招商项目，建立起全市多层次、多类别、高质量、滚动发展的项目库。二是建立“四结合招商”工程。即综合招商与专业招商相结合、国外招商与国内招商相结合、自我招商与借外招商相结合、公有制经济招商与多种经济成分招商相结合，推动招商方式多元化发展。三是“样板”工程。结合改善投资环境，通过“安商富商”“外商投资服务月”和跟踪服务责任制等举措，帮助外企排忧解难，使其发展壮大。2001～2005年，全市累计实际利用外资154.64亿美元，是“九五”时期总额的3倍，年均递增23.7%。

2005年，全市年出口总额175.88亿美元，占全市生产总值的52.8%；涉外税收63.6亿元，占全市总税收的16.2%；外商投资企业职工70.6万余人，占全市城镇职工就业人数的40%以上。

第一章　对外贸易

改革开放后，青岛市不断深化外贸体制改革，推进外贸经营权由垄断向放开、外贸企业由吃国家“大锅饭”向自主经营自负盈亏转变，逐步建立起适应国际贸易通行规则的运行机制。1987年9月，青岛市对外经济贸易实行计划单列后，不断扩大外贸经营队伍，开拓多元化国际市场，实现了对外贸易由组织收购货源到自营进出口的转变，由外贸公司独家经营向主体多元化的转变，由国家指令性计划、统负盈亏到自主经营、自负盈亏的转变。全市对外贸易结构不断优化，进出口额加快增长，对经济增长的带动作用和贡献越来越大。1997年实现进出口总额52.2亿美元，是1987年1.96亿美元的26.6倍。此后，青岛市对外贸易进入高速增长时期，进出口总额连续刷新纪录。2000年突破100亿美元，2004年突破200亿美元，2005年突破300亿美元。其中，2001～2005年，全市市属企业共完成进出口总额990.87亿美元，是前5年的2.9倍，年均增长23%。进出口总额占全市生产总值的比重由1995年的48.5%提高到2005年的91.4%，位列全国15个副省级城市第四位。

1986～2005年青岛市外贸进出口情况表

表4-1　　单位:万美元

年份	进出口		出口		进口	
	金额	同比（%）	金额	同比（%）	金额	同比（%）
1986	15942		9828		6114	
1987	19589	22.9	13785	40.3	5804	-5.1

续表4-1

年份	进出口		出口		进口	
	金额	同比（%）	金额	同比（%）	金额	同比（%）
1988	28097	43.4	21731	57.6	6366	9.7
1989	39327	40	27797	27.9	11530	81.1
1990	41649	5.9	33529	20.6	8120	-29.6
1991	54624	31.2	44746	33.5	9878	21.7
1992	88600	62.2	66291	48.1	22309	125.8
1993	139048	56.9	100201	51.2	38847	74.1
1994	234978	69	164135	63.8	70843	82.4
1995	376372	60.2	245072	49.3	131300	85.3
1996	461950	22.7	287123	17.2	174827	33.2
1997	521967	13	338535	17.9	183432	4.9
1998	595826	14.2	382657	13	213169	16.2
1999	775565	30.2	446260	16.6	329305	54.5
2000	1083133	39.7	611426	37	471707	43.2
2001	1235781	14.1	712024	16.5	523757	11
2002	1409598	14.1	850420	19.4	559178	6.8
2003	1784556	26.6	1035528	21.8	749028	34
2004	2433188	36.3	1391171	34.3	1042017	39.1
2005	3045542	25.2	1758834	26.4	1286708	23.5

第一节　体制改革

改革开放前，国家对外贸实行指令性计划，青岛市有粮油、食品、纺织品、土产、畜产、轻工业品、工艺品、五金矿产、机械、化工10家进出口分公司青岛市支公司，均为中国进出口总公司山东省分公司下属公司，负责落实全市出口商品计划、组织出口商品的生产和收购等。中共十一届三中全会提出将工作重点转移到经济建设上来，实行对外开放、对内搞活方针，外贸体制改革随之展开。1981年12月，国家进出口管理委员会批准成立青岛纺织品联合进出口公司（简称青纺联），并作为全国外贸体制改革实行工贸结合、进出口结合的试点单位，成为全国唯一拥有两纱、两布（纯棉纱、涤棉纱和纯棉布、涤棉布）进出口经营权的地方工贸公司。生产企业直接与国际市场见面，极大地促进了企业产品的出口。1983年3月，经外经贸部批准，由青岛啤酒厂、青岛汽水厂、青岛晶华玻璃厂组建成立青岛饮料进出口公司，为地方工贸公司。4月，外经贸部批准成立青岛橡胶制品联合进出口公司（简称青胶联），1989年3月，青胶联开始经营进出口业务。1990年，外经贸部撤销青胶联进出口经营权，进出口业务由青岛第二橡胶厂进出口业务部接替。1984年10月，外经贸部批准成立青岛对外经济技术贸易公司，是青岛市第一家具有进出口经营权的地方外贸公司，主要经营利用外资、地方外汇、留成外汇、自筹外汇进出口业务，承办青岛市产品及技术引进有关设备及零部件进出口等业务。同年，成立第一家外商投资企业——华和国际租赁有限公司。

1986年8月31日，国务院总理赵紫阳到青岛啤酒厂视察时谈到，青岛啤酒好，可以自己出口。市委、市政府当即决定由体改委牵头召集市计委、市经委、市财政局等10个相关部门，研究拟定青岛啤酒自营出口方案。9月3日，市委书记刘鹏连夜听取初步方案汇报，并征求外经贸部和山东省有关部门的意见。9月4日，经市委常委会会议讨论，形成报送国务院正式报告。此后，青岛市有关领导先后10多次赴北京向国务院有关部门进行汇报和争取工作。1987年3月，根据外经贸部批复，撤销青岛饮料进出口公司，由青岛啤酒厂自4月1日起直接对外经营进出口业务，成为全国第一家直接对外经营进出口业务的生产企业。同年5月，国务院《关于鼓励外商投资的规定》和外经贸部《关于确认和考核外商投资的产品出口企业和先进技术企业的实施办法》颁布施行后，市外经贸委制定确认和考核青岛市外商投资的产品出口企业和先进技术企业实施办法。市外经贸委确认第一家外商投资产品出口企业为青岛华林胶合板有限公司，第一家先进技术企业为青岛青路塑料异型材有限公司。

1987年9月，国家批准青岛市对外经济贸易实行计划单列，赋予省一级的对外经济贸易管理权限。将隶属山东省各外贸专业分公司的10个青岛支公司改建为中国粮油食品、纺织品、土产畜产、轻工业品、工艺品、化工医保、五金矿产机械、基地建设进出口总公司青岛市分公司，共8个外贸专业公司，与山东省各外贸专业分公司脱钩，直接与国家各外贸专业总公司挂钩。从此，青岛市外贸专业公司具有了进出口经营权。1988年初，外经贸部授权青岛市可以自行审批生产企业的进出口经营权。3月，经山东省外经贸委、省外贸局批准，青岛电冰箱总厂进出口公司成立。

1987年4月1日，青岛啤酒厂获批自营进出口权，成为全国第一家直接对外经营进出口业务的生产企业。至2005年，全市累计有自营进出口企业6173家。图为青岛啤酒生产线。

1988年是青岛外贸体制改革取得重大突破的一年。主要体现在：外贸经营由过去的收购为主转变为全面开展自营进出口业务；经营方式由国家统收统支、统负盈亏的“吃大锅饭”体制，改变为外贸企业自主经营、自负盈亏；外贸经营企业由过去以外贸公司为主，发展到有更多的出口生产企业开展自营进出口业务。同年，按照国务院关于加快和深化外贸体制改革的部署，市政府确定了“三级承包、包到企业、条块保证、自担风险”

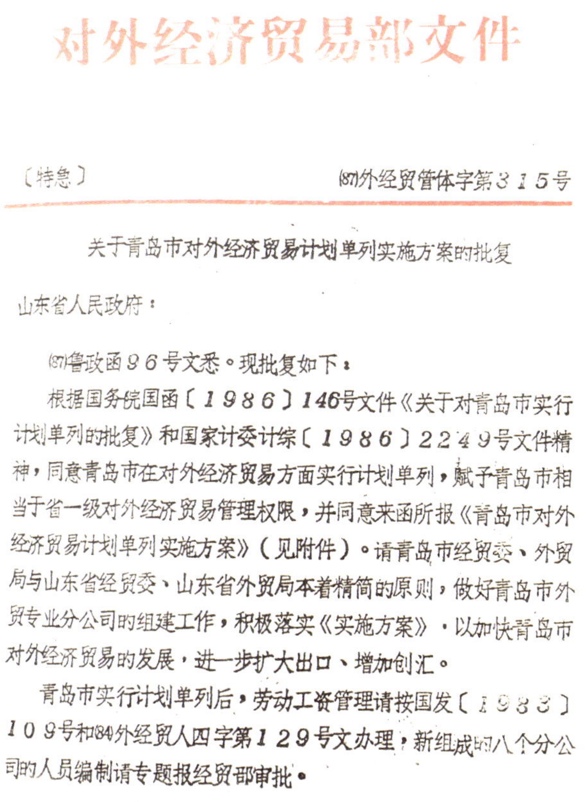

对外经济贸易部文件

〔特急〕　　(87)外经贸管体字第315号

关于青岛市对外经济贸易计划单列实施方案的批复

山东省人民政府：

(87)鲁政函96号文悉。现批复如下：

根据国务院国函〔1986〕146号文件《关于对青岛市实行计划单列的批复》和国家计委计综〔1986〕2249号文件精神，同意青岛市在对外经济贸易方面实行计划单列，赋予青岛市相当于省一级对外经济贸易管理权限，并同意来函所报《青岛市对外经济贸易计划单列实施方案》（见附件）。请青岛市经贸委、外贸局与山东省经贸委、山东省外贸局本着精简的原则，做好青岛市外贸专业分公司的组建工作，积极落实《实施方案》，以加快青岛市对外经济贸易的发展，进一步扩大出口、增加创汇。

青岛市实行计划单列后，劳动工资管理请按国发〔1983〕109号和(84)外经贸人四字第129号文办理，新组成的八个分公司的人员编制请专题报经贸部审批。

1987年9月12日，对外经济贸易部正式批复青岛市对外经济贸易实行计划单列，享有省级管理权限。

的承包办法，以及鼓励扶持出口创汇的措施和奖惩政策，明确了责权利的关系，调动了企业出口创汇的积极性，当年超额完成出口计划。在总结青纺联和青岛啤酒厂工贸结合经验的基础上，1988年6月至1990年，先后选择青岛第二橡胶厂等16家长期从事出口商品生产、创汇能力强、具有一定对外经营能力的生产企业，赋予进出口业务经营权，直接承包出口创汇任务和盈亏指标。随着外贸体制改革的深入，在全市形成了外贸专业公司、地方工贸公司、自营出口企业和外资企业共同发展的出口创汇体系。当年，全市出口商品收购值235.64亿元。

1990年后，青岛市进一步完善外贸承包责任制、承包考核指标和奖励办法，并建立起调度制度，整顿经营秩序，强化企业内部管理。根据国务院《关于进一步改革和完善外贸体制若干问题的决定》及关于全民所有制工业企业转换经营机制的要求，从建立自负盈亏机制入手，简政放权，促进外贸企业的发展。按照“统一政策、放开经营、平等竞争、自负盈亏、工贸结合、推行代理制”的总体改革要求，加大转换企业经营机制的力度，建立适应社会主义市场经济的外贸运行机制。1992年7月，青岛市贯彻《国务院批转经贸部、国务院生产办关于赋予生产企业进出口经营权有关意见的通知》精神，在原有外贸专业公司、工贸公司的基础上，部分大中型国有企业和民营企业相继获得自营进出口权。最早获得进出口经营权的4家民营企业是青岛新国际（集团）实业有限公司、青岛即墨市艺华绣品厂、青岛中智焊接机器有限公司、青岛群英轻纺有限公司。1994年2月，市政府印发《关于进一步深化对外贸易体制改革的通知》。6月28日，山东省首家外贸股份制试点企业——青岛化工医药进出口股份有限公司成立，在全省率先在市属外贸公司全面推行全员劳动合同制。

1996年，青岛市加大外贸企业改革力度，提出外贸专业公司体制改革框架意见并确定4项原则：一是坚持政企分开、政资分开，进一步理顺市外经贸委与外贸公司的关系；二是充分发挥市场机制作用，实施资产重组，构造外贸公司新的资产运营机制；三是坚持以效益为中心，集中力量抓好大的，放手搞活小的，选准突破口，分步实施；四是在坚持企业自愿的前提下，充分发挥政府的促进作用和宏观调控职能。明确了包括实业化、兼并、放开搞活小公司和委托总公司经营为内容的外贸企业改革思路，推动以外贸专业公司为重点的外贸企业改革。通过资产重组和优化，先后组建起青岛纺织服装实业集团公司、青岛益佳集团有限公司和青岛世贸中心集团有限公司3家大型企业集团，初步实现规模化经营，增强了外贸企业的竞争实力。在组建大型外贸集团的同时，青岛市加快中小外贸企业改革，对青岛市经贸实业公司、青岛市进出口公司以及集团内部的公司，按照“因企制宜”“一企多制”的方式进行改制，不断调整经营方向。同时，青岛市5家县级市外贸公司，按照现代企业制度的要求，制定具体的改革方案，并对所属企业采取改制、破产、租赁、嫁接等多种方式进行改制、改组和改造。

1998年，青岛市外经贸委推进直属外贸专业公司进行体制改革，加快外贸企业由计划经济模式向市场经济转变。当年纺织服装实业集团公司、益佳集团有限公司、世贸集团有限公司三大集团的改制面扩大到80%以上。2000年1月，以青岛益佳集团有限公司为核心企业，组建青岛益佳国际贸易集团公司。该公司为国有独资公司，按照《中华人民共和国公司法》建立规范的法人治理结构，设立董事会、监事会，实行董事会领导下的总经理负责制，列市直属企业管理。通过国有资产划拨方式，将青岛纺织服装实业集团公司、青岛世贸中心集团有限公司、市进出口公司、市对外经贸实业公司的国有资产划归该公司持有。市国资办授予该公司国有资产委托运营权，承担国有资产保值增值责任。市外经贸委只负责对该公司进出口商品配额、许可证等业务实施管理。通过投资、控股、参股等方式与成员企业建立母公司与子公司的产权连带关系，做到产权清晰、权责明确。其直属企业有：青岛益佳抽纱进出口有限公司、青岛益佳工艺进出口有限公司、青岛益佳土畜产进出口有限公司、青岛益佳粮油进出口有限公司、青岛益佳食品进出口有限公司、青岛益佳针棉织品进出口有限公司、青岛益佳轻工业品进出口有限公司、青岛益佳通商进出口有限公司、青岛益佳纺织品进出口有限公司、青岛益佳经贸实业进出口有限公司、青岛益佳五矿机械进出口有限公司、青岛益佳化工医保进出口有限公司。青岛益佳国际贸易集团公司的组建与发展，标志着全市外贸专业公司现代企业制度改革基本完成。

2001年中国加入世界贸易组织后，私营外贸企业迅速发展，外贸经营主体趋于多元化，一批青岛品牌进入国际市场。至2005年，青岛市共有进出口实绩的企业6287家。其中，进出口总额过1亿美元的企业50家，出口额过亿美元的企业25家。海尔、海信、青啤、金王等9个品牌被商务部评为名牌出口商品，位居全国15个副省级城市前列；青岛泰发集团股份有限公司、青岛亨达集团有限公司、青岛凤凰印染有限公司等7家企业被评为山东省重点扶持和发展的出口名牌企业。2005年，全市外贸进出口总额304.55亿美元，其中出口175.88亿美元，进口128.67亿美元。

第二节　出口贸易

中共十一届三中全会后，青岛市工农业生产得到迅速恢复和发展，出口商品货源日渐丰富，出口商品收购值迅速增长。1978～1988年，青岛市对外贸易主要担负为省外贸公司组织出口商品收购任务，累计完成出口商品收购值129.9亿元，创汇35.3亿美元，出口商品生产企业发展到600多家。其中，1988年完成出口商品收购23.35亿元，是1978年的4倍，占全省的24.77%。

1979～1988年青岛市出口商品收购情况表

表4-2　　单位：万元

年份	工农业总产值	全省收购总值	计划收购值	实际收购值	市收购值占总产值（%）	市收购值占全省收购值（%）
1979	784358	233264	61303	63469	8.09	27.21

续表4-2

年份	工农业总产值	全省收购总值	计划收购值	实际收购值	市收购值占总产值（%）	市收购值占全省收购值（%）
1980	855364	278881	75019	77491	9.06	27.79
1981	876074	316848	85495	81717	9.33	25.79
1982	910963	350057	91470	87374	9.59	24.96
1983	1025948	373558	99567	93798	9.14	25.11
1984	1137716	368228	88575	82200	7.23	22.32
1985	1324387	487834	99203	94969	7.17	19.47
1986	1504774	659869	133422	142954	9.5	21.66
1987	1820020	892616	174902	173326	9.52	19.42
1988	2356360	942844	195421	233514	9.91	24.77

1988年，实行外贸计划单列和享有自营进出口权后，青岛市对外经贸开始由单纯收购型向出口经营型转变。当年全市出口额达到2.17亿美元，比上年增长57.6%；出口商品品种由上年的22种增至400余种，出口商品销往的国家和地区也由上年的29个增至60多个。此后，随着海尔、海信、双星、橡胶二厂等自营进出口企业加入外贸出口队伍，全市外贸出口额明显增长。1990年为3.35亿美元，占全市国内生产总值的9.85%，占全省出口总额的10.7%。出口商品共计569种，比外贸计划单列前增加547种；出口国家（地区）达到87个，比外贸计划单列前增加58个。出口商品结构为初级产品出口0.93亿美元，工业制成品出口2.42亿美元。

1991年，国家对外贸经营体制进行重大改革，实行外贸企业自负盈亏运行机制，取消出口补贴，调整出口退税政策。青岛市积极应对外贸形势变化，提出“经贸结合、内外贸结合”的发展思路，着力推进对外经济合作，推行出口代理服务。当年，外贸企业直接开展“三来一补”项目达70多个，代理出口达1550万美元。1992年以后，随着外商投资企业数量快速增长，全市出口实力大增。同时，中央外（工）贸公司在青岛纷纷设立分支机构，也为青岛产品出口提供极大便利。1996年，全市对外贸易出口额达到28.71亿美元。受1997年亚洲金融危机影响，1998年、1999年全市出口额增速放缓。但在全国出口总体低迷的情况下，青岛市出口额仍保持增长。1999年，全市出口额为44.63亿美元，占全市国内生产总值比重的37.2%。

进入21世纪后，青岛市出口主体稳步壮大，出口商品结构不断优化，出口贸易方式日趋优化，一般贸易出口所占比重持续提高。2001～2005年，青岛市市属企业完成出口574.8亿美元，是前5年的2.8倍，年均增长23.5%。其中，2005年全市外贸出口175.88亿美元，占全省出口总额的38%，居全国15个副省级城市第四位。

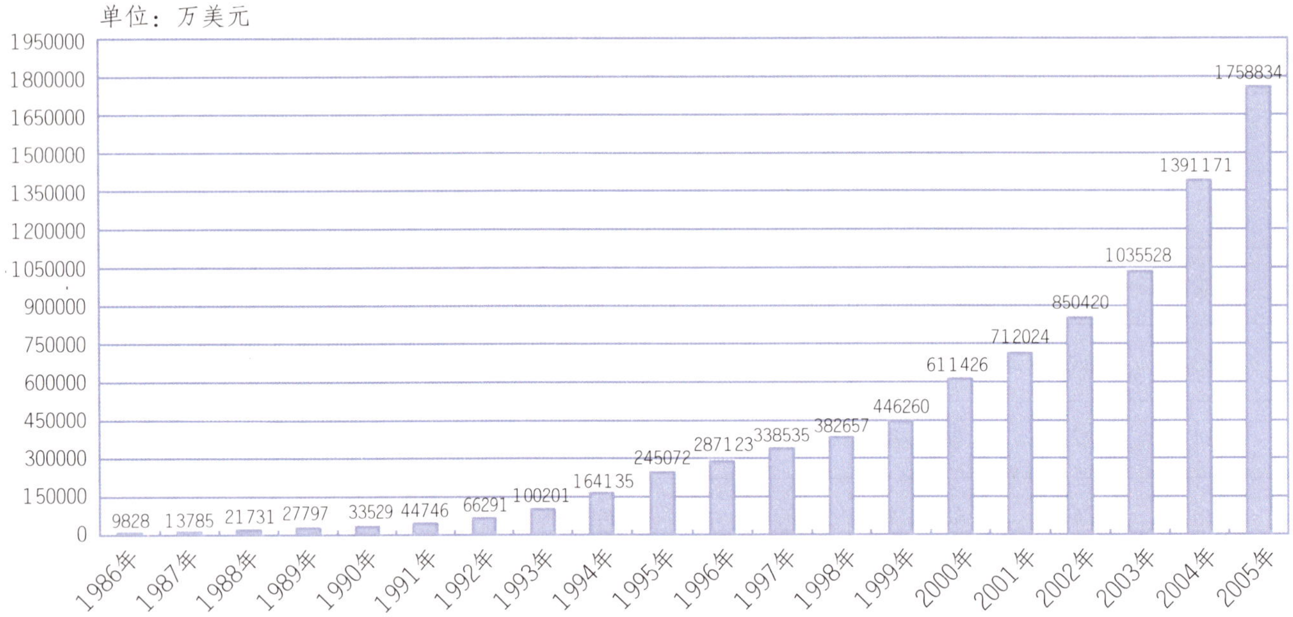

图4-1 1986～2005年青岛市外贸出口额情况示意图

出口商品结构

青岛市最初的出口商品除传统优势的纺织品外，重点为农副产品。1978年，纺织品收购值完成24611万元，农副产品完成16634万元，分别占收购总值的45.4%和30.7%。1979年青岛市被确定为出口商品生产基地后，全市先后建立对虾、贝类、海参、鲍鱼、水貂、肉食鸡、肉食兔、菜牛、生猪等养殖基地和花生、棉花、芋头、果品、蔬菜、芦笋等种植基地共48个。至1988年10年间，出口商品结构变化不大，初级产品出口占全市出口总额的70%以上，机电产品出口规模有限。

1988年，青岛市调整和优化出口商品结构，重点扶持和发展传统的纺织服装、啤酒饮料、橡胶化工、矿产建材、轻工工艺等行业的产品出口，倡导深加工、精加工，提高出口产品的档次和附加值。同时，支持电冰箱、电视机、洗衣机、照相机等机电产品出口，参与较高层次国际市场交换和竞争。

1991年后，青岛市自营出口企业快速成长，工业制成品出口增长较快。农副产品等初级产品出口额虽有增长，但在出口总额中的比重逐年下降。1999年，全市出口额44.6亿美元，其中初级产品出口5.9亿美元，占出口总额的13.2%；工业制成品出口38.7亿美元，占出口总额的86.8%。初级产品与工业制成品出口之比为1∶6.6。这一时期，出口商品结构中存在的主要问题是，工业制成品大部分是劳动密集型产品，资本和技术密集型产品少，高新技术产品所占比重更低。在1999年出口的工业制成品中，劳动密集型产品占80.9%，资本和技术密集型产品占19.1%。

进入21世纪，青岛市在巩固传统大宗商品出口的同时，挖掘工业产品的技术、质量和品牌优势，扩大机电产品和高新技术产品出口。至2005年，在全市175.88亿美元出口额中，工业制成品152.41亿美元，占86.7%；初级产品23.47亿美元，占13.3%。全市20大类出口商品均超过2亿美元，其中服装、电器电子、机械设备等5类商品出口均超过10亿美元，合计出口88.02亿美元。

2005年青岛市出口额1000万美元以上商品情况表

表4-3

金额分类	商品名称	出口金额（亿美元）	占出口总额（%）
5000万美元以上（61种）	花生仁，5~7号燃料油，皮革或再生皮革制的衣服，20英尺集装箱，手持式无线电话机零件，填充的玩具动物，挂车及半挂车或其他非机械驱动车辆的零件等	82.81	47.1
2000万~5000万美元（128种）	鲜或冷藏的蒜头，辣椒干，焦炭及半焦炭，二氧化硅，各种蜡烛及类似品，棉质男衬衫，客车、货运机动车辆用橡胶内胎，铝电解电容器，微波炉，龙头，旋塞及类似装置，家用型洗碟机，滚筒式全自动洗衣机（干衣量小于10公斤），音频扩大器等	40.82	23.2
1000万~2000万美元（153种）	干大蒜，鲜苹果，氯化钙，磷片天然石墨，颜料及以其为基本成分的制品，塑料制餐具及厨房用具，化纤材料制成的渔网，传声器（麦克风）及其座架，电子计算器的零件，附件，合钳，夹钳及类似品，独立窗式或壁式空气调节器等	21.69	12.3
合计	342种	145.32	82.6

机电产品出口　改革开放初期，青岛市机电产品出口极少，且技术含量较低。1981年，出口品种不到50个，出口供货值不足3000万元。随着对外贸易发展和出口商品结构不断调整，青岛市机电产品出口呈先增后平再增的发展态势。1988年，机电产品出口1033万美元，占出口总值的4.8%。同时，机电产品质量提高，花色品种增加，技术性能逐步赶超国际先进水平，海尔、海信家用电器等进入国际市场。至1999年，全市机电产品出口企业有400家，占出口企业的27.2%。其中内资企业114家、出口2.04亿美元，外资企业286家、出口7.63亿美元，分别占机电产品出口的21.1%和78.9%。三美电机、海尔集团、安普连接器、泰发集团等10家企业出口额5.09亿美元，占全市机电产品出口总值的52.6%。2000年5月，青岛市在境外投资10余项机电产品项目，为国际化经营奠定基础。

2001~2005年，青岛市机电产品出口连年保持20%以上的增长。其中2004年达到48.96亿美元，比上年增长48.3%。2005年，青岛市机电产品出口额为63.42亿美元，占全市出口总额的36.1%。

1988~2005年青岛市机电产品出口情况表

表4-4

年份	出口额（亿美元）	比上年增长（%）	占全市出口比重（%）
1988	0.1		4.8
1989	0.28	180	10.1
1990	0.35	25	10.4
1991	0.53	51.4	11.8

续表4-4

年份	出口额（亿美元）	比上年增长（%）	占全市出口比重（%）
1992	0.98	84.9	14.8
1993	1.57	60.2	15.7
1994	3.23	105.7	19.7
1995	6.42	98.8	26.2
1996	6.72	4.7	23.4
1997	8.54	27.1	25.2
1998	9.35	9.5	24.4
1999	9.67	3.4	21.7
2000	16.17	67.2	26.4
2001	20.1	24.3	28.3
2002	27.1	34.8	31.9
2003	33.02	21.8	31.9
2004	48.96	48.3	35.2
2005	63.42	29.5	36.1

2005年青岛市机电产品十大出口商品情况表

表4-5

商品名称	出口额（万美元）	比上年增长（%）
通信设备及零部件	146785	16.7
家用电器	124193	53
集装箱	100592	8.7
五金、金属制品	40262	50.8
电工器材	38257	27.5
汽车及零部件	35083	19.4
自动数据处理设备及零部件	27547	35.4
机械设备及零部件	14335	39.9
体育运动器械	13194	19.6
电子元器件	6534	-31.1
合计	546782	

高新技术产品出口　1999年青岛市实施科技兴贸战略后，把高新技术产品出口作为增强外经贸发展后劲、建立21世纪国际竞争新优势的战略任务来抓。当年，全市高新技术产品出口2.17亿美元，高于同期外贸出口增长率11.3个百分点，占全市工业制成品出口总额的5.7%。

2000年，青岛市被列为外经贸部、科技部确定的15个科技兴贸重点城市之一，海尔集团、海信集团被列为全国166家科技兴贸重点企业之一，青岛市高科技工业园被列为全国首批16个高新技术产品出口基地之一，为青岛市实施科技兴贸战略提供政策支持和发展平台，高新技术产品出口迅速增长。当年，青岛市高新技术产品出口达3.57亿美元。至2005年，高新技术产品出口增至18.03亿美元，占全市出口额的10.3%。

2005年青岛市高新技术产品重点出口商品情况表

表4-6

商品名称	出口额（万美元）	比上年增长（%）	占全市高新技术产品比重（%）
手持或车载无线电话机	36112	142.8	21.5
彩色电视机（包括整套散件）	33855	87.5	20.2
电视、收音机及无线电讯设备	16807	28.8	10
激光唱机	15469	292.1	9.2
自动数据处理设备的零件	15110	10.6	9
自动数据处理设备及其部件	10875	123.5	6.5
输出或输入部件	8432	461.4	5
集成电路及微电子组件	2561	81．8	1.5
二极管、晶体管及类似半导体	1275	23.8	0.8
金属加工机床	976	22.3	0.6
合计	141472		84.3

2005年青岛市高新技术产品十大出口市场情况表

表4-7

出口市场	出口额（万美元）	比上年增长（%）	占全市高新技术产品出口比重（%）
美国	44909	153.5	26.8
欧盟	40178	85	23.9
日本	15549	26.6	9.3
中国香港	15513	-0.3	9.2
韩国	14736	15.6	8.8
印度	4353	-75.2	2.6

续表4-7

出口市场	出口额（万美元）	比上年增长（%）	占全市高新技术产品出口比重（%）
澳大利亚	4206	61.6	2.5
德国	2865	-33.4	1.7
英国	2492	-7.3	1.5
新加坡	2173	20	1.3
合计	146974		87.6

出口国别地区

改革开放之初，青岛市外贸出口市场以日本、东南亚国家和中国香港、澳门地区为主，1985年出口国家和地区20个，1990年为87个，1998年达到147个。这一时期，青岛市出口市场主要在亚洲国家和地区，大量贸易集中在中国香港、日本、韩国和美国，出口市场格局分布不够合理。

为进一步开拓国际市场，发展对外贸易，青岛市实施外贸市场多元化战略，在继续深度开发日韩、欧美等传统市场的同时，借助引资市场调整搭建的桥梁和平台，开拓南美洲、非洲、大洋洲等新兴市场，逐渐实现市场多元化发展。2005年，青岛市出口商品销往212个国家和地区，出口市场结构进一步优化，当年对新兴市场出口30.75亿美元，占全市出口总额的17.5%。

1984～2005年青岛市主要出口市场情况表

表4-8

年份	出口国家和地区（个）	主要出口国家和地区出口额（万美元）								
		日本	韩国	美国	中国香港	新加坡	德国	英国	法国	加拿大
1984～1987	120	86907		10159	29832	52231				
1988	62	5726		1501	7430	823				
1989	75	7479		2237	8331	1260	507	474	344	279
1990	87	7521	1106	3140	9384	1573	832	920	590	
1991	97	10654	3213	3664	12576	1588	1541	1185	592	
1992	100	17104	5557	7062	19751	1689	2268	1132		
1993	107	25424	16881	17050	17804	1840	2604	1234		2604
1994	107	48105	34829	27090	24960	2302	5464	1529	1529	3721
1995	123	70900	51600	34200	41700	5384	6733	1843	3009	4187

续表4-8

年份	出口国家和地区（个）	主要出口国家和地区出口额（万美元）								
		日本	韩国	美国	中国香港	新加坡	德国	英国	法国	加拿大
1996	129	80400	102200	36300	19400	4625	6789	2946	3764	
1997	139	77679	123450	59705	20298	3645	6327	3095		3153
1998	147	98688	113527	79756	19061	3767	9541	3715	5687	3616
1999	178	123600	56500	122600	17200		19000	8495	6079	7007
2000	179	157576	80837	155614	30187		28016	12124	8010	
2001	185	178421	87314	177055	36636		23941	19287	9402	
2002	188	201051	118196	191606	34567		25629	20933		
2003	194	233665	148047	224561	44154		30941	28745		16633
2004	204	286669	194518	291003	65365		47038	37896		24516
2005	212	337920	233743	384989	68738		63230	43256		34984

第三节　进口贸易

改革开放初期，青岛市进口贸易主要是引进先进技术设备，一般贸易进口规模较小。同时，由于利用外资和加工贸易处于起步阶段，国内需求拉动不足，进口额较低，全市年均进口6000万美元左右。20世纪中后期，特别是青岛市具有自营进出口权后，扩大出口对国外资源的依赖性加大，进口贸易得到较快发展。1988年，青岛市完成进口6366万美元，1992年增至2.23亿美元。

1992年后，国家多次大幅调减关税，以及青岛市利用外资和加工贸易大幅增长，带动全市进口尤其是生产资料和设备进口大幅增长。1995年，全市完成进口13.13亿美元，是1992年的5.89倍。但由于国际金融市场动荡，特别是日元、德国马克升值，对全市技术引进产生不利影响。1996年，随着利用外资项目增多，与之相适应的加工贸易方式快速发展，青岛市进口商品以工业制成品居多，如电气设备、机械零件、化学纤维、钢材等，进口所占比重在85%左右。同时，青岛市利用比较优势，促进机械、家电、橡胶、轻工、纺织等产业发展，提高资源利用效率。进口全市稀缺资源，如皮革、塑料原料、棉花、橡胶、纸浆、木材、羊毛等，以缓解经济增长过程中资源的“瓶颈”约束。进口部分消费品在挤占国内部分市场的同时，为全市的进口替代企业增加外部竞争压力，促进全市企业改进生产技术，加强经营管理。

1996～1999年，国家再次大幅调低进口关税，但亚洲金融危机和中国实行紧缩货币政策导致需求不振，整体上制约进口。国家自1996年4月1日起对新批外资企业进口设备、原材料和技术改造项目进口设备按法定税率征收关税和进口环节税，对加工贸易、补偿贸易项目下进口设备征税，并对加工贸易实行配额和保证金管理，国内消费不足和物价连续下降，4年间全市国内生产总值增长1.6倍，1999年全市进口比1998年增长54%，进口对国民经济拉动作用有所减弱。

2000年后，随着改革开放的不断深入和对外贸易的迅速发展，青岛市进口依存度逐渐提高，进口额逐年提升，进口商品结构日趋合理。2005年，全市完成进口128.67亿美元，比1999年增长2.91倍；进出口之比提升为0.73：1，接近全国进出口比率。

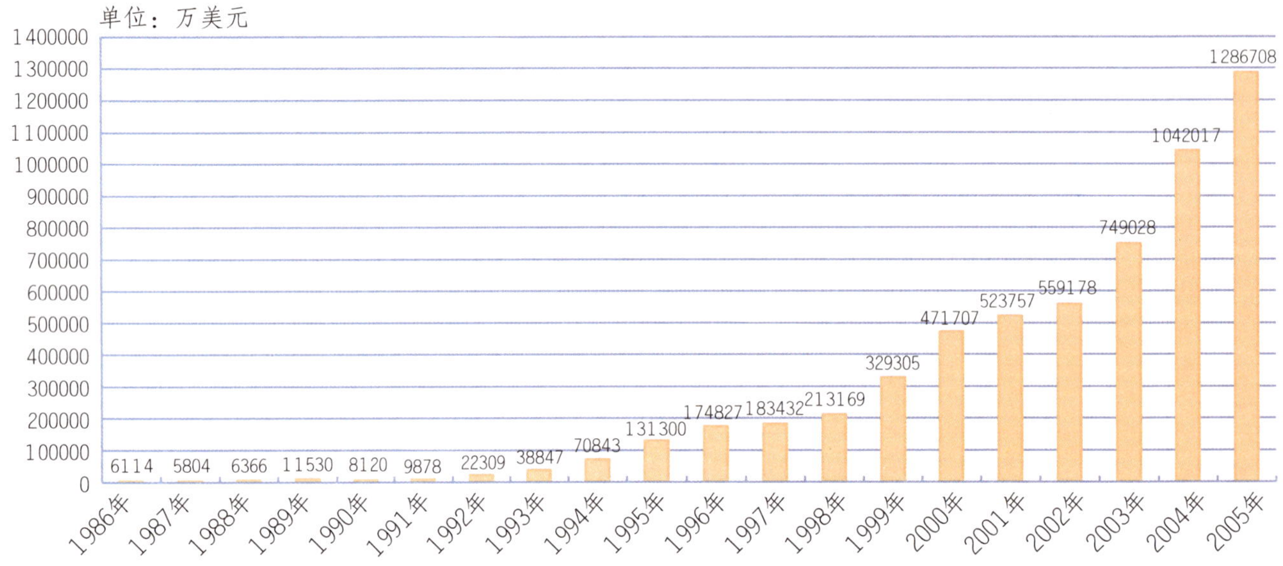

图4-2 1986～2005年青岛市外贸进口额示意图

进口商品结构及国别地区

改革开放初期，青岛市进口主要是引进先进技术设备和原材料。1987年，全市进口商品中生产资料占91.74%，生活资料仅占8.26%；初级产品占进口总额的64.87%，工业制成品占35.13%。进口商品主要来自中国香港、日本、联邦德国、美国和英国等国家和地区。

1987年青岛对外贸易具有自营进出口权后，加工贸易快速发展，进口商品中生活资料和工业制成品占比逐渐提高。1990年，全市进口商品中生产资料4938万美元，占进口总额的60.8%；生活资料3183万美元，占39.2%。初级产品1100万美元，占进口总额的13.55%；工业制成品7020万美元，占进口总额的86.45%。

随着对外开放的深入发展，青岛市对外贸易规模和区域范围越来越大。1991年，青岛市进口商品来自24个国家（地区），但主要进口市场仍然集中在日本、中国香港、韩国和欧美等国家和地区。其中，日本2076万美元，占进口总额的21.01%；中国香港1819万美元，占18.42%；韩国1247万美元，占12.62%；德国1091万美元，占11.04%；美国709万美元，占7.18%。

90年代中后期开始，青岛市实施外贸市场多元化战略，拓展新的进口市场，进一步优化进口产品结构。至2005年，青岛市进口商品来自139个国家和地区。进口商品中，初级产品进口额44.48亿美元，占进口总额的34.6%；工业制品进口额84.18亿美元，占进口总额的65.4%。1000万美元以上的大宗进口商品共186种，进口额达95.72万美元，占进口总额的74.4%。

2005年青岛市进口额1000万美元以上商品情况表

表4-9

金额分类	商品名称	进口额（亿美元）	占全市进口总额（%）
5000万美元以上（38种）	冻鳕鱼（鱼肝及鱼卵除外），未烧结的铁矿砂及其精矿，对苯二甲酸，液晶显示板，烟胶片，未梳的棉花等	65.16	50.6
2000万～5000万美元（57种）	冻鲽鱼，针织或钩编的长毛绒织物，铜制绕组电线，混合集成电路，彩色阴极射线电视显像管，数字式程控电话或电报交换机的零件等	17.86	13.9
1000万～2000万美元（91种）	冻带鱼，轻柴油，润滑油，化纤质机制花边，注塑机，锂电子电池，已装配的压电晶体，上部360度旋转的履带式挖掘机，片式多层瓷介电容器等	12.7	9.9
合计	186种	95.72	74.4

2005年青岛市十大进口商品进口情况表

表4-10

商品名称	金额（万美元）	比上年增长（%）	占全市进口总额（%）
矿产品	191570	40.5	14.9
电器及电子类产品	190656	1.6	14.8
机械设备	133058	9.8	10.3
水海产品	90265	59	7
纺织纱线、织物及制品	88124	9.4	6.8
钢铁及制品	84537	49.8	6.6
化工产品	79697	22.6	6.2
成品油	79025	153.9	6.1
橡胶及制品	65582	14	5.1
仪器仪表	41906	121.5	3.3
合计	1044420		81.1

技术设备引进

1978年实行改革开放之后，青岛市将国家给予的外汇使用额度，基本上用于技术设备的引进。至1983年，青岛市累计引进187项，成交额达8187.82万美元。1984～1985年，青岛市利用国家外汇使用等优惠政策，大量引进技术设备。两年间共引进技术设备375项，成交额达2.18亿美元。1986年，由于国家收缩银根，青岛市引进技术设备项目大量压缩减速，当年签订引进技术设备合同79项，合同金额仅为2720.78万美元。

1987年后，国家对青岛市实行外贸计划单列和授予自营进出口权，青岛市技术设备引进得到较快发展。至1992年，全市累计引进技术设备1084项，合同金额达5.84亿美元。引进项目主要来自日本、意大利、美国、德国、加拿大、英国、法国、中国香港和台湾等经济较发达国家和地区。通过引进技术，全市80%以上的市属企业得到技术改造，其中轻纺、机械、橡胶、电子等行业企业投入较多，投资比例占全市的74.8%。在其中221家大中型企业中，有150多家骨干企业的技术装备达到80年代国际先进水平，30多家企业技术装备水平居全国同行业领先地位。同时，通过技术引进共开发5000余种新产品，其中以“青岛金花”产品（彩色电视机、电冰箱、洗衣机、照相机、空调器等）为代表的新产品占较大比例。四星级电冰箱、无碳复写纸、鹿皮绒、防火卷帘门、医用胶带等产品填补国内空白。

1994年，青岛市签订引进技术和进口设备项目合同17项，合同金额2521万美元，比上年下降65%；实际用汇额2135万美元。此后直至2000年，每年引进技术设备项目均不超过10项。其中，1999年仅有1项，合同金额7220万美元。

2001年，青岛市签订引进技术和进口设备合同项目348项，合同金额7503万美元。涉及行业主要有：电子及通信设备制造业，合同金额3045万美元；普通机械制造业，合同金额1880万美元；电气机械及器材制造业，合同金额382万美元；纺织业，合同金额302万美元；石油加工及炼焦业，合同金额292万美元。至2004年，全市每年引进技术设备项目较平稳，均保持在380项左右。

2005年，全市技术进口合同备案登记共528份，合同额10093万美元，分别比上年增长40.4%和21.1%。引进方式以技术咨询及技术服务、专有技术的许可或转让、专利技术的许可或转让为主要形式，3种形式的技术进口额为9262万美元，占进口总额的91.8%。行业分布主要集中在电子及通信设备、电子机械及器材、交通运输设备、化学纤维以及普通机械制造业等领域，各类制造业技术引进的合同数量达到429份，占合同总数量的81.3%。引进国家和地区共27个，比上年增加5个。引进合同数量前6位的国家和

1988年，青岛第二橡胶厂利用亚洲开发银行贷款引进30套子午胎设备及技术。图为1989年7月，青岛第二橡胶厂、中国化工建设总公司及意大利皮列里公司就该项目举行签约仪式。

地区为日本141项、美国93项、韩国72项、法国35项、德国34项、中国香港29项。合同额前6位的是美国、欧盟、日本、韩国、加拿大、中国香港，累计8890万美元，占合同总额的88.1%。

第四节 对外贸易管理

进出口计划管理

1978年至1987年9月青岛市对外经济贸易计划单列之前，各外贸专业公司没有进出口经营权，主要任务是组织出口货源。青岛市的对外贸易计划是执行山东省外贸局下达的出口商品收购计划。其间，国家批准试点的青纺联等工贸公司虽具有进出口经营权，但其出口计划仍直接由山东省外贸局管理，只有货源计划归市外贸局管理。

1988年，青岛市外贸经营权限实行计划单列。根据当时青岛市的外贸销售渠道和营销能力，经与山东省外贸局协商，青岛市的外贸计划实行出口和供货双轨制。青岛市外贸公司除自营出口计划外，同时对暂时不能完全消化的青岛市部分货源，仍供货予山东省各外贸公司。

随着外贸体制改革的深化，国家将大部分地方外贸专业公司下放地方管理，同时全面推行承包经营责任制，国家通过实行出口退税、进出口许可证及配额管理且在财务管理上由统负盈亏转为承包经营责任制等经济手段实施调控。其间，青岛市的外贸出口计划，由市外贸各专业公司提出出口货源计划，经市外贸局与有关部门衔接后，通过市计划委员会下达各工业局和县（市）、区；对供予山东省各外贸专业公司出口货源部分，仍由市外贸局通过市计划委员会下达。关系国计民生或涉及国家有关部委平衡的重要商品，由外经贸部通过全国外贸计划会议将商品数量和出口总值计划直接下达青岛市，由市外贸局按年度下达市属各外贸专业公司，并据此确定外汇上缴和出口补贴基数。

1988年3月，市政府颁布《青岛市对外贸易承包经营暂行办法》，对中央下达青岛市的各项出口承包指标分别层层承包到各外贸经营企业和出口商品生产企业。规定：外贸经营企业（包括工贸企业）的承包，由市外经贸委和市财政局发包，承包指标包括出口收汇、上缴外汇和出口补贴三项；出口商品生产企业的承包，由市经委、市外经贸委、市财政局及各主管局（公司）发包，承包的指标包括供货总额和主要品种、数量、质量、供货时间等；各县（市）、区的承包方是各县（市）、区经委、财政局、外贸公司，发包方是市经委、市财政局、市外经贸委；各县（市）、区承包后，再将指标落实到所属各出口商品生产企业，承包指标是：供货总额和主要品种、数量、质量及供货时间等。出口商品生产企业在签订承包合同的同时，与外经贸企业签订供销协议，确保双方按时、按质、按量供货和收购。供销协议作为承包合同的附件，具有同等的法律效力。国家规定实行改革试点的轻工、服装和工艺3个行业，按国务院规定执行，由承包企业单独核算，单独考核，自负盈亏。青纺联、青岛啤酒厂等工贸进出口企业及1989年批准的部分自营出口生产企业，其出口计划由青岛市统一管理，承包出口收汇、上缴外汇和出口盈亏3项指标。

自2000年起，青岛市不再对外贸出口实行指令性计划管理，每年仅制定一个指导性计划。

进出口商品配额和许可证管理

1987年9月，青岛市对外经济贸易实行计划单列，但进出口商品的配额和许可证由山东省外贸局统一管理。1989年，经对外经济贸易部批准，进出口许可证交由青岛市核发，纺织品配额许可证由山东省外贸局核定加盖专用章后交青岛市发放。自1990年1月起，市外经贸委按照对外经济贸易部相关规定签发由计划单列市发证的商品目录，核发青岛市企业的进出口许可证。

对外经济贸易部规定发放许可证管理的商品每年均有调整，1990年，青岛市属许可证管理的商品有90种，其中，外经贸部发证10种，驻青岛特派员办事处发证34种，市外经贸委发证46种。

2005年，青岛市实行出口许可证管理的47种商品，分别实行出口配额许可证、出口配额招标和出口许可证管理，市外经贸局当年发证128份。其中，实行出口配额许可证管理的商品包括玉米、大米、小麦、棉花、茶叶、锯材、活牛（对港澳）、活猪（对港澳）、活鸡（对港澳）、蚕丝类、煤炭、焦炭、原油、成品油、稀土、锑砂、锑（包括锑合金）及锑制品、氧化锑、钨砂、仲钨酸铵及偏钨酸铵、三氧化钨及蓝色氧化钨、钨酸及其盐类、钨粉及其制品、锌矿砂、锌及锌基合金、锌及锡基合金、锡矿砂、锡及锡基合金、白银。实行出口配额招标的商品包括蔺草及蔺草制品、碳化硅、氟石块（粉）、滑石块（粉）、轻（重）烧镁、矾土、甘草及甘草制品。实行出口许可证管理的商品包括活牛（对港澳以外市场）、活猪（对港澳以外市场）、活鸡（对港澳以外市场）、牛肉、猪肉、鸡肉、消耗臭氧层物质、监控化学品、易制毒化学品、石蜡、铂金（以加工贸易方式出口）、电子计算机、电风扇、自行车、摩托车及摩托车发动机。当年实施纺织品出口临时管理的产品包括对欧盟出口的10类产品，市外经贸局当年发放纺织品出口许可证854份、纺织品原产地证明书11178份、手工制品证书174份。同年，全市对实行自动进口许可管理的商品发证2389份。

第二章　利用外资

对外开放初期，青岛市利用外资规模较小，整体水平较低。利用外资形式仅限于对外借款和“三来一补”业务，且主要分布在老市区和少数几个行业。1978～1983年，累计批准利用外资项目38个，合同外资897万美元。

1984年5月，青岛第一家外商投资企业——青岛华和国际租赁有限公司成立，标志着青岛市开始直接利用外资。1987年青岛市对外经济贸易实行计划单列后，利用外资项目规模逐步扩大，投资国家、地区不断增多，对城市建设和经济发展的促进作用日益增强。至1992年，全市共批准利用外资项目1957个，合同外资24.69亿美元，实际利用外资11.99亿美元。其中，“三资”企业项目1083个，合同外资15.76亿美元。开工投产的“三资”企业达266家，累计实现产值365亿元，利税3.36亿元，外汇收入5.2亿美元；中方就业人员逾3万人。

随着青岛市经济社会的较快发展，交通、邮电、通信等城市基础设施不断建设，各种引资优惠政策相继推出，投资环境明显改善，尤其是1992年邓小平南方谈话之后，青岛市利用外资进入快速发展阶段，全方位对外开放格局初步形成。1993年，全市批准外商直接投资项目1399个，外商直接投资实际利用外资达到4.1亿美元，较1992年的2.1亿美元翻了近一番，完成利用外资的第一个飞跃。1992～1998年，全市累计批准外商直接投资项目5507个，实际利用外资43.51亿美元，年均增长24.8%。

1999年，市政府印发《关于做好引进世界500强著名跨国公司工作的通知》，以兴办高新技术和资金密集型大项目为重点，着力引进跨国公司特别是世界500强企业。当年，全市批准利用外资项目719个，合同外资17.52亿美元，实际利用外资9.53亿美元，分别比上年增长27.9%、69%和12.4%。其中总投资1000万美元以上的项目44个，合同外资8.9亿美元，法国阿尔斯通、美国朗讯、韩国现代和法国埃尔夫4家世界500强企业先后在青岛投资。

2000年后，青岛对外开放领域不断扩大，全市利用外资大幅增长。2000年突破10亿美元大关，2002年实现20亿美元，2004年达到38亿美元。2005年，青岛市全年批准外商直接投资项目2530个，合同外资95.45亿美元，实际利用外资36.56亿美元。其中实际利用外资在全国15个副省级城市中位列第一。全年批准的203个总投资过1000万美元大项目中，办理工商登记手续的有161家，登记注册率为79.3%，出资率为36.9%，实际到位外资3.02亿美元。全年引进世界500强企业投资项目12个。商业企业利用外资大幅增长，全年批准项目115个，合同外资1.26亿美元，实际利用外资5785万美元。批准运输和仓储物流项目21个，合同外资1.53亿美元。韩国新韩银行青岛分行、海尔纽约人寿保险机构落户青岛。

截至2005年，青岛市累计批准利用外资项目20502个，合同外资491.15亿美元，实际利用外资238.96亿美元。有77家世界500强企业在青岛投资项目145个，外资银行累计达到9家。

1979～2005年青岛市利用外资情况表

表4-11　　单位：万美元

年份	合计			对外借款			外商直接投资			外商其他投资		
	项目个数	合同外资	实际外资	项目个数	合同外资	实际外资	项目个数	合同外资	实际外资	项目个数	合同外资	实际外资
1979～1983	38	897	891	2	140	140				36	757	751
1984	22	1624	1214	1	903	903	3	381	54	18	340	257
1985	26	8658	3408	5	4146	2806	11	3984	230	10	528	372
1986	22	9700	6784	5	4962	5289	11	4072	1074	6	666	421
1987	25	11728	10600	7	10475	9114	13	836	1400	5	417	86
1988	103	25349	13747	20	12755	11586	31	10623	1272	52	1971	889
1989	105	36899	32566	9	31497	25149	47	3331	5943	49	2071	1474
1990	167	8137	7770	2	862	1583	64	6900	4839	101	375	1348
1991	349	19489	8146	2	722	2289	142	16768	4898	205	1999	959
1992	1100	124444	34769	6	11590	11657	761	110733	20696	333	2121	2416
1993	1677	189706	59472	6	6090	17315	1399	182781	40984	272	835	1173
1994	1060	156819	84658	37	35257	18540	743	120465	65802	280	1097	316
1995	1148	165402	86573	18	14738	14537	718	146734	70310	412	3930	1726
1996	1322	175623	93641	22	10620	11928	716	163005	79808	584	1998	1905
1997	637	84310	90641	20	10397	11460	617	73913	79181			
1998	562	103678	84786	9	5230	6465	553	98448	78321			

续表4-11

年份	合计			对外借款			外商直接投资			外商其他投资		
	项目个数	合同外资	实际外资	项目个数	合同外资	实际外资	项目个数	合同外资	实际外资	项目个数	合同外资	实际外资
1999	719	175248	95301	1	2398	2069	714	172734	93008	4	116	224
2000	1132	269081	128171	4	1776	955	1128	266221	126132		1084	1084
2001	1255	360586	159878	1	490	575	1254	358887	158094		1209	1209
2002	1832	552428	237820			979	1832	552428	231214			5627
2003	2248	800581	401396				2248	528362	281480		272219	119916
2004	2423	676621	381698				2423	671723	379917		4898	1781
2005	2530	954486	365625				2530	954486	365625			
合计	20502	4911494	2389555	177	165048	155339	17958	4447815	2090282	2367	298631	143934

第一节　利用外资形式

青岛市利用外资起始于补偿贸易、加工装配、租赁和对外借款等间接利用外资。1979年6月，通过加工装配、补偿贸易、国际租赁和对外借款等形式，开始创办间接利用外资项目，并很快得到发展。1979～1983年，全市间接利用外资呈现出3个主要特点：一是经贸结合，充分发挥各外贸公司的作用；二是重视新技术、新设备的引进；三是项目规模较小，均为100万美元以下的项目，合作客商主要来自中国香港和日本。

自1984年5月起，青岛市利用外资发展到中外合资、中外合作、外商独资 3 种直接利用外资形式，并逐步成为利用外资的主要形式。1984年5月，青岛市第一家中外合资企业——青岛华和国际租赁有限公司成立，为中外合资、中外合作提供了示范，促进了国有企业直接利用外资工作。至1990年底，全市累计批准利用外资项目508个，合同外资10.3亿美元，实际利用外资7.7亿美元。

1991～1995年，青岛市利用外资呈现出大项目增多、发达国家投资比重上升、第三产业利用外资发展较快和乡镇、园区利用外资发展迅速等特点。至1995年底，全市累计批准外资项目5842个，合同外资75.89亿美元，实际利用外资35.06亿美元。引进美国朗讯、美国惠普、美国可口可乐、法国罗纳普朗克、日本三菱重工、韩国现代等国际知名大公司。第三产业利用外资方面，青岛有外资金融机构8家，其中外资银行3家；商业利用外资项目25个。同期，青岛市大力引进韩资企业，韩国投资迅猛增长，成为青岛第二大投资来源国。

1996～2000年，青岛利用外资在困境中继续前进。为克服亚洲金融危机对利用外资工作带来的巨大冲击，市政府实施“安商富商”工程，对重点外商投资企业分为A、B、C三类实行跟踪服务制度。同时，进一步改善投资环境，加大招商力度。1998年，在全国利用外资普遍下滑的情况下，全市批准合同外资10.37亿美元，增长23%。1999年后，青岛市在招商引资上实行大项目战略，加强对世界500强大公司招商，开创利用外资新局面。至2000年底，青岛累计批准利用外资项目10214个，合同外资156.68亿美元，实际外资84.31亿美元。

2001～2005年，青岛市利用外资进入跨越式发展时期，实际利用外资154.64亿美元。同时，利用外资规模急剧扩大，跨国公司大量进入，利用外资方式出现新变化。如青啤集团在境外发行可转换债券，海尔集团在香港“买壳”上市；青岛港与英国铁行、丹麦马士基和中远集团合资成立青岛前湾集装箱码头有限公司，合同外资达8.87亿美元；青岛凯联集团与韩国LG公司合资兴建炼油芳烃项目，总投资3.89亿美元。

中外合资经营企业

1984年5月，青岛兴办第一家合资企业——青岛华和国际租赁有限公司。当年批准设立合资企业2家，合同外资281万美元，实际利用外资54万美元。

1985～1990年，全市共批准设立合资企业129家，合同外资1.6亿美元，实际利用外资1.36亿美元。其中历年最大合资企业分别是：青岛海天大酒店有限公司总投资1500万美元，青岛第二啤酒有限公司总投资4032万美元，青岛青环硅片制造有限公司总投资498万美元，青岛华钟制药有限公司总投资1967.5万美元，青岛三养食品有限公司总投资809.3万美元，青岛宇宙集装箱有限公司总投资1750万美元。

1991～1995年，全市共批准设立合资企业1895家，合同外资21.84亿美元，实际利用外资8.09亿美元。其中历年最大合资企业分别是：青岛中达化纤有限公司总投资4495万美元，青岛青大电缆有限公司总投资2950万美元，青岛贵华针织有限公司总投资2800万美元，青岛第一百盛有限公司总投资8578.22万美元，青岛浮法玻璃有限公司总投资8348.94万美元。

1996～2000年，全市共批准设立合资企业1110家，合同外资23.22亿美元，实际利用外资14.14亿美元。其中历年最大合资企业分别是：青岛永旺东泰商业有限公司（佳世客）总投资5257.5万美元，青岛松下电子部品（保税区）有限公司总投资6425.325万美元，青岛四方—庞巴迪—鲍尔铁路运输设备有限公司总投资7239万美元，青岛中集冷藏箱制造有限公司总投资4500万美元，青岛前湾集装箱码头有限公司总投资88700万美元。

2001～2005年，全市共批准设立合资企业1642家，合同外资48.57亿美元，实际利用外资26.72亿美元。其中历年最大合资企业分别是：青岛庆昕塑料有限公司总投资3938.34万美元，青岛浦项不锈钢有限公司总投资26967.5万美元，青岛丽东化工有限公司总投资54400万美元，青岛即发龙山染织有限公司总投资2980万美元，青岛和记黄海橡胶有限公司总投资9825万美元。

中外合作经营企业

1984年11月，山东省第一家合作企业——青岛天鹅旅游汽车有限公司成立，总投资100万美元，香港公司以60辆进口日本轿车计99万美元为合作条件出资，中方以场地为合作条件，经营旅游汽车出租业务，年经营收入230万元，合作期限5年。

1985～1990年，全市共批准合作企业26家，合同外资8752万美元，实际利用外资346万美元。其中历年最大合作企业分别是：青岛中山大酒店有限公司总投资1500万美元，青岛广濑塑料制品有限公司总投资118万美元，青岛万度力联合公司总投资16.1万美元，青岛第三啤酒有限公司总投资4000万美元，青岛华志纺织机械有限公司总投资260万美元。

1991～1995年，全市共批准合作企业337家，合同外资7.08亿美元，实际利用外资1.3亿美元。其中历年最大合作企业分别是：青岛中惠医疗产品有限公司总投资300万美元，青岛华银房地产开发有限公司总投资630万美元，环宇（青岛）发展有限公司总投资2980万美元，青岛山青化工有限公司总投资2730.84万美元，英威达（青岛）尼龙有限公司总投资1500万美元。

1996～2000年，全市共批准合作企业190家，合同外资8亿美元，实际利用外资1.78亿美元。其中历年最大合作企业分别是：青岛鸿都物业发展中心有限公司总投资1250万美元，青岛麦当劳（餐厅食品）有限公司总投资500万美元，青岛家乐福商业有限公司总投资4859.94万美元，青岛万国总统府与皇宫乐园有限公司总投资2998万美元，青岛麦德龙仓储管理有限公司总投资1500万美元。

2001～2005年，全市共批准合作企业166家，合同外资7.65亿美元，实际利用外资2.73亿美元。其中历年最大合作企业分别是：青岛国龙全生物降解制品有限公司总投资2998万美元，青岛中法海润供水有限公司总投资2718.45万美元，青岛世界体育文化村有限公司总投资2988万美元，青岛光威污水处理有限公司总投资4280.82万美元，青岛华鸿房地产开发有限公司总投资9900万美元。

外资企业

1988年10月，青岛市第一家也是山东省最大的外资企业——青岛正大有限公司成立，由香港正大青岛有限公司投资经营，总投资和注册资本2531万美元。

1989～1995年，全市共批准外资企业1550家，合同外资29.39亿美元，实际利用外资10.96亿美元。其中历年最大外资企业分别是：青岛托普顿电器有限公司注册资本45万美元，青岛统一产业有限公司总投资和注册资金均为1000万美元，青岛高合有限公司投资总额22000万美元，青岛三美电机有限公司投资总额11655万美元，青岛香格里拉大饭店有限公司投资总额13000万美元，青岛雀巢有限公司投资总额8485万美元，青岛日毛纺织有限公司投资总额2000万美元。

1996～2000年，全市共批准外资企业2427家，合同外资46.21亿美元，实际利用外资29.31亿美元。其中历年最大外资企业分别是：青岛安普泰科电子有限公司投资总额7590万美元，乐金空调（青岛）有限公司投资总额7590万美元，安迈铝业（青岛）有限公司投资总额2700万美元，青岛现代机械有限公司投资总额2210万美元，青岛朗讯科技通讯企业有限公司投资总额6800万美元。

2001～2005年，全市共批准外资企业8475家，合同外资249.11亿美元，实际利用外资111.63亿美元。其中历年最大外资企业分别是：青岛高丽钢线有限公司投资总额12900万美元，晓星钢帘线（青岛）有限公司投资总额16267万美元，青岛振豪机械有限公司投资总额2500万美元，青岛浦金钢材有限公司投资总额2000万美元，青岛春源精密机电有限公司投资总额8000万美元。

1988年10月，青岛市第一家外资企业——青岛正大有限公司成立，总投资和注册资本2531万美元。至2005年，全市累计批准外资企业1.2万余家，实际利用外资151.9亿余美元。图为青岛正大有限公司生产车间。

1984～2005年青岛市外商直接投资（“三资”）情况表

表4-12　　　　　　　　　　　　　　　　　　　　　　　单位:万美元

年份	中外合资经营企业			中外合作经营企业			外资企业		
	项目个数	合同外资	实际利用外资	项目个数	合同外资	实际利用外资	项目个数	合同外资	实际利用外资
1984	2	281	54	1	100	—	—	—	—
1985	8	2482	230	3	1502	—	—	—	—
1986	9	3999	990	2	73	84	—	—	—
1987	12	831	1386	1	5	14	—	—	—
1988	24	2897	1229	6	6194	43	1	1532	
1989	36	2558	5562	7	632	186	4	141	195
1990	40	3265	4161	7	346	19	17	3289	659
1991	78	3638	2035	20	3088	891	44	10042	1972
1992	470	40901	8950	90	11795	1719	201	58037	10027
1993	792	74276	19273	121	24361	3451	486	86430	18260
1994	294	47504	28004	61	16811	4272	386	56150	33526
1995	261	52118	22640	45	14774	2671	412	79842	44999
1996	260	58708	25283	29	9486	4304	427	94811	46201
1997	178	24054	21739	20	9137	1424	419	40722	56018
1998	163	24230	28099	39	15150	2411	351	59068	47811
1999	206	55284	27072	45	19363	5784	463	98087	60080
2000	303	69889	39244	57	26835	3886	767	169370	82992
2001	292	69922	44550	46	14526	2240	916	274439	111028
2002	356	106984	37340	44	24390	7054	1432	421018	186254
2003	402	148221	52897	39	12660	5012	1805	365647	221824
2004	318	47772	54798	19	7382	7319	2086	616473	317088
2005	274	112777	77636	18	17588	5654	2236	813485	280130
合计	4778	952591	503172	720	236198	58438	12453	3248583	1519064

1984～2005年青岛市外商投资企业生产经营情况表

表4-13

年份	投产经营（家）	销售收入（亿元）	利润总额（亿元）	税金（亿元）	出口总值（亿美元）	职工总数（万人）
1984	1	0.009	0.016	0.0001	0	0.1
1985	4	0.08	0.004	0.003	0	0.12
1986	5	0.22	0.054	0.004	0.014	0.32
1987	11	0.76	0.07	0.02	0.11	0.41
1988	33	1.05	-0.06	0.07	0.13	0.53
1989	60	2.38	0.03	0.14	0.15	0.617
1990	90	4.74	0.03	0.17	0.21	1.5
1991	148	9.8	0.22	0.6	0.56	1.7
1992	266	21.1	0.8	1.03	2.02	3.3
1993	847	53	2.6	1.74	4.62	9.3
1994	1420	131.7	3.91	1.35	8.85	17
1995	1865	198.5	1.5	3.88	12.5	19.6
1996	2254	264.7	-2.64	7.1	17	27.4
1997	2712	371.2	-8.43	9.23	22.1	29.9
1998	2919	414	-7.1	15.1	26.5	35.23
1999	3143	458	-1.4	19.3	32.99	37.14
2000	3328	614.9	15.1	25.9	44.38	39.7
2001	3518	738.9	16.6	38.12	50.36	45.72
2002	4257	756	13.6	50	58.6	52.8
2003	4795	825.1	15.5	54.41	69.6	55
2004	4963	1623.5	48.3	75.4	89.18	70.6
2005	5456	1785.9	55.2	67.9	107.3	78.1

加工贸易

改革开放之初，青岛市加工贸易主要是为外商提供加工装配服务，并从中赚取工缴费收入，此后逐步发展到引进设备及产品出口创汇。

1979年6月，青岛台东工艺品厂与香港华宝公司签订山东省第一个来料加工项目合同。按照合同约定，青岛台东工艺品厂在24个月内为香港华宝公司加工涤纶花37.5万打，全部返销，工缴费收入5万元。该项目自签约至完成全部按合同规定执行。当年，全市共批准加工装配项目8个，合同工缴费额131.32万美元，实际工缴费131.32万美元。外商来自中国香港和日本。

1979～1987年，青岛累计批准加工装配业务16项，合同工缴费308万美元。由于市级外贸公司没有直接进出口经营权，加工装配业务均以山东省省级外贸公司为窗口对外承接，青岛市加工装配业务发展缓慢。1988年，青岛市作为沿海开放城市和计划单列城市，享有省一级的经济管理权限和外贸自营进出口权，市委、市政府进一步加快对外开放，在市外经贸委内专设“三来一补”办公室，促进“三来一补”业务开展。至1990年，全市累计批准加工装配业务152项，合同工缴费1.21亿美元，实收工缴费827万美元。

1991～1995年，青岛共批准加工装配业务1318项，合同工缴费20082万美元，设备价款1814万美元。其间，最大的加工和装配项目是青岛经济技术开发区工业总公司与香港博豪有限公司、日本三菱商事株式会社签订的年产600万码合纤绸来料加工项目，合同工缴费3276万美元，设备价款773.85万美元/套（含喷水织机120台），是青岛市历年来最大的来料加工项目。

1996年是国家试行加工贸易银行保证金台账制度的第一年。由于实施“台账”制度，加工贸易企业不需要再交纳保证金，为加工贸易业发展提供了极大便利。当年，全市申报加工贸易项目的外商投资企业达576家，批准来料加工合同1276项，出口13759.7万美元，设备价款32万美元。1997年，由于青岛市外商直接投资创办加工贸易企业的增加，大批经营较好的加工装配企业转型为加工贸易企业，而且海关对加工贸易企业统计口径有所变化，当年全市批准加工贸易合同达11600项，出口额达22.36亿美元。截至1997年，全市累计外商投资的加工贸易企业852家，从业人员近20万人。

在加工贸易企业数、出口额增加的同时，青岛市加工贸易产品、贸易形式等发生了可喜变化。主要是由最初的纺织、服装、箱包等低附加值、劳动密集型产品逐步向以电子、医疗器械、集装箱、家电或名牌产品等有较高附加值和技术含量的产品方向发展；由劳动密集型的“来料加工”，逐步向技术、资金相对密集的“进料加工”发展；从中小资本投资为主，逐步向中小资本投资与跨国公司投资并重发展。1999年，全市开展加工贸易的外商投资企业有1194家，加工贸易出口33.1亿美元，占青岛出口总值的73.9%。其中出口过1亿美元的企业2家。

1999～2005年，全市外商投资企业加工贸易累计出口440.5亿美元，占全市累计出口总值的64.7%，出口过1亿美元的企业50家。其中，2005年外商投资企业加工贸易出口104.2亿美元，占青岛出口总值的59.2%。

补偿贸易

1979年6月，青岛市第一个补偿贸易项目合同由山东省纺织品进出口公司与日本伊藤万株式会社签订。合同约定，青岛市第一针织厂利用日方提供的设备价款98.74万美元，引进针织、漂染、缝纫设备156台（套），年产针织内衣50万打，全部返销日本，补偿期为42个月。当年，全市共批准补偿贸易项目2个，合同外资165.74万美元，实际利用外资165.74万美元，进口设备195台（套）。

1980～1990年，全市共批准补偿贸易项目78个，外商提供设备价款5694万美元。其中历年最

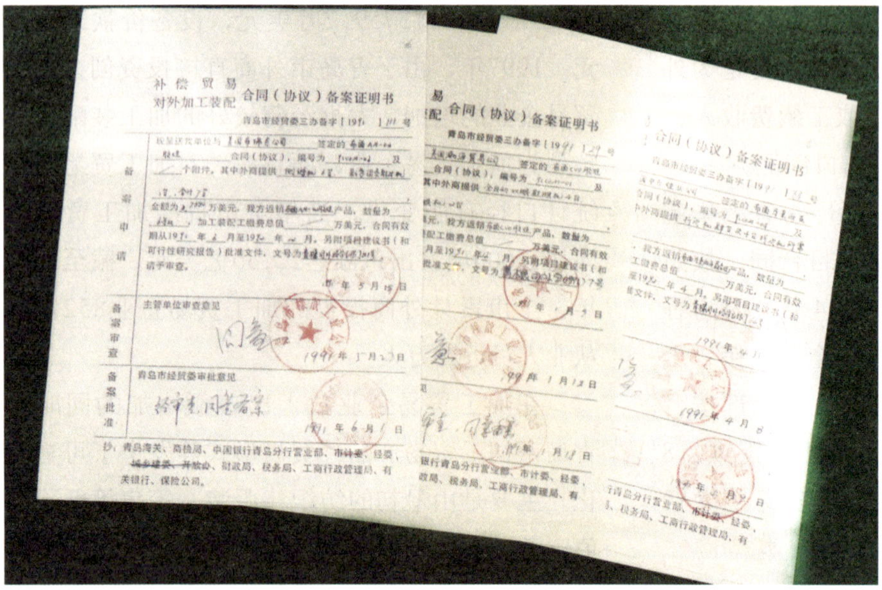

青岛市利用外资始于补偿贸易、加工装配等间接利用外资形式。图为1991年青岛橡胶工业公司与美国布瑞克、渤海贸易等公司签订的补偿贸易合同协议。

大的补偿贸易项目分别是：青岛啤酒厂以5500吨青岛啤酒与日本丸一商事株式会社进行的补偿贸易，日本提供115.2万美元罐装生产线一套；青岛第二食品厂以2000吨油炸花生仁与日本九州友好贸易株式会社进行的补偿贸易，日本提供9.9万美元的油炸花生仁联动线21台；青岛红星化工厂以2000吨颗粒碳酸钡与日本蝶理株式会社进行补偿贸易，日本提供50万美元造粒设备22台；青岛针织一厂以37.5万打针织内衣与日本伊藤万株式会社进行的补偿贸易，日本提供59.6万美元的针织、漂染、缝纫设备74台；青岛针织一厂以69.6万打针织内衣与日本伊藤万株式会社进行的补偿贸易，日本提供99.7万美元的针织、漂染、缝纫设备159台；青岛制革厂以61万张皮革与意大利皮革机械制造商会进行的补偿贸易，意大利提供85万美元制革设备；青岛红旗化工厂以5000吨漂精粉与意大利迪努拉电化公司、瑟克贸易公司进行的补偿贸易，意大利提供478.5万美元漂精粉设备和技术；青岛办公机械制造公司以誊印机与法国太脱拉斯公司进行的补偿贸易，法国提供205.75万美元的设备和技术；青岛毛巾厂以300吨兔毛纱与意大利贝特兰有限公司进行的补偿贸易，外商提供342万美元的设备9台，面包车1辆；青岛红星化工厂以8689吨碳酸钡与日本蝶理株式会社进行的补偿贸易，日本提供284万美元的脱水机、离心机等设备15台；青岛黄海海藻工业公司以800吨硝酸与美国康劲国际公司进行的补偿贸易，美国提供设备价款292万美元的硝酸设备1套。其间，开展补偿贸易业务的企业均取得较好经济效益。如青岛第一针织厂1980～1988年共返销针织产品7140万件，出口创汇5507万美元，扣除归还设备价款本息后，净收入外汇5081万美元。通过开展补偿贸易业务，该企业的销售额、成本和利润三项指标，在全国同行业中均居首位。

1991～1997年，全市共批准补偿贸易项目204个，外方提供设备价款1.01亿美元。其中历年最大的补偿贸易项目分别是：青岛第一针织厂以300万件针织衫裤与日本伊藤万株式会社进行的补偿贸易，日本提供价值260万美元的65台针织缝纫设备和技术；青岛针织七厂以100万件针织内衣与日本森林株式会社进行的补偿贸易，日本提供设备价款165万美元的针织漂染缝纫设备144台；胶州市苑戈庄镇实业总公司以1500吨保鲜大姜与韩国大林农水产株式会社进行的补偿贸易，韩国提供129万美元的FG系列加工设备2套；青岛第一针织厂第六期补偿贸易项目以300万件针织衫裤与日本住金物产株式会社进行的补偿贸易，日本提供350万美元的各类针织机及缝纫设备111台（套）；青岛第八棉纺织厂以200万米纯棉、卡其布与香港源兴达有限公司进行的补偿贸易，香港提供497.87万美元的德国产倍捻机10台，意大利产自动络筒机20台；山东省国际经济技术合作公司胶州公司以3000吨金属材料构件与德国特鲁卡工业和代理股份公司进行的补偿贸易，外方提供1000万美元的处理固体工业污染专利技术及关键设备；青岛红星化工集团公司以2940吨碳酸锶与日本蝶理株式会社进行的补偿贸易，外方提供129万美元的生产设备。

1979～1997年，全市累计批准补偿贸易项目284个，外商提供设备价款1.58亿美元。1998年以后，青岛市吸收外资由间接外资项目向外商直接投资项目转移，青岛市再未开办补偿贸易项目。

国际租赁

1981年2月，青岛国际租赁公司成立。当年，青岛市服装工业公司通过青岛国际租赁公司与日本东京重机株式会社签订山东省第一个租赁项目合同，约定青岛市服装工业公司租赁工业用缝纫机械设备74台，总金额21.2万美元。年内，全市批准租赁项目2个，合同租赁费22.1万美元。

1982～1990年，青岛市共批准租赁项目114个，合同租赁费3318万美元。其中历年最大的租赁项目分别是：青岛第六橡胶厂从瑞典租赁胶管包铅机1套，合同租赁费82.9万美元；青岛塑料九厂从日本租赁塑料编织机20台，合同租赁费80.2万美元；青岛第二食品厂从日本租赁真空冷冻干燥大葱设备52台和汽车3辆，合同租赁费201.11万美元；青岛客车出租公司租赁日本轿车300辆，合同租赁费210.59万美元；青岛钢丝绳厂租赁联邦德国钢丝绳生产设备20台，合同租赁费258.76万美元；青岛经济技术开发区伟力大公司从香港租赁剑杆织机65台，合同租赁费136.1万美元；青岛铝制品厂从美国租赁不锈钢压力锅设备9台，合同租赁费343.38万美元；青岛第二食品厂从日本租赁真空冷冻干燥机1台，合同租赁费206.42万美元；青岛海藻工业公司从美国租赁硝酸生产二手设备1套，合同租赁费323.97万美元。其间，青岛国际租赁公司、青岛国际信托投资公司与日本昭和租赁公司合资于1984年5月成立青岛华和国际租赁有限公司。

1991～1996年，青岛市共批准租赁项目11个，合同租赁费1700万美元。其中最大的租赁项目是1991年青岛第六棉纺厂从日本村田机械株式会社租赁自动滚筒机8套，合同租赁费156.8万美元。

1981～2005年，青岛市累计批准租赁项目127个，合同租赁费5046.31万美元，实际租赁费4949.31万美元。

1997年之后，青岛市吸收外资由间接外资项目向外商直接投资项目转移，未再批准新的国际租赁项目。

对外借款

改革开放之后，青岛市第一次对外借款始于1981年的国际商业贷款。当年，青岛明胶厂使用英国买方信贷90万美元，青岛西装厂使用日本买方信贷50万美元，分别引进食用菌明胶生产线和西装流水线。此后，对外借款成为这一时期青岛利用外资的主要形式。自1981年至1990年，青岛市累计对外借款项目51个，合同借款6.57亿美元，实际使用借款5.66亿美元。实际使用借款额占青岛同期利用外资额超过70%。

进入90年代，青岛市对外借款主要用于基础设施、工业企业技术改造以及引进教学设备等项目。通过对外借款，建设青岛前湾港一期工程、海泊河污水处理厂工程，引进程控用户交换机、卫星通信地面站等设备；对青岛第二棉纺织厂、第二橡胶厂、炭黑厂、四方机厂、毛巾厂、振华服装厂、第三毛巾厂、红旗化工厂、东方衬衫厂、即墨发制品厂、电子材料厂、南墅石墨矿、塑料五厂、新昌衬衫厂、第四毛巾厂、青岛丝织厂等企业进行技术改造，重点提高轻纺、机电行业的产品质量和档次。1991～2001年，青岛市累计对外借款项目126项，合同借款9.93亿美元，实际使用借款9.78亿美元。2002年以后，青岛市未再批准新的对外借款项目。

第二节　外商投资结构

外资来源

对外开放之初，中国香港、日本、韩国、中国台湾和新加坡等亚洲国家和地区先期进入青岛投资并获得成功。90年代，美国和欧洲主要国家外资开始进入青岛。90年代中期，伴随国内经济的高速增长，外商在青岛投资迅速增加。1997年亚洲金融危机爆发后，亚洲国家和地区在青岛投资普遍萎缩。至1999年以后逐步恢复。

进入21世纪，青岛市外资来源结构日趋多元化。至2005年底，在青岛投资的国家和地区计有69个，几乎涵盖世界各大洲的主要国家和地区。在青岛投资列前10位的国家和地区依次是：韩国、中国香港、美国、日本、中国台湾、英属维尔京群岛、新加坡、加拿大、毛里求斯、澳大利亚，其合同外资和实际利用外资分别占总量的90.9%和89.9%，主要外资国别和地区相对集中。

1984～2005年青岛市主要投资国家（地区）合同外资情况表

表4-14　　单位：万美元

年份	韩国	中国香港	美国	日本	中国台湾	新加坡	英属维尔京群岛	德国	英国	澳大利亚
1984		174.5		40						
1985		2389.6	6.2	1.8		184				
1986		3045.9	64.7	31.3		379.5				
1987		432.6	284.9	15		105				
1988		8790.7	412.4	1081.8					190.9	
1989	549.6	1511.4	148.8	449.1	37					
1990	1797	2166.4	186.3	575.5	859.1	360		741		4
1991	2577	4293	3673	1899	2805	172				39
1992	7602	65862	9986	7892	9432	2218			63	120
1993	20910	74106	11163	7718	25044	15807	24	150	478	2325
1994	27958	32352	8175	6817	9558	16065	1580	3252	264	1276
1995	43442	41700	11743	22293	5891	8212	996	1639	1634	484
1996	57982	31137	10359	17492	7921	8164	4962	7986	500	704
1997	20727	10307	6224	5351	3933	4108	9880	117	2096	385
1998	19815	23462	13044	6662	5693	2424	2755	1410	505	1850
1999	25274	47916	33710	6249	13176	5827	1581	3656	2156	3245
2000	66478	58157	41175	15360	20105	2266	14716	7216	2398	1097
2001	123262	53049	35661	28182	40609	9970	24020	788	117	5285
2002	209665	82646	71963	38113	40704	7160	7554	2224	143	11504

续表4-14

年份	韩国	中国香港	美国	日本	中国台湾	新加坡	英属维尔京群岛	德国	英国	澳大利亚
2003	237233	59405	29454	34591	31445	14517	30538	2219	361	4356
2004	376130	67312	35573	59418	41978	9425	11179	10431	1302	17803
2005	498754	136008	38842	95144	21687	13027	34753	8236	9823	11786

2005年青岛市累计合同外资前10位国家（地区）情况表

表4-15　　单位：万美元

国别（地区）	项目个数	合同外资	实际利用外资	平均投资规模
韩国	8522	1740156	828219	204.2
中国香港	2799	806223	326740	288.04
美国	1449	361848	141478	249.72
日本	1453	355376	220093	244.58
中国台湾	1628	280877	122808	172.53
英属维尔京群岛	141	144538	67882	1025.1
新加坡	290	120391	47448	415.14
加拿大	292	84722	23241	290.14
毛里求斯	16	71731	17117	4483.19
澳大利亚	245	62263	22191	254.13

项目规模

改革开放初期，青岛外资来源以韩国和港台投资企业为主。投资项目主要是劳动密集型的中小企业，以及都市型和服务业等投资额较少的行业，投资100万美元以下的中小项目数量，每年在400～500家左右。

90年代以后，投资100万美元以下的中小项目在数量上占有较大比重。据统计，1991～2000年的10年间，投资100万美元以下项目所占比重在60%～70%之间。同时，引进投资在1000万～5000万美元的大项目逐年增多，1993年引进1000万～5000万美元的大项目达到66个，1995年引进5000万美元以上大项目5个。

进入21世纪，青岛市外商投资项目规模进一步扩大。2001～2005年成为引进大项目最为集中的时期。其中，2001年投资在1000万～5000万美元的大项目首次突破100个达到105个。2004年引进1000万～5000万美元大项目190个、5000万美元以上大项目3个，成为对外开放以后引进大项目最多的一年。

至2005年，青岛市引进外资项目总数17958个，累计直接合同外资444.78亿美元。投资3000万美元以上的大项目105个，合同外资32亿美元，占累计直接合同外资的7.2%；5000万美元以上的项目累计59个，合同外资26.2亿美元，占累计直接合同外资的5.9%。投资规模在100万美元以下的中小项目累计10105个，项目数占总数的56.3%。

1984～2005年青岛市批准外商投资企业规模结构变动情况表

表4-16　　单位:万美元

年份	100万美元以下		100万～500万美元		500万～1000万美元		1000万～5000万美元		5000万美元以上		平均规模
	项目个数	比例（%）	项目个数	比例（%）	项目个数	比例（%）	项目个数	比例（%）	项目个数	比例（%）	
1984	1	50	1	50							127
1985	5	62.5	1	12.5	1	12.5	1	12.5			362
1986	6	50	3	25	1	8.33	2	16.67			370
1987	8	66.67	4	33.33							64
1988	19	86.36	2	9.09	1	4.55					350
1989	29	82.86	6	17.14							64
1990	33	78.57	7	16.67	2	4.76					112
1991	91	65	43	30.7	2	1.4	4	2.8	1	0.7	110
1992	479	63.1	195	25.8	40	5.3	38	5	1	0.13	145
1993	924	68.1	307	22.7	52	3.8	66	4.9	3	0.22	131.5
1994	526	71.2	148	20	27	3.7	36	4.9	3	0.4	162.5
1995	484	67.4	165	23	31	4.3	34	4.7	5	0.7	204.3
1996	483	67.5	135	18.9	42	5.9	55	7.7	1	0.13	227.6
1997	495	80.2	74	12	27	4.4	19	3.1	1	0.3	116.4
1998	389	70.3	113	20.4	19	3.4	31	5.6	1	0.2	178
1999	482	67.5	139	19.5	43	6	50	7	1	0.14	241.9
2000	743	65.9	229	20.3	85	7.5	79	6.9	2	0.2	236
2001	738	58.85	300	23.9	116	9.3	105	8.4	4	0.3	289.5
2002	967	52.9	523	28.5	312	17	173	9.4	3	0.16	301.5
2003	1067	47.5	642	28.6	262	11.7	180	8.1	3	0.26	356.1
2004	1050	43.4	846	35	338	20	190	7.8	3	0.13	277.2
2005	1086	43	928	36.4	353	14	147	5.8	27	1.1	377.3

产业投资方向

对外开放初期，青岛市利用外资主要以来料加工、来样加工和来件装配等劳动密集型项目为主，在产业分布上大多集中在第二产业，涉及其他行业较少。

进入90年代，随着国家利用外资政策的调整及青岛市投资环境的改善，外商投资企业在第一、第三产业的发展速度明显加快，尤其是1992年青岛市东部开发，直接带动了外商对房地产业、商业、旅游业、饮食服务业的投资。同时，青岛保税区的设立，促进了外商投资贸易型企业的发展。1995年，全市批准利用外资项目在第一、第二、第三产业比重为1.1%、82.2%、16.7%。到1998年，第一、第二、第三产业的外商投资比重转变为1.8%、76.1%、22.1%。

2000年之后，青岛市外商投资的产业结构不断优化，表现为制造业投资保持主导地位，高新技术项目投资开始增加，农业项目投资比重有所回升，外商投资项目扩展至65个行业。其中，第一产业主要有水产、农产品养殖、种植和加工；第二产业主要有纺织工业、食品制造业、饮料制造业、机械工业、化学工业、非金属矿物制品业、橡胶制造业、电子通信设备制造业、电器机械设备制造业、化学原料和精细化工制造业、交通运输设备制造业；第三产业主要有交通运输、仓储和邮政业、商业饮食业、房地产业、社会服务业、卫生体育社会服务业、教育文化艺术业、科研技术服务业、金融、保险业和保税区国际贸易等。另外，主要投资国家和地区在行业选择方面各有侧重。其中，中国香港和台湾投资多集中于纺织、服装加工、工艺品、房地产等行业；韩国投资主要集中在纺织、皮革、化纤、食品加工、电气电子等行业；日本投资主要集中在纺织、机械、电器器材制造、食品制造、化工等行业；美国投资多集中在电子电讯、房地产、橡胶、食品、医药、纺织、机械制造等行业；欧洲国家主要投资于化工、机械、建材、非金属制品、纸制品、食品、金属制品、饮料、港口基础设施等行业。截至2005年底，青岛市利用外资项目的第一、第二、第三产业比重分别是2.4%、81.6%、16%。

第一产业　1984～1990年，第一产业外商投资发展缓慢，全市累计批准外资项目4个，合同外资145万美元。其中渔业项目3个，农林牧渔水利服务项目1个。1991～1995年，累计批准外资项目28个，合同外资1141万美元。1996～2000年，累计批准外资项目117个，合同外资2.29亿美元。2001～2005年，累计批准外资项目277个，合同外资10.3亿美元。其中渔业项目80个，农林牧渔水利服务项目197个。

自1984年至2005年，全市第一产业累计批准外商投资项目426个，合同外资12.68亿美元。第一产业投资行业依次为渔业、农业、农林牧渔水利服务业，涌现出一批辐射带动力强、附加值高、出口创汇大的农林牧渔骨干外资企业。

第二产业　1984～1990年，全市累计批准外资项目151个，合同外资1.96亿美元。主要投向轻工、食品、纺织、机械、建材、电子、医疗、化工等行业。1991～1995年，累计批准外资项目2961个，合同外资35.89亿美元。行业分布在纺织、轻工、机械、电子、化工、橡胶、建材、食品、工艺美术品、皮革皮毛、电子通信设备、塑料制品、金属、饮料制品、造纸及纸制品等。1996～2000年，累计批准外资项目2885个，合同外资57.01亿美元。行业分布在食品、缝纫、工艺美术品、纺织、机械、电子通信设备、皮革皮毛、金属、建材非金属制品、塑料制品、医药、采掘业等。2001～2005年，累计批准外资项目8661个，合同外资250.98亿美元。行业分布在纺织、化学原料及化学制品、医药、普通机械、专用设备、电子及通信设备、采掘业等。1984～2005年，第二产业累计批准外商投资项目14658个，合同外资345.84亿美元。外商投资项目所涉及的产业主要以生产型、制造业为主；主要投向纺织、食品、饮料、机械、化学、非金属矿物制品、橡胶、电子通信设备、电器机械设备、化学原料和精细化工、交通运输设备等。

第三产业　对外开放后，青岛市充分利用沿海开放城市的优惠政策，利用外资发展第三产业，促进第三产业外向型经济快速增长。1984~1990年，批准外资项目25个，合同外资8045万美元。外资主要投向商业饮食、公用事业、社会服务、宾馆、咨询服务、卫生事业、金融等行业。1991~1995年，累计批准外资项目772个，合同外资21.72亿美元。行业分布在商业饮食、卫生体育社会服务、教育文化艺术、科研技术服务、交通运输、仓储和邮政等行业。1996~2000年，累计批准外资项目726个，合同外资18.13亿美元。行业分布在交通运输、仓储和邮政、商业饮食、建筑、房地产、社会服务、卫生体育社会服务、教育文化艺术、科研技术服务、保税区国际贸易、金融、保险业等。2001~2005年，累计批准外资项目1349个，合同外资45.35亿美元。行业分布在交通运输、仓储和邮政、商业饮食、房地产、社会服务、卫生体育社会服务、教育文化艺术、科研技术服务、地质勘察、水利管理、信息传输、计算机服务和软件、水利、环境和公共设施管理、商务服务等。1984~2005年，第三产业累计批准外商投资项目2872个，合同外资86亿美元。

1984~2005年批准的外商投资企业产业分布情况表

表4-17

年份	第一产业		第二产业		第三产业	
	项目个数	合同金额（万美元）	项目个数	合同金额（万美元）	项目个数	合同金额（万美元）
1984~1990	4	145	151	19612	25	8045
1991			121	14513	19	2004
1992	8	486	616	61384	137	48863
1993	7	140	1026	83070	366	99571
1994	5	370	608	84413	130	35682
1995	8	145	590	115536	120	31053
1996	5	1581	560	133232	151	28192
1997	13	850	440	56782	164	16281
1998	21	1417	391	69050	141	27981
1999	41	9021	564	122685	109	41028
2000	37	10026	930	188366	161	67829
2001	71	26250	997	279458	186	53168
2002	56	19916	1550	433810	226	98685
2003	44	8435	1916	388918	288	131009
2004	58	18809	2056	592125	309	60789
2005	48	29184	2142	815479	340	109823

世界500强企业投资

1988年，青岛市开始引进世界500强企业。至2005年，累计有77家世界500强企业投资项目落户青岛，共145个，合同外资19.01亿美元。图为1995年8月美国朗讯科技有限公司投资建立的青岛朗讯科技通讯设备有限公司。

1988年4月，日本东洋物流株式会社投资青岛青红食品有限公司，是第一家投资青岛的世界500强企业。自1992年起，世界500强企业大规模进入青岛，且投资行为、投资领域及其经营模式出现新变化：投资方式以参股、并购为主，并购对象涉及国有、集体企业、乡镇企业以及外商投资企业；投资领域涉及纺织、机械、化工、食品、轻工、电子、通信及电子设备制造、商业、餐饮、商贸、物流、橡胶、医药、建材、商业经纪与代理、燃气生产服务、基础设施、计算机应用与服务等多个行业。这一时期，以参股并购方法实现产权流动，成为青岛吸引世界500强企业投资的重要形式。2000年，青岛市制定关于做好引进世界500强企业工作的意见，确立由“中小项目为主向大中小项目并举、集中力量引进世界500强”的工作思路，建立市长公关外联责任制，以及针对500强企业的跟踪研究机制、快速反应机制和政府对中方企业投入扶持机制，世界500强引进工作取得较大发展。至2005年，累计有77家世界500强企业投资项目落户青岛，共145个，合同外资19.01亿美元。

1988～2005年世界500强企业在青岛投资情况表

表4-18　　单位：万美元

年份	项目个数	合同外资	年份	项目个数	合同外资
1988	1	119	1999	4	2763
1991	2	690	2000	6	10696
1992	4	5054	2001	10	12812
1993	12	10049	2002	20	33074
1994	14	16477	2003	15	49717
1995	15	15054	2004	11	3369
1996	11	12358	2005	12	11439
1997	5	2312	合计	145	190139
1998	3	4156			

第三节　利用外资管理

自1978年至2005年，青岛市在近30年的对外开放过程中，利用外资一直是对外经贸工作的重点。从改革初期的发展“三来一补”项目到争取外汇使用额度、利用外资进行老企业技术改造，从争取自营进出口权到建立保税区、高科园、经济技术开发区，从组织企业对外招商到改善外商投资环境，为外商投资服务始终是利用外资管理的主线，将亲商、安商、富商体现在投资项目审批管理、监督管理和外商投资企业运营管理之中。

外商投资项目审批管理

1981年10月，山东省关于执行国家进出口委员会《开展对外加工装配和中小型补偿贸易办法》规定，青岛市对外加工装配项目和补偿贸易项目，以及引进技术和进口设备使用外汇额度的审批权限，由原定的15万美元扩大到50万美元。1984年5月被确定为沿海开放城市后，青岛市利用外资进行老企业技术改造，可自行审批“建设和生产条件不需要国家综合平衡，产品不需要国家包销，出口不涉及配额、能自行偿还”的总投资500万美元以下的生产性项目，以及“对主要靠利用外资、自筹和进口器材建设、不需要国家综合平衡”的非生产性项目。1985年7月，青岛市进一步放宽审批权限，规定兴办中外合资、合作企业，在国务院规定的总投资限额以下的项目，由市外经贸委会同市计委审批，并报山东省颁发证书；限额以上的项目，由市外经贸委会同市计委办理报批。

1987年9月，青岛市执行国家计委、国务院外资工作办公室《关于编制、审批外商投资项目可行性研究的规定》（内部试行），各单位编制的项目建议书、可行性研究报告，按合营中方隶属关系，由主管部门审查同意后，报送市计委，抄报市外资工作领导小组办公室、市外经贸委等5个部门，并抄送市工商局等5个部门，限额以下项目由市计委审批；限额以上项目由市计委会同有关部门提出初审意见，经市外资工作领导小组批准审查后，报送国家计委审批。1988年1月，青岛市规定，在审批中外合资、合作企业合同、章程的同时，颁发对外经济贸易部统一印制和统一编号的“中外合资经营企业批准证书”或“中外合作经营企业批准证书”。3月，根据《山东省开展对外来料加工装配和补偿贸易试行办法》，青岛市进一步简化审批手续，下放审批权限。凡是不需要国家和省、市增拨原材辅料，产品不涉及出口配额和许可证，直接补偿贸易投资总额在200万美元以内（含200万美元）的项目，各县（市、区）、局（公司）可自行审批；限额以上和需要综合平衡的项目，由项目单位报市外经贸委审批，并报主管部门备案；来料加工登记项目的审批不再受投资规模限制。5月，山东省规定青岛市可审批“生产性项目，建设如生产经营条件以及外汇收支不需要省综合平衡，产品出口不涉及配额、许可证的投资总额在3000万美元以下的项目”。青岛市除执行上述规定外，确定所辖各县（市、区）、局享有1000万美元以下外商投资企业的审批权限。青岛经济技术开发区可审批3000万美元以下的外商直接投资项目。1989年10月，市政府印发《青岛市私营企业举办中外合资、合作企业暂行规定》，分别对合营、合作企业项目建议书、可行性研究报告、合同、章程的审批，企业登记注册程序、董事会组成、税务登记、申报纳税程序等事项作出规定，为利用外资提供便利。

1990年8月，《青岛市外商投资企业用地管理暂行规定》发布实施，规定外商投资企业申请使用国有土地办理程序和土地开发费、土地使用费的缴纳办法和优惠措施，以及青岛市土地等级规划范围和土地使用标准等。1991年4月，《青岛市中外合资、合作经营企业合同、章程审批管理规定》明确，市外经贸委是青岛市中外合资、合作经营企业合同、章程的审批主管机关；青岛经济技术开发区管理委员会负责设在区内的中外合资、合作经营企业合同、章程的审批管理工作。向审批机构报送有关文件资料齐全之日起20日内，按审批权限决定是否批准或报对外经济贸易部审批。1993年1月，《青岛市外商投资开发经营房地产规定》明确，外商投资开发经营房地产是指国外及港澳台的公司、企业和其他经济组织或个人全部或部分利用境外资金，在取得国有土地使用权后，依照城市规划对土地进行的综合性开发建设经营。4月，市政府印发《青岛市利用外资嫁接改造现有企业暂行规定》，规定本市的中方企业以全部或部分资产（包括场地、厂房、设备、公用设施、工业产权和资金等），与外商兴办合资企业、合作经营企业，引进先进技术、设备和科学管理方法以提高其技术装备水平、管理水平和产品水平。合营企业投资总额在3000万美元以上的，其项目建议书、可行性研究报告，由市经委会同市计委、市外经贸委初审后，转报国家经济贸易委员会或国家计划委员会审批。

1992年6月，青岛市进一步简化外商投资企业审批手续，委托即墨市、胶州市、胶南市、平度市、莱西市经贸委，崂山区、黄岛区、市南区、市北区、台东区、四方区经贸委，沧口区经贸办，市一轻局、二轻局、机械局、商业局、粮食局、供销社、水产局、农业局、港务局、乡镇企业局、纺织工业总公司、电子仪表工业公司、化学石油工业公司、橡胶工业公司、建材工业公司、自行车工业公司、医药总公司按照国家和青岛市规定的投资导向审批总投资在1000万美元以下的（含1000万美元）中外合资经营企业、中外合作经营企业和外资企业的合同、章程。市外经贸委凭以上受委托机构呈报的全套查验文件在3天内颁发批准证书。青岛经济技术开发区管委会自行审批在开发区内设立的、总投资在3000万美元以下的外商投资企业项目并代市政府颁发批准证书。凡产品涉及出口配额和进出口许可证管理的项目，应先向外经贸部申列配额和许可证计划，俟外经贸部批复后，方可审批合同、章程。总投资1000万美元以下的外商投资企业，需要增资、扩大经营范围和需要修改合同、章程等其他变更事项，均由受委托机构负责审批。但增资后项目总投资超过1000万美元的外商投资企业仍按原规定报市外经贸委审批。

1999年5月，根据《国务院关于调整进口设备税收政策的通知》，青岛市对外商投资企业颁发“国家鼓励发展的内外资项目确认书”工作试行委托审批。委托青岛经济技术开发区、胶州市、胶南市、城阳区按照国家规定的投资导向，审批和发放限额内的外资企业项目和已设立的外商投资企业增资项目的项目确认书（在审批项目可行性研究报告时，同时审发）。限额以上的项目确认书由市外经贸委或按国家有关规定转报国家有关部门审批。各受委托机构统一使用加盖市外经贸委公章的项目确认书，经各单位对项目审查并通过传真传送市外经贸委复核后，发给项目确认书编号和项目统一编号。各单位每月5日前将上月已审批的项目确认书复印件、项目的可行性研究报告及批复、企业的批准证书复印件送市外经贸委备案。

2004年9月，青岛市贯彻商务部《关于外商投资企业外贸权备案登记有关问题的通知》，要求各区（市）外经贸主管部门根据有关权限自行核准新设外商投资进出口企业。10月，印发《关于贯彻商务部外商投资审批有关要求的通知》，要求各区（市）外经贸主管部门依据《中华人民共和国行政许可法》依法行政，在外商投资审批中严格执行外商投资相关法律规定；外商投资服务贸易领域及港、澳地区服务提供根据CEPA关于建立更紧密经贸关系的安排，规定投资服务贸易领域继续按现行相关规定办理；外商投资举办投资性公司、股份有限公司、创业投资以及外商投资企业的合并分立、外资并购境内企业和上市公司法人股向外商转让等，继续按相关规定办理；根据《中华人民共和国中外合资企业法》《中华人民共和国中外合作法》《中华人民共和国外资企业法》及其实施条例（细则）的规定，经商务部授权，由市外经贸局批准设立外商投资企业，均需向商务部备案，其中，按规定需出具确认书，仍按现行办法办理；严格按照国务院有关通知精神，严格审批钢铁、电解铝、水泥、高尔夫及城市快速轨道交通等行业的外商投资。2005年5月，青岛市印发《关于进一步加强外商投资项目审批核准工作的通知》，加强全市外商投资项目审批管理，规范外商投资项目审批程序。

至2005年，90年代初期确定的外商投资审批机构架构基本上没有改变。其间的变化，主要是国家外经贸主管部门对省级、计划单列市外经贸主管部门授权审批权限的变更。

外商投资企业运营管理

1988年之前，市政府未设置专门的外商投资企业管理机构。1988年，在市外经贸委机构中增设外商投资企业管理处和外商投诉中心，主要负责统计分析外商投资企业的投资、经营情况；研究制定有关政策；组织协调有关部门为企业提供服务；检查监督外商投资企业依法经营和履行合同、章程；确认和考核两类企业，搞好企业进出口的管理；调解投资者之间的争议等。

1996年2月，市政府组建青岛市外商投资综合服务中心，将全市涉外部门集中起来，实行联合办公，统一收费，对外商实行一站式服务。同时组建青岛市外商投资企业办公室，对综合服务中心实施管理，其任务是：协调综合服务中心内部关系，统筹、调整、充实进驻机构和服务内容，监督、检查服务态度、工作作风和收费标准，为各进驻单位及工作人员提供各项服务。颁布《外商投资企业收缴费用监督管理暂行规定》，实行“两证一簿”（收费证、收费员证，登记簿）制度。

1997年，市政府将改善外商投资软环境作为工作重点，解决外商投资“办事难”和投诉问题，制止向企业乱收费、乱罚款、乱摊派的“三乱”现象。采取的措施是：①进一步完善外商投资综合服务中心的职能，对外商投资企业实行集中收费和联合年检。②建立外商投诉处理分级负责制，一级抓一级。③成立外商驻青机构管理协会，做好外商驻青机构和人员的服务与管理。

1998年1月，市政府建立全市重大外经贸、外事工作特别会议制度，定期通报情况，研究对策。3月，市委、市政府发布《关于进一步扩大对外开放提高对外开放水平的意见》，召开第四次全市重大外经贸、外事工作特别会议，通报了东亚、东南亚金融危机及其对全市外商投资企业尤其是韩资企业的影响和已采取的对策措施，对外商投资企业特别是韩资企业进行重点帮扶。

1999年，市政府下发《关于实行重点外商投资企业跟踪服务责任制的通知》，明确跟踪服务责任部门、责任人。确定自1999年起，每年5月举办“外商投资服务月”活动，宣传落实全市对外开放的有关政策，为外商提供服务，当年活动主题是“外企与青岛共繁荣”。

2001年，市政府提出进一步改善投资环境的10条对策和建议，对近几年来久拖未决的外商投诉积案进行突击清查，推出解决积案包案责任制。2002年，市政府决定在原市政府外商投诉办公室的基础上，成立青岛市经济发展投诉中心。

2003年，市政府强化外商综合服务中心职能，组建青岛市外商投资行政服务大厅，完善外商投资一站式、敞开式全程服务。建立为外商服务的“110”联动机制，设立中、英、日、韩4种语言咨询服务电话。全面清理外经贸涉外审批事项，最大幅度“减、降、放、简”，减幅达到52%。实施首问责任制和服务承诺制，公示涉外政务和服务承诺事项。搭建“青岛国际贸易港”电子商务平台和“科技兴贸”信息平台，开展以外商为主要对象的全方位统计信息服务。

2004年，市政府对外商投资行政服务大厅进行改造，扩大面积，更新设备，完善制度，提升功能。

第三章 对外经济合作

对外开放初期，青岛市对外经济合作的方式较单一，仅有对外承包工程和劳务合作，且业务量小，整体水平低。其中，对外劳务合作业务主要是接受中央和山东省承揽项目下的劳务和工程技术人员以及船员外派，派出形式主要是成建制地从四方机厂、航务二公司、市二轻总公司、市建设集团、市纺织总公司、北海船厂、市卫生局、青岛港务局、市商业总公司及海运局等单位派出，参与援助坦桑尼亚、赞比亚、毛里塔尼亚、马耳他、科威特、伊拉克、利比亚、马来西亚、比利时、委内瑞拉、南斯拉夫、中国香港等16个国家和地区。

1986年，青岛市实行计划单列。为适应对外开放需要，市外经贸委设置国际经济技术合作处，统一管理全市对外承包工程和劳务合作工作。同年，华青发展有限公司在香港成立，是青岛市第一家境外投资机构，境外投资开始起步。同时，青岛市开始对外经济援助，先后参与5个对外援助项目，派出专家和技术人员共计461人，援助赞比亚、坦桑尼亚、毛里塔尼亚、马耳他、澳大利亚等国家。1990年12月，青岛市成立首家具有对外承包工程和劳务合作经营资格的外经公司——中国青岛国际经济技术合作公司，开始独立自主地开展对外经济合作业务。当年，签订对外承包工程合同11个，合同额2565万美元，完成营业额1223万美元。

1995～1998年，青岛市对外承包工程、劳务合作队伍不断壮大，主要经营形式由委托代理转向直接对外签约外派劳务。对外承包工程、劳务合作、境外投资呈现稳步上升、持续发展的良好局面，援外改革试点工作开始起步。其间，在继续加派对韩国、日本和新加坡等国家劳务合作的同时，着力开拓非洲市场，并成为青岛市发展对外承包工程新的增长点。4年间全市累计签订对外承包工程、劳务合作合同1170份，合同额20375万美元、营业额18878万美元，外派16769人次，分别比前5年增长24.7%、16.8%、112.1%、214.9%。外派人员主要从事电子装配、建筑施工、机械操作、餐饮厨师、宾馆服务等11个工种行业。至1998年，全市有对外经营资格企业达到9家，从事对外承包劳务提供服务企业发展到23家，对外劳务市场发展到32个国家和地区。

自1999年起，青岛市对外经济合作进入快速发展阶段，对外经济合作连年创造优秀业绩。2001年，全市对外承包工程、劳务合作、对外设计咨询完成合同额10555万美元，营业额10183万美元；获准境外投资项目9个，注册资本5269.2万美元。2003年，全市对外承包工程、劳务合作、对外设计咨询项目325个，完成合同额2.05亿美元，营业额1.4亿美元；获准境外投资项目43个，注册资本33472万美元。2005年，全市对外承包工程、劳务合作、对外设计咨询项目822个，完成合同额2.8亿美元，营业额2.7亿美元，同比分别增长33.5%和32.2%；获准境外投资项目56个，注册资本1903万美元。全市境外投资、对外承包工程、对外劳务合作、对外设计咨询和对外援助多位一体互动发展的对外经济合作格局初步形成。

1987～2005年青岛市对外合作及设计咨询情况表

表4-19　　　　单位：万美元

年份	合同总份数	合同总额	营业总额	其中								
				承包工程			劳务合作			设计咨询		
				合同份数	合同额	营业额	合同份数	合同额	营业额	合同份数	合同额	营业额
1987	0	0	1328	0	0	1328						
1988	12	171	74	12	171	74						
1989	10	1471	1044	10	1471	1044						
1990	11	2565	1223	11	2565	1223						
1991	42	3205	1278	12	2869	1249	30	336	29			
1992	52	3828	1840	18	2877	1629	34	951	211			
1993	112	5064	2585	23	2876	1787	89	2188	798			
1994	166	4235	3192	17	2387	1764	149	1848	1428			
1995	249	4955	3706	15	2333	1966	234	2622	1740			
1996	317	4121	5076	12	1660	2008	304	2458	3065	1	3	3
1997	226	5379	4692	23	1810	1776	203	3569	2916			
1998	378	5920	5404	23	2958	1393	355	2962	4011			
1999	477	9036.42	6851.8	15	3171	1714	461	5843	5127	1	22.42	10.8
2000	463	12430	8049	15	6227	2756	446	6168	5260	2	35	33
2001	593	10555	10183	21	5370	5853	565	5174	4318	7	11	12
2002	377	15024	8979	3	11985	5382	369	3006	3568	5	33	29
2003	325	20526	14022	12	16075	10125	311	4433	3887	2	18	10
2004	710	21016	20619	28	14055	16252	673	5979	3920	9	982	447
2005	822	28060	27245	37	14565	18068	680	6066	4914	105	7429	4263
合计	5342	157561.42	127390.8	307	95425	77391	4903	53603	45192	132	8533.42	4807.8

第一节 对外承包工程

青岛市开展对外承包工程业务始于1983年。初期，青岛市对外承包工程没有统一管理机构和独立经营单位，对外承包工程主要由中国建筑工程总公司、山东齐鲁建筑工程总公司对外签约后，再通过分包、转包或包清工方式成建制交由青岛市实施。至1990年，全市累计承担合同项目33个，合同额4207万美元，营业额3669万美元。

1990年12月，中国青岛国际经济技术合作公司经对外经济贸易部批准，获得对外承包工程经营资格，直接开展对外业务。当年签订对外合同11个，合同额2565万美元，营业额1223万美元。工程项目主要在非洲和中东地区。1991～1994年，全市累计对外签订对外承包项目合同70个，合同额1.1亿美元，营业额6429万美元。工程项目主要分布在博茨瓦纳、莱索托、塞舌尔、科威特等国家。

1996年，青岛市开拓莱索托、南非等7个国家和地区工程市场。1997年，对外工程项目数量减少，但合同额增加，项目质量明显提高。当年与以色列签订的承包合同，组织建筑工人186人参与施工，创造了中国建筑队伍进入以色列人数之最。1995～1998年，青岛市累计对外承包工程合同73个，合同额8761万美元、营业额7143万美元。

自1999年开始，青岛市对外承包较大工程项目的能力增强，项目质量逐渐提高。当年青岛市签订对外承包工程较大项目9个，合同额2914万美元，占当年对外承包工程合同总额的32.2%。2005年，青岛市签订对外承包工程项目合同37个，合同额1.46亿美元，营业额1.81亿美元，项目平均合同额比1999年提高22%。

至2005年底，全市对外承包工程项目合同307个，合同额9.54亿美元，营业额7.74亿美元。对外承包工程项目分布在菲律宾、新加坡、阿尔及利亚、博茨瓦纳、莱索托、法国、塞舌尔、俄罗斯、马里、南非、帕劳、哈萨克斯坦、萨摩亚等46个国家和地区。主要经营单位有：中国青岛国际经济技术合作（集团）公司、青岛建设集团、青岛海洋渔业公司、青岛市建筑设计研究院、青岛海尔国际贸易有限公司、青岛海信集团、青岛市一宅建筑集团股份有限公司、青岛城建集团有限公司、青岛市第一建筑工程公司、青岛市第二建筑工程公司、中国石油天然气第七建设公司、青岛市胶州建设集团有限公司、青岛安装建设股份有限公司、青岛路桥建设集团有限公司、青岛第一市政工程有限公司。

1990年底，青岛市获得直接对外承包工程经营资格。至2005年，全市对外承包工程项目307个，合同额9.54亿美元，项目分布于46个国家和地区。图为青岛建设集团承建的以色列贝尔沙瓦市政府办公楼。

第二节　对外劳务合作

青岛市开展对外劳务合作初期，主要是中央、山东省驻青岛单位承揽工程项目项下的劳务人员、船员和远洋捕捞人员派出。1981年2月，山东省青岛海运公司与香港华通船务代理有限公司签订“聘请船员协议书”，建立船员劳务合作关系。后又与香港华通船务代理有限公司、瑞士麦初分船务有限公司、希腊金光船务有限公司等进行劳务合作。至1985年，共派出船员334人次，创汇694万元。

1990年中国青岛国际经济合作公司成立后，青岛市开始直接开展对外劳务合作业务。1991年，签订外派劳务合同30个，合同额336万美元，营业额29万美元。1991～1994年，全市累计签订外派劳务合同302个，合同额5323万美元，营业额2466万美元，主要派往中国香港、日本、新加坡、韩国、俄罗斯、泰国等国家和地区。

1995～1998年，全市累计签订外派劳务合同1096个，合同额11611万美元，营业额11732万美元。其中，青岛市外经企业签订外派劳务合同671个，合同额7621万美元，营业额8292万美元；青岛市为外派劳务提供服务资格的企业，通过委托有经营资格的企业对外签订外派劳务合同155个，合同额达1亿多美元，营业额1507.5万美元；山东省驻青岛市外贸企业通过委托有经营资格的企业对外签订合同36个，合同额362.2万美元，营业额182.7万美元。其间，比较成功和有影响的两个项目是：1995年与日本汽船株式会社签订的“理想国3”号研修生外派，连续合作4年；与日本山口县和歌山农业协同会签订农业研修生外派，合同额3.6亿日元，营业额3.1亿日元。主要劳务合作国家和地区有日本、韩国、中国香港和新加坡等。

1999年，青岛市外派劳务以客户为重点，实施以大项目为中心的“一大三新”带动战略，对外劳务大项目实现突破性进展。当年签约17个大项目，合同额2502万美元，占全市合同总额的27.7%；开拓新市场11个，建立新客户45家。1999～2005年，全市累计签订外派劳务合同3505个，合同额3.67亿美元，营业额3.1亿美元。其中，青岛市外经企业签订外派劳务合同3094个，合同额3.15亿美元，营业额2.8亿美元；青岛市为外派劳务提供服务资格企业，通过委托有经营资格企业签订外派劳务合同83个，合同额699万美元，营业额1643万美元；山东省驻青岛市外经企业签订外派劳务合同328个，合同额4521万美元，营业额1678万美元。

至2005年，青岛市对外劳务合作项目分布在中国香港、澳门、台湾以及越南、日本、菲律宾、新加坡、匈牙利、韩国、纳米比亚、摩洛哥、毛里塔尼亚、尼日利亚、德国、意大利、西班牙、巴拿马、阿根廷、美国、南非、法国等43个国家和地区。主要经营单位有中国青岛国际经济技术合作有限公司、青岛建设集团、青岛环太经济合作有限公司、青岛开源国际经济技术合作有限公司、青岛国际交流中心、青岛益佳国际贸易集团有限公司、青岛远洋对外劳务合作有限公司、青岛经济技术开发区国际经济技术合作有限公司。全市具有为外派劳务提供服务资格的企业有青岛北海对外技术发展公司、青岛市城阳区外事服务中心、平度市对外经济技术合作公司、青岛市国际商务翻译事务所、青岛经济技术开发区国际经济技术合作中心、青岛育远劳务合作有限公司、青岛市科学技术交流中心、青岛金前程人力资源顾问有限公司、青岛辛迪加经济技术合作有限公司等共24家。

第三节　对外设计咨询

青岛市对外设计咨询业务起步于90年代初，主要由中央驻青岛公司承揽实施。1993～1996年，中国对外建设总公司青岛公司先后签约澳大利亚阿梅代尔市英格兰大学研究中心，承揽设计其中具有北方古典建筑特色的图书馆和中国江南式庭院，设计费12万美元；以及设计并承建澳大利亚布里斯班市中国城工程（包括2座牌楼、1条回廊、多个凉亭），工程设计及工程造价50万美元。青岛建设集团第四设计院承揽设计中国驻坦桑尼亚大使馆工程项目1个，合同额2.75万美元，营业额2.75万美元。

1998年，青岛建筑设计研究院获得对外设计咨询项目经营资格，1999年开始独立承接对外设计咨询项目，成为青岛市第一家开展该项业务的企业。此后，海尔、海信集团等大型企业利用自身品牌和技术优势，发展对外设计咨询业务和对外技术服务。青岛建筑设计研究院2002～2004年连中4标，成为全市设计咨询业“走出去”的骨干企业。全市对外咨询业务与对外承包工程、对外劳务合作业务形成互动互补局面。1999～2004年，全市累计对外签订设计咨询项目26个，合同额1101.24万美元，营业额541.84万美元。

2005年，对外设计咨询业务合同额大幅提高，成为全市对外合作的亮点。全年对外设计咨询业务合同额同比增长近7倍，对外设计咨询业务合同额占全市合同额的比重由2004年的2.9%增长为2005年的26.1%。当年，全市签订对外设计咨询项目105个，合同额7429万美元，营业额4298万美元。

1999～2005年，全市累计对外签订设计咨询项目131个，合同额8530.42万美元，营业额4804.8万美元。对外设计咨询经营企业主要有青岛市建筑设计研究院、海尔国际贸易公司和海信集团等。

第四节　国际经济援助

对外经济援助

80年代，青岛市对外经济援助工作由中央统一安排，主要参与和承担纺织、港口、铁路等行业的对外援助项目。援助项目主要有：1982年，北海船厂派出由21名工程技术人员组成的专家组，援建中国成套设备进出口公司原驻坦桑尼亚海军基地海军浮码头大修项目，1984年建成115吨钢制浮码头2座，工程造价114万元。1984～1985年，交通部航务二公司承担马耳他10万吨船坞工程和毛里塔尼亚努瓦克肖特友谊港建设。1989～1990年，青岛市第三建筑工程公司承担援助巴布亚新几内亚藤编培训中心工程的设计和建设项目，建设培训主楼、洗藤棚、洗藤池，总面积495.7平方米，总投资87.6万元。

1995年，对外经济贸易部批准青岛建设集团具有对外援助成套项目施工总承包企业资格。青岛市对外经济援助工作由过去经援项目下的单纯派出，逐步转向派出专家进行技术合作和将经援项目转为中方企业股份与受援国合资经营。1996年，青岛建设集团与山东齐鲁建设集团公司合作第一次承建国家援外工程——莱索托国家会议中心工程。该项目合同额660万美元，实际使用额902万美元。

2001年，青岛市建筑设计研究院3次获得对外援助项目投标资格，并顺利投中2个设计标、1个监理标，填补青岛市对外援助业务直接投标设计、监理方面的空白，为全市拓展对外援助积累丰富经验。2003～2005年，青岛市主要对外经济援助项目有：援建塞舌尔标准局工程项目，工程合同额2200万元；青岛建设集团投标中标援建莱索托图书馆档案馆项目，工程合同额2200万元；青岛建设集团股份公司承建萨摩亚体育场工程项目，合同额520万美元。至2005年，全市累计参与和承担对外经济援助项目11个，合同额1790万美元。

接受国际经济援助

1985年前，青岛市科研教育单位曾经接受过少量国际经济援助。自1985年起，国际经济援助逐步扩大到生产领域。1985～1988年，青岛乳胶厂先后3次接受联合国人口基金会援助，用于避孕套的生产和包装。1986年底，四方机车厂接受联合国工业发展计划署援助的“机车柴油机提高竞技性和可靠性”项目，受援额达200.98万美元。该项目每月安排47人次参加设计和技术工作，完成改进柴油机的两套设计方案，改进后的新型柴油机可达到同类产品80年代末国际水平。1987年，澳大利亚对青岛市动物检疫所援助项目，由澳方提供设备、派员代培中方人员，并提供培训和出国考察费用，援款总额172万美元。

90年代，青岛市接受的国际经济援助项目主要有：由德国巴伐利亚州政府捐赠青岛市350万马克建造的啤酒检测培训中心项目；海尔集团无氟冰箱技改和团岛污水处理厂项目接受德国赠款400万马克；即墨、莱西临时接受澳大利亚政府赠款34.5万元的降氟改水项目，使37个村庄1万多户、4万多人饮用上符合卫生标准的自来水；平度职业教育中心从1990年底开始接受德国汉斯赛德尔基金会无偿援助职业教育项目，每3年援助180万马克，共无偿援助560万马克；1997年，市北区妇幼保健中心接受澳门天主教福利会捐赠38.69万元港币，用于购置医疗设备项目。

至2005年，青岛市共接受援助项目9个，援助金额2763.17万美元。

第五节　境外投资

1987年10月，青岛市第一家境外投资企业——华青（香港）发展有限公司对外营业，注册资本100万美元，实际投资100万美元，主要经营进出口贸易、融资、经济技术合作、房地产开发、承包工程、劳务合作等业务。1989年9月，青岛市召开全市境外投资工作会议，提出开展境外投资工作意见和措施。此后，青岛市以贸易公司为主要投资载体，从事进出口贸易。至1998年，全市在境外设立的各类生产性企业和贸易机构共计28家，注册资本1557.87万美元，中方投资964.95万美元、占61.94%。其中贸易性公司和办事机构16家。

1999年2月，外经贸部、国家经贸委、财政部《关于鼓励企业开展境外带料加工装配业务的意见》颁布实施后，尤其是中央提出“走出去”战略后，青岛市境外投资方式坚持贸易性项目与生产性企业项目并重，境外加工贸易成为新的投资形式，境外生产性项目呈现加速增长态势。截至2001年，青岛市境外生产性企业和境外加工贸易企业达34家，占全部投资企业的51.5%。与此同时，青岛市境外投资主体有所增加，境外加工贸易项目投资规模扩大，行业企业品牌优势明显增强，境外投资带动设备、技术、原材料、零部件出口增势迅猛。2001年，青岛市民营企业境外投资实现零的突破，境外加工贸易项目投资规模平均在500万美元以上。其中，海尔集团办境外投资项目23个（包括加工贸易项目16个），最大的项目投资2890万美元；海信集团南非项目增资至1220万美元。当年，青岛市境外投资项目实现出口1.02亿美元，成为全市外贸出口新的增长点。

2002年，随着全市对境外投资业务引导推动力度加大，企业对境外投资的认知程度不断提高，出现境外“投资热”。年内新批境外投资项目占项目总数的21.4%，且贸易性项目占据主导地位，占新批项目数的77.8%。境外投资对出口的带动作用逐渐显现，境外投资成为企业扩大出口的重要途径。当年青岛市批准境外投资项目18个，比2001年翻一番，创历史最好水平。2003年，市政府制定施行《关于实施“走出去”战略的意见》，出台支持企业“走出去”一系列政策措施。当年，境外投资项目比2002年同比增长138.9%。2004年，青岛市开展民营企业“走出去”服务年活动。当年，民营企业境外投资项目26个，占全市项目总数的56.5%，民营企业逐步成为市境外投资的主力军。2005年，全市民营企业境外投资项目91个，占当年全市项目总数的73.2%。

青岛市企业在进行境外直接投资过程中，从一业为主逐步向多种经营转变，呈现出不同行业企业间交叉投资的多样化发展趋势。从以贸易为先导的境外投资，发展到境外加工贸易、跨国并购、境外研发、境外资源开发和建设境外工业园区等多种经营形式，“走出去”战略初步成型。至2005年，全市非金融类境外投资项目累计在46个国家和地区设立各类企业和贸易机构229家，注册资本54344.68万美元，中方注册资本26839.29万美元、占49.4%。其中，贸易性项目75个，注册资本3707.42万美元，中方注册资本2380.41万美元；生产性企业22家，注册资本34792.25万美元，中方注册资本15031.89万美元；境外加工贸易企业34家，注册资本15570.05万美元，中方注册资本9152.04万美元；贸易代表机构91家，注册资本91.83万美元，中方注册资本91.83万美元。

1999年4月，海尔集团在美国南卡罗来纳州投资建立第一个境外工业园，占地约47万平方米，2000年3月投产生产家电产品。至2005年，海尔集团共建立境外工厂18家、营销公司17家、研发中心9家。

1986～2005年青岛市境外投资项目投资额前10位国家（地区）情况表

表4-20　　单位：万美元

投资国别（地区）	注册资本	中方（内地）	外（港）方	投资国别（地区）	注册资本	中方（内地）	外（港）方
中国香港	32330.04	564.33	18383	澳大利亚	1096.5	141.8	565.41
美国	3768.8	3768.8	220	赞比亚	1048.1	1096.5	365.08
伊朗	1496.1	377.8	1140.4	巴基斯坦	1010.4	765.5	138
印度	1274.5	593.88	854.5	意大利	765.5	36.4	272.85
南非	1220	32330.04	31.8	合计	45137.94	40803.05	22355.04
越南	1128	1128	384				

1986～2005年青岛市境外投资项目情况表

表4-21

年份	项目个数						注册资本（万美元）						中方投资（万美元）					
	小计	贸易性	生产性	境外加工贸易	投资性	代表机构	小计	贸易性	生产性	境外加工贸易	投资性	代表机构	小计	贸易性	生产性	境外加工贸易	投资性	代表机构
1986	2	2					62.94	62.94					62.94	62.94				
1991	1	1																
1992	5	3	2				95.62	79.84	15.78				50.68	42.94	7.74			
1993	2	1	1				106	6	100				66	6	60			
1994	3					3												
1995	4	3	1				86.9	62.9	24				80.9	62.9	18			
1996	5		4	1			1066.5		1020.5	46			665.14		641.68	23.46		
1997	1	1					12.91	12.91					12.91	12.91				
1998	5	2	1	2			65.62	12.5	16.87	36.25			26.38	7.5	6.75	12.13		
1999	17	5	1	9	1	1	5673.6	209.1	560	4814.5	90		4128.45	185.85	158	3694.6	90	
2000	12	1	2	7	1	1	3089	10	70	2887	88	34	1587	5	70	1390	88	34
2001	9	2		3		4	5269.23	110		5134.9		24.33	2589.35	104.12		2460.9		24.33
2002	18	9		3	1	5	2480.03	1238.4		1241.5	0.13		1052.38	571.2		481.05	0.13	
2003	43	18	5			20	33482.4	1141.4	32332			9	14552	609	13934			9
2004	46	14	1	5	4	22	950.9	222.3	0.1	723.5	5		614.55	187.4	0.05	422.1	5	
2005	56	13	4	4		35	1903.03	539.13	653	686.4		24.5	1350.6	522.63	135.67	667.8		24.5
合计	229	75	22	34	7	91	54344.68	3707.42	34792.25	15570.05	183.13	91.83	26839.29	2380.41	15031.89	9152.04	183.13	91.83

第六节　对外经济合作管理

对外承包工程和劳务合作管理

80年代初期，青岛市没有具备对外承包工程和劳务合作经营资格的企业。青岛建筑安装总公司、青岛远洋运输公司、青岛海运公司等单位通过分包、转包等方式承接对外承包工程和劳务合作，按照对外经济贸易部《关于中国对外承包工程和劳务合作的管理规定》进行管理。

1989年，市外经贸委设立对外经济合作处，管理对外经济合作业务。1990年，经对外经济贸易部批准，成立中国青岛对外经济技术合作公司（简称中青公司），赋予对外承包工程和劳务合作经营资格，成为青岛市第一家具有对外承包工程和劳务合作经营资格的企业。中青公司对外业务范围包括：承包各类国外工程、境外外资工程；对外派遣各类工程、生产及服务行业的劳务人员；在境外举办非贸易性企业；承包工程和境外企业所需设备和材料的出口；利用外方资源、资金和技术在国内开展劳务合作；承接对外经济援助项目；经营承包工程、劳务合作和境外企业项下的技术进出口业务。中青公司受市外经贸委领导，其技术进出口业务受对外经济贸易部指导和归口管理，并执行报批手续，其他业务如涉及海关、税务、商检、外派人员出国等事项，由有关部门归口管理。

90年代，青岛市对外承包劳务初具规模，成为全市发展外向型经济的重要组成部分。1995年，市外经贸委、市外办、市公安局、市监察局《关于建立对外承包劳务合同审批、审查备案和培训制度的通知》规定，对外经营单位签订合同报市外经贸委审批，凡签订一事一办授权代营协议单位由外派单位负责上报审批，并负法律责任。以研修、培训名义外派人员的合同及资料，由外派单位上报预审和审批。外地公司凡需从青岛市选派出国劳务人员，其合同须经市外经贸委审查备案。市外经贸委、市工商局《关于对青岛市对外承包劳务企业经营范围进行审核和重新登记注册的通知》规定，对外承包劳务企业资格条件包括：营业执照，注册资金在50万元以上，独立法人企业，固定办公地点、设施，遵纪守法人员，有稳定的项目来源。1996年，青岛市进一步加强青岛市招选外派劳务人员广告管理，防止以招选劳务为名进行诈骗活动。2001年，《青岛市为外派劳务提供服务企业管理办法》规定，为外派劳务提供服务企业须具备以下资格：注册资金50万元，独立法人，固定办公地点、设施，且具有懂法律人员。提报材料包括：资格申请、企业主管部门意见、营业执照、过去业绩等。

与此同时，青岛市中外合资、合作经营企业和外商独资经营企业向国（境）外派遣研修、培训人员大量增加。1995年7月，青岛市对外经济贸易委员会制定《青岛市外派劳务人员培训管理暂行规定》，对培训及发证对象，培训内容、方式、时间，及发证机关、程序、证件使用等作出明确规定。1995年10月，青岛市对外经济贸易委员会印发《关于加强我市外商投资企业外派研修、培训人员管理的通知》，进一步加强外派人员的管理，保护其合法权益。

境外投资企业管理

1989年4月，为加强境外投资工作的领导和组织协调，市外经贸委设置国际经济技术合作处，负责全市境外投资办企业（机构）的审核、审定和转报手续，对境外企业进行管理，并建立境外投资企业项目库，项目数达63个。11月，市外经贸委、市对外开放领导小组办公室制发的《青岛市在国外和港澳地区开办经贸企业设立经贸机构审批管理办法》明确，申请在国外和港澳地区开办经贸企业和设立经贸机构应具备的条件、审批程序、报送文件、审批权限、综合管理部门、归口管理部门等；规定在国外开设的经贸企业（机构），必须接受中国驻外使（领）馆或港澳工委的领导，严格执行国别政策，加强政治思想工作，定期汇报工作，重大问题及时向国内请示、报告；建立健全各项规章制度，并由中方负责人到任后向主管部门报告（备案）。

1993年，市外经贸委印发《青岛市在国外开办非贸易性企业和设立办事机构审批管理办法》，规定中方开办费100万美元以下，由外经贸委审批并报对外经济贸易部备案；100万美元以上，由企业主管部门转报市外经贸委审核后报对外经济贸易部批准。1998年，青岛市《关于在境外设立贸易公司和贸易代表处有关规定》，对在境外设立贸易公司和贸易代表处的资格条件作出明确规定。1999年，青岛市执行对外经济贸易部《关于开展境外带料加工装配项目的企业赋予自营进口权有关问题的通知》规定，对尚未获得自营进出口权但已获准开展境外带料加工装配项目的生产企业，只要提出申请，由对外经济贸易部赋予其自营进出口权。对在获得自营进出口权一年内，未启动境外加工装配项目或虽启动但无实质性进展的加工企业，撤销其自营进出口权。2002年，为支持全市民营企业实施“走出去”战略，参与国际市场竞争，鼓励民营企业申办境外企业机构，市外经贸局印发《青岛市民营企业申办境外企业（机构）暂行办法（试行）》及实施细则，规定申办境外企业的资格条件：投资额规定，限额以下，进行核准、登记手续；限额以上（100万美元）按国家规定申报，申报时应提交书面申请，可行性报告，合同、章程，资信证明，法人代表身份证，财务审计报告，营业执照等有关材料。

2003年，青岛市被列为“下放境外投资审批权限、简化审批手续试点城市”，境外投资范围扩大到进出口贸易、工程、劳务合作、运输、旅游、研发、咨询类。除未建交国家和国家规定的7个热点国家需报商务部审批外，其他由青岛市审批。2005年，青岛市印发《进一步实施“走出去”战略的意见》《关于扶持外向型民营企业发展和放宽民营企业经济市场准入条件的意见》，全市相关部门制定系列政策和措施，鼓励支持民营企业境外投资。

因公出国（境）管理

1985年，外交部授权青岛市自行审批派员出国和赴港澳地区的经济贸易团组及邀请外商的管理工作。青岛市对外经贸、外事、外汇管理、组织人事和国家安全等职能部门，制定严格规定，作出明确分工。派遣团组、人员到外国或港澳地区执行对外经济技术贸易公务，由派员单位提出书面申请，经市直主管部门、县（市、区）政府审查同意，由市对外经济贸易委员会审批后，送市政府审签，以市政府名义正式行文批复组织实施。1989年，青岛市贯彻中央和山东省关于严格控制出国团组和党政机关领导干部出国（境）的规定。在审批出国团组时严格掌握经济技术考察组一般不超过4人，贸易出国（境）团组一般不超过3人的原则，从严控制出国（境）人数。当年，全市出国团组批数比上年略有增加，但出国总人数比上年减少170人次；工程技术和业务人员在出国人员中占有绝对比重，而派出县处级以上干部194人次，仅占青岛市出国总人数的3.96%。

1990年，《青岛市因公临时出国管理暂行规定》颁布实施，对派员出国的原则和条件，出国任务审批，出国护照申办，申办外国签证，出国用汇，出国教育、纪律和总结检查等作出具体规定。授权市外经贸委和市外办为全市因公出国任务的审查机关。1993年9月，《青岛市因公临时出国管理规定》对因公出国条件、出国任务申报和审批、出国护照、签证办理、出国经费管理、奖励与处罚等作出规定，明确经济技术贸易出国任务由市外经贸委审理。凡是从行政经费中列支出国经费的单位，每年须编制下年度出国经费预算计划，按行政隶属关系报县（市、区）政府或市直部门审查同意后，分别报市外经贸委或市外办审查汇总，经市财政局会同有关部门审定后报财政部批准执行。1994年，《青岛市因公出国管理规定实施细则》实施，进一步简化手续，提高工作效率，方便企业商务人员及时、顺利出境执行公务。市外经贸委从受理出国请示事项到办结，平均历时5.2天。1995年、1996年，全市压缩不必要的出国团组360余批、1700余人次，节省外汇500余万美元。

1997年，青岛市贯彻执行国务院外事办、外交部、国家经贸委、国家体改委、外经贸部、国务院港澳办《关于国有企业和国有控股的公司派遣临时出国（境）人员和邀请外国经贸人员来华的审批办法》相关规定：享有进出口经营权或对外承包劳务经营权的国有企业、国有股本逾50%的股份制企业，可根据业务需要，确定本企业适当数量的经常出国的业务人员，经企业所在地省、自治区、直辖市人民政府或国务院主管部门批准后，实行一次审批、一年内多次有效的出国审批办法。派遣其他人员临时出国和邀请外国经贸人员来华，由企业直接报上级有审批权的部门审批。享有进出口经营权、年出口创汇额逾1000万美元的国有工业企业和国有股本逾50%的国有控股的股份制工业企业，享有进出口经营权、连续两年年出口创汇额逾1亿美元、具有相当规模的国有外贸、商业、物资企业集团公司，以及取得对外承包工程或对外劳务合作经营权5年以上、连续两年年外派的持用因公普通护照的劳务人员逾500人、年营业额逾2000万美元的国有外经企业，经省、自治区、直辖市人民政府或国务院主管部门按规定的条件审核并报国务院批准后，享有一定的派遣临时出国（境）人员和邀请外国经贸人员来华事项审批权。

2000年3月，市委、市政府印发《关于进一步加强因公出国（境）审批管理工作的通知》，强调因公出国（境）工作由市政府统一管理，严格履行出国（境）审批手续。青岛经济技术开发区和高科技工业园负责审批辖区内处级以下人员的经济技术贸易出国任务，并报市政府备案。2001年12月，青岛市印发贯彻落实《关于全国外事管理工作的若干规定》的意见，对因公临时出国和邀请外国人来访事项的审批权限作出明确规定。处级及以下人员出国，由市政府外办审批，其中，经贸团组出访由市外经贸局审核。

2003年10月，根据《关于印发〈山东省因公出国（境）人员审批管理办法〉的通知》规定，经山东省委组织部批准，青岛市委组织部、市人事局、市外事办公室、市外经贸局等29个单位为因公临时出国（境）人员审批单位。

1985～2005年青岛市派遣出国（境）经贸团组统计表

表4-22

年份	批次	人次	年份	批次	人次
1985	104	506	1993	1336	5343
1986	92	371	1994	1272	4580
1987	156	595	1995	1374	4794
1988	277	1125	1996	1306	4437
1989	295	986	1997	1528	4628
1990	395	1289	1998	1734	4814
1991	632	2283	1999	2500	7843
1992	1092	4164	2000	2195	6061

续表4-22

年份	批次	人次	年份	批次	人次
2001	1486	4794	2004	1657	4855
2002	1670	7130	2005	1472	6040
2003	1971	5757			

对外邀请管理

改革开放之初，青岛市经贸活动对外邀请须报山东省有关部门办理。1984年青岛市被列为首批沿海开放城市后，外交部授予青岛市对外邀请权，即国（境）外经贸界人员如前往青岛市进行经贸洽谈及技术交流活动，可向市外经贸委提出申请，由青岛市外经贸委直接向中国驻外使领馆办理签证。1985～2005年，青岛市累计批准邀请境外客商53294批、91011人次。

涉外经贸活动

1979年10月，青岛与日本下关市建立第一对友好城市关系后，下关市经济贸易考察访华团首次访问青岛，成为青岛涉外经贸活动的起点。至1982年，下关市共派出6批、61人次贸易团（组）到青岛考察经济和洽谈贸易，先后与山东省五矿、食品、工艺、土产4家进出口分公司建立业务关系，正式成交合同金额85.2万美元。

为加强同境内外各国对外贸易往来，1982年山东省外贸中心落成典礼暨首届山东出口商品洽谈会在青岛举行，63个国家和地区的500多家客商参加洽谈会，青岛市15家企业商品出口成交额达8781万美元。此后，青岛市围绕招商引资，组织或参加各种涉外经贸活动。1984年5月，首次举办国际经济技术合作和出口商品洽谈会；9月，首次在北京人民大会堂向境内外客商整体推介青岛；11～12月，青岛经贸代表团参加在香港举行的中国开放城市投资洽谈会，共签订协议和意向书57项，总投资额5亿多美元，成为青岛市改革开放后首次参加的参会客商最集中、收获最大的一次经贸洽谈活动。1986年9月，首次承办国家级出口交易会——中国草柳藤竹编织品交易会。1987年10月，首次组团参加第62届广交会。1988年4月，市贸促会会长刘吉德率4人小组赴韩国考察，是全国第一个赴韩经贸招商团组，由此拉开青岛与韩国经贸交往的序幕。1990年2月，首次举办外商投资企业产品展销会。至1992年，青岛市涉外经贸活动范围由日本逐步扩大到欧美、韩国及中国香港等20多个国

1982年，山东省外贸中心落成典礼暨首届山东省出口商品洽谈会在青岛举行，63个国家和地区的500多家客商参加洽谈会，青岛市15家企业商品出口成交额达8781万美元。

家和地区，共派遣或参加出国境外经贸团组计3043批、11319人次。

1992年邓小平南方谈话后，青岛市实施外向型经济多元化战略，多渠道、全方位拓展国际招商空间，在巩固日本、韩国、中国香港和澳门等国家和地区的基础上，重点突破欧美，着力发展东欧、东南亚、中东、拉美、非洲等国家和地区的招商引资。1997年12月，青岛在德国法兰克福举行大型招商活动，是青岛首次赴欧洲开展的招商活动。自1999年起，先后在德国法兰克福、汉堡，法国巴黎，澳大利亚悉尼，美国洛杉矶，韩国汉城，日本东京、大阪以及北京、上海、深圳、香港等地举办“青岛日”招商推介活动。1993～2002年，全市共派遣出访经贸团组16401批、54424人次。

1988年4月，市贸促会会长刘吉德（右二）率4人小组赴韩国考察，是全国第一个赴韩国经贸招商团组，由此拉开青岛与韩国经贸交往的序幕。图为4月23日，中日韩三方代表在访问备忘录和合作意向书签字。

2002年后，青岛市以韩国、日本、德国、中国台湾等为招商重点，加强重点园区、大项目、主导产业、产业链、总部经济和研发中心招商，成功举办“瑞典日”“德国周”“韩国周”“日本周”、韩国“青岛周”、日本“青岛周”以及新加坡、中国香港服务贸易专题招商等重大涉外经贸活动。2003～2005年，全市共派遣或参加出国境外经贸团组计5100批、16652人次。

第四章　对外开放重点区域

1984年5月4日，中共中央、国务院《关于批转〈沿海部分城市座谈会纪要〉的通知》提出，进一步开放包括青岛在内的14个沿海开放城市，在一定条件下实行特区某些政策措施，通过利用外资，发挥优势，加速经济发展，支持和辐射其他地区。1985年3月，青岛经济技术开发区在黄岛烟666墩山西侧破土动工，由此拉开青岛开发区建设的帷幕。1992年邓小平南方谈话后，青岛各类开发区建设进入新时期。青岛高新技术产业开发区(原高科技工业园)、青岛保税区、青岛石老人旅游度假区3个国家级开发区和即墨、莱西、平度、环海省级经济开发区相继建立。至2000年，全市开发建设各类开发区61个，开发规划面积567平方千米、批准入区项目11741个、吸纳各类从业人员44.7万人。

经过“十五”时期的发展和深化，青岛市各类开发区实现了由数量扩张到质量提升的阶段转变。2002年，全市各类开发区98个，覆盖全市9个区市，其中省级以上13个、市级37个、县乡级48个。经过清理和整合，2004年缩减为24个，开发区土地开发利用率由期初的32.9%提高至2004年的89.3%。至2005年，青岛市有国家级开发区4个：青岛经济技术开发区、青岛高新技术产业开发区、青岛保税区、青岛出口加工区。山东省省级经济技术开发区7个：青岛环

1984年10月20日，国务院批准设立青岛经济技术开发区，规划面积15平方千米，是全国首批14个国家级开发区之一。至2005年，规划面积扩至20.02平方千米，累计引进外资项目1935个，实际利用外资50.3亿美元。

海经济开发区、即墨经济开发区、即墨高新技术产业园区、莱西经济开发区、平度经济开发区、胶南经济开发区、胶州经济开发区。市级经济园区83个。

第一节　青岛经济技术开发区

1984年10月20日，国务院批准设立青岛经济技术开发区，位于胶县（今胶州市）至古镇铁路（拟建）线以东、烟崮墩山以西、前湾港以南、唐岛湾以北，规划建设面积15平方千米，先期开发范围2平方千米。青岛经济技术开发区成为全国首批14个国家级开发区之一。1986年3月，青岛经济技术开发区管理委员会成立。同年，开始引进第一个项目——由山东省抽纱进出口公司与美国世达有限公司合资成立的青岛华美机绣有限公司。该项目总投资176.4万美元，合同外资44.17万美元，主要生产经营机绣窗帘、台布、床罩、花边、绣花等室内装饰用品和高级服装用料、承揽漂洗、染色定型等对外加工。至1990年，青岛经济技术开发区共批准利用外资项目38个，合同外资额11861万美元，实际利用外资1374万美元。1992年，山东省政府、青岛市政府批准开发区与黄岛区体制合一；1993年8月23日，青岛开发区与黄岛区体制合一。1995年，山东省政府批准设立凤凰岛旅游度假区，辖6个街道，总人口50余万人。

2005年5月13日，经国务院批准，青岛经济技术开发区的规划建设面积扩大5.02平方千米，规划建设面积为20.02平方千米。当年，青岛经济技术开发区“六大产业集群”龙头项目（大炼油、汽车、造船、特种钢、港口、集装箱）全部开工建设，西海岸产业框架初步构成。以海尔、海信、澳柯玛、三美、松下为骨干的家电电子工业，以高合、中达为骨干的石化工业，以颐中汽车、中集集装箱、海西湾造修船为骨干的机械工业，以金晶玻璃为骨干的新型建材工业，以国风药业为代表的生物制药等支柱产业，为青岛产业集群化发展提供主要支撑。以海尔、海信、澳柯玛等为龙头的家电电子工业产值占全区工业总产值的68.7%，产量占全国家电电子市场份额的20%；中石化1000万吨青岛大炼油项目和国家石油储备库基地开工建设，投资近5亿美元的丽东化工项目建设顺利推进；上汽通用五菱整车下线；北船重工15万吨、30万吨修船坞投入使用，年造船能力468万载重吨的大造船项目开工；前湾港南港区开发建设全面启动。

至2005年，青岛经济技术开发区共有55个国家和地区的客商进区投资，累计引进外商投资项目1935个，实际利用外资50.3亿美元。投资额在1000万美元以上的大项目337个，投资过1亿美元的大项目11个。累计引进世界500强项目52个，占青岛引进总数的35.9%。

第二节 青岛高新技术产业开发区

1992年5月，国务院《关于增建国家高新技术产业开发区的批复》，同意青岛建立国家高新技术产业开发区；12月，国家科委批准在青岛建立国家高新技术产业开发区，包含设在中韩镇的高科技工业园、设在青岛经济技术开发区的新技术产业开发试验区和设在市北区的青岛科技街。规划面积9.8平方千米。2005年12月，市委、市政府对青岛高新技术产业开发区管理体制作重大调整：原青岛高新技术产业开发区管理委员会改为青岛高科技工业园管理委员会，隶属崂山区政府管理；成立新的青岛高新技术产业开发区管理委员会，作为市政府的议事协调机构，统一协调青岛高科技工业园、青岛新技术产业开发试验区、市北新产业园、青岛软件园等高新技术园区，形成“一区多园”的格局。

青岛高科技工业园

青岛高科技工业园位于崂山区，是青岛高新区的重要组成部分，1992年国务院批准的政策区规划面积为8.8平方千米。1992年8月1日，青岛高科技工业园正式开园。青岛高科园总体规划分为高教区、科研区、旅游度假区、居住区、产业区共5个功能区。开园当年，审批各类企业235个，总投资额26.82亿元。进园从事高新技术领域开发的企业达24家。

1994年4月青岛市行政区划调整后，青岛高科技工业园与崂山区、青岛石老人国家旅游度假区、青岛崂山风景区合为一套机构。至1995年，青岛高科技工业园形成计算机通信设备技术、生物化工技术、智能电器技术、医疗仪器设备及汽车工业新技术、新材料、海洋技术为新增长点的高新技术产业群。高新技术产业累计引进项目25个。海尔工业园、美国惠普公司和AT&T（美国电报电话公司）等一批高新技术产业投资项目相继开工建设或投产，初步形成以计算机通信、医疗器械、生物化学工程和家用电器为骨干的4大支柱产业，占全区乡镇及乡镇以上工业总产值的比重由1994年的69.6%增长到1995年的76%。

1996年开始，高新技术产业规模扩大，电子信息、新材料、生物技术3大领域的高新技术

青岛高科技工业园位于崂山区，规划面积8.8平方千米，1992年8月1日开园，总体规划分为高教区、科研区、旅游度假区、居住区、产业区5个功能区。至2005年，共引进外资项目676个，实际利用外资15.56亿美元。

企业加速崛起，整体实力逐步增强。至1999年，高科园成为国家高新技术产业的重要基地之一，主要经济指标在全国53个高新区中列第四位。有高新技术企业82家，工业总产值225亿元，出口创汇1.88亿美元。进入21世纪，以家电电子、生物制药、新材料、软件等四大产业为重点的高新技术产业集群化、高端化发展势头迅猛，高新技术企业和软件企业数量均达到全市的三分之一。2001年4月，青岛高科技工业园更名为青岛高新技术产业开发区。2002年，成为国家首批高新技术产品出口基地。

至2005年，高新区共批准外商投资项目676个，合同外资16.38亿美元，实际外资15.56亿美元，投产开业企业314家。区内共认定高新技术企业202家。其中，引进韩资项目112个、港资项目90个、美国项目82个、日本项目43个；引进投资总额过1000万美元的外资项目53个，合同外资48514.59万美元；引进可口可乐、爱立信、卡特彼勒研发中心、川崎重工、伊藤忠等世界500强企业10家，合同外资13013.45万美元。

青岛新技术产业开发试验区

经国家科委批准，1989年7月3日，市政府决定在青岛经济技术开发区建立青岛新技术产业开发试验区。青岛新技术产业开发试验区是青岛高新区的组成部分，位于青岛经济技术开发区科技工业区内，面积为0.825平方千米。至2005年，试验区高新技术产业产值达415亿元，占全区工业总产值比重为53%。高新技术产品达100余种。其中，国家级、市级重点新产品达70种。试验区已经成为开发区经济增长最快、投资回报率最高、创新能力最强、发展前景最好的经济增长点和全市规模最大的高新技术集群地之一。

青岛软件园

2002年，市政府印发《青岛市促进软件产业发展规定》。成立市软件产业发展领导机构，设立软件产业发展专项资金。当年，按照“一园两区”（高新区、市南区）模式，青岛市以高新区枯桃软件产业基地和市南区的软件研发基地为核心，组建青岛软件园。同年7月，青岛软件园被科技部批准列入国家火炬计划软件产业基地。2002年，青岛市软件产业收入增加至18.6亿元，部分软件产品达到较高技术水平。如：海信集团的“8341”网络防火墙、“电子钢琴教学软件”，青岛中天科技发展有限公司的“金融管理系统”，青岛高校软控股份有限公司的“轮胎制造业网络控制管理系统”，中国海洋大学的“产品数据管理PDM系统”，青岛大学的“数据仓库”等。2004年，海尔信息产业园、海信软件园经科技部批准正式列入国家火炬计划软件产业基地，青岛市软件产业形成市南区、高新区、海尔、海信“一市四园”发展格局。2005年，全市软件产业产值105亿元，软件企业数量达到412家，从业人员达到14371人。

青岛科技街

青岛科技街设立于1992年，位于市北区辽宁路繁华商业区，靠近贮水山公园，毗邻台东商贸区和中山路商贸区，规划总面积0.175平方千米。青岛科技街建有青岛高新技术产品展示交易中心、科技成果转化交易中心、科技创业中心、技术开发和企业孵化中心；建成青岛市高新技术孵化中心3个孵化基地，孵化面积5万平方米；引进青岛市技术产权交易所；建成青岛电子信息城、青岛科技广场、颐高数码广场、宏图三胞、百脑汇数码资讯广场等IT产品专业卖场5座，IT卖场的规模近9万平方米，成为胶东半岛乃至全省最大的IT产品集散地和辐射中心。2005年，青岛科技街入驻企业达1400多家，实现总收入28.2亿元。

青岛新材料产业基地

2003年11月，科技部认定青岛市为国家火炬计划新材料产业基地。该基地以城阳区“一园一线四区”为核心，分别在高新区、经济技术开发区、市北工业园建立各具特色的示范园区，形成一批高新技术企业群体。新材料产业主要集中在有机高分子、无机非金属和特种金属材料领域，三大领域占全市新材料产业产值的92.5%。2005年，以城阳区为核心，以崂山区、黄岛区为两翼的新材料产业基地总体规划面积达到14.6平方千米，并与中科院化学所、航天科工集团新材料及工艺研究所等国内高水平研究机构，共建科技成果孵化器和联合研究中心，培育一批特色鲜明、产业关联度大的企业群体，形成大尺寸镁合金压延技术、锂离子电池、新型服装材料膜、高档防腐材料等新材料产业。

第三节　青岛保税区

青岛保税区于1992年11月19日经国务院批准设立，规划面积2.5平方千米，首期开发0.86平方千米。1993年3月29日，通过海关总署等部委验收正式封关运营，内设贸易、金融、仓储和加工四大功能区。是具有境内关外特性、按照国际惯例运作、实行“保税、免税、免证”政策的特殊经济区域，具有国际物流、国际采购、国家商展、国际贸易、出口加工、保税仓储等功能。

2004年8月，青岛保税区成为继上境外高桥保税区之后全国第二个“区港联动”试点区。在原围网面积2.5平方千米的基础上，增加保税物流园区1平方千米。围绕青岛市经济重心西移，青岛保税区在推动与前湾港区港联动的基础上打造“四个平台”（以保税区仓储为基础，国际物流运作为中心的国际物流集散、分拨和配送平台；以港口为依托，加工与贸易相结合的进出口加工服务平台；发挥会展优势，以进出口贸易为核心的自由贸易平台；以国际科技合作为纽带，国际科技创业与产业化基地为载体的国际科技成果孵化平台），形成国际物流分拨中心、国际采购中心和以高科技产品为主导的制造中心。2005年，保税区与马士基物流、韩国物流协会、捷丰物流、嘉里物流集团、海尔物流、海城邦达物流、创新科技、京大物流、中国免税品集团等20多家世界跨国物流企业签订意向书。当年11月11日，面积1平方千米的青岛保税物流园区正式封关运营，向自由贸易区转型迈出实质性一步。

至2005年，青岛保税区共吸引57个国家和地区以及国内各类项目2600多个，其中“三资”企业993个，合同利用外资15亿美元。保税区每平方千米实现外贸进出口7.28亿美元，各项税收6.56亿元，地方财政收入1.98亿元。日本伊藤忠、住友、三菱、日商岩井、丸红、松下、扶桑，美国朗讯、美铝，德国德固塞等世界500强企业先后进区落户。

第四节　青岛出口加工区

2003年3月10日，青岛出口加工区经国务院批准设立，同年12月8日，通过海关总署等国家8部委联合验收，正式封关运作。青岛出口加工区位于环胶州湾产业聚集带中间位置，东起南海路，西至孙戈庄村，南起程港路，北至环胶州湾高速公路，总体规划面积13平方千米，其中核心区规划面积2.8平方千米，一期规划面积1.7平方千米，二期规划面积1.1平方千米，设加工区、保税物流区、办公区和海关监管设施区。青岛出口加工区是为数不多的设在国家级开发区（高新区）之外的出口加工区，是青岛市环胶州湾工业走廊的核心组成部分。出口加工区管委会负责区内加工贸易业务的具体审批工作，海关24小时全封闭监管，实行“境内关外”优惠政策。

至2005年，青岛出口加工区累计批准外资项目21个，投资额29168万美元，注册资本13743万美元，实际利用外资4935万美元；形成电子信息、精密机械两大产业雏形。

2005年青岛市省级经济开发区情况表

表4-23

名称	批准时间	规划面积（平方千米）	累计引进外资项目个数	累计合同外资（亿美元）	实际利用外资（亿美元）
环海经济开发区	1992年12月	8	140	3.5	2.06
即墨经济开发区		6.5	207	7.53	4.89
胶州经济开发区		9.7	150	5.75	3.35
胶南经济开发区		8	55	5.8	2.64
莱西经济开发区		8.88	89	5.3	5.5
平度经济开发区		6	111	8.31	4.73
即墨高新技术产业园区	2001年1月	24.9	21	1.5	0.58

第五篇　旅游与节庆会展

青岛地区古代旅游活动主要有帝王巡游、宗教云游、民俗旅游以及文人墨客游、商事活动游等。近代以来尤其是德国侵占青岛之后，随着城市的形成和发展，避暑度假性、休闲性、商务性旅游活动随之增多。1902年，具有旅行社性质的游山协会、德国体育协会、胶州海军协会等7个协会的出现，标志着青岛旅游业的发端。此后20年间，青岛小港码头、大港码头的竣工，海上往来客轮逐渐增多；胶济铁路的通车，成为与海上客运并列的进出青岛的两大交通渠道；建设亨利亲王饭店、海滨旅馆等旅游接待设施，以及“东亚第一”的维多利亚海水浴场、第一条通往崂山旅游的台柳路等，促进了青岛旅游业的繁荣。据《青岛埠头年表》统计，1921年仅轮船上陆旅客就有98113人次。

30年代，青岛旅游进入兴盛时期。旅游交通、旅馆业以及旅游中介机构快速发展，城市建筑景观、休闲娱乐设施、文化体育设施、崂山旅游开发以及中山公园赏花会、“铁展会”等吸引国内外游客。避暑度假、海滨观光、商务旅行和宗教旅游成为青岛旅游的显著特色。其间，中山公园赏樱会作为独具地方特色的节会活动已颇负盛名。30年代初，中国旅行社青岛分社成立，是中国第一家旅行社在青岛地区设立的分号。1935年，青岛市政府成立旅客招待处，同时具有旅行社职能。同年7月10日，青岛举办铁道部全国铁路沿线出产货品展览会（第四届“铁展会”），设11个展馆，陈列货品5.23万件，参观者达59万人次。“铁展会”规模宏大，为青岛现代会展活动之开端。至1937年，市区景区（点）发展到50多个，其中海水浴场6个、大小公园19个。1938～1949年，青岛政局动荡，战乱不断，旅游设施受到严重破坏，旅游业急剧衰败。

青岛解放后，中央部委、有关省市在青岛建设疗养院，度假疗养成为青岛旅游的主要特征。1958年，青岛华侨旅行服务社成立，成为建国后青岛设立的第一家旅行社，旨在为境外华侨探亲提供方便。至50年代末，青岛市各类疗养院达60余所。1973年5月，国务院批准青岛市对外开放后，境外游客尤其是旅游团队始有增加。1975年7月，中国国际旅行社青岛支社成立，专门负责接待外国游客。改革开放之前，青岛旅游业以会议接待、商务洽谈居多，大众性休闲旅游活动较少，境外客源以政治接待和文化交流为主。同期，除春节、中秋节等传统节庆外，“五一”节、国庆节、元旦等成为新兴节庆活动，传统庙会和祭海等祈福活动多被当作封建迷信禁办。

概 述

改革开放后，青岛对外交往日益增多，到青岛参观、旅游、访问、考察的境内外宾客与日俱增，旅游业由接待型逐步向经营型转变。同时，传统节庆和会展活动逐步恢复和发展。1982年，青岛市举办首届山东省对外经济贸易洽谈会（简称青交会），为当时全国7个区域性进出口商品交易会之一，每年举办一次。自此，青岛会展业重新起步。同年11月，崂山风景名胜区（包括市区前海海滨、薛家岛、竹岔岛、琅琊台、崂山等景区）被确定为首批44个国家重点风景名胜区之一，进一步提高了青岛旅游城市的地位、旅游资源形象和价值，国内外游客逐渐增多。1983年，青岛市接待境外游客28352人次，接待国内游客275万人次。

1984年，青岛被确定为中国14个进一步对外开放的沿海港口城市之一。国务院批复《青岛市城市总体规划》，明确“风景游览城市”为青岛城市的发展目标之一。1985年5月，青岛市旅游局成立，对全市旅游业实施统一的行业管理。此后，全市旅游设施建设和各种旅游活动日渐活跃。1986年3月，青岛市与新加坡高峰机构有限公司合资在石老人旅游度假区兴建石峰宾馆。随后，海天大酒店、汇文宾馆、八大关宾馆、黄海饭店、东方饭店、华侨饭店、青岛饭店、汇泉王朝大酒店、中旅国际大厦、阿里山酒家等一批旅游饭店相继投入建设或改造。总投资达1600余万元，总面积1.7平方千米的10座城市山头公园全部建成并对外开放。这一时期，开辟前海至崂山、胶州湾等3条旅游航线；开办青岛至泰山、曲阜的旅游专列和齐鲁航空旅游；举办青岛旅游产品评选会、青岛旅游产品设计创新评比展览、(青岛)全国旅游产品展销会；推出海上摩托艇、海上自行车、海上拖曳伞等多种海上娱乐项目；先后组织赴美国、日本、联邦德国、澳大利亚等国家和中国香港地区参加各种旅游博览会，向境外广泛宣传、推介青岛。同时与国内外旅游热点城市建立联系，开辟多条旅游线路，广泛引进国外大型旅游船。1988年，青岛市接待国内游客502.1万人次，为青岛市区人口的3倍，旅游收入2.7亿元；接待境外游客增至6.04万人次，旅游外汇收入6062万元。夏季旅游高峰期间，青岛市区770多家涉外饭店、宾馆和社会旅馆的5万余张床位均爆满；100余家各种暑期校办临时接待站、公共浴池等2万余张床位亦供不应求；青岛第一海水浴场日接待入浴者高达25万～30万人次。

1989年5月，崂山风景区管理委员会成立，开始对崂山旅游进行有规模、有深度、开发与保护并举的建设。1990年，恢复举办海云庵糖球会。糖球会以民俗文化为主题，集糖球制销、民间工艺、特色小吃、民俗演出、小商品交易为一体，逐步发展为综合性民俗文化商贸活动。1991年，山东三联集团公司投资8000万元开发田横岛，对青岛海岛旅游进行市场化开发。同年6月23～30日，举办第一届中国青岛国际啤酒节，参节市民和游客达到30多万人次。青岛国际啤酒节以啤酒为媒介，集旅游、商贸、文化三位一体，因其节庆内容丰富、时代特色鲜明和历史文脉相依，成为青岛市的标志性节庆活动。1993年，青岛市旅行社建设出现高潮，当年成立旅行社、旅游公司50余家，全市旅行社达99家；各种休闲娱乐设施相应增多，供游客晚间娱乐的歌舞厅、夜总会、娱乐厅有数十家。1993年12月，《青岛市旅游发展规划（1994～2010年）》编制完成，是青岛市第一个较为全面系统的中长期旅游发展规划。1995年，山东省首家五星级酒店——青岛丽晶大酒店开业，是青岛引进的第一个知名国际酒店品牌。1998年10月，青岛市实施第一个旅游产业规划——《青岛市旅游业“九五”计划和到2010年长远规划》。12月18日，青岛市被国家旅游局命名为首批“中国优秀旅游城市”。1999年，举办首届中国青岛海洋节，是国内唯一以海洋为主题的大型节庆活动。至90年代末，青岛市会展活动日趋兴旺，在市人民会堂、山东省外贸展览中心经常举办全国性和地区性的展销会。1996～2000年，全市累计接待境内外游客5403万人次，年均递增9.02%。其中接待国内游客5297万人，接待境外游客123.9万人次。累计旅游总收入369.98亿元，年均递增12.73%。其中累计创汇62553万美元，年均递增9.14%。

2001年北京申奥成功后，青岛市成为第28届奥帆赛举办城市，旅游业进入新的发展时期。这一时期，青岛旅游设施、交通条件、旅游饭店、旅游环境得到较大改善，旅游业开始向海滨度假、特色节会、商务会议、休闲娱乐等复合驱动型海滨旅游发展。2001～2005年，青岛旅游客源国由2000年的20个增至30余个，累计接待境外旅游者228.86万人次，旅游创汇13亿美元，旅游总收入869.6亿元，占全市生产总值比重的9.18%。境外旅游人数、旅游外汇收入、国内旅游人数、国内旅游收入和旅游业总收入5项指标年均增长21.3%、23.8%、13.8%、20.2%和20.6%，分别高于全国平均水平13.8、11.6、3.5、9.5和9.7个百分点，5项指标在全国的占比从2000年的0.3%、0.88%、1.73%、2.79%和2.22%分别提高到2005年的0.57%、1.42%、2.04%、4.21%和3.35%。青岛旅游业的地位大幅提升，并逐渐成为全市经济的支柱产业之一。

同时，在城乡居民文化娱乐需求不断增长和旅游业快速发展的双重推动下，青岛市节庆会展活动呈蓬勃发展态势。节庆活动以休闲娱乐为主，节庆主题更加广泛，节庆内容更具地方特色。除青岛国际啤酒节、中国青岛海洋节、金沙滩旅游文化节、酒吧文化节、青岛(市南)“海之情”旅游节、“青岛之夏”艺术节、大泽山葡萄节以及海云庵糖球会、青岛赏花会、清溪庵萝卜会外，新增“北京2008”奥林匹克文化节（青岛）、红岛蛤蜊节、崂山旅游文化节等旅游节庆活动。其中，青岛国际啤酒节和海云庵糖球会被列入国家级旅游节庆活动。会展活动以经贸交流为主题，展会规格、规模和影响力迅速提升。2001～2005年，先后成功举办中国国际消费电子博览会、中国国际渔业博览会、中国航博会、青岛国际时装周等40余个国际展会和20多个国内展会，在展会数量、展览面积、参展人数、成交金额和展会收入上实现年均增长50%以上。其中，2004年在青岛国际会展中心举办的第三届APEC中小企业技展会，是青岛会展史上最具影响力的国际性展会。青岛市成为继北京、上海、广州之后国内重要的会展城市。

2005年，全年接待境内外旅游人数2517.4万人次，旅游总收入达256.7亿元，占全省旅游总收入的25%，占全市生产总值的9.5%。当年，青岛被评为中国十大旅游目的地城市。

1984～2005年青岛市旅游业主要指标情况表

表5-1

年份	境外游客（人次）	外汇收入（万美元）	国内游客（万人次）	回笼货币（亿元）	旅游总收入（亿元）	直接从业人数（人）	旅游总收入占GDP比重（%）
1984	33610	298.28	305	0.88	0.95		1.36
1985	46621	495.28	375	1.25	1.4	1809	1.75
1986	45180	803.11	413.3	1.5	1.78	3595	1.96
1987	53987	1095.2	461.05	1.78	2.19	4379	2.01

续表5-1

年份	境外游客（人次）	外汇收入（万美元）	国内游客（万人次）	回笼货币（亿元）	旅游总收入（亿元）	直接从业人数（人）	旅游总收入占GDP比重（%）
1988	60401	1629.45	502.06	2.25	2.86	5586	2.06
1989	58465	2508.96	441.19	2.97	3.91	6525	2.52
1990	70219	2831.46	391.13	3.42	4.77	7352	2.72
1991	83064	3576.88	409.73	3.79	5.69	7759	2.92
1992	108382	4380.74	509.4	4.99	7.4	10461	2.96
1993	131984	4896.88	560.53	6.17	8.99	12028	2.37
1994	151512	8000	757	8.65	15.24	14050	2.93
1995	177797	9226.52	835	47.6	54.63	16243	8.51
1996	181116	7556.82	902	50.2	56.47	19796	7.95
1997	197890	9803.72	963	54.05	62.09	23507	7.79
1998	199547	10230	1013.58	60.59	69.08	38107	7.85
1999	227697	11448	1131	71.6	81.1	42500	8.19
2000	260592	14288	1285.57	88.7	100.5	47302	8.73
2001	323079	17751	1519.13	102.8	118	52127	8.97
2002	417452	23900	1795	130.62	150.52	57318	9.91
2003	341158	18061	1654.57	121.9	136.8	63426	7.68
2004	522500	28751	2157.44	183.78	207.7	68439	9.6
2005	684407	41493.12	2449.03	222.59	256.68	74256	9.52

说明：1995年，国内旅游收入实行抽样调查方法统计，统计口径变化，增长率不可比。

第一章　景区与开发

青岛地域历史悠久，文化灿烂。海洋文化与齐鲁文化交融，琅琊台、天柱山魏碑、齐长城等历史遗迹众多。崂山风景秀丽，名胜繁多，是中国道教名山之一，被古人誉为“海上名山第一”。青岛市区三面环海，岬湾相间，自然风光优美。曲折迂回的海岸线让市区街道和建筑顺地势和海岸蜿蜒，将山海城巧妙地融为一体，是集“山、海、城、文、商”于一体的旅游风景胜地。

改革开放后，青岛市组织对市区旅游景区点和旅游配套设施进行维修、建设和整治。1979年，投资213万元修建青岛市动物园，辟建植物园。1984年，青岛被确定为14个进一步对外开放沿海港口城市之一后，市政府加大旅游建设力度。重建第一海水浴场和大规模整修栈桥，竣工后第一海水浴场面积扩大1倍多，沙滩长达500多米，夏季高峰时期，每天可接待20万～30万人次入浴；投资1600余万元，对观海山、观象山、信号山、青岛山、贮水山、太平山、北岭山、嘉定山、烟墩山、楼山10座山头进行封山绿化，建设公园，建成亭、台、楼、阁、花廊等园林建筑232个，总面积170万平方米，绿化面积近3万平方米；开发建设石老人旅游开发区和薛家岛旅游开发区。90年代，建成并开放百花苑公园、中国神话洞、汇泉音乐喷泉广场；开工建设石老人旅游开发区大型综合性游乐场——弄海园；开发田横岛、竹岔岛海岛旅游及海尔、青岛港等工业观光旅游；建成占地33万平方米的青岛国际啤酒城等。

进入21世纪，青岛市以举办2008年奥运帆船比赛为契机，以建设“中国最佳度假旅游城市”“帆船之都”为目标，组织开展争创4A级景区活动，进一步完善景点景区、旅游基础设施和旅游服务。青岛海底世界、雨林谷、红岛赶海园、胶南龙门顶陆岛旅游码头、海尔观光塔、青岛啤酒博物馆、青岛森林野生动物园、长水山庄观光农业园、产芝湖生态旅游区、梅花山生态观光园、汇泉湾改造工程、滨海步行道二期等旅游大项目陆续竣工投入使用。投资12亿元的极地海洋世界，投资3亿元建设的青岛银海国际游艇俱乐部，投资3500万元的滨海步行道（崂山段），投资5000万元的石老人海水浴场改造工程，投资2.6亿元的青岛现代艺术中心、投资1亿元、按五星级标准建设的海景花园大酒店二期工程等相继开工建设。至2005年，青岛市有A级以上景区27个，其中4A级景区4个、3A级景区13个、2A级景区8个、1A级景区2个。

2005年青岛市A级旅游景区（点）一览表

表5-2

景区（点）等级	数量（个）	景区（点）名称	评定时间
4A级景区（点）	4	崂山风景名胜区	2001年
		青岛海滨风景区	2001年
		青岛海底世界	2005年
		青岛啤酒博物馆	2005年
3A级景区（点）	13	海军博物馆	2001年
		青岛德式官邸旧址（迎宾馆）	2001年
		青岛电视观光塔	2001年
		海尔科技馆	2001年
		胶南琅琊台风景区	2001年
		即墨田横岛旅游度假区	2001年
		青岛信号山公园	2005年
		青岛山炮台教育基地	2005年
		石老人观光园	2005年
		胶州三里河公园	2005年
		青岛市蔬菜科技示范有限公司	2005年
		城阳世纪公园	2005年
		青岛华山国际乡村俱乐部	2005年

续表5-2

景区（点）等级	数量（个）	景区（点）名称	评定时间
2A级景区（点）	8	青岛民俗博物馆（天后宫）	2001年
		青岛植物园	2001年
		胶州高凤翰纪念馆	2001年
		莱西崔子范美术馆	2001年
		京华旅游观光工场	2003年
		青岛康有为故居纪念馆	2003年
		即墨鹤山风景区	2003年
		胶州艾山风景区	2005年
1A级景区（点）	2	平度现河公园	2001年
		即墨龙山风景区	2003年

第一节　海滨景区

青岛海滨风景区西起团岛岬，东至大麦岛，全长25千米，南北宽约3千米。陆地面积8.5平方千米，包括青岛山、信号山、观象山、太平山、八关山、小鱼山及南侧区域。海域面积5平方千米，环抱团岛湾、青岛湾、汇泉湾、太平湾和浮山湾五大海湾。青岛三大“城市标志”——小青岛灯塔、栈桥回澜阁和“五月的风”城市雕塑沿海滨分布，整个风景区融山、海、城于一体，划分为6个景区，有景点60余个。2001年，浮翠

青岛海滨风景区西起团岛岬，东至大麦岛，全长25千米，陆地面积8.5平方千米，海域面积5平方千米，包括6个景区、60多个景点。1982年、2001年先后被批准为第一批国家风景名胜区和4A级景区。

流丹（五月的风）、秀掩重关（八大关）、琴屿飘灯（小青岛）、飞阁回澜（回澜阁）、汇滨踏浪（第一海水浴场）、太平天音（电视塔）、鱼山海月（览潮阁）、红楼暮霞（信号山）"八景"入选"新青岛十景"。1982年，青岛海滨风景区被确定为国家级风景名胜区。2001年，被国家旅游局评为首批4A级景区。

老舍故居位于黄县路12号，建于1930年。30年代中期，老舍在国立山东大学中文系任教期间在此居住，创作了长篇小说《骆驼祥子》等一批优秀作品。

团岛湾景区

位于前海最西端，以天然海湾——团岛湾为中心，东起海上皇宫，西至团岛，海岸线长3000余米，是90年代开始兴起的风景游览区。景区包括八大峡别墅区、海关大楼、中苑海上广场、海上皇宫、八大峡广场、旅游码头等景点。1978年后，在对传统景点予以修缮保护的同时，开发八大峡公园、海上皇宫、中苑海上广场等。

八大峡公园西起团岛，东至第六海水浴场，全长3.5千米。1996年5月，成立八大峡公园建园指挥部，组织开发建设。1998年定名为八大峡公园。由八大峡绿地广场、贵州路游园及7处绿地组成。2005年，公园占地面积12万平方米，年游人量107万人次。

海上皇宫位于栈桥西侧，由一个扣在海水中的白色贝壳状半球体和一个竖起的贝壳状半球体组成。1994年开始兴建，1996年建成营业。由香港好世界饮食集团与中房集团和高盛公司三家单位按照五星级酒店标准兴建的大型海上餐饮娱乐休闲场所建设。项目总投资近亿元，建筑面积逾1.1万平方米，共5层。2002年，因为经营不善，海上皇宫停止营业。

中苑海上广场由中苑国际旅游港、中苑海上卫星观光塔、"中苑号"游乐船、中苑海底世界水晶宫组成。其中，中苑国际旅游港是由一层栈桥码头及防波堤码头为主形成的多用途码头港口，兼有总长1515米的观光栈桥。

青岛湾景区

位于青岛市区西南部海域，以天然海湾——青岛湾为中心，西起团岛湾，东至小青岛，北接青岛老市区中心，南连胶州湾口。景区以海湾风光、名人故居、历史博物、旅游购物、山头公园等为主要特色。迎宾馆(胶澳总督官邸）、栈桥公园、天主教堂、基督教堂、青岛市博物馆、海军博物馆、老舍故居、闻一多故居、梁实秋旧居、青岛火车站钟塔楼、信号山公园、观海山公园、观象山公园、南园孔子纪念馆等20余个主要景点均分布在景区之内。1992年，青岛湾景区被评定为"青岛市十大景观"之一。1978年后，在对传统景点予以修缮保护的同时，开发和改造海军博物馆等。海军博物馆位于莱阳路8号，西邻青岛湾。1989年筹建，1989年10月1日开馆，是中国唯一一座全面

海军博物馆位于莱阳路8号，建于1989年，占地4万多平方米，设室内展厅、武器装备区和海上展舰区，是中国唯一一座全面反映海军发展历史的大型专业性军事博物馆，是海军唯一一个国家级爱国主义教育示范基地。

反映海军发展历史的大型专业性军事博物馆。设室内展厅、武器装备展区和海上展舰区。展出面积逾4万平方米，馆藏文物数千件。1992年7月，海军博物馆被批准为青岛市旅游涉外定点单位；1997年3月，被山东省定为山东省国防教育基地；2001年，入选首批国家3A级景区，同年被中宣部命名为全国“百个爱国主义教育示范基地”之一；2005年，被中宣部、国家发改委、国家旅游局等13部委联合命名为全国首批百个“红色旅游”经典景区，是海军唯一的一个国家级爱国主义教育示范基地，青岛市唯一的一个“红色旅游”经典景区。2005年，接待境内外游客70余万人次，免费接待机关团体、中小学生和社会各界开展爱国主义和国防教育15万余人次。

汇泉湾景区

位于青岛湾东侧，西起小青岛，东至汇泉角。汇泉湾风光旖旎，与青岛湾海岸一起构成青岛旅游的黄金海岸线。包括鲁迅公园、海产博物馆、青岛水族馆、第一海水浴场、小鱼山公园、汇泉广场、汇泉炮台遗址等20余个景点。1992年，汇泉湾景区被市民和游客评选为“青岛十大景观”之一。1978年后，在对传统景点予以修缮保护的同时，开发和改造汇泉广场、第一海水浴场、青岛海底世界等。

汇泉广场原为德国人的练兵场，后建跑马场，面积约36万平方米。汇泉北广场是岛城最大的草坪广场，周边以水杉、花灌木为衬托，层次分明，景色绮丽。汇泉南广场建有国内最大的电脑音乐喷泉，水池宽30米，长100米（象征青岛建市100周年），水池东西两侧共设30门长1.8米的铸铜大炮喷头，两侧对喷距达70米远，喷高10米，池中还有3000多个喷头及各色彩灯，喷水时可随音乐变换千种花样，珠光四溅，五色斑斓，如入梦幻之境。2002年10月～2004年7月，青岛市投资8亿元，对景区内汇泉广场、第一海水浴场等进行改造，并辟建滨海步行道及地下空间，改造面积约45万平方米，被誉为青岛的“城市客厅”。

青岛第一海水浴场又称汇泉海水浴场，位于青岛市汇泉湾内，始建于1901年。1984年3月9日，市政府对汇泉海水浴场进行大规模改建。改建后的第一海水浴场，有63个各种造型的单体建筑，共1.99万平方米，维修原建筑面积400平方米，总建筑面积达2.03万平方米。沙滩面积由原1.18万平方米扩大为2.4万平方米。

青岛海底世界位于青岛汇泉湾畔，是青岛水族馆和山东鲁信投资集团有限公司共同投资开发的现代大型海洋生态旅游项目，总投资达2.2亿元，总建筑面积7000平方米，水体4000

吨。青岛海底世界包括潮间带、海底隧道和地下四层观光建筑3大部分，整合青岛水族馆、标本馆、淡水鱼馆等原有旅游资源，并与依山傍海的自然美景相融合，成为全国独具特色海洋生态大观园。

青岛海底世界位于青岛汇泉湾畔，总建筑面积7000平方米，包括潮间带、海底隧道和地下四层观光建筑3部分。图为游人游览海底隧道。

太平山景区

位于市北区，是青岛市区最大的以自然山林和林木、花卉等动植物景观为主体的风景区。太平山海拔150余米，是市区最高峰，向西延伸为青岛山、八关山及小鱼山，向东伸展为湛山。弧形的山势形成适于动植物生长的生态环境。80年代后，太平山景区被规划为集休闲健身、旅游观光、历史文化、植物科普等多功能一体的滨海山林型城市综合公园。景区集中山公园、动物园、青岛山公园、百花苑、榉林公园、植物园等众多公园，主要分为滨水景观区、儿童乐园景区、公园主要入口区、会前村遗址公园、桂花苑、市花园、木兰园、牡丹园、温室观赏区、盆景园、桃花源景区、湖光山色景区、杜鹃坡、茶园、山谷游乐区、岩石园、精品园和梅花谷等18个园区，成为市区内森林覆盖率最高、植被景观最优美的风景区。

八大关景区

位于汇泉湾以东，浮山湾以西，北抵太平山南麓，南临太平湾。“八大关”因有8条以长城8个关口命名的街道（山海关、嘉峪关、武胜关、宁武关、居庸关、韶关、紫荆关、正阳关）得名，后增加函谷关、临淮关两条街道，仍沿用“八大关”称谓。各条街道纵横交错，形成方圆1.5平方千米的风景区。景区由八大关别墅区、太平角旅游度假区、太平角、汇泉角、岳阳路疗养区5大部分组成，主要景点有花石楼、元帅楼、宋氏花园、青岛钓鱼台、太平角、第二海水浴场等近20个。

景区的特色之一是建筑风格的多样性。景区内集中有美式、法式、德式、英式和日式等20多个国家建筑风格，故有“万国建筑博览会”之称。例如，花石楼是欧洲古堡式建筑、山海关1号是法国乡村别墅式建筑、山海关5号是具现代风格的旧式建筑、山海关9号是美式建筑、元帅楼是日式建筑、太平角1号是西班牙式建筑、公主楼是丹麦式建筑、宋氏花园是美式居民建筑，居庸关路11号是日本现代仿欧式建筑。景区的另一主要特点，是把公园与庭院有机融合，到处是郁郁葱葱的树木，四季盛开的鲜花，每条道路的行道树品种各异。例如韶关路的碧桃、正阳关路的紫薇、居庸关路的五角枫、山海关路的法国梧桐、宁武关路的海棠、紫荆关路的市树雪松等。树木达400余种，绿地40余处、面积6万平方米，形成“四季有特色，路路花不同”的景观特色。

改革开放后，青岛市针对文物建筑及环境风貌实施整体性保护。尤其是2000年后，青岛市累计筹资2亿余元，对八大关景区进行修缮保养和环境改造，使其传统风貌得以延续和完善。1992年，八大关建筑群被列为省级文物保护单位；同年被评定为“青岛十大景观”之一。2001年，被列入第五批国家级重点文物保护单位。2005年11月，八大关景区被《中国国家地理》杂志评定为“中国最美的五大城区”之一。

浮山湾景区

西起太平角六路，东至燕儿岛路，北起闽江路，南抵浮山湾，岸线长达7千米。是90年代后兴起建设的沿海现代都市景观带，以海上运动、园林和现代雕塑为主要特色。

景区西部因太平角海岬沉积作用形成细软的海滩（第三海水浴场），而东部海岸因海蚀现象作用，岩礁峭壁，如刀削斧劈，浪激水湍，每逢秋季大潮，巨浪滔天，特别壮观，早期青岛十景之一的“燕岛秋潮”因此得名。景区北部是林立的现代化高层建筑，南边则是烟波浩渺、海鸥低翔的浮山湾。景区内按照现代化海滨公园规划，分为自然游乐区、综合功能区、航海运动区和燕儿岛路公园等区域，主要有第三海水浴场、五四广场、音乐广场、青岛消防博物馆等10余个景点。1978年后，重点开发和建设五四广场、音乐广场等。

五四广场建于1997年，北依青岛市政府办公大楼，南临浮山湾，位于东部新区，因纪念青岛作为五四运动导火索而得名。有大型草坪、音乐喷泉，以及标志性雕塑“五月的风”，后者以螺旋上升的风的造型和火红的色彩，充分体现五四运动反帝反封建的爱国主义基调和张扬腾升的民族力量。广场由市政厅广场、中心广场、海滨公园三部分组成，极富时代精神，集纪念性、集会、休闲、娱乐、游览、观光于一体。在五四广场海滨，可以饱览浮山湾、燕儿岛、太平角等景观。2008年奥运会水上帆船比赛场地就选在浮山湾和燕儿岛。中央电视台等单位为纪念五四运动80周年拍摄制作的以五四广场，特别是“五月的风”主题雕塑为背景的专题节目面向国内外播放后，五四广场在国内外广为人知。五四广场还获得过国家市政工程最高奖——金杯奖、国家建筑工程最高奖——鲁班奖。整个景区的氛围显得宁静典雅、舒适祥和，已成为新世纪青岛的标志性景观之一。

1997年10月22日，五四广场建成开放，占地10万平方米，因纪念青岛作为五四运动导火索而得名。2004年获评全国首批特色文化广场。

音乐广场位于浮山湾畔，东接五四广场，北临少儿活动中心，占地面积为3.6万平方米，是中国最大的以音乐为主题的文化休闲广场。音乐广场有5个功能区：树阵区、偏心广场及软雕塑区、椭圆广场区、音乐观海台和地下购物商场。5个功能区以其不同的表现形式合理分布，组成广场的扇形平面结构。

滨海步行道西起团岛环路，东至石老人，全长约36.9千米，宽3～4米，沿路可以游览栈桥公园、海军博物馆、小青岛公园、石老人海水浴场等主要旅游景点。

东海路和滨海步行道

东海路和滨海步行道将青岛海滨风景区主要景点串联起来，为旅游观光提供交通便利。

东海路自太平角六路至石老人，全长12.8千米，路宽14米，两侧人行道各5米，每侧绿化带10米，总宽度44米。1997年初，市委、市政府决定把东海路建设成为环境一流、设施一流、绿化一流和雕塑一流的海滨旅游风景线。东海路于1997年1月动工，当年12月完成，工程总投资2.7亿元。东海路共有11个园区、48组雕塑。雕塑作品以中华文明和海之情为主题，由建设部副部长叶如棠、全国城市雕塑委员会主任王克庆等13位专家投票评选产生。

滨海步行道西起团岛环路，东至石老人公园，全长约36.9千米。工程总投资约3.8亿元。自2002年起，市政府组织分段建设滨海步行道，并将前海岸线规划建设列为2002年的12件大事之一。滨海步行道宽3～4米，临海而建，部分道路利用原有的海滨道路和人行道，但进行修整、拓宽和完善；部分道路是通过填海和拓展后新修建的。这些道路一部分是水泥路面，在部分海湾和浴场等路段修建临海木栈道。滨海步行道将栈桥公园、海军博物馆、小青岛公园、鲁迅公园、第一海水浴场、八大关风景区、五四广场、石老人海水浴场等主要旅游景点串联在一起，形成一条独具特色的海滨风景画廊。

东海路建成于1997年12月，西起太平角六路，东至石老人，全长12.8千米，沿路有11个园区、48组以“中华文明”和“海之情”为主题的雕塑，并将海滨主要景点串联在一起。

第二节 崂山景区

崂山风景区位于青岛市区东部，距市中心40余千米。景区面积446平方千米，其中风景恢复区面积285平方千米，风景游览区面积161平方千米。绕景区东南的海岸线长87.3千米，形成13个海湾，有大小岛屿16个，海岸、岩礁、奇石星罗棋布，海岸上分布有流清河沙滩、石老人沙滩、仰口沙滩等海水浴场。崂山的最高峰为巨峰，又称崂顶，海拔1132.7米，峰顶面积约1.5平方千米，为崂山主峰，是中国沿海岸线最高峰。

崂山风景区由登瀛、流清、太清、上清、棋盘石、仰口、华楼、北九水、巨峰9个风景游览区和沙子口、王哥庄、北宅、惜福镇、夏庄5个风景恢复区及外缘陆海景点三部分组成，游览景点共有220余个。景区主要旅游特色是仙道、灵树、异石、神窟、沧海、奇云。巨峰旭照、龙潭喷雨、明霞散绮、太清水月、海峤仙墩、那罗延窟、云洞蟠松、狮岭横云、华楼叠石、棋盘仙弈、岩瀑潮音和蔚竹鸣泉被誉为“崂山十二景”。至2005年，崂山风景区景点有221个。其中，历史人文景点47个，自然景点174个。

崂山风景区三面环海，面积446平方千米，是中国大陆沿海岸线第一高山。1982年、2001年先后被批准为第一批国家级重点风景名胜区及4A级景区。

崂山旅游区景点景区一览表

表5-3

主要景区	面积（平方千米）	旅游特色	主要景点
登瀛风景游览区	29.5	“梨雪”、幽深的涧谷、山林野趣	陡阡口、登瀛梨雪、迷魂洞、石屋、石门、石门峰、茶涧、茶涧庙、秋千峀
流清风景游览区	21.3	自然幽静的河谷景观、雄伟壮丽的峰岭山海景观以及流清河为中心的海岛沙滩景观	松顶、流清湾、鲍鱼岛、老公岛、聚仙宫、青龙庵、流清涧、将军槽、流清水库、夹岭河口、三里河口、响水庵、前风峡、铁瓦殿、白云洞、天门洞、天门峰、天门岭、沿海诸景
太清风景游览区	4.2	道教胜境、江南植物区、崂山头的海天山岩奇观及古树名木	太清湾、太清宫、蟠桃峰、丛林游路、驱虎庵、小八仙墩、八仙墩、崂山头、张仙塔、晒钱石、试金湾、钓鱼台、蝈蝈笼顶、土峰顶、老君峰

续表5-3

主要景区	面积（平方千米）	旅游特色	主要景点
上清风景游览区	13.2	道教名胜和自然山水景观	八水河口、梯子石、龙潭瀑、上清宫、明霞洞、万年船、风凉涧、老虎洞、桑石屋、白石头窑、天茶顶、天门后、仙天庵、松涛涧、大石台、青山村、青山湾、黄山崮、望海楼
棋盘石风景游览区	19.6	山海奇观和内向、幽奥、灵异的山林胜境	砥柱石、华严路、华严寺、那罗延窟、八仙石、明道观、泉心河谷、棋盘石、泉心河水库、泉心湾、斐然亭、大圈山、日起石、高石屋、纱帽石、山海崮
仰口风景游览区	22.5	仙山宫殿、海湾沙滩景观	太平宫、白龙洞、犹龙洞、白云洞、关帝庙等道教人文景观，上苑山、狮子峰、觅天洞及仰口雕龙矶、峰山岬角
华楼风景游览区	22.6	奇峰名石、自然山林景观和道教名胜	法海寺、下书院、皇姑洞、石门涧、千尺嶂、石龙崖、笋峰、石门峰、石门岭、石门庵、天落水、华楼宫、聚仙台、福泰庵、万寿宫、迎仙岘、松风口、下华楼、崂山水库、迎仙观、大腿崮、锯齿牙
北九水风景游览区	20.7	自然溪谷、山林景观配以古老的道教文化	菊湾、玉笋峰、三水水库、玉笙洞、骆驼头、飞虎峰、小丹丘、松涛洞、九水村、双石屋、内三水、飞凤崖、锦帆嶂、连云崖、鱼鳞峡、潮音瀑、凉清河谷、蔚竹庵、柳树台
巨峰游览区		崂山最高峰、“海上仙山”	
沙子口风景恢复区		南九水宁静质朴的涧壑山村景色、沙子口海湾风光及奇特的海岸天然海蚀景观	海庙、潮海院、松阳庵、玉清宫、九水庵、十八盘、大福岛、段家埠、彭家庄、北崂、中崂、南崂
王哥庄风景恢复区		海岸线半岛、礁岸景观和大标山东部山林风貌	凝真观、朝阳洞、灵圣寺、龙王庙、塘子观、修真庵、文武港、小蓬莱、蓬莱湾、蓬莱礁、曲家庄、峡口庙等
北宅风景恢复区		白沙河水系山林景观	大崂观、神清宫、灵鹫庵、劈石口、五龙洞、凉泉、我乐村
惜福镇风景恢复区		三标山、二标山、大标山北部、西部山林景观和康成书院	康成书院、林花庵、圣水庵、通真宫、百福庵、书院水库、三标山、傅家埠、科埠、超然庵
夏庄风景恢复区		石门山低山区山林景观	慧矩院遗址、黄石洞、玉液泉、少山、李家沙沟、杏杭、源头、下书院

1979年5月16日，青岛市崂山风景管理处成立后，负责崂山风景区管理工作，并先后组织景点开发以及旅游线路、旅游设施建设。1982年11月8日，崂山被国务院批准为首批国家重点风景名胜区。1992年，崂山被林业部批准为国家森林公园，2001年，崂山风景区被国家旅游局评定为首批4A级景区。

景点开发

1989年后，开发仰口“天下第一寿”“天上的街市”等刻石景点16个。在潮音瀑上新修阶梯水库、修建内七水水库，恢复抗战胜利纪念亭。增设仰口浴场、觅天洞、聊斋故事宫、中国森林历险城等新景点。1997年，崂山奇石馆正式开放，建筑面积2650平方米，投资2000余万元。展出名石精品80多个品种、400多件。有灵璧石、钟乳石、牡丹石、方解石、崂山绿石等大块奇石，以及化石类见长的奇石和田黄石等。巨峰文化墙起点在大河东停车场，终点为巨峰索道下站，全长7.6千米，海岳金山、三丰拳谱、华盖兴道、李昊咏崂、药师千金、敕炼金丹、康成传经、武帝祀神、秦皇觅仙、韦编三绝、紫气东来、周文作易、邑考救父等13个故事被刻上墙。2002年，建设崂山康成书院、巨峰景点、“九水十八潭”等3个项目，共投资1.6亿元。同年，画家范曾多次到崂山考察，对“九水”和“十八潭”进行命名和阐释，撰写《崂泉铭》。巨峰风景游览区开发项目设计乾门、坤门、震门、巽门、坎门、离门、艮门、兑门，于2003年4月26日对游人开放。2000～2003年，修建“巨峰文化墙”雕塑和刻石。其中鸟类展览馆位于太清宫东侧，面积2400平方米，展出各类鸟类标本600余件。由林业部与青岛市林业局联合投资。展馆侧设有箭艺厅和狩猎厅。至2005年，崂山风景区共开发建设景点221个。其中，历史人文景点47个、自然景点174个。开发建设投资达8.03亿元。

旅游线路

崂山旅游线路分陆路、公交线路、海路和山间游览小路。

陆路有南、北、中三条。南路从青岛市内沿香港路东行，经湛山、辛家庄、大麦岛、山东头、石老人、沙子口、登瀛、流清河直至太清宫，或者从青岛市内沿宁夏路东行经青岛大学、大麦岛、山东头、石老人、沙子口、登瀛、流清河直至太清宫。此线沿途有东海路雕塑园、石老人海水浴场、石老人观光园、沙子口雨林谷等景点，可游巨峰游览区；从太清宫沿山路可去明霞洞、上清宫、龙潭瀑、八水河等景点；亦可乘车经垭口、青山、黄山、返岭，前去华严寺、那罗延窟等景点；经返岭前、雕龙嘴、返岭后，登山去白云洞、明道观、棋盘石等景点；继续北行可到仰口景区。北路从青岛市区经李村、夏庄、惜福镇、王哥庄到仰口景区，登山游太平宫、白龙洞、犹龙洞、狮子峰、觅天洞、上苑山等景点；自仰口经返岭后上山可去白云洞、关帝庙、明道观、棋盘石等景点；继续前行到华严寺、那罗延窟等景点；经华严寺向南可通向太清宫等景点。中路从崂山区朱张路或自李村，经北宅、卧龙、大崂观可到北九水景区，登山经双石屋、潮音瀑、蔚竹庵、黑风口到巨峰景区；亦可驱车经北九水、柳树台直去巨峰；经李村、北宅去华楼景区；由李村经汉河、南九水、十八盘、柳树台到巨峰或到北九水，再经劈石口、王哥庄到仰口景区。

公共交通路线1926年开通。80年代，随着崂山旅游业的发展和崂山道路的改善，公交站点延伸可直达崂山旅游景点。同时淘汰旧公交车，开辟旅游专线车。2005年，由市区通往崂山的公共交通路线有：104路（台东至流清河）、110路（台东至北九水）、304路（轮渡至垭口）、311路（团岛至北九水）、312路（团岛至仰口）、802路（轮渡至垭口）。由李村通往崂山的公共交通路线有：106路（李村至垭口）、107路（李村至北九水）、109路（李村至大崂观）、113路（李村至流清河）、123路（李村至仰口）、124路（李村至沙子口）等路线。

海路30年代开通，从前海栈桥处出发，到崂山太清宫附近下船，或者到仰口下船。1989年5月，规划在太清、仰口、八仙礅各修建1座旅游码头，组建1支船队，开通3条分别伸向青岛市区、近海岛屿和沿海景点的海上交通线。至1994年，太清、流清、仰口的海上循环线开通。1996年，青岛市总投资2000万元，在太清宫近海建码头1座，全长150米。其中，主堤长80米，宽8米，吃水深4米，护坡长100米，码头可停泊2艘大中型旅游船和10艘快艇，1998年投入使用。开辟青岛市区由海上乘船进入崂山的海上交通线，以及太清、仰口、八仙墩3条向青岛市区、近海岛屿和沿海景点的海上旅游线。

山间游览小路在明代文人游记中便有记载，如太平宫—明霞洞—上清宫—下清宫—南天门—巨峰—砖塔岭—烟云涧—聚仙宫—登窑—华楼—鹤山；华楼—大崂观—北九水—旱河—登窑—烟云涧—巨峰；太平宫—劈石口—大崂观—华楼—黄石宫—万寿宫等。在清代文人游记中，记载的游览线路有黄石宫—华楼—椎儿崮—乌衣巷—神清宫—九水—登窑—烟云涧—巨峰—上清宫—明霞洞—下清宫—八仙墩—青山—华严庵—那罗延窟—太平宫等。19世纪末20世纪初，德国人整修登山道路，依次编为16条并刻石立碑以指示方向。1982年后，崂山风景区管理委员会多次修整山间游览线路。至21世纪初，崂山登山爱好者开辟了28条串联崂山景点的游览小路。其中，仰口—觅天洞—引点—滑溜口—五叉—天马峰（北）—观景台—五峰仙馆—坤门—石门涧—石屋—防火站—大河东路线，是南北方向较远的一路，也是常走的一条路线。大河东—防火站—参场—黑风口—小石桥—小石屋—内八水—外九水路线则被称为经典路线。

自80年代起，崂山风景区管委会对景区内及进出景区道路多次整修扩建，至2005年，车行道全部达到省二级公路标准。

交通设施

崂山旅游交通设施建设包括旅游公路、登山路、索道、停车场等。

旅游公路建设始于1904年的台柳路，到1914年10月，德国人还修筑了台登路（台东—登窑）、苏乌路（苏家—乌衣巷）等。30年代后，修筑了大庄路（大崂观—王哥庄）、登流路（登窑—流清河）、柳北路（柳树台—北九水）、庄太路（王哥庄—太清宫）、北大路（北九水—大崂观）等旅游公路。1961年修建流清河—垭口公路。1982～1987年，投资1442.8万元，对南线和北线进行7次大整修工程，使全线路基宽度达8米～10.5米，昼夜通行汽车3000辆以上。1988年，全线路况达二级和三级标准，并接通太清宫—垭口、仰口—王哥庄的新线路，使南北连结起来，合称外线。1994～1995年，拓宽整修流清河—垭口、大崂—北九水、惜福镇—仰口等3条旅游干线公路。1998年从石老人国家旅游度假区至大崂村，修筑一条二级公路（南王路段），由南至北纵贯崂山腹地。2001年，建成大河东至前风庵的行车道，全长6.5千米，宽7米；改造拓宽垭口—仰口、大崂—一水等路段，形成贯通崂山各景区的旅游公路网络。至2005年，景区内及进出景区的车行路全部达到省二级公路标准，崂山南线、中线和北线75千米的公路和35千米的旅游步行道改造工程竣工，基本建成“风景区大穿插、游览区小循环”的道路网络。

崂山风景区索道建设始于1990年，至2005年，有太清、仰口、巨峰3条索道营运，总长4000米。图为巨峰索道。

登山路在70年代即多次整修。2000～2001年，整修太清—垭口—明霞洞步行路以及龙潭瀑—上清宫—明霞洞步行道，建设华严寺—那罗延窟步行道。2002年完成巨峰索桥建设。该索桥位于巨峰南，悬索桥长99米，宽2.5米，结构主要为两根主悬索及吊索，由5根桥面索，81块桥面构成。2003年，建八水河—太清停车场步行栈道。2005年，对八水河—龙潭瀑、内三水—六水游览线路进行改造。山区小路可达全部景点。

索道建设始于90年代。1990年4月开始兴建太清索道，1991年4月6日竣工投入运行，是崂山第一条游览观光索道。该索道架设于崂山垭口以西，太清宫和明霞洞之间，全长1200米，高差220余米。1996年10月～1997年5月，投资3000万元，更新改造太清索道。单程运行时间14分钟，共有4人包厢28个，运载能力为每小时800人。仰口索道架设于仰口湾畔至觅天洞口。1992年8月竣工，全长1000米，高差230米，为单线循环双人吊座椅式游览索道。设49排开式座椅，单程运行时间12分钟，运送能力为每小时500人。华楼索道架设于华楼山下东部，全长1600米，为单线循环吊式双人索道。有吊椅100个，单程运行时间40分钟，单程运送能力每小时300人。该索道于2002年8月停止营运。巨峰索道架设于巨峰南麓海拔400米～800米之间。2003年7月投入运营，长1800米，高差400米，时为世界上最先进的单线循环6人吊厢脱挂式索道。单程运行时间15分钟，运送能力每小时达1000人。

2005年，崂山风景区共设置停车场15个，面积13.8万平方米。图为太清旅游码头停车场。

停车场于80年代末开始建设。1994～1995年，新建、扩建流清河、仰口等停车场6个；竣工太清停车场硬化、垭口双层停车场、八水河停车场等3个。1998年，建太清旅游码头停车场，并对北九水停车场硬化。2000年建大河东停车场。2001年，建成登瀛停车场，占地面积11万平方米，改建流清河检票口、大河东、垭口、北九水等停车场4个。至2005年，有大河东停车场、垭口停车场、棋盘石停车场、仰口售票处停车场、北九水观崂停车场等15个，面积达13.8万平方米，基本满足旅游旺季的停车需要。

旅游度假村

1992年开始建设旅游度假村。包括仰口国际旅游度假村、流清河度假村、北九水度假村三部分。仰口国际旅游度假村位于崂山东部仰口游览区内，面积12.36平方千米。其北端为石人河，东部为峰山湾，南部为仰口湾，西部为崂山山体，具有山、海、滩、湾、礁、岛6大要素。度假村每年吸引100多万人次游客前往度假、疗养和避暑观光。北九水度假村位于崂山风景区中部北九水游览区内，面积约40万平方米。空气湿润，气候凉爽，适宜疗养避暑。区域内建有多家企事业单位职工培训中心或度假疗养楼院。流清河度假村位于崂山南麓的流清河游览区，面积约1平方千米。这里是进出崂山的门户，客流量大，每年国内外游客达150万人次，是建设大型娱乐设施及旅游观光、休养度假项目的理想之地。度假村确定西区规划以海滩浴场为重点的旅游活动区，东部由索道站、游艇码头、别墅休假区组成，是集度假、休养、观光、旅游等功能于一身的综合型度假胜地。

第三节 旅游度假区

改革开放后，青岛市经批准设立的旅游度假区包括石老人国家旅游度假区和凤凰岛省级旅游度假区、田横岛省级旅游度假区、琅琊台省级旅游度假区。

石老人国家旅游度假区

位于青岛市区东部，西起南京路与东海路交会处，东到崂山区石老人村。北侧有浮山、金家岭山、午山，南侧为宽阔平缓的沙滩和狭长的岸线，总面积10.8平方千米。该度假区以山海风光、啤酒文化、渔村民俗、美食购物、海洋娱乐为主要特色，划分为综合服务区、海上公园及海上游乐区、度假别墅区、啤酒文化城、高尔夫球场、健身休闲区等功能小区。主要景点有浮山、大公岛省级自然保护区、石老人海水浴场、雨林谷生态园、石老人生态园、海洋娱乐城、海豚表演馆、青岛国际啤酒城、青岛市文化博览中心、海尔科技馆、国际高尔夫球场、颐中体育中心、青岛钻石博物馆等20余个。1992年10月被国务院批准为国家级旅游度假区。至2005年，该度假区

石老人旅游度假区位于市区东部，总面积10.8平方千米，是国家级旅游度假区。总投资180.5亿元，先后建成极地海洋世界、石老人海水浴场等25个大型旅游项目。

有青岛极地海洋世界、青岛现代艺术中心、石老人海水浴场、远洋大酒店等旅游大项目25个，总投资180.5亿元。

海滨风光　石老人国家旅游度假区内有十几千米蜿蜒曲折的海岸带，东西两段为丘陵礁石，中部为海湾，造型奇特的礁石、金色的沙滩和碧波银浪，构成优美的海滨风光。东段西南岬角距海岸100米处有一海蚀柱，高17米，人称“石老人”，周围石壁、礁石、岩洞、海浪形成海景图。中段石老人海滩达55万平方米，多为细粒沙，海面最大浪高8米，最大潮位5.36米，为优良的天然海水浴场。西段为浮山前海蚀阶地，长5.2千米，有海洋公园、海滨雕塑园、滨海步行道（崂山段）、别墅群等设施。临近海岸的烟墩山高56米，罗列的岸礁高10余米，线条流畅，造型优美，为观海、赏涛、垂钓的最佳地段。海域中还有麦岛、赤岛、大公岛、小公岛等4个岛屿可以游览。

浮山景观　浮山面临黄海，九峰并列如屏。从海面上看，浮山飘然于彩云之上，9个山头景致各异，称为“浮山九点”。即使晴天，山腰也常有云雾缭绕，峰顶如浮出云中，称“浮山戴帽”。浮山石壁、石柱、石蛋众多，集中分布于主峰周围，象形石随处可见，具有原始自然风貌。浮山南麓有近代名人康有为、王献唐墓；雏凤顶南坡山坳有朝阳庵遗址，神笔峰下山谷中有荒草庵及明代烟墩遗址等。

青岛雕塑园　坐落于崂山区东海路南部海滨，由室内雕塑艺术馆和室外雕塑公园两部分组成，总规划面积8万平方米，总投资4000余万元。其中室内3800余平方米，以收藏近现代中外雕塑精品为主；园区陈列国内外优秀室外雕塑艺术品。

极地海洋世界　坐落于石老人旅游度假区南面。2004年，在原青岛海豚表演馆、海上乐园、海洋游乐城的基础上投资兴建，集吃、住、行、游、购、娱为一体。青岛极地海洋世界由极地海洋动物馆、海洋科技馆、酒吧休闲餐饮一条街、海景商街、四星级海景酒店、渔人码头等六大功能区构成，总投资2亿美元，占地20.8万平方米。包括极地海洋区、极地冰雪人文区、海洋互动区、海洋生物区、极地海洋动物表演场和休闲商业区。

青岛国际高尔夫球场　位于石老人国家旅游度假区中北部，为18洞国际标准球场，占地1平方千米。球场配套设施完善，设中西餐厅、高级宴会厅、贵宾楼、酒廊、泳池、健身室、壁球场、全天候网球场、桑拿浴室及名牌高尔夫用品专卖店。

石老人海水浴场　东西长2100米，南北宽200多米，沙滩平缓宽阔，沙细水清，浴场总面积达20万平方米，可同时容纳10万人游泳、休闲和娱乐，并可进行多种沙滩、水上竞技活动。2004年10月对浴场进行改造，2005年7月投入使用。改

2004年，极地海洋世界建成并对外开放。总投资2亿美元，占地2.08万平方米，包括极地海洋区、极地冰雪人文区、海洋互动区、海洋生物区、极地海洋动物表演场和休闲商业区。

造后的石老人海水浴场挡浪坝、地下停车场、地下更衣室等设施完备，为青岛市最大的海水浴场。

颐中天然滑草场　位于颐中体育场内西侧，总面积约4万平方米，2001年8月18日正式营业，是山东省第一家滑草场，也是山东省最大的滑草场。滑草场场地采用进口的马尼拉草铺成，这种草的特点是耐践踏，生命力强，根据坡度的不同，场地分为高级区、中级区、练习区和休闲区。游人可以穿上太空式的滑草鞋，也可以坐滑草车草上冲浪。

薛家岛金沙滩位于凤凰岛旅游度假区，全长3500多米，宽300米，呈月牙形，因沙质金黄得名。薛家岛金沙滩是中国沙质最细的沙滩之一，被辟为海水浴场。

凤凰岛省级旅游度假区

1995年11月，经山东省政府批准设立薛家岛旅游度假区。该旅游度假区位于青岛经济技术开发区，规划面积9.8平方千米，总面积27.2平方千米。呈东北西南走向的狭长半岛，东、南、北三面环海，海岸线长54千米，东北部为山地，中部为平原，西南部为丘陵。该度假区以山海风光、渔村民俗、海洋娱乐为特色，并建有现代化游乐中心、海陆运动游乐中心、度假村、太极拳训练中心和以海洋文化艺术为主要内容的游览区、垂钓区。区内有多处沙滩和天然岛屿。其中最长的一处因沙质金黄故得名“金沙滩”，长3.5千米、宽300米，呈月牙形，被辟为海水浴场，是旅游度假区中重要旅游景点之一。金沙滩西南方沙滩，沙质细腻、色泽银白，名为“银沙滩”，全长2000余米。度假区近海还有被誉为“黄海宝石”的国际钓鱼基地竹岔岛、连三岛，以及窟窿山、徐山等主要景点。

1997年7月，首届“金沙滩之夏”文化旅游周举办，翌年改为“金沙滩之夏”文化旅游节，2001年正式定名为中国青岛金沙滩文化旅游节，每年8月在凤凰岛金沙滩举办。2005年4月，薛家岛省级旅游度假区更名为凤凰岛省级旅游度假区。

田横岛旅游度假区

1998年，田横岛省级旅游度假区成立。该旅游度假区位于即墨市东南沿海，由陆域半岛、海域及岛屿3部分组成，以田横岛为中心的8个岛屿及周围18个村庄以及海域面积200平方千米，陆、岛面积共36平方千米。该度假区依山傍海，山清水秀，中部绵延的山峦东高山、巉山、卧虎山属崂山山系，33千米长的海岸线上，沙质细白，地势平缓，海上田横岛、绿岛、女岛等数十个岛屿形态独具特色，是以度假、休闲、娱乐、观光、垂钓为主要特色的综合性海滨旅游度假区。

田横岛位于度假区横门湾内，总面积1.46平方千米，海岸线长8千米。因齐王田横及其五百义士宁死不屈，集体自刎于该岛而得名。岛上南北两坡风格迥异，南坡岬湾相间，礁奇水秀，适宜垂钓；北岸湾深、港静，是游泳、帆船、摩托艇等海上运动项目的极佳场地。其周围海域是富饶的海上牧场，盛产鲍鱼、扇贝、海带等海产品。

田横岛旅游度假区位于即墨东南沿海横门湾畔，由陆域半岛、海域及岛屿3部分组成。1992年起，山东三联集团先后投资3亿多元开发建设田横岛。2001年被评定为3A级景区。图为田横岛游客码头。

1992年，三联集团投资开发田横岛，先后投资3亿多元，建设自陆地半岛至绿岛的跨海大桥，并在田横岛内建起梦海园、九龙居、中国苑三大主体建筑群5.1万平方米。另外，度假区建有6个码头，可供客货轮登陆艇停泊；并拥有5艘客轮、1艘登陆艇、1艘豪华客轮，以方便海上交通接待。

2001年，田横岛旅游度假区被评为国家3A级景区。

琅琊台省级旅游度假区

1995年12月，经山东省政府批准设立琅琊台省级旅游度假区。该旅游度假区北起车轮山，南至台西头，西接琅琊镇，东临黄海，面积9.8平方千米，海岸线长7.8千米，以浪稳水清、沙细滩软而闻名，尤其是长2.7千米的龙湾海滩，被誉为国内著名的“碧波、银浪、金沙滩”。度假区主要有琅琊台景区、王家台后渔家乐民俗游、龙湾海水浴场、青岛国防教育基地等。主要景点琅琊台景区位于度假区海滨，面积1.98平方千米，海拔183.4米，北、东、南三面环海，西面接陆。周代初期，姜太公封齐时作八神，其中四时主祠就立于琅琊山，历代帝王多次来此祭拜。越王勾践在琅琊山起观台

琅琊台风景名胜区位于琅琊台旅游度假区海滨，面积1.98平方千米，包括琅琊台、龙湾、环台沿海风景带及斋堂岛。相传秦始皇3次登临琅琊，筑起琅琊台。琅琊台也是秦方士徐福东渡日本的起航地。

会盟诸侯；秦始皇3次登琅琊，修筑起琅琊台，并刻石纪功；琅琊台也是秦方士徐福率数千童男女东渡日本的起航地。台北面与龙湾相连，东北与“岸海名山”大珠山隔海相望，东面大海有“灵岛浮翠”之称的灵山岛，台前的斋堂岛相传为秦始皇登台时，其侍从斋戒的地方。西部的沐官岛，相传为秦始皇的从官斋沐的地方。西北有越都秦郡故址琅琊城。构成一幅山、海、滩、岛与古城交相辉映的美丽图画。胶南市先后投资5000余万元开发建设起琅琊文化陈列馆、徐福殿、云梯、观龙阁、秦兵马俑布阵馆、御路、琅琊刻石、秦始皇遣徐福入海求仙群雕、望越楼、徐福东渡起航处、亭子兰炮台、鲸馆、徐福街、徐福广场、观龙台、观龙亭、秦阕、观龙桥、海水浴场等20余个景点。2001年，被评定为国家3A级旅游景区。

第四节　市区其他景区

青岛市区除海滨风景区外，其他主要景区包括园林景观、文物古迹等。

园林景观

青岛城市园林以中山公园建设最早。1984年后，市政府集中进行观海山等10大山头公园建设，并对原有园林进行改造完善，是青岛城市园林景观建设的高潮时期。

中山公园位于太平山西南麓。公园以植物品种繁多为特色，有360余种观赏树，计10万余株。解放前曾有“春观樱、夏赏荷、冬溜冰”之说。中山公园樱花会蜚声中外，“东园花海”30年代曾被列为青岛十景之一。1992年，中山公园被青岛市民和游客评选为“青岛十大景观”之一。

动物园位于太平山西北坡，毗邻中山公园，占地31万平方米。1977年，在太平山西南侧另建青岛动物园，并逐步建成鸣禽馆、百鸟笼、猿猴馆、猩猩馆、狮虎山、孔雀园等18个动物舍馆，展出动物120余种1000余只。青岛动物园是青岛的主要旅游景点之一，年游客量达100万人次。

植物园位于太平山东麓、湛山寺西侧，原址为墓地。1979年底由青岛市园林科研所辟建为植物园，面积69万平方米。是植物引种驯化、科普教育、珍危稀植物保存的基地。已有近千余个植物品种在园内试植成活，包括珙桐、苏铁、水杉、红楠等国家重点保护的珍稀危濒植物。

百花苑位于青岛山东麓，前邻中山公园，占地8.25万平方米，1984年建设。园内山势起伏，依地势建成两条水溪及“岁寒三友”“红透金秋”“报春”等10个景点。

海泊河公园位于四方区南端的海泊河畔，占地16.65万平方米。1952年始称阳本公园，又名文化公园。60年代后陆续建成动物笼舍、溜冰场、园林小品、长廊、露天剧场及儿童娱乐设施等。80年代中期始，夏季在园中举办群众性的文化娱乐活动。

观海山公园位于市区南部，胶澳总督府旧址北，海拔66米。原称青石山。1984年，市政府封山建起观海山公园。山头山坡植满雪松、黑松等花草树木，在观海台周围新建扇贝亭、方柱长廊，开辟游山路。该园山小景雅，登台眺望，前海栈桥、小青岛、薛家岛以及海上胜境，尽收眼底。

观象山公园位于市南区中部偏北，海拔79米。“穹台窥象”为30年代青岛的著名景观。1933年，山顶辟建公园。1984年封山育林，兴建观象山公园，园内设游艺室、天文气象科普长廊等。1987年8月在天文观测室北侧落成“万国经度测量纪念碑”，碑名系中国著名天文学家张钰哲手书，为中国天文学界第一座大型纪念碑。1988年公园建成开放。该园融天文科普知识与园林风光为一体。

信号山公园位于市南区中部，海拔98米。20～30年代，已是著名观景地。信号山公园建于

青岛山炮台建于1899年，由南、北炮台和德军青岛要塞地下中心指挥部所组成。1997年，市政府投资修复后对游人开放，是3A级旅游景点、山东省爱国主义教育基地和国防教育基地。

1984年，园内设有花廊、观景台、露天茶座等。新建3座红色球状建筑，成为信号山的标志性建筑，居中为观景转楼，高20米，面积350平方米，设旋转观景厅。

青岛山公园，青岛山又称京山，海拔128米，市区第二高峰。1897年德国侵占青岛后，在青岛山南北各设一个永久性炮台。1984年，青岛山封山建公园。同年，市政府将青岛山炮台列为市级文物保护单位。1987年，青岛山公园建成对游人开放。公园建观景亭、景墙、花廊、石桌、石凳、儿童军事体育场等，为登高观景佳地。1997年，青岛山炮台经整修后对游人开放。

榉林公园位于中山公园东侧的太平山上。太平山原称会山，海拔150余米，为市区第一高峰。1984年封山建园，1986年建成开放。由于园内榉树成片，郁郁葱葱，故取名为榉林公园。公园建有亭、阁和1组花岗岩“大象”雕塑，以及儿童娱乐活动设施、人工湖等。1992年在太平山修建电视观光塔。

贮水山儿童公园位于市北区，海拔90余米。1915年在山北坡修建日本青岛神社，同期建有若鹤公园。1922年中国政府收回青岛后，若鹤公园改为第二公园。1956年命名为贮水山公园。1984年改建为儿童公园，设有小火车、双人飞天、登月火箭等儿童游乐设施，建有12生肖雕塑、露天旱冰场、观景亭、回形廊、彩色乐控喷泉等。

嘉定山公园位于四方区中部，由8个山头组成，最高处海拔110米。1984年封山建园，1985年建成。建有凉亭、棋艺活动室、儿童游艺室、雕塑、园林小品等游乐设施。

北岭山公园位于四方区北部，有大小山头12个，主峰海拔116.3米。1984年封山造园，园内有人工湖、仿古水榭、“鼠宫猫舍”等园林小品，山头建有4座观景亭，北部为文化娱乐区，东北部为儿童活动区，西南部为动物展览区。

楼山公园由东西楼山、小枣园山、坊子街山4个山头组成，最高峰海拔98.2米。1984年辟为山头公园，建有平台与环形廊式观景亭，供游人小憩。

文物古迹

青岛城市建筑受西方文化和欧美建筑流派影响，在境内外享有较高知名度，是城市历史文化的缩影。2000年6月，在山东省公布的300多处历史优秀建筑中，青岛占131处。除八大关建筑群、历史文化街区外，一些优秀历史建筑也成为游览景点。

胶澳总督府又称提督府，位于市南区沂水路11号，始建于1904年，1906年竣工，德国古典式建筑风格。建成后为德国胶澳总督办公之地，故名总督府。该建筑坐北朝南，平面为凹型中轴对称状，主体4层，高约20米。1984年，市政府将其列为市级文物保护单位。1992年6月，山东省政府将其列为省级文物保护单位。

胶澳总督官邸俗称提督楼，位于市南区龙山路26号，德式建筑风格，花园式高级别墅。建于德占青岛时期，建筑面积4000余平方米，楼高30余米。为德国胶澳总督居住所建。1984年，市政府将其列为市级文物保护单位。1992年山东省政府将其列为省级文物保护单位。1996年被列为全国重点文物保护单位。1999年5月，开始以博物馆的形式接待观众，称为青岛德国建筑德式官邸旧址。

圣弥厄尔教堂又称天主教堂，位于市南区浙江路15号，由德籍天主教神甫维昌禄向青岛教区所属各地教徒募集捐款在原天主堂地址进行筹建，1932年开工，1934年建成。1984年市政府将其列为市级文物保护单位。1992年6月，山东省政府将其列为省级文物保护单位。

基督教堂位于市南区江苏路15号，原为旅青德国信教徒作礼拜之用，故称德国礼拜堂。始建于1908年，1910年竣工。德国古堡式建筑，砖石结构，为德占时期建筑精品之一。1980年11月恢复礼拜。1984年市政府将其列为市级文物保护单位。1992年6月山东省政府将其列为省级文物保护单位。

青岛博物馆原是青岛红卍字会所在地。其会址建筑融合不同的建筑风格，从而形成独特的综合性建筑群。黄瓦红墙之内有三进院落。解放后，该建筑群被辟为青岛市博物馆。现馆藏文物5万余件，以明清书画居多。古代陶瓷、玉器、印章、历代货币、善本书也颇丰。建馆以来，先后举办大小型展览数百次，接待观众210万人次。

康有为故居位于福山支路5号。原为德国总督初来青岛时的最早宅第，1923年康有为到青岛时购得此宅后，每年来此住一段时间，直至1927年在青岛病逝。1985年1月25日市政府将康有为故居列为市级文物保护单位。康有为故居的陈列分两部分，一是介绍康有为生平与戊戌变法；二是以故居复原陈列为3个展室。1987年康有为逝世70周年之际修葺开放，1992年进行过整修。

海云庵位于四方区海云街1号，又名大士庵，始建于明朝。1982年12月，海云庵及院内银杏树被列为市级保护文物。1990～1991年，四方区政府筹资120万元对海云庵进行修葺，基本保留其历史原貌。占地800平方米，建筑面积400余平方米。由3个大殿、东西厢房、鼓楼、山门组成。每年农历正月十六为海云庵庙会以及海云庵糖球会。

景区开发

改革开放之后，青岛市区景区开发主要集中在前海一线，市区内开发景区有中国神话洞、青岛啤酒博物馆、青岛梅园等。

中国神话洞位于四方区鞍山二路北端南山公园地下，是利用人防工程建造的旅游景观，面积1万多平方米，1991年10月对外开放。该景点从民族文化宝库中精选近百个神话故事，将300多个各具形态的人物置放于近百个场景中，有静有动，动静结合，生动形象地再现了中国神话中各种艺术形象，向现代人展现一片扑朔迷离、梦幻般的神话世界。美籍华人陈香梅女士游览后，欣然题写五言诗一首："游罢神话洞，温故又知新。春秋真大业，天上人间境。"开业前三年，神话洞旅游总收入超过1200万元。1992年，神话洞被评为"青岛市十大涉外旅游景观"。从1995年起，由于接待游客逐步下降而关闭。

青岛啤酒博物馆位于市北区登州路56号，设立在青岛啤酒百年前的老厂房内。2001年，由青岛啤酒股份有限公司投资2800万元筹建，展出面积达6000余平方米，分为百年历史和文化、生产工艺、多功能区3个参观游览区域。博物馆以青岛啤酒的百年历程及工艺流程为主线，浓缩了中国啤酒工业及青岛啤酒的发展史，集文化历史、生产工艺流程、啤酒娱乐、购物、餐饮为一体，具备旅游的知识性、娱乐性、参与性等特点。

青岛梅园位于李沧区老虎山北麓山坡，三

面环山，一面临水，占地近53.33万平方米，有梅花2万余株，200余个品种，是中国北方最大的梅花园林。园内冬隔朔气，夏纳凉风，山石嶙峋，重岩叠嶂，松柏苍翠，青山绿水，槐花飘香，相益相容，为现代都市中心的“世外桃源”。1999年被农业部命名为“中国梅花之乡”。自1993年起，每年举办青岛梅花节，成为游人们初春赏梅的最佳场所。1999年，中国第六届梅花腊梅展览会在这里举办，来自国内及韩国、日本等国家和地区的100多人参加。

青岛啤酒博物馆设立于登州路56号青岛啤酒百年前的老厂房内，2001年，投资2800万元筹建，展出面积6000余平方米，分为百年历史和文化、生产工艺、多功能区3大区域，是青岛市最成功的工业旅游项目之一。

第五节 市郊其他景区

珠山国家森林公园

位于青岛开发区西部柳花泊街道境内，是2000年12月经国家林业局批准设立的国家级森林公园，面积40平方千米。境内有名称且海拔100米以上的山峰计40余座，主峰小珠山海拔724.9米。境内山清水秀，自然风景优美，位列古胶州八景之首，与崂山隔海对峙，以“东崂西珠”并称，是胶州湾畔新型生态文化旅游胜地。

珠山国家森林公园位于青岛经济开发区西部，面积40平方千米，境内海拔100米以上的有名称的山峰40余座，主峰小珠山海拔724.9米，与崂山隔海相望，并称“东崂西珠”。

小珠山有大裂谷、石林、天梯、天桥、瀑布石、鬼子洞等奇峰怪岩，有可容纳上百人的白石洞等，因其起伏跌宕的峰峦，呈现多姿多彩的景象。林中幽谷景色最美，遍地细软柔嫩的结缕草，蔓延达数千米，谷地其间有涓涓细流，山坡上遍植板栗、山楂、杜鹃、甜杏、石榴等，“春赏杜鹃夏尝果，红叶染秋百果香，漫山裹绿不觉冬”，是小珠山的真实写照。小珠山还是人文荟萃之地，其中国家级重点文物保护单位——齐长城遗址最为有名，此外还有清末农民起义军捻军遗址、佛教名刹朝阳寺、白云寺院、狐仙庙、牛王庙、青龙潭等众多名胜古迹。朝阳寺内有“胶州第一泉”——青龙潭，潭底有一喷涌不竭的山泉，是青岛市重要的淡水鱼垂钓场所。珠山国家森林公园内主要有青岛森林野生动物园、一切智园——陈瑞献大地艺术馆、超群影视城等景区。

青岛温泉旅游度假区

2002年10月，青岛市政府批准成立青岛温泉旅游度假区，是即墨市的重要旅游开发区域，距即墨城区20千米。温泉，原名汤泉，俗称汤上，位于依山傍海的温泉镇。温泉地处夏庄至灵山的断裂带上，泉水储量丰富，出露处均为黑土覆盖，分布面积为6.5平方千米，水温一般在30℃～60℃，最高达93℃。据化验分析，矿泉水总矿化度为每升12克。氯离子约占阴离子总量的97%，钠离子约占阳离子总量的60%，另外含有钾、镁等10多种化学元素，具有较高的医疗与保健价值。

温泉以“山、海、泉”闻名。其四周山峦如黛，东南是碧波大海。这里曾是古皋虞侯的封地，也是汉代王吉、王崇父子的出生和归宿地，留有诸多历史遗迹。50年代以来，这里先后建起青岛温泉工人疗养院、青岛温泉干部疗养院等多个疗养院，改革开放后兴建的中石油青岛温泉度假村、金麒玉麟温泉山庄、中行温泉度假村等旅游度假村，使之形成了以温泉疗养、旅游度假为主的旅游胜地。

汉代王吉墓群位于温泉镇西皋虞村西北1500余米处，三面环山，南朝大海，自北向南顺势低缓，为汉代王吉家族墓地。王吉墓群按前七后八、左五右六之方位定伯仲，棋布于庙嵩山之阳。自公元前49年葬此之后，其子丞相王俊、其孙大司空王崇等后人均葬于此。其后裔至东汉时迁居临沂。整个墓群保存有26座坟茔，基本轮廓还能看出。占地面积约50万平方米。从暴露的墓葬形制看，为砖石结构，墓室用特制大砖砌成，砖的侧面压铸花边，中刻“大吉”字样，字两边饰五铢钱纹，墓底用方砖铺就，下铺木炭以防潮湿。石壁上刻精致的凤鸟图案。出土过纽钟、铜盉及绿釉罐等文物。王吉墓群1982年被青岛市政府列为第一批文物保护单位。

天泰假日海滩位于鳌山湾北侧的温泉镇南黄埠村，浴场有一块长约1000米、宽80米、厚逾0.5米的优质沙滩，有“金沙滩”之誉。金沙滩呈“V”型，左边遍布奇礁怪石，右边青山绿树绵延，颇具诗情画意。这里水净无污染，水柔无激流，水深无漩涡，是消夏避暑的好去处。海水浴场紧靠青岛滨海大道，成为青岛天泰山海泉综合开发项目的重要组成部分，开发建设水平和档次较高。

天泰滑雪场及高尔夫球场位于温泉镇四舍山东麓，距即墨城区25千米处，依山傍海，交通便利。建有滑雪场和高尔夫球场及会所、别墅群。冬季，可开展滑雪运动，于2003年12月营业，吸引大批游客，填补青岛地区旅游滑雪项目的空白；其他项目于2004年10月营业，主要有迷你高尔夫、滑草、迪厅、蒙古包住宿、篝火烧烤等特色项目。

马山国家级自然保护区

马山位于即墨城区西4千米处，由四峰一岭组成，主峰海拔233米，突起于市境西部，因其东西两峰并峙，形如马鞍，故又称马鞍山。其南控胶济铁路，东屏即墨市区，在军事上有重要意义。马山是一座地质宝库，主要有柱状节理石柱群、硅化木、沉积岩构造、接触变质带、水撞崖等独特自然景观。马山因奇特的地质现象被地质专家们誉为“袖珍式的自然地质博物馆”。1993年，马山被山东省政府批准为省级地质遗迹自然保护区，翌年被国务院批准为国家级自然保护区。主要景点有马山石林、玉皇庙、白玉庵、狐仙居、千佛洞等。

胶州三里河公园

位于胶州市新城区，东起温州路，西至福

州路，南临青岛路，北接上海路，总占地31.8万平方米（主地水面面积为10万平方米），得名于新石器时代原始氏族社会的三里河文化。园区依托三里河河道，挖掘和吸收胶州4500年历史文化精髓，结合现代造园手法，建设形成集休闲、娱乐、文化活动、群体健身于一体的综合性游园。

公园以休闲滨水景观带、现代城市聚居广场、自然生态丘地、精品园区、环境小品为特色，以水为核心，通过自然起伏地貌、生态植物群落来创造城市绿肺，并形成“一心二桥三园多丘十八景”的自然山水格局。“一心”指中心水区。水面面积约4.76万平方米，设有100米高喷泉、跑泉等。“二桥”为环绕中心景观区的弧形桥。东侧为斜拱空间变化斜吊杆曲线桥，全桥采用钢结构；西侧为钢木结构的平桥。“三园”包括西区的湿地觅趣园（碧水银滩景区），东区的石文化园、水涧精品（山溪石磬、苇花秋水景区）。“多丘”是改造原有平面空间，堆造连绵山区，充分展示植物景观，形成四季鲜明的立体园林空间。“十八景”是指公园分为18个主题景观区。根据场地的空间特征、植物的观赏特性及生态类型，主题景观区分别是：绿荫畅想、凌波望月、碧水银滩、银湖连樯、春华秋实、星海栈桥、灵岛浮翠、春拂瑶台、水瀑嘉荫、艺苑花语、玉松傲霜、山溪石磬、苇花秋水、秧歌欢舞、幽篁清听、介亭春树、波缘怡境、柳影花堤。

2005年，三里河公园被评定为国家3A级旅游景区。

高凤翰纪念馆

高凤翰（1683～1749），著名的“扬州八怪”之一，一生才华横溢、笔耕不辍，以其超然的左笔书画、篆刻、治砚及韵律十足的诗文蜚声艺坛，并以为官清廉，同情百姓疾苦的高尚品质赢得世人钦佩，为后世留下大量宝贵的精神财富。高凤翰纪念馆位于胶州市南关街道南三里河村西北，占地1万平方米，建筑面积2000多平方米。1993年由胶州市政府投资兴建，1994年对外开放。馆内包括故居、展室、陵园及附设几大部分，主要以收藏高凤翰的艺术作品、研究高凤翰的生平及艺术成就等并向人们进行宣传教育。1994年被青岛市委、市政府命名为青岛市爱国主义教育基地，2001年被国家旅游局评为青岛市首家国家2A级旅游景区。

大泽山风景名胜区

位于平度市北部，主峰海拔737米，因“群山环而出泉，汇为大泽”而得名。

景区分为皇城、西坡、大姑顶、桃花涧、天柱山、御驾山及森林公园等游览区。景区内古迹众多，文物独特。智藏寺为胶东佛教名刹，日照庵相传为泰山老母东游行宫，墓塔林为中国七大塔林之一。500余处古代摩崖、碑刻，文辞优

大泽山风景名胜区位于平度市北部，因“群山环而出泉，汇为大泽”得名。景区内有全国重点保护文物郑文公碑、佛教名刹智藏寺等。

美，书体高雅。“书法胡同”石壁上刻有诗偈10余首，记述明朝时中国佛教界在智藏寺举办的一次佛事盛会，是研究中国佛教历史的重要资料，被誉为佛家之“兰亭”。大泽山西坡南侧有一天然巨佛，形神俱备，佛是一座山，山拥一座佛。位于大泽山西麓东岳石村东南的岳石文化遗址，是山东省重点文物保护单位。位于大泽山主峰西南约10千米处的天柱山上有北魏郑道昭的《郑文公碑》（也称“魏碑”“上碑”），被誉为“中国书法艺术之瑰宝”，1988年3月被国务院确定为全国重点文物保护单位。景区另有许多传说、名人轶事和遗迹，如鬼谷洞孙庞学艺、范蠡涧范蠡西施隐居、汉代赤眉军拒守皇城、隋代杨斯玉箱子石藏书、李世民射石出水、明代户部右侍郎书法家刘耳枝读书处——红屋等。

大泽山的自然地理环境十分适宜于葡萄生长，被农业部命名为“中国葡萄之乡”。全国人大常委会原副委员长王光英题词赞誉：“西有吐鲁番，东有大泽山。”自1987年起，每年9月前后举办葡萄节，吸引四面八方的客人前往旅游观光、开发投资并洽谈经贸。

1992年，大泽山风景名胜区被确定为省级风景名胜区和省级森林公园。

大青山森林公园

位于莱西市西北部的南墅镇，南临青山湖，小（纪）莱（州）省级公路横贯其中，其自然景观丰富、人文景观悠久，是莱西市唯一一个以山地森林风光为主体的自然生态旅游区。

大青山森林公园由主峰大青山、东北峰围子山及大庙山等7座主要山峰和12座小山头组成，主峰大青山海拔278.8米，山势独特。景区内野生动植物种类丰富，共有乔灌木树种43科、127种；草本植物48科、329种；野生鸟类12目、15科、50种；兽类15种。园区森林覆盖率达到90%，中心地带的刺槐林树龄均在20～30年之间，形成每年5月中下旬槐花盛开时“十里大青山，万亩槐花香”的独特景观。园区内有主要山谷5条、山泉5处（均常年喷涌）、中型水库1座、大小塘坝15座。人文景观主要有紫霞阁、狐仙洞、始祖庙、萌山区殉国烈士纪念塔、军事围子墙、石洞等。另外，园区还植有桃树、板栗、酸枣、中华寿桃等多处成片的果树林，其中中华寿桃因其果大、味甘、质优而闻名全国。2001年，大青山被评定为省级森林公园。

莱西湖生态休闲区

位于莱西市区北，距市中心约5千米。始建于1987年，1989年对外开放，年接待中外游客50万人次左右，有“半岛明珠”之称，先后被授予国家3A级旅游景区、国家水利风景区、省级休闲渔业示范点、旅游企业诚信单位等称号。

作为一处独具特色的湖泊型综合性生态休闲区，莱西湖生态休闲区以莱西湖水面为主体，以四周田园风光、林木与自然景观、宗教、民俗文化为依托，既有烟波浩渺的千顷湖面，又有苍松翠柏一望无际的大片天然林地。总面积48平方千米，其中水域面积40平方千米、森林面积8平方千米。湖内盛产鱼类，其中产芝水库鳙鱼和产芝水库大银鱼被认定为国家农产品地理标志登记保护的淡水鱼产品。借此优势，休闲区推出全宴128道“一餐吃遍天下鱼”的“全鱼宴”，享誉胶东。

主要景点有湖滨广场、湖滨公园、钓鱼湖、马银山、堤坝立体花园、西山公园、钓鱼竞技场、直角山等，其中钓鱼湖和垂钓竞技场规划面积60万平方米，可同时为3000多人提供垂钓服务。钓鱼湖内建有融馨岛，规划面积6.67万平方米。马银山位于莱西湖水域东北处，面积16.67万平方米，四面环水，登山远眺，水天一色。山上苍松劲柏，绿树成荫，自然风光秀丽，其岸悬崖高峙，有水拍云崖之奇观，是休闲观光的绝佳去处。

水上娱乐活动项目有垂钓及钓鱼比赛、划艇等各种水上体育活动及军事演习活动、特色餐饮、自助捕鱼、葡萄长廊、儿童娱乐活动、爱国主义教育活动、观光果园、农业风光园、生态湿地观赏等。湖周围建有16米宽的环湖大道，全程近40千米，是自行车比赛的好场所，先后举办“mongoose杯”环莱西湖全国自行车挑战赛、“捷安特杯”环莱西湖全国爬坡王挑战赛等大型比赛。

第六节　特色旅游

青岛的现代旅游始于80年代，在不断改造传统旅游产品和加强旅游资源开发的同时，根据城市的特点，陆续开发出海上旅游、工业旅游、农业观光游等现代旅游产品，其中最具青岛城市特色的是工业旅游、海上观光游和海岛旅游。

工业旅游

工业旅游源于企业的考察接待活动。1996年，青岛啤酒厂作为工业旅游点对社会及境内外旅游团体开放，是青岛工业观光旅游的开始。此后，海尔集团、海信集团、青岛港集团、澳柯玛集团、双星股份有限公司、可口可乐饮料有限公司、青岛金王集团等一大批境内外知名企业也开展各具特色的工业旅游项目。至2005年，青岛市共推出海尔工业旅游、青岛港工业旅游、青岛啤酒博物馆、华东葡萄酒庄园等9个工业旅游示范点。其中，被国家旅游局列为“全国工业旅游示范点”7个：海尔工业旅游、青岛港工业旅游、青岛啤酒博物馆、华东葡萄酒庄园、海信工业旅游、贝雕艺术馆、可口可乐工业旅游，数量仅次于北京位居第二。

青啤工业旅游　早在六七十年代，青岛啤酒厂是全国啤酒行业学习的对象，厂内设有专门接待学习、考察人员的办公室，均免费接待。改革开放后，青岛啤酒厂内设立专门的旅游接待室，主要面对欧美、日本、东南亚等国外参观者和旅游团。1996年，青岛啤酒生产工厂正式作为工业旅游点对社会及境内外旅游团体开放。到青岛啤酒参观的境外团队中，欧美团队占60%，日本、韩国团队约占20%。进入21世纪，来自东南亚、中国港澳地区的参观团队明显增加。2000年，共接待游客16.8万人次，其中外国游客约8万人次。

2003年8月13日，青岛啤酒厂建厂100周年，青岛啤酒博物馆建成开放。青岛啤酒博物馆是青岛啤酒股份有限公司投资2800万元建成的国内唯一一家啤酒博物馆，展出面积6000余平方米。博物馆设立在登州路56号有百年历史的老厂房内，以青岛啤酒的百年历程及工艺流程为主线，用翔实的资料浓缩了中国啤酒工业及青岛啤酒的发展史。博物馆分为百年历史文化、生产工艺、多功能区3个参观游览区域。百年历史文化区域是最具价值的核心区域，游客可以通过详尽的图文资料，了解青啤的悠久历史和独特的企业文化。生产工艺流程区展示青岛啤酒的老建筑物、老设备及车间环境与生产场景。多功能区由品酒区和购物中心组成，游客可以在此尽情品尝不同口味的新鲜青岛啤酒。当年接待游客近20万人次。

海尔工业旅游　海尔集团于1999年2月首次推出公益性简单参观、游览为主的观览游，游人可以免费参观位于海尔路1号的青岛海尔工业园，主要参观海尔中心大楼样品室、海尔文化广场和生产车间。同年6月，海尔科技馆建成并免费对公众开放。为搞好工业旅游，海尔集团成立海尔国际旅行社，配备专门讲解员，为参观者全程讲解，当年接待国内外游客达到24万人次，2001年达到40万人次。2002年6月，开始推出修训游，宾客不仅是简单观览，还可以同海尔的管理者进行互动交流，当年接待国内外游客60余万人次。2003年4月，推出体验游项目，通过让客人亲身参与、动手实践的形式加深对海尔管理及企业文化的快速理解。

至2005年，参观海尔工业园和科技馆，共有6个工业旅游项目可供游客选择，参观点有海尔文化广场、海尔中心大楼样品室、海尔科技馆、海尔大学、信息园海尔立体库、海尔彩电生产线、海尔时空飞碟、海尔特种冰箱生产线、海尔开发区物流中心、海尔商用空调生产线共10个景点。

青岛港工业旅游　青岛港位于胶州湾东、西两岸，沿海岸线排列。90年代后期，青岛港发展成为拥有北港、大港、中港、黄岛油港和前湾港五大港区的全国第三大港、全国第一个国际集装箱中转港，拥有全国最大的20万吨级原油码头、最大的集装箱码头、全国沿海规模最大的集装箱EDI系统、北方最大的矿石码头和现代化煤炭码头，与世界130多个国家和地区的450多个港口建立贸易往来，是国内沿黄河流域和环太平洋西岸重要的国际贸易口岸和中转枢纽港。1999年，青岛港被列为青岛市首批工业旅游示范点之一，被国家旅游局列入首批“全国工业旅游示范点”，海港风貌、码头设施、船舶景观、装卸工艺，以及浓厚的企业文化形成青岛港独具特色的“山水观奇景，海港看世界”的工业旅游风情。

至2005年，青岛港陆续开发出充满生机活力的百年老港区、迅速崛起的东方亿吨大港黄岛新港区、海上豪华游轮观赏港口与城市精华3条旅游线路，共有12个参观区域，成为集知识性、娱乐性、观光性和教育性为一体的特色工业旅游点。在知识性上，通过实地参观和现场交流，使游客能够获取更多外贸、商务、航运等知识；在娱乐性上，设立娱乐点，开展知识问答，使游客乐此不疲；在观光性上，通过船上、码头前沿和高层景点等立体视觉，让游客感受到海港独特的风光；在教育性上，突出运用港口展览馆介绍和宣传港口的沧桑巨变，结合宣传港口企业文化，营造工人伟大、劳动光荣的舆论氛围，增强游客的爱国感。2005年，共接待游客15万多人次，收入2000多万元。

华东葡萄酒庄园　青岛华东葡萄酒庄园创建于1985年，是由英国人迈克·百利按欧洲酒庄模式建造的中国第一座葡萄酒庄园。位于崂山南龙口九龙坡，占地近70万平方米，被誉为中国的“鹰冠庄园”。1991年，华东庄园开始对外接待工作，到此观光旅游的人数与日俱增。结婚的新人也以到华东酒庄摄像为流行时尚，最多时一天可达20多对。华东庄园也是青岛市外事接待的一个重要窗口，法国“地中海东线系列旅游团”多次到华东庄园旅游。

2005年，华东葡萄酒庄园种植各种绿化树木20余万株，草坪绿地逾3万平方米，形成了独具特色的崂山九龙坡葡萄园、葡萄文化长廊、观光厅、雕塑园、华东酒窖、葡萄品种园、九龙潭、花果山、花卉沟、黑松沟、樱桃园、茶园、农家院等13个旅游景点，共有4条别具特色的旅游线路。

海上观光游

80年代，随着旅游业的发展，青岛海上旅游观光逐步形成规模。1981年国家旅游部门转送青岛市的“小青岛号”（中型游船，座位200个）和1982年日本下关市华侨赠送的“栈桥号”（中型游船，座位205个）游船先后投入海上旅游，开辟了前海海上观光线。

1985年，海兴旅行社购得军队退役船只2艘用作海上观光旅游，一艘为“海浪号”，座位150个；一艘为“海花号”，座位150个。同年，青岛港务局“青港交1号”艇下水，从事港内交通兼从事海上旅游观光，座位250个。当年，全市海上各游船游艇共接待游客13.1万人次。1986年，海兴旅行社又购得军队退役船只改装从事海上旅游观光，名“海鹰号”，座位150个。当年，全市共接待海上观光游客11.2万人次。

1988年，青岛港务局的“港燕号”“港鹏号”“港鹰号”陆续下水，从事港内交通兼从事海上旅游观光。其中，“港鹏号”座位532个，“港鹰号”座位400个，“港燕号”曾多次接待过国家元首及重要领导人。当年，青岛市各游船游艇共接待游客12.1万人次。1989年，青岛海洋大学“天使号”下水从事旅游经营，座位96个。当年共接待海上观光游客20.2万人次。80年代末开始，部分青岛市民购买快艇经营海上观光旅游。当时快艇主要在栈桥、海水浴场、鲁迅公园一带运营。

1991年，海兴旅行社再次从军队购得退役船改装从事旅游，名“海燕号”。1992年，青岛远洋公司“远交号”从事海上旅游观光，座位104个。当年，青岛市旅游局成立青岛海上旅游公司，先后从福建、北海船厂、胶南灵山船厂购进15人座、22人座、7人座游艇8艘，分别冠名“天马1～8号”。购得退役的军队平面甲板船并改装成餐饮娱乐船，名“海上娱乐中心号”，从泰国引进降落伞4具，利用“海上娱乐中心号”游船的平面甲板在汇泉湾首次开展水上拖曳伞、观光、餐饮等综合旅游经营活动。青岛海上旅游公司翌年正式营运。

1993年8月，青岛水下高技术服务股份有限公司的“海神号”游船下水从事旅游。该船长28米，宽8.8米，排水量238吨，座位95个，设有客舱、酒吧、舞厅、观光平台、棋牌室、灯光垂钓等休闲娱乐设施，主要经营青岛前海与胶州湾观光游览，票价根据不同客舱为30～70元/人。该船携带的潜水器一次载客18人，可下潜至水下7米，观看海底世界，是中国第一艘有潜水器水底观光的双体豪华旅游船。同年，水上拖曳伞项目投入运营。当年，青岛市共有50吨以上中型游船12艘，总吨位达2000多吨；海上观光线路有前海观光线、胶州湾观光线、崂山观光线以及青岛—灵山岛、青岛—田横岛海上游览线；近海有140艘轻型游艇、12辆水上摩托车、4顶水上拖曳伞以及3艘游钓船、3艘位堑船从事海上旅游活动。全年共接待海上观光游览游客31万人次。

至2005年，全市从事海上观光游的企业有天马、平安、友谊、青钢、威远、航海、祥达等14家，大小旅游船122艘，客位在50人以上、100人以下的大游船共有28艘。海上观光游的主要线路有大小两条航线。一条是小航线，沿途景点海上皇宫、第六海水浴场、前海栈桥、小青岛、海军博物馆、鲁迅公园、水族馆、海产博物馆、电视塔、小鱼山公园、第一海水浴场。票价为成人20元／人，时间40分钟。另一条是大航线，沿途景点海上皇宫、第六海水浴场、前海栈桥、小青岛、海军博物馆、鲁迅公园、水族馆、海产博物馆、小鱼山公园、第一海水浴场、电视塔、东海国际大酒店、第二海水浴场、花石楼、第三海水浴场、海涛园、海趣园、海天大酒店、音乐广场、市级机关办公大楼、海上喷泉、五四广场等，票价为成人30元／人，时间80分钟。停靠的码头主要有五四广场附近的银海格曼码头、中

2005年，青岛市共有海上观光游营运公司14家，运营大小游船122艘。

苑海上广场旅游码头、莱阳路海上旅游码头、海上皇宫码头、鲁迅公园码头等。

海岛度假游

青岛有69个大小岛屿，主要有田横岛、小管岛、三平岛、女岛、绿岛、长门岩岛、潮连岛、大福岛、大公岛、麦岛、小青岛、团岛、竹岔岛、灵山岛、斋堂岛、鸭岛等，总面积21.21平方千米，其中10个岛上有居民常住。青岛的海岛度假游开发始于1992年，由于青岛的海岛大多为小岛，面积小于0.1平方千米的占71%，空间狭小，淡水不足，供电困难，不适合作大规模开发。至2005年，初步开发的有田横岛、灵山岛与竹岔岛3个。

三联集团于1992年开始对田横岛进行开发，2005年实施第二次开发，重点是对田横岛、周边岛屿及陆上十里沙滩毗邻区域进行整体规划和系统开发，开发区域分为海岛高端会务区、海岛风情区、海岛度假区、滨海休闲带等“三区一带”，发展分时度假、公寓式度假、渔村民俗度假和会议度假。

灵山岛是青岛面积最大的海岛，也是中国北方最高的海岛，它拔海而起，山势险峻，是一座典型的火山岛，山海佳景颇多，尤以岛南部的老虎嘴为最。岛上冬少严寒、夏无酷暑，森林覆盖率达71%，其中有许多珍贵植物和鸟类，空气中每毫升负氧离子含量高达1.2万个。周边的海水达到国家一级标准，是加吉鱼及刺参、鲍鱼等海珍品的理想繁衍区域。岛上有诸多垂钓处，是青岛市钓鱼协会的垂钓基地。灵山岛主要开发有赶海、垂钓、潜水、观鸟、海滨野营、登高健身、海鲜美食品尝等渔村风情度假和海上垂钓等度假项目。

竹岔岛是青岛离陆地最近的一个海岛，从市区乘船约1小时可达。岛上悬崖陡峭，松柏常青，风光优美，周围鱼类资源丰富，是垂钓的好处所。主要开发有渔村民俗和海岛垂钓等度假项目。

第二章　规划与管理

第一节　旅游发展规划

1984年，国务院批复《青岛市城市总体规划（1980～2000年）》提出，把青岛市建设成为以轻纺工业为主，经济繁荣，环境优美，科研、文教事业发达的社会主义现代化的风景旅游和港口城市。1999年6月，国务院批复同意《青岛市城市总体规划（1995～2010年）》，明确青岛市城市性质之一为“国家历史文化名城和风景旅游胜地”。在城市总体规划的指引下，先后编制《青岛市旅游发展规划》《青岛市旅游业“九五”计划及到2010年发展规划》《青岛市旅游产业发展总体规划（2001～2020年）》《青岛奥运城市旅游整体规划》等旅游总体规划以及《石老人旅游开发区总体规划》《薛家岛旅游开发区总体规划》《青岛崂山风景名胜区规划》《青岛海滨风景区规划》《大珠山风景名胜区中心区旅游建设总体规划》《青岛珠山森林公园总体设计》《青岛奥运行动规划——旅游专项规划》等一系列旅游区规划和旅游专项规划。同时，市南区、李沧区、城阳区、即墨市、胶南市等区（市）分别编制了各区（市）旅游发展规划。

总体规划

《青岛市旅游发展规划(1994～2010年)》

1993年12月编制完成，是青岛市第一个全面系统的中长期旅游发展规划。该规划确定青岛旅游资源总体特色为“城、海、山浑然一体，具有多元文化特色”，基本类型为沙滩、岬角、名山、小型岛屿、火山熔岩景观、古遗址、宗教建筑、近现代特色建筑、军事遗址、历史名人遗迹、观景地、名泉、奇特与象形山石、海港、疗养院、公园、其他建筑、节日庆典、地方特色产品19类；经过资源组合与评价规划出三级12个景区；首次规划出7项（市南老市区城市风貌，团岛至仰口的海滨风景线，市区和主要景区的山体，海滩、海水与空气，古遗址、宗教建筑、军事遗址、历史名人遗迹等人文景观，即墨温泉的地下水，琅琊台、田横岛、石老人度假区等人文景区的协调建设）重点保护的旅游资源；首次将青岛旅游作为一项经济产业规划，注重产业经营发展与市场开拓。规划出三级国际旅游目标客源市场、三级国内旅游目标客源市场和不同市场的目标客源层；有针对性地规划出海洋休闲娱乐、商务旅游、文化观光、海滨度假、崂山自然风光、会议奖励旅游、国际游船、节庆民俗、专项旅游、购物旅游、海鲜美食等11项中长期系列旅游产品。规划的最终目标是将青岛逐步建设成为具有较高国际知名度的城市逗留型海滨旅游目的地。

1995年，市政府组织对《青岛旅游发展规划（1994～2010年）》进行全面修订、完善和补充。2002年，市旅游局对《青岛市发展旅游总体规划》进行修改、调整、充实、完善，并编制形成《青岛市旅游总体规划》。

《青岛市旅游业“九五”计划及到2010年规划》　1995年编制完成，1998年，《青岛市旅游业“九五”计划及到2010年规划》经市政府批准实施。

规划在“九五”期间，以胶州湾两翼沿海海滨带为主体，以黄金海岸旅游线（团岛湾景区、青岛湾景区、汇泉湾景区、太平湾景区、浮山湾景区、石老人国家旅游度假区）和崂山风景名胜区为重点，辐射带动各市、区旅游景区景点的开发。提出把青岛建设成为旅游环境优美舒适、基础设施配套完善、旅游产品特色和产业带动作用明显、管理服务文明高效，集观光、度假和会议博览于一体的海滨旅游胜地和中国优秀旅游城市。

《青岛市旅游产业发展总体规划（2001～2020年）》　2001年编制完成。根据青岛旅游市场需求、资源分布特点和资源品位，青岛旅游资源开发整体布局以海滨带开发为主体，辐射海域带沿岸岛屿和中间带陆域，有选择地延伸至内陆腹地带，形成“一线、两翼”为重点（一线：滨海交通公路：由胶南市琅琊台景区至即墨市丰城镇与烟台交界处，穿越胶南市、黄岛区、青岛市区、崂山区、即墨市，全长约280千米。沿线建设胶州湾跨海大桥、崂山隧道、五龙河大桥等，串联胶州湾两翼主要旅游景区和度假区，建设一批小城市组团，加快形成滨海经济和城市带。两翼：胶州湾东西两翼滨海地区，是青岛旅游资源的富集区，可进入性和资源品位特色突出，有良好的市场前景和开发潜力，具备近期开发的条件，是青岛旅游开发的重点和主体），辐射带动海岛和陆域旅游资源开发的旅游资源空间开发格局。

青岛市旅游区、旅游景区划分及规划（2001～2020年）

表5-4

格局	旅游区	旅游景区	主体旅游资源	规划建设内容
东翼：青岛主城区、崂山风景区、即墨市的滨海及相邻陆域	青岛城市海滨旅游区	团岛湾景区	团岛鼻（岬角）、灯塔、炮台遗址、“海上皇宫”、八大峡公园、中苑海上广场	规划建设中苑海上广场、旅游码头、海滨公园、游钓俱乐部，建设青岛近海海上旅游基地，开辟至竹岔岛、灵山岛和琅琊台的旅游航线；在团岛鼻规划胶州湾海峡公园；八大峡公园的滨海岸段论证建设145米巨型摩天轮，使之成为2008年奥运会的纪念性景观和青岛市的标志性景观

续表5-4-1

格局	旅游区	旅游景区	主体旅游资源	规划建设内容
东翼：青岛主城区、崂山风景区、即墨市的滨海及相邻陆域	青岛城市海滨旅游区	欧陆建筑风情文化商贸旅游区	天主教堂为中心大量的欧陆式建筑群	规划建设教堂旅游文化广场、中山路、曲阜路、肥城路、浙江路、安徽路等欧式特色商贸旅游街区，在保护历史建筑风貌的基础上，建设旅游步行道、画廊、酒吧、咖啡馆、旅游纪念品市场
		青岛湾景区	栈桥、德国总督府旧址、天后宫、青岛博物馆、德式监狱遗址、小青岛公园、海军博物馆、信号山、总督官邸旧址、观象山、观海山	规划在莱阳路以西的陆域和青岛湾水域重点规划改造扩建中国海军博物馆、青岛湾旅游码头；建设德式监狱博物馆、增建青岛建筑博物馆、历史文化名人纪念馆等，部分名人故居辟为纪念馆，开放供游人参观，建设以天文气象水文科普为内容的观象山天文科学公园
		汇泉湾景区	鲁迅公园、小鱼山、康有为故居、水族馆、海产博物馆、第一海水浴场、汇泉广场	改造第一海水浴场及周边环境，拆除沙滩建筑物，扩大沙滩面积，恢复和保护自然环境；扩建青岛水族馆，增加现代海洋旅游科普项目；美化、绿化汇泉角，作为海上奥运的主要观赏平台和旅游观光点，勘探开发汇泉角炮台遗址并对游客开放
		太平山景区	名人雕塑公园、青岛山炮台、中山公园、榉林公园、太平山、湛山寺	规划建设太平山中央公园；整体规划青岛山公园，优化美化环境，完善步行道和旅游服务设施，形成炮台遗址和山林观光为特色的城市山林公园
		八大关及太平角景区	八大关太平角别墅建筑群、第二海水浴场、第三海水浴场	美化、绿化太平角，作为海上奥运的主要观赏平台和旅游观光点；在汇泉角建设炮台遗址和海滨垂钓公园；第二海水浴场借新婚夫妇拍结婚纪念照之题发挥，突出海誓山盟主题，作好新婚蜜月旅游文章；第三海水浴场突出海上帆船运动主题，在西侧建设防波堤和帆船码头，开展参与性海上体育运动
		浮山湾景区	市政府、五四广场、音乐广场	规划搬迁北海船厂，建设集体育、旅游于一体的大型国际海上体育运动旅游中心和国际豪华邮轮港口，使之成为东部新城区的旅游中心和集散地
	石老人国家旅游度假区		石老人海水浴场、高尔夫球场、海滨雕塑园、海豚表演馆、旅游直升机场和国际啤酒节的主会场青岛国际啤酒城	重点规划建设新的度假酒店和商务酒店，建设游艇帆船俱乐部等项目，完善会展中心、体育中心、文化中心及啤酒城等大项目。2005年，开工建设青岛大剧院；2006年，建成现代艺术中心、石老人海水浴场、会展中心二期；2007年，建成体育馆；2008年，建成极地海洋世界。形成集观光、度假、节会、体育于一体的综合性度假区

续表5-4-2

格局	旅游区	旅游景区	主体旅游资源	规划建设内容
东翼：青岛主城区、崂山风景区、即墨市的滨海及相邻陆域	崂山风景名胜区及外围	巨峰景区	上十八盘、巨峰、柱石高、黄花顶、五指峰、虔女峰、比高崮、灵旗峰、卧羊峰、一线天、自然碑、慈光洞、迷洞、天乙泉、巨峰口、黑风口、滑溜口	规划整修森林公司旧址，介绍崂山人工植树的历史和主要树种，开辟登山茶苑供游客休憩
		太清景区	太清宫、太清湾、钓鱼台、八仙墩、崂山头、蟠桃峰、老君峰	规划逐步拆除太清宫四至范围内的饭店、购物市场，后山建步行道、丘祖殿、观海亭，开放部分道教洞窟和遗迹；宫前建设山门、钟鼓楼、元宸殿，举行崂山道教音乐和武术表演活动
		上清景区	八水河、梯子石、龙潭瀑、上清宫、明霞洞、万年船、风凉涧、老虎涧、桑石屋、天门后、仙天庵、松涛岭、青山湾、黄山崮、望海楼	规划主要整治规范八水河停车场和饭店、购物市场环境和秩序，保护自然植被和景观，整修沿线景点和步行道，增加文化内涵和吸引力，分流太清景区游客
		北九水景区	内九水、外九水、锦矾嶂、冷翠峡、鱼鳞峡、骆驼峰、狮身人面石、潮音瀑、蔚竹庵	突出峡谷观光和水景，形成峰回路转，移步换景的景观特色，严格保护城市水源地，将来逐步迁出区内的餐饮、住宿和经营性建筑
		华楼景区	华楼峰、华楼宫、碧落岩、迎仙岘、凌烟崮、五祖洞、七真洞、重阳洞、法海寺和月子口水库	在严格保护城市水源地的前提下，建设与崂山水库南岸串联的环保旅游道路，开发水库环保旅游船，增加旅游吸引力
		仰口景区	太平宫、关帝庙、白龙洞、觅天洞、白云洞、狮子峰、绵羊石、仙桃石、大仙山、二仙山、上苑山、仰口湾	保护自然植被和景观，人文景观采取保护开发相结合，开辟适宜游人休息的场所
		棋盘石景区	华严寺、那罗延窟、明道观、泉心河、棋盘石、砥柱石、望海门、天茶顶、斐然亭	规划将来修复开放白云洞、明道观等景点，形成旅游环线

续表5-4-3

格局	旅游区	旅游景区	主体旅游资源	规划建设内容
东翼：青岛主城区、崂山风景区、即墨市的滨海及相邻陆域	崂山风景名胜区及外围	流清景区	流清湾、流清河水库、先天庵、青蛙石	规划制定控制性详细规划，划定建设控制区，控制建筑物风格、层高、色彩和容积率，增大绿化率，保护沙滩、护岸林带和水环境，防治污染，避免盲目建设和破坏性开发，适当建设汽车旅馆和青年旅馆，发展渔村家庭度假
		登瀛景区	迷魂洞、登瀛湖、茶涧、石门涧、秋千崮	规划在大河东建设崂山旅游主停车场、游客中心、购物中心和旅游客运中心，开通至崂顶和太清宫的环保旅游车
		崂山外围	城镇、海滨、山峰和道教宫观	建设北宅生态民俗观光果园，开发崂山水库、夏庄法海寺及周边农林业旅游资源；在沙子口湾建设海滨公共绿地，开发戏水拾贝旅游项目；发展旅游商贸购物市场和干海产品市场
	仰口旅游度假区		有3处优质沙滩，建有海水浴场和海尔国际培训中心	依托阳光、沙滩、青山、绿树等自然风光和旅游资源，形成浴场、滨海步行道、酒吧、餐馆、度假酒店等功能要素齐全的度假布局。积极发展高档的国际会议中心、度假酒店、游艇帆船俱乐部等度假项目，建成高尚旅游度假区
	鳌山卫旅游区		鹤山、遇真宫	保护鳌山湾沿海沙滩礁石，留足滨海旅游预留地；开发豹山、东京山民俗文化旅游资源；依托柴岛港，适度开发大小管岛生态旅游和渔村度假旅游
	温泉旅游度假区			规划建设温泉含盐废水处理和淡水污水处理两套排污管道和基础设施，适应不同消费层次和消费需求，开发满足度假游客和一日游游客需求的温泉度假休闲健身旅游产品，搞好环境美化绿化，建设具有国际标准的温泉旅游休闲度假区
	田横岛群旅游度假区		周围散布赭岛、车岛、驴岛、涨岛、猪岛、牛岛、马龙岛。现岛上建有五百义士墓	发掘田横五百义士和齐文化的历史文化内涵，整合现有旅游资源，发展分时度假、公寓式度假、渔村民俗度假和会议度假
	丰城旅游区		雄崖所古城、金口天后宫、小龙山、即墨古县衙。	开发即墨古文化旅游区，对雄崖所古城进行保护性修复，保护和恢复原有的城堡街道格局和建筑物风格，对金口天后宫周边环境进行整治美化，建设旅游停车场等基础设施

续表5-4-4

格局	旅游区	旅游景区	主体旅游资源	规划建设内容
西翼：以现代化港口城区、海滨度假、名胜古迹、山海风光为主题		现代化港口城区	前湾港、颐中汽车城、海尔、海信、澳柯玛、轻骑等大企业工业园区旅游项目和马壕运河、齐长城入海处	规划建设跨海大桥和海底隧道
		薛家岛省级旅游度假区	金沙滩、石雀滩、银沙滩、月亮湾	以北京电影学院创意媒体学院主体项目、青岛海景花园大酒店（薛家岛）、主题影视中心演艺馆为启动项目，建设游艇俱乐部、国际会议中心、海水浴场、度假村、度假酒店等，形成高、中、低档度假产品齐全的海滨旅游度假区
		小珠山景区	齐长城遗迹	完善景区道路和配套基础设施，修复少量人文景点，保护城市水源地、植被和自然生态，作为新城区生态山林公园对市民和游客开放
		灵山湾及胶南城区	优质沙滩、国家森林公园	适合发展森林海滨自然生态旅游，开展龙舟竞赛、皮划艇等水上体育活动和参与性娱乐活动
		灵山岛生态旅游区	火山熔岩景观、熔岩通道地貌和火山砾岩，彩色多层沉积岩带、海蚀蜂窝状礁岩群和深不可测的潮间水洞，老虎口的三层地质断裂带	开发海岛地质地貌观光、渔村风情度假和海上垂钓等度假项目
		大珠山景区	珠山秀谷和石门寺	珠山秀谷景区以自然生态观光为主；石门寺景区建设旅游道路，以奇峰异石和佛教文化景观为主要旅游特色
		琅琊台旅游度假区	海滨旅游度假区；龙湾海水浴场	以秦汉文化和渔村民俗为开发主题，依托琅琊台风景名胜区，发展沙滩娱乐、水上娱乐和休闲活动；发展渔村民俗度假接待设施和渔村特色的参与性旅游活动，建成多样性的海滨旅游度假区
		琅琊台风景名胜区	秦始皇遣徐福出海群雕、登台御路、望越楼、徐福殿、海云阁、琅琊文化陈列馆	严格保护文物资源和自然风貌，充实主景区秦汉文化内容，提高琅琊文化陈列馆的文化含量和品位；开发斋堂岛、沐官岛民俗风情旅游区和渔村风土人情旅游，发展渔村家庭度假，海岛垂钓和游客参与性海上渔业生产、养殖、捕捞活动

续表5-4-5

格局	旅游区	旅游景区	主体旅游资源	规划建设内容
胶州湾沿海区域：胶州、即墨	胶州市		三里河文化遗址、庸谭祠和庸谭墓遗址、高凤翰故居、柯劭忞故居遗址、汉代牧马城遗址、艾山风景区、胶河林海和澄月湖等	以青岛市区赴胶州一日游为产品设计思路，串联自然景区与历史文化遗迹，为市民和国内外游客提供观光度假相结合的城市近郊旅游产品。开发艾山火山海蚀地质奇观和建设艾山东西双石地质公园；结合胶州城市整体规划建设，对三里河文化区进行整体规划，完善基础设施，建设三里河文化遗址博物馆、庸生祠公园；适当开发板桥镇、市舶司、高丽馆、海神庙文化遗址和艾山“风雨三霄”庙特色道教文化景观；开发澄月湖森林公园的旅游度假功能，积极发展高效农业花卉观光旅游
	即墨市		马山国家自然保护区和华山旅游区、即墨城区、小龙山景区、灵山旅游区	积极开发休闲度假、旅游购物、滨海旅游和民俗观光旅游，规划四大旅游区，即即墨市东部沿海及岛屿度假旅游区、华山国际休闲度假旅游区、即墨城区文化商贸旅游区、大沽河观光农业旅游区
陆域旅游纵深区：平度市、莱西市、城阳区、李沧区	平度市		大泽山、天柱山、即墨故城、市内基督教近代建筑	突出农业、葡萄文化特色，把办好大泽山葡萄节与开发农家院生活体验旅游项目更好地结合；规划开发天柱山文化风景区，建设国际书法艺术园林、书法艺术博物馆和必要的修学研究设施；保护大泽山水库的大天鹅越冬栖息环境，建设观鸟设施，开展观鸟活动；保护好即墨故城、基督教建筑群、汉墓群、豹竹涧、徐福村、云山观等古文化遗址，开发平南农业生态观光区，建设东方葡萄城农业生态观光项目
	莱西市		月湖公园、产芝水库、大沽河、大青山	规划利用莱西市的交通、区位优势和经济特色，发展物流中心和农贸大集，保护莱西市天然水泊的生态环境和野生动植物；建设月湖公园广场、洙河滨河公园，开发水上竞技和龙舟竞渡等民俗文化活动，开展水上和冬季冰上体育旅游项目；在产芝水库开发观赏与参与相结合的水产养殖生态科普旅游项目和垂钓基地，发展特色餐饮；开发堤湾水库季节性观鸟生态旅游；开发中华寿桃农业观光项目，建设大青山森林公园和航空运动基地

续表5-4-6

格局	旅游区	旅游景区	主体旅游资源	规划建设内容
陆域旅游纵深区：平度市、莱西市、城阳区、李沧区	城阳区		城阳世纪公园、天香园、莱阳农学院昆虫博物馆、红岛赶海园、红岛休闲渔村、龅峪生态旅游区	在红岛建设滨海公园和旅游度假区，开展海滩拾贝等参与性旅游活动；保护和修复铁骑山等解放青岛主战场遗迹，对游客进行爱国主义和革命英雄主义传统教育；开发崂山水库“饮水思源”工业观光旅游
	李沧区		百果山、都市农业观光园；毕家上流水库；古城顶遗址；康有为原葬墓址；竹子庵、三清洞、明真观、李村基督教堂、仙姑塔、大枣园功名牌坊	根据李沧的资源优势和区位优势，突出花卉旅游、生态旅游以及其他农业旅游的特色，努力挖掘文化内涵，将李沧区规划成为集农业观光、山水休闲度假、商贸集会和工业观光旅游于一体的环境优美、特色鲜明的青岛中心花园

《青岛奥运城市旅游整体规划》 2005年5月实施。该规划首次明确提出“都市度假”概念，规划至2007年底，通过重点规划和开发都市度假、海滨度假、海岛度假、温泉度假、国际邮船度假等多元化度假旅游产品，提升都市度假区及石老人、田横岛、凤凰岛、温泉、琅琊台、仰口旅游度假区的综合度假功能，把青岛市打造成世界知名的帆船之都。规划对涉及游客食、宿、行、购、娱等需求的基础设施全面升级，如2008年前要完成以旅游目的地营销系统（DMS）为骨干的旅游信息化建设。规划自2005年开始加快引进世界知名商业品牌，建设免税商店、都市特色购物街区，发展精品购物游、特色购物游、休闲购物游。规划至2008年，境外客源国家和地区扩展到50个左右；国际游客与国内游客比例从2004年的1：42上升到1：32；境外游客人均消费由2004年的184.93美元提高到700美元，国内游客人均消费由2004年的243元提高到1200元；游客平均停留天数达到4天。

专项规划

1984年，在《青岛市城市总体规划》的指引下，先后编制《石老人旅游开发区总体规划》《薛家岛旅游开发区总体规划》。1993年，国务院批准实施《青岛崂山国家风景名胜区总体规划》后，青岛市进一步加强了旅游区规划工作。至2005年，先后编制实施薛家岛和琅琊台两个省级旅游度假区的总体发展规划、珠山森林公园总体设计，琅琊台风景区规划、艾山风景区规划、中山路商贸旅游区规划、薛家岛旅游度假区概念性规划、夏庄龅峪山会暨首届樱桃节策划方案、月里涧风景区旅游发展规划、珠山风景名胜区中心区旅游建设总体规划、小珠山黄石圈风景区旅游发展总体规划，薛家岛、即墨温泉、仰口、琅琊台、田横岛旅游度假区控制性规划和灵山岛、大管岛、小管岛等岛屿旅游开发总体规划、四方区海云庵民俗文化街区概念规划等旅游区规划30余个。

《石老人旅游开发区总体规划》 1984年8月编制完成。石老人旅游开发区规划开发

3.45平方千米，按总体规划布局，开发区东部为低层别墅区、度假村及相应的商业服务配套设施；中部为国际会议中心、新闻中心、豪华宾馆、超级市场、国际俱乐部等；中部沿海地带规划建设陆上和海滨公园；南部海域建设海水浴场、海上游览区和游艇泊地等；浮山脚下建设电视艺术中心；北部建设高尔夫球场；东北部建设一座中国传统式园林。1992年石老人旅游开发区经国务院批准成为国家旅游度假区后，进一步完善形成《青岛市石老人国家旅游度假区总体规划》。

《薛家岛旅游开发区总体规划》 1984年8月编制完成。薛家岛旅游开发区总体规划布局为4个各具特色的景点游览区：烟台前景点游览区，以海岛中部金色沙滩为主体，建设以“动”为主的现代化游乐中心、海陆运动中心。窟窿山景点游览区，以优雅环境为主体，建设以“静”为主的休养和度假村。连三岛景点游览区，以岛岸怪石林立、浪花栖岸为主体，建设以海洋文化艺术为主要内容的景游区。竹岔岛景点游览区，以海上盛产海鲜为主体，建设服务设施齐全，专供游客品尝海味的垂钓区。

《青岛市城市风貌保护规划》 1989年编制完成。该规划明确提出对国家级、省级和市级文物保护单位实施重点保护。对城市风貌保护区以外地区的新建、改建，严格按总体规划提出的保护点、线、面的要求，延续青岛市历史文脉，保持城市特色。

《青岛崂山国家风景名胜区总体规划》 1993年，国务院批准实施《青岛崂山国家风景名胜区总体规划》。该规划将崂山划分为巨峰、登瀛、流清、太清、上清、棋盘石、仰口、北九水、华楼9个风景游览区和沙子口、王哥庄、惜福镇、北宅、夏庄5个风景恢复区，景区总面积为446平方千米，景点200多个。

1996年，崂山风景区管理委员会委托中国城市规划设计研究院编制完成巨峰游览区、华楼游览区、太清宫景点、八仙墩景点和钓鱼台景点以及景区南部沿海、东部沿海旅游主干道两侧的控制性详细规划，规划总面积16平方千米。

2005年12月，《崂山风景名胜区总体规划（修编）纲要》颁布实施。根据规划，景区总面积扩大为472.25平方千米。巨峰游览区增加6条游览路线（自柳树台方向登山领略上十八盘景点，自流清河方向登巨峰欣赏巨型奇石自然碑，自仰口经滑溜口登巨峰，自内九水经黑风口登巨峰，自石屋涧经黑风口登巨峰，自大河东至崂顶的车行线）。登瀛景区开辟3条游览线路（经凉水河上迷魂涧，遥望大海；上石屋涧、茶涧到达黄花顶、美女峰；上石门涧游览崂山峰岩景观精华）。北九水游览区延伸到黑风口，王哥庄作为崂山外围的旅游城，规划建设港东半岛、小蓬莱半岛两处旅游胜地，沙子口、惜福镇、夏庄等5个旅游镇间接为风景区服务，华楼、北九水、仰口和大河东内的村庄规划成为旅游村。

崂山风景名胜区专题规划 1993年3月，依据国务院批准的《青岛崂山国家风景名胜区总体规划》，制定崂山风景名胜区专题规划。专题规划包括风景保护规划、生物景观规划、旅游点系统规划和居民点系统规划。

风景保护规划将崂山风景区划分为绝对保护区、重点保护区、建设控制区三部分。绝对保护区为风景区内一级景点及景物周围；重点保护区为9个风景旅游区的全部范围和5个风景恢复区的各种规划景点、景物周围一定范围；建设控制区包括所有风景恢复区范围均为建设控制区。风景点系统规划包括景区划分、线路规划、生物景观规划等内容。景区划分为巨峰、登瀛、流清、太清、上清、棋盘石、仰口、北九水、华楼9个风景游览区和沙子口、石老人等5个风景恢复区。线路规划包括建设大河东至前风庵的部分车行线；规划建设太清游览区八仙墩游览小火车；在景区内规划设置绿色循环游览专线车及站点。步行游线为登崂顶的东、南、北登峰道及各游览区内循环生态旅游线路。海上游览为青岛市区至崂山线、沿崂山近海岸线、从崂山通向近海岛屿游线。空中游线主要为巨峰索道。

生物景观规划包括在主要景区和游览沿线规划建设以“七线五林”为主的风景林和两个野生动物驯养实验区，实施退耕还林和荒山绿化两大工程。“七线”，即在流清河—八水河、八水河—上清宫—明霞洞、内三水—靛缸湾、双石屋—蔚竹庵、蟠桃峰—明霞洞、华楼索道沿线、华严寺—明道观沿线重点进行绿化、美化，形成风景林带。“五林”，即规划建设蔚竹林、太清耐冬林、崂顶迎春林、明霞洞樱花林、华楼红叶林等具有观赏价值和一定规模的特色植物林区。“两区”即北九水猕猴、松鼠、梅花鹿野生动物引进驯养试验区和太清钓鱼台鸟类引进驯养试验区。荒山绿化工程主要在垭口至返岭一线，退耕还林工程主要在风景游览区内15度以上的山坡地，包括张坡、前风庵、青山、黄山等周边区域。

旅游点系统规划包括建设“五点”“两中心”“一带”，实现旅游点系统的合理布局。“五点”，即配合新景区的开发，在棋盘石、巨峰、华楼、仰口、北九水建设不妨碍景观的小型服务基地。“两中心”，即在仰口、大河东规划建设功能齐全、服务集中的游客中心。“一带”，即实施好青岛沿海岸带规划景区部分规划。

居民点系统规划将山区居民点划分为发展型、搬迁型、控制型、缩小型等类型。发展型包括沙子口、中韩、王哥庄街道；搬迁型包括北九水核心景区村庄和景区沿海各岛屿居民；控制型包括青山、黄山、仰口等沿海与村庄；缩小型包括景区内其他绝大多数居民点。

《青岛市海岸带旅游功能区划及设施规划》 2004年山东省旅游局委托世界旅游组织编制山东海滨旅游规划，世界旅游组织官员、专家对青岛滨海旅游资源进行实地考察，并将仰口旅游度假区列为省旅游度假区规划优先示范项目。年内，《青岛市海岸带旅游功能区划及设施规划》《青岛市旅游岸线及设施规划》《青岛海滨旅游规划》《青岛城市海滨旅游规划》《青岛海上旅游规划》《青岛度假旅游规划》等文本及主要图则陆续编制完成。

《青岛奥运行动规划——旅游专项规划》 2004年颁布实施。该规划以“相约奥运，扬帆青岛”为主题，突出海洋特色，发挥传统旅游产品和资源优势，塑造青岛“奥运扬帆胜地，海滨旅游天堂”的城市形象。市委、市政府提出建设国际海滨度假城市的战略构想，并确定创建“中国最佳度假旅游城市”的目标。

区（市）旅游规划 青岛市的区（市）旅游发展规划始于90年代初。1992年，《即墨市旅游业发展规划（1992～2000年)(草案）》《胶南市旅游开发总体规划设想》等市旅游专业规划相继完成，区域性旅游专业规划目标更加明确。至2004年，各区（市）结合各自资源特色，陆续完成第一轮旅游规划并印发实施。其中，市南区规划建设贯穿全区的“一纵十横”特色街及景观道路；规划建设青岛“海洋之星”大型观光摩天轮项目和太平山中央公园等项目。市北区规划盘活登州路周边闲置厂房，依托青啤一厂，培育建设啤酒一条街。李沧区在编制完成旅游总体规划指导下，当年即推出2条旅游线路（北部线路，即明真观、大枣园牌坊、大枣园文化广场、十梅庵公园、古城顶遗址；东部线路，即仙姑塔、三清洞、靴子石休闲公园、睡莲科技示范园、水上娱乐场、李沧广场）。

自2005年起，青岛市组织修编第二轮区（市）旅游发展总体规划。

第二节　旅游业管理

改革开放后，青岛市的旅游业逐步由政治接待型向经济经营型转变。1984年实行进一步对外开放后，成立青岛市旅游开发公司，赋予其对外洽谈引进外资和中外合资开发旅游事业的权力，负责全市新开发旅游项目的规划、建设、引进、洽谈，以及开展旅游配套行业的综合经营，集旅游开发、经营与管理为一体。

1985年5月30日，青岛市旅游局成立，对全市旅游业实行统一管理，市旅游开发公司不再具有旅游管理职能。1989年5月，崂山风景区管理委员会成立，全面负责崂山风景区的管理、保护、开发建设和利用。1991年9月，市政府成立旅游事业委员会。1992年，鉴于石老人旅游开发区成为全国第一批试点的国家度假区，青岛市成立区域性旅游管理机构——石老人旅游度假区管理委员会，专门负责旅游资源开发建设与管理。1993年5月17日，青岛市旅游投诉中心成立，对全市旅游投诉案件进行受理、调查和处理。同年5月29日，为对迅速发展的海上旅游实施统一规划、合理保护、有效开发和有序管理，设立青岛市海上旅游管理办公室，具体负责制定发展规划，核发海上旅游经营服务许可证，进行旅游服务质量监督，查处违章行为和处理有关海上旅游投诉事件等。基于海上旅游涉及管理部门多等因素，先后由青岛市公安、边防、规划、海监、港航监督、海洋与水产、工商、物价等8个职能部门，派出业务处长兼任海上旅游管理办公室副主任，通过不定期主任办公例会制度，统一研究审批项目，实施海上管理。同时，各区（市）旅游局相继成立。至1995年，以青岛市旅游局及各区（市）旅游管理机构为核心，辅以区域性旅游管理机构和旅游协调机构的行业管理体系基本形成。

1998年，为统一组织、协调、指导青岛市旅游工作，成立青岛市旅游工作领导小组和旅游专家咨询委员会。同年底，青岛市重大节庆活动办公室成立，作为青岛市重大节庆活动组委会的常设机构，负责青岛市重大节庆活动的市级协调。

伴随全市旅游业的发展，旅游协会、旅游饭店业协会、旅行社协会、饭店和烹饪协会、旅游区（点）协会等行业组织相继成立，并在促进旅游资源开发、提高旅游服务质量、协助旅游事业管理方面发挥积极作用。

旅行社管理

1985年青岛市旅游局成立后，按照国务院《旅行社管理暂行条例》和国家旅游局有关要求，对全市范围内经营旅行社业务的旅游企业进行登记审核，并负责从事一类、二类旅行社业务的申请和从事三类旅行社业务的前置审批。1989年，根据国家旅游局和山东省旅游局的部署，对青岛市3家二类旅行社和14家三类旅行社进行清理整顿，为10家经验收合格的三类旅行社重新进行申报登记，核发旅行社业务经营许可证。至1992年，先后审批成立青岛海兴旅行社、青岛新亚旅行社、青岛旅行社、铁路青岛站旅行社等三类旅行社15家，前置审批并获准成立一类旅行社1家，依法吊销3家二类旅行社和4家三类旅行社的经营许可证。1993年，为发展崂山旅游，先后审批发放135个旅行社业务临时经营许可证，审批成立50家三类旅行社，提请上级旅游部门批准试办1家二类旅行社。1994年，撤销5家长期不经营旅行社业务和效益亏损的三类旅行社。1995年1月1日，国家旅游局颁布《旅行社质量保证金暂行规定》及其实施细则。青岛市旅游局根据国家旅游局第2号、3号令要求，对旅行社质量保证金工作在青岛市一、二、三类旅行社中进行全面部署，组建旅游质量监理所，作为保证金的理赔机构。至年底，全市共有69家旅行社按规定缴纳质量保证金，青岛中国青年旅行社等29家旅行社因不能按期缴纳足额质量保证金而被国家旅游局吊销许可证。

1996年10月国务院颁布的《旅行社管理条例》规定，旅行社分为国际旅行社和国内旅行社两类，青岛市旅游局有权审批国内旅行社。1997年，青岛市顺利完成旅行社类别转换。至2000年底，青岛市共有各类旅行社158家，其中国际旅行社12家、国内旅行社146家。

2000年后，青岛市的入境旅游、国内旅游和出境旅游快速发展，旅行社数量迅猛增长。2001年是新批旅行社数量最多的一年，当年新设立旅行社71家。同时加大对旅行社年度检查力度，2001年和2002年，共吊销8家旅行社的经营许可证。

2003年，青岛市按照“强化硬件、硬化软件、公开透明、阳光操作、进出畅通、市场调节、优胜劣汰”的原则，逐步放开国内旅行社审批。制定《行政审批办事指南》，对审批条件、办事程序、服务承诺、工作纪律、监督方式等作出明确规定，组成资质审查小组，依据审批程序，进行严格审查和现场检查。当年新批国内旅行社25家，同时注销青岛麒麟旅行社等4家旅行社业务许可证。

至2005年，全市共有各类旅行社307家。其中国际旅行社19家、国内旅行社288家，特许经营中国公民自费出国旅游业务的国际旅行社10家。

导游人员管理

1987年2月，青岛市旅游局举办首批国内导游人员培训班。同年12月，国家旅游局发布《导游人员管理暂行规定》。1988年，青岛市落实导游人员持证上岗，受上级旅游管理部门委托，为青岛市二类旅行社考试合格的导游人员颁发导游证，并实施持证上岗的检查。1989年，为参加全国翻译导游人员资格考试合格的84名二类旅行社导游人员和126名三类旅行社导游人员颁发导游资格证书。1993年，对崂山旅游市场开展专项整治，252名定点导游人员经培训合格获证上岗。同年10月，青岛市翻译导游服务公司成立，社会兼职导游人员统一挂靠该公司实施集中管理。1996年10月，青岛市旅游培训中心成立，负责对包括导游在内的旅游从业人员进行考核与培训。全市每年的全国导游人员资格考试、新导游人员岗前培训和在职导游人员的年审培训均由旅游培训中心具体负责实施。

1999年10月国务院《导游人员管理条例》颁布实行后，青岛市停止办理临时导游证。2001年12月，国家旅游局发布《导游人员管理实施办法》，对导游管理制度实行重大改革。青岛被确定为全国22个实行导游IC卡管理试点旅游城市之一。2002年，全市为2300名导游人员更换IC卡国家导游证，并开展导游执业检查。2004年，共现场检查IC卡6450多人次，扣分处理240余人次，对190余名导游人员进行处罚，一次被扣满10分而被吊扣导游证的4人。导游刷卡检查率在全国名列前茅(全国平均9%，青岛达31%以上）。

至2005年，全市共有持证导游3163人。共有青岛市翻译导游服务公司、中国海洋大学导游服务有限责任公司和青岛报业导游翻译服务有限责任公司3家导游服务公司对兼职导游人员进行管理。导游管理的社会化和规范化进一步加强。

旅游饭店管理

1989年，青岛市成立旅游涉外饭店星级评定工作协调小组，经市旅游管理部门审核推荐，青岛华侨饭店被评为二星级旅游饭店，汇文宾馆被评为一星级，石峰宾馆被评为预备三星级。1990年，石峰宾馆和远洋宾馆被评定为三星级和二星级旅游饭店。1991年，海天大酒店和汇泉王朝大酒店获准为四星级旅游饭店。1999年末，青岛市评定星级的旅游饭店39家。其中，五星级2家、四星级3家、三星级14家、二星级13家、一星级7家。

2000年3月31日，国家旅游局印发《关于进一步加快饭店星级评定工作的通知》，下放饭店星级评定权，计划单列市、副省级城市旅游局和地（市）级优秀旅游城市旅游局在各省、自治区旅游局指导下，具体负责本地区三星级（含预备三星级）以下饭店的评定与复核工作，市旅游局星级评定权力扩大。2001年末，全市有星级饭店71家。其中，三星级（含三星）以下饭店数量由1999年的34家增加到62家。2003年，国家旅游局和国家技术监督局第三次修订颁布旅游饭店星级的划分和评定的国家标准，青岛市当年完成62家三星级以下饭店年度复核工作，取消青岛汉河大酒店二星级，青岛利德宾馆、畅海大酒店一星级饭店资格。2004年，全年新批（含升级）星级饭店10家，星级饭店数量达到100家。2005年，新批（含升级）15家，星级饭店数量达到115家。其中，五星级6家、四星级8家、三星级57家、二星级40家、一星级4家。

旅游市场管理

1985年青岛市旅游局成立后，开始对旅行社市场进行清理整治。1987～1990年，根据国家旅游局《关于严格禁止在旅游业务中私自收受回扣收取小费的规定》和《导游人员管理暂行规定》，重点检查整顿治理导游市场和旅游行业私收回扣现象。市旅游管理部门与市物价管理部门共同确定全市各类旅游饭店的房价和经营国内旅游业务收费的毛利率，协商旅游出租汽车的收费标准。制定颁发《青岛市旅游系统出租汽车管理暂行办法》，建立质量监督体系，对旅游系统出租汽车实行统一标志。1991年，对四方区华侨咨询服务公司超经营范围变相接待台胞，扰乱旅游市场的行为进行处罚。对一类、二类旅行社实行经济指标管理。1993年，对崂山旅游市场开展专项整治。规定凡开展经营性崂山旅游活动的非旅游企业须持有青岛市旅游局核发的业务经营许可证或临时经营许可证；所有经营崂山旅游车辆均须配备经培训考核合格持证上岗的导游人员；并张贴崂山旅游价格表和旅游投诉电话标志。先后22次在崂山流清河、太清宫、仰口等处明察暗访230余部旅游车辆和200余名导游员，现场处理违规问题。

1994年，青岛市建立旅游服务质量公报制度，每月公布一次旅游服务质量检查情况，公开曝光受查处的单位和个人。制定《关于严厉打击旅游业中敲诈、勒索等违法犯罪活动，从严治理旅游市场秩序的实施意见》，发布《关于加强崂山旅游管理的通告》，在崂山和前海现场受理投诉。先后查处游客投诉44件，对有敲诈行为的2辆旅游车有关人员交由公安部门处理。1995年，青岛市对旅游涉外单位全面实施定点管理，制定《青岛市国内旅游定点管理办法》，统一岗位服务标准。同时，加强旅游监督管理体系建设，先后从旅游企业、党政机关、新闻单位聘请100名兼职监督员和义务监督员，对规范旅游市场起到良好推动作用。全年共受理游客投诉247件，处结率99.6%。在旅游旺季开展“从严治理旅游市场秩序活动”，重点整顿滥涨价、乱收费、非法经营、索要小费等不法经营行为，查处16家涉外定点单位和55名导游。

1996年，《青岛市旅游管理条例》颁布实施，是青岛市第一部旅游业地方性法规。1997年，对崂山景区、沿海旅游线和主要景点进行全面整治。全年受理旅游投诉178件，处结率达99.8%，为游客挽回经济损失8.6万元。开通“旅游质量信息咨询服务热线”，旅游质监网络由涉外饭店扩展到全行业，同时加大社会公众和新闻舆论的监督力度。1998年，围绕创建中国优秀旅游城市，青岛市先后印发《关于加强旅游市场管理的通告》《关于加强旅游广告管理的规定》等，对旅游市场开展全面治理整顿。开通“9600”旅游咨询服务热线电话，实行服务承诺制，维护旅游者和经营者合法权益，全年共受理旅游投诉197件，处结率99%。对崂山风景区开展“打假清劣”专项治理，查处各类违章案件146件。1999年，重点整治旅游饭店不正当竞争行为。市政府印发《青岛市旅游饭店业举报查处不正当竞争行为办法》，建立青岛市旅游饭店业反不正当竞争监督举报网络。市旅游局、市工商局、市交通局、市物价局组成联合检查组依法进行监督检查，全年共查处违章出租车9辆、违规饭店5家，处罚金额3万元。2000年，全市开展治理非法旅行社、违规广告、旅行社非法门市3个专项治理，取缔5家黑门市。全年共受理投诉251件，处结率为98.4%，为游客挽回经济损失近7万元。

2002年3月28日，《青岛市旅游市场社会监督实施方案》发布实施。当年，全市聘请67名旅游义务监督员。8月，市旅游工作领导小组成立旅游市场打假打非专项整治办公室，由市公安局、市交通局、市工商局、市质监局、市物价局、市卫生局、市城管局、市旅游局等职能部门联合执法。主要针对火车站周边、崂山风景区、旅游购物场所、娱乐场所的旅游市场秩序进行联合执法检查。2005年，青岛市公安部门出动警力10万余人次，加强对旅游景区安全措施、市区道路、停车场等检查管理，检查车辆6万多辆（次），查纠各类违法案件；市交通部门出动检查人员1万余人次，加大对出租“黑车”、旅游“黑车”“黑摩的”、旅游码头、旅游船舶的检查力度，查处各类违章行为1000余次；市工商部门出动执法人员近1万人次，加强对旅游市场经营秩序的管理，处理投诉350多件；市质监部门出动1550多人次，对全市主要旅游区的特种设备和旅游市场进行全过程安全监察和执法检查；市卫生部门成立卫生保障领导小组，检查旅游沿线的饭店和中小餐馆1100多家，落实各项卫生安全措施；市城管部门坚持对商业街、旅游景点等区域进行巡查，依法查处各类违章5万余件，清理游商浮贩1.2万余人次；市宗教部门出动300余人次，对8处对外开放寺观教堂的接待服务、旅游安全事故处置工作进行检查。

第三节　旅游市场开发

改革开放后，随着青岛市旅游业规模的不断扩大，旅游宣传促销活动逐步展开。1985年市旅游局成立后，对旅游市场开发进行统一管理，加强同国内外旅游热点城市的横向联系，加大新闻媒体的宣传力度，对青岛市旅游资源进行全方位宣传促销。1990年，青岛市确立“传统市场与新兴市场并举”和“全面吸引，重点促销”“多形式、多渠道地开展对外促销工作”开发战略，加大境外旅游市场促销。1997年，青岛作为中国旅游年35个王牌旅游城市之一，先后多次组织旅游企业到境外和国内其他地区进行宣传促销。2005年，青岛市实施“奥运旅游促销工程”，开展“青岛奥运之旅”“相约奥运、扬帆青岛”等主题宣传促销活动，使城市知名度进一步提升。全年接待国内外旅游人数2517.4万人次，总收入256.7亿元。

境外市场

改革开放初期，到青岛的境外游客主要是归国旅游观光、探亲访友的港澳台同胞及境外华侨。80年代，日本、美国、德国相继成为青岛国际旅游的主要客源国。至1985年，青岛境外客源市场结构为：一级市场是中国港澳台地区及日本、美国、联邦德国，二级市场是加拿大、法国、英国等，三级市场是意大利、澳大利亚等。青岛的境外旅游宣传促销活动随着入境旅游业规模的扩大而逐步展开。1986年10月，受山东省旅游局委托，青岛市旅游局组团代表山东省参加澳大利亚国家旅游局在悉尼举办的以“假日旅游”为主题的旅游博览会，青岛展台接待社会公众5000余人次，并与澳大利亚、美国、新加坡、马来西亚、新西兰等国家的17家旅行社进行洽谈，推出青岛“风光+气候+度假”旅游项目。1987年，组团赴美国芝加哥市，参加由美国旅游协会举办的“会议与奖励旅游博览会”，青岛展台接待社会公众1.2万余人次，与美国、加拿大、英国、联邦德国等国家和中国香港地区的27家旅行商进行洽谈，同美国国风旅行社达成组团协议。在展销会上推出山东区域旅游项目及青岛国际会议旅游专项。1989年青岛市在获准具有自主外联权后，自联苏联“达拉斯·契甫琴科号”和日本“洋上天使号”两艘外籍游船到青岛观光，是青岛首次自联的外籍旅青观光游船。同年，首次向境外派出常驻促销人员，直接开展招徕业务，自联韩国系列旅游团，初步打开韩国和马来西亚客源市场。当年共自联境外游客2600余人次。

90年代，青岛市确立“传统市场与新兴市场并举”和“全面吸引，重点促销”“多形式、多渠道地开展对外促销工作”的开发战略，不断加大境外旅游市场促销。先后组团参加1990年香港国际旅游博览会、西柏林国际旅游交易会、上海国际旅游交易会，1992年中国旅游交易会，1993年广州国际旅游交易会、柏林旅游展销会、法国巴黎旅游博览会，1994年12月日本东京第六届世界旅游博览会等活动。1995年，为使青岛成为境外游客入出境的黄金走廊，辐射和带动山东乃至沿黄地区旅游业的发展，青岛市配合山东省旅游部门同北京、上海、陕西旅游部门合作，协议形成北京—陕西—青岛、上海—陕西—青岛两条金三角旅游线路。1997年，青岛市作为中国旅游年35个王牌旅游城市之一，先后组织旅游企业13批93人次赴日本、韩国、东南亚、美国、欧洲国家和中国香港、澳门等地区进行对外宣传促销。根据青岛国际客源市场的情况，推出“樱花之旅——日本周”和“金秋之旅——韩国周”等专题活动。其间，随着中国和韩国正式建立外交关系，韩国到青岛游客数量迅速增长。至1997年，韩国成为青岛境外旅游第一客源市场。之后，一直稳居青岛入境游客数量首位。同年6月，青岛—新加坡航线开通。青岛组成35人代表团赴新加坡及马来西亚进行旅游推介。

1998年，针对亚洲金融危机对青岛境外客源市场的影响，青岛市一方面组织旅游企业参加香港、上海、泉州等国际、国内旅游博览会、交易会，赴境外开展专业促销，同时旅游企业和有关部门联手推出旅游特价产品，口岸部门和各航空公司以及铁路、客运部门开辟新的旅游航线和专线。当年第三季度起，青岛市境外客源市场止跌回升。1999年，青岛市共接待境外游客22.77万人次，较1998年增加近3万人次。

进入21世纪后，青岛市的境外促销与交流频繁开展。2003年确定重点开发韩国、日本、德国、中国台湾四大境外市场后，青岛市先后组织赴德国柏林和慕尼黑举行主题为“中国·青岛旅游日”的旅游推介会，赴日本东京、大阪和韩国汉城、釜山、大邱等城市举办“青岛旅游境外推介会”韩国专场、日本专场；接待197人组成的台湾旅游业者大陆观光团；接待马来西亚旅游文化部副部长率领的32人旅游促销团；邀请韩国一般旅游业协会会长率领韩国16个道（城市）的观光协会会长到青岛考察，与9家城市观光协会签订友好合作协议；组织参加在韩国举办的TPO（亚太旅游振兴机构）第一届总会暨釜山国际旅游展。

2005年，青岛市开始实施“奥运旅游促销工程”，使城市知名度进一步提升。先后组团赴美国、澳大利亚、新西兰、印度尼西亚、日本、韩国等12个国家和中国香港、台湾地区，共开展22批次旅游促销活动。并举办“2005感受青岛——境外百名旅行商考察采风”活动，加强与境外重要旅行商的联系。2001～2005年，青岛市境外旅游人数保持21%以上的增长率。2005年，在接待境外游客的国家中，位居前10位的国家和地区是韩国、日本、美国、中国港澳台地区、俄罗斯、德国、马来西亚、新加坡、英国和法国。

1988～2005年青岛市主要客源国入境游客情况统计表

表5-5　　　　单位：人次

年份	日本	韩国	新加坡	菲律宾	泰国	印度尼西亚	美国	加拿大	英国	法国	德国	意大利	俄罗斯	澳大利亚	马来西亚
1988	8807	—	716	33	203	81	5398	1045	7529	828	1724	591	3	88	—
1989	7594	1289	495	300	170	39	3095	347	571	399	1722	350	106	309	—
1990	10026	1999	626	270	406	237	3591	556	712	461	1894	437	542	351	—
1991	12473	4009	726	234	308	263	5512	421	936	371	1520	409	245	395	—
1992	17479	7014	903	452	393	375	7307	826	1062	670	2210	451	378	606	—
1993	21469	11145	2873	710	299	491	4686	871	2064	792	2257	749	444	1000	—
1994	33647	22143	2683	7967	481	1407	7671	1037	1953	3297	3322	947	5425	1078	—
1995	42562	32822	3582	8792	702	2109	6767	1161	1906	1080	3524	795	8483	1116	—
1996	38915	37368	4155	8858	992	1644	7184	1295	2329	1627	3127	1051	7145	1526	—
1997	36559	38149	6228	6598	559	1144	6870	1086	1899	1540	3042	1112	3049	1229	—
1998	40173	45537	8078	5844	552	848	8667	1614	2861	1755	3450	1865	5317	1454	2201
1999	53911	53082	7565	5946	903	877	10919	1844	3008	1813	3811	1463	2707	1722	2686
2000	67215	69787	6321	7947	780	1241	10384	1865	2798	2491	3820	1555	4820	1817	2503
2001	95424	103036	4616	6818	906	1727	10571	2167	2562	2021	4379	1414	5587	2111	3379
2002	130816	152530	4623	7468	1393	2379	12389	2473	2669	1981	4242	1665	6706	2577	6706
2003	94359	150456	3801	2630	749	1273	9568	1700	2272	1807	3748	1508	4544	2337	3658
2004	156374	204779	4650	3613	2089	1846	14130	2531	2955	2619	5165	1774	5509	2811	5240
2005	177121	295111	6060	3459	3261	2349	23284	4397	5744	5164	10646	3963	12062	4257	6900

说明：俄罗斯1990年以前的数据为苏联的统计数据。

境内市场

改革开放初期，青岛国内旅游客源市场开始兴起。随着各种疗养院和疗养活动在青岛的兴建和逐步恢复，疗养客人又开始迅速增长。暑期学生、公务出差人员、疗养客人成为青岛国内旅游客源的主体，旅游团队、自费散客开始增加。1980年，全年接待国内游客达到305万人次，旅游收入0.88亿元。

80年代中期开始，青岛市加强同国内旅游热点城市的横向联系，开辟多条旅游路线。1988年，青岛与天津、大连、秦皇岛等城市首次联合推出“环渤海金项链黄金旅游”线路。

1990年10月，青岛组成35人代表团赴上海参加中国旅游交易会。1991年9月，国家旅游局在青岛举办第二届国内旅游交易会。1992年，青岛市提出“一手抓国际旅游，一手抓国内旅游”，加强国内旅游市场的开发。根据国家旅游局确定的1992中国友好观光年旅游团线，青岛市对旅游产品进行优化组合，先后推出与农民同吃、同住、同乐的民俗旅游、山水观光、度假健身、新婚旅游等专项线路，向国内旅游市场推销。1995年起国家实行每周5天工作制后，年内到青岛的国内游客数达835万人次，比上年增长11%。1997年，青岛市分别在广东珠海、中山、江门、佛山等城市召开青岛旅游推介会，组团参加广州旅游展销会、天津北方地区旅游交易会、1997年山东旅游博览会、曲阜孔子文化节暨旅游交易会、大连全国国内旅游交易会，加强对国内宣传促销。1998年，以“我爱青岛——’98华夏城乡游”为主题，青岛市组织开展一系列旅游、经贸、文化、体育活动。该时期，到青岛的国内游客主要来自交通便利、经济发达和对外开放程度较高的东北、华北、中原及中南地区，主要客源省市为广东、上海、北京、河南及山东。国内游客主要为城市观光与海滨度假两大类型，其中以公务观光、学生暑期海滨度假居多。

2000年，青岛市在春节期间组织开展“青岛人游青岛、山东人游青岛”新春民俗旅游系列活动。先后组织140多家旅游企业参加青岛旅游“大篷车”促销团在山东省内及周边16个城市巡回促销；组织旅游企业并邀请新闻记者分赴闽浙、西北、湘赣、珠江三角洲地区的主要客源市场，大规模进行旅游促销，促销活动跨8个省(自治区)近20个城市。组织参加全国旅游度假区、风景区博览会、北方旅游交易会，2000国内旅游交易会。2003年，青岛市组织开展“青岛奥运之旅——长江万里行”大型促销活动。历时15天，途经上海、苏州、无锡、南京、合肥、武汉6个重点城市并联动辐射连云港、张家港、昆山、常州、常熟、扬州、镇江、黄石8个旅游城市，行程近5000余千米，达成一系列协议或意向。2005年，开展“青岛奥运之旅”“相约奥运、扬帆青岛”等主题宣传促销活动。同时利用参加旅游交易会、专题推介等形式，旅游促销覆盖国内市场。同期，先后与烟台、威海建立联合旅游促销工作机制，并共同推出“中国黄金海岸旅游线”品牌；同沈阳、齐齐哈尔达成双向推介、互送客源协议；同上海达成共同开发日本女青年市场意向；与西安达成包装整合区域旅游精品，携手缔造中国旅游名牌合作意向，并推出“游西安千年古城，看青岛海上都市”为主题的黄金旅游产品；同淄博、泰安、曲阜联合推出以“走近孔子、扬帆青岛、畅游齐都、放歌泰山”为统一形象的齐鲁文化旅游线。

2005年，到青岛的国内游客2449.03万人次，旅游收入222.59亿元，分别比2000年增长91%和1.5倍。

1984～2005年青岛市国内旅游市场主要指标统计表

表5-6

年份	游客量(万人次)	同比增长(%)	旅游收入（亿元）	同比增长(%)
1984	305		0.88	
1985	375	22.95	1.25	45.05
1986	413.3	10.21	1.5	20
1987	461.05	11.55	1.78	18.67
1988	502.06	8.89	2.25	26.4
1989	441.19	-12.12	2.97	32
1990	391.13	-11.35	3.42	15.15
1991	409.73	4.76	3.79	10.82
1992	509.4	24.33	4.99	31.66
1993	560.53	10.14	6.17	23.65
1994	757	34.78	8.65	39.38
1995	835	10.45	47.6	—
1996	902	7.98	50.2	5.3
1997	963	6.74	54.05	7.65
1998	1013.58	5.3	60.59	12.1
1999	1131	11.6	71.6	18
2000	1285.57	13.67	88.7	23.9
2001	1519.13	18.2	102.8	16
2002	1795	18.2	130.62	27
2003	1654.57	-8	121.9	-7
2004	2157.44	30	183.78	51
2005	2449.03	13.5	222.59	21.1

说明：1995年，国内旅游收入实行抽样调查方法统计，统计口径变化，增长率不可比。

出境旅游市场

1983年，中国香港、澳门地区成为青岛出境旅游目的地，青岛市民出境旅游自此起步。1988年，泰国成为中国出境旅游的第一个目的地国家。1990年，增加新加坡和马来西亚两个目的地国家。旅游目的以商务会议、观光旅游及出境探亲为主。由于中国确定出境旅游目的地的速度较慢，90年代，仅确定6个出境旅游目的地国家，主要集中在东南亚和太平洋地区。其间，青岛市有6家国际旅行社被国家旅游局正式批准经营中国公民出境旅游业务。随着青岛经济的迅速发展，部分中等收入的城乡居民具备出境旅游的消费能力，新婚蜜月旅游也开始选择出境旅游方式。加之青岛交通发达，陆续开通中国香港、澳门，新加坡、韩国、日本等直达航班，出境游成为市民节日消费新热点。至1999年，青岛市出境旅游人数达7412人次，比1991年增加近10倍。

2000～2003年，共开放越南、柬埔寨、缅甸、文莱等18个国家。2004年，是中国与外国政府签订协议确定中国公民出境旅游目的地国家最多的一年，全年共开放欧洲、非洲38个国家。截至2005年，与中国签订“中国公民自费出境旅游目的地国家地位协议”（ADS协议）的国家和地区108个，正式开展组团业务的国家和地区达76个。除部分中东和西亚国家之外，几乎包括亚洲、大洋洲和欧洲的所有主权国家和地区。

2001～2005年，青岛市累计出境旅游团队共3333个，出境旅游人数共8.32万人次。

1983～2005年青岛市开放出境旅游目的地国家和地区一览表

表5-7

启动时间	国家（地区）
1983年	中国香港、中国澳门
1988年	泰国（第一个）
1990年	新加坡、马来西亚
1992年	菲律宾
1998年	韩国
2000年	越南、柬埔寨、缅甸、文莱
2002年	尼泊尔、印度尼西亚、马耳他、土耳其、埃及
2003年	德国、印度、马尔代夫、斯里兰卡、南非、克罗地亚、匈牙利、巴基斯坦、古巴
2004年	澳大利亚、新西兰
2004年	日本、希腊、法国、荷兰、比利时、卢森堡、葡萄牙、西班牙、意大利、奥地利、芬兰、瑞典、捷克、爱沙尼亚、拉脱维亚、立陶宛、波兰、斯洛文尼亚、斯洛伐克、塞浦路斯、丹麦、冰岛、爱尔兰、挪威、罗马尼亚、瑞士、列支敦士登
2004年	埃塞俄比亚、津巴布韦、坦桑尼亚、毛里求斯、突尼斯、塞舌尔、肯尼亚、赞比亚、约旦
2005年	北马里亚纳群岛联邦
2005年	斐济、瓦努阿图
2005年	英国、日本、智利、牙买加
2005年	俄罗斯
2005年	巴西、墨西哥、秘鲁、安提瓜和巴布达、巴巴多斯、老挝

1998～2005年青岛市出境旅游主要国家和地区一览表

表5-8

排名	1998年	1999年	2000年	2001年	2002年	2003年	2004年	2005年
1	中国香港	中国香港	中国香港	韩国	韩国	中国香港	中国香港	中国香港
2	中国澳门	中国澳门	韩国	中国香港	中国香港	中国澳门	中国澳门	韩国
3	泰国	泰国	中国澳门	泰国	中国澳门	韩国	韩国	中国澳门
4	新加坡	新加坡	泰国	中国澳门	马来西亚	泰国	泰国	新加坡

续表5-8

排名	1998年	1999年	2000年	2001年	2002年	2003年	2004年	2005年
5	马来西亚	马来西亚	新加坡	新加坡	泰国	新加坡	新加坡	泰国
6	—	韩国	马来西亚	马来西亚	新加坡	马来西亚	日本	日本
7	—	—	—	澳大利亚	日本	日本	马来西亚	马来西亚

2001～2005年青岛市出境旅游统计表

表5-9

年份	出境旅游团队数（个）	旅游人数（人次）	同比增长（%）
2001	340	8282	
2002	374	11106	34.1
2003	460	10001	-9.9
2004	780	16704	67
2005	1379	37155	122.4

第三章　旅游服务

改革开放后，青岛旅游人数逐年增加，旅行社和新型旅游酒店相继兴起，旅游购物活动日趋活跃。尤其是1984年青岛市进一步对外开放后，全市旅游饭店建设进度加快，饭店设施设备日趋现代化。酒店服务从客房餐饮服务为主向商务服务、经贸服务、会议服务以及社交、休闲、健身、娱乐、购物、代办票务、汇兑、洗理等综合服务转变。同时，旅行社服务方式也从原来单一的入境游业务发展到入境、国内、出境旅游三足鼎立的业务结构，从清一色的旅游团队旅游服务发展到团队、散客和自由行等单项委托服务多种旅游服务形式并行的格局。另外，旅游商品品种日益丰富，特色内涵不断提升，旅游购物收入大幅增长。至2005年，青岛市共有星级酒店115家、各类旅行社307家，实现国内旅游收入256.68亿元。

第一节　旅游饭店

改革开放前，到青岛出差或旅游者，只能住单位招待所或小旅馆，接待能力不足，特别是高档酒店接待能力严重不足。1979年，青岛汇泉宾馆正式营业，成为青岛最早的涉外宾馆之一，担负主要外事接待任务。80年代初，中央各部委、省市各部门在青岛形成疗养院建设高潮，先后建设了国家储备局青岛疗养院、水电部青岛疗养院、新华社青岛休养所、经贸部青岛疗养院、化工部青岛疗养院、邮电部青岛疗养院、青岛粮食职工温泉疗养院、齐鲁石化总公司青岛疗养院、解放军第二炮兵青岛疗养院等。1984年青岛实行进一步对外开放后，旅游酒店得到较快发展。1986年3月，青岛市与新加坡高峰机构有限公司合资兴建的石峰宾馆在石老人旅游度假区奠基。1989年9月，青岛第一家星级旅游酒店——二星级华侨饭店诞生。10月，海天大酒店正式对外营业，是青岛市第一家外资酒店。此后，汇文宾馆、八大关宾馆新客房、黄海饭店、东方饭店、华侨饭店、青岛饭店、汇泉王朝大酒店、中旅国际大厦、阿里山酒家等一批旅游饭店相继投入建设或改造。

1988年，华侨饭店、汇文宾馆、海天大酒店、石峰宾馆等装修改造、扩建和新建的旅游饭店相继开业，青岛市旅游接待能力大幅提高。年底，全市宾（旅）馆达到1335家，床位9.16万张（包括各县国营、集体招待所和个体旅馆）。

90年代开始，青岛旅游经济发展迅速，带动青岛酒店业的腾飞。1995年是青岛引入国际酒店品牌取得突破性进展的一年。当年，山东省首家五星级酒店——青岛丽晶大酒店开业。丽晶是卡尔森环球酒店公司旗下的顶级豪华品牌，也是青岛引进的第一个知名国际酒店品牌。同年5月，华美达酒店开业。

90年代中后期，青岛酒店业先后引进凯莱（1996年）、香格里拉（1997年）、贵都（1997年）等知名品牌酒店。至1998年，青岛旅游涉外酒店达到78家，客房突破1万间，分别是1994年的2.3倍和2.7倍。

进入21世纪，中国加入WTO和青岛成为2008奥帆赛举办城市，进一步推动高端酒店的发展。先后引进假日、雅高（法国）、万豪（美国）、圣达特（美国）和凯宾斯基（德国）等国际知名酒店管理集团和国内知名的新锦江饭店管理集团，使青岛知名酒店品牌达到10余家；海誓山盟等4家青年旅馆加入国际青年旅舍组织，填补青年旅馆空白，旅游酒店服务体系进一步与国际接轨。

单体经营酒店为提高市场竞争力也纷纷加入知名的国际酒店联合体组织：弄海园度假村是世界上最负盛名的小型豪华酒店集团(Small Luxury Hotels of the World)的会员；海天大酒店是中国名酒店组织（CFHC）成员；麒麟皇冠大酒店是美国Best Western精品酒店成员之一。

2004年4月，由市旅游局、市旅游饭店业协会联合组建的青岛市经济型宾馆联合体成立，首批共有教师之家、铁道大厦、宏宇大酒店、建设宾馆、大都市酒店、环岛大酒店、胶州阳光大厦、紫罗兰酒店、地矿宾馆、现代人宾馆等20多家经济型宾馆参与，专门迎接越来越多的旅游散客及大众化旅游团队。联合体以“统一识别标志、统一硬件档次、统一卫生标准、统一服务质量、统一最低价格、统一质量检查”的六统一要求，树立其专业化的社会服务形象，取得较好的经济效益。

至2005年，青岛市共有星级酒店116家，其中，五星级7家、四星级9家、三星级57家、二星级40家、一星级4家。其中，73家三星级以上酒店中，38家集中于市南区，占52%；8家位于崂山区，占11%。

1991～2005年青岛主要旅游酒店基本情况表

表5-10

年份	酒店数（个）	职工人数	客房数（间）	床位数（个）	客房出租率（%）	客房平均价格（元）	营业收入总额（万元）	利润总额（万元）	固定资产总额（万元）
1991	29	6607	2127	4041	66.56		21381.39	2256.6	25070.93
1992	31	7118	3334	6767	68.4		30346.17	4199.88	40678.38
1993	32	10379	3761	7417	73.5		40836.06	12454.2	42341.25
1994	34	10483	3844	7850	68.25	462.41	62225.43	13196.81	64195.82
1995	48	12095	6222	12886	61.47	385	114559.87	11995.8	133449.5

续表5-10

年份	酒店数（个）	职工人数	客房数（间）	床位数（个）	客房出租率（%）	客房平均价格（元）	营业收入总额（万元）	利润总额（万元）	固定资产总额（万元）
1996	57	13850	7728	15456	52.28	350.66	88949.57	-10205.99	254155.7
1997	69	15343	9934	20865	49.31	306.22	101969.55	-15063.9	204145.17
1998	78	16060	10432	21000	46.09	303.39	91846.64	-25677.06	245607.51
1999	76	15865	10505	20878	50.92	260.42	105889.55	-24848.7	305439.97
2000	89	15241	11610	20097	54.01	270.46	114848	-19901.95	391534.4
2001	95	17599	13230	24699	56.73	282.15	138659.55	-17051.4	444424.28
2002	79	17692	13460	24878	57	300.37	145800		
2003	94	16558	11264	20352	53	313.27	136900		
2004	100		12819	23323	62	315	218300		
2005	120				64.8	402	204851.8	3585.2	

说明：自2002年起，统计数据只限于星级饭店。

2005年青岛市三星级以上旅游酒店一览表

表5-11

饭店名称	星级	区划	饭店名称	星级	区划
海天大酒店	5	市南	海都大酒店	4	开发区
香格里拉大饭店	5	市南	世纪海丰大酒店	4	开发区
海景花园大酒店	5	市南	世纪大酒店	4	胶州
汇泉王朝大饭店	5	市南	远洋宾馆	3	市南
丽晶大酒店	5	市南	国新饭店	3	市南
颐中皇冠假日酒店	5	市南	德宝花园大酒店	3	市南
麒麟皇冠大酒店	5	崂山	琴畅大酒店	3	市南
东方饭店	4	市南	维也纳大酒店	3	市南
贵都大饭店	4	市南	新地大酒店	3	市南
海情大酒店	4	市南	致远楼宾馆	3	市南
泛海名人酒店	4	市南	东航大厦	3	市南
黄海饭店	4	市南	洁神大饭店	3	市南
索菲亚国际大酒店	4	崂山	花园大酒店	3	市南

续表5-11

饭店名称	星级	区划	饭店名称	星级	区划
府新大厦	3	市南	海林山庄	3	崂山
海润国际商务酒店	3	市南	裕龙大酒店	3	崂山
汇泉湾度假宾馆	3	市南	海尔山庄	3	崂山
青岛饭店	3	市南	海尔国际培训中心	3	崂山
皇嘉酒店	3	市南	宝利华大酒店	3	崂山
华能宾馆	3	市南	华欧集团明珠酒店	3	开发区
地矿宾馆	3	市南	太平洋大酒店	3	开发区
兴安大酒店	3	市南	开发区迎宾馆	3	开发区
惠国宾馆	3	市南	广源发城阳宾馆	3	城阳
五洲大酒店	3	市南	快通大酒店	3	城阳
华侨国际饭店	3	市南	丹顶鹤大酒店	3	城阳
北海宾馆	3	市南	长水大酒店	3	城阳
邮电宾馆	3	市南	渤海湾大酒店	3	城阳
山孚大酒店	3	市南	华洋大酒店	3	即墨
建银大酒店	3	市南	温泉度假村	3	即墨
东晖国际大酒店	3	市南	金麒玉麟温泉酒店	3	即墨
环海凯莱商务酒店	3	市南	胶州东方乐园	3	胶州
榉林园大酒店	3	市北	胶南市国旅大酒店	3	胶南
工贸宾馆	3	市北	东方九九红大酒店	3	胶南
亚海大酒店	3	市北	胶南新泰华大酒店	3	胶南
学苑宾馆	3	市北	杰那希斯大酒店	3	平度
高校香澜宾馆	3	四方	平度宾馆	3	平度
前哨大酒店	3	四方	豪邦度假村	3	莱西
黄金海岸大酒店	3	崂山			

第二节　旅行社

改革开放前，青岛只有2家旅行社，即1958年成立的青岛中国旅行社和1975年成立的中国国际旅行社青岛支社。1984年青岛实行进一步对外开放后，旅行社尤其是三类旅行社（经营中国公民国内旅游业务）得到较快发展。1985年5月，按照国务院发布的《旅行社管理暂行条例》要求，青岛市对旅行社进行重新登记。1987年，青岛市有二类旅行社（不对外招徕，只经营接待第一类旅行社或其他涉外部门组织的外国人、华侨、港澳同胞、台湾同胞来中国、归国或回内地旅游业务）3个，即中国旅行社青岛支社（简称青岛国旅）、青岛中国旅行社（简称青岛中旅）和中国青年旅行社青岛分社（简称中青旅），分别隶属于市旅游局、市政府侨务办公室和共青团青岛市委。从事国内旅游业务的旅行社14家，导游和其他管理人员达373人。1993年，青岛市旅行社发展达到高潮，当年成立旅行社、旅游公司50余家，年底全市旅行社达到99家。其中，一类旅行社（经营对外招徕并接待外国人、华侨、港澳同胞、台湾同胞来中国、归国或回内地旅游业务）1家，二类旅行社3家，三类旅行社95家。

1996年10月，国务院颁布《旅行社管理条例》，规定旅行社分为国际旅行社和国内旅行社两类。1997年，青岛市顺利完成旅行社类别转换。至2000年，全市共有各类旅行社170家，其中，国际旅行社12家、国内旅行社148家，持证导游1236人。2001年，是青岛旅行社数量增长最快的一年，当年新增旅行社71家。

随着青岛旅游业的不断发展壮大，一批国内外知名旅行社品牌先后落户青岛。2002年，国内旅游第一品牌——上海沪春秋旅行社在青岛设立非法人分社，次年成立青岛沪春秋旅行社有限公司。2003年11月18日，由香港中旅国际投资有限公司与青岛新世纪国际旅行社有限公司共同投资合作，在青岛正式成立山东省第一家由港中旅控股的合资国际旅行社——港中旅国际（山东）旅行社有限公司。同年，青岛国旅成为国旅运通休闲旅游服务网络中国首家合作伙伴和国旅运通商务旅行服务网络中国北方地区首家成员，成功将美国运通公司的两大网络“休闲旅游服务网络”和“商务旅行服务网络”引入青岛，为青岛旅行社带来先进的经营理念。2004年，国际旅行社100强排名第六位的中信旅游总公司在青岛设立青岛中信国际旅行社有限公司。知名品牌入驻青岛，使青岛旅行社业的行业整体素质有较大提高，对旅行社的集团化、国际化、品牌化发展起到良好的促进作用。

至2005年，青岛市共有各类旅行社307家。其中，国际旅行社19家、国内旅行社288家，注册导游5200余人。特许经营中国公民自费出国旅游业务的国际旅行社分别是：中国国旅（青岛）国际旅行社有限公司、青岛华青国际旅行社有限公司（简称华青国旅）、青岛境外旅游有限责任公司、青岛中国旅行社、港中旅国际（山东）旅行社有限公司（简称港中旅）、青岛海天国际旅行社（简称海天国旅）、青岛海尔国际旅行社有限公司（简称海尔国旅）、青岛金马国际旅行社、青岛中信国际旅行社、青岛航空国际旅行社、青岛铁路国际旅行社有限公司。

中国国旅（青岛）国际旅行社有限公司

前身是成立于1975年7月10日的中国国际旅行社青岛支社，是青岛市成立较早、规模最大的国际旅行社之一，承担青岛市主要的外事接待工作。1985年国家旅游局下放自主外联权后，该社广泛接触国外旅行社和旅行商，与日本、韩国、美国、德国、马来西亚、泰国、新加坡等国家和中国香港、台湾、澳门地区100多家旅行商社建立稳定的合作关系。1989年经国家旅游局批准，在国旅青岛支社二类社的基础上，成立青岛境外旅游公司（一类社），实行两个牌子、一套机构，从事一类社业务。同年，青岛国旅在国旅系统率先开展国内旅游。1991年、1994年，先后更名为中国国际旅行社青岛分社、青岛中国国际旅行社。1996年，国家旅游局批准青岛国旅为一类旅行社。1997年被国家旅游局批准为青岛市首家特许经营中国公民自费出国旅游业务组团社后，出境旅游业务得到快速发展。2003年，青岛国旅进行体制变革，在原青岛中国国际旅行社的基础上建立股份制有限责任公司。

2005年，青岛国旅业务范围涵盖中国国家旅游局批准的所有可经营项目。公司共有持证导游、领队、管理人员120余人，语种遍及英、日、韩、德、俄语等语种及广东话等方言。当年实现营业收入1.02亿元。

至2005年，青岛国旅先后被评为山东省旅游消费者信得过单位、山东省十强国际旅行社、2000年度山东省优秀旅行社、2004年度山东省优秀国际旅行社、2005年山东省诚信旅游示范单位。

青岛华青国际旅行社有限公司

成立于1994年9月7日，1996年2月8日被国家旅游局批准为一类旅行社。该公司以组织中国公民在境内及出境旅游为主业，同时，招徕、接待外国人，华侨，外籍华人，中国香港、澳门、台湾同胞赴中国大陆观光旅游。2002～2005年，其入境旅游的外联人次和接待人次均稳居全市国际旅行社前三名。2005年，公司下设总经理室、日本第一旅游中心、日本第二旅游中心、韩国旅游中心、亚大欧美旅游中心、中国公民国内旅游中心、票务中心、综合业务中心、财会中心，及青岛胶南营业部，有员工近100人，涵盖英、日、韩、德、俄等多语种。

至2005年，华青国旅先后被评为1997年度山东省十强国际旅行社、2000年度和2004年度山东省优秀国际旅行社，在国家旅游局公布的“2004年度全国国际旅行社100强”中名列第97位。

青岛境外旅游有限责任公司

前身为青岛境外旅游公司，成立于1989年3月11日，隶属于市旅游局。作为中国国际旅行社总社在青岛的代理，行使一类旅行社职能，准予营业，成为青岛市唯一具有经营对外招徕并接待境外游客到中国，以及组织中国公民赴外国及中国香港、澳门、台湾地区探亲旅游业务资格的国际旅行社。

至1993年底，该公司与国旅总社青岛分社实行一套班子、两块牌子同时营业。1994年6月，与中国国际旅行社青岛分社分离，改组为由民航、铁路、饭店等9家单位共同出资组建的青岛境外旅游有限责任公司，注册资金500万元，是山东省首家股份制一类旅行社。主营业务为：招徕、接待境外旅游者来华旅游；组织中国公民国内旅游和赴境外旅游；组织生产和经营旅游商品；承办各类国际、国内会议；安排境外客人商务考察；代理各种机、车、船票务；提供旅游车辆服务。2001年6月，在山东省旅行社行业中率先通过ISO 9001：2000国际质量认证。该公司拥有入境游“乐在中华”、出境游“相约境外”、国内游“真情相伴”等产品品牌，先后被评为山东省旅游行业精神文明建设先进集体、山东省旅游行业先进集体、山东省优秀国际旅行社、山东省旅游消费信得过单位等。

青岛中国旅行社

始建于1958年，是青岛市成立最早的国际旅行社之一。1976年正式定名青岛中国旅行社（原华侨旅行社），具有独立法人资格，系中国中旅集团理事成员，20多年来，成功地组织、接待境内外游客观光旅游、经贸考察，并在此积累丰富的实践经验，形成集吃、住、行、游、购、娱等多种职能于一体的联系网络。拥有一支精通业务，经验丰富，讲求质量，富有朝气的多语种高素质的销售、翻译队伍。近年来，特别是在组织接待大型境内外旅游团体，大型会议，专业商务考察方面取得突出成绩，组接团数量年年位居前茅，取得较好的经济效益和社会效益。设置出境旅游中心、国内旅游中心、外联部、旅游车队、票务部等多个部门，并在市区香港中路、即墨等地设立多个门市部。1998年以来成功接待美国、英国、法国舰队的访华活动。1999～2001年，组织“青啤号”4趟专列3600人畅游港澳；组织包机12架次3000人出游。2001年春节组织青岛—香港—青岛—昆明—青岛包机连续飞行时间12个小时，创山东省同行业包机飞行时间新高，载客共650人。2001年国庆节期间包机青岛—桂林、青岛—贵阳、青岛—北京出游、接待人数860人。

不定期的出游专列及包机有国内北京、昆明、桂林、贵阳、广州、香港、澳门和韩国、新加坡、泰国等国家和地区。青岛中国旅行社2001年顺利通过ISO 9001：2000服务质量管理国际认证。

港中旅国际（山东）旅行社有限公司

是由香港中旅国际投资有限公司与青岛新世纪国际有限公司共同投资合作，1998年1月在青岛批准成立的山东省第一家由港中旅控股的合资国际旅行社。

港中旅国际（山东）旅行社坚持以国内旅游为基础，重点发展入境、出境旅游，借助港中旅国际加盟世界级商旅巨头SYNERGI之际，开拓商务旅游市场；开拓散客业务、建立散客地接平台；加快山东旅游网络和电子商务网络建设，形成以航空带动旅游为特色的批发零售体系，使国内外网络接轨，形成稳定的具有一定规模的入境和出境、国内旅游业务和商务旅游业务流。其入境旅游外联人次一直位居青岛19家国际旅行社之首。2005年，旅行社下设国内组团部、出境部、商务部、欧美亚部、日本部、韩国部、财务部、总经办、国内地接部、票务部，有员工70人。

青岛海天国际旅行社有限公司

成立于1999年11月，为经营国内旅游、入境旅游和国家旅游局特许经营中国公民出境旅游业务的国际旅行社，隶属于海天大酒店。具备举办大型国内、国际会议的能力，在接待国内外商务与旅游客人时，具有集住宿、餐饮、交通、旅游、购物、娱乐一条龙服务的优势。主要业务包括：招徕和接待外国客人来华及境外华人华侨回国旅游观光，组织中国公民赴全国各地旅游观光，组织中国公民出境旅游观光，全国联网与国际联网销售各类国际、国内机票代理销售火车票等。2005年，设有国内旅游中心、出境旅游中心、韩国入境旅游中心、日本入境旅游中心、欧美亚入境旅游中心和票务差旅中心等部门，共有员工67人，涵盖日、韩、英语等语种及广东话等方言。

海天国旅于2001年通过ISO 9001：2000质量管理体系认证，为中国旅行社协会会员。名列2004年度全国国际旅行社100强第98位，被评为2004年度山东省优秀国际旅行社。

青岛海尔国际旅行社有限公司

成立于1999年2月，注册资本300万元，是海尔集团投资设立的综合性旅游企业，业务涉及国内旅游、国际旅游、工业旅游、商务旅游及酒店、餐饮、会展、票务、车队、直升机租赁等行业。公司下设餐饮部、商务旅游部、工业旅游部、科技馆、旅行部、体系支持部、客户商务部、价值观培训部。至2005年，共有员工500多人。旅行部有组团部、地联部、出境部、韩国部、日本部、亚大部、综合业务部等7大业务部门，聚集一批具有从事多年旅游行业的专业人才，并拥有一支日、韩、俄、德等多语种以及广东话、潮州话等方言的导游队伍。

海尔国旅以工业旅游为起点、以商务旅游和观光旅游为重点，同时带动科技及文化旅游，并先后发展观览游、修训游、体验游等多个特色旅游产品，资产和年营业收入以每年50%的速度增长，2004年，海尔工业旅游获“全国工业旅游示范点”称号。

青岛铁路国际旅行社有限公司

成立于1996年6月，是青岛铁路分局多元经营发展中心直属股份制企业，从事国内旅游业务。

2001年3月，铁路国旅首次开通专门针对老年旅游市场的“夕阳红”旅游专列。高品质低价位的特色旅游线路深受老人们的欢迎，如桂林—北海—海南岛、贵阳—昆明、太原、五台山—呼和浩特草原等。2002年，“夕阳红旅游专列”作为青岛市旅游行业中唯一的服务产品品牌予以推广。同年名列中国国内旅游百强旅行社第48位，2004年被国家旅游局批准为国际旅行社。2005年接待组团游客11余万人次、地接游客约18万人次。

2005年青岛市国际旅行社一览表

表5-12

单位名称	批准时间	单位名称	批准时间
青岛境外旅游有限责任公司	1989年3月	海天国际旅行社有限公司	1999年11月
青岛中国旅行社	1991年7月	山东鲁能信谊国际旅行社有限公司	2001年8月
青岛招商国际旅行社有限公司	1994年7月	青岛啤酒国际旅行社有限公司	2001年8月
青岛华青国际旅行社有限公司	1994年9月	青港国际旅行社有限责任公司	2002年
中国国旅（青岛）国际旅行社有限公司	1996年2月	青岛金马国际旅行社有限公司	2004年
青岛航空国际旅行社有限公司	1998年1月	青岛中信国际旅行社有限公司	2004年
青岛远洋国际旅行社	1998年1月	青岛旅行社有限责任公司	2004年
青岛中苑国际旅行社有限公司	1998年1月	青岛铁路国际旅行社有限公司	2004年
港中旅国际（山东）旅行社有限公司	1998年1月	青岛半岛都市国际旅行社有限公司	2005年12月
海尔国际旅行社有限公司	1999年11月		

2005年青岛市国内旅行社一览表

表5-13

单位名称	批准时间	单位名称	批准时间
新亚旅行社有限公司	1986年5月	全总疗养院旅行社	1992年10月
四方区旅行社	1989年7月	远东旅行社有限公司	1992年10月
琴岛旅行社有限公司	1990年1月	冶金旅行社	1992年12月
台东旅行社有限公司	1991年9月	汇工旅行社有限公司	1992年12月
双星旅行社	1992年3月	中国海洋大学旅行社	1993年1月
教师旅行社	1992年6月	天通旅行社	1993年3月
东方旅行社有限公司	1992年7月	黄海旅行社	1993年3月
华运交通有限公司旅行社	1992年7月	黄河旅行社有限公司	1993年3月

续表5-13-1

单位名称	批准时间	单位名称	批准时间
银海旅行社	1993年5月	国通旅行社有限公司	1996年1月
市国内旅游总公司	1993年5月	琴海有限责任旅行社	1996年9月
海帆旅游公司	1993年7月	海航有限责任旅行社	1996年9月
大都市旅行社	1993年7月	事事达旅行社有限公司	1996年10月
北海旅行社	1993年7月	永安假期旅行社有限公司	1996年10月
惠和旅行社有限公司	1993年8月	福达有限责任旅行社	1996年10月
风光旅行社	1993年12月	利群集团旅行社有限公司	1996年10月
友实旅行社	1993年12月	樱花旅行社有限公司	1997年1月
东海岸旅行社有限公司	1994年4月	缘之旅旅行社有限公司	1997年1月
五洲旅行社	1994年4月	中侨旅行社有限公司	1997年1月
海峡旅行社	1994年5月	山水旅行社有限公司	1997年1月
园林旅游服务公司	1994年7月	光大假期旅行社有限公司	1997年1月
海洋旅行社	1995年1月	广辰旅行社有限公司	1997年5月
中孚旅行社	1995年3月	华夏旅行社有限公司	1997年5月
联合假日旅行社	1995年4月	环海旅行社	1997年5月
春秋旅行社	1995年4月	瀛洲旅行社	1997年5月
凤凰假期旅行社	1995年6月	通世旅行社	1997年5月
新华旅行社	1995年6月	雨浓旅行社有限公司	1997年5月
锦华旅行社有限公司	1995年9月	海滨旅行社有限公司	1997年11月
龙山旅行社	1995年9月	海马有限责任旅行社	1997年12月
亚太旅行社有限公司	1995年9月	建银旅行社有限公司	1998年4月
新兴旅行社	1995年11月	海鸥旅行社有限公司	1998年4月
金海湾旅行社有限公司	1996年1月	新御苑旅行社有限公司	1998年6月

续表5-13-2

单位名称	批准时间	单位名称	批准时间
金龙旅行社有限公司	1998年6月	卫康旅行社	1999年4月
新桥旅行社有限公司	1998年6月	公交顺达旅行社有限公司	1999年5月
金桥旅行社有限公司	1998年6月	报业有限责任旅行社	1999年5月
同人旅行社有限公司	1998年6月	电力有限责任旅行社	1999年5月
万得福旅行社有限公司	1998年7月	福达有限责任旅行社	1999年5月
新中旅行社有限公司	1998年8月	海航有限责任旅行社	1999年5月
工贸旅行社有限公司	1998年8月	海华有限责任旅行社	1999年5月
环球旅行社有限公司	1998年8月	海马有限责任旅行社	1999年5月
国海旅行社有限公司	1998年8月	华商有限责任旅行社	1999年5月
世元旅行社有限公司	1998年8月	邮政有限责任旅行社	1999年5月
榉林园旅行社有限公司	1998年8月	绿岛旅行社有限公司	1999年5月
康辉旅行社有限公司	1998年11月	莱西运通旅行社有限公司	2000年1月
蓝天旅行社有限公司	1998年11月	青青假期有限责任旅行社	2000年1月
卓琴旅行社有限公司	1998年11月	华兴有限责任旅行社	2000年1月
泛海旅行社有限公司	1998年11月	现代有限责任旅行社	2000年1月
天地旅行社有限公司	1998年11月	江山有限责任旅行社	2000年1月
天马假期旅行社有限公司	1998年11月	青岛之春有限责任旅行社	2000年1月
友好旅行社有限公司	1999年1月	阳光海岸有限责任旅行社	2000年1月
阳光假日旅行社有限公司	1999年2月	颐贺假期旅行社有限公司	2000年1月
铁路畅通旅行社有限公司	1999年2月	名都观光旅行社有限责任公司	2000年1月
华宫旅行社有限公司	1999年2月	名人旅行社有限公司	2000年1月
东方假日旅行社有限公司	1999年2月	明珠有限责任旅行社	2000年1月
海青有限责任旅行社	1999年3月	东西观光有限责任旅行社	2000年1月
华威有限责任旅行社	1999年3月	飞翔旅行社有限公司	2000年1月

续表5-13-3

单位名称	批准时间	单位名称	批准时间
风情假期有限责任旅行社	2000年1月	世坤旅行社有限公司	2000年1月
华旅旅行社有限公司	2000年1月	平安旅行社有限公司	2000年1月
牵手有限责任旅行社	2000年1月	平凡旅行社有限公司	2000年1月
乾坤旅行社有限公司	2000年1月	环宇旅行社有限公司	2000年1月
飞翔旅行社有限公司	2000年1月	辉煌假期旅行社有限公司	2000年1月
中青旅行社有限公司	2000年1月	家家乐旅行社有限公司	2000年1月
白云假日旅行社有限公司	2000年1月	光大旅行社有限公司	2000年1月
海情观光旅行有限公司	2000年1月	颐海旅行社有限公司	2000年1月
海王星有限责任旅行社	2000年1月	琅琊台旅行社有限公司	2000年7月
神州旅行社有限公司	2000年1月	商会旅行社有限公司	2000年7月
华海老年旅行社有限公司	2000年1月	新城旅行社有限公司	2001年1月
友谊旅行社有限公司	2000年1月	百乐假期旅行社有限公司	2001年1月
双圣旅行社有限公司	2000年1月	宝丽假期旅行社有限公司	2001年1月
开鑫旅行社有限公司	2000年1月	中铁旅行社有限公司	2001年1月
太平洋旅行社有限公司	2000年1月	海洲旅行社有限公司	2001年1月
泰和旅行社有限公司	2000年1月	和平假期旅行社有限公司	2001年1月
华悦旅行社有限公司	2000年1月	恒信假期旅行社有限公司	2001年1月
教育旅行社有限公司	2000年1月	育兴旅行社有限公司	2001年1月
金汇旅行社有限公司	2000年1月	中铁旅行社有限公司	2001年1月
交运旅行社有限公司	2000年1月	栈桥旅行社有限公司	2001年1月
龙行天下旅行社有限公司	2000年1月	纵横旅行社有限公司	2001年1月
天际旅行社有限公司	2000年1月	滨海假期旅行社有限公司	2001年1月

续表5-13-4

单位名称	批准时间	单位名称	批准时间
川洲旅行社有限公司	2001年1月	永辉世纪旅行社有限公司	2001年5月
大川旅行社有限公司	2001年1月	华艺假期旅行社有限公司	2001年5月
大自然旅行社有限公司	2001年1月	正义旅行社有限公司	2001年5月
青岛大学旅行社有限公司	2001年1月	海之恋旅行社有限公司	2001年5月
鑫海旅行社有限公司	2001年1月	鸿达旅行社有限公司	2001年5月
鑫瑞宝石旅行社有限公司	2001年1月	华东旅行社有限公司	2001年5月
华富旅行社有限公司	2001年5月	沁园春旅行社	2002年10月
天海旅行社有限公司	2001年5月	北国旅行社有限公司	2003年
金色假期旅行社有限公司	2001年5月	经典假期旅行社有限公司	2003年
康泰旅行社有限公司	2001年5月	新航线旅行社有限公司	2003年
轻松假期旅行社有限公司	2001年5月	金海丰旅行社有限公司	2003年
新干线旅行社有限公司	2001年5月	扬帆假期旅行社有限公司	2003年
海川旅行社有限公司	2001年5月	渤海湾旅行社有限公司	2003年
星月假期旅行社有限公司	2001年5月	探索旅行社有限公司	2003年
海景旅行社有限公司	2001年5月	精彩假期旅行社有限公司	2003年
青华旅行社有限公司	2001年5月	文化佳日旅行社有限公司	2003年
迪生旅行社有限公司	2001年5月	联友旅行社有限公司	2003年
春风旅行社有限公司	2001年5月	易游旅行社有限公司	2003年
诚信旅行社有限公司	2001年5月	东瑞旅行社有限公司	2003年
平度天柱旅行社有限公司	2001年5月	胶州湾旅行社有限公司	2003年
裕华旅行社有限公司	2001年5月	皇冠假期旅行社有限公司	2003年
园丁旅行社有限公司	2001年5月	汇友假期旅行社有限公司	2003年
裕源旅行社有限公司	2001年5月	国泰假期旅行社有限公司	2003年

续表5-13-5

单位名称	批准时间	单位名称	批准时间
今天假日旅行社有限公司	2003年	吉祥旅行社有限公司	2004年4月
文汇旅行社有限公司	2003年	秀水旅行社有限公司	2004年4月
青岛沪春秋旅行社有限公司	2003年	力天世纪假日旅行社有限公司	2004年4月
地矿山水旅行社有限公司	2003年	夏日风情旅行社有限公司	2004年5月
北方国贸旅行社有限公司	2003年	九州方圆旅行社有限公司	2004年5月
民族旅行社有限公司	2003年	银河之春旅行社有限公司	2004年5月
奥帆假日旅行社有限公司	2003年	民和假日旅行社有限公司	2004年5月
蔚蓝假期旅行社有限公司	2004年4月	西霞口旅行社有限公司	2004年5月
山东旅游公司青岛分公司	2004年4月	奥青旅行社有限公司	2004年5月
同禧假日旅行社有限公司	2004年4月	山水情旅行社有限公司	2004年5月
四方客运旅行社有限公司	2004年4月	海畅旅行社有限公司	2004年5月
凯悦旅行社有限公司	2004年4月	顺驰旅行社有限公司	2005年4月
祥和假期旅行社有限公司	2004年4月	乐天观光旅行社有限公司	2005年4月
集力旅行社有限公司	2004年4月	振翔旅行社有限公司	2005年4月
海之旅旅行社有限公司	2004年4月	海岛风情旅行社有限公司	2005年4月
水源地旅行社有限公司	2004年4月	天宇旅行社有限公司	2005年4月
龙腾假期旅行社有限公司	2004年4月	森林旅行社有限公司	2005年4月
原野旅行社有限公司	2004年4月	嘉和旅行社有限公司	2005年4月
新锐旅行社有限公司	2004年4月	军大旅行社有限公司	2005年4月
科城旅行社有限公司	2004年4月	国运旅行社有限公司	2005年4月
金海岸旅行社有限公司	2004年4月	畅游假日旅行社有限公司	2005年4月
雅汇旅行社有限公司	2004年4月	盛大旅行社有限公司	2005年4月
海之情旅行社有限公司	2004年4月	温之馨旅行社有限公司	2005年4月

续表5-13-6

单位名称	批准时间	单位名称	批准时间
腾飞旅行社有限公司	2005年4月	松松假期旅行社有限公司	2005年6月
东旭假日旅行社有限公司	2005年4月	锦绣旅行社有限公司	2005年6月
碧海假期旅行社有限公司	2005年4月	蔚蓝海岸旅行社有限公司	2005年6月
春天旅行社有限公司	2005年4月	惠国旅行社有限公司	2005年8月
欢乐假期旅行社有限公司	2005年5月	胜青旅行社有限公司	2005年8月
鹏雁行旅行社有限公司	2005年5月	金坤旅行社有限公司	2005年8月
瑞隆假期旅行社有限公司	2005年5月	候鸟假期旅行社有限公司	2005年9月
天天假期旅行社有限公司	2005年5月	乐源旅行社有限公司	2005年9月
华安旅行社有限公司	2005年5月	丰彩假期旅行社有限公司	2005年9月
星河旅行社有限公司 .	2005年5月	吉米斯达旅行社有限公司	2005年10月
中海旅行社有限公司	2005年6月	卓越旅行社有限公司	2005年10月
环岛旅行社有限公司	2005年6月	观光假期旅行社有限公司	2005年10月
欣欣旅行社有限公司	2005年6月	夕阳红旅行社有限公司	2005年10月
飞马旅行社有限公司	2005年6月	春晖旅行社有限公司	2005年11月
风华假期旅行社有限公司	2005年6月	求实旅行社有限公司	2005年11月
天祺旅行社有限公司	2005年6月	春光假日旅行社有限公司	2005年11月
鹿楠旅行社有限公司	2005年6月	海明威旅行社有限公司	2005年11月
百联旅行社有限公司	2005年6月	普教旅行社有限公司	2005年12月
青缘旅行社有限公司	2005年6月	永恒假期旅行社有限公司	2005年12月
逍遥假期旅行社有限公司	2005年6月	爱之行旅行社有限公司	2005年12月

第三节 旅游购物

改革开放初期，青岛旅游纪念品以贝雕工艺品和青岛刺绣品为主，多用于馈赠少量来访的外宾。其他深受游客喜欢的旅游商品仍以干海产品、青岛啤酒、崂山矿泉水、高粱饴糖果、青岛葡萄酒、大香槟为主。

80年代，随着青岛进一步对外开放，到青岛的游客不断增加，旅游购物活动日趋活跃。青岛一批获国家金、银质奖的食品、轻工、纺织产品受到中外游客的欢迎。如青岛啤酒（国家优质食品金质奖）、葵花牌青岛白葡萄酒（国家银质奖）、佛桃牌高粱饴（国家优质食品银质奖）、青食牌高粱饴（国家优质食品银质奖）、蓝天牌涤棉交织双面运动装（国家金质奖，全国针织行业第一个国优金质奖产品）、即墨镶边（国家工艺美术品金杯奖）、海鸥牌机拉洗90道羊毛高级手工地毯（国家工艺美术品金杯奖）、金凤凰牌格丽丝绣品（国家工艺美术品金杯奖）、蓝天牌尼龙棉交织绒运动装（国家银质奖）、双星牌足球训练鞋（国家银质奖）、双星牌排球鞋（国家银质奖）、海鸥牌120道改良羊毛栽绒高级手工地毯（国家工艺美术品银杯奖）、青岛牌珍贝工艺品（国家工艺美术品银杯奖）、金羊牌男皮鞋（国家银质奖）等。同时，青岛旅游商品开始形成有组织、有规模的开发，且大多采用本地材料和先进工艺技术，突出民族风格和地方特色，深受游客欢迎。1986年青岛市开发旅游新产品400多种，并举办首届旅游产品评选会，有31种产品获奖。1987年8月2～17日，青岛市举办全国旅游产品展销会，全国176个厂家选送旅游产品和名优产品参加展销，订货成交额达数千万元。为增加旅游外汇收入，许多旅游饭店都增设购物中心或购物商店，方便游客随时购物。青岛市全年旅游商品性收汇3186万元外汇人民币，较上年增长137.4%。1988年3月7～11日，青岛市首次组团参加在广州举办的全国旅游产品内销工艺品交易会并设馆促销，成交额达5000多万元，居全国计划单列城市首位。全年青岛市旅游商品性收汇达2944万元外汇人民币，占当年旅游创汇总数的48.6%。1989年旅游旺季，青岛市举办首届沿黄河各省、区名、优、新、特产品交易会，吸引不少中外游客前往选购。年内青岛市创评“青岛金花”，深受国内游客喜爱的青食牌特制钙奶饼干、即墨牌即墨老酒、金羊牌男皮鞋等旅游商品与其他8种产品获评。

1990年9月25日至10月5日，国家旅游局、轻工业部和商业部联合举办中国旅游购物节，市旅游局组织青岛市工艺美术公司、纺织工业总公司、经济技术开发区等单位的30个厂家56人赴广州（主会场）参节。青岛市有20种旅游产品分获天马金奖、银奖和优秀奖。获金奖的产品是：青岛刺绣厂生产的抽纱刺绣装饰礼品，青岛绣品厂生产的新型装饰蚊帐；获银奖的产品是：青岛第六针织厂生产的华凯牌涤棉系列运动套服，青岛第七针织厂生产的8号、14号纯棉精梳针织内衣系列，青岛舞台用具厂生产的琴岛绣和圣诞工艺礼品，青岛刺绣厂生产的仿麻呢窗帘，青岛新亚工艺品厂生产的麦草工艺房。同年，“青岛金花”的评选范围由仅限于日用工业品扩展到所有工业产品，在8月举办的青岛市争创“青岛金花”活动展评展销会上，有416个企业的5000多种产品参展，青岛市民和游客约计10万人次前往参观选购。青联牌圆火腿、孚德牌胶粘半高跟女鞋、双鲸牌美味烤鱼片、双星牌篮球鞋系列、青食牌加糖红豆馅、华凯牌运动装系列产品和浪花牌油炸花生仁等第二批“青岛金花”产品广受欢迎。

1991年，青岛市20多个生产厂家参加全国旅游产品评优活动，青岛贝雕厂生产的青岛牌珍贝系列挂屏被评为1991年度全国优质旅游产品。

青岛海滨食品公司经营的青岛特产——干海产品深受中外游客喜爱。

1992年，根据国家旅游局总体部署，青岛同其他14个城市同时举办中国旅游购物节。青岛市的主会场设在青岛华联商厦，另在纺织商厦、工艺美术服务部、工艺美术大楼、侨汇商店、友谊商店、华侨台胞购物中心设置6个分会场。年内，市旅游局确定青岛友谊商店、青岛工艺美术服务部、青岛华联商厦精品商场、青岛文物商店、青岛宏仁堂药材商店5家旅游涉外定点商店。翌年，又批准青岛东方贸易大厦友谊商场为旅游涉外定点商店。至1993年，青岛市有旅游涉外定点商店6家。全市大多数旅游饭店在店内设立购物商场，与市区的大型商场、商业街构成互为补充的旅游购物体系。全年境外游客在青岛的旅游购物消费总额为6403万美元，占旅游外汇总收入的22.88%。

1994年8月25日，国家旅游局、轻工总会、纺织总会联合公布第二批全国旅游商品定点生产企业。青岛汽水厂、青岛飞龙工艺品公司、青岛中药厂、青岛天鹅集团4家企业入选。

1997年，举办“青岛十大旅游特色商品”评选活动。青岛牌啤酒（中华驰名商品）、双星牌旅游鞋（中华驰名商品）、崂山牌矿泉水、即墨老酒（全国轻工系统酒类质量大赛金奖）、田园牌草编工艺品、红超牌真空包装杂色蛤、天鹅牌机绣花边制品、大成牌真丝转印彩绘制品、崂池牌崂山云峰茶、梅鹤牌海产食品入选。

2000年后，“前店后厂”模式开始在青岛市旅游商品生产企业中推广。其中，京华饰品加挂青岛钻石博物馆和国家2A级旅游点的称号；贝雕厂开发具有鲜明青岛特色的青岛风光、海上运动、海洋生物等系列贝雕工艺纪念品，并成为特色工业旅游观光点；海底世界开设海洋特色旅游纪念品商场；金王集团作为工业旅游示范点的同时，推出丰富多样的特色工艺旅游纪念品系列。同时，9个工业旅游示范点和12个农业生态观光示范点均设立旅游商场供游客参观选购。2003年，京华旅游观光工场、贝雕工艺品厂艺术馆、工艺美术品有限公司、崂山区万里江茶场、裕昌海产品综合商场、锦绣土特产超市、石老人清水湾土特产商场、东姜渔村海产品商场8家旅游购物商场被评为青岛市旅游团队购物诚信经营单位。

至2005年，青岛市累计有44种产品获中国名牌产品称号，受中外游客欢迎的产品有：双星牌旅游鞋、雪驰牌羽绒服、圣元牌奶粉、崂山牌矿泉水、喜盈门牌毛巾系列、即发牌针织内衣、亨达牌皮鞋、双星牌专业运动鞋、白雪牌圆珠笔、双星牌皮鞋、哈德门牌卷烟等。旅游购物场所主要有青岛贝雕工艺品厂、青岛海滨食品有限公司、京华旅游观光工场、青岛市文物商店、青岛工艺美术品有限公司、青岛万里江茶业有限公司、胶南海青茶园、亨得利钟表眼镜公司等。当年，旅游商品销售外汇收入为7918万美元，占旅游外汇总收入的19.1%。

1987～2005年青岛市国际旅游商品性收入统计表

表5-14

年份	旅游商品收入（万美元）	占旅游外汇收入比重（%）	年份	旅游商品收入（万美元）	占旅游外汇收入比重（%）
1987	3186	67.37	1997	1453	14.82
1988	2944	48.56	1998	1672	16.34
1989	4415	46	1999	1948	17.02
1990	5569	41.25	2000	2343	16.4
1991	7828	41	2001	3603	20.3
1992	8836	36.61	2002	4172	17.4
1993	6403	22.88	2003	3142	17.4
1994	872	10.9	2004	5011	17.4
1995	858	9.3	2005	7918	19.1
1996	1118	14.8			

说明：1994年以后的数据为国际旅游外汇收入商品比。

第四章　节 庆

改革开放后，青岛地区民俗节日、传统庙会逐渐恢复。青岛国际啤酒节等一批新兴节会相沿成习，逐步成为市民的新节日。以北宅樱桃节、大泽山葡萄节、红岛蛤蜊节为代表的地方性节会活动，将乡村休闲旅游与农业经济发展结合起来，实现城市和农村、市民和农民的互利双赢。至2005年，全市各类节庆活动达20余项。其中，重大节庆活动有中国青岛国际啤酒节、中国青岛海洋节、青岛海云庵糖球会和中国青岛金沙滩文化旅游节等；地方性节庆主要有天后宫新正民俗文化庙会、青岛（市北）萝卜会·元宵山会、中国青岛赏花会、青岛北宅樱桃节、红岛蛤蜊节、田横祭海民俗文化节、青岛大泽山葡萄节等。

第一节　中国青岛国际啤酒节

中国青岛国际啤酒节创办于80年代中期。经过6年的考察、调研、论证后，创办青岛国际啤酒节的方案最终确定。1991年初，市政府印发《关于举办首届青岛国际啤酒节的通知》，确定首届青岛国际啤酒节由市政府主办、青岛啤酒厂承办、市旅游局协办。办节的指导思想是：以社会参与、群众自娱自乐为主，以宣传和扩大青岛知名度为主，以依靠社会力量办节为主，努力把啤酒节办成青岛人民喜爱的影响广泛的品牌节庆活动。6月23日，第一届青岛国际啤酒节在中山公园隆重开幕。来自全国各地的41个啤酒生产厂齐聚中山公园啤酒城，日本、美国、加拿大、德国、新加坡等国家和中国香港地区的啤酒厂、啤酒代理商携100多种1500吨中外啤酒精品参加展销和交流，30余万青岛市民和游客先后涌入啤酒城，共消费啤酒1.7万箱。首届啤酒节集旅游、文化、经贸活动于一体，进一步提高了青岛啤酒的美誉度，扩大了青岛旅游业的知名度。

青岛国际啤酒节始办于1991年，每年8月第二个周末开幕，历时16天，是融旅游、文化、体育、经贸于一体的国家级节庆活动。2005年获评中国最具国际影响力十大节庆活动榜首。图为首届青岛国际啤酒节开幕式。

此后，青岛国际啤酒节每年举办一届。其中第一届至第六届由青岛市政府主办，从第七届开始由国家旅游局、中国贸促会、中国轻工总会、国务院侨办等中央有关部委和青岛市政府共同主办。至2005年，共举办15届。啤酒节举办时间经过3次大的变动。首届啤酒节开幕是6月23日，这个时间也是青交会举办时间，目的是一节一会相互呼应，招揽人气。但这个时间是青岛旅游淡季，天气凉爽，游客无法开怀畅饮，外地参节游客不多。第二届改为9月20日，这个季节青岛气候变化大，多风、多雨，且进入9月后天气渐渐变凉，也不适宜。自第三届开始便基本固定在每年8月的第二周周末，会期16天。啤酒节举办地点也几经改变。首届啤酒节地点选在中山公园，出发点人流多，环境优美，厂家搭建展台方便。但进公园要门票，不符合办节的宗旨，另外也不利于环境保护。因此，第二、第三届便选择在汇泉广场和汇泉体育场内举办。第三届啤酒节闭幕后，建设一个永久性的国际啤酒城被提上议事日程。1993年12月24日位于崂山区的青岛国际啤酒城正式奠基，1994年建成，成为青岛国际啤酒节的固定场所。

青岛国际啤酒节极大地丰富了青岛旅游产品的内容，提高了青岛作为旅游目的地的品位。节日期间，举办大型开幕式、世界啤酒品牌展示、啤酒品饮、艺术巡游、文体娱乐、旅游休闲、经贸展览、闭幕式等活动。每届吸引超过50多个世界知名啤酒厂商以及数百万境内外游客。啤酒节以其内容的丰富性、特色的鲜明性和文脉的相依性，不仅成为相对独立的旅游产品，而且成为青岛的代表性旅游产品。主要有5大特点：一是参与广泛。从最初的30万人次，到第二届的近100万人次，再到第八届的200多万人次、第十五届的400多万人次，成为青岛的市民节，中外游客的狂欢节。二是可爱的吉祥物。与各国各地的节日庆典相同，青岛国际啤酒节有自己独特的、面向全国公开征集、每年赋予新形象的节日吉祥物。从第一届的海豚“翡翡”到第二届开始的生肖系列吉祥物，各个憨态可掬，为啤酒节增添特殊内容。三是名副其实的世界啤酒博览会。啤酒节期间可以品尝到来自中国、德国、美国、英国、丹麦、荷兰、新加坡、韩国、日本等多个国家的诸多知名啤酒。德国的科隆巴赫、美国百威、丹麦嘉士伯等世界啤酒十强中的九强在此安营扎寨。四是文艺表演和文体活动丰富多彩。从帆板、摩托艇、舰船表演到大型彩车巡游；从一般的文艺演出到摇滚演唱会、老艺术家的专场演出、中美钢琴演奏家48人联弹的巨型钢琴演奏会，再到2000年创吉尼斯世界之最的“千年祝福瓶，万人大行动”3万人向新世纪祝福的大型文化活动等，各具特色的文体活动吸引众多游客。

青岛国际啤酒节的主题口号是：“青岛与世界干杯！”啤酒节自创办以来，影响力年年攀升，每年吸引着国内外数百万市民和外地游客前来参与。第十四届、第十五届青岛国际啤酒节对青岛经济的贡献均超过30亿元，成为青岛重要的经济增长点。第十五届青岛国际啤酒节期间，青岛国际啤酒城和汇泉广场两个会场共接待游客320万人次，销售啤酒总量93.8万公升。其中，青岛国际啤酒城共接待国内外游客206万人次，销售啤酒72万公升，创青岛国际啤酒节举办以来的历史之最；汇泉广场共接待国内外游客114万人次，销售啤酒21.8万公升。

2005年，在北京举办的第二届中国会展经济论坛和中国节庆活动国际论坛上，青岛国际啤酒节因“为中国节庆活动组织树立了典范”和“为世界节庆事业的发展与进步作出贡献”而被评选为“国际节庆协会中国最具国际影响力十大节庆活动”并位居榜首，成为青岛乃至中国的一张国际名片。

1991~2005年历届中国青岛国际啤酒节情况表

表5-15

时　间	地　点	参节企业厂商	参节人数（万人次）	主要活动	吉祥物
1991年6月23~30日（第一届）	中山公园	日本、美国、加拿大、德国、新加坡等国家和中国香港地区的41个啤酒生产厂商	30	饮酒比赛、食品展销、焰火晚会、中德啤酒技术讲座、轻音乐会、时装表演、舞会和海上风光游览等活动	海豚“翡翡”
1992年9月20日~10月3日（第二届）	汇泉广场		143	大型文艺演出、沙滩雕塑大赛、国际舞精英大赛、“青岛之夏”艺术灯会以及丰富多彩的文体活动；举办“名优新特产品展销订货会”和“经济技术协作洽谈会”	卡通猴“帅帅”
1993年8月15~22日（第三届）	汇泉广场	美国、日本、德国、新加坡、加拿大、荷兰、中国香港等10多个国家和地区的近30家啤酒厂商	200	举办了’93青岛国际啤酒与麦芽生产技术研讨会、青少年科技经贸博览会、农村产品展销暨经济技术洽谈会和第三届名优新特工业产品展销订货会	雄鸡“青青”
1994年8月14~24日（第四届）	青岛市区东部、石老人国家旅游度假区	国内外16个啤酒厂家	50	青岛市房地产交易会、青岛市赴境外书画展（预展）等专项活动；举办“青岛之夏”艺术节、艺术灯会和许多体育活动	小狗“旺旺”

续表5-15-1

时　间	地　点	参节企业厂商	参节人数（万人次）	主要活动	吉祥物
1995年8月12～26日（第五届）	青岛国际啤酒城	国内外21个啤酒厂家	60	青岛之夏洛阳灯会、“青岛之夏”艺术节、全国沙滩排球邀请赛、中国象棋名人邀请赛等丰富多彩的文体活动；’95山东（青岛）旅游交易会和’95青岛国际玩具礼品展等大型经贸活动也在此期间推出；举办项目洽谈会、交易会、联谊会、产品推广会等经济合作会议30多个	小猪“欣欣”
1996年8月10～25日（第六届）	青岛国际啤酒城	丹麦嘉士伯、英国T牌、美国红带王、南非威王等29个国内外啤酒厂家	100	书法、绘画、摄影和崂山绿石展，共组织各项文化活动52项、文艺演出111场	小鼠“奇奇”
1997年7月8～23日（第七届）	青岛石老人国家旅游度假区	德国、美国、荷兰、日本、新加坡等国内外42个啤酒厂商	112	文艺演出、艺术巡游、“难忘的旋律”演唱会及书法、绘画等艺术展览、摄影抓拍大赛等活动，并推出休闲、娱乐为主题的黄金旅游线路	“比尔牛”
1998年7月8～23日（第八届）	主会场：青岛国际啤酒城 分会场：市南、四方、黄岛		246	开、闭幕式及文艺演出，啤酒品饮活动、第二届国际啤酒医疗博览会等活动	“皮皮虎”
1999年8月28日～9月19日（第九届）	主会场：青岛国际啤酒城 分会场：中山公园、汇泉广场、佳世客步行街、海博民俗食街、海云庵广场、李村公园、光大城阳宾馆	160多个啤酒厂商的200多个啤酒品牌	169	彩车艺术巡游、青岛国际啤酒城开城式、’99中国摩托艇公开赛、中国青岛国际啤酒饮料博览会、青岛—“韩国日”暨中外贸易洽谈会、’99青岛企业技术改造项目推介洽谈会、’99全国产学研联合洽谈会暨展示会、中国（青岛）国际武术锦标赛、’99中国流行服饰表演大赛以及饮酒大赛、摄影大赛、扑克够级大赛、飞镖大赛、仿真车模展、’99新款汽车展等活动	卡通兔“蹦蹦”
2000年8月26日～9月10日（第十届）	主会场：青岛国际啤酒城 分会场：市南、市北、四方、李沧等12个市、区	40多个啤酒厂商、180多个啤酒品牌	200	21世纪企业发展战略国际论坛暨中外企业投资贸易洽谈会、“韩国日”、2000中国青岛国际啤酒饮料博览会及中国(青岛)国际武术锦标赛等系列活动	金龙“腾腾”

续表5-15-2

时　间	地　点	参节企业厂商	参节人数（万人次）	主要活动	吉祥物
2001年8月18日~9月2日（第十一届）	青岛国际啤酒城	中国青岛、燕京、珠江，德国皇家慕尼黑HB、碧特博格、贝克，香港生力，美国蓝带、百威，丹麦嘉士伯，日本麒麟等国内外著名品牌	120	开幕式、花车艺术巡游、贺啤酒节开幕大型文艺晚会、品酒饮酒活动、文体系列活动、经贸系列活动和闭幕式等7大板块活动	卡通蛇“乐乐”
2002年8月17日~9月1日（第十二届）	青岛国际啤酒城	22个国内外知名啤酒品牌	200	举办一系列节庆活动、文娱活动、文化体育活动及研讨会等	小马“骏骏”
2003年8月15~31日（第十三届）	主会场：青岛国际啤酒城 分会场：银海大世界、中商广场、远洋广场、云霄路美食街、银海格曼码头、中山公园、第一海水浴场	26个国内外啤酒品牌	150	开幕式暨“百年华诞”大型歌舞晚会、啤酒品饮、文艺晚会、艺术巡游、文体娱乐、饮酒大赛、旅游休闲、经贸展览、闭幕式晚会等9大板块活动	卡通羊“洋洋”
2004年8月14~29日（第十四届）	青岛国际啤酒城、汇泉广场	中国青岛，美国百威，德国碧特博格、慕尼黑狮，法国红磨坊，丹麦嘉士伯，日本朝日，韩国凯狮等30多个世界著名啤酒品牌	290	啤酒品饮、“慕尼黑主题日”、文化娱乐、游乐休闲、展会等系列活动；举办“相聚汇泉湾”沙滩文艺大舞台系列活动、万人横渡汇泉湾、AC米兰训练营系列赛事、“疯夏激情大舞台”广场文艺表演、百事可乐足球争霸赛、“半岛总动员”健身表演系列、“第十四届青岛国际啤酒节啤酒宝贝/小宝贝”颁奖晚会、青岛国际啤酒节闭幕式——“啤酒—浪漫—狂欢夜”等活动	卡通猴“聪聪”

续表5-15-3

时间	地点	参节企业厂商	参节人数（万人次）	主要活动	吉祥物
2005年8月13～28日（第十五届）	青岛国际啤酒城、汇泉广场	33个世界著名品牌参节，其中包括世界啤酒十强的美国百威、日本朝日、丹麦嘉士伯、德国慕尼黑狮牌、德国皇家慕尼黑、德国科隆巴赫、德国柏龙和澳大利亚富仕达等8个知名品牌	320	文化娱乐板块、科技经贸板块活动；举办“晚报之夜”、万人横渡汇泉湾、各项大赛颁奖晚会暨闭幕式等活动	卡通鸡“冠冠”

第二节　中国青岛海洋节

中国青岛海洋节作为青岛市的重要节庆品牌，是中国唯一以海洋为主题的大型节庆活动。第一届中国青岛海洋节举办于1999年7月，由青岛市政府主办，主题是“迎接海洋世纪，共铸蓝色辉煌，海洋——可持续发展”，吉祥物为斑海豹“洋洋”。节会期间，举办世纪之交中国海洋经济暨创建海洋科技产业城研讨会、中国青岛海洋科技成果展示交易会、青岛海洋大学海洋科技系列展、海鲜美食展销活动、海洋体育活动、“青港世纪杯”摄影大奖赛等8个板块、40多项活动，参节市民和中外游客达180万人次。此后，每年举办一届。首届海洋节和第二届海洋节是市旅游局、文化局、科技局、科委、政府政策调研室、重大节庆办公室、园林局等部门承办，自第三届起，由市南区政府承办，实行“政府主导、社会参与、市场运作、以节养节”的办节机制。每届海洋节确定不同的活动主题，由不同的海洋动物作为吉祥物。至2005年连续举办7届。

中国青岛海洋节依托风光秀丽的海洋风景带，发挥青岛“中国海洋科技城”的优势，荟萃现代节庆之精华，活动内容丰富，涵盖开幕

中国青岛海洋节始创于1999年7月，每年一届，是中国唯一以海洋为主题的大型节庆活动。图为2003年第五届中国青岛海洋节“迎奥运”海上帆船表演活动。

式、海洋科技、海洋体育、海洋文化、海洋旅游、海洋美食、闭幕式等几大板块数十项活动，以发展青岛的海洋科技、海洋旅游、海洋体育、海洋文化为宗旨，着力塑造青岛作为中国海洋城、北方国际航运中心和海上运动中心的城市形象，展现青岛海洋资源、海洋生态、海洋科技、海洋科普、海洋航运、海洋产业的雄厚实力和海洋文化的丰富内涵，促进以海洋产业为主导的海洋经济的发展，进一步扩大青岛在世界上的知名度。

1999～2005年历届中国青岛海洋节情况表

表5-16

时　间	主　题	参节人数（万人次）	主要活动
1999年7月10～25日（第一届）	迎接海洋世纪，共铸蓝色辉煌——海洋可持续发展	180	海洋科技活动（世纪之交中国海洋经济创建海洋科技产业城研讨会、中国青岛海洋科技成果展示交易会、海洋科普展、海洋教学成果展、海洋名人成就展等），海洋科普活动（海洋生物林木参观、海洋科普讲座、海洋知识竞赛等），体育活动（首届中国摩托艇实力公开赛、万人横渡汇泉湾、全国沙滩排球赛（青岛站）、全国网球巡回赛及总决赛等），海洋美食活动（海洋美食展销，海鲜烹饪技术大赛，青岛十大海鲜名菜评选等），海港与城市专题活动（《港城世纪行》大型文艺演出，《青港世纪杯》摄影大赛等）
2000年7月12～31日（第二届）	拥抱海洋世纪，共铸蓝色辉煌	200	海洋科技与产业论坛（海洋科技与经济发展国际论坛、2000青岛中国海洋腐蚀与控制国际学术研讨会、2000青岛中俄海藻多糖及裙带菜单克隆育菌的研讨会、第二届全国海珍品养殖研讨会等），海洋科普活动（海洋院士事迹展、海洋科技知识展、海洋科普讲座、青少年海洋科普绘画大赛、中科院海洋研究所五十年成就展等），体育活动（全国帆板锦标赛、全国青少年帆板锦标赛、亚洲帆板锦标赛、全国帆船精英赛、全民健身万人横渡汇泉湾活动、青岛国际钓鱼大奖赛等），文化活动（崂山特种邮票首发式、第三届全国最佳集邮品评选颁奖及展销活动、国际文化交流专场音乐会、中国万里海疆风采摄影展等），“海之情”旅游节（市南区）与海滨旅游活动
2001年7月14～22日（第三届）	拥抱海洋世纪，共铸蓝色辉煌		2001年中国海洋科技博览会暨海洋科技与经济发展国际论坛，体育活动（第32届OP级帆船世界锦标赛、全国沙滩排球巡回赛暨第九届全运会预选赛、青岛市全民健身万人横渡汇泉湾活动、银海钓鱼大奖赛及海上旅游系列活动等），文化活动（第九届“海之情”旅游节社区文化活动、第二届“青大琴行杯”百名世纪新星音乐大赛、青岛海洋丽人评选活动等），科技、经贸活动（2001青年海洋科学论坛、第三届全国海珍品养殖研讨会、海洋产业可持续发展研讨会、“回顾与展望”大型科普展、全国青少年海洋科技夏令营等），海滨旅游活动，海洋美食与购物活动

续表5-16

时　间	主　题	参节人数（万人次）	主要活动
2002年7月13～21日（第四届）	拥抱海洋世纪，共铸蓝色辉煌	200	2002中国国际航海博览会，2002海洋科技与经济发展国际论坛，第四届全国海珍品养殖研讨会，2008年奥运赛场环境学术研讨会，体育活动（2002年青岛国际帆船精英赛、青岛市全民健身万人横渡汇泉湾活动、全国少年儿童足球邀请赛、第四届中国青岛国际武术锦标赛等），迎奥运“海之情”广场文化活动（“奥运之声”钢琴王之友音乐会、“海洋之星”歌手大赛、“我心中的奥运水上城市”摄影比赛等）；滨海旅游活动
2003年7月6～13日（第五届）	五环旗下，四海一家		科技活动（“海洋特色学校”工作交流会、海洋生物标本展览、海洋船舶船舵展等），文化活动（“海洋世纪与未来青岛”征文比赛、“海洋之星”歌手大赛、岛城名家书画笔会、“海之情”社区系列文化活动等），体育活动（沙滩排球表演赛、青岛市门球锦标赛），旅游活动（“海情之旅”系列旅游活动、银海格曼“迎奥运”海上系列表演、欧洲古典建筑一日游等）
2004年7月3～13日（第六届）	动感海洋，欢乐都市		中韩《同一首歌》大型开幕式文艺晚会，海上浪漫婚典活动，中国青岛海洋科技与经济发展国际论坛，中国青岛海洋节满汉全席美食海鲜厨艺大赛，“迷人的帆船之都”全国摄影大赛，“帆船之都”奥运形象大使评选活动，山东省“世正杯”钢琴大赛，传统专题系列活动（“海之情”名家书画笔会、第五届“海之情”乒乓球公开赛等）
2005年6月25日～7月13日（第七届）	拥抱海洋世纪，共铸蓝色辉煌，奥运扬帆，青岛畅享蓝色激情		第三届“北京2008”奥林匹克文化节（青岛）开幕式大型歌舞晚会，纪念奥林匹克日“共筑奥运长城”沙雕活动，纪念郑和下西洋600周年系列活动周暨“海大开放月”活动，十四沿海城市汽车博览会暨车模大赛，“帆船之都”迎奥运形象之星评选活动，“帆船之都”首届青岛迎奥运摄影抓拍大赛，第十四届青岛（市南）“海之情”旅游节专题系列活动（青岛优秀建筑文博一日游、“海上看青岛”黄金海岸游系列活动、“蓝色的爱”社区系列文化活动等），体育活动（“百事可乐杯球王争霸”五人制足球赛、银海国际游艇俱乐部游艇展、2005年全国大学生首届沙滩排球赛、国际沙滩橄榄球邀请赛等）

第三节　青岛海云庵糖球会

青岛海云庵糖球会起源于海云庵庙会。自海云庵建成后，每到正月十五，人们在出海捕鱼和下地劳动之前，都要到海云庵烧香磕头，祈求丰年，保佑平安，于是把正月十六第一个大潮日定为海云庵庙会。赶庙会时，各地民间艺人纷纷前来献艺，多为群众喜闻乐见的跑旱船、踩高跷和柳腔、茂腔表演等，赶庙会的人有时多达上万人，与天后宫新正庙会和清溪庵萝卜会并称青岛市区内三大传统庙会。由于庙会上卖糖球的商贩较多，而且制作技术精湛，花色品种繁多，原料有山楂、软枣、山药、橘子等，深受群众喜爱，海云庵庙会遂以糖球而名扬四方，民众逐渐将庙会称为“糖球会”。

为挖掘和保护民间优秀文化传统，满足群众对休闲娱乐需要，1990年，四方区政府在出资修复海云庵的基础上，第一次以政府的名义主办青岛海云庵糖球会，同时推行政府主导、社会参与、市场运作的办会机制。会址以海云庵为中心，将1天会期延长为3天，定为每年的正月十六至十八日。旨在以糖球为媒介，发展成集经贸、旅游和文化活动为一体的新型旅游节庆活动。第一届糖球会上市摊位（糖球正规摊位和散摊、日用百货小商品及餐饮摊）2000余个，参加商品交流的工商企业达60余家，山楂销售额达70余万元。同时，还举办各种文艺活动40多项。其间举办首届糖球艺术造型大赛，高家、李家、赖家等糖球造型获一等奖，为高家等糖球世家在青岛树帜奠定基础。糖球会期间，与会市民和游客达60余万人次。

海云庵糖球会每年一届，每届一个主题。先后组织中国民间工艺精品展、黄河流域民间艺术展、湖南民间美术品展以及民间工艺大师作品展暨民间工艺作品比赛等活动。中国年画王杨洛书、彩绘泥塑大师胡梁夫妇、剪纸艺术家樊晓梅姐妹、中国编结第一人李立芳、中国棕编艺术家王文定、北京“兔儿爷”双起翔、面塑大师李芳清、剪纸大师魏文娥等30余名全国民间工艺大师先后应邀到糖球会表演绝活。此外，全国京剧名家演唱会、中华舞狮大赛、吴桥杂技表演等民族艺术表演活动精彩纷呈。因此，糖球会在青岛地区乃至胶东半岛已经成为百姓心目中民俗文化活动的代名词。在文化“搭台”的同时，经贸“唱戏”，糖球会越办越红火。至2005年第十六届海云庵糖球会，摊点摊位达2万余个，商品总营业额2000余万元，仅小吃营业额就达600余万元，销售汽车200多辆。参会市民和游客达150余万人次。

1990年，四方区恢复举办海云庵糖球会，每年农历正月十六至十八日举行，是集糖球制销、民间工艺、特色小吃、民俗演出、商品交易为一体的综合性民俗文化商贸节庆活动。2005年获评中国十大民俗节会。

1991年，在青岛召开的全国旅游工作会议上，青岛海云庵糖球会被国家旅游局确定为国家百项民俗重点旅游项目之一。2005年，在中国乡土艺术协会建会10周年庆典上被评为中国十大民俗节会。

第四节　中国青岛金沙滩文化旅游节

金沙滩位于薛家岛东南部海岸，南濒黄海，呈月牙形东西伸展，长3500米、宽300米，因其沙质为金黄色而得名，有“亚洲第一滩”的美誉。1998年7月，青岛经济技术开发区管理委员会与黄岛区政府以金沙滩为载体共同主办首届金沙滩文化旅游节，时称“金沙滩之夏”文化旅游周。主要活动有开幕式广场舞蹈表演暨大型水上焰火晚会、沙滩健美操表演、沙滩交谊舞、沙滩雕塑、沙滩排球、沙滩电影、沙滩拔河、沙滩摄影、地方戏曲演出、黄岛民间剪纸艺术展、全国书画大赛获奖作品展等。1999年第二届改称“金沙滩之夏”文化旅游节。第三届文化旅游节首次完全采取市场运作方式，通过门票销售、广告招商、企业赞助等筹措资金，开创“政府引导，企业赞助，社会扶持”办节模式。从2001年第四届开始，正式定名为中国青岛金沙滩文化旅游节，固定办节时间为每年8月的第一个星期六，建起固定场所——1.7万平方米的金沙滩演出广场，并形成基本的活动框架，包括开幕式、闭幕式、发展论坛等在内的主题板块活动和多项群众文化活动。

2001年后，中国青岛金沙滩文化旅游节的规模和水平一年一个新台阶。一项项文化盛事、一批批文化艺术名人走进开发区，丰富市民的文化生活。沙滩模特大赛、横渡胶州湾、国际沙雕大赛、激情广场大家唱、全国我最喜爱的卡通歌曲颁奖仪式等活动相继举行，参与群众越来越多，影响力和知名度越来越大，每年参节国内外游客达数十万人次。2003年，中国青岛金沙滩文化旅游节及吉祥物——海星“欣欣”在国家工商总局成功注册，是国家级开发区中第一个注册的节庆品牌。中国青岛金沙滩文化旅游节逐渐发展成为青岛市继啤酒节、海洋节之后的第三大节庆活动。

第五节　地方性节庆

改革开放后，青岛地方性节庆活动发展迅速。“青岛之夏”艺术灯会（1980年），“青岛之夏”艺术节（1986年），大泽山葡萄节（1987年），中国莱西山楂节、大泽山石头节（1990年），青岛（市南）“海之情”旅游节（1993年），青岛(市北)萝卜会·元宵山会（1995年），青岛北宅樱桃节（1996年），青岛十梅庵梅花节（1999年），天后宫新正民俗文化庙会、青岛即墨旅游购物节（2000年），青岛赏花会（2002年），青岛·㟧峪樱桃山会、“大地欢歌”农村文化艺术节（2003年），崂山旅游文化节、崂山国际茶文化节、红岛蛤蜊节、崂山中韩枯桃花会（2004年）等先后恢复和开办。其中，部分节会举办几届后停办或并入其他大型节庆活动。至2005年，青岛市地方性节庆主要有青岛天后宫新正民俗文化庙会、“青岛之夏”艺术节、青岛(市南)“海之情”旅游节、青岛（市北）萝卜会·元宵山会、中国青岛赏花会、青岛北宅樱桃节、红岛蛤蜊节、田横祭海民俗文化节、青岛大泽山葡萄节等20余个。

天后宫新正民俗文化庙会

天后宫始建于1467年（明代成化三年），天后宫新正民俗文化庙会始于明朝，盛于清朝，曾是旧时青岛人的一项大型文化活动，是市南区延续至今的大型文化庙会。据胡存约《海云堂随记》记载：“年除日、正月十五、三月十五，口上商家循例至天后庙上香，叩拜财神、天后、观音、吕祖诸神佛。此时，庙中香火最盛，四乡村镇民妇人等，来者亦多。” 太平路自中山路口至常州路口两侧为会

2000年，青岛市恢复举办有500多年历史的天后宫新正民俗文化庙会，于每年除夕夜敲响第一声钟声开始，历时1个月，主要活动有对联灯谜大赛、民俗表演、元宵灯会等。图为新年撞钟仪式。

场，北侧是摊贩，主要售卖玩具、吃食，如空竹、万花筒、面具、木制刀枪、布泥娃娃、绢花、“卜卜噔”（一种玻璃制的玩具）等；江苏路口、常州路口一带为鞭炮、“滴答金”以及香、烛集市；近海边一侧有套圈、打棋谱、气枪射气球、拉洋片以及吹糖人、捏江米人的民间艺人；太平路小学操场为戏曲、曲艺演出地。解放后，庙会渐渐衰落。

1996年，市政府对天后宫进行全面修复，并辟为青岛市民俗博物馆，于1998年正式对外开放。为传承具有青岛特色的民俗文化，自2000年春节开始恢复举办天后宫新正民俗庙会，由市文化局主办。自此，每年庙会于除夕夜敲响的第一声钟声开始，历时1个月。主要活动有新年撞钟仪式、民俗风情摄影大赛、“迎新春”对联和灯谜大赛、“百姓乐”民间艺术杂耍表演赛、“童年的回忆”民间游戏竞技表演赛、“祭海”民俗表演、民间剪纸大赛、民俗文化藏品交流鉴赏大集、“亮出你的绝活来”民间艺人绝活展示、元宵灯会、文艺演出等丰富多彩的民俗文化活动，每天都吸引近万名市民参加各类民俗活动。

“青岛之夏”艺术节

为丰富青岛市民和游客的文化生活，市文化局于1981年8月举办第一届“青岛之夏”音乐会，之后每年举办一次，至1985年共举办5届，累计演出200余场5000多个节目。1986年，“青岛之夏”音乐会改为“青岛之夏”艺术节，以青岛地方文艺团体为主，共举办18台音乐舞蹈和戏曲等剧目，同时邀请中央音乐学院巡回艺术团参加艺术节演出。其间，专业、业余艺术团先后在12个剧场演出近300个不同艺术形式的节目。1987～1992年，每两年举办一届，1993年后为每年举办一届。2002年7月，第十届艺术节与“扬帆青岛”国际文化交流季共同举行，主题是“迎接奥运、扬帆青岛”。共分舞台演出、艺术展览、群众文化活动和电影放映4个板块，组织展览演出活动16项。2002年后，“青岛之夏”艺术节停办。

青岛（市南）“海之情”旅游节

青岛(市南)“海之情”旅游节是市南区政府主办的融文化、体育、经贸、娱乐于一体的大型综合性旅游节庆活动。90年代初，市南区为充分发挥海滨旅游优势，带动和促进市南经济发展，决定举办青岛(市南)“海之情”旅游节。首届青岛(市南)“海之情”旅游节于1993年7月18日开幕，7月25日闭幕，历时8天，开展活动20多项。规模较大的有海上大型开幕式，国内著名演员参加演出的大型文艺演出，“海之夜”广播电视直播焰火晚会，特邀天津京剧团演出京剧，“美乎一号杯”岛城卡拉OK大赛，现代杯双胞兄弟姐妹综艺大赛，李希凡学术报告会，大型秧歌和民俗文化表演，14场街道群众文化演出，岛城50位书画名家字画表演，摩托艇、帆船海上表演，千人横渡“南南杯”(青岛市市南区、上海市南市区)少儿游泳比赛，“农行杯”岛城乒乓球精英大赛，1993全国拳王大奖赛等活动，突出“海”与“情”的主题。其间，在湖南路中段设立商贸一条街，吸引区内外近100家企业入街展销产品；成立银海旅行社，推出山东省首家“宗教景点一日游”旅游专线；筹办人才劳务市场，向国内外公开招聘市南区经济建设急需人才，应聘和登记洽谈的达1000余人；中国香港、台湾地区和新加坡、美国、日本等国家的8家企业参节，与市南区签订印刷油墨、电子、商业、旅游等方面合作项目，合同总金额680万美元。参加“海之情”旅游节活动的市民和中外游客20余万人次。此后，每年举办一届。1999年后，青岛(市南)“海之情”旅游节被纳入青岛海洋节系列专题活动之一。

青岛（市北）萝卜会·元宵山会

青岛(市北)萝卜会·元宵山会是由市北区政府主办的面向百姓大众，集民俗活动、特色小吃、竞技游戏、大型赛事、商贸活动于一体的春节文化活动。萝卜会最早起源于元代台东附近的清溪庵庙会，是青岛最早的大型民间庙会，距今已有700多年历史。为满足人民群众不同的文化需求，弘扬民间民俗文化，台东区政府于1991年正月初九至正月十一日，在南山市场恢复举办第一届萝卜会。共设有4000多个摊点，与会市民和中外游客达30多万人次。此后，每年举办一届。1993年第三届萝卜会首次增加萝卜现场雕刻和艺术雕塑比赛。1994年台东区和市北区合并后，市北区政府将萝卜会与元宵山会合为一体举办，并正式定名为青岛(市北)萝卜会·元宵山会，每年正月初九至正月十五举行。主会场设于市北区南山市场或科技广场，并设有多个分会场。此后，青岛(市北)萝卜会·元宵山会规模越来越大、活动内容越来越丰富，参与人数越来越多，影响力越来越大。每年节会期间，举办具有浓郁民俗民间特色的开幕式、全国萝卜艺术雕刻大赛、民间工艺品制作比赛、民间特色队伍展演、萝卜会精彩瞬间摄影大赛、地方戏曲展演、民间体育比赛、社区民俗民间文化活动等，平均年参与人数达100万人次。

2005年萝卜会·元宵山会以“健康萝卜元宵情，欢乐市北大家庭”为主题，共开展19项具有民族特色大型活动，为市民营造出欢乐祥和的节日氛围。其中，“新潮家居杯”萝卜雕刻艺术大赛吸引全国100余名食品雕刻高手，参赛作品造型独特，色彩丰富，观赏性强，有16位选手获得金奖。该届萝卜会首次加入“中华风味美食展”，邀请浙江、江苏、上海等20多个省市的名师大厨，带来成都的“三大炮”、

1994年，市北区的元宵山会和台东区的萝卜会合并，于每年农历正月初九至十五举办，主要有萝卜雕刻比赛、文化娱乐及商贸活动等。图为2004年萝卜会·元宵山会艾琳杯萝卜艺术雕刻大赛。

沂蒙山的昆虫宴、福建的蒲包饭、鼓浪屿的烤生蚝、香港濑尿牛丸近100种地方小吃。另外一个亮点是由50名大厨共同创作的“天下第一萝卜宴”，由8道热菜、6道凉菜及几道大冷拼组成，选材均为各种各样的萝卜，每道菜的萝卜都是精心雕刻。青岛(市北)萝卜会·元宵山会以其特色鲜明的节庆主题、丰富多彩的文化商贸活动，赢得青岛市民的喜爱，逐渐成为青岛市春节期间规模最大、影响最为广泛的一项重大品牌文化活动。

中国青岛赏花会

中国青岛赏花会是由李沧区政府主办，以李沧区独特的花卉资源为基础（李沧东部的1万亩桃花、十梅庵的800亩梅花和戴家北山红石壁子的1000亩野杜鹃花），整合其他花卉资源和文化资源，形成集赏花、旅游、饮食、购物、文化娱乐为一体的文化节会。

首届赏花会于2002年3月29日～4月28日举办，共设置7项活动：观赏花、“国税杯”书画名家大型笔会、“地税杯”摄影大赛、优惠购物活动周、“维客杯”丽人大赛、“放歌春天”大型主题晚会、闭幕式暨颁奖晚会。此后，每年举办一届，活动内容日益增多，每届参加赏花会的青岛市民和游客均超过30万人次。2005中国青岛赏花会期间，市民和游客不仅欣赏到梅花、桃花和映山红，李沧东部百果山“睡莲世界”的莲花、荷花及其他水生植物成为该届赏花会新看点。经过修复的明真观正式开门纳客，舞龙舞狮、秧歌旱船、吕剧杂耍等展演，使游客在赏花的同时更体验了原汁原味的民俗文化。此外，该届赏花会特别设置选购花苗现场栽种等许多群众参与性活动。

青岛北宅樱桃节

青岛北宅樱桃节是由崂山区政府、青岛市旅游局、青岛崂山风景区管理委员会主办，以樱桃为媒介，以生态旅游、健身旅游为主题，集休闲度假、旅游观光、民俗文化、经贸洽谈于一体的特色旅游节会活动。

1996年5月，举办第一届樱桃节，只有3000多名游客参加。此后，每年举办一届，规模迅速扩大，经济效益大幅度提高。1998年的樱桃节游客超过5万人次；2000年超过10万人次，收入达到312万元；2004年第九届樱桃节吸引国内外游客36万人次，经济收入2700万元；2005年第十届樱桃节共吸引游客41万余人次，节会收入达到1010余万元，拉动相关经济收入3300余万元，参节农户7000余户，户均收入达到3500元。

樱桃节有开幕式、游园品尝、山里人家、采摘樱桃比赛活动、北宅名胜和农家乐自助风情游、“北宅有我一分田”土地租赁、民间艺术展演、农副产品及山货展销会、招商引资洽谈会等系列活动。每年的游园品尝活动，北宅街道所属从南到北的东陈园、东乌衣巷园、大崂园等28个樱桃园，以及沙子口街道的九水园、王哥庄街道的解家河园等20多个樱桃园向游客全面开放。同时，北宅街道还结合举办樱桃节，开发建设大崂樱桃园、北头神清农趣园、凉泉生态农业园等精品园，开辟各类“农家游”，在区域内构筑起“点、园、线”一体的民俗生态旅游网，以樱桃促旅游发展，以旅游促樱桃经济。逛农家、干农活、吃农饭、采民摘、听民俗、唱民歌，逐渐成为青岛市民的休闲娱乐时尚。通过举办樱桃节，10年间共有240多万国内外游客到北宅旅游消费，拉动相关经济收入近1亿元。

2005年5月19日，经过中国地区开发促进会的综合评定，崂山区北宅街道被正式命名为“中国樱桃之乡”。

红岛蛤蜊节

红岛位于胶州湾北部，有着丰富的海洋资源，尤其盛产蛤蜊。红岛出产的蛤蜊有10余个品种，大量出口日本、韩国、欧洲。2004年4月29日～5月7日，城阳区政府主办首届青岛红岛蛤蛐节，组织开展包括文艺演出、健身休闲、经贸洽谈等多种活动，主要有5大板块：开幕式，“渔家乐”文艺演出，健身休闲活动（垂钓比赛、趣味赶海比赛等），红岛蛤蜊、海产品和相关产品展示及洽谈会，具有红岛特色的蛤蜊宴。共接待中外游客7.3万人次，蛤蜊交易量达到26万公斤，增加渔民收入近1000余万元，国内外50余家企业前来洽谈业务，吸引投资1亿多元。2005年第二届红岛蛤蜊节比第一届延长1周，除赶海、垂钓、海上观光、海上捕捞、渔家美食等特色活动外，该届蛤蜊节增加开海仪式、龙母庙祭龙母、娘娘庙祭妈祖等赶海、吃海、住海等民俗活动，并在休闲渔村新建500平方米的大排档及特色小吃一条街，引进100多种全国各地风味小吃，让游客们大饱口福。共吸引游客12.7万人次，蛤蜊交易量达到26万公斤，增加各项收入2200余万元。

田横祭海民俗文化节源于四五百年前的即墨田横镇周戈庄上网节，2005年改称田横祭海民俗文化节，每年3月19～21日举办，其间举行隆重的祭海仪式、民间艺术表演、当地特产销售等活动。

田横祭海民俗文化节

田横祭海民俗文化节源于即墨市田横镇周戈庄传统的祭海仪式，至今已有四五百年的历史。1964～1984年，祭海活动中断。1984年后，祭海活动重新恢复，称为“周戈庄上网节”。祭海没有固定的日期，通常在谷雨和清明之间，各家各户在生产准备工作(修船、添置渔具等)全部就绪后，由村里德高望重和会看黄道吉日的人确定时间，把鱼网抬上船，开始祭海，故祭海又称“上网”，祭海第二天正式出海。1996年开始，周戈庄上网节被固定在每年3月18日。

2004年3月，即墨市文化局和田横镇政府共同策划，将传统的周戈庄上网节规范为周戈庄祭海民俗文化节，使之更通俗易懂，同时变民间主办为政府主办，时间由几个小时延长为3天。其间，除举行隆重的祭海仪式外，还开展民间艺术巡游、灯谜竞猜、民间戏曲表演等文化活动，参节人数激增至6万人次。2005年祭海节改称田横祭海民俗文化节，于3月19～21日举办。在原汁原味保留传统民俗的同时，增加吴桥杂技表演、摄影展、斗鸡、萝卜雕艺、威风锣鼓、舞龙、跑旱船、扭秧歌、歌舞晚会等节目。活动期间，渔村家家开门纳客，新开辟农副产品一条街，专门销售田横海产品、田横大馒头、田横粉条、田横茶等。田横祭海民俗文化节通过与市场接轨，推动当地经济发展。2005年有20多家企业投资赞助祭海节，总金额达70万元，共接待游客30余万人次，仅3天时间，旅游收入超过2000万元。当年，田横祭海民俗文化节被评为“最受青岛市民欢迎的民俗节庆”。

青岛大泽山葡萄节

中国青岛大泽山葡萄节原为平度大泽山区独有的民间传统节日——财神节（农历七月二十二日），相传源于唐朝初年。1987年，大泽山镇政府结合葡萄产地的特色，将其引导演

大泽山葡萄节前身为始办于1987年的平度葡萄节，每年9月1～3日举办。1995年定名为青岛大泽山葡萄节，历时1个月，历经不同品种葡萄的盛果期，游客可以品尝到各种葡萄美味。

变为葡萄节。1991年，平度市政府决定在全市举办节庆活动，改名为平度葡萄节，每年9月1～3日举办，成为集文化、旅游和经贸于一体的重要民间节庆活动。1995年大泽山镇被农业部授予“中国葡萄之乡”称号后，葡萄节最终定名为青岛大泽山葡萄节。节庆主会场设于大泽山镇，时间为1个多月，横跨不同品种葡萄的盛果期，游客可以品尝到各种葡萄。葡萄节围绕“打造地方品牌、提高节日内涵、推动旅游创新、实现全国名优”的主题，坚持“以节为媒、展示形象；吸引关注，提高影响；扩大开放，促进招商；发展旅游，繁荣文化”的指导思想，挖掘“庆祝丰收、提高知名度、扩大开放、加强经贸合作、带动葡萄销售、拉动旅游发展、促进农民增收”的节日内涵，突出开放性、国际性、现代性、文化性和群众性，逐渐成为融文化、论坛、经贸、体育等活动于一体的综合性节日。

2000年开始，青岛大泽山葡萄节由大泽山镇政府与海尔集团联合举办，首次实行节企联姻的办节模式。2002年葡萄节，除承办单位举办的大型葡萄游园、歌舞晚会外，老百姓自发组织秧歌、舞龙等具有地方特色的文艺演出。共吸引近20万名游客前来洽谈贸易和旅游观光。共接待包括日本、韩国、中国台湾在内的外商50余人，签订合作项目和意向5个，合同内资金额3000万元，合同外资金额100万美元。意向内资金额3000万元，意向外资金额200万美元。2004年起，大泽山葡萄节的开幕时间确定为每年8月的最后一个周末。2005年第十九届青岛大泽山葡萄节打破以往由政府主办的传统模式，成立葡萄节筹委会和葡萄节招商小组，采取投资赞助、分块联合主办等多种形式，联系青岛市内外各大企业、实体参与，引进先进的办节理念和方法。其间，除继续开展大型歌舞表演、葡萄丰收大集、民间广场文艺、葡萄游园、吃葡萄大赛、喝葡萄酒大赛、国际投资经贸洽谈会、葡萄学术研讨会、天柱山魏碑及岳石文化学术研讨会等活动外，增加首届大泽山杯全国书画大奖赛、葡萄仙子选拔和青年歌手大奖赛新活动。在以往生态游、人文景观游的基础上，联合温州旅游开发商，以大泽山林场为依托，开发大泽山旅游探险项目。该届葡萄节共吸引全国各地游客30万人次，共接待包括日本、韩国、中国台湾在内的国内外客商近500人，洽谈项目16个，意向投资1.6亿元，其中内资项目10个、外资项目6个。签订合同的项目6个，其中内资项目2个，合同利用资金8000万元；外资项目4个，合同利用资金300万美元。

2005年青岛市部分地方性节庆一览表

表5-17

名　称	主办单位	创办时间	举办时间	举办地点
青岛天后宫 新正民俗文化庙会	青岛市文化局	清	2000年恢复，每年举办，历时1个月	市南区
青岛樱花会	青岛市政府	30年代	每年举办，每年4、5月	
青岛湛山寺庙会	青岛市文化局	1944年	1988年恢复，每年农历四月初八开始，历时3天，2004年停办	
青岛之夏艺术节	青岛市政府	1980年	每年一届，每年7月	
青岛(市南) “海之情”旅游节	市南区政府	1993年	每年7月下旬举办，历时8～10天	
青岛酒吧文化节	青岛市旅游局、 市南区政府	1998年	每年一届，每年12月初，2004年停办	
中国青岛赏花会	李沧区政府	2002年	每年一届，每年4月上旬至4月下旬	李沧区
青岛十梅庵梅花节	李沧区政府	1994年	每年一届，每年3月中旬至4月上旬举办	
青岛北宅樱桃节	崂山区政府、青岛市旅游局、青岛崂山风景区管理委员会	1996年	每年一届，每年5月中下旬举行	崂山区
崂山旅游文化节	崂山区政府	2004年	每年一届，每年4月下旬至6月上旬举办	
崂山国际茶文化节	中国国际茶文化研究会、中国茶叶流通协会、山东省茶文化会、青岛市政府	2004年	每年一届，每年4月至5月，历时5～7天	
崂山中韩枯桃花会	崂山区政府	2004年	每年一届，每年4、5月，历时6～8天	
青岛·崳峪樱桃山会	城阳区政府	2003年	每年一届，每年5、6月	城阳区
红岛蛤蜊节	城阳区政府	2004年	每年一届，为期9～16天	
田横祭海民俗文化节 （周戈庄上网节）	即墨田横岛镇政府、 即墨市文化局、旅游局	明永乐 年间	每年3月18日举办，历时3天	即墨市
即墨老酒节	即墨市委、即墨市政府	1990年	每年一届，举办两届后停办	
青岛即墨旅游购物节	即墨市委、即墨市政府、 青岛市旅游局	2000年	每年一届，每年5月1～7日，2004年后停办	
“大地欢歌”农村 文化艺术节	青岛市委宣传部、 青岛市文化局	2003年	每年一届	胶州市
大珠山山会	胶南市政府	1995年	每年农历四月初八举办，会期1天	胶南市

续表5-17

名　称	主办单位	创办时间	举办时间	举办地点
青岛大泽山葡萄节	平度市政府	1987年	每年9月1～30日	平度市
大泽山石头节	平度市大泽山镇政府	1991年	每年农历三月十六举办，1993年后停办	
中国莱西山楂节	莱西市政府	1990年	每年一届，举办3届后停办	莱西市

第五章　会 展

青岛市会展经济起步于80年代初。1982年，青岛市举办首届山东省出口商品洽谈会。此后，一些全国性和地区性展会相继在市人民会堂、山东省外贸展览中心等处举办。至90年代，青岛市会展活动以展销会为主要形式，次数逐年增加，规模逐步扩大。

2000年，青岛市确立"以展会商，以展扬名，以展聚财，以展兴市"的会展经济发展战略。7月，投资6.3亿元建成青岛国际会展中心一期工程。2001年，中国加入WTO之后，青岛会展业进入大发展时期。展览项目由少到多，展览规模由小到大，展览性质由综合到专业，展览主题由单一到多元化，整体办展水平和质量不断提升，国际化程度越来越高。2001～2005年，青岛市共举办会展活动500余项，累计展览面积达160余万平方米。先后举办或承办中国国际电子家电博览会（简称青博会）、青岛国际时装周、中国（青岛）国际物流展览会、中国（青岛）国际工业装备博览会、青岛住交会、中国国际航海博览会、中国（青岛）国际体育用品博览会、青岛国际珠宝首饰展览会、中国（青岛）国际石材工业及技术装备展览会、青岛国际汽车工业展览会、青岛国际农产品交易会、中国国际水上运动产品与船艇展览、青岛动漫艺术展、青岛国际金属加工工业展览会、第三届APEC中小企业技术交流暨展览会（以下简称"APEC技展会"）、中国（青岛）国际材料科技周（CMF）、青岛国际城市建设博览会、中国（青岛）亚太国际旅游博览会、第六届中国畜牧业交易会以及2005香港工展会·青岛等会展活动。展会渗透各个经济领域、各行各业，并培育出一批以中国(青岛)国际消费电子博览会等为代表、在国内外具有较大影响力和发展潜力的知名会展

青岛国际会展中心位于崂山区苗岭路9号，2000年7月投入使用。至2005年6月二期工程建成后，总建筑面积达到15万平方米。先后举办中国国际渔业博览会、青岛国际时装周等大型展会。

品牌。青岛市先后入选2003年度中国最具竞争力会展城市和2004年度最具魅力会展城市。

青岛会展业的发展有效带动商业、宾馆、餐饮、交通等第三产业的繁荣，与之相关的产业拉动比达1：9以上。同时，有力地促进了青岛市的中外技术合作、信息沟通、贸易往来、人员互访和文化交流，创造了良好的经济和社会效益。

中国国际消费电子博览会前身为始办于1991年的青岛对外经贸洽谈会，2005年成为全球最大消费电子展CES唯一战略合作伙伴，是中国最具行业影响力的国际性消费电子专业展会。

第一节　重大展会

80～90年代，青岛市以举办全国性或地区性商品展销会为主，展会规模、档次以及国际化程度不高。2000年后，青岛会展活动逐步由商品尤其是轻工产品展销向经济贸易和科技展览转变。会展内容涉及高新技术、家电电子、建筑装饰、医疗保健、工业装备、旅游产品等多个行业，展会规模与档次不断提升，国际化程度逐步提高。2001～2005年，青岛举办的重大展览次数以年均14.5%的速度增长，国际展览次数年均增速达到33.9%。至2005年，青岛市举办（承办）展会共29个。其中重大展会包括中国国际电子家电博览会、青岛国际装时周、中国国际渔业博览会暨中国国际水产养殖展览会、中国国际航海博览会、APEC中小企业技术交流暨展览会、青岛住交会等。

中国国际消费电子博览会（中国青岛对外经济贸易洽谈会）

1982年9月23～29日，首届山东省出口商品洽谈会在青岛举行，是对外经济贸易部批准举办的7个区域性进出口商品交易会之一。其间，63个国家和地区的400余人出席开幕式。场馆展位面积5000平方米，到会客商1100余人。青岛市参展企业45家，出口成交量5000万美元。此后，每1年或每2年举办一次，至1990年共举办7次。

1991年6月20～29日，经对外贸易部批准，由河南省、陕西省、山东省和青岛市联合举办的1991中国青岛对外经济贸易洽谈会（简称青交会）在青岛举行。青岛市代表团在会上共接洽境外客商3000余人，签订外商投资合同61项，合同外资额1.51亿美元。之后每年举办一届，至2000年连续举办10届。

随着中国消费类电子产业的崛起，中国成为全球消费类电子最大的制造、出口与消费基地之一，成为继美国、欧洲之外的第三大消费类电子市场。青岛不仅拥有中国最大的消费类电子生态圈，还形成以海尔、海信、澳柯玛为中心、以关联配套企业为基础的产业生态。为发挥青岛的产业优势，青交会与中国电子商会合作，2000中国青岛对外经济贸易洽谈会暨青岛国际电子家电博览会于2000年7月12～18日，首次在新落成的青岛国际会展中心举行。2001年演变为中国国际电子家电博览会（简称青博会），实现由地方性、综合性进出口交易会向以电子家电为特色的专业性展览会的战略转变。

2005年，青博会成为全球最大消费电子展CES（Consumer-Electronics-Show）的唯一战略合作伙伴，成功转型为国际性消费电子专业展会——中国国际消费电子博览会，即SINO-CES，是中国消费电子领域最具行业影响力的专业展会。博览会以“3C融合与无缝生活”为主题，展会总面积2.65万平方米，参展企业310多家，共吸引境内外专业观众4.1万人次，其中境外客商4000多人次。众多的世界500强企业以及境内外知名消费电子品牌应邀到会，参会采购商几乎涵盖世界范围内的所有大型家电连锁商，顶尖企业、业界精英、跨国采购商。2001～2005年，青博会连续举办4届（2003年因非典停办）。展览总规模接近11万平方米，共吸引索尼、松下、伊莱克斯、西门子、爱立信、三星、飞利浦、LG、惠而浦、艾默生、三洋、美泰克、海尔、长虹、康佳、TCL、JVC、联想、海信、澳柯玛、厦华等1300多家知名企业参展参会，共接待国内外客商达20万人次，其中专业观众达到16万余人次，外国参展商、采购商2.2万余人次。累计出口成交额近24亿美元，国内成交额近56亿美元。

1982～1990年历届山东省出口商品洽谈会情况表

表5-18

时　间	国家（地区）数（个）	展位面积（平方米）	参展客商数（人次）	青岛参展企业(家)	成交额（万美元）
1982年9月23～29日(第一届)	63	5000	1100	45	5000
1984年3月10～19日(第二届)	28	5000	1125	88	8000
1985年3月25日～4月3日（第三届）	30		1200		4000
1987年2月23日～3月4日（第四届）	20		270	200	2303
1988年2月27日～3月7日（第五届）	40		2200		13800
1989年2月25日～3月6日（第六届）	30		2500		18000
1990年2月15～24日（第六届）	20		1468		10900

1991～2000年历届中国青岛对外经济贸易洽谈会情况表

表5-19

时　间	国家（地区）数（个）	参会企业（家）	展位面积（平方米）	客商数(人次)	出口成交额（亿美元）	利用外资项目(个)	利用外资总额（亿美元）
1991年6月20～29日				3000		61	1.51
1992年6月20～29日	50	1500		3400	5.38		32.7
1993年6月20～29日	50			3400	7.13	3460	88.9
1994年3月12～18日	54			2600	10.59	490	42.8
1995年3月12～18日					1.52	284	13.62
1996年3月12～18日						207	11.54
1997年7月8～15日	54			3422	9.68	195	7.46

续表5-19

时 间	国家（地区）数（个）	参会企业（家）	展位面积（平方米）	客商数（人次）	出口成交额（亿美元）	利用外资项目(个)	利用外资总额（亿美元）
1998年7月8～12日	68			2600	9.5	183	4.85
1999年7月8～18日		824		35000	9.06	667	2.85
2000年7月12～18日	63			80000	10.95	613	17.1

2001～2005年历届中国国际消费电子（家电）博览会情况表

表5-20

时 间	国家（地区）数（个）	参会企业（家）	展位面积（万平方米）	客商数（万人次）	出口成交额（亿美元）	国内贸易额（亿元）	利用外资总额（亿美元）
2001年6月18～22日	60	1000		5	4	60	11.25
2002年6月18～22日	52	571	2.5	5			
2004年6月18～21日	31	312	2.1	6.1	5.8	11	
2005年7月1～4日	50	310	2.65	4.1			

青岛国际时装周

青岛的纺织服装工业具有悠久的历史和雄厚的基础，曾与上海、天津共享“上青天”的美誉。改革开放后，青岛纺织服装业逐渐发展成为青岛的标志性行业，涌现出即发、青纺联、海珊、华金、中大、红领、巴龙、好事中、一诺、乐好等大批名优企业和名牌产品。截至2005年底，青岛服装生产企业已超过700家，其中销售收入在500万元以上的企业有108家。依托青岛市纺织中心城市的优势，自2001年起，青岛市开始举办青岛国际时装周，旨在推介青岛的名优产品和品牌，提高现有品牌的含金量和知名度，鼓励和引导服装服饰企业争创过硬的名牌，使优势企业、优势品牌带动整个产业高水平发展，全面提升服装产业的地位和层次。由中国纺织品进出口商会、中国服装设计师协会、青岛市政府、山东省经济贸易委员会主办。

2001年9月30日～10月5日，第一届青岛国际时装周在青岛国际会展中心举行。主题是“新时代、新时尚、新时装”，主要包括服装服饰博览会、“海韵霓裳”大型文艺晚会、新丝路时装模特表演、国庆服装表演、服装品牌发展高层论坛、“中大杯”最受消费者欢迎品牌评比、“海珊杯”全国纺织高校模特邀请赛及重大投资项目、贸易合同签约等一系列活动。博览会共设展位1000余个，前来参展和进行投资贸易的有来自意大利、英国、法国、日本、韩国、南非、赞比亚和中国香港、澳门、台湾地区以及来自全国各地的400多家服装生产企业、设计公司和近200家商贸公司、大型商场、商社的代表以及部分服装界知名人士。皮尔·卡丹、法国斯卡图、意大利AVENT、英国登喜路、加拿大宝姿等十几个国际知名品牌和雅戈尔、雪驰、兰雁等20多个国内著名品牌前来参会、参展。博览会共吸引国内外前来参观、投资贸易、展销购物的人员6万余人次，贸易成交额36.9亿元，其中国内贸易额16.7亿元、出口额2.35亿美元。同时签订利用外资项目合同16个，利用外资1亿多美元。此后，每年举办一届，举办时间为9月，地点在青岛国际会展中心。至2005年，共举办5届。

2001～2005年历届青岛国际时装周情况表

表5-21

时 间	主 题	知名参展商（品牌）	知名设计师	展位数（个）	主要活动	客商数（万人次）	参节企业数	成交额（亿元）
2001年（第一届）	新时代、新时尚、新时装	皮尔·卡丹、法国斯卡图、意大利AVENT、英国登喜路、加拿大宝姿	雅戈尔、雪驰、兰雁	1000	服装服饰博览会、“海韵霓裳”大型文艺晚会、新丝路时装模特表演、国庆服装表演、服装品牌发展高层论坛、“中大杯”最受消费者欢迎品牌评比、“海珊杯”全国纺织高校模特邀请赛及重大投资项目、贸易合同签约等一系列活动	6		36.9
2002年（第二届）	融入国际，创新时尚	日本伊藤忠商事株式会社，韩国东一产业、大邱市商会，意大利比埃拉商会，美国3M公司，日本合田刺绣公司等国际知名企业。境外参展品牌有皮尔·卡丹、华伦天奴、比利卡丹、阿弟娜、花手箱、都彭世家、森连、老爷车、蔻蔻	俄罗斯国际著名设计大师扎伊采夫代表团、日本设计大师古川云雪代表团、韩国大邱时装设计师代表团、马来西亚、吉尔吉斯斯坦的来宾		服装服饰博览会，“绮丽杯”全国服装院校女装设计邀请赛，国际时装论坛，品牌时装展示，面料流行趋势发布，服装城、服装学校和服装设计中心命名及揭牌活动，珠宝暨工艺品展，大型经贸采购活动，有关奖项评选活动	10	400	28.1

续表5-21

时间	主题	知名参展商（品牌）	知名设计师	展位数（个）	主要活动	客商数（万人次）	参节企业数	成交额（亿元）
2003年（第三届）	时尚、品牌、竞争力	加拿大帕特、英国浮岛、意大利皮尔·卡丹、美国视觉丽、法国ZAPA、日本花手箱、韩国暖倍儿、中国香港圣罗澜、中国台湾嘉裕等；内地品牌有杉杉、雪驰、鹿王、耶莉娅、与狼共舞、兰雁、即发、双星、绮丽、红领、巴龙、海珊、三枪、华金、喜盈门等	法国巴黎设计师于贝尔·巴海、盖斯帕德，俄罗斯彼尔姆设计师费利奇金娜·伊琳娜，韩国大邱设计师崔泰镛，中国台湾地区设计师蔡孟夏，中国香港地区设计师马伟明、伊嘉、邓达智和杨远振	1020	精心策划和组织8场专业的国际时装设计师最新作品发布会和14场专业国际品牌时装创新作品发布会	12	311	38.3
2004年（第四届）	时尚与商机	家乐福、利群、利客来、第一百盛、澳大利亚NALP公司等	国际设计大师、韩国首席设计师安德烈·金	1000	2004青岛国际服装服饰博览会、中外著名设计师作品发布会、品牌展示、第三届“绮丽杯”全国知名服装院校设计邀请赛、时尚对话、第二届时装和家纺用品跨国采购洽谈会、大型经贸采购活动、2004青岛国际时装周模特大赛、“百姓秀”市民时装创作大赛	10	400	30.2
2005年（第五届）	构建国际品牌道路	雪驰、即发、绮丽、红领、新纺、海珊、乐好、欧亚、都一品、梦彩、日本日东纺、韩国时装中心、中国台湾纺拓会、中国香港嘉昱国际公司			中外设计师作品发布和知名品牌展示，“百姓秀”市民时装创作大赛，“绮丽杯”全国服装院校女装设计邀请赛，青岛首届“十大服装品牌”评比和“十佳服装设计师”评选颁奖仪式，名优服装展示会，中国青岛服装，服饰出口交易会暨跨国采购洽谈会，青岛名优品牌服装优惠展销活动		433	

中国国际渔业博览会暨中国国际水产养殖展览会

1996年10月29日～11月1日，首届中国国际渔业博览会暨中国国际水产养殖展览会在青岛举办，是世界3大渔展之一。至2005年，第六、第七、第九届先后在青岛举办，共有40多个国家累计近2000家展商参展。

中国国际渔业博览会暨中国国际水产养殖展览会是由农业部支持，中国国际贸促会农业行业分会主办，美国海洋展览公司境外协办，每年定期举办的国际渔业贸易专业展会，是亚洲规模最大的渔业专业展和全球渔业界最为重要的贸易活动之一。

1996～2005年，中国国际渔业博览会暨中国国际水产养殖展览会先后在青岛、北京、大连、上海、广州5座城市成功举办10届，其中，第一届、第六届、第七届和第九届在青岛举办。4届博览会共有来自美国、日本、加拿大、阿根廷、俄罗斯、法国、英国、意大利、南非、澳大利亚、比利时、智利、丹麦、法罗群岛（丹）、厄瓜多尔、德国、冰岛、印度、爱尔兰、韩国、荷兰、尼日利亚、挪威、阿曼、巴基斯坦、秘鲁、新加坡、西班牙、阿联酋、越南、马来西亚、印度尼西亚及中国香港和台湾等40余个国家和地区的累计近2000家展商参加展会，累计专业和贸易观众共5.8万余人次。

中国国际渔业博览会和中国国际水产养殖展览会是国际参与度极高的专业展会，4届展会境外参展企业的平均比例为42%，国际贸易观众来自50余个国家和地区。该展会通过连续多年的国际参与，吸引水产养殖和为其提供服务的企业、水产品加工、运输、储藏、从事水产品贸易的公司和来自世界各地的客商，成为中国境内最为重要的渔业专业展会，与欧洲区布鲁塞尔渔展、美洲区波士顿渔展一起构成世界上最有影响的3大渔展，是美国商务部评定的五星级展会。

1996～2004年在青岛举办历届中国国际渔业博览会情况表

表5-22

时间	地点	主要活动	参会国家（地区）数（个）	参会企业（家）	展位数（个）	人数（人次）
1996年10月29日～11月1日（第一届）	山东省国际贸易中心	举办一系列技术交流和专题讲座，博览会展出内容包括：海洋渔业、远洋捕捞、海、淡水养殖技术及产品、水产品加工及综合利用、渔机网具、渔船制造、卫星导航及通信、渔业遥感、饲料、药物及病害防治、科研、培训及技术推广和渔业环境保护等	31	400	250	3000

续表5-22

时　间	地　点	主要活动	参会国家（地区）数（个）	参会企业（家）	展位数（个）	人数（人次）
2001年10月30日～11月1日（第六届）	青岛国际会展中心	举办2001渔业贸易与发展论坛、全国水产品进出口发展战略研讨会、水产品加工与国际贸易专题报告会、水产养殖专题报告会、水产食品质量安全研讨会、厄瓜多尔海产品介绍品尝会、中日韩水产品加工贸易洽谈会、水产养殖新品种论坛及中国水产品饲料企业管理营销模式技术创新论坛等50多场专题报告会及技术交流会；举办渔业贸易与发展论坛等16个专题64个报告会	32	480	630	25000
2002年10月29～31日（第七届）	青岛国际会展中心	举办一系列专题报告会、技术交流会、海产品研讨及品尝会、商务考察	29	415	700	15000
2004年11月2～4日（第九届）	青岛国际会展中心	举办主题为渔业贸易与水产质量安全的第三届渔业贸易发展论坛，以及多场有关气流冲击速冻技术和裹涂油炸技术、水产加工保鲜杀菌的新方案、鲆鲽类人工育苗自化机理的研究、通过细胞转化打破营养障碍细胞以提高海水养殖业的育苗成活率和生产率等方面的专题报告会	31	550	700	15000

中国国际航海博览会

首届中国国际航海博览会于2002年7月15～18日在青岛国际会展中心举行。由中国国际贸易促进委员会、交通部、国家海洋局、国家体育总局、中国船舶重工集团、中国船舶工业集团共同主办，是中国加入WTO后举办的首届以贸易为主，集成果展示、交易为一体的专业化、国际化大型航海博览会，是国际航运、物流、港口、船舶制造、海洋科研以及水上运动产品、技术、信息成果的一次集中展示，是中外企业界、科技界和商家进行贸易、合作和成果交流的平台。有17个国家和地区以及国内10余个省市的400余家企业参加这次博览会，展位1000多个，规模达2万余平方米，其中境外参展企业70余家，展位300多个，约占展位总数的30%。4天内共接待应邀参展的19个境外正式代表团，吸引国内外观众近4万人次。丹麦马士基、英国铁行渣华、日本邮船等世界排名前20位的航运企业几乎全部参展。此后，每双数年举办一届，每逢单数年单独举办中国水上运动产品与船艇展览会。至2005年，连续举办3届。共有美国、法国、意大利、德国、西班牙、荷兰、日本、韩国、中国香港和台湾等近20个国家和地区的累计800余家企业参加博览会。

第三届APEC（亚太经合组织）中小企业技术交流暨展览会

2004年6月2～6日，第三届APEC中小企业技术交流暨展览会（简称APEC技展会）在青岛国际会展中心举行。由国家发改委主办，外交部、商务部、国务院台办支持，中国中小企业对外合作协调中心共同承办。该届APEC技展会的主题为“技术提升经济，合作创造未来”，旨在加强APEC成员体之间的经贸合作与交流，促进APEC成员体中小企业整体水平的提高。展会以汽车以及零配件、化工产品、电子家电、纺织服装、食品加工、工艺品、建筑材料、医药及医疗器械、环保节能等产品和技术的展示、交易为主，分为两大板块的商务活动。一是产品展览和跨国采购洽谈。展会设展位1000个，国内外各设展位500个。二是技术交流和中小企业创新发展高层论坛。展会就企业信息化、工业设计、表面处理、节水、模具等行业的配套技术进行技术交流；邀请APEC成员体知名专家、学者、企业家、国内外金融机构共同研讨中小企业如何加入跨国公司的产业链、供应链，搞好中小企业的融资和担保等问题，进行前瞻性、权威性的演讲。同时还安排国内外企业、科研机构、院校等就投资项目合作、实用技术及中小企业与大企业集团配套等进行对口洽谈。

该届APEC技展会共有674家企业参展，其中APEC的16个成员体126家，国内19个省市548家。另外还有60个国家和地区的300多家采购商到会采购，采购目录包括40大类、近500种产品。共吸引国内外参观者15万人次，其中境外客商超过6000人次。出口成交1.09亿美元，国内贸易成交2.67亿元。签订外资项目102个，项目总投资3.7亿美元。

为期5天的第三届APEC技展会创造青岛举办展会历史上的多个纪录：是青岛第一次以国际组织名义举办的最高规格的会议；集中接待国外使节最多的会议（APEC成员体的19个大使、参赞出席开幕式）；参与志愿者数量最多的一次会议（包括150名英、日、韩翻译在内的400名志愿者参会），赞助单位及设备数量最多、规模最大的会议（IBM、惠普、交通银行、上汽奇瑞、山东城市车辆等30家单位赞助车辆100台、计算机50台、手机120部）；举办青岛市乃至山东省首次规模最大的跨国采购活动，跨国采购额达到7200万美元，参与洽谈的国内供货商近1700家，促成配对洽谈近5500次；第一次将展会与工业旅游相结合，共有30多个团组、340多人参加工业旅游等。

2004年6月2～6日，第三届APEC中小企业技术交流暨展览会在青岛会展中心举行。共有674家企业参展，出口成交额1.09亿美元，国内贸易成交额2.67亿元。

青岛房地产与建筑科技交易博览会

2002年，首届青岛房地产与建筑科技交易博览会（简称青岛住交会）举办。由市建设委员会、市国土资源和房屋管理局、市规划局和青岛日报报业集团主办，青岛日报《楼市》周刊和山东省欧亚美会议展览公司共同承办。住交会组委会每年通过严格的专家评审、市民投票等形式层层筛选，向全社会推荐年度“青岛名盘”，并向中国住交会推荐年度“中国名盘”。至2005年，青岛住交会已成功举办4届，无论在规模、声势以及成效等方面均创山东房交会历史之最，被誉为“青岛人的地产节”，成为“山东房展第一品牌”。其中2005年第四届住交会展览面积超过2万平方米，中外参展商达305家，到场参展观众超过7万人次，参展楼盘100余个，建材品牌200多个，二手房信息5万余条，是历届房展会中规模最大、专业程度最高、参展人数最多的一届。

2005年10月21～23日，第四届青岛国际农产品交易会在山东国际农产品展示交易中心举办。共有616家企业参展，交易额2.9亿元，合同交易额28.6亿元；签订招商引资项目12个，总投资额2.1亿美元。

青岛国际农产品交易会

2002年11月5～9日，2002青岛国际农产品交易会在青岛国际会展中心举办。由农业部、商务部和山东省政府支持，青岛市政府主办，联合国粮农组织协办的国际性农产品交易盛会，旨在促进农业国际国内经济技术交流和合作，推动农副产品贸易的发展。交易会重点突出进出口结合、内外贸结合、技术交流与论坛结合、项目推介投资与贸易结合，进一步发展中国农业特色，扩大名、特、优、新产品的市场渠道以及高新农业科技成果应用，提高国内农业的国际地位。首届交易会共设400多个展位，300多家中国优质农产品协会成员企业、国家级农产品龙头企业、山东省和青岛市农产品企业以及国外企业参展。国内外参会专业客商2000余人次，参观者1万余人次，成交金额人民币7800万元、576万美元。

至2005年，青岛国际农产品交易会连续举办4届。2005年10月21～23日，2005青岛国际农产品交易会在青岛山东国际农产品展示交易中心举办。由山东省政府主办，青岛市政府、山东省经济贸易委员会、山东省对外贸易经济合作厅、山东省农业厅、山东省海洋与渔业厅、山东省供销合作社联合社承办。主要活动有：百家优秀农业企业入驻交易中心签约仪式，千家大型采购商、物流集团专场看样订货，万种名优特新农产品集中推介展示交易，以及多个高层次专家讲座和农业专题会议、数十个农业文化专题活动。展会设综合水产、畜牧、林果、花卉、特色农作物、农机等8个展区。展示内容包括水产品、畜产品、蔬菜、林果、花卉、茶叶、绿色无公害食品、花生及其制品、农机、种子、粮油食品、食用菌、调味品等。共吸引国内外参展企业616家、设745个展位，采购商168家，参会人员达到18.6万人次。会展交易额2.9亿元；达成合作意向项目5160个，合同交易额28.6亿元；签订招商引资项目12个，总投资额2.1亿美元。

1997~2005年青岛市举办（承办）其他部分展会情况表

表5-23

名　称	主办单位	举办时间
第六届中国畜牧业交易会	农业部	1997年创办，至2005年共举办6届
中国（青岛）国际缝制设备及纺织工业展览会	青岛市对外贸易合作局、山东省服装行业协会、中国国际经济技术交流中心、中国国际贸易促进委员会山东省分会、中国国际商会山东分会、中国国际贸易促进联合会、青岛海名国际会展有限公司	2000年创办，每年一届，至2005年共举办6届
中国(青岛)国际物流展览会	中国机械工程学会物流工程分会、山东省经济贸易委员会	2001年创办，每年一届，至2005年共举办5届
中国（青岛）国际工业装备博览会	山东省机械工程学会和青岛金诺会展有限公司	2001年创办，每年一届，至2005年共举办5届
青岛国际汽车工业展览会	中国汽车工业协会、山东省汽车行业协会、山东省汽车工业总公司和青岛嘉路博展览服务有限公司	2002年创办，每年一届，至2005年共举办4届
中国(青岛)国际体育用品博览会	青岛市体育局、青岛市体育总会	2002年创办，每年一届，至2005年共举办4届
青岛国际珠宝首饰展览会	亚洲经贸发展促进中心、深圳市黄金珠宝首饰行业协会、山东省工商联金银珠宝业商会、山东省珠宝玉石首饰行业协会、青岛海名国际会展有限公司	2002年创办，每年一届，至2005年共举办4届
中国（青岛）国际石材工业及技术装备展览会	中国建筑装饰协会材料委员会、山东石材工业协会和北京伟业达展览有限公司	2002年创办，每年一届，至2005年共举办4届

续表5-23

名　称	主办单位	举办时间
中国卡通产业论坛（CCIF）暨青岛国际卡通艺术周	中国电视艺术家协会卡通艺术委员会、北京中视金网卡通文化传播有限公司、湘财贯通投资管理有限公司	2003年10月24～28日
青岛动漫艺术展	青岛市委宣传部、市文化局、市新闻出版局和市广电局	2003年创办，每年一届，至2005年共举办3届
青岛国际金属加工工业展览会	山东机械工程学会	2003年创办，每年一届，至2005共举办3届
青岛国际城市建设博览会	青岛市建委、青岛市贸促会、青岛奥帆委、青岛市文明办	2004年创办，2004年4月1～4日举办第一届，2005年6月2～5日举办第二届
中国青岛韩国周	青岛市政府、韩国驻青总领事馆	2004年创办，每年一届
中国青岛日本周	青岛市政府	2004年创办，每年一届
中国（青岛）材料科技周暨展览会	青岛市政府、中国机械工程学会	2004年创办，每年一届
2005中国青岛德国周	青岛市政府	2005年4月18～24日
中国青岛·亚太国际旅游博览会	山东省旅游局、青岛市政府	2005年6月16～18日
2005香港工展会·青岛	青岛市政府、香港中华厂商联合会	2005年6月9～13日
2005青岛国际商务周	青岛市政府	2005年7月6～7日

第二节　会展公司

1992年，青岛市首家展览公司——青岛国际展览公司成立，是由对外经济贸易部批准的具有承办展览和境外来华展览资格的专业展览公司。同年，青岛艺岫展示设计开发公司成立。至1999年，全市共成立6家会展公司。2000年后，随着会展业的发展，会展公司迅速增多。涌现出青岛海名国际会展有限公司、青岛嘉路博国际会展有限公司、青岛金诺会展有限公司、青岛外经贸商务展览有限公司、山东省欧亚美会议展览有限公司等大批实力较强的会展公司。至2005年底，青岛市会展公司发展至67家。其中，青岛丞华展览有限公司、青岛海名国际会展有限公司、山东省欧亚美会议展览有限公司、青岛嘉路博国际会展有限公司、青岛金诺会展有限公司入选2004年度山东会展市场优秀会展企业，占全省的一半。

2005年青岛市会展公司一览表

表5-24

公司名称	成立年份	公司名称	成立年份
青岛国际展览公司	1992	青岛宏伟先锋展览有限公司	2001
青岛艺岫展示设计开发公司		青岛外经贸商务展览有限公司	2002
青岛国发展览有限公司	1993	青岛世博国际展览有限公司	
青岛美青国际展贸公司	1995	青岛甲骨文国际会展有限公司	
青岛华商展览策划有限公司	1997	青岛博艺林展览展示有限公司	
青岛市先锋展览会议服务公司	1998	青岛笔克展览服务有限公司	
青岛海名国际会展有限公司	2000	青岛海韵顾问咨询展览有限公司	
山东省欧亚美会议展览有限公司		青岛远方展览有限公司	
青岛奥海会展有限公司		青岛新港展览有限公司	
青岛尹飞昵特展览展示服务公司		青岛英联会议展览有限公司	
青岛嘉路博国际会展有限公司	2001	青岛安博林展览有限公司	
青岛金诺会展有限公司		青岛鲁邦雅志国际展览有限公司	
青岛海瀚展览有限公司		青岛艺飞展览展示有限公司	
青岛汉风展览有限公司		青岛奥凯会议展览服务有限公司	
青岛海神会展有限公司		青岛歌华展览服务有限公司	
青岛会通联大众会展商务有限公司		青岛海恩国际展览有限公司	
青岛豪润国际商展有限公司		青岛东旭会展公司	2003

续表5-24

公司名称	成立年份	公司名称	成立年份
青岛佳朋展览展示有限公司	2003	青岛扬名会展有限公司	2004
青岛博奥展览有限公司		青岛蓝海岸会展有限公司	
青岛旗舰展览有限公司		青岛欧华展览有限公司	
山东鲁盛国际展览有限公司		青岛智博展览有限公司	
青岛峰明旅游会议展览有限公司		青岛中海外展览公司	
青岛信亿中展览有限公司		青岛博德展览服务有限公司	
青岛志源展览展示有限公司		青岛海利达展示展览有限公司	
青岛世博特展览有限公司		青岛华亭展览服务有限公司	
青岛中奥艺林展览有限公司		青岛精诚展览有限公司	
青岛英特展览服务有限公司		青岛大松展览咨询有限公司	
青岛博赛展览展示有限公司		青岛领先国际展览有限公司	2005
青岛德尔展览有限公司	2004	青岛广通会展服务有限公司	
青岛大唐会展有限公司		青岛丞华展览有限公司	
青岛东成会展服务有限公司		青岛泛欧展览有限公司	
青岛原野会展有限公司		青岛汇博展览有限公司	
青岛皓诺威商务会展有限公司		青岛帝信展览服务有限公司	
青岛永辉世纪会展有限公司			

第六篇 农业经济

青岛地区属温带季风气候，温度适中，四季分明。境内地貌多样，土壤条件良好，农业资源比较丰富。历史上，青岛农村实行土地私有制，农业生产以家庭为单位分散经营。农作物有小麦、玉米、甘薯及高粱、谷子、大豆等，传统农具有犁、耙、耧、车4大件及锄、镰、锨、镢等。渔业生产使用帆船作业，主要渔场为青岛近海渔场。

德国侵占青岛后，设立德华高等学堂农科实习地，辟建植物试验场，引入世界各地植物进行驯化繁殖试验，并推广种植部分适宜品种。自青岛建置至青岛解放的近60年间，相对于城市近现代工业的兴起，青岛农业传统生产方式并未发生根本变化，农业生产力水平低下，农民生活极为艰难。

青岛解放后，通过土地改革运动，实现“耕者有其田”。经过农村社会主义改造，农业生产能力稳步上升。1956年粮食总产达到103.2万吨，农业总产值5.3亿元，分别比1949年增长42.65%和59%。此后，“大跃进”、人民公社化严重挫伤农民积极性，破坏了农业生产力，1960年粮食总产量下降到63.9万吨。“文化大革命”期间，国民经济虽遭受巨大损失，仍然取得一定进展。全市农业生产贯彻“以粮为纲”方针，治山治水、整地改土、精耕细作，保持稳定增长。自青岛解放到实行改革开放的30年间，青岛农村以解决吃饭问题为中心，千方百计增加粮食生产，畜牧业、渔业、林业及农业机械化均有较大发展。1978年，全市粮食总产量190.09万吨、花生总产量11.4万吨、蔬菜总产量93.7万吨、果品总产量8.3万吨；农业总产值达到30.47亿元，其中种植业占73.58%、林业占2.51%、畜牧业占10.21%、渔业占13.7%。

概 述

中共十一届三中全会后，青岛农业进入快速发展时期。1980年，胶州、即墨、平度等一些地方在实行包工到组、定额计酬的基础上，进一步推行包产到组、包产到户、联产计酬的农业生产责任制，并逐步在广大农村推广。1984年，青岛市取消人民公社制度，进行农村经济调整和改革，进一步解放农业生产力，整个农村呈现出一派欣欣向荣、生机勃勃的新气象。在中央农村工作方针政策指引下，青岛农村以农业增效、农民增收和现代农业建设为基本目标，不断深化农村改革，扩大农业对外开放，大力发展乡镇企业，积极推进农业科技进步，农业综合生产能力持续提升，畜牧业、海洋渔业迅速发展，农村经济全面振兴，农民收入显著增加，整个农村经济社会发生了历史性巨大变化，并展现出“生产发展、生活富裕、乡风文明、村容整洁、管理民主”的社会主义新农村美好前景。

农业综合生产能力不断增强，农村经济全面发展。实行改革开放后，青岛市认真贯彻中央农村工作方针，积极推动农业科技进步，在粮食作物种植面积逐年减少的情况下，实现了粮食总产量的稳定增长，先后跃上200万吨（1980年）、250万吨（1988年）、300万吨（1993年）3个台阶。1991年，青岛市郊5市全部被评为全国综合实力百强县。1998年粮食总产量达到347万吨，比1978年增长82.6%，创历史最高纪录。2005年，全市粮食总产315.02万吨、油料总产量55.2万吨、蔬菜总产量（不含果用瓜）579.21万吨、水果总产量73.73万吨，分别是1978年的1.65倍、4.84倍、6.18倍和8.89倍。全市完成畜产品总量171.3万吨，畜牧业产值107.1亿元，畜产品总量、总产值均居全国15个副省级城市第二位；完成水产品总量127.3万吨；农机总动力达到620万千瓦，农业机械化综合水平达到75%，分别居全国副省级城市第一、二位。累计引进各类农业外资项目869家，总投资达19.96亿美元，实际利用外资15.78亿美元。全市农业总产值达到320.5亿元，是1978年的26.38倍，其中种植业占39.5%、林业占0.8%、畜牧业占33.4%、渔业占26.3%。即墨、胶州、胶南、平度、莱西5市完成地方生产总值1362.3亿元，占全市的50.5%。胶州、胶南、即墨和莱西4市被评为全国农村综合实力百强县，分列第33、34、43、100位。

农业投入持续加大，农业生产条件不断改善。改革开放之初，青岛农业基本建设资金主要从“支援农村生产支出”项目中列支，且多以实物形式计划供应给农村。农业基本建设资金主要用于河流、水库等治理和维修，以及农田水利建设的配套工程、农牧良种场建设和农技推广。自1980年起，针对农业生产经营方式的变化，青岛市坚持以农村集体和农户投入为基础，逐步增加各级财政对农业的投资，引导信贷资金和社会资金更多地投向农业，逐步形成多渠道、多层次、全方位的农业资金投入机制。1978～1990年，青岛市拨付财政支农资金3.3亿元，重点用于农田水利设施建设、扶持5市和崂山区建设县级农业技术服务推广中心、建设青岛“菜篮子”工程、补助森林防火和病虫害防治、海水养殖。2000年以后，青岛市重点增加农业科技投入，支持县域经济发展和农业结构调整，逐步建立起对“三农”（农业、农村、农民）财力保障机制。2000～2005年，全市农业、林业、水利财政支出35.2亿元。至2005年，全市完成节水灌溉面积211万亩，占有效灌溉面积的44.2%；建成节水灌溉示范园（区）12个。

农业科技广泛普及，农业现代化水平显著提高。“一靠政策，二靠科技”。党的农村政策尤其是家庭联产承包责任制，极大地解放了农村生产力；农业科学技术的推广应用，促进了农业综合生产能力的提高。自1979年起，青岛农业积极引进和推广新品种、新技术，薄膜覆盖、旱作栽培、设施农业等得到发展。组织实施奶牛、生猪、肉牛、肉羊和地方良种产业化工程，推广畜牧业标准化、集约化等生产，基本实现了畜牧业生产加工的规模化、标准化、组织化。实行以养殖为主，养殖、捕捞、加工并重的渔业生产方针，尤其是对虾、海湾扇贝、海水鱼类工厂化养殖技术的突破和推广，引领了中国海水养殖产业化浪潮。大力开展水利建设，发展节水灌溉，推广新型农机和农机服务，农业综合生产能力稳步提高。至2005年，全市农业质量标准体系、农产品质量监督检测体系、标准化生产技术推广体系日趋健全。同时，全市农业科技装备更加精良，科技人员队伍更加壮大，科研手段更加先进，整体科研与技术推广实力更加雄厚，农业现代化水平显著提高。

乡镇企业异军突起，县域经济蓬勃发展。80年代中期，青岛市乡镇企业快速发展，并成为壮大县域经济的重要力量。1987年9月，《青岛市乡镇企业发展规划（1986～1990年）》正式完成。这是青岛市第一个全市乡镇企业发展规划。规划范围包括：乡镇办、村办、部分群众联营、其他合作和个体办的农业企业、工业企业、建筑企业、交通运输企业和其他企业（包括商业和饮食服务业），重点发展工业企业。1992年5月全市对外开放会议之后，青岛市实施“一园三区三线”开放战略，沿济青、烟青、环海3条公路干线两侧的广阔地带，建立各具特色工业区，鼓励和引导“三资”企业、私营企业、乡镇企业入园发展和产业集聚。2002年，积极发展民营经济，重点培育欧美、红领、巴龙、金王、德意利等重点私营企业园，引导乡镇工业园向专业化方向发展，涌现出橡胶工业园、纺织工业园、机械工业园、建材工业园、石材工业园等特色园区。全市乡镇企业以及民营经济的发展，促进了农村富余劳动力转移，带动了农民增收，并成为县域经济发展的主导力量。至2005年，全市共有乡镇企业17万个，从业人员177万人；全年累计实现增加值878亿元，占青岛市生产总值的33%；全年营业收入3259亿元，实现利润149亿元。全市乡镇企业一、二、三产业所占比重为1.46：88.79：9.75。青岛郊区5市完成地方生产总值1362.3亿元，占全市生产总值的50.5%，县域经济成为全市经济的“半壁江山”。

农业法制化建设更加完善，农民合法权益得到有效维护。在积极发展农业生产、繁荣农村经济的同时，青岛市大力推进农业法制化建设，先后颁布实施了《青岛市农作物种子管理暂行规定》《青岛市农业承包合同管理实施办法》《青岛市关于化肥、农药、农膜实行专营的暂行规定》《青岛市农作物品种评审办法》《青岛市农业植物检疫暂行办法》《青岛市农民承担费用和劳务管理规定》《青岛市农村集体资产管理条例》《青岛市食用农产品安全监管暂行办法》《青岛市海洋渔业管理条例》《青岛市水产苗种管理办法》《青岛市全民义务植树条例》《青岛市林地保护管理规定》等一系列法规、规章，逐步形成了植物检疫、种子管理、农经管理、渔政管理、林政管理、畜禽防疫检疫、兽药卫生监督、农机监理和农民负担监督等农业执法体系。积极开展农业普法工作和农资市场“打假护农”专项治理活动，维护农业生产正常秩序，保障农业生产安全，维护农民合法权益，促进了农业和农村经济的发展。2005年，通过推进农业综合执法体制改革，逐步建立完善农业行政执法检查制度、立案审批制度和行政处罚备案、审核、审批制度、农业行政执法监督管理制度、农业行政许可工作制度、行政复议工作制度、执法责任追究制度等。当年整顿农资市场179个，检查农资生产企业120个，检查农资经营业户1781家（次），抽验农资品种1429批次，查处违法案件647起，查处假冒伪劣商品标值总额900多万元，为农民挽回直接经济损失1300多万元。

农民收入不断增加，生活水平得到显著改善。1978年，全市农民人均纯收入仅146元，农民人均生活消费只有114元，恩格尔系数(食品开支占家庭消费支出之比)为49.9。人均住房面积14.13平方米，不仅面积小，而且质量差。农民家庭所追求的高档生活消费品是“三转一响”（钟表、自行车、缝纫机和收音机）。1984年后，通过调整农村产业结构、发展多种经营和乡镇企业，农民非农收入大幅度提高。另外，国家大幅提高农副产品收购价格，拉动了农民人均纯收入的快速增长。到1988年，全市农民人均纯收入达到820元，比1978年增长4.6倍。

随着农村经济的全面发展，农民收入来源由原来主要依靠种地收入扩展到种植业、畜牧业、海水养殖业以及乡镇企业、个体工商业、外出务工等，农民收入大幅增长，生活水平显著提高。1998年，全市农民人均纯收入3177元，农村区市全部达到小康县标准，标志着农民生活开始向富裕型迈进。

2000年后，多项支农惠民政策陆续实施，农民生活更加殷实，消费水平大幅提高。2003年，建立“个人、村集体、乡镇（街道）财政、区（市）财政四方筹资，实行个人账户与社会统筹相结合”的新型农村社会基本养老保险制度。自2004年起，青岛市逐步取消农业特产税、牧业税、农业税、屠宰税和农村“两工”（劳动积累工和义务工），实施粮食直补、综合直补，扩大粮种补贴范围和增加农机具购置补贴政策，农民得到更多实惠。

2005年，全市免征农业税1.95亿元，农民人均减负41元，历史上首次实现农民“零税赋”。当年，全市农民人均纯收入达到5806元（其中，工资性收入2402元，占41.37%；家庭经营收入3026元，占52.12%；财产性收入236元，占4.06%；转移性收入142元，占2.45%），为1978年的近40倍；生活消费支出3737元，恩格尔系数下降到37.5%，每100户家庭中自行车138辆、电风扇159台、洗衣机57台、电冰箱77台、彩色电视机109台、收录机23台、照相机21台；农民人均拥有住房面积29.5平方米，比改革开放初期翻了一番多；农村低保标准提高到1080元；有33万农民参加了新型农村养老保险；有400多万农民参加了新型农村合作医疗，新农合人口覆盖率91.7%；农村义务教育入学率99%，高中阶段普及率88%，农村学生因家庭贫困辍学现象全部得到解决；供水工程累计投资4.8亿元，日供水能力1071.39立方米；有82%的村庄接通自来水，累计解决吃水困难村4986个、403.86万人；行政村柏油路通达率达到83%。

随着农村经济的发展，农民的衣食住行水平显著改善。2005年，全市农民人均纯收入达到5806元。图为规划改造后的胶南市农村新貌。

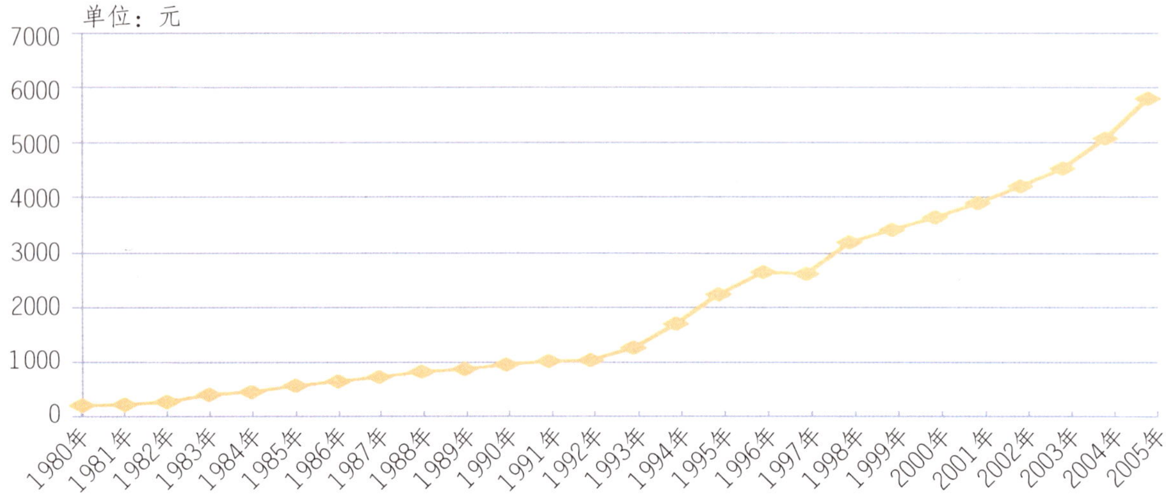

图6-1 1980～2005年青岛市农民收入情况增长示意图

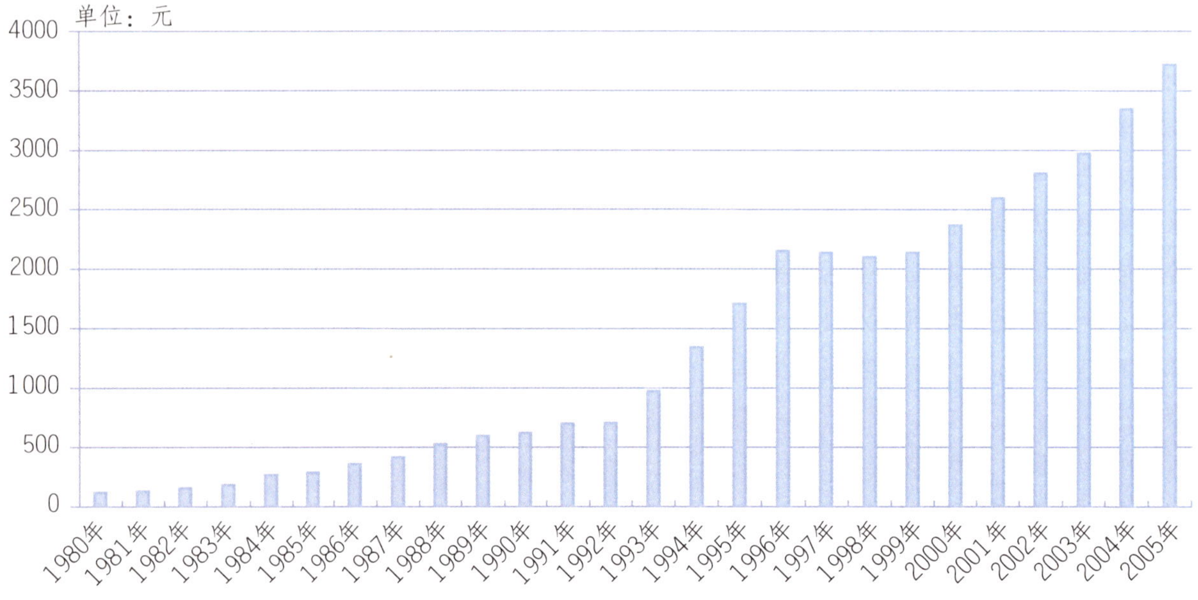

图6-2 1980～2005年青岛市农民生活消费支出情况示意图

第一章 农村改革

改革开放之前，青岛农村一直沿袭1958年建立起来的人民公社体制，其基本经营方式是计划生产、集中劳动、评工记分、平均分配。1978年12月，中共十一届三中全会开启了中国农村改革的帷幕。青岛农村土地经营体制经历了联产到组、包产到户、包干到户、“六统一”下的大包干、“两田制”推行及调整、延长土地承包期等各个不同阶段，土地承包关系几经发展趋于完善。同时，按照中央和国家的有关部署，青岛市相继进行了设立乡镇建制，取消农产品统派购制度，减轻农民负担，建立股份合作制，发展新型合作经济组织以及实行农村费改税制度改革，巩固和完善了以家庭承包经营为基础，以农业社会化服务体系、农产品市场体系和国家对农业支持保护体系为支撑，适应社会主义市场经济发展要求的农村经济体制。

第一节　经济体制改革

家庭承包经营

中共十一届三中全会召开之后，中共青岛市委认真学习贯彻全会精神，研究实现工作重心转移的意见和措施。1979年2月，崂山、即墨、胶县、胶南、黄岛分别召开县（区）、公社、生产大队三级干部会议，部署落实工作着重点转移，明确提出“要把不管经济效果的管理制度和管理办法转变到按经济规律办事和科学管理的轨道上来”。会后，青岛农村各地在组织农业生产中，主要针对“一大二公”体制存在的生产“大呼隆”、分配“大锅饭”的严重弊端，逐步推行包工到组、联产计酬责任制。1980年前后，胶县、即墨、平度等地部分乡村开始出现包工到劳、联产奖赔责任制。1981年2月，胶县有473个生产大队、2013个生产队实行包产到劳、联产计酬责任制，占全县生产队总数的58%。1981年冬，平度县崔家集公社借鉴安徽省凤阳县小岗村实行农村改革的做法，率先实行“大包干”责任制，这种经营方式被人们形象地称为“交够国家的，留足集体的，剩下都是自己的”。二是有些地方在具体操作中，不仅划分了田地，而且拆分了场院、牲口、农机具等集体财产，因此引来不少非议，社会上曾一度流传“辛辛苦苦几十年，一夜回到解放前”。1982年7月，市委、市政府在崂山县召开全市农业生产责任制工作座谈会。会议认为，实行农业生产责任制方向是正确的。会议提出，要深入贯彻落实中央一号文件，进一步完善和提高生产责任制，注意承包指标合理，简化方法和分配程序；对大队、生产队原有的集体工副业和多种经营项目，要仍由集体经营。座谈会还对农村实行生产责任制中出现的一些问题，提出具体的改进措施。1982年9月中共十二大召开后，市委决定在全市农村普遍推行“大包干”责任制。至1983年初，全市实行“大包干”责任制的生产队占全市总数的94%。1983年，全市普遍实行以家庭联产承包为主要内容的责任制。当年全市粮食产量达到240.39万吨，花生产量24.76万吨，分别比1978年增长26.6%和117.2%，均创历史最高水平。

1984年，青岛市进行乡镇机构改革，撤销人民公社建制，设立乡镇建制。此后，针对“大包干”初始阶段存在的土地划分过于零碎、重分轻统、生产要素合理流转受制等问题，对土地承包制度不断进行发展、配套、完善。同年，青岛农村各地陆续将土地和各种开发性生产经营项目如果园、林地、荒山、荒地、鱼塘等交农民承包经营，确定了几年或十几年不等的承包期，并与农户签订了较为完善的承包合同。这种做法让广大农民吃下了定心丸，调动了农民的生产积极性，大大提高了土地产出率和劳动生产率。与此同时，逐步建立健全市（区）、乡（镇）、村三级农村社会化服务体系，巩固和完善统分结合的双

1980年秋，胶县西门村率先实行家庭联产承包责任制。至1982年，全市17240个生产队普遍实行了联产承包、联产计酬等不同形式的农业生产责任制。

层经营体制，促进了农业和农村经济的持续稳定发展。1985～1986年，全市着重推广平度县实行“六统一”下“大包干”的经验，即统一种植计划，统一购置、管理、使用大型农机具，统一规划和进行农田基本建设，统一机耕、机播等农田作业，统一供应化肥、农药等主要生产资料。同时对土地承包合同逐步进行完善，对划分过于零碎的土地进行统一调整。1988年，全市进一步总结平度县“两田制”及其配套制度建设、莱西县“区域规划、连片种植”以及不同形式的适度规模经营等经验，促进土地逐步向资源、劳力合理配置型的承包形式过渡。1993年，贯彻中共中央、国务院《关于当前农业和农村经济发展的若干政策措施》的精神，进一步加大农村土地制度建设工作的力度，进一步稳定和完善土地承包关系。

1996年11月，市委、市政府印发《关于实施土地流转，推进适度规模经营的试行意见》，1997年执行中央关于农村土地承包期再延长30年的重大政策。至1998年，青岛市完成30年承包期延长工作的村达3308个，占到期总村数的78.9%。1999年2月，召开全市延长土地承包期工作座谈会，就做好延长土地承包期工作做了全面部署。市委办公厅、市政府办公厅印发《关于做好农村延长土地承包期工作的通知》，明确了具体的政策界限和相关责任。至2003年10月，全市5732个村完成土地延包工作，占应延包村数的98.5%。到2005年，全市完成延长土地承包期到30年的村5813个，占应延包村总数的99.8%；完成“两田制”调整工作的村1135个，占应调整总村数的99%；土地承包合同签订率和土地经营权证书发放率均达到98%以上；全市土地流转面积达42.9万亩，占耕地总面积的6.5%。

“两田制”

1984年，平度县张戈庄镇高戈庄村在实行土地承包责任制的过程中，为使土地有利于向种田能手集中和发展土地适度规模经营，开始试行“两田制”土地经营模式，即将土地划分为口粮田和承包责任田。口粮田作为生活基本保障，按人平均划分，只缴纳农业税，不缴纳承包费，不承担国家定购任务，基本无偿使用；承包责任田有偿使用，一般由农户叫行投标承包，交纳承包费，承担合同定购任务。

1988年，平度县被确定为国家农村改革试验区之一。同年2月，市委、市政府召开深化农村改革工作会议，总结推广平度县通过实行“两田制”促进土地相对集中，发展适度规模经营的经验，使“两田制”逐步在全市农村推开。1998年底，青岛市实行“两田制”的村3456个，实行“均田制”的村2171个，实行全部叫行承包的村470个，分别占全市总村数的55.7%、35.1%和7.5%。

1997年，中共中央办公厅、国务院办公厅《关于进一步稳定和完善农村土地承包关系的通知》明确提出，要认真整顿“两田制”，中央不提倡实行“两田制”，没有实行“两田制”的地方不要再搞，已经实行的必须按照中央的土地承包政策调整为“均田制”。1999年2月，青岛市全面部署清理整顿“两田制”工作，并与农村税费改革、延长土地承包期等相结合。2003年初，市委、市政府印发《关于认真做好“两田制”调整工作的通知》。同年12月，召开全市稳定完善农村土地承包经营制度工作会议，要求集中时间，集中力量，全力完成“两田制”调整任务。至2005年，青岛市全部完成“两田制”调整任务，农村土地承包普遍实行了按人平均承包的形式。

农村税费制度改革

实行家庭承包经营之后，农民按规定交纳农业税和乡统筹、村提留等。2000年6月，中共中央、国务院印发《关于进行农村税费改革试点工作的通知》，决定进行农村税费改革试点。10月，中共青岛市委农工委召开会议，传达全省税费改革试点工作会议精神，并成立市农村税费改革调研小组，对全市情况进行调查摸底。据调查，2001年全市农业税、农业特产税、乡统筹、村提留、屠宰税总计6.96亿元，农民人均负担148元。

2001年3月，召开全市农村税费改革工作动员电视电话会议。同年5月，市委办公厅、市政府办公厅印发《关于2001年农村税费改革试点工作有关问题的通知》，要求搞好对农村税费改革的调研工作，认真执行国家现行的有关农村税费政策，贯彻落实减轻农民负担的各项规定，继续推进乡镇综合配套改革。正当全市税费改革紧锣密鼓推进之时，4月15日，根据国务院要求，山东省召开整顿和规范市场经济秩序工作会议，要求农村税费改革立即停下来。根据会议精神，青岛市也暂缓对该项工作的推进。2002年4月，召开青岛市农村税费改革试点工作会议，全面启动农村税费改革试点工作。至2002年5月，核实完成各项计税依据。经核实，青岛5市3区计税土地总面积658.7万亩，粮食计税总量为42.6亿公斤，亩均常产647公斤，全市统一计税价格1.14元。同时，对计税依据的核实情况，全部张榜公布，广泛征求群众意见，农民签字率达到99%。同年10月，市农村税费改革领导小组印发《关于进一步落实农村税费改革的各项政策，确保减轻农民负担有关问题的意见》。2002年11月26日至12月2日，省农村税费改革检查组对青岛市农村税费改革情况进行检查，认为青岛市农村税费改革试点工作进展顺利，基本达到了中央和省的规定和要求，总体上实现了改革的预期目标。至2002年12月，全市取消专门面向农民收取的行政事业性收费、政府性基金88项，取消由农民出资、出劳、出物的达标升级活动55项。

青岛市按照农村税费改革有关政策，对改革后基层净减收部分，由中央和地方各级通过财政转移支付给予适当补助。2002年，中央、省对青岛市农村税费改革转移支付资金总额为7300万元，青岛市本级财政安排转移支付4000万元，青岛市5市3区共安排转移支付3808万元，中央、省、市、区（市）4级转移支付资金共计1.51亿元。2002年实施改革后，全市农民人均负担降至99.3元，比2001年人均减负48.7元，减负率为32.9%。2003年，按照中央和省的规定，进一步深化农村税费改革。取消了农业特产税（烟叶除外），减轻农民负担1800万元；停止征收乡村公益金，减轻农业负担4500万元。农民实际人均负担降至85元，比2001年减少63元，减负率为42%。2004年，全市增加转移支付资金22065万元。经济条件较好的城阳、黄岛、崂山3区全部免征农业税及附加，5市降低农业税税率3个百分点，农业税附加同步降低，全市减少向农民征收农业税及附加2.3亿元。当年农民人均负担的农业税及附加为41元，比2001年减少107元，减负率为72%。

2005年，按照国务院和省政府的规定，青岛市全面停征农业税，取消农村“两工”，新增转移支付资金16429万元。全市对镇村两级转移支付资金补助总额达到54364万元，其中中央财政补助18000万元、省级财政补助7300万元、青岛市本级财政补助16288万元、各区（市）配套12776万元。在安排转移支付资金时，对平度、莱西两市农业“两税”及附加减收数予以全额补助，对即墨、胶州、胶南3市按减收数的50%给予补助，共对115个镇，4528个村实行了转移支付。同年，全市免征农业税1.95亿元，农民人均减负41元，“皇粮国税”在青岛农村成为历史，农民种地实现了“零税赋”。当年，全市发放种粮补贴6154万元、良种补贴1280万元、农机具购置补贴1290万元。

农村新型合作经济组织

80年代初，青岛农村出现农户之间自愿集资，合作、合股经营，按劳分配与按股分配相结合的经济联合体，成为农村新型合作经济的最初形式。1983年，全市共有该类经济联合体2356个、成员9391人。此后，农村经济联合体虽然发展较快，但组织形式较为松散，多数没有规范的章程，权利义务不清晰，合作内容也比较单一。

90年代，青岛市新型农村合作经济组织进入新的发展时期。在组织发展形式上，除“能人”或专业大户牵头兴办外，还有依托县乡两级农技

农村经济体制改革促进了农牧渔业的快速全面发展。2005年，全市农业总产值320.5亿元，其中种植业占39.5%，林业占0.8%，畜牧业占33.4%，渔业占26.3%。

推广站、社区合作经济组织、供销合作社组建等多种形式。农民专业合作经济组织内部有了章程，会员的权利义务得到进一步明确。1994年，青岛市贯彻农业部、中国科协《关于加强对农民专业协会指导和扶持工作的通知》精神，指导和扶持农民专业合作经济组织发展。至1998年，全市农村各类合作经济组织发展到6200个。

2001年12月，市政府印发《关于加快发展农村新型合作经济组织的意见》，指导和鼓励农村新型合作经济组织发展。2002年7月，平度市果农协会、即墨市龙泉镇养鸡协会和胶州市洋河镇奶农合作协会被确定为农业部农民专业合作经济组织试点单位。2003年7月，按照重新规定的统计管理标准，全市较为规范的新型合作经济组织有145个，其中由农民牵头兴办的60个、成员1.9万人，吸引带动农户8.3万户，占农村总户数的5.5%。2005年2月，市委、市政府印发《关于进一步推动城乡互动，做好郊区工作的意见》，把建设农民专业合作组织体系作为建设现代农业六大支撑体系之一，确定由市财政列支600万元专项资金，对30个农村合作组织给予重点扶持。随后，在胶州市召开全市农民专业合作经济组织发展工作现场会议，进一步明确和落实扶持政策。

至2005年，全市登记注册的农民专业合作组织发展到404个，拥有管理人员1430人；发展单位成员2813个、个人成员5.86万人（户），会员总收入9.04亿元，带动11.8万农户参与产业化经营，占农村总户数的7.6%，带动农民增收18.67亿元。

第二节　管理体制改革

改革开放之初，县级以下农村经营管理机构比较健全，管理内容主要是公社、生产大队、生产队三级经营收入和分配管理，财务及资产管理等。1982年实行家庭承包经营制后，全市农村经营管理方式发生重大变革，以土地承包为主的农村承包合同管理以及农民负担监督管理、农村合作基金会管理等成为农村经营管理的重要内容。

农村承包合同管理

1982年，青岛农村开始实行家庭承包经营，县（区）、乡镇农村经营管理部门负责村队与承包户签订土地及各业承包合同的指导、管理工作。

1988年3月，市政府制定《青岛市农业承包合同管理实施办法》，农村承包合同管理走上法制化、规范化的轨道，各区市和乡镇均依法成立了农村承包合同管理机构，负责承包合同的统一管理。1990年底，全市共签订各类农村经济承包合同100.2万份，其中规范合同93.97万份，调解合同纠纷2831份。

1995年10月，市委办公厅、市政府办公厅转发市农业局《关于对我市农村土地使用制度改革情况的报告》，规定各区市逐步实行统一的合同文本，各类承包合同均由发包方和承包方签字盖章，并由乡镇经管站鉴证，使农业承包合同进一步完善和规范。同年，全市共签订承包合同92.7万份。其中，完全兑现的合同份数为84.98万份，审查为无效合同667份、不完善合同1000份，调解合同纠纷885份，仲裁合同12份。2003年，根据《中华人民共和国土地承包法》有关规定，全市颁发土地承包经营权证书100.9万份、农业承包合同109.8万份、流转合同2.9万份、调解合同纠纷343份。

至2005年，全市签订土地承包合同118.26万份，签订土地流转合同3.26万份。

减轻农民负担监督管理

80年代，由于实行“大包干”，“交够国家的，留足集体的，剩下全部就是自己的”，农民收益分配简明清晰，农民生活有了很大改善。同时，农民负担开始逐年增加。1990年，根据中央关于切实减轻农民负担的方针政策，青岛市成立全市农民负担监督管理领导小组，办公室设在市农业委员会。同年，市委、市政府印发《关于切实减轻农民负担的通知》，规定1990年内农民负担总指数一般控制在5%，最高不得超出全省规定的7%，乡统筹费不得超过1989年人均纯收入的3%，村集体提留一般应控制在1989年人均纯收入的2%以内。

1991年，市政府转发市农民负担监督管理领导小组《关于加强乡镇统筹费管理的报告》，要求将村上缴的统筹费与乡镇财政预算管理分开，切实减轻农民负担。1992年，全市农民人均负担102.51元，占上年人均纯收入的9.89%，比1991年分别降低10.09元和2.11个百分点。同年，全市共清理涉及农民负担的文件657份，其中属县（市）级的280份、乡镇级的235份。全市各乡镇共精减超编人员498人，压缩村享受固定补助和误工补贴人员2971人。1993年4月，市委办公厅、市政府办公厅印发《关于开展减轻农民负担“四清理三整顿”工作的通知》，要求取消除各项提留统筹之外的涉及农民负担的文件、项目和达标升级活动。同年7月，《青岛市农民承担费用和劳务管理规定》颁布实施，规定农民直接缴纳的村提留、乡统筹以乡镇为单位核算，不得超过上年度农民人均纯收入的5%，村提留和乡统筹费各占2.5%；对于公积金和公益金的提取比例，应控制在本村上年度农民人均纯收入的1.5%以内；管理费的提取比例应控制在本村上年度农民纯收入的1%以内。同时对农村“两工”作出明确规定：每个农村劳动力每年承担5～10个义务工日和10～20个劳动积累工日，确需增加并具备条件的地方，经县级以上人民政府批准可以适当增加。自此，全市农民负担监督管理迈入了法制化、规范化轨道。

1996年4月，市委、市政府《关于切实做好减轻农民负担工作的通知》规定，中央、省、市已经明令取消的项目不准恢复，各级、各部门凡与中央、省、市减轻农民负担方针政策相抵触的规定和政策一律废止；凡未按法定程序审批而擅自出台的收费项目一律无效，要立即停止执行；已经向农民非法收取的款物，要限期按原渠道退还给农民；中央和省、市已经明令取消的各种达标升级项目，一律不准恢复，凡是以验收、完善、评估等名义恢复或变相恢复的，必须立即停止。同时规定，农民承担的提留统筹费不得突破上年农民人均纯收入的5%；对于农民“两工”，不能按人口或耕地承包面积分配用工数量，不得强行以资代劳；1996年向农民收取的费用必须全部做到凭卡收取，严禁将不合理款项挤入卡内向农民收取；对于土地承包，除集体工副业、果园、鱼塘、“四荒”（荒山、荒坡、荒地、荒滩）等实行专业承包和招标承包的项目以外，其他土地无论叫“口粮田”“责任田”、还是“经济田”，其承包费都属于农民上交的村提留、乡镇统筹的范围。同年8月，市政府印发《切实做好减轻农民负担工作的补充通知》，修改《青岛市农村教育综合改革方案》中关于“农民按人均纯收入的2%缴纳教育事业费附加”的规定，将农民负担的乡村两级办学经费占上年人均纯收入的比例改为控制在1.5%。取消“农村乡统筹村提留费用于计划生育工作的比例不能少于20%，以补充计划生育经费和落实独生子女保健费及子女备用金保险费”的规定，此类经费改为一律由乡镇根据有关规定统筹安排。

1997年4月，市委、市政府召开全市减轻农民负担工作会议，同时印发《关于切实做好减轻农民负担工作的意见》，进一步明确土地承包费和“三提五统”（村级三项提留和五项乡统筹：村提留包括三项，即公积金、公益金和管理费；乡统筹费包括农村教育事业费附加、计划生育、优抚、民兵训练、修建乡村道路等民办公助事业的款项）的关系，合理确定“三提五统”与土地承包费的标准。规定按人按劳平均承包土地的，以村为单位人均承包费的数额不得超过上年人均纯收入的5%，达到5%的不得再向农民收取“三提五统”。征订报刊一律不得下达计划、强征代订，不得以回扣等方式扩大发行。凡享受全市农村人口最低生活保障线制度的对象，一律免交村提留、乡统筹费，丧失劳动能力的免除“两工”。同年6月，市委办公厅、市政府办公厅印发《关于明确青发〔1997〕14号文件中几个问题的通知》，规定各村（不含村办企业）每年利用公款订阅的党报党刊最高限额不得突破1500元。随后又印发《关于切实做好减轻农民负担有关问题的通知》，要求认真清理涉及农民负担的文件和项目，对一切由农民出钱、出物、出工的达标、升级活动要坚决停止，对其他达标、升级、评比活动要暂停一年。1997年，全市农民承担“三提五统”总额为5亿元，人均负担104元，占1996年全市农民人均纯收入的3.96%，比上年度降低0.77个百分点。1998～2001年，青岛市各级政府贯彻执行农民负担“一定三年不变”的政策，即1998～2001各年度，农民承担的提留统筹费的绝对额，不仅严格控制在上年农民人均纯收入的5%以内，而且不得超出1997年的预算额。其中2000年，全市实行部门责任制，对农村中小学乱收费和教育集资、乱收电费和电网改造集资、报刊征订中的乱摊派和粮食收购政策不落实等问题进行治理。

2002年，青岛市开始实施农村税费改革，不再向农民征收“三提五统”，改征农业税，全面停征公益金，明令取消88项收费项目、55项达标升级活动。2003年9月，全市农村在农业计税土地上不再征收特产税，改征农业税。2003年，全市共落实农业税减免268196人，直接减免农业税1647万元；农民实际负担4.2亿元，人均负担86.9元，与税费改革前的2001年相比人均减负61元，减负率达41.2%。

2005年，青岛市农村全面停征农业特产税、牧业税、农业税、屠宰税，取消农村“两工”，减轻农民负担1.95亿元，农民种地实现了“零税赋”。

农村财务管理

1982～1983年，青岛市贯彻国家农委、农业部《关于整顿社队财务的意见》精神，对全市农村集体财产进行清理整顿。1985年12月至1986年9月，全市再次进行农村财务清理整顿。经过此次清理整顿，基本摸清了社队财务状况。至1985年，全市农村集体财产总额为10.3亿元，其中新形成集体财产1.5亿元；集体债务1.3亿元，已还债务3657万元；1982～1985年应收取集体提留款5.3亿元，欠交3638万元，通过清理收回2000万元；全市农村共清理出呆、死、悬账2.38万笔，计款1226万元。清理中收回的占30%、减免的占31%、缓交的占16.3%、冲销的占22.7%。

1986年，为解决村级财务管理混乱问题，全市逐步推行村级财务“双代管”做法，即在坚持资金所有权、使用权不变的前提下，村级账务、钱款统一由乡镇代管，各村会计每月在规定的时间到乡镇报账。通过实行“双代管”，有效地解决了账务处理不及时、不规范的问题，杜绝了“断头账”“包袱账”的现象，使村级财务管理逐步规范化。1990年开始，青岛农村普遍加强民主管理，规范财务公开，强化村级财务民主监督管理机制。实行决策民主化，凡是村里的重大经济活动，如财务预决算、收益分配方案、提留统筹与劳务的提取和使用、承包合同的确定、大中型固定资产的购置与处理等，均提交村民大会或村民代表大会讨论研究，尊重大多数群众的意见，实行科学民主决策。强化民主理财小组的监督职能，全市98%以上的村庄按照民主选举的形式，选举威信高、思想正派、办事公道的党员群众，成立民主理财小组。民主理财小组定期召开会议，审查村级收支单据和账务，对审查出来的不合理开支，民主理财小组有权拒绝盖章，无民主理财小组盖章的单据，财务人员不得入账。规范村级财务公开，普遍按照实用、方便、节俭的原则，设立村级财务“公开栏”“公开墙”，坚持每月在固定的时间公开当月财务收支情况。为保证公开质量，易于群众监督，各区市都统一规定公开内容、公开时间、公开方式、公开程序。村级财务情况必须经村主要负责人、民主理财小组负责人、主管会计三笔会签，经乡镇审核认可后，方可公开。2002年，胶南市在“双代管”的基础上，全面实行村级财务统一管理，即乡镇成立农村财务代管中心，每6～10个村配备1名会计，实行会计公开考聘，统一集中管理，各村不再单设会计，只设1名记账员，一般由村两委成员兼任。采用这一管理形式，进一步强化对村级财务的监督力度，压缩会计人员，减少村级财务开支。

2004年，市政府办公厅转发市农业局等部门《关于切实加强农村集体财务管理和监督的意见》，要求各地普遍建立健全财务预决算制度、收费票据统一制度、财务开支审批制度、定期报账制度、村级财务审计制度等，全市初步形成以“双代管”为主要形式，业务管理与民主管理并举，行政监督与民主监督相结合的村级财务管理体制。至2005年，全市村级负债总额49.4亿元，村均82.1万元；村级债权总额42.3亿元，村均70.3万元；债权债务相抵后，村级净负债7.1亿元，村均11.8万元。全市所有乡镇对90%以上的村实行了“双代管”。

农村集体资产管理

1998年，按照国务院和省政府的要求，在全市部署开展农村集体资产清产核资工作。市委办公厅、市政府办公厅印发《青岛市农村集体资产管理工作的实施方案》，成立市农村集体资产管理领导小组。各区市组织开展农村集体资产的清查、评估、产权界定和产权登记工作。经过全面清查，至1998年底，全市乡村两级农村集体资产总额达369亿元，其中村级集体资产197亿元、乡级集体资产总额172亿元。

1999年7月23日，《青岛市农村集体资产管理条例》经市人大常委会第十次会议审议通过，1999年8月22日经山东省人大常委会第十次会议审议通过并颁布实施。全市各级认真贯彻落实该条例，采取有效措施，扭转农村集体资产管理不善的局面，使集体资产得到合理利用和有效保护，逐步建立起产权明晰、权责明确、民主监督、科学管理的集体资产管理体制和运行机制，确保全市农村集体资产保值、增值，不断壮大集体经济实力。至2005年，全市村级集体资产总额为811亿元。

农村合作基金会

1987年，青岛市开始在平度试点兴办农村合作基金会。至1994年9月，全市共建立乡镇合作基金会141个，占乡镇总数的87%；村级合作基金会1678个，占总村数的27%。各级农村合作基金会累计筹集可融通资金17044万元，累计投放3.37亿元。

1995年，市农业局对全市农村合作基金会发展情况进行调查。同年8月，召开全市农村合作基金会经验交流会。自此，全市农村合作基金会全面发展起来。至1995年底，全市登记发证的合作基金会共有110个。1996年，根据国务院《关于农村金融体制改革的决定》精神，青岛市开始对农村合作基金会进行全面整顿规范。各区市对合作基金会各项规章制度、股金筹集吸收、资金投放、建立健全风险保障机制等情况全面进行了自查自纠。1997年6月，市委办公厅、市政府办公厅《关于加强农村合作基金会规范化管理的通知》提出“控制规模、加强管理、防范风险、稳步发展”的总体要求，并多次组织有关部门对全市农村合作基金会进行检查，纠正一些违规行为，使农村合作基金会逐步走上规范化轨道。至1999年6月，全市共有132个乡镇农村合作基金会，共筹集资金8.2亿元，其中村集体入会资金以及代管资金2.3亿元、农户入会资金5.6亿元、其他资金0.3亿元；资金投入余额为6.7亿元，其中投放到村集体1.4亿元、农户3.4亿元、企业1.5亿元、其他0.4亿元。

1999年6月，按照国务院及全省的统一部署和要求，全市从7月1日开始，统一时间向股民发放《关于清理整顿农村合作基金会的通告》；7月2日，所有基金会停止存贷款业务，暂停股金兑付业务，全面进行清产核资。各区市清产核资工作在8月底前结束。清产核资结束后，即开始兑付股金本息，农户股金到2000年底全部兑付结束，集体和单位股金可签订协议，5年内分期还清。为确保农户股金全部兑付到位，全市申请中央长期贷款1.2亿元专项用于兑付农户股金。至2001年，全市累计回收各种投放资金4.39亿元，占投放资金总额的65.5%；累计兑付入会资金本息7.33亿元，占应兑付资金的89.4%；全市102个农村合作基金会，其中3个顺利并入当地农村信用社、33个将所有股金兑付完毕、59个将农户股金息全部兑付结束。

至2002年，全市清理整顿农村合作基金工作全面完成。清理期间，全市未发生一起资金挤兑现象。

第二章　开放型经济

建国后至70年代末，青岛农业主要以农副产品进出口贸易为主，1978年全市农副产品出口额为1.23亿元。中共十一届三中全会之后，特别是1984年4月青岛市被国家确定为14个沿海对外开放城市之后，全市农业对外开放工作发生历史性转折。1985年，随着国家取消统派购制度，全市农村集贸市场、小商品市场逐步活跃繁荣。

进入90年代，青岛市实施“一园三区三线”开放战略，农业利用外资、农副产品出口、农产品市场等实现较快发展。2005年，全市农副产品出口达到18.53亿美元，累计引进各类农业外资项目869个，实际利用外资15.78亿美元。农产品产地批发市场交易总额达到146.72亿元。

第一节　农副产品出口

实行改革开放后，青岛农村畜牧业、海水养殖业快速发展，并涌现出一批经营猪、牛、鸡、兔、水貂、水果、蜂蜜、刺绣、草编制品等出口商品生产的专业户和加工企业，扩大了农副产品出口货源。至1983年底，全市农副产品收购额达2.69亿元，是1978年的2.2倍。

1987年，青岛市实行对外经济贸易计划单列，获得港口管理权限和省一级外经外贸管理权限，并逐步建立起直属国家各外贸总公司的外贸分公司，全市农副产品出口生产基地建设出现高潮，农业生产开始向“贸工农”型转变。当年，以平度、崂山、莱西为重点的肉食鸡生产基地，年出口肉食鸡1000吨，创汇120万美元；以胶南、即墨、胶州、崂山、黄岛为重点的水产品生产基地，养虾面积达10万亩，其中外贸投资联营近3万亩；胶南和黄岛等水貂养殖生产基地水貂存养量70万只，年可取皮30万张。另外，平度、即墨、莱西建立了“白沙1016”小花生生产基地；胶南、莱西、即墨和胶州建立了大花生生产基地；即墨建立了年加工能力1万吨的花生加工厂。1988年，全市出口创汇总额达到21735万美元，比1987年增长57.7%。其中，农副产品出口4347万美元，占全市出口总额的20%。全市出口商品销往60多个国家和地区，其中香港地区占出口总额35%、日本占26%、美国占7%。

1994年5月，市农委、市财政局、农业银行青岛市分行联合印发《关于扶持20处农副产品加工出口“龙头”企业的通知》，确定市财政每年安排500万元周转金、农行青岛市分行安排2亿元贷款，重点扶持20家农副产品加工出口龙头企业。当年，全市实现农副产品出口收购值62亿元，占全市出口收购总值的61.7%；农副产品出口创汇1.4亿美元。至2000年，青岛市形成畜牧、水产、蔬菜、林果、油料、花卉六大主导加工出口产业，年出口500万美元以上的出口生产基地有50个，农副产品出口创汇达9.3亿美元。其中肉鸡出口首次突破2万吨，猪肉产品出口达到8000吨。

2001年，由于受国际技术贸易壁垒的影响，青岛市水产品、禽肉、蔬菜等大宗农产品出口受阻，许多企业一度停产。各出口企业主动加快产品结构调整和市场转移，同时开展对外交涉，出口受阻局面逐渐得以扭转。2002年，全市实现农副产品出口9.93亿美元，其中水产品出口3.59亿美元、蔬菜出口1.05亿美元。同年，全市有182家农副产品加工企业获国际出口食品卫生注册，获ISO 9000系列国际质量体系认证的22家，获美国HACCP检验证书的71家，获欧盟注册的42家，获国外兽医卫生注册的53家，获日本偶蹄动物加工出口认证的9家。

2005年，全市农副产品出口19.6亿美元。其中蔬菜2.63亿美元、畜产品2.54亿美元，水产品7.12亿美元。农副产品出口成为青岛市继机电产品、纺织服装类产品之后的第三大出口产品。青岛港成为全国农产品进出口规模最大的口岸，进出口总额的42%是农产品及其加工品。

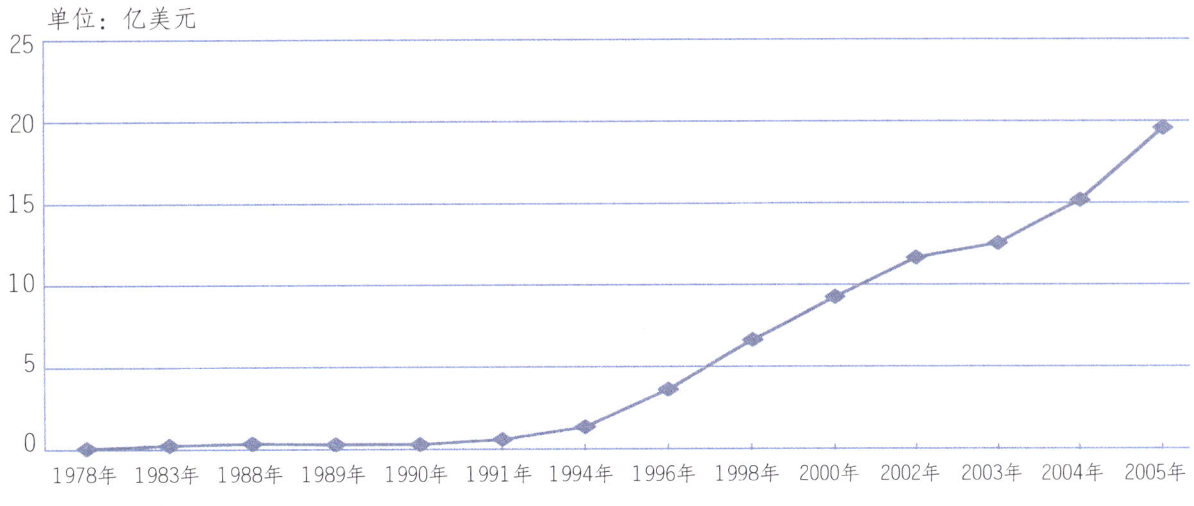

图6-3 1978～2005年青岛市农副产品出口变化示意图

第二节 利用外资

1984年5月，青岛市经国务院批准开始直接利用外资，全市对外开放步伐明显加快。1986年3月，青岛市第一个农业利用外资项目——青岛固力果食品有限公司成立。该项目由日本投资兴建，总投资423万美元，合同外资218万美元。主要从事红豆馅、饼干等副食品加工。同年10月，由新加坡投资的青岛星华粮油食品有限公司落户胶南县，该项目总投资499万美元，合同外资249万美元。

1988年1月，青岛各县（市、区）获准对外开放，吸引外资开始由市区、经济技术开发区向农村各县（市、区）扩展。同年8月，由泰国正大（香港）有限公司投资经营的青岛正大有限公司落户即墨县龙泉镇，是青岛市批准成立的第一家农业独资企业。该项目总投资1931万美元，注册资本612万美元，年产饲料30万吨，雏鸡1300万只。当年，全市共批准合资企业22家，其中在各县（市、区）落户的企业有10家。1990年，青岛市农业科学研究所与日本时田种苗有限公司、日本麒麟啤酒有限公司合资成立青岛国际种苗有限公司，总投资73万美元，主要从事蔬菜和花卉种子的研究、种苗生产、销售及售后服务。

1992年，在邓小平南方谈话精神推动下，全市各级加快招商引资步伐，农业利用外资迎来新的高潮。当年，青岛市确立“一园二区三线”发展战略，即在崂山区中韩街道建立青岛高科技工业园（一园）；在黄岛区建立青岛经济技术开发区、青岛保税区，1993年又纳入石老人国家旅游度假区（三区）；在烟青公路、济青高速公路、胶州湾高速公路（三线）两侧建设一批外商投资小区。1993年3月，青岛市重组重大项目办公室，集中力量促进重大项目利用外资工作。当年有22个农业外资项目正式落户青岛，总投资额达3182万美元。1994年，青岛市实施鼓励扶持政策，促进招商引资向村级和农业利用外资延伸。当年1月，青岛市奶业公司与瑞士雀巢有限公司合资成立青岛雀巢有限公司，项目总投资4540万美元，其中中方出资25%。该项目带动了莱西市奶牛养殖业快速发展，莱西市奶牛存养由1993年的600头，猛增到1994年底的8600头，一年增长10多倍。当年共有28个项目落户青岛，总投资额达到12893万美元，比1993年翻了两番多。这一时期，各区市积极发展经济开发园区，为乡镇企业、民营企业和利用外资提供了广阔的空间。

1995年之后，青岛市充分发挥乡镇企业机制灵活、劳动力成本较低的优势，加强乡镇企业利用外资工作。1996年3月，美国亨氏集团在胶南市投资1575万美元，建立青岛亨氏天远食品有限公司。同年8月，韩国在崂山区投资2900万美元，建立锦湖食品（青岛）有限公司。1997年，韩国在胶州市投资1500万美元，建立青岛农心食品有限公司；英国在崂山区投资1250万美元，建立青岛顶益食品有限公司。1998年4月，台湾统一集团在平度市张戈庄镇投资2999万美元，建立青岛统一饲料农牧有限公司；同年5月，美国在城阳区棘洪滩镇投资1600万美元，建立青岛飞龙天利绿色食品有限公司。2000年，韩国在胶州市投资1000万美元，建立青岛东山花卉有限公司。1996～2000年，青岛市共引进182个农业外资项目，总投资额达到4亿美元，实际利用外资2.7亿美元。其中投资额过1000万美元的大项目有7个。

2001年，青岛市以加入世界贸易组织为契机，积极引导外资投向农业综合开发、水产养殖及农产品深加工。除继续加大对日本、韩国和台湾地区的招商力度外，对欧美招商实行重大突破。当年，有101个农业外资项目落户青岛，总投资额达15399万美元。2002年4月，由市政府主要领导带队，在深圳、香港分别举办大型招商推介会，这是青岛市历史上举行的规格最高、规模最大的一次招商推介活动。同年11月，市政府在青岛国际会展中心举办首届青岛国际农产品交易会，为招商引资工作搭建了一个常设平台，使全市农业利用外资又迎来了一个高峰期。2005年，全市共批准农林牧渔及农副产品加工外商投资企业321家，总投资11.48亿美元，合同利用外资8.32亿美元。

至2005年，青岛市累计引进各类农业外资项目869个，总投资19.96亿美元，实际利用外资

15.78亿美元。其中，独资企业638家，总投资额134351万美元；合资企业210家，总投资额44589万美元；合作企业21家，总投资额4874万美元。投资额前10位的国家和地区分别是日本、韩国、英属维尔京群岛、美国、中国香港、中国台湾、泰国、英国、加拿大及新加坡。各区市按投资额排序为城阳区、即墨市、胶南市、胶州市、莱西市、平度市、黄岛区、崂山区、李沧区。

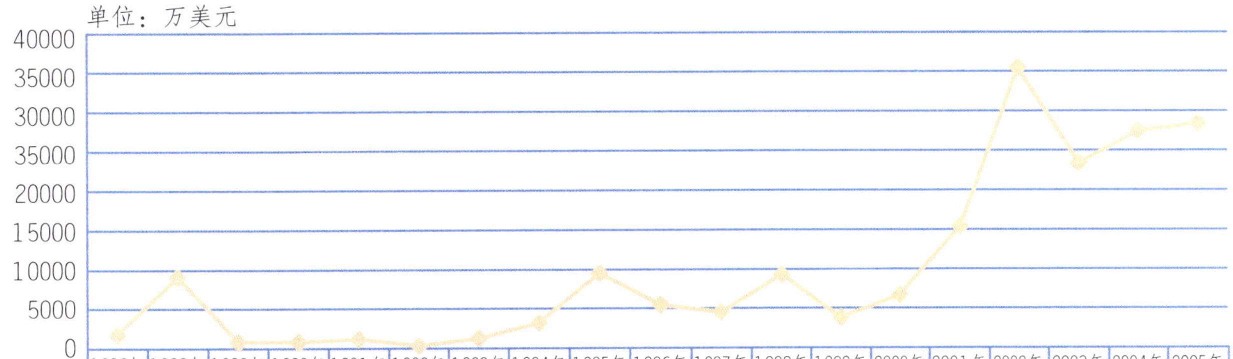

	1986年	1988年	1989年	1990年	1991年	1992年	1993年	1994年	1995年	1996年	1997年	1998年	1999年	2000年	2001年	2002年	2003年	2004年	2005年
总投资额	1722	9086	807	809	1177	340	1233	3182	9508	5462	4512	9266	3813	6618	15399	35448	23348	27409	28318

图6-4　1986～2005年青岛市农业利用外资情况示意图

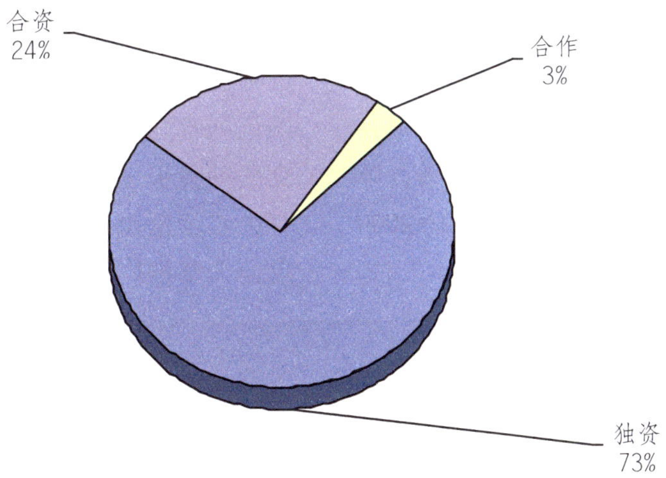

图6-5　2005年农业外资企业类别投资总额比重示意图

2005年主要投资国家（地区）一览表

表6-1

国家（地区）	项目个数	投资总额（万美元）	国家（地区）	项目个数	投资总额（万美元）
日本	166	48724	英属维尔京群岛	15	10572
韩国	383	47521	泰国	8	11431
美国	35	13570	新加坡	23	7924
中国台湾	53	12376	英国	17	6783
中国香港	97	11278	加拿大	13	5341

第三节　农业对外交流

80年代初，全市开始大规模的引进、试验和推广地膜覆盖栽培以及果品、蔬菜优良品种等技术，并开展对外农业推介、外派农业研修生、引进农业技术人才等。1979～2005年，市农业部门先后在日本、美国、中国香港等举办农业推介活动。全市共接待来自日本、韩国、美国、加拿大、俄罗斯、欧洲等60多个国家与地区以及国际组织的代表团150多批计1000多人次；共派出考察交流、培训团组90个计800人次；向美国、加拿大、日本、韩国、英国、比利时、法国、荷兰等国家和地区派遣留学生、研修生和访问学者近300多人次。

派遣赴日农业研修生

1991年，市政府农业办公室和中国青岛国际经济技术合作公司，与日本和歌山县农业协同组合中央会签订派遣研修生合同。研修内容主要包括语言培训、园艺栽培技术培训以及现场实际操作等。第一批研修生20人于1992年4月派出，自1992～2000年，每年一批，共派遣8批计201名研修生。

引进国外技术人才

1997～2005年，市农业部门先后聘请日本、荷兰、以色列、美国等国家的200多名农业专家到青岛传授先进生产技术及管理经验，组织国外农业专家授课680多次，培训农技人员和专业户3.5万人次。同时在外国专家的指导下，实施了生物转基因育种、肉牛胚胎移植、农业环境保护等技术含量较高的农业引智项目。

农业引智成果示范推广

2000年市政府评选第一批市级农业引智推广示范园，至2005年，全市先后分3批建立了11个农业引智成果推广示范园区，分别为平度大泽山镇葡萄实验示范园、胶州市万亩果园引智成果推广示范园、青岛市果茶站日本苹果新品种推广示范园、青岛市恒生源农业开发公司生态农业综合示范园、青岛市农业科学研究所全自动温室和专业品种示范园、城阳区前古镇引进开发滴灌设施与技术示范园、胶南市王台镇以色列番茄新品种推广示范园、莱西市万福优良品种猪引进推广示范园、青岛亿良良种鱼繁育中心示范园、青岛市优质农产品开发中心食用仙人掌推广示范园、青岛市植物保护站天然源农药引进与应用示范园，其中青岛胶南王台农业引智精品示范园被山东省政府授予山东省农业引智成果推广规范基地称号。

1997～2005年，青岛市先后聘请日本、荷兰、以色列等国家的农业专家到青岛传授先进技术及管理经验，组织授课680多次，培训农技人员及专业户3.5万人次。图为以色列专家在指导大棚西红柿种植。

公派出国留学

1999年始，青岛市有计划地组织农业技术人员申报由国家、省资助公派出国留学项目，并通过市外办、“友好城市”等渠道向国外派遣留学人员。公派留学人员大多以访问学者或留学生的身份，赴美国、加拿大、日本、英国、澳大利亚等国的大专院校、科研院所进行农业专题研究和学习，学习时间一般在6～12个月。2000～2005年，全市获国家、省资助公派出国留学共13人。

出国（境）短期培训团组

1997年以后，青岛市利用国家外国专家局专项资助资金，有计划、有组织地选派农业技术和管理人员赴境外进行短期培训。其中，1998年派员随农业部赴香港进行自然保护区管理培训；2001年随农业部赴澳大利亚进行内部审计培训；2001年由青岛市农业局组团赴比利时进行设施蔬菜优质高效无污染栽培及采后技术培训；2005年青岛市农委组团赴美国良好农业操作规范培训。1996年、2000年、2002年、2004年，青岛市先后派遣了8名农村青年工作人员赴德国慕尼黑参加由联合国粮农组织资助的农村青年干部国际研讨培训班。至2005年，全市共组织了8个出国（境）短期培训团组计130多人次，分别到以色列、日本、澳大利亚、美国等国进行短期农业技术培训。

第四节　农产品市场

80年代初，国家实行重要农产品统派购制度，完成统派购任务后的某些农产品和小宗农产品可上市出售。1985年，随着国家取消统派购制度，全市农村集贸市场、小商品市场逐步活跃繁荣。在比较集中的农产品产区，开始出现运销专业户，民间批发市场初步形成。80年代后期，青岛市在实施“菜篮子”工程中，引导、鼓励社会各方面培育兴办农产品产地批发市场。至1995年，全市农产品产地批发市场增加到15个。

90年代中后期，是青岛市农产品批发市场大发展、上规模的重要阶段。1996年，青岛抚顺路蔬菜副食品批发市场被列为第二批农业部定点市场。1997年，青岛七级生猪批发市场被列为第三批农业部定点市场。1999年，莱西东庄头蔬菜批发市场被列为第五批农业部定点市场。2001年11月，全市农产品批发市场达到46个，总占地面积4893亩。其中城阳区城阳、平度市南村、莱西市东庄头、即墨市移风、胶州市沙梁、胶南市王台6个产地批发市场年交易总量432万吨，年交易总额83亿元。

2002年5月，青岛市农业局在城阳、南村等6个产地批发市场推行市场准入管理试点，支持和指导市场建立完善例行检测、结果公示、信息发布、不合格产品追溯等制度，严禁有毒有害农产品入市销售，同时实施《关于加强农产品质量安全专营产地市场批发市场建设的意见》和《农产品质量安全市场准入专营产地批发市场建设试点推进计划》。同年9月，在城阳区召开全市农产品质量安全专营产地市场批发市场建设工作座谈会。同年11月，城阳蔬菜水产品批发市场被列为农业部第八批定点市场。2003年初，受“非典”疫情影响，青岛农产品流通不畅，产地批发市场蔬菜大量积压，在市场附近、田间地头和马路两旁，腐烂的白萝卜、大白菜、包心菜等随处可见。同年10月，《青岛市食用农产品安全监管暂行办法》公布实施，农产品产地批发市场经营开始步入法制化、规范化、规模化轨道。至2003年，全市有规模较大的农产品产地批发市场38个，年交易量533.58万吨，年交易额113.58亿元。

2004年，青岛市农业局组织对城阳、南村等6个准入管理试点产地批发市场进行验收。6个产地批发市场共建成检测站点6个，建立无公害农产品、绿色食品专营区面积4.9万平方米，并全部实现与中国农业信息网的联通。同年10月至11月中旬，组织全市农业企业分别参展中国农交会、中国绿博会、烟台果蔬会，参展企业32家，签订合作项目46个，实现合同交易额1.62亿元。同年11月，平度市南村蔬菜批发市场列为第十批农业部定点市场，全市部级定点市场增加到5个。2005年，青岛市把建设山东国际农产品展示交易中心列入市政府当年要办好的12件实事之一。该交易中心位于城阳区城阳蔬菜水产品批发市场内，展示交易中心共3层，面积2.5万平方米。同年10月21日，第一届山东国际农产品展示交易中心开业暨2005青岛国际农产品交易会开幕仪式在山东国际农产品展示交易中心举行，现场交易额1.8亿元，达成订货意向项目560个，合同交易额10亿元。同年11月，胶州蔬菜果品批发市场被列为第十一批农业部定点市场。

至2005年，全市农产品产地批发市场总数55个，年交易总量607.48万吨，年交易总额146.72亿元。其中，农业部定点市场6个：青岛抚顺路蔬菜副食品批发市场、即墨七级生猪批发市场、莱西东庄头蔬菜批发市场、城阳蔬菜水产品批发市场、平度南村蔬菜批发市场、胶州市蔬菜果品批发市场；年交易额过1亿元的19个，其中过5亿元的6个、过10亿元的3个、过50亿元的1个。全市从事农产品流通总人数37127人，农产品运销专业户12522户，农民经纪人7465人（其中常年性的2359人、季节性的5106人），年经营额65亿元。流通领域各类专业协会、合作经济组织在工商行政管理部门注册的共77家，会员22953人。

青岛抚顺路蔬菜副食品批发市场

始建于1991年。占地5万平方米，交易面积7万平方米。其中，蔬菜交易厅营业面积2.2万平方米，交易摊位300个；果品市场营业面积1.8万平方米，交易摊位130个；副食品交易厅营业面积2万平方米，交易摊位300个；市场地下室交易厅营业面积1万平方米，交易摊位270个。1996年被确定为农业部定点市场。2005年，实现交易总额23亿元，有从业人员3000多人，人均工资性收入达1万多元。

即墨七级生猪批发市场

始建于1993年3月。位于即墨市七级镇龙湾头村，占地面积3.98万平方米，建筑面积1.1万平方米。是农业部确定的全国菜篮子工程鲜活农产品中心批发市场和中国北方最大的生猪交易市场，1997年被确定为农业部定点市场。2005年交易生猪40万头、交易额5亿元。

莱西东庄头蔬菜批发市场

始建于1993年。位于莱西市店埠镇，占地面积32万平方米，玻璃钢交易大棚1.8万平方米、冷风库总库容5.5万吨、速冻库容2000吨。蔬菜等主要农产品销往全国29个省、市、自治区，并出口俄罗斯、韩国、日本、新加坡、中国香港等。1999年被确定为农业部定点市场。2005年交易量8亿公斤、交易额13.8亿元。

城阳蔬菜水产品批发市场

始建于1985年。位于城阳区308国道西侧，占地面积24万平方米，网架结构交易大厅9.6万平方米，塑钢交易大棚1.9万平方米，营业网点房1.9万平方米。市场批发交易以蔬菜和水产品为主，加之干鲜果品、副食品、日用百货共十多类上千个品种。2002年被确定为农业部定点市场。2005年，总交易额70.3亿元，其中鲜活农产品交易量75.02万吨、交易额58.09亿元。

平度南村蔬菜批发市场

始建于1995年。位于平度市南村镇，占地面积20万平方米，交易面积10万平方米。日上市蔬菜250余万公斤，销售辐射全国30个省、市、自治区和日本、韩国及东南亚等10多个国家。2004年被确定为农业部定点市场。2005年交易量85万吨、交易额10.2亿元。

胶州市蔬菜果品批发市场

始建于1993年8月。位于胶州市南关街道办事处西侧，占地面积6万平方米，钢结构交易大棚6300平方米，网点房4200平方米，库房86间2400平方米，地下恒温库500平方米，设有蔬菜果品8个分市场。主要从事蔬菜、水果等农产品交易。2005年被确定为农业部定点市场。2005年交易量23万吨、交易额2.17亿元。

2005年青岛市农产品产地批发市场一览表

表6-2

名　称	地　点	面积（万平方米）	经营品种	年交易量（吨）	年交易额（万元）
崂山枯桃花卉批发市场	崂山区中韩街道朱张路中段	1.33	花卉	25万盆	5000
崂山晓望茶叶批发市场	崂山区仰口湾晓望村	2	茶叶		3000
双埠蛤蜊批发市场	城阳区流亭街道双埠村	1.2	水产品	5000	2000
城阳夏庄蔬菜果品综合批发市场	城阳区夏庄街道北部、王沙路以西、郝家营农业园以东	17.34	蔬菜、水果	600	50
移风蔬菜批发市场	即墨市移风店镇	6.67	蔬菜	52000	5200
后屯村胡萝卜批发市场	即墨市店集镇后屯村	2	胡萝卜	100000	6000
店集生猪批发市场	即墨市店集镇	1.33	生猪	40000头	4530
胶南市城南批发市场	胶南市海滨工业园大哨头村	8.67	蔬菜、水果	600000	52000
胶南市漕汶蔬菜批发市场	胶南市王台镇漕汶村北	2.67	蔬菜	190000	17600
胶南市大场镇后河岔蔬菜批发市场	胶南市大场镇后河岔郝李路两侧	3.34	蔬菜、水果	90000	4500
胶南市泊里果品批发市场	胶南市泊里镇驻地以西、204国道边缘	10	水果	10000	3000
岳家桃批发市场	胶南市黄山经济区岳家村	0.67	寒露蜜桃	6000	750
胶南市黄山镇徐村芋头批发市场	胶南市黄山镇徐村东首	2.68	芋头	5000	600
东草夼西瓜批发市场	胶南市黄山经济区东草夼村	2	西瓜	2100	150
藏南生猪批发市场	胶南市藏南镇	1	生猪	30000头	5800
胶州市沙梁蔬菜批发市场	胶州、平度、即墨、高密交界处	20	蔬菜	560000	60000
胶州市胶西镇蔬菜批发市场	胶西镇苑戈庄村	3.47	蔬菜	400000	40000
胶州市蔬菜果品批发市场	胶州市南关街道办事处西侧	6	蔬菜、水果	230000	21700
鲁戈庄大白菜批发市场	胶州市胶西镇鲁戈庄	2	大白菜	100000	2000
胶西镇西门油料批发市场	胶州市胶西镇	20	花生、大豆及油料、豆饼	100000	36000
于家村大椒城	胶州市胶东镇	20	大椒	50000	50000
宋家屯果品批发市场	胶州市马店镇宋家屯	0.67	桃子	25000	2500
冷家村蔬菜瓜果市场	胶州市洋河镇冷家村	8.67	蔬菜、瓜果	23000	4900

续表6-2

名　称	地　点	面积（万平方米）	经营品种	年交易量（吨）	年交易额（万元）
西宋生猪批发市场	胶州市中云镇西宋戈庄	2.68	生猪肉、皮	20000	10000
马店辣椒批发市场	胶州市马店镇	3.34	辣椒	20000	8000
洋河蔬菜批发市场	胶州市洋河镇河西郭村	4.67	蔬菜	20000	4000
城子屠宰场	胶州市南关街道城子	2	猪肉	10000	14000
里岔乡良蔬菜批发市场	胶州市里岔镇良乡一村	2	大白菜、土豆	6000	1800
胶州湾海产品批发市场	胶州市云溪街道郑家小庄村东	2	海产品	5000	5000
庸生永存花卉批发市场	胶州市北关街道中庸村	21.21	花卉	320万盆	3000
何家店花生市场	平度市何家店镇	14.67	花生	220000	130000
官庄西瓜批发市场	平度市明村镇官庄村	5.34	西瓜	200000	2400
旧店果品批发市场	平度市旧店镇大洪埠	6.67	苹果	170000	18000
姜家疃综合农贸市场	平度市城关街道姜家疃	6	蔬菜、果品	150000	15000
郑戈庄瓜果批发市场	平度市灰埠镇郑戈庄	2.68	西瓜、甜瓜、香瓜	100000	6000
明村西瓜批发市场	平度市明村镇北官庄	4.67	西瓜、西红柿	60000	720
平度市果品批发市场	平度市青岛路西端804省道与城西路交会处	20	水果、蔬菜	50000	9500
平度市粮油批发市场	平度市经济技术开发区	8.27	粮食、油料	30000	10000
平度葡萄批发市场	平度市店子镇南盛家庄	1.53	葡萄	4000	600
大水泊生猪批发市场	平度市张戈庄大水泊	1	生猪	70000头	10500
马连庄果品批发市场	莱西市马连庄镇	6.67	果品	600000	60000
莱西西张家寨子蔬菜市场	莱西市孙受镇西张家寨子	4.67	蔬菜、果品	42000	3200
莱西迟家庄蔬菜批发市场	莱西市孙受镇迟家庄村	1.67	蔬菜	38000	3800
莱西敬庄蔬菜批发市场	莱西市武备镇敬庄村	1.67	蔬菜	30000	1600
七岌蒜薹批发市场	莱西市院上镇七岌	2.68	蒜薹	30000	6000
董家山后韭菜批发市场	莱西市孙受镇董家山后	1.33	韭菜	18000	2000
渭田白萝卜批发市场	莱西市夏格庄镇渭田	1	白萝卜	17000	1020
草泊草莓批发市场	莱西市马连庄镇草泊	1.67	草莓	16800	4800
钓鱼台辣椒批发市场	莱西市夏格庄镇钓鱼台	1.2	辣椒	10000	1300
蔡家庄花生批发市场	莱西市蔡家庄镇	1.33	花生	10000	3200

说明：文中已作简介的未列入表中。

第三章　农业科技与农产品质量体系

第一节　农业科技

1979年9月，中共十一届四中全会之后，青岛市及各县、公社相继恢复、整顿、健全农业技术推广机构。同年，青岛市农业局正式组建成立，全市农业技术推广体系进一步完善。80年代，青岛市在确保粮食生产的前提下，积极发展多种经营，农业科技推广成为海水养殖业、畜牧业、林果业以及蔬菜生产全面发展的最有力支撑。这一时期农业科技推广的显著特点是，以提高土地生产率为主，引进和选育良种，推广耕作和栽培技术，增加农作物、畜禽、林果的品种和产量。90年代，青岛市主要农产品产量大幅提高，实现了由长期短缺到总量平衡、丰年有余的历史性转变。与此相适应，青岛市农业科技工作的重点向提高土地生产率、提高劳动生产率并举的方向发展。这一时期农业科技推广的特点是：以发展高产优质高效农业为重点，推广降低成本与节约资源技术，发展以生物技术、信息技术、设施农业和节本增效为主体的农业高新技术。

进入21世纪，全市农业以优化品种、提高质量、增加效益为中心，积极调整种植业作物结构、品种结构和品质结构，发展优质高产高效种植业；合理调整农业生产区域布局，发展特色农业，形成规模化、专业化的生产格局，提高商品率；同时加快农产品加工技术和设备的引进开发，发展农产品销售、储运、保鲜等产业，提高农产品加工水平和效益。这一时期，莱阳农学院、山东省花生研究所、中国农科院烟草研究所先后迁入青岛市，农业部青岛大白菜研究中心和青岛市农业生物技术重点实验室相继建立，全市农业科研与技术推广实力更加雄厚。

至2005年，全市共组织实施农业重点科技成果转化50个，项目涉及种植业、畜牧业、水产业、农业装备等领域。全市农作物良种覆盖率从1978年的80%提高到98%，肉鸡、蛋鸡、生猪良种覆盖率达到95%以上，化肥利用率由1978年的20%提高到35%，灌溉水利用率从1978年的28%提高到45%，粮食的损失率从1978年的25%减少到10%。全市农业科技成果转化率达到40%以上，科技进步对农业增长的贡献率达到55%。

改革开放后，青岛市农业科技广泛普及，新品种、新技术不断引进和推广，实现了传统农业向设施农业发展转变。图为青岛蔬菜科技示范园的高标准温室。

农作物种子技术

1979年，青岛市引进应用杂交玉米、杂交高粱等品种。当年全市作物良种覆盖率达到80%，在主要粮食作物中，小麦单产184公斤，玉米单产302公斤。

80年代开始，青岛市农科所从日本引进新土佐类砧木在西瓜早熟栽培上应用，通过对其进行改良选育，育成瓜类兼用的砧木新品种青研砧木一号，既可嫁接西瓜，又可嫁接甜瓜和黄瓜，并先后在全国18个省市推广。1995年该所育成美丽莎、莎龙、樱红一号等番茄一代杂种，以及翠龙、翠绿、C22等耐低温弱光的保护地专用黄瓜品种。其中，翠绿成为半岛地区华南型黄瓜越冬栽培和早春栽培的主栽品种。这一时期，青岛市各级农技推广机构和驻青各农业科技机构，积极开展新品种引进、杂交繁育、推广工作，进一步丰富了全市农作物种类，促进了种植结构的改善。1995～2005年，青岛市共承担农业部“948计划”10项。

至2005年，全市小麦良种覆盖率达98%，主要品种有烟农15、济麦20、鲁麦21等。玉米品种主要有农大108、鲁单981、郑单958等。花生品种主要有花育16号、花育17号、丰花1号等。在果品、花卉生产上共引进27种苹果新品种、13个梨属品种、39个葡萄品种、11个草莓品种、6个樱桃属品种、60个花卉品种。蔬菜品种有大白菜、黄瓜、芹菜等17科271个品种和品系。

农作物栽培技术

1976年春天，崂山县流亭公社引进塑料大拱棚建造技术，种植蔬菜并获得大丰收，此后设施栽培逐步在农村蔬菜种植中得到推广。1981年，全市各种塑料大棚面积达到700余亩，占全省塑料大棚面积总数的2/3。80年代初，推广粮食、粮油、粮棉、粮菜等间套复种技术，开展小麦—玉米一年两熟耕作制度改革，积极推广麦田套种玉米技术等，立体种植模式得到大面积应用。1995年4月，莱西市孙受镇西周村村民张德海用蔬菜棚栽植油桃，实现了当年投产见效。市农技人员总结果农经验，先后解决了葡萄连年丰产、草莓周年上市、人工打破休眠、CO_2气肥施肥、起垄栽植、预备苗制度等技术。

进入21世纪，小麦、玉米、花生两年三作成为青岛地区粮食生产中的主要轮作方式，小麦、玉米一年两作面积较大。2002年，青岛市开始推行蔬菜无公害生产，先后制定出蔬菜无公害生产地方标准（DB3702）20多项。至2005年，全市日光温室蔬菜面积6.72万亩、塑料大棚面积17.16万亩、中小棚面积34.28万亩；果树设施栽培面积3.56万亩，设施果品产量3.84万吨；无公害蔬菜种植面积达到120多万亩。

海水养殖技术

中国海水养殖藻类、对虾、贝类、鱼类的四次产业浪潮均发源于青岛，并迅速推向全国沿海海岸线，实现了中国水产业“养殖高于捕捞”“海水超过淡水”的两大历史性突破。第一次浪潮：20世纪60年代，以中科院海洋研究所曾呈奎院士为代表的青岛海洋科技工作者突破的海带养殖技术，带来海洋藻类养殖浪潮，使中国海带养殖一跃成为世界第一，年生产海带干品曾达到30万吨。第二次浪潮：80年代以后，以黄海水产研究所赵法箴院士为代表的科研人员突破了“对虾工厂化全人工育苗技术”，获1985年国家科学技术进步一等奖，并引领海洋虾类养殖浪潮。第三次浪潮：90年代以后，中科院海洋研究所的张福绥院士从美国引进海湾扇贝，其“海湾扇贝工厂化育苗及养殖技术”研究成果，获1990年度国家科技进步一等奖。以海湾扇贝养殖为代表的贝类养殖浪潮，使中国贝类的年产值超过100亿元。第四次浪潮：1992年，黄海水产研究所雷霁霖院士从英国引进大菱鲆，突破了工厂化育苗关键技术，2001年该项目获国家科技进步二等奖。2000年以后，形成以鲆鲽养殖为代表的海洋鱼类养殖浪潮。同时，青岛海洋科学家率先突破对刺参产业化育苗和养殖技术，并开展了刺参病害防治、苗种复壮、良种培育等研究，建立了刺参育种技术平台，以海参养殖为代表的海珍品养殖逐步兴起。2005年，全市海水养殖水产品达82.62万吨，占全市水产品总量的63.34%。

畜牧养殖技术

改革开放之初，以畜牧业为主的农村多种经营迅速兴起，并涌现出一批养殖大户。青岛市农技机构适应畜牧生产需要，加强国内外畜禽良种引进工作，同时实施奶牛、生猪、肉牛、肉羊和地方良种产业化工程。80年代末，推广优质饲料配方技术和疫病综合防治技术。进入90年代，推广实行蛋鸡全部笼养、肉鸡网上平养，个别养鸡场实现机械化全自动生产。生猪实行冬季暖圈养猪，个别饲养场实行工厂化养猪。奶牛全机械自动化挤奶，提高劳动生产率。1996年，青岛市重点推广良种、配合饲料及肉牛肉羊育肥配套、奶牛高产配套、优质牧草种植等十大技术。

至2005年，全市畜禽养殖品种达到60个，其中主要畜禽品种20多个。先后引进优良畜禽品种40多个，并实现了崂山奶山羊、里岔黑猪、琅琊鸡等地方良种产业化生产。推广国家、省无公害畜产品生产标准40多项，一批先进养殖技术如生猪快速育肥技术、农作物秸秆青贮技术、畜禽人工授精技术、畜禽健康高效养殖技术、胚胎移植技术等得到广泛应用。

农业信息化技术

1999年，青岛市开始建设全市农村经济信息网（青岛农经网），至2001年，青岛市基本形成以市级为中心，各区（市）及乡镇为二级服务站，部分专业村及重点农户为辐射面，三级宽带连通的农业信息网络体系。青岛农经网包括农业网络信息和农业语音信息两个服务平台。农业网络信息服务平台连接市、县两级涉农部门以及乡镇终端200个工作站和国内外300个农业网站，录入固定信息资源内容5000万字、各类图片2000幅。农业语音信息服务平台为全市已安装电话的90万个涉农用户提供电话查询服务。2005年，青岛农经网通过改版，日点击率由400余次增加到500余次；基层信息站、农企、经销组织、种养大户上网发布信息次数显著增加，全年共更新发布各类技术、价格、产品供求信息12万余条。

农业网络信息服务　1999年初，市政府印发《关于建设青岛市农村经济信息网络的通知》，对农业信息体系建设工作进行全面部署，并将此确定为当年在城乡建设和改善人民生活方面重点办好的12件实事之一。同年4月，市政府农业办公室综合处加挂青岛市农村经济信息中心牌子，承担青岛农经网建设和日常管理工作。7月，全市159个乡镇建立起信息服务站，并进行微机安装调试和信息员培训。8月，完成从市级中心站点到各市区、乡镇的网络通道建设、软件系统调试和试运行。至9月底，青岛农经网正式开通运行。一级页面主要包括青岛农村、政策法规、农产品市场行情、名特优新、招商引资以及信息服务等22个类别的数据库。2000年9月，青岛农经网被农业部信息中心、中欧联盟农业技术中心和中国电子商务协会联合评选为全国“优秀农业政府网站”。2001年12月，“涉农企业电子展台”开通运行，为全市有一定规模和特色的农产品及加工企业设计制作网站，进行信息发布和产品展览。2002年，青岛市实施“千万农民上网致富工程”。同年8月，全市推广应用农业部“一站通”系统，实现了农产品供求信息全国联播。至2004年，全市信息服务站注册达到164个，全市农村利用青岛农经网取得的经济效益5.6亿元。其中，实现网上贸易2200次，帮助农民买卖农副产品价值4亿元；利用网络发布信息达成的合资、合作项目162个，合同利用资金11亿元。2005年11月，全市农村信息服务站和农村信息员全部完成了网上登记注册申报认证，并发展了30家农企、中介组织、经纪人和种养大户注册应用“一站通”。至2005年，青岛农经网共更新发布各类技术、价格、产品供求信息达到12万条。

农业语音信息服务　2001年初，市政府把建设“金农工程”确定为当年在城乡建设和改善人民生活方面重点办好的12件实事之一。“金农工程”即农业语音信息服务平台，依托已建成的青岛农经网，并借助青岛市电信局“农村电话市”工程，建立为农服务热线和涉农企业电子展台。为农服务热线采用国际通用“呼叫中心”技术，应用自动应答、交互式语音应答和计算机电话集成系统，使普通农民通过一部电话就可查询到所需要的政策、技术

和农产行情等各类信息，为暂时无条件上网和不会使用微机的广大农村用户提供各类时效信息。12月27日，项目正式建成开通。至2002年6月，共接听各类咨询热线电话276个。其中粮食作物、蔬菜、种子、水产品、畜产品等供求信息114个，青岛农业基本情况、出口创汇企业数量等综合信息113个。2003年以后，因农业语音信息服务逐渐减少而停止。

农民科技教育与技术培训

1978年以后，农民技术教育培训不断加强，以农业广播电视学校系统为培训主渠道的绿色证书培训工程、跨世纪青年农民科技培训工程、新型农民科技培训工程、科技电波入户工程和阳光培训工程等相继实施。1984年10月，中央农业广播学校青岛市办公室正式成立，为市农业局局属事业单位。1990年，市农业广播电视学校开设卫生检疫和会计两个专修班，共招收学员163人进行一年制岗位培训。之后相继开设农户家庭经营、村干部培训、果树、蔬菜、养猪、养鸡、农学、畜牧等专业。胶南市开展了种植类、养殖类、水产类、经济类、农户经营、蔬菜、果树、茶叶、花卉、农学、农机管理、淡水养鱼、食用菌、畜牧等15个专业培训。1991年被省列为开展实施“绿色证书”工程试点市，后又被农业部列为全国50个“绿色证书”试点县之一。2000年，即墨市被列为全国“跨世纪青年农民科技培训工程”148个试点县之一。2001年，胶州、平度两市被列为跨世纪青年农民科技培训工程实施县。至2005年，全市共有135万余名农民参加了各种形式的培训。其中，有6578人获得大专以上毕业证书，有近1.4万人获得中专毕业证书。青岛市农业广播电视学校毕业生中累计有29350人成为农村科技示范户，4783人成为乡镇农业技术员，6121人成为乡村基层工作人员，并有276人走上县级领导岗位；“绿色证书”工程共培训约18万人，其中15.9万人获得资格证书；“跨世纪青年农民培训工程”共培训青年农民约2万人。

农业职业资格培训与职业资格鉴定

2000年3月，青岛市农业广播电视学校向劳动和社会保障部申报《关于申请在青岛市农业广播电视学校建立青岛市农业行业特有工种职业技能鉴定站的报告》。2001年11月，经批复同意建站，并在授权范围内开展工作。鉴定业务范围是：农艺工、果树工、蔬菜工、蚕园工、蚕业工、农业实验工、家畜饲养工、家禽饲养工、特种动物饲养工、动物检疫员等10个工种；鉴定的等级为初、中、高3个级别。2004年，根据农业部《关于加强农村经纪人队伍建设的意见》，首先在即墨、莱西两市开展农产品经纪人职业技能培训试点工作，共培训1560人，鉴定1031人，为846人办理了职业资格证书。2005年9月，市劳动局、市农委等部门印发《关于做好农村劳动力转移培训工作的意见》，组织对参加培训的1852名农产品经纪人进行了鉴定。至2005年，青岛市农业广播电视学校有26人获得农业行业职业技能鉴定考评员和督导员资格。

第二节　农产品质量

自1999年起，青岛市开始农业标准制定工作，并随之推行农产品质量监督检测，开展“无公害食品行动计划”，进行无公害农产品生产示范基地建设。至2005年，全市农业质量标准体系、农产品质量监督检测体系、标准化生产技术推广体系日趋健全，无公害农产品生产基地初具规模。

农业质量标准

受传统农业生产方式的影响，青岛市农业质量标准工作起步较晚。1999～2000年，为发展地方名优特产品，青岛市农业技术推广站、农业植物保护站等单位先后起草制定《DB3702/T004—1999胶州大白菜栽培技术规范》《DB3702/

T003–1999青岛香芋》《DB3702/T005–2000青岛市无公害蔬菜生产基地条件》《DB3702/T007–2000青岛市无公害蔬菜农药残留及有毒有害物质限量标准》《DB3702/T008–2000青岛市无公害蔬菜标签》和《DB3702/T006–2000青岛市无公害蔬菜生产农药合理使用规范》。这是青岛市第一批农业质量标准。

2001年，市农业局内设市场与信息处，负责组织协调全市农业标准的起草、制定工作。2002年，市农业局组织制定无公害韭菜、大白菜两个生产技术规程，无公害番茄（露地）、番茄（保护地）、结球甘蓝3个生产技术规程，无公害茶叶生产技术规程等6个生产技术规程。同时，对6个原青岛市地方标准进行修订。同年1月和11月，市农业局把与种植业生产相关的国家标准、行业标准和青岛地方标准汇集成册，分别编印成《无公害农产品标准选编》，发放到乡镇农技部门、各农业生产基地和农户，供其学习执行。2003年，青岛市将农业丰收计划更名为农业重点科技成果转化工程。按照国家标准和行业标准，配套制定20项无公害农产品生产技术规程和46项名特优农产品地方标准。2003～2004年，市农业局组织制定无公害菠菜、豇豆等40个生产技术规程，并由市质量技术监督局以地方标准名义发布。2004年，全面实施“无公害食品行动计划”，当年制定生产技术操作规程56项。2005年，市农委农产品质量管理处成立，负责组织协调农业标准制修订工作，重点加强对各区市农业部门开展标准制修订工作的指导。

至2005年，全市共制定无公害农产品生产技术规程42个，制定名特优农产品地方标准46个，修订地方标准6个。

农产品质量监督检测

2001年3月，市政府召开会议专题研究农产品标准化生产、检测有关事宜。会议确定，市农业局是负责指导管理全市农产品标准化生产的职能部门，积极做好争取国家级农产品质量检测中心的申报工作，尽快建立起青岛市农产品质量检测中心。同时，采取在市重点农业示范园区加挂质检中心牌子的办法，建立区市农产品质检中心；在全市重点农产品产地批发市场配备速检设备，尽快形成市、区市生产基地与市场相结合的比较完善的农产品质量检测体系；各区市和产地批发市场质检中心建设，采取统一购买设备，资金由市、区市各出50%的办法解决。自此，全市农产品质量监督检测体系建设正式列入议程。同年11月，青岛市农产品质量监督检测中心成立，与青岛市农业环境保护与能源工作站一套机构、两块牌子。同年，平度、莱西、即墨、胶州、胶南5市和城阳区农产品质检站列入市财政投资项目。

2001年，市政府安排1400多万元专项财政资金重点支持检测体系建设，当年投资400多万元，启动建设市农产品质量监督检测中心。2002年，投资300万元，为平度、莱西、即墨、胶州、胶南5市和城阳区质检站装备了原子吸收仪、气相色谱仪、原子荧光仪等基本仪器设备，并于年底正式建成投入运行。同年，市财政投资60万元，在全市选择12个产地批发市场和基地，建立蔬菜农药残留速测点，并于年底建成投入运行。7月，山东省质量技术监督局对青岛市农产品质量监督检测中心、青岛市农业环保能源工作站的计量认证工作进行初次现场评审，确认其具有相应的资质能力，准予使用CMA标志，获得中国绿色食品发展中心和农业部食品安全中心在绿色食品、无公害农产品生产基地环境质量检验资质的授权。同年9月，青岛市农产品质量监督检测中心被选定为农业部“无公害食品行动计划”蔬菜农药残留例行检测的执行单位之一。同年，在城阳、莱西东庄头、平度南村、胶州沙梁、胶南王台、即墨移风等6个蔬菜产地批发市场开展农产品市场准入管理试点工作，建立无公害农产品、绿色食品专营区面积2.9万平方米。重点推行入市销售农产品例行检测制度、检测结果公示制度等。

2003年10月1日，《青岛市食用农产品安全监管暂行办法》颁布实施，标志着全市食用农产品市场准入的正式建立。2004年5月，农业部农产品质量安全监督检验测试中心（青岛）建成。同年6月，农业部和国家质检总局对筹建农业部农产品质量安全监督检验测试中心（青岛）进行审查认可和计量认证现场评审，一次性通过部级双认证。2005年，青岛市农产品质量监督检测中心升格为农业部农产品质量安全监督检验测试中心（青岛），为全国21个城市食品安全定点监测中心之一。监督检测范围覆盖了全市和农业部指定的区域。检测内容包括粮食、油料、蔬菜、水果、茶叶、肉、蛋、奶，以及农产品生产基地的土壤、农灌水、大气等。即墨、胶州、胶南三市和城阳区农产品质检站先后通过省级计量认证。全市建立各类快速检测点47个，形成了“以市级质检中心为龙头、以区市质检站为骨干、以快速检测点为基础”的农产品质量监督检测体系。2004年，青岛市农产品质量检测中心、动物疫病监控中心、兽药药残监控中心获得机构审核认可和计量认证资格。

至2005年，全市有22家农副产品加工企业通过ISO 9000系列国际质量体系认证，有71家水产品加工企业获美国HACCP检验证书、42家水产品企业获得欧盟注册，有28家企业的58种产品通过了国家级绿色食品和有机食品认证。

无公害农产品生产基地建设

从2001年开始，全市逐步推行“无公害食品行动计划”，加强对农产品质量的监管工作。2002年，按照农业部提出的“无公害食品行动计划”要求，在全市选建70个无公害农产品生产示范基地，总计面积63.5万亩。市农业局制定《青岛市无公害农产品生产基地建设管理办法（试行）》，同时印发《无公害农产品生产记录表》和《无公害农产品农药化肥合理使用规范》，指导生产基地和农户对基肥使用、肥料追施、农药施用、产品送检及销售等情况作详细记录，严格按照标准化要求进行生产。列为市级管理的无公害农产品生产示范基地，均建立了田间生产记录档案，并有相应的农产品生产、加工企业参与管理。同年，市农业局、青岛出入境检验检疫局、市外经贸局联合印发《关于加强出口农产品生产基地建设的通知》，在全市推行出口农产品生产基地登记备案管理制度。规定凡是出口农产品加工企业，必须建立稳定的原料生产基地；凡未建立生产基地和未登记备案的企业，不受理其出口检验业务。年内，市农业局先后组织40余名专业技术人员对全市100个生产基地进行技术和业务指导。5市3区组织150余名技术人员对无公害农产品生产基地进行技术承包。

2003年，全市新选建30个无公害农产品生产示范基地，使市级无公害农产品生产示范基地达到100个，面积140万亩。同时，建设县级基地38个，面积37万亩。同年，胶州、莱西两市通过验收，成为第一批全国无公害农产品生产示范基地县；即墨市列为第二批全国无公害农产品生产示范基地县创建范围；莱西市被列为全国农业标准化综合生产示范区。2004年，《青岛市无公害农产品生产基地建设管理办法（试行）》修订后发布实施。全市建设无公害农产品生产基地119个，组织认定无公害农产品生产基地68个，认证产品91个。胶南、莱西两市被列为全国农业标准化生产示范区创建范围。

至2005年，全市无公害农产品生产示范基地的标准应用率达到95%；无公害农产品生产示范基地发展到119个。全市无公害农产品产地面积40.9万亩，127个农产品通过国家无公害农产品认证，每年向社会提供无公害农产品总量62万吨。同年，即墨市无公害农产品生产示范基地县建设通过农业部验收；胶南、莱西两市的全国农业标准化生产示范区建设项目被农业部批准立项。

2005年青岛市119个无公害农产品生产示范基地一览表

表6-3　　　　单位：亩

基地名称	规划建设面积	基地名称	规划建设面积
平度市南村无公害蔬菜示范园	65000	平度市大田苹果生产基地	35000
平度市明村西瓜番茄生产基地	80000	平度市崔召花生生产基地	20000
平度市李园大姜生产基地	10000	莱西市马连庄农业示范园	10000
平度市郭庄蔬菜生产基地	20000	莱西市河头店蔬菜生产基地	5000
平度市灰埠瓜菜生产基地	20000	青岛万福蔬菜生产基地	10000
平度市蓼兰镇农业高科技示范园	40000	莱西市设施草莓生产基地	5000
平度市仁兆蔬菜生产基地	100000	莱西市孙受农业示范园	800
平度市祝沟蔬菜草莓生产基地	10000	莱西市设施西瓜生产基地	10000
平度市崔家集西瓜蔬菜生产基地	20000	莱西市夏格庄蔬菜生产基地	10000
平度市白埠西瓜生产基地	40000	莱西市院上蔬菜生产基地	10000
平度市麻兰蔬菜草莓生产基地	18000	莱西市孙受蔬菜生产基地	25000
平度市店子葡萄大姜生产基地	25000	莱西市店埠蔬菜生产基地	24452.5
平度市马戈庄葡萄生产基地	20000	莱西市日庄蔬菜生产基地	5547.5
平度市云山大樱桃生产基地	12000	莱西市马连庄苹果生产基地	10000
平度市云山苹果生产基地	30000	莱西市南墅中华寿桃生产基地	5000
平度市旧店苹果生产基地	40000	莱西市设施油桃生产基地	2000
平度市大泽山葡萄生产基地	35000	莱西市无核葡萄生产基地	5000
平度市张戈庄花生蔬菜生产基地	50000	莱西市南墅生态果树示范基地	6500
平度市大田花生玉米生产基地	30000	青岛佳乐花生生产基地	40000
平度市崔家集黑小麦、花生生产基地	65000	青岛东生集团花生生产基地	40000
平度市云山花生生产基地	30000	莱西市专用小麦生产基地	75000
平度市城关大姜生产基地	10000	即墨市华山瓜果生产基地	30000
平度市兰底蔬菜生产基地	20000	即墨市金口无公害冬枣生产基地	5000
平度市古岘蔬菜生产基地	80000	即墨市北安无公害茶叶生产基地	500
平度市崔召苹果生产基地	20000	即墨市特色甘薯生产基地	16000
即墨市岙山特色甘薯生产基地	10000	胶州市张应干制椒生产基地	6000
即墨市王村甘薯生产基地	10000	胶州市里岔干制椒生产基地	7000
即墨市金口花生生产基地	35000	胶州市铺集干制椒生产基地	3000
即墨市灵山无公害花生生产基地	25000	胶州市里岔大白菜生产基地	15000
即墨市移风高效农业生产基地	50000	胶州市张应大白菜生产基地	5000

续表6-3

基地名称	规划建设面积	基地名称	规划建设面积
即墨市农业高新技术开发区	10000	胶州市海尔绿海苑蔬菜生产基地	10000
即墨市刘家庄大蒜生产基地	35000	胶州市李哥庄农科园	210
即墨市灵山韭菜生产基地	4000	胶州市九龙生态农业示范园	10000
即墨市段泊岚蔬菜生产基地	15000	胶州市李哥庄西兰花生产基地	10000
即墨市普东蔬菜生产基地	14600	胶州市南阜绿科苑果品生产基地	10000
即墨市七级蔬菜生产基地	40000	胶州市里岔农业示范园	10000
即墨市鳌山茶叶生产基地	2000	胶州市韩国梨种植基地	2000
即墨市丰城果茶生产基地	18000	胶州市胶北优质桃生产基地	5000
即墨市龙泉桃生产基地	10000	胶州市洋河特色地瓜种植区	5000
即墨市瑞丰葡萄生产基地	1200	胶州市张应特色地瓜种植区	2000
即墨市丰城花生生产基地	20000	胶州市杜村特色地瓜种植区	3000
即墨市田横果茶生产基地	7000	胶州市马店优质桃生产基地	5000
胶州市胶西土豆生产基地	55000	胶州市洋河花生种植基地	10000
胶州市胶莱土豆生产基地	45000	胶州市张应花生种植基地	6000
胶州市胶西夏白菜生产基地	10000	胶州市杜村花生种植基地	9000
胶州市胶西农业示范园	6000	胶南市胶河土豆生产基地	10000
胶州市胶莱（北王珠）农业示范园	10000	胶南市大场土豆生产基地	30000
胶州市铺集农业生态园	10000	胶南市大场大白菜生产示范基地	30000
胶州市出口蔬菜生产基地	15000	胶南市胶河白菜生产示范基地	20000
胶南市海青蔬菜生产基地	1000	城阳区郝家营生态农业示范园	600
胶南市黄山西瓜生产示范基地	20000	城阳区新世纪农业示范园	5000
胶州市马店干制椒生产区	4000	胶南市王台高效农业示范园区	20000
胶南市黄山芋头生产基地	20000	城阳区云头崮茶叶基地	1000
胶南市张家楼苹果生产基地	20000	青岛鹏飞茶叶生产基地	1000
胶南市绿洲精品茶园	15000	城阳红岛食用菌生产基地	500
胶南市黄山桃生产示范基地	6000	崂山王哥庄茶叶生产示范基地	6200
胶南市泊里苹果生产基地	10000	崂山北宅果品生产示范基地	11000
胶南市宝山花生生产基地	30000	崂山沙子口茶叶生产示范基地	1500
胶南市六汪香菇生产基地	600	黄岛辛安茶叶生产基地	3000
城阳区惜福镇果茶生产基地	2180		

农产品质量认证

1999年，青岛市配合山东省绿色食品发展中心开展绿色食品认证。2002年下半年正式启动无公害农产品质量认证，并逐步开展绿色食品、有机食品认证工作。至2005年，全市有65个生产基地通过无公害农产品产地认定，127个农产品通过国家无公害农产品认证，25家企业的51种产品有效使用国家A级绿色食品标志，16家企业的33个产品通过有机（AA级绿色食品）认证。

无公害农产品　2002年9月，山东省农业厅授权青岛市农业局负责组织青岛辖区内无公害农产品基地认定和产品认证。同年10月，青岛市成立以高级农业技术专家组成的山东省无公害农产品认定委员会，制定《青岛市“山东省无公害农产品”申报认定程序》；同年，全市有23个基地的52个产品被认定为“山东省无公害农产品”。2003年，全市又有14个基地的23个产品被认定为“山东省无公害农产品”。年内，无公害农产品实行全国统一认证后，全市75个“山东省无公害农产品”顺利通过转换获得全国无公害农产品统一标志。至2005年，全市共有65个生产基地通过无公害农产品产地认定，无公害农产品产地面积达到40.9万亩，认证产品总数127个，年提供无公害农产品总量62万吨。

2005年青岛市无公害农产品一览表

表6-4

产品名称	商标品牌	申报企业
黄 瓜	姜家埠	平度南村蔬菜有限公司
番 茄	姜家埠	平度南村蔬菜有限公司
西葫芦	姜家埠	平度南村蔬菜有限公司
樱珠番茄	胶河	平度市明村镇农业服务中心
黄 瓜	迟家庄	莱西市孙受镇迟家庄蔬菜批发市场
香 芋	东庄头	莱西市东庄头蔬菜批发市场服务有限公司
中华寿桃	青山	莱西市南墅冬桃开发中心
红富士苹果	六菱	莱西天润电池材料有限公司
番 茄	馨康	莱西市新干线蔬菜研究所
黄 瓜	馨康	莱西市新干线蔬菜研究所
黄 瓜	陌上春	青岛田园乐有机食品有限公司
哈维斯特青椒	陌上春	青岛田园乐有机食品有限公司
516西红柿	陌上春	青岛田园乐有机食品有限公司
日本生菜	陌上春	青岛田园乐有机食品有限公司
牟尼卡茄子	陌上春	青岛田园乐有机食品有限公司
苹 果	雄崖	即墨市丰城雄崖茶厂
山 楂	雄崖	即墨市丰城雄崖茶厂

续表6-4-1

产品名称	商标品牌	申报企业
板 栗	雄崖	即墨市丰城雄崖茶厂
茶 叶	雄崖	即墨市丰城雄崖茶厂
大 蒜	天宫	青岛海之林食品有限公司
芸 豆	亚孚得	青岛亚孚得农工商有限公司
番 茄	亚孚得	青岛亚孚得农工商有限公司
青 椒	亚孚得	青岛亚孚得农工商有限公司
茭 瓜	亚孚得	青岛亚孚得农工商有限公司
茄 子	亚孚得	青岛亚孚得农工商有限公司
黄 瓜	亚孚得	青岛亚孚得农工商有限公司
尖 椒	亚孚得	青岛亚孚得农工商有限公司
新世界苹果	亚孚得	青岛亚孚得农工商有限公司
红富士苹果	亚孚得	青岛亚孚得农工商有限公司
新红星苹果	亚孚得	青岛亚孚得农工商有限公司
茶 叶	鳌福	青岛鳌福茶场
番 茄	老少乐	胶州市九龙镇农业发展服务公司
樱珠番茄	老少乐	胶州市九龙镇农业发展服务公司
黄 瓜	龙涧	胶州市大沽河农科园有限公司
番 茄	龙涧	胶州市大沽河农科园有限公司
大西洋马铃薯	乐事	青岛胶河农业服务有限公司
胶河大白菜	民乐园	青岛胶河环宇菜业有限公司
黄 瓜	漕汶	青岛市王台高效农业发展有限公司
甜 椒	漕汶	青岛市王台高效农业发展有限公司
番 茄	漕汶	青岛市王台高效农业发展有限公司
番 茄	唐村	胶南市海青镇农业服务中心
茶 叶	胶南春	胶南市海青镇茶叶研究所
茄 子	上马	青岛上马新世纪农业开发有限公司
甘 蓝	上马	青岛上马新世纪农业开发有限公司
芹 菜	上马	青岛上马新世纪农业开发有限公司
辣 椒	上马	青岛上马新世纪农业开发有限公司

续表6-4-2

产品名称	商标品牌	申报企业
芹 菜	好家	城阳区康丹生物技术有限公司
樱珠番茄	好家	城阳区康丹生物技术有限公司
番 茄	好家	城阳区康丹生物技术有限公司
春 茶	晓阳	青岛晓阳工贸有限公司
青峰茶	晓阳	青岛晓阳工贸有限公司
樱 桃	大崂	青岛红樱生态旅游开发有限公司
绿 茶	万里江	青岛市崂山区万里江茶场有限公司
绿 茶	珠山	青岛帝源茶业有限公司
樱桃番茄	祝峰	青岛祝沟高效农业开发有限公司
樱桃番茄	琴岛	青岛东创蔬菜花卉有限公司
番 茄	琴岛	青岛东创蔬菜花卉有限公司
黄 瓜	琴岛	青岛东创蔬菜花卉有限公司
菜 豆	琴岛	青岛东创蔬菜花卉有限公司
西葫芦	琴岛	即墨市七级镇农业技术推广站
西 瓜	胶河	平度市明村镇农业服务中心
马铃薯	祝康	青岛大场农业服务有限公司
网纹香瓜	祝峰	青岛祝沟高效农业开发有限公司
大 根	嘉府	青岛康大外贸集团有限公司
胡萝卜	嘉府	青岛康大外贸集团有限公司
马铃薯	琴岛	即墨市七级镇农业技术推广站
圆 葱	柏白	青岛胶河农业服务有限公司
大根萝卜	柏白	青岛胶河农业服务有限公司
白 菜	祝康	青岛大场农业服务有限公司
萝 卜	祝康	青岛大场农业服务有限公司
脱毒冬枣	金康	即墨市金口冬枣协会
绿 茶	天叶	青岛天叶茶园
鲁北冬枣	金康	即墨市金口冬枣协会
花生仁	佳乐	青岛佳乐花生制品有限公司
花生仁	TOPSEN	青岛东生集团股份有限公司

绿色食品　2003年1月，中国绿色食品发展中心正式授权青岛市农业局负责辖区内的绿色食品标志管理工作。同年，全市有5个产品获得A级绿色食品标志使用权。2004年，全市又有29个产品通过A级绿色食品认证。至2005年，全市有25家企业的51种产品有效使用国家A级绿色食品标志；全市建立绿色食品原料基地22.5万亩，年提供绿色食品5.3万吨。

2005年青岛市有效使用绿色食品标志产品一览表

表6-5

产品名称	企业或基地名称	产品名称	企业或基地名称
崂山云峰茶	青岛市崂山区云峰茶业有限公司	烤花生仁	青岛佳乐花生制品有限公司
胶州大白菜	胶州大白菜研究所	花生果	青岛佳乐花生制品有限公司
鳌福银毫	青岛鳌福茶场	烤花生果	青岛佳乐花生制品有限公司
分级花生仁	青岛东生集团股份有限公司	即墨老酒（11度）	山东即墨黄酒厂
分级花生果	青岛东生集团股份有限公司	宜品学生补钙营养奶粉	青岛圣元乳业有限公司
烤花生仁	青岛东生集团股份有限公司	宜品婴儿补钙营养奶粉	青岛圣元乳业有限公司
烤花生果	青岛东生集团股份有限公司	宜品幼儿助长营养奶粉	青岛圣元乳业有限公司
饮乐多	青岛天泰饮乐多食品有限公司	宜品中老年补钙营养奶粉	青岛圣元乳业有限公司
丰水梨	青岛大华农产有限公司	宜品全脂补钙甜奶粉	青岛圣元乳业有限公司
南水梨	青岛大华农产有限公司	宜品幼儿补钙营养奶粉	青岛圣元乳业有限公司
黄金梨	青岛大华农产有限公司	特级浓香花生油	青岛润德粮油制品有限公司
花生油	青岛淳金植物油有限责任公司	特香纯正花生油	青岛润德粮油制品有限公司
便利青葱	青岛亚是加食品有限公司	地黄水	青岛中喜惠特食品有限公司
花生仁	青岛宝泉花生制品有限公司	西红柿	青岛市蔬菜科技示范园
花生果	青岛宝泉花生制品有限公司	黄瓜	青岛市蔬菜科技示范园
烤花生仁	青岛宝泉花生制品有限公司	鸡胸肉	青岛九联集团股份有限公司
烤花生果	青岛宝泉花生制品有限公司	鸡翅	青岛九联集团股份有限公司
芋头	青岛佑昌绿色食品有限公司	鸡腿	青岛九联集团股份有限公司
圆葱	青岛佑昌绿色食品有限公司	葡萄	青岛大泽山葡萄酒有限公司
大姜	青岛佑昌绿色食品有限公司	毛峰绿茶	青岛温泉茶厂
牛蒡	青岛佑昌绿色食品有限公司	婴儿配方奶粉	青岛圣元乳业有限公司

续表6-5

产品名称	企业或基地名称	产品名称	企业或基地名称
大蒜	青岛佑昌绿色食品有限公司	幼儿配方奶粉	青岛圣元乳业有限公司
长葱	青岛佑昌绿色食品有限公司	冬枣	青岛金康果品有限公司
压榨一级花生油	青岛长生集团股份有限公司	芹菜	青岛琴园现代农业有限公司
压榨一级花生油	青岛天祥食品有限公司	萝卜	青岛大场农业服务有限公司
花生仁	青岛佳乐花生制品有限公司		

有机食品　2003年5月，青岛市正式启动有机食品认证的组织和受理工作。同年，青岛杰诚食品有限公司的蓝莓（越橘）、青岛地恩地生物科技有限公司的生物有机肥和微生物菌肥取得有机产品认证，其中蓝莓（越橘）同时取得AA级绿色食品标志使用权。2004年，全市又有6家企业的14个产品通过有机（AA级绿色食品）认证。至2005年，全市共有16家企业的33个产品通过有机（AA级绿色食品）认证，有机食品原料基地面积达到3.8万亩，有机食品年生产总量达到5.5万吨。

2005年青岛市有机食品产品一览表

表6-6

产品名称	获证企业	产品名称	获证企业
崂山绿茶	青岛市凉泉生态发展有限公司	蓝莓（越橘）	青岛杰诚食品有限公司
花椒	青岛金玫瑰生态园	原料花生果	青岛金华粮油食品集团股份有限公司
干海参	青岛灵山岛海珍品有限公司	花生仁	青岛金华粮油食品集团股份有限公司
冻干鲍鱼	青岛灵山岛海珍品有限公司	烤花生果	青岛金华粮油食品集团股份有限公司
鲍鱼	青岛灵山岛海珍品有限公司	花生仁	青岛长寿食品有限公司
冻干参	青岛灵山岛海珍品有限公司	烤花生果	青岛东生集团股份有限公司
花生油	青岛品品好粮油有限公司	花生蛋白质粉	青岛长寿食品有限公司
崂山云雾茶	青岛市崂山云雾茶场有限公司	花生胚芽油	青岛长寿食品有限公司
油炸花生仁	青岛金华粮油食品集团股份有限公司	花生油	青岛长寿食品有限公司
崂山茶	青岛晓阳工贸有限公司	花生蛋肉排	青岛长寿食品有限公司
崂山茶	青岛市崂山区万里江茶场有限公司	花生仁	青岛长寿食品有限公司
鳌福银毫	青岛鳌福茶场	花生蛋肉肠	青岛长寿食品有限公司
黑果	青岛金玫瑰生态园	花生蛋鸡翅	青岛长寿食品有限公司

续表6-6

产品名称	获证企业	产品名称	获证企业
鳌福翠芽	青岛鳌福茶场	千叶液肥	青岛千叶高新技术开发有限公司
玫瑰	青岛金玫瑰生态园	分级花生仁	青岛东生集团股份有限公司
微生物菌剂	青岛地恩地生物科技有限公司	绿茶	胶南市海青河西茶厂
生物有机肥	青岛地恩地生物科技有限公司		

第四章　农业综合开发与农村扶贫开发

1989年，青岛市实施中低产田开发项目“双一工程”，主要内容是改造中低产田100万亩，增产粮食1亿公斤。1990年，“双一工程”被纳入国家组织实施的首批农业综合开发项目。自此，全市农业综合开发进入新的发展阶段。1990～1993年，全市农业综合开发重点进行大面积的土地治理，以中低产田改造为主，同时开垦宜农荒地，着力提高粮棉油肉糖等大宗农产品的产出量，实现农林牧副渔全面发展。1994～1998年，在坚持继续改造中低产田的同时，加大对优质高效经济作物的扶持力度，促进农业增产和农民增收。1999～2005年，推进农业综合开发两个转变，即从过去以改造中低产田为重点转到农业开发与生态环境保护并重上来，从追求增加主要农产品产量转到努力发展“优质、高产、高效”农业上来。至2005年，全市农业综合开发共经历了5期开发过程。投入资金从1990年的3590万元增加到2005年的31408万元。

1993年，青岛市进一步加强农村扶贫开发。当年5月，市委、市政府确定对16个欠发达乡镇实施重点开发。至2005年，全市先后确定84个经济欠发达乡镇（财政困难乡镇）和388个贫困村，实施分期扶贫开发。

第一节　土地治理

1989年，市政府农业办公室会同市财政局研究规划全市中低产田开发项目“双一工程”，主要内容是改造中低产田100万亩，增产粮食1亿公斤，并由市政府审定立项。1990年，青岛市积极争取上级支持，将适当调整后的“双一工程”纳入了国家组织实施的首批农业综合开发项目。项目开发区域包括平度、莱西、即墨、胶州、胶南等5个县（市）共41个乡镇958个村庄。该开发区域是全市粮棉油集中产区之一，耕地面积148万亩，占全市总耕地面积的20%，其中中低产田面积达100万亩以上，占全市中低产田面积的36%。该区域粮食平均亩产仅为501.5公斤，比全市平均亩产低49.71公斤；农民人均纯收入仅793元，比全市农民人均纯收入低83元。

1990～1992年，青岛市农业综合开发资金全部用于土地治理项目，主要是组织实施“双一工程”项目。该项目包括水利建设、林业建设以及农田道路建设等，计划3年时间完成。在水利建设方面，坚持“拦、截、蓄、挖、引、节”治水方针，春规划，夏打框，秋冬大干，3年完成水利工程项目408项。其中，修建排灌站150座，修建拦河闸、桥涵等379座，打机井、大口井1633眼，开挖平塘478座，修建农田渠道184.4千米，扩大和改善灌溉面积66.35万亩，其中发展节水灌溉25.33万亩。在林业建设方面，坚持边修建农田道路、边植树造林，加快农田林网化建设，3年新建和补植农田林网5.8万亩，实现了百万亩中低产田全部林网化，林木覆盖率由开发前的11.45%提高到17.18%。同时还成功地把一些宜于林粮间作的经济林种引入林网建设，利用梯田地堰、条田沟的有效地力，栽植16.5万亩枣树、香椿和银杏。

至1992年底，青岛市首期农业综合开发共完成投资8841.25万元。其中，中央投入农业发展基金1200万元，地方各级财政配套资金2527.84万元，群众自筹4899.21万元（主要是以物折资），银行贷款214.2万元；投劳工日2269万个，建成各类工程项目1168项，基本达到了地下输水管道纵横贯通，沟、渠、路、桥、涵等设施配套，田成方、林成网、路相通、沟相连、旱能浇、涝能排的基本农田要求。41个乡镇100万亩中低产田3年新增农业产值1.9亿元，亩均190元；增产粮食1.13亿公斤、棉花2100万公斤、油料1527万公斤、果品576万公斤；项目开发区农民人均纯收入达到1083元，比开发前的1989年增加290元，高出当年全市农民人均纯收入54元。

从1996年开始，全市土地治理项目实行项目一年一定。1997年，市委、市政府制定《青岛市农业现代化总体发展规划》《青岛市现代农业示范园区建设实施办法》和《青岛市现代农业示范园区建设标准》，进行了农业现代化“一片一镇一村”试点工作。2000年，青岛市加大对“四个重点”项目的扶持力度，严禁新的开荒任务。2003年，全市农业综合开发资金由原来的土地治理项目和多种经营项目投资的比例65：35，调整为50：50；在土地治理项目中无偿资金与有偿资金的比例由原来的85：15，调整为90：10；土地治理项目资金重点向农村5市倾斜。2004年，中央财政对土地治理项目实行全部无偿投入。

2005年，青岛市在中低产田改造建设中，以推行节水灌溉为主，大力发展旱作农业，共建设中低产田改造项目9个，开发面积18.1万亩，项目总投资10350万元。项目区涉及平度、莱西、即墨、胶南、胶州。其中，开展以水利措施为主要内容的中低产田综合治理，共投资7776万元，修建小型水库23座、拦河坝52座、排灌站8座，新打、修复机电井1022眼，开挖疏浚渠道69.27千米，铺设输水管道150.4千米，新增和改善灌溉面积15.59万亩，新增和改善除涝面积10.63万亩，新增节水灌溉面积7.1万亩，年节约水量373立方米。农业措施投入1810万元，改良土壤4.43万亩，购置良种131.75万公斤，扩大良种种植面积7.43万亩，增加优质农产品种植面积6.52万亩，购置植保机械200台（套），整修机耕路412.66千米。其他投入包括修建防护林2.58万亩，投入519万元；农业科技推广投入138万元，培训农民1.9万人次。项目区新增粮食生产能力1588万公斤，油料生产能力178.56万公斤，蔬菜生产能力500万公斤，优质粮食生产能力1446万公斤。新增种植业总产值达到9623万元，项目区农民收入总额增加2337.52万元。

第二节　农业科技示范项目

1997年，青岛市围绕依靠科技增强农业综合生产能力，争取国家农业综合开发立项，实施第一个科技示范项目。该项目区为城阳区河套镇，实施期为1997～1999年，核心示范区域3万亩，辐射带动周边区域12万亩，总投资75万元。其中，中央财政投资30万元，地方财政按中央财政安排的资金1：1比例落实配套资金；鼓励农民群众自筹资金和农业综合开发专项贷款投入项目建设。通过项目的实施，项目区小麦平均亩产提高68公斤，玉米平均亩产提高70公斤，花生提高65公斤，年新增粮食828万公斤、油料390万公斤。

2000年，经国家农业综合开发办公室批准立项，在即墨市移风店镇组织实施蔬菜、果树、花卉高新科技示范项目。项目建设期3年，开发面积

1.02万亩，计划总投资2130万元。青岛市为推进现代农业、城郊型农业和观光农业的发展，开始高效农业示范园区建设。翌年8月，市政府办公厅印发《青岛市高效农业示范园区管理与考核办法》，确定市级财政每年拿出1000万元资金，重点扶持九大高效农业示范园区的建设，其中种植业园区4个，畜牧业园区2个，水产养殖业、观光农业、都市农业园区各1个，区域面积达32.7平方米。至2001年底，共引进作物新品种38个，引进技术12项，新建日光温室、塑料大棚2540亩，建成植物组培中心、工厂化育苗中心、技术服务中心各1个。

2001年，在城阳区上马镇实施国家农业综合开发科技推广综合示范项目，开发面积3万亩，建设期限3年，项目实际完成投资2108.12万元，资金由中央财政资金、地方财政配套资金、银行贷款和自筹资金组成，四者比例为1：1：1：0.5。项目实施期内，相继建成玉米技术推广示范方130亩，技术引进综合示范方40亩，引进中糯1号、紫香糯、甜玉6号3个鲜食玉米品种和10项大田种植技术，修建冬暖式日光温室66栋，建育苗圃1000亩，配套育苗日光温室8栋，建成组培中心大楼1200平方米和组培苗驯化温室3200平方米。

2002年，青岛市成立农业园区建设专家顾问组，建立园区考核指标体系，形成年度考核办法，组织财政、农业、畜牧、水产等方面的专家组成考核小组，每年按照拟订的目标责任制，采取听、看、查、议形式进行考核验收。在园区建设中，青岛市积极向科技部、农业部、国家发改委等争取支持，获得国家扶持项目3个，中央下拨扶持资金3000万元。2003年，在9个市级农业示范园区中，有7个被列入国家级农业科普示范基地；青岛即墨高新农业技术开发区被科技部命名为国家级农业科技示范园区，被国家质监总局命名为国家级无公害蔬菜标准化示范区，被农业部命名为全国乡镇企业科技园区。当年，9个农业示范园区共完成投资8亿元，其中市级财政投入2400万元、区市财政投入8723万元、地方自筹68770万元；建设设施农业面积6万亩；引进和推广新品种1800个，良种覆盖率100%，培养农民技术员7860人；引进国内外项目29个，引进资金1.6亿元，年销售总收入4.1亿元；实现创汇3000多万美元；设施种植亩均收入1.2万元。至2003年，全市推广中国黑白花奶牛、珍珠美味番茄等63个新品种，推广微灌、生物防治等技术31项；引进示范无刺黄瓜、黄金花玉米等新品种19个；向社会提供蔬菜种苗10万株；示范方亩均毛收入达3000元；项目区农民人均纯收入由2001年的4358元提高到5278元。之后，国家农业综合开发未再单独设立科技示范项目。

2005年，青岛市启动新一轮全市农业科技示范园区建设。同时完善考核体系，实行动态管理。园区名单的确定与扶持实行一年一次，取消终身制。当年，全市累计对农业示范园区投入建设资金23445万元，其中青岛市财政投资3195万元、地方财政投资1075万元、自筹19175万元。

第三节　农业产业化经营

80年代中期，胶州李哥庄、莱西水集等出现了以家庭经营为基础，以龙头企业为带动，以社会化服务为纽带，风险共担、利益均沾的共同体。这种“农工贸结合、产销一条龙”的新型经营方式，克服了家庭经营、个体经营“单枪匹马”闯市场的弊端，提高了抗御市场风险的能力，促进了农业尤其是种植业、养殖业的规模化、产业化经营。至1992年，全市此类经营组织发展到800多个。

1993年7月，市委、市政府对以市场为导向，发展贸工农一体化经营予以充分肯定。从1994年开始，市政府每年从市财政拿出500万元周转金，协调银行安排近2亿元的专项信贷资金，重点扶持20家农副产品加工龙头企业。各区市加大政策力度，支持农业产业化开发。至1995

年，全市农业龙头企业达1415家。其中仅莱西万福蔬菜加工、即墨金华花生加工、胶南德维肉制品加工、胶州大洋食品加工、平度万家面粉加工等30家农业产业化集团，就带动农产品基地400万亩，连接农户99万户。

1996年8月，市委、市政府《关于实施农业产业化战略的意见》提出，“把农业产业化经营作为实现农业和农村经济的两个根本性转变的战略举措来抓”，并成立青岛市农业产业化工作领导小组。1998年11月，市委、市政府确定，每年重点扶持20家农业产业化龙头企业；各区市要围绕主导产业，积极扶持一批辐射带动能力强的龙头组织。1999年9月，《青岛市1999～2001年农业产业化发展规划》确定，农业产业化发展着重抓好粮食、油料、农作物良种、畜牧、水产品、蔬菜、果品、花卉、市场等50个重点工程和骨干项目建设。2000年10月，青岛大象集团有限公司被农业部等国家八部委公布为首批农业产业化国家重点龙头企业。当年，全市农业产业化经营组织达3265个，比1996年增长1.7倍；农业产业化共联结农户58.9万个，占全市农村总户数的40%，比1996年增长15%。

2001年3月，市委、市政府《关于做好2001年农业和农村工作的意见》提出：“要继续重点扶持20家农副产品加工龙头企业。同时，大力发展大型批发市场和各类合作经济组织，提高农民进入市场的组织化程度”。同年9月，市委、市政府明确由市农业局承担农业产业化工作，同时成立青岛市农业产业化经营办公室。2002年8月，市委、市政府《关于深入推进农业产业化经营，进一步提高农业产业化经营水平的决定》确定，从2003年起连续5年，市财政每年安排不少于1000万元重点用于扶持外向型农产品加工龙头企业、培育农产品市场体系及发展农业合作经济。其间，青岛九联集团为解决利益联结机制易破裂、养殖质量难控制、企业与农户签约成本越来越高等问题，将原来的“公司＋农户”为主的经营模式改为股份制方式，成立了九联集团养殖股份公司，从而实现了“公司＋农户”经营模式向“公司＋农场”再到“公司＋合作联社＋农场”经营模式的转变。当年，市委、市政府将“九联模式”作为先进典型向全市推广。11月，山东省农业厅等10部门联合公布了第一批100家省重点龙头企业，其中青岛市占11家，分别是：青岛正进集团进出口有限公司、青岛万福集团股份有限公司、山东六和集团有限公司、青岛九联集团股份有限公司、青岛浩源食品有限公司、青岛康大外贸集团有限公司、青岛德维集团有限公司、青岛东生集团股份有限公司、青岛佳元水产集团有限公司、山东大洋食品集团有限公司、青岛亿路发集团有限公司。12月，青岛万福集团股份有限公司、山东六和饲料股份有限公司、青岛九联集团股份有限公司、青岛润德粮油制品有限公司、山东大洋食品集团公司、青岛康大外贸集团有限公司6家企业，被农业部等国家九部委公布为第二批农业产业化国家重点龙头企业。2003年12月，青岛天祥食品有限公司、青岛红福集团有限公司、青岛顺通食品有限公司、青岛碧湾海产有限公司、青岛金华粮油食品集团股份有限公司、青岛浩大实业有限公司、青岛佳德食品有限公司、青岛正大有限公司8家企业被山东省农业厅等10部门公布为全省第二批农业产业化重点龙头企业。至2003年，全市共发展种植业产业化经营组织1126个，种植面积502万亩；畜牧业产业化经营组织383个；水产业产业化经营组织89个；林特产品产业化组织109个。全市建成产值5000万元以上（或出口创汇500万美元或生产规模1000亩以上）种植业生产基地35个，其中粮油生产基地8个、蔬菜生产基地10个、果品生产基地6个、茶叶基地2个、花卉基地4个及经济林基地5个，国家级畜产品基地7个、水产品生产基地29个，并形成了崂山茶叶、胶州大白菜、里岔黑猪、大泽山葡萄、前店口辣椒、乔家屯西瓜等一

山东省农业产业化重点龙头企业——青岛万里江茶场。

批专业基地和特色产业区、产业带。

2004年7月，根据农业部《关于开展农业产业化国家重点龙头企业监测工作的通知》要求，对全市第二批6家国家重点龙头企业进行监测并全部合格。9月，青岛正大有限公司、青岛福生食品有限公司、青岛东生集团股份有限公司被认定为第三批农业产业化国家重点龙头企业。2005年，青岛市被列为全国农民专业合作经济组织试点单位，市财政拨付600万元专项资金，对30个合作组织进行重点扶持。当年8月，青岛白樱花实业有限公司、青岛亮泉植物油有限公司、青岛恒生源集团有限公司、青岛波尔旺肉业股份有限公司、青岛品品好粮油有限公司、青岛东方果仁制品有限公司、青岛万里江茶场有限公司、青岛长生集团股份有限公司、青岛波尼亚食品有限公司、青岛田润食品有限公司、青岛城阳蔬菜水产品批发市场有限公司11家企业，被认定为山东省第三批农业产业化重点龙头企业。

至2005年，全市各类农产品加工企业发展到2172家，其中年销售收入过1000万元的203家、过亿元的35家、过10亿元的6家、过50亿元的1家。农产品加工能力达550万吨，占农产品总量的40%以上，实现销售收入208亿元。全市形成以9家国家重点龙头企业为核心、30家省级重点龙头企业为骨干、数千家中小型龙头企业为基础的农业产业化经营新格局。

第四节　农村扶贫开发

1993年5月，市委、市政府印发《关于加快经济欠发达乡镇开发建设的意见》，确定对16个欠发达乡镇实施重点开发，由部分市直单位进行对口帮扶，市财政每年从农发基金中划出专款，用于经济欠发达乡镇的扶贫开发。同时，成立青岛市农村扶贫开发工作领导小组，下设办公室（与市农业综合开发办公室合署），具体负责农村扶贫开发的各项综合协调工作。至1994年，经过全市各级和社会各方面共同努力，16个经济欠发达乡镇的农村经济总收入和乡镇财政收入分别比1992年增长124%、66%，农民人均纯收入由1992年的790元提高到1419元，两年人均净增629元。1995年4月，市委、市政府《关于进一步加强农村扶贫开发工作的意见》确定，1995～1997年重点扶持全市20个经济欠发达乡镇和100个贫困村。市财政每年安排230万元专项资金用于扶贫开发，每年从市水利基本建设专项资金中安排200万元用于扶贫开发水利工程建设，一定3年不变。同时制定《青岛市扶贫开发管理办法》，采用项目管理方式，以确保扶贫资金投向准确，提高投资效益。当年，全市扶贫开发总投资4035万元，其中青岛市投入1552万元，新建和改善基础设施类项目15个、公益事业类1个、多种经营加工类4个。1997年10月，市委、市政府《关于进一步做好农村扶贫开发工作的意见》确定，自1998～2000年，实施第三期扶贫开发工作。全市共确定27个财政困难乡镇和104个经济困难村庄，由132个市直部门和企事业单位以及部分中央、省驻青的单位进行结对帮扶，一帮3年，不脱贫不脱钩。

至1997年底，全市共完成各类扶贫开发项目1211个。其中，修筑道路1140千米，新建小学15所，新增灌溉面积13.7万亩，解决了3336名儿童就学难，162个村、11.6万人的吃水困难问题。全市20个经济欠发达乡镇的财政收入年均递增18%，其中11个乡镇脱离财政困难。全市人均收入在1000元以下的贫困村，由1994年的199个减少到7个。经济欠发达乡镇的农民人均纯收入达到2298元，比1994年增加823元，年均增加274.3元；100个贫困村的农民人均纯收入达到1791元，比1994年增加769元，年均增加256.3元。

1999年，市财政在1998年列支600万元扶贫资金的基础上再增加100万元，专项用于农村扶贫开发建设。除青岛市确定的104个贫困村外，5市3区又选择了319个经济落后村庄，由432个单位进行结对帮扶。至此，全市第三期扶贫共有564个帮扶单位参与开展对27个财政困难乡镇和423个贫困村的帮扶活动。至2000年，全市共投入扶贫开发资金24994万元，其中无偿资金10550万元（含捐赠实物折款460万元）。建设各类扶贫开发项目1696个。其中建蔬菜、水果、花卉大棚9876个，面积9520亩；新建各类养殖场183个，存养大牲畜2.4万头，养鸡26万只；建农产品批发市场9个。各类项目建成后，年增直接经济效益2.2亿元。全市27个财政困难乡镇财政收入达7961万元，年增长29.9%；重点扶持的104个经济困难村农民人均纯收入达到2877元，比1999年增加299元。

2001年11月，市委、市政府《关于做好“十五”期间农村扶贫开发工作的意见》确定，重点扶持21个经济困难乡镇，5市3区重点扶持184个经济贫困村。本期扶贫工作在主导思想上作了重大调整，强调适应市场经济的要求，从加强基础设施建设，改善生态环境和投资环境，扩大对外开放，突出招商引资，培植主导产业，加快第二、三产业发展，强化科技培训和提高劳动者素质等方面入手，把开发式扶贫提升到更高水平。2001～2005年，市财政每年安排700万元专项扶贫资金，各市按1：1资金比例进行配套，重点扶持建设与农民群众生产生活相关的基础设施；与龙头企业、农产品生产基地相对接的种植业、养殖业和农副产品加工项目；与千家万户脱贫致富密切相关、具有较强拉动和辐射带动作用的工农业园区项目。同时，市政府决定将21个经济困难乡镇有计划分步骤逐步纳入国家农业综合开发的范围，实行资金捆绑式扶贫，加大资金扶持力度。是年，确定27个扶贫项目，其中生产类17个、基础设施类4个、科技培训类6个；21个经济困难乡镇财政收入比2000年增长23%。2003年，社会各界共投入到贫困地区的资金（含以物折款）达到5336.12万元；建设各类扶贫工程73项；兴建各类农业园区36个，开发建设工业园区11个；引进内外资155921万元，发展农副产品加工企业87家。2004年，全市确定重点帮扶经济欠发达镇调整为22个，贫困村庄60个。同年4月，《关于市直部门单位和党政机关干部帮扶经济欠发达镇和贫困村庄的意见》确定，由各区市按镇总数的30%、村庄总数的5%排查出欠发达镇和贫困村庄，从贫困村庄中排出贫困户，实行市、区（市）、镇三级联扶，镇、村、户三级联包。其中，市直部门、单位重点帮扶经济欠发达镇22个、贫困村庄60个和部分贫困户；其余由各区（市）、镇帮扶。

2005年，青岛市改革对贫困村的帮扶办法，在坚持开发式扶贫的同时，将扶贫资金直接用于60个贫困村庄。扶贫资金管理实行报账制，按项目拨付，防止扶贫资金被挤占和挪用。当年，全市60个市直部门对口帮扶的60个贫困村，共计投入资金1615.9万元，加上市财政投入的700万元扶贫资金，共建设各类扶贫开发项目94个。

第七篇　种植业

青岛地理环境优越，气候条件适宜农业生产发展。解放前，青岛地区农业以生产粗粮和薯类为主，生产力水平低下。城乡一般人家常年以粗粮为主食，丰年尚可勉强度日，荒年则只能半年糠菜半年粮，终年不得温饱。解放后，经过全面土地改革，广大农民积极投入农业生产，全市农业得到较快恢复和发展。1952年，粮食总产量达到96.76万吨，比1949年增长33.8%；棉花总产量达到6025吨，比1949年增长371%；花生总产量达到11.56万吨，比1949年增长62.6%。1953年，各县区在试办初级农业生产合作社的基础上，由互助组向初级农业生产合作社过渡，到1956年共办合作社8502个。1960年，受“浮夸风”及自然灾害的影响，全市粮食生产严重歉收。市委《关于开展生产救灾运动的意见》指出：“全市粮食总产量只有55683万斤，比1949年总产量减少3.3亿斤，扣去种子、饲料一斤不征，每个农业人口平均不足190斤，即墨不足120斤。劳动力比1957年减少11.7万多人，牲畜比1957年减少55400头。浮肿病人约10万人，即墨县的出生率呈负增长。”1961年，贯彻中共中央“调整、巩固、充实、提高”的方针，恢复了自留地，允许农民发展副业，开放农贸市场，农业生产得到恢复。1965年，粮食总产量达到91.76万吨。1966～1976年，全市经济发展虽遭受巨大损失，但由于大力开展治山治水、整地改土和精耕细作，粮食生产保持比较稳定的增长。1978年，全市农作物播种面积1164万亩，其中粮食作物播种面积954万亩、粮食总产量190.09万吨。种植业粮经比为81∶19，种植业产值占农业总产值的73.58%。

概　述

在实行联产承包责任制后，青岛农村以种植业为主的农业生产得到迅速发展。1980～1984年，青岛市突破“以粮为纲”的限制，确立“以粮食生产为主、多种经营为辅”的指导方针，在继续抓好粮食生产的同时，适当扩大经济作物比重，种植业生产结构逐步变化。总的趋势是，在耕地面积逐年减少和粮食总产量稳定增长的前提下，粮田面积适当压缩，经济作物面积逐步扩大。在粮食生产上，小麦面积较为稳定，玉米面积扩大，地瓜、谷子、高粱等种植面积有较大幅度降低。1984年，全市粮食作物占作物播种面积比例由1979年的78.74%调减到77%；经济作物占作物播种面积比例由1979年的21.26%上升到23%。全年粮食总产量达到245.04万吨，比1979年增长16.8%。1985年，按照“决不放松粮食生产，积极发展多种经营”的方针，青岛市种植业结构调整步入粮食作物与经济作物协调发展的新阶段。至1990年，全市粮食作物占作物播种面积比例调减到74.16%；经济作物面积比例增至25.84%。

1992年，青岛市提出发展高产优质高效农业的基本思路，种植业结构开始向适应市场、注重科技和提高产业化组织程度的方向发展，种植结构和农产品品质得到进一步优化。1997年，青岛市按照“高科技、外向型、产业化”的农业发展思路，在种植业结构调整上，注重内部品种的更新换代和优化，尤其把设施农业、观光农业、特色农业作为结构调整的重点，从资金、政策等多方面给予扶持。全市先后建设了商品粮、优质棉、商品油料、优质果品和名特优项目等6大类生产基地。各地在确保粮食总产量稳定的前提下，大力推广间套复种立体种植新技术，积极发展高效经济作物。2003年，全市粮食作物占作物播种面积比例调减到55%；经济作物面积比例增至45%。全市常年瓜菜种植面积达到200万亩，其中设施栽培面积41.19万亩。

自2004年起，青岛市从粮食风险基金中安排20%用于对种粮农民的直接补贴，补贴标准为每亩14元，全市补贴资金总额为4423万元。同年11月，青岛市出台建设高产优质高效粮食示范区意见，通过加大资金投入和政策扶持，调动种粮农民的积极性，计划用3年时间，在全市建设100万亩高产优质高效粮食示范区。至2005年，全市通过农业结构调整，优质农作物区域面积不断扩大，当年优质小麦种植面积213.1万亩，占总面积的55.4%。同时，无公害蔬菜、优质果茶、特色作物、高档花卉等产业迅速壮大，崂山茶叶、胶州大白菜、大泽山葡萄、马家沟芹菜、北宅樱桃、枯桃花卉等一批地方农业品牌市场竞争力明显增强，在全国第六届“中茶杯”全国名优茶评比中，青岛市选送样品69个，获奖50个，其中获特等奖5个、一等奖27个、优质奖18个。

2005年，全市粮食作物种植面积748.95万亩，总产量329.16万吨，单产420.6公斤。经济作物面积376.47万亩，其中主要经济作物花生栽培面积154.3万亩，平均亩产326.1公斤，总产量50.4万吨。蔬菜种植面积257万亩，总产量672万吨。果园面积100多万亩，果品总产量近100万吨。

第一章　农作物种植

改革开放后，青岛市不放松粮食生产，积极发展多种经营，因地制宜地进行种植业生产结构调整。90年代后期，随着农产品供求关系发生了由长期短缺向总量基本平衡、丰年有余的根本性变化，青岛市大力发展花生、瓜菜、果品、茶叶、花卉、食用菌等经济作物。到2001年，全市种植业粮经比由1978年的81：19调整到57：43。

同时，不断优化农产品品种、品质结构。全市专用粮食、优质油料和无公害蔬菜、优质果、优质茶及花卉等高效经济作物种植面积不断扩大，分别占到总播种面积的31.4%、51.3%、42.8%、69.2%、60%、17.2%。到2003年，全市种植业粮经比调整到53.1∶46.9。

2005年，全市粮食作物播种面积748.95万亩，占作物播种面积的66.55%。无公害蔬菜、优质果茶、特色作物、高档花卉等产业迅速壮大，地方农业品牌的市场竞争力明显增强。

第一节　粮食作物

青岛地区粮食种类资源丰富，气候条件及生产条件适宜小麦、玉米、甘薯及高粱、谷子、大豆等多种作物生长。1979年，全市耕地面积801万亩，粮食播种面积921.45万亩，粮食单产227.6公斤，总产量209.77万吨。其中小麦385万亩，单产184公斤，总产量70.7万吨；玉米215万亩，单产302公斤，总产量64.92万吨；甘薯232万亩，单产263公斤，总产量61.16万吨。

1980年，青岛农村逐步推行家庭承包经营责任制，极大地解放了农村生产力，促进粮食生产快速发展。其间，全市粮食播种面积尽管有所减少，但粮食单产不断提高。至1985年，全市粮食单产达到271.07公斤，比1979年增长19.09%；总产量达到233.11万吨，同比增长11.13%。

青岛市坚持“一靠政策，二靠科技”的粮食生产方针，加大农业科技投入和科技成果推广的力度，良种更新、间作套种、地膜覆盖、配方施肥等一些实用新技术得到广泛应用。至1988年，全市粮食单产达到313.3公斤，总产量达到262.6万吨，使粮食产量在突破200万吨基础上，又越过250万吨台阶。

80年代后期，青岛市进一步加大对粮食生产的投入。1989年开始实施“双一工程”（开发100万亩中低产田、增产1亿斤粮食），1990年该项工程正式纳入国家农业综合开发项目。至1992年底，青岛市首期农业综合开发共完成投资8841.25万元。依靠投入的支撑，粮食生产得到进一步发展。1991年，全市粮食单产达到372.7公斤，总产量突破300万吨大关，达到318万吨。1995年之后，青岛市实施“科教兴农”战略，加大新技术、新品种引进推广力度，提高科学种田水平。1999年，全市粮食单产提高到438公斤，达历史最高水平。

2000年，国家采取对农民种粮进行直补政策即粮食补贴、良种补贴、农机具补贴，让农民得到实惠。从2004年开始，市政府每年投入百万亩高产优质高效粮食示范区项目4000万元，促进粮食单位面积上的增产，最终使示范区内全部达到“吨粮田”，示范区粮食平均单产在原有基础上提高了20%以上。

1990～2005年实施土地综合治理期间，国家、地方总投资9.96亿元，其中改良土壤1181万亩，增加灌溉面积108万亩，改造中低产田1231万亩。

至2005年，全市粮食播种面积748.95万亩，单产420.62公斤，比1979年增长84.75%；总产量达到315.02万吨，比1979年增长50.17%。

1979～2005年青岛市主要年份粮经作物生产情况表

表7-1

年份	耕地面积（万亩）	农作物播种面积（万亩）	粮食作物面积、产量			经济作物面积（万亩）
			面积（万亩）	单产（公斤/亩）	总产（吨）	
1979	800.1	1170.3	921.45	227.65	2097690	183.9

续表7-1

年份	耕地面积（万亩）	农作物播种面积（万亩）	粮食作物面积、产量			经济作物面积（万亩）
			面积（万亩）	单产（公斤/亩）	总产（吨）	
1980	796.95	1138.05	904.95	239.18	2164415	180
1985	757.95	1174.05	859.95	271.07	2331060	235.95
1988	750	1150.05	838.05	313.35	2626029	238.95
1989	748.2	1121.7	814.2	326.01	2654334	240.9
1990	747.6	1152.75	854.85	350.73	2998246	232.95
1991	744.6	1154.7	853.35	372.75	3180893	235.35
1992	738.45	1154.4	845.55	316.44	2675641	234.6
1993	735	1166.25	843.3	375.29	3164812	235.65
1994	732.15	1149.6	811.2	382.96	3106562	243
1995	729.75	1148.1	805.65	408.56	3291587	234.75
1996	726.9	1158.9	822.15	412.34	3390033	223.5
1997	726.9	1125.6	784.8	321.49	2523064	216
1998	724.95	1157.7	795.75	436.04	3469821	218.1
1999	721.5	1163.4	759.15	438.8	3331124	198.6
2000	716.25	1147.05	676.05	411.28	2780481	209.7
2001	701.1	1105.35	628.65	403.92	2539257	218.1
2002	681.75	1084.8	612.45	365.55	2238802	209.25
2003	640.35	1017.3	540.75	410.85	2221697	217.5
2004	633.9	1069.95	621	426.88	2650952	211.65
2005	631.5	1125.3	748.95	420.62	3150203	178.35

小麦

70年代，青岛地区小麦单产150公斤左右。此后，随着良种和化肥的使用，小麦单产有所增加。在品种布局上，推广高产田、中产田、旱薄田的适应品种，主要品种有泰山1号、昌乐5号、白蚰包等。在耕作制度上，积极推广麦田套种玉米技术，进行小麦-玉米一年二熟耕作制度改革。同时，增施磷肥解决氮磷比例失调，推广小麦机械播种，实行田间科学管理。1979年平均亩产达到184公斤。

80年代，青岛农村全面实行家庭承包经营责任制，农民的生产积极性空前高涨，新技术、新品种得到广泛应用。这一时期，小麦种植技术由推广单项技术向推广综合技术发展，由推广常规技术向推广新技术发展。栽培上实施精量播种、配方施肥；提倡足墒足肥下种，重追起身拔节肥，浇好冬水、起身拔节水和灌浆水；普及麦田套种技术，实行病虫害综合防治。根据不同产量水平，引进推广一批高产优质小麦新品种，推行高、中、低产田品种“对号入座”，山农辐63、烟农15、济南13、鲁麦7号、鲁麦13号等品种得到大面积推广。小麦—玉米、小麦—大豆一年二熟耕作制普遍实行，小麦套种玉米、花生、大豆，大小沟麦套种花生等复合立体种植方式开始出现，农田复种指数迅猛增长。尽管耕地面积逐年减少，但小麦面积仍稳定在363万～402万亩之间。在旱薄地上突出抓好综合技术开发，主要措施有：推广底肥“一炮轰”，即用有机肥、磷肥、氮肥做底肥，进行一次性施肥；或“两炮鼓”，即留出一部分化肥在春季追施；选用抗旱品种；减少群体，培育壮苗，提高旱薄地小麦产量。1983年，小麦单产首次突破200公斤，达到222公斤，比1979年增产38公斤，增产21%。80年代后期，依据种、土、肥、水条件，大力推广相应的配套栽培技术，使小麦生产均衡增产。在肥水条件较好的中、高产田推广小麦精播、半精播高产配套技术，通过选用良种、降低播量、培育壮苗等措施，建立合理的群体动态结构。亩播量由原来的8～10公斤降到了每亩4～7公斤。在旱薄地推广耕作保墒、配方施肥、选用抗旱品种和推广沟播等旱地小麦丰产配套技术。在晚茬麦田推广以增施肥料、适当增加播种量、选用晚播早熟品种、提高整地质量等为主要内容的晚茬麦丰产栽培技术。由于新品种、新技术的推广应用，小麦生产持续增长，1987年，全市小麦播种面积388.4万亩，旱薄地小麦开发面积达105万亩，全市平均亩产287公斤，总产量111.46万吨。小麦亩产增加上百公斤，总产翻了一番，首次突破100万吨。1990年，全市小麦平均单产为319公斤，首次突破300公斤。

90年代，全市小麦播种面积稳定在369万～414万亩之间。这一时期，小麦生产配套栽培技术进一步完善。轮作换茬技术得到大面积推广，小麦、玉米、花生“二年三作”面积不断扩大，小麦、玉米套种面积逐年减少。在普及推广小麦精播、半精播技术、配方施肥技术、药剂拌种、种子包衣技术、旱地小麦栽培技术、小麦化控技术、化学除草技术、病虫害综合防治技术的同时，因地制宜地推广相应配套高产技术。主要有玉米小麦迟收迟播栽培技术，即小麦适当晚播，播种期由以前的9月23日～10月5日，推迟到10月1日～10月8日，并按播期早晚调整播量。小麦超高产栽培技术，主要是培肥地力，选用超高产小麦品种，把好播种关；改革传统的小畦大背为大畦小背，使畦宽由原来1.65米增至2.8米，畦埂由原来45厘米缩至35厘米左右，每畦种植小麦行数由原来6行或8行增到12行或16行，提高土地利用率5%～10%，亩增产小麦20～40公斤。小

进入21世纪，青岛市小麦精播、旱地小麦丰产技术等良种良法配套技术得到广泛运用。图为烟农19旱地高产攻关田实打实收现场。

麦节水高产栽培技术，主要是选用熟期早、穗容量大、籽粒发育快的节水品种，因地制宜采用适宜浇水模式，丘陵地区采用“冬水+挑旗水”模式、平原地区采用“冬水+挑旗水”模式或“拔节水+灌浆水”模式。优质专用强筋小麦栽培技术，即选用优质专用小麦品种，在施足基肥的基础上，巧施起身拔节肥，补施后期氮肥，或在挑起孕穗期至抽穗扬花期追施氮肥，或在小麦开花至灌浆期进行叶面喷肥，后期适当控水，确保小麦品质。

1995年后，随着小麦产量连年丰收，人民生活水平不断提高，小麦生产由单纯追求高产向高产、优质、特色并重方向发展，一批适应性强、综合性状好的高产、优质品种如鲁麦14、烟农15、鲁麦13、莱农8834、鲁麦21、烟95021成为主要当家品种。其中，青岛市农业技术推广站《小麦650公斤高产攻关》《黑小麦等专用麦产业化开发》课题项目的实施，带动烟农15号、黑小麦1号等中强筋小麦品种的大面积推广及其产业化开发，创出实打650公斤以上的高产地块和大面积600公斤的样板田，使青岛市小麦高产纪录由550公斤上升到650公斤，实现小麦产量重大突破，带动全市小麦稳定进入中产阶段。1998年，全市小麦播种面积387.4万亩，平均亩产425公斤，总产量162.73万吨，亩产、总产量均创历史最高水平。1999年，胶州北王珠镇种植的1.7亩94–6–3新品系，测产验收平均亩产达665.89公斤。1999年，平度市蓼兰镇种植的20.4亩烟95021高产攻关田，实打验收亩产为653公斤。全市小麦单产基本稳定在400公斤左右，总产量150万吨左右。

进入21世纪，青岛市小麦生产出现了由高到低、由低到高的波动式发展。这一时期，小麦、玉米、花生二年三作成为粮油生产中的主要轮作方式，小麦、玉米一年两作面积较大，麦粮套种、麦油套种等套种面积较少。鲁麦21、济麦19、济麦20、烟农19等广适性、高产、优质良种在生产中发挥积极作用。小麦精播、半精播栽培技术、测土配方施肥技术、冬小麦节水高效灌溉配套栽培技术、冬小麦氮肥后移延衰高产栽培技术、旱地小麦丰产技术、晚茬麦高产栽培技术等良种良法配套技术的广泛应用，使小麦良种的增产潜力得到充分发挥。由于小麦连年丰收，价格偏低，以及种植结构调整等原因，2000～2003年，青岛市小麦生产出现滑坡，播种面积和总产量逐年减少。2003年小麦播种面积235.5万亩，总产量93.13万吨，均为1985年以后最低水平。2004年，由于国家出台一系列惠农利农政策、粮价回升等原因，小麦生产出现恢复性增长。同年，实施“青岛市100万亩粮食高产优质高效示范区”建设项目。

2005年，全市小麦播种面积达到384.6万亩，单产399公斤，总产量153.46万吨，基本恢复到90年代末生产水平。

1979～2005年青岛市小麦生产情况表

表7–2

年份	面积（万亩）	单产（公斤/亩）	总产（万吨）	年份	面积（万亩）	单产（公斤/亩）	总产（万吨）
1979	385.2	184	70.7	1983	384.9	222	85.43
1980	374.8	139	51.98	1984	402.3	151	60.9
1981	378.8	169	63.94	1985	397.8	242	96.11
1982	375.5	101	37.79	1986	398	244	97.04

续表7-2

年份	面积（万亩）	单产（公斤/亩）	总产（万吨）	年份	面积（万亩）	单产（公斤/亩）	总产（万吨）
1987	388.4	287	111.46	1997	401.7	391	158.45
1988	389.7	256	99.62	1998	387.4	425	162.73
1989	363.1	274	99.34	1999	369.4	406	150.12
1990	396.6	319	126.52	2000	336.8	402	135.34
1991	400.2	355	142.1	2001	292.6	391	114.37
1992	402.4	307	123.58	2002	288.2	377	108.59
1993	414.3	353	146.38	2003	235.5	395	93.13
1994	393.2	354	139	2004	236.5	412	97.42
1995	391.5	378	148.04	2005	384.6	399	153.46
1996	398.4	380	151.35				

玉米

改革开放初，青岛市积极开展玉米育种、引种、试验示范、提纯复壮和繁育推广工作。1979年开始引进种植糯玉米杂交种。

80年代，普通玉米单产增长较快，特用玉米品种引进较多，但尚未形成规模。这一时期，在栽培技术方面主要推广掖单2号、烟单14号等一批紧凑型杂交种，种植密度加大到3500～4000株/亩左右，提高光能利用率。通过良种良法配套栽培，高产地块大量涌现。1989年，城阳区北疃农场1.2亩掖单13号夏玉米攻关田，亩密度4723株，实收4576株，亩产991.8公斤，创青岛市夏玉米亩产量最高纪录。

2005年，青岛市玉米种植面积322.1万亩，达到历史最高值。图为玉米丰收场景。

进入90年代，春播玉米继续减少，夏玉米种植面积不断扩大，生产技术也日臻完善。种子包衣、种衣剂拌种、ABT生根粉、秸秆还田、配方施肥、除草剂除草和化控技术、地膜覆盖、适期收获和标准化栽培等技术得到广泛应用。1990年，全市应用标准化栽培面积达178万亩，占播种面积的63%。1994年玉米套种面积114.99万亩，1996年达到126.44万亩。从1997年开始，套种面积有所减少，夏直播玉米种植面积增大，当年全市套种玉米82.5万亩。1999年，全市299.2万亩玉米大丰收，单产501.3公斤，总产量150万吨，单产、总产量均创历史最高水平，当年全市套种玉米减少到77.52万亩。同时，夏玉米基本实现标准化栽培，特用玉米生产开始崭露头角，全市糯玉米、甜玉米、优质蛋白玉米、饲料玉米、爆裂玉米等品种的种植面积达到7万多亩。

2000年后，全市玉米品种更新加快，标准化栽培面积继续扩大，套种面积继续减少。2002年套种面积25.6万亩，2003年22.7万亩。受市场需求的影响，种植面积波动较大。2003年玉米种植面积248.8万亩，占粮食播种面积的46%；单产449.2公斤，总产量111.8万吨。2005年，国家给予农民种粮补贴，玉米种植面积322.1万亩，达到历史最高值，亩产459公斤，总产量147.86万吨。

1979～2005年青岛市玉米生产情况表

表7-3

年份	面积（万亩）	单产（公斤/亩）	总产（万吨）	年份	面积（万亩）	单产（公斤/亩）	总产（万吨）
1979	215.03	302	64.92	1993	284.96	438	124.88
1980	228.29	359	81.91	1994	281.48	445	125.29
1981	246.85	197	48.69	1995	291.27	469	136.52
1982	244.13	305	74.36	1996	306.81	478	146.67
1983	250.23	324	81.19	1997	272.3	273	74.32
1984	242.78	421	102.17	1998	303.65	488	148.42
1985	226.99	326	73.95	1999	299.16	501	149.98
1986	233.9	408	95.39	2000	259.73	450	116.96
1987	244.89	384	94.07	2001	264.85	445	117.89
1988	249.45	413	103.09	2002	258.42	424	109.47
1989	263.73	411	108.44	2003	248.82	449	111.77
1990	281.37	430	121.07	2004	260.26	462	120.2
1991	292.9	439	128.51	2005	322.09	459	147.86
1992	279.9	351	98.15				

甘薯

甘薯亦称地瓜，1959～1978年为稳定发展阶段，种植面积稳定在200万亩左右，平均单产183公斤。70年代初推广回龙火炕集中育苗，并实行温汤浸种防治黑斑病。1979年，全市甘薯种植面积232.95万亩，单产263公斤，总产量61.16万吨。甘薯种植以二年三作制或一年一作制为主，如小麦—夏甘薯—春玉米，春花生—小麦—夏甘薯，小麦—夏大豆—春甘薯等。以甘薯为主的间套方式有甘薯间作玉米，小麦套作甘薯，春甘薯间作黄烟等。传统栽培甘薯主要是利用山岭薄地或旱地起垄栽培。一般于3月中旬开始育苗，5月上旬栽插春甘薯，7月上旬剪蔓栽插夏甘薯。薯种一般采用窖存或户内贮藏。育苗方式以土炕为主。

80年代，青岛农村对传统甘薯栽培技术进行"五改"，即改回龙火炕育苗为薄膜覆盖加酿热物的太阳能炕型和电热温床节能型育苗，改大垄稀植为小垅密植，改散施基肥为挖丰产沟集中施基肥，改翻蔓为提蔓，改夏薯栽插大田采苗为二级育苗。同时，对甘薯品种进行更新。80年代以前种植甘薯品种以高产、出干率高为重点，如胜利百号、烟薯1号、青农2号等。80年代后转向高产抗病和工食兼用型为主的品种，如丰收白、徐薯18、鲁薯7号、红东、山川紫等专特用品种。

进入90年代，全市甘薯生产进一步推广选用抗病品种、改土增肥、早栽密植、覆盖地膜、控徒长、防早衰、抗旱排涝等综合增产技术。1991年，全市88.35万亩甘薯平均亩产378公斤，比1979年增产43.72%。1996年，全市开始推广应用甘薯茎尖脱毒技术，此为生物技术在农业生产中的具体应用，亩均增产20%以上。1998~2000年，青岛市农业技术推广站与即墨市农业部门先后从美国等7个国家和地区以及国内各地引进四种颜色（白、黄、红、紫），八大类型（淀粉、食用、保健、菜用、水果、药用、高胡萝卜素）共78个品种进行实验示范。即墨市第一农业职业中专即引一号甘薯品种在5亩地内创出鲜薯单产1.1万公斤高产纪录，同时获得青岛市科技进步一等奖。2000年12月26日，青岛市农业技术推广站举办青岛市甘薯产业化经营研讨会，全国农业院校、科研院所、农技推广部门、外专局引智办等专家教授出席会议。2002年，青岛大学、青岛市特色作物产业化协会联合申请的"甘薯色素的提取方法"获得国家专利。2004年11月，"特色甘薯深加工技术研究与产业化开发"项目获得青岛市科学技术进步奖一等奖。

2005年，全市甘薯种植面积14.5万亩，单产557公斤，总产量8.07万吨。

1979~2005年青岛市甘薯生产情况表

表7-4

年份	面积（万亩）	单产（公斤/亩）	总产（万吨）	年份	面积（万亩）	单产（公斤/亩）	总产（万吨）
1979	232.95	263	61.16	1986	132	370	48.9
1980	213	314	66.94	1987	124.05	385	47.79
1981	194.55	140	26.83	1988	113.7	398	45.29
1982	198.75	301	59.78	1989	109.8	403	44.24
1983	179.4	349	62.51	1990	100.8	375	37.82
1984	169.05	410	69.32	1991	88.35	378	33.29
1985	146.1	344	50.31	1992	80.25	370	29.72

续表7-4

年份	面积（万亩）	单产（公斤/亩）	总产（万吨）	年份	面积（万亩）	单产（公斤/亩）	总产（万吨）
1993	66.6	427	28.43	2000	28.05	547	15.42
1994	60.6	466	28.23	2001	26.1	533	13.42
1995	56.25	505	28.37	2002	24.9	554	13.84
1996	52.95	504	26.65	2003	18.45	550	10.16
1997	43.05	286	12.31	2004	14.7	574	8.4
1998	40.65	521	21.19	2005	14.5	557	8.07
1999	37.35	543	20.29				

大豆

1978年，青岛市种植大豆38.93万亩，占粮食总播种面积4.08%，单产85公斤。1980年，为增加粮食作物结构中蛋白质含量，扩大一年两作栽培制度，大豆种植面积回升。1986年，种植59.78万亩，占粮食总播种面积6.99%，单产138公斤，总产量8.26万吨。90年代，全市大豆播种面积稳定在50万～60万亩。1998年，种植55.40万亩，占粮食总播种面积6.96%，单产202公斤，总产量11.19万吨。1999年后，受到种植结构调整影响，全市大豆种植面积逐年下降。2001年，种植39.82万亩，单产168公斤，总产量6.7万吨。2005年，大豆种植面积24.8万亩，单产193.5公斤，总产量4.8万吨，其中单产比1978年翻了一番多。

谷子

1978年，全市谷子种植面积12.48万亩，单产145公斤，总产量1.81万吨。1986年，种植10.66万亩，占粮食总播种面积1.25%，单产186公斤，总产量1.98万吨，占粮食总产量0.78%。90年代，谷子种植面积继续下降，1995年，种植2.43万亩，仅占粮食总播种面积0.3%，单产243公斤，总产量0.59万吨。此后，全市谷子种植面积下降到1万亩以下。2005年，种植0.45万亩，单产267.3公斤，总产量0.12万吨。

高粱

1978年前，青岛地区一度种植杂交高粱。但因杂交高粱消耗地力重，影响下茬作物收成，且晚熟、秸矮、品质差，试种几年后被淘汰。此后改种常规种，种植面积稳定在10万亩左右。主要利用其秸秆、穗轴作建筑和笤帚、席编等原料。1986年，种植11.26万亩，占粮食总播种面积的1.32%，单产183公斤，总产量2.06万吨，占粮食总产量的0.8%。1990年后，高粱种植面积逐步降低到3万亩左右。1995年，种植3.92万亩，单产239公斤，总产量0.94万吨。2005年，种植1.03万亩，单产265.2公斤，总产量0.27万吨。

稻谷

青岛地区稻谷种植分水稻和旱稻两种，在平度、莱西、胶南、即墨、胶州等地零星种植。1978年，全市水稻种植面积10.8万亩，单产254公斤，总产量2.74万吨。80年代后，由于受水资源紧缺的影响，水稻种植面积一直呈下降趋势，1983年种植面积不到1万亩。青岛市引进秦爱等旱稻品种。1986年，全市种植水、旱稻0.72万亩，单产299公斤，总产量0.22万吨。1995年之后，胶州、即墨等地曾引种巴西陆稻等旱稻品种，但因品质一般，农机农艺不配套，试种几年后被淘汰。

小杂粮

历史上青岛农村普遍利用田边、地头零星间种混作小杂粮，主要有大麦、豌豆、绿豆、豇豆、小豆、黍子、荞麦等。1978年，种植面积只有3.24万亩，单产140公斤，总产量0.45万吨。1982年农村实行联产承包责任制后，为适应人们改善生活、调剂粮色的需要，小杂粮有新的发展。90年代后，小杂粮的营养保健作用受到人们重视，种植面积保持稳定。2005年，全市小杂粮种植面积在3万亩左右。

第二节　主要经济作物

花生是青岛地区大宗和主要的经济作物，其种植面积大、产量高，是全国主产区之一。棉花和烟草分别在平度、胶南的部分地区种植。其中，棉花播种面积在80年代曾达到48.94万亩的历史最高水平，但到90年代末减少到不足10万亩。烟草种植面积一直在6万亩之内。

花生

改革开放后，青岛地区花生生产高速发展。1983年，种植面积121.33万亩，单产205公斤，总产量24.87万吨。1985年，全市花生种植面积增加到191.97万亩，单产248公斤，总产量47.61万吨。其间，小面积高产纪录不断被刷新。1985年，平度张戈庄镇10770亩高产田平均亩产504.5公斤，实现了大面积亩产突破500公斤大关。此后，花17、海花1号等新品种得到推广，地膜覆盖栽培技术增产可达30%以上，成为推广幅度最高的技术之一。同时，花生清棵蹲苗技术、亩产500公斤栽培技术、小麦花生双高产栽培技术、中低产田技术开发、配方施肥等，均取得显著增产效果。

1995年以后，全市花生面积稳定在170万亩左右，种植结构更趋合理，单产稳中有升。1999年花生平均亩产344公斤，总产量57.29万吨。这一时期，全市扩大花生出口创汇，年出口总额连年增加。同时，育成和推广了鲁花9、10、11、14、16号，花育16、17、22、23号等花生新品种。

2005年，全市花生种植面积154.3万亩，平均亩产326.1公斤，总产量50.4万吨。

棉花

改革开放初，国家十分重视棉花生产，实行一系列植棉政策，推广先进栽培技术，全市棉花种植面积不断扩大，单产逐年提高。1979年，青岛市棉花种植面积38.21万亩，单产30公斤，总产量1.14万吨。棉花种植主要集中在平度县西南部和西北部的棉产区，除崂山区以外其他县（区）也有少量种植。1981年，平度县引进地

花生是青岛地区的主要经济作物，是全国主产区之一。2005年，全市花生种植面积154.3万亩，总产量50.4万吨。

膜覆盖技术。试验结果显示，覆盖比不覆盖增产30%左右，1983年此项技术被普及推广，1984年覆盖面积达到20万亩以上。1984年，结合棉田起垅，将化肥刨入沟底施种肥，增产效果明显。当年全市棉花种植面积48.94万亩，单产82公斤，总产量4万吨，均创历史最高水平，分别比1978年增加0.28倍、1.73倍和2.51倍。1984年，平度县灰埠镇灰埠村徐增汉家种植的3.2亩鲁抗1号进行实打验收，皮棉单产135.5公斤。

1984年棉花大丰收，出现暂时性积压，棉花收购价格下调，而农药、化肥等生产资料又大幅度上涨，种棉效益下降，挫伤棉农积极性。此后种植面积逐年减少，单产下降。1985年，棉花种植面积36.24万亩，1986年下降到23.48万亩。1987年，棉花由积压变为供不应求，棉花价格开始上调，全市种植面积又上升到33.62万亩，之后一直稳定在30万亩以上。到1992年，全市植棉面积、单产、总产量分别为32.94万亩、25公斤和0.82万吨。其间，在棉花栽培中继续推广配方施肥、地膜覆盖等技术。同时，化控技术在棉花生产中也得到广泛应用。1988年，平度市官庄乡李家铺村李爱良家承包的14.4亩中棉所12号，皮棉单产90.5公斤，其中有4亩棉田亩产高达95.8公斤。1989年，平度市蓼兰镇西景家庄村姜明文种植的4亩中棉所12号，采用地膜覆盖技术，亩产皮棉高达120.8公斤。

1993年之后，全市棉花种植面积逐年减少，单产徘徊不前。到2000年，面积仅为2.51万亩，总产量0.21万吨。2005年，全市棉花种植面积5.46万亩，单产74.1公斤，总产量0.4万吨。

1979～2005年青岛市棉花生产情况表

表7-5

年份	面积（万亩）	单产（公斤/亩）	总产（万吨）	年份	面积（万亩）	单产（公斤/亩）	总产（万吨）
1979	38.21	30	1.14	1993	28.4	54	1.53
1980	42.79	46	1.96	1994	28.1	30	0.83
1981	42.72	30	1.27	1995	20.89	39	0.82
1982	47.85	36	1.74	1996	10.02	40	0.4
1983	47.91	63	3.02	1997	5	40	0.2
1984	48.94	82	4	1998	6.04	69	0.42
1985	36.24	53	1.93	1999	5.19	71	0.37
1986	23.48	61	1.44	2000	2.51	83	0.21
1987	33.62	63	1.23	2001	4.67	73	0.34
1988	34.54	40	1.38	2002	4.62	81	0.38
1989	31.92	46	1.46	2003	6.55	81	0.53
1990	31.91	55	1.75	2004	9.5	76	0.72
1991	33.87	77	2.6	2005	5.46	74	0.4
1992	32.94	25	0.82				

烟草

青岛地区一直有少量烟草种植，多是土烟。1975年，全市种植烟草3万亩。1976年，引种日本黄、G140填充料烟品种。1980年之后，种植NC82、NC89为主的主料烟品种。全市烟草种植面积和总产量相对稳定，种植面积一般稳定在3万～4.5万亩，总产量在5000～8000吨之间。其中胶南市种植面积为2.52万亩；平度市、胶州市各种植0.45万亩。2005年，全市烟草种植面积3.4万亩，亩产194公斤，总产量6668吨。

1979～2005年青岛市烟草生产情况表

表7-6

年份	面积（万亩）	单产（公斤/亩）	总产（吨）	年份	面积（万亩）	单产（公斤/亩）	总产（吨）
1979	3.32	118	3925	1993	4.94	166	8181
1980	2.79	139	4125	1994	2.91	163	4750
1981	3.33	122	4050	1995	1.65	176	2907
1982	4.31	144	6195	1996	2.39	182	4352
1983	3.32	136	4500	1997	4.81	166	8028
1984	2.79	171	4780	1998	3.77	176	6638
1985	3.99	157	6270	1999	3.03	171	5177
1986	3.65	154	5620	2000	4.13	175	7226
1987	2.67	165	4410	2001	4.02	170	6858
1988	2.92	182	5311	2002	3.84	187	7350
1989	3.18	182	5795	2003	4.17	200	8359
1990	3.13	188	5869	2004	3.23	203	6559
1991	2.79	186	5185	2005	3.4	194	6668
1992	5.95	141	8389				

第三节　蔬 菜

改革开放前，青岛市本着“以销定产，产稍大于销”的原则，在近郊建立蔬菜生产基地，下达指令性生产计划，产品统购包销。广大农民自食菜由生产队统一安排种植。1979年，青岛市菜田面积达到4.8万亩，蔬菜总上市量约19.7万吨。菜田主要分布在市区和崂山县，包括浮山、吴家村、西流庄等3个公社14个生产大队和崂山县楼山、李村、流亭、仙家寨、城阳、夏庄、中韩等公社130多个大队。胶县几个集中产白菜公社为大白菜生产基地，流亭、城阳公社有4个大队为外贸出口蔬菜基地。

1981～1983年，随着城市规模的扩展，浮山、吴家村、西流庄等3个公社菜田被征用3305亩。为弥补商品菜田不足，市政府在楼山、中韩、李村、夏庄公社部分大队发展商品菜田4413

亩，全市蔬菜生产大队增加到146个。

1984年，随着种植业结构调整，青岛市蔬菜生产进入商品菜快速发展时期。1985年5月实行蔬菜产销体制改革，蔬菜生产由集体种植转为家庭种植，农村专业化蔬菜生产基地迅速发展，出现蔬菜生产专业村和蔬菜专业户。1986年，商品菜基地面积达5万亩，总上市量23万吨；远郊秋菜基地面积3万亩，年总产量12万吨，其中合同定购大白菜5万吨。1988年，农业部提出实施“菜篮子”工程建设计划，菜田建设成为重点投资领域，青岛市城郊蔬菜生产水平有较大提高，商品蔬菜供应逐年增加。90年代后期，城阳夏庄、上马，胶南王台、平度南村、即墨移风、莱西孙受等相继建立农业科技示范园、生产基地，对引导农民科学种菜发挥重要作用。主要蔬菜新品种50%以上为一代杂种，良种覆盖率达90%以上。蔬菜育苗技术和设施栽培技术进步显著，初步形成适于不同地区、不同气候条件周年系列化保护栽培体系，蔬菜生物技术、贮藏与加工技术研究也取得新进展。

90年代后期，在农业国际化战略推动下，青岛市蔬菜加工业出现两大发展模式。一是以莱西万福集团为代表的集团化发展模式。通过引资合资、租赁兼并，实行低成本扩张，使企业规模迅速壮大；二是以分布基地区域为代表的小企业大群体发展模式。各骨干企业以国外市场需求为导向，加大产品开发力度，在强化速冻、保鲜、腌渍、罐头等强项产品同时，新开发多类别、系列化熟制终端食品。同时，按照农业部和省农业厅农产品批发市场发展规划，先后建立莱西东庄头、平度南村、胶南王台、胶州苑戈庄、即墨移风和城阳等20余个蔬菜产地批发市场，其中莱西东庄头市场、城阳蔬菜水产批发市场、平度南村蔬菜批发市场等农业部定点产地批发市场，发挥较大辐射作用，带动周边蔬菜产业布局优化和调整。

自1997年开始，青岛市农业技术推广部门在全市范围内加大抗病虫品种、生物农药和生物防治等综合技术推广力度。2002年7月，农业部全面启动“无公害食品行动计划”，青岛市开展以提高蔬菜产品质量为目标的蔬菜等农产品质量提升行动。至2005年，莱西、胶州、即墨、胶南4市成为全国无公害农产品生产示范基地县。胶州大白菜，平度马家沟芹菜，饭香园西红柿，徐村芋头，沽河牌蔬菜，蟠桃牌大姜，胶南漕汶牌瓜果菜，城阳益康牌净菜，恒孚牌圆葱、大葱、土豆等知名农产品品牌，在国内外享有一定声誉。组织实施“青岛市100万亩优质蔬菜示范区建设”规划，在以大沽河流域为中心的蔬菜生产区，大力开展无公害蔬菜基地建设，当年蔬菜出口量达到60万吨，其中60%以上出口到日本。保鲜蔬菜主要出口日本、韩国、新加坡、美国、俄罗斯等；部分特产蔬菜出口到英国、澳大利亚、美国等；腌制蔬菜主要出口日本、韩国、新加坡等；脱水蔬菜主要出口西欧、日本、美国、澳大利亚、韩国、新加坡等；蔬菜罐头主要出口日本、韩国、美国、新西兰、澳大利亚等。全市基本形成集蔬菜种植、包装运销、储藏加工、出口市场为一体的蔬菜产业。

至2005年，全市蔬菜种植面积257万亩，其中设施栽培面积58.16万亩，总产量672万吨，其中，无公害蔬菜生产基地达150万亩，国家无公害农产品达到127个，A级绿色食品53个，有机食品33个。在2002～2005年农业部农产品质量安全例行监测中，青岛市蔬菜基地蔬菜合格率均达到95%以上。

主要栽培品种

改革开放后，青岛市各级蔬菜科研、技术推广部门从天津、江苏、云南、香港及日本、韩国、美国等地引进大批优良新品种，青岛地区栽培蔬菜种类不断增加。80年代后期，青岛市蔬菜生产在实现良种化基础上，开始引进和培育设施蔬菜专用品种，发展设施蔬菜栽培。

90年代中期，按照国内外市场需求变化，对地方传统蔬菜品种资源进行提纯复壮保护和有效利用，发展一批地方名特蔬菜产品，如胶州大白菜、马家沟芹菜、翘头青萝卜、移风大蒜、店埠大叶香菜、崂山叶儿三黄瓜、桃林架豆、蟠桃大姜等。中国加入WTO后，青岛市蔬菜生产以提高产品质量和单位面积产量为目标，引用优质、抗病、抗逆性强的栽培品种。其中越冬栽培品种在原有黄瓜、番茄、西葫芦等几种瓜果菜类基础上，增加到叶菜类、根菜类、芽菜类、食用菌类等百余种。

2000年，青岛市农业技术推广站实施《珍稀山野菜品种资源的产业化开发和利用》项目，通过有性与无性相结合的繁殖方式，以及露地与设施相结合的栽培方式，筛选出青岛本地资源崂山松菇、崂山参、崂山拳头菜、崂山云峰4个品种，进行驯化栽培示范获得成功，推动了野生蔬菜品种资源的开发利用。另外，蔬菜品种选育和引进取得成效。大白菜选育出春夏季栽培白菜品种，可以一年四季生产。甘蓝除了传统的结球甘蓝外，还引进抱子甘蓝和观赏性羽衣甘蓝。甜椒引进紫色、白色、橘黄色等彩色品种。芽苗蔬菜、微型黄瓜、萝卜、番茄、紫色花菜、散叶生菜等特种蔬菜大量供应市场。

至2005年，青岛市主要栽培蔬菜品种有：大白菜、小白菜、乌塌菜、薹菜、甘蓝、花椰菜、黄瓜、冬瓜、西瓜、南瓜、笋瓜、西葫芦、瓠瓜、菜瓜、苦瓜、丝瓜、甜瓜、佛手瓜、茄子、辣椒、甜椒、芸豆、豇豆、扁豆、豌豆、蚕豆、毛豆、四棱豆、萝卜、胡萝卜、根甜菜、牛蒡、芜菁、芜菁甘蓝、菠菜、莴苣、芹菜、叶甜菜、茼蒿、芫荽、茴香、芥菜、苋菜、蕹菜、木耳菜、黄秋葵、番茄、马兰头、荠菜、鱼腥草、紫背天葵、马铃薯、姜、芋、草石蚕、菊芋、韭菜、大葱、大蒜、圆葱、芦笋、香椿等17科271个品种和品系。

栽培方式

青岛地区蔬菜生产一直实行以春秋两季为主栽培制度。春菜集中收获6～7月和秋菜集中收获10～11月为蔬菜旺季；春季3～4月和夏秋8～9月为蔬菜淡季。随着设施栽培技术发展，蔬菜生产由传统方式向现代化方式转变，蔬菜品种愈加丰富多样，每年四季蔬菜上市愈加均衡。

露地栽培　青岛地区蔬菜以露地栽培为主，由于成本低，种植面积逐年增加。1991年前，种植面积一直在60万亩以内，1996年突破100万亩，2005年发展到257万亩。其间，露地栽培与其他简易设施栽培方式相配合，衍生出多种栽培形式，主要有春早熟栽培（前期保护，后期露地的半促成栽培方式）、秋延迟栽培（前期露地、后期保护的半促成栽培方式）、地面覆盖栽培（覆草等互根栽培方式）等。衍生栽培形式突破无霜期界限，延长蔬菜生长期和供应期，在生产中得到广泛应用和创新发展。

2005年，青岛市设施蔬菜栽培面积58.16万亩，主要栽培品种271个。图为胶州市露地栽培大白菜基地。

1978～2005年青岛市蔬菜栽培面积统计表

表7-7　　　　单位：万亩

年份	面积	年份	面积
1978	54.46	1992	67.7
1979	54.2	1993	78
1980	56.6	1994	82.3
1981	52.3	1995	98.4
1982	55.3	1996	101.3
1983	51.42	1997	112.4
1984	51.8	1998	129.4
1985	52.9	1999	190.4
1986	53.9	2000	243.1
1987	54.9	2001	233.7
1988	58.8	2002	241
1989	58.8	2003	244.2
1990	59.2	2004	266.7
1991	59	2005	257

说明：统计表数据来源于青岛市农业技术推广站。

设施栽培　70年代前，青岛地区设施蔬菜栽培主要以风障畦、冷床、温床为主，主要用于育苗和芹菜、韭菜、茼蒿等速生绿叶蔬菜冬季栽培。1973～1981年，随着塑料薄膜广泛应用，青岛市重点发展塑料大棚蔬菜生产。1976年春天，崂山县流亭公社组织18名村干部和17名技术人员到沈阳、哈尔滨、丹东等地参观学习，并引进塑料大拱棚建造技术，结合当地气候条件在仙家寨、红埠、西流亭、北后楼、南城阳、西果园等村建起35个塑料大棚，棚内栽培面积为18亩，当年蔬菜获得大丰收。同年，全市塑料大棚栽培面积已达380亩，1980年达到500亩。这一时期塑料大棚相对来说结构单一、栽培品种单一，利用率较低。通过不断改良，塑料拱圆大棚由单一的竹木结构发展为竹木、水泥件混合结构，钢管大棚等齐头并进模式，土温室逐步改造成为单坡面塑料大棚。1981年，全市各种塑料大棚达到700余亩，占全省塑料大棚总数三分之二。

1986～1987年，青岛市多次组织技术人员到辽宁省瓦房店参观冬季不加温栽培黄瓜的琴弦式日光温室。从1988年起，该项技术得到进一步完善和创新，栽培蔬菜品种扩大到番茄、茄子、西葫芦等喜温作物，解决了深冬季节不能生产茄果类和瓜类蔬菜的难题。1995年，青岛市农业技术推广站实施“冬暖式大棚蔬菜高效栽培综合配套新技术的研究与开发”项目，在该项目带动下，1998年全市设施蔬菜栽培总面积突破26.5万亩，其中日光温室和塑料大棚蔬菜面积达到10万亩，是1990年的5倍多。

1998年以后，随着农业科技示范园建设步伐加快，黄岛辛安、城阳郝家营、上马、即墨移风、平度南村、胶南王台相继引进钢骨架结构、菱镁骨架结构、镀锌钢管结构的日光温室和塑料大棚，并配套悬挂反光幕、滴灌技术、二氧化碳施肥技术。各地对高标准的日光温室还配备自动卷帘机和保温被，并相继进行夏季遮阴覆盖栽培，取得较好效果。从2000年开始，青岛市农业技术推广站针对日光温室在使用几年之后会出现结构不合理、环境调控性能差等诸多问题，组织实施“设施蔬菜栽培逆境控制综合技术研究与应用”项目，先后在全市20多个示范园区、示范基地开展设施采光、温度控制效果等试验，设计出适合青岛地区的棚室结构（前屋面角24°～26°，比原有屋面角大5°），对提高设施农业水平、促进蔬菜生产可持续发展发挥重要作用。

至2005年，全市日光温室蔬菜面积6.72万亩，塑料大棚面积17.16万亩，中小棚面积34.28万亩。

1996～2005年青岛市设施蔬菜栽培面积统计表

表7-8

单位：万亩

年份	面积			年份	面积		
	日光温室	塑料大棚	中小棚		日光温室	塑料大棚	中小棚
1996	1.29	3.22	9.39	2001	7.85	15.03	29.7
1997	3.03	6.08	11.45	2002	8.6	16.2	31.75
1998	3.54	6.63	16.36	2003	7.56	14.02	37.57
1999	4.48	9	14.85	2004	7.17	16.25	36.04
2000	6.75	13.78	29.49	2005	6.72	17.16	34.28

说明：统计表数据来源于青岛市农业技术推广站。

食用菌

青岛崂山地区群众自古就有采食野生食用菌习惯，当地出产的野生崂山松蘑深受人们喜爱。全市人工栽培食用菌始于70年代中期，当时以栽培凤尾菇为主。1979年，青岛市从福建引入压块式香菇栽培技术，1982年引入平菇栽培技术，1985年引进金针菇栽培技术，1988年又引进香菇椴木栽培技术。1990年开始种植双孢菇，栽培品种逐渐发展到平菇、香菇、金针菇、双孢菇、鸡腿菇、滑子菇、白灵菇、杏鲍菇、榆黄菇、姬菇、黑木耳、猴头菇、灰树花、灵芝、天麻等10余个食用和药用品种。由于香菇栽培技术要求较高，青岛地区栽培者较少。

1996年后，逐渐有福建、浙江菇农到青岛农村租赁土地或与当地村镇集体、农民合作开展香菇生产，香菇栽培方式也由早期压块、椴木栽培，改进为简易袋式栽培，促进香菇生产发展。此外，随着食用菌反季节栽培技术发展，市南、市北、四方、李沧、崂山等5区闲置人防工程内，也有食用菌栽培，主要品种为平菇、金针菇、鸡腿菇。

90年代后期，青岛市食用菌栽培较早地区逐步形成食用菌栽培集中区，当地菇农或集体成立相应食用菌生产经营合作机构或者技术指导组织。1997年，莱西东庄头村成立老年协会食用菌研究所，后又成立食用菌协会，开始食用菌组织化生产经营。2002年11月，青岛市优质农产品开发中心加挂青岛市食用菌工作站牌子。同年，市食用菌工作站确定胶南陆旺香菇生产基地、城阳红岛优质食用菌生产基地等。2003年，确定平度古岘、莱西东庄头为优质食用菌生产基地，加快食用菌生产专业化步伐。同年，市食用菌工作站引进优良食用菌菌种12大类22个品种在全市推广普及，是全市有组织有计划食用菌菌种引进规模最大一次。

至2005年，全市食用菌专业户达到3000余户，从业人数1万多人，食用菌种植面积约300万平方米，总产量13万吨，总产值4亿元。

第四节　果茶花卉

果品

青岛市果树栽培历史悠久，种质资源丰富。80年代初，全市开展新果园开发建设、名优新品种引进与选育、幼龄果园早期丰产栽培技术攻关和低产园开发等，至1982年，全市果园总面积达到17.3万亩。

1986年，崂山县投资30万元建设关爷脸杏生产基地，当年建成丰产示范园160亩，建优良苗圃50亩。至1987年，育出杏树苗10万株，发展优质关爷脸杏园600亩，其中丰产示范园110亩。1987年，由农牧渔业部批准立项，投资15万元，在崂山县新建寒露蜜桃园1500亩，其中高标准示范园110亩，优质苗圃50亩，技术管理示范园800亩。同时，嫁接利用崂山柰子苗5000株，建崂山柰子生产园50亩，繁育崂山柰子砧木苹果品种苗30亩。至1988年，全市果园面积达到88.8万亩，为1982年的5.13倍。

1991～1997年，全市果园总面积变化较小，果业生产以完成新品种更新换代、增进品质、提高效益为主要目标。1998年后，全市苹果、梨、桃和葡萄等主要树种向优势产区和生产基地集中，逐步形成特色鲜明的果树产地。苹果生产中原有国光、红星、金冠、青香蕉等老品种被红富士、乔纳金、元帅系短枝型等新品种所替代。酿酒葡萄、山楂等树种、品种被逐步淘汰。1999年，全市适当压缩苹果晚熟品种，新栽植嘎拉、藤牧一号等早熟品种。1987～1995年，青岛市先后参加全国农业博览会、山东省名优果品展评会5次，获得农业部和省级金奖13个、银奖7个、铜奖5个。1989～2001年，全市每两年举办一届青岛市名优果品展评（展示）会，评选出市级特优果品111项（次），名优果品421项（次）。

2001年，全市为适应国内外果品市场对食品安全卫生要求，加强无公害果品生产、生态果园基地建设和无公害、绿色食品和有机食品认证等工作。2002年，青岛市获得农业部果树苗木繁育基地建设立项，该项目主要承担果树新品种脱毒、繁育、示范及品种资源保存、检测工作。项目于2003年8月开工建设，2005年底建成。设有组培室、外植体供给车间、连栋大棚等育苗设施。拥有果树新品种示范园200亩、采穗圃40亩、母本园40亩、苗木繁育圃500亩，年出圃成品苗木300万株。

经长期选育和引种，至2005年，全市有仁果、核果、浆果3大类，11科、23属、近500个品种。2005年，全市果园面积达到100多万亩，果品总产量近100万吨。

苹果　苹果是青岛地区果树栽培主要树种。1979年，全市苹果面积19.3万亩，产量3.1万吨。主栽品种为小国光、金冠、红星、青香蕉、印度等品种。1982～1983年，苹果种植因果园更新、品种淘汰，种植面积一度减少。自1984年起，加快果园更新，当年新发展富士苹果5.5万亩，1987年达到21.1万亩，取代小国光、红星等老品种。其间，在果园耕作方式上，推广果园覆草和穴贮肥水技术，1987年全市果园覆草面积14.2万亩、穴贮肥水2.1万亩。1988年，全市在富士苹果面积持续增加的同时，引进推广新红星、阿兹威、乔纳金、新世界等品种。

苹果是青岛地区果树栽培的主要树种，2005年，全市苹果种植面积51.36万亩，产量52.52万吨。图为平度市旧店镇曲家埠村苹果丰收。

1994年，青岛市从日本和中国台湾引进苹果套袋生产技术，提高红富士果实外观质量，试验园优质果率由30%提高到60%以上。2001年，全市开始试验和推广生草技术，至2005年，全市果园累计种植三叶草面积达5.94万亩，苹果套袋数量达到23.8亿个。同年，全市苹果种植面积51.36万亩，产量52.52万吨。

梨　1979～1987年，青岛地区主要栽培中国梨，种植面积最大时达2.02万亩，其中茌梨、恩梨、大香水、长把梨占梨栽植面积的90%以上，主要集中在崂山、莱西。1990年，胶南、平度、莱西陆续从日本、韩国引进丰水、新高、新世纪、水晶等一批丰产、抗病、耐贮品种，中国梨栽植面积逐年减少。2005年，全市梨树种植面积6.33万亩，其中引进品种占80%以上。

桃　1979年，青岛地区主要栽培伏水蜜桃、五月红桃、六月鲜桃、金钩红桃、羊角蜜桃、小红桃、毛桃、肥城桃、上海水蜜桃等。1980年，崂山县选育的寒露蜜桃为优良晚熟品种，因其成熟期在“寒露”而得名。1990年，青岛市先后从国内外引进早露蟠、黄金蜜、大久保、仓方早生、川中岛等，以及早美光、五月火、艳光、早红珠等油桃系列品种。1997年10月，莱西市农业局引选特晚熟中华寿桃，通过山东省农作物品种审定委员会审定和命名。1998～2000年，中华寿桃发展较快，种植面积较大。该品种受冬季低温和倒春寒影响，宜在丘陵栽培。而在平地、洼地受冻、抽条现象较重，易造成毁园。1999年，城阳区选育中晚熟品种城阳大仙桃，于8月下旬成熟，生产中也有推广应用。胶州市胶北镇是著名水蜜桃产地，1976年，该镇北梁村引进栽植“上海水蜜桃”，经多年栽植、选优，逐步形成具有地方特色良种蜜桃，8月上中旬成熟，平均单果重250～300克，最大可达800克，含糖量高达17.1%，以其个大、味美、色艳、汁多、果肉细嫩、营养丰富而被誉为“蜜桃之冠”，深受消费者喜爱，在胶州广泛栽培，已形成地方品牌，1997年注册“北梁蜜桃”商标。以北梁村为中心，胶北全镇发展蜜桃基地1.5万亩，所产蜜桃远销中国香港、台湾等地，当地果农每年创收近亿元。每到仲春时节，该镇万亩桃花竞相开放，成为一片花的海洋。1995年，胶州市为发展城郊农业观光旅游业，借助“北梁蜜桃”这一名牌，以花为媒，在4月上旬桃花盛开时节，举办首届北梁桃花节。此后每年举办一届，其间每日到北梁观光游客超过万人。

2005年，全市桃树种植面积14.29万亩，产量13.09万吨。

葡萄　青岛地区葡萄产区主要集中于平度市大泽山、店子、门村、明村、马戈庄等镇，以及莱西、崂山、城阳部分地区。1995年，平度市大泽山镇被农业部命名为“中国葡萄之乡”，当地栽培葡萄品种主要是龙眼、玫瑰香、泽香、泽玉，以及70年代末引进巨峰等。1996～1999年，莱

青岛地区葡萄产区主要集中于平度、莱西、崂山等地，1995年，平度市大泽山镇被农业部命名为“中国葡萄之乡”。全镇拥有国内外优良品种200多个，优质葡萄园3万多亩，年产量5万多吨。

西、平度、胶南、胶州先后引进发展黑大粒、瑞必尔、红地球等红提、黑提葡萄，种植面积达6万亩。之后，相继引进美国无核系列葡萄八月皇家、克瑞森、火焰、奇妙，早红提系列品种京秀、京亚、矢富罗莎，以及乍娜、里扎马特、藤稔等，青岛地区葡萄栽培进入一个品种众多、快速发展时期。其中，平度大泽山镇葡萄栽培历史悠久，独特的自然条件使这里盛产的葡萄品质上乘，有“中国葡萄之乡”美誉。全镇拥有国内外优良品种200多个，优质葡萄园3万多亩，年产量达5万多吨。当家品种玫瑰香、泽香、红地球等多次在中国农业博览会上获奖。自1987年起，该镇每年8月下旬至9月间举办大泽山葡萄节，并逐步形成风格独特的以葡萄为媒介观赏风光、品尝葡萄、生态旅游、洽谈经贸大集会。

2005年，全市葡萄栽培面积18.3万亩，年产15.8万吨。其中酿造葡萄品种约占栽培总面积的50%。

樱桃　青岛市樱桃栽培有100多年历史，起初多是崂山、大泽山等山区农民利用房前屋后、地边沟崖等非耕地栽植。80年代初，进行果树普查，采集到18个果实品种，其中国内品种14个，包括大红樱桃（樱珠）、小红樱桃、樱黄等；国外品种4个。尖斜樱珠、尖嘴樱桃、圆果樱珠、短把樱桃和樱黄等果实的形、色、味尤佳。1992年，青岛市从国外引进大樱桃栽培，主要有大紫、那翁、红灯、早红、雷尼尔、先锋、拉宾斯及乌梅极早系列品种。崂山区北宅街道有近百年樱桃栽培历史，2005年有40多个品种、18万余株樱桃树，主要樱桃品种有大红樱桃、樱珠、樱黄、长把樱桃、短把樱桃；引进国内外品种主要有大樱珠、红灯、意大利早红、日本佐藤锦樱桃、乌克兰系列樱桃、拉宾斯樱桃。主要分布在大崂、毕家、东乌衣巷3个村的樱桃园。1996年，北宅大崂村举办首次樱桃节。此后，每年一度北宅樱桃节吸引着四面八方游客前来品尝樱桃，并且从单一品味樱桃发展到茶叶、山野菜、山鸡、槐花、农家宴，从最初民办公助发展到公司化运作，形成“吃农家饭、睡农家炕、下农家田”的“山里人家”系列活动。每户农民节日收入由几百元增长至几千元，有的高达上万元。2005年，中国地区开发促进会向崂山区北宅街道授予“中国樱桃之乡”荣誉牌。

2005年，全市樱桃种植1.2万亩，其中投产园6000亩，产区主要集中于城阳区、崂山区、平度市云山、麻兰以及莱西市北部乡镇。

茶叶

1979年，青岛地区茶园面积5208亩，种植的茶树品种均是从安徽、浙江等地引进的群体种。1993年引入鸠坑种，以后陆续引进黄山种、紫阳种、信阳种等有性系茶树良种，提高了全市茶园良种化水平。1999年后，青岛市先后从中国茶叶研究所、浙江农业大学、安徽农业大学等科研教学

青岛地区是江北名优绿茶产地。2005年，全市茶园面积7.8万余亩，年产茶叶1400余吨，产值1.65亿元。图为胶南市优质茶园。

单位引进龙井43、龙井长叶、浙农113、浙农139、迎霜、舒茶早、农抗早、皖农95、福鼎大白茶等36个国家级无性系茶树良种，进行无性系茶树栽培。鸠坑种、黄山种为适宜青岛市种植的有性系良种。

青岛地区茶园主要集中在崂山区沙子口、王哥庄、北宅，城阳区惜福镇、夏庄，即墨市鳌山卫、温泉、丰城，以及胶南市海青、张家楼、铁山等区域，形成崂山、胶南两大茶系。2000年后，黄岛、平度、胶州也先后进行茶园种植，青岛地区逐步成为独具特色的江北名优绿茶产地。2005年，全市茶园面积达7.8万余亩，其中投产茶园3.5万余亩，年产茶叶1400余吨，产值1.65亿元。全市有茶叶加工、流通企业100余家，拥有万里江、晓阳春、北崂、云雾、海青、碧雪春等一批知名品牌。

花卉

青岛地区花卉栽培历史久远，品种资源丰富，较为常见的花卉近400种。改革开放后，青岛市花卉业由自发性分散经营逐步向专业化、基地化、设施化方向发展，初步形成集体、私营、个体共同发展格局。主要栽培品种：传统品种有耐冬、梅花、茶花等；引进品种有蝴蝶兰、大花蕙兰、仙客来、玫瑰、菊花、康乃馨、杜鹃、贴梗海棠、仙人掌、金琥等名贵优良花卉品种及各种绿化、观赏花卉。其中，崂山区枯桃村有100多年花卉种植历史。1991年，成立枯桃花卉总公司，为山东省建委批准的7个省级花木公司之一。全村从散户养花逐步发展到以公司为龙头的经营模式，从事花卉养植业户达800多家，从事养花劳动力近3000人。2002年，投资2100余万元，占地1.4公顷，建设青岛枯桃花卉交易中心，并逐步形成集科研、中试、种植、观赏、交易、旅游、休闲等于一体的特色产业。2005年，该中心建成2万多平方米的连栋温室，500亩集种质资源保存、品种试验示范、观光旅游、科普实践为一体的圃场，实现由单一生产型企业向集中生产、科研、科技开发、培训与咨询服务综合型花卉产业区转变。

2005年，全市绿化花卉栽培总面积8.7万余亩，其中鲜切花及盆花保护地栽培面积1.33万余亩，露地栽培面积1.2万余亩，绿化苗木6.2万余亩，花卉总产值约9.7亿元。

第二章　技术推广

改革开放后，全市逐步建立健全市、县、乡配套的农业技术推广机构，这些服务组织成为实施科教兴农战略重要载体和农业科技成果转化主渠道。90年代中期，全市农业科技推广开始从单一政府主导型体系，转变为政府主导、社会各方面力量共同参与的多层次、多元化、多功能体系，市场机制在农业技术推广中的作用逐步加强。至2005年，全市县乡两级共设种植业农技推广机构137个，实有人员430人。

第一节　种植业技术

1979年，青岛市农业技术推广体系开始恢复建立，着重围绕土、肥、水、种子等技术环节，推广一些单项和常规生产技术，以及引进应用杂交玉米、杂交高粱等品种。当年全市作物良种覆盖率达到80%，复种指数达到146.3%，化肥利用率为25%～30%，在主要粮食作物中，小麦单产184公斤，玉米单产302公斤。

1980～1990年，青岛地区粮食生产主要在总结推广传统技术经验基础上，引进、推广、应用一些新生产技术，并开始由推广单项技术向综合技术发展，由推广常规技术向新技术发展。在发展农田基本建设，建设旱涝保收、高产稳产田同时，运用综合技术开发高产小麦、旱薄地小麦和吨粮田。根据不同产量水平，引进推广一批早、中熟高产优质适宜不同生产水平的作物新品种，特别是杂交玉米和杂交高粱品种推广迅速。同时，围绕着种植结构调整，开展耕作制度改革，积极推广粮食、粮油、粮棉、粮菜等间套复种技术。1987年，全市旱薄地小麦开发面积达105万亩，高产模式化栽培面积50万亩，地膜覆盖面积80.7万亩，配方施肥面积135.7万亩，病虫害综合防治面积279万亩，小麦、玉米、花生等主要作物良种覆盖率达95%以上，农作物复种指数达152.9%。

为促进农作物增产增收，农业科技人员将先进科学技术送到田间地头。图为农业科技人员利用科技直通车在田间培训农民。

1991～2000年，全市粮食生产在搞好常规农业技术推广基础上，努力提高单位土地产出能力，突出小麦旱地增产技术研究和小麦、玉米高产攻关田建设。围绕农业结构调整，引进推广一批高产优质高效农作物新品种。研究推广旱作栽培、节水灌溉、立体栽培等多项农业先进实用技术。1994年，全市实施“节水型广适性高产优质小麦品种筛选与开发”项目，筛选出小麦新品种莱农8834，研究总结出配套栽培技术，良种良法配套开发296.285万亩，平均亩增小麦41.1公斤，共增产小麦1.224亿公斤，增收1.19亿元。1995年实施“小麦节水高效灌溉模式的研究与开发”项目，根据小麦根系研究新理论，采取水、旱栽培技术“嫁接”，研究总结出在北方半湿润易旱区，足墒条件下，“冬水+挑旗水”或“拔节+灌浆水”高效灌溉模式，将传统以灌溉水为主改为吸收土壤水为主，比传统方式少浇2～3遍水，每亩节水100立方米，小麦产量不减。年推广面积100万亩以上，起到显著节水增效作用。1996年实施“小麦亩产650公斤高产技术研究与示范”项目，创出实打650公斤高产地块和大面积600公斤样板田，使小麦高产纪录提高了100公斤，3年开发亩产500公斤以上小麦155.6万亩，亩增产65.3公斤，共增产小麦1.02亿公斤，增效8874.34万元，带动水浇地小麦再上新水平。该项目于2000年获青岛市科技进步一等奖、山东省科技进步三等奖。1998年，全市粮食面积795.75万亩，单产436.07公斤，其中小麦面积387.79万亩，单产419.6公斤，创历史最高水平。

2000年后，青岛市引进一批高产、优质、高效农作物新品种，并配套栽培技术进行大面积推广应用。特别是围绕调整优化种植结构，大力推进黑小麦、特用玉米、优质花生、特色甘薯、特色杂粮、名优蔬菜等特色农作物产业化发展，促进出口创汇农业发展。2001年，实施“青岛312万亩优质小麦烟农15号配套栽培技术推广”项目，通过科学研究和产业化相结合，使烟农15号连续十多年保持开发规模，获得全国农牧渔业丰收二等奖。2002年，青岛市组织小麦精播、半精播高产栽培技术推广课题项目，共计推广459.6万亩，增产小麦20560.5万公斤，获得经济效益3.1亿元。2003年，通过实施“特色作物黑小麦无公害栽培及产业化开发”项目，首次引进并筛选出适合本市种植的两个黑小麦品种，研究制定无公害栽培技术，研发出黑小麦系列食品，并注册商标，打造特色食品品牌，形成以农技推广机构为依托，以协会为纽带，实现农业科研、生产、加工、销售多学科多部门联合，共同参与的农业产业化开发新模式。该项目共开发14.2万亩，增加经济效益5502.4万元。2004年，青岛市特色甘薯深加工技术研究与产业化开发项目，通过“企业+基地+农户”的订单农业模式，产业化开发特色甘薯20.8万亩，平均亩产鲜薯2887公斤，社会经济效益达1.3亿元，获得青岛市科技进步一等奖、山东省技术发明三等奖。至2005年，全市粮食播种面积748.95万亩，单产420.6公斤，比1979年增长84.75%；总产量达到329.16万吨，比1979年增长56.91%。

第二节　种子技术

小麦良种繁育体系

1979年，青岛市以小麦为主常规作物种子繁育仍沿袭60年代末期形成的以县良种场为核心、公社良种场为骨干、村科技队为基础的体系。1983年之后，公社良种场先后解体，大队科技队普遍消失，常规种子生产没有固定基地，又出现家家种田、户户留种局面，致使农作物品种多、乱、杂现象重新抬头，特别是小麦“三层楼”“五花头”现象随处可见。1984年，平度市小麦生产品种多达52个，其中面积在2万亩以上有21个。1986年，青岛市种子站和平度县种子公司针对作物品种多、乱、杂现象，联合平度蓼兰镇建立小麦良种繁育基地。蓼兰镇是当地闻名的小麦产区，早在1984年便进行鲁麦7号小麦良种高倍繁殖，至1987年，全镇实现良种化，并率先实施以村为单位统一耕地、统一播种、统一防病治虫、统一收割的小麦生产方式。80年代末至90年代初，全省地（市）、县种子部门和全国种子会议多次到该镇观摩，“小麦良种第一镇”美誉广为流传。1996年，全镇建立31个良种繁育村，繁种面积占总耕地50%以上，平均亩产超过500公斤，最高单产631.5公斤。2000年前，该镇每年向省内外销售500多万公斤良种。仅此一项，农民年增收200余万元。

2004年11月，青岛市实施建设高产优质高效粮食示范区建设，计划用3年时间，在全市建设100万亩高产优质高效粮食示范区。图为平度市蓼兰镇高产优质小麦良种生产示范方。

1994年，青岛市小麦种子基地达到18.1万亩，统一供种乡镇151个，供种面积达247.6万亩，占全市麦田总面积30.8%。1999年后，小麦种子以粮换种政策停止执行，小麦良种统一繁育供应也基本结束。

小麦良种推广

1979～1981年，青岛市在小麦良种推广上，高产田主要推广种植济南13、烟农15。中产田以山农辐63、鲁麦2号为主，搭配莱阳4671。低产田以昌乐5号、科红1号为主。

1982～1985年，由于连年干旱，抗旱能力强弱成为青岛地区小麦品种选择的主导因素。泰山1号和烟农78等抗旱性差的品种被逐步淘汰，而抗旱性强的济南13迅速成为高肥水地块主栽品种；中肥水地块以晋麦21代替了山农辐63；科红1号因具有较强抗旱耐瘠能力，在旱地种植面积迅速增加。1986～1989年，高肥水品种以鲁麦7号、烟农15为主；中肥水以鲁麦13、晋麦21为主；旱薄地以科红1号、秦麦3号为主。

1990～1994年，高肥水地块逐步以鲁麦14替代鲁麦7号。1994年，全市鲁麦14达119.5万亩，占当年麦田总面积402.8万亩的29.6%；中肥水地块以鲁麦17、2149替代晋麦21、鲁麦13；低肥水条件下开始推广抗旱性较强的莱农8834。

1995～1998年，高肥水地块以烟农15、烟辐188为主，搭配种植84139；中肥水地块以鲁麦21为主。鉴于该品种适应性广，其在低肥水条件下亦可种植，另搭配种植烟D27等。

1999年，随着粮食优质优价政策出台，全市掀起推广种植优质专用小麦良种高潮。先后引进推广品种有莱州95021、烟农19、济南17、烟2801、济麦19等。逐步形成高肥水条件以济南17、烟农15、烟2801、济麦19为主；中肥水地块以鲁麦21、935031、烟农19为主；低肥水主要种植鲁麦21、烟农21。其中鲁麦21每年推广面积在80万亩左右。

自2004年起，由于倒春寒和病虫害发生加剧，要求品种具备抗逆性强、稳产、丰产、优质等特性。青岛地区主要推广种植品种有济麦20、烟农19、烟农23、烟农24，搭配种植鲁麦21、烟农21、济麦19、烟农15等。2004年，济麦20推广面积达到84万亩，取代鲁麦21，成为全市推广面积最大小麦品种。

至2005年，青岛市开始在百万亩粮食示范区实施小麦良种补贴政策，加快高产优质小麦新品种推广。全市高肥水地块以烟农15、烟农24为主；中肥水地块以济麦20、烟农19为主；旱地以鲁麦21为主。当年，全市小麦良种覆盖率达98%。

1979～2001年青岛市重点推广的小麦品种一览表

表7-9

品种名称	选育单位	引入年份	特征特性
泰山1号	泰安市农科所	1971	白粒，穗大，粒大，粒多。适应性广，丰产性好，抗倒伏，抗条锈。缺点是口松易落粒，种子休眠期短。1979年前后，全市每年种植面积均超过100万亩
济南13	山东省农科院	1977	幼苗半匍匐，叶细长，秆偏高，穗呈纺锤形，顶芒长，白壳，白粒，籽粒大，品质中等。耐肥水，抗倒伏，分蘖强，抗条锈和白粉病，落黄性好。缺点是种子休眠期短，成熟偏晚
科红1号	中国农科院	1979	长芒，白壳，白粒，主高1～1.1米，根系发达，抗旱耐瘠。抗条锈、秆锈。但易感叶锈和白粉病。不抗倒伏。1984年前后，全市每年种植面积80万亩以上
烟农15	烟台农科所	1981	叶色深绿，叶片上冲，分蘖力强，成穗率高，丰产性好，千粒重30克左右。喜大水大肥，有千斤不倒之美誉。缺点是后期旗叶尖易干枯。系全市建国以后推广时间最长的一个品种

续表7-9

品种名称	选育单位	引入年份	特征特性
鲁麦21	烟台市农科院	1992	分蘖成穗率较高，抗寒性较强，抗条锈、叶锈、白粉病。是青岛市进入90年代后，唯一引入推广种植面积超过80万亩的品种
济麦20	山东省农科院	2001	长芒，白壳，白粒，籽粒饱满度好，硬质。分蘖力强，成穗率高。抗倒伏性中等。中感条锈病，高抗叶锈病，感白粉病。2004年全市种植面积超过80万亩

玉米杂交种繁育和推广

1979～1987年，青岛市实行全省统一推行的“省提、地繁、县制”繁育模式，每年由省种子公司提纯复壮自交系，供地市种子站（公司）统一繁殖，最后由县负责组织制种并供应生产。1988年，全市玉米杂交种繁育自成体系，形成“市繁、县制、县供”格局。1994年国家取消价格双轨制，对繁育制种田取消政策性补贴。至此，青岛地区玉米杂交种繁育由各市区自行安排。

在玉米良种推广上，1979～1984年，青岛市玉米生产先以推广平展型品种丹玉6号、单交36为主；后以推广紧凑型品种烟单14、掖单2号为主。其中，烟单14、掖单2号既可春播、套播，也可夏播。1985～1995年，全市除继续种植掖单2号外，又推广掖单13、掖单20、西玉3号。掖单2号是青岛市推广利用时间最长的一个杂交种，2003年仍有一定种植。1996～1999年，全市主要推广掖单22、鲁单50。种植这两个品种，较好解决了因叶斑病和锈病造成的严重减产问题。但鲁单50品质稍差，增产潜力有限。

2000年后，全市玉米种植品种主要有平展型、高秆、大穗的农大108、鲁单981、登海9号、登海11号和紧凑型的郑单958。

1979～2002年青岛市引入推广的主要玉米品种一览表

表7-10

品种名称	育成单位	引入年份	特征特性
烟单14	烟台市农科院	1979	中高秆，中熟单交种，春播生育期120天，夏播98天。株型紧凑，叶片上冲，抗大小斑病，抗倒伏，抗旱性强，适应性广。粒浅黄色，品质中等。1984年前后，全市年种植面积达100万亩以上
掖单2号	莱州市农科院	1980	又名鲁玉2号，紧凑型，高秆，大穗，中晚熟单交种。春播生育期125天，夏播100天。叶片上冲，抗大小斑病。果穗筒型，籽粒花白，半马齿型，适应性广，增产潜力大。缺点是抗倒伏差。1994年全市种植面积占总面积273.25万亩的47.8％
掖单13	莱州市农科院	1988	晚熟，中秆，大穗，紧凑型单交种。春播生育期128天，夏播110天。根系发达，抗倒伏，抗大小斑病，活秆成熟。果穗筒型，籽粒黄色，长马齿型。缺点是生育后期穗及上部叶易遭蚜虫危害

续表7-10

品种名称	育成单位	引入年份	特征特性
鲁单50	山东省农科院	1997	早熟，中秆，紧凑型单交种。茎秆坚硬抗倒伏，果穗大而整齐，抗病性强，活秆成熟。是青岛市进入90年代后引入推广种植面积最多的一个品种
农大108	中国农大	1999	春播生育期125天，夏播105天，叶宽直，叶色浓绿，属晚熟、高秆半紧凑单交种。籽粒浅黄色，质地半硬，品质较好。茎秆坚韧，抗倒伏，抗病，抗旱
登海9号	莱州市农科院	1999	晚熟，高秆，半紧凑单交种。夏播生育期105天，果穗筒型，抗倒伏，活秆成熟。缺点是不抗粗缩病
郑单958	河南省农科院	2000	中秆，中熟，紧凑型单交种。春播生育期120天，夏播95天。叶片窄而上冲。根系发达，穗筒型，粒黄色。抗斑病、黑粉病、花叶病。抗倒耐瘠
登海11号	莱州市农科院	2002	高秆，晚熟，半紧凑单交种。夏播生育期108天。穗筒型，紫轴，穗大粒多，茎秆粗壮。抗病，抗倒伏，活秆成熟，适于高肥水地块种植

其他农作物良种繁育和推广

地瓜　1979年，全市地瓜良种普遍由生产队自育自用，或自行交换。1990年前后，由各区市和乡镇联合实行种子田、浸种池、大屋窖、育苗坑四配套，统一组织繁种（苗）供种（苗）。1979～1990年，推广的地瓜良种主要有丰收白、青农2号、青农11号、青农12号、烟薯3号、徐薯18等。自90年代后期，全市推广种植脱毒地瓜，并示范种植由日本引入的紫色地瓜，但种植面积较少。

棉花　青岛地区棉花生产集中在平度。1979年，平度县棉种繁育便自成体系，即以当地良棉保种厂为龙头，实行产、供、销一条龙，进行棉花统一供种。一般每3～4年更换一次。80年代，青岛市棉花生产主要推广鲁抗1号，搭配种植的有协作1号、86-1等品种。1990～1995年，主推中棉新12号。90年代末期，平度市棉花种植面积大幅度减少，导致良种繁育体系自行消失。90年代中后期，由于棉铃虫危害严重，引进推广抗虫性较强新棉33B。2005年，全市棉花种植面积5.7万亩，其中新棉33B2万亩、99B1.6万亩。

大豆　1979年，青岛地区大豆生产主要推广种植向阳1号、东解1号、齐黄1号品种。1982～1994年，以鲁豆4号和丰收黄为主。1995年后，除继续种植鲁豆4号外，又以鲁豆11和鲁豆13逐步更换其他品种。至2005年，鲁豆11号为主栽品种。

花生　80年代初，随着地膜覆盖技术推广，具有较大增产潜力的大花生种植在青岛地区迅速扩大，特别是海花1号引入推广，使花生产量显著提高，至1985年，全市出现一批地膜覆盖花生大面积亩产超过500公斤的高产典型。1986年后，市种子部门根据大花生外贸出口需求，引进推广鲁花9号、鲁花10号和8130等品种。1993年后，在继续推广出口型品种同时，又推广鲁花11号和鲁花14号等。至2005年，全市推广且大面积种植品种主要有花育16号、花育17号、丰花1号、潍花6号、潍花8号、花育22号等。

第三节　蔬菜技术

蔬菜育苗

1979年，青岛市在蔬菜生产中研究推广电热温床育苗和初级工厂化育苗技术。80年代中后期，随着设施越冬茬黄瓜栽培发展，黄瓜嫁接育苗技术迅速普及，同时该项技术还逐步应用于番茄、茄子、西瓜、甜瓜等多种蔬菜作物。90年代以后，即墨移风店、城阳夏庄、胶南王台、莱西店埠等地引进应用蔬菜工厂化育苗技术，并逐步向广大菜农提供各种商品菜苗，到2005年，形成年供应种苗8000万株生产能力。随着秋冬季蔬菜生产发展，夏秋季育苗逐步推广应用遮阳网覆盖育苗技术。

地膜覆盖

1978年，农业部从日本引进地膜覆盖技术，在蔬菜作物上安排试验，收到很好的早熟、增产、增收效果。1980年，在崂山县开始进行小面积试验示范。1981年扩大试验，当年购进地膜1万公斤，用于黄瓜、番茄、甘蓝、甜椒、茄子、马铃薯等19种蔬菜，覆盖面积320亩。1982年进入大面积示范。到90年代，地膜覆盖栽培成为一项常规技术在青岛蔬菜生产中广泛使用，1992年地膜覆盖蔬菜增至10万亩。地膜种类主要有高压低密度聚乙烯地膜、低压高密度聚乙烯地膜、黑色膜、银灰色膜（防蚜膜）、光降解膜、液态地膜等。地膜覆盖栽培方式主要有高畦覆盖栽培、平畦覆盖栽培、双膜覆盖栽培等。至2005年，全市地膜覆盖蔬菜达到120万亩。

立体种植

立体种植是一种充分利用时间、空间等条件来实现优质、高产的农业种植模式。80年代以后，全市各地积极发展丰富多样的农作物间套复种。1988年，青岛市农业技术推广站在总结各地种植模式的基础上，总结出小麦—玉米—黄瓜、西瓜—芸豆—玉米、大蒜—西瓜—玉米、小麦—圆葱—玉米、小麦—玉米—大白菜、西瓜—花生—玉米—豆角、春玉米—马铃薯—大白菜、小麦—大蒜、小麦—生姜、花生—西瓜、春马铃薯—夏白菜—秋马铃薯等20多种立体种植模式，并得到大面积应用，取得较高经济效益。90年代后，随着塑料薄膜使用和设施栽培面积扩大，立体种植模式进一步丰富，栽培时间春提早和秋延迟一个月左右，部分菜农还利用温室后墙种植芸豆、豆角等作物。2005年，胶州市胶西镇实施春马铃薯—夏白菜—秋马铃薯种植模式，早春马铃薯平均亩产量1700公斤，夏大白菜平均亩产量3000公斤，秋延迟马铃薯平均亩产量1300公斤。该立体种植模式每亩年经济效益累计12800元，扣除每亩成本3200元，年亩纯收入9600元。

无公害栽培

2002年，按照农业部有关部署，青岛市开始推行蔬菜无公害生产，先后制定出蔬菜无公害生产地方标准（DB3702）20多项，主要有《无公害菠菜生产技术规程》《无公害豇豆生产技术规程》《无公害苦瓜生产技术规程》《无公害芹菜生产技术规程》《无公害厚皮甜瓜生产技术规程》《无公害大白菜生产技术规程》《无公害韭菜生产技术规程》《无公害蕹菜生产技术规程》《无公害茄子生产技术规程》等。2003年，青岛市农业技术推广站受农业部委托，起草《无公害食品大蒜生产技术规程》，并通过农业部组织蔬菜科研、教学、生产和检验等领域专家审定，2004年1月农业部作为行业标准在全国颁布实施。至2005年，青岛市共实施20项蔬菜无公害生产地方标准，全市无公害蔬菜种植面积达到120多万亩。

第四节　果业技术

良种引进与选育

青岛市果品良种引进与选育工作主要由原青岛市农科所承担。至1979年，该所利用人工杂交技术培育出青冠、青丰、青旭、秋红、秋祝5个优良品种。80年代初青岛市果树工作站设立后，全市果品良种引进和繁育工作进展加快。1979～1986年，市农科所进行早熟桃优良品种引进、选育和推广，先后引进早香玉、早生水蜜、红甘露等26个品种。自1989年起，青岛市果树工作站先后从荷兰、日本、美国、乌克兰等引进苹果、梨、桃、李、油桃、樱桃新品种58个，苹果、樱桃等砧木品种8个。其中，苹果中的富士、新世界、乔纳金、松本锦、名月，梨中的丰水、新世纪、水晶等优良品种成为青岛地区果品生产主导品种。经过长期研究和实践，全市选育出一些地方名优品种，并在生产中大面积推广应用。如平度选育的粒玫瑰香葡萄，崂山选育的五龙红苹果、寒露蜜桃和崂山红杏，城阳选育的城阳大仙桃，莱西选育的中华寿桃等。

1979～2005年，青岛市累计从国内外引进果树新品种（品系）200多个。2005年，全市栽植果树良种覆盖率达到95%以上。

设施栽培

80年代中期，崂山夏庄、惜福镇一带利用小拱棚、塑料大棚和简易温室栽植草莓。1990年11月，青岛市草莓研修组从日本山口县下关市引进丰香草莓后，进行草莓低休眠处理、周年栽培技术试验研究，1994年获得成功。在崂山夏庄、惜福镇和平度蓼兰等主要草莓生产基地推广丰香、宝交早生、戈雷拉等品种，将草莓上市供应期由原先4月上中旬，提早到12月初。利用冬暖棚、春暖大棚与中小拱棚配套保护设施生产，实现草莓自12月初至9月周年生产。

1995年4月，莱西市孙受镇西周村村民张德海在0.47亩由蔬菜棚改造而成节能型日光温室栽植的早美光油桃，于1996年4月中旬鲜果采收上市，产油桃264公斤，实现当年投产、当年见效。1996年，莱西市院里镇岘沽村采取长留枝蔓和极重截结果蔓（采收后）等修剪方式培育结果母枝方法，较好解决棚内巨峰葡萄不能连年结果技术难题，在葡萄连年丰产技术配套方面达到国内领先水平。

1997～2000年，青岛市农技人员总结果农经验，对草莓、葡萄、油桃等进行设施栽培技术研究和示范，充分利用冬春光热资源和冬闲劳动力，采用各种节能型日光温室、春暖塑料大棚、中小拱棚等简易设施，先后解决葡萄连年丰产、草莓周年上市、人工打破休眠、CO_2气肥施肥、起垄栽植、预备苗制度等技术。

2005年，全市果树设施栽培面积3.56万亩（其中草莓2.09万亩、葡萄5000亩、大樱桃3600亩、桃3000亩、油桃2000亩、杏1000亩、小樱桃100亩），设施果品产量3.84万吨（其中草莓2.09万吨、葡萄7000吨、大樱桃2900吨、桃4000吨、油桃3000吨、杏500吨、小樱桃100吨），果品上市供应期提前30～80天。设施栽培果树每亩平均收入4800元，其中大樱桃示范园亩纯收益超过3万元。

果品基地建设

1985年，青岛市建立由农牧渔业部立项果品生产基地，包括优质果品育苗基地、优质果品生产基地和名特优项目等3大类共4个项目，总投资315.6万元。其中在平度、胶南建立育苗基地，在平度洪山园艺场建立优质果品基地。此后，发展平度大泽山名优葡萄基地和崂山寒露蜜桃、城阳大仙桃、莱西中华寿桃等基地，全市果树产业初步形成“因地制宜、特色鲜明”生产格局。

1988～1991年，青岛市以10万亩中低产园开发、5万亩幼树早期丰产综合技术开发和3万亩高产模式化栽培开发为中心，推行果园标准化、规范化管理，提高果园管理水平，在全市建立样板园1000个，其中省级样板园416个、市级样板园584个，带动果园综合管理水平提高。

2001年，在全国苹果优势区域规划中，平度、莱西、胶南和胶州被确定为环渤海湾苹果优势区域示范基地县（市）。青岛市分别于2000年、2002年举办两届名优果品示范园评比，共评出117个示范园。2003年，青岛市举办首届果业“强村、强镇、强企”评比活动，评出平度大泽山镇、莱西马连庄镇、胶南张家楼镇、胶州胶北镇等11个果业强镇，平度旧店镇赤土岘村、店子镇南盛家村、莱西孙受镇蒲湾泊村、胶南张家楼镇大泮村60个果业强村，以及东泰（青岛）农产品有限公司、青岛三丰果品贮运有限公司等4个果业强企。2003年后，全市未安排新的果品基地建设项目。

第三章　土壤与肥料

青岛市自然条件较好，土壤资源类型多，从滨海低地到山地顶部，共分布着棕壤、褐土、砂姜黑土、潮土、盐土、水稻土、山地草甸型土、风沙土8个土壤类型。1980年12月，青岛市土壤肥料工作站成立，主要进行肥料指标申报与肥料发放、指导实施配方施肥等。90年代后，开展新型肥料试验示范推广、测土配方施肥，实施以培肥地力为主要内容的耕地质量建设，以及强化肥料市场管理等项工作。

第一节　土壤普查

1979年8月，青岛市组织开展第二次土壤普查工作。同年8月至12月，进行土壤普查试点。1980年3月至1983年6月，各县（市、区）全面开展普查和汇总。至1986年8月，全市第二次土壤普查工作全面结束。全市共挖主要剖面19193个（其中耕地每个剖面控制面积为496亩，山地控制面积为3364亩），采农化样点10740个（每点控制面积为843亩），水样472个，共计化学分析15.036万项次，物理分析6320项次。《青岛市土壤》是本次全市土壤普查汇总的重要成果之一。经普查确认，青岛市土地总面积为1665.4万亩，可利用的土壤面积为1238.3万亩，占土地总面积74.35%，耕地面积853.5万亩。

2000年，青岛市土壤肥料工作站新增土壤监测工作，全市设置22个土壤监测点，同时农业部在青岛设立两个定位监测点。2005年，组织开展土壤肥力长期定位监测取样、化验工作，全年共取土样232个。测土配方施肥技术方面，全市测定土壤2800项（次），发放施肥卡（“明白纸”）4.8万余张，受到广大农民欢迎。

第二节　肥料施用

长期以来，农家肥一直是青岛地区主要农田肥料。自80年代起，化肥被大量施用，农家肥逐步减少。90年代后，复混肥料成为青岛地区主要农肥，叶面肥、海藻肥、优质有机肥料等新型肥料得到推广。

农家肥

青岛农村地区农家肥种类很多，主要有人粪尿、圈肥、土杂肥、草木灰、堆沤肥等。1978年前，各种农家肥是农田主要施用肥料，各地每年发动群众大搞积肥活动，大量土杂肥用于农田。80年代后，由于化肥用量越来越大，一些农家肥料如土杂肥、草木灰等施用减少。沼气肥、秸秆肥等新类有机肥料应用有所发展。90年代后期，全市平均每年秸秆还田面积500万亩以上。秸秆还田方式有小麦高留茬、麦糠麦秧覆盖还田、堆沤还田、玉米秸秆粉碎翻压还田和过腹还田等。

90年代后期，青岛市逐渐应用商品有机肥料，该种肥料是利用畜禽粪便、动植物残体等富含有机质的副产品资源为主要原料，通过发酵腐熟制成，主要应用于经济效益较高的蔬菜、瓜果、花卉、烟草等作物。

化学肥料

青岛农村应用的化学肥料主要包括氮肥、磷肥、钾肥、复合肥、复混肥料、微肥等。80年代后，全市农田化肥施用量不断增加，且不断更替变化。

碳酸氢铵　俗称碳铵。70年代初青岛市开始施用，80年代成为用量最大、使用最普遍的一种氮肥。90年代后，碳酸氢铵逐渐被尿素替代。

过磷酸钙　70年代全市大量施用，80年代后期用量渐少，农田所需磷肥主要由磷酸二铵和复合肥提供。

磷酸二铵　80年代初全市开始施用，肥效显著。90年代中期用量最大，以后逐渐减少。

复混肥料　是由氮肥、磷肥和钾肥按照不同比例掺混或机械造粒而成的二元或三元复混肥料，其养分全，针对性强，使用方便，肥效高，很受农民欢迎，70年代全市开始施用。主要有复混肥料、掺混肥（BB肥）等品种。80年代后，为全市主导性农田肥料。

新型肥料　主要有叶面肥料、海藻肥料、缓释肥料、中量元素肥料和磁化肥等。青岛部分地区自80年代中后期开始使用叶面肥料，90年代后使用渐广。海藻肥主要原料为海洋褐藻，是一种科技含量高、天然、有机、无毒、高效的新型肥料。1995年，青岛市开始生产应用海藻肥。至2005年，全市有海藻肥生产企业7家，产量位居全国前列。

第四章　农作物保护

青岛地区农作物常受病虫害、杂草、鼠害，以病虫害影响最大。传统病虫害防治方法有人工捕打、拔除病株、挖沟埋杀、用砷石（砒霜）拌种，以及采取轮作换茬、选种、换种等措施。70年代农药被广泛应用。改革开放后，青岛市加强农作物病、虫、草、鼠的发生测报和防治工作，推广除草剂消灭田间杂草，投饵防治田间鼠害，加强植物检疫，促进农作物增产增收。

第一节　病虫害防治

病虫害测报

1979年，青岛市根据自然区划和作物布局，对主要作物病虫建立20个测报基点，进行中、长期预报，准确率均达90%以上。1980年，青岛市植物保护工作站在胶县洋河公社冷家村大队成立病虫测报组。1981年，在胶县良种场等地设立专业测报点，固定专人进行病虫测报，同时使用“山东省病虫测报电码模式”传递病虫信息。当时测报对象共70种，作物有小麦、玉米、高粱、水稻、地瓜、大豆、花生。1985年，测报作物由粮、棉、油扩大到果树、蔬菜、瓜类等作物。

1990年后，开始采用简化多层次Fuzzy综合分析预报，在5个专业测报点配备AST386微机。1997年，市植保站实现微机联网，至1998年全市有测报点18个。同年，在胶州成立全国农作物病虫测报区域站，承担全国及省农作物病虫测报任务。2001年乡镇机构改革后，由于人员和资金短缺，全市测报点下降至6个。2003年，青岛市植保工作启动“农作物病虫测报网络工程建设”项目。至2005年，全市共建系统观测点10个，测报对象共有134种，其中粮食作物75种、果树24种、蔬菜35种。通过使用测报灯、诱蛾器对成虫进行诱测及定期田间调查与观测，每年发布病虫信息100期左右。

青岛市常年气候温暖湿润，作物种类繁多，种植结构复杂，各类病虫害常年发生面积达3000万亩次左右。

青岛市主要作物病虫害优势种类一览表

表7-11

作物名称	优势种类
小麦	白粉病、全蚀病、锈病、纹枯病、麦蚜、黏虫、红蜘蛛等
玉米	玉米叶斑病、玉米粗缩病、玉米螟、二代黏虫、棉铃虫、蓟马等
甘薯	甘薯天蛾、甘薯麦蛾、黑斑病、甘薯紫纹羽病等
棉花	棉铃虫、棉蚜、红蜘蛛、立枯病、角斑病、炭疽病、枯萎病等
大豆	豆荚螟、蛴螬、棉铃虫、豆天蛾、大豆蚜、大豆孢囊线虫病等
花生	花生叶斑病、花生根结线虫、花生枯萎病、蛴螬、花生蚜、棉铃虫、蓟马等
蔬菜	菜青虫、蚜虫、地老虎、根蛆、蓟马、红蜘蛛、夜蛾类害虫、小菜蛾、霜霉病、病毒病、炭疽病、灰霉病、软腐病、枯萎病、根结线虫病等
果树	食心虫类、蚜虫、叶螨、叶斑病、苹果轮纹病、苹果腐病、葡萄霜霉病、葡萄白腐病等

青岛市农作物病虫害发生严重年份一览表

表7-12

病虫名称	流行年份
小麦白粉病	1981年、1985年、1990年、1991年
小麦蚜虫	1980年、1988年、1989年、1990年、1992年、1993年、1994年、1995年、1996年、1998年、2000年
小麦红蜘蛛	1984年、1985年、1986年、1988年、1989年、1990年、1991年、1992年、1994年
棉铃虫	1982年、1984年、1988年、1992年、1993年、1994年、1995年、1997年、1998年、1999年、2000年
黏　虫	1980年、1981年、1984年、1986年、1988年（玉米田、高粱田）、1989年（谷田）、1998年
蛴　螬	1981年、1984年、1985年（花生）、1989年（花生）、1990年（花生）
花生叶斑病	1985年、1991年、1994年、1999年、2002年
棉　蚜	1985年、1992年、1993年、1994年、1995年、1997年、1998年、1999年
玉米螟	1982年、1984年、1994年

说明：流行指某种病当年发生程度超过4级，发生面积超过种植作物的50%。

防治措施

80年代，青岛市在病虫害综合防治中，采取选用抗病品种、改进耕作制度、种植忌避植物等，以防避病虫害。同时淘汰高残留有机氯农药和大幅度减少1605、1059等广谱性剧毒品种农药，推广高效低毒的菊酯类农药等，以提高防治效果和减少农药对环境的污染。1984～1986年，全市累计综合防治面积达345.35万亩。2000年后，随着无公害病虫防治技术推广，生物农药用量不断增加。2005年，全市农药销售有效含量2833.75吨。

小麦全蚀病　1979年，全市小麦全蚀病发病面积55万亩，一般减产10%左右，重病区减产30%左右。1980年，黄岛区辛安公社3000多亩小麦普遍发病，当年减产20万公斤。此后，全市小麦全蚀病发病面积逐年增加，至1985年达到发病高峰。1986年后，由于大面积推广覆膜花生与小麦轮作，增施有机肥、磷钾肥及粉锈宁拌种等防治措施，加之小麦全蚀病病菌的自然消退作用，发病面积下降，病株率下降到10%左右。1990～2005年，此病演变为次要病害，仅零星查到。

小麦锈病　小麦锈病包括秆锈、条锈、叶锈3种，每种锈病又有不同生理小种。1979年前后，青岛地区发生小麦条锈病主要是条中17号。1983年前后发生有条中23号、条中24号和条中25号。1986年鉴定叶锈生理小种有叶中1号、叶中2号、叶中3号等。1991年后，条中31号和条中32号发生逐年上升。1999～2005年，青岛市小麦条锈病仅零星发生。

麦蚜　青岛地区小麦麦蚜病害有麦二叉蚜、麦长管蚜和禾谷缢管蚜三种，造成危害主要是麦长管蚜。1979年后，全市示范推广综合防治。防治用药主要有乐果乳剂、氧化乐果、久效磷、辟蚜雾等。

黏虫　黏虫一年三代，一代为害小麦，二、三代为害玉米、谷子和高粱。1979～1987年，青岛市几乎连年大发生。1989年，全市监测二代黏虫蛾蜂，日单灯诱蛾量最高达325头，个别地块每平方米有幼虫170头。1990年后，全市很少大面积发生。

玉米粗缩病　该病以灰飞虱为传毒介体的病毒病，发病严重植株不抽穗。1993～1995年，青岛市玉米粗缩病仅零星发生。1996～1998年，全市共发生53.8万亩，其中造成1万余亩绝产，经济损失达4000余万元。1999～2003年零星发生。2004年，该病在即墨岙山、田横和胶南琅琊、张家楼等镇发生较重。2005年，全市有5.6万亩春玉米发病，其中病株率达50%以上地块0.61万亩，个别严重地块病株率达85%以上，基本造成绝产。

花生叶斑病　80年代初，青岛地区花生重茬地发生花生叶斑病比较严重，一般因病减产10%～30%，严重的达50%以上。1982年，

青岛市农业科技人员对玉米病虫害进行现场检测

为防治此病害在胶南县做试验，对病害农田喷施步波尔多液，喷一遍可增产皮果15.2%，鲜蔓增产5%；喷二遍可增皮果19.4%，鲜蔓增产32%；喷三遍可增产皮果24.2%，鲜蔓增产32.2%。2005年，全市花生叶斑病中等发生，计119.43万亩。

花生根结线虫病　该病苗期显病，棵小叶黄不长，群众称“地黄病”。寄主植物除花生外，还为害豆类、瓜类、油菜、萝卜、菠菜、小白菜、马铃薯、芋头、甘薯、刺槐、棉槐、野茄、苦菜、蒲公英等。1985年调查，全市发病面积12万亩以上。1985～1988年，市植保站先后试验并推广应用铁灭克（涕灭威）、呋喃丹、克线磷、益寿宝等药剂进行防治，有较好效果。同时采取轮作换茬、深耕改土、增施有机肥料等措施，对减轻发病程度有较好作用。2005年，全市花生根结线虫病中等偏轻发生，计15万亩。

蛴螬　70年代，青岛市对蛴螬防治实行花生与其他作物3年以上轮作、人工跟犁拾虫，推广黑光灯诱杀成虫，采取播种期施毒饵等措施。1980年后，在查清虫种基础上，根据其发生规律进一步采取综合防治。成虫出土期，喷布乐果粉或乙六粉药杀；幼虫期根据虫种，播种时用812、呋喃丹等药土盖种，或用甲基异柳磷、812、辛硫磷拌种；花生生长期于6月底、7月上旬用甲基异柳磷、辛硫磷药液灌墩，或812毒土撒墩。1982～1985年，青岛市对蛴螬种类进行两次普查。经对8900头鉴定，共有21种，其中大黑、暗黑、拟毛黄三种金龟甲分布广、密度大、为害重，占鉴定总头数的93%。一般情况下，多种蛴螬混合发生，但因生态条件各异，其种群数量比例差别较大。1990年后，连年防治，该虫发生程度有所下降。

蝗虫　青岛地区发生主要蝗虫种类有：笨蝗、车蝗、中华蚱蜢、稻蝗、皇脊蝗、黑白蝗、大垫尖翅蝗、腹蝗、疣蝗、意大利蝗、大青蝗、蔗蝗、大车蝗、小车蝗、花茎绿纹蝗。

1991～2001年青岛地区蝗虫发生情况表

表7-13

年份	1991	1992	1993	1994	1995	1996	1997	1998	1999	2000	2001
面积（万亩）	11	51.2	8.2	18	11	27.3	22.5	27.06	37.9	7.75	6.73
发生程度	中等偏轻	中等偏轻	小发生	中等发生	中等偏轻	中等偏轻	中等偏轻	中等偏轻	中等偏轻	中等偏轻	中等偏轻

农药管理

1994年2月，农业部投资建设青岛市农药检定所，挂靠在青岛市植物保护站，承担青岛市农药质量管理、安全管理、农药残留测定和药效药害鉴定等项工作。同年底，建成实验室，配备气相色谱仪、光电天平及一些配套设备，进行农药质量监管。1994～1997年，全市农药管理工作主要是农业部门与工商局联合进行检查。1997年，《中华人民共和国农药管理条例》颁布，明确农业主管部门为农药管理执法主体，青岛市农药检定所承担农药管理行政执法具体工作。1998年8月，市农药检定所加挂青岛市农药监督管理站牌子，业务受山东省农药检定所指导，主要负责市内农药质量、安全管理、农药登记、残留试验测定、药效药害评价鉴定和农药监督管理工作。此后，市农药检定所每年在春秋两季用药高峰期，组织对农药市场进行集中整治，查处不法经营行为。

第二节　农田杂草防治

70年代末，青岛地区普遍用捕草净、敌草隆、除草醚、草甘膦等除草剂防除粮食、蔬菜、果树等田间杂草，试验效果良好。80年代初，结合花生、棉花地膜覆盖栽培，于盖膜前喷施拉索，每亩150～200毫升，然后覆膜，除草效果良好。同时，使用2.4－D丁酯防除麦田杂草。此外，还推广都尔、阿特拉津、草甘膦等。1985～1987年，累计化学除草面积283.83万亩。

2003年，青岛市对农田杂草进行全面普查，普查农田500万亩次，查明全市田间常见杂草共计106种，分属33科。其中，麦田常见杂草38种，分属16科；玉米田常见杂草45种，分属17科；花生田杂草34种，分属17科。麦田杂草优势种类主要是播娘蒿（麦蒿）、荠菜和小花糖芥、藜、刺儿菜、苦菜等。花生田和玉米田杂草主要是马唐、狗尾草、牛筋草、反枝苋、藜、马齿苋、铁苋菜等。

第三节　农田鼠害防治

青岛农田鼠类主要有大仓鼠、小仓鼠、黑线姬鼠、褐家鼠等。在村边农户和农田中也有宅栖害鼠和野栖害鼠混杂分布现象。鼠类危害作物有花生、玉米、大豆、甘薯、小麦、苹果和瓜菜等。80年代，由于生态平衡受到破坏，鼠类天敌大量减少，加之连年干旱，有利于鼠类繁殖，农村鼠害趋于严重。1983年，即墨市春季共消灭害鼠138.3万只。防治鼠害用药主要是氟乙酰胺、磷化锌，由于该药剧毒，残效期长，鼠、猫、狗有二次中毒现象，1984年后停用。1986年，青岛市卫生、农业系统联合举办灭鼠培训班，培训骨干100余人。经多年治理，1988年，青岛市经全国爱卫会和山东省爱卫会考核验收被评为“无鼠害城市”。2000年后，采取生物防治、药物防治及器械防治相结合的综合措施进行鼠害防治。药剂防治主要在11月间和早春3～4月老鼠寻食迫切时进行，通过投饵防治田间鼠害。常用鼠药有敌鼠钠盐、磷化锌、安妥、氧化氯等，并研制推广无损家猫药剂。生物防治主要是发展家猫，保护黄鼠狼、猫头鹰、蛇等害鼠天敌。2005年，全市农田鼠害发生93万亩。

第四节　植物检疫

1979年2月，青岛市植物保护工作站成立，依据《中华人民共和国植物检疫条例》和《中华人民共和国植物检疫条例实施细则》，建立检疫员队伍，开展植物检疫工作。1983年，市县两级农业部门共有专职检疫员18名。1985年，全市在乡镇农技站、种子站和良种场聘任180名兼职检疫员，协助开展植物检疫工作。通过产地检疫和调运检疫，重点开展粮食、果树、花卉等检疫对象的普查和防治。1988年，全市在胶州火车站设立首个植物检疫点。1991年，全市又分别在即墨兰村、南泉和莱西望城火车站设立植物检疫点。1996年，全市对农作物种子、苗木生产、经营单位（个人）实行检疫登记制度。1997年6月，全市在胶州召开农业、林业和铁路货运联席会议，落实各相关单位植物检疫工作职责，并在城阳火车站开展检疫工作。1999年后，因铁路运输方式变化和机构改革等原因，除胶州火车站外，其他检疫办公点撤销。2002年《山东省植物检疫管理办法》颁布实施后，青岛市植物检疫工作有所加强，至2005年，全市专职检疫员队伍扩大至45人。

植物检疫对象调查

1980年，青岛市成立查防美国白蛾领导小组和协作组，各县均成立查防专业队，先后组织两次调查。第一次在全市共调查80个公社747

个村、2段铁路、35条公路和7个海港，共查树木（包括果树）51.7万株。第二次对58个公社230个村84.9万余株果、桑、柞树进行调查，均未发现美国白蛾。1989～1990年，莱西市对桑萎缩病和豚草进行普查。对桑萎缩病普查，共普查13个乡镇100个村4104.9亩桑园，有1237.5亩发生桑萎缩病，占普查面积30.15%。对豚草普查，先后普查县驻地、16个乡镇驻地、粮所、饲养场、面粉厂、车站、荒地及100个村庄路旁、沟渠。其中在该市水集镇发现豚草9株，并随即拔除处理。1995年，莱西市发现美洲斑潜蝇。青岛市利用一年时间，组织对莱西市89个乡镇307个村，共计4.8万亩农田林地进行调查，有美洲斑潜蝇疫情发生的为82个乡镇279个村计2.53万亩。美洲斑潜蝇发现后，全市每年发生面积48万亩，防治面积40万亩。2001～2003年，全市共出动调查人员3500人次，调查128个乡镇2457个村，29种植物种类，普查面积291.32万亩，调查有害生物种类68种。经调查发现，青岛地区发生检疫性病虫有小麦腥黑穗病、小麦全蚀病、苹果绵蚜、甘薯茎线虫病、豚草、美洲斑潜蝇、南美斑潜蝇、花生根结线虫病等。

2005年，全市检疫对象调查面积85.98万亩，发生面积23.57万亩。产地检疫（种子）1.09万亩，苗木1438株。其中调运检疫种子调出177批、调入55批，苗木调出112批、调入29批，植物产品调出48批、调入113批。

小麦腥黑穗病

小麦腥黑穗病是一种毁灭性病害，属重点植物检疫对象。1979年，即墨县鳌山公社西里大队种植的5亩墨西哥小麦，发病严重地块病株率达三分之一。莱西县水集、李权庄、牛溪埠、朴木、姜山、绕岭、院上、望城等8个公社817亩春小麦发病，病株率达15%～35%，严重地块40%～57%，少数地块绝产。1980年，青岛市调查46个公社1252个大队26.25万亩小麦，田间发病有18个公社71个大队，发病面积7051亩，分别占调查公社、大队、面积的39.1%、5.7%和2.7%。1981年，全市发生小麦腥黑穗病882.3亩。1982年发生1.9亩。1983年基本消灭。1986年，在胶南县和平度县再次查到，面积分别是1000亩和150亩。1998年6月，即墨市段村镇发现小麦腥黑穗病疫情。经普查，在即墨市段村、灵山、长直、营上4个乡镇6个村发现小麦腥黑穗病，发生面积105.3亩，随即组织扑灭。2003年后，全市未发生小麦腥黑穗病。

第五章　农机

80年代初，胶州、即墨、平度等地部分乡村出现带有包产到户、联产计酬性质的农业生产责任制。原属集体的农业机械一部分承包给农户个人后，很多被解体毁坏，农业机械化事业出现短暂的倒退现象。1983年，中共中央《关于当前农村经济政策的若干问题（草案）》明确规定，允许私人购置农业机械。从此农民拥有农机自主经营的权利，农业机械经营方式随之发生重大变革，并逐步形成以农民个体经营农业机械为主导，个体、联户、集体和国营等多种所有制形式和多种经营方式并存，农机专业户和农机大户迅速发展的格局。至1986年，青岛市农户拥有拖拉机3.25万台，占全市拥有量的81.3%，农民经营的农业机械已占主导地位。

1996年，青岛市组织开展以小麦联合收割为主的农业机械跨区作业，大幅度提高农业机械利用率，激发了广大农民购置和使用农业机械的积极性。此后，小麦联合收割机发展较快，由1995年的173台增加到2000年的5161台，全市小麦收获基本实现联合机收割。农机跨区作业的巨大成功，使农业机械化水平达到一个更高层次。

进入21世纪后，青岛市农民个人购买的农机数量逐年增多。农机作业服务领域也由耕、播、收向秸秆还田、秸秆机械化青贮、秸秆打捆等方面发展；服务形式由单一的项目作业向复式、一条龙作业模式发展；服务主体由集体（乡镇农机管理服务站）向农机协会、合作社、联合体、股份制等农机组织和农机大户转变。至2005年，全市农机总动力约620万千瓦，其中农用拖拉机16.3万台，农用运输车13万辆。配套机具31.78万台（套），机具配套比提高到1：1.95，农业机械化综合水平达75%。在衡量农机化发展水平的24项主要指标中，青岛市有13项在全国副省级城市中居第一位。

90年代，青岛地区广泛推广使用小麦联合收割机。

第一节　农机使用

60年代后，青岛农村重点发展耕、种、收获等农业机械，传统农具没有发生大的变化。1980年，全市农业机械总动力达到86.93万马力，拥有拖拉机2.12万台，除去履带式外，每台轮式拖拉机拥有1辆农用挂车。

1983年，中共中央1号文件《关于当前农村经济政策的若干问题（草案）》出台，纠正农业机械化发展中“左”倾错误，青岛市突破30年来农机经营的单一模式，逐步形成以户营小型机械为主、多种经营形式并存的局面，农业机械化事业进入新的快速发展阶段。1990年，全市购置农机投入6.8亿元，其中农民个人投入占93.7%；农机总动力253.5万千瓦，比1986年增长35%；平均万亩耕地拥有拖拉机55.4台、配套机引农机具172台，均居全省、全国前列。90年代中期，全市各乡镇普遍建立农业机械管理服务站，多数服务站实行管理、服务、经营一体化的管理机制。

进入21世纪，国家连续实施农机具购置补贴政策，全市农业机械保有量稳步上升，农机装备结构不断优化。到2005年，青岛市农业机械总动力达到619.97万千瓦，列全国副省级城市第一位；农业生产机械化综合水平达到75%，列全国副省级城市第二位。农民个体拥有大中型拖拉机2.46万台、小型拖拉机13.84万台、农用汽车约1.16万辆。同时，全市乡村两级农机服务组织得到较大发展。乡（镇）级农机化管理机构达125个、村级农机管理服务组织（站、队）达1229个。青岛市耕、种、收机械化水平分别达到98%、72%和54%。其中，小麦机耕、机播、机收面积均达到98%以上，基本实现生产环节的全过程机械化；玉米收获机械化取得突破性进展，机收率达到25%，分别比全省、全国平均水平高出14个、22个百分点；农田灌溉和农业运输等基本实现机械化。农业机械化的广泛普及，使传统农具的使用越来越少。但在部分偏远山区和小面积耕作中，锄、镰、锨、镢等仍有使用。

1980～2005年青岛市农机化发展情况表

表7-14　　单位：马力（1986年前）千瓦（1987年后）

年份	总动力	农用拖拉机		大中型拖拉机		小型拖拉机		联合收割机		自走式收割机		机动收割机		农用汽车		农用运输车	
		台	动力	台	动力	台	动力	台	动力	台	动力	台	动力	辆	动力	辆	动力
1980	869293	14296	281449	6896	345701	7364	87856	0	0	0	0	0	0	601	49083	0	0
1981	928705	14979	300367	7306	208633	7673	91734	2	48	2	48	26	78	666	56049	0	0
1982	960385	14816	303962	7347	214752	7469	89210	2	48	2	48	33	99	794	58017	0	0
1983	1879505	26965	591807	13673	432848	13292	158959	4	240	4	240	230	883	1363	121634	0	0
1984	2089115	29441	643098	13917	459265	15524	183833	6	355	6	355	76	228	1765	164605	0	0
1985	2279268	33092	677698	13486	460362	19606	227396	8	450	5	295	11	38	2616	261263	0	0
1986	1878968	39998	573185	13806	2774438	26192	215643	10	409	6	250	15	35	3120	240415	0	0
1987	2151924	47058	632079	13640	365153	33418	266926	12	493	9	378	61	82	3923	290179	0	0
1988	2281898	50904	649341	12829	352593	38075	296778	15	680	11	528	23	32	3961	303255	1	18
1989	2410045	53556	661400	11944	339816	41612	321584	16	680	13	557	23	53	3982	293273	3	44
1990	2535163	55363	680903	11466	340083	43897	340820	37	977	16	791	24	107	3880	283469	83	1914
1991	2505763	57404	691332	10600	326506	46804	364826	91	1088	17	925	131	344	3706	265994	182	6337
1992	2539338	57182	684182	10050	316430	47132	367752	115	1418	19	1113	189	323	3948	271806	450	11231

续表7-14

年份	总动力	农用拖拉机		大中型拖拉机		小型拖拉机		联合收割机		自走式收割机		机动收割机		农用汽车		农用运输车	
		台	动力	台	动力	台	动力	台	动力	台	动力	台	动力	辆	动力	辆	动力
1993	2612415	56335	678161	9017	309012	40718	369149	118	1759	35	1443	207	603	4378	283513	919	19109
1994	2784130	58698	688886	9097	300631	49601	388255	138	1703	23	1380	157	317	5474	328098	1476	28055
1995	2892316	56391	657025	8227	274688	48164	382337	173	1857	32	1691	161	312	6314	371946	2285	41877
1996	3035699	59698	680477	8037	272359	51661	408088	496	5924	115	5303	181	656	7263	385909	3484	63491
1997	3267179	66841	744424	8630	288945	58211	455479	1792	17132	399	17132	120	258	8085	379144	4625	86438
1998	3642109	87226	894985	8888	296573	78338	598412	3003	40292	883	40292	57	136	8409	370554	6202	119226
1999	4114439	105743	1075907	10890	353737	94853	722170	4315	69185	1549	69088	177	1160	9363	397843	7488	154913
2000	4592065	126981	1253210	12342	383950	114639	869260	5161	93791	2159	93125	215	436	9613	421266	83917	844232
2001	4962727	141409	1394114	15471	451872	125938	942242	5092	98732	2299	98733	136	441	10212	439244	104458	1087613
2002	5349195	152920	1537544	17756	501070	135164	1036474	5616	104181	2438	104181	424	8423	10411	448819	110479	1190823
2003	5609409	160676	1666185	21640	583657	139036	1082527	5735	130430	3175	130430	307	1944	11201	455074	116283	1299483
2004	5988685	168061	1818285	26601	729897	141460	1088379	6272	149277	3573	149277	306	1963	11085	431647	121966	1402016
2005	6199682	163032	1757177	24603	685588	138429	1071589	6875	176250	3947	176250	195	1543	11552	445274	134373	1569386

播种与耕作机械

1979年，青岛农业播种机械有谷物播种机、免耕播种机、耕整施肥播种联合作业机、覆膜播种机和施水抗旱播种机等。这些播种机功能各异，既有播种专用机，又有播种中耕和起垄通用机；既有模式化栽培技术专用机，又有传统单双条多种作物播种通用机；既可垄上播种，又可平作播种，还可随起垄随播种。至2005年，全市有各种播种机5万台，其中小麦精少量播种机2.35万台、玉米播种机1.47万台。

80年代后，青岛农村地区实行保土耕作制，发展少耕、免耕或覆盖耕作，先后推广深松机、覆盖耕作机、旋耕机、条状耕作机、垄耕机等少免耕机具。机械耕作对保护和提高土壤墒情、发展保水耕作和节水排灌等起到重要作用。2005年，全市有各种犁12万台、旋耕机1.1万台、耙3.2万台。

植保机械

改革开放后，青岛农业植保机械行业发展迅猛，产品种类不断增多、产销量逐年提高，外观、结构、使用技术性能、材质等方面得到明显改进。随着农村经济体制改革尤其是家庭联产承包责任制的实施，以生产队为生产单元逐步演变成以一家一户为生产单元，生产单元数量增加几倍甚至十几倍。与此相适应，一批小型植保机械得到发展。其中，背负式喷雾器因结构简单、使用方便、价格低廉而被迅速推广，并出现大量生产背负式喷雾器的乡镇企业。同时随着集体企业、乡镇企业逐渐改制，大量的家庭作坊式的植保机械生产企业如雨后春笋般涌现，90年代后期，植保机械行业基本由私营和个体企业生产经营。进入21世纪，家庭式作坊生产逐渐退出产品市场，出现一批规模较大、管理较好、质量水平高的民营植保机械企业。2005年，全市机械植保作业面积为2761.8亩。

收获机械

1979年后，青岛农村实行家庭联产承包责任制，由于耕地地块划小、集体农业机械被分割且数量较少，粮食作物收获主要实行田间镰刀收割和场上脱粒作业，很少使用小麦割晒机、小麦联合收割机等。80年代中期，小麦收获开始使用小型小麦收割机，玉米等其他农作物仍依靠人工收获。1986年，全市有联合收割机10台、自走式收割机6台、机动式收割机15台。主要型号为新疆－Ⅱ型、桂林－Ⅱ型。背负式联合收割机主要用于收获小麦、水稻、油菜籽等农作物，青岛地区使用较多的是上海农工商集团向明总公司生产的上海向明系列联合收割机、江苏南通农业机械总厂生产的上海系列联合收割机、山东兖州玉丰机械集团生产的玉丰系列联合收割机等。进入90年代，联合收割机逐渐成为小麦收获的主要机具，单一的小麦收割机退出市场。1992年，全市有联合收割机115台、自走式联合收割机19台、机动收割机189台。此后，部分率先富裕起来的农民逐渐发展成为农机专业户，农机作业服务成为农机专业户增加收入的重要手段。1996年，青岛市开始组织开展以小麦联合收割为主的农业机械跨区作业，受作业效益的驱动，联合收割机呈上升态势。2000年，小麦联合收割机发展到5161台，全市小麦收获基本实现联合机收。2004年，国家实行农机具购置补贴政策，根据饲养奶牛较多的特点，青岛市重点推广玉米收获青贮机械。

2005年，全市有联合收割机6875台、自走式联合收割机3947台、机动收割机195台。主要型号为丰收－30型自走式联合收割机、东风－4090型谷物自走联合收割机、福田谷神－2系列自走小麦联合收割机、福田谷神虎3068型自走谷物收割机、4GW－1.4/1.7型卧式小麦收割机、丰收－2型卧式玉米收获机、4YW－2型玉米联合收获机、4GL－140/170型麦稻收割机、YK8050圆型秸草打捆机等，主要用于收割小麦、玉米，兼收水稻、大豆、花生等农作物。

运输机械

改革开放后，农村商品经济日益活跃，乡镇企业发展较快，越来越多的社队拖拉机和汽车从事城乡物资运输，农村运输业随之迅速发展。1980年，全市有拖拉机1.43万台、农用汽车601辆。1987年，全市农用汽车增加到3923辆，农用机动三轮车达1967台。在所有农机专业户中，从事农机运输的专业户占总户数的69.6%，农机经营单位运输收入占农机作业收入的78.9%。90年代后，拖拉机、农用运输车等机械化运输机具，逐步取代手推胶轮车、胶轮地排车和胶轮马车，农用汽车保有量大幅度增长，成为农用运输的重要力量。主要品牌有北汽福田车辆股份有限公司生产的福田牌，中国轻骑集团淄博汽车制造厂生产的轻骑牌，潍坊汽车制造厂生产的聚宝牌、奥峰牌，烟台黑豹集团汽车制造厂生产的黑豹牌和日照生产的一汽金杯牌等。这些农用车因其运行灵活、使用方便，适宜山丘和平原等各种复杂地形道路的农用运输，成为青岛地区农田运输的主要力量。2000年，青岛农村运输基本实现机械化。担负城乡间运输的机械运输量中拖拉机占23%，农用运输车占77%（其中农用汽车占35%，机动三轮运输车占42%）。乡村间运输和田间运输95%以上使用机械运输，只有5%以下由手推胶轮车、胶轮地排车和胶轮马车来运输。

2005年，全市有农用汽车1.16万辆、农用运输车13.44万辆，手推胶轮车、胶轮马车和地排车等基本淘汰。

第二节　农机管理

改革开放前，青岛农村国营拖拉机站、人民公社拖拉机站和生产大队的农机作业队普遍实行农业机械的操作、保养、修理、安全生产等规程。各级经营单位均建立健全机务管理人员岗位责任制。大队农机队推行“五定一奖惩”承包责任制（即定人员、定机具、定任务、定油耗、定报酬，超产发综合奖、完不成任务处罚）。

1980年，确定崂山县为青岛市农机化先行一步试点县，同时选择崂山县城阳、即墨县南泉、胶县和平、胶南县大场、黄岛区薛家岛作为农机化先行一步试点公社。试点工作以农业生产需要迫切、增产效果显著、减轻劳动强度为原则，重点解决三夏、三秋两个农忙季节的机械化作业和小麦、玉米、地瓜、花生等4种农作物及近郊蔬菜生产主要环节的农业机械化。当年，全市完成机耕588.94万亩、机播318.87万亩，其中小麦机收86.41万亩，小麦脱粒基本实现机械化。1984年，青岛市着力推行农机作业统一组织、统一种植计划、统一调配机具、统一耕种、统一作业质量、统一供应油料、统一收费标准“七统一”和合同制。1986年，全市完成机耕面积569.79万亩（占总耕地面积的75.15%）、机播面积239.66万亩、机收面积104.28万亩、机械植保面积130.64万亩、机械铺膜面积3.98万亩、机械脱粒面积115.15万亩。1989年，按照“分类指导、重点突破”的原则，确定莱西县水集镇、即墨县南泉镇王演庄南村、平度县三堤乡谭家村为全市农机化先行一步试点单位，重点加强机耕、机播、小麦机收、小麦精少量播种、玉米秸秆还田等工作，探索农村经济改革新形势下发展农机化的新道路。当年，小麦机收首次突破百万亩大关，达到118.51万亩，占小麦播种面积的30.6%。

1990年，市政府印发《青岛市农村机械维修点管理办法》，对农业机械维修点的开办条件、办理程序、业务范围和税费缴纳等作出具体规定，是市政府颁布的首部有关农业机械管理的政府规章。当年，全市机耕面积640万亩、机播面积331万亩、机收面积215万亩，其中小麦机耕、机播、机收三项综合机械化水平均达到75%以上。1992年，全市审检拖拉机3.99万台、脱粒机3.3万台，审验驾驶员3.79万名，年检年审率分别达到91.2%、90%和85%。有6所农机化培训学校达到部颁“四有”标准（有固定配套的培训基地、有一定数量满足需要的教师队伍、有比较现代化的教学设备、有独立的事业经费），并纳入成人教育管理渠道。全市共举办培训班205期，培训各类农机手6.29万人次。市（区）、乡镇、村三级安全监理网络基本形成。1998年，青岛市印发《机耕、旋耕、机耙作业质量标准》《小麦、玉米机收和谷物机脱作业质量标准》，填补青岛市农业地方标准的空白，属山东省内首创。90年代中期以后，因泰山-25型拖拉机、泰山-12型拖拉机能配备各种农具，进行水、旱田的耕、耙、播、收、运输和固定作业，产品性能较好，适宜小规模经营，深受用户喜爱，成为青岛农村主要的机播、机收、运输机械。

进入21世纪，青岛市落实国家农机具购置补贴政策，使农机装备结构不断优化，农机作业水平快速提高。农业机械的广泛应用，提高农业劳动生产率，将生产进度由过去的一个月缩短到6～7天，使三秋时间缩短一半。2001年，青岛市农机主管部门实行行政审批制度改革，建立审批责任制和监督审批制度，将行政审批事项由45项减少到7项。当年，全市农机总动力496.27万千瓦，农用拖拉机保有量14.14万台、大中型拖拉机1.55万台、拖拉机配套农具24.25万台（件）。2004年，青岛市对农机行政许可事项进行全面清理，保留行政许可4项，分别是拖拉机、联合收割机等农业机械号牌、行驶证核发，拖拉机、联合收割机等农业机械驾驶证、操作证核发，农业机械维修技术合格证书核发和农业机械驾驶培训学校资格认定。出台《青岛市农机行政执法社会监督办法》，在全市范围内聘请16名农机行政执法社会监督员，切实加强对农机行政执法工作的社会监督。当年，市政府印发《青岛市农村机械维修点管理办法》（修正），进一步明确主管部门和开业条件。

2005年，在全市农机监理队伍中开展以“学济南交警，创监理三优”为主要内容的文明规范服务活动和“文明监理、优质服务”示范窗口创建活动，实行农机监理一站式服务，牌证管理“全程代理制”等便民利民办法。当年，核发拖拉机、联合收割机牌证2.3万副（个），核发驾驶证2.11万个，核发农业机械维修技术合格证180个，对7所农业机械驾驶培训学校进行资格认证。青岛市农业机械管理局被评为全国农业机械化管理工作先进单位。

机务管理

1979年，青岛市农业机械机务管理贯彻“防重于治、养重于修”的原则，对农机、农具设备进行有计划的维护管理工作，基本达到农机“三库一间”（机车库、油料库、配件库和修理车间）标准。进入80年代，青岛市开展农机具技术保养升级赛活动，组织以“三不漏”（不漏油、不漏气、不漏水）、“四净”（油、水、气、机具）、“五良好”（调整、润滑、紧固、电路、仪表）为主要内容的农机保养升级赛，重点抓好三夏、三秋农忙季节的农机具检修、维修人员跟车排除故障和保养入库等关键环节。其中，农机所需柴油主要凭统一印制“青岛市XX县（区）农用柴油供应证”供应。各县（市、区）农机管理部门对供应证进行编号，定期核定，注明供应油地点，盖章后逐级分发到各乡镇村户。

1991～1992年，青岛市开展“铁牛杯”竞赛活动。全市159个乡镇农机管理服务站建成管理、服务、经营三位一体的实体型农机站148个，4185个村建立或恢复农机队，占总村数的68.75%，同时创办经济实体20个。1992年，全市大中型拖拉机达到1万余台，新增小麦联合收割机24台。全市完成机械深耕面积623.53万亩、小麦机械精播310.62万亩，分别占耕地面积的41.9%、64.9%、玉米半机械化套播205.71万亩，占玉米套种面积的44.7%。1993年，青岛市

2004年，青岛市农机化推广示范基地在莱西市建立。

获得农业部“铁牛杯”奖。随后，青岛市农机系统内进行股份制改革，主要采取折股出售、折股虚分、增资扩股、带机入股、招股筹资等形式，鼓励兴办经济实体，并对基层农机经营服务实体实行股份合作制试点。全市共有31个农机管理部门所属实体和417个村农机服务组织进行股份制改造，214个基层农机服务组织开展土地规模经营，反包、反租农民土地2.48万亩、林场500亩、滩涂50亩。1994年，青岛市开展“六二一”工作评比活动（“六”是农机供应、维修、推广、培训、油料经销和工程开发六条服务线健全；“二”是乡镇农机站功能完备，站办实体、农机作业、服务总收入、第三产业增加值和加工业净产值累计超过200万元；“一”是各区市农机管理部门职能作用发挥好，局办实体效益好，农机服务实体总收入、第三产业增加值和加工业净产值累计超过1000万元）。年底，青岛市被评为山东省农机化工作先进市，莱西市、胶州市、平度市被评为全省农机强县（市、区），胶南市灵山卫镇、胶州市李哥庄镇等8个乡镇被评为全省农机强乡镇。同年，根据国家的统一要求，青岛市全部取消农用平价柴油计划供应，实行由市场调节供需平衡。1995年后，开展“节本增效、兴机富农”活动，实施科技推广项目3个，新增大型拖拉机570台、大型联合收获机37台，农业机械装备由小型向大型、配套转变。农业机械承担70%以上农业生产劳动量和90%以上的农业开发、农田水利基本建设工程量。

1998～2002年，青岛市组织实施农业机械化“十百千”典型带动计划，即按照“因地制宜、积极推进、率先发展”的方针，用3年时间建设培植10个农业机械化水平较高的乡镇、100个农业机械化水平较强的村和1000个农业机械专业大户。平度市农业机械服务中心等4个单位被授予青岛市实施农业机械化“十百千”典型带动计划先进单位称号；胶州市李哥庄镇等10个乡镇被授予青岛市农业机械化十强乡镇称号；平度市万家镇王唐家村等100个村被授予青岛市农业机械化百强村称号；又从1000个农机大户中评选出10人为“青岛市农机经营明星”。2002年，青岛市落实农业部的“兴机富民”行动计划。新增玉米收获青贮机械、小麦秸秆打捆机以及花生、薯类等各种农业机械5000台（套），农机总动力达到535万千瓦，为农民增收5亿元。实施农机化“八大”创新示范工程（即玉米生产、小麦秸秆回收综合利用、畜牧饲料生产加工、设施农业机械、花生与薯类收获、农产品加工、旱作农业、农用航空机械化工程）。同年，青岛市农用航空站在即墨市筹建，并购进海燕650C型农用飞机1架，开创青岛市农业航空的先河。

2005年，全市农机总动力达到620万千瓦，小麦、玉米联合收获机械达到6875台，农机服务总产值32.3亿元，农机现代化为全市农民人均增收465元，贡献率达8%。其中，耕、种、收机械化水平分别达到98%、72%和54%。机具保持良好的技术状态，消耗降低，使用寿命延长，基本保证及时高效优质安全地完成各项作业任务。

安全监理

1981～1983年，青岛市农机管理部门开始实行拖拉机、挂车、收割机等农业机械登记、建档、检验以及发放牌证等工作，发给有机车技术状况标志（甲级、乙级）的号牌，对驾驶员发放驾驶证。1983年，在全市农机系统开展“安全月”活动。从1984年起，青岛市推行农用拖拉机参加保险制度，要求经农机管理部门检查合格的拖拉机参加保险。1993年，开展“三清理一整顿”（清理无牌行车、清理无证驾驶、清理未年检年审的人和车、整顿农机管理秩序）活动。1997年，在全市农机安全监理系统开展创建“文明监理、优质服务”示范窗口活动，做到办事人员、办事程序和收费项目、收费标准四公开，接受社会监督。2000年，平度市农业机械安全监理站被评为农业部示范窗口。2003年，按照“监理服务设施规范化、服务公开化、档案管理标准化和业务管理制度化”的要求，在全市统一建设农机监理服务大厅，并分别制定一类、二类、三类服务大厅的建设和验收标准。2004年，全市领取牌证的各类拖拉机、联合收割机及其驾驶操作人员，除第三者责任保险以外的险种自愿参加。2005年，全市新增拖拉机、联合收割机参加第三者责任保险达1.2万余台，参加驾驶员人身意外伤害险达1.8万余人，实际获得理赔150万元，基本实现通过参与保险实现社会救助的目的。

机械牌证　1979年，青岛市对农用拖拉机按作业领域进行分类管理。凡从事农田耕作的农用拖拉机，由农机管理部门发放“山东省农用拖拉机驾驶证”；凡参加公路运输的轮式拖拉机，由当地交通部门核发号牌、行驶证。驾驶员经当地交通管理部门考核后，发给“中华人民共和国机动车驾驶证”方可驾驶。1983年，国家允许农民个人购买经营农业机械，市农机局作为农用拖拉机及驾驶员安全监督业务的主管部门，组织对拖拉机、挂车、收割机等农业机械登记建档。1985年后，青岛市开始按拖拉机动力大小和作业领域，对拖拉机和驾驶员进行分类管理。90年代后，拖拉机的牌证管理工作由公安部门委托农机管理部门进行。对上路行驶的拖拉机换发“鲁B”字头号牌，其他农用拖拉机、联合收割机换发“山东-B”字头号牌；农用拖拉机驾驶员换发编号“3702XXXXXXXX”驾驶证。全市95%的拖拉机、联合收割机、农用运输车归农机管理部门管理。2003年，原由农机部门管理的农用运输车划归公安机关交通部门管理，结束部门间工作委托管理的模式，当年，农机管理部门移交公安部门的农用运输车3.14万辆，驾驶员2.64万人，驾驶员审验也由每年一次改为6年一次。农机管理部门成为拖拉机及驾驶员牌证管理的主管部门。当年，青岛市农用拖拉机和联合收割机换发“鲁NJ02”字头号牌及证件。2005年，拖拉机、联合收割机及驾驶员实行全国统一牌证管理。青岛市拖拉机号牌为“鲁02”字头号牌，行驶证为“中华人民共和国行驶证”，并核发“中华人民共和国拖拉机登记证书”；联合收割机换发“鲁02”字头号牌和“中华人民共和国联合收割机行驶证”。拖拉机和联合收割机的驾驶员换发“中华人民共和国拖拉机驾驶证”。

至2005年，全市拖拉机登记管理9.06万台，联合收割机登记管理3109台，拖拉机和联合收割机驾驶员在农机监督管理部门登记在册7.98万人。

安全生产　1983年，青岛市开展“安全月”活动，重点普及安全知识，贯彻安全法规，加强安全措施。根据三夏农机作业特点，重点搞好麦田、场园防火作业。1993年，开展“三清理一整顿”活动，在搞好年检、年审工作的同时，开展二次年审、补审和路检路查工作。全市共检审拖拉机3.74万台、驾驶员3.74万名，年检年审率分别达到76.35%和85.6%。1998年，组织开展“两清理、一整顿”农机专项治理活动，重点清理无牌拖拉机、无证驾驶员。全市共清理无牌拖拉机2.26万台，新训驾驶员4326人。2000年，全市拖拉机挂牌数由1997年的5.32万台增至10.25万台，持证驾驶员由1997年的5.17万人增至7.49万人。2001年，青岛市开展新一轮拖拉机及驾驶员集中整治活动，重点整治“黑车非驾”现象。2002年，结合“全国农机百日安全竞赛活动”，开展“百日农机绿色行动”，集中整治“黑车非驾”。全市共补检拖拉机1.04万台，补审拖拉机驾驶员证1.12万人；新训拖拉机驾驶人员4078人，清理“黑车”3500台，处理“非驾”1800人，纠正、查处违章车辆6300台。2004年，开展创建青岛“平安农机”建设活动，平度市南村镇等10个乡镇获得“青岛市农机安全示范镇”荣誉称号，授予胶州市胶东镇小麻湾西村等100个村“青岛市农机安全示范村”荣誉称号，授予1000个农机户“青岛市农机安全示范户”荣誉称号，授予平度市农机局等9个单位农机安全“十百千”示范活动组织工作先进单位。2005年，开展清理整顿手扶拖拉机活动，重点整治无牌无证的手扶拖拉机，全市手扶拖拉机新挂牌5500台，新办证1.2万个，完成农机操作人员培训6.7万人次。

事故处理　1979～1984年，青岛市由交通、公安、农机三部门共同处理每年约百起的农机事故。1984年后，农机事故呈逐年下降趋势，每年约10起。1990年，实行拖拉机委托管理后，发生在公路上的农机事故由公安交警部门处理，发生在公路以外的由农机管理部门直接处理。当年，在全市农业机械大幅度增加的情况下，农机事故明显减少，农机事故千台重伤、死亡率控制在0.21‰。1996年，青岛市对道路以外区域发生的农机事故，由县级以上农业机械安全监理机构进行处理。依据人身伤亡和财产损失数额，把农机事故分为轻微事故、一般事故、重大事故、特大事故4类。农机事故的统计实行月报、半年报、年报制度，重特大事故实行快速报告制度。2004年，《青岛市农机事故报告制度》将农机事故仍分为4类，但对各类标准进行调整。当年，农机事故率控制到0.03‰，事故起数和死亡人数同比下降60%、33%。

2005年，制定《青岛市重特大农机事故应急处理预案》《青岛市联合收割机跨区收获突发事件应急处理预案》。当年，全市仅发生2起农机事故。

技能培训鉴定

改革开放后，大量农业机械进入千家万户，户营农机迅速发展。1982年，各县（区）相继成立农业机械化学校，负责农机培训工作。至1986年，全市共培训各类农机人员2.08万人。1990年，全市5所县级农机学校纳入青岛市成人教育管理渠道。当年，全市培训拖拉机驾驶员3150人、管理干部251人、各类驾驶员2.5万人。

2003～2005年，青岛市投入资金580万元，购置拖拉机、农用车、教练车38台，各种农田机械样机35台，各种农机维修设备65台，扩建100平方米农机修理实验室一间，建成拖拉机驾驶员培训（简称“拖训”）、农机绿色证书培训（简称“绿训”）、农机修理划为职业技能范围（简称“职训”）、农机高级人才培训（简称“高训”）等4个农民农机科技教育培训基地和高等院校基地。

2005年，全市有8所县级农机化培训机构，1所农机化中等专业学校，完成农机培训7.7万人次。同年，青岛市农机高级人才培训基地在莱阳农学院揭牌。

“一训三证”培训　80年代后，青岛市农机培训主要针对拖拉机驾驶员培训，其他农机培训开展得很少。尤其是作为真正体现农机化程度的各种机械农田作业运用技术培训发展缓慢，农机技术培训发展不平衡。进入21世纪，青岛市把种植业的农田作业各个生产环节与“绿色证书工程”相结合，按农艺技术的要求进行农机培训，

2003年，青岛市创立“一训三证”组合培训模式，并在全国农机系统推广。图为培训现场。

并把农机修理划为职业技能范围。2003年后，青岛市改革单一“拖训”的旧模式，创立“一训三证”组合式培训模式，使农民在系列培训中掌握农业机械驾驶、操作、维修技术三大专业整套农机技能，同时取得驾驶证、农机绿色证书、农机修理技术资格证书。2004年，全市共完成农机培训6.78万人，相当于此前10年培训人数总和的62%，为农民创造经济效益1.87亿元。青岛市“一训三证”组合式培训模式在全国农机系统推广。

至2005年，全市培训各类农机人员24万人次，其中农机管理人员3100人次，农机推广机构中的技术人员比重达到58%以上。

农村劳动力转移培训　2004年，青岛市农机主管部门首先在胶南市理务关镇、宝山镇开展农村劳动力转移农机职业技能培训试点，免费对210名贫困农民进行帮扶培训。同年，又对全市库区移民开展农机培训，探讨建立政府扶持、企业订单、学校减免、农民适当分担的投入机制，培养出一批能工巧匠和致富能手。全市有近千名库区移民参加培训，推荐198名学员在当地企业就业。当年，在平度市召开全省农村劳动力转移农机培训现场会和全省农村劳动力转移农机培训东西部合作洽谈会，搭建山东省东西部农村劳动力转移农机培训的交流平台，探索农村劳动力转移农机培训的新模式。青岛市与菏泽市、聊城市、德州市等5个城市签订15项农村劳动力培训协议，合同转移劳动力培训300人，使青岛市农机培训辐射到全省。2005年，青岛市将农机培训纳入全市农村劳动力转移培训范围，开展拖拉机驾驶员、农用运输车驾驶员等6个农机行业特有工种的职业技能培训。至2005年，青岛市培训全国及省内的1200多名农村劳动力，安排在青岛市的十几家企业就业。平度市逐渐发展成为全省农村劳动力转移农机培训就业重要市场和培训中心。

技能鉴定　1984年后，青岛市逐步形成较系统的农机维修工人技术培训、考核、发证制度，80%的农机维修工领取技术合格证书，并拥有相应技术等级。1998年，青岛市农业职业技能鉴定工作正式启动。2000年，青岛市农机行业职业技能鉴定站成立，同时开展以“农机维修工人技术合格证”换发“技术等级证书”工作，共换发证书182本。2001年，青岛市培训各类农机技术技能工种285人，约占当年全国农机系统鉴定办证数的十分之一，被农业部评为全国农机行业职业技术鉴定先进单位。2002年，青岛市所属5市和城阳区、黄岛区成立农机行业特有工种职业技能鉴定站。2004年，青岛市完成职业技能鉴定首次突破万人大关，达到1.35万人。2005年，青岛市将农机职业技能培训与鉴定工作纳入全市农民工劳动力转移计划，完成职业技能鉴定3.44万人。平度市机电工程学校等11个单位被确定为青岛市农机行业特有工种职业技能鉴定基地。

资格认证　2004年，青岛市农机管理部门、人事部门制定《青岛市农机行业专业技术

2001年，青岛市开展农机及零配件市场打假活动。图为执法人员对农机零件质量进行抽检。

水平资格评定暂行规定》，在全市农机行业实行专业技术水平资格认证管理制度，并纳入青岛市专业技术职业资格统一管理。主要设助理农机工程师、农机工程师、高级农机工程师。凡在农机作业、农田水利基本建设、机械施工、设施农业和机械化养殖及农机销售等农机经营企业、农机服务组织中从事专业技术工作，并具备相应任职条件的在职在岗人员，均可申报农机行业专业技术水平资格。青岛市人事、农机管理部门共同负责农机行业专业技术水平资格的政策制定、资格评审和管理工作。2005年，全市共有89人参加农机行业专业技术水平资格认证申报，其中高级工程师10人、工程师47人、助理工程师32人。

质量投诉

2000年，青岛市成立山东省消费者协会农机投诉站青岛分站和青岛市消费者协会农机投诉站。2001年，青岛5市3区设立基层农机投诉站，负责全市农机投诉和维权打假工作。全市各级农机投诉站开通农机投诉热线电话，并在农机化信息网开通农机投诉网页，面向社会提供农机维权打假、政策和信息服务。此后，青岛市农机服务中心、市工商行政管理局、市质量技术监督局联合在全市范围内深入开展农机及零配件市场打假整治联合行动，严厉打击查处生产、流通领域假冒“农业机械推广”许可证、合格证的违法行为。重点查处以次充好，以假冒真，以旧充新，冒用盗用厂名、商标的假冒伪劣农机零配件。共查处非法生产企业20家、销售假冒伪劣农机产品业户598个，价值829.5万元。

2002年，青岛市农机、工商、质监部门在全国农机系统率先开展创建“星级文明农机市场（销售企业）”活动。根据《农业机械产品修理、更换、退货、责任规定》，逐步完善对农机市场及农机营销企业的仓储、批发、销售等环节的管理。对在岗的农机销售、维修“三包”服务人员，严格按规定进行专业技能培训和职业技能鉴定，实行持证上岗。当年，全市共抽检各类农机及其零配件产品2000余台（件），检查出500多名农机销售、维修“三包”无证上岗人员，有50多家企业因未参加年审及抽检产品不合格被取消参选资格。在全市330多个销售企业中，首批获得四星级文明农机销售企业6个、四星级文明农机市场1个。其中，莱西市农业机械总公司被评为山东省农机流通行业先进单位，即墨市福田农业机械有限公司被评为全国流通系统百强企业、金融3A级企业。随后两年，青岛市继续开展农机打假护农专项整治活动，抽查农机及零配件合格率均达88%。2004年，青岛市被评为省级农机投诉先进单位。2005年，全市共抽查农机销售企业、零配件供应点1130处，抽查各类零配件4447批（次），价值1.6亿元，查处非法生产专业户20余人，查处销售假冒伪劣农机产品企业、经营户近100家，产品标值近500万元。青岛市农机投诉站受理各类农机消费者投诉案件132起，结案率达98%，为农民挽回经济损失100万元。同年，青岛市“星级文明农机市场（销售企业）”活动创建经验在全国推广。

第三节 农机服务

1979年，青岛市农机服务组织主要是国营拖拉机站、社营拖拉机站和大队农机队。服务方式主要通过签订作业合同开展代耕服务。当年，全市共有公社农机管理站158个，社营拖拉机站146个，分别占人民公社总数的98.8%和91.3%；社、队经营的农业机械数量占总量的80%以上；从事农机生产总人数达到5.71万人，其中拖拉机驾驶员达到3.16万人。农村实行家庭联产承包责任制后，由于缺乏经营管理经验，部分社营拖拉机站出现不同程度的亏损，拖拉机折价出卖，社营拖拉机站解体。1986年，全市仅保留国营拖拉机站10个、社营农机站13个。至90年代初，社营拖拉机站和新成立的农机管理服务站基本完成合并，原有的社营拖拉机站全部消失。与此同时，青岛市加强基层农机服务组织建设，个体农机保有量占社会保有量的比重越来越大。1988年，县乡村三级农机管理服务网络初步形成，全市农机专业服务组织达6000余个，近1.9万人。计划经济模式的乡镇、村两级农机服务组织逐步被市场经济模式的个体或股份制农机服务组织所代替。

进入90年代，青岛市积极发展农机服务组织，拓展农机服务领域。1990年，全市拥有乡镇以上农机管理服务组织191个，建成县级农机服务中心5个；村一级建立各种农机服务组织2442个，占总村数的40%。1991年，市（区）级农机服务实体达到37个，建成集管理、服务、经营三位一体的实体型农机站123个，约占全市乡镇农机管理服务站的76.4%。1995年，山东省农机使用者协会青岛市工作委员会成立，5市分别成立山东省农机使用者协会办事处。全市发展协会团体43个，会员5155名。1996年，全市144个乡镇农机站有独立院落的122个。农机作业项目76个、农机维修项目77个、农机配件项目90个、油料供应项目73个、农机培训项目87个、农机推广项目98个、工程开发项目38个、农产品保鲜项目1个、农产品储存项目5个、农产品加工项目6个、其他项目76个。1997年，通过抓典型、抓大户、抓管理，新建446个经济实体，形成以县级服务组织为龙头、乡镇农机站为骨干、村农机队为基础、农机户为补充，纵横相连、运转有序的农机服务化网络。1998年，青岛市按产业化模式组建起各类农机服务经营实体5100个、个体农机经营业户23.08万个。全市各类农机服务组织总数27.3万个，从业人员31.6万人；农机服务领域已从单纯的种植业逐步扩大到林、牧、渔业和二、三产业。

2003年，平度市、莱西市、即墨市、胶州市先后成立农机协会，共发展个体会员4万多人。在农机协会的带动下，全市农机服务组织达到1169个，其中个体农机服务组织占95%以上，成为青岛市农机化服务组织的主体。2005年，全市各级农机服务组织、农机业户达到38万多个，各级各类农机合作经济组织551个，其中在民政或工商部门登记注册的56个。全市完成农机服务总产值32.3亿元，农机增加值23.75亿元，农机化为全市农民人均收入实现430元，贡献率为7.4%。

农机供应

1978年，山东省青岛农业机械采购供应站更名为山东省农业机械公司青岛分公司，隶属青岛市供销合作社领导。1979年，划归青岛市农业机械管理局领导。同年，青岛市所辖县（区）相继成立农业机械公司，农机供销企业组织农机商品的调拨、供应、储备。1984年，农机产品经营实行“合理计费，保本经营”原则，取消财政亏损补贴和全国、全省、全市统一的销售价格。随后，农业机械作为商品进入市场，农机供销工作发生重大变化。农机生产由统一安排、统一收购转为选优安排、选优订货；供销方式由层层分配改变为多渠道和工厂自销相结合，买什么、买多少、什么时间买由农机用户自定。青岛市农机销售价格贯彻执行按质论价和地区差价的原则，实行分级管理。1986年，青岛市基层农机经销网点发展到439个，其中集体、个体经销点410个，经营农机品种3000多个。全市农机纯销售额达7402万元，盈利353.7万元。

1992年，青岛市农机管理局创办青岛市农机供应公司、青岛市农业物资公司和青岛农业机械经贸公司。青岛市农机主机及配件供应形式由单一的市（县、区）农机公司供应走向市县（市、区），乡镇各级农机服务体系自行供应相结合的方式，降低农机中小修理成本。1994年开始，青岛市农机供应体制发生根本性的变化，进入以市场为导向的发展阶段。国营农机公司相继改组、改制、破产，个体、联合、股份合作制供应企业和网点迅速发展，形成多种所有制形式、多种经营形式并存的农机供应新格局。当年，全市农机经营总收入为9.8亿元，纯收入达3.95亿元。1995年，全市95个基层农机管理部门所属经济实体进行股份合作制改造，融资金额1974万元；34个基层农机服务组织办起机械化农场，经营土地近万亩。1999年，青岛市农机供应公司撤销。

2005年，全市农机经营单位35.86万个，经营总收入26.4亿元，利润总额10.9亿元。

农机推广

中共十一届三中全会后，农民拥有生产经营自主权，对农业机械提出更高的要求。青岛市围绕三夏、三秋两个农业生产高峰和小麦、玉米、花生等农作物的主要生产环节，重点推广小型农机具和以人力、畜力为动力的半机械化农机具，如小麦半精量播种机、地膜覆盖机、筑埂器、和墒器、旱田沟播机、化肥深施耧、小麦割晒机等。1984年，即墨市任家屯卫星农场开始引进北京产型号为北京-Ⅲ小麦联合收获机。至1990年，累计推广小麦机械半精量播种332万亩、玉米机械套种34万亩、小麦机械收获719万亩、化肥机械深施109万亩。仅上述4项技术每年推广累计增产粮食4亿公斤，减少损失和降低成本5000万元，节省工日550多万个。

1991年，青岛市开始大力推广小麦、玉米精少量播种机；小麦、玉米联合收割机；花生联合播种机和花生挖掘机（犁）及农田旱薄地开发技术；机械化秸秆综合利用技术；花生机械化增产技术和玉米机械化套种技术，取得良好的社会效益和经济效益。在莱西市实施的农业部小麦机械化综合增产技术课题取得明显成效，20万亩实验区增产小麦3000万公斤，增产幅度比其他地区平均增产幅度高16%。全年在全市共推广化肥深施耧4000多台；花生播种机200余台，机播花生5.3万亩，同比增长5倍；小麦沟播机200余台，沟播小麦62万亩；推广旋耕机150台。1993年，重点推广“三播两深”新技术（小麦沟播、精少量播种、玉米机械套种和深耕、深施肥），完成农机作业面积700多万亩，机械深耕作业面积357万亩。1996年起，青岛市把推广小麦联合收获机械列入重点工作目标任务，并落实购置一台小麦联合收割机补贴2000元的鼓励扶持政策，实现小麦收获过程的第二次飞跃。当年，全市新增小麦联合收割机377台，联合收获面积52.84万亩。1997年，市农机局在即墨市段泊岚镇创办青岛市农机化科技示范园，种植小麦、玉米、花生、地瓜等新品种农作物，购置大型玉米联合收割机、小麦联合收割机、秸秆还田机、拖拉机和播种机等新型农业机械进行试验。园内共有大中型农机设备20余台（套）。当年，全市推广小麦联合收割机1303台，保有量1792台，小麦机收面积381.39万亩，机械化收获率达96%，小麦收获由“割、运、脱”分段作业向联合复式作业转变，小麦生产基本实现机械化。

1998年，市政府印发《关于加快农业机械化发展的通知》，提出在全市组织实施“3316”计

自1998年起，青岛市利用3年时间在全市推广600台玉米联合收割机。图为玉米联合收割机工作现场。

划，即用3年左右的时间在全市推广3000台玉米精播机械、1000台玉米秸秆还田机、600台玉米联合收获机。1999年，青岛市农机推广站研制成功适合青岛地区推广应用的2BJH-2型花生联合播种机，并通过青岛市科技部门组织的生产鉴定。进入21世纪，青岛市加强建设青岛市日本本田农业机械试验基地、青岛市韩国平和ENG农业机械试验基地等6个机械化示范基地。2004年，集农机引进、试验、推广、示范于一体的青岛市农机化推广示范基地在莱西市建成并投入使用，为生产企业、农机推广部门和农民搭建一个三方面对面交流、共同加快农机具推广的平台，辐射带动全市农机化创新示范工程的发展。

另外，青岛市重视农业机械化国际交流工作。1992年，青岛市组织农机考察团赴日本考察农业机械，引进5台日本久保田公司生产的谷物割捆机（YB35型3台、YB65型2台）。1993年，在城阳区夏庄镇创办青岛市德特农业机械服务中心，主要经营俄罗斯产德特系列履带式拖拉机及其配件。两年时间，全市引进推广德特-75型履带式拖拉机100余台。1998年，青岛市引进乌克兰生产的赫尔松-200型大型玉米联合收割机进行试验推广，该收割机一次可同时收割6行玉米。2002年，先后从日本本田公司和韩国平和ENG公司引进适合蔬菜大棚内使用的多功能园艺拖拉机和水果蔬菜筛选机械，并在青岛地区示范推广。2003年，青岛市农业机械化技术推广站与韩国专业生产水果、蔬菜、花卉筛选机械的斗星社签订两大类、8个机型的先进机械的推广代理合同。至2005年，在青岛市推广韩国斗星社生产的菊花筛选机4台。

2001～2005年，全市推广各类适用农机具5.7万台（件），累计作业面积3300万亩，增加粮食产量33万吨，实现节本增收效益3.3亿元。取得主要农机推广（科研）成果21项。

农机补贴

1987年后，各县（市、区）普遍采取增拨周转金、财政补贴和建立农机化发展基金等办法，扶持、鼓励农民个人购买农业机械。1990年，全市县、乡两级用于购置大型农业机械的补贴和村级集体购置农业机械的资金1500万元。1994年，青岛市又投资60万元，对农民购买更新大型拖拉机，按每台2000元的标准进行补贴。1995年，青岛市拨款24万元，用于大型拖拉机更新补贴，进一步优化全市拖拉机保有量的结构。两年间，全市更新大型拖拉机220台。1998～2000年，青岛市财政共拨款500万元，对购买玉米精量播种机、玉米秸秆还田机和玉米联合收获机的购机户分别按购机费用的15%和20%进行补贴。

2004年，《青岛市2004年度农业机械购置补贴实施方案》对小麦秸秆（牧草）综合利用机械组合、玉米联合收获青贮机械组合、花生收获机、薯类收获机等9种新型农业收获机械和设备给予重点补贴，全年补贴348万元，购置新机具400多台（套），引导农民投入2000多万元。3月27日，中央电视台《新闻联播》节目报道青岛市率先在全国落实购买农机补贴政策、即墨市农机大户张维震成为青岛市享受农机补贴第一人的消息，并被《青岛日报》社评为2004年度青岛市农业十大新闻之一。2005年，市政府印发《关于实施玉米生产全程机械化有关问题的通知》，确定补贴重点。在资金安排上，做到“总量控制、计划指导、调整余缺、据实补贴”，同时，成立农机购置补贴纪检监察领导小组，对农机购置补贴工作实施全程监督。农机具购置补贴重点向玉米联合收获机倾斜，逐步形成以“大型拖拉机+玉米收获机+旋播机+深松整平机”为主的组合式农机推广模式。当年，在平度市、莱西市实施国家优质粮食产业工程农机装备推进项目。

2005年，全市共购置补贴机具361套组合（其中拖拉机354台、背负式玉米收获机械349台、旋耕机341台、深耕犁347台）。全市98个乡镇、312个村的337户农民享受到财政补贴购机，购机总额达到3870万元，其中青岛市补贴1290万元，引导农民投入资金2580万元。

农机作业

1983年后，青岛市通过采取大包干、按毛收入或纯利提成、小段包工、专业承包等责任制形式开展农机经营服务，促进农机服务市场化、社会化和专业化进程。

1990年，青岛市坚持走“以农为主，综合经营，自我积累，自我发展”的路子，兴办经营服务实体，开展农业产前、产中、产后有偿或低偿服务，农机社会化服务取得明显的社会效益和经济效益。当年，全市各类农机服务组织签订小麦机收合同126万亩、机播合同205万亩、机耕合同409万亩。1997年，全市推广胶南市灵山卫镇农机站兴办实体和发展养殖业开展系列化服务、胶州市胶东镇组建联合运输服务公司的经验，并通过多种投资经营形式，形成农机供应、维修、推广、培训、油料经销和工程开发6条服务线，健全县、乡、村、户4个层次的农机化服务体系。

2000年，在农机跨区作业工作中，率先在全国开展创建“明星服务队（机组）”活动，此后每年评选表彰一次。2002年，青岛市农业机械服务中心印发《加快农机服务产业化发展的意见》，大力发展农机服务组织，推动农机经营服务组织走农机服务市场化、服务组织实体化、服务实体企业化、企业群体产业化的路子。2003年，青岛市实施“小麦秸秆机械打捆和玉米（牧草）机械化收获青贮”两大富民工程，完成小麦秸秆机械打捆面积23.7万亩、玉米机械化收获青贮面积40万亩，为农民增收6000多万元。此后，青岛市加快建设一批农机化创新示范基地，推广先进适用的农机装备，重点推广玉米收获机械和旋播机，推行“3+1”（农机户+种植户+养殖户+公司）农机服务产业化模式，推进小麦、玉米秸秆综合利

2004年，青岛市率先在全国落实购买农机补贴政策。图为向农机购置户发放现金补贴。

1996年后，平度市率先组织农机跨区作业活动，提高了农机使用率和农民收入，并于2000年建立“兴机富民”服务品牌。

用，逐步建立起符合市场经济规律和青岛实际的农机产业化新机制。2004年麦收期间，仅用一个星期时间，青岛市就完成315万亩小麦收获任务，机收率达97%，其中联合机收率达94.6%；三秋完成机耕地面积377万亩，机耕率达97%；完成玉米机收面积50多万亩，均比往年有较大幅度提高。完成三夏农机一条龙作业面积占耕地面积的20%、三秋农机一条龙作业面积占耕地面积的25%，为农民增收1亿元。

至2005年，全市小麦生产机械化率达95%，玉米机收率达25%，玉米生产全程机械化率达60%以上。农业机械化综合水平机械率达75%，青岛市进入农机化高级阶段。另外，全市组织4290台小麦联合收割机参加三夏跨区作业，作业范围涉及江苏、安徽、河南、河北及山东省内等100多个县（市），作业面积达280万亩。

跨区作业　1979年，崂山县城阳公社农机站推行农机作业“四统一”的做法，即在作业机械所有权不变的前提下，三夏大忙季节由公社统一使用，做到一机多用，解决部分村队机械多、使用率低，部分村队无机械或机少不够用的问题。1990年三夏期间，青岛市部分市（区）、乡镇、村和户的收脱机械打破地域界限统一调配，保证夏粮丰产丰收。1994年，胶州市首先提出并组织实施“东机西进、西机东征”跨区域作业方式，即按照当地小麦由西向东成熟的过程，先组织东部的机械到西部作业，随后由西向东推移，为农机跨区作业的雏形。1995年，青岛市农机管理部门利用小麦成熟的时间差、地域差，组织140台小麦联合收割机、7200台小麦割晒机和4000余台脱粒机，跨村、跨乡镇、跨市（区）大规模地进行异地作业，提高机械利用率和作业质量，拉开全市跨区收割作业“西进东征”的序幕。

1996年，在平度市首次举行大型“西进东征”出征仪式，组织大规模的小麦联合收割机“西进东征”跨区域作业活动。三夏期间，全市组织98台小麦联合收割机西进济南章丘、潍坊青州和淄博等地作业，东征牟平、荣成等地作业，组织152台农业机械跨市（区）作业，组织516台联合收割机进行跨乡（镇）作业，共完成作业面积30.71万亩。通过跨区域作业，每台农机作业时间由5天延长到10～15天，单机作业量由500亩扩大到1100亩。在不增加投入的情况下，增加联合收割面积10万亩，使全市联合收获面积达到35万亩。1996年后，跨区作业范围作业地点由省内发展到河南、河北、安徽、江苏、内蒙古等省、自治区。1998年三夏期间，青岛市组织1200台小麦联合收割机参加跨省、地（市）机收，市内5区3市组织700台进行跨县、乡作业，完成作业面积114.19万亩；引进、接受外省、市（地）2600余台机械来青岛农村地区作业；三秋期间，组织3000台大型拖拉机开展跨市县乡深耕作业，完成作业面积106万亩；冬春期间，组织1.2万台机械参加农田水利建设，完成土方5520立方米，占总土方量的70%。

2000年，青岛市农机跨区作业率先在全国开展以打造诚信服务品牌、提高竞争能力、推进“兴机富民”服务品牌建设为主题的创建“明星服务队（机组）”活动。当年，青岛市参加跨区作业的小麦联合收割机达到2700多台，为农民增收3000多万元。评选出30个明星服务队，300个明星机组。次年，该经验在全省推广。2005年三夏期间，青岛市引进3630台外地联合收割机，组织原有4290台小麦联合收割机参加三夏跨区作业，跨区作业范围涉及江苏、安徽、河南、河北及山东等100多个县（市），外出作业面积达到280万亩，为农民增加收入9800多万元，创历史新高。当年青岛市被评为全国跨区机收工作先进单位称号。

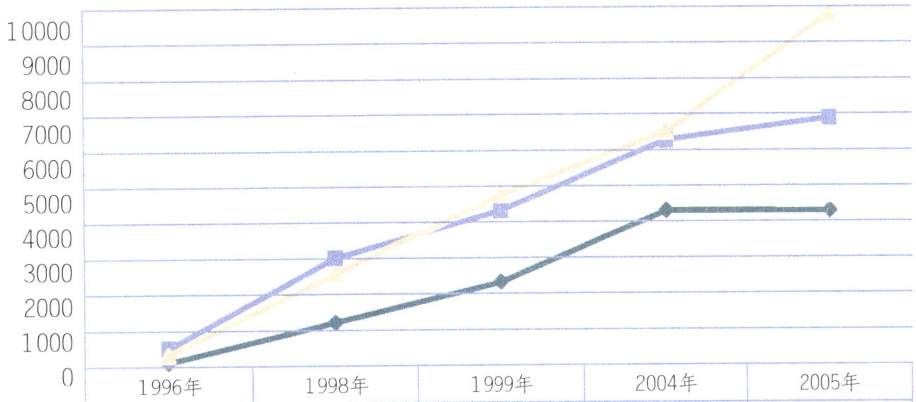

	1996年	1998年	1999年	2004年	2005年
跨区作业小麦联合收割机数量（台）	98	1200	2311	4300	4290
全市小麦联合收割机保有量（台）	496	3003	4315	6272	6875
作业总收入（万元）	300	2560	4750	6500	9800

图7-1　1996～2005年部分年份青岛市农机跨区作业示意图

一条龙服务　2002年，胶州市在全国率先推出“小麦联合收获—小麦秸秆打捆—粮草田间运输—玉米精播”三夏农机作业一条龙服务模式。6月，在胶州市铺集镇孙家村召开三夏农机一条龙服务暨小麦秸秆打捆现场会。此后，由初创时的三夏农机作业一条龙服务延伸到三秋及冬春等多个生产领域，把单项的作业项目有序地连接起来，最大限度地提高机械作业效率，加快三夏、三秋农业生产进度。实施农机作业一条龙服务后，农机作业效率提高近40%，机手收入增加20%，作业成本降低25%，每亩为农民节本增效约100元。2003年，全市三夏农机服务一条龙作业面积达到20万亩，三秋农机服务一条龙作业面积达到15万亩。青岛市总结推广四种农机一条龙作业模式，分别是三夏期间的“小麦联合收获—秸秆机械打捆—粮草运输—玉米精播”和“小麦联合收获—粮食运输—秸秆（灭茬还田）—玉米精播”，三秋期间的“玉米收获青贮—粮草运输—机械深耕（深松）—小麦精播”和“玉米机械收获—秸秆还田—机械深耕（深松）—小麦精播”农机一条龙作业服务模式。

2005年，青岛市被农业部确定为全国三夏农机工作重点报道的8省1市之一。当年，青岛市农机作业一条龙服务面积100多万亩，为农民增收节支1000多万元。

抢险救灾　1996年麦收期间，平度市连续两次遭受大风大雨和冰雹袭击，小麦大面积倒伏。青岛市及时从淄博、滨州、潍坊、烟台等地市调进联合收割机78台，从胶州、即墨、城阳调进1100余台农机支援灾区麦收，确保小麦丰收。1997年秋，面对百年不遇的严重干旱，青岛市组织拖拉机5.78万台、播种机1.581万台共同上阵，全面完成机械深耕、小麦播种任务。2001年春，青岛市遭遇持续干旱，全市组织投入喷灌机械设备12万套、拖拉机2万台，解决抗旱保苗和人畜吃水问题。7月连续5次较大降雨，全市组织近3万台拖拉机投入抢险救灾。2002年，全市共有211万亩农作物遭受干旱，青岛市申请农业部支援农业生产抗旱救灾柴油5000吨（折合60万元），拨付到平度市、即墨市、莱西市、胶州市、胶南市和城阳区，并组织农业机械参与抗旱救灾工作。

农机维修

1979年，青岛市农业机械维修以国营、集体拖拉机站为主，一般设有维修车间，承担本站拖拉机及配套农具一般性维修，需大修则送专业修理厂。随着农村集体和个人购置农业机械迅速增长，农机维修呈现出县、公社、生产大队多种形式并存的三级农机维修网络。全市农机化程度较高的村以“三库一间”建设为重点，普遍开展农机维修服务，配备车床、刨床、钻床、空气锤、电气焊、油泵实验台等六大维修设备，农业机械入库率达90%以上，基本解决农机具风吹、雨淋、日晒和有机无库的问题。胶南、胶县、即墨、崂山和黄岛5县（区）有国营拖拉机站3个，社营拖拉机站79个，各种类型农机维修工2728人，承担全市大部分农机具的维修工作。

1984年，国务院《关于农民个人或联户机动车辆和拖拉机经营运输业的若干规定》实施后，青岛市农民个人购买农业机械迅速增加，农机维修网点结构随之改变，农机维修工作转向建立乡村联户或个体维修点。农机维修点以汽车、拖拉机、农机具维修为主或兼营农机具配件供应，从业人员多为原农机修理工或驾驶员。1985年，青岛市规定凡申请维修农业机械的国营、集体维修单位和个体经营的维修点，必须经县农机管理部门考核合格，发给技术合格证书并签署意见后，方可向工商行政管理部门申请办理营业执照。1987年，全市农机维修点有1154个，审核发证887个，占总数的77%；农机维修工3089人，考核发证的2071人，占总数的67%。

1993年，青岛市对所有从事农机维修业务并经各级农机维修主管部门审定合格的国营、集体、私营（个体）维修点，实行悬挂行业标志牌规定。农村机械维修行业标志牌按级别分为4种，即大修厂、修理厂、维修点、专项修理点标志。当年，全市发放各级维修点标志牌1937个。1995年，根据山东省《关于农业机械维修工人审核、发证等有关事项规定的通知》的要求，青岛市结合年度检审，对1991年前签发的修配网点技术合格证进行重新登记并换发新证。全市1932个农机维修点全部挂发山东省统一的行业标志牌，维修点和维修工年审率均达100%。对全市282个乡村农机配件销售点办理牌证手续，农机配件供应开始纳入农机系统的行业管理。但随着大型机具的发展，对维修点的技术要求逐步提高，农机维修点逐渐减少。

2000年，实行农机维修工（为恢复用于种植业、畜牧业、水产养殖业、农产品加工和农田基本建设的动力机械、作业机械和运输机械的技术状态和工作能力进行技术服务活动的从业人员）就业准入制。对符合条件的农机维修工人换发新的职业资格证书；对新就业的农机修理工，经过培训、考核合格后，发给职业技能证书，进入就业市场。2001年，青岛市对全市已有农机维修厂（点）和农机维修配件销售点进行技术检验，向合格者颁发“山东省农业机械维修点技术合格证”“山东省农机配件销售技术合格证”和行业标志牌。2003年，在青岛市行政审批制度改革时，取消农村农机维修网点的检审收费制度。

2005年，全市有农机维修厂（含网点）1295个，维修工人2336人，其中高级农机维修工137人、中级农机维修工352人、初级农机维修工1847人。

第八篇　林　业

青岛地区植被属暖温带落叶阔叶林带，天然植被具有明显的次生性。青岛建置之初，原始森林早已无存，市区及近郊山系次生林总面积约9333公顷。德国侵占时期，殖民当局颁布《保护林木章程》，实行林地保护，“农家放牧侵入林地者，处三元以上五十元以下的罚金；于租借地内砍伐树木或灌木者，无论官有或私有（林木）处一百五十元以下之罚金或六星期以内拘留，盗伐之木全部没收。”同时，辟建植物试验场，进行树木培育繁殖试验，首批引种的世界各地树木品种如刺槐（俗称“洋槐”）、悬铃木（俗称“法国梧桐”）、加拿大白杨、北美圆柏等达500多个。在引入的树木中，刺槐、悬铃木等因适应环境而迅速繁殖，并成为近代青岛地区骨干树种；夏栎、日本辛夷、美国山核桃等虽能勉强生存，但难以繁殖；大部分树种因不适应当地气候、土壤条件，导致引种失败。这一时期，市区和近郊成片林有所发展，至1914年，增加林地面积约6000公顷。此后，青岛政局动荡，战火频仍，林地几乎被破坏殆尽。解放前夕，青岛市区及崂山山冈林地仅残存4000公顷。

建国后，青岛市林业建设出现恢复性发展。至1957年，市区及郊区林地面积比解放前翻了一番多。1964～1966年间，经过林业战线科技人员的努力探索，找到适宜青岛地区沙质、岩质海岸造林的树种——黑松，并建设大片以黑松、刺槐为主的沿海防护林。“文化大革命”初期，乱砍滥伐成材树木现象较为严重，树木资源大幅下降。1978年，全市有林地96067公顷。

概　述

1978年后，青岛市实行林业管理体制改革，广泛开展全民义务植树活动，积极推广先进林业技术，林业生产快速发展，形成了国营林场、集体林场和专业户多层互补的生产格局。到1986年，全市主要山系、河堤、海岸线80%得到绿化，林地面积达到119507公顷，农田林网面积27406公顷，基本形成网、带、点、片相结合的防护林体系。六县（崂山、胶县、即墨、胶南、莱西、平度）一区（黄岛）均建立林业行政管理机构，部分乡镇还建立林业站，全市林业管理工作走上正轨。

90年代，青岛市结合农业结构调整，积极发展经济林、用材林、种苗、花卉和森林生态旅游等，推广“公司＋基地＋农户”生产模式，促进了林业产业化发展。这一时期，由于受果品价格下降等因素影响，山楂、苹果等经济树种被大量砍伐，青岛地区林木覆盖率没有增长。2000年，全市森林覆盖率为20.51%，在全国15个副省级城市中，森林覆盖率排行第十位，与居第一位的杭州市相差41.47%，与居第九位的成都市相差11.67%。

2001年北京申奥成功，青岛市成为2008年奥帆赛举办城市。按照“绿色奥运”的要求，青岛市提出到2008年奥帆赛举办时，全市森林覆盖率达到35%以上、城市森林覆盖率达到42%以上的目标。重点组织实施了沿海基干林带建设工程、平原绿化工程、通道绿化工程、“四荒”开发治理、大环境绿化工程、镇村绿化工程、种苗花卉工程等。大工程带动大发展，造林面积大幅上升，全市林业进入跨越式发展时期。在山丘地区坚持退耕还林与封山育林相结合，实施以林为主的综合开发；在平原地区实行绿色通道建设、高标准林网建设和村镇绿化；在沿海地区坚持“防护、治理、开发并重”方针，加宽补植海防林基干林带，营造综合防护体系，全市林业建设取得前所未有的成效。2001～2005年，全市共完成新造林10.96万公顷，退耕还林3.08万公顷，新建完善农田林网15.5万公顷，“四旁”（村旁、宅旁、路旁、水旁）植树2887.9万株，新育苗1.82万公顷。

至2005年，全市森林覆盖面积26.36万公顷，覆盖率达31.7%，林业总产值21.9亿元。

2005年，青岛市森林覆盖面积26.36万公顷，覆盖率31.7%，林业总产值21.9亿元。图为胶南市“四旁”和农田林网绿化。

2005年青岛市森林资源统计表

表8-1　　单位：公顷

区市	森林面积								灌木林地面积	林网			森林覆盖率（%）
	合计	生态林			商品林					宜林网	合格林网	需完善林网	
		合计	防护林	特用林	合计	用材林	经济林	薪炭林					
合计	263427.98	109000.55	106600.53	2400.01	154587.44	56820.28	95720.48	2046.68	4413.36	305661.53	290114.78	15546.74	31.7
崂山	23140.12	20426.77	18846.76	1580.01	2713.35		2713.35		13.33				62.4
城阳	10800.05	7700.04	7593.37	106.67	3100.02	380	2720.01		286.67	4106.69	4106.69		31.02
黄岛	7280.04	6073.36	6066.7	6.67	1206.67	206.67	1000.01		26.67				32.29
胶南	57060.29	22600.11	22553.45	46.67	34460.17	19780.1	14660.07	20	2020.01	9540.05	9540.05		40.67
胶州	30146.82	6486.7	6133.36	353.34	23660.12	9873.38	11760.06	2026.68	1060.01	31940.16	31940.16		33.41
即墨	33533.5	21626.77	21573.44	53.33	11906.73	5506.69	6400.03		460	53420.27	53420.27		29.74
平度	66440.33	18946.76	18933.43	13.33	47493.57	14473.41	33020.17		526.67	159120.8	143574.05	15446.74	26.56
莱西	35026.84	4980.02	4740.02	240	30046.82	6600.03	23446.78		20	47533.57	47533.57		29.5
李沧		160	160										

第一章　林业资源

青岛建置初期，曾大量引进国内外树种，木本植物资源丰富。构成青岛地区的森林植物群落主要有：赤松、黑松、刺槐、栎类、杨属、榆属等。以崂山树种资源最为丰富，其次是大珠山、小珠山、铁橛山、大泽山等。2005年，全市共确认古树名木1244株，含39科65属100种，其中300年及以上树龄古树名木423株。青岛市林地资源相对短缺，2005年，全市林业用地面积仅为20.7万公顷。青岛市野生动物种类以鸟类居多，共381种，其他为两栖类8种、爬行类17种、兽类17种。

第一节　林地资源

1978年，全市有林地面积9.6万公顷。中共十一届三中全会后，林业生产增长迅速。1987年，全市林地面积达到14.68万公顷，农田林网面积26.44万公顷，林粮间作面积2.2万公顷，民间屋前院后“四旁”树木4990万株，立木蓄积178.8万立方米，林木覆盖率为15.64%。

1990年，全市有“两山”面积6.05万公顷（自留山滩2.56万公顷、责任山滩3.49万公顷），集体林场经营面积1200公顷。主要管理形式有：林地均分到户，无偿经营或有偿经营；专业户承包经营；联户承包经营；集体组织管理或专业队承包管理等。2000年，针对现有森林资源基础存在的问题，组织465名调查人员，历时8个多月，开展全市森林资源清查工作，基本掌握森林资源现状。当年，全市林业用地面积207043公顷，林地面积163811公顷，森林面积154041公顷。其中，用材林9512公顷（短轮伐期用材林1061.5公顷），占6.17%；防护林70842公顷，占45.99%；特用林2104公顷，占1.37%；薪炭林2050公顷，占1.33%；经济林69461公顷，占45.09%；竹林72.5公顷，占0.05%。

2005年，全市林地面积约26.36万公顷，其中防护林10.66万公顷、特用林0.24万公顷、用材林5.68万公顷、经济林9.57万公顷、薪炭林2047公顷。森林覆盖率达到31.7%。3区5市林地面积分别为：崂山区2.31万公顷、城阳区1.08万公顷、黄岛区0.728万公顷、胶南市5.71万公顷、胶州市3.01万公顷、即墨市3.35万公顷、平度市6.64万公顷、莱西市3.5万公顷。

第二节　林木资源

青岛地区属暖温带落叶阔叶林区，至2005年，全市共有木本植物资源89科247属764种（含亚种、变种、变型），占全省的80.8%。其中，裸子植物7科24属71种，被子植物82科223属693种；野生植物58科114属281种，主要分布在崂山、大泽山、大珠山、小珠山等重点山区及近海岛屿，以崂山资源最为丰富，占野生树种资源的90%以上；引种栽培树种资源75科189属483种，全市各地均有分布，但又以崂山、市内及城阳、即墨等区域为主。2005年，共确认古树名木1244株，含39科65属100种。其中古树1077株、名木167株。

主要造林树种

青岛地区原生主要乔木树种为赤松、栎类等，可用于造林特别是荒山丘陵造林的树种少、生产力低、病虫害严重。为增加地区树种资源，提高林业生产力，青岛市在开展国内树木引种同时，从国外大量引进树种。1891年始，先后从欧洲、北美洲、大洋洲、亚洲等一些国家和地区引入树种资源600余种（含从北美洲引入苹果73个品种、梨78个品种）。这些引入树种以园林绿化树种居多，且大部分引种失败。建国后，对原引种成功的乔灌木树种，按照适地适树要求，开展大面积植树造林。同时引入新的树种资源，仅从国外引进树种就有300种。到70年代，不少引入树种实现乡土化，并成为主要用材林、水源涵养林、水土保持林、经济林、风景林的主要树种。2005年，全市造林树种中，引进树种面积占97%，立木蓄积占93%。主要造林树种增加5倍，直接经济效益4亿元。

松类　青岛地区栽培松树历史悠久，种类主要有赤松和油松。20世纪初引入日本黑松、日本落叶松和雪松。50年代后，又相继引入金钱松、红松、樟子松、火炬松、湿地松、华山松、欧洲黑松、黄山松、欧洲赤松、刚松、海岸松、晚松、班克松、刚火松等。其中除雪松、金钱松作为园林观赏绿化树种外，其余多作为荒山造林树种，并成为青岛丘陵山区水土保持林、沿海防护和山区水源涵养林的造林主要树种。

日本黑松原产日本，常绿乔木，用材和观赏树种，各山坡均有片林。2005年，有成幼林面积超过5.41万公顷，占有林地面积的60%以上，成为低山、丘陵及沿海造林的先锋树种。崂山北九水有树龄31年、高17米、胸径37厘米的日本黑松。

日本落叶松，乔木，1954年从黑龙江省青山林场、辽宁省草河口和丹东市两次引种，造林面积达2667公顷，立木蓄积12万立方米，被誉为“北方杉木”。崂山水石屋有树龄50年、高18.7米、胸径38.5厘米的日本落叶松。崂山林林场天落汪有树龄23年片林，每公顷立木蓄积150立方米，比国内同龄华北落叶松、落叶松、长白落叶松树高、胸径、材积生长量大15%～60%。

火炬松原产美国东南部，崂山林场从1974年开始先后3次引种，并对其生长节律进行研究，崂山张坡有树龄30年的火炬松，树高12.2米，胸径23.1厘米，材积是同样立地条件下的同龄湿地松、欧洲黑松、日本黑松的1.27倍、4.64倍、8.16倍。火炬松适应性较强，抗病虫害能力强，在青岛低山阳坡有生产潜力。

雪松为世界五大著名观赏树种之一，青岛市引种早，人工授粉可结籽。

柏类　主要有桧柏和侧柏，另有少量铅笔柏、日本花柏、杜松等。青岛栽植柏树历史悠久，古时作为优良用材树种栽培。崂山太清宫树龄2100余年的古圆柏——“汉柏凌霄”是青岛市树木中的“老寿星”。崂山北九水有成林的日本花柏13.3公顷。其他如桧柏及其变种，多作观赏树栽培。

栎类　栎类俗称柞树。青岛栎类主要有麻栎、栓皮栎、槲树、枹树以及少量引种的沼生栎、蒙古栎、辽东栎等。栎类作为用材林、薪炭林、柞蚕林等栽培经营，50年代一度广为栽植，后数量日益减少。

杨类　青岛地区乡土杨树有毛白杨、小叶杨。20世纪初从国外引进的有钻天杨、加拿大杨。70年代先后引进健杨、沙兰杨、Ⅰ−214杨、鲁克斯杨、圣马丁诺杨、哈沃德杨、中林46杨、易县毛白杨雌株等。沙兰杨、Ⅰ−214杨成为青岛地区营造杨树丰产林的主要树种。2000年后，主要引进栽培品种有Ⅰ−107杨、Ⅰ−108杨、中荷Ⅰ号杨等。

柳类　青岛地区柳树以旱柳和垂柳为主。柳树在市内栽植非常普遍，河堤、河滩、湖岸以及村庄沟渠两旁多栽植柳树。胶州、黄岛城镇绿化栽植较多，形成柳树成行，风荡絮飞的美丽景观。

榆类　青岛地区榆属树木有4种，栽培最多的是白榆（又名家榆），材质好，用途广，易繁殖，“四旁”栽植多，是大众喜爱的乡土树种。青岛原来白榆较少，60年代由济宁、德州引入白榆种子繁殖、生长良好。70年代因榆兰金花虫连年暴发，榆树发展受到影响。

泡桐　青岛地区泡桐有3种：楸叶泡桐、兰考泡桐和毛泡桐。70年代中期，推行桐粮间作，营造泡桐丰产林，使泡桐栽培面积迅速扩大。

楸　青岛地区自古就有栽种楸树传统。崂山太清宫的18株楸树，树龄都在100年以上。楸树是青岛优良乡土树种，但多为零星栽植，较少成片造林。80年代全市开展楸树速生丰产林栽培，楸树种植得到较大发展。2000年后，在青岛市香港路绿化工程中曾有大楸树移栽。

臭椿　臭椿又名樗，是山东乡土树种，全省各地都有栽植。臭椿木材纹理美观，易加工，有“老椿气死槐”之说。臭椿抗污染、耐烟尘，为青岛工矿区主要绿化树种之一。

国槐　青岛地区有悠久的国槐栽培历史，是村镇“四旁”最常见树种。国槐种源多，易繁殖，木质好，寿命长，但由于生长较慢，只宜于在土壤深厚肥沃的房前屋后及城镇绿化栽培，很少有成片林木。平度市人民路两侧的国槐，初夏花开，形成一大美景。用国槐作砧木嫁接的龙爪槐，是具有观赏价值的树种，市区多有栽植。

刺槐（洋槐）　原产美国。20世纪初，德占期间首先由欧洲引入青岛。为崂山低山、青岛市区和“四旁”植树的主要造林绿化树种。刺槐适应性强，生长迅速，用途广泛，很快在崂山中下部和黑松相间并茂，整个青岛市区也掩映在刺槐绿树之中，故青岛有“洋槐半岛”之称。青岛古称琴岛，因而刺槐又名琴树。刺槐在青岛引种成功后，山东省内外竞相引种，并成为华北、西北、东北南部和华中地区主要造林树种。

悬铃木（法桐）　悬铃木于20世纪初引入青岛。因其耐修剪，树型好，病虫害少，多作城镇行道树和风景树。青岛引进的有3个品种，即三球悬铃木（法国梧桐）、二球悬铃木（英国梧桐）、一球悬铃木（美国梧桐）。

绒毛白蜡　原产北美，20世纪初引入青岛。绒毛白蜡生长快、材质好，耐盐碱、低温。80年代初开始作盐碱地造林树种栽植，是青岛沿海防护林的重要树种。

竹　青岛地区栽培品种有紫竹、淡竹、毛竹、刚竹、矢竹和阔叶箬竹，栽培最多的是淡竹、刚竹，淡竹竿材质地柔韧，劈篾易，篾性好，为编织工艺品的优良材料。整材可做晒杆、支架、农具柄等。青岛市自1958年开始从浙江省引种毛竹栽培，先后在10余处造林，普遍生长良好，无冻害。经扩大栽培，已有毛竹、淡竹、刚竹、紫竹、阔叶箬竹等栽培品种。

枣属　枣是青岛地区重要干果树种之一，栽培历史悠久。青岛枣树品种较多，有圆铃枣、长红枣、马牙枣等20余种。其中，平度脱毒冬枣、胶州大躺枣、崂山脆枣等较为有名。平度脱毒冬枣具有早期丰产、抗病、果个大、果肉质细，皮薄而脆，甜度高、啖食无渣，成熟晚的优点，果皮赭红光亮，可溶性固形物完熟期达37%～39%，平均单果重23克，最大单果重72克，是农民增收的经济树种。

板栗　板栗是国内特产的一种优良干果，栽培历史悠久。青岛板栗优良品种较多，有莱西大板栗、沂蒙短枝、烟清、烟泉、石丰等品种。莱西大板栗是在栽培过程中选育出产量高、经济效益好的优良品种，6年生板栗平均每亩产量可达353公斤，是群众喜爱的经济林树种。

柿属　青岛地区柿属树木原有两个种和一个变种，即君迁子、柿和野柿，分布在丘陵山地，“四旁”植树也多有栽培。从日本引进甘柿品种富有、次郎，栽培不多。

核桃　亦称胡核，汉时从西域传入。崂山北九水石门及水石屋有片状野生。青岛地区有山核桃、核桃楸、胡桃等品种，近年村庄内外有零星栽植。胶州普集有200年生大树，高8米，根径75厘米。90年代，引进香玲、绿岭、鲁光等优良品种。

苹果属　苹果占青岛水果林面积50%以上，占青岛经济林面积40%以上。19世纪末，西洋苹果开始传入，品种有国光、青香蕉、印度、金冠、元帅、红星、红玉、祝光等。80年代后又先后引进青冠、玫瑰红、烟红、烟红星、保光、秀水、红国光、红富士、嘎啦等新品种。

梨属　栽培历史悠久。19世纪末，西洋梨传入。主要品种有沙梨、洋梨等。2000年后，引进日本、韩国新品种有新高、大果水晶、黄金等著名品种。

山楂属　栽培品种均属大山楂，其砧木为山里红。此外，尚有野山楂，俗称黄楂子、药楂子，供入药。80年代山楂迅速发展，成为面积仅次于苹果的经济林树种。90年代面积减少。

桃属　栽培品种属北方桃系，品种类型极为丰富。依经济性状可分为五月红桃群、六月鲜桃群、血桃群、白桃群、大桃群、冬桃群。中华寿桃先在莱西扩大繁殖，后在山东省各地有较大面积推广并定名。

葡萄属　汉时从西域引入，栽培历史悠久，20世纪初优良品种不断引入。青岛地区广泛栽培品种的以欧洲种为主，亦有少量美洲种和杂交种。全市栽培品种以龙眼、玫瑰香为主；酿造品种有雷司令、贵人香、玛瑙红；后引入黑品诺、法国红、加里娘等。平度玫瑰香葡萄为名优品种。

银杏　青岛地区银杏栽培历史悠久。崂山上清宫有2000余年的古银杏，相传植于西汉，为青岛古银杏之“尊”。崂山、青岛市区栽培较多，但多数为零星栽培的观赏树。80年代后期，提倡栽长寿树，银杏在道路和庭院绿化中常被栽植。

漆树　树干割漆，种子榨油，果皮取蜡，叶提取栲胶，根、叶供作农药，为特用经济树种。崂山区青山村列坡沟、双石屋南坡有片状野生。其中，列坡沟有20年生、高7.5米、胸径17.2厘米的漆树。

黄连木　原产中国，分布很广。崂山林场、中山公园均有片状分布。青岛地区有黄连木古树15株，最古老的为平度市旧店镇九里夼村的“五百至”，其树形奇特，被当地百姓拜为“神树”。黄连木可作庭荫树、行道树及山林风景树，也常作“四旁”绿化及低山区造林树种。

耐冬　耐冬在青岛沿海岛屿有成片天然分布，是中国常绿阔叶树种天然分布最北界的树种。长门岩岛、千里岩岛、大管岛小片耐冬残存，常和大叶胡颓子、红楠、小叶朴、山合欢等混生。耐冬在海岛生态条件下生长茂盛，开花结实正常。由于人为破坏，植株残缺不全，一些岛屿上的耐冬濒临灭绝状态。为加强保护工作，1988年3月12日，确定耐冬与月季花为青岛市花，并在青岛植物园、青岛东都实业公司等大量栽植耐冬。

古树名木

青岛地区的古树名木中，除乡土树种外，另有一些稀有树种，被列为特有珍贵保护树种。这类树木中，古树较少，名木居多，均从外地或外国引入。引入行为可分两类：一类是私家宅园林建设。其引种历史可追溯至明朝初期。另一类是道教寺庙园林发展。市区引进始于1891年前后。在首批引植的树木中，有刺槐、无刺槐、悬铃木、加拿大白杨、欧椴、北美圆柏、西洋山梅花及各地的苹果、梨、桃、葡萄、无花果等果树品种多达500余种。1914年，日本第一次侵占青岛后，又相继引植大批东亚树种，其中如雪松、日本黑松、樱花等在青岛落户后加入乡土树种的家族，成为青岛市种植密度最大的树种之一。

1989年12月～1991年10月，青岛市绿化委员会组织市园林环卫局、青岛市林业局、崂山风管委联合对崂山风景区内古树名木分布情况进行第一次普查。先后对崂山的太清宫景区、上清宫景区、棋盘石景区、仰口景区、北九水景区、华楼景区的庙宇及遗址周围、王哥庄风貌保护区、夏庄风貌保护区内的古树名木进行较详细的普查，并登记、编号、挂牌，建立起青岛市第一批古树名木档案。2002年，青岛市绿化委员会成立古树名木普查领导小组，对青岛市部分区域古树名木进行第二次普查（包括对第一次进行复查）。2005年初，青岛市林业局（市城市园林局）在1989年、2002年两次普查的基础上，在各区市广泛开展征集古树名木活动。经地方申报，各区市园林、林业管理部门现场调查和组织专业技术人员审定，至2005年底，共查出古树名木1244株（包括前两次普查确认的647株），含39科65属100种。其中，古树1077株、名木167株，300年

至2005年，青岛地区共确认古树名木1244株。其中，古树1077株、名木167株，300年及以上树龄的古树名木423株。图为崂山太清宫700年树龄的古黄杨。

及以上树龄的古树名木423株（不包括濒临死亡的树木19株）。从普查情况看，全市古树名木主要树种为银杏、圆柏、酸枣、柘树、国槐、流苏、朴树、赤松、广玉兰等，银杏数量最多。

7区5市城区古树名木共647株，100个品种，分属于39科65属，其中银杏127株，数量居首，其次是国槐、龙柏、楸树、雪松等。

7区5市镇村有古树名木597株，分属于28科36属38种。从科属分布上，银杏、国槐树种居多；从地理分布上，胶南市、即墨市最多，分别是128株和92株。平度市城关街道正涧社区古树群一处，主要树种为柿子，古树株数100株。

各区市的具体分布是：

市南区有古树名木302株，其中一级古树5株、二级古树1株、三级古树166株、名木130株。树种主要有银杏、悬铃木、黑松、雪松、日本五针松、白皮松、山茶、玉兰、龙柏、侧柏、刺槐、柿树、冬青等。

市北区有古树名木24株，其中一级古树2株、三级古树12株、名木10株。树种主要有银杏、雪松、白皮松、广玉兰等。

四方区有古树名木6株，其中一级古树2株、三级古树2株、名木2株，均为银杏树。

李沧区有古树名木19株，其中一级古树1株、三级古树10株、名木8株。树种主要有侧柏、龙柏、桂花、银杏、酸枣、梧桐等。

崂山区境域内有古树名木289株，其中崂山风景区230株、其他区域59株。树种主要有银杏、黄杨、山茶、麻栎、圆柏、侧柏、木瓜、桂花、流苏、玉兰、赤松、楸树、紫薇、水杉、小叶朴等。

黄岛区有古树25株，其中一级古树6株、三级古树15株、名木4株。树种主要有银杏、国槐、小叶朴、柿树、化香树等。

城阳区有古树31株，其中一级古树4株、二级古树4株、三级古树23株。树种主要有银杏、国槐、侧柏毛白杨等。

即墨市有古树名木109株，其中一级古树67株、二级古树19株、三级古树23株。树种主要有银杏、侧柏、圆柏、国槐、山茶、柘树、枣树、酸枣、小叶朴等。

胶州市有古树名木59株，其中一级古树11株、二级古树17株、三级古树30株，名木1株。树种主要为银杏、侧柏、国槐、刺槐、龙爪槐等。

胶南市共有古树名木138株，其中一级古树42株、二级古树39株、三级古树57株。树种主要有银杏、国槐、圆柏、侧柏、小叶朴、酸枣、柘树等。

平度市内有古树名木175株，其中一级古树23株、二级古树32株、三级古树120株。树种以国槐、银杏和松柏为主。

莱西市有古树名木67株，其中一级古树9株、二级古树19株、三级古树38株、名木1株。树种主要有国槐、银杏、圆柏、侧柏等。

第三节　国有林场

1978年，全市有国有林场5个，分别是崂山林场、莱西大沽河林场、平度大泽山林场、胶南环海林场、胶州艾山林场。80年代，青岛市国有林场在市场疲软的情况下，坚持“以林为主、多种经营、长短结合、以短养长”的方针，深化内部改革，调整产品和经济结构，经济效益连年递增。从90年代开始，在强化林木资源保护和发展林业的同时，国有林场大力发展森林旅游、园林绿化、苗圃建设、畜牧养殖等。至2005年，全市国有林场总面积8647公顷，其中崂山林场7467公顷、大沽河林场265公顷、大泽山林场555公顷、环海林场360公顷。

崂山林场

为山东省四大林场之一，位于崂山区东南部，总面积为7467公顷。东、南面海，西、北与沙子口镇、北宅乡的民山接壤，东北以王哥庄镇民山为界，周围百余华里，公路环绕，交通方便，为青岛市主要风景旅游区和水源基地之一。日本落叶松林为全场林木分布之冠，占林地总面积的44%，主要分布在海拔500米以上的深山区；黑松次之，主要分布在沿海500米以下的阳坡、半阳坡，林相（林地生长概貌）虽不及日本落叶松，但作为沿海防护林和旅游区的风景美化有其特殊作用。其他如刺槐、栎类等大多为萌芽更新的次生林，零星分布于各林区。

崂山林场建于1950年，原名南海林场，后改名为山东省立崂山林场，受山东省农业厅和南海专署双重领导，由青岛市代管，场部设于李村。此后，林场归属多次变更，管理职能多有变化。1982年场部迁至李村。该场下设崂东、北九水、流清河、太清宫、夏庄（原华楼宫林场）等5个营林区及宅子头苗圃。

崂山林场发展历程大致经历了3个阶段：第一阶段从50年代建场到80年代末，这一时期崂山林业经营采取“采育结合”的模式，以育为主，采伐为辅，在推进林业生产的同时，主要解决林场工人的吃饭问题。1978年，对刺槐萌芽次生林进行过一次更新砍伐。1977～1984年，共抚育间伐2067公顷，更新采伐34公顷，出产木材4461立方米。自建场至1985年，国家累计投资628.5万元。1987年，林木资产总值约4000万元，为投资总额的6.4倍。该林场自1979年实现事业费自给有余，到1986年平均每年盈余2.61万元。同时，林场以年增1～1.5万立方米的速度增加立木蓄积，对保持水土、涵养水源、调节气候、美化环境发挥重要作用。

第二阶段从90年代初至90年代末，其间，崂

崂山林场，位于崂山区东南部，总面积7467公顷，为山东省4大林场之一。1993年，被林业部批准为国家森林公园。

山林场被崂山风景区管委会代管，管理机制和营林方式更为科学。林场立足崂山森林资源优势，停止林木采伐，实行封山育林，从以用材林、防护林为主的经营模式转向风景林的培育与保护，扩大阔叶林面积，形成良好的复层森林植物群落结构。经过大规模植树造林，崂山生态环境持续改善，1993年，崂山林场被林业部批准为国家森林公园。

第三阶段为21世纪初，崂山风景区管委会提出建设“生态崂山”的战略构想，崂山林场加大风景林营造，制定以营造风景林、生态林为主要内容的“七线五林”规划，对已开发开放的景点及旅游沿线进行绿化美化建设，实施巨峰游览区风景林改造工程，造林40余公顷，改善林分结构，提高林分质量，增强景观效果。同时，崂山丰富的植被资源也为森林益虫和鸟类提供栖息和繁衍的场所。同时，大力开展招鸟引鸟工作，建招鸟巢箱180余个，进行松鼠、猕猴、灰喜鹊、八哥等野生动物的异地引进、驯养试验，成果显著。至2005年，崂山林场昆虫达近千种，其中天敌种类繁多，对森林病虫害起到明显制约作用，连续十几年未发生林木病虫害成灾现象。为确保森林安全，崂山林场建立起护林防火突击队、专业队、预备队3支队伍，配备先进的防火设备，建立起完善的规章制度，森林火灾预防和扑救能力提高。崂山风景区以沿海黑松、高山落叶松以及丰富多彩的观叶、观花、观果风景林为主的森林景观逐步形成。

大沽河林场

隶属莱西市，建于1959年12月，总面积546公顷。1961年退还生产队可耕地336公顷，尚余面积210公顷。1984年增为271公顷，其中林业用地187公顷。林业用地中用材林25公顷、防护林123公顷、经济林4.4公顷、试验丰产林7.9公顷、疏林地8.1公顷、采伐迹地（采伐后待造林地）9.5公顷，其余为苗圃地。2005年，林场总面积为265公顷，林业用地198公顷。其中，防护林15.3公顷、经济林6.7公顷，其余为苗圃地，主要树种有速生杨、刺槐、黑松、马尾松等。

大泽山林场

隶属平度市，位于平度市北部与莱州市交界处。1949年建场。基础是大泽山、铁骑山两座寺庙地和莱州市集福村大地主的山冈。场部原设在大泽山韭园村，后迁至铁夼寺，下设3个林区。主要树种有松类、栎类、刺槐、毛白杨等。立木蓄积量1.5万立方米。林场大面积的造林活动有3次。第一次是60年代，“植树造林，绿化祖国”，林场首当其冲。第二次是70年代，发生日本松干蚧后，林场遭遇灭顶之灾，松树大面积死掉，只好改种白杨、刺槐、橡子和能抗松干蚧的黑松、油松。第三次是八九十年代，主要栽植板栗、桃子等干鲜果树，解决职工生活问题。1992年，该林场被山东省政府批准为省

大泽山林场位于平度市北部，1992年被山东省政府批准为省级森林公园。2005年，林场总面积553公顷。

级森林公园。2005年，林场总面积为553公顷。其中，林业用地527公顷、非林业用地26公顷。该场内有果园6.7公顷。

环海林场

隶属胶南市。1959年建场，位于胶南城东南王戈庄河入海处。建场时，包括小珠山大庵山区992公顷和大珠山海滩603公顷，原名珠山环海林场。1962年，小珠山部分下放到生产队，海滩部分压缩，保留面积302公顷。1980年，大珠山苗圃划归林场。1985年，林场总面积368公顷，其中林业用地270公顷，特种用地20公顷，非利用地78公顷。林地中有黑松184公顷、刺槐47公顷、毛白杨2.4公顷、欧美杨4.9公顷、白榆1.5公顷、棉槐2.1公顷，其余为苹果园。80年代后，为增加经济效益，一些化工企业落户到林场的海滩地上，对环境造成极大破坏。90年代后，林场利用承包绿化工程的利润购买树苗栽种，各机关单位、部队、农村百姓在每年的植树节积极开展植树活动。1993年，由林业部批准规划为灵山湾国家森林公园。2005年，林场总面积为360公顷。

艾山林场

隶属胶州市。1962年在艾山公社建场，占地面积73公顷，其中山岭地60公顷，分布在土质瘠薄的艾山上；河滩地13公顷，坐落在洋河南岸，土质较好。林地主要树种是刺槐、黑松。1984年，场部移到河滩地，重点培育苗木，发展果园和种植农作物。林场将60公顷山岭地承包给冷家村乡。1987年承包合同期满，仍归林场管理。1995年，林场划归胶州市建设管理局管理。

第四节　陆生野生动物资源

在脊椎动物地理区划上，青岛地区属古北界、华北区、黄淮平原亚区，受暖温带海洋季风影响，气候温和潮湿，植被生长良好，适宜陆生脊椎动物栖息繁殖。由于青岛市人口密度大，农业历史悠久，工业生产相对发达，无大型森林，因此，大型陆生脊椎动物较少。据调查，2005年，全市野生动物的种类为：两栖类8种、爬行类17种、鸟类381种、兽类17种，其中，国家一级保护动物10种、国家二级保护动物48种。

两栖及爬行动物

两栖类由于受生活环境的影响，成为脊椎动物中种类和数量最少、分布狭窄的一个类群，青岛地区的两栖动物仅有中华大蟾蜍、花背蟾蜍、东方铃蟾、黑斑蛙、金线蛙、泽蛙、中国林蛙、北方峡口蛙8种。

爬行类是真正适应陆生环境的脊椎动物，因此分布较广，栖息环境多样化。青岛地区的爬行动物除水生种类外，陆生种类由于行动迅速，隐蔽性强，多具警戒色，少数具毒性，而令人产生恐惧感，因此人们很少了解。青岛地区的陆生爬行类有无蹼壁虎、丽斑麻蜥、山地麻蜥、北草蜥、北滑蜥、黄纹石龙子、兰尾石龙子、虎斑游蛇、赤链蛇、黄脊游蛇、白条锦蛇、红点锦蛇、团斑锦蛇、双斑锦蛇、棕黑锦蛇、乌梢蛇、黑眉蝮蛇17种。

鸟类资源

青岛地处山东半岛南部，是中国东部候鸟迁徙的必经地，每年有数百万只候鸟路过，鸟类资源十分丰富。但由于人们受经济利益的驱动，乱捕滥猎现象严重，破坏了鸟类资源。至2005年，全市已调查到的鸟类有381种，隶属19目57科112属，占全国鸟类总种数的28%，占山东省鸟类种数的83%。

兽类资源

由于青岛市无大型森林，人口密度大，农田频耕，兽类资源相对贫乏，基本无大型兽类，多为农田小型兽类。除啮齿类外，其他兽类资源枯竭。较常见的陆生兽类约有17种：刺猬、水鼠耳蝠、伏翼、东方鼠耳蝠、赤狐、狼、黄鼬、艾虎、狗獾、猪獾、豹猫、草兔、大家鼠、小家鼠、褐家鼠、大林姬鼠、黑线姬鼠。

国家重点保护野生动物

据1998年至1999年全国野生动物资源调查，青岛市国家一级重点保护野生动物有短尾信天翁、中华秋沙鸭、白鹳、黑鹳、白鹤、丹顶鹤、白肩雕、白尾海雕、虎头海雕、金雕10种，国家二级重点保护野生动物有大天鹅、白额雁、鸳鸯、斑嘴鹈鹕、褐鲣鸟、海鸬鹚、黄嘴白鹭、白鹮、白琵鹭、黑脸琵鹭、灰鹤、蓑羽鹤、栗鸢、猎隼、灰背隼、黄脚隼、红脚隼、燕隼、游隼、红隼、苍鹰、雀鹰、松雀鹰、赤腹鹰、秃鹫、蜂鹰、乌雕、鹗、鸢、毛脚鵟、普通鵟、大鵟、灰脸鵟鹰、鹊鹞、白头鹞、白尾鹞、乌灰鹞、鹗、草鸮、长耳鸮、短耳鸮、鹰鸮、红角鸮、领角鸮、雕鸮、纵纹腹小鸮、纵纹角鸮、斑头鸺鹠48种。20世纪后，随着动物园和养殖业的发展，有许多国家重点保护的动物被引入。如凹甲陆龟、大壁虎、巨蜥、蟒、扬子鳄、鸵鸟、蜂猴、熊猴、豚尾猴、马来熊、梅花鹿、东北虎、非洲狮、黑熊、猕猴、小熊猫、猞猁等。

青岛市鸟类保护环志工作始于1984年，是全国最早开展环志的城市之一。图为1994年冬，《青岛晚报》编辑部发起“挽留海鸥行动”，保护迁徙候鸟。

鸟类环志

青岛鸟类保护环志站于1984年经市编委批准建立，是中国大陆最早开展环志的地方站点之一。在1984年全市鸟类资源普查的基础上，开展鸟类环志工作。1984～1987年为环志起始阶段。基础条件差，设备落后，专业技术人员缺乏。环志人员涉及林业、环保、海洋水产、大专院校师生。环志地点涉及沿海山区、海岛、公园等近10处。这一时期，环志的鸟类包括扁嘴海雀、黑叉尾海燕、白额鹱、银鸥等海鸟以及各种森林鸟类和猛禽类，环志种类居全国之首，环志数量占全国的一半，采集标本在全国种类最多。由于工作成绩显著，1985年首届中日候鸟环志技术交流和培训在青岛市鸟类环志站举行。

1987～1992年，环志进入稳步发展阶段。每年春秋季节环志时间达6个月，年环志数量保持在3000只左右。环志的种类达130余种。这一时期，先后完成国家级科研课题“中国东部沿海猛禽迁徙规律的研究”和市级科研课题“扁嘴海雀的繁殖生态研究”科研课题。分别于1987年秋和1989年秋举办两届“中美候鸟环志研讨会”。

1992～1996年，因受经费、社会秩序等众多因素的影响，环志年度数量变化较大，环志种类少而单一（主要为雀形目鸟类），环志处于徘徊发展阶段。针对行业面临的困难和问题，环志工作把重点放在加强社会宣传、争取社会支持参与，并与美国合资在崂山成立青岛鸟展馆。1994年冬季，在《青岛晚报》编辑部的支持下，成功发起“挽留海鸥行动”。同时向市政府提出建议，设立大公岛候鸟自然保护区，保护迁徙该岛候鸟。

1997～2002年，环志步入快速发展阶段。年环志数量保持在10000只。环志采用社会环志协助员协助捕鸟的办法，克服资金少、气候干燥、森林资源减少的不利局面，实现环志工作可持续发展，为全国鸟类环志数量赶超日本起到带动作用。环志人员先后参加云南亚洲候鸟环志研讨会和香港国际湿地鸟类环志交流会。受日本地球环境基金会的邀请，派代表参加首届“亚洲猛禽学术研究会”，1998～2005年一直与ARRCN（亚洲猛禽研究保育联盟）组织进行猛禽迁徙观测的合作研究。2003年后，受到高致病性禽流感的影响，环志数量减少，春季停止环志，年环志保持在5000只左右。

1984～2005年，青岛市鸟类保护环志站累计环志鸟类11万只，160余种。环志种类和数量在全国处于领先地位。“猛禽环志”和“夜间环志”成为青岛市鸟类保护环志站的环志特色，共环志猛禽2目3科16种9000余只。

第二章　林木培育

青岛地处中国南北中间地带，具有引进南北树种的自然条件，又因海陆交通方便，引种历史悠久，引进树种较多。70年代后，山东省种苗站、山东省林科所、中国林科院等在对已引入树种继续进行试验、筛选、推广的同时，有计划地从国外引入树种资源近300种，其中，崂山林场70年代以来从20个国家引进106种。存活的130余株树种，分属53属、31科。与此同时，组织开展引种驯化、种源产地试验和良种选育工作。为提高增产潜力，对引种成功、可大面积推广造林的主要树种如日本落叶松、日本黑松、刺槐、欧美杨类等，在群体中选择优良类型和单株计20个，建立良种基地逾167公顷，其中母树林131公顷、种子园7.9公顷（124个无性系）、示范林2.9公顷（77个无性系）、试验林26.1公顷（175个无性系）。

1986年，全市实行绿化责任状，市、县、乡、村层层签订领导任期绿化责任状；市绿化委员会下达《任期绿化任务检查验收奖罚的规定》，进一步完善绿化责任承包。1992年，市委、市政府提出“1993年消灭荒山，健全农田林网，补齐沿海防护林带”的目标。1994年，烟青一级路首次实施道路两侧林带绿化工程。至1994年，全面完成550千米宜林海岸线绿化工作。1994年，组织实施环胶州湾高速公路两侧绿化带建设。1996年，将沿308国道至流亭机场（迎宾路）两侧绿化列为市政府实事之一。1997年，全市把路域绿化、海滩造林、山区综合开发和高效林业建设作为绿化主攻方向，将平度三城路48.7千米林带建设工程和胶州湾高速公路两侧滩涂绿化试验工程列为市林业重点工程。2003年，按照“合理布局、突出重点、科学种植、讲求成效”的要求，对林业重点工程进行规划设计，组织实施沿海基干林带建设工程、平原绿化工程、通道绿化工程、退耕还林工程、城区和村镇绿化工程、种苗花卉工程、速生丰产用材林工程、森林资源保护工程等8个工程，重点加强青岛迎奥运环城林带、同三高速公路林带和沿海防护林等项目建设，加强“四荒”绿化和25度以上坡地退耕还林工作。2004年，把重点转向“四荒”和“五边”（路边、河边、海边、村边、田边），开展济青、同三、潍莱、环胶州湾、二〇六等高速公路绿化和环城林带、沿海防护林带建设等重点工程。

2005年，在郊区造林中，突出宜林“四荒”造林、“五边”绿化和25度以上坡地退耕还林、疏林补植，加强济青、青烟、青银、环胶州湾等重点道路的绿化整治，对主要通道两侧可视山头绿化以及工业园区、城镇、旅游景区景点、森林公园、水源地等重点部位进行绿化美化。年内，市郊共完成新造林1.61万公顷，道路绿化669千米，河流绿化229千米，疏林补植2947公顷，中幼林抚育3.07万公顷，新建完善农田林网3.9万公顷，村庄绿化967个（其中高标准村庄绿化290个），新育苗2713公顷，新发展花卉205.8公顷，“四旁”植树528万株。全市林木覆盖面积26.36万公顷，森林覆盖率达到31.7%。

第一节　林木种苗

80年代，全市群众性义务植树运动深入开展，国营苗圃育苗难以满足植树需要，集体和群众育苗相继兴起，涌现出大批承包育苗专业户。1985年，全市育苗面积达2907公顷。其中群众育苗面积2440公顷，占全市总育苗面积的83.9%。群众育苗专业户发展到3030户，育苗面积达1067公顷。

1982年，青岛市林业局对在此前引进树种的情况进行全面调查，共在全市69个地点，调查树种44个。按照各个树种在不同生境的越冬度夏能力和生长发育表现状况，经评定划为五类。其中表现良好、有推广价值的有池杉、美国白蜡、金钱松、杜仲、火炬松、灯台树、日本冷杉等7个树种；局部地区引种成功、需扩大试验范围的有湿地松、火炬松、檫木、枫香、广玉兰、柳杉、油桐、厚朴、凹叶厚朴、乌桕、马褂木、美国山胡桃、喜树等17个树种，这些树种有的自然分布于中国秦岭、淮河以南，有的原产美国东南部，都是亚热带树种；引种时间短、试验范围小，需要继续观察试验的有大果松、黑松、欧洲黑松、海岸松、刚松、白松、火炬松、建柏、意大利柏、柏木、光柏等11个树种；在特定环境下能生长发育、开花结果，但长势不如原产地的有黄山松、樟子松、华山松、红松、杉木等5个树种；引种失败的有木莲、樟树、黄壁、水曲柳等4个树种。

21世纪，青岛地区逐步建立起林木良种基地，主要树种为落叶松、黑松、赤松等。图为崂山林场的落叶松。

为发展林木良种，青岛市林木种苗站加强与中国林科院林业研究所、山东农学院林学系、崂山林场等单位的科研合作并取得重要科研成果。其中ABT生根粉（膜）系列新产品成果推广获得国家科技进步二等奖。自1982年林木良种普查之后，青岛市林木种苗站将工作重点转为建立林木良种基地和发展林木良种工作，并于1983年着手进行扦插试验。1984年春，中国林科院林业研究所王涛工程师得知情况后，经协商达成合作协议，由中国林科院提供研究经费及试验用药物、仪器，青岛市林木种苗站负责全市ABT生根粉试验的试验材料筹备及技术管理工作。该试验在青岛市胶南林科所、崂山县傅家埠苗圃、胶州苗圃、薛家岛苗圃、即墨辛庄苗圃等国营苗圃进行，先后利用不同药品（ABT生根粉、耐乙酸、吲哚丁酸等）、不同基质（砼石、细砂、营养泡沫砖、沙土等）、不同设备（小拱棚、电子叶喷雾、透明地窖等）及不同时期的扦插试验、不同药物的浓度，分别对榆树、桧柏、沙地柏、山茶、雪松、葡萄、柿子、桑树、杜仲、月季、爬地柏、海棠、桂花、女贞等40多个树种进行扦插试验，为全国开展ABT生根粉推广工作作出突出贡献。1988年，市林业局与中国林科院林业研究所共同获得国家科技进步二等奖及林业部科技成果一等奖。同时，开展欧美杨速生丰产栽培研究。该项目历时5年，5年亩立方蓄积量10～12.5立方米，获得亩年蓄积生长量2～2.5立方米的大面积速生丰产样板和整套丰产栽培管理技术，1989年荣获市科技进步三等奖。至1990年，全市林木良种壮苗化比例达到46%以上，胶南县基本实现林木良种化。

2005年，青岛市共有各类苗圃1686个，育苗总面积8521公顷，苗木总量4.51亿株。图为崂山蜀桧苗圃。

1986年，青岛市在70年代初建立的种子园、母树林开始生产良种。当年种子园生产良种376.6公斤（刺槐374.8公斤、落叶松1.8公斤）；母树林产种616.8公斤（黑松550公斤、落叶松66.8公斤），落叶松、杂交杨等树种穗条3000多公斤，为青岛市及省内外提供大量林木良种和穗条。同时，青岛市建设的各种测定林、试验林，为林业科研提供大量数据，如箭杆刺槐、鲁利102、二鲁利42及毛白杨雌株、窄冠毛白杨以及J－172、J－194柳树等，都是通过测定林筛选出的林木良种，并于90年代初在全省推广。

进入90年代，青岛市树种引进趋于系列化。引进种类主要以常绿或叶、果、树干色彩美观艳丽的木本植物为主，引种材料主要是植物的种子和成品苗木。引进的种类有：美国红枫、美国红栌、欧洲复叶槭、美国红栎、北美枫香、兰杉、美国红蜡、红花槭、猩红栎、日本槭、美国皂荚、金合欢、银合欢、欧洲七叶树、红花七叶树、糖槭、美国凌霄、金枝国槐、香花槐、黄花槐、四倍体刺槐、金梓、红叶臭椿。松类有美国辐射松、北美短叶松。杨树类有三倍体毛白杨、84K杨，杂交杨类的107、108、110，中林系列的2001、2025、141，L35、L323、L324、T26、T66，卡帕次杨等。

进入新世纪，青岛市逐步建立起母树林、种子园、测定林、采穗圃及引种试验林等林木良种基地，树种为落叶松、黑松、赤松、刺槐、白榆、泡桐、毛白杨、杂交杨等主要植树造林树种。2001～2005年，新建扩建一批以防护林、用材林为主的种苗基地，城镇绿化用苗和花卉培育基地得到较大发展。至2005年，全市共有各类苗圃1686个，其中国有集体苗圃17个、集体和个体苗圃1669个；全市育苗总面积达到8521公顷，苗木总量达4.51亿株，花卉种植培植面积达1948公顷。

第二节　山区绿化

青岛市山地面积16.51万公顷，占总面积的15.5%；丘陵面积26.23万公顷，约占总面积的25%。1981年，中共中央、国务院印发《关于保护森林发展林业若干问题的决定》，青岛市适时推进林业生产经营管理体制改革，在全市范围内开展林业“三定”工作。一是确定林权，全市共发放林权证110万份。二是划定“两山（滩）”

（自留山滩、责任山滩），将原属集体所有的山滩，以自留山滩、责任山滩两种类型，按人口和经营能力划分给农户经营。三是制定林业生产责任制，村与户签订林业生产经营承包合同。到1983年，全市共划分自留山滩3.52万公顷，划分责任山滩3.48万公顷。与此同时，林业专业户、联合体得到迅速发展。1986年，林业专业户发展到1223户，经营面积5419公顷；经济林专业户发展到30428户，经营面积2.94万公顷；林业联合林发展到427个，经营面积5190公顷。划分“两山（滩）”后，有些农户无力经营，不能及时绿化，1983年下半年不少村庄开始整顿，在自愿的基础上将无力经营户划分到的山滩收归集体经营，到1986年共收回9534公顷。

1990年，青岛市确定“主攻荒山绿化开发和疏林地补植，争取3年之内消灭荒山”的战略规划。针对部分自留山、责任山经营管理不当，导致林木破坏严重，绿化进展缓慢的情况，部分市（区）在群众自愿的基础上，把原来划分到户、放弃管理的山林收归集体。至1991年，全市有70万公顷山林收归集体，占原划分面积的67%。根据林业特点，除市财政资金扶持外，另外制定《青岛市全民义务植树实施办法》等优惠扶持政策，提倡城乡挂钩，搞好山区绿化。1993年，全市荒山绿化取得进展。山区各乡镇结合山区综合治理，坚持营造防护林与小流域治理相结合、营造经济林与发展山区经济相结合、植苗造林与直播造林相结合，全年完成荒山造林2113公顷（含补植造林），基本消灭荒山。1994年，在基本消灭荒山的基础上，进一步查漏补缺，封造并举，全年完成荒山补植造林4733公顷，封山育林1.22万公顷。

自2000年起，青岛市实施封山育林3年计划，至2002年，山区林地面积达13.09万公顷。图为胶州市艾山风景区绿化一角。

自2000年起，针对荒山立地条件差、造林难度大的实际情况，计划用3年时间，完成5.3万公顷封山育林工程，加快培育山区森林资源。2001年，实施退耕还林工程，结合农业结构调整，以崂山、大小珠山和大泽山山林生态区为重点，因地制宜退耕发展生态林和干杂果、速生丰产用材林等各种林果基地，全市退耕还林4853公顷，既提高了森林覆盖率，又促进了当地经济发展。2001年，市政府印发《关于全面实施城乡大环境绿化工程的决定》和《青岛市全民义务植树以资代劳费缴纳和使用管理办法》，将青银高速公路南段两侧可视山头确定为全市大环境绿化的突破点。该路段全长22.8千米，南起辽阳东路，北至城阳南立交桥，涉及李沧、崂山、城阳3区两侧的可视荒山、疏林地、山丘退耕还林地共437公顷，其中，李沧区215公顷、崂山区67公顷、城阳区155公顷。规划每亩植树220株，共植树144.1万株。该工程项目区内的土地大部分都是砂质土壤，土层较薄，土壤贫瘠，绿化难度较大，且裸露岩石情况严重，部分山体属风化岩。市绿化委员会确定为青岛市级义务植树基地，将基地分片包给市内211个党政机关、人民团体、企事业单位及驻青单位、部队、学校，用2年的时间完成绿化任务，实现包栽包活包成林。

至2002年，全市封山育林任务按规划全部完成，山区林地面积达到13.09万公顷。同时，鼓励社会各界投资开发森林生态旅游业，建立第一批青岛市级森林公园。其中，包括崂山、灵山湾、珠山3个国家级森林公园（计1.23万公顷），平度大泽山、莱西南墅和青山3个省级森林公园（计2.87万公顷），胶州胶河、城阳云头崮、崂山神女峰等16个青岛市级森林公园（1.47万公顷），以及森林旅游景区景点33个3万公顷。

自2003年起，除正常的林业生产资金投入外，实施生态公益林补偿制度，按每年每亩补助5元的标准，对近6万公顷的市级公益林实行生态效益补偿。从2005年开始，按照每亩给予苗木补助100元的标准，实施25度以上坡耕地退耕还林造林补助政策，全市山区绿化工作取得明显成效。2001～2005年，青岛市全力做好宜林“四荒”造林、25度以上坡耕地退耕还林和疏林补植工作，结合农业结构调整，因地制宜退耕发展生态林、干杂果、速生丰产用材林、苗木等，全市共退耕还林3.08万公顷。

第三节　平原绿化

青岛市平原面积50.8万公顷，占总面积的46%。全市有平原市2个（平度、莱西），半平原市2个（胶州、即墨），部分平原区1个（城阳区）。1979年，全市平原林木覆盖率为11%。从1983年开始，将平原绿化列为全市中心工作，每年召开绿化工作会议，将平原绿化作为重要内容进行部署。从1986年开始，实行栽管并重原则，市、县、乡、村层层签订领导任期责任状，克服“年年栽树不见树，年年补植不成网”的弊端。至1987年底，建成农田林网30.9万公顷，占宜林网面积的90.3%，片林面积达12.4万公顷，其中速生丰产林5000公顷。经济林发展较快，面积达5.6万公顷。村镇“四旁”树木4514.9万株。1990年，全市实现平原绿化达标后，继续优化结构，发展高产优质高效林业，平原绿化走在全国、全省前列，被林业部评为全国平原绿化先进单位。至1990年，全市共完成平原造林9.5万公顷，营造农田林网20.8万公顷，农林间作3467公顷，“四旁”植树1775.6万株，河流绿化1182.3千米，林木覆盖率达17.2%，其中村镇覆盖率达32.9%。

济青高速公路、烟青一级公路是国家、省重点工程，被称为山东半岛的“黄金通道”。1994年，市委、市政府将“两路”两侧林带建设列入年度工作重点，采取4项措施，绿化美化路域环境。一是明确标准和职责，统一确定林带宽度、株行距、树种、栽植标准。二是加强业务指导，市和区（市）两级分别成立以林业主管部门为主的绿化带建设指导小组。三是保证资金投入，市政府拨出专款120万元作为苗木费及护林设施建设费，所栽树苗胸径均达到2.5厘米以上。四是落实分配政策，林带建设投工投劳由农民义务工解决，林带收益由林地所在乡镇与村签订合同，按比例分红。当年，120千米的绿化带全面建成，林木成活率达93%以上。1996年，完成迎宾路绿化工程。迎宾路北起流亭国际机场，南到市级机关办公楼。绿化工程总长度36.6千米，绿化带设计宽度20～50米，设计效果达到“三季有花、四季常青”，工程累计投资7000万元。1994～1997年，经过3年的艰苦努力，平原绿化取得明显成效。至1997年，全市林网化面积31.6万公顷，占宜林网面积的98.6%；农林间作5.3万公顷，占需绿化长度的89.7%；造林面积1.2万公顷，其中经济林3413公顷，基本消灭荒山荒地。

1999年，潍莱高速公路青岛段林带建设工程全面竣工，共投工70万个，搬动土方140万立方米，高标准造林204.33公顷，栽植银杏大苗16.8万株、杨树5.6万株，并对沿路2千米内的路、沟、河全面整治，补植完善农田林网2.24万公顷，植树42万株，形成一条横跨本市北部的“绿色通道”。在铁路沿线绿化工程中，各地因地制宜，乔、灌、花结合，绿化带、网并举，绿化铁路沿线总长88.1千米，建林带60余千米，新建改建农田林网5000公顷，使铁路沿线整体绿化面貌有较大改观。

2000年，实施绿色通道工程，以高等级公路和铁路为主线，加快绿色通道建设。年内，共完成平原造林193公顷。

2005年，突出济青、青烟、青银、环胶州湾等重点道路的绿化整治，突出主要通道两侧可视山头绿化，突出工业园区、城镇、旅游景区景点、森林公园、水源地等重点部位绿化美化。推广工程化造林，组织开展秋冬造林、春季造林、雨季造林。年内，市郊共完成道路绿化669千米，河流绿化229千米，疏林补植2947公顷，中幼林抚育3.07万公顷，新建完善农田林网3.9万公顷，村庄绿化967个（其中高标准村庄绿化290个），“四旁”（村旁、宅旁、路旁、水旁）植树528万株。2001～2005年，全市平原绿化坚持绿色通道建设、高标准林网建设、村镇绿化并举方针，以路域、水系为框架，以农田林网为主体，不断完善带片网相结合、用材和经济树种相结合、防护和绿化美化相结合的平原多功能综合生态体系，平原地区新造林8000公顷。

2000年，青岛市实施绿色通道建设工程，以高等级公路和铁路为主线，至2005年，平原地区新造林8000公顷。图为平度市公路两旁绿化。

第四节　沿海防护林建设

青岛市海岸线总长730.64千米，其中宜林海岸线长度550千米。全市海岸线长，农田受风沙、海潮侵袭危害重。历史上，青岛沿海地区群众多次进行海防林建设，但由于缺乏科学指导和统一的总体规划设计，长期以来没有形成完整的综合防护体系。

1978年后，青岛市认真贯彻落实全国沿海防护林建设工作会议精神，总结经验教训，改革传统单一、零打碎敲的营造方法，进行整体规划设计和建设，特别是《森林法》的贯彻实施，使全市沿海防护林不断得到发展。1987年，在胶南完成全国沿海防护林体系规划试点工作。1988～1990年，青岛市沿海防护林作为体系建设列入国家林业重点生态工程。根据国家沿海防护林体系建设需要，青岛市编制沿海防护林体系建设总体规划和工程县区总体规划，在国家没有资金投入，海防林建设又必须如期实施的情况下，本着因地制宜、因害设防的原则，开展人工造林和封山育林，积极推进沿海防护林建设。1989年，市政府制定《关于奋斗七年全面绿化青岛的决定》，明确提出搞好沿海防护林建设，先后5次召开全市性林业工作会议。各县（市、区）认真贯彻会议精神，把沿海防护林体系作为大事来抓。至1990年，全市沿海地区林木覆盖率达

青岛市宜林海岸线550千米。2001～2005年，全市沿海防护林体系建设人工造林总面积10.55万公顷，新建沿海基干林带196.6千米，面积7636公顷。图为黄岛区薛家岛海防林。

22.9%。一个由网、带、片、乔、灌、草相结合，林、果、桑综合发展，社会、生态、经济三大效益全能发挥的沿海防护林体系已初具规模。

1992年，确定胶南、胶州、即墨、黄岛的沿海防护林基干林带建设工程，胶南市铁镢山、藏马山林业开发工程，胶州市铺集至张家屯林网改建工程为海防林重点建设项目。推广应用ABT生根粉、泥浆栽植技术。1993年，全市集中力量攻克沿海防护林“老大难”地段，当年完成沿海基干防护林带绿化120千米，累计完成达510.4千米，为如期实现全面合拢奠定基础。1994年，全市突击重点，根据沿海地区的实际情况，在盐碱度高、立地条件差的荒滩、荒地基岩岸，发展绒毛白蜡、黑松、火炬树等防护树种及灌木，在土层较厚、立地条件较好的地段，发展刺槐、杨树等丰产林和干鲜果经济林。年内，近550千米的宜林海岸线绿化任务全面完成，实现沿海防护基干林带的全线合拢。

1995～2000年，沿海防护林以堵缺口、补窟窿为重点，加宽增厚基干林带，加强抚育管理。2001年后，国务院颁布《关于加快林业发展的决定》，国家对重点林业建设工程和生态公益林的投入逐年加大，国家林业局及时整合全国“六大林业重点工程”（包括沿海防护林体系建设工程），并提出“慎用钱、质为先”的严格要求，青岛沿海防护林体系建设进入快速发展时期。2001年，对沿海基干林带进行重新规划，新建加宽基干林带90余千米。2002年，新建加宽基干林带124.8千米，平均宽度达到100米以上。2001～2005年，全市沿海防护林体系建设人工造林总面积10.55万公顷，新建沿海基干林带196.6千米，面积7636公顷。

1991～2005年，全市沿海防护林体系建设人工造林总面积11.28万公顷，新建沿海基干林带261.6千米，面积8801.3公顷。随着沿海防护林体系建设的逐步完善，青岛生态环境开始向良性循环发展。据气象部门测定，1996～2005年的10年与前10年相比，年平均风速降低7.3%，6级以上大风的平均日数减少19.9天，年降雨量增加0.8%，无霜期延长1天，基本消除当地干热风的危害。另外，沿海防护林阻挡海潮袭击，控制风沙危害。由于沿海防护林建设和工程措施共同作用，全市水土流失面积较建设前减少80%以上。

第五节　全民义务植树

1979年2月，第五届全国人大常委会第六次会议决定，每年3月12日为植树节。1981年3月18日，市政府印发《关于成立青岛市绿化委员会的通知》，各县（区）成立分管县（区）长为主任委员，以各界负责人为副主任委员或委员的绿化委员会。当年，团市委和青岛市林业局联合发起青少年植树造林活动，组织青少年造林大军，向“四荒”“四旁”进军。12月13日，第五届全国人大四次会议作出《关于开展全民义务植树运动的决议》，规定“凡是条件具备的地方，年满11周岁的中华人民共和国公民，除老弱病残外，因地制宜，每人每年义务植树3棵至5棵，或者完成相应劳动量的育苗、管护和其他绿化任务。”从此，义务植树作为一项公民必须履行的法律义务并付诸实施。

为更加广泛地开展全民义务植树活动，1982年，市林业局印制“绿化中华大地造福子孙后代”的宣传提纲，在全市进行义务植树宣传。当年，全市实际参加义务植树的人数48万人，植树158.6万株。1982～1986年，青岛市参加义务植树人数769万人次，直接植树2189万株；投入与植树造林相关的工日累计562万个，按每工日3棵树计算，折合植树1686万株。

1988年，青岛地区严重干旱，为避免义务植树流于形式，确保树木成活，市、县两级绿化委员会采取措施，抗旱保树，努力提高树木成活率和保存率；在义务植树活动中，各级政府重视林木管护工作，对山区造林采取专人（或专业队）承包看护，平原林网实行“路树统管”，扭转管理粗放落后局面。

国务院印发《1989–2000年全国造林绿化规划纲要》后，全国先后有25个省、自治区、直辖市作出限期消灭宜林荒山的决定。1989年，青岛市确定义务植树的重点为：农村搞好荒山造林、农田林网和“四旁”植树，进一步搞好铁路、公路和城乡接合部的绿化；城区加快街道、厂区、校园、居民区的绿化，积极开展植树、种草、栽花活动，不断改善工作和生活环境。1989年9月，在湖南省长沙市召开的全国乡村林场建设会议和全国平原绿化会议上，胶南县大村镇林场场长王炳金被评为全国乡村林场先进工作者。在全国平原绿化工作会议上，莱西县、平度县、胶州市被评为先进。在全国第二届花协博览会上，青岛市的耐冬资源调查获一等奖。当年，全市有274万人参加义务植树，栽植各类苗木494万株，挖穴300万个，造林80公顷，是自1982年以来参加义务植树人数最多的一年。

1992年1月，市政府制定《青岛市全民义务植树办法》，对规范义务植树行为，推动全民义务植树运动的深入开展起到积极作用。为进一步提高全社会的绿化意识，依法履行植树义务的责任意识，青岛市强化宣传发动工作，使义务植树的法定性、公益性、义务性家喻户晓。大力倡导绿地认种认养，广泛栽植各种纪念树、纪念林，加大以资代劳绿化费收缴力度，提高义务植树尽责率。1992年3～11月，青岛市林业部门与青岛日报社等5家单位联合举办“义务植树十周年”征文活动，刊登稿件43篇。与团市委、少工委等单位在全市中小学生中开展争创“绿色小卫士”活动，从小培养少年儿童的绿化意识。1997年，市林业局与团市委等8个部门联合开展“春驻岛城——青年志愿者植绿护绿行动”，活动期间，有3000多名青少年志愿者参加，植树8000多株。市绿委、市林业局和老龄委、老干部局联合发起“建设老年绿色工程、营造‘夕阳红’林”活动，其中市“夕阳红常青林”基地规划面积13.3公顷，计划种植雪松、银杏等2万余株。当年，全市有263.3万人参加义务植树，共植树892.73万株，造林1453公顷。1998年，社会各界、驻青部队开展“植绿护绿”、营造“青年林”“三八林”“公仆林”“军民共建林”“中日民间友好林”“夕阳红林”等活动。

2000年12月22日，《青岛市全民义务植树条例》颁布施行。该条例规定本市18岁以上的公民每人每年应植树3～5棵或完成相当于2个工日的绿化劳动。2001年，青岛成为奥帆赛举办城市，青岛市全民义务植树运动步入快车道。从2003年起，将义务植树纳入各区市重点工作目标进行考核。市委书记、市长等市领导个人还建立起“迎

2000年12月22日，《青岛市全民义务植树条例》颁布施行。至2005年，全市累计参加义务植树1413万人次。图为青年创业林植树活动现场。

奥运义务植树基地”联系点。青岛市人大机关和青岛市政协委员也分别建立“绿色奥运植树基地”。每年植树节，市委书记带头与绿色志愿者一起参加“绿色奥运”系列义务植树活动。市绿化委员会、市林业部门以承办“绿色奥运”为载体，开展丰富多彩的义务植树活动，先后组织开展“我为奥运种棵树”“绿色奥运志愿者林”“中日友好林”“迎奥运友谊林”等植树活动。建立“市委书记绿化示范点”“市长绿化示范点”“市发改委林”“华夏青年林”“结婚纪念林”“青少年科技林”“迎奥林”1218助残林等多种纪念林。“我为奥运种棵树”活动，被纳入《青岛市人文奥运总体运行纲要》。该活动由青岛市绿委、市林业局与市委宣传部与青岛奥帆委等单位联合发起，计划在2004～2008年的5年中，围绕“绿色奥运”这个主题，以宣传推介市花耐冬为主线，利用送“小书签”和传唱“我为奥运种棵树”主题歌曲、宣扬青岛市花“耐冬”坚忍不拔、奋力抗争精神，动员全社会力量参与绿色奥运、人文奥运建设，支持生态文明建设。

2001～2005年，全市参加义务植树的人数分别为173万、288万、320万、340万、292万，义务植树尽责率分别为53.6%、74.5%、83.6%、88%、90.7%，其间，因特殊情况无法参加义务植树的，按照规定缴纳了以资代劳费。青岛市逐渐形成植绿、爱绿、护绿、兴绿的热潮，人们的绿化意识进一步提高。许多市民在履行完自己应尽的植树义务后，又主动以集体或个人名义到山头、公园栽下各种纪念树或以认建认养树木的方式参与植树绿化。

第六节　林业科技

1980～2005年，市林业局先后成立林业站、种苗站、森保站、环志站、野保站、林业科技交流推广中心等专业技术部门，各县（区）林业部门除相应设立林业专业技术站外，所辖159个乡镇也都建立了林业站，林业育苗工作走上按工程设计定向育苗、逐步实现良种壮苗的轨道。到1986年，定向育苗面积和良种化程度分别达到60%和80%；植树造林实现山、水、林、田、路统一规划，综合治理的体系化工程造林、集约经营的模式。树木病虫防治工作由主要靠化学防治转向预防为主，人工、生物、化学等综合防治。

90年代，青岛市重点在林木良种繁育、工程造林、经济林丰产栽培、病虫防治及ABT生根粉应用等方面，有针对性地进行林业科技推广。1997年，全市育苗良种率达88.6%，新引种土耳其杂交杨3个系号、美国凯特杏以及鹤望兰、太阳菊等花卉新品种10余个，并建立起一批林木良种繁育基地和科技示范苗圃。至2005年，初步建立起辐射全市的林业科技示范园体系。

科技成果

1979年，青岛市林业局恢复建制后，林业科研工作走向正轨。至1986年，有52项科技成果通过市级以上科技部门鉴定验收，有23项获市级以上科技成果奖。“崂山耐冬扦插育苗试验”达国内领先水平；“引种落叶松及大面积推广应用研究”“南方树种引种驯化”达国内先进水平；“林果花卉蔬菜无公害立体栽培装置”达国内先进水平并获国家专利。市林业局与中国林科院共同完成的ABT生根粉（膜）系列新产品成果推广，获1988年国家科技进步二等奖、林业部科技进步一等奖。

1988年，“欧美杨丰产栽培技术”获青岛市科技进步三等奖；1989年，“崂山野生观赏植物资源调查研究”获青岛市科技进步三等奖；1991年，“山楂密植丰产栽培试验”获省林业厅科技进步三等奖，“杨树优良无性系选择试验”获市科委科技进步三等奖；1994年，“青岛地区国外树木引种驯化良种繁育研究与推广”获山东省科技进步二等奖。

2000年，针对现有杨树品系混杂、生长量下降的现状，市林业局从北京林业大学新引进优良用材林树种——三倍体毛白杨，实行定点育苗，在即墨、胶州、胶南建立3个示范基地，面积73公顷，造林成活率达到99%。

2002年，“沿海沙质海岸防护林体系综合配套技术研究”获山东省科技进步二等奖；2005年，“沿海防护林体系综合配套技术”获国家科技进步二等奖。

技术推广

80年代，青岛市林业局先后印发《造林技术要点》《科技成果介绍》《树木管理抚育》《果树修剪技术》《农药使用知识》《灭草剂使用技术》《ABT生根粉使用方法》等林果技术资料，各县（区）林业部门印发单项技术材料上百万份进行林业技术推广。市林业系统广泛组织林果丰产栽培技术等现场示范表演，举办各类林业技术培训班等。这一时期，全市重点进行封山育林、小流域治理、林木良种繁育、丰产林栽培、松毛虫综合防治、农田林网建设、农林间作、梯田地堰开发利用、经济林密植丰产等方面的科技试验推广，均获得良好成绩。1988年，市林业局与中国林科院共同完成ABT生根粉（膜）系列新产品成果推广。ABT生根粉（膜）是一种广谱高效植物生根促进剂，对林木、果树、花卉植物插生根具有提高成活率、缩短苗木培育期的作用，对农作物的增产也具有良好的效果。欧美杨丰产栽培试验经过6年时间，取得亩年均蓄积生长量2.1～2.53立方米的高效益，通过市级鉴定，达省内同类试验的先进水平。黑松容器育苗造林在全市推广，造林面积266.7公顷，山区平均成活率85%，最高达93%。

90年代，全市重点推广林木良种、ABT生根粉系列产品、全光弥雾扦插及组培育苗等先进科技成果。另外还普遍推广多年来行之有效的“三大五随”“泥浆栽植”和“幼树截干”等造林、营林技术，推广中林46、毛白杨、枣槐、大枣、银杏、板栗等林木良种。大力兴办科技示范园，至2000年，建立起市、市（区）、乡（镇）、村四级林业科技示范基地1385公顷，初步形成辐射全市的林业科技示范园体系。

2000～2005年，引进优良无公害化肥和农药，在山区造林中推广使用高分子吸水树脂，成活率提高18%～22%。推广三倍体毛白杨造林。利用农贸市场，采用明白纸、宣传车、图片展、现场咨询等形式，开展科普宣传。成立科技讲师团，到乡镇现场授课。发挥广播、电视覆盖面广的优势，开展技术讲座。

第三章　森林资源保护

改革开放后，各级政府更加重视森林保护和林业发展。1985年《中华人民共和国森林法》

颁布后，市林业局和各县（区）增设了林政、公安等林业执法机构。1987年大兴安岭特大森林火灾之后，青岛市成立护林防火指挥部，分管农业的副市长任总指挥，指挥部办公室设在市林业局林业公安处，承担市护林防火指挥部的日常工作，各县（市、区）相应成立护林防火指挥部，分管农业的县（市、区）长任指挥。划分护林防火责任区，落实领导护林防火责任制。确定每年11月1日至次年5月31日为全市的森林防火期。防火期内各级防火机构配备充实灭火、通信器材和设施，实行24小时昼夜值班。从2001年开始，青岛市组织实施全市“十五”期间森林防火体系建设规划，构建较完善的森林防火指挥体系、预测预警体系和扑救体系。

自2000年起，青岛市建设森林防火远程视频监控系统，提高对森林火灾的防控能力。至2005年，全市森林火灾受害率连续5年控制在0.3‰以下（国家指标为1‰），未发生重特大森林火灾。图为森林防火演练现场。

1979～1982年，组织首次森林病虫普查，摸清病虫的分布范围。普查结果显示，当时全市常发性森林病虫害有30余种。90年代，集中力量对一些主要森林病虫害进行综合治理技术研究和推广实验。1992年起，组织实施以“四率”（病虫害发生率、防治率、监测覆盖率和种苗产地检疫率）指标管理为基本内容的森林病虫害防治工作。进入21世纪后，青岛市深入贯彻“预防为主，综合治理”方针，推广综合治理技术，各种病虫害发生发展呈下降趋势。2005年，全市主要森林病虫害得到有效控制，达到国家规定控制标准，无公害和生物防治率达到55%。

第一节　森林防火

1980年前，青岛地区极少发生森林火灾，即便林内用火也难以形成火灾。主要原因是当时群众烧柴短缺，山林内的枯枝、落叶和杂草在入秋后不久便被捡拾干净，形成自然防火阻隔带。1980年后，随着石油液化气等新型燃料逐渐普及，进山拾草打柴的居民越来越少，林下植被逐步增厚，森林火灾开始零星发生。青岛地区森林火灾主要发生在冬春两季，夏秋季节极少发生。火灾发生的时间段主要在2月1日到4月30日，具有明显规律性。其中清明期间容易集中爆发，清明前后10天时间发生的林火起数占到年度林火总起数的60%以上。发生火灾的主要原因包括祭奠用火、游人吸烟及野炊用火、农耕生产性用火、小学生和精神病人玩火、电线打火以及故意纵火等。

1985年《中华人民共和国森林法》颁布后，青岛市加强森林防火基础设施建设，提高应急反应和处置能力，当年，全市设林业电台8个，配备收发报机10部、对讲机116部、灭火机136台、防火车15辆，设瞭望哨（台）6个。1985～1987年，共发生168起火警、火灾，查处152起，结案率90.4%。

自2000年起，在全市建设森林防火远程视频监控系统，同时加大防火通道、护林房等基础设施建设，提高对森林火灾的防控能力，崂山区政府率先在全省建起森林防火远程视频监控系统。组建专业化的森林资源管护队伍，火灾受害率开始呈明显下降趋势。2002年，由市政府投资，在黄岛区、胶南市进行远程视频监控工程建设，新增加远程视频监控面积1万公顷。2003年，在胶州、平度、城阳3区市建设15个监控点，新增加监控面积3万公顷。2001～2003年，利用国家对生态公益林进行补偿的机遇，在3区5市（崂山、黄岛、城阳、即墨、胶州、胶南、平度、莱西）全面组建起专业化的森林资源管护队伍。

至2005年，全市组建起2606人森林资源管护队伍，600人森林消防专业队，并在公安消防和武警部队组建300人扑火应急救援队，成立重特大森林火灾事故应急救援大队。建立市、区市级森林防火物资储备库14个，新增风力灭火机1100台。建成市森林防火指挥中心，12区（市）全部建成森林防火远程视频监控系统，并实现全市联网。当年，全市发生山林火灾4起、火警42起，山林火灾受害率为0.13‰。

据统计，1990～2005年，全市共发生森林火灾501起，年均31起，其中受害林地面积1公顷以上的森林火灾141起。如1992年3月29日，平度市青杨乡因村民野炊引发山林火灾，过火林地面积88公顷，烧死烧伤树木18万株；1995年3月7日，城阳、崂山两区交界处的三标山南侧马鞍石附近发生山林火灾，过火林地面积75公顷，烧死烧伤树木14万株；2000年4月8日，崂山区大石村小八豆山因农民烧荒引发山林火灾，过火林地面积40公顷，烧死烧伤树木7.5万株；2004年4月1日，崂山区北宅街道周哥庄村因当地村民故意纵火引发山林火灾，过火面积30公顷，死伤树木3.5万株。上述火灾均对森林资源造成严重破坏，损失惨重。

1990～2005年青岛市过火1公顷以上森林火灾情况表

表8-2

年度	火灾起数		火灾面积		烧死烧伤树木（万株）
	火警	一般性火灾	过火林地面积（亩）	受害林地面积（亩）	
1990	7	3	501	272	15.27
1991	6	6	284	149	0.32
1992	20	23	3826	2002	25.08
1993	8	10	283	188	0.89
1994	14	5	795	795	5.5
1995	9	6	1689	1689	15.2
1996	36	9	1087	1087	9.19
1997	12	6	628	628	5.21
1998	13	7	390	390	0.3
1999	54	24	3100	3100	16.78

续表8-2

年度	火灾起数		火灾面积		烧死烧伤树木（万株）
	火警	一般性火灾	过火林地面积（亩）	受害林地面积（亩）	
2000	45	19	4204	3325	9.6
2001	28	10	1841	1841	0.51
2002	11	3	518	518	2.03
2003	23	2	329	329	1.45
2004	20	4	748	677	4.8
2005	54	4	870	514.8	2.69
合计	360	141	21093	17504.8	114.82

说明：统计年度为防火年度，一般时间为上年的11月1日至次年的5月31日，即一个森林防火期。如2005年的统计数字是指2004～2005防火年度的森林火灾情况，即2004年11月1日～2005年5月31日这一防火期内发生的森林火灾。

第二节　森林病虫害防治

60年代，青岛市开始采用药物进行森林病虫害防治，所用药物以六六六、滴滴涕为主，且防治效果明显。但同时也杀伤了天敌，破坏生态平衡，增强害虫抗药性，不利于病虫害的根治。1973年开始，崂山林场试用生物防治措施，用松毛虫杆菌防治松毛虫，春杀老熟幼虫，秋杀虫蚁，连续使用3年，成效显著，一直保持在有虫不成灾的水平。

1979～1982年，青岛市组织首次森林病虫普查。普查结果为森林昆虫13目、96科、578种，其中森林害虫类472种、天敌类106种、森林病害96种。

80年代至90年代初，主要发生的森林病虫害种类有，赤松毛虫、大袋蛾、日本松干蚧以及杨树大斑溃疡病等。在防治手段上，除使用化学药剂防治外，推广生物防治措施。逐步淘汰用药量大、残留量多的有机氯类农药，改用有机磷类的乐果、氧化乐果、久效磷、敌敌畏等药剂治虫，并开始采用高效低毒、用药量少的菊酯类农药及无公害污染、不杀伤害虫天敌的仿生性农药（如灭幼脲等）。在防治方法上，除大量使用常量、低量、超低量喷雾技术外，推广综合防治技术措施，并开始采用生物技术治虫。如，1987～1988年胶州市开展灰喜鹊雏鸟迁移、放飞与除虫试验，并取得明显经济效果和社会效益。在防治组织形式上，落实“谁受益，谁防治”原则，推广实行多种形式治虫承包责任制。崂山区崂山林场职工朱念瑞、王本巨主动承包该林场200公顷松林的防治任务，突破长期以来由国家全包治虫防病的做法。自1992年起，青岛市实行森林病虫害防治“四率”指标管理，将指标完成情况作为考核各级林业部门领导干部政绩、单位达标、评选先进的硬指标，并连续9年超额完成国家林业局、省林业局下达的森林病虫害管理指标。

1995～2000年，青岛市森林病虫害呈现急速蔓延趋势，杨树食叶害虫相继大面积发生，每年因各种森林病虫的危害至少要损失50多万立方米的生长材积。青岛市集中力量对一些主要森林病虫害进行综合治理技术研究和推广实验。1990～1992年，即墨市林业局开展“松林害虫综合治理技术的研究”、崂山区林业局开展“崂山林区天敌种群与生物防治主要林木害虫技术研究”。1997～1998年，青岛市森林保护工作站、黄岛区农林局分别完成“枣树病虫综合治理”“松毛虫质型多角体病毒应用技术研究”。1998～1999年，胶南市林业局开展“公路杨树林带食叶害虫的研究与治理”。这一时期，全市年防治面积4万余公顷，挽回活立木损失53.7万立方米，森林病虫害防治工作尤其是综合防治能力得到明显提高。2000年，青岛市森林病虫害发生面积为5.58万公顷，发生率22.31%，防治率72.7%，调查监测代表面积22.07万公顷，监测覆盖率89%，种苗产地面积1.19万公顷，种苗产地检疫率91.4%，森林病虫害严重发生势头初步得到遏制。

进入21世纪后，青岛市深入贯彻“预防为主，综合治理”方针，大力研究和推广综合治理技术，各种病虫害以局部和小面积为主，并呈逐年下降趋势。这一时期，造成危害的病虫种类主要有：杨扇舟蛾、杨小舟蛾、舞毒蛾、大袋蛾、赤松毛虫、杨树溃疡病、松树枝枯病等。以美国白蛾为代表种类的外来有害生物入侵并蔓延成灾，成为主要防控对象。2004年，青岛市局部地区森林病虫害发生较重，全市共投入人工37万人次、各类防治器械18万余台（次）、释放周氏啮小蜂4850万只，防治作业面积15万公顷，主要森林病虫害得到有效控制，成灾率为4‰，生物防治率提高到45%。2005年，全市无公害和生物防治率达到55%。

青岛市林业部门高效农药喷雾车作业现场

防治体系建设

自60年代起，青岛市开展以虫情调查为主的测报工作。1989年，按照林业部的部署，青岛市开展森林病虫害防治体系“一站三网”建设（一站：市县森林病虫害防治工作站，三网：测报、检疫和防治服务网络）。1991年，青岛市成立了一支相对稳定的专业队伍，为森林病虫害防治工作奠定基础。

1991～2000年，加快青岛市各级森防检疫中心站以及测报、检疫、防治3个网络建设步伐，在全市范围内开展创建“森林病虫害防治检疫标准站”活动。至2000年，全市共建成森防检疫中心站7个，国家级森林病虫害中心测报点5个，市级森林病虫害中心测报点5个。有专职测报员40余人，以及一大批兼职测报员、虫情调查员或护林员。初步建立起森林病虫害预测预报、森林植物检疫、森林病虫害防治服务三大网络。2002年，青岛市建成地市级森林病虫害防治检疫标准站1个（青岛市森防站）、县级森林病虫害防治检疫标准站4个（胶南、平度、莱西、胶州）。

2005年，新建国家级森林病虫害防治检疫站3个，国家级中心测报点1个。

主要病害虫害

1989年后，全市每年组织两次以查网幕为主的美国白蛾普查工作，普查范围包括：有林地、交通要道、车站、码头及部队驻地等。1990年4月，为加强对查防美国白蛾工作领导，市政府成立青岛市查防美国白蛾工作领导小组。领导小组下设办公室，办公室设在市林业局。1990年7月14日，青岛市绿化委员会办公室、青岛市查防美国白蛾领导小组印发《关于市区查防美国白蛾的工作意见》，展开首次美国白蛾普查工作。1989～1991年，连续3年开展美国白蛾查防工作，共查样点8.72万个、样树170.31万株，未发现美国白蛾疫情。1992年6月11日，青岛市查防美国白蛾领导小组办公室印发《查防美国白蛾工作的具体意见》，确定查防范围和重点。确定美国白蛾喜食的林果类植物包括法桐、柳、白蜡等19个树种和农作物蔬菜类玉米、大豆等10个品种为重点查防植物；港口、车站、公路干线、营房、储木场、木材加工厂、农贸市场，特别是阳光充足、栽植稀疏的树木上为查防重点区域；根据疫区观察，6月中下旬和8月下旬幼虫网幕期，为查防最佳季节。

1995年12月1日，根据山东省林业厅《关于开展全省松材线虫病查治工作的紧急通知》精神，市林业局成立松材线虫病查防领导小组和松材线虫病查防技术指导小组，组织森防检疫人员于1995年对交通要道、风景区、港口、货场以及与南方疫区有货物来往的企业周围松林重点查防，对全市范围内松林全面普查，经查防未发现松材线虫病。1998年，市政府拨出专项资金10万元用于普查工作，市林业局组织人员对辖区150多个乡镇、街道的林地进行森林植物检疫对象普查，共普查检疫对象16种，其中国家、省级检疫对象8种，病害4种、虫害4种。

至2005年，全市常发性的森林病虫害有30余种，其中在林业生产上经常造成灾害和损失的有：赤松毛虫、日本松干蚧、松白粉蚧、松梢螟、松梢小卷蛾、松红蜘蛛、白杨透翅蛾、杨毒蛾、舞毒蛾、柳毒蛾、杨扇舟蛾、杨小舟蛾、杨黄卷叶螟、古毒蛾、盗毒蛾、光肩星天牛、桑天牛、青杨枝天牛、大袋蛾、栗毒蛾、松枝枯病、松枯梢病、杨树溃疡病、杨树大斑溃疡病、杨树腐烂病、泡桐丛枝病、枣斑点落叶病、枣轮纹病、枣炭疽病等。

赤松毛虫　是青岛市的主要森林害虫之一，一年一代，年发生面积2万公顷左右。80年代初期主要采用化学农药防治，80年代后期开始实施以生物技术、BT为主的生物防治，推广应用“松林害虫综合治理技术”，改善松林的生态环境，提高林内生物种类和数量。1997年，青岛市森林保护工作站在平度市蟠桃镇小河口推广应用质型多角体病毒防治赤松毛虫试点，采用点状、条状、块状施药53余公顷。经试验，质型多角体病毒不仅可以直接产生致死效果，而且可以通过卵垂直传播，通过成虫飞翔向附近林分扩散。2001年调查表明，附近1333公顷松林内，赤松毛虫幼虫带毒率达43.7%，实现一次用药连续数年有效控制赤松毛虫危害的目的。通过采用封山育林、人工防治、生物防治和无公害防治等综合防治措施，至2005年，赤松毛虫灾害得到有效控制，达到有虫不成灾水平，步入良性循环。

日本松干蚧　1950年，在崂山林场下清宫首次发现赤松林成片垂枝枯死，当时疑为病害，故称垂枝病或曲枝病。1952年清理林地时，发现蚧壳和虫囊，鉴定为日本松干蚧。自发现起不足10年时间，崂山赤松林全部被毁，只能更换树种重新造林。日本松干蚧是一种带有毁灭性的国家级检疫对象，在青岛市一年发生二代，以1龄弱虫越冬。一年两次显露期，第一次显露期为4月下旬至6月上旬，第二次显露期为7月下旬至10月中旬，是防治最佳时期。研究发现，黑松对日本松干蚧有一定抗性。随着综合治理技术发展，日本松干蚧造成危害日趋减轻，至2005年，达到有虫不成灾水平。

大袋蛾　是一种杂食性昆虫，危害多种阔叶树及针叶树，幼虫吐丝并连接树木叶片形成袋囊，以袋囊掩护危害树木叶片。大袋蛾一年发生一代，以幼虫越冬。90年代，大袋蛾在青岛地区严重发生，年发生面积约5333公顷左右，主要使用化学农药进行防治。1991年，按照林业部《关于加强大袋蛾防治工作的通知》要求，青岛市成立大袋蛾防治指挥机构，实行行政领导负责制，全市森防人员按时进行虫情调查，准确掌握大袋蛾的发生消长趋势，及时发布虫情预报，适时开展防治工作。至2005年，通过营造混交林，改善生态环境，组织群众摘袋囊、喷药防治、灯光诱杀等措施，基本实现有虫不成灾。

杨树食叶害虫　种类有：杨毒蛾、舞毒蛾、柳毒蛾、杨扇舟蛾、杨小舟蛾、杨黄卷叶螟、无忧花茸毒蛾、古毒蛾、盗毒蛾等10余种害虫。1994年秋，济青高速公路胶州段两侧杨树林带被杨扇舟蛾、杨小舟蛾等杨树食叶害虫危害，导致约三分之二的杨树叶片被吃光。由于杨树食叶害虫具有高密度、暴食性等特点，短时间内可将树木叶片食光，常规喷雾器防治难以达到迅速、及时、大面积杀灭害虫目的。1995年，经市政府批准，市林业局和各区市林业局按照1：1的比例出资，为胶南市、胶州市、莱西市、即墨市和城阳区各配备一台6吨的高压喷药车。该喷药车的使用，有效控制杨树食叶害虫发生危害。1995~1997年，连续3年实现有虫不成灾。1998年，随着树势长高，林带加宽，喷药车的有效射程达不到树冠上部和全部林带，防治季节又值雨季，药效不能正常发挥，造成杨树食叶害虫大面积、严重发生，叶片全部被害虫食光。1999年，市林业局决定对济青高速公路、环胶州湾高速公路、204国道、烟青一级路、泰薛路等高等级公路两侧林带，实施杨树食叶害虫工程治理。成立青岛地区高等级公路杨树食叶害虫工程治理方案领导小组和技术指导小组，制定统一治理方案和考核办法，采用综合技术手段和工程管理办法，有计划、有步骤地对危害严重、发生普遍的虫害，坚持预防为主，实施综合治理。2001年，杨树食叶害虫工程治理项目取得成功，叶片保存率达90%以上，杨树林带完好率达到98.7%。

美国白蛾　2003年，在崂山区王哥庄镇仰口的法桐树上首次发现。2005年冬季，国家林业局根据青岛市疫情发展情况，将崂山区、黄岛区、即墨市、莱西市公布为疫区。该虫在青岛市1年发生2~3代，以蛹越冬，翌年5月成虫羽化。成虫具趋光性，单雌产卵500~600粒。初期幼虫吐丝结网幕将树木叶片黏结，在其内取食叶肉，网幕随虫龄增长而扩大，5龄后幼虫便离开网幕扩散危害，短期将整株树木叶片食光。2005年，记录受危害植物达300种，成为农林业生产的重要害虫。

松枝枯病　1999年，崂山区、城阳区先后发现松树大面积死亡的现象。病情发生后，市林业局领导多次和青岛市森林保护工作站的专业技术人员一起深入现场调查。初期怀疑为松材线虫危害导致，但经勘察、采样、镜检，未发现有线虫存在；林间调查设点573个，未发现松材线虫媒介昆虫——松褐天牛危害迹象。6月5日，市林业局邀请南京林业大学专家组对崂山区、城阳区松树枯死状况进行调查、鉴定。专家组经现场调查、多方诊断、综合分析，确认青岛市发生的黑松、赤松枯死现象，是松树枝枯病所致，其病原属真菌门、子囊菌亚门、盘菌纲、柔膜菌目、Cenangium属。松树枯死原因确定后，崂山区、城阳区立即行动，组织群众上山伐除枯死树木、枝条，并将伐除的枯死树木、枝条运下山集中烧毁。由于发现及时，措施得力，松枝枯病很快得到控制。2000年春，城阳区、崂山区、崂山风管委、即墨市再次发现松树枯死现象。病情发生后，市森林保护工作站立即组织对枯死树木的采样、镜检和鉴定，并在全市范围内组织枯死松树的普查。经鉴定，导致松树枯死的原因仍然是松枝枯病。在此后2个月的时间内，城阳区、崂山区、崂山风管委、即墨市对枯死树木、枝条进行彻底清除，并集中烧毁。2004年10月，青岛市区首次发现松材线虫病入侵，位于市区浮山山脉的徐家东山，疫情区涉及市南区金门路街道和市北区同安路街道，发生面积8.67公顷，染病树木102株，呈轻度发生。

病虫害测报

七八十年代，青岛市病虫害测报工作以虫情调查为主。90年代开始，病虫害监测、预测、预报工作得到加强，采用许多新技术、新方法。对发生期的预报，主要使用的方法有发育进度法和有效积温法，对主要发生的病虫害，按年度、按世代、按虫态定期发布预报，预报的虫种主要有杨扇舟蛾、杨小舟蛾、舞毒蛾、大袋蛾、赤松毛虫、美国白蛾、刺蛾、松枝枯病、杨树溃疡病等，每年发布预报在60～80期。对发生量预测，主要采用有效基数预测法、形态指标预测法，用于中长期预报，预报期数较少。有效基数预测法是通过林间虫情调查，掌握上一代的虫口基数，根据上一代有效虫口数量、生殖力、存活率，预测下一代的发生数量。形态指标预测法是以害虫的形态及生理状况指标来预测害虫的一种方法，如蛹的重量、雌性比等发育质量指标来预测下一代的发生趋势。监测方法以人工监测为主，监测范围基本覆盖青岛市全部林地面积，主要监测虫种有：杨扇舟蛾、杨小舟蛾、舞毒蛾、美国白蛾、赤松毛虫、松干蚧、松墨天牛、松枝枯病、杨树溃疡病等。森林病虫害防治技术包括营林、生物、化学和物理等防治方法以及综合治理技术。2005年，建成两个森林病虫害天敌繁育中心，促进全市生物防治和有效控制国际性检疫虫害、减少环境污染等工作，全市森林病虫害成灾率为0.02‰。

防治技术

营林防治　1990年开始，在即墨市温泉镇的200公顷松林中展开“松林害虫综合治理技术的研究”。至1992年，项目取得突破性进展，试点林区基本上控制了赤松毛虫的危害。主要营林技术是，实行封山育林，增加天敌数量，抚育间伐，合理修枝，复壮森林，补植阔叶树种等措施，逐步把松林虫害控制在有虫不成灾的水平。

生物防治　1990年，开始在赤松毛虫防治上使用生物制剂BT，平均杀虫率为89.6%。1996年，使用松毛虫质型多角体病毒防治赤松毛虫3～4龄幼虫，每亩用量为$1.5\sim3.0\times10^{10}$多角体，虫口下降率平均为87.4%，其不仅能直接产生致死效果，而且可以通过卵垂直传播，通过成虫飞行向临近林分扩散，控制赤松毛虫在较低水平发生。2000年，全市生物防治面积1.62万公顷，占防治总面积的27%。2001年，市林业局引进周氏啮小蜂防治杨树食叶害虫，在黄岛区建立生产基地批量繁殖，大面积推广使用。2005

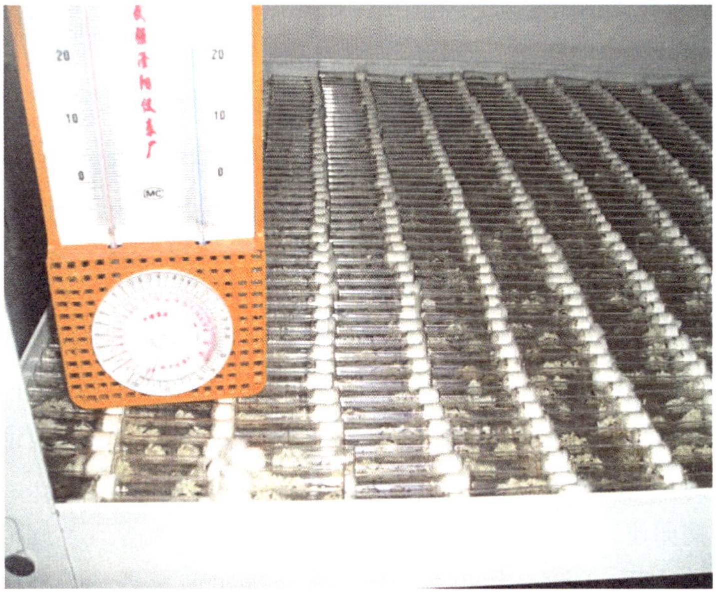

青岛市林业部门组织投放管氏肿腿蜂进行病虫害防治

年，周氏啮小蜂繁育成功，在美国白蛾防治中取得明显效果，并首次将周氏啮小蜂用于防治杨扇舟蛾、舞毒蛾、杨小舟蛾、黄杨绢野螟、丝绵木金星尺蛾等林业、园林害虫，取得良好效果。同年，在黄岛区建成周氏啮小蜂繁育基地。至2005年，青岛市用于生物防治的方法有喷洒生物药剂BT、质型多角体病毒等，释放寄生蜂类天敌和保护招引鸟类等，无公害和生物防治率提高到55%。

化学防治　80年代初期，青岛地区林业病虫害防治主要选用敌敌畏、敌百虫、久效磷、马拉硫磷、甲级托布津、百菌清等液剂粉剂，开始推广进口的菊酯类农药。90年代初开始注重生物天敌保护，选用农药时，一般使用高效、低毒、低残留的农药品种。在使用方法上，除采用常规的喷粉、喷雾技术外，主要以除虫菊酯类药物制成毒笔、毒绳、毒液，涂绑于树干防治赤松毛虫、杨树食叶害虫等；或采用磷化铝毒签、磷化铝片剂，堵孔防治蛀干害虫等。上述办法既不杀伤天敌，又减轻对环境的污染。如，1991年即墨县藏村自制毒绳，用于防治赤松毛虫，后逐年自制毒绳数万个，用于防治赤松毛虫和杨树食叶害虫。1992年引进树干注射器，将化学药品原液兑水5～10倍用于对蛀干害虫、蚧壳虫、高大树木食叶害虫的防治。1995年，引进磷化铝毒签用于对桑天牛幼虫的防治。2000年后，杜绝化学农药使用，改用仿生剂喷雾防治各类害虫幼虫。2005年，使用较多的药剂类型有胃毒剂、触杀剂、内吸剂等。

人工物理防治　青岛地区林业病虫害人工物理防治方法，主要有人工捉幼虫、剪除病枝虫苞、黑光灯和诱捕器诱杀。人工捉幼虫主要用于对赤松毛虫的防治，1983年，黄岛区在辛安公社西洞门大队发动人工捉赤松毛虫幼虫3000公斤。摘卵块、挖蛹，主要用于对美国白蛾、舞毒蛾等的治理。1995～1999年，平度市、胶州市、莱西市、即墨市发动群众摘除大袋蛾的袋囊5万多公斤，结合农药除治，使树木叶片保存率均达85%以上。剪除病枝主要用于对泡桐丛枝病、松枝枯病的防治。剪虫苞主要用于对杨扇舟蛾、美国白蛾等虫害的防治，该方法在全市普遍使用。黑光灯和诱捕器诱杀主要利用森林害虫的趋光性，使用黑光灯诱杀赤松毛虫、杨毒蛾、舞毒蛾、柳毒蛾、杨扇舟蛾、杨小舟蛾、杨黄卷叶螟等磷翅目森林害虫。1999～2005年，全市使用黑光灯、诱捕器数量达1000台。

森林植物及其产品检疫

1980年，青岛市启动种苗产地检疫工作。1982年起，在全市范围内实施产地检疫工作，重点对林木种苗实施产地检疫，当年，产地检疫苗木360多万株。1983年，在产地检疫工作中实行“产地检疫合格证”制度，对经产地检疫合格的苗圃发放“产地检疫合格证”，进出圃苗木凭“产地检疫合格证”换发《植物检疫证书》。当年，对未按规定申请产地检疫的7个苗木生产单位进行查处，防止危险性病虫传播蔓延。1984年3月20日，市林业局制定《青岛市森林植物检疫试行办法》，同时确定青岛市调运检疫森林植物、林产品名单。当年，在全市港口、铁路、公路、邮政等范围内相继开展森林植物及其产品调运检疫工作。市林业局协调市经委、青岛港务局等部门检疫国内木材60万立方米、进口木材180万立方米。1984～1986年，共检疫各类木竹材33.66万立方米、苗木30余万株，处理带疫苗木1万余株。

1986年8月25日，市林业局与青岛铁路分局联合印发《关于实行森林植物铁路调运检疫实施办法的通知》，规定对经过铁路运输森林植物及其产品的单位和个人，须持有效期内的《植物检疫证书》方可办理承运手续。青岛、四方、沙岭庄、沧口火车站由青岛市森林病虫防治检疫站实施检疫；楼山、女姑口、城阳火车站由崂山县森林保护站实施检疫；南泉、兰村、姜家坡火车站由即墨县森林保护站实施检疫；郭家庄、莱西火车站由莱西县森林保护站实施检疫；胶东、胶县火车站由胶县森林保护站实施检疫。1987年3月1日，市林业局确定的国内森林植物检疫对象有：美国白蛾、日本松干蚧、落叶松种子广肩小蜂、白杨透翅蛾、杨干象、杨园蚧、青杨天牛、牡蛎蚧、柳瘿蚊、柳小吉丁虫、柳蝙蛾、刺槐种子小蜂、紫穗槐豆象、栗瘿蜂、黄连木种子小蜂、松突圆蚧、紫薇绒蚧、吹绵蚧、竹白粉蚧、桑白蚧、卫矛盾蚧、园盾蚧、散白蚁、双斑锦天牛、杨树大斑溃疡病、根癌病、丛枝病类菌质体（MLO）、根结线虫病、松材线虫病、板栗疫病、落叶松枯梢病、毛竹枯梢病、松针褐斑病共33种。

1990年5月15日，青岛市森林保护工作站加挂青岛市森林植物检疫中心站的牌子，承担对进出青岛的林木种苗、木材、竹类、木本花卉等森林植物检疫工作。10月23日，市政府颁布实施《青岛市森林植物检疫暂行办法》。1993年，铁道部济南铁路局在整顿路风时，森林植物检疫工作一度停顿。2001年，省林业厅与济南铁路局联合印发《关于加强森林植物及其产品检疫的通知》，恢复铁路调运检疫。90年代，由于花卉、木材、果品、药材市场发展较快，北方的木材及其制品，南方的花卉、种苗大量输入青岛市。为防止危险性病虫传播蔓延，1999年7月28日，市林业局与市工商局联合印发《关于加强商品市场森林植物及其产品检疫工作的通知》，规定进入市场的森林植物及其产品必须经过检疫。2000年，全市有专职检疫员52人，兼职检疫员200多人，形成以专职检疫员为骨干，兼职检疫员相结合的检疫队伍。

1980～2005年，青岛市森林植物及其产品检疫工作取得明显成效，截获和处置了一批森林植物疫病虫害。主要有：1986年6月，对日本“维纳斯号”货轮从原苏联运来1.9万立方米的纸浆材，经青岛动植物检疫所检疫，发现了5种天牛、4种小蠹虫、1种吉丁虫，在青岛动植物检疫所和青岛市林业局共同监督下，卸货后进行熏蒸处理。1988年7月，在青岛火车站普集路货场内，对来自南方的2车皮大叶黄杨实施现场检疫时，发现该批苗木携带青岛市森林植物检疫对象卫矛盾蚧，为防止其传播蔓延，及时对带疫苗木进行销毁，将其他苗木栽植在指定苗圃进行监测。1988年，崂山县林业局在城阳火车站对来自原苏联的28个车皮、计1400立方米的松类原木实施现场检疫时发现，该批货物带有八齿小蠹等4种害虫，虽均不是检疫对象，但由于虫口密度较大，有的害虫在青岛市没有分布，属危险性病虫害，市林业局会同崂山区林业局，使用溴甲烷进行熏蒸处理。

第四章　林 政

1978年后，青岛市进一步完善林业政策，明确权属关系，落实林业责任制，在林权管理、林木采伐管理、木材流通管理和林业行政执法等方面，逐步建立起权责明确、行为规范、监督有效、保障有力的林业行政执法体制。

第一节　林权管理

国有林确权发证

青岛市的国营林业场圃大都建立于解放初期，由于手续不全，原始资料残缺，以及多年的情况变化，给国有林的确权发证工作带来一定困难。从1989年8月初开始，青岛市和各区市林业局普遍采取内查外调的方式开展调查摸底工作。主要查询有关人证物证，特别是建立场圃时的历史资料、申请报告批复、占用征用林地手续、地形图等有关资料；进行现场勘察和调查了解，搞清四至界限，查明一些矛盾点、纠纷点的原因所在。经调查落实，青岛市共有国营林场5个，分别为崂山林场、莱西县大沽河林场、平度县大泽山林场、胶州市艾山林场和胶南县环海林场，总经营面积8647公顷；有国营苗圃10个，为崂山区傅家埠苗圃、即墨市辛庄苗圃、即墨市周疃苗圃、即墨市皋虞苗圃、莱西市夏哥庄苗圃、平度市刘家小庄苗圃、胶州市后屯苗圃、胶南市泊里苗圃、黄岛区薛家岛苗圃、崂山林场苗圃，总经营面积193公顷。根据《中华人民共和国土地管理法》《中华人民共和国森林法》等有关法律法规的规定，对苗圃管理中存在的问题提出解决方案，主要是：国有林因需要被占的，凡没办理占用手续的，在搞清占地范围、面积的基础上，首先进行确权，然后由土地部门尽快协助办理占用手续，占地单位还需向林业场圃交付林地占用补偿费。风景区为开展旅游活动，占用林地必须经林业部门同意，在确权的基础上，办理占用手续，订立收入分成合同。对无理强争，拒不签字盖章的进行起诉，依法裁决。对历史上的边界不清问题，组织有关人员进行实地调查，以人证物证确定边界，双方在场的情况下，立上永久性界桩。上述方案的实施，较好地解决了边界纠纷，明确权属。

1989年12月，青岛市组织进行绘制图表、打桩立界和建立档案等国有林确权发证前期工作。在具体工作中，根据不同地形采取不同的立界方法。有的以沟或山脊为界，有的以路为界；有的在交界处挖1米深坑，再浇注水泥或打入铁管；有的直接在交界周围套上围墙，以保持边界的永久性。1990年4月5日，市林业局受市政府委托，对国有林场、苗圃的确权发证情况进行检查验收。检查验收的标准是，是否做到了地块的四至清楚、权属明确、标志显著，林权证与现地、图面相符，并建立档案。对达到标准的，发给国有林确权发证检查验收合格证；对达不到标准的，提出整改要求，本着缺什么补什么的原则限期完成。到1990年5月30日，青岛市完成对所有的5个国有林场和10个国有苗圃的确权发证工作，并顺利通过国家和省林业部门的检查验收。

集体和个人承包林确权发证

自1994年开始，青岛市重点进行林业股份合作制、荒山使用权拍卖、租赁等生产经营新模式的试点和推广工作，进一步明确所有权，搞活使用权，强化资金、劳力、生产资料等要素的优化组合，调动群众林业生产的积极性。当年，全市有270个村庄推行了林业股份合作制。1998年，莱西市按照“两权”分离原则，在唐家庄镇进行改革试点，对林网、道路树木、宜林荒地使用权进行拍卖，调动农民对林业投入和管护的积极性。崂山区积极引导个休、私营经济发展林业，全区涌现出承包山林大户16个，承包面积最多的达80公顷，吸纳资金500多万元。

2000年5月25日，市政府办公厅转发《市林业局关于开展林权登记工作的报告的通知》，要求在国有林确权发证工作取得成功经验的基础上，继续做好集体和私有林的确权发证工作。明确登记的范围和对象，登记范围是集体所有的森林、林木、林地和个人所有的林木；登记对象是集体所有森林、林木、林地和个人所有的林木的所有者和使用者。

2001年3月7日，全市大环境绿化动员大会提出，要大力推进林业产权制度改革，实行“两权”分离，稳定所有权，放活使用权，使林业收益与经营者利益直接挂钩，充分调动企事业单位、各类经济组织和个人的造林、管林、护林积极性。2001年7月27日，市政府印发《关于深化林业产权制度改革的意见》，规定稳定所有权、放活使用权、明确收益权以及放手发展私有林等系列优惠政策，促进改革顺利进行。12月，市政府举行青岛市山海资源暨高新农业推介会。澳大利亚、法国、美国以及北京、天津、港澳台等地投资者参会，两天的推介会共签订“四荒”绿化开发合同46份，协议引进资金6.4亿元。2002年9月，全国林权登记发证工作座谈会在青岛召开，会议推广了青岛市的经验，新华社、中央电视台、《人民日报》等新闻媒体，联合对青岛市林业经营、植树造林和林权制度改革进行宣传报道。

2003年2月21日，市政府出台《关于加快林业发展的决定》，将林权制度改革作为重点内容进行规定。3月12日，《人民日报》专版介绍青岛市深化林业产权制度改革、加快林业发展的典型做法，包括胶南市的琅琊镇积极推行用林权证作抵押向当地农村信用社贷款发展林业；铁山镇对“四荒”不收承包费，无偿送予，但必须限期绿化；胶州市马店镇采取干部集资入股方式投资160万元，发展示范用材林面积134公顷；即墨市实施组派荒山绿化工作队、以奖代补、财政转移支付等办法，多方筹集资金用于绿化；莱西市引导农民发展林粮、林经间作等。

至2005年，全市确权发证面积达24.47万公顷，占总面积93%，发放林权证20828本，其中集体11183本、私有9645本；全市林业用地中，以承包方式经营管理164756.1公顷，占58.9%；以拍卖方式经营管理8722.2公顷，占3.1%；以合资、合作、租赁方式经营管理5680.7公顷，占2%；其他方式经营管理100813.3公顷，占36%。

第二节　依法行政

地方法规

青岛市人大常委会制定的地方法规有3部：《青岛市古树名木保护管理办法》（1989年）、《青岛市林地防火条例》（1996年）、《青岛市全民义务植树条例》（2000年）。

1989年11月18日，市第十届人大常务委员会第十三次会议通过《青岛市古树名木保护管理办法》，该办法于1989年12月29日经山东省第七届人民代表大会常务委员会第十三次会议批准，并于1990年3月1日起施行。该办法界定了古树名木的概念、级别、保护措施、违法责任等，为青岛市古树名木保护管理提供法律依据。

1996年11月28日，市第十一届人大常委会第二十七次会议通过《青岛市林地防火条例》，该条例于1996年12月14日省八届人大常委会第二十五次会议批准，并公布实施，标志着全市的林地火灾预防和扑救工作逐步走上依法管理轨道。

2000年11月17日，市第十二届人大常委会第二十三次会议通过《青岛市全民义务植树条例》，并于2000年12月22日起施行。该条例是继《关于开展全民义务植树运动的规定》《青岛市全民义务植树办法》之后，规范全民义务植树的地方法规。该条例规定适龄公民应当参加无报酬的植树和种草、育苗、林木管护等绿化活动。

地方规章

市政府于1982年10月5日颁布《青岛市鸟类保护管理暂行办法》，并自公布之日起执行。1989年9月4日，《青岛市林业基金管理暂行办法》颁布，并于同年10月1日起实施。1990年10月23日，《青岛市森林植物检疫暂行办法》颁布实行。该暂行办法规定各级政府林业行政主管部门是森林植物检疫工作的行政主管部门，各级森林植物检疫站具体负责森林植物的检疫工作。同时对检疫人员、检疫对象、违章责任作出规定。为深入持久地开展全民义务植树运动，市政府制定《青岛市全民义务植树办法》，并于1992年1月16日实施。该规定对义务植树的规划与实施、林木的权属与管护等方面作出详细规定。1993年3月26日，《青岛市林地保护管理规定》颁布施行。该规定涉及林地保护与占用征用、林地利用等方面。1996年，制定《青岛市林木种子管理办法》。2001年3月2日，颁布《青岛市全民义务植树以资代劳费缴纳和使用管理办法》，并于同年12月22日起执行。该办法就以资代劳费的征收、使用、监督作出规定。2002年，《青岛市林地保护管理规定》被列入政府规章的修改范围。

至2005年，青岛市林业地方规章有9部：《青岛市鸟类保护管理暂行办法》（1982年）、《青岛市林业基金管理暂行办法》（1989年）、

《青岛市森林植物检疫暂行办法》（1990年）、《青岛市全民义务植树办法》（1992年）、《青岛市林地保护管理规定》（1993年）、《青岛市林木种子管理办法》（1996年）、《青岛市全民义务植树以资代劳费缴纳和使用管理办法》（2001年）、《青岛市生态公益林建设和保护办法》（2005年）、《青岛市野生鸟保护办法》（2005年）。

林业行政

改革开放后，青岛市各级林业部门加大林业行政力度，在林地征占用、林木限额采伐、育林费征收、木材运输证办理等方面，依法行政，建立起一套较为完整的林政管理体系。

林地征占用　1993年，市政府颁布《青岛市林地保护管理规定》。1994年，对已征、占用林地进行核查清理，同时，在土地、法院、公安等部门的协助下，对征占用林地实行审批发证制度。当年，全市审核、审批征占用林地42.6公顷，收取植被恢复费18万元。按照国家要求，严格实行林地用途管制，冻结各项建设工程征占用林地审批，清理非法征占用林地，关闭非法采石挖砂场。

林木限额采伐　从1988年开始进行林木限额采伐。当年，全市共批采伐许可证1136张，实际采伐13091立方米，占全年采伐限额的40%。1994年，按照林业部《关于编制1996～2000年森林采伐限额计划工作方案和技术操作规程》及省林业厅的要求，由市林业局统一组织，在全市范围内开展调查论证，确定“九五”期间全市森林采伐限额为10.09万立方米。“十五”期间，山东省下达给青岛市的年森林采伐限额总量是99974立方米，其中主伐246立方米、抚育采伐15976立方米、其他采伐为83752立方米。全市采伐政策执行良好，均未出现超限额、超指标采伐现象。

育林费征收　自1991年始，青岛市开展育林费征收工作。育林费按销售金额征收，由生产销售者和收购者各负担50%。①木材、竹材按5%征收；②柽柳条、杞柳条、白蜡条、紫穗槐条等按2%征收；③苹果、梨、枣、板栗、核桃、山楂、银杏、柿子等果品和花椒按2%征收。为减轻农民负担，该征收项目于2000年前后被育林基金取代。

木材运输管理　根据《森林法》及《森林法实施条例》，青岛市于1989年10月1日实行木材运输证制度。木材运输证分为出省木材运输证和省内木材运输证两种，办证原则为属地管理。当年，全市共办理出省木材运输证132张，外运木材及木制品近6000立方米。1990年，根据省政府要求，为加强木材运输流通领域的管理，在全市20个交通检查站建立木材检查站。1999年，在青岛市建立山东省木材检查站005站，设于城阳区流亭镇。005站由城阳区林业局领导并组建，由市林业局指导业务。1999～2001年，共检查木材运输车辆1269车次、各种木材6280立方米，其中有证运输1126车次、无证运输143车次，有效地防止了森林植物病虫害及盗伐偷运木材等违法行为发生。2002年，因公路建设原因，运输木材车辆绕道而行，固定检查站不能随意上其他路进行执法检查，造成木材检查站无车可查，于当年10月撤站。

第九篇　畜牧业

解放前，青岛农村畜牧生产为一家一户、零星分散的小农经济生产方式，畜禽良种未能充分开发利用。50年代，全市畜牧业生产呈稳步上升趋势，畜牧业产值由1949年的2429万元增长到1957年的4362万元。但农民饲养畜禽仍属自给自足、自产自销的小生产经营模式，畜牧业发展缓慢。1959～1961年三年经济困难时期，畜牧业生产跌入低谷。1962年，由于实行“公养私养并举，以私养为主”的方针，畜牧业生产有所恢复和发展，1966年畜牧业产值增至5456万元。60年代后期，受极左思潮的冲击，畜禽繁殖奖励政策停止执行，畜禽饲养量下降。70年代，由于片面强调养猪，以及实行“禁止屠宰大牲畜”政策，全市生猪存养量增加，大牲畜存养量较少，畜牧业内部结构不合理。1975年，生猪存养量为191.77万头，户均2.07头，而羊存养量只有5.5万只。改革开放初期，依然实行限养禁养措施，大牲畜为集体所有，养猪、养鸡作为一项农村家庭副业存在。1978年，全市肉蛋奶总产量6.49万吨，市场供应缺口较大。

概　述

改革开放后，全市农村普遍推行家庭联产承包责任制，同时在畜牧业生产体制上进行一系列改革。牲畜由集体饲养为主转变为以农户饲养为主，原来归集体所有的大牲畜和生猪作价归农户所有。在山区实行农林牧结合，鼓励农户发展家庭饲养业，养殖户数量大幅上升，并逐步向专业生产、规模化养殖方向发展。1985年，国家完全放开猪肉、蛋、禽和牛（羊）奶等畜产品价格，调动了农民发展畜牧生产积极性。另外，粮食生产连年增长，也为畜禽生产提供了较充足的饲料来源，全市畜牧业恢复和发展很快，涌现出一批有专长、有经营条件的畜禽饲养专业户。他们有的是集体畜禽承包给农户经营的承包专业户，有的是有饲养技术专长、从家庭副业饲养上升为主业饲养的专业户。同时，传统畜牧业产销分割的格局有了改变，出现牧工商、产供销、贸工牧等一体化生产形式，促进畜牧业商品生产发展。1986~1987年，在国家和山东省的扶持下，青岛市相继建设一批肉类、禽蛋、奶类生产基地，全市副食品供应紧张的状况有所缓解。1987年，畜禽规模化养殖进一步发展，全市有各类畜禽饲养专业户5.37万户，占农村总户数的4.4%，其中养猪专业户3.2万户、养牛专业户6800户、养禽专业户6700户、养貂专业户7600户。

1988年6月，青岛市畜牧办公室成立后，制定畜牧业发展中长期规划和鼓励畜牧业发展的政策措施，进一步理顺畜牧业产销体系，加大畜牧业投入，推行畜牧生产目标责任管理，全市畜牧业进入快速发展时期。青岛市积极扩大对外畜牧科技交流，引进优良畜禽品种、先进的饲料加工设备和饲养设备，推广应用配合饲料、防疫等畜牧先进技术，专业饲养规模和畜产品加工能力迅速扩大，国有、集体、独资、合资、个体、股份合作等多种经济成分共同发展，畜产品产量连年增加。1991年，全市肉蛋奶类总产35.69万吨，肉类供应自给有余，蛋奶供应实现自给。与此同时，深化畜牧业生产体制改革，实行牧工商一体化与以加工企业为龙头的公司加农户等多种形式畜牧生产体系，大力培育、扶持畜牧龙头企业的发展，青岛万福、青岛九联集团等一大批畜牧业龙头企业逐渐形成。1995年，牛、羊、禽肉占肉类比重分别达到11.15%、1.64%和38.17%，猪肉在肉类中的比重降到47.64%。畜产品结构进一步优化，从根本上改变了“猪肉当家”的局面。1997年，全市有一定规模的饲养专业户8.4万户，万头以上的工厂化养猪场17个，肉蛋奶类总产量86.05万吨，畜牧业成为广大农民脱贫致富的重要产业。

2005年11月，中国畜牧业交易会在青岛举办。

自1998年起，青岛市推广畜牧业标准化、集约化等先进的生产方式，发展畜牧业合作经济组织和无公害畜产品培育认证，在稳步提高产量的同时，积极追求品质提高，基本形成生产布局区域化、主导产业特色化、特色产业规模化的发展格局，畜牧业生产加工的规模化、标准化、组织化程度得到提高，全市畜牧业进入现代化发展阶段。至2005年，全市肉鸡、蛋鸡全部实现良种化，生猪、奶牛、肉羊、肉牛良种覆盖率分别达到90%、80%、70%和65%以上。全市有大型畜牧龙头企业20多家，标准化养殖场1万多个；各类畜牧经济合作组织360多个，规模化养殖达到85%以上。全市肉蛋奶总产量171.3万吨，畜牧业产值在农业总产值中的比重由1978年的10.21%提高到2005年的33.41%。

第一章　畜禽品种

青岛地区饲养家禽历史较早。禽类养殖尤其是养鸡成为农户家庭经济收入的主要来源，有“养鸡换油盐”之说。饲养的家畜品种主要有牛、马、驴、骡、猪、羊等，家禽品种主要有鸡、鸭、鹅。1978年后，全市家畜、家禽的存养数量均有增加，尤以生猪增长幅度最大。同时，为满足市场对畜禽品种日益增多的需要，青岛市在实施地方良种如崂山奶山羊、里岔黑猪、琅琊鸡等产业化的同时，先后引进外地优良畜禽品种40多个。至2005年，全市畜禽养殖品种达到60个，其中主要畜禽品种20多个。

第一节　地方优良品种

青岛地区自然条件优越，畜禽品种资源丰富。经过长期选育，形成一批地方优良品种，主要有崂山奶山羊、里岔黑猪、琅琊鸡、五龙鹅等。

琅琊鸡

琅琊鸡因产区地名不同，又称胶南黄鸡（胶南市）、两城鸡或日照麻鸡（日照市）。由于产地曾属历史上的琅琊郡，1978年，经山东省家禽地方良种座谈会讨论，该品种统一定名为琅琊鸡。琅琊鸡中心产区为胶南市南部与日照市东北相连接的沿海一带，分布于胶南、日照、五莲、诸城等地，以胶南为集中产区。琅琊母鸡全身雀毛，毛色为黄褐色或麻黄色，体小结实，眼大腿短，后躯发育良好，尾部翘起，行动灵活敏捷，具有蛋用鸡特点，冠型以单冠为多，脸、耳、冠均为红色，喙、趾、爪均呈深灰色；公鸡胸宽深，冠大直立，项羽、披肩羽、鞍羽呈金黄色，主翼羽、尾羽间有黑绿色光亮大羽，全身毛色光亮协调，腿高粗壮，昂首凝视，素以火红大公鸡著称。琅琊鸡虽然个体较小，但是龙骨发育好，各部位发育匀称。饲料、季节、气候和饲养方式对琅琊鸡的产蛋影响很大，在农村散养情况下，年产蛋150个左右，部分个体达到180～200个；在舍饲、喂配合饲料条件下，年产蛋可达220个以上，平均蛋重为55克，开产日龄165～170天；蛋壳颜色为粉红色，蛋壳较厚，蛋黄含量高，占蛋重的35.43%，色浓味香；琅琊鸡腹腔脂肪少，内脏器官发达，屠宰率较低，成年公母鸡全净膛屠宰率为73.9%和66%，其肉质细嫩、鲜香可口。

1978年，胶南县存养量在100万只左右。80年代末，青岛市存栏量近200万只。90年代，受到外来鸡种的冲击，琅琊鸡数量锐减。2005年，青岛市约有20万只，主要分布在胶南市。胶南市、黄岛区建有原种保种场。

崂山奶山羊

国内著名的乳用山羊品种。具有体格大、耐粗饲料、产奶量高、适应性强、遗传性稳定等特点，是青岛崂山、即墨、城阳一带用当地羊与国外引入的莎能奶山羊、吐根堡羊杂交，经过长期选育形成的一个地方奶山羊品种。崂山奶山羊体质结实粗壮、结构紧凑匀称、头长额宽、鼻直、眼大、嘴齐、耳薄并向前外方伸展；全身白色，毛细短，皮肤粉红有弹性，成年羊头、耳、乳房有浅色黑斑。公、母羊大多无角，有肉垂。成年母羊体重平均50公斤以上，体高70厘米，体长75厘米。成年公羊体重75公斤，体高80厘米，体长85厘米。崂山奶山羊产奶期8个月，最高可达10个月，一胎平均产奶量340公斤，二胎600公斤，三胎700公斤，最高产奶可达1300公斤。

1978年3月，农业部组成奶山羊专家组到青岛考察，充分肯定崂山奶山羊的优良性能。1979年，崂山县被列为全国第一批奶山羊基地，农业部、山东省农业厅共同投资在崂山县北宅建立奶山羊改良站。1980年，在崂山县召开的全国奶山羊生产会议上，将崂山奶山羊列为中国三大奶山羊品种之一，推动崂山奶山羊的发展。1984年，山东省标准计量局以鲁Q14－84号标准，颁布崂山奶山羊山东省标准，1988年列入国家家畜品种志。1986年，青岛市存养崂山奶山羊9.39万只。90年代初达到高峰，青岛地区存栏20余万只，占山东省崂山奶山羊总量的22.2%。后来，由于奶牛养殖迅速发展，及以旅游业为重点的城市近郊经济发展等原因，崂山奶山羊群体数量出现明显下滑，品种退化比较严重，90年代末，青岛地区崂山奶山羊存养量只有6万只。2000年6月，青岛市制定崂山奶山羊保种方案，各级财政连续几年拨款，在胶州建设崂山奶山羊品种资源场，对崂山奶山羊保种起到推动作用。

2005年，青岛市崂山奶山羊约有20多万只，主要分布于胶州、胶南、即墨、莱西、平度5市及城阳、黄岛二区。

里岔黑猪

以其产地和毛色而得名，具有适应性强、繁殖性能好，生长发育快、瘦肉多，肉质鲜嫩等特点，是中国优良的地方品种，素有“南太湖、北里岔”之称。主要分布在胶县西南部和胶南、诸城、高密三县市交界的胶河流域，中心产区在胶县里岔乡。从外形结构来看，里岔黑猪体躯较长，胸部较浅，背腰平直，腹部下垂；皮厚毛稀，毛色全黑，嘴筒长直，额有纵纹，耳大前倾且下垂，四肢高大坚实，后躯稍欠丰满。最显著的特点是体长，胸腰椎数目平均21.7个，比一般猪多1～2个。

1985年，农业部确定胶县为商品瘦肉猪基地，胶县筹建里岔黑猪原种场，山东省科委和青岛市科委把里岔黑猪的选育纳入“七五”科技发展规划。1986年，山东省科委下达重点课题《里岔黑猪选育提高研究》。1987年，经国内专家考察论证，确定里岔黑猪育种基地为国家级基地。1990年，选育工作通过省级鉴定验收。90年代，胶州市利用里岔黑猪与引进国外良种猪进行杂交，培育出里岔黑猪新品系。

2005年，全市里岔黑猪约有5万头，主要分布在胶州、胶南、即墨3市，且多为里岔黑猪新品系。在胶州市建有原种里岔黑猪保种场。

五龙鹅

又称豁眼鹅。产于胶东半岛五龙河流域的莱阳、莱西、海阳、即墨等县，具有耐粗抗病、适应性强和产蛋多的特点，是世界上产蛋量最高的鹅种之一，也是世界上著

青岛地区畜禽品种资源丰富，经过长期选育，形成一批地方优良品种，主要有：①琅琊鸡 ②五龙鹅 ③崂山奶山羊 ④里岔黑猪。

名的小型鹅良种。五龙鹅体型较小，体质细致紧凑，全身羽毛洁白紧贴，头呈方形、中等大小，额前长有表面光滑的肉质瘤，眼呈三角形，上眼睑有一疤状缺口，为该品种独有特征，颌下偶有咽袋。嘴扁阔，颈细长呈弓形，体躯为蛋圆形，背平宽，胸满而突出，前躯挺拔高抬。成年母鹅腹部丰满略下垂，偶有腹褶，腿脚粗壮，有蹼相连，嘴、肉瘤、蹼为橘黄色，嘴端肉红色。成年公鹅体重3.9～4.5公斤，母鹅3.5～4公斤，平均年产蛋120枚，最高可达200枚，平均蛋重137.3克，平均开产日龄为210天。

2005年，青岛地区存养量约70万只，主要分布在莱西市、即墨市。莱西市建有保种场。

第二节　主要引进品种

1978年后，随着畜牧业商品化程度的提高，青岛市不断引进国内外畜禽良种，并实施奶牛、生猪、肉牛、肉羊和地方良种产业化工程。1978～2005年，先后引进优良畜禽品种40多个。

荷斯坦奶牛

原产于荷兰，因其被毛为黑白相间的斑块，又称黑白花奶牛。1902年，青岛市开始由私人引进国外黑白花奶牛，后陆续从德国、日本、美国引进一批黑白花奶牛，除对引进的黑白花奶牛进行纯繁外，也对本地黄牛进行改良，经过级进杂交和长期选育，对培育国内黑白花奶牛起到重要作用。1987年，农业部对全国黑白花奶牛命名为“中国黑白花奶牛”，1992年更名为“中国荷斯坦奶牛”。荷斯坦奶牛被毛黑白花色，界限分明，额部多有白星，四肢下部、腹下和尾帚为白色，皮薄有弹性，被毛细短，体格高大，体躯呈楔形，后躯较前驱发达，具有典型的乳用形外貌。以产奶量高、饲料转化效率高而著称。年平均产乳量6500～7500公斤。

荷斯坦奶牛是青岛市唯一的乳用牛品种，也是世界上乳用牛的主要品种。80年代开始，人们对乳制品需求量日益增加，奶牛饲养量逐年增加。1990年起，引进美国、加拿大等高产黑白花奶牛细管冻精改良当地黑白花奶牛，使黑白花奶牛生产水平和存养量大幅提高。

2005年，青岛市存栏总量14.53万头，莱西市饲养量为最多，存栏约8万头，即墨、胶州、胶南、平度4市存养量均在万头以上。

肉牛

役用黄牛一直是青岛地区的主要牛种。80年代，以西门塔尔牛、利木赞牛、夏洛来牛细管冻精和鲁西黄牛为主，杂交改良本地黄牛，至90年代，本地役用黄牛大部分改良为肉牛。2000年，胶南市引进德国盖洛威牛。随着人们生活水平提高，对牛肉的需求量日渐上升，肉牛的存栏与出栏量逐年上升。2003～2005年，青岛市启动30万头肉牛项目建设，共引进良种肉牛细管冻精70万只，促进肉牛生产。2005年，全市肉牛存栏量达到67.87万头。

鲁西黄牛　鲁西黄牛是国内著名的肉役兼用地方品种，以肉质好、个体高大、役用能力强而著称，是中国五大地方良种黄牛之一。主要产于山东省西南部、黄河以南、京杭运河以西的三角地带，其中心产区位于菏泽和济宁两地。公牛肩峰高而宽厚，胸深宽，前躯发达而后躯发育差，体躯明显地呈前高后低的前胜体型；母牛髻甲低平，颈细长，背腰平直，后躯宽阔，尻部稍倾斜，体型呈长方形。毛色多为正黄色（占78.2%），部分为棕红色（占18.5%），少数为浅黄色（占3.3%）。多数牛的眼圈、口轮、腹下和四肢内侧毛色淡，俗称“三粉”特征。50～80年代，青岛各地均有引进，用于改良当地黄牛。80年代，多与西门塔尔牛、利木赞牛杂交。由于农具的改进、役用减少、饲养条件的改善，鲁西黄牛肉用性能不断提高。纯种鲁西黄牛已很少见，逐渐形成类型一致的新型鲁西黄牛。2005年，即墨、莱西、平度、胶州、胶南5市均有饲养，多为鲁西黄牛和西门塔尔、利木赞杂交牛。

西门塔尔牛　原产于瑞士阿尔卑斯西北部

山区，是优良的肉乳兼用品种，也是青岛市选定的改良黄牛主要品种之一。西门塔尔牛属大体型宽额牛种，头大额宽颈短，角细致。角为左右平出，向前扭转，向上外侧挑出，体躯发育良好，体表肌肉群明显易见，体躯深。骨骼粗壮坚实，背腰长宽而平直，臀部肌肉深而充实，多呈圆形，尾部宽平，四肢粗壮。被毛颜色为黄白花或红白花，少数牛有黄眼圈，头、胸、腹下、四肢下部和尾尖多为白色。乳房发育中等，泌乳力强。成年公牛体重1000～1300公斤，母牛650～700公斤。成年母牛平均单产4000公斤，乳脂率4%以上；在放牧肥育条件下日增重0.8～1公斤，屠宰率65%，净肉率57%。2005年，即墨、莱西、平度、胶州、胶南5市均有饲养，多为西门塔尔和鲁西黄牛杂交牛。

利木赞牛　原产于法国，属大型肉牛品种。以体型高大、生长快、肌肉丰满、产肉率高、肉质好而著称，是青岛市选定的改良黄牛的主要品种。利木赞牛被毛黄红色，细短平滑，腹下、四肢、尾部毛色稍浅呈粉色，角型为龙门角；体躯长而宽，肌肉丰满，前肢和臀部肌肉尤其发达；肋骨开张，背腰平直，尻平，四肢强健。公牛颈粗厚隆起，骨骼较细。成年公牛体重950～1100公斤，母牛900公斤。杂交改良本地黄牛效果明显，屠宰率可达63%～71%，屠宰率和净肉率分别比本地黄牛提高5～10个百分点，日增重提高20%。自80年代开始至2005年，青岛市一直从外地引进利木赞牛冻精改良本地牛，即墨、莱西、平度、胶州、胶南5市均有饲养，多为利木赞和鲁西黄牛杂交牛。

猪

崂山白猪和本地黑猪一直是青岛地区的主要猪种，杂交猪数量较少。1983～1985年，青岛从山东农科院引进长白猪20头、大约克夏猪20头，杜洛克猪、汉普夏猪、施格猪等39头，用于改良当地猪种。80年代末，规模化养猪场（户）大批涌现，生猪饲养量持续上升，大约克夏、汉普夏、加拿大法国丹麦系杜洛克、丹麦法国系长白、日本加拿大系双肌臀长白、大白猪等良种猪被大量引进，对本地猪进行三元杂交改良，猪的品质不断优化。2004年和2005年，青岛市实施“优质猪良种工程”，重点建设万福、恒生源、全合、新雅等10个重点优质猪良种繁育基地，全市优质猪比重达到90%。

长白猪　原名兰德瑞斯，原产于丹麦，由于体型特长，毛色全白，故在国内都称它为长白猪。长白猪具有生长快、饲料利用率高、瘦肉率高、母猪产仔多、泌乳性能好等优点。但长白猪体质较弱、不耐寒、抗逆性较差、对饲养条件要求较高。长白猪全身白毛，体躯呈流线型，头小，鼻嘴直，狭长，两耳向前下平行直伸，背腰特长，后躯发达，臀腿丰满。成年公猪体重平均246公斤，成年母猪体重平均218公斤。在良好饲养条件下，6月龄体重可

1978～2005年，青岛市先后引进优良畜禽品种40多个。图为主要引进品种：①罗曼褐蛋鸡 ②波尔山羊 ③大约克夏猪 ④鲁西黄牛。

达90公斤以上，饲料报酬1：3以下，胴体瘦肉率62%以上。1983～1985年，青岛从山东农科院引进长白猪20头，用于改良当地猪，90年代末被大量引进推广。2005年，青岛农村地区均有饲养，用作三元猪杂交父本。

大约克夏猪　又称大白猪，原产于英国约克县及其邻近地区。该品种是以当地的猪种为母本，引入中国广东猪种和莱塞斯特猪杂交育成。约克夏猪可分为大、中、小三型，是世界分布最广品种，因其体型大、毛色全白，故又名大白猪，在青岛市所有猪种中养殖数量最多。大约克夏猪体大，毛色全白，少数额角皮上有小暗斑，颜面微凹，耳大直立，背腰多微弓，四肢较高，头颈较长，体躯长，肌肉发达。大约克夏猪具有增重快、饲料利用率高（饲料转化率2.8%）、繁殖性能较高、肉质好（瘦肉率62%）的优点。青岛农村地区均有饲养，用作三元猪杂交父本。

杜洛克猪　原产于美国，俗称“红毛猪”，属瘦肉型猪种。具有生长快，饲料转化率和瘦肉率高，体质结实，抗逆性强的优点，但产仔哺乳力稍差。杜洛克猪与其他猪杂交后，能显著提高生长速度、饲料转化率和瘦肉率，多被用作杂交生产商品猪的终端父本。杜洛克猪全身被毛棕红色，头较小，耳中等大小，耳根稍立，中部下垂，略向前倾，嘴略短，颜面稍凹，体型中等，背呈弓形，后躯肌肉丰满，四肢和骨骼粗壮结实，蹄黑色，育肥期平均日增重750克。屠宰率74%，瘦肉率高达62%。杜洛克猪青岛农村地区均有饲养，主要用作三元猪杂交的终端父本。

康贝尔猪　由世界最大的良种猪育种公司—英国PIC公司选育杂交而成。系瘦肉型猪，是20世纪末和21世纪初世界最好的猪种之一。商品代猪毛色纯白，体型紧凑丰满，四肢强健，结构匀称，一致性好，瘦肉率达65%以上。具有繁殖性能好，产仔率高，生长速度快，饲料报酬高，适应性强等优点。从1999年开始，青岛万福集团股份有限公司率先引进推广康贝尔猪，主要分布在莱西市。

野猪　2003年，胶南市养殖户从河南省农科院引进野猪。由于经济效益较好，野猪养殖在胶南得到较快发展。2005年，胶南市野猪存栏量1200多头，崂山区王哥庄也有饲养。

羊

80年代中期，平度、胶南等地引进一批高加索细毛羊、新疆细毛羊、沙力斯细毛羊，因不适应青岛地区气候条件，先后被淘汰。1997年、1998年，莱西市、胶南市分别从澳大利亚引进波尔山羊用于杂交改良本地山羊。至2005年，胶州、胶南、即墨、莱西、平度5市均有饲养。自2000年起，青岛市先后引进澳大利亚无角陶塞特、荷兰德克塞尔、英国萨福特等羊种，用于杂交改良本地肉羊。

波尔山羊　原产于南非。具有个体大，增长快，繁殖率高，适应性好，抗病能力强以及出肉率高，肉质好，杂交优势明显等优点，是公认的山羊中最优秀肉用品种。波尔山羊体躯白色，头颈耳呈棕色略带白斑，前额及鼻梁部有一条较宽白色毛。头平直，体型中等以上，体躯结构良好，四肢短而结实，背宽而平直，肌肉丰满，整个体躯圆厚而紧凑。公羊鼻梁稍隆起，耳大下垂，角较宽且弯曲向下，母羊的角小而直，成年公羊体重80～130公斤，成年母羊75.5公斤；四季发情，产羔率为180%～200%，日增重达200克以上，屠宰率达50%以上。板皮质地致密、结实。

1997年，莱西市从澳大利亚引进波尔山羊200只。1998年，胶南市又引进280只，用于杂交改良本地山羊，即墨市石门养殖场从南非引进用于繁育推广。从杂交效果看，显示出很强的杂种优势，成为青岛市发展肉用山羊主要终端父本品种。2005年，全市存养量约30万只，莱西、胶南、即墨、胶州、平度5市均有饲养，主要用于杂交改良本地山羊。

无角陶塞特羊　原产于澳大利亚和新西

兰。公、母羊均无角，颈粗短，胸宽深，背腰平直，躯体呈圆桶状，后躯丰满，四肢粗短；被毛为白色，面部、四肢及蹄亦为白色。成年公羊体重90～100公斤，母羊55～65公斤。该品种成熟早、生产发育快，胴体品质和产肉性能好。

2003年，青岛市引进，初步杂交改良表明，该品种遗传力强、适应性好，是发展肉用绵羊生产的理想父本品种之一。2005年，莱西、胶南、即墨、胶州、平度5市均有饲养，主要用于杂交改良本地肉羊。

德克塞尔羊　原产于荷兰德克塞尔岛沿岸。体型中等、较宽，身体强壮，被毛白色，头部和四肢无毛，腿短，黑鼻，短耳，部分羊耳部有黑斑。成年公羊体重90～130公斤，母羊65～90公斤；产羔率高达130%～195%。母性强，泌乳性能好，羔羊生长发育快，日增重达250克，断奶重（12周龄）平均25公斤，24周龄屠宰体重平均为44公斤。

2003年，青岛市引进，从种羊表现和改良效果看，羔羊生长发育明显优于无角道塞特羊及其杂交一代，是发展肉羊生产的理想父本品种。2005年，莱西、胶南、即墨、胶州、平度5市均有饲养，主要用于杂交改良本地山羊。

蛋鸡

青岛地区蛋鸡以胶南的琅琊鸡、济宁的百天鸡及本地莱航鸡为主。1982年，青岛市从北京红星鸡场引进星杂579种鸡。1984年，又引进京白288种鸡。1990年，由荷兰引进海塞克斯祖代种鸡。后从北京、上海、江苏国家级种鸡场引进英国罗斯蛋鸡、美国海兰褐蛋鸡、法国伊莎褐壳蛋鸡、德国罗曼褐蛋鸡、北京白鸡等十几个优良品种。2005年，青岛市蛋鸡良种率达到100%。

海兰褐蛋鸡　美国海兰家禽育种公司育成的蛋用鸡种。青岛农村各地均有饲养，是主要蛋鸡品种之一。具有高产、节粮、抗病的特性，在全市蛋鸡生产中发挥重要作用。商品代鸡生长期存活率达97%，156日龄产蛋率达50%，203日龄达产蛋高峰，高峰期产蛋率91%～96%，平均蛋重63克，560日龄产蛋量299～318个。

罗曼褐蛋鸡　德国罗曼家禽育种公司育成。1982年引入青岛，2005年农村各地均有饲养，是主要蛋鸡品种之一。具有较高的生产性能，性成熟早、性情温顺，适应能力强，耗料少、产蛋多和成活率高的优良特点，是青岛地区褐壳蛋鸡中覆盖率最高的品种。罗曼褐蛋鸡商品代鸡生产性能：1～18周龄成活率98%，开产日龄154日左右，高峰产蛋率92%～94%，入舍母鸡12个月产蛋302个，平均蛋重64.5克，产蛋期成活率94.6%。

肉鸡

80年代前，青岛地区肉鸡品种主要是白洛克肉鸡、科尼什肉鸡、星布罗肉鸡。1982年，引进美国爱拔益加、德国罗曼等肉用鸡品种。1993年，引进美国的艾维茵和印第安河肉鸡。2004～2005年，青岛市大力实施蛋鸡、肉鸡良种工程，推进青岛正大公司、九联集团、康大公司种鸡的更新换代，重点建设蓝天伊势、市畜牧兽医研究所等蛋鸡良种繁育基地，全市肉鸡良种率达到国内先进水平。

爱拔益加肉鸡　简称AA肉鸡，由美国爱拔益加家禽育种公司育成。具有体型大、生产性能稳定、增重快、胸肉产肉率高、成活率高、饲料报酬高、适应性强、抗逆性强的优良特点。49日龄体重2.94公斤，饲料转化率达1.9%，成活率95.8%。1982年，青岛市开始引进，至2005年成为青岛地区肉鸡生产的主要鸡种，占全市肉鸡饲养量的60%以上。

艾维茵肉鸡　由美国艾维茵国际有限公司培育的肉鸡品种。艾维茵肉鸡为显性白羽肉鸡，体型饱满，胸宽、腿短、黄皮肤，具有增重快、成活率高、饲料报酬高的特点。49日龄体重2.6公斤，耗料4.63公斤，饲料转化率达1.89%，成活率97%以上。1993年，青岛市引进该鸡种。2005年，莱西、胶南、即墨、胶州、平度5市均有饲养，是青岛地区肉鸡生产主要鸡种之一。

鸭

樱桃谷鸭由英国樱桃谷农场有限公司选育而成，是世界上优良的肉用型鸭。以其生长速度快、饲料转化率高、瘦肉率高、抗病能力强著称。樱桃谷鸭体型外貌与北京鸭相似，体型比北京鸭大，全身羽毛洁白，喙、胫、蹼橙黄色。成年公鸭体重4～4.5公斤，母鸭体重3.5～4公斤，屠宰率90.5%以上。90年代引入青岛。2005年，全市存养量约10万只，主要集中在平度市。

兔

1978年，全市兔存养量241.19万只。此后，兔肉、兔毛国际市场需求旺盛，青岛市不断引进肉兔、毛兔优良品种，养兔生产迅速发展。1979年，全市兔存养量达到269.44万只，占到山东省的12.5%。1983年，饲养量达到337.57万只，为历史最高水平。后因受国际市场需求减少的影响，青岛地区兔肉、兔毛大量积压，价格暴跌，养兔数量急剧减少，1986年，跌落到30.47万只。80年代末，养兔数量实现恢复性增长。1990年，胶南市兔存养量达到60万只，为全省养兔大县。1998～2003年，青岛市兔存养量在200万只左右。2005年达到235.09万只。

新西兰白兔　原产于美国。具有适应性强、早期生长速度快、产肉性能好等特点，是世界著名、分布最广的大型肉用兔种。该兔种被毛纯白，后肢发达，体态匀称，头圆，体长，耳短。全年平均受胎率达83%，窝均产活仔数9.8只，出生窝重642克，断奶成活率达92.3%，断奶个体重950克。70日龄出栏成活率达89.7%，70日龄个体重2.5公斤，成年公兔重4公斤，母兔重5公斤。主要集中在胶南、胶州、莱西3市。

加利福尼亚兔　原产于美国，是著名的肉用兔品种，国内俗称“八点黑”。该兔种体态匀称，体躯被毛白色，耳、鼻端、四肢及尾部为黑褐色，头圆耳短，属中型兔品种。全年平均受胎率86%，窝均产活仔数10.6只，出生窝重632克，断奶成活率达92.8%，断奶个体重820克，70日龄出栏成活率达92.62%，70日龄个体重2.23公斤。主要集中在胶南、胶州、莱西3市。

獭兔　又名力克斯兔，原产于法国，是皮肉兼用品种，皮毛质量最好，可与珍贵的毛皮兽水獭相媲美，国内通称为“獭兔”。又因其毛色繁多，也被称为“彩兔”。獭兔体型中等，外观清秀，后躯丰满，腹部紧凑。头小眼大，耳长中等，并呈V型，成兔喉有喉袋，被毛短而平齐，竖立、柔软浓密，具有绢丝光泽。獭兔对饲料营养、管理条件要求较高，对潮湿和炎热气候抵抗力差。青岛地区饲养的獭兔大多于90年代从浙江、河北等省引进，但不成规模，主要集中在即墨、胶州等地。

水貂

1967年，胶南县从苏联引进部分标准貂，安排在红石崖、薛家岛两个公社饲养，为青岛地区养貂业发端。此后，崂山、即墨、平度等地相继引进水貂饲养。80年代，胶南市灵山卫特种动物养殖基地引进美国纯黑二代水貂、澳大利亚彩貂、俄罗斯纯黑水貂等世界名贵品种。当时外贸部门大量收购貂皮用于出口，养貂户经济效益较高，全市养貂业发展很快。1981年，全市水貂存养量达7.13万只，占到全省的30%，当年全省养貂万只以上的县有5个，其中胶南县1.54万只、黄岛区1.18万只。至1986年，全市存栏量32.15万只，达到历史最高水平。后因国际水貂皮市场不景气，青岛市养貂数量大幅度下降。1990年，全市存栏量27.5万只。2005年存栏量20万只，主要集中于即墨、城阳、胶州等区市。

鹿

1983年，即墨县刘家庄公社起戈庄大队从湖南省洪江茶场引入公鹿18只。2001年，即墨市蓝村镇稻香村青岛鑫悦蓝村驯鹿繁殖中心驯养东北梅花鹿、双阳梅花鹿、新疆天山马鹿等200头成年鹿。1994年，青岛前金实业发展集团公司特种养殖场投资100万元，从吉林省中国畜禽特产研究所引进双阳梅花鹿60只，进行试验性养殖，当年该场产鹿茸60余公斤。1995年后，先后有城阳区上马民超集团公司养鹿场、后田村高效农业园、夏庄镇罗圈涧村王某、惜福镇前金村隆胜养鹿场修某、上马侨园畜牧场等单位和个人，从吉林省以及前金特种养殖场引进梅花鹿500余只，饲养渐成规模。2005年，全市鹿存养量约4000余头。主要集中在胶南、城阳、即墨等区市。

狐狸

80年代，在即墨县瓦戈庄、店集一带开始狐狸养殖。1994年5月，崂山区红岛镇高家村人高某投资3万元，从吉林省引进北极狐（又名蓝狐）20只进行自群繁育，成为全市第一个养殖狐狸专业户。此后，胶南市灵山卫特种动物养殖基地引进乌苏里江雪白狐、澳大利亚蓝狐、新西兰二代蓝狐等世界名贵品种。2005年，全市各类狐存养量约1万只。

貉

又称狗獾。外形象狐，但较胖，尾较短，为重要毛皮兽之一。1997年，城阳区城阳镇后田村高效农业园投资50万元，从黑龙江引进20只乌苏里貉进行自群繁育。1998年，城阳区红岛镇部分养殖户也开始少量饲养，胶南市灵山卫特种动物养殖基地引进乌苏里江貉子饲养繁育。2005年，全市各类貉存养量约1万只，主要集中在胶南、城阳、即墨、胶州等区市。

第二章　饲养管理与技术推广

1978年后，随着畜牧业商品化程度的不断提高和养殖规模的不断扩大，青岛市围绕提高出栏率、降低饲料消耗、提高经济效益，积极推广畜牧业新技术，不断提高畜禽饲养管理水平、综合生产能力和畜产品质量。

第一节　饲养管理

80年代初，随着畜禽养殖规模的扩大和科学技术的普及，畜牧业由传统的户有户养、人畜同院、分散性粗放经营方式逐步向专业化、规模化、集约化方向转变，养禽专业场、专业户逐渐成为饲养主体，畜禽饲养管理水平得到很大提高。至2005年，全市畜禽规模化养殖率占到85%。

奶牛饲养管理

1980年前，青岛地区奶牛不足2000头，主要由国营或集体养殖场饲养。此后，除少数奶牛场集中饲养外，个体饲养奶牛多为农舍拴养。至90年代初，随着大型奶牛场的出现，奶牛现代化散栏饲养方式得到推广。现代化散栏饲养主要将奶牛的饲喂、休息、挤奶分设于不同区域进行。乳牛的管理工序垂直或交叉，管理承包方式实行工种包干，即饲喂、挤奶、清粪有专人各负其责。其优点是省工、省时，便于实行高度机械化，劳动生产率高。缺点是饲养管理群体化，难于做到个别照料。奶牛场的整体布局实现两个三分开：即人（住宅）、牛（活动）、奶（存放）三分开；奶牛的饲喂区、休息区、挤奶区三分开，以减少脏、净道路交叉污染。

猪饲养管理

1980年前后，青岛地区农户多在院内建圈养猪，集体多建通栏猪圈，每间有猪舍及小活动场，并在冬季用塑料薄膜覆盖猪圈露天部分，提高猪圈温度，取得良好饲养效果。80年代末，开始推广规模养猪，兴建大中型养猪场。90年代，开始兴建机械化养猪场，建封闭式双列猪栏，分母猪栏、公猪栏、肥猪栏，设有自来水和粪尿清除设备，其优点是节省劳力，冬暖夏凉。至90年代末，机械化养猪得到普及。在猪的喂养方式上，推广生猪快速育肥法，加快猪的生长发育速度，缩短育肥时间，降低饲料消耗，提高出栏率。1996年，全市实行快速育肥的生猪占到总出

青岛绿环生态园有限公司采用先进设备实现鸡舍喂料、饮水、排粪自动化。

栏量的85%。在猪饲料方面，逐步改变饲料单一的传统饲养方法，推广配合饲料，提高饲料利用率，降低饲料消耗，增加养猪经济效益。

鸡饲养管理

1978年，国营良种鸡场最多养几千只种鸡。农村养鸡以户养散养为主，每户平均养五六只，多的十几只。1982年，实行家庭联产承包责任制后，青岛地区出现大批养鸡专业户和专业村，城市郊区兴办大批现代化的养鸡场，规模从几百只、几千只发展到几万只乃至几十万只。养鸡场禽舍整齐，有光照、调温、排气、排粪、送料、送水、收蛋等设备，养殖方式分平养、笼养两种。大规模工厂化饲养，节省人力、物力，增加产蛋能力，户养散养逐渐萎缩。2005年，为有效防治高致病性禽流感疫病的发生和传播，农村散养方式被取消。

第二节　技术推广

1978年后，青岛市开始推广畜牧业新技术，畜禽综合生产能力得到提高。80年代末，推广优质饲料配方技术和疫病综合防治技术，取得显著成效。以肉食鸡生产为例，育雏成活率及成鸡出栏率达到95%，比1978年提高近10个百分点；料肉比由2.8：1提高到2.3：1，达到较高水平。1995年，在饲养技术上实行按营养标准，全价配合饲料喂养。在饲养设施上实行蛋鸡全部笼养，肉鸡实行网上平养，个别场实行机械化全自动生产。生猪实行冬季暖圈养猪，个别场实行工厂化养猪。奶牛全机械自动化挤奶，提高劳动生产率。

1996年，青岛市重点推广良种、配合饲料及肉牛肉羊育肥配套、奶牛高产配套、优质牧草种植等十大技术。全市畜禽良种覆盖面得到提高，其中生猪提高到75%，肉牛、肉羊提高到30%，奶牛、肉鸡、蛋鸡基本实现良种化。90年代中期，推广奶牛高产综合配套技术。在奶牛饲养管理过程中，通过引进高产奶牛冻精选种选配，采用全价配合饲料和青贮饲料喂养，加强饲养管理，搞好兽医卫生保健，控制奶牛生殖性疾病，增加机械化挤奶配套设施等措施，达到奶牛高产目的。90年代末，推广蛋鸡层叠式全自动饲养技术，该技术从上料、饮水、集蛋、喷雾消毒到清粪等饲养过程全部实现自动化。1998年，着重普及畜牧业常规技术，推广畜禽集约化生产技术、重点疫病防治技术等增产增收效果显著的先进技术，良种肉牛及配套饲养技术推广15万头，三元杂交瘦肉猪推广30万头，增加经济效益上亿元。

2003～2005年，推广以饲养、用药、防疫为重点的标准化生产技术，加强对禁用、限用兽药和饲料及其添加剂的监管，推广国家、山东省无公害畜产品生产标准40多项，并重点推广7个主要畜禽品种无公害生产标准，规范畜牧业生产标准体系。

生猪快速育肥技术

1989年，开始在全市推广生猪快速育肥技术，即改变传统的育肥方式，对断奶后的仔猪不再经过低能量、低蛋白的吊架子阶段，而根据猪不同阶段

1998年，青岛市启动秸秆养畜示范工程。2005年，全市完成农作物秸秆青贮130万吨，相当于节约粮食20多万吨。图为秸秆青贮工作现场。

的生长发育需要喂给配合饲料，加快生长发育速度，缩短育肥时间，降低饲料消耗，并适期出栏，提高出栏率。采用这种快速育肥技术，生猪日增重都在650克以上，育肥时间缩短2～3个月，节省饲料10%～15%，加上瘦肉猪杂交优势的利用，全市生猪出栏率明显提高。1989年，青岛市生猪出栏率达113.5%，比1987年提高了19.5个百分点。1990年，全市实行快速育肥的生猪达80万头，节约精饲料7万吨，增加经济效益7000多万元。其中胶南市实行快速育肥的生猪达18.6万头，占生猪存栏量的65.3%。1993年，全市实行快速育肥的生猪达到160万头，生猪出栏率为134%，达历史最高水平。1996年，全市实行快速育肥的生猪占到出栏量的85%，生猪快速育肥技术在全市普及。

农作物秸秆青贮技术

青贮氨化技术就是通过对青鲜秸秆饲料贮于窖、池中压实密封贮藏，使其在缺氧条件下自然利用乳酸菌厌氧发酵，既可以保护饲料的营养物质不受损失，又可使饲料保持青鲜多汁的特点，牲畜比较爱吃，可供常年喂养牲畜使用，利于秸秆过腹还田和生态农业良性循环。早在50年代、70年代，曾经推广过农作物秸秆青贮技术，但因技术环节把握不好，成功率低，青贮饲料推广面积不大。80年代末，青岛地区再次推广青贮饲料。由于严格技术及操作规范，做到随割、随运、随铡、随装、随踩，秸秆切短、踩实、封严，并且在贮藏上选择向阳、通风、地势干燥的地形，青贮饲料成功率得到很大提高，使青贮饲料技术逐步得到推广。

1990～1992年，青岛市投入资金364.5万元，水泥2000吨、化肥1160吨、柴油280吨、薄膜10.7吨，用于农作物秸秆青贮饲料技术的推广应用。1990年，全市青贮饲料达5.5万吨，比1989年增加4.8万吨。1992年，全市青贮饲料46.9万吨。1997年，即墨建成生物秸秆发酵饲料厂，制成符合各种猪营养标准的无药残无公害优质饲料，形成年生产6000吨的规模。1998年，青岛市启动秸秆养畜示范工程，采取政策、科技、资金综合配套措施，用3年时间分批建设30个市级秸秆养畜示范乡镇，带动全市大规模秸秆养畜发展。当年，首批扶持建设10个市级秸秆养畜示范乡镇，其食草畜禽增长速度均在10%以上，秸秆利用率超过40%。随着规模化养殖的发展和青贮机械的改进与大量运用，秸秆青贮数量逐年增加。2005年，全市完成农作物秸秆青贮130万吨，相当于节约粮食20多万吨。

畜禽人工授精技术

青岛市从80年代初开始应用，由于该技术操作简单，得到较快推广。1992年，实行人工授精的大牲畜3.65万头，其中，牛3.6万头，占能繁母牛的20%。至2005年，青岛地区牛、猪的人工授精普及率达到90%以上。

畜禽健康高效养殖技术

畜禽健康高效养殖主要是通过科学的畜禽场设计，严格的生物安全制度，科学的免疫程序，营养全价平衡的饲料，绿色安全添加剂的使用，达到畜禽高健康水平、高生产性能、高经济效益、低死淘率、畜禽产品安全健康目的。90年代中期，畜禽健康高效养殖技术开始在全市推广。至2005年，全市畜禽健康高效养殖技术的覆盖面达到80%以上。通过实行健康高效的养殖技术，有效控制畜禽疫病的发病率，死淘率降低30%～40%，饲料利用率提高10%～20%，畜禽产品质量安全水平和经济效益得到显著提高。

胚胎移植技术

胚胎移植又叫借腹怀胎，是通过超数排卵技术将良种家畜体内的胚胎冲出，移植到同种处于同生理状态的母畜体内，由其代为完成妊娠过程，从而一次获得多个良种个体的技术。2000年10月，青岛市畜牧兽医研究所在全市首次从加拿大引进200个高产奶牛胚胎进行胚胎移植成功。其中，妊娠的29头受体黄牛于2001年7月顺利生产12头母牛和17头公牛。同时，莱西波尔山羊育种中心、山东省农科院青岛示范基地、莱西奶牛育种中心、胶州丰原生物工程公司、山东六和实业集团等奶牛和羊胚胎移植取得重大进展，奶牛、肉羊胚胎移植已开始向胚胎制作分割等核心技术推进。2003年7月，全市首批利用胚胎移植技术生产的母牛在青岛奥特奶牛原种场顺利产下一头母犊。同年，奶牛胚胎性别控制技术在青岛六和牧业发展有限公司奶牛场取得实验成功，奶牛胚胎移植技术达到世界先进水平，标志着全市奶牛良种繁育水平上一个新台阶。至2005年，全市建成奶牛胚胎移植基地5个，达到年制作推广胚胎3000枚的规模；波尔山羊胚胎移植基地2个，达到年制作推广胚胎5000枚的规模。2003～2005年，青岛市连续三年实施“万枚胚胎移植富民工程”，重点建设国家级奥特奶牛原种场、六和集团、加拿大IND公司、鹏飞生物技术公司等6个高产奶牛胚胎移植基地，应用胚胎制作、胚胎分割、性别控制等高科技手段，共推广移植高产奶牛胚胎达到2.2万余枚，推广移植波尔山羊、无角陶塞特、德克塞尔等优质肉羊胚胎1.3万枚，青岛市高产奶牛胚胎移植产业化走在全国前列。

第三章　畜牧生产

1978年，青岛地区家畜饲养主要有牛、马、驴、骡、猪、羊等。其中，牛、马、驴、骡多为集体、国营养殖场饲养，以疫用为主。养猪、养鸡、养鸭等作为一项家庭副业，以散养形式存在。随着改革开放的深入，青岛市大力调整畜牧业生产结构、加强畜牧业生产基地建设，扶持培育畜牧龙头企业，畜牧业生产得到迅猛发展，畜牧业产值在农业总产值中的比重逐年增加。畜产品供应自给有余，并增加对外出口。1980年，畜牧业产值2.22亿元，占农业总产值的12.13%。至2005年，全市肉蛋奶总产量达到169.93万吨，是1978年的26.18倍；畜牧业产值在农业总产值中的比重由1978年的10.21%提高到35.8%。

2000年10月，青岛市畜牧兽医研究所首次从加拿大引进高产奶牛胚胎移植成功。2003～2005年，青岛市连续3年实施“万枚胚胎移植富民工程”，高产奶牛胚胎移植产业化水平居全国前列。

1978～2005年青岛市畜牧业生产情况（存栏、出栏）汇总表

表9-1　　单位：万头

年份	大牲畜							生猪		羊				年末家禽	年末家兔
	合计	牛	其中		马	驴	骡	生猪存栏	生猪出栏	羊存栏	山羊	其中：奶山羊	绵羊		
			黄牛	乳牛											
1978	24	15.04	14.89	0.15	2.48	4.81	1.67	164.91	74.26	11.26	9.61	1.34	1.65	481.23	241.19
1979	23.49	14.63	14.37	0.15	2.54	4.52	1.8	186.74	97.16	14.67	13.59	4.74	1.85	442.11	269.44
1980	22.5	14.06	14.03	0.03	2.5	4.04	1.9	187	131.88	17.01	16.11	8.61	0.79	543.68	163.86
1981	21.36	13.72	13.43	0.06	2.35	3.35	1.94	155.18	125.44	14.47	13.41	7.59	0.97	561.43	159.82
1982	20.22	13.51	13.28	0.06	2.08	2.71	1.86	135.59	104.78	16.41	15.37	9.17	0.96	677.04	252.45
1983	20.66	13.42	13.11	0.31	2.34	2.56	2.34	140.4	104.53	15.35	14.53	9.11	0.70	742.61	337.57
1984	21.73	14.1	13.83	0.22	2.5	2.5	2.41	150.91	130.73	13.36	12.91	9.33	0.45	1146.02	61.01
1985	23.71	15.71	15.45	0.24	2.6	2.63	2.77	169.17	157.99	13.96	13.64	9.09	0.32	1396.29	31.92
1986	26.14	17.9	17.63	0.26	2.39	2.71	3.14	140.91	163.68	14.36	14.12	9.39	0.24	1122.21	30.47
1987	31.04	22.76			2.2	2.76	3.32	119.08	132.21	18.08	17.56	10.82	0.52	1206.52	
1988	35.76	27.94			2.12	2.65	3.05	131.14	124.07	24.61	23.71	8.69	0.9	1395.54	
1989	39.01	31.55			1.98	2.62	2.86	130.92	148.76	32.64	31.35	16.08	1.47	1278.46	
1990	43.52	36.14			1.97	2.59	2.82	145.26	157.42	34.80	32.89	15.34	1.91	1757.1	
1991	46.21	39.33	38.83	0.48	1.68	2.48	2.72	140.39	168.1	37.97	36.44	17.81	1.53	2157.7	

续表9-1

年份	大牲畜							生猪		羊				年末家禽	年末家兔
	合计	牛	其中		马	驴	骡	生猪存栏	生猪出栏	羊存栏	山羊	其中：奶山羊	绵羊		
			黄牛	乳牛											
1992	52.18	46.04	45.37	0.66	1.52	2.24	2.38	142.34	177.8	42.6	41.11	20.24	1.49		
1993	61.03	54.99	54.15	0.84				144.18	190.22	53.76				2794.22	
1994	78.47	72.63	71.08	1.55				148.51	194.85	66.28				3589.45	
1995	78.03	77.21	75.63	1.58	0.21	0.44	0.18	250.82		62.8	60.37		2.43	8156.61	
1996	76.04	75.46	74.68	1.74	0.13	0.39	0.06	287.75		76.11	74.88		1.23	10478.67	
1997	73.18	71.43	68.85	2.46	0.35	0.63	0.77	159.62	194.57	58.64	57.11		1.52	4893.82	
1998	83.95	81.47	78.29	3.06	0.51	1.1	0.89	169.76	240.66	73.26	69.17		4.1	5892.4	194.3
1999	86.74	84.23	80.28	3.82	0.51	1.1	0.9	175.71	256.27	75.36	67.52		3.97	6543.21	188.05
2000	93.48	91.54	86.24	5.3	0.42	0.79	0.73	180.81	285.21	80.54	73.09		7.45	7179.92	193.6
2001	95.86	94.21	87.68	6.54	0.37	0.69	0.59	190.84	297.17	82.83	79.28		3.54	7677.35	192
2002	88.79	87.38	78.46	8.92	0.36	0.66	0.39	196.31	311.17	83.73	79.15		4.58	8143.45	21339
2003	93.11	92.15	80.56	11.59	0.26	0.4	0.3	196.8	334.33	87	80.5		6.5	8443.24	230.59
2004	92.65	91.95	78.24	13.71	0.2	0.27	0.24	197.34	363.16	91.01	82.19		8.82	8237.67	243.67
2005	83.07	82.4	67.87	14.53	0.19	0.26	0.23	199.56	388.76	86.93	80.04		6.89	6253.22	235.09

说明：以上数据出自青岛市统计局。

1978～2005年青岛市畜牧业产值情况一览表

表9-2

年份	畜牧业产值（万元）		占农业总产值比重（%）（按不变价计）
	（按现价计算）	（按不变价计算）	
1978	17293	31101	10.21
1980	22215	43301	12.13
1985	53894	102110	19.78
1987	73271	114104	19.73
1989	91885	115159	19.4
1990	119208	122278	18.78
1991	144909	148070	20.04
1992	150942	161920	20.62
1993	232143	204865	21.27
1994	356734	245933	23.59
1995	503999	312312	26.42
1996	692362	382286	28.75
1997	578443	344936	27.75
1998	633735	411632	27.06
1999	618020	436971	26.84
2000	672782	485957	28.1
2001	758313	524290	29.47
2002	769007	553037	30.08
2003	859915	578720	32.45
2004	937494	610548	33.93
2005	1070831	648829	35.8

说明：1981～1984年，1988年资料不详。资料来源于青岛市统计局。

第一节　畜产品生产

青岛地区气候温和，农村腹地广阔，饲草和农作物秸秆资源丰富，农民有养殖畜禽的习惯，发展畜禽养殖具有得天独厚的条件。畜产品主要包括肉类、禽蛋、奶类3种，其中肉类以猪肉和鸡肉为主，牛肉、羊肉和兔肉作为补充；禽蛋以鸡蛋为主，鸭鹅蛋作为补充；奶类以牛奶为主，羊奶作为补充。

肉类生产

1978年，全市肉类生产以生猪为主，市场肉类供应紧缺。当年，全市肉类总产量5.55万吨，其中猪肉占到95.7%。随着家庭联产承包责任制的落实，农村养猪业出现高潮，肉类产量逐年增加，1981年，全市肉类总产量达到10.24万吨。1982～1984年，生猪生产出现下滑，肉类产量维持在8万～9万吨。此后猪肉价格提高，养猪效益增加，1985年，肉类总产量增加到11.93万吨。1987年，全市肉类总产量下滑到9.63万吨，为扭转养猪生产下降局面，国家取消生猪派购政策，价格放开，养猪效益显著增加。1987年底，养猪业开始回升，畜禽存养量增加，特别是规模化养鸡得到较快发展，禽肉在肉类中的比重大幅提高。1991年，全市肉类总产量达16.74万吨，实现肉类供应自给有余。进入90年代，随着规模养殖的快速发展，肉类供应逐年增加。1995年，全市肉类总产量达到33.37万吨，人均占有量达到48.74公斤，比全国人均水平高7.46公斤。2000年，全市肉类总产达到60万吨，全市肉鸡出口突破2万吨，猪肉产品出口8000吨。2005年，全市肉类总产量达到81.94万吨，其中禽肉45.55万吨、猪肉28.07万吨、牛羊肉7.48万吨。

蛋类生产

1978年，青岛市蛋类总产量只有0.68万吨。1980年后，蛋鸡养殖得到较快发展，1985～1987年，加快蛋鸡基地建设，利用山东省借周转金200万元，建设一个2万只规模种鸡场，利用青岛市借周转金335万元，建起蛋鸡场16个，其中10万只以上1个。至1988年，全市蛋鸡存养量比1978年增加3倍多。1989年，北山与尚家沟2个20万只蛋鸡场改扩建工作被列入市政府“十件大事”之一，全市“养鸡热”达到高潮。但由于蛋价较低，下半年粮食价格大幅提高，养鸡效益明显下滑，“养鸡热”迅速降温，当年家禽存养1278.46万只，其中鸡1124.78万只，同比减少8.4%和10%，城市鲜蛋供应出现紧张局面。1990年，市畜牧兽医站和五四农场两个10万只蛋鸡场扩建工程被列入当年市政府“十一件大事”之一，蛋鸡规模化养殖得到较快发展。90年代后期，随着一些大型龙头企业引进和发展，蛋类产量持续增加。1995年，全市蛋类总产量达到24.28万吨，人均占有量35.4公斤，比全国人均水平高22.5公斤。2003年禽蛋产量达40.54万吨，为历史最高水平。2005年，禽蛋产量达37.17万吨，其中鸡蛋35.44万吨。

奶类生产

1978年，全市奶类总产量2650吨，其中羊奶2130吨，占80.4%，牛奶520吨，奶产品供应紧张。为满足人们对奶产品需求的日益增长，青岛市采取资金扶持措施，加强奶山羊基地县和奶业项目建设，鼓励发展奶牛养殖，1987年，全市奶类总产量增加到3.21万吨。1987～1989年，在市政府资金扶持下，全市奶牛、奶山羊养殖大幅增长。1989年，全市奶牛存养量达3800头，奶山羊16万

2003年，全市禽蛋产量达40.54万吨，创历史新高。图为青岛九联集团蛋鸡养殖场育雏车间。

只，比1987年分别增加900头和6万只。市区奶品供应紧张状况得到改善，“吃奶难”问题基本得到缓解。当年，青岛市区订奶户达到13万户，订奶户由原来每月供奶16天达到全月供奶。90年代，青岛市大力引进扶持奶产品大型加工企业，促进奶业生产健康发展。其中，1994年，青岛奶业公司与瑞士雀巢公司合资建设的青岛雀巢乳产品加工项目，总投资4540万美元，成为当年全市引进外资重大项目，也是全省畜牧行业最大合资项目。该项目的建设，带动莱西市奶牛产业发展。1994年，全市奶牛存栏量达1.55万头，为全省最大奶牛生产基地。其中，莱西市奶牛存栏量由1993年的600头增到8600头，年增长达14倍之多，为全国罕见。1995年，全市奶类总产达13.34万吨，人均占有量达19.5公斤，比全国人均水平多14.3公斤。2005年，全市奶类总产量达到50.82万吨。

1978～2005年青岛市畜牧业生产（畜禽产品产量）情况表

表9-3　　单位：万吨

年份	肉类产量						禽蛋产量		奶类产量		
	合计	其中					合计	其中：鸡蛋	合计	其中	
		猪肉	牛肉	羊肉	禽肉	兔肉				牛奶	羊奶
1978	5.55	5.31	0.01	0.001	0.017		0.68		0.26	0.05	0.21
1979	7.45	6.97	0.02	0.0112	0.02				1.41	0.05	1.36
1980	9.18	9.14	0.02	0.016	0.03				1.74	0.46	1.28
1981	10.24	10.16	0.04	0.0405	0.038		1.29		1.81	0.47	1.35
1982	8.43	8.38	0.04	0.044	0.049				2.32	0.41	1.92
1983	8.37	8.22	0.06	0.086	0.047				2.69	0.48	2.22
1984	9.48	8.37	0.06	0.0465	0.075				2.86	0.53	2.32
1985	11.93	11.1	0.08	0.0696	0.57				2.96	0.65	2.31
1986	11.63	10.9	0.11	0.076	0.53		5.86	4.19	3.1	0.74	2.36
1987	9.63	8.7	0.19	0.12	0.57		5.94	5.26	3.21	0.84	2.37
1988	11.02	9.47	0.39	0.16	0.91		7.4	6.64	3.60	0.82	2.78
1989	13.07	10.86	0.51	0.28	1.32		7.8	6.86	4.94	1.05	3.88
1990	14.57	11.99	0.77	0.2	1.46		9.95	8.89	5.59	1.23	4.36
1991	16.74	12.43	1.15	0.23	2.94		12.53		6.42	1.46	4.96
1992	17.34	13.08					13.44		7.66	1.97	5.69
1993	22.41						18.23		9.22		
1994	27.22						21.43		10.56	3.33	7.23

续表9-3

年份	肉类产量						禽蛋产量		奶类产量		
	合计	其中					合计	其中：鸡蛋	合计	其中	
		猪肉	牛肉	羊肉	禽肉	兔肉				牛奶	羊奶
1995	33.37						24.28	23.27	13.34	3.36	10.95
1996	42.12						32.22	30.89	15.57	4.75	10.83
1997	41.73	14.83	3.53	0.81	21.94	0.5	31.26	29.17	13.06	5.94	7.12
1998	49.87	18.14	5.38	1	24.79	0.43	33.22	30.34	17	6.9	10.1
1999	54.49	18.94	5.12	1.08	28.79	0.43	35.56	32.85	18.68	9.44	9.24
2000	60.35	21.88	6.53	1.19	30.23	0.42	37.4	35.24	23.01	13.33	9.68
2001	64.06	21.95	4.82	0.95	35.64	0.6	38.67	36.62	27.11	18.12	8.99
2002	67.84	22.72	5.13	0.98	38.48	0.43	39.7	37.57	33.99	24.98	9.01
2003	71.04	24.41	5.66	1.04	39.41	0.45	40.54	38.74	41.01	31.97	9.04
2004	75.6	26.61	6.08	1.11	40.74	0.93	37.96	36.24	47.95	38.38	9.57
2005	81.94	28.07	6.38	1.1	45.55	0.76	37.17	35.44	50.82	40.68	10.14

说明：资料来源为青岛市统计局（1978～2005）。

第二节　畜牧业结构调整

青岛市畜产品以猪肉为主，畜产品品种单一，结构严重失衡。1978年，猪和牛羊的比重为82∶18，猪肉在肉类中的比重占到95.68%。

1982年，国家取消对农户个体饲养的限制，村集体大牲畜作价归个人所有，青岛市食草畜禽得到较快发展。1988年，猪和牛羊的比重调整为68∶32。80年代末，青岛市加大畜产品结构调整力度，鼓励牛、羊等食草畜禽养殖，稳步发展肉、蛋，重点抓好奶业发展。1989年，青岛市在平度白埠镇召开绵羊生产现场会，将小尾寒羊作为食草畜禽发展的突破口，确定新建5个规模5000只的种羊场。当年全市牛存栏量达31.6万头，同比增长12.9%；羊存栏量达32.64万只，同比增长32.6%；奶牛存养量达3800头，比1987年增加900头；奶山羊达到16万只，比1987年增加6万只。当年，青岛市2个20万只蛋鸡场扩建工程完工。1990年，市畜牧兽医站和五四农场扩建2个10万只蛋鸡场。肉、蛋、奶失衡的局面逐步改善。1995年，牛羊肉、禽肉占肉类比重分别达到12.79%和38.17%，猪肉在肉类中的比重降到47.64%，从根本上改变“猪肉当家”的局面。

1998年，青岛市采取政策推动、技术指导、资金扶持等综合配套措施，启动秸秆养畜示范工程，计划用3年时间分批建设30个秸秆养畜示范乡镇，全市掀起养牛、养羊热潮，加快牛羊生产向规模化转变。同时，新特畜禽品种不断增加，全市各类特种畜禽养殖场达到200多个，较好地满足市场需求。1999～2005年，青岛市把培育龙头企业作为推进产业化经营的关键措施，在防疫体系、服务体系、基地建设等方面给予大力扶持，奶业龙头企业得到较快发展。例如，雀巢奶制品项目的建设，带动莱西市奶牛生产从无到有、由弱到强的发展。

至2005年，全市肉、蛋、奶的比重达到50：23：27，肉、蛋、奶失衡的局面得到根本改善。

第三节　畜牧业基地建设

改革开放后，青岛农村地区生猪、鸡鸭等畜禽饲养专业户逐渐增多，但多数养殖户规模不大、产量较低，全市畜产品供应仍然紧缺。80年代中期，为了解决城市副食品的供应问题，青岛市相继建设肉类、禽蛋、奶类生产基地，提高畜禽养殖的规模化程度。

1986～1987年，胶州市、胶南县分别被国家列为瘦肉猪基地县，共建设原种场1个、繁育场2个，人工授精站2个，共存养里岔黑猪基础母猪182头、种公猪19头，繁育仔猪1900头。同时向社会提供种公猪、母猪1051头，人工授精配种2000多头。1987年，青岛市拨款5.2万元作为贷款贴息，在平度、莱西、胶州、胶南4县（市）选择6个乡镇，发展肉牛3500头、肉羊1.2万只，当年向市区提供牛羊肉35万多公斤。同年，利用山东省借周转金200万元，建种鸡场1个，存养种鸡2万只。利用青岛市借周转金335万元，在市、县和乡镇建起16个蛋鸡场，加上原有3个蛋鸡场，共存养蛋鸡60万只，固定资产总值2308万元。另外，农业部投资26万元，在崂山、即墨、胶州、胶南开展奶山羊基地县建设，奶山羊存养量达到9.5万只。1987年，全市饲养奶牛2900头、奶山羊10.82万只，分别比1985年增长20.8%和19%；鲜奶供应量3208万公斤，比1984年增长84.8%；禽蛋基地提供鲜蛋170万公斤。青岛市副食品供应紧张状况有所缓解。

1988～2000年，青岛市把畜牧业基地建设作为畜牧业生产的重点，不断加大投入，畜牧业基地建设得到较快发展。1989年，实施北山蛋鸡场和尚家沟蛋鸡场扩建工程。1990年，市畜牧兽医站和五四农场扩建10万只蛋鸡场2个。1990年，青岛市建设的畜牧业生产基地达到41个，胶南市、胶州市被农业部、财政部评为全国商品瘦肉型猪基地先进县。胶州、胶南、平度、莱西4个国家商品瘦肉型猪基地县存养生猪36.15万头，同比增长85.96%。1996年，青岛市在全市范围内建立起各具特色、优势突出的畜牧业主导产业区，如平度的肉牛、莱西的奶牛、胶州的瘦肉猪、即墨的肉鸡、胶南的肉羊、城阳近郊的蛋鸡。其中平度的肉牛、莱西的奶牛已成为全国、全省有影响的肉牛、奶牛生产基地，全市畜牧业基地建设

早在80年代中期，青岛市即开始畜牧业基地建设。至2005年，全市主要畜禽品种规模化养殖率均为74%以上。图为青岛东盛泰奶牛基地标准化养殖场。

开始向区域化方向发展。自1998年起，为提高基地建设水平，在畜牧业基地建设上重点抓了畜牧养殖示范场建设，按照规模化、标准化的要求，培育发展一批具有一定规模和水平的畜禽养殖示范基地。

2001年7月，即墨市投资3000万元，在段泊岚镇创办青岛畜牧科技示范园。当年，园区面积达6000余亩，先后引进高科技畜牧业项目12个，其中外资项目3个、内资项目9个，实际利用外资600万美元、内资1.5亿元。承担了农业部“万枚高产奶牛胚胎富民工程”“国家奶业重大关键技术研究与产业化技术集成示范”“高产奶牛胚胎移植技术产业化开发”、国家“863”项目“数字化奶牛产业化研究与开发”等科技项目，并形成奶牛、肉羊、鸡蛋、肉鸡、牧草加工等6大产业园，被科技部确定为农村区域科技成果转化中心。同年，制定并实施《青岛市标准化饲养基地建设规划》，全面调整青岛市标准化饲养基地，其中规划省级标准化饲养基地6个、青岛市级标准化饲养基地20个。至2005年底，全市累计建成各类标准化养殖小区1152个、标准化饲养场1.27万个；规模养殖小区达到2927个、规模饲养场3.3万个，除肉牛、肉羊外，全市主要畜禽规模化养殖比重均达到74%以上。

第四节　畜牧业合作组织建设

农村实行家庭联产承包经营责任制后，农户成为市场经济的主体，个体农户畜牧业得到快速发展。但随着市场经济的发展，家庭经营规模狭小、势单力薄和信息不灵、产销脱节等问题逐步凸显。为适应竞争激烈的市场，解决千家万户小生产与千变万化大市场的衔接问题，青岛农村各类畜牧业合作组织逐步发展起来。

1994年，青岛市重点推行畜牧股份合作制和畜牧业行业协会建设，全市发展各种形式的畜牧股份合作制企业161家，股金总额8339万元。同时，青岛奶业协会和家禽业协会相继成立。90年代末，随着私营养殖业的发展，一批为个体养殖场户提供产前、产中、产后服务的畜牧业合作经济组织应运而生，促进了畜牧业发展。例如，1998年成立的胶州洋河镇奶农合作协会，按照利益共享、风险共担的原则，为奶农统一提供良种引进、疫病防治、鲜奶销售等服务，并与多家鲜奶加工企业签订鲜奶长期收购合同，使奶农有稳定可靠的收入，降低农户的经营风险。洋河镇在奶农合作协会的带动下，发展起20多个畜牧养殖专业村，奶牛养殖业成为洋河镇经济的主导产业。平度市新河镇政府牵头成立新河镇肉鸡销售服务协会，以销售促生产，仅3年时间就使该镇跨入平度市肉鸡生产大镇行列，肉鸡生产成为全镇农民增收致富的主导产业。

进入21世纪，全市各类畜牧专业协会、合作社、联合体、股份制等多种形式的畜牧业合作经济组织得到较快发展。2001年，青岛市奶牛协会、生猪协会、肉鸡协会成立。2003年，即墨市龙泉镇养鸡协会、胶州市洋河镇奶农合作协会被农业部确定为全国农民专业合作经济组织试点单位。2004年，青岛市畜牧业合作经济组织发展到100余个，规模较大的专业协会、合作社37个。其中，即墨市肉鸡协会和胶州市洋河镇奶农协会成为财政部重点支持项目，洋河镇奶农协会、胶州市养猪协会被农业部评为全国示范性合作组织。2005年，按照“政策扶持、因地制宜、多元创办、市场运作”的发展思路，青岛市开展“畜牧合作经济组织建设年”活动，采取放宽准入条件、给予资金扶持、鼓励基层组织创办、召开现场会等措施，大力发展畜牧合作经济组织，并将畜牧合作经济组织建设纳入对各区市畜牧主管部门年度工作目标考核。同年，青岛市畜牧业协会、青岛市兔业协会、青岛市蛋鸡协会相继成立。畜牧业合作组织在提高畜牧业组织程度、提高行业竞争力，促进畜牧业现代化方面发挥积极作用。

至2005年，全市共建成各类畜牧专业协会、合作社、联合体、股份制等多种形式的畜牧业合作经济组织近300个，畜牧业合作经济组织成为青岛市畜牧业产业化经营的重要载体。

第五节　外向型畜牧业

90年代初，青岛市开始面向畜牧业发达国家和跨国公司招商引资，加强与畜牧发达国家和国内外畜牧业组织、大型企业的交流，不断引进畜产品加工项目和企业，带动全市畜牧业的发展。

1991年9月，青岛市畜牧办公室组团赴荷兰考察，引进海塞克斯祖代鸡2000套，并引进笼养、通风、消毒等先进技术和设备，在大型养殖场推广应用。1992年，青岛市畜牧办公室出台《关于扩大对外开放的意见》，制定11项政策措施，鼓励和支持对外交流合作。当年，全市签约和开工建设的畜牧业“三资”企业10家，合同引进外资6543.7万美元，畜牧产品出口创汇1581万美元。1994年1月，青岛市奶业公司开始与瑞士雀巢公司合作发展乳品加工项目，总投资4540万美元，时为青岛市引进的重大项目之一。同年，青岛市肉牛公司与美国大老古公司合资的肉牛加工企业——青岛大德肉牛有限公司成立，项目总投资3250万美元。

自1995年起，青岛市大力实施畜牧业外向带动战略，全市各级畜牧管理部门继续加大对外招商力度，一大批国内外知名大企业落户青岛。1995年底，青岛市签约和实施的畜牧业“三资”项目达12个，直接利用外资超过1亿美元。1998年，青岛市畜牧业合同利用外资2亿美元，建成一批高起点、现代化的养殖、畜牧产品加工和良种项目。其中，青岛万福集团与英国PIC育种中心合作，投资6900万美元，建成存栏英国康贝尔祖代种猪1000头的现代化大型种猪场，60%以上父母代种猪向国外出口。同年4月，台湾统一企业集团投资1.7亿美元，在平度市建设青岛统一饲料农牧有限公司，一期工程投资2990万美元。2000年1月，正式投产运作，饲料年生产能力40万吨。2002年10月，三统万福（青岛）食品有限公司成立，启动青岛统一饲料农牧有限公司二期工程建设。该工程由青岛统一饲料农牧有限公司与日本三井物产株式会社、日本第一肉鸡株式会社、青岛万福集团股份有限公司四方共同出资成立，投资总额2970万美元，为集饲料加工、畜禽养殖、畜产品加工及良种繁育为一体的大型现代化畜牧企业。同时，为适应加入世贸组织后国际畜产品贸易规则的要求，青岛市加强动物防疫和畜产品卫生安全工作。2001年，有3家禽肉加工企业获欧盟认证，53家畜产品加工企业获国外兽医卫生注册，占山东省的四分之一；9家加工企业获日本偶蹄动物加工出口认证，占山东省的三分之一；畜禽产品出口创汇3亿多美元。

至2005年，全市畜产品出口达30万吨，创汇5.5亿美元。

第四章　饲料生产

农作物秸秆、青草等一直是全市饲草的主要来源。1980年后，随着青岛种植业结构的调整，粮食产量的增加，饲料生产和供应情况逐步得到改善。80年代末，在青岛农村专业化养殖发展较快的地区，饲料加工业开始起步，配混饲料逐步推广应用。此后，随着畜牧养殖的规模化、专业化的快速发展，饲料生产和饲料工业得到迅猛发展。2005年，全市生产配混饲料126万吨、青贮饲料130万吨，在畜禽养殖中占据主导地位。

第一节 饲草资源

青岛地区大牲畜饲料以作物秸秆、杂草为主。谷物、薯类为人畜共用，每年随粮食的丰歉而有相应增减。饼粕类和糠麸类如大豆饼、棉籽饼、花生饼、小麦麸、玉米糠、高粱糠等作为精饲料得到充分利用。此外，还有一些食品加工业的糟渣如酒糟、酱渣、醋渣、豆腐渣等。但糟粕的水分大，保管和运输困难，实际利用率较低。

1987年，青岛市畜牧部门开展全市草场资源及开发利用情况调查。当年，全市草场总面积为83.24万亩，其中可利用面积54.98万亩，占草场总面积的66%；在可利用的草场面积中，割草草场19.05万亩，放牧草场7.25万亩、兼用草场28.68万亩。草场面积较大的有胶南24.95万亩、平度19.51万亩、莱西12.27万亩，分别占全市草场总面积的30%、23.4%和14.7%。另外，全市尚有林下草地117.83万亩、田间间隙地89.51万亩。以上草场和草地年产草约14亿公斤。农作物秸秆作为农区牲畜饲草的主要来源，主要是玉米、小麦、地瓜三大类作物，可用做饲草的总产量为20.08亿公斤。全市自然草场（包括零星草地）、附属草地（林下草地、田间隙地）和农作物的总载畜量为70.74万头。但由于全市草场面积小，分布零星，且这些草场均属天然草场，牧草品质差，禾本科和豆科等优质牧草的比例仅占3%～5%，多数没有进行改良，开发利用具有一定难度。农作物秸秆氨化青贮技术推广面不大。草场资源开发利用率只有42.8%。1992年，饲草面积和产量逐年减少。

第二节 饲料加工

青岛市饲料加工包括工厂化生产的配合饲料及利用农作物秸秆生产的青贮饲料等。

配合饲料

1983年前，青岛市仅有粮食系统一家小型饲料加工厂，每年生产几千吨混合饲料，计划供应国营畜牧场。1984年，根据国务院《1984～2000年全国饲料工业发展纲要（试行草案）》精神，青岛市采取多渠道集资、多种形式办厂、多种经济成分经营，国营、集体、联办等一齐上的方式，大力发展饲料加工业，在短时间内得到较快发展，配混饲料年产量达4.7万吨，并在生产规模和产量上保持逐年增长趋势。1986年，青岛市饲料监测站成立，为全市饲料检测专业技术机构。1990年，青岛市设立饲料工业办公室，隶属市经贸委员会，统一管理全市饲料工业，推进配混饲料普及利用。当年，全市年生产规模8000～20000吨的饲料加工企业达到7家，年加工配混饲料20多万吨。专业蛋肉鸡场配合饲料使用面达90%以上，专业养猪场、养猪户配合饲料使用面达20%～30%。

90年代后，通过引进大型饲料企业、壮大本地饲料企业、扶持中小民营饲料企业，青岛市饲料加工业进入规模迅速扩张时期。引进正大集团、六和集团、统一饲料公司等大型饲料集团公司，来青岛投资建厂或合资经营，壮大青岛饲料行业队伍。青岛本地企业如：青岛九联集团、万福集团、康大集团等企业通过加大科技投入、扩大规模、打造品牌等多种措施，逐步实现集团化、规模化、产业化经营，成为青岛饲料行业中坚力量。同时，一大批中小民营企业得到较快发展，有些饲料企业已具备“精、专、尖”特点。全市饲料行业形成包括饲料加工业、饲料原料工业、饲料添加剂及饲料质量监督检测、饲料科研与技术推广应用在内的较完整饲料工业体系。2005年，全市饲料加工企业达到106家，饲料总产量126万吨。同时，随着饲料工业发展，动物蛋白饲料利用率得到提高。2005年，全市各类鱼粉、骨粉、肉骨粉等蛋白原料产量为6.8万吨。

1978～2005年青岛市配混饲料产量及饲料生产企业情况表

表9-4

年 份	产 量（万吨）	加工企业（家）	年 份	产 量（万吨）	加工企业（家）
1978～1983	0.3	1	1995	46	80
1984	4.7		1996	55.5	83
1985	10		1997	57	83
1986	10		1998	61	97
1987	10		1999	71.5	98
1988	17		2000	84	96
1989	18		2001	93	95
1990	20		2002	104.5	92
1991	25	26	2003	113	97
1992	32	32	2004	118	104
1993	38	40	2005	126	106
1994	41	52			

青贮饲料

青岛地区在50年代、70年代，分别进行过青贮饲料生产，但均未取得理想效果。1988年，全市围绕提高出栏率、加快畜禽周转，降低饲料消耗、提高经济效益方面推广包括青贮和氨化饲料技术在内37个方面的新技术，完成青贮和氨化饲料各500万公斤。1989年9月，全市召开青贮（氨化）饲料现场会，各县级区、市相继召开现场会，饲料青贮有较大突破。当年，全市共建青贮窖1325个，购进铡草机91台，青贮、氨化饲料达700万公斤。

1990年，青岛市和各县级区、市及乡镇投入资金364.5万元、水泥2000吨、柴油280吨、化肥1160吨、薄膜10.7吨，全市青贮饲料发展迅猛，达到0.55亿公斤，比上年增加4850万公斤，平度市青贮3600万公斤，达到农业部颁布的青贮氨化达标县新标准。1991年，饲料青贮氨化技术推广取得突破。全市新建青贮窖60324个，是1990年的6.35倍；青贮饲料3.46亿公斤，比1990年增加2.9亿公斤，超计划130%，莱西、平度、胶南、胶州4市均达农业部颁布的先进县标准。氨化秸秆1.54亿公斤，是1990年的47倍，胶南、莱西、平度、胶州、即墨5市达到农业部颁布的先进县标准。1992年，全市青贮饲料达到4.69亿公斤，氨化饲料1.99亿公斤，比1991年分别增长35.44%和28.7%，农作物秸秆的青贮氨化利用率达到22%。平度、莱西、胶州、胶南、即墨5市均达到农业部颁布的青贮氨化达标县新标准，即墨市畜牧办公室荣获青贮氨化饲料推广奖。1993年，全市青贮饲料达到5.1亿公斤，氨化饲料2.3亿公斤，比1992年分别增长8.7%和15.6%。1996年，青贮氨化饲料12.36亿公斤，增长27.4%，相当于节约饲料粮2亿多公斤。1998年，全市青贮氨化作物秸秆达到12亿公斤，秸秆利用率提高到30%以上。由于饲料氨化技术较难把握，氨化饲料在提高家畜适口性与营养方面欠佳，且易引起家畜氨中毒，2000年后氨化饲料技术不再推广使用。

2001年，市政府研究出台《青岛市加快玉米机械化收获青贮的实施意见》，制定“十五”发展规划，落实补贴政策，推动全市农业机械化的发展。其中，推广玉米联合收获青贮机70余台，收获面积达22.35万亩。2002年，全市组织实施“兴机富民”的“玉米机械化收获青贮”工程，推广玉米收获青贮机械270台，完成机械青贮30万亩，占机收面积70.6%，农民增收3000多万元。2003年，继续组织实施“玉米（牧草）机械化收获青贮”工程。市政府出台《关于贯彻“鲁政办发〔2003〕73号”文件，进一步加强农作物秸秆综合利用与禁烧的通知》。通过推行农机作业一条龙服务、创新推广服务模式、采取补贴政策等措施，推进工程实施。全市完成玉米秸秆青贮95.87万吨，其中，玉米机械收获青贮40.05万亩，农民增收6000多万元。2004年，完成玉米秸秆青贮总量103.56万吨，比上年增长8%；种植玉米青贮面积28.6万亩，比上年增长1.03%。2005年，全市共完成玉米秸秆青贮107.76万吨，相当于节约粮食16万余吨，农民增收2000多万元。

第三节　饲料生产监管

1978年，青岛市粮食局成立饲料办公室，负责全市国营畜牧场饲料原料供应及市郊养猪所需的啤酒糟、酱油渣、淀粉渣等食品工业下脚料的分配。1979年，成立青岛市饲料公司，系市粮食局直属事业单位，管理全市粮食系统饲料加工企业的生产经营。此后，市政府成立青岛市饲料工作领导小组和青岛市饲料工业办公室，主管全市饲料及饲料添加剂的生产、经营和使用环节的监管。1993年，市政府印发《青岛市饲料工业管理办法》，饲料工作逐步走上依法管理的轨道。2001年5月，青岛市饲料工业办公室由市经贸委员会整建制划归青岛市畜牧局，各区市饲料工业管理机构也相应划转畜牧主管部门。2001～2005年，市饲料监管机构依据国务院《饲料和饲料添加剂管理条例》，加大饲料抽检的频率和力度，开展饲料生产经营市场专项整治活动，严格市场准入，实施ISO系列标准和HACCP质量管理体系认证，推行饲料生产企业安全承诺制度等措施，整顿和规范市场秩序，全市饲料产量和质量逐年提高。

第五章　疫病防治

1978年前，由于畜禽饲养管理方式比较粗放、防疫条件较差、检疫监管不到位，青岛地区畜禽疫病时有发生。自80年代起，青岛市贯彻“预防为主，防治结合，防重于治”的动物疫病防治方针，不断健全防疫法规，加强基层防疫队伍和防检疫设施建设。2000年后，采取防疫、检疫、治疗、消毒、扑杀等综合防治措施，重大动物疫病得到有效控制。

第一节　疫病

建国后，青岛市共发生动物疫病280种，危害严重的疫病69种。主要有：马属动物疫病26种，危害严重有12种；牛疫病35种，危害严重有13种；羊疫病27种，危害严重有8种；猪疫病49种，危害严重有16种；鸡疫病29种，危害严重有11种；兔疫病9种，危害严重有4种。上述动物疫病中，新发疫病14种，包括牛兰舌病、黏膜病、鼻气管炎、黑痢病；羊兰舌病、衣原体病；猪萎缩性鼻炎；鸡法氏囊炎、传染性支气管炎、传染性鼻炎、衣原体病；兔瘟；水貂犬瘟热、病毒性肠炎。

据统计，1949～1979年，因猪瘟、鸡新城疫、巴氏杆菌病、口蹄疫、大肠杆菌病、猪丹毒、球虫病、猪传染性胃肠炎、猪流行性感冒、鸡白痢、牛流行热等重要动物疫病的暴发和流行，累计导致115个乡镇、2171个村的658万头（只）畜禽发病，死亡372万头（只），直接经济损失8.9亿元，由此引起的畜禽生产性能下降、药物和饲料消耗以及人力浪费导致的间接经济损失达5.2亿元。1978年，青岛市从江苏调运生猪产品，带入口蹄疫疫情，城乡恶性循环长达6年，疫情蔓延6个县42个乡镇，共112个疫点，染疫猪7000多头、病牛、羊290头（只），并有6人感染发病。青岛、胶州、崂山等3个肉联厂因暴发疫情，被迫停产120天，处理病猪肉800多吨。

1980～2005年，全市发生畜禽疫病累计导致119个乡镇、3164个村，3516.85万头（只）畜禽发病，死亡2722.2万只。重大动物疫病灾害发生的原因和背景主要是：①传统粗放饲养管理方式，是动物疫病易于流行重要因素。80年代中期前，青岛市90%以上大家畜、80%以上生猪、70%以上家禽分散在农户中饲养，由于环境条件差、管理粗放、畜禽抗病力低，导致疫病暴发流行。畜禽发生疫病后，农户为减少损失，很少做无害化处理，染疫畜禽成为重要传染源。②引进或购入畜禽由于防疫、检疫管理措施落后，导致疫病传入，造成损失。由于引进“288”“579”、罗斯等种鸡，带进马立克氏病、法氏囊炎、传染性支气管炎等疫病；引进水貂带入犬瘟热和病毒性肠炎。此外，猪密螺旋体痢疾、鸡衣原体、马传贫、鼻疽等病，都与盲目引进，未经严格检疫有关。③道路防疫监督检查工作滞后，扩大疫病传入机会。由于交通要道动物防疫监督检查站被撤销，无法将病害畜禽及其产品封堵在境外，或及时发现予以无害化处理，导致疫病侵入并蔓延扩散。④疫病防治队伍素质较差，防疫、检疫手段落后，给畜禽疫病防治带来困难。基层一线动物疫病防治队伍，大多由合同制工人组成，未经专门训练，缺乏必要检疫检验设备，不能对疫病及时监测，早发现、早扑灭，造成蔓延。⑤免疫程序不完善，影响免疫效果。1990年前，青岛市动物免疫工作尚未形成完整法定免疫程序，免疫后无法使畜禽获得全面保护，成为防疫工作中薄弱环节。⑥法制不健全。1985年前，国家、山东省均未出台动物防疫方面法律、法规，不能依法对动物疫病进行预防、控制和扑灭，导致新疫病不断发生。

青岛地区动物疫病灾害发生时间和程度，大致可分为三个阶段：第一阶段是70年代前，由于动物疫病防治工作薄弱，动物疫病流行猖獗，一些烈性动物传染病和人畜共患病如炭疽、禽霍乱、口蹄疫、结核病、大肠杆菌病等发生频繁；第二阶段是70年代至80年代后期，由于动物疫病控制工作得到加强，动物疫病发生和流行趋于稳定，但同时也发生新的动物疫病，如兰舌病、猪萎缩性鼻炎、鸡传染性法氏囊炎等；第三阶段是80年代后期至2005年，由于加强疫病监测、预防、控制和扑灭，动物疫病基本得到控制。

至2005年，青岛市已消灭动物疫病有2种，基本消灭疫病有15种，已控制疫病有28种，正在控制疫病有30种。具体情况是：牛疫病正在控制疫病1种：口蹄疫。羊疫病正在控制疫病4种：口蹄疫、肝蛭、链球菌病、巴氏杆菌病。猪疫病正在控制疫病9种：猪瘟、口蹄疫、猪丹毒、传染性胃肠炎、红痢、白痢、囊虫、蛔虫、绦虫。鸡疫病正在控制疫病11种：禽流感、新城疫、禽霍乱、传染性支气管炎、传染性喉气管炎、传染性鼻炎、马立克氏病、大肠杆菌病、沙门氏菌病、鸡痘、球虫。兔疫病正在控制疫病2种：巴氏杆菌病、球虫病。水貂疫病正在控制4种：犬瘟热、病毒性肠炎、阿留申病、巴氏杆菌病。

注：

1. “菱形”代表80年代，“平行四边形”代表90年代。

2. ：表示发病率在30%以上，死亡率在15%以上；

：表示发病率在20%以上，死亡率在10%以上；

：表示发病率在10%以上，死亡率在5%以上；

：表示发病率在7%以上，死亡率在3%以上；

：表示发病率在5%以上，死亡率在1%以上；

：表示发病率在3%以上，死亡率在1%以下。

图9-1　青岛市不同时期重要动物疫病发生及死亡区划分布图

第二节　防 疫

80年代初，青岛市采取防疫、检疫、治疗、消毒、扑杀等综合防治措施，抗御和减轻动物疫病灾害。1989～1900年，全市畜牧部门组织开展动物疫病普查工作，基本摸清青岛市畜禽疫病发生情况和消长规律，并建立疫情档案。实施预防免疫接种，共使用疫苗24种，对动物进行定期免疫和紧急免疫，动物疫病得到控制和消灭。畜禽及其产品检疫及兽医卫生监督逐步走上正轨，并纳入法制化管理，动物产地检疫、屠宰检疫及养殖环节监管基本形成体系。同时，大力开展无规定动物疫病区建设，建立村级动物防疫队伍，组织对饲养场、屠宰加工厂等定期进行消毒，畜禽定期驱虫，消灭可能存在的各种病原，发现疫情迅速逐级上报，并采取封锁、隔离、扑杀、消毒、药物防治、无害化处理等综合措施及时予以扑灭。

无规定动物疫病区建设

为了适应中国加入世界贸易组织，畜牧业生

产和动物防疫工作与国际接轨和控制、消灭重要动物疫病的需要，从1998年开始，青岛市下辖5个县级市和城阳、崂山、黄岛3区全部纳入国家无规定动物疫病区建设规划，青岛成为全国项目最为集中、国家投资最大区域。至2001年，无规定动物疫病区建设投资4000多万元，先后对市、市（区）、基层动物防疫机构以及村级动物防疫员配备动物防疫设施和设备8200多台（套）；建设和改造市、县、基层三级动物防疫监督机构化验室6400平方米，全市动物防疫基础设施得到很大改善。按照国务院和山东省关于加强动物防疫工作部署，全面开展对国家规定19种动物疫病的普查和监测工作。2003年《青岛市无规定动物疫病区建设管理办法》颁布实施，进一步规范无规定动物疫病区建设。至2005年，基层动物防疫监督机构已具备对常发动物病毒病、细菌病、寄生虫病等进行诊断和监测能力，市兽药监察机构具备对各种兽药进行全面质量监察以及对畜产品中药物残留进行检测能力。全市基本建成较为完善的动物疫病诊断测报体系、动物疫病防治冷链体系、动物防疫监督体系。猪瘟、鸡新城疫、口蹄疫、禽流感、布病、结核病、马传贫等重要动物疫病均达到稳定控制和消灭标准，保障畜牧业持续健康发展。2005年，全市猪、禽、牛羊死亡率已分别降至2.3%、5.6%和0.7%。

基层动物防疫监督

1978年，各县、公社普遍设有兽医站，负责当地畜禽疫病的防治工作。1987年，根据山东省《关于进一步加快畜牧业发展的若干规定》，青岛市加强基层畜牧兽医机构的建设，全市159个乡镇全部恢复和建立乡镇畜牧兽医站。1987年底，在市、县（市）区和乡镇工作畜牧兽医技术人员共1460人，其中国家正式职工528人、集体职工219人、农民合同工713人。1997年，在全市乡镇畜牧兽医站建设工作会议上提出，每年扶持建设30个乡镇站、3年内使全市100多个乡镇畜牧兽医站基本改变面貌建设规划。同年，市政府办公厅批转市畜牧局、市人事局、市财政局《关于加强乡镇畜牧兽医工作站建设的报告》，利用3年时间扶持建设全市100多个乡镇兽医站。2001年，乡镇兽医站在乡镇机构改革中被撤销，动物防疫工作及无规定动物疫病区建设受到不利影响。

自1998年起，青岛市5市3区全部纳入国家无动物疫病区建设规划，成为全国项目最为集中，投资最大的区域之一。图为重大动物疫病防控应急演练现场。

2002年，全市实行基层兽医站动物防疫执法与经营性服务分离改革，乡镇动物防疫机构实行社会化服务职能与执法监督职能分离，打破乡镇区域界限，全市相对集中设置56个基层动物卫生与产品质量监督站，每个站确定编制8～10人，共配事业编制432人，基层动物卫生与产品质量监督站隶属于当地区市畜牧主管部门。并根据《青岛市事业单位公开招考工作人员暂行办法》，公开招考330名专业技术人员。新招录人员年龄、学历构成有较大改善，其中年龄在35周岁以下占72%，学历在畜牧兽医专业大专以上占45%，分别比原乡镇兽医站人员上升10%和15%。2005年，全市56个基层动物卫生与产品质量监督站全部实行防疫检疫微机化、网络化管理，工作环境和工作设施得到改善，防控重大动物疫病能力与作用得到提高。

村级动物防疫队伍

2004年，根据市政府《青岛市无规定动物疫病区建设管理办法》和《青岛市重大动物疫病控制紧急预案》要求，市畜牧局出台《关于加强村级动物防疫队伍建设的意见》，各区市开展村级防疫员招录工作，加强村级动物防疫队伍建设。2005年，高致病性禽流感在全球范围内暴发，中国部分省份疫情频发。为完善和强化全市动物防疫网络建设，做好高致病性禽流感等重大动物疫病防控工作，市畜牧局又印发《关于加强农村村级动物防疫队伍建设的通知》，就加强村级动物防疫队伍建设的指导思想和配备原则、农村村级动物防疫员的主要职责、村级动物防疫员的条件、选拔与聘任、村级动物防疫员的管理等提出具体意见。各区市按照山东省政府和青岛市政府有关文件规定，全面推行农村动物防疫员队伍建设工作，普遍采取个人报名、村委推荐、乡镇审核、畜牧部门考聘方式，建立起一支由2800余人组成的村级动物防疫员队伍，在全市动物免疫、出栏检疫、动物疫情监测等工作中发挥作用。

第十篇　海洋与渔业

青岛地处山东半岛南部，濒临黄海，海域面积约1.22万平方千米，其中领海基线以内海域面积8405平方千米；海岸线（含所属海岛岸线）816.98千米。青岛近海水域广阔，宜于水生动植物的生长和繁育。青岛外海渔场为黄海南部主要渔场之一，是鱼类越冬洄游产卵的主要海域。

青岛沿海地区渔业生产历史悠久。从胶州三里河大汶口文化遗址出土的黑鲷、梭鱼、鳓鱼和蓝点马鲛的鳞骨证明，早在5000年前的青岛先民已经具有一定的捕鱼技能。春秋时期兴渔盐之利，渔业得以发展。自秦汉至于唐宋，沿海渔业发展较为缓慢。明清时期，青岛口、女姑口、金家口渔航两业并兴。德国侵占时期，德商文宾林在青岛沿海首次使用小轮船及西洋渔具捕鱼，成为青岛传统渔业向近代渔业转变的标志。日本取代德国侵占青岛后，使用机动渔轮捕鱼。因捕捞量大，致鱼价大跌，给当地渔民利益带来极大伤害。20年代末至30年代初，青岛渔业一度兴旺，1926年，青岛辖区有渔船1500余艘，渔民8000人左右。此后，连年战乱，社会动荡，青岛渔业趋于萧条。

解放后，青岛市努力恢复渔业生产。1952年，渔捞产量达到7000多吨，接近历史最高水平。同时，市渔港管理委员会组织鱼商、鱼贩联购联销，鱼价稳定，水产品市场秩序迅速好转。60年代，青岛海洋渔业公司海洋捕捞、渔轮修造和水产品加工形成规模，国营渔轮开始到舟山外海渔场作业。同时，海带、蛤蜊、牡蛎等人工养殖获得发展。1967～1972年，红岛西大洋等3个村共收获蛤蜊50万公斤、牡蛎10万公斤，外贸出口牡蛎肉2.5万公斤。70年代初期，以青岛港为作业基地的流刺网船增多，收港卸鱼量达4万吨以上，最多达8万吨，创历史最高水平。1975年后，青岛海洋渔业公司增加大型渔轮，舟山外海、温州外海渐次成为主要渔场。

1979年，青岛海洋渔业公司有渔轮99艘35250马力，其中600马力船达21艘，成为外海生产的主力。各县区共有机动渔船1471只，主要为12马力和20马力小船，以放流网、挂子网、挖蛤作业为多。全市海水养殖产量2.8万吨，水产品总产量11.34万吨。其中，海带养殖达1906.67公顷，产量2.36万吨。

概　述

中共十一届三中全会后，青岛沿海多数渔村突破生产资料集体所有的单一格局，先是将船网工具等折价归船上渔民共同所有，随后推行“以船核算”，船网工具归个人所有，实行自主经营或股份合作经营。1980年，胶南胡家山、台西头，即墨田横岛，崂山会场等地对一部分长期亏损的小渔船实行“大包干”责任制，每只小渔船在上交集体管理费后，余者归承包者自行分配，当年每只小渔船收入多在千元以上。有的渔民将旧船网修复使用，两三个月就有了明显的经济效益。“大包干”责任制随即被广泛推开，时有“发了摆摊的，富了海边的”之说。

80年代，国内海洋渔业生产迅速扩张，青岛近海渔业资源持续衰竭。青岛市适时提出以养殖为主，养殖、捕捞、加工并重的方针，改变长期重捕捞轻养殖的倾向。此后20多年，全市近海捕捞业平稳增长，远洋捕捞业历经十年辉煌后趋于衰落，淡水渔业发展较快但占全市水产业比重较小，海水养殖业实现跨越式发展。与此同时，青岛市重视并加强海洋渔业立法执法工作，对海洋环境及渔业资源实施严格保护，尤其是以胶州湾海域保护为重点，加强海洋监察工作，海域使用管理、海洋自然保护区建设等取得明显成效。同时，严格执行休渔期制度，控制近海捕捞，实施放流增殖，青岛沿海渔业资源保护实现法制化。

在海水养殖方面，从60年代的海带、80年代的对虾、90年代的海湾扇贝到之后的海水鱼养殖，无不得益于海洋渔业科技的进步。尤其是苗种技术的突破和工厂化养殖技术的推广，促进了青岛海水养殖业的跨越式发展，引领中国海水养殖业四次浪潮的勃然兴起。1979年，青岛沿海海带养殖业已经颇具规模，当年人工养殖面积0.19万公顷，产量2.36万吨。此后受海带降价影响，海水养殖转向对虾养殖、海湾扇贝养殖和海水鱼养殖。1994年，全市海水养殖产量达到30.13万吨，首次超过海洋捕捞产量，改变长期海洋捕捞业主导渔业发展的历史，海水养殖业逐渐成为青岛大农业中的支柱产业。2005年，全市水产养殖面积达4.66万公顷，产量达80.62多万吨，科技含量和标准化程度均居全国城市之首。

在海洋捕捞方面，青岛海洋渔业以近海捕捞为主，远洋渔业起步较晚。1979年，全市海洋渔业捕捞量为8.2万吨，至1998年达到48.68万吨，为历史最高峰。此后逐年下降，2005年降至40.06万吨。青岛远洋渔业兴起于80年代初期，作为全国五大远洋渔业基地之一，曾历经十几年的辉煌时期。当时，青岛海洋渔业公司远洋船队曾远涉塔斯曼海和白令海，并获得良好的经济效益。至90年代后期，由于缺乏资金，无法添置设备先进的大型捕捞渔船，以及薪资待遇低导致人员流失，青岛远洋渔业日渐式微。青岛地区淡水养殖业发展速度较快，但规模一直较小，至2005年仅为6.59万吨，占全市水产品产量5.18%。

2005年，全市水产品总产量达到127.27万吨，其中海产品产量120.67万吨。按当年全市总人口740.9万人计，人均占有海产品163公斤，海洋渔业成为青岛人名副其实的“蓝色粮仓”。

1979～2005年青岛市水产品产量统计表

表10-1　　　　单位：吨

年份	总产量	其　中		
		海水捕捞	海水养殖	淡水养殖
1979	110126	81926	27985	215

续表10-1

年份	总产量	其　中		
		海水捕捞	海水养殖	淡水养殖
1980	104186	81215	22750	221
1981	95042	78445	16477	120
1982	101314	87770	13466	78
1983	96054	83557	12345	152
1984	112824	98608	13549	667
1985	127261	113394	12891	976
1986	143979	129591	12465	1923
1987	163473	140883	19182	3408
1988	172397	133803	34970	3624
1989	197727	154153	40120	3454
1990	211756	159033	49003	3720
1991	263371	167092	91435	4844
1992	344254	191631	145405	7218
1993	463940	206763	247173	10004
1994	576377	257633	301293	17451
1995	656864	268329	362543	25992
1996	697068	290063	375888	31117
1997	981284	430282	520428	30574
1998	1062505	486767	536623	39115
1999	1160601	485741	629554	45306
2000	1265023	481793	732867	50363
2001	1288933	461705	773718	53510
2002	1305646	447110	803157	55379
2003	1320818	443168	817176	60474
2004	1324490	439690	821744	63056
2005	1272669	400560	806198	65911

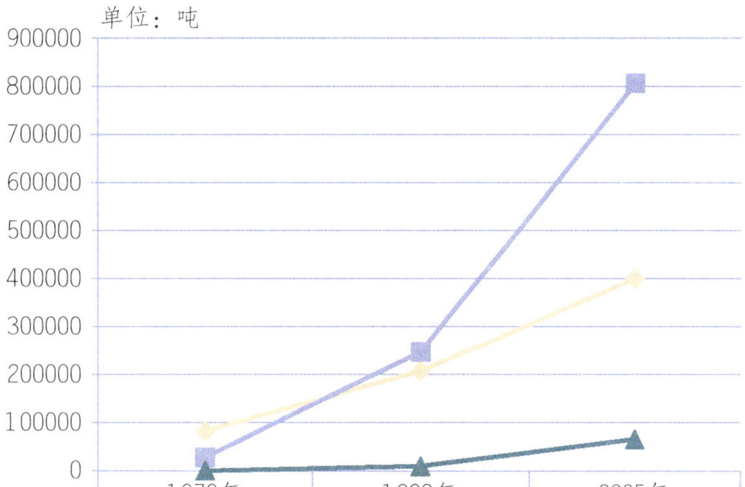

	1979年	1993年	2005年
海水捕捞	81926	206763	400560
海水养殖	27985	247173	806198
淡水养殖	215	10004	65911

图10-1　1979年、1993年、2005年青岛市海水捕捞、海水养殖、淡水养殖产量对比图

第一章　海洋环境与渔业资源

第一节　海洋环境

青岛沿海北起丁字湾，南至白马河口，海岸线816.98千米（含所属海岛岸线）。拥有自然港湾49个，海岛69个，滩涂（海岸线至平均低潮线之间）面积3.75万公顷，20米等深线以内水域（平均低潮线以下）面积为32.6万公顷。青岛海岸线长而曲折，沿岸滩涂和近海水体活跃，且有20条河流入海，近海水域肥沃，气候适宜，有海洋生物生长繁殖的优良条件，不同的地貌和底质类型，适合不同的鱼、虾、贝、藻生长，形成近海良好渔场、养殖生产水域和滩涂。

海域

青岛海域由胶州湾、东部海岸地带和南部海岸地带三部分组成。胶州湾海岸线239.05千米，滩涂面积85.21平方千米，水域面积302.91平方千米。在水域面积中，潮间带面积85.21平方千米，占22%，水深0～5米水面190.17平方千米，占49%，对发展水产生产十分有利。东部海岸地带自团岛以东至即墨市与莱阳市分界处（金口），海岸线全长322.5千米，滩涂面积48.5平方千米，20米等深线以内的水域面积为2532平方千米。海湾较多，石老人以东适于发展海水养殖生产。南部海岸地带自薛家岛脚子石至胶南市与日照市的交界处（王家滩湾口），岸线长282.3千米，滩涂面积78.6平方千米，20米等深线以内水域面积637.9平方千米，发展滩涂养殖条件十分优越。

海湾

青岛沿海有自然港湾49个，与渔业关系较大的海湾主要有胶州湾、丁字湾、鳌山湾、崂山湾、沙子口湾、黄岛前湾、唐岛湾、薛家岛湾、灵山湾、琅琊湾、横门湾和小岛湾等。海岸北部以基岩质为主，中部主要为沙质，西南部沙质和基岩质占主要部分。沿岸有20条河流入海，近海水质肥沃。其中胶州湾海湾面积362.4平方千米，为山东南部最大的半封闭型内湾，沿岸有大沽河、白沙河、墨水河、李村河流入，湾内营养

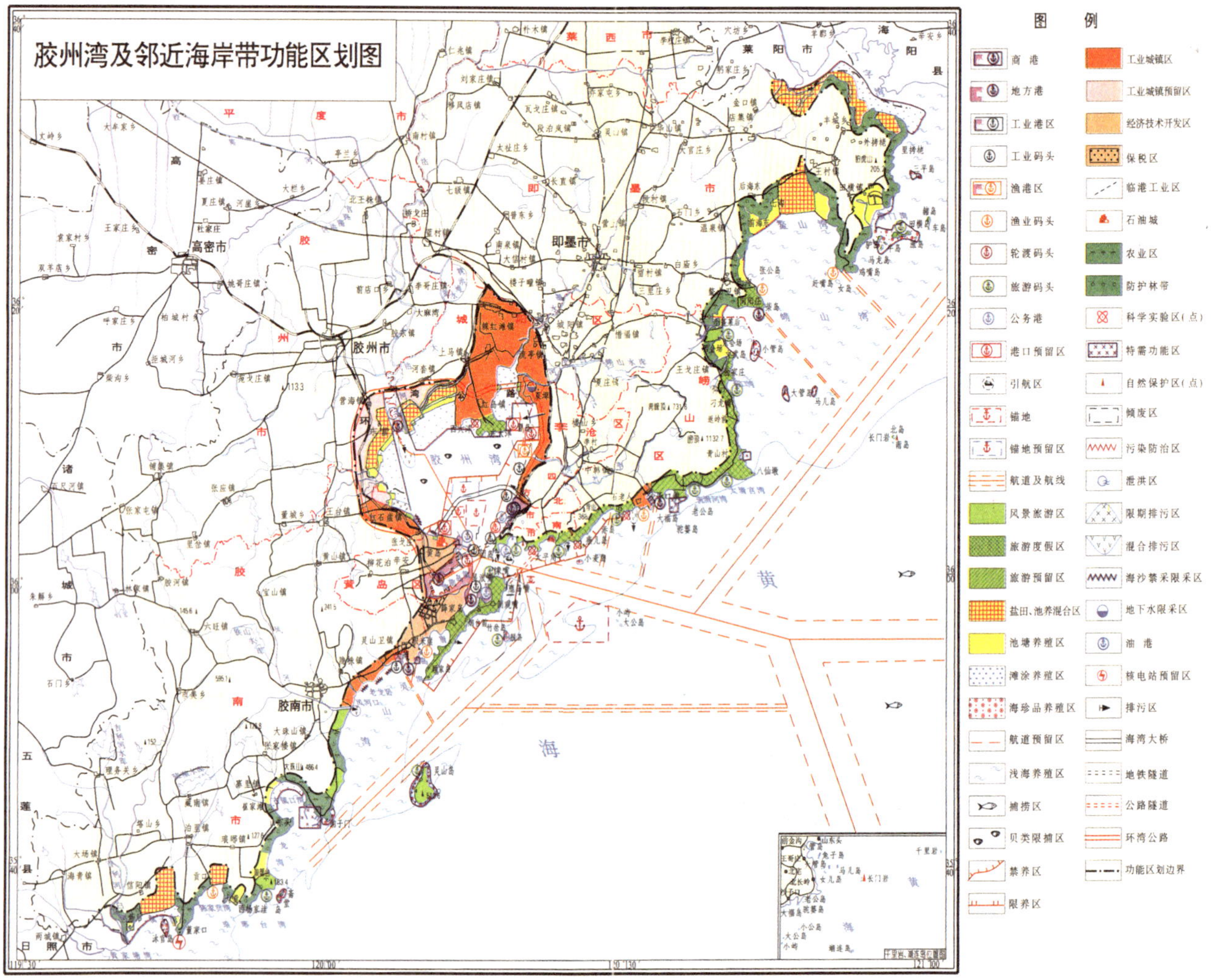

1985年，青岛市组织开展对胶州湾及邻近海域的研究工作，对胶州湾及海岸带进行功能区划。1995年12月，市政府印发《胶州湾及邻近海岸带功能区划》。

盐高，饵料充足，为鱼、虾、贝、藻生长繁殖的优良海域。80年代初，国家将胶州湾划为海洋资源研究开发保护实验区。1995年《胶州湾及邻近海岸带功能区划》出台，加强对胶州湾渔业资源保护和合理开发利用。崂山湾为近海主要渔场，丁字湾属沿岸优良渔场，横门湾适宜贝类养殖，黄岛前湾、唐岛湾和薛家岛湾为重要的养殖基地，灵山湾鱼类资源丰富，避风条件好，为近海优良渔场和小型渔船作业的重要基地。

海岛

青岛市辖海岛69个，总面积21.21平方千米，海岸线长132千米。其中最大的是灵山岛，面积为7.22平方千米，岛屿顶峰歪头顶海拔513.6米，是仅次于台湾、海南岛的中国第三高海岛，历史上一直是青岛近海的重要渔场。其次是黄岛，面积为6.98平方千米，80年代起利用电厂余热发展水产苗种生产，成为青岛最大的海水鱼育苗基地。黄岛、阴岛（红岛）为历史形成的沿岸渔业两个集聚点，渔业经济发达。竹岔岛为海珍品养殖基地。田横岛是青岛市第三大岛，面积超过1平方千米，附近海域适于海参及石花菜等藻类生长繁殖。青岛市的海岛绝大多数距离陆地在20千米以内，为发展近海渔业创造了优越的条件。

第二节　渔业资源

青岛地区渔业资源包括近海渔业资源和淡水渔业资源两部分，以海洋渔业资源为主。

近海渔业资源

鱼类　青岛沿海水产品素负盛名。据30年代初调查显示，春秋两季到胶州湾及邻近海域产卵索饵的鱼类有近百种。常见的主要鱼类有黑鲷、真鲷、牙鲆、高眼鲽、木叶鲽、舌鳎、鲅鱼、鲐鱼、鳓鱼、带鱼、小黄鱼、黑裙鱼、鲈鱼等。同时，海洋鱼类资源多样性程度较高，可分为暖温性、暖水性、冷温性鱼类3种，其中以暖温性鱼类占优势，种数约占鱼类总种数的61%；暖水性鱼类次之，占23%；冷温性种较少。在胶州湾及邻近海域，不同季节之间，鱼类的组成特点有明显差别，资源量的差别亦十分显著。由于鱼的产卵洄游进入沿岸海域和越冬（越夏）洄游退出沿岸海域，产卵和捕捞死亡以及繁殖之后的新生个体补充进入种群，各月间胶州湾及邻近海域鱼类的数量有显著变化，而且海湾内海域和海湾沿岸海域之间的变化节律也有某些差别。冬季低温期间，鱼类资源量处于低谷，湾内外海域1～3月鱼类资源量平均值仅423吨。从4月起，随着海水温度的逐步回升，许多经济鱼类陆续进入沿岸海域或湾内繁殖，沿岸海域鱼类资源量显著上升。至5月形成春季鱼汛期。7～8月高温期间，进入湾内的一些鱼类，繁殖以后转移到水温较低的海湾沿岸海域，湾内鱼类资源量有所下降。10～11月，由于各种鱼类资源获得补充，大体与7月持平。此后由于水温急剧下降，多数经济鱼类离开沿岸海域，此时尽管冷温性鱼类进入沿岸海域，但数量很少，整个胶州湾及沿岸海域鱼类资源量急剧下降。胶州湾内各种鱼最高月份资源量为1.52万吨，为12个月资源量平均值（2400吨）的6倍。据鱼类资源量评估，包括胶州湾在内的整个黄海沿岸海域，是经济鱼类的产卵育幼场。各种鱼的种群结构中，幼鱼占相当大的比例，平均体长偏小、体重偏轻，经济价值不高。胶州湾海域鱼类资源的多样性程度较高，而经济种的优势程度较低，没有在数量上占突出优势的鱼种。整个海域中，资源量超过1000吨的鱼种有斑鱼（3077吨），绿鳍马面鱼（3080吨）和梭鱼（1738吨）3种，其中属于优质鱼的仅梭鱼、牙鲆两种。

无脊椎动物类　青岛近海虾蟹类主要有对虾、鹰爪虾、站虾、梭子蟹等。软体动物主要有章鱼（蛸）、乌贼、海参、海蜇等。胶州湾内无脊椎动物资源量为446吨，丁字湾口—薛家岛之间海域为2016吨。

中国对虾、鹰爪虾、周氏新对虾、三疣梭子蟹、日本鲟、双斑鲟和口虾蛄长年栖息在青岛沿岸海域。其他各种均春季进入沿岸海区并进行繁衍，秋末冬初陆续离开沿岸海域到深水越冬。其中多数种的生命周期较短，种群结构简单，春季由繁殖群体组成，秋季种群基本上是当年繁殖的个体。其他种的数量很少，在渔业上不占重要地位。与鱼类一样，经济无脊椎动物的数量各月间也有很大差异，其低谷期的数量与高峰期的数量差别比鱼类大的多。夏末秋初各种虾类、头足种群开始获得补充，有的种年老个体尚保持一定数量，因而相对资源量8月达到全年高峰期，为42.54公斤（网·小时）。80年代后期，在青岛附近海域进行中国对虾资源增殖试验，并取得明显的增殖效果，胶州湾及湾口外海域秋汛对虾捕捞产量达500吨。

贝类　青岛沿海贝类主要有菲律宾蛤仔（也称蛤仔）、泥蚶、红螺等，鲍鱼、扇贝等也有一定数量。在胶州湾的广阔潮下带区域，蛤仔资源量特别大，在水产资源中占绝对优势。蛤仔有春季和秋季两个繁殖期，以秋季繁盛的幼蛤在蛤仔中起主导作用。胶州湾蛤仔的产量可大体维持在15万吨（折肉重3万吨）以上。中科院海洋研究所1992年对胶州湾菲律宾蛤资源50个测点进行调查显示，胶州湾的东部分布密度变动幅度较大。胶州湾内低栖经济贝类尚有脉红螺、扁玉螺及泥蚶等。

养殖类生物资源　胶州湾及邻近海域营养物质供应充沛，具备发展海水养殖渔业的基础条件。改革开放后，青岛沿海海水养殖发展很快，海带、贻贝、扇贝、杂色蛤、缢蛏、牡蛎、对虾和鱼类养殖逐渐形成规模。90年代开始进行大面积海参、鲍鱼人工养殖。一批经济种如杂色蛤、牡蛎、缢蛏、鲈鱼、东方豚、黑鲷、真鲷、牙鲆等均进入规模生产。此外，自1998年开始，从美国引入红鱼进行驯养试验，从福建引进大黄鱼进行试养，并逐步发展成为青岛地区规模养殖的生产品种。藻类主要有海带、紫菜、裙带菜、石花菜等。2005年，青岛地区的杂色蛤、牡蛎、缢蛏、鲈鱼、东方豚、黑鲷、真鲷、牙鲆等，均通过小规模的养殖试验后进入大规模养殖生产。当年，鱼类养殖面积达1120公顷；海参养殖面积为2276公顷；鲍鱼养殖面积为1025公顷；海水贝类中杂色蛤养殖（含增养殖）面积达到1.9万公顷。

淡水渔业资源

青岛地区淡水渔业资源有鲤、鲫、鲶、乌鳢等数十种，自繁自长产量很低。后从南方移植青、草、鲢、鳙四大家鱼，培育苗种放养成鱼，为主要淡水养殖品种。90年代后期，陆续引进甲鱼、中华绒螯蟹、团头鲂、杂交鲤、罗非鱼、大银鱼、鲟鱼等20多个品种。养殖模式由粗放粗养变为以池塘精养轮养、水库增殖和网箱养殖等多种模式。据2000年调查，青岛地区淡水鱼类资源主要有鳗鲡、青鱼、草鱼、白鲢、鳙鱼、鲤鱼、鲫鱼、泥鳅、团头鲂、乌鳢、鲶鱼、尼罗罗非鱼、奥利亚罗非鱼、虹鳟、罗氏沼虾、中华绒螯蟹、泥螺、褶纹冠蚌、甲鱼、银鱼、福寿螺、大口胭脂鱼、条纹鲈、松蒲鲫、革胡子鲶、石斑鱼、斑点叉尾鱼等64个品种；经济水生植物类有菱、聚草、香蒲、小眼子藻、芦苇、莲藕、浮萍等32种；另外，还有可供鱼类食用的各类饵料生物168种，主要浮游植物有硅藻类、红藻类、绿藻类、蓝藻类、金藻类、黄藻类、裸藻类等。浮游动物主要为原生动物、轮虫、桡足类、枝角类等。底栖动物主要有水蚯蚓、摇蚊幼虫及其他水生昆虫等。这些水生生物大都可供鱼类直接食用。

第二章　水产养殖

青岛市水产养殖业以海水养殖为主，淡水养殖规模较小。改革开放初期，海水养殖品种多为海带和贝类。1985年，青岛市将发展重点由海洋捕捞业向海水养殖业转移，人工对虾养殖、菲律宾蛤养殖以及海湾扇贝养殖等大面积推广。自1990年起，实施为期3年的以养兴渔的“双16工程”，全市掀起浅海、滩涂养殖开发热潮，水产品产量连续3年以30%以上的速度增长。1992年，在全市渔区大力推行胶南市渔业股份合作制经验，聚集股份资金发展养殖生产，加快浅海开发进程。1994年，全市养捕产量的比例为53：47，在全国沿海城市率先实现养殖大于捕捞的历史性转变。1993～1995年，实施以养兴渔的“315工程”，3年增加养殖产品23.6万吨。1995年，市政府印发《关于实施名特优养殖的“922工程”，推动水产业再上新水平的报告》，将发展名特优水产品作为增养殖的重点，积极发展海水鱼养殖，并成为新的经济增长点。2000年，全市水产品养殖面积发展到5.54万公顷，产量78.3万吨，养捕比例达到63：37，水产养殖成为青岛水产业的主导产业。

进入21世纪，青岛市水产养殖业继续保持快速发展态势。2005年，全市水产养殖面积达到6.5万公顷，产量达到87万余吨，其中海水养殖水产品80.62万吨，占全市水产品总量的63.34%。

1979～2005年青岛市部分水产品养殖产量情况表

表10-2 单位：吨

年份	海水产品						淡水产品
	海水鱼	虾蟹类	贝类	藻类	海参	鲍鱼	
1979	1	28	3590	23552	—	—	215
1980	2	110	6345	16293	—	—	
1981	—	29	6689	—	—	—	120
1982	11	41	4303	—	—	—	77
1983	20	744	5529	6052	—	—	152
1984	24	1175	7951	4399	—	—	650
1985	43	2471	6232	4145	—	—	945
1986	154	4439	5828	2044	—	—	1837
1987	862	7092	10443	785	—	—	3292
1988	360	9083	25263	264	—	—	3522
1989	286	7552	31897	385	1.3	2.47	3349
1990	421	8074	39735	773	—	2	3659
1991	381	10013	80304	737	0.2	4.3	4774
1992	—	9197	134678	1410	—	—	7117
1993	250	4141	240503	2040	42	177	10004
1994	800	3347	292121	4863	38	124	17451
1995	2567	3923	352197	3629	23	207	25992
1996	2769	3395	364069	5315	31.2	309	31117
1997	4243	2957	509274	3617	60.3	354	30574
1998	4586	5858	515798	10096	100.4	453	39115
1999	5745	8112	654114	11430	153	804	45306
2000	9502	9985	701255	11860	265	1011	50636
2001	14045	11087	735065	13215	306	1396	53510
2002	23704	15540	749110	14299	504	1994	55379
2003	21922	18249	757439	11071	4349	2163	60474
2004	18083	19448	765963	10267	4658	2476	63056
2005	21463	21099	746138	9526	4734	1637	65911

第一节　种苗培育

青岛沿海海产养殖业发端于30年代初，兴起于50年代末，至1979年，全市海带育苗能力达5.89亿株。进入80年代，海带降价，养殖面积下降，种苗培育转向对虾、扇贝、海水鱼及海珍品。进入21世纪，适应市场需求的变化，苗种生产结构随之调整。主要表现是，扩大海参和鱼类的育苗规模，稳定对虾育苗数量，适当缩减扇贝苗种生产。2005年，在农业部和青岛市政府的扶持下，投资8000余万元，建成国家级青岛罗非鱼良种场、国家级青岛海湾扇贝良种场、国家级青岛菲律宾蛤仔良种场3个，在建国家级青岛对虾良种场和国家级青岛鲆鲽类良种场2个，并认定省级水产良种场6个。另外，为搭建育种技术创新平台，青岛市从2001年开始组织中科院海洋所、水科院黄海所、中国海洋大学、省海水养殖研究所4个单位，联合建设国家海洋科学研究中心水产种苗产业化基地。拨付230亩土地和2500万元资金，建成育苗、养殖车间4.3万平方米，年育苗能力100亿单位，成为规模全国最大、档次国内最高、科技含量国际一流的集苗种繁育、水产养殖、饲料加工、科学研究等功能于一体的科技成果转化基地。2005年，全市海水养殖种苗200多亿单位。

青岛地区淡水养殖种苗培育始于50年代，70年代末淡水养殖业形成规模。2005年，全市淡水鱼育苗量达到3.62亿尾，为1979年的11倍。其中，罗非鱼等优质品种约占三分之一。

海水种苗

海带　1979年，全市处于海带养殖盛期，海带养殖达1908.13公顷，总产量23550吨。其中胶南县海带养殖23年，平均年获纯利174万元。此后，随着养殖技术的发展，海带在北黄海海域养殖单位面积产量大幅度提高。同时，青岛海域因位置偏南，受自然条件制约，单产偏低导致生产成本较大，经济效益下降，海带养殖呈衰退态势。

对虾　1980年，山东省海水养殖研究所对虾工程化育苗试验成功。随后，青岛市开始培育虾苗，胶南、崂山、黄岛育苗场于1984年相继育苗成功。到1985年，全市共5个育苗场8800立方米水体，培育虾苗近5亿尾，基本满足海水养殖需要。1987年，全市对虾育苗场有13个，以国营育苗场为主。人工培育的虾苗除满足全市养虾用苗外，还部分用于放流增殖。1990年，全市对虾育苗量达到32.93亿尾，其中12个亲虾越冬点产苗10亿多尾，使全市52.6%的养殖面积放养上大规格虾苗。1996年，调整对虾品种结构，引进南美白对虾亲虾和日本虾幼苗，年育苗量达7.63亿尾，之后，虾苗生产逐年发展。2000年，全市对虾育苗量达到10.42亿尾。2003年，全市投产对虾育苗水体4.3万立方米，育苗量达到26.97亿尾，为2000年的2.6倍。除满足养殖生产用苗之外，还在胶州湾和鳌山湾放流3.5厘米以上中国对虾暂养苗6362万尾、3厘米以上南美白对虾暂养苗130万尾，补充近海对虾资源。2004年后，对虾育苗量控制在40亿尾。

海湾扇贝和菲律宾蛤仔　1983年，青岛市引进美国海湾扇贝移植成功，次年推广。1986年，胶南县水产研究所进行海湾扇贝育苗取得成功。1991年，青岛市在100立方米水体中，培育出美国海湾扇贝苗7.2亿粒，单位水体出苗量居全国第一。1992年，青岛市28个育苗点育出贝苗174亿粒，保证全市浅海大面积开发养殖需要。1993年，针对美国海湾扇贝多年近亲繁殖，导致品质退化现象比较严重的情况，中科院海洋研究所从加拿大引进海湾扇贝，在青岛孵化、养成试验成功。次年青岛市养殖的美国海湾扇贝绝大部分更新为加拿大海湾扇贝。2000年，全市扇贝育苗量达229.02亿粒，实现自给自足。2001年，城阳区在红岛海洋科技开发区投资710.8万元建设3000平方米的菲律宾蛤仔育苗车间和266.7公顷海上保苗基地，每年可产蛤仔苗种240亿粒，产原种及商品贝600吨，基本满足需求。2005年，市场对扇贝需求量减少，价格降低，扇贝育苗量随之缩减为196亿粒。

海水鱼类　90年代后，青岛市海水鱼类养殖生产开始快速发展，所育苗种从罗非鱼、黑鲷、真鲷，梭鱼、河豚鱼等发展到美国红鱼、美国条纹鲈鱼、大黄鱼等。1994年，黄岛区水产研究所开始进行海水鱼越冬养成，逐步发展为海水鱼越冬育苗基地，被青岛市批准立项为海水鱼苗种中试基地，后被国家科委命名为国家级海水鱼增养殖良种培育示范基地，被科技部确定为国家星火项目。1997年，胶南市引进美国条纹鲈鱼苗500尾在泊里镇海水养殖场养殖成功。1998年，从福建首次成功引进1.2万尾大规格大黄鱼鱼种试养成功。8月，胶南市水产资源增殖站进行美国红鱼育苗获成功，育出美国红鱼苗40万尾。2000年，全市培育海水鱼苗种10万尾。2002年，建成青岛亿海良种鱼繁育中心和庞氏（青岛）大菱鲆鱼繁育养殖有限公司等多家海水鱼苗种企业。全市培育海水鱼苗种1495万尾，为2000年的150倍。2005年，全市海水鱼育苗量达到3954万尾，其中鲆鱼苗种占82.5%，育苗单位主要分布在胶南、黄岛和崂山3个区（市）。

海珍品　进入21世纪，海珍品和鱼类的育苗规模不断扩大。早在80年代，即墨市、崂山区、黄岛区、胶南市即开始小规模海珍品育苗，1987年，黄岛区薛家岛镇和竹岔岛村建海珍品育苗室培育参苗440万头。进入90年代后，青岛市大量培育海参苗种供放流增殖，到1998年，即墨市有6座育苗室批量培育海参苗种，基本满足养殖需求。2003年，随着虾池养殖海参的兴起，海参育苗生产得以迅猛发展，全市海参育苗量达到68.1亿头。2005年，全市海参育苗企业发展到50家，培育水体达到4万多立方米，育苗量达到20.73亿头。

鲍鱼育苗始于1980年青岛人工培育皱纹盘鲍苗种成功。1983年，胶南县水产研究所在室内小水体鲍鱼育苗试验成功。同年，即墨县建海珍品增殖站、黄岛区竹岔岛建海珍品育苗室培育稚鲍10万粒，并在大管岛、小管岛海区放流增殖。到1987年，全市共培育稚鲍120万粒，投放增殖区。1992～1993年，黄岛区水产资源增殖站在金沙滩和甘水湾各建海珍品育苗场一座，总水体1200立方米，年育鲍鱼苗100万粒。1995年，全市鲍鱼育苗场发展到10个、4770立方米水体，当年育苗量440万粒。2000年全市鲍鱼育苗量发展到374万粒。2003年，全市鲍鱼育苗量达到1.22亿粒，为2000年的33倍，成为历史最高峰。此后，青岛市禁止在潮间带筑池养鲍，鲍鱼养殖业出现萎缩，2005年鲍鱼育苗量下降到8050万粒。

2001年，中科院第一海洋研究所的海珍品育苗试验基地养殖场。

1986～2005年青岛市海水育苗情况表

表10-3

年份	对虾（万尾）	贝类（万粒）	海水鱼（万尾）	鲍鱼（万粒）
1986	87627	—	58	—
1987	201680	—	—	—
1988	284719	—	51	—
1989	326904	552438	—	—
1990	329254	726600	—	35
1991	300336	1077000	—	2
1992				
1993	306435	2160000	—	8100
1994	184900	2636650	—	142
1995	165350	2200000	—	440
1996	763300	956100	100	30
1997	87500	1204150	20	50
1998	93090	1343020	712	15
1999	118960	1184700	1600	200
2000	104205	2290213	10	374
2001	161862	2519850	390	897
2002	241900	768021	1495	2140
2003	269700	1370967.3	4696	12216.1
2004	411800	2673931.1	3896	8474.1
2005	358500	1968100.2	3951	8050.2

淡水种苗

青岛地区淡水种苗业起始于1958年。当年，崂山县东大村和胶南县祝家庄鱼种场采捕鲤鱼和鲫鱼亲体，实行半人工孵化鱼苗成功。1979年，胶南县建鱼种培育池18.7公顷，有专业队13个130多人，以培育中南鱼种为主，年培育鱼种能力160万尾。1981年，莱西县产芝水库鱼种场扩建，年孵化鱼苗3000万尾，成为设施较完善的苗种繁育基地之一。1982年，胶南县淡水养殖试验场鱼种场引进罗非鱼鱼种1600尾，进行越冬、海水驯化养殖试验获成功。1984年，全市共有22个培育点生产鱼苗7020万尾，培育大规格鱼种974万尾，分别比1983年增长32%和194%。

1984～1985年，胶南淡水养殖场保育越冬罗非鱼种9万尾。1985年，即墨县引进红尼罗罗非鱼亲鱼170尾，到1986年培育鱼种5万尾，越冬保种推广到乡镇养殖。莱西县22个乡镇相继建成大规格鱼种培育点143个，年培育大规格鱼种

1200万尾。1986年建成莱西淡水鱼种场，年鱼苗生产能力10亿尾，后因城市建设用地，鱼种场被征用。当年，全市淡水鱼种培育点发展到117个，面积226.6公顷，年生产鱼苗7965万尾，培育鱼种2295万尾，其中10厘米以上大规格鱼种占30%，莱西、平度两县大规格鱼种已占60%，投放大规格鱼种，成为增产的重要措施。

1987年，青岛市对淡水鱼养殖品种进行调整，由原来的养殖滤食性花白鲢为主，调整为草食性和投饵性鱼类为主。当年从广东引进革胡子鲶鱼苗10万尾，在4个县分11个池子共1.1公顷水面放养，当年出鱼1525公斤。莱西县购进河蟹苗20.6公斤，在17个单位共22.53公顷池子养殖。1987年，平度县大泽山水库网箱培育鱼种试验成功，每平方米获鲤鱼鱼种42.22公斤，居国内网箱鲤鱼种培育之首。尹府水库鱼种池一年三茬每亩水面培育10厘米以上鲢鱼种282.5公斤。产芝、尹府、大泽山等大中型水库成为苗种培育基地。

90年代后，胶南市先后引进团头鲂、河蟹、淡水白鲳、革胡子鲶、大银鱼、鲟鱼、罗氏沼虾、小银鱼、大口胭脂鱼等新品种，并进行人工培育鱼苗。1991年，即墨市电力淡水养殖公司建池800平方米进行恒温流水罗非鱼养成和育苗生产。1992～1993年，青岛市渔业技术推广站进行淡水白鲳人工繁殖研究成功，填补青岛市的空白。1992年，胶州市胶东镇建成全国北方最大的淡水鱼良种基地——青岛金州淡水水产养殖场。当年供应青岛地区大规格罗非鱼种3000多万尾。同年，平度市淡水养殖试验场人工繁殖淡水白鲳鱼苗获得成功，平度市誉丰良种繁育场培育胡子鲶苗种成功。1996年，青岛市金州淡水水产养殖场被农业部批准为国家级青岛罗非鱼良种场，为全国第一家验收合格的国家级良种场，主要进行尼罗罗非鱼、奥利亚罗非鱼、菲律宾吉富罗非鱼等罗非鱼良种及四大家鱼、淡水鲨鱼、彩虹鲷、美国大鲫、淡水黑鲷、加州鲈鱼等名优淡水良种的繁育生产。每年组织育苗量1亿余尾，其苗种销往30多个省市自治区。

2005年，全市淡水鱼育苗量达到3.62亿尾，为1979年的11倍。其中，罗非鱼等优质品种约占三分之一。

1979～2005年青岛市淡水苗种育苗量统计表

表10-4

年　份	淡　水　鱼		河蟹（万只）	稚鳖（万只）
	鱼苗（万尾）	鱼种量（公斤）		
1979	3291	548.1	—	—
1980	2744	541.4	—	—
1981	4000	290	—	—
1982	3600	170	—	—
1983	2000	180	—	—
1984	6598	825	—	—
1985	7047	1511	—	—
1986	9265	2235	202	—
1987	6810	1955	316	—

续表10-4

年份	淡水鱼		河蟹（万只）	稚鳖（万只）
	鱼苗（万尾）	鱼种量（公斤）		
1988	9418	1612	—	—
1989	5515	1900	—	—
1990	2300	1365	—	—
1991	3874	2129	—	—
1992				
1993	8700	2964	—	—
1994	5826	2454	—	—
1995	9125	2722	—	—
1996	8900	5947	712	18.63
1997	2600	492000	733	13.8
1998	19142	1397850	487	8
1999	15742	961000	897	5
2000	17504.02	1881000	869	—
2001	15916	1052000	229	11
2002	29000	856000	220	505
2003	49825	385000	—	800
2004	34060	681000	—	10220
2005	36218	708000	—	800

第二节 虾类养殖

1979年，中国水产养殖公司确定在即墨县栲栳湾建设对虾养殖基地，并于翌年建成虾池533公顷。1981年，全国对虾人工育苗工作会议在青岛召开后，全市沿海各主要港湾普遍建立养虾设施，开始大规模对虾养殖。水产养殖业由以养海带、贻贝为主渐次转向以对虾养殖为主。随着人工配合饵料的研制成功、对虾全人工育苗技术的突破以及养殖技术的不断提高，青岛沿海对虾养殖面积大幅度增加，建池养虾一时成为沿海农村致富的重要途径。1984年，全市对虾养殖单位413个，其中国营养虾场9个，以乡镇经营为主的集体养虾场57个，养虾联合体273个、个体户71个，另有盐场经营养虾单位3个。1987年，对虾养殖面积增至7333.33公顷，养虾业成为青岛渔业经济的重要组成部分。

80年代后期，青岛市进行虾池综合治理改造和养虾技术改进，重点解决池大水浅、提水设备落后等问题，扭转对虾规格小、单产低、效益差的困难局面。通过推行渔业股份合作制，改造大水面低产养虾池，提高对虾养殖档次。黄岛区将电厂排入大海的温水引入育苗场，用于对虾亲虾越冬和育苗生产，降低生产成本。投资200万元在胶南县建设对虾养殖出口基地。1991年，全市对虾养殖产量达到9844吨。其中崂山区对虾养殖达到1755公斤/公顷以上，为全国重点高产区之一。

1993年，青岛市对虾养殖暴发大面积病害，许多养殖户损失惨重，有的濒临破产，导致大片虾池荒废，养虾业进入低潮期。1994年，全市对虾养殖产量大幅回落到3204吨。此后，全市对虾养殖进入第二次创业时期。其间，胶南市率先在全省建成高标准、全封闭、无公害、环保型对虾养殖基地，一年轮养两茬，使养殖产量和效益有所回升。城阳区低盐度水养殖对虾试验获得成功。1997年，在桃源河西岸上马至棘洪滩段667余公顷的荒滩上，建设“桃源河园林式万亩生态养殖区”，通过建设池塘，打井取水，进行中国对虾和南美白对虾养殖。1998年，在流亭镇进行对虾示范区养殖，推广鱼虾混养技术并获得成功。

进入21世纪，因虾病得到有效防治，对虾养殖生产逐年发展。2000年，胶南市引进日本车虾、南美白对虾、蓝对虾、斑节对虾等品种，推广封闭式内循环养殖技术、对虾健康养殖技术和工厂化养殖技术，开展虾蟹、虾参、虾鱼混养，养殖面积963公顷，每公顷产量由1995年的315公斤提高到1211.25公斤。即墨市大面积养殖日本

80年代末，青岛市普遍开展养虾技术改造，对虾生产获得丰收。图为对虾冷冻加工现场。

虾获丰收。2001年，全市对虾养殖产量达到7306吨，接近历史最高水平。

2005年，青岛市对虾放养面积8356公顷，产量达到15783吨。其中南美白对虾2294公顷、4537吨，斑节对虾1484公顷、2442吨，中国对虾1675公顷、2604吨，日本对虾2903公顷、5886吨。

1979～2005年青岛市对虾养殖产量统计表

表10-5　　单位：吨

年份	合计	黄岛区	崂山区	城阳区	胶州市	即墨市	平度市	胶南市	其他
1979	28	8	—	—	—	6	—	14	—
1980	109	8	3	—	—	38	—	60	—
1981	167	1	17	—	—	113	—	36	—
1982	563	30	175	—	—	276	—	82	—
1983	744	52	202	—	84	310	—	96	—

续表10-5

年份	合计	黄岛区	崂山区	城阳区	胶州市	即墨市	平度市	胶南市	其他
1984	1175	82	291	—	100	536	12	154	—
1985	2433	43	749	—	160	1062	31	388	—
1986	4289	205	1401	—	189	1625	55	814	—
1987	6945	404	2374	—	330	2405	114	1318	—
1988	9083	576	2755	—	430	3425	150	1747	—
1989	7451	148	2731	—	408	2502	54	1608	—
1990	7897	359	2502	—	350	3157	34	1191	304
1991	9844	514	3795	—	375	3059	40	1675	385
1992	9197	526	3954	—	278	2502	8	1715	214
1993	4141	162	1513	—	247	1226	3	990	—
1994	3204	87	0	791	156	1630	—	540	—
1995	3896	128	3	958	187	2268	—	352	—
1996	3219	138	9	1194	205	1244	—	429	—
1997	2736	136	7	939	102	1276	—	276	—
1998	4342	90	43	1244	358	1998	—	609	—
1999	5432	170	62	1356	588	2252	—	1004	—
2000	5940	200	345	1095	600	2434	—	1266	—
2001	7306	316	366	1130	956	2741	—	1797	—
2002	10686	245	422	1426	2078	3973	—	2542	—
2003	14490	26	380	2147	4267	4688	—	2982	—
2004	15353	35	395	2312	4822	5201	—	2588	—
2005	15783	26	415	2463	5040	4117	—	3722	—

第三节　贝类藻类养殖

贝类养殖

建国前，在唐岛湾、丁字湾已有贝类人工养殖。六七十年代，杂色蛤、牡蛎等滩涂养殖形成规模。据统计，1976～1980年累计出产杂色蛤500万公斤，并成为青岛海水养殖的主导品种。此后，人工筏式养殖得到推广，主要养殖品种有贻贝、海湾扇贝等。90年代中期，由于环境污染，部分浅海养殖区相继发生扇贝大量死亡现象，养殖面积迅速下降。进入21世纪后，杂色蛤养殖成为继扇贝养殖之后的又一亮点，并成为沿海渔民致富的重要途径。至2005年，青岛市贝类养殖主要有扇贝、杂色蛤、牡蛎、蛏类等。

滩涂养殖　1979年，青岛沿海滩涂人工养殖菲律宾蛤、牡蛎供外贸出口，效益甚好。1982年，北芦村4户渔民联合承包泥蚶滩涂8公顷，当年产泥蚶87.5吨，泥蚶产量较承包前增长数倍，每户得2万余元，并成为青岛最早出现的渔业联产承包典型。1984年，青岛市推广滩涂承包责任制，有5000公顷滩涂确权发证到户或专业组。凡承包的滩涂均承包到户或联户经营，承包期多定为15年以上，滩涂贝类养殖生产开始快速发展。1985年，青岛市在胶州湾西岸划海区20公顷进行菲律宾蛤增殖试验，即墨县推广泥蚶蓄水养殖和泥蚶养殖越冬试验初见成效。1988年后，即墨市丰城北芦村、雄崖所等村渔户联合到浙江温岭、黄炎、玉环等地，引进缢蛏苗种进行半人工精养并获得成功，连续几年丰产，最高年份缢蛏产量达8000余吨。

90年代初，城阳区开始潮下带滩涂养殖。由于养殖面积的不断扩大，海域内自然繁殖的苗种已满足不了生产需要，青岛开始从福建一带大量购进包括牡蛎、毛蚶等贝苗。同时，养殖方式也由单纯看护发展为投苗养殖。1992年，全市组织区（市）直属单位56个，财贸公司、工业企业、内陆村庄42个，分别与沿海乡镇结对联营开发，精养滩贝400公顷，并出现集体、个体、联合体定点划片，跨乡镇、跨区（市）等多种开发养殖形式，精养滩涂贝类达到2066.67公顷。1996年，即墨市缢蛏出现大量死亡现象，即使活下来的也生长缓慢，个别养殖者甚至绝产。1999年，即墨市组织沿海各镇渔技站人员到浙江参观学习池塘养缢蛏的先进经验，进行池塘缢蛏高产养殖示范获得成功。同时，青岛市对胶州湾的捕捞、养殖区域进行重新规划，减少捕捞区，扩大养殖区，城阳区贝类潮下带滩涂养殖面积增加2000公顷。杂色蛤育苗、保苗在城阳区形成批量生产，杂色蛤养殖成为滩涂养殖的支柱产业。

2005年，全市滩涂贝类养殖面积2.8万公顷，产量59.29万吨。养殖品种主要是杂色蛤、牡蛎和蛏类，养殖形式以增养殖为主。其中，杂色蛤养殖面积1.9万公顷，产量45.79万吨，分别占滩涂贝类养殖总面积和产量的71.9%和85.4%。

筏式养殖　1979年，在竹岔岛和大黑澜海区进行扇贝人工养殖生产试验。当年，崂山县在沙子口、石老人海区进行小规模养殖获得成功。7月，崂山仙家寨养殖场购扇贝苗50万枚，在湖岛海区试养，扇贝苗经暂养后分装入吊笼挂在海带架子上，实行贝藻间养，两年后收获500公斤。1980～1981年，青岛市第二海水养殖场培育大连湾牡蛎、近江牡蛎和日本真牡蛎苗种455万粒，筏式养殖5776绳，使用水面1.33公顷。1982年后，贻贝销路不畅，养殖面积逐年减少，产品主要用作对虾养殖活饵料。1983年，青岛引进美国海湾扇贝养殖成功，并在沿海地区推广。翌年6月，将海湾扇贝苗移到养殖区暂养，9月上旬

90年代初，青岛近海海湾扇贝筏式养殖形成高潮。图为养殖现场。

投放苗种20万枚，将大苗分装养殖笼，养殖面积0.13公顷，12月初测试亩产达3171公斤，暂养获得成功。1986年，青岛市第二海水养殖场在太平角海区挂笼养殖增加到0.67公顷，每公顷产量15吨。1987年，黄岛区开始扇贝养殖。翌年11月，投资400万元在胶南建设海湾扇贝养殖出口基地。由胶南县承担的“浅海大面积扇贝筏式养殖技术推广”项目通过专家鉴定，推广面积290.93公顷，平均每公顷产量47.6吨。

90年代，青岛市打破长期分割的区域、行业界限，在沿海29个重点渔业乡镇实施“新上一批，提高一批，带动一批”的水产发展战略。推行兼有股份制和合作制优点的股份合作制，即以股份形式投入的开发资金，实行统一管理、承包经营、利益均沾、风险共担。入股者既可按劳取酬，又可按股分红，也可以不投劳只按股份取红利。1990年，胶南市泊里镇27个村的332户个体养殖户，筹集股金300万元，扩大扇贝养殖93.3公顷。1991年，崂山区王哥庄镇港东村办起养殖公司，试行股份合作制，开发浅海扇贝养殖4.67公顷，股份资金75万元，年终上交国家税金10.4万元，集体积累13.8万元，个人股份分红3.74万元。1993年，全市聚集股份资金1.4亿元，开发浅海筏式扇贝养殖667公顷，占新开发面积的70%以上。1995年，扇贝筏式养殖开始向深海发展。1996年，全市养殖扇贝产量22.35万吨，达到历史最高水平。1996年，即墨市部分浅海养殖区相继发生栉孔扇贝大量死亡的现象，区域自丁字湾口向南边的横门湾海区蔓延，逐步绕山东半岛辐射到鳌山湾东部和中西部。造成扇贝大量死亡原因是物理环境受到污染，导致浮游植物数量种类减少，养殖水域水体富营养化，特别是亚硝酸盐和氨氮含量高所致。由于栉孔扇贝大批量死亡，养殖面积迅速下降。

1997年，即墨市引进墨西哥湾扇贝，产量有所恢复。2004年，崂山区引进虾夷扇贝和栉孔扇贝杂交种300万粒，养殖面积2公顷。2005年，青岛市调整渔业产品结构，适当压缩扇贝养殖规模。当年全市扇贝养殖面积2018公顷，产量6万吨，分别比2000年下降31.4%和58.2%。

1981～2005年青岛市扇贝养殖产量统计表

表10-6　　单位：吨

年份	合计	市南区	市北区	黄岛区	崂山区	城阳区	即墨市	胶南市
1981	10	9	—	—	—	—	—	1
1982	23	19	—	3	—	—	—	1
1983	31	31	—	—	—	—	—	—
1984	7	2	—	5	—	—	—	—
1985	46	—	—	6	—	—	—	40
1986	273	—	—	20	8	—	—	245
1987	2399	76	—	156	648	—	20	1499
1988	12732	368	—	2716	4063	—	786	4799
1989	15286	434	—	2885	5488	—	931	5548
1990	20592	544	—	4563	7106	—	703	7676

续表10-6

年份	合计	市南区	市北区	黄岛区	崂山区	城阳区	即墨市	胶南市
1991	42487	292	—	7691	11831	—	1380	21293
1992	74054	500	—	15449	19248	—	8027	30825
1993	157870	—	15471	24992	30859	—	23883	62665
1994	182266	—	—	31058	40924	2278	33489	74508
1995	219424	—	—	34034	57118	2033	50174	76065
1996	223471	—	—	38271	57526	2350	46119	79195
1997	167450	—	—	34387	55692	2100	33750	41521
1998	93959	—	—	29040	11625	1420	1668	50206
1999	120599	—	—	23037	18197	1620	3046	74699
2000	145246	—	—	27162	29976	1200	3548	83445
2001	133622	—	—	18850	29990	1200	4676	78906
2002	107988	—	—	14500	29361	1200	7710	55217
2003	109513	—	—	19960	21006	5550	8997	54000
2004	96098	—	—	9501	17746	2060	5125	41666
2005	60752	—	—	3510	8500	2020	4811	41911

藻类养殖

1979年，青岛沿海地区藻类养殖多采用贻贝海藻间养法。实行动植物混养，所属水层、受光、营养盐和浮游生物等条件可互为补充。自1981年起，海带连续降价，经济效益大幅下降，养殖面积逐年减少。裙带菜、紫菜、石花菜在沿海虽有养殖，但规模不大。

海带养殖　青岛海带生产性养殖始于1958年，当年绳养海带23.33公顷，结束青岛渔业生产单一捕捞的历史。在随后的20年里，海带养殖一直在全市水产业占重要地位。1979年养殖面积达到1906.67公顷，年总产量达2.36万吨。80年代初，黄岛区将贻贝和海带混养。1981年后，海带养殖受市场影响，生产规模骤减。至1986年，全市养殖面积降为97公顷，产量1380吨。1990年，全市养殖面积仅剩22公顷，产量360吨。此后逐渐开始恢复。2005年，全市养殖面积221公顷，产量3860吨，主要产地在崂山和城阳两区。

裙带菜养殖　50年代，青岛沿海裙带菜资源为山东沿海首位。80年代初，有少量盐渍裙带菜向日本出口，但因经济效益不佳停产。90年代后期出口量加大，生产稍有恢复。2005年，崂山区养殖裙带菜30公顷，产量1200吨。

紫菜养殖　60年代初，中科院海洋研究所在青岛进行条斑紫菜半人工采苗养殖试验初获成功。至70年代，以浮动筏式养殖生产性试验0.28公

青岛海带养殖始于50年代，随后20年，海带养殖一直在全省处于领先地位。图为青岛市第一海水养殖场海带丰收。

顷，产紫菜313公斤。1973～1976年，青岛市第二海水养殖场在栈桥以东和南海路海区养殖面积扩大到0.55公顷。1979年后因紫菜养殖经济效益差而逐渐减少。2000年，城阳区在红岛海域进行紫菜半浮式和全浮式人工养殖，实现贝藻养殖互补。2005年，紫菜养殖有所恢复，养殖面积达601公顷，产量1483吨，主要产地在胶南市和城阳区。

石花菜养殖　石花菜在青岛沿海广有分布，建国前在团岛湾、四川路沿岸一带曾有少量人工养殖。80年代初，深水筏式越冬保种、春茬养殖苗种得以解决，石花菜养殖有所发展。1981年，胶南海水养殖场试养石花菜42绳，一年分两茬苗获得成功。到1983年推广到7个养殖场和养殖联合体，养殖水面扩大到5.44公顷，亩产高者173公斤，经济效益较好。1985年，琅琊、贡口、薛家岛等海区人工养殖面积达5.55公顷，可收干品300公斤。此后因经济效益不佳而停产。

第四节　鱼类养殖

海水鱼类

青岛市海水养鱼起始于1954年。当时女姑口村渔民在村西盐场附近挖养鱼池2个，就近捕捞梭鱼放养获得成功，随后海洋鱼类养殖渐有发展但未成规模。1980年，胶南水产研究所进行真鲷网箱养鱼，但因沿海水温低不易越冬而未推广。7月，在积米崖海湾采用网箱试养河豚鱼4个品种13尾获得成功。1982年，胶南水产研究所对罗非鱼种、黑鲷鱼种进行海水驯化，继而进行越冬和养成试验均获成功。1985年，胶县在沿海盐碱地建池120公顷，放养梭鱼成功。80年代末，青岛海水养鱼成为继人工养虾后的又一耕海牧渔新兴产业。崂山区沿海渔民在部分养虾池塘试养鲈鱼、黑鱼，养殖面积最多的一年达到170公顷。春季捕获海上自然小鱼种入池，投喂小杂鱼虾，循环新鲜海水，当年12月出池，每公顷产量可达2250～3750公斤。

90年代初，青岛市开始较大规模海水鱼养殖，主要养殖形式有3种：一是海水网箱养鱼。1992年后由大珠山镇进行网箱养鱼成功后迅速推广到灵山卫、琅琊、泊里等乡镇，品种以黑鲷、鲈鱼、黑鱼、牙鲆、黄鱼等为主。二是海水池塘养殖，利用虾池和岩礁池进行虾鱼、虾参混养，主要养殖品种有牙鲆等。三是工厂化养殖。主要养殖牙鲆、大菱鲆、美国红鱼等。1994年，即墨市沿海渔民开始池塘养殖，在130余公顷养虾池塘放养鲈鱼、黑鱼。同年，黄岛区水产研究所进行首次生产性网箱养鱼试验成功，养殖鲈鱼24个网箱，当年收益20多万元。翌年，群众性网箱养鱼全面展开，至1997年，黄岛区网箱总数达1200个，次年发展到3500个，并建设水产示范基地一个，进行网箱养殖示范及新品种引进、试验和推广。1997年，城阳区流亭街道采取工厂化养殖牙鲆鱼试验获得成功，开辟名优鱼类养殖新途径。随后，双埠村西建起5000平方米的养鱼车间，采用提取地下海水养殖欧洲大菱鲆和牙鲆。1998年后，即墨市、崂山区学习胶南、黄岛和威海、荣成等地养殖方法，发展海上网箱养鱼，放养鱼种有鲈鱼、黑鱼、黄花鱼等。一般每箱当年产鱼200～400公斤。同时，黄岛区薛家岛街道从挪威引进4个深海抗风浪网箱养鱼。同年，青岛市海洋与水产局从福建调运大黄鱼种1.2万尾，经过6个月养殖，成活率达85%。1998年后，虾病得以遏制，养虾业开始复苏。由于池塘养鱼生产周期长，利润相对低于池塘对虾养殖，池塘养鱼面积逐渐萎缩。同时，网箱养鱼迅速崛起，并呈现出养殖品种多样化、优质化，养殖模式规范化的特点，成为海水养鱼的主角。2004年，全市海水鱼类养殖总面积2899公顷、产量18083吨。其中，工厂化养鱼面积达到40.7万立方水体，主要养殖大菱鲆、牙鲆、三文鱼、金鳟、虹鳟、鲟鱼。另外，崂山区在崂山东海湾新发展2个大网箱，进行三文鱼养殖；胶州市自莱州引进半滑舌鳎幼苗600尾，开展室内工厂化养殖试验。

2005年，全市海水鱼养殖品种主要有鲈鱼、黑鮶、美国红鱼、鲷类和鲆类。海水鱼养殖面积1120公顷、产量21463吨。其中，深水网箱发展到868个、88.7万立方水体，产量1812吨，集中在胶南市（85.7万立方水体、1782吨）和崂山区（3万立方水体、30吨）；普通网箱75.5万平方米，产量12958吨，分布在黄岛区（48.1万平方米、1450吨）、胶南市（26.2万平方米、10798吨）、崂山区（8000平方米、500吨）和城阳区（3800平方米、210吨）；工厂化养殖面积58.6万立方水体、产量3795吨，沿海各区（市）均有分布。

淡水鱼类

青岛地区淡水鱼以水库养殖为主，养殖品种以鲤鱼和四大家鱼居多。因青岛地处沿海，居民素有喜食海水鱼的习惯，淡水渔业发展缓慢。1981年，莱西县改进小水面养殖方式，改春放鱼种为秋放鱼种，改春放秋捕为捕大留小、轮捕轮放，全县80%以上的养鱼单位提高成鱼出塘率、商品率。1982年，莱西县按每公顷3万元标准，拨款支持商品鱼基地建设。当年有16个乡镇建商品鱼基地，共建鱼池83.86公顷，后扩展至全县22个乡镇，被省水产局列为山东省淡水商品鱼基地县。1985年，青岛市降雨增多，水库储水回升。当年水库放养面积达5878公顷，池塘养鱼1804公顷，水域利用率分别为67%和54%，养殖面积比1984年增加近30%，淡水鱼产量达到945吨。但与省内其他地市相比，青岛市淡水养殖的单产和总产量均处于全省最低水平。

1988年，莱西县韶存庄乡敬庄村在产芝水库尝试网箱养鱼，后推广至各大中水库、部分小水库。1990年，全市淡水鱼养殖6681.5公顷，产量3572吨，单产每公顷540公斤。淡水渔业成为

90年代，青岛市开始大规模养殖海水鱼。图为在青岛近海发展迅速的网箱养鱼现场，主要放养鲈鱼、黄花鱼等。

农民致富的一条好路子。此后，青岛市陆续引进甲鱼、中华绒螯蟹、团头鲂、杂交鲤、罗非鱼、大银鱼、鲟鱼、罗氏沼虾、美国斑点叉尾、淡水白鲳、美国大口胭脂鱼、美国杂交条纹鲈、松浦鲫、石斑鱼、史氏鲟、俄罗斯鲟、杂交鲟、中华鲟、西伯利亚鲟等20多个品种，名特优新品种逐年增多。养殖模式也由粗养变为池塘精养、水库轮养增殖和网箱养殖等多种模式。1992年，莱西市开始工厂化流水养鱼。1993年，胶州市在李哥庄、小麻湾、营房、前店口和云溪5个镇开发400公顷荒滩用于发展养鱼工程，包括精养鱼池、鸡鸭场、饲料加工厂等。1994年，胶州市小麻湾电厂建成工厂化温流水养鱼池和总面积4.67公顷的室外鱼池，当年产成鱼100吨，鱼种50余吨。即墨市在王圈水库网箱养殖罗非鱼获得成功。莱西市承担淡水白鲳当年养成技术推广项目，实施面积0.34公顷，淡水白鲳亩均220.6公斤。平度市实施“五千亩湾塘开发”“池塘大面积套养湘云鲫技术推广”“三千亩盐碱荒滩水产综合开发”等项目，推动湾塘养殖业的发展。1995年，平度市香店街道李家河崖村试验大棚养鱼成功，带动郭庄、云山、崔召、新河等村形成大棚养鱼热潮。当年，平度市实施“三大会战”，水库网箱养鱼作为其中的项目之一，在黄山、黄同、尹府3座水库计10个村庄发展网箱65个，养殖罗非鱼、淡水白鲳、湘云鲫等品种，养殖水面积621平方米，年产鱼66吨。1996年，莱西市产芝、北墅、高格庄、辛安、李家洼5座水库联合实施“网箱养鱼技术开发”项目，放网箱102只，面积1620平方米，平均每平方米净产成鱼151.2公斤。1996～1997年，青岛市完成农业部水产重点推广项目“宜渔国土资源的开发—银鱼移植增殖”，推广面积733.33公顷，年增产银鱼52.8吨。1998年，莱西市承担彭泽鲫千亩混养增殖技术推广任务，实施养殖面积71.07公顷，总产商品鱼488.7吨。1999年，黄海水产研究所和即墨市海洋与水产局在普东水库进行的“海水淡化鲈鱼网箱养殖”试验项目，突破淡化技术关，当年鲈鱼养成规格达每尾500克以上。同年，莱西市日庄镇政府筹建水产科技园1个，养殖优质鱼品种8个，包括当年引进条纹鲈、胭脂鱼、长吻最新品种3个。

与此同时，其他名优淡水品种如河蟹、银鱼、罗氏沼虾、鳖等养殖有了一定发展。1994年，即墨市从日照市水产研究所购进中华绒螯蟹大眼幼体试养成功，填补青岛市河蟹养殖空白。翌年，即墨市金口镇河蟹养殖面积发展到13.33公顷，普东、南泉、移风、鳌山等地养蟹面积达到28公顷。由于河蟹销往南方市场且供不应求，随后几年青岛地区出现河蟹养殖热潮。1995～1997年，平度市引进大银鱼受精卵投放尹府水库和黄同水库，移植面积1万公顷，鱼苗成活率40%，单产达1.7吨/公顷。1996～1997年，莱西市进行河蟹养殖技术开发面积33.53公顷，总产商品蟹42.65吨。此后，河蟹市场达到饱和，成蟹和扣蟹价格下降，河蟹养殖热逐步降温。1999～2001年，平度市在黄同水库移植小银鱼受精卵，实施面积366.67公顷，总产11吨。

2000年春，莱西市于北墅水库水面内放网箱217只，养殖彩虹鲷、罗非鱼、建鲤优质鱼。同年，平度市黄同水库、黄山水库建成高标准的大棚流水养鱼池2000平方米。2004年，莱西市选择地下水丰富、水质优良的日庄、水集等镇的相关村庄，推广大棚温室养殖技术，养殖优质淡水鱼。在水面相对集中、基础设施较好的姜山、夏格庄、日庄、河头店、马连庄等5个重点镇，采取上粮下渔、鱼畜结合、鱼鸭混养、鱼藕同塘等多种形式的主体化养殖模式，进行池塘大面积的综合技术开发。

至2005年，全市淡水渔业养殖面积为1.84万公顷，产量为6.59万吨。其中网箱养殖面积5.67万平方米，产量1113吨；工厂化养鱼10.21万立方水体，产量3027吨。全市其他淡水品种养殖产量分别为银鱼1691吨、河蟹706吨、罗氏沼虾342吨、鳖142吨。

1979～2005年青岛各区（市）淡水养殖产量统计表

表10-7　　单位：吨

年份	合计	黄岛区	崂山区	城阳区	胶州市	即墨市	平度市	胶南市	莱西市
1979	215	—	5	—	13	23	—	174	—
1980	221	—	4	—	15	47	—	155	—
1981	14.72	—	1.3	—	4	1.42	—	8	—
1982	77	—	1	—	24	6	—	46	—
1983	152	1	13	—	2	7	—	129	—
1984	650	0	6	—	100	7	66	173	298
1985	945	5	8	—	150	13	69	320	380
1986	1837	6	100	—	250	72	247	440	722
1987	3292	12	244	—	400	242	413	525	1456
1988	3522	20	124	—	350	318	430	675	1605
1989	3454	33	123	—	350	78	731	617	1522
1990	3659	44	228	—	400	125	603	602	1657
1991	4744	49	349	—	500	150	807	807	2112
1992	7117	58	480	—	1050	100	1172	1342	2915
1993	10004	81	862	—	2000	383	1763	1143	3772
1994	17451	150	35	2006	3983	2223	2559	2018	4477
1995	25992	236	56	3168	6137	3000	5167	2315	5833
1996	31117	181	79	3656	6807	3500	7378	2971	6545
1997	30574	217	85	3555	7285	3372	7492	1942	6626
1998	39115	218	60	4414	8217	5600	8023	5080	7502
1999	45306	224	100	5128	10479	6354	9009	5649	8363
2000	50636	285	103	5610	12773	4317	9228	8001	10319
2001	53510	209	138	6198	13470	4819	9430	8821	10425
2002	55579	203	103	6778	14331	5000	9550	8846	10568
2003	60474	403	100	6821	17235	5000	9819	9589	11507
2004	63056	740	105	6540	19333	5000	10500	9320	11518
2005	65911	616	165	6306	20063	5000	13020	9212	11529

第五节　海珍品养殖

青岛沿海海珍品养殖主要有鲍鱼养殖和海参养殖。

鲍鱼养殖

鲍鱼主要养殖品种有杂色鲍、皱纹盘鲍、耳鲍、多变鲍和羊鲍等，以皱纹盘鲍居多。主要养殖形式为低播增养殖和潮间带网箱养殖。1981年，即墨县建海珍品增殖站培育鲍鱼苗，并于1982年、1983年在大小管岛海区放流增殖，增殖区面积6.67公顷，年投放稚鲍11万个。1986年，薛家岛海水养殖场等3个单位，从烟台长岛运回鲍苗12.5万个，越冬后由3个单位分别试养，次年检测，生长情况良好，随后国家水产总局确定在薛家岛建鲍鱼养殖基地。1988年，薛家岛海水养殖场鲍鱼养殖面积达2.22公顷，次年收获0.028公顷，产成鲍250公斤。1989年，胶南县海水养殖场首次进行建池垒石养殖鲍鱼，以后逐年得到发展。

90年代，鲍鱼价格暴涨，即墨、黄岛、崂山等区（市）同时出现鲍鱼养殖热。1991年，即墨泊子渔业总公司、即墨养殖公司山南育苗场、即墨工商联等单位纷纷建池养鲍，开始潮间带网箱养鲍，面积达到2公顷。1993年，即墨市渔技站承担“潮间带网箱养鲍”技术研究项目，在4个养鲍池中设置135个网箱，共产鲍鱼4.31吨，实现总产值137.7万元。此后，青岛市群众性养鲍热升温，并创造出笼养、吊养、池养、沉箱、坑道、垒石蒙网以及参、鲍混养等新的养殖方法，全市放养量猛增到3506万粒。2000年，胶南市在沿海岩礁带建池将鲍鱼海参混养，人工投饵养殖。因管理简便、养殖费用低，在全市得到迅速推广。当年，全市鲍鱼养殖产量达到1011吨，为1990年的505倍。2004年，鲍鱼养殖面积1228公顷、产量2476吨，创历史最好水平。鲍鱼养殖形式有底播增养殖、蒙网养殖、沉箱养殖、潮间带筑池养殖和网箱养殖。

2005年，随着《青岛市近岸海域环境保护规定》《青岛市海岸带规划管理规定》以及《青岛市海域使用管理条例》的实施，潮间带筑池养鲍受到限制。全市鲍鱼养殖面积和产量分别降为1025公顷、1637吨。

进入21世纪后，青岛海参、鲍鱼等海珍品养殖发展迅速。

海参养殖

海参养殖形式主要有虾池养殖、岩礁池养殖和底播增养殖。1979年，薛家岛镇和竹岔岛村建海珍品育苗室2个、到1987年培育海参育苗440万头，竹岔岛海域成为重点海参增殖基地，改变海参人工育苗和小规模放流增殖的形式。1980年，胶南县养殖试验基地开始大量培育海参育苗供放流增殖，唐岛、灵山岛、斋堂岛海湾水域成为海参增殖区。随着工厂化育苗技术的发展，各种规格的海参人工苗种批量供应得到满足，促进海参养殖业的发展。1985年，个体户孙弘延在辛家庄正南承包浅海水域4公顷，进行海珍品增养殖试验，成为青岛市个人承包海域养殖海珍品的首例。此后，个人承包海域养殖参鲍得到发展。

1993年，即墨市水产养殖公司海珍品育苗场开始在潮间带筑池试养海参获得成功。1994年后，鳌山湾、横门湾及部分岛屿适宜进行海参养殖的岩礁区陆续得到开发利用。90年代中期，胶南市在潮间带岩礁建池人工养殖海参成功，并得到较快发展。岩礁区筑池养殖海参具有管理方便、海参生长迅速、成活率高、回捕率高、效益高等优点，但是，岩礁区大面积筑池破坏近岸自然景观和旅游环境。2002年，市政府印发《关于对利用岩礁区非法建筑水产品养殖池行为进行治理整顿的通知》，潮间带岩礁区筑池养参项目终止审批。虾池养参是继潮间带岩礁区筑池养参之后兴起的一种池塘养参方式，即墨市渔技站于1998年在田横镇泊子村养虾场开始进行虾参混养。1999年，即墨市利用养虾池及岩礁带筑池养殖海参30.67公顷，收获海参160.3吨，平均单产每公顷5.16吨，成活率达到61.6%。至90年代末，即墨市大管岛、小管岛、三平岛、赭岛、田横岛等岛屿的岩礁区域全部开展海参放流增殖，年采捕鲜海参达300余吨。

进入21世纪，市场对海参的需求量急剧增加，海参价格上涨，参虾价格差异悬殊，虾池养虾逐渐转向虾池养参。另外，虾池养参受自然灾害影响较小，养殖成功率高、生长快且回报率较高，虾池养参很快成为青岛市海水养殖业的一个热点。到2003年，全市海参养殖面积达到1235公顷。2004年，即墨市通过政府扶持、强化服务等措施，虾池养参面积达到533公顷，占青岛市虾池养参面积的72.7%。

2005年，全市新发展虾池改造养海参572公顷，海参养殖总面积达到2276公顷，产量达到4734吨。

第三章　海洋捕捞

青岛市海洋捕捞业包括近海捕捞和远洋捕捞。1979年，全市海洋渔业人口达10万人，其中，海洋捕捞专业劳力1.5万人，拥有海洋捕捞机动渔船1579艘。1985年，全市338个渔村的船网工具全部作价下放归渔民个人所有，渔业生产力得到充分释放。1987年，青岛海洋渔业公司派出渔轮赴西非冈比亚海域捕捞作业，开启山东省远洋捕捞渔业的序幕。1990年，“青岛801”“青岛802”渔船下水，以及从国外引进“泰和轮”“泰安轮”“泰平轮”3000吨级大型海洋捕捞加工船组成船队，向毛里塔尼亚等国家派遣船员进行劳务合作。2000年，全市海洋捕捞产量48.18万吨，为1979年的5.9倍。渔业人口发展到30万人，其中海洋捕捞专业劳力4.3万人。海洋捕捞机动渔船发展到9632艘。

21世纪初，由于海洋渔业资源持续衰减，捕捞渔业效益下滑，不少渔民转产转业，渔船逐年减少，海洋捕捞产量连续5年负增长。2005年，全市海洋捕捞总产量下降为40万吨，渔船总数7923艘，海洋捕捞专业劳动力减至4550人。

1979～2005年青岛沿海区（市）海洋捕捞产品产量统计表

表10-8 单位：吨

年份	合计	市南区	市北区	黄岛区	崂山区	城阳区	胶州市	即墨市	胶南市
1979	81926	267	42189	4013	15732	—	2732	6546	10447
1980	81215	102	42963	3902	15781	—	2934	6937	8596
1981	78445	76	42326	3320	14035	—	2823	7545	8320
1982	87770	96	46405	3853	16013	—	2710	8603	10090
1983	83557	58	39594	4554	18749	—	2993	6716	18749
1984	98608	15	45630	4270	22709	—	3191	9042	13751
1985	113394	1	41142	5383	32728	—	4184	12730	17226
1986	129591	1	52386	5976	33459	—	4640	13925	19204
1987	140883	—	56981	6684	35558	—	5423	15602	20635
1988	133803	—	41575	7959	39876	—	6079	15461	22853
1989	154153	—	55717	8369	41635	—	6386	19614	22432
1990	159033	1854	51986	10944	42026	—	6755	21668	23800
1991	167092	114	50961	14512	43191	—	7365	23718	27231
1992	191631	—	55185	18208	47344	—	9526	27550	33845
1993	206763	—	48760	19593	53031	—	12214	32367	40798
1994	257633	—	47414	21120	29853	47058	13563	46687	51938
1995	268329	—	48878	22325	34174	44280	15503	43000	60169
1996	290063	—	46933	22738	37907	48541	18193	51473	64233
1997	430282	—	71910	30825	45663	74634	26150	92817	88283
1998	486767	—	31521	37041	67523	89468	28603	124721	107890
1999	485741	—	30490	37086	66998	89468	28809	125000	107890
2000	481793	—	25200	36570	67500	89490	29866	125000	108167
2001	461705	—	19563	36115	65483	89469	29859	118233	102983
2002	447110	—	19930	32370	63125	89026	29858	117710	95091
2003	443168	—	29599	27248	63000	84408	30155	117624	91134
2004	439690	—	15891	30759	61975	80128	31060	120426	99451
2005	400560	—	7900	13903	54000	77954	32070	116034	98699

说明：青岛海洋渔业公司产量列市北区。

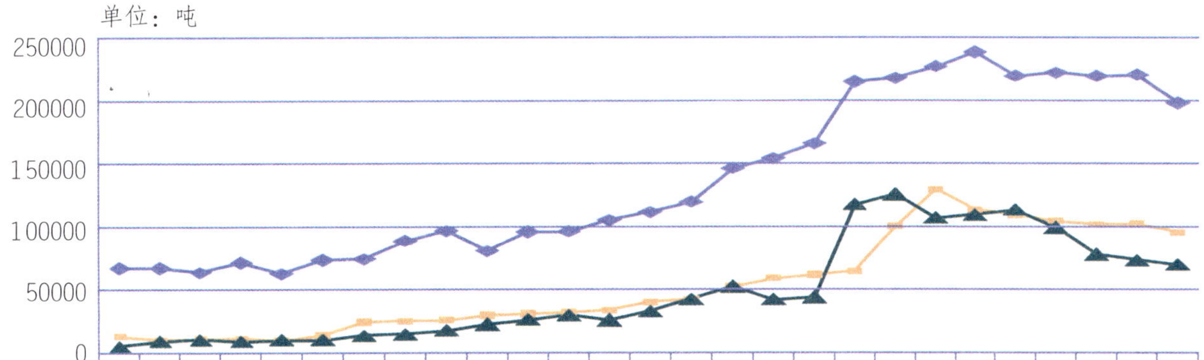

	1979年	1980年	1981年	1982年	1983年	1984年	1985年	1986年	1987年	1988年	1989年	1990年	1991年
鱼类	67347	67422	63674	71520	62881	73876	74357	88969	96802	80655	96094	96421	105407
虾蟹类	13523	10738	10972	11895	10331	14270	25011	25647	26249	30159	31148	32346	34023
贝类	5371	9374	10596	9147	10190	10344	13817	14831	17629	22868	26353	29664	25976

	1992年	1993年	1994年	1995年	1996年	1997年	1998年	1999年	2000年	2001年	2002年	2003年	2004年	2005年
鱼类	111664	119789	146488	154235	165809	214866	217675	227192	238337	219561	222143	219696	220843	197941
虾蟹类	40401	42596	52806	59114	62194	64990	100469	129697	113698	109621	104826	101891	102461	95556
贝类	32973	42562	52355	42298	44011	117500	125902	106886	109626	113335	99233	77873	73436	69975

图10-2 1979～2005年青岛市海洋捕捞鱼类、虾蟹类、贝类情况图

第一节　近海捕捞

青岛临近大沙渔场、海州湾渔场、石岛东南渔场、俚岛渔场、烟威外海渔场、渤海湾渔场、鸭绿江口渔场、青岛近海渔场等8大渔场，捕捞作业海域较为广阔。在青岛海域及其近海渔场，鱼类随水温而南北洄游、索饵、产卵、繁殖，形成春秋两大鱼汛。春汛一般在3～6月，秋汛一般在9～11月，是海洋捕捞的最佳时期。

渔场

1979年，近海渔业以青岛近海和海州湾渔场为主。大功率拖网渔船主要到吕四渔场、连青石渔场、海州湾渔场，渔获物以黄鲫鱼、鲆、鲽类、带鱼、乌贼等为主，春秋汛期间也到舟山渔场主捕带鱼。较大型渔船可到长江口以东、济州岛以南渔场，渔期为当年12月至次年3月；或到烟威外海渔场捕鹰爪虾，以4月上旬至5月初为旺汛。连青石渔场为机动渔船拖网作业的主要渔场，渔获物以小黄鱼、带鱼、黄姑鱼、乌鱼为主。进入90年代，随着渔船捕捞能力的增强，作业渔场逐渐扩大，主要以石岛东南渔场、舟外渔场为主。90年代中期，因海洋渔业资源进一步枯竭，青岛地区渔船不再进入渤海作业。进入21世纪，主要近海捕捞渔场有胶州湾、长江口、吕四、潮连岛等海域，捕捞作业以网捕比目鱼、梭鱼、乌贼、梭子蟹、对虾为主。

2005年青岛市渔期、渔场及作业形式一览表

表10-9

鱼名	渔期	渔场	作业形式
开目鱼	1～12月	胶州湾	网捕
比目鱼	1～12月	胶州湾	网捕
鲼鱼	1～10月	胶州湾	网捕
鲻鱼	1～6月，9～10月	胶州湾	网捕
青板鱼	4～7月，9～11月	胶州湾	青板网或锚流网捕
鲥鱼	4月中旬～8月中旬	吕四、青岛外海	网捕
鳗鱼	4月中旬～10月下旬	胶州湾	钩钓
海蜇	7～8月	潮连岛附近	捞取或大拉网、海蜇网捕

续表10-9

鱼名	渔期	渔场	作业形式
蛤蜊	1～12月	胶州湾	用蛤蜊抓子抓捕
乌贼	3～5月	胶州湾	海螺网捕
光鱼	3～6月，9～12月	胶州湾	钩钓
对虾	9～11月	胶州湾	小网或圆圈网、小圆网捕
梭子蟹	4～5月，6～7月	胶州湾	小网或圆圈网、小圆网捕
海螺	1～12月	胶州湾	网拉
梭鱼	1～12月	胶州湾	钩钓或网捕
黄姑鱼	4月上旬～12月上旬	胶州湾、黄海	滩网
鲅鱼	4～6月，10～11月	吕四、海州湾以东，乳山口以南	鲅鱼流网
鳓鱼	4～6月，10～11月	吕四、青岛外海	流网或拖网
鲳鱼		吕四、青岛外海	鲳鱼流网捕捞

说明：为保护渔业资源，国家实施伏季休渔制度，对禁渔期做明确的规定。青岛市群众渔业的渔期和渔场随国家禁渔期、禁渔区的调整而调整。

渔船

1979年，全市捕捞业共有非机动渔船1732艘，机动渔船1579艘。其中400马力以上45艘。青岛海洋渔业公司有生产渔轮95艘，其中600马力的渔轮21艘，成为外海捕捞生产的主力。1980年后，国家严格禁渔区、禁渔期管理，加之资源衰退和经营机制等原因，大功率渔船经营困难，其数量有所减少。80年代中期，青岛市推行渔业经营体制改革，生产队为基础的经营体制由个体、联合体所代替，小功率渔船急剧增加，1990年，15千瓦以下渔船增加到7631条。

90年代初，为保护近海渔业资源，青岛市制定“控小上大，控近上远”的海洋捕捞渔船发展方针，木帆船因不适应海洋捕捞生产的需要而逐年减少。该时期，由于鱼价放开，价格上涨，沿海渔民造船出海捕鱼之风甚盛，小功率渔船继续呈发展态势。到1995年，15千瓦以下小功率渔船达到9030条，成为青岛市海洋捕捞渔船发展的又一个高峰期。1996年，青岛市采取财政补贴、银行专项贷款等项扶持政策，鼓励发展大功率渔船到外海作业。1997年，市政府给予财政补贴86万元，青岛海洋渔业公司更新120功率以上渔船157艘。当年，全市有海洋捕捞渔船1.24万艘、21万千瓦。

1998年，国家规定海上捕捞产量和渔船功率保持零增长，青岛市海洋捕捞渔船结构随之发生变化，渔船数量逐年减少，单船功率逐年增大。至2000年，全市实有海洋捕捞渔船9632艘21.37万千瓦，单船功率由17.06千瓦上升到22.19千瓦。其中，15千瓦以下减少为7047艘6万千瓦。非机动渔船仅有48艘。当年，青岛市沿海区（市）海洋捕捞渔船除胶州市海洋捕捞公司的24艘3483千瓦仍属国有以外，其余渔船归属私有，均以个体或合伙方式从事海上作业。随后，受海洋资源匮乏、柴油涨价、生产成本提高等因素影响，渔船单产效益下滑，部分渔民从海洋捕捞转向水产养殖业。2003年，农业部实施渔民转产转业工程，青岛市对首批自愿报废的20千瓦以上的66条渔船进行集中拆解，引导捕捞渔民转产转业。至2005年，报废渔船415艘，转为养殖业渔民2305人。

2005年，全市拥有捕捞渔船7923艘，总功率为21.27万千瓦。

1979～2005年青岛市海洋捕捞渔船拥有量统计表

表10-10

年份	捕捞渔船（艘）		功率（千瓦）		其中147千瓦以上渔船（艘）	
	数量	其中：国营	数量	其中：国营	数量	其中：国营
1979	1579	121	56260	30554	102	100
1980	1679	134	59697	32205	107	103
1981	1744	135	59434	32114	100	98
1982	1829	134	61292	32675	102	100
1983	2015	128	62357	33600	97	97
1984	3136	120	73259	33708	88	88
1985	3997	125	84106	34845	87	87
1986	4822	122	98065	36175	88	88
1987	6415	139	108450	39290	93	93
1988	7228	142	112362	40018	92	92
1989	8136	135	122703	40078	84	84
1990	8460	131	170899	55980	153	153
1991	9105	134	186120	60654	160	160
1992	9266	137	204650	70151	110	102
1993	10284	99	141284	40747	87	79
1994	9721	104	160153	44760	89	81
1995	11156	108	195413	48720	94	86
1996	11689	107	210871	52521	101	89
1997	12398	81	211504	39933	71	57
1998	11119	78	217997	35019	68	53
1999	10469	59	215316	22121	64	39
2000	9632	60	213716	23373	87	39
2001	9405	50	217813	25325	78	30
2002	9566	29	234654	27637	87	29
2003	9344	25	248351	26573	—	—
2004	8577	25	225311	26573	—	—
2005	7923	24	212690	25395	—	—

渔具

进入80年代，随着捕捞业的发展及渔业资源的变化，一些新的渔具应运而生。1985年，渔民自行研究将鲅鱼流网改装为黄姑鱼流网。1987年开始实验并逐步推广鱿鱼流网（以鲅鱼流网改装）。1988年起，引进并实验推广魁蚶拖耙作业，80年代末引进鹰爪虾兜网作业。90年代初，随着180-250HP大功率钢壳船的发展，大型定置安康网应运而生，主捕小黄鱼、鲳鱼、虾蟹类等。1997年，引进并改制杂色蛤拖耙和小黄鱼流网。2000年，青岛市以捕鲅鱼、鳓鱼、鲐鱼、黄花鱼为主的流刺网捕捞产量13.83万吨，占当年捕捞产量的28.7%；以捕捞底层鱼虾为主的底拖网捕捞产量17.17万吨，占当年捕捞产量的35.6%。

2005年，青岛市渔业常用的海洋捕捞渔具主要有5种：流刺网、底拖网、钓钩、坛网和杂渔具。另外，部分地区使用圆网、插网、蟹网、海蜇网、裤袖网等。

捕捞生产

70年代青岛市捕捞产量一直徘徊在8万吨左右。1979年约为8.2万吨。当年，国务院颁布《水产资源繁殖保护条例》，具体规定保护对象、可捕标准、禁渔区、禁渔期、渔具渔法和违规处罚等条款。1980年，青岛市在捕捞生产中开始执行禁渔区、禁渔期、大目囊网和渔业许可证等水产资源繁殖保护政策，减少拖网、定置网，增加流网、锚流网并恢复钓钩、拉网等传统作业方式。全年完成海洋捕捞产量8.13万吨，比上年略有下降，但优质鱼虾的比重比上年提高3.14%。其中，流网产的鲅鱼、鲐鱼、鳓鱼占优质鱼总量的54.7%，比上年提高3.6个百分点。此后3年，青岛市进一步落实国家关于禁渔期的规定，海洋捕捞产量逐年减少。

1984年，青岛市渔村以“大包干”为主要形式的渔业生产责任制更加完善，全市有2641艘渔船作价下放给渔民联户经营，渔民集资造船达4081艘。全年投入捕捞生产的机动渔船3046艘，分别比1983年增加1128艘；投入木帆船4176艘，比1983年增加708艘。捕捞产量完成5.3万吨，其中流网增产2463吨、定置网增产9106吨。1985年，全市船网工具下放归渔民经营的达95%以上。1986年，在捕捞生产中，一方面发展鲳鱼流网、鲅鱼流网、虾流网等，同时减少底拖网，开展“一船多具、兼轮作业”；另一方面积极开辟新的生产领域，组织52艘渔船投入远东沙丁鱼的开发捕捞，全年完成捕捞产量7.72万吨。其中，优质鱼虾的比重由1980年的21.8%上升到32.3%，对虾产量所占比重比1980年增长30多倍。1989年，尽管经济鱼类特别是鲳鱼资源大幅衰减，但由于调集渔船开发沙丁鱼和魁蚶新资源，全年海洋捕捞产量仍比上年增长2%。当年全市拥有海洋捕捞渔船8136艘16.7万功率，海洋捕捞总产量15.42万吨。

80年代末，近海小功率渔船团队联合捕捞作业，是青岛渔业捕捞的主要方式。

进入90年代，国家严

格执行禁渔和休渔制度，青岛近海过度捕捞得到有效控制。1997年，青岛海洋渔业公司海洋捕捞渔船在比上年减少28艘1.26万千瓦的情况下，加大外海作业能力，当年全市海洋捕捞产量43.03万吨。1998年以后，国家进一步控制捕捞强度，同时受海洋渔业资源匮乏、柴油涨价、生产成本提高等因素影响，青岛渔业的渔船单产、效益下滑，部分渔民开始从海洋捕捞业转向海上养殖业。

2005年，全市拥有海洋捕捞渔船7923艘，海洋捕捞总产量40万吨。与2000年相比，全市海洋捕捞专业劳动力减少4550人，捕捞产量减少8万吨，海洋捕捞产量连续7年负增长。

第二节　远洋渔业

改革开放后，青岛市开始探索发展远洋渔业，并向毛里塔尼亚等国家派遣船员进行劳务合作。1984年，山东省远洋渔业公司成立，与青岛海洋渔业公司一个机构。1987年，青岛海洋渔业公司与冈比亚班珠尔市莱渔业有限公司合资成立鲁—莱渔业有限公司（后更名为中冈渔业有限公司），注册资本约40万美元，中方占49%。根据协议，青岛海洋渔业公司派出“鲁远1号”“鲁远2号”两艘8154型钢质单拖渔轮赴西非冈比亚海域进行捕捞作业，从此拉开青岛市乃至山东省发展远洋渔业的序幕。1987年，青岛市拨款建造两艘600功率8154型尾滑道远洋捕捞渔轮。1989年，青岛市属第一艘600功率8154型尾滑道远洋渔轮“青岛801”下水。1990年，第二艘600功率8154型尾滑道远洋渔轮“青岛802”下水。同年，“青岛801”“青岛802”以单双拖作业渔船加入中国水产总公司远洋船队，到西非沿海渔场从事远洋捕捞作业。1989年，“青渔803”“青渔804”渔轮赴俄罗斯库页岛捕捞鳕鱼，翌年青岛“海丰828号”冷冻加工船将捕获的400余吨鳕鱼运回青岛。此为青岛远洋捕捞船从外国海域捕获的鱼货第一次进入市场。

1991年，青岛从德国引进的3000吨级大型拖网加工船“泰和轮”启航，赴美国阿拉斯加海域作业，首航8个月就捕鱼5000吨，创产值1000万元。1992年，青岛又先后从波兰、日本引进“泰平轮”和“泰安轮”两艘大型拖网加工渔轮，与“泰和轮”共同组成大洋船队进行远洋捕捞作业。大型拖网加工渔轮的引进，提高了远洋捕捞的配套生产能力，使远洋渔业得以更快发展。当年11月，三艘渔轮（简称“三泰轮”）会师北太平洋进行狭鳕鱼（别名明太鱼）捕捞生产，年捕捞鳕鱼达6万吨。1992年，青岛海洋渔业公司与西非摩洛哥GEMA公司成立合资企业——阿加东渔业有限公司，并派出2艘8154型钢质拖网渔轮在摩洛哥海域进行捕捞作业。1995年，青岛海洋渔业公司派出10余艘8154型和8101型钓鱿鱼渔轮，赴北太平洋作业，当年产量2274吨，后来钓鱿鱼船只增至20余艘，年产量达5446吨。1996年，青岛从日本引进冷藏运输船“泰盛轮”。另外引进远洋专业钓鱿鱼船“泰荣”“泰鑫”“泰源”轮（简称“小三泰”）。7月赴西非毛塔海域作业的8艘单拖网渔轮启航，到毛塔海域进行捕捞作业。1997年，“小三泰”抵达新西兰塔斯曼海进行鱿钓作业。1999年，青岛引进金枪鱼延绳钓船“泰宏轮”赴印度洋作业。至2000年，青岛地区的远洋渔业发展到拥有16艘改造型航钓船、3艘500吨级专业鱿钓船及2艘冷藏运输补给船的远洋鱿钓船队，在西非拥有3个合资渔业捕捞公司。1996～2000年，共完成产量2.1万吨，产值1.32亿元。

2001年后，青岛远洋捕捞的水产全部境外销售。2003年，青岛9艘金枪鱼延绳钓船开赴大西洋和太平洋，填补青岛市大洋性渔业的历史空白。2004年，青岛海洋渔业公司“泰源”“泰鑫”“泰荣”及“海丰828”轮在西南大西洋福克兰海域进行鱿鱼捕捞，因该区鱿鱼资源严重衰退，“海丰828”轮转赴秘鲁外海渔场继续鱿钓，至年底获鱿鱼2200余吨。同年，与毛里塔尼亚和摩洛哥两个渔业合作项目，共捕捞鱼货3000余吨；与印度尼西亚合作经营的6艘8154型渔轮，半年捕捞鱼货近2000吨。2005年，西南大西洋福克兰海域鱿鱼资源严重衰退，“泰源”“泰鑫”“泰荣”及“海丰828”轮专业鱿钓渔轮回国修整，鱿钓产量大幅度减少。

2005年，全市有远洋渔船15艘功率2万千瓦，远洋渔业人员647人，远洋捕捞总产量7100吨，全部境外销售。

1990～2005年青岛市远洋渔业生产统计表

表10-11

年份	直接捕捞渔船		产　量（吨）	
	数量（艘）	功率（千瓦）	捕捞总量	运回国内数量
1990	4	2400	1550	630
1991	5	6280	4884	4199
1992	3	11980	21231	510
1994	3	8806	32070	4752
1995	3	8809	30564	5938
1997	3	8809	59821	59821
1998	2	6306	19130	14210
1999	2	5499	17773	16017
2000	3	6455	14200	4681
2001	4	8663	14893	0
2002	8	16904	19930	0
2003	16	21207	28799	0
2004	16	21207	14891	0
2005	15	20029	7100	0

第三节　渔　港

青岛市区及所辖区（市）渔港共20个。其中国营渔业基地1个、群众渔港19个。另有群众渔业港湾32个和供群众渔船临时停靠的自然港湾28个。这些设施多建于70～80年代，渔港规模小，设施简陋，服务渔船的各项功能水平较低。进入21世纪后，青岛市整合现有渔港码头资源，强化其防洪、水产品批发交易、渔船避风等功能，规划建设集文化、休闲、娱乐、餐饮、商业于一体的渔人码头。其中2005年，投资4110万元动工建设青岛市第一家中心渔港——积米崖中心渔港。

市区渔港

青岛市区渔港包括中港和小港，位于胶州湾东南侧，为渔船良港、黄海沿岸的重要水产品集散中心和渔需物资补给基地。市区沿岸有可供渔船停靠的简易港湾3个。其中，大粪场湾位于四川路西段北侧，1978年后形成鱼货自由交易场所；沧口湾为市区主要鱼货交易港口；湖岛湾常有少量渔船停泊。

小港　港池水深4米，水域面积31万平方米。德国强租胶州湾后建港，1901年春竣工，建有两座防波堤。60年代修建渔轮卸鱼补给及航修浮码头3座，4个泊位。1979年建固定直立式上冰码头1座，2个泊位。国营渔业和群众渔业使用区分别为4万平方米和1.5万平方米。1981～1985年，小港南侧渔港码头翻建岸壁码头90米，护岸40米，钢质趸船码头（30米×8米）一座及引桥（20米×3米）一座；卸鱼棚1800平方米及车库、机油库房300平方米；设滚筒封闭电机输送带200米。1989年春，青岛市“市民菜篮子工程项目”投资50万元，新建50吨地下油库和30吨冷库各一座，当年竣工投入使用。1990～1991年，投资30万元更新30米×8米钢质浮桥两座，可停靠135功率渔船20艘。

中港　位于大港和小港之间，港池水深3.2米，水域面积45万平方米，港阔水深，沿岸滩地建筑岸壁的条件良好。建国前有渔轮专用码头150米，帆船码头356米。解放后，投资1600万元建设中港渔业基地，建成卸鱼浮码头2座，4个泊位，可停靠8艘渔轮，日卸鱼能力2万箱（每箱20公斤）；有固定直立式上冰码头2座，2个泊位；东西卸鱼浮码头设有电动吊杆8座；船厂专用重力舾装码头1座，2个泊位，为青岛海洋渔业基地港。中港渔业基地港和小港西侧渔港属青岛海洋渔业公司管辖使用。渔轮修造厂设有纵向船排滑道7条，可同时坞修600～1000功率以下渔轮14艘，年修船量30～40艘，航次保修210艘。1990年新建5000吨冷库和4000平方米水产品加工间，1997年又改造冷库一座，新增库容量1万吨，使冷藏量达到710万吨/日，居青岛同行业第一。

其他区市渔港

2005年，即墨、崂山、城阳、胶州、黄岛、胶南5区市有渔港和渔业码头44个，在建渔港3个。另有部分渔船锚地、停泊点及天然港湾。

即墨市有群众渔港15个，农业部公布的渔港10个，分别是女岛渔港、田横岛渔港、山东头渔港、太平港渔港、栲栳渔港、冯家河渔港、七沟渔港、七三渔港、大管岛和小管岛渔港。地方投资兴建的群众渔港有周戈庄、南营子、丁戈庄、绿豆圈、东百里5个。

崂山区有渔港14个、天然港湾4个，分别是沙子口渔港、仰口渔港、会场港、文武港、峰山西港、雕龙嘴港、返岭港、长岭港、黄山港、石老人港、山东头港、王家麦岛港、徐家麦岛港、大麦岛港。天然港湾包括流清河港湾、大河东河口港湾、沙子口河口港湾和沙子口后湾港。

城阳区有渔港5个、渔业码头3个，分别是西大洋港口、东大洋港口、潮西嘴子港口、潮海港口、邵哥庄港口；罗家营渔港码头、后阳港湾渔港码头、西大洋渔港码头。

胶州市有渔港1个为东营渔港，是农业部公布的群众渔港。

黄岛区有渔港7个（其中在建1个）、天然锚地和停泊点13个，分别是黄岛渔港、甘水湾

2005年，青岛市共有渔港20个。图为青岛小港渔港。

渔码头、南屯、南营港湾、瓦屋庄渔码头、顾家岛渔港；自然锚地和停泊点13个：施沟村后、连岛湾、山里湾、北屯后、安子码头、显浪湾、辛岛村后、东山村后、泊湾村西、法家园、龙湾崖、张戈庄、徐戈庄村东等，为沿海渔民选择渔船停泊和避风的良好场所。

胶南市有较大的渔港7个（其中在建2个），其中农业部公布的群众渔港5个，有临时船舶停靠点7个，分别是积米崖渔港、琅琊渔港、大湾渔港、董家口渔港、杨家洼渔港、灵山岛渔港、斋堂岛渔港。停靠渔船较多的简易渔港有：位于黄家塘湾的石崖渔港、贡口湾的贡口渔港、琅琊湾的蒲湾渔港、古镇口湾的小口子渔港、山东头渔港、琅琊湾的胡家山渔港等。

2005年青岛其他区（市）主要渔港一览表

表10-12

名称	地址	级别	情况介绍
沙子口渔港	崂山区沙子口湾东岸	国家一级群众渔港	1975年由崂山县投资建设，1982年一期工程竣工。主码头长130米（挡浪坝），水深-3～-5米，可停泊1000吨以下船舶。副码头长（顺岸码头）110米，水深-2～-3米，可停泊200吨以下船舶；码头有水、电、冰、油供应，长年停靠该港大功率收购渔船70多条
积米崖渔港	胶南市灵山湾北部、唐岛湾西侧	国家一级渔港和三类开放口岸	1971年春开始劈山填海兴建渔港，于1978年11月完工，开辟渔港场地20万平方米，15个泊位。2005年，投资4110万元动工建设青岛市第一家中心渔港——积米崖中心渔港。港湾水域面积120万平方米，可停泊渔船1000余艘，港内水深低潮平均1～2米。港陆地供应设施齐全，建有渔轮修造厂、冷藏厂及供水、电，港区管理、银行、商店、卫生、检疫、公安等，是山东半岛渔业设施配套齐全的中型渔港，年卸鱼量10万吨以上
女岛渔港	黄海中部，濒临大沙、烟威、海洋岛等渔场	国家一级群众渔港，二类开放口岸	始建于1978年1月，1984年10月竣工。1997年进行一期工程建设，至1999年12月竣工，2000～2002年又进行扩建，累计投资1.2亿元。现有护岸900米，码头306米，码头前沿水域水深-14米，泊位水深-6.3米，内港区水域面积77万平方米，陆域面积15万平方米。综合通过能力为5000吨级，年吞吐量120万吨
仰口渔港	崂山区王哥庄仰口	国家二级群众渔港	由崂山县、王哥庄公社共同投资，于1980年开工建设，1983年建成并投入使用。防波堤长80米，码头长50米，水深-3米，可停靠500吨以下船舶。常年停靠20马力渔船10余艘
东营渔港	胶州湾西北岸大沽河口入海处	农业部公布的群众渔港	最初兴建于1970年，由国家拨款8万元建设而成，码头全长36米。1976年又投资50万元（其中国家投资44万元）扩建，1979年竣工，扩建后的东营渔港码头全长156米。胶州市的营海、李哥庄、胶东三个镇以及大沽河东岸的崂山区的渔船都由此出入港，经胶州湾出海作业，高潮时可进出200吨的渔船
黄岛渔港	胶州湾西南的黄岛胶湾北沿	农业部公布的群众渔港	1983年，黄岛区水产局筹集资金50万元，在前湾兴建的渔业专用码头。渔港码头长度220米，1986年4月竣工投入使用（水、电、油、冰、渔需物资配套齐全）

续表10-12-1

名称	地址	级别	情况介绍
七沟渔港	即墨市鳌山卫镇七沟村	农业部公布的群众渔港	始建于1976年，1981年竣工。后受台风损坏，1995年10～12月又进行修建。有码头260米，泊位水深-1米，港区水域15万平方米，可容纳50总吨以下渔船280艘。年卸港量平均为2600吨
栲栳渔港	即墨市丰城镇	农业部公布的群众渔港	始建于1978年，1980年竣工，主体工程投资16.4万元，1982～1983年又进行扩建。有码头540米，能容纳50总吨以下渔船200余艘。与莱阳、海阳两市隔海相望
太平港渔港	即墨市王村半岛东部	农业部公布的群众渔港	原为自然港湾。1990年进行扩建，1992年5～10月又投资修建。码头长100米，港区水域20万平方米。能容纳30～300吨船只1000艘，为南来北往渔船的良好避风港湾，年渔获卸港量约3000吨
田横岛渔港	即墨市田横镇田横岛北	农业部公布的群众渔港	1959年3月建成突堤式码头50米。1990年12月加固堤坝16米，扩建码头32米。1994年进行扩建工程，码头长150米，港池水深-1～-3米，港区水域面积12万平方米。内港池可容纳50吨以上船50艘，外港池可容纳30吨以上船200艘
山东头渔港	即墨市田横岛旅游度假区山东头村北	农业部公布的群众渔港	始建于1980年3月，1982年1月竣工，1991年扩建，1993年4月改建，于1993年10月完工。有码头长130米，泊位水深0.5米，水域面积5万平方米。内港池可容纳50吨以上船20艘，外港池可容纳30吨以上船50艘。港口设施较全。港口吞吐量年平均为4000吨
冯家河渔港	即墨市鳌山卫东南小岛湾北岸	农业部公布的群众渔港	始建于1986年3月，于1987年2月竣工，主体工程投资50万元，1990年5～10月又投资扩建。有码头50米，港区水域9万平方米，可容纳50总吨以下渔船150艘。年渔获卸港量平均为650吨
七三渔港	即墨市鳌山卫镇	农业部公布的群众渔港	始建于1996年5月，9月竣工，主体工程投资30万元。有码头80米，防波堤60米，护岸堤60米，港区水域6万平方米，内港池能容纳50吨以上船50艘，外港池能容纳30吨以上船100艘
大管岛和小管岛渔港		农业部公布的群众渔港	始建于1962年。大管岛码头100米，能容纳50总吨以下渔船120艘。小管岛码头50米，能容纳30总吨以下的渔船10艘，两港均为泥砂质锚地
董家口渔港	胶南市西南部贡口湾内	农业部公布的群众渔港	历史悠久的自然渔港，早在明清时期，闽浙一带渔船就在此港停泊捕鱼。1988年由地方投资40万元进行一期工程建设，1989年完工。二期工程通过招商引资80万元，于2001年2月建设，2002年4月完工。扩建后的码头长207米，宽10米，港区水域面积18万平方米，可停靠20吨以下渔船70艘，年进出港渔船3.2万艘（次），年吞吐量1.5万吨

续表10-12-2

名称	地址	级别	情况介绍
杨家洼渔港	胶南市琅琊湾内	农业部公布的群众渔港	1988年4月由地方投资10万元开工建设，1989年7月完成一期工程。二期工程于1995年7月吸引内资180万元开工建设，2000年8月完成。码头长380米，港区水域面积76万平方米，可停靠30吨以下渔船300艘，年进出港渔船2.8万艘（次），年吞吐量1.4万吨，港区内建有渔船修造、供油、供水、供冰等设施
灵山岛渔港	胶南市灵山湾南灵山岛北侧	农业部公布的群众渔港	一期工程于1965年由地方投资40万元开工建设，1966年10月完工。二期工程于2001年投资500万元开工建设，2002年10月完成。扩建后的码头长120米，港区水域面积32万平方米，可停靠30吨以下渔船150艘，年进出港渔船2500艘，年吞吐量4000吨，港区内渔船维修、供油、供水设施齐全
琅琊渔港	胶南市西南部琅琊湾内	农业部公布的群众渔港	在小型群众渔港的基础上，于1998年由国家和地方共同投资1000万元进行扩建，2000年9月完成。码头长670米，港区水域面积76万平方米，可停靠30吨以上大型渔船50艘，30吨以下渔船100艘，年进出港渔船2.7万多艘（次），年吞吐量1.5万吨

第四章　渔业科技

改革开放后，青岛凭借海洋科研机构汇聚、科技人才荟萃的得天独厚优势，在海水养殖领域突破核心技术，并引领中国海水养殖4次产业浪潮，带动了海洋科技成果向商品化、产业化方向发展。

1980年，黄海水产研究所成功突破对虾育苗关键技术，实现对虾工厂化育苗的成批量生产。此后，海湾扇贝引种育苗成功，以海湾扇贝养殖为代表的贝类养殖大规模开展。1985年，中科院海洋研究所和胶南县合作研发共同完成的“大面积海湾扇贝筏式养殖高产技术开发”项目，创建北方地区海湾扇贝大面积养殖新模式。1992年，黄海水产研究所首先将大菱鲆从英国引进中国，在驯化、养成、亲鱼培育、苗种生产、营养饲料、病害防治和基础研究等方面取得一系列研究成果，创建符合国情的“温室大棚＋深井海水”工厂化养殖模式，形成年产值达20多亿元的大产业。1998年，海洋一所进行“美国红鱼育苗”研究，成功育出美国红鱼苗40万尾，突破中国北方沿海鱼类养殖“当年不能养成商品鱼”和“越冬难”等技术难题，从根本上改变海水鱼类养殖产业发展长期滞后的局面。20世纪末，引进南美白对虾亲虾和日本虾幼苗，突破对虾全人工育苗技术和高健康虾培育技术，2002年，开启“全封闭、循环水、健康养虾新模式的研究”试验并获得成功。另外，“贝藻间（轮）养”“虾贝混养”“千亩对虾高产养殖技术开发”项目和“南美白对虾全人工繁育”等科技成果得到推广应用。其中，中科院海洋所完成“南美白对虾全人工繁育”技术及其推广，使中国成为养殖对虾品种最全的国家。

与此同时，青岛市加快渔业技术服务体系建设，促进先进渔业技术的推广应用。从80年代开始，人工采苗、育苗和养成技术先后突破，扇贝养殖迅速在胶东沿海地区推广，并向周边省、市迅速辐射，成为带动沿海地区渔民致富的主要产业之一。加强渔业资源开发利用，多项渔业科技项目得到推广应用。其中浅海养殖区域突破传统的养殖禁区，从－15米推进到－50米以下的深水大流区。扩大内陆渔区池塘、湖泊、水库养殖面积，集约化养殖模式逐步推开，辖区内各流域“上粮下渔”综合开发热潮迅速兴起。水产品的保鲜、保活、精深加工技术不断实现新突破，鲜活水产品、水产方便食品等成为销售的主体。

进入21世纪，国家海洋科学研究中心、国家海水养殖种子工程北方基地、深海潜水器基地等落户青岛，并承担大量国家“973”“863”海洋计划项目。2002年，国家海洋科研中心在即墨市鳌山卫镇正式开工建设。到2005年底，国家海洋科学研究中心水产种苗产业化基地累计完成投资1.8亿元，完成建筑面积96520平方米，形成养殖和育苗水体4.34万平方米，年育苗能力可达100亿尾，带动辐射养殖区面积达到5333.33公顷，初步形成为集苗种繁育、水产养殖、饲料加工、科学研究等功能于一体的科技成果转化基地。

至2005年，全市新兴海洋科技产业产值达到116亿元。

第一节　养殖技术

藻类

进入80年代，青岛沿海地区广泛采用浅海筏式养殖海带。在养殖区内打桩设置筏架，采用垂挂和斜平挂两种养殖方法。1986年，胶南县承担山东省水产局下达的“石花菜统式养殖技术推广”项目，进行石花菜养殖和越冬保苗

青岛渔业科技在全国一直处于领先地位，并多次成功引进国外海洋养殖品种。图为：①海湾扇贝 ②大菱鲆鱼③ 美国红鱼④南美对虾。

技术试验取得初步技术成果，平均单产鲜菜为5550公斤/公顷。1988年，“江篱人工育苗”技术研究在青岛通过省级技术鉴定，研究成果在国内居先进水平。90年代后，海带等藻类在水产养殖中的主导地位被对虾养殖等取代，其养殖技术的研究逐步减少。1996年，山东省海水养殖研究所从日本引进长叶海带和日本真海带进行养殖研究，至1998年，成功试养长叶海带面积0.8公顷，平均单产达2.54万公斤/公顷（淡干）。至2005年，日本真海带在山东省内及辽宁省部分海区辐射推广，养殖达2万多公顷，形成产业化规模。

虾类

1981年，即墨县丰城养虾场推广对虾人工育苗和养殖技术，次年获国家科委、农委科技推广奖。1982年，进行中型水面生产性养虾高产试验研究，加强水质、饵料和放养密度等关键技术管理，分别取得单产1348～1495公斤/公顷成效，获农牧渔业部技术改进成果一等奖。同年，进行小型水面高产攻关项目，精养池平均单产量达4575公斤/公顷，创高产纪录；进行对虾优质高产养殖技术试验，获单产对虾750公

斤/公顷。1985年，在盐田制卤区进行人工养殖对虾高产试验获得成功，平均单产3153公斤/公顷。1986年，进行对虾亲体越冬技术试验取得经验，即水温控制在8～9度时亲虾成活率达80%。1988年，完成农业部下达的“丰收计划”研究项目——池塘养虾大面积高产综合技术。1990～1992年，完成国家自然科学基金资助项目——增养殖育苗水体中重金属的污染防治试验，为育苗生产中防治重金属离子影响的水生生物学基础研究提供可靠的处理手段。1990年，在采用春季引沙蚕幼虫入池净化水质的同时，又提供虾中后期喜食的活饵料，推广沙蚕养虾2000公顷。

1993年，青岛地区对虾暴发大面积病害。经反复研究实验，采取虾鱼、虾贝、虾蟹混养的办法，通过生物不同类的生活习性净化改良水质，有效抑制虾病蔓延并获得成功，落实养殖总面积873.33公顷，投入产出比1：2.4，此项目达到国内先进技术水平。另外，进行中国对虾与三疣梭子蟹混养，为广受虾病困扰的养虾业探索又一海水养殖新模式。1995年后，承担农业部科技兴农计划“水产优良品种繁殖及养殖技术”推广项目——南美白对虾苗种繁育及养殖技术，对南美白对虾苗种繁育及养殖技术进行全面系统地研究，经过两年攻关，在200立方米水体中培育苗种364.3万尾，该项目达到国内先进水平。1997年，在城阳流亭示范区进行生态防病养虾，采取清淤、消毒、投放鱼种混养的方式，使平均亩效益达1万多元，被农业部推荐为全国对虾养殖高产高效益的先进典型。1997年，崂山区相继进行全封闭和半封闭式养虾、二茬虾养殖、综合养殖、培育早苗、生态调控健康养虾等模式的养殖实验，并引进高健康无病毒虾苗（日本虾、白对虾、蓝对虾）和工厂化对虾养殖，使对虾养殖业得到恢复性发展。自2000年起，胶南市先后推广封闭式内循环养殖技术、对虾健康养殖技术和工厂化养殖技术。改单养为混养，改一茬为二茬，并形成虾蟹、虾参、虾鱼混养的主要模式。1999年，青岛市承担农业部“全国对虾健康养殖示范区”项目，取得全国7个示范点第二名的成绩。

进入21世纪，在处理好水质、投药、投喂饵料三个重要环节的条件下，青岛市采取利用地下井海水和蓄海水消毒，配备增氧设备，以虾病预防为主，放养无特异病毒的健康虾苗等方式，使持续多年的虾病得到遏制，对虾养殖生产逐年发展。2000～2001年，青岛市承担农业部渔业局“丰收计划”项目——对虾健康养殖技术，实施面积337.87公顷，平均单产对虾2341.5公斤/公顷。随后，青岛市推广虾蟹、虾参、虾鱼混养技术，大面积养殖日本虾、南美白对虾获丰收。2002年，全市对虾养殖面积8558公顷，产量突破万吨，已超越虾病暴发前的1992年的产量。

贝类

1980～1981年，青岛市承担国家水产总局“牡蛎筏式养殖”试验项目，在国内首次进行牡蛎工厂化育苗试验取得成功，培育大连湾牡蛎、近江牡蛎、日本真牡蛎苗种，完成放养1.33公顷的指标。

1982年，中国科学院海洋研究所从美国引进26枚成活海湾扇贝到青岛，采取亲贝促熟孵化采苗、幼苗分期培育、改善水质、投饵、控制光照等技术措施，翌年5月将幼贝移至胶州湾、太平角海区试养6个月成功。1984年，海湾扇贝在黄岛海区试养成功。随后几年，青岛建立一整套工厂化育苗及全人工养殖技术，海湾扇贝成功养殖并大面积推广，成为中国海水养殖史上乃至世界养殖史上一件有创举意义的成功引种案例。1990年，在太平角湾选水深流大海区，进行小面积栉孔扇贝养殖试验成功。胶南市推广“长苗绳、大浮力、轮包轮收”的筏式栉孔扇贝养殖新技术，单产增加到75～95吨

2003年，青岛贝类净化与质检中心的净化车间。

/公顷。1993～1994年，承担农业部“丰收计划”项目——青岛市1.6万亩扇贝大面积高产综合养殖技术。在胶南、即墨、崂山等区市选用加拿大海湾扇贝，通过提前育苗、虾池肥水暂养保苗来延长贝苗的生长时间。在海区安排上采取内区稀疏、开发外区，推广套网养殖技术。对养成笼采取扩大网目、提高层间距等技术措施，保障水流畅通，饵料丰富。两年共完成养殖面积1095.33公顷，总产5997.46万公斤，平均单产3650公斤/公顷。1994年，青岛承担的“大面积海湾扇贝复壮高产试验”，通过引进海湾扇贝原种以恢复海湾扇贝的优良养殖品性，在5450立方米水体中培育幼苗256亿粒，产值2523万元，利润1570万元，达到国际领先技术水平。1995年，扇贝筏式养殖开始向深海发展。1996年，由于环境污染，青岛市浅海养殖区相继发生栉孔扇贝大量死亡的现象，养殖面积迅速下降。胶南市实行栉孔扇贝的换季节养殖，即高温后的10月进大苗，翌年7月前收获，解决栉孔扇贝高温季节死亡问题。

2000年，在鳌山湾西岸海区和横门湾田横岛附近海区，进行华贵栉孔扇贝苗种引进与养殖试验，成活率达到98%，验证华贵栉孔扇贝适合于北方沿海养殖。但因引进费用高、长途运输成活率低而放弃。后因青岛市调整渔业产品结构，适当压缩扇贝养殖规模，相关养殖技术研究实验暂停。

海珍品

青岛地区海参育苗始于1975年，当年即墨盘龙庄育苗室人工培育海参苗种并放养成功。1979～1980年，胶南海水养殖场制作养殖笼，挂在贻贝架子上做海底试养取得成效，推广至灵山岛、斋堂岛、沐官岛等岩礁海域，海参增殖效果明显。1978年，由黄海水产研究所主持，崂山港东育苗室承担刺参人工育苗科研任务。该项目于1983年验收，在亲参产卵、孵化，参苗流水培育，饵料选择及培养，改善附着基条件，扩大附着面积，以及清除敌害等方面超过国家规定指标，形成较完整的海参育苗工艺。90年代后期，在潮间带岩礁建池人工养殖，采取“高密度放苗，人工投饵，自然换水”的方法养殖海参，得到较快发展，成为青岛市海参养殖的主要方式。

青岛地区鲍鱼养殖始于1981年，当年即墨海珍品育苗室首先在35立方米水体育出鲍苗10万个，6个月后将所获约1厘米的稚鲍3.5万个投放到大管岛养殖区试养，经控制水质、饵料和附着基等技术措施，到增殖鲍苗阶段育成率20%～50%。1982年，胶南在室内小水体鲍鱼育苗试验成功。翌年，灵山岛海珍品场5月采亲鲍，在12立方米水体进行人工育苗，10月验收，培育鲍苗1.5万多个（0.5厘米以上）。1986～1987年，竹岔岛育苗室采用培养底栖硅藻，改进附着基等方法，每平方米培育1厘米鲍苗2000个，使竹岔岛海区增殖资源获得发展。1989年，胶南海水养殖场首次进行建池垒石养殖鲍鱼。翌年，崂山区在潮间带礁石滩面垒蓄水池，投放人工育成小参苗或鲍苗，鲍苗投放鲜海带或其他海藻喂养，参苗肥水投人工饵等，两年后经济效益明显。1993年，即墨市进行潮间带网箱养鲍试验成功。在4个养鲍池中设置135个网箱，经18个月养殖共产鲍4305公斤，养殖成活率为76.5%。潮间带网箱养鲍方法投资少、风险小、见效快，为国内首创。同年，即墨市首先开展潮间带网箱鲍参混养技术实验。利用潮间带的养鲍池同时放养鲍鱼和海参，鲍鱼池中的附泥和鲍鱼的排泄物等有机物对鲍鱼的危害很大，而海参恰好能食用这些物质将其变废为宝，起清洁作用。经过两年实验获得成功，在国内属首创。随后几年，青岛市流行在沿海岩礁带建池混养鲍参，利用自然潮水，人工投饵养殖。

2002年，青岛市禁止利用岩礁区非法建筑水产品养殖池行为，同时市场对海参的需求量急剧增加，导致参价高涨，参、虾价格差异悬殊，利用虾池养鲍参很快成为青岛海水养殖的一个热点。2005年，虾池改造养参热有增无减，全市海参养殖总面积达到2276公顷。

海水鱼

1978年，胶南县进行黑鲷和河豚鱼养殖试验。黑鲷使用网箱养殖，2个月每尾增重139克；将2龄东方河豚鱼在网箱养殖，2个月每尾增重240克。1982年继续执行“网箱养殖黑鲷试验”项目，捕黑鲷2龄鱼513尾，经过两次室内越冬，两次海上网箱养殖，检测到水温22℃～28℃时，摄食旺生长快的特性，证明黑鲷在青岛海域自然海水中不能越冬。1984年，进行河豚鱼网箱养殖试验，试养河豚鱼4个品种，唯红鳍东方豚生长最快，证明河豚鱼可进行海水网箱养殖。

1982年，胶南县引进罗非鱼种240尾，进行海水驯化，海水越冬试验获得成功，当年获海水培育鱼苗500尾。1983年，采用强化培育法，获鱼苗5000尾，投放0.13公顷海水池养殖试验成功，单产6.12吨/公顷。1984年，培育苗种4万尾，试养0.13公顷，单产11.36吨/公顷，罗非鱼在青岛成为主要养殖品种之一。1983年始，中科院海洋研究所为解决胶州湾牙鲆鱼增殖放流所需苗种，进行较大规模牙鲆鱼苗种培育，在鱼病防治、人工合成饵料、鱼种成活率、生长速度方面进行试验。平均每立方水体1.39万尾，达国内高水平，培育成活率达50.4%。

1997年，胶南市开始工厂化养殖海水鱼。养殖区大多集中在古镇口湾，建有厂房和养殖池，设独立的进排水系统，投喂配合饲料，利用地下海水和自然海水，达到水温效果，较大的养殖场建有水处理系统。主要养殖品种有牙鲆、大菱鲆、美国红鱼等。2004年，胶州市引进半滑舌鳎幼苗600尾，开展室内工厂化养殖试验获成功。

1998年始，青岛市发展海上网箱养鱼。网箱设置于避风浪深水港湾，具有一定流速的湾内、岛屿之间，网箱用绳索四角固定，用打桩杆打入海底泥中或用每具重约50公斤铁锚固定。网箱底下吊扎长宽各4米的铁架1个，用以充张和沉坠网衣，增加网内容积。放养鱼种有鲈鱼、黑鱼、黄花鱼等。春季，放每尾重25～50克鱼苗，每平方米面积放养150～200尾，经7～8个月养殖管理，到12月份每尾鱼体可达500克，每箱当年产鱼300公斤。

进入21世纪，网箱养鱼呈现出养殖品种多样化、优质化，养殖模式规范化的特点，成为海水养鱼的主角。至2005年，全市海水鱼养殖面积1120公顷，产量21463吨，其中，有深海网箱868个，88.7万立方水体，产量1812吨，居中国北方地区首位。

淡水鱼

1979年，即墨县在南张院水塘完成淡水养殖成鱼精养试验项目，混合放养鱼苗共3000

尾，其中花白鲢60%，草鱼30%，鲤、鲫、鲶10%。投施青草喂草鱼，草鱼的粪便可以肥水繁殖浮游生物，供花白鲢摄食，秋后出塘各种鱼单产4.5吨/公顷。同年，在胶南吉利河、陡崖子共计5.87公顷自然湾塘，培育大规格鱼种200万尾。1980年，胶南海青养鱼队按鱼类不同生活习性搭配放养品种，上层鱼花白鲢，以浮游生物为食；草鱼属中下层，以食青草为主；底层投放鲤鱼、梭鱼，可以摄取底泥及有机物质。混养鱼种实行轮放轮捕，捕大留小，当年捕成鱼15吨。

1982年，在平度大泽山水库采用网箱培育鱼种技术试验，获得每平方米网箱产鲤鱼种42.22公斤，居国内领先水平。1982～1983年，莱西县实行淡水养鱼技术改进措施，在院里和沙前选择池塘2个，用生石灰彻底清池，投放4寸以上大规格鱼种混养密放，定点定时投喂饵料和药饵，8月分次捕成鱼，增重达3296公斤。1983～1984年，胶南根据罗非鱼雄性个体大于雌性的特点，进行性转化试验获得成功，施用甲基睾丸素配合饵料喂养90天，尼罗罗非鱼性转化率达94%。1984年，莱西县承担“成鱼大面积高产试验示范”项目，在院里、东朱毛和寨里9口水塘，面积2.57公顷，投放鱼种（草鱼39%，鲢50%，鲤3%，鲂、罗非鱼占8%），精饲料以玉米面、麸皮等混合饵料为主，青饲料以苏丹草为主，及时投喂药饵、大蒜、韭菜等防止鱼病，放养鱼种成活率高。1984年单产7.67吨/公顷，1985年单产8.54吨/公顷，均达到示范指标要求。1986年，实行成鱼大面积养殖高产技术开发，放养面积33.33公顷。按水塘水质条件，合理搭配吃食性鱼种和肥水鱼种，11月验收，3种不同类型池塘，亩净产分别达到531、305、151公斤，平均单产5.19吨/公顷。

1985年，在平度尹府水库组织实施沙滩鱼池培育鱼种规范化生产试验项目。利用旧河道的沙滩鱼池，采用强肥和活水等技术措施，为鱼种提供足够的饵料，增加活水，扩大池内鱼种的游动空间，改善生长条件，实验获得成功。1991年，青岛市承担“淤泥湖团头鲂的引进及养成”试验项目，从上海水产研究所引进鱼种，在胶南市淡水养殖试验场试验，当年试养成功，验证来青的团头鲂具有明显的生长优势。1993年，平度市进行温流水高产养鱼试验成功。共建流水养鱼池0.13公顷，利用电厂余热水，通过人工控制水交换量、充氧量、水质、水温，投喂人工配合颗粒饲料，为罗非鱼的生长创造一个良好的生态条件。年产罗非鱼995.06吨/公顷，产值、效益均超额完成预期指标，同时为湾塘、水库养殖温水性鱼类提供鱼种，成为温流水养鱼基地。

1994年，即墨市采用钢筋框架代替沉子技术，进行水库网箱养殖罗非鱼高产实验获得成功。在水库中设18个网箱，面积360平方米，投放罗非鱼种4.75吨，收获成鱼31.86吨。

1996年，位于胶州市的青岛罗非鱼良种场。

1995～1997年，平度市进行水库移植驯化大银鱼试验。引进大银鱼受精卵359万粒，投放尹府水库209万粒、黄同水库150万粒，移植面积1万公顷，孵化率73%，鱼苗成活率40%以上。1996年，大银鱼总产量180吨，单产1695公斤/公顷，投入产出比1：12。1999～2001年，平度市进行中型水库移植增殖小银鱼技术开发，在黄同水库移植小银鱼受精卵70万粒，实施面积366.67公顷，单产小银鱼30公斤/公顷。2000年，平度市承担池塘大面积套养湘云鲫技术推广项目，在59个自然村的239个池塘中套养湘云鲫，逐步取代遗传性状差、生长速度慢的本地鲫，提高池塘养殖的经济效益，优化养殖品种结构。2004年始，莱西市在地下水丰富、水质优良的日庄、水集等地，选择相关村庄推广大棚温室养殖技术，养殖优质淡水鱼。并在水面相对集中、基础设施较好的姜山、夏格庄、日庄、河头店、马连庄等5个重点镇，采取上粮下渔、鱼畜结合、鱼鸭混养、鱼藕同塘等多种形式的主体化养殖模式，进行池塘大面积的综合技术开发，该项技术逐渐在全市推广。

第二节　加工技术

1979年，青岛市承担国家水产总局下达的试验项目，以鲜贻贝为主要动物蛋白源，加工对虾人工配合饵料。黄岛贻贝加工厂试制贻贝加工机，每小时可处理鲜贻贝5～7吨。同年，青岛市第一海水养殖场自行设计制造立式连续钙化脱钙设备，改进脱钙工艺技术取得成功，脱钙效果居国内先进水平。青岛市第二海水养殖场褐藻胶车间完成“酒精脱水、液碱中和工艺”试验任务，实行与钙化法工艺配套生产，产品畅销国内外市场。1981年，综合利用车间进行海带消化工艺改革试验，将消化锅改小，每次投料为350公斤，泵体连续消化，海带消化完全，次年将消化工序全部改为串联循环装置，胶得率提高2%。另外，该场试制成功贻贝分离机、洗刷机和闷罐翻斗车，贻贝加工效率提高15倍，并在青岛沿海对虾养殖生产中推广应用。1981年，市第一海水养殖场与国家水产总局签订“调味海带丝研制技术”试验项目，次年试制成功并通过技术鉴定，后选用定型设备扩大生产规模。1982年，青岛海洋渔业公司水产品加工厂进行鱼香肠防腐保藏技术研究，采用高温高压杀菌方法，鱼香肠常温可贮藏130天，在国内鱼香肠杀菌工艺中属领先水平。另外，海带食品防腐保鲜试验取得成功，海带丝、酱海带等保鲜期可达半年以上。1983年，青岛市第二海水养殖场“快餐香辣海带丝”研制成功，并于翌年自制机械设备，海带食品加工基本形成机械化流水线，海带丝、海带段、海带蜜饯、海带饴糖等年产400吨。1980～1983年，青岛企业生产的晶岩牌褐藻酸钠、海星牌甘露醇和明月牌碘，先后获国家优质品银质奖，质量达标率在全国列首位。

1982～1984年，青岛市海洋渔业公司水产品加工厂改进美味鱼片生产线，由远红外烘烤机和轧片机组成，加工鱼片产品块型平整，膨松柔韧，理化和微生物指标均达国家标准。同期，青岛海洋渔业公司水产品加工厂在乳白鱼肝油生产中防止微生物污染新工艺研究获得成功，使产品合格率提高到100%。1983～1988年，青岛市黄海海藻工业公司等单位科技攻关，改造生产设备，提高褐藻胶质量，用于仿生食品原料，面食品添加剂共有20多个新品种，使褐藻胶延伸产品达30多种，高档食用胶年产量增至1000吨。此项成果获1989年农业部科技进步三等奖。1985年，青岛市海水养殖加工厂执行“五香淡菜”研制任务，经采用油炸、日晒脱水和加热烘干脱水3种工艺技术比较，选用加热烘干脱水工艺，操作技术简便，淡菜色泽好，干湿均匀，符合卫生标准，被确定为定型产品。同年，青岛市海带食品厂承担“高级海带饴”技术项目，仿照糖饴生产工艺，加入海带配料，试制成功，填补国内碘糖的空白。1987年，青岛市水产供销公司与日本三协食品株式会社签订冻狭鲤鱼片加工合同，由日方来料，加工鱼片交日方转销美国。1989年，青岛市海水养殖二场更换单效蒸发器设备改用中央循环式双效蒸发器，改革技术措施，进行甘露醇生产。甘露醇吨耗煤为12吨，海带浸泡水蒸发量每班为24吨。

1994年，青岛市海产食品厂运用脱脂技术对多脂性鱼类进行加工，研制开发沙丁鱼烤鱼片、鱿鱼丝、鱼松等产品，在全国水产品展示交易会上获最佳新产品奖。1995年，利用小型低脂鱼类，通过脱脂、高温蒸发等工艺，研制开发出小鱼军团、美味鱼片等新产品，深受消费者喜爱，产品销往20多个省市。利用鳕鱼片加工的下脚料研制的香酥鱼排，大大提高产品附加值，产品供不应求。小鱼军团1999年获中国国际农业博览会名牌产品奖。1997年，胶南市德维集团公司开发生产“德维海鲜肠”，用新鲜鱼类和肉类作主要原料，经精细加工而成。开发生产的真空包装牡蛎和牡蛎汁，以太平洋牡蛎做原料经加工而成。同年，胶南市水产开发公司生产的龙延牌真空包装杂色蛤获中国农业博览会名牌产品称号。1999年，青岛胶南明月海藻工业有限责任公司在同行业中率先通过ISO 9002国际质量体系认证，与中科院海洋所联合研制开发绿色植物肥——海藻植物生长剂项目，属国家“九五”攻关项目，并于2000年通过国家科委鉴定。

第三节　技术推广

1979年，青岛市渔业技术推广站恢复，此后全市各级渔业技术推广站和乡镇水产养殖协会相继成立，并开展渔业技术推广和培训工作。1986年，青岛市水产学会成立。1999年，中国青岛海洋产业技术市场成立并正式开业。2001年，青岛市水产养殖病害防治中心建成并运行。2003年，青岛贝类净化与质检中心正式建成。在新品种引进、新技术推广、渔业技术人员培训等方面发挥积极作用。

推广项目

80年代初，青岛市水产局及各县（区）水产局组织渔业技术力量，加大网具技术改革，对虾流刺网基本取代拖网捕虾生产。1984年后，在胶州湾、丁字湾、唐岛湾水域进行对虾生产性放流增殖成功，青岛近海渔业资源开发利用获得重大效益。1986～2000年，青岛市渔业技术推广站主攻新品种引进、新科技开发，突出应用技术推广和科技项目实施，累计承担和完成各级各类科技计划40余项。其中“丰收计划”项目32项，项目总经费153万元；组织引进新品种40多个，推广新技术60多项；推广应用各类科研成果51项，获奖项目14项，其中农业部二等奖1项、三等奖2项，山东省二等奖1项、三等奖2项，青岛市一等奖1项、二等奖3项、三等奖4项。

2001～2005年，全市共承担国家农业科技跨越计划项目2项，市科技发展计划项目近50项，市重点渔业科技成果转化项目15项。其中，青岛市渔业技术推广站先后制定无公害大菱鲆工厂化养殖技术规范、无公害海蜇池塘养殖技术规范、无公害刺参池塘养殖技术规范、无公害日本对虾生态养殖技术规范、无公害鲈鱼深水网箱养殖技术规范、无公害杂色蛤底播养殖技术规范、无公害革胡子鲶温室养殖技术规范、无公害牙鲆养殖技术规范、无公害南美白对虾工厂化养殖技术规范和无公害皱纹盘鲍底播养殖技术规范等10项水产品养殖技术规范，于2005年通过专家审定。

培训与服务

80年代，青岛市渔业技术推广站开始海、淡水养殖技术服务，对个体、联户和集体单位试行技术承包。其中，1983年举办海洋捕捞渔业技术推广、养殖专业技术培训班17期，培训人员311人，经考试合格者占98%。1986年起，各级渔业技术推广机构每年组织举办技术培训班，同时，以技术服务为宗旨的群众性合作组织日渐发展，1988年，全市乡镇水产养殖协会达到20个，全市各级渔业技术推广站和县水产研究所技术服务能力逐步加强。90年代，随着水产养殖业的发展，市渔业技术推广站加强技术咨询服务工作。其中，1993年冬，针对虾病害导致养虾业严重损失，提出对虾丰产丰收的6条具体措施。进入21世纪后，青岛市开通渔业科技咨询热线，开展“送科技下乡”活动，组织渔业技术人员到重点乡镇进行技术服务。启动“渔业科技入户”工程，在驻青科研院所中聘请8名专家做顾问，在沿海6个市（区）海洋与渔业系统内招聘40名技术指导员，选择80个渔业科技示范户，辐射、带动周边400家渔户，示范推广8个主导品种和8项主推技术，并安排专项资金予以扶持，提高了示范户水产品产量与经济效益。

至2005年，青岛市投入资金200余万元，免费发放技术资料3500余册，举办培训班70余期，对5000余名渔业劳动力进行实用技术培训，科技贡献率达到90%以上。

第五章　水产品加工与销售

青岛地区海产品加工业长期沿用“一把盐、一把刀”的传统加工方法，海产品主要为腌制、干制。1979年，基本停用腌制加工，延续干制加工，大冻块冷冻鱼品较少。主要品种有墨鱼干、各种鱼干、鱼子、虾干（虾米、虾皮、虾仁）、蛤肉、干贝等。80年代后，随着冷冻和保活能力的提高，水产品逐步向保鲜销售、保活销售方向发展。渔船不定期带冰出海捕捞，用保鲜盒将捕获优质海货加冰保鲜，或利用船上活鱼舱暂养。90年代，沿海港口陆续修建海水鱼池，运用充氧等措施，延长鱼虾存活时间等。同时，大量的冷藏厂、冷库开始修建。初期只为冷藏，后增加水产品加工功能。远洋捕捞多带冰保鲜储存或经海上收购船销售。近海渔船利用活鱼舱暂养供应海鲜市场，散碎鱼虾加工为饵料供渔业养殖。1995年，全市共有水产品加工企业169家，全年共加工水产品10.03万吨。此后，青岛市水产品加工业发展迅速，一批水产品品牌成长起来，其中正进、三洋、北极、建豪、亿路发、海丰、双鲸、明月等水产品加工品牌进入国际市场。至2000年，青岛市有水产冷库235座，加工企业241家，水产品加工能力31.9万余吨/年，冷藏能力超过6.3万吨/次。

2005年，全市水产加工企业有271家，其中，62家企业获得欧盟认证，90家企业获得HACCP认证，成为国内获此类认证最多的城市。主要有水产品冷冻加工、鱼糜制品及水产品干腌制品加工、鱼油提取及制品加工等。水产加工品总量为59.19万吨，出口量38.7万吨，创汇10.6亿美元，占全国和全省水产品出口创汇的13.4%和38%，位居国内首位。

1989～2005年青岛市水产品加工统计表

表10-13

年份	加工企业（家）	加工能力（吨/年）	水产冷库（座）	冷藏能力（吨/次）	加工总量（吨）
1989	69	—	5	1010	33146
1990	73	—	5	1098	34140

续表10-13

年份	加工企业（家）	加工能力（吨/年）	水产冷库（座）	冷藏能力（吨/次）	加工总量（吨）
1991	77	—	7	1314	49465
1992	78	—	7	1369	47421
1993	112	151945	112	25295	82283
1994	140	137305	135	26885	59970
1995	169	161800	141	30835	100278
1996	202	196295	169	89039	109576
1997	209	212340	172	46667	108941
1998	148	387395	140	111096	136363
1999	243	354501	166	103912	160163
2000	241	318613	235	62923	179732
2001	392	342701	222	77870	223550
2002	291	501849	254	228203	331857
2003	267	503131	219	163771	447012
2004	269	527692	235	155571	497113
2005	271	640361	232	159705	591907

第一节　水产品加工

海上保鲜

青岛沿海渔船渔获物海上保鲜方法主要有加盐储存和加冰储存两种。船上加盐保鲜的方法一直延续到70年代初，此后船上渔获物全部加冰保鲜。80年代初，青岛市水产供销公司成立海上收购船队，有冷藏收购船3艘，总吨位746吨，在渔汛期间担负海上收购任务兼办生产生活资料补给。起初，加冰保鲜时采用散冰，但因用冰数量较多，散冰积压重，且保鲜质量差，部分大功率渔船开始改装保温舱，用冰数量减少。1987年，即墨、胶南20马力以上渔船不定期带冰出海生产，用泡沫保鲜盒将优质鱼货加冰储存保鲜，捕捞渔获物中80%进行保鲜处理后经海上收购船冰鲜，供应外贸出口。此后大部分渔船开始使用塑料泡沫鱼箱，渔获物分类装箱，覆冰层保鲜。90年代，青岛沿海港口先后建设暂养池，部分育苗场也利用育苗设备对海洋捕捞的活虾活鱼进行暂养。至2005年，海上捕捞多用加冰法保鲜。

制冰冷藏

改革开放初期，青岛地区水产冷藏加工企业加工不同规格的冻生蛤肉，内销出口均受欢迎。进入80年代，随着水产业规模的扩大，特别是对虾养殖生产的快速发展，青岛市水产冷藏加工企业发展较快。对虾出池后，经冷藏厂加工成去头虾、虾仁、虾球，供出口和销往南方。1983年，青岛地区出现冷冻水产品简单加工，小包装冷冻品颇为时兴，青岛水产供销公司和青岛海洋渔业公司的带鱼段小包装冻品被评为省优、部优产品并广销境外。到1985年，青岛国营水产冷藏库建设投资累计达2120万元，共有冷藏库19座，容量1.43万吨，基本满足水产品加工需要。其中，崂山县水产供销公司与日本大洋渔业株式会社以补偿贸易方式引进的500吨组合式冷库，日产小包装冻品达到20吨。

1990年，青岛海洋渔业公司在中港新建一座库容量5000吨的冷库。1994年，由即墨市外贸冷藏厂、日本加卜吉株式会社、香港亚细亚食品有限公司三方合资兴建的冷冻食品加工企业——青岛亚是加食品有限公司成立，年加工能力7000吨，年销售额2200万美元，主要精加工鳕鱼、鱿鱼、对虾等鱼片及食品小包装品，产品出口日本、中国香港。1997年，青岛海洋渔业公司在中港改建新冷库一座，冷藏能力为710吨/日，位居青岛市同行业之首。1998年，即墨市养殖扇贝面积667公顷，总产量3.5万余吨，加工冷冻扇贝丁达到2700余吨。到2005年，青岛市有水产冷库232座，水产品加工能力64万吨/年，冷藏能力15.97万吨/次。

腌干制品

青岛沿海地区水产品腌干制品主要有带鱼、白鳞鱼、鲐鱼、鲅鱼、老板鱼、海蜇等，渔民自行加工。1979年，青岛市腌制水产品产量为110吨，干制品3720吨。改革开放后，冷冻鲜品产量加大，水产品盐干加工量越来越少，1989年干制品下降为153吨。进入90年代，随着冷藏冷冻设备的普及，人们对水产品的食用习惯渐由干制品转向鲜品，干制水产品产量较低。1998年之后，因青岛地区海水养殖业的发展，水产品产量大幅增加，腌干制品生产量逐年增加。2000年干制水产品产量达到2万吨，占水产加工品总量的12.11%。其中，海米、海参、乌鱼干、面条鱼、蛤干等在国内外享有盛誉。2005年，全市腌制水产品产量为5235吨，占水产加工品总量的0.88%。

食品加工

1979年，青岛海洋渔业公司水产品加工厂除生产鱼罐头外，开始生产熟制品，主要有鱼香肠、烤鱼片、脆鱼片、鱼松等。到1984年，全市水产品罐头年产量达3000吨。80年代初，青岛市海带食品厂生产快餐海带菜、海带芝麻蜜饯、高级海带饴等，远销北京、天津、辽宁、内蒙古等地。此后青岛海带食品加工单位发展到12家，产品有香辣、五香、咸味等海带丝，海带块，海带段，海带蜜饯，海带酱，海带饴糖等十几个品种，其中香辣海带丝被评为全国首届水产品展销会优良产品。1983年，双鲸牌乳白鱼肝油获省经委优质产品证书，并于翌年获国家银质奖。同年，飞轮牌茄汁鲭鱼罐头获部优质产品奖。1985年，青岛市有玻璃罐和铁罐两个系列20多种罐头产品，年产鱼罐头3600吨。1987年，双鲸牌乳白鱼肝油、维生素AD胶丸获部优质产品奖，同年，双鲸牌美味烤鱼片在中国首届食品博览会上获得金牌。80年代末，贝类

90年代，随着水产养殖和捕捞量的逐年增加，青岛海产品加工业发展迅速。图为青岛海丰集团公司水产品加工车间。

制品生产规模和生产厂家迅速增加，产品逐步供大于求，仅胶南市年产量就约5000吨。1989年，青岛海洋渔业公司水产品加工厂与日本同洋株式会社合作成立青岛交洋食品有限公司，主要生产人造蟹肉。

1990年，青岛海洋渔业公司水产品加工厂的双鲸牌乳白鱼肝油在中国妇女儿童用品四十周年博览会上获金奖；双鲸牌美味烤鱼片、茄汁鲭鱼罐头第二次评为青岛市深受消费者欢迎的食品；青洋牌人造蟹肉和双鲸牌鱼香肠分获1990年西湖国际食品博览会金奖和银奖。10月，远东拟沙丁鱼调味干制品开发项目通过上海水产加工技术开发中心等单位验收。1992年，青岛市水产供销总公司新上鳕鱼片加工和烤鱼片生产两个项目。翌年10月，青岛市北洋食品有限公司始建，冷库容量1200吨，主要生产北洋牌和军港牌鱼片、鱿鱼丝、烤虾，并畅销全国20个省（市）。1994年，青渔水产品加工厂与摩洛哥神马渔业公司建立合资经营公司——青岛华洋国际水产食品有限公司，主要生产销售人造蟹肉和模拟虾等产品。青岛市海产食品厂研制开发的梅鹤牌沙丁鱼片、鱿鱼丝和鱼松三个新产品，获94全国水产品展示交易会最佳新产品奖。1995年，青岛市海产食品厂研制开发的梅鹤牌小鱼军团、香酥鱼排、美味鱼片等，解决多脂类制作即食品不易保存等技术难题，产品销往20多个省（市）。1996年，又研制开发梅鹤牌小龙虾、烤鱼片、舌鲽军团等新产品，小鱼军团受到市场青睐。1997年，生产的龙延牌真空包装杂色蛤获中国农业博览会名牌产品称号。1999年3月，青渔水产品加工厂与韩国鲜宇株式会社合资成立青岛缘福乐食品有限公司，主要生产具有韩、日风味的系列鱼糜油炸制品。

2005年，全市水产品罐头年产量达4万吨、鱼肝油制品100吨、动物蛋白饲料（鱼粉等）5538吨、鱼糜及鱼糜制品25207吨。

1978～2005年青岛市水产腌干制品及食品加工统计表

表10-14　　单位：吨

年份	干制品	腌熏制品	罐制水产品	年份	干制品	腌熏制品	罐制水产品
1978	3720	110	2206	1992	0	0	20
1979	1710	66	1999	1993	767	100	33
1980	0	33.55	1428.55	1994	409	0	0
1981	71	25	1307	1995	1198	0	0
1982	0	32	1335	1996	526	0	0
1983	293	200	1602	1997	724	0	0
1984	178	102	2930	1998	4434	29	0
1985	114.28	1113.09	2562.57	1999	6858	861	0
1986	69	1533	2839	2000	21758	2280	242
1987	488	1928	2019	2001	12355	532	1000
1988	193	1697	2602	2002	15958	3120	1300
1989	153	340（调味加工品）	1711	2003	5143	0	40220
1990	40	384（调味加工品）	377	2004	5510	0	40081
1991	18	0	415	2005	5235	0	40120

第二节 水产品销售

改革开放初，青岛市水产供销业务归山东省领导，水产品市场供应由青岛市负责。每年统一下指令性计划、统一收购、统一定量定点销售，产供销矛盾长期得不到解决。1979年，青岛市的鱼货销售量为1万吨，仅可维持市区节日供应和军供、疗供等。到1983年，全市鱼货销售量减至5400吨，供应更加紧张。青岛市虽采取鼓励沿海渔船到青岛港卸鱼和“油鱼挂钩”等措施，但仍供不应求。

1985年，青岛市水产品开始市场化供应，实行随行就市、议购议销，水产品市场开始活跃并快速发展。为实现水产品供应由计划供应向随行就市的过渡，青岛市修建水产品批发市场和零售网店，同时派出收购船在海上收购鱼货。1988年，青岛市区水产品上市量3万吨，销售额1.6亿元，其中市工商部门4797吨、青渔公司9104吨、青岛市蔬菜公司6892吨、青岛市水产品供销公司4689吨、渔港站5400吨。

1989年，市政府“市民菜篮子工程”投资50万元建50吨地下油库和30吨冷库各一座，当年竣工投入使用。1991年，投资30万元更新钢质浮桥2座，扩大渔船泊位吸引更多的渔船到小港卸鱼，增加市场鱼货供应量。同时，整顿市场秩序，实行“叫行”竞价的销售方式。随着渔业生产发展和流通领域改革，水产品货源日益充足，水产品市场供应明显改观。1993年，青岛市小港的水产品卸港量达到6280吨，同时，农贸市场水产品大量上市，市民“吃鱼难”问题得到缓解。

1995年，随着经济鱼类、鲜活鱼虾蟹以及高档水产品的大量上市，青岛水产品市场的品种结构发生改变，人们一年四季都能吃上新鲜水产品，从根本上解决了“吃鱼难”问题。2005年，青岛市水产品产量达到127.27万吨，人均占有量172公斤。全市水产品供应充足，市场繁荣。

计划购销

1979年，青岛水产品市场是由国营水产供销公司统一经营的统购统销市场。当年，市辖县区为市区提供商品鱼仅有2614吨，占市区全部供应量的17.63%。对元旦、春节、“五一”、国庆4大节日的供应方式，一般是市民每人供应平价鱼0.5公斤，划片定点凭菜卡购买，每个节日需供750吨。平日供应平价鱼货多为小杂鱼，随鱼货卸售量安排投放，一般是按人定量，凭卡购买。平价鱼供应范围，有市民定量供应、军疗特供及会议用鱼等。对饭店、食堂供应，平价、议价兼有。1980年，青岛市水产品实行自产自销，渔业公司每年交售水产品1万吨给青岛水产供销公司，群众渔业交售给水产供销单位水产品1.6万吨。为缓解市区水产品供应紧张，青岛市鼓励沿海渔船到青岛港卸鱼，沿海群众渔船议价销售的鱼货逐渐增多，直接进入市场的水产品越来越多。1982年，各级水产供销企业实行以柴油换购鱼货，称为“油鱼挂钩”。这一时期，青岛市仍对群众渔业实行定量收购，渔船和当地水产供销站签订合同，按作业种类，定出交售数量和供油标准，由青岛市水产供销公司按船发给鱼货交售和柴油供应的凭证，按交鱼多少、质量好坏，控制柴油供应量。此项经济手段虽一度奏效，但交售量仍然不能完成，且逐年下降。1984年不再实行“油鱼挂钩”方式。

1985年，水产品全部进入市场调节经销。根据质量划为三类产品，一律不派购，实行随行就市、议购议销。青岛市水产供销企业、蔬菜公司水产零售店、私营贸易单位和个体商贩均参与市场竞争，突破计划调拨、独家经营的模式。1985年，青岛小港春汛收港的经济鱼795吨，比1984年增产14%。贝类大量进港，大部分由个体商贩推销，货畅其流，丰富市区水产品市场。1987年，围绕解决城市“吃鱼难”问题，一方面加强小港水产品交易市场的管理，提高服务水平，吸引更多的渔船来港卸售水产品；一方面组织150

艘收购船在海上收购和“鱼油挂钩”收购，保证节日市场供应。当年，各地渔船来小港卸售水产品6400多吨，海上收购鱼货4600多吨。1988年，为促进渔业生产的发展，同时鼓励渔民积极向国家交售水产品，解决城市“吃鱼难”问题，实行《青岛市一九八八年鱼油换购实施办法》，规定各县（市、区）年度柴油计划的50%作为供油基数，剩余的50%定为换购油，可平价换购鱼虾。1992年，市政府决定取消市民节日水产品平价定量供应和补贴，水产品供应全部进入市场调节。

市场销售

1980年后，市水产供销公司设青岛水产商店、沧口水产综合商店等4家水产品零售店，市区水产品零售量每年约1万吨。同时，市蔬菜副食品商店销售水产品数量逐渐增加。随着集市水产市场发展，国营商店销售量下降。1981年，市区集市有水产市场15个。到1985年发展为37个，拥有数百家鱼摊，年销水产品量由1000吨增至4000吨，交易额1000多万元。市场三路、四方路、云南路、台西三路、人民一路、南山市场、永定路几个水产品市场较集中，水产品年交易额各为100万元以上，约占市场贸易总额的20%。市场三路号称“水产品一条街”，常设鱼摊上百家，干鲜海产品常年供应，年销水产品量在1000吨以上，其中，青岛港秋汛海蟹尤为市民及外地游客所青睐。与此同时国营商店销售量减至6000吨。

1985年，市水产品全部实行市场化议购议销，对市民的水产品供应只在春节组织定量供应和特需供应。当年，由市水产供销公司投放市场的鱼货3800吨，约占市区销售量的四分之一。市民生活所需大量的水产品，则主要依靠零售店和鱼贩采购供应。市场调节的“单轨制”，水产品价格的全面放开，打破国营水产供销企业的“一统天下”。1986年，青岛市新开辟3个水产品批发交易市场和10个市区零售网点，出现生产者、国营水产供销企业、蔬菜公司水产零售店、私营贸易单位和个体商贩参与市场竞争，多渠道经营的新局面。随着生产的发展和流通领域的改革，水产品货源充足，水产品市场供应明显改观。1988年，青岛市区水产品销售量达2.6万吨，人均消费量20.03公斤。进入90年代，水产品上市量明显增多，而且质量逐渐提高，品种较为齐全，价格稳中有降。但因国营销售主渠道弱化，水产品几经中间鱼贩子“倒手”，鲜鱼、鲜虾等批发价、零售价之间出现较大反差。1994年，青岛市印发《关于加强渔港水产品购销管理的通告》，当年清除沿海海岸乱设的水产品销售点20多个，确定市区6个条件较好的海港为卸售批发点；同时改善渔港服务设施，为卸售鱼货的渔民创造良好的后勤补给条件，提供便利的水产品交易场所。市区渔港内水产品买卖全部实行“叫行”竞价、公开交易，保护渔民、市民利益，激发交易积极性，市场水产品价格比整顿前下降20%。

1995年，青岛市实施为期5年的名、特、优养殖“922工程”，重点发展海参、鲍鱼、经济鱼类等9大名特优品种的增养殖，进一步丰富市民的菜篮子。该时期，全市海洋渔业发展很快，尤其是水产养殖技术的普及，拉长鲜活水产品的供应期，城乡集贸市场的个体商贩使用充氧机销售鲜活水产品，鲜活海水鱼、虾、蟹、贝在市区大型商场和中档以上宾馆、饭店一年四季可见，全市水产品市场供应面貌焕然一新。1998年，全市水产品产量103.09万吨，“吃鱼难”问题从根本上得以解决。

2005年，全市水产品产量127.27万吨，其中，市民喜食的鱼、虾、蟹、蛤产量56.39万吨，占44.3%，优质水产品的比重进一步加大，海、淡干鲜水产品供应充足，鱼虾贝藻品种齐全，城乡水产品市场呈现一派繁荣景象。

第三节　水产品进出口

70年代初，青岛生产的褐藻酸钠和甘露醇开始跻身国际市场。进入80年代，青岛海藻化工产品国外贸易增多，产品质量提高。因价格低于其他国家，颇受外商欢迎，出口量大增。褐藻酸钠销往日本、西德、瑞士、挪威、美国、东南亚及中国香港、澳门等20多个国家和地区，甘露醇主要销往日本。1980～1985年，出口褐藻酸钠7640吨、甘露醇1837吨，分别是同期总产量的69%和40%，换汇2000万美元，在全省居首位。80年代中期，由于国内外市场波动和原材料涨价，青岛海藻化工业经济效益不佳，1985年有半数生产厂家在政策性补贴之前亏损。但青岛地区加工鹰爪虾仁供应出口数量增多，即墨县两年内供外贸出口173吨。1985年，青岛外贸食品公司与日本和光交易株式会社签订协约，在胶南县养殖对虾，利用外资68万美元，由日方供应的钢材利用出口对

1999年水产品出口情况

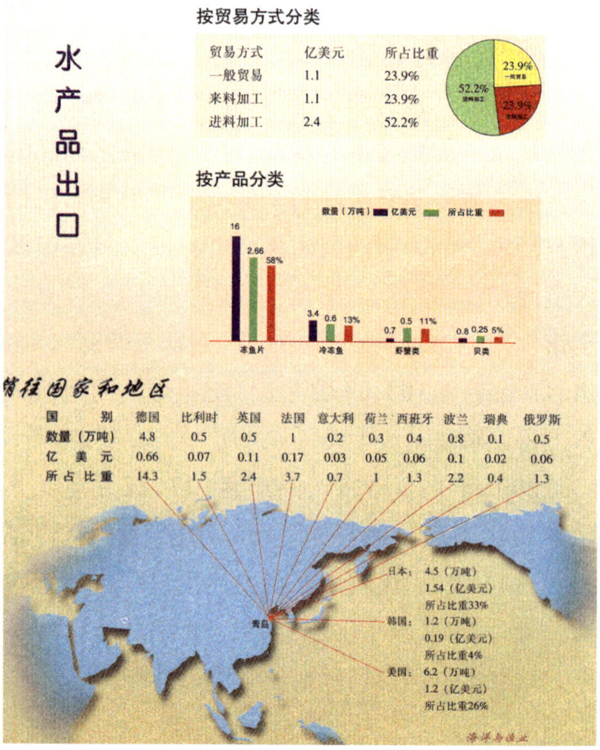

随着水产品加工业的兴起，大量的外资、合资企业进驻，青岛出口水产品贸易量逐年增长。图为1999年青岛市水产品出口情况。

虾进行补偿，补偿期3年。1986年，成立合资企业青北水产有限公司，为青岛市第一个有自营出口权的水产企业。1989年，全市水产品出口创汇3633万美元，占农副产品创汇额的47.13%。

1990年，青岛市出口水产品3600吨，创汇1213万美元。其中，出口冻对虾2000吨，创汇1023万美元；出口海藻化工产品碘19.7吨、甘露醇284.5吨、褐藻胶2799.6吨，创汇1921.7万美元。在全市出口的66种产品中，水产品出口金额列第五位。另外，青岛海洋渔业公司在中港新建水产品加工大楼1座，加工车间总面积为4000平方米，分设冷冻、干品、鲜品3大加工区域，主要从事鳕鱼、鲐鱼、鲽鱼、鱿鱼等加工生产，年出口量3000吨以上，大多出口美国、日本、韩国。1993年，全市水产“三资”企业发展到84家，全年出口水产品34625吨，创汇9083万美元。1996年，青岛市在国外的第一个独资企业——海龙有限会社在日本下关正式挂牌成立，注册资本500万日元，经营水产品进出口业务。会社同时挂中国青岛市水产供销总公司下关事务所的牌子，办理水产供销有关业务。2000年，全市水产品进出口贸易总量61万吨，进出口总额7.9亿美元，同比增长44%。其中，水产品出口贸易总量23万吨，出口创汇达到4.6亿美元，同比增长42%，约占全国的10%；水产品进口贸易总量38万吨，进口额达3.2亿美元，同比增长49%。同年，全市有36家水产加工企业和3条加工船获得欧盟注册，占全国的四分之一。

2002年，欧盟官方公报发布决议，禁止从中国进口供人类消费或用作动物饲料的动物源性产品，欧盟对中国水产品实施封关政策，给水产品出口造成严重影响。市海洋与渔业局制定8项技术规范和6项水产品质量标准，建设青岛市水产品质量监督检验中心、青岛市渔业环境监测站和胶南、城阳等3个区（市）分站，建设深海抗风浪网箱养鱼等5个标准化生产示范区，引导加工企业采用国际标准，共有42家水产加工企业及加

工船获得欧盟注册，有85家水产加工企业获得输美水产品HACCP证书，成为国内获此类注册最多的城市。同时，引导企业调整生产结构和市场销售格局，努力扩大美国、日本、东南亚等市场的销售份额，保持欧盟以外其他国际市场销售份额的大幅度增加。当年全市水产品出口创汇6.67亿美元，比上年增长5.9%，居国内城市首位。2003年，欧盟放松对中国水产品进口限制，韩国也下调部分水产品关税，青岛市抓住机遇恢复发展水产品国际市场，水产品出口创汇得到长足发展，进出口贸易在全国水产品贸易格局中占据重要位置。当年，全市实现水产品进出口总量85.9万吨，进出口总额14.52亿美元，分别为2000年的1.4倍和1.86倍。其中，出口水产品33.67万吨，水产品出口创汇额为8.06亿美元，约占全国的15%、山东省的45%，居国内城市之首。主要出口国为欧盟、日本、美国、加拿大、韩国和波兰，约占全市出口的3成以上。进口市场仍以俄罗斯为主，进口量25.6万吨，进口额为3.22亿美元，分别占全市的64%与66.5%。在水产品出口种类中，冻鳕鱼片及冻鲽鱼片的出口量和出口额分别占全市的73.3%与73.1%。

至2005年，全市认定39个无公害水产品生产基地，有11个产品通过国家首批无公害水产品认证；全市注册水产品加工出口企业400多家，有90家企业获HACCP认证，62家企业获欧盟注册，占全省总数的45%；水产品出口世界70多个国家，占全国渔业系统的19.8%。当年，全市水产品出口量38.68万吨，创汇额首次突破10亿美元大关，达到10.6亿美元，连续4年居国内城市之首。

第六章　海洋与渔业管理

20世纪初，青岛市即已开展潮汐观测，并实行水产资源繁殖保护。建国后，实施《青岛市鱼类资源繁殖保护暂行办法（草案）》，规定渔场、渔期、渔具和鱼类捕捞标准，实行禁渔期制度。改革开放后，青岛市更加重视海洋环境与渔业资源保护。1979年7月，青岛市革命委员会颁布《加强水产资源繁殖保护暂行规定》，同时严格执行《工业“三废”排放试行标准》，禁止向胶州湾和邻近海域排放有害污水污物。此后，《青岛海洋渔业管理规定》《青岛市近岸海域环境保护规定》《青岛市海域使用管理暂行规定》等相继颁布实施，青岛市海洋环境与渔业资源保护逐步纳入依法管理的轨道。

第一节　立法

海洋立法

1995年4月8日，《青岛市近岸海域环境保护规定》公布施行，标志着开始海洋立法工作。同年10月1日，《青岛市海岸带规划管理规定》施行。1997年10月，青岛市人民政府颁布实施《青岛市海域使用管理暂行规定》。同年印发《青岛市海域使用申请报批程序》《青岛市海域使用界定（试行）办法》和《青岛市重大行政处罚备案审查规定》办法。1998年，市政府印发《青岛市海域使用金征收管理暂行规定》。同年12月，市海洋与渔业局编印《青岛市海洋与水产法规规章文件汇编》，制定《青岛市海洋与水产系统行政执法程序》。

1999年8月，青岛市第一部海域使用地方性法规——《青岛市海域使用管理条例》公布施行。条例涉及海域使用的界定、执法主体、用海原则、海域使用审批手续、审批权限、海域使用者权利义务、法律责任等内容。1999年，市人大常委会对《青岛市海岸带规划管理规定》进行修正。2001年2月，针对在海域使用确权发证工作中反映出的新情况、新问题，对沿海6区（市）实施《青岛市海域使用管理条例》情况进行调研。2002年，修改完善《青岛市海域使用申请报批程序》《青岛市海域使用界定办法》等配套管理制度，进一步完善海洋与渔业法规体系。

至2005年，青岛市共发布相关海洋管理主要法律法规5个。

渔业立法

1979年7月，青岛市出台《加强水产资源繁殖保护暂行规定》，恢复渔政管理工作。胶南、崂山渔政船负责对青岛近海渔业海域实行监督检查，青岛市渔政管理部门重点对胶州湾巡查保护。1983年6月，青岛市水产局为加强胶州湾水产资源繁殖保护，执行近海渔业管理的有关规定，主要包括：因胶州湾水产资源状况已不能适应现有捕捞强度，决定只安排湾内沿岸的渔船作业，湾外地区的渔船不得进入生产；严格执行渔业许可制度，所有从事捕捞的船只，按批准的作业种类生产，任何船只不得在胶州湾内拖网，禁止使用已被取缔的网具；严格控制插网、撞网等渔具，并执行禁渔期等。1988年，青岛市人民政府颁布实施《青岛市淡水渔业管理规定》，对淡水渔业资源保护和渔业水域环境保护作具体规定，并规定市和县（市）区的渔业行政主管部门所属渔政监督管理机构负责本辖区内的淡水渔业渔政监督管理。1991年，以青岛市人民政府令第16号颁布实施《青岛海洋渔业管理规定》。

1997年，以青岛市人民政府令第75号颁布实施《青岛市海洋渔业安全生产管理办法》，规定青岛市及沿海县级市（区）渔业行政主管部门，负责本辖区的渔业安全生产监督管理工作，具体由其所属的渔政渔港监督管理机构负责。12月，《青岛市海洋渔业管理条例》公布实施，对辖区内养殖业、捕捞业、渔业资源的增殖和保护渔船和渔港、水产品质量、安全生产、法律责任等作出明确的规定。经修订的《青岛市海洋渔业管理条例》自2004年3月1日实施，增加“水产品质量”和“安全生产”两章，对养殖生产、水产苗种生产、无公害水产品产地认定和产品认证、渔业无线电管理等内容进行规范。2003年，以青岛市人民政府令第159号颁布《青岛市水产苗种管理办法》，自11月1日起实施。这是山东省首部水产苗种管理的政府规章，主要对水产苗种生产许可、苗种质量管理和检验检疫等方面进行规范。

至2005年，青岛市共发布相关渔业管理主要法律法规6个。

第二节　海洋环境保护

青岛市海洋科研机构汇聚，潮汐、水文、地质、生物等海洋调查与研究活动一直未曾间断。1978年4月，由山东省海洋水产研究所（黄海水产研究所前身）牵头对“渤黄海污染对水产资源影响”进行调查研究。

改革开放后，青岛市更加重视海洋资源的研究、开发、利用和保护工作。80年代初，国务院确定青岛市作为全国试点地区，在胶州湾建立海洋资源研究开发保护实验区，积累经验，推动全国海洋资源的研究开发和保护。1986年10月7日，国务院成立海洋资源研究、开发、保护领导小组。同时根据国务院的要求，成立青岛海洋资源研究开发保护委员会及其办公室、专业组和专家组，组织胶州湾资源研究开发保护实验区的重大科研项目联合攻关。自1995年起，青岛市加强海洋保护地方立法工作，以胶州湾海域保护为重点的环境质量调查、主要底播养殖区环境监测、入海污染物容量研究、海域使用管理、填海项目审批、污染事故举报与查处等海洋环境保护工作逐步展开。该时期，青岛市加强近岸海域水质监测、海洋环境监测以及海洋环境保护执法检查，并开始海洋自然保护区建设。

海洋监测

1978年4月，农林部成立科研协作组，由山东省海洋水产研究所牵头对“渤黄海污染对水产资源影响”进行调查研究，于1978～1980年重点调查辽东湾、渤海湾、莱州湾、胶州湾等海区。

1998年，组织“青岛市近海养殖水域环境调查”活动，进行3个航次的海上外业调查。整个外业调查，出动渔政海监船15航次，航程800多海里，除个别生物测站样品无法采集外，其余全部按计划完成。1999年，开展海洋环境专项监测工作，进行重点水产养殖区（胶州湾西大洋外底播养殖区、安子湾网箱养鱼区）和重点河口监测，共布设26个水质测站、10个沉积物测站、4个底栖生物测站和1个生物体残毒测站，对选定海域进行两次监测工作。同时，在胶州湾布设28个水质测站，开展重点海湾环境监测工作，结果发现青岛镜蛤、牡蛎、皱纹盘鲍等体内异氧菌含量最低，卫生质量良好。

1999～2000年，完成《胶州湾海域环境质量现状调查与评价》等4项专题调查。2000年，选择有较大影响的青岛碱厂排污口附近海域、青岛四流中支路垃圾场溢流口和李村河口附近海域作为陆源排污口附近海域环境质量监测重点区域，布设17个水质测站、10个沉积物测站、14个生物测站，进行两次水质监测和一次沉积物及生物监测，并首次开展海岸工程建设项目施工期的跟踪监测工作。同年，实施第一海水浴场暑期海洋环境监测预报项目，6～9月，每天对第一海水浴场水质进行监测，同时将监测结果通过《半岛都市报》发布。监测总航程约300海里，航次225小时，监测指标共计7项，其中透明度、水色、水温、盐度、pH值5项指标为每天监测一次，大肠杆菌逢周一、周四监测，共获取原始数据1197个。2002年，首次编制和发布《2001年青岛市海洋环境质量公报》。公报显示：2001年，青岛市近岸海域环境质量总体状况良好，但胶州湾的李村河口、娄山河口和红岛沿海、即墨丁字湾及附近海域污染严重。之后，每年发布《青岛市海洋环境质量公报》。2003年，开展近岸海域16个国控水质监测站的趋势性监测、奥运会帆船赛区及邻近海域海洋环境监测和胶州湾主要底播养殖区环境监测。

2005年，围绕海上奥运赛场建设，筹集一期工程资金1711万元，用于入海污染物容量研究、污染治理、岸线变化的有效控制和整治。同年，布设181个水质测站、54个沉积物测站，开展近岸重点海域和奥帆赛区海洋环境监测；投资758万元完成多参数海洋浮标监测系统环境建设和技术改造；对全市41个陆源排污口实行动态监测，建立重点入海排污口监测档案，每月发布陆源入海排污口及邻近海域的监测信息和分析评价。同年，第一套多参数海洋水文、水质监测浮标在小麦岛附近海域布放下水并开始试运行。这套从挪威进口的浮标造价近300万元，配备有先进的计算机处理系统、全球定位系统、海事卫星通信系统和GPRS通信系统、符合国际标准的航行类和雷达反射器。监测的主要参数为风速、风向、气压、气温、温度、波高、周期、波向、流速、流向、水温、盐度等要素，监测数据按照国际帆联的要求，通过专用网站和奥帆委网站向全世界适时发布。12月，另外两套多参数海洋水文、水质监测浮标也分别在石老人附近海域和五四广场前

2005年，青岛市第一套多参数浮标下水试运行，监测海洋水文、水质。

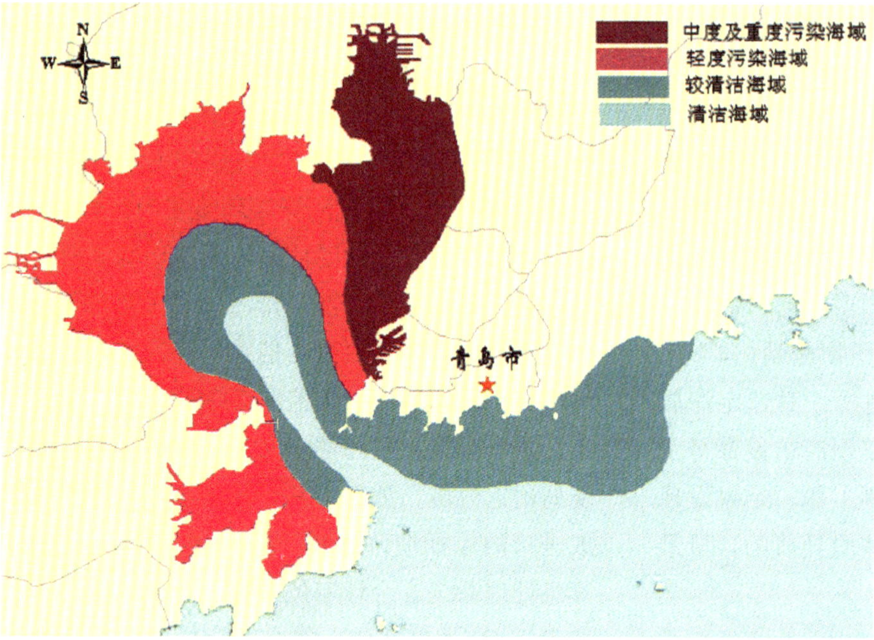

2004年青岛市胶州湾污染海域分布示意图

海成功布放下水。通过海洋环境监督管理，保护海洋生态环境，促进海洋资源的合理有序利用。

污染防治

1995年，青岛市海洋与水产局配合国家海洋局进行第二次全国海洋污染基线调查，完善青岛市渔业水域污染事故调查处理程序，建立青岛市海洋与渔业环境污染事故举报信息网。当年，在沿海布设举报点60多个，查处污染事故21起，并开展污染事故索赔工作。1996年，胶州湾陆源污染物入海总量控制研究经国家海洋局批准立项。1998年，青岛市参加第二次全国海洋污染调查。主要是进行陆源污染物入海情况的调查统计；配合国家和山东省完成海上污染物调查和海上作业采样工作。组织对胶州湾及前海一线实施历时一个多月的联合执法检查，共检查围海填海场所和陆源排污口23个，查处违章违法填海、倾倒垃圾及废弃物和超标准排污事件7起。调查处理崂山区小麦岛、唐岛湾等9起海洋污染事故，挽回经济损失近500万元。1999年，在小麦岛附近海域和胶州湾小港附近海域发生赤潮两次，面积86平方千米。2000年，胶州湾局部地区发生以夜光藻为主要藻种的赤潮一次，面积2平方千米，经济损失343.2万元。

2001年，青岛市成立海洋与渔业系统海洋赤潮防灾减灾领导小组和办公室，建立全市赤潮监视网络，拟定海洋赤潮防灾减灾工作方案，同时加强赤潮知识的宣传和海洋赤潮日常监督监视工作，针对近岸海域发生的赤潮现象进行应急跟踪监测监视，防止赤潮扩散给渔业生产造成损害。2002年，编制《青岛市赤潮监控方案》，并建立青岛市赤潮监视信息网。

2005年，全面启动胶州湾及邻近海岸带的综合整治工程，一期投资1711万元，用于加快沿岸污水处理厂和截污管线的建设。

海洋自然保护区建设

1997年，青岛市开始筹备海洋自然保护区的建设工作，提出在长门岩岛群及其周围海域和大公岛及其周围海域建立海洋岛屿生态系统市级自然保护区的设想。2001年，山东省政府批准大公岛为省级自然保护区，主要保护对象是岛屿及海洋生态系统和生物多样性。2000~2004年，市政府批准大公岛、灵山岛为青岛市海洋岛屿生态系统自然保护区、建立青岛市文昌鱼水生野生动物市级自然保护区。

2000年，青岛市组织有关专家多次对灵山岛建立保护区的可行性进行现场考察。开展灵山岛海珍品种质资源调查，完成《灵山岛青岛市级海珍品种质资源保护区建区可行性报告》。2001年，市政府正式批准建立青岛市级海珍品种质保护区，保护区包括灵山岛及小牙岛外缘海域，总面积32.83平方千米，主要保护对象是沿岸海域生态环境和渔业资源。2002年12月30日，山东省政府批准灵山岛为省级自然保护区。2004年，正式建立青岛市文昌鱼水生野生动物市级自然保护区。该保护区位于胶州湾口外、竹岔岛东北、大桥岛以东，总面积61.81平方千米，其中实验区面积24.41平方千米。主要保护对象为文昌鱼及其生存环境。青岛海域有丰富的海底矿砂资源，是世界著名的文昌鱼栖息和繁殖地。青岛文昌鱼水生野生动物市级自然保护区是青岛市第一个野生动物保护区。

第三节　渔业资源保护

1979年，市政府印发《加强水产资源繁殖保护暂行规定》，恢复渔政管理工作。1980年，青岛市普遍执行渔业许可证制度，同时恢复对渔轮捕捞幼鱼比例的检查制度。1981年，青岛群众渔业底拖网渔船开始实行休渔期制度，时间上为伏季2个月。1983年，对胶州湾内中国对虾首次进行试验性增殖放流。进入90年代，依法进行幼鱼比例检查、禁渔区、禁渔期监督管理以及实行渔业许可制度、放流增殖等，加强对水产资源的保护。至2005年，青岛市渔业水域环境质量总体状况良好，渔业资源与环境保护取得成效。

休渔期

自1981年起，青岛实行群众渔业底拖网渔船休渔期制度，每年7～8月停止拖网作业。此后根据国务院有关规定，各海域禁渔期调整为：黄海海域禁渔期为7月10日至9月1日；渤海秋捕日期为9月15日至12月10日。1984年后，山东南部近海北纬35°20′～37°25′的禁渔线以西为对虾增殖海域，每年6月15日至9月10日，定置网具一律不得在该区域作业。

2004年，休渔期海警近海巡逻。

进入90年代，国家加大渔业资源保护力度，对禁渔期有关规定进行修订，全面实行休渔制度，每年的7月1日至9月15日为休渔期，休渔期内所有渔船不得出海生产，休渔期渔政管理部门统一组织进行休渔检查。1998年，执行东、黄海伏季休渔制度。1999年又将北纬35°以北的黄海海域，休渔期延长半个月。该时期，青岛市渔政部门深入渔村、渔港现场，开展休渔期宣传活动。设立公开举报电话，利用新闻媒体曝光，加强休渔期社会监督和舆论监督。2000年休渔期间，全市举办各类培训班21期，培训渔民5000余人次，组织渔民由捕转养、组织渔船上坞维修。同时，加大休渔期执法检查力度，当年全市出动10艘渔政船，执行检查任务300多艘（次），航程达1.2万余海里，检查渔船900余艘（次），查处违规渔船96艘，罚款及赔偿资源费50余万元。2005年，青岛市执行渤海和北纬35度以北的黄海海域的休渔期制度，时间为6月16日12时至9月1日12时。

渔业许可制度

1980年，青岛市普遍执行渔业许可证制度。1982年，青岛市对船只发放青岛市渔业许可证，并明确近海不再增加。1985年，因实施

80年代初，青岛市水产部门在沿海进行中国对虾生产性放流成功后，陆续开展乌贼、海参、黑鱼等增殖放流，成效显著。图为水产种苗投放现场。

对虾增殖放流，开始办理山东南部沿海增殖对虾专项捕捞许可证。1992年，青岛市出台专项捕捞许可证管理办法，渔业许可证的管理逐步规范化。1989年1月1日，全国开征渔业资源增殖保护费（简称渔业资源费）。同年4月，农业部发布《渔业捕捞证管理办法》，海洋渔业捕捞许可证分为基本捕捞证和临时捕捞许可证两种，基本证有效期5年，每年年审一次，临时证有效期1年。当年，全市共办理渔业捕捞许可证的机动渔船5246艘。进入90年代，山东省渔政部门对渔业许可证严格控制，对县（市、区）渔船功率实行指标控制，1998年，捕捞许可证全部换为基本捕捞证，取消临时捕捞许可证。2000年，全国渔船普查之后，停止办理木帆船捕捞许可证。给“三无”捕捞渔船发放临时捕捞许可证，有效期10年，10年内不准买卖、转让、更新。当年，青岛市共办理渔业捕捞许可证的机动渔船达8041艘。2004年，全市发放养殖证1000多本。2005年，青岛市首次对经营利用、驯养繁殖水生野生动植物行为进行许可审核，全市20多家单位依法办理许可证。当年，青岛市办理渔业捕捞许可证的船只共9245艘，总功率为28.1万马力。

放流增殖

1983年，中科院海洋研究所对胶州湾内中国对虾首次进行试验性增殖放流，当年秋季获得0.2%的标志回捕率。1984～1986年，青岛沿海共生产性放流增殖中国对虾幼苗7.15亿尾，回捕增殖对虾2080吨。80年代，由黄海水产研究所投资，在灵山岛海域附近增殖海参苗89万头。经测试，海参增殖效果虽然明显，但因苗种和资金等原因停止。另外，青岛市在沿海不同海域投放人工鱼礁2544个，并移植藻类，投放鲍鱼、海参苗。经投礁后的回捕试验，资源量明显回升。90年代进行金乌贼、墨鱼放流增殖实验，但因受资源所限，附苗量较少，效果不甚明显而停止。

2002年，青岛市在胶州湾内进行国内首例南美白对虾放养实验。当年，放养平均长3厘米的暂养苗98.4万尾，回捕率为17%。2002～2005年，青岛市在胶州湾内放流平均体长约2厘米的中国对虾暂养苗2亿余尾，回捕率约20%。2004年，黄岛区海洋局承办青岛市首次大面积海蜇增殖放流任务，在唐岛湾海域投放1100万尾海蜇苗，在胶州湾放流海蜇苗3000万尾，翌年又放流1000余万尾。2005年，在胶州湾放流海蜇1227万尾，回捕海蜇18万尾，1530吨。同年，崂山区与海洋研究所合作，引进美国硬壳蛤600多万苗种，在王哥庄采取滩涂底播和虾池内放苗两种方式进行增殖，并分3个点进行实验推广。6月，首次实施梭子蟹放流项目，放流苗种304.4万只，回捕梭子蟹90吨。当年，青岛市实施渔业资源修复行动，加大资源放流增殖、种质资源保护和人工鱼礁建设。

第四节 海洋管理

1995年9月，青岛市正式组建海洋与水产局，依法对市辖海域实施海洋综合管理。2001年，青岛市被国家海洋局和财政部确定为第二批海域使用管理示范区。2003年，青岛率先在副省级城市中编制海域使用规划，构建起覆盖全市的海域使用管理信息网络系统，全面规范海域使用申请审批程序和海域使用权证书及海域使用档案的管理。2004年，开始施行涉海项目立项前预审办法和海域使用论证制度。同年，完成区（市）间海域勘界工作。2005年，《青岛市海洋功能区划（2005～2020）》通过评审，并实施前海一线海域的清理整治。

海域规划

1985年，青岛海洋资源研究开发保护委员会成立，组织各方面专家开展对胶州湾及邻近海域的研究工作，对胶州湾及邻近海岸带进行功能区划，为全国首例进行的大比例尺区域功能区划。1989年，开展海岛综合调查研究工作，包括对灵山岛进行综合调查，对田横岛、竹岔岛、斋堂岛、沐官岛和鸭岛进行专项调查，对崂山湾内植被区系特色突出的长门岩、大管岛和马儿岛进行陆域和浅海环境、资源全面调查。1993年，市政府决定对滨海岸线产业规划进行调整，确定团岛至麦岛30千米的黄金海岸逐步撤出养殖产业，重点发展旅游产业，恢复海域自然风貌。

1995年12月26日，市政府印发《胶州湾及邻近海岸带功能区划》，将功能区划分为开发利用区、治理保护区、自然保护区、特殊功能区、预留区。《青岛市近海岛屿保护与利用规划》中提出三大保护与利用规划构思：一是保护优先，实施资源安全管制；二是“陆岛”联动，构建海岛整体开发格局；三是管理结合规划，制定全面的综合管理体系。《青岛市海洋产业发展规划（1996～2010）》中对海洋产业布局、对策措施作出具体安排。

2003年，完成《青岛市海洋功能区划》的编制工作。2005年，青岛市的近海布局进行详细划分，包括8个综合性港区及预留区、2个公务港、2个邮轮港、11个渔港；9个游艇码头、20个旅游和陆岛交通码头；6个临海工业用海区、27条航道、15个锚地和1个引航区共同组成青岛市港航及临海工业用海的区域布局。由于团岛和黄岛已经完全成为陆域，经过专家确认其已经失去岛屿属性，不再计入青岛海区海岛范围。另外，通过卫星遥感测试发现有8个以前没有发现的“陌生”海岛，确认3个面积超过500平方米的海岛，分别是石岛礁、大桥岛和小桥岛，使青岛海区海岛的数量增至69个。

海域使用

1996年，青岛市依据有关渔业法规和《胶州湾及邻近海岸带功能区划》，对团岛至麦岛沿海养殖区的进行清理整顿，限期自行拆除养殖设施。对驻青海洋科研、教学单位所需科学试验水域，在《胶州湾及邻近海岸带功能区划》确定的海洋科学试验区内作适当调整，但不得从事以盈利为目的的养殖生产活动。为确保清理工作顺利进行，市海洋与水产局派出5艘渔政船只在海上执法。

1997年，开始施行《青岛市海域使用管理暂行规定》以及《青岛市海域使用金征收管理暂行规定》《青岛市海域使用申请审批程序》《青岛市海域使用界定办法》3个配套文件，推行海域使用许可制度和有偿使用制度。规定用海单位在规定时限内必须到青岛市海洋与水产局进行海域使用许可证年度审验。并规定，在大型海洋工程建设项目开工前，选择有甲级资质的机构进行环境影响的评估，防止海洋工程造成环境污染。1998年3月，根据《中华人民共和国海域使用管理暂行规定》和《青岛市海域使用管理暂行规定》，青岛市第一本“国家海域使用证”颁发给中国科学院海洋研究所，使用面积10公顷，使用期限8年，使用海域的主要用途是科学试验、底栖生物增殖、游钓，标志着青岛市海域使用进入有序、有度、有偿管理阶段。2000年，市海洋与水产局批复同意北海船厂使用海域2.5平方千米用于海西湾修造船基地的建设。并按照《青岛市海域使用管理条例》的有关规定，发放“国家海域使用证”，按计划组织施工。年末，全市1.38万平方千米的管辖海域中，已使用面积4820平方千米，累计发放“国家海域使用证”410个，确权发证率达到85%以上，征收海域使用金3300多万元。2002年，开始以公开招标的方式出让海域使用权。首次竞标的海域位于胶南市泊里镇石崖村前，出让期限为5年，主要用途为紫菜养殖，来自泊里镇的6户渔民参加竞标。此次招标使国有资源增值80%，也是海域管理创新机制的一次有益尝试。

2005年，全市新审批用海项目61个，累计发放海域使用证920本。新上用海项目办证率、海域使用权证书换发率及年审率均达到100%。当年，青岛市被推荐为全国海岸带综合管理平行示范点，胶南市、黄岛区、崂山区被评为国家海域使用管理示范县。

2001年，青岛市被国家海洋局确定为第二批海域使用管理示范区后，青岛市积极开展海洋执法检查活动。图为青岛海洋监察支队在海上巡检。

海洋监察

1998年8月，青岛市海洋监察支队成立后，沿海各区（市）分别成立海洋监察大队。当年，对违章填海用海的27个单位和超标排污的6个单位下达整改通知，依法处理4个违章用海单位；调查处理9起海洋及渔业水域污染事故，为渔业生产单位和个人挽回经济损失500多万元。1999年，青岛市、区（市）两级海洋监察队伍共查处非法占用海域8.67平方千米。2000年，全市海洋监察队伍共出动海上检查船23艘（次），航程600余海里，查处非法圈占海域、破坏海洋环境案件4起。出动陆上检查60余车（次），行程1000多千米，检查用海单位和个人40余人，作出处罚决定5起，罚款7.3万元。

2002年11月，青岛市海洋监察支队更名为中国海监青岛市支队。2003年，实施青岛市保护海洋国土“蓝箭行动”，围绕海域使用、海洋环境保护、海洋监察、伏季休渔等工作重点，组织海洋执法监察活动，依法查处违法违规案件。全年海监执法队伍共出动检查车、船541次，处理各类违规案件73起，其中，针对海砂管理出海巡航检查13次，罚款12万余元，协调用海纠纷31起。

2004年4月，市海洋与渔业局、国家海洋局北海分局出动7艘海监执法船、7部越野执法车、1架海监执法飞机和100多名执法人员组成海陆空编队，在青岛中苑广场附近海域举行联合演练，开展中国“海盾2004”青岛市“蓝箭行动”。集中查处违法填海造地、违法围海养殖及海洋工程建设和破坏海洋生态等违法行为，全市共查处非法围海养殖行为216起，强行拆除52个非法围海养殖池，爆破清理近岸7个3000余平方米的非法围海养殖池，立案查处135起，收回非法占用海域8公顷、海滩0.8公顷。2005年，全市出动海洋执法人员2000多人次、船只70多艘（次），车辆570余台（次）、行程8000多千米，组织各种检查61次，海域巡查170多次。查处违法填海造地、前海海域非法采砂和破坏海洋生态等案件65起，查处非法养殖行为86起，联合公安、边防、城管、法院等部门强行拆除52个非法围海筑池，下达“责令停止海洋违法行为通知书”97份，收回非法占用海域14公顷、海滩1公顷。

海洋信息

2000年，青岛市海洋与水产局同国土资源部海洋地质研究所和国家海洋信息中心等单位密切合作，按照国家海洋局制定的技术规范着手建立青岛市海域使用管理系统，顺利完成海域使用调查登记数据、功能区划数据、海域使用权证书发放情况、海域使用金征收情况和海域使用申请报批、日常管理、法律法规、海洋环境监测等系统软件的编制和调试工作，并完成主要功能区划和海域使用现状图的数字化处理，有关各项全部输入计算机进行管理，2001年正式开机，主要完成海域使用证换发工作。至2003年，青岛市海洋与渔业局的微机信息管理系统拥有覆盖6个下属区（市）的数据库和图形库，实现各区（市）和市局之间的数据共享、协调管理。2004年初，在青岛市政府决策信息网、国家海洋局、市海洋与渔业局等多家专业网站发布《2003年青岛市海洋环境质量公报》。

2005年，全市性的海洋与渔业环境监视举报信息网建成并投入使用。海洋信息系统的不断完善，提升了海域使用管理工作的法制化、规范化和科学化水平。2005年，青岛市近岸海域环境质量总体状况良好，符合国家二类海水水质标准的较清洁海域面积约为3300平方千米。胶州湾由于海域面积缩小、纳潮量减少、自净能力削弱等因素影响，污染较重，东北部海域受“白泥”污染影响，已使该处海域呈“白斑”状；团岛污水处理厂排污口超标排放的污染物是化学需氧量和镉，其邻近监测海域海水超过三类海水水质标准。这是青岛市根据《山东省海洋环境保护条例》，首次规范地对社会发布海洋环境质量信息。

第五节　渔政管理

1979年3月全国水产会议后，青岛市恢复渔政管理工作，涉及生产安全的渔船性能检验、船员素质培训和渔船停靠码头等管理工作由山东省渔船检验和渔港监督部门直接管理。1988年，青岛市水产局渔政处改称为青岛市水产局渔政渔港监督管理处，负责全市渔政管理、渔港监督和渔船检验工作。全市逐步加强渔政装备建设，围绕水产资源保护与增殖，抓住保护幼鱼、幼虾等环节，具体采取禁渔期、禁渔区管理和幼鱼比例检查，并通过发放渔业许可证对捕捞量进行控制。同时，加强渔船的技术检验、渔港安全监督和渔业通信的管理工作，维护国家和渔业生产者的合法权益。至2005年，全市共有渔政执法人员138人，渔政船11艘。

渔船检验

1980年3月，中华人民共和国船舶检验局渔船分局青岛检验站与青岛渔港监督成立，一个机构、两块牌子。青岛市沿海县（区）相继建立渔船渔港监督管理站，业务技术归青岛检验站领导。青岛检验站负责60马力以上群众渔业船舶和国营水产单位船舶的监督检验工作，包括设计文件图纸的审查和渔业船用产品的检验；县（区）渔船管理站负责60马力以下机动渔船和非机动渔船的监督检验工作。1982年，青岛检验站加强对国营渔业船舶修造过程的监督检验，共检验各种机动渔船564艘，渔船安全航行状态好转。1987年，青岛市水产局对4778艘机动渔船和3491艘非机动渔船进行换证和年审工作。1994年，青岛市水产局年审渔船、钓鱼船8497艘，并建立渔政、公安、联防三位一体的海上执法体系和渔船违规档案。同年，青岛市被评为全省安全生产先进单位。2001年，青岛市启用新版国内渔业船舶检验证书，废除96版渔船检验证书。2005年，拆解渔民自愿报废捕捞渔船169艘，压减渔船功率6523千瓦。渔船年审率达到100%。

渔船保险

1981年，中国人民保险公司青岛分公司与国家船舶检验局渔船分局青岛检验站联合发出通知，对渔船参加保险的办法作出具体规定。青岛渔船保险工作由中国人民保险公司青岛市公司通过各县（区）渔船监督管理站组织实施。1986年，青岛地区基本完成集体渔船作价归渔民个体经营工作。当年组织对20马力以上和部分12马力渔船实行保险。1990年，改为只对20马力以上（包括20马力）渔船保险。1994年后，崂山区成立中国渔船船东互保协会青岛市崂山区代办处，即墨市成立中国渔船船东互保协会山东即墨市代办处，胶南市于1996年参加中国渔船船东互保协会。1996年后，沿海各区（市）分别由渔港监督作为互保协会的代理机关，承办辖区内渔船及经营人的互保业务。但因保险渔船缴纳保险费率和渔船出险后免赔率提高，导致参保渔船逐年下降，青岛地区越来越多的船只参加渔船船东互保协会。2005年，仅胶南市参加中国渔船船东互保协会的渔船数量就由1996年的2艘发展到89艘，保险金额由0.36万元增加到27万元。

渔港监督

1980年，青岛辖区船员技术考试发证工作实行分级管理。1982年，青岛渔港监督主办船员考试7次，考试合格船员429人。其中国营渔业船员占30%，集体渔业占70%。1983～1985年，青岛沿海地区小型渔船迅速增加，各县（区）渔船渔港监督管理站举办船员技术培训班，分期培训考核1600人。1985年10月，青岛渔港监督开始办理青岛港渔船进出港签证事项，随后在积米崖港、沙子口港和东营港进行渔船进出港签证办理。当年在沙子口港和黄岛港检查近1000艘渔船，强制配齐号笛，增加救生圈、救生衣等3000件。

1990年，青岛市执行《中华人民共和国船舶进出港签证办法》，渔港监督工作逐步规范化。1992年，青岛市对150名渔政检查人员进行培训考核，并颁发检查证书，举办捕捞船长培训班2期，举办多期安全生产培训班，有2710名渔民领到考核合格证。海上检查渔船4000多艘，处罚违规渔船250艘。查出设备不安全船只500多艘，并配齐设备。1994年后，青岛市渔港监督、渔政联合行动，对辖区内的“三无”（无渔船登记证书、无渔船检验证书、无渔业捕捞许可证渔船）渔船进行全面清理。至2000年，全市共清理“三无”渔船896艘。2005年，全市渔船进出港口的签证规范，渔港渔船安全大检查定期进行，维护了国家和渔业生产者的合法权益。

渔业通信

1979年4月，青岛地区渔业电台成立，作为青岛市的渔业无线电管理机构，负责辖区内渔业无线电管理及通信联络，主要是为渔民提供海上抢险救助通信联络和渔汛、渔情、天气预报等生产服务。80年代，青岛地区渔业电台积极筹备资金，购进通信设备，至1990年，在全市范围内建立起渔政高频专用通信网络。该网络在青岛市及市属6个沿海区（市）、十几个重点渔业乡镇、几十个渔业村以及重点渔港码头，设置安装IC—28A、IC—28H型25W甚高频基地台13座、C—150型便携台62部、IC—28A型船台6座、IC—28A型渔政车台14座。1997年，由农业部投资在青岛市建立4座与全国11个沿海省市联网的“近海渔业安全救助通信网”岸站，分别设在青岛市海洋与水产局电台、城阳区海洋与水产局电台以及即墨市山南港、胶南市积米崖港。1998年，青岛市渔业无线电管理总站成立，随后，市辖沿海区（市）崂山、城阳、黄岛、即墨、胶州、胶南都成立相应的渔业无线电管理机构。据1989～1999年统计，通过渔业无线电紧急遇险通信联络，使500余名因海上遇险以及严重受伤的渔民船工及时得到抢救；使100余艘因海上遭受台风、大风袭击以及触礁、碰撞造成沉没和将要沉没的渔船及时得到营救，避免数千万元的经济损失。

2005年，青岛市在60马力以上渔船上配备单边带电台765套，同时对9套岸台配备单边带电台。一般情况下，配备单边带电台的渔船在离岸200～300海里区域内，能保持较清晰的海上通话。当年10月，青岛市渔业无线电管理总站被农业部渔业局设为全国渔业短波通信网岸台基站之一，与其他14座基站共同担负全国渔业安全通信救助联络任务。至2005年底，全市海上安全救助二级通信网络渔船编队52个，渔船1408艘，占60马力以上渔船数的90%。青岛沿海各区（市）全部建设相应的岸台并办理电台执照。当年，通过海上安全救助二级通信网络实施安全救助358次。

第十一篇　水　利

青岛地处山东半岛南部，属温带季风大陆性气候。降雨趋势由沿海向内地、由东向西、由东南向西北递减。年际变幅大且年内分配不均，多为春旱、夏涝、晚秋又旱。汛期降水（6～9月）约占年降水量的70%～76%，且往往集中在几次暴雨之中，极易形成洪涝灾害。平均春灌期降水量仅为年降水量的13.5%。从清顺治四年（1647年）至1949年，青岛地区共发生大洪涝灾害40次、大旱灾害16次。

青岛境内有大小河流224条，均为季风区雨源型河流，地表径流时空变化大，多为独立入海的山溪性小河，流域面积在100平方千米以上的河流有33条。按照水系分为大沽河、南北胶莱河和沿海诸河三大水系。青岛解放后，开展大规模群众性水利建设，整地改土、挖河打井、筑堤建闸、改碱治洼、建库修坝。建国初期以排涝防洪为主，对小新河、利民河、十米河等20余条主要河道进行疏通治理。1958年，是大规模水库建设之年。当年有产芝水库、尹府水库、崂山水库、黄同水库等先后开工建设，至1960年共建成17座大中型水库，总库容10.29亿立方米。该时期，由于采取边勘测、边设计、边施工的方法，甚至先施工后补报设计，因此多数水库初建时质量较差，防洪标准低、隐患多、尾工多。1964年，组织开展洼涝治理和灌区开发，使12.3万公顷洼涝地（占全市耕地面积24.98%）消除水患，并实施4万公顷的洼涝地稻改。1970年后，进行旱涝保收、治水改土和山水林田路综合治理的农田基本建设。完成土石方7410万立方米，建高产稳产田21.53万公顷，修路3700千米，修干支斗渠4000余条、2800余千米。

至1978年，全市有大中型水库23座、小型水库370座、塘坝3016座，总库容14.28亿立方米；拦河闸坝47座，拦蓄能力2558万立方米。全市有效灌溉面积1.95万公顷，设计灌溉面积万亩以上灌区2个，设计灌溉面积2330公顷；机电井3358眼，有效灌溉面积1.15万公顷，占全市有效灌溉面积的58.8%；固定机电排灌站280个，有效灌溉面积4950公顷；排灌机械5618台，装机容量4.39万马力，排灌面积1.84万公顷。青岛市基本形成排、灌、蓄、引、调、控的防洪抗旱水利工程体系。

概　述

改革开放之初，受极端气候的影响，青岛地区连年大旱，多数水库枯竭，工农业生产及城乡供水产生困难。1979～1983年，青岛市投入财政资金1.8亿元，在大沽河流域进行4次供水应急工程建设，另有16个水利工程由农业供水转为部分向市区和城镇供水，保障城市生活用水和工业发展用水。同期小型农田水利工程，特别是节水型灌溉在持续抗旱中得到迅速发展。1985年，市政府印发《青岛市水利管理工作改革意见》，加大水利工程建设投资，组织开展大沽河干（支）流、南胶莱河、北胶莱河治理以及墨水河、洋河等沿海诸河治理，开展水库除险加固，全市水利建设由为农业服务为主扩大到为国民经济和社会发展服务。1986～1989年，投资9.53亿元，完成“引黄济青”调水工程，缓解了城市供水困难。1995年，市政府将大沽河综合治理列为水利建设重点工程，此后10年共投资6.78亿元，使大沽河干流防洪能力达到20年一遇。1999年，投资2.8亿元，对23座大中型水库分期分批实施除险加固工程，使大的险工隐患基本得到控制。2005年，市级水利工程总投资6.94亿元，其中市级以上资金2.79亿元，为1998年后投资最多的一年。同时，市政府将农村自来水化一期工程和即墨、城阳境内的墨水河段综合治理工程列入2005年青岛市重点办好的实事。其中，农村自来水化一期工程是青岛市规模最大一次性投资最多的农村饮水工程，总投资达1.81亿元，该工程于11月中旬全部完工，建成供水工程874个，使全市1050个村庄74万人用上自来水。实施墨水河综合治理一期工程的防洪和截污部分，投资8725万元，治理后的河段防洪标准由原不足5年一遇提高到50年一遇。

2005年，全市有大中型水库23座、小型水库509座、塘坝4400座，总库容15.54亿立方米；拦河闸坝396座，拦蓄能力2100万立方米，年均蓄水量为431.9万立方米，基本形成防洪排涝工程体系。全市农田有效灌溉面积29.65万公顷，节水灌溉面积14.07万公顷。其中大中型水库灌区19个，小（一）型水库灌区76个，引河自流灌区60个，扬水站1669个。另有机电井7.41万眼，供水量3.73亿立方米。各类供水工程5488项，累计解决吃水困难村4986个、109.98万户、403.86万人、88.47万头大牲畜吃水困难。

第一章　河道治理

青岛市流域面积在100平方千米以上的河流33条，堤防长1591.7千米。流域面积在10平方千米以上的河流257条，堤防长2866.14千米。多数河流源短流急，单独入海，属典型的季节性河流。流域面积在300平方千米以上的有大沽河、小沽河、墨水河（即墨市境内）、白马河、风河、洋河等共16条；200～299平方千米的有吉利河、白沙河（城阳区境内）等5条；100～199平方千米的有莲阴河、甜水河、漕汶河、横河、张村河等共12条；10～99平方千米的有海泊河、岛耳河等共74条。

1979年后，青岛市组织对北胶莱河主河道存在的工程隐患进行零星治理，也对墨水河、白马河、白沙河、风河等局部河段进行过护堤、疏挖、清淤等治理。该时期青岛地区连年干旱，河道行洪压力较小，故河道治理投资少、规模小。1983年后，青岛市水利建设投资逐年增加，河道治理项目增多，先后组织对大沽河干（支）流、南胶莱河以及墨水河、洋河等进行大规模河道治理。

1979～2005年，全市共治理河道127条853.2千米，总投资17.5亿元。其中，47条河流防洪标准达到20年一遇。

2005年青岛市流域面积100平方千米以上河流水系及其支流情况表

表11-1

水系	河道名称	流域面积（平方千米）	干流长度（千米）	堤防总长（千米）	流域内工程			防洪标准（年）		发源地	汇入海、河口位置
					水库	闸坝	堤防涵洞	现状	设计		
大沽河	大沽河	4631.3	179.9	211	13	11	99	10	50	烟台招远市阜山	胶州市码头村入海
	小沽河	1028.2	84	51.5	1	1	45	5	20	烟台莱州市马鞍山	莱西市院上镇大里村南入大沽河
	桃源河	308	34.7	43.7	2	2	36	20	20	即墨市普东镇桃行村	城阳区河套街道下疃村西北入大沽河
	五沽河	648	48.45	56.65		3	45	10	20	莱阳市教格庄和即墨市五道泊龙泉镇俞家屯	即墨市袁家庄入大沽河
	流浩河	410	36	30	1	9	—	10	10	即墨市灵山镇东南金家湾	即墨市七级镇中岔河村西入大沽河
	洙　河	420.5	50.7	13.4	1	3	—	5	20	莱阳市谭格庄镇夭山	莱西市水集街道北张格庄村西南入大沽河
	落药河	285.7	35	52.9	3	3	29	20	20	平度市小古迹山北麓	平度市南村镇崖头村入大沽河
	黄同河	128.91	17.5	14.2	6	—	—	20	20	平度市大田镇陈家村西北望儿山南麓	平度市祝沟镇小沽洄村东南
	猪洞河	299..8	37.5	33	9		4	6	40	平度市大田镇大崮顶后大洞岭东麓	平度市云山镇谢戈庄东北
	七星河	112.5	22.5	13		3	2	5	20	莱西市河头店镇杨家屯东南小山	莱西市水集街道史家疃村南入洙河

续表11-1-1

水系	河道名称	流域面积（平方千米）	干流长度（千米）	堤防总长（千米）	流域内工程			防洪标准（年）		发源地	汇入海、河口位置
					水库	闸坝	堤防涵洞	现状	设计		
南胶莱河	南胶莱河	1500	30	45	2	2	99	3	20	平度市万家镇姚家村与毛家分水岭	胶州市胶东镇前店口村南入大沽河
南胶莱河	胶　河	608	100	37	1	2		10	20	胶南市六旺镇鲁山一带	胶州、高密、平度交界处的刁家岭南入胶莱河
南胶莱河	墨水河（胶州市境内）	303	50	29	1	4	14	10	20	胶州市九龙镇艾泊及匡家茔一带丘陵地区	胶州市马店、胶莱镇的官路滞洪区下游入南胶莱河
北胶莱河	北胶莱河	3978.6	100	200	—	2	57	20	20	平度市万家镇姚家村东南	烟台莱州市海仓以北入莱州湾
北胶莱河	昌平河	100.04	17.6	20.2			23	20	20	平度市蓼兰镇东南部丘西村	平度市崔家集镇陶家堡南入北胶莱河
北胶莱河	泽　河	888	61	50.46	3	11	52	20	30	平度市香店街道曲坊村	平度市新河镇大苗家村西入北胶莱河
北胶莱河	白沙河	108.4	24.8	24	12	—	—	20	20	平度市崔召镇西北部上马戈庄村后大姑顶南麓西涧山泉	平度市香店街道曲坊村南入泽河
北胶莱河	白沙河	131.17	24.3	42.1	—	—	—	5	5	平度市崔召镇西北部上马戈庄村后大姑顶南麓西涧山泉	平度市万家镇刘家口村东200米处入北胶莱河
北胶莱河	淄阳河	208.7	44	46	5	—	—	1	20	平度市大泽山主峰、大姑顶西葫芦岩	平度市下刘家村西入泽河
北胶莱河	双山河	54.13	25	11.8	4	—	24	2	20	平度市店子镇磨锥山西北麓	平度市张舍镇姜家村东入泽河
北胶莱河	双山河	82.29	13	10	—	—	—	1	20	平度市店子镇磨锥山西北麓	平度市新河镇前高家村入北胶莱河
北胶莱河	龙王河	30	13	26	—	—	—	10	20	平度市原唐田乡风山北麓	平度市门村镇吴家村南入泽河
北胶莱河	龙王河	276.42	24	24	—	3	7	5	20	平度市田庄镇李家埠村南	平度市明村镇大小河子村南入北胶莱河
北胶莱河	现　河	116.95	20	27.2	12	—	17	1	20	平度市城关街道乔家村北裕风顶	平度市同和街道入泽河
北胶莱河	现　河	318.72	40	26	—	1	—	5	20	平度市城关街道乔家村北裕风顶	平度市同和街道小洪沟村前入泽河
北胶莱河	白里河	100	22.6	22.6	—	—	27	20	20	平度市蓼兰北部小军屯	平度市明村刘家彩庄前入现河

续表11-1-2

水系	河道名称	流域面积（平方千米）	干流长度（千米）	堤防总长（千米）	流域内工程			防洪标准（年）		发源地	汇入海、河口位置
					水库	闸坝	堤防涵洞	现状	设计		
沿海诸河	墨水河	317.2	41.5	35.2	10	10	1	5	50	城阳区三标山一带	城阳区棘洪滩街道前海西村入胶州湾
	白沙河	215	33.93	35	10	12		20	20	崂山巨峰	城阳区流亭街道西后楼村入胶州湾
	张村河	131.3	22.5	20.76	—	—	6	10	50	崂山区北宅街道峪夼村东北	李沧区阎家山处与李村河汇合入胶州湾
	洋 河	303	49	42.7	1	2	27	10		胶南市宝山镇高城岘北麓吕家村和金草沟一带	胶州市九龙镇和营海镇交界的土埠台村东入胶州湾
	莲阴河	123	35	30.4	1		16	4	20	即墨市段村镇莲花山	即墨市金口镇入丁字湾
	风 河	315.48	31.8	60.28	2	4	18	20	20	胶南市宝山镇七宝山南麓	胶南市珠海街道大港口入海
	巨洋河	128.75	25.35	36	2	1	12	3	20	青岛市经济技术开发区小珠山西麓	胶南市王台镇五河头入胶州湾
	横 河	158.37	23.97	16	1	1	6	4	20	胶南市张家楼镇铁橛山南麓尹家大山	胶南市泊里镇西小滩村东入黄家塘湾
	吉利河	300.1	39.85	31.8	1	—	—	2	20	潍坊诸城市鲁山西南千秋岭	胶南市大场镇马家滩村入白马河
	白马河	265.3	44.2	73.18	4	—	7	5	20	潍坊诸城市鲁山东麓	胶南市大场镇河崖头南入海
	甜水河	109.89	19.97	37.27	—	1	5	3	20	胶南市海青镇大缀骨山南麓	胶南市海青镇宋家岭东入黄海

第一节　大沽河

大沽河是青岛市唯一代管的省辖大型河道，经莱西、平度、即墨、胶州及城阳四市一区，于胶州市码头村南流入胶州湾。干流全长179.9千米，流域面积6131.3平方千米。主要支流有洙河、小沽河、五沽河、城子河、落药河、流浩河、桃源河等。青岛流域内建有产芝、尹府、棘洪滩（调蓄黄河水）3座大型水库、9座中型水库、170座小型水库和大量塘坝，总蓄水能力5.54亿立方米，占青岛市总蓄水量的39.1%，是重要的城市供水水源地，素有青岛“母亲河”之称。

干流治理

80年代初，青岛地区连续大旱，致使大沽河两岸堤防全线发生干裂，裂缝贯穿堤身及基础。1983～1984年，青岛市投资187万元，首次大规模进行大沽河堤防劈裂灌浆工程，完成堤坝灌浆130.5千米，处理纵横裂缝5228条。1988～1991年，进行两次堤防全线培堤工程。沿河四市组织30余万人力参加，动用各种机械8000多台，完成大沽河培堤191.6千米，土石方427.5万立方米。大沽河防洪能力达到10年一遇。

1996年，成立青岛市大沽河管理处，专职负责大沽河综合治理、监督和组织协调工作。自此，大沽河综合治理工程连续实施10年，总投资6.78亿元（其中青岛市投资2.83亿元）。完成护险工程37.71千米，工程量125.46万立方米；疏浚裁滩长14.03千米，工程量507.74万立方米；堤防基础防渗长5.2千米，工程量20.44万立方米；堤防劈裂灌浆106.07千米，工程量9.9万立方米；扶堤、退堤长34千米，工程量238.66万立方米；沿大沽河堤防新建涵闸99座，完成工程量12.6万立方米；完成大沽河上9座拦河坝等工程。

为提高大沽河下游入海口段行洪能力，2003年3月，青岛市开展大沽河下游综合治理工程，一期工程总投资1.26亿元，主要完成自南庄橡胶坝至环胶州湾高速公路桥下8.5千米的河道主槽疏浚清淤；左岸堤防加高培厚、右岸筑堤；新建9孔10×6（米）云溪河防洪闸；9座穿堤涵闸及河西屯险工护砌；对滩地影响泄洪的虾池等阻水障碍全部清除，完成工程量638.41万立方米，工作日12.52万个。2004年3月，二期工程开工，年底竣工，完成工程总投资9800万元。主要将主河槽疏浚拓宽到400米；新建大沽河、云溪河漫水桥各1座；完成供水和输油管线改造及胶马公路桥拆除清理；完成云溪河护险100米；完成左岸堤防3座排水涵洞改造；新建云溪河河闸管理所等。通过两年多的综合治理，从根本上解除因大沽河下游洪水下泄不畅所带来的洪涝灾害隐患。

2005年，大沽河干流两岸堤防总长211千

1995~2005年，青岛市将大沽河综合治理列为水利建设重点工程。图为大沽河综合治理施工现场。

米，其中砂堤45.3千米、土堤165.7千米。大沽河干道达20年一遇防洪标准。

地下水库

大沽河干流中下游河道两侧冲积平原下有良好的蓄水砂层，深度为5～21米。其下有不透水地层，具有良好的地下水库成库条件。为有效改善大沽河中下游地区生态环境，充分提高该段河道地下水、地表水相互转换的能力，增加青岛市水源地的供水能力，1998～2005年间修建大沽河地下水库。该水库北起平度市龙虎山拦河坝及莱西市江家庄拦河坝，顺河谷平原南延至胶州市大麻湾村东止，南北长51千米，东西宽5～8千米，总面积421.7平方千米。地下水库总库容3.84亿立方米，调节库容2.38亿立方米，保留库容1.46亿立方米。总投资14.23亿元，主要工程为水源地南端设截渗墙，河道设拦河闸（坝）梯级开发。施工采用垂直高压定喷成墙技术，在地下形成水流截渗墙，挡水面积达4.37万平方米。大沽河梯级开发9座拦河闸（坝），其中大沽河沙湾庄、袁家庄拦河坝被列入青岛市2001年12件民生大事之一。至2005年，完成投资1.5亿元，规划的9座橡胶坝全部建成，完成工程量272.88万立方米，可一次性蓄水2731万立方米，年可调节水量11701万立方米。该地下水库截渗墙还有效地截断了下游海水入侵，有效地保护了胶州市李哥庄大片的农田不被海水盐渍和内涝。

2005年大沽河地下水库拦河坝情况表

表11-2

坝　名	位　置	规　模	作　用
沙湾庄坝	位于莱西市店埠镇后水口村西	为新建枕式充水橡胶坝，总投资2261万元，工程量13.72万立方米。坝体分3节坝袋，每节长88米，总长267米，最大拦蓄高度3.5米。新建向市区供水管道1436米，年可调节水量1200万立方米	拦蓄大、小沽河来水，并入青岛供水管道向市区供水，补充两岸地下水
袁家庄坝	位于即墨市刘家庄镇袁家庄村北	为新建枕式充水橡胶坝，总投资2216万元，工程量31.89万立方米。坝体分3节坝袋，每节长88米，总长267米，最大拦蓄高度3.5米。一次性蓄水300万立方米，年可调节水量1000万立方米	拦蓄大沽河上游及五沽河来水，直接向青岛市区供水，补充两岸地下水
江家庄坝	位于莱西市孙受镇江家庄村西	为拆除原闸，新建橡胶坝。总投资926.7万元，工程量11.47万立方米。该坝为充水式橡胶坝，坝长200米，最大充水高度2米。蓄水量120万立方米，年可调节水量360万立方米	拦蓄大沽河来水，灌溉农田5000公顷，补充两岸地下水
岔河坝	位于即墨市七级镇中岔河村南大沽河主河道	为新建充水式橡胶坝，总投资712万元，工程量6.12万立方米。坝体3节坝袋，总长290.7米，坝高2.5米。蓄水量270万立方米	闸前为青岛市自来水公司的引水管道，年引水801万立方米。向即墨城区供水，有中型灌区1个，可灌溉即墨市七级、蓝村、南泉三镇6330公顷土地，补充两岸地下水

续表11-2

坝 名	位 置	规 模	作 用
移风坝	位于即墨市移风店镇马军寨村北大沽河主河道	为改建充水式橡胶坝，总投资510万元，工程量8.81万立方米。坝体共3孔，坝长284.8米，最大坝高2米。蓄水量155万立方米，年可调节水量480万立方米	灌溉农田5330公顷，补充两岸地下水
崖头坝	位于平度市南村镇崖头村东大沽河主河道	在原闸址改建橡胶坝，总投资1500万元，工程量9.5万立方米。坝长353.5米，共5孔，坝高3.2米，调节闸1孔。拦蓄能力280万立方米，年复蓄水量1200万立方米	为平度市南村农业用水供水节制闸，灌溉农田2250千公顷，补充两岸地下水
龙虎山坝	位于平度市古岘镇北大沽河一级支流小沽河	为改建充水橡胶坝，总投资2000万元，工程量19.88万立方米。坝长249米，坝高2米，共3孔。可一次性拦蓄地表径流水83万立方米，年可调节水量360万立方米	为青岛市大沽河地下水库回灌补充水源。坝上游井群可为平度市区日增加供水能力3万立方米，补充两岸地下水
南庄坝	位于胶州市胶东镇和李哥庄镇交界的大沽河主河道	在原南庄拦河闸上游150米处新建双向拦河坝，总投资3658万元，工程量160万立方米。总长400米，采用枕式充水橡胶坝，主体分5孔，中孔宽32米，其余4孔各宽92米，坝高3.2米，坝顶高程3.9米。可增蓄淡水760万立方米，年调节水量2300万立方米	有效防止海潮沿大沽河主槽入侵，保护大沽河地下水库免受海水污染。农田灌溉2500公顷
贾疃坝	位于胶州市李哥庄镇贾疃村南大沽河主河槽	总投资1245.8万元，工程量16.82万立方米。坝总长343.8米，坝前蓄水高2.5米，蓄水量400万立方米，年可调节水量4000万立方米	向胶州市李哥庄、前店口、北王珠镇提供灌溉用水，灌溉农田8000公顷，补充两岸地下水

支流治理

小沽河　位于胶东半岛西部，为大沽河一级支流。发源于烟台莱州市马鞍山，于莱西市南墅镇西馆孙家村西北入境，经大里村南和平度市石家曲堤村东北汇入大沽河。全长84千米，总流域面积1028.2平方千米（青岛市辖区内流域面积850.4平方千米）。流域内已建成大型水库1座、中型水库3座。主要支流有白石河、武清河、黄同河、清水河、猪洞河等。

莱西小沽河段由于流域面积大，河道狭窄，暴雨后易出现高水位易决口。1985年，投资164万元，组织南墅、院里、武备、院上4个乡镇，扶堤26.8千米，完成土石方25万立方米，投工50万个。同年8月，9号台风过后，平度市冷戈庄、古岘两乡镇大朱毛村东南决口河堤堵复，并在冬季筑堤防21千米，完成土石方8.1万立方米，投工4.5万个。1987～1995年，治理加固小沽河河道22.05千米。2000年，投资92.15万元，在于格庄段建空腹式砌石挡土墙0.18千米，西朱毛村段混凝土预制块护坡0.26千米，山口村段砌石护岸0.26千米，完成土石方2.78万立方米，混凝土块护坡0.03万立方米。

桃源河　系大沽河下游左岸一级支流，发源于即墨市普东镇桃行村，自东向西横穿即墨市南泉镇北部，经洪沟、挪城、辛城至蓝烟铁路附近折向南流，沿蓝村镇东部边缘，穿过胶济铁路至城阳区河套街道下疃村西汇入大沽河，是胶州市、即墨市、城阳区的界河，河道全长34.7千米，流域面积308平方千米。

桃源河下游河道狭窄，汛期易受大沽河洪水顶托，引发洪涝灾害。1997～1999年，即墨市、胶州市、城阳区按青岛市治理规划分三期实施整治。主要对桃源河204国道至大沽河入口段河道进行局部截弯取直、拓宽、挖深主槽等工程。共投资3603.52万元，建涵洞24座，漫水桥3座，完成工程量157.31万立方米。2003年，对桃源河上游综合治理，拓宽加深河道长2.1千米。投资95万元，新建拦河闸2座。至2005年，桃源河及干流治理投资约4亿元，完成工程量200万余立方米，投工29.71万个。

五沽河　系大沽河一级支流，是即墨市与莱西市边界河道，发源于店集、龙泉镇一带，北流三都河，转西经辛庄、庞家庄、赵戈庄、刘家庄入大沽河。五沽河全长48.45千米，两市交界河段长33千米，总流域面积648平方千米。

1993年，投资185万元，分别对支流龙化河、花园河拓宽加深。龙化河河床底加宽到25米，平均深3米；花园河于家谭段拓宽到39米，深2.7米，完成土石方47.5万立方米。1999年，即墨市、莱西市联合对五沽河统一进行治理，改建、新建涵闸45座，安装启闭机37台，完成工程量0.86万立方米。至2005年，用于五沽河及干流治理投资1657.61万元，完成工程量424.33万立方米，投工573.64万个，治理河道长122.5千米。

流浩河　系大沽河下游左岸一级支流，发源于即墨市灵山东南金家湾，至岔河村北入大沽河。河道全长36千米，流域面积410平方千米。

1991～2002年，连续综合治理流浩河，使其河宽达56米，防洪能力10年一遇，最大流量415.5立方米/秒。2003～2005年，投资474万元，治理河道长9.1千米，新建交通桥坝7座，新增拦蓄水能力34万立方米，扩大改善灌溉面积400公顷。1991～2005年，流浩河治理共投资1693.2万元，完成工程量312.52万立方米，投工234.67万个，治理河道长44.25千米。

洙河　系大沽河一级支流，发源于莱阳市天山东麓，于河头店镇李家泊子村北入莱西市境内，在水集街道北张家村西南入大沽河。河道全长50.7千米，流域面积420.5平方千米。流域内地面坡度较大，水土保持较差，河道多弯流急。在河道下游利用改道后的部分河槽建中型水库2座（月湖公园、高格庄水库），流域内建小（一）型水库2座，小（二）型水库22座，塘坝181座，总库容2640万立方米。

1986～1989年，对河道进行护岸、扶堤、疏浚。1992年，在莱西市区河道上建1号橡胶坝。1999～2001年，投资2300万元，对东起龙水路、西至水院路长3千米河段进行整治绿化建成河滨公园，完成工程量3万立方米。2000年，投资210万元，在水院路南100米河道上建河滨公园2号橡胶坝，完成工程量0.8万立方米。经治理，洙河在莱西市区上、下段安全程度大有提高。1986～2005年，用于洙河治理共投资3908.06万元，完成工程量30.67万立方米，治理河道长3.89千米。

落药河　系大沽河主要支流之一，位于平度市东部，发源于平度市小古迹山北麓，在南村镇崖头村汇入大沽河。干流全长35千米，流域面积285.7平方千米。流域内有小（一）型水库1座、小（二）型水库2座。

1989～1999年，经多次治理，上游河床宽达80米，胡家沟至堤沟河口的中游段河宽在150～200米。至2005年，治理河道长20.65千米，完成土石方388万立方米，投工139.5万个。落药河防洪能力达到20年一遇。

第二节　胶莱河

胶莱河因连通胶州湾、莱州湾得名，古为运送江南粮米而称为“运粮河”。干流为一条南北两端通海、人工沟通的河道。流经昌邑、莱州、高密、诸城、平度、胶州、胶南等市。与其他河流不同，该河无源头，以平度市姚家村东分水岭为界。北流入渤海莱州湾的称“北胶莱河”，南流入黄海胶州湾的称“南胶莱河”。

南胶莱河治理

南胶莱河发源于平度市姚家村，流经平度、高密、胶州三市。上游部分为青岛市与潍坊市界河，中下游部分属市境内河道。干流全长30千米，其中胶州市境内河段长20千米，流域面积1500平方千米，主要支流有胶河、碧沟河、利民河、墨水河、小清河、三里河等。两岸堤防长38千米，年平均径流量1.93亿立方米。1994年筹资42万元，青岛市对南胶莱河险情严重的河西店、沙沟两处险工共1040米实施护岸工程，完成工程量7002.4立方米，投工8672个。1995年，投资30万元，对南胶莱河双回拦河闸抢修，同时对沙沟村对岸500米险工加固，完成工程量2500立方米，投工3200个。2005年，南胶莱河有闸子、双回、前店口3座拦河闸坝。主河道防洪能力3年一遇。

南胶莱河最大支流为胶河，发源于胶南市的六旺镇鲁山一带，于胶州、高密、平度市交界处的刁家丘入南胶莱河。河道长100千米，流域面积608平方千米，平均径流量1.01亿立方米。在高密市、胶州市交界处建有中型水库1座（王吴水库），水库上游胶州地段内建有张家屯和铺集2座拦河闸。1987～1994年，分3次投资391万元，对胶河支流至后立柱5千米河段、西下坡至东风村东2.5千米河段、前立柱到后立柱3千米胶河河段进行清障疏浚、疏挖河道、培土筑堤。完成土石方52万立方米，投工34万个。进入90年代，胶河于1993年和1996年实施两次较大护岸治理工程。两次工程投资692.73万元，完成砌体0.38万立方米，钢筋混凝土230万立方米。建成后增加蓄水80万立方米，可解决铺集镇工业园区的工业用水及镇西部和东南部1330公顷粮田灌溉问题。

发源于胶州市西南部九龙镇的艾泊及匡家茔一带丘陵地区的墨水河（胶州市境内，又称墨河），经官路滞洪区汇入南胶莱河。河道长50千米，流域面积303平方千米，年平均径流量5029万立方米。1994年，投资74.5万元，改建小刘家疃拦河闸和修建宋家小庄拦河闸。2000年，投资60万元对墨水河右岸2.6千米的堤防加高培厚，完成工程量6.4万立方米。2003年，投资144万元，对位于睦屯至刁家屯段和北梁家屯村前的两段共4.05千米堤防加固，完成土石方18万立方米。工程完成后保证沿河4个村、3600人和533公顷耕地的防汛安全。2005年，该河防洪标准达到10年一遇。

北胶莱河治理

北胶莱河是青岛市与潍坊市的界河，横跨两市（青岛、潍坊）、三县（昌邑、高密、平度），流域面积3978.6平方千米。干流经过一片低平的冲积平原，多为洼地，易造成涝灾。主要支流有泽河、淄阳河、双山河等，其中，流域面积10平方千米以上的一级支流8条、二级支流18条、三级支流5条。

90年代后，青岛市水利建设投资逐年增加，对主要河道多次进行大规模治理。图为新建胶莱河河闸。

1979年后，北胶莱河主河道流经的各市镇根据境内河段存在的工程隐患，零星进行不同程度的治理。1998年，投资30万元，对坝口村北河流弯道处堤防清基和堤防冲刷严重地段进行护坡，砌石1000立方米，护坡1800平方米。1990～2002年，投资60.5万元，多次维修新河防潮闸。

支流泽河是为解决平度市西南部平原的洪涝灾害，减轻北胶莱河行洪压力，于60年代开挖的人工河道。从香店街道的曲坊向西北，经过香店、同和、李园、门村、张舍、灰埠、新河7个镇（街道），在新河镇大苗家村西北汇入北胶莱河，河长61千米，流域面积888平方千米，流域内有3座水库、11座拦河闸。泽河将北胶莱河支流白沙河、淄阳河、双山河、龙王河和现河部分洪水截住，通往北胶莱河下游入海处。1990年，组织沿河6个镇（街道），对东起香店街道曲坊村、西至灰埠镇三埠李家村，长50千米的河堤实施加固堤防的整修工程。

支流淄阳河系北胶莱河下游的一条较大支流，北发源于大泽山主峰东南扯麻线口七林顶西麓，南发源于大姑顶西葫芦岩北麓，全长44千米，流域面积208.7平方千米。2000年，投资48万元，对淄阳河实施堤防加固和河道疏浚工程，疏挖河长0.8千米，修筑堤防1.9千米，完成土石方13.8万立方米，投工8万个。

支流龙王河发源于平度市门村镇东北风山北麓，在明村镇大小河子村南汇入北胶莱河，为平度市西部洼涝地区的主要防洪排涝河。河道西北流至赫家烟村，转西南经门村、田庄、白埠、明村四镇，全长37千米，流域面积306.42平方千米。流域内建成2座中型水库和5座小（二）型水库。1991年，对龙王河支流旋河进行治理，共治理长1.2千米，完成土石方48.96万立方米。1994年，对四甲村河段疏浚，疏挖河道0.8千米，完成土石方11.52万立方米。1997年，对龙王河东石岭至宝落村长2.6千米河段进行清淤治理。

支流双山河发源于平度市磨锥山西北麓，流经店子、张舍、灰埠、新河4镇，在新河镇高家村西入北胶莱河。流域内建中型水库1座、小型水库3座。1989年，对苏村至双联水库长2千米河段疏浚、培堤、护坡，完成土石方18万立方米。1996年，对许家至前寨长6千米河段清淤，完成土石方60万立方米。

第三节　沿海诸河

青岛沿海诸河均具有“自成体系、独立入海、源短流急、夏丰冬少”的季节性河流特点。其中流域面积在200平方千米以上的有墨水河（即墨市境内）、白马河、风河、洋河、白沙河、吉利河等6条，是青岛市河道治理的重点。

墨水河治理

墨水河（即墨市、城阳区境内）为原“淮涉”与“墨水”两河的通称。墨水河发源于崂山三标山之阴，东北流经书院、西葛家入即墨市龙山街道境内，转西北经杨家营、团彪庄、王家烟霞，向西沿东障、贾家庄复绕南关，至庄头村南与支流龙泉河相汇后，转西南经杨家村、大韩村，到华侨村南穿过胶济铁路入城阳区境内，至皂户村南注入胶州湾。河道干流长41.5千米，其中两市、区交界河段长8.25千米，流域面积317.2平方千米。在干、支流建有中型水库2座、小（一）型水库3座、小（二）型水库5座、拦河闸坝10座、交通桥10座。

1979年后，多次对河道局部河段砌石护堤、疏挖、清淤、扶堤。1996年投资87万元，对墨水河上游支流葛家河段1.03千米进行疏挖、整平河床、扶堤治理，完成工程量5.95万立方米。1998～2000年，投资8454万元，对城区段河道进行综合治理。完成浆砌挡土墙26.2千米，铺设排污管道18.8千米，清淤126.3万立方米，新建橡胶坝2座，改建庄头河坝及公园桥闸。2001年投资265万元，治理支流龙泉河解家营段，浆砌挡土墙护岸1.12千米，完成工程量6万立方米。2004年投资1500万元，对墨水河城区段综合治理，改建庄头河坝、新建主河槽挡土墙护岸612米、改造公园桥闸、新建管理房1座、新建东障橡胶坝1座、铺设污水管道6.6千米。

2005年，青岛市政府决定利用3～5年时间对墨水河进行全面治理。城阳区实施墨水河下游河段3.6千米综合治理一期工程，投资9005万元，进行自西城汇至栾家沟岔左岸3.1千米、右岸0.5千米河道清淤、疏挖、拓宽、扶堤、砌护、建涵洞及交通桥延长工程，完成工程量59.26万立方米。铺设西城汇下游截污干管3条，共8.46千米。同年，即墨市综合治理一期工程开工，总投资4174万元，包括截污和防洪两部分。铺设钢筋混凝土污水管道13千米，完成城区段9.3千米河道清淤；砌筑主河槽挡土墙护岸572米，4.39千米河道复式断面护岸；新建60处下河台阶与12处下车坡道、交通桥1座。

洋河治理

洋河是胶州、胶南两市边界河道，发源于胶南市宝山镇高城岘北麓的吕家村和金草沟一带，经苗家、仲家庄由南向北进入胶州市的山洲水库，出库后经洋河镇境内蜿蜒东流，至柳圈村入胶南市境内，再向东沿胶州市九龙镇和营海镇交界的土埠台村东与跃进河、漕汶河、岛耳河、龙泉河相会，入胶州湾。干流长49千米，流域面积303平方千米。

进入21世纪，青岛市实施墨水河（即墨市境内）综合治理一期工程。经全面治理后，即墨市城区墨水河及周边环境焕然一新。

1997年，市政府将洋河治理列入重点水利工程，并于当年4月开工。主要工程为拓宽主河槽，扶堤筑坝，下游滩地分设一阶、二阶，滩地建成复式安全行洪河道等。其中，胶州段投资491.3万元，组织苑戈庄、马店、洋河等15个乡镇，出动机械200台（套），治理河段长3.65千米，清除虾池93.3公顷，完成土石方51.05万立方米。胶南段投资527万元，对洋河下游环海公路桥至入海口处4.46千米河道综合治理，投工5万余个，出动机械76台（套），建混凝土漫水桥1座，排水箱涵1座，完成工程量53.5万立方米，砌石0.02万立方米。1999年投资852.5万元，组织西柳圈至环海公路河段防洪治理工程。主要完成河道清障、清淤、筑堤等工程，新建排水涵洞4座、上坝坡道11处、交通桥1座、主河槽护岸长930米，完成工程量45.5万立方米。2000年投资3315.73万元，完成17.58千米的主河槽开挖、两岸筑堤防，以及建设27座涵洞、1座拦河闸、2座交通桥、护砌0.35千米堤防，修筑47处过堤坡道，完成工程量206.71万立方米。治理后，河道防洪能力达10年一遇。

白马河治理

白马河发源于诸城市的鲁山东麓和胶南市铁橛山西北侧，流经胶南市市美、大村、大场3个乡镇，于河崖村南与吉利河汇流在马家滩村东入黄海。干流长44.2千米，流域面积265.3平方千米，流域内建小型水库21座、拦河闸1座。

1979年后，多次进行疏挖河道、培土筑堤等治理。1998年，投资43万元，对白马河东支流至马家河段和店子上游治理。共治理河道长3.5千米，动用机械154台（套），完成工程量6.8万立方米，投工8.5万个；投资30万元，对白马河市美至王家前夼2千米河段实施清障、疏挖、两岸培土筑堤工程，完成工程量8万立方米，投工8万个。2000年，投资165.2万元，治理河道长8.8千米，动用各种机械1030台（套），完成工程量30.19万立方米，投工24.42万个。治理后，河道防洪能力达20年一遇。

白沙河治理

白沙河源于崂山巨峰北麓天乙泉，流经崂山区北宅、城阳区夏庄、流亭街道，于西后楼村北入胶州湾。河道干流长33.93千米，流域面积215平方千米。白沙河下游两岸地下有较厚的砂层，地下水丰富，水质优良，是青岛市区和城阳区供水的主要水源地之一。

1979年后，多次对河道实施护岸、裁弯取直、建截流坝、拦沙坝等工程。1997～2001年，投资2532.3万元，对崂山水库上游综合治理。砌筑河堤17.98千米，疏浚河道12.22千米，新建拦沙坝24座、拦水坝7座，维修拦沙坝11座，新建维修桥梁35座，建设跌水、挑流坝28座，开挖排水沟道3.66千米，修筑河岸路2.43千米。完成土石方60.68万立方米。1995～2005年，投资7666.25万元，对流亭、夏庄段实施综合治理，完成工程量279.27万立方米。主要工程包括疏浚河床、加固培堤、砌石护岸、建拦河石坝8座、橡胶坝3座。由于实行拦、蓄、引、提并举的治理办法，有效地减轻白沙河下游的洪涝灾害、补充地下水源、防止海水倒灌，改善流域的生态环境。河道防洪能力达20年一遇。另外，青岛市在白沙河下游冲积平原上，于2001～2003年从双元河橡胶坝开始，向北延续6千米，修建高压定喷防渗墙，深度为16～23米不等，修建的地下水库供水能力为3万吨，有效的截堵海水的入侵，保证城阳区水源地供水水质。

风河治理

风河发源于胶南市七宝山南麓，流经宝山镇、铁山街道、珠山街道和珠海街道、胶南市经济技术开发区，在大哨东汇入黄海。原称王戈庄河。干流长31.8千米，流域面积315.48平方千米，中下游两岸地下有较厚的砂层，是胶南市城区工农业用水主要水源。支流建有中型水库1座、小（一）型水库5座、堤防涵洞18座。河道支流较多且源短流急、汇水面积大、干流弯曲，汛期难以安全行洪，遇有潮水顶托，更易出现灾情。

1979年后，多次对河道实施护岸、裁弯取直、建截流坝、拦沙坝等工程。1993年投资136万元，对大窝洛村河段和小溧水大桥至张家楼镇界河段进行治理，出动200多台（套）机械进行河道疏挖、筑堤、建桥等，投工20.5万个，完成工程量18.5万立方米。1995～1998年，投资1113万元，在胶南市珠海街道大哨头村北、珠山街道孟家庄村东南、灵海街道大哨头东北、铁山镇韩家庄东建成4座橡胶坝，解决河流下游海水倒灌入侵问题。1999年实施风河综合治理工程。总投资8000万元，主要完成风河中下游19千米河道疏浚、河堤加固和复式河床建设；建设河堤、桥梁、涵、闸建筑物20座，设置永久性上堤通道24处；建立复式河床挡土墙砌石护岸1.29千米，河堤砌石护坡8.71万平方米，铺筑复式河床平台6.22万平方米；进行入海口1.3千米海堤加固等工程。共投入工4万余个，动用机械1000余台（套），总工程量182.3万立方米。治理后，干流达20年一遇防洪标准。

2002～2003年，投资292.3万元对风河宋家庄段0.65千米河道及别家和张仓两处河段1.34千米河道用浆砌石护坡，完成工程量2.6万立方米，投工3.8万个；治理上海路至风河入河口段，开挖1.83千米河道，培土筑堤，浆砌石护坡和草皮护坡，完成总工程量9.8万立方米，投工3.2万个，动用各类机械150台（套）。其间，为提高胶南城区防洪能力，又进行风河支流小辛河治理，完成河道上游邓陶水库建设。风河防洪能力提高到50年一遇防洪标准。

吉利河治理

吉利河发源于诸城市鲁山西南千秋岭，流经诸城市石头村入胶南市吉利河水库。出库后经胶南市理务关、大场两镇，于大场镇河崖村南与白马河汇流后，在马家滩村东入黄海。干流长39.85千米，流域面积300.1平方千米。流域内建有中型水库1座、小型水库4座。

1989年，投资44万元，对吉利河刘家村至吉眉村河段、胜水西北至入海口河段，分两期进行河道清淤并加固河堤。治理河段长15.5千米，动用各种机械600台（套），完成工程量14.89万立方米，投工115.68万个。1994年，在河西店村东河段建桥1座，两岸砌石护坡长1千米。1996年，对理务关村前河段疏挖河道、培土筑堤。2002年，对西支流至桃林河大亮马至高家庄河段清淤、两岸培土筑堤。三次河道治理共投资46万元，治理河道长5.6千米，动用机械40台（套），完成工程量16.8万立方米，投工8.4万个。2005年，河道防洪能力为20年一遇。

第二章　水利工程

70年代至80年代初，是全市水利设施建设较为缓慢的时期。该时期，由于受异常天气的影响，青岛地区连续干旱，水库、塘坝等蓄水量减少，部分渠系工程损坏严重，其中干枯无水大中型水库有13座，占大中型水库的38%；小（一）型水库有17座，占小（一）型水库的19%。同时受农业包产到户的影响，不少农田灌区处于瘫痪状态，全市实际灌溉面积一直徘徊在100千公顷左右。1985年，市政府印发《青岛市水利管理工作改革意见》，逐步加大对农田水利建设的投入，组织实施水库除险加固、拦河闸坝建设、机井建设以及节水灌溉等系列水利工程，恢复改造老灌区、开辟新灌区，为农业生产和农村经济全面发展提供水利条件保障。该时期，组织对水源条件好的产芝、尹府等大型水库灌区进行分期整修，改建桃源河、大沽河等引河灌区，兴建墨水河苑戈庄、白沙河挡潮坝等闸坝工程，较大地增加农田灌溉面积。

2005年，青岛市农田灌溉面积达到33.9万公顷，占耕地面积比重为80.73%。全市有大中小型水库532座（包括棘洪滩水库），总库容15.54亿立方米；有水库灌区95个、引河灌区60个；有拦河闸（坝）396座，涵闸703座，其中蓄水能力在10万立方米以上的136座；有机井、大口井7.41万眼，灌溉面积16.72万公顷。全市完成节水灌溉面积14.07万公顷，平度、莱西、胶南三市被列入国家级节水灌溉示范县（市）。

第一节　蓄水工程

大型水库

产芝水库　位于莱西市城区西北约10千米，坝址坐落在水集街道产芝村东北约800米的大沽河上，为大二型水利枢纽工程，主要由大坝、溢洪闸、放水洞、非常溢洪道和水电站五部分组成。控制流域面积879平方千米，总库容4.02亿立方米，兴利库容2.15亿立方米。均质土坝，最大坝高20米，坝长2000米，设计灌溉面积2.33万公顷，有效灌溉面积1.87万公顷。

80年代，青岛市投资87.24万元，逐年进行岁修基建，大坝护坡维修，建立600千瓦水电站、电站机组库房、溢洪闸启闭机房，架设防汛电力专线等工程。90年代，青岛市投资1490.15万元，实施迎水坡除险加固工程，3座放水洞启闭机维护工程；溢洪闸维修，安装防汛通讯塔，维修发电机组和放水洞闸门、启闭机；东放水洞引水段清淤和闸门维修；实施大坝测压管安装工程。完成土石方0.19万立方米、混凝土1.79万立方米。2005年，投资1.37亿元，国家立项实施产芝水库除险加固工程，分3年完成。主要有主坝加固、副坝加固、溢洪道改扩建、新建泄洪闸、东放水洞重建、中放水洞封堵、西放水洞新建、电站尾水渠与防汛路整治、管理及辅助生产用房、视频监控系统等。设计洪水标准可达百年一遇，万年一遇校核标准。

产芝水库总库容达4.02亿立方米，为青岛地区最大水库。图为产芝水库溢洪道。

尹府水库　位于平度市云山镇北王戈庄村西北，大沽河水系小沽河支流猪洞河中游。有大坝、溢洪道、放水洞等主体工程。设计灌溉面积9000公顷，有效灌溉面积4000公顷。控制流域面积178平方千米，总库容1.61亿立方米，兴利水位79.5米，兴利库容8100万立方米，死库容700万立方米。均质土坝，最大坝高20.2米，坝长775米。

80年代，投资35万元，实施坝顶路面铺设、坝坡排水沟开挖、高压线供电线路更新、自溃坝修复、欧戈庄交通桥续建、放水洞闸门维修、水库供电专线改建及架设水库至平度线路等工程。90年代，投资134.7万元，建溢洪道挡土墙、溢洪闸上游翼墙改建及大坝混凝土护坡。2003年，投资2700万元进行尹府水库除险加固一期工程，建成大坝护坡、非常溢洪道改建、排水系统整修、输水洞维修、溢洪道加固等。完成钢筋混凝土护坡0.58万平方米、水泥搅拌

2003年起，青岛市共投资4555万元，对尹府水库实施除险加固工程。2005年达到百年一遇设计、万年一遇洪水校核的防洪标准。

桩防渗墙0.6万平方米、浆砌石3.47万立方米，更换启闭机2台，新建桥头堡、机房面积245平方米。2004年，投资1855万元进行尹府水库除险加固二期工程。完成防汛路拓宽改建、输配电、管理区改造及观测设施和自动化管理工程等。完成土石方3.99万立方米，混凝土2.11万立方米，砌石0.32万立方米。2005年，尹府水库达到百年一遇设计，万年一遇洪水校核的防洪标准。

棘洪滩水库　“引黄济青”工程是山东省境内重要的跨流域、远距离人工调水工程。始建于1986年4月15日，1989年11月25日建成通水。渠首起于黄河南岸滨州市博兴县打渔张引黄闸，自博兴县引黄济青沉沙池出口，向东经滨州市的博兴，东营市的广饶，潍坊市的寿光、寒亭、昌邑、高密，青岛市的平度、胶州、即墨、城阳等4市10县（市、区）至青岛市城阳区棘洪滩镇的棘洪滩水库。引水工程全长292千米，其中建有252千米人工衬砌输水明渠以及水库至水厂40千米暗渠。

棘洪滩水库是大型围坝注入式水库，位于青岛市城阳区棘洪滩镇西北4千米，大沽河下游冲积扇左侧滨海洼地，即墨、胶州、城阳两市一区交界处。总库容1.58亿立方米，设计最高蓄水位14.2米，坝顶高程17.24米，围坝长14.26千米。工程由水库、围坝、入库泵站、输水河、进水洞、放水洞、泄水闸、桃源河改道等工程组成，入库泵站设计流量23立方米/秒，放水洞设计流量5.4立方米/秒，泄水闸设计最大流量124立方米/秒，水库运行水位在9.38～12.58米。棘洪滩水库水通过供水工程向青岛市城乡供水，主要有：暗渠、低压管道、涵洞共22千米；净水厂1座，净水规模每天36万立方米；增压泵站1座；输配水管道43.5千米；调蓄池3座，加压泵站3座。可满足日供净水30万立方米的调蓄要求。为确保水库水源的水质，1990年后，放养鱼苗300余万尾，对大坝外坡种植苜蓿、草皮，环库保护区绿化等措施及水体的自净作用，水库水质一直保持在中度营养化水平。2005年，棘洪滩水库水质从国家规定的Ⅲ类饮用水标准提高到Ⅱ类。

中小型水库

崂山水库　原名月子口水库，位于城阳区夏庄镇东白沙河中游，为青岛城市供水的专用中型水库，是青岛市最早使用的地表水源。水源来自崂山山脉，因水质甘润而闻名遐迩。1959年9月建成。水库借白沙河主河道两侧对峙山势拦河筑坝，大坝长672.15米，坝顶高程56米；汇水面积99.6平方千米。主要工程有大坝、溢洪坝、自溃坝、溢洪渠道等。取水工程有取水塔、渗水渠、输水管、引水沟、水电站、消力池，并建有容量为1532立方米清水池一座。水库管理规范，工程运行一直保持良好状态。1990年后，对大坝

崂山水库因水质甘润而闻名。2005年，总库容达5601万立方米，日供水量最高达12万吨，是青岛市区主要饮用水源之一。

迎水坡用块石整修、灌缝加固。2005年，总库容5601万立方米，兴利库容4798万立方米，死库容176万立方米。塑性混凝土心墙砂壳坝，最大坝高26米，坝长672米。库区多年平均降水量950毫米，平均径流量0.53亿立方米，是崂山矿泉水贮藏地和市区主要饮用水源地之一，日供水量最多达12万吨。

王圈水库　位于即墨市店集镇莲阴河中上游，流域面积72平方千米，总库容3460万立方米，兴利库容2180万立方米。均质土坝，最大坝高25.5米，坝长200米。1993年，投资457.8万元，实施水库除险加固工程。完成输水洞除险加固、溢洪道改建、大坝护坡灌浆及测压管安装等工程。完成工程量5.62万立方米，投工9.88万个。2003年，经安全鉴定水库为三类坝，列入中央水库除险加固计划。2004～2005年，总投资2570万元对大坝进行防渗处理，大坝迎水坡护坡、背水坡加固，新建高1.2米浆砌石防浪墙，1.12千米坝顶路面硬化，改建放水洞，加固维修引水渠，新建交通桥1座，加宽溢洪道，新增大坝照明、避雷及大坝安全监测设施，建设水情测报、防汛调度网络，维修防汛仓库，新建管理设施500平方米及拓宽防汛路等。完成工程量11.85万立方米。2005年，王圈水库防洪能力达百年一遇标准。

北墅水库　位于莱西市大沽河支流小沽河上游，控制流域面积301平方千米，总库容5010万立方米，兴利库容2237万立方米。均质土坝，最大坝高20.2米，坝长649米。80年代，投资227万元，实施料石护坡等工程，砌体2.7万立方米。2001年，投资688.14万元进行水库维修安全二期工程，对大坝迎水坡浆砌护坡，溢洪闸陡坡改建，溢洪闸新建启闭机房，桥头堡维修，溢洪闸门喷锌，更换止水橡皮，使用搅拌桩防渗工艺处理，大坝照明线路、路灯更换，办公楼及防汛仓库维修。完成土石方1.06万立方米，砌石1.09万立方米。2002年，投资712万元实施输水暗渠除险加固一期工程，新建引水闸及加固暗渠0.2千米。2003年，投资463万元实施输水暗渠加固二期工程，加固暗渠0.28千米，完成土石方0.16万立方米，混凝土0.33万立方米。投资15万元，安装大坝渗流监测系统。2005年，投资2106万元，完成水库基建岁修工程。2005年，北墅水库防洪能力达百年一遇标准。

黄同水库　位于平度市祝沟镇，小沽河支流黄同河中游，控制流域面积126平方千米，总库容5274万立方米，兴利库容2590万立方米。均质土坝，最大坝高20米，坝长328米。80年代后，对水库多次实施基建岁修和除险加固工程，提高防洪标准。1991～1993年，实施水库一期除险加固工程，投资324万元，对溢洪道开挖，拆除原闸改建成迷宫堰，改建大坝防浪墙，建交通桥1座。完成工程量2.99万立方米，投工27.34万个。2001年，实施二期工程，投资760.9万元，完成土石方3.85

万立方米。主要对坝体渗漏加固处理，背水坡草皮护坡，排水沟翻修，放水洞改建，坝体护坡整修加固；改建拱桥1座，新建排水涵洞4座；增设大坝安全观测系统，大坝测压管安装等工程。2005年，黄同水库达百年一遇洪水设计，千年一遇洪水校核的防洪标准。

铁山水库　位于胶南市铁山镇风河上游，控制流域面积58平方千米，总库容5183万立方米，兴利库容2642万立方米。均质土坝，最大坝高28米，坝长700米。由于水库已运行多年，陆续出现大坝渗漏、放水洞渗漏、闸门损坏、溢洪道右侧滑坡等问题。1997年，投资150万元，完成溢洪道削坡工程。2002年，投资2621万元，实施水库除险加固工程。完成大坝迎水坡混凝土护坡大坝基础防渗灌浆、溢洪道左岸山体削坡、放水洞锚喷加固更换闸门；改建交通桥、大坝背坡培土；新建非常溢洪道、改造防浪墙等工程。完成工程量8.9万立方米，投工7.5万个。铁山水库防洪能力达千年一遇洪水校核的防洪标准。

吉利河水库　位于胶南市理务关镇新小庄与洼里村之间、吉利河上游。控制流域面积103平方千米，总库容7400万立方米，兴利库容3248万立方米。砂壳黏土心墙坝，最大坝高21.25米，坝长666米。1996～2005年，实施水库除险加固工程，完成大坝迎水坡混凝土护墙，溢洪道整修、建闸，放水洞改造，更换闸门，改造启闭机房，重建防浪墙，坝顶硬化、护坡，大坝照明等工程。2005年，吉利河水库达百年一遇洪水校核的防洪标准。

陡崖子水库　位于胶南市藏南镇东陡崖子村北横河上游，控制流域面积71平方千米，总库容5640万立方米，兴利库容3435万立方米。均质土坝，最大坝高20米，坝长780米。1988～2005年，投资450.3万元，完成大坝防渗加固，建溢洪道导流墙，迎水坡护坡维修，建坝后排水沟、坝顶硬化，改造防浪墙，建设大坝照明设施，放水洞加固等工程。完成工程量119.7万立方米，投工211万个。1991年，开始向海军古镇口基地供水。1998年，开始向胶南城区供水。2005年，陡崖子水库达百年一遇洪水设计，千年一遇洪水校核的防洪标准。

小珠山水库　位于胶南市黄山经济区插旗崖村南，错水河上游，控制流域面积34平方千米，总库容3111万立方米，兴利库容2044万立方米。均质土坝，最大坝高22米，坝长517米。1988～2003年，投资927万元，实施除险加固工程。完成大坝防渗灌浆，大坝迎水坡下部钢筋混凝土护砌、上部砌石护坡，大坝后坡加土，建排水沟，放水洞加固处理及新建启闭机房等工程。完成工程量175万立方米，投工145万个。小珠山水库达百年一遇洪水设计，千年一遇洪水校核的防洪标准。

其他中型水库　1984～2005年，青岛市先后对组织石棚、高格庄、山洲、青年等13座中型水库进行除险加固改造。

90年代，青岛市对中小型水库实施除险加固工程。图为整修后的吉利河水库。

青岛市其他中型水库（除险加固）一览表

表11-3

名称	建成时间	所在河道	所在区市	流域面积（平方千米）	库容（万立方米）		主要除险加固工程
					总库容	兴利库容	
书院水库	1981年	墨水河	城阳	11	1349	1080	1996年完成非溢流坝加高工程；1998年完成大坝渗水滑坡处理、放水洞闸门改建等工程；2003~2005年对大坝迎水坡和后坡、放水洞进行改造，对溢洪道加固、布设大坝自动监测系统等工程
石棚水库	1960年8月	墨水河	即墨	15	1140	840	1984年完成引墨河水入库工程；1997年完成大坝护坡、改建溢洪闸和放水洞、坝基帷幕灌浆等工程
宋化泉水库	1960年8月	流浩河	即墨	42.7	2500	1640	1998年对大坝兴利水位以上护坡；2000~2005年完成大坝坝基防渗灌浆、放水洞改建、大坝护坡基础工程、改建拦河闸1座、新建橡胶坝1座等工程
挪城水库	1960年8月	桃源河	即墨	51	1225	695	1994年对坝基进行防渗处理；1998年对大坝护坡，新建3孔溢洪闸和溢洪道；2005年采用粉喷桩对大坝进行防渗处理
高格庄水库	1959年4月	洙河	莱西	125	2050	798	1988年完成溢洪闸改建和非常溢洪道自溃坝新建工程；1993年完成大坝加高和护坡工程；2003年完成主坝迎水坡浆砌护坡、防浪墙加高、副坝浆砌石护坡、新建坝后综合排水体、溢洪道陡坡及海漫拆除重建、改建非常溢洪道、放水洞维修、溢洪闸门防腐处理、建水情预报及防汛调度网络等工程
双庙水库	1960年	现河	平度	40	1117	465	1996年新建溢洪闸1座、坝基垂直铺塑防渗、大坝混凝土护坡等工程
黄山水库	1960年6月	白沙河	平度	37.4	1431	728	1993~2005年，多次实施基建岁修工程

续表11-3

名称	建成时间	所在河道	所在区市	流域面积（平方千米）	库容（万立方米）		主要除险加固工程
					总库容	兴利库容	
双山水库	1960年6月	双山河	平度	29	1073.6	615	1998年完成坝基防渗、坝坡整治及护坡翻修、溢洪道右岸护砌等工程；1988～2005年，多次实施岁修和除险加固工程
大泽山水库	1960年5月	淄阳河	平度	52	1060	595	1999年拆除旧溢洪闸、新建7孔溢洪闸1座、采用15厘米厚混凝土盖面及防渗膜对副坝迎水坡实施护坡加固
淄阳水库	1960年6月	淄阳河	平度	68	1420	747	1988年在坝前库内实施黏土铺盖。1995年原溢洪道堰顶处建砌石拱桥1座。2005年实施全坝塑性混凝土心墙防渗技术改造
山洲水库	1958年8月	洋河	胶州	68	2400	1320	2000年完成溢洪道底部钢筋混凝土护底，新建溢洪闸和防汛仓库维修等3项工程。2002年完成大坝迎水坡现浇钢筋混凝土护坡、加固防浪墙
孙家屯水库	1974年5月	泊里东河	胶南	13.5	1018	646	1998年实施除险加固工程，大坝加高加宽、迎水坡块石护坡、改造放水洞、建启闭机房、防浪墙、溢洪道桥等工程
青年水库	1959年10月	池子崖河	胶州	25	1100	490	1994年完成大坝及坝基防渗、大坝迎水坡护坡、放水洞改建、大坝浸润线测压管埋设和大坝照明等工程。1997年完成溢洪道开挖及新建溢洪闸、大坝迎水坡高18米以上护坡、坝顶硬化，水库东岸护砌和水库上游徐家村桥等工程

2005年青岛市小（一）型水库一览表

表11-4　　　　单位：万立方米

区市	水库名称	位置	建成时间	总库容	兴利库容
崂山区	大石村水库	沙子口镇大石村	1989年4月	357.3	283.1
	流清河水库	沙子口镇马鞍子村	1972年	270	206
	晓望水库	王哥庄街道	1998年11月	140	130
	大河东水库	沙子口街道	1997年	440	400
	张家河水库	王哥庄街道	1996年	100	84.7
城阳区	云头崮水库	夏庄街道云头崮村	1959年	256	105
	虹子河水库	城阳街道仲村	1978年	200.5	109
黄岛区	丁家河水库	薛家岛镇丁家河村	1968年7月	265	110
	殷家河水库	辛安镇殷家河村	1973年9月	410	260
	青石湾水库	柳花泊镇小南村	1979年1月	120	76
	代戈庄水库	长江街道	1967年5月	269	183
	周家夼水库	长江街道	2001年10月	150.7	130.4
	解家水库	红石崖街道解家村南	1958年	198.8	106
	河洛埠水库	红石崖街道河洛埠村南	1970年	195.2	110
即墨市	臯虞水库	温泉镇石棚村	1966年6月	164	80
	段村水库	龙泉镇段村	1967年1月	130	87
	团彪水库	龙山街道团彪庄	1967年12月	106	88
	小范家水库	大信镇小范家村	1968年6月	144	80
	院西水库	店集镇院西村	1969年5月	185	121
	洪兴水库	店集镇洪兴村	1969年6月	140	53
	普东水库	普东镇朱家园村	1971年4月	604	400
	翟家水库	大信镇翟家疃村	1975年6月	165	118
莱西市	辛安水库	望城街道辛安村	1957年1月	122	67
	马连庄水库	马连庄镇马连庄村	1958年1月	284	143
	贤都水库	望城街道贤都村	1959年6月	132	85
	李家洼水库	南墅镇李家洼村	1966年1月	240	148

续表11-4-1

区市	水库名称	位置	建成时间	总库容	兴利库容
平度市	大跃水库	店子镇昌里村	1958年	109	32
	田戈庄水库	旧店镇田戈庄村	1969年	132	87
	宋戈庄水库	云山镇宋戈庄村	1970年	100.5	60.5
	窝洛子水库	城关街道窝洛子村	1970年	139	98.7
	巧女张水库	李园街道巧女张村	1970年12月	272.6	173.1
	大洪埠水库	祝沟镇大洪埠村	1976年	169.5	112.5
	李家庄水库	旧店镇李家庄村	1978年	102	71.6
	涧口水库	大田镇涧口村	1978年	102.5	60.5
	茶山水库	大泽山镇东刘家庄	1978年	121	77
	东羞鱼水库	店子镇东羞鱼村	1981年	166	67
胶州市	红旗水库	里岔镇王家阿洛村	1967年	484	360
	黄家河水库	里岔镇黄家河上游	1958年	378	270
	七里河水库	南关街道徐家园村	1967年	144.2	87
	十八道河水库	洋河镇李子行村	1958年	126	58
	小荒水库	营房镇小荒村	1967年	132	100
	大王邑水库	九龙镇大王邑村	1976年	137	87.5
胶南市	朱家庄水库	灵山卫镇朱家庄	1965年5月	164.1	104.5
	崖下水库	藏南镇崖下	1965年5月	118.7	48.7
	柏乡水库	胶河经济区灰沟	1965年6月	232	124.8
	桑行水库	大村镇河崖	1967年8月	730	290
	大珠山水库	滨海街道胡家小庄	1968年5月	123.5	96.4
	狄家河水库	海青镇狄家河	1968年8月	821	434.7
	肖家洼水库	大场镇肖家洼	1969年5月	234.1	148.8
	陡阳水库	张家楼镇石河头	1969年12月	385.8	286.3
	法家庄水库	胶河经济区西官庄	1970年3月	197.2	115.3
	塔山河水库	珠海街道土山屯	1970年4月	180.8	111.2
	库山沟水库	琅琊镇黄道山	1970年6月	255.6	180
	山周水库	六旺镇山周村	1971年3月	153.5	94.3
	石屋沟水库	滨海街道石屋沟	1971年5月	114.4	79.8

续表11-4-2

区市	水库名称	位置	建成时间	总库容	兴利库容
胶南市	韩家庄水库	大村镇韩家庄	1971年7月	966.8	525.5
	耿家沟水库	大村镇耿家沟	1971年7月	103.5	79.2
	杨家屯水库	六汪镇杨家屯	1971年7月	174	117.9
	石灰窑水库	黄山经济区石灰窑	1971年7月	336	206.5
	墨得水水库	六汪镇墨得水	1971年7月	197.9	137.6
	高城水库	宝山镇埠石村	1971年11月	346	309.7
	水城水库	隐珠街道水城	1971年1月	131.5	104.6
	山冯水库	隐珠街道北山村	1971年1月	258.5	197.4
	沙沟水库	黄山经济区沙沟	1972年6月	139.8	92
	西寨水库	张家楼镇西寨村	1972年12月	182.7	126
	大横河水库	黄山经济区朱家园村	1974年5月	208	129.2
	林子水库	宝山镇林子村	1974年1月	450.8	253
	河湾水库	张家楼镇河湾	1974年1月	230	162
	花沟水库	六汪镇花沟村	1976年6月	497.1	281.2
	金草沟水库	宝山镇金草沟	1977年1月	109.5	76.1
	杨家崮水库	珠海街道杨家崮	1979年3月	194	142
	台子沟水库	滨海街道台子沟	1979年11月	188.1	136.1
	五龙沟水库	琅琊镇五龙沟	1979年12月	161.7	103.9
	朱郭水库	王台镇朱郭村	1990年1月	125	105.2
	邓陶水库	珠山街道邓陶村南	2002年8月	243	105
合计	75座			17558.4	11070.5

塘坝闸坝

青岛市为严重缺水地区，开发新水源一直是水利建设的主攻方向。尤其在80年代初，在连续多年春旱、地下水无潜力可挖的情况下，各地掀起拦河蓄水的热潮。每年冬季，在农田水利建设中，结合河道治理，修坝建闸，储蓄水源。2005年，青岛市有各类塘坝4400座、拦河闸（坝）396座。

塘坝建设 改革开放初，青岛市重点做好塘坝的管理和维护，注重发挥已有塘坝在滞洪、拦沙、控制水土流失、发展灌溉、农村供水等方面的作用。1987年，全市共有塘坝3192座，总库容7400万立方米，有效灌溉面积1.05万公顷。90年代后，为解决农村供水，各级政府加大投资，新建一批标准高、质量好的砌石塘坝。1997年投资546万元，利用夏庄、惜福镇、红岛、河套等山岭水资源条件，建成河套村神仙沟、大涧村大涧、院后村院后、华阴村华阴、前阳村前阳、崔家沟村崔家沟等11座塘坝，集水面积达57平方千米，总库容23.85万立方米，灌溉面积166.7公顷。同期，对原有部分塘坝进行维修、加固。1998年，投资158万元，建成崂山区黑涧村南砌石塘坝，坝高20.8米、长64米，总库容4.05万立方米，兴利库容3.6万立方米，完成工程量0.8万立方米。该坝建成后解决3个村2830人吃水问题。同年，投资88.2万元，建成燕石村西砌石塘坝，坝高14.7米，总库容2万立方米，完成工程量0.75万立方米，解决3个村生活供水问题。2002年，投资326.6万元，建成黄泥崖砌石塘坝，坝高25米，总库容6.4万立方米，完成工程量1.35万立方米，与黑涧塘坝联合可解决6个村5000人的生活用水问题。

进入21世纪，橡胶坝以施工快、使用方便且阻水效果好的特点被广泛使用。图为大沽河贾疃橡胶坝。

2005年，全市共有塘坝4400座，总库容1.14亿立方米，有效灌溉面积3.11万公顷。

闸（坝）建设　1981～1985年，青岛地区建拦河闸2座、涵闸22座。90年代后，胶州市建成墨水河苑戈庄拦河闸、小刘家疃闸、刁家屯闸、铺集两期拦河闸和盛家庄拦河闸。莱西市共建成沟、河蓄水多铰翻板闸61座。胶南市建橡胶坝9座、浆砌石溢流坝2座。即墨市内16条河共建闸21座。该时期，修建的闸（坝）多为自动翻板式和平面式，闸门孔数3～30不等。其中，1996年修建的位于城阳区河套镇大涧村北桃源河的大涧桥闸，主体为钢筋混凝土结构，桥闸基础采用桩基，灌桩45支，桥闸为6×4升卧式平面钢闸门11孔，拦蓄水能力220万立方米，可灌溉河套镇北部农田800公顷。另外，1999年在城阳区白沙河下游河道修建白沙河挡潮坝，为枕式橡胶坝，坝体长294米、高2米，分3孔，可拦蓄淡水120万立方米，同时结合防渗墙设置，可有效防止海水入侵，补充地下水资源，改善区域生态环境状况。

进入21世纪，青岛市闸（坝）建设多为橡胶坝，其中规模较大的有城阳区308国道流亭桥西侧的白沙河橡胶坝、大沽河下游莱西市区的上海路大沽河橡胶坝、即墨市墨水河青烟一级路桥下游的墨水河东障橡胶坝、即墨市大沽河支流流浩河下游的流浩河后吕橡胶坝、即墨市庙头村西墨水河庙头桥上游的庙头橡胶坝等。这些闸（坝）的拦蓄水能力都在20万立方米以上，对补充两岸地下水、涵养河道水源、改善沿河区域生态环境、保障两岸工农业和生活用水发挥重要作用。

至2005年，青岛市共有拦河闸（坝）396座、涵闸703座，其中蓄水能力在10万立方米以上有136座。

第二节　引水工程

青岛市引水工程多数建成于20世纪六七十年代。80年代初，青岛市最大的引水工程为“引黄济青”工程，其他规模较大的引水工程有北墅水库向产芝水库引水工程，吉利河水库、铁山水库向黄岛区引水工程，棘洪滩水库向黄岛区、胶州市引水工程，大沽河向即墨市、胶州市引水工程。进入90年代，随着城市生活用水和工业用水的大量增加，各大中型水库主要保证城市和周围乡镇供水，用于农田灌溉的功能逐年下降。至2005年，因为城区扩建、泥沙淤积、改为耕地、转向城区供水等原因，石棚水库灌区、挪城水库灌区、宋化泉水库灌区、王圈水库灌区、山洲水库灌区、青年水库灌区、小珠山水库灌区、铁山水库灌区等已基本不存在。

引库水灌区

“引黄济青”工程　“引黄济青”工程是一项跨流域、远距离、大型调水工程，从博兴县打渔张引黄闸进口至青岛白沙河水厂，全长292千米，引水、输水、蓄水、净水及配水工程完整，沿途建有沉沙池、输水河、泵站、桥梁、涵闸、倒虹吸、水库等近500个建设项目，总投资9.53亿元。引黄济青工程建成通水后，青岛城市供水形成以黄河、大沽河、白沙河三大水源为主的供水体系，城市日供水能力由20万立方米提高到50万立方米，基本解决青岛近半个世纪的缺水问题。

1982年1月，国家城建总局在青岛召开青岛市水资源研究讨论会，提出建设“引黄济青”工程。同年3月，国家计划委员会、经济委员会、水利电力部、城乡建设环保部联合考察后，于9月确认：跨流域“从黄河调水是解决青岛市供水的重要途径”。1984年7月，中共中央和国务院领导万里、胡启立、李鹏及有关部委的专家、学者乘直升机视察黄河，听取关于“引黄济青”工程的方案汇报。中央确定“拨改贷”投资5亿元，其余投资包括由于涨价或设计变更等引起的建设投资增加额，均由山东省、青岛市自行解决，并确定采用明渠输水方案。1986年4月15日，“引黄济青”工程正式开工。其中，引水工程主要是从棘洪滩水库至白沙河净水厂铺设输水管道22千米，其中隧洞1.8千米，增压泵站1座；修穿河倒虹2座；修建净水厂1座，铺设由净水厂到市区的输水干管54千米。经过5年的艰苦建造工作，1989年11月25日15时27分，驰骋300千米的滔滔黄河水流进棘洪滩水库，12月9日16时25分，启动放水洞南洞闸门向青岛市区送水。

1986年4月~1989年11月，青岛市实施建设“引黄济青”工程，是青岛市改革开放后最大的饮水工程。图为：①起点打渔张引黄闸 ②终点棘洪滩水库 ③“引黄济青”工程平度段河道。

“引黄济青”工程的建成，在保证率95%的情况下，可增加青岛市日供水30万立方米，在保证青岛用水的前提下，可向沿线供水6400万立方米，向高氟区供水1100万立方米。

产芝水库灌区　90年代，产芝水库灌区有总干渠及分干渠15条、长148.5千米；支渠83条、长263.9千米，支渠有效灌溉面积21.57千公顷，属大型灌区。干、支渠建筑物1807座，斗渠以下建筑物2019座。灌区包括东干渠、西干渠、江家庄、辇止头4个灌区。1998～2005年，经水利部立项实施续建配套与节水改造工程，投资1002万元，完成7期灌渠维修、改建和扩建工程。其中，新建浆砌石辇止头渠道长35.35千米、渠首进水闸3孔；建设长98米拦河橡胶坝和灌注桩钢筋混凝土桥各一座、砌筑防渗渠道长11.1千米，设计流量16.1立方米/秒；浆砌东、西干渠防渗渠道长24千米，干渠流量分别达到4.7立方米/秒和6.5立方米/秒，渠系水利用系数由0.6提高到0.95，毛灌溉定额由6360立方米/公顷降到4005立方米/公顷，灌区灌水周期由30天缩短为15天。结合渠系配套，发展喷灌、微灌0.47千公顷。扩大、恢复、改造灌溉面积2.02万公顷，年节水量3373万立方米，年增加农业收入4289.68万元。

2005年，产芝水库灌区有总干渠及分干渠14条、长169.2千米；支渠119条、长347.6千米，支渠有效灌溉面积1.49万公顷。

尹府水库灌区　1979年，尹府水库灌区控制灌溉面积7670公顷。至1987年，灌区累计投资285万元，建成总干渠1条、长6.35千米，渠首设计正常流量9.3立方米/秒，加大流量11.6立方米/秒，沿渠建筑物21座；干渠、分干渠（东干、西干、东分干）3条，共长41.4千米，建筑物150座；支渠23条，共长57.4千米，建筑物236座；3级渠道27条，长105.15千米，建筑物407座；斗渠建筑物390座，配套灌溉面积4000公顷。1998年，整个灌区有效灌溉面积1330公顷，亩次灌溉用水400余立方米。1999年起，对灌区实施节水改造工程，分6年实施。

至2005年，尹府水库灌区总投资6841.19万元，整修衬砌干渠、支渠和清淤99.41千米，整修和新建建筑物247座，完成工程量117.7万立方米。配套渠系建筑物39座，渠道衬砌93.24千米，恢复、改善灌溉面积1.55万公顷。

其他水库灌区　90年代中期，青岛市在对大型水库灌区续建的同时，组织对北墅水库、大泽山水库等中型水库灌区，实施水利设施维护改造，但工程规模不大，投资较少。

2005年青岛市主要中型水库灌区一览表

表11-5

灌区名称	位置	修建时间	投资总额（万元）	有效灌溉面积（万公顷）	工程情况	作　用
书院水库灌区	城阳区惜福镇街道东部	1975～1983年	373.11	0.1	总干渠1条、长1.19千米，其中隧洞483米。干渠分南、北两条，长23.5千米。支渠21条，长14.9千米。完成工程量25.46万立方米，投工56.6万个	城阳区域内重要的粮、菜、果产地灌溉；1993年后，因成为城阳区主要工业和生活用水水源地而停止农田灌溉供水
北墅水库灌区	莱西市南墅镇西北	1976～1978年	486.8	0.27	总干渠1条，长23.6千米；支渠14条，长56.6千米；斗渠70条、长150千米；支渠以上建筑物640座，斗渠以下建筑物84座。1999年拓宽九支渠渠首以上0.95千米的干渠，将原七支渠改造成分干渠，修复13支渠约5.2千米	1999年改建后，扩大改善牛溪埠镇潍石公路以北旱塬区10个村庄、670公顷土地灌溉用水
高格庄水库灌区	莱西市河头店镇西南洙河上游	1960～1975年	18.4	0.1	经过续建、扩建、开发，至2005年底干渠1条，长9.6千米，其中4.5千米为浆砌渠道，其余为土渠；支渠3条，长13千米，为土渠；斗渠53条，长22千米。各种渠道建筑物86座，渠首设计流量5立方米/秒	保障河头店、周格庄2个乡镇、21个村和莱阳市冯格庄的生活用水和一部分的农田灌溉

续表11-5

灌区名称	位置	修建时间	投资总额（万元）	有效灌溉面积（万公顷）	工程情况	作用
黄山水库灌区	平度市城东北部	1964~1987年	48	0.1	干渠3条，长21.5千米，设计流量2.5立方米/秒；支渠16条，长42千米；干、支渠建筑物165座	保障崔召（原）崮山、城关2个街道、28个村的农田用水。经扩建开发可保障大战、河南战、河北战3个村农业用水
大泽山水库灌区	平度市城北	1963~1975年	64.55	0.08	总干渠1条，长0.5千米，设计流量2立方米/秒；干渠2条，长11千米；支渠2条，长4.65千米；干、支渠建筑物85座。2001~2002年对大泽山南干渠的团石子、南昌村、北昌村、丁家、小店、高望山6个村的耕作片实施节水改造。完成衬砌支渠1条，长9.8千米；"U"型混凝土防渗斗渠16条，长15千米；建泵站5座、桥涵6座，铺设低压PE输水管道49.52千米	保障大泽山、店子（原）昌里2个镇、18个村的农田用水。2002年改造后建成节水灌溉面积667公顷，灌区灌溉水利用系数由改造前0.45提高到0.75，亩次用水由改造前100立方米减少到40立方米
吉利河水库灌区	胶南市	1971~1975年	775.35	0.31	总干渠1条，长8.95千米；干渠3条，长30千米；支渠21条，长61千米；建筑物416座。2004年投资2084.65万元，疏挖并衬砌干渠长20.48千米，均为矩形断面浆砌石防渗；重建节制闸2座、泄水闸3座、干斗斗门49座、分水闸16座；改建生产桥39座、涵洞17座	水库修建初期，保障张戈庄、塔山、大场、大村4个乡镇、108个大队的农田用水。改革开放后，随着向城市生活工业用水的增加，其农业灌溉用水功能逐步下降
陡崖子水库灌区	胶南市	1964~1965年	234.5	0.25	总干渠1条，长0.8千米；干渠2条，长30.43千米；支渠17条，长64.53千米；干、支渠建筑物1312座	保障泊里、横河、琅琊、小场4镇的农田用水
孙家屯水库灌区	胶南市	1974~1975年	61.3	0.1	干渠1条，长5千米；支渠1条，长3千米；干、支渠建筑物78座	保障藏南镇东南部和泊里东北部农田用水

引河水灌区

青岛市最早的引河灌溉是1958年大沽河七级镇修筑临时坝引水和崖头无坝引水，至1993年，全市有较大引河灌区56个，总有效灌溉面积3.14万公顷，设计灌溉面积万亩以上的引河灌区有19个。其中总投资490.6万元的自流灌区4个，有效灌溉面积1.11万公顷；总投资1225.06万元的提水灌区15个，有效灌溉面积6660公顷。2005年，全市有引河灌区60个，总有效灌溉面积3.5万公顷。

桃源河引河灌区　位于城阳区棘洪滩、上马、河套3个街道桃源河段的左岸，采用开挖引水沟蓄水提灌方式。1979年，有棘洪滩、魏家庄、黄家庄、桃源河、上马、王林庄和小涧西电灌站等灌溉设施，装电灌机组30台（套）、1131千瓦，有效灌溉面积2570公顷。1990年，投资70万元，在林家段河村西桃源河上建拦河闸1座，蓄水30万立方米。1991年，实施万亩节水灌溉工程。其中投资120万元，在上马电灌站引水渠西侧建蓄水210万立方米小水库1座；投资150万元，将原土渠改建成砌石渠1130千米，建扬水站2座。2000年，修建上马扬水站工程，总投资101.99万元，将原桃源河水库的4孔闸拆除，在桃源河大堤建1座两孔排水涵洞，新筑堤防60米；将原王林庄灌溉站拆除，新建控制面积266.66公顷的扬水站一座。因城镇规模和工业园区建设不断扩大，大量农田被征用，使灌区面积逐渐缩小。

2005年，桃源河灌区有6个电灌站，总装机22台（套）、608千瓦，灌溉面积710公顷，占城阳区有效灌溉面积的17%。

岔河引河灌区　位于即墨市西部中岔河村前的大沽河左岸。灌区包括岔河、后吕两个引水工程，建成于五六十年代。1976～1981年，浆砌二支渠3.38千米，斗渠72条、长62.1千米，大、小建筑物111座；另有平塘15个、机井95眼、水井182眼、扬水站9个；有效灌溉面积2670公顷。1992年，因拦河闸门锈蚀严重，启闭不灵，影响河道行洪，投资26万元，将支渠蓝村六里村段改道，重新开挖新渠道，配套建筑物4座，新建支渠管理站1座，改修渠道1.8千米，扩大灌溉面积1330公顷。1998年，投资712.4万元，将岔河闸拆除，改建为橡胶坝式拦蓄水设施，一次性拦蓄水270万立方米，年度可调节利用水量3500万立方米。

至2005年，该灌区有干渠1条，长4.7千米；支渠4条，长27.3千米。受益范围2个镇、37个自然村。

袁家庄引河灌区　位于五沽河以南大沽河以东的平原地带，主要引五沽河水。由原来的袁家庄引河灌区、岔河引河灌区和挪城水库灌区组成，总面积380平方千米。80年代后，因大沽河流域长期干旱少雨及工程老化、退化等原因，致使灌区难以正常发挥效益，实灌面积仅剩4300公顷。进入90年代，为彻底解决灌区内水源不足问

2002年，袁家庄引河灌区被水利部评为部级优质工程。图为配套改造工程施工现场。

题，投资3000多万元，新建大沽河移风橡胶坝、大沽河岔河橡胶坝、流浩河后吕橡胶坝和七级拦河闸，整修加固挪城水库、五沽河袁家庄拦河闸，实现一次性拦水1459万立方米，年度可调节水量5800万立方米。

2000年，袁家庄灌区配套改造工程正式启动，分两期实施。项目包括移风总干渠管道铺设工程、干渠护砌工程、西干渠开挖护砌工程，袁家庄干渠引水闸改建及渠道开挖工程，后吕干渠护砌工程，岔河干渠疏浚、护砌工程和渠系配套建筑物工程。总投资2296万元，完成干渠开挖疏浚34.68千米，铺设引水管道2.38千米，浆砌暗渠0.64千米，新建建筑物95座，改建27座，安装启闭机24台。完成工程量44.42万立方米，投工54.9万个。2002年该工程建成后，原来的袁家庄、岔河、后吕、挪城灌区合并为1处，改善灌溉面积4.33千公顷。袁家庄引河灌区被评为水利部部级优质工程。

大沽河崖头引河灌区　位于平度市崖头闸大沽河西岸。1979年，灌区有干渠1条，长7.5千米；支渠4条，长15千米；较大建筑物38座。因大沽河河道内超负荷采砂，致使河床下沉，1988年汛期，大部分闸门被冲毁。为解决平度市兰底镇25个村、4030公顷耕地无水灌溉和1.7万人吃水困难的问题，1997～1998年，实施由北辛河引水工程。一期工程自北辛河至芙蓉沟，开挖长2.8千米的引水沟1条。1999年，兰底镇开始实施由崖头闸引水总干渠末端（南村镇杜戈庄）引水入境工程。主干渠（即东西段）长16千米，横穿南村、兰底两镇。2002年，投资300万元，建暗渠813米，明渠1500米，较好解决灌区水源不足的问题。

小沽河引河灌区　位于平度市龙虎山下小沽河右岸。1979年，灌区有总干渠1条，长5.55千米；干渠3条，长24千米；支渠7条，长10.2千米，控制灌溉面积4670公顷。1986年，投资80万元，从总干渠向西修建直径1.2米的混凝土管引水暗渠1千米，沿途设暗井12个，末端建泵站1座，增加提水灌溉面积133.3公顷。1992～1993年，投资310万元，实施龙虎山截潜主体工程和主干渠配套工程。1994年春，在乔戈庄开挖长700米、宽50米、深6米的输水河1条，扩大灌溉面积333.3公顷。当年秋，开挖口宽5米、底宽1米、深2.5米、长3.4千米的引水渠1条。1996年春，在蓬莱前开挖长1千米、宽40米、深6米的输水河1条，控制灌溉面积266.7公顷。2001年，在向阳沟开挖长1.2千米、宽40米、深5米的输水河1条，控制灌溉面积266.7公顷，古岘镇驻地以西缺水状况基本得到解决。

第三节　节水工程

1979年，青岛市大部分井灌区为独立的纯井灌区或纯渠灌区。80年代推广小型喷灌机后，节水灌溉在技术、设备、工程建设方面均有新的发展。同时，由于水源不足，灌溉保证率低，部分井灌区逐步发展成井、渠结合灌区。在“八五”规划期间，青岛市提出“水库灌区防渗化、井灌区管道化、果菜经济作物微灌化”的发展目标，开展节水灌溉示范园（区）工程建设，采取“以工补水、以物代补、以钱顶工、以奖代补、用好贷款”等形式，多渠道筹集资金9140余万元（其中贴息贷款5140万元）用于发展节水灌溉，先后在胶南市、莱西市、平度市和城阳区建立万亩渠道防渗节水方、10万亩低压管道输水灌溉节水方、千亩葡萄滴灌微机控制节水方、节水灌溉高科技示范园等节水示范工程。进入90年代，随着国家对水利政策的倾斜，全市相继在井灌区、小型水库灌区进行以渠灌区改造为主的节水配套建设，主要包括不受地形限制、操作管理方便的低压管道灌溉，在苹果、葡萄、西瓜、花卉、蔬菜等经济作物中的滴灌；多在果园、茶园中推广使用的喷灌工程等。

1998年，启动利用世界银行贷款发展灌溉项目，实际完成总投资2.3亿元，项目涉及平度、莱西、即墨、胶州、胶南5市，共完成节水灌溉项目29个，发展节水灌溉面积2.54万公顷。完成渠道衬砌1.96万公顷、低压管道4247公顷、喷灌773公顷、微灌743公顷。该灌溉项目的实施，使相关地区经济作物种植面积大幅增加，农业种植结构发生较大变化。复种指数从1.55降至1.48，灌溉水利用系数由0.3提升到0.65，农作物产量增长率达到15%～25%，项目区农民人均年收入较对照区增长5.8%～10.2%。

至2005年，全市建有胶州市胶西镇国家级节水灌溉示范工程、即墨市华山镇节水增效示范项目、胶南市节水灌溉示范项目、平度市节水灌溉示范项目、胶州市九龙节水灌溉工程、即墨市王村节水灌溉示范项目、即墨市万亩农田节水灌溉示范项目等12个节水灌溉示范园（区），平度、莱西、胶南3市被列入国家级节水灌溉示范县（市）。当年，全市完成节水灌溉面积140.68千公顷，占有效灌溉面积的47.45%。全市有机井7.41万眼，其中深井945眼；机电井供水量4.9亿立方米，其中农业灌溉3.27亿立方米、工业0.68亿立方米、城乡生活0.95亿立方米。

第三章　水土保持

1983年8月，烟台地区的莱西县、潍坊地区的平度县划入青岛市。全市陆地面积10654平方千米，其中山丘区面积7160平方千米，占土地总面积的67%。1985年普查，全市水土流失面积6228平方千米，占土地总面积的58.46%。山丘区尤为严重，水土流失面积占山丘区面积的87%。

六七十年代，青岛市普遍实施开展挖鱼鳞坑、修围山渠、建梯田、修塘坝等治理措施，山丘区水土流失得到初步控制。80年代后，以小流域治理为主，水土保持工作逐步实现由分散单项治理向集中综合治理转变、由防护型治理向开发型治理的转变，建成一批规模较大、各具特色的生产基地和商品基地，如茶叶基地、果品基地、畜禽养殖基地等。1994年，市政府印发《青岛市实施〈水保法〉的若干规定》，并出台防治水土流失的配套法规，依法开展水土保持工作。其中，胶南市在流域治理中，摸索形成“远山封育、近山治理、治理开发与监督管理相结合”的治理经验。通过拍卖、租赁、承包、股份合作等形式，开展农村“四荒”治理开发，进一步加强水土保持工作。

至2005年，全市治理水土流失面积达3630平方千米，占应治理面积的71.3%；治理开发“四荒”289平方千米，占可开发面积的57.92%。营造水土保持林13.33千公顷，有202条小流域得到治理。

第一节　小流域治理

1982年，青岛市组织开展以小流域综合治理为重点的水土保持工作，建立从水土保持工程项目确定、工程规划设计与审批到施工监督检查、竣工验收制度，全市水土保持工作转入以小流域为重点，开展集中治理、连续治理的新阶段。至1997年，全市对65条小流域进行综合治理，治理面积达3000平方千米；整修水平梯田10万公顷，沟坝地1万公顷；营造水土保持林8万公顷，经济林3万公顷；修建环山路495千米。1998～2001年，在全国开展的“十、百、千”水土保持生态环境示范工程建设中，青岛市先后共9条小流域获“全国水土保持生态环境建设示范小流域”称号。至2005年，通过采取工程措施、生物措施和农业措施，全市综合治理水土流失面积3630多平方千米。

2003年，石老人观光园（王家村小流域）水保基地。

开发建设与旅游度假区相适应，因地制宜，适地适树，因害设防，实施综合治理开发。修建塘坝2座、截流坝3座，打大口井3眼，挖蓄水池1个；发展节水灌溉面积8公顷，修建环山路1千米、人行登山路1千米；栽植茶树8公顷，建苗木基地5.3公顷，栽植花卉2公顷，植树造林20公顷，更新改植林木3.3公顷。完成工程量10万立方米，投工5万个。

石老人小流域治理

位于崂山区中韩街道东南部石老人村北部，流域面积2平方千米，流域最高峰烟台顶海拔376.5米，流域内有主沟1条、支沟7条。治理前，域内仅有少量刺槐、松树、荆条、酸枣等，致使面蚀、沟蚀和山洪蚀，水土流失严重，年侵蚀模数达2500吨/平方千米。1999~2005年，投资3700万元，建成小水库1座、塘坝6座、蓄水池1座、提水站1个，修环山路6千米（硬化）、梯田40公顷，发展喷灌面积13.3公顷、微灌3.3公顷，铺设灌溉管道16千米，种植水保林40公顷，建茶园、耐冬园、花果园等6个专区，建农作物生长观摩温室大棚6个，完成工程量20万立方米。

王家村小流域治理

位于崂山区中韩街道东南部、王家村东，地处青岛市石老人国家旅游度假区。流域面积1.7平方千米，与石老人小流域为同一座山，流域最高峰也为烟台顶，流域内有干沟1条、支沟5条。治理前流域内有少量刺槐、松树、酸枣、荆条及果树，水保林53.3公顷，经济林4公顷，梯田26.7公顷，塘坝3座，大口井9眼。由于流域坡陡流急，植被少，水土流失严重，生态环境较差。2001~2005年，投资500多万元，将小流域

西登瀛小流域治理

位于崂山区沙子口街道西登瀛村西，流域面积2.3平方千米。1997年，该流域由崂山区百雀林农贸有限公司承包并实施综合治理，总投资695.4万元，新建库容10万立方米的水库1座，维修塘坝1座、拦沙坝10座；治理河道1.5千米，桥涵4座，环山路5千米；打大口井5眼，发展节水灌溉13.3公顷，营造经济林33.3公顷、水保林33.3公顷。完成工程量20万立方米。

棉花小流域治理

位于城阳区东部山区书院水库上游，总面积11.4平方千米，治理前水土流失面积8.3平方千米。1999年，按照“山顶松槐戴帽，山中果树围腰，草皮护住坡面，沟道节节拦闸”的总体布局，对沟道、山顶、山坡实施小型水利水保工程、防护林体系工程、治山改土涵养水源工程建设，建立水土保持综合防护体系。至2005年，投资1250万元，建成拦沙坝7座、塘坝1座，整修梯田60.67公顷，发展高效经济林166公顷，水土保持林269.6公顷，补植林木166.67公顷。完成工程量67.2万立方米。治理后，流域内林木覆盖率达89%；增加蓄水量28.3万立方米，保水量2.97万立方米，水土流

失量由2.6万立方米下降到0.68万立方米。农业生产总产值由2972万元增长到5591万元。2001年，被评为全国水土保持生态环境建设示范小流域。

云头崮小流域治理

位于城阳区夏庄街道南部，三面环山，面积8平方千米，治理前水土流失面积5.8平方千米，占总面积的72.5%。90年代后，以小流域为单元，集中力量对荒山、荒坡、沟道等综合治理。至2005年，投资1600余万元，整修水平梯田80公顷，营造水土保持林190.33公顷、经济林134.66公顷，林木覆盖率达70%以上。建塘坝2座，挖机井2眼，增加蓄水量30万立方米。缓坡处修建大型农业示范园——云头崮千亩茶园，初步建成集生态、旅游为一体的水土保持观光园。

笔架山小流域治理

位于即墨市东部，西濒鳌山，东濒横门湾，总面积60.03平方千米，共有14条小流域，其中王村河小流域位于王村镇东部王村河上游，流域面积12.5平方千米，治理前水土流失面积7.92平方千米，占总面积的63.4%。至2005年，总投资990万元，进行小流域综合治理，按照以工程保水土、以生物保工程的原则，实施山上岭坡土薄植树种草，山腰坡缓土厚栽植果树，山根土好发展高产、高效农业的治理工程。在较大沟壑和侵蚀较重的沟壑中，新建小（二）型水库1座，平塘1个，大口井2眼，可蓄水18万立方米。果园面积100公顷、水保林266.67公顷、防护林26.67公顷、草地面积13.33公顷，植被覆盖率达到90%。1999年，被列为全国水土保持生态环境建设“十、百、千”示范小流域之一。2001年获“全国水土保持生态环境示范小流域”称号。

方家小流域治理

位于平度市旧店镇西南部、两目河上游，面积2600公顷。北、西、南三面环山，地形西高东低，有大小山头78座，最高点海拔90.5米。7～8月的降水约占全年的80%，并多以短时暴雨形式出现，极易造成水土流失。90年代，投资2098.5万元，完成水土流失治理面积1750公顷，占流域内流失面积的79.5%。其中，治滩造地32公顷，建梯田523.3公顷，造经济林637.6公顷、水保林81公顷，建沟坝地7.3公顷，建谷坊23座，修塘坝14座，建拦河闸（坝）4处、水库3座、扬水站4座，埋设地下供水管道8.5千米，改造河道5.5千米，发展灌溉面积413.3公顷，种植草皮14公顷，修环山路41.8千米。完成土石方282.2万立方米，投工180万个。林草保存面积占宜林、宜草面积的82%以上，流域内土壤侵蚀量减少78.6%。该流域水土流失得到遏制，昔日的荒山变成山川秀美的花果山。种植的花生被评为省部级“无公害绿色食品加工原料”，同时被确定为国家级优质果品基地和山东省花生生产基地。1999年获“全国水土保持生态环境建设示范小流域”称号。

窝洛子小流域治理

位于平度市原蟠桃镇北部的现河上游，面积24.8平方千米。东、西、北三面环山，地形北高南低，有大小山头30余座，最高点招风顶海拔高515.2米。流域内水资源贫乏，汛期多以短时暴雨形式出现，易形成山洪冲刷坡面，造成水土流失，年均侵蚀深6.38毫米。1991～2005年，总投资1592.5万元，进行综合治理工程。建梯田382公顷，造经济林150公顷、水土保持林664.5公顷，建沟坝地53.3公顷，谷坊125座，修塘坝5座，小水库2座，建拦河坝22座，修环山路19.1千米，挖大口井、机井45眼，节水灌溉面积353公顷。治理水土流失面积16.82平方千米，占水土流失面积的76.3%。治理后，林草保存面积占宜林、宜草面积的80%，25度以上的坡耕地全部还林、还草，小流域土壤侵蚀减少70%，泥沙流失减少50%。1999年获“全国水土保持生态环境建设示范小流域”称号。

洪山小流域治理

位于平度市云山镇西北部，面积2.58平方千米。流域地形北高南低且复杂，除山顶陡坡裸岩外，主要是坡麓梯田和山间小平原。夏季短时暴雨出现后易形成山洪，冲刷地面造成水土流失，年均侵蚀深3.24毫米。1978～1999年，共投资1790万元进行综合治理。完成水土流失治理面积18.1平方千米，占水土流失面积的81.17%。建梯田153.3公顷，河滩造地52公顷，造沟坝地40公顷，造经济林803.3公顷、水保林441.8公顷，种草326公顷，建塘坝20座、谷坊8座，修路20千米。完成土石方375万立方米，投工762.9万个。水土流失治理率达81.17%，林草面积占宜林、宜草面积的83%，25度以上坡耕地全部还林、还草，流域内减沙达80%。2000年获“全国水土保持生态环境建设示范小流域”称号。

铁夼山小流域治理

位于平度市大田镇驻地西北部、大沽河水系小沽河支流猪洞河上游，面积25.4平方千米。南、西、北三面环山，地形西高东低。季风气候明显，降水多以夏季暴雨形式出现，造成水土流失，年均侵蚀深3.24毫米。1978～1999年，共投资1990万元，治理水土流失面积17.72平方千米，占流失面积的79.5%。建梯田103.3公顷，河滩造地33.3公顷，造沟坝地26.7公顷，造经济林271公顷、水保林733.4公顷，种草246.3公顷，建塘坝2座、谷坊20座，修路10千米。完成土石方270.4万立方米，投工180.3万个。水土流失治理率79.5%，林草面积占宜林、宜草面积81.8%，25度以上坡耕地全部还林、还草，流域内减沙80%。2000年获“全国水土保持生态环境建设示范小流域”称号。

青龙山小流域治理

位于平度市大泽山镇西南部、淄阳河中端南部，面积26平方千米。四面环山，有大小山头104座，最高点海拔高程185.5米，有大小支沟310条，主沟长3.82千米。7～8月降雨约占全年的80%，多以短时暴雨形式出现，冲刷坡面，造成水土流失。1978～1999年，流域完成水土流失治理面积20.4平方千米，占流失面积的88.7%。其中，治滩造地13.3公顷，建梯田140公顷，造经济林640公顷、水保林751公顷，建沟坝地5.7公顷，修平塘16座，建水库4座、扬水站11座，埋设地下供水管道9.2千米，改造河道6.4千米，发展灌溉面积447.8公顷，种植草皮362公顷，修环山路55.7千米，种植葡萄546.7公顷。水土流失综合治理达88.7%，林草保存面积占宜林、宜草面积的87%以上。流域内土壤侵蚀量减少78.9%，人为水土流失得到遏制。2000年获“全国水土保持生态环境建设示范小流域”称号。

十八道河小流域治理

位于胶州市艾山风景区内，流域面积6.9平方千米。1978～1999年，投资1705万元，进行流域治理，实现山、水、林、田、路综合开发利用。水土流失治理面积达到应治理面积的84%以上，林草保存面积占宜林、宜草面积的82%以上，林草覆盖率由治理前不足20%，提高到61%，年保水量71.3万立方米、保土量3.1万吨，土壤侵蚀模数由1978年的5954.6吨/平方千米，减少到1999年的1462吨/平方千米，降低75.4%。流域内建成水平梯田227公顷，具有特色的柿园、杏园基地等经济林267公顷，种草7公顷，造水保林60公顷；建小水库3座、塘坝22座、谷坊15座；修环山路12条，长25千米。完成土石方375.41万立方米，投工68.07万个。2000年获“全国水土保持生态环境建设示范小流域”。

山张小流域治理

位于胶南市陡崖子水库上游，面积54平方千米，治理前水土流失面积37.2平方千米。1992年，被列为重点治理流域，青岛市投资1116万元，经6年运用科学的水土保持综合治理技术，治理水土流失面积36.7平方千米。其中，建水平梯田1300公顷，造水保林567公顷、经济林840公顷，建塘坝34座、谷坊122座。完成工程量598万立方米，投工149.5万个。治理后，流域林木覆盖率由治理前21.9%提高到53.6%，土壤侵蚀模数由治理前年4300吨/平方千米，减少到年953.4吨/平方千米，每年新增加保水量583.33万立方米，蓄水效率达40.6%。农村经济总收入提高到1997年的8757万元，年净增产值530.2万元。1999年获“全国水土保持生态环境建设示范小流域”称号。

灵山岛小流域治理

该流域位于胶南市灵山岛，是省级风景旅游名胜区。面积7.66平方千米，治理前水土流失面积4.5平方千米。1996～1999年，共投资684.4万元进行综合治理。主要以发展海岛经济，实现旅游兴岛为目的。营造黑松、雪松、火炬树、朴树及其他旅游观光树67公顷，疏林补植300公顷，发展经济林20公顷，修梯田103公顷，修水利水保工程58处。完成土石方75万立方米，投工22.8万个。通过综合治理，流域内人均纯收入增加到3926元；土壤侵蚀模数由治理前年1230吨/平方千米，减少到年156吨/平方千米。林木覆盖率由治理前49%提高到69.17%，流域内生态环境明显改善。

第二节 “四荒”开发

1999年，全市有“四荒”面积499平方千米，其中，荒山225平方千米，荒丘92平方千米，荒沟73平方千米，荒滩109平方千米。1999年12月，市政府《关于治理开发农村“四荒”资源，进一步加强水土保持工作的通知》规定：可通过拍卖、租赁、承包、股份合作等形式获得“四荒”使用权。对长期处于无人治、无人管、治理难的“四荒”采取治理与开发相结合，全市的水土流失治理从过去依靠农民治理的单一模式，逐步转移到多元化治理模式。

各区（市）相继出台政策措施，积极鼓励“四荒”治理开发。主要有：建立多元化投入机制，个人、集体、境内、境外均可投资治理开发，通过拍卖、租赁、承包、股份制均可获得“四荒”使用权；在符合水土保持要求的前提下，自主开发，可搞农业、加工业、旅游业等；谁治理、谁管护、谁受益，治理开发“四荒”所种植的林果和新形成的资产在使用期内归治理者所有，新增土地所有权归集体，业主在规定期限内可享受国家有关优惠政策，使用权可依法继承、转让或转租；凡是农民获得本村“四荒”使用权的，5年内治理“四荒”的用工可抵顶家庭成员劳动积累工，自有收入年度起3年内免缴农林特产税，新造农田20年国家不安排定购任务，乡镇不收统筹费，村集体不收提留；对“四荒”周围小型水利工程的所有权与管理使用权实行分离，扩大农民建设和使用小型水利设施的自主权，农田基本建设要优先考虑改善“四荒”基础设施条件，优先考虑治理者的利益；治理业主可优先使用国家扶持小流域治理资金，实行先治后补、以奖代补或以物代补的办法，金融部门发放农业贷款时要向“四荒”倾斜；出让金统一纳入集体资金管理，全部用于扶持“四荒”的开发利用，不得在出让“四荒”使用权过程中乱收费、乱摊派，不得侵占、平调和挪用出让金。

在市政府及各区（市）“四荒”开发治理政策的引导下，企业、机关事业单位、社会团体、高等院校、个体户、农民等踊跃参与。2002年，崂山沙子口街道大石村村民刘祥个人投资，成立青岛崂山区九水沟生态园林发展有限公司，以50年承包期对流域内5.3平方千米的荒山综合治理。至2005年，个人投资达700万元，建塘坝1座、谷坊4座、蓄水池6座，修环山路3千米，铺设管道10千米，种植茶叶10公顷、经济林13.3公顷、果树20公顷、生态林木20万株，建管理房和茶叶加工厂3家，初步建成高效农业区、生态园和旅游区，被评为全国“治理四荒”先进个体业者。莱阳市宏发公司租赁平度市荒山67公顷，投资100万元开发种植业；平度桃花涧山庄与台商合资2980万美元，建立农业开发有限公司。城阳区惜福镇街道宫家村农民集体承包荒山80公顷，投资100万元，实行山、水、林、田、路统一规划治理。至2005年，共植果树近7公顷，营造水土保持林55公顷，小流域的林木覆盖率和植被面积分别达到80%和85%以上，实现生态效益和经济效益双丰收。

2005年，全市“四荒”治理参与单位240多个、个体3.8万多户，投入“四荒”开发资金2亿多元。全市已治理开发“四荒”289平方千米，其中承包开发232平方千米，拍卖开发42平方千米，股份合作开发15平方千米。

第四章　防汛抗旱

由于受地理位置、地貌、降雨时空分布不均匀等影响，青岛市水旱灾害几乎年年发生，给工农业生产和人民生命财产造成严重危害。1979年，青岛市防汛抗旱指挥部办公室成立，各县（区）相应成立防汛抗旱指挥部，实行行政首长负责制，加强防汛抗旱的组织指挥和快速反应能力。80年代后期，青岛市主要开展防汛河道治理以及水库灌区、引河灌区整修工作，提高城市整体防洪抗旱能力。90年代后期，青岛市针对台风及风暴潮灾害，重点组织胶南市黄家塘湾、黄岛区金沙滩、城阳区红岛、即墨市王村、崂山区沙子口等27处海堤建设。进入21世纪，青岛市每年5月对防汛队伍的组织情况进行检查，做到常备队、后备队、抢险队“三落实”。每年汛前，组织力量深入基层，检查防汛抗旱准备情况、抗灾抢险队伍组织情况、防汛料物准备情况，领导包库、包河防汛责任制落实情况及主要水利工程现状。每年汛期，由指挥部统一指挥，有关部门各司其职，各负其责，齐心协力做好防汛工作。同时，加强灾害天气期间的天气预报、灾情预报和通信联络工作，及时组织广大群众抗灾抢险，有效地减轻水患旱灾带来的损失，保障人民生命财产安全，使灾害损失降到最低程度。

2005年，全市各大中型水库共存放编织袋28.9万条、木材151.9万立方米、木桩5700根、铁丝42.6吨、块石7186立方米、砂土2.1万立方米。青岛市区集中存放麻袋、编织袋50万条，落实运输大卡车60辆，确保灾害发生时物料及时运达抢险现场。

第一节　防 汛

海堤（坝）建设

青岛市海堤工程建设较晚，除青岛市区内沿海护岸工程建于1949年前外，其余海堤工程均建于1970年前后，其中部分海堤结合农田水利建设和围海造田而建。1969年，胶南市组织万人上阵，完成贡口拦海大坝和黄岛至辛安拦海大坝，成为建国后青岛市最早、工程规模最大的海坝工程。在此后相当长时间里，青岛市建设海堤（坝）工程较少。直到1994年，在大麦岛至石老人10千米的海岸建设防潮堤坝。1997年，全国防御台风工作会议召开后，青岛市将海堤（坝）建设列入水利建设重要内容。1999～2003年，投资4393.2万元，相继建成南窖、沙子口、小北海3处重点海堤工程，共砌筑堤坝长13.2千米。在胶南市灵山湾、琅琊湾、黄家塘湾共修建海堤9.5千米。其中沙子口湾海堤获水利部大禹奖。1978～2005年，青岛市海堤（坝）建设总投资达1.71亿元。2005年全市海堤（坝）达27处。

2005年青岛市主要海堤一览表

表11-6

名称	位置	修建时间	投资情况（万元）	完成工程量（万立方米）	设计标准	修建情况和作用
南窑海堤	沙子口街道南窑村大河东河入海口	1999年	141	4.14	为20年一遇高潮位加20年一遇波浪高	建海堤长514米，其中海口北岸海堤长250米，堤顶高6.5米、宽1米，为浆砌石空腹重力式结构；南岸海堤长264米，顶高5米、宽0.6米，为浆砌块石重力式挡土墙。同时设宽4.5米台阶段3处，便于渔民上下船
沙子口湾海堤	沙子口街道沙子口村南海岸	2000～2003年	985	49.01	按Ⅱ级堤防，为50年一遇高潮位加50年一遇波浪高，安全超高0.5米（考虑波浪越顶）	建海堤长3113米，堤顶高5米、宽4米，每隔200米左右设台阶1处；迎水面浆砌方块石并设消浪兼观赏平台，堤顶细料石压顶设钢管栏杆，混凝土硬化路面。南九水河入海口右岸河堤长291.2米，堤顶高4米、宽4米。土堤迎水面为浆砌块石重力墙，方块石镶面，墙顶为细料石压顶，混凝土硬化路面。崂山啤酒厂前排水沟入海口左右岸堤长240米，为浆砌石重力墙，块石镶面
小北海海堤	王哥庄街道驻地东北舵河左岸与环海公路间	1999～2003年	1272.06	24.57	按Ⅲ级堤防，为20年一遇高潮位加20年一遇波浪高，安全超高0.3米	分三期建成海堤长9572米（其中入海口河堤长429米）堤顶高4米、宽3米，堤主体为夯填土，迎水面为浆砌块石重力式挡土墙，背水面0.3米厚干砌块石护坡，堤顶为0.16米厚现浇混凝土路面。海堤建成后，解除崂山环海此段旅游公路、王哥庄街道驻地及港西等5个村的海潮侵袭忧患，同时保护粮田133公顷、茶园20公顷、虾池40公顷
红岛海堤	城阳区红岛街道东大洋村东南沿海	2000～2003年	1247.6	11.25	为Ⅳ等堤防工程，20年一遇高潮位，安全超高0.3米	工程分4期实施，建海堤2243米。其中，一期工程加固海堤993米，堤高4.5米、宽5米，背水坡比降1：2.5，临水面为台阶状直高式浆砌块石墙；二期工程加固海堤1250米，堤顶高4.5米、宽6.8米，迎水面为方块石镶面浆砌重力墙结构，随高程向上呈台阶状递减，堤后坡比降为1：2.5，浆砌块石护坡；三期工程建闸3座；四期工程建海堤涵闸3座

续表11-6

名称	位置	修建时间	投资情况（万元）	完成工程量（万立方米）	设计标准	修建情况和作用
金沙滩海堤	黄岛区薛家岛街道烟台村前至南屯村前	1999~2001年	649.5	10.69	20年一遇高潮位加波浪爬高12级台风，堤顶允许越浪	工程分二期实施，建海堤长2235米。一期工程建浆砌石挡土墙435米，顶高4.5米、厚0.6米，铺雨污水管线600米；二期工程完成1.8千米海堤建设和重力式挡土墙、浆砌石护坡、台阶等工程。墙顶高4米、宽6.5米
张戈庄海堤	黄岛街道张戈庄村东胶州湾西海岸	1999年	217	2.6	20年一遇高潮位加20年一遇波浪高度	原为土堤，1997年11号风暴潮时被冲垮。新建海堤全长1.3千米，保护王黄公路、胶黄公路、15家工厂企业及6.67公顷农田、10公顷虾池
王村海堤	即墨市王村镇大桥村南	2005年	698.95	6.79	为Ⅳ级20年一遇高潮位加20年一遇波浪高度	原堤坝为50年代末发展盐业建成最长的防潮坝。2005年对海堤1.09千米迎水坡加固，采用现浇混凝土护坡，整修堤顶路面，背水坡培土加固草皮护坡，新建5孔挡潮闸
黄家塘湾海堤	胶南市大场镇白马河入海口两岸及甜水河入海口左岸	2000~2003年	3151	21.6	20年一遇高潮位加20年一遇波浪高度，安全超高0.4米	海堤总长5.52千米。迎水面下部为水泥砂浆砌块石直立式挡浪墙，墙厚随高程向上呈台阶状递减。中间1.6米浆砌块石平台，上部为1：1.5浆砌块石，防浪墙0.8米，坝后坡为1：2的干砌石护坡，厚0.3米。泊里段为迎海面浆砌石斜式挡墙，表层块石镶面砂浆砌筑，顶宽0.5米，块石基础分3层台阶式用砂浆砌块石，顶宽5.6米

城区防汛

1979年，青岛市城市防汛抗旱指挥部由市政府办公厅、水利局、建委等单位牵头，全市50多个有关单位组成10个办事机构：城市防汛抗灾办公室、监测预报和洪水调度组、工程抢险组、物资调运组、治安保卫组、医疗救护组、灾情调查组、灾民生产安置组、财务组、宣传组。为确保安全度汛，每年汛期前，城市防办组织专人对所辖的责任范围险工、险段和重要部位全面检查，查找不安全因素，制定针对性治理方案，确保汛期河道水系畅通，各项防洪排涝设施正常发挥作用。1999年，全市投资1.28亿元，用于城市防汛，对淤积严重的北仲家洼河等7条河道、孟庄路等7处明沟暗渠清除淤物3万余立方米，清挖雨水斗8312个，疏通管道1.9千米，更换雨水篦子737个，对8处地段排水设施进行改造。

2001年，市区降雨219.1毫米，超过百年一遇的降雨标准。全市城市防汛出动1.56万人，车辆、机械1500台（次）；消耗钢材30吨、木材60立方米、砂石1500立方米、编织袋12余万条、水泥150吨，修复水毁道路、排水设施163处，清理淤积砂石3700立方米，清理倒伏树木1万余棵，修复漏雨房屋9000余处。同年，投资742万元，完成八大峡大黑澜护岸修复工程；投资1944万元，完成昌乐河清淤、河底铺砌等工程。清除污泥17万立方米，铺砌河底14万平方米，两岸绿化3000平方米。投资1亿多元，完成李村河综合整治一期工程。

2004年，投资4000万元，对李村河中、下游和板桥坊河道实施综合治理。通过清淤、截污、砌坝、桥涵、绿化等措施，改善河道行洪能力，减少防汛隐患。同时，投资3000万元，对李村城区市政管网实施3期改造工程，改善城区防汛条件，缓解汛期压力。另外，结合道路综合治理和团岛流域截污工程，对道路沿线管网改造，进一步完善城市防汛设施，提高应对汛期险情能力。

2005年，修订完善《青岛市城市防汛应急预案》，为全市的防汛抢险工作提供实施依据。投资300万元，对雨水斗、排水管道、排水暗渠进行有重点的清理，并实施大村、郑州路、杭州路等河道整治工程。通过河坝砌筑、桥涵、清淤、截污、绿化、亮化、拆迁等，进一步提高主要河道行洪能力，有效缓解市区汛期泄洪压力。6～9月底，共出现14次暴雨过程，“麦莎”及“卡努”台风先后登陆，崂山水库4次顺利提闸放水，总泄洪水量1065万立方米，保证崂山水库设施的安全运行和最大限度蓄水。据统计，汛期各级防汛部门抢险救灾出动5.92万人，机械设备投入1.28万台（次），投入沙袋12.53万个、砂石9385立方米，共清理倒伏树木2471株，修复房屋450间、处理积水部位428处。

重大防汛事件

1985年抗御9号台风 1985年8月19日10时，第9号台风在青岛登陆，最大风力在12级以上。全市普降暴雨、大暴雨。台风暴雨造成供电、邮电线路被刮断，桥涵下沉，公路冲毁，156个乡镇受灾，17万公顷农田被淹，全市经济损失约6.22亿元。

9号台风登陆后，全市20多万抢险大军严守大沽河大堤、崂山水库；抢堵五沽河、小沽河决口堤段。其中即墨市组织抢险队150个3万余人，修复堤防决口、险工堤段34处，完成土石方1.5万立方米，动用草包10万个、麻袋3.1万条、木桩1000余根，疏散群众88个村1.8万户6万余人。莱西市调用草包23.5万个、麻袋3.5万条、木材5立方米、钢材4吨，调动各种车辆1250台，参加抢险5.5万人。21日下午3时，五沽河决口40米，朴木乡韩家汇村进水。干部群众抢险堵复决口，护坡保坝，一小时筑坝1千米，及时堵住洪水。

1997年抗御11号台风 1997年8月19日晚，11号台风在青岛登陆，沿海风力7～9级，阵风10级。全市普降大到暴雨，局部大暴雨，降雨超过500毫米以上的乡镇6个。降雨前，全市240条中小河流先后干涸断流，降雨后使水利工程拦蓄水量达4.5亿立方米，高格庄、北墅、黄同、石棚4座中型水库溢洪，溢洪量2600万立方米。

11号台风及强降雨对水利设施造成严重破坏。其中崂山区冲坏水利工程设施84处，毁坏道路桥梁26座；城阳区损坏塘坝5座、拦河坝6座、堤防11.6千米，管渠12千米；胶南市冲毁海堤17处18.3千米，河道堤防决口14处，冲垮桥涵101座。河流、水库、海堤出现险情时，青岛市及各区（市）主要领导及时赶赴现场指挥抢险，各部门及广大群众投入到抗洪救灾工作中。解放军及武警出动官兵8500多人、军车及救生船515辆，先后到即墨市大信村水库抢险，在沿途救助被洪水海潮围困的群众。在抗洪救灾中，市政府拨专项资金508万元，用于修复水毁工程和秋收、秋种工作。

1998年抗洪救灾　1998年汛期，青岛市遭受三次大暴雨袭击，受灾严重。7月23日，崂山区沿海堤岸受强风浪冲击，毁堤5千米，倒塌房屋15间。8月4～5日，崂山、城阳及市区遭暴雨袭击，有3个乡镇13个村受灾，崂山南线公路被冲毁。8月23日暴雨后，大沽河流量达1200立方米/秒，正逢天文大潮，受海水顶托，洪水倒灌桃源河，大沽河滩地133.3公顷农田被淹，经济损失6100万元。桃源河上马镇林家河段两处堤防决口60米，洪水直接冲向胶州市的李哥庄镇，使41个村3.5万人不同程度受淹，受灾面积800公顷，冲毁鱼塘、虾池253公顷。抗洪抢险中各行各业及驻军投入抢险队伍10万余人，出动运输车辆60余辆，投放草袋12万条、编织袋70万条。

1999年抗洪救灾　8月11～12日，全市突降大到暴雨，局部地区为特大暴雨。降雨最多的胶州市铺集镇达369毫米，洋河镇达351毫米，导致江河未治理段漫溢、决口，沿河村庄洪水成灾。洋河决口26处、长1.02千米；墨水河决口6处，长189米；胶河决口5处，长430米。损毁墨水河苑戈庄拦河闸、小刘家疃拦河闸、西门溢流坝及肖家屯拦河闸等配套建筑物4座。损坏小塘坝15座、桥涵15座，损坏路面12.5万平方米。共造成36个乡镇、372个村受灾，经济损失2.85亿元。

8月13日，驻胶部队官兵出动400余人，民兵预备役部队200余人，其他群众5000余人，机械300余台，共同堵复河道决口。紧急调拨编织袋9万条、草包5.7万个，购置51.21万条编织袋及时运送到施工现场，安排30辆运输车和15辆防汛指挥车参加抢险。共堵复决口37处，长1.64千米；完成工程量1.86万立方米，投工2.73万个；使用编织袋（草包）65.91万条，调运车辆、铲车、挖掘机等55车（次）。随后，市政府拨出救灾专款1000万元，用于灾后群众房屋修建；拨款200万元，用于水毁工程和群众生活救助。

2001年抗御第8号台风　8月1日，受第8号（“桃芝”）台风影响，全市普降大到暴雨，降雨历时18小时，属历史罕见。全市24座大中型水库全部进水，水库蓄水量由7月31日的2.8亿立方米猛增到4.93亿立方米。14座大中型水库溢洪，6座

2004年，修建加固后的沙子口海堤迎击风暴潮。

大中型水库超汛限水位。在暴雨和局部特大暴雨中，19座小水库不同程度受损，其中一座小（二）型水库垮坝；损坏堤防224处，长29千米；决口61处，长5.9千米；损坏水闸28座、机电井511眼；8个小型水电站不同程度受损。胶州市主要河流、水库均超过警戒线，大小河流全部出现径流。云溪河城内河段在云溪新村处漫溢，云溪新村进水1米以上，累计经济损失总数达2.98亿元。

灾情发生后，市政府迅速组织抗洪救灾。市防汛指挥部及时下达洪水调度令。北海舰队出动部队官兵364人、车辆38台、冲锋舟2艘，在城阳区及大沽河参加抢险救援，共解救群众48人。青岛警备区出动400人，参加胶南、黄岛抢险。崂山区急调编织袋10万个送到抢险第一线，及时解救被洪水围困群众40余人，安置群众撤离危房296户9480人。胶州市组织前线救灾人员6680名、部队官兵800人、公安干警300人和185台车辆、6艘冲锋舟，营救转移被洪水包围群众。其中，92292部队、91246部队及救捞中队的50多名海军官兵，携带4艘冲锋舟、2艘橡皮艇，及时到达事发地点，经6个多小时的紧张援救，将438名被围困的群众解救到安全地带。

2003年抗洪救灾　6～10月连续大强度降雨，造成平度、莱西、即墨等区（市）内涝严重。汛期有10座大中型水库溢洪，产芝水库建库后第一次溢洪，溢洪量1.1亿立方米，尹府水库溢洪1305万立方米，北墅水库溢洪6165万立方米。全市大中型水库总溢洪2.58亿立方米，为历史罕见。损坏堤防90处，长9250米，损坏护岸56处、水闸30座，冲毁塘坝6座、机电井147眼，毁坏水利设施直接经济损失9800万元。8月1日，龙虎山拦河坝护堤部分被冲毁，经大沽河管理处组织抢险，11日修复。8～15日，完成袁家庄、沙湾庄两处拦河坝护坝抢险工程。26日，大沽河流域再次降大暴雨，袁家庄拦河坝发生重大险情。27日，中孔陡坡顶出现坝底板断裂、坝袋撕裂。险情发生后，市政府及时组织人力、物料抗洪保坝。抢险动用人工5476个、麻袋8万条、钢筋笼400个，砂石7506立方米及铁丝等料物，确保大坝和周围村镇人民生命财产安全。

2005年抗御第9号台风　2005年8月7日晚至8日凌晨，全市12小时平均降雨168毫米，最大时达203毫米，为超特大暴雨级别（12小时降雨量超过140毫米）。16座水库溢洪，3座水库发生较大险情，农作物受灾面积1036公顷，全市共转移2.63万人，直接经济损失3900余万元。

台风来临前，市政府成立防汛应急指挥中心并召开成员单位会议，对防御台风进行紧急部署，启动防台风紧急预案。提前转移危险区域的群众，加强防台风准备工作，最大限度降低灾害损失。胶州市针对水库和部分河道险工险段多等问题，集中时间抽调专业技术人员对3条重要河道、2座中型水库、48座小型水库进行全面的隐患排查，并落实应急处理措施，在重点地段进行模拟实战抢险演练。7日晚22时，已超汛限水位的青年水库开始泄洪。8月8日凌晨，城区店子河高家台子段出现险情，防汛专业抢险小组和防汛抢险民兵分队即刻奔赴增援，调拨3100条尼龙编织袋和麻袋、50把铁锹到达抢险现场，及时堵复决口。

第二节　抗 旱

历史上，青岛地区干旱多发生在春季、夏初，晚秋也常出现干旱。抗旱期间，市政府和区（市）政府加大财政投入，千方百计挖掘新水源，推广节约用水，努力保障人畜用水，减少农业生产损失。采取的主要措施有：通过挖、引、截、拦、蓄多种办法扩大水源；新打机井、大口井和挖“井中井”“库中井”“河中井”增加新水源；安排送水车向严重缺水村送水；调运自行式喷灌机，保障重要经济作物生产等。1979～2005年，青岛地区共发生较大干旱5次，全市各级政府共安排抗旱资金3100万元。

1981年，降雨少、旱情重，是青岛地区连续干旱的第5年。大沽河及其支流全部干涸断流，农田受旱成灾面积382千公顷。市区日供水压缩到11万立方米，城市居民生活用水限制在每人每日30公斤以下。农村人畜缺水达1213个村、94万人。大中小型水库大部分干涸，春灌前总蓄水仅有1.5亿立方米。面对特大干旱，青岛市抓抗旱促水利建设，千方百计扩大灌溉面积。共投入人力63万人。当年新建小型水利工程2807项，其中，小型水库2座、塘坝29座，机井718眼、配套机井750眼；修防渗渠171条、长159千米，修土渠98条、长62千米，建扬水站42座，河道截潜流256处，维修旧井3200眼，增加城市整体抗旱能力。

1984年，青岛市逢特大春旱。全市525.27千公顷耕地全部呈现旱情，重旱面积453.33千公顷；大小河流全部断流，20座大中型水库和427座小型水库仅蓄水4000多万立方米，相当于正常年蓄水量的20%。至4月中旬，除少数水库为保鱼有少量死库容外，其余全部放完。地下水位降低4～6米，1.4万眼机井基本无水可提。城市用水告急，农村缺水村1190个、95万人。3月，青岛市召开抗旱春灌现场会，采取责任包县的办法，组织5000多人，深入基层包片、包村，推动抗旱工作的全面开展。农机、商业部门积极组织机械、油料和物资供应，维修提水机具。抗旱期间，使用的3.1万眼机井落实责任制。狠抓节约用水，修建防渗渠115千米，地面软管灌溉730万米。新建水利工程4000余项，其中大口井2500眼。抗旱高潮时投入人力达100万人，提水机械3.9万台、50万千瓦；使用汽车、拖拉机4400辆，马车、手推车3万辆；利用3.3万眼机井灌溉12.67万公顷农田，提取地下水1.2亿立方米，平均单井灌溉面积为3.84万公顷，利用蓄水灌溉面积18.5万公顷。

1989年，在持续多年干旱少雨情况下，又遇大旱年。汛期无雨，河库无水，井泉干涸。秋种至来年春，青岛地区只降雨50毫米。城市供水紧张，崂山区、胶州市、胶南市、黄岛区等海水入侵面积17平方千米。全市受旱面积43.3万公顷，占总耕地面积的86.7%，其中重旱面积23.3万公顷。在抗旱保收中投入劳力90余万人，动用各种机械5.1万台，出动机动车4450余辆。采取挖、引、截、拦、蓄等多种措施扩大水源，以小型为主、群众自办为主、当年见效为主。全市160个乡镇打新机井6300眼，维修旧井7000眼，挖小砖井、手压井2.1万眼，新建和维修拦河闸40座。投资8166万元，建成各类水利工程1.78万项，完成土石方4048万立方米，投工4667万个。在广开水源的同时，狠抓节水工程，扩大灌溉效益。利用灌溉机井、大口井3.4万眼，扬水站610个，水库72座，砖石小井2.3万眼。春灌完成240千公顷，夏灌完成57千公顷，秋季抗旱造墒16.7万公顷，冬灌18万公顷。

80年代中后期，青岛地区遇持续干旱，田间庄稼大多干旱枯萎。图为开凿应急抗旱水源井现场。

1997年，青岛市遭受

百年一遇特大干旱，汛期仅降雨30.5毫米。流域面积100平方千米以上的32条河道全部断流，23座大中型水库中2座干涸，5座蓄水在死库容以下。40多座小型水库干涸，3900多座塘坝全部干涸，2万多眼机井无水可抽。农田受旱面积41.97万公顷。1164个村、82.84万人吃水困难，其中712个村、40多万人需从外地运水吃。特大干旱造成大沽河堤防和即墨挪城水库大坝产生不同程度的裂缝，严重影响工程的防汛安全。面对特大干旱，青岛市要求能放水浇地的大中型水库全部开闸放水；采取挖“井中井”“库中井”“河中井”等工程措施，努力挖掘新水源；紧急调运50台自行式喷灌机投入抗旱第一线，支援抗旱。灾情严重的7月10日～8月18日，派出44辆送水车向崂山区王哥庄、北宅镇28个严重缺水村送水，每天平均送水220立方米，保证灾区7989户群众的生活用水。全市日上阵抗旱劳力131.3万人，动用各类抗旱机械33万台（套），出动运水车1.18多万辆（次），建设各类水源工程5100多处，灌溉造墒面积32.67万公顷，各级财政及群众投入抗旱经费1.2亿多元。

2002年，全市降水稀少，是灾情较严重的一年。整个汛期降水量192.1毫米，是同期平均降水量的38.7%。由于夏旱持续发展，全市农作物受旱面积5.64万公顷，占作物播种面积的97%，其中重旱3.17万公顷。因旱造成人畜饮水困难的村庄123个、6.8万人。面对持续发展的严重旱情，青岛市委、市政府及时组织动员全市广大干部群众，全力以赴投入抗旱。即墨市投入抗旱资金2104万元、抗旱劳力43万人次，共浇灌各类农作物6.85万公顷。胶南市日上阵劳力最高达8万人，投入各类抗旱灌溉机械1.4万台（套）、抗旱资金1300多万元，开辟抗旱应急新水源100多处，实现抗旱浇灌面积4.8万公顷，解决66个村、3.56万人的吃水困难，使旱灾造成的损失降到最低限度。

第五章　城乡供水

青岛市区供水始于1901年。60年代初，日供水量达7万立方米。随着城市工业的发展以及人口规模的扩大，企业用水、居民生活用水十分困难。1968～1983年，先后从大沽河水源地、产芝水库和尹府水库引水，综合供水能力达到20余万立方米/日。1986～1989年，完成“引黄济青”工程，建成供水能力36万立方米/日的白沙河水厂及市区配套输水设施，并于1989年正式向市区供水，市区用水难问题得到缓解。

各区（市）城区供水和村镇供水，大多始于70年代后期，多以水库和井群为水源地。80年代后，在兴修水利的同时，逐年安排资金兴建水源地建设工程。至1993年，建成乡镇供水工程61处，占全市乡镇总数的38%，全市农村人畜饮水工程投资7632.75万元，累计解决缺水自然村841个、72.01万人吃水困难。同时，投资达7632.75万元，完成全市防氟改水工程。1995年，各级政府把解决村镇人畜吃水困难列入政府1996～2000年重点为群众办好的实事之一，青岛市财政每年投入资金300万元，专款用于吃水工程补助。重点解决青岛市501个村的人畜吃水问题。至2005年，全市累计解决4986个吃水困难村、403.86万人、88.47万头大牲畜吃水困难的问题。

2005年，青岛市共有自来水厂21个，自来水管道长2566千米，供水能力120.9万立方米/日，全年供水总量3.09亿立方米。全市总用水量10.34亿立方米（含海水淡化利用量0.01亿立方米）。其中，工业用水2.31亿立方米，城镇生活用水2.17亿立方米，农村生活用水8300万立方米。

第一节　七区供水

市内4区供水

80年代初，为解决青岛市城区供水严重不足问题，投资约2.7亿元，建成供水应急工程。主要有新建莱西市韩家汇井群工程，建成大口井7眼、小口井22眼，日供水能力2万立方米；建成产芝水库输水暗渠，长45.5千米，最大日供水能力10万立方米；建设莱西市朴木井群工程，建大口井20眼、小口井40眼，日供水能力3万立方米；在平度市仁兆乡建3个井区（韩家疃、于莱庄、代家庄），打井78眼，埋设输水管15.6千米，日供水2万立方米；在平度市南村、冷戈庄、古岘新打机井150眼；新建尹府水库至即墨市小吕戈庄主管道30.74千米，支管道11条、长34.2千米，斗管道150条、长21.3千米，日供水量8.5万立方米（井群4万立方米、尹府水库4.5万立方米）。

1981年，青岛市遭遇严重干旱，大沽河断流，崂山水库濒临干涸。市政府划拨资金1.8亿元，开发大沽河流域地下水源。至1983年，在大沽河流域建成水源地5处，凿井581眼，安装各种口径输水管道126.53千米，修建混凝土或砌石输水暗渠81.2千米，解决市区短期供水问题。1985年，市区水源地有白沙河群井工程日供水能力1万立方米，崂山水库6.6万立方米，大沽河群井10万立方米，产芝水库8万立方米，尹府水库4万立方米。1989年11月25日，“引黄济青”工程正式供水，日供水能力30万立方米，占市区用水的40%，高峰时达到53.63%（1994年）。随着城市建设规模不断扩大和国民经济快速发展，市区年用水量不断增加。1998～2002年，青岛市建成大沽河地下水库工程后，向青岛市区日供水能力增加10万立方米。

2005年，市内4区平均日用水47.83万立方米，其中工业用水23.77万立方米、生活用水24.06万立方米，人均生活日用水161.47升。当年，青岛市水源总供水能力100万吨/日，全市水厂15座，其中市区4座，日供水78.2万立方米。

1989～2005年棘洪滩水库向青岛市区供水情况一览表

表11-7　　　　单位：万立方米

年份	向青岛市区供水	青岛市区用水	占青岛市区用水的比例（%）	年份	向青岛市区供水	青岛市区用水	占青岛市区用水的比例（%）
1989	197	8736	2	1998	5050	16229	31.12
1990	2748	9967	27.57	1999	5833	16821	34.68
1991	5061	11534	43.88	2000	9006	17588	51.21
1992	4842	13126	36.89	2001	5502	16731	32.88
1993	4563	13690	33.33	2002	9042	16963	53.3
1994	7924	14776	53.63	2003	9560	18153	52.66
1995	7312	15888	46.02	2004	9559	20736	46.1
1996	6296	16187	38.9	2005	9559	22024	43.4
1997	6839	16669	41.03	合计	108893	265818	39.33

崂山区

80年代前，崂山县主要靠市区供水系统供水。1981年，开发流清河水库水源，铺设钢筋混凝土管18千米，将水送至李村兼顾沿途农田灌溉，同时给沙子口公社供应部分水量，日供水7000立方米以上。1988年11月，崂山区建立后，流清河水库转为沙子口镇主要供水水源地。1992年，投资1288万元，建成大石村小（一）型水库。1996年，投资160万元完成张家河水库扩建工程，增加兴利库容73万立方米。1997年，投资6745万元，建成大河东小（一）型水库；投资2687万元，建成晓望小（一）型水库和16.5千米主要输水管线，主要为仰口旅游度假村和王哥庄街道企事业单位及8个村供水，实际年均供水107.2万立方米，日均2900立方米。1998年，投资158万元在石人河上游支流新建黑涧砌石塘坝，兴利库容3.6万立方米。2002年，投资1202万元新建四水水库及水厂等供水设施，水库总库容39万立方米，水厂铺设4千米输水管与供水管网相接，供水能力3000立方米/日，解决14个自然村及9个企事业单位共1.2万人供水问题。

2005年，流清河水库日供水能力1.3万立方米，建成输水管道总长60余千米，向流清河、东西麦窑、南窑、沙子口、段家埠等23个村庄及崂山玻璃厂、沙子口建筑公司等200余个企事业单位和当地驻军5万人供水。大石村和大河东水库主要为崂山区供水所建，是城区供水主要水源。两处水库水源供水日均1.5万立方米，主要输水管线长81.5千米，兼沙子口街道驻军及企事业单位和10个村供水。另外，牟家、松山后、大河东3处井群可向崂山区日供水5800立方米，崂山区供水基本满足需要。同年，崂山区实施社区自来水设施改造一期工程，总投资1914万元，完成51个社区、2万余户、5.7万余人的工程改造，完成工程量30.2万立方米。

城阳区

1983年，流亭镇沿海6个村的地下水被海水入侵而无法饮用，城阳区投资15.8万元，在白沙河赵村铁路桥东侧打机井2眼，建400立方米蓄水池1个，铺设管道13.62千米，设供水点36个，解决4个村5028人吃水问题。1993年，以棘洪滩水库为水源地，实施向西部4镇（棘洪滩、上马、河套、红岛）供水工程，建水厂1座，日供水能力1万立方米。1995年，城阳区供水工程开工，建设以书院水库、虹字河水库为水源地的江家庄水厂；投资980万元新铺设供水管道8千米，维修管道6千米，建3000立方米高位水池1座；投资650万元实施棘洪滩、上马、红岛、河套4镇引黄入村工程，铺设供水管道59.47千米，解决61个村吃水问题。

2000年，投资1500万元开工兴建夏庄水厂，以白沙河地下水为水源，工程建成后日供水能力3万立方米。同年，以金村水库和书院水库为水源地建水厂1座，日供水3000立方米，铺设供水管线32千米，满足惜福镇驻地和16个村、30家企业、2.2万人的工业和生活用水。2001年，投资720万元建设城阳区西部供水处扩容工程，完成2万吨水厂设备安装，建1000立方米蓄水池2座、渠首泵站1座，铺设管道886米，完成工程量1.6万立方米。竣工后，西部日供水能力达到3万立方米。2002年，投资890万元，建设红岛管网配套工程，总铺设供水管道11.9千米，工程竣工后，向红岛街道日供水能力增加到3万立方米，有效地解决红岛街道供水不足问题。2003年，城阳区供水应急工程开工，投资925万元，完成仙家寨水厂自来水管网至城区供水管道7.7千米，使城区日供水能力达到6.8万吨。同年，青岛市出口加工区供水配套工程开工，投资3600万元，主要完成22.7千米混凝土管道安装、水厂改造、加压站扩建、渠首泵站改建等工程，完成工程量17.27万立方米。工程竣工后，水厂的日供水能力达4.5万立方米，可满足城阳区西部四街道的用水需求。2004年，总投资750万元，建设城阳区棘洪滩供水工程，主要完成自西部供水处至青大工业园管道铺设8千米，完成工程量8万立方米。2005年，总投资1106万元，建设城阳区西部供水管网配套工程，自棘洪滩水库水厂至西部供水处供水管网铺设混凝土管道4.73千米，完成土石方5万立方米。投资1553万元，在白沙河南岸，以白沙河、小水河群井为水源地，建成双龙水厂，设计日供水能力2万立方米。新打机井23眼，铺设供水管道6千米，铺设源水管道4.7千米。

至2005年，城阳区自来水公司日供水能力达8万立方米，实际日供水3.9万立方米，保障36个社区、550家企事业单位的居民生活用水及工业用水。

黄岛区

1979年，黄岛城区主要靠几眼水井供水，日供水能力为9000立方米。1983年，成立黄岛区自来水公司。1986年，投资433万元建成供水能力6000立方米的殷家河水厂。1987年，以丁家河水库为水源建成薛家岛供水站，日供水能力2000立方米，供28个村、85个企事业单位用水。1989～1990年，投资1800万元的小珠山水库向黄岛区供水工程建成通水。该工程完成工程量6.86万立方米，投工12.3万个，铺设管道8.31千米，设计日供水能力3万立方米。

1993年，贷款投资2亿多元，实施吉利河水库向黄岛区供水工程，1995年6月建成通水。该工程日供水4万立方米，并预留日供水4万立方米的建设规模。两项工程共铺设管道63千米。1996年，投资170万元建成柳花泊供水站，水源为青石湾水库和大口井，日供水2000立方米，供7个村、22个企事业单位用水。1998年，投资267万元建成辛安供水站，水源为山陈水库和6眼机井、大口井，日供水2500立方米，可供4个村、11个企事业单位用水。至1999年，黄岛区建成乡镇供水工程4处，建成机井、大口井98眼、扬水站24个、高位水池59座、压力罐37个、铺设各类输水管道506千米。全区121个村、2.83万户、9.34万人全部吃上自来水。

2003年，投资2.4亿元建设以棘洪滩水库为水源的管家楼水厂一期工程，日供水6万立方米。2004年区划调整后，新增解决自来水村庄13个、4281户、1.34万人，新修供水大口井10眼，压力罐10个，各类管道18千米。2005年，投资576万元完成辛安街道5个社区和红石崖街道23个村通自来水工程，新增供水大口井23眼、压力罐23个、各类管道22千米，完成工程量17.1万立方米，解决2.2万人吃水问题。

至2005年，黄岛城区累计供水4825.4万立方米，年均供水567.7万立方米，日均供水1.56万立方米。建成乡镇供水工程4处，输水管道107.1千米，全区162个村、4.88万户、15万人吃上自来水。

第二节　五市供水

1979年，青岛市辖即墨、胶州、胶南3县城区人口较少，工业比较落后，各县集中供水以取井水为主，规模小、净化设施简陋，供水能力仅有400余万立方米（含即墨县、胶南县、胶县）。随着国民经济的快速发展，县城规模不断扩展，水源供应出现紧张，严重制约经济的发展。80年代后，各县市加大对供水工程扩建改造和新建水源工程，并且建立净化、加压设施，使城区供水达到现代化城市供水标准。2000年，各市自来水公司由城建部门移交给各市水利局管理，实现水源开发、工程建设、供水调度一体化管理，促进城区供水事业的发展。到2005年，5市城区的水源日供水能力达到1.05亿立方米，基本满足城区用水需求。

自80年代起，青岛市各乡镇驻地开始兴建集中供水工程，但供水规模较小，设备简陋。1993年，全市仅有乡镇供水工程61处。1995年后，乡镇供水快速发展，青岛市每年安排专项资金用于乡镇供水工程。采取改建、扩建、新建的措施，扩大供水规模，提高供水质量，优化输水网络，完善管理机制，使乡镇供水逐步达到城市供水水平，并且出现以镇带村、集中连片形式的乡镇集中供水工程。至2005年底，全市乡镇供水工程累计投资4.8亿元，建成乡镇供水工程135处，建水源341处，安装输水管路6283千米，日供水能力1071.39立方米，为5358个乡镇企事业单位提供保障，为周边1806个村、176.3万人解决吃水困难。

80年代初，由于连续干旱，青岛农村人畜缺水情况十分突出，缺水村和缺水人口明显上升。1988年，青岛市将缺水村庄水源地建设问题作为水利工作的重点，各级政府增加工程投入，逐年安排资金兴建农村缺水村庄水源地建设工程。到1993年，全市共解决吃水困难村841个、18.15万户、72万人。1994年，全市组织普查摸底缺水吃的村庄仍有501个。1995年开始，市政府每年投入资金300万元用于吃水工程补助，5市政府加大投入进行相关工程建设。至2005年，全市建设各类水利工程5488项，累计解决吃水困难村4986个、403.86万人、88.47万头大牲畜吃水困难。其中，吃自来水的村4714个、329.91万人，设固定点供水的1292个村、101.11万人。

即墨市

城区供水　1979年，即墨市供水范围已遍及旧城区。1985年，随着城区向西扩展，供水范围不断向西扩大到南起文化街、北至鹤山路和北山工业区、东起东关街、西抵新兴路，给水站发展到32个。1995年，城区供水范围向东延伸至烟青一级路，向西扩展到八里庄一村，向南到青岛锁厂。2001年，投资2600万元，即墨市城区调水水源一期工程开工建设。主要完成从七级镇后吕橡胶坝前铺设主管道9.7千米至挪城水库，日引水能力8万立方米；在岔河引水闸后、大沽河北张院滩地分别建提水泵站一座，铺设管道5.8千米，日提水能力4.5万立方米。2002年，即墨市东部山丘区新水源开发工程开工，总投资4550万元，三年共完成工程项目155项，总工程量644万立方米。

至2005年，即墨市城区用水量达2802万立方米。城区供水面积覆盖152.55平方千米，饮用自来水47万人（含流动人口），使南至城阳、北到华山、西接大信、东连龙山的输配水管线全部成环状或枝状联通。另外，随着东部区域集中供水的展开，东部供水覆盖面积达26.22平方千米，饮用自来水2.6万人。

村镇供水　1980～1987年，投资240.1万元，用于农村供水工程，因地制宜地采取挖、蓄、引、提并举的措施，为缺水区兴建人畜吃水工程171处。建成机井、大口井279眼，蓄水池11个，拦河工程2处，建扬水站70个，水塔15座，压力罐11个，铺设输水管道132千米。解决102个村、1.81万户、9.99万人、2.51万头大牲畜的饮水困难。1993年，鳌山卫、长直、三里庄、南泉、段泊岚、太祉庄6个乡镇办起供水站，年供水140万立方米。1995～2000年，共投资7241.11万元，按年度分五期依次建成七级、王村、温泉、白庙4个乡镇驻地供水工程；蓝村、灵山、金口、田横4个镇驻地供水工程；刘家庄、华山、留村、大信村4个镇驻地供水工程；鳌山卫、店集、乔家屯3个乡镇驻地供水工程；瓦戈庄、普东、段村、营上、丰城5个乡镇驻地供水工程。建平塘2座，打大口井、机井26眼，铺设各种管道约600千米，日供水能力约3万立方米，解决25个镇、175个村、23.28万人生产生活用水。2003年，即墨市东部供水工程开工。涉及温泉镇、畲山卫镇、王村镇、店集镇、丰城镇、田横镇、田横岛省级旅游度假区6个镇、300多个村、29.56万人，区域面积555.54平方千米，均属沿海丘陵缺水地区。东部供水工程建设依托城区供水的同济水厂结合王圈水库水源实施。工程设计日供水能力为6万立方米，总投资1.1亿元，计划分3期实施。主要完成在王圈水库新建装机容量400千瓦泵站一座，在温泉新建日供水能力达2万立方米的水厂一座，铺设管道14.3千米，供水至温泉镇和岙山卫镇。2005年，投资2710万元，实施村村通自来水工程，完成140个村。铺设供水管道1050千米，新打大口井112眼，配套机泵120台。

至2005年，总投资9070万元，建成供水工程31处、水源54处，安装输水管路1327.27千米，为916个乡镇企事业单位提供供水保障。全市1033个村除在城区内或离城区较近的64个村由自来水公司统一供水，其他969个村用上自来水的有898个村、25.8万户、83.9万人。

莱西市

城区供水　1979年，莱西市城区供水一直取用地下水，最大日供水能力1700立方米。1987年，投资126万元，莱西市自来水公司一期工程竣工投入运行，日供水能力1.5万立方米。1991年，投资728万元，在水集与望城两镇之间增设加压站，建成望城供水环状网，年供水376万立方米。1994年，投资2600万元的自来水公司二期工程开工建设，铺设一级泵站至水厂1.6千米输水管线；建成5000立方米清水池和一级、二级泵房；完成取暖工程的施工安装。1996年，投资510万元，建成水厂日净水3万立方米的反应沉淀池、滤池；完成龙水路、烟台路共计5.1千米的供水管道安装、管网改造任务；开工建设烟台路经龙水路至威海东路的供水管网工程。2000年后，投资5300万元实施水厂扩建工程，主要包括建设有效容积10万立方米的蓄水池，日供水能力5万立方米的一级泵房，日处理水能力6.3万立方米的折板反应池、平流沉淀池、V型滤池，有效容积9000立方米的清水池，日供水能力6万立方米的二级泵房、加氯加矾间、变配电设施，同时配备先进的PLC自动化操作系统。工程竣工投产后，水厂日供水能力达10.5万立方米，满足莱西市区用水需要。

村镇供水　1980年，莱西市对缺水村进行全面调查勘测。随后4年投资345万元，建供水工程74处，打深井16眼、大口井37眼、平塘1座、引河调水工程5处，解决72个村、4.98万人的生活用水。1984年，开始发展乡镇社会化集中供水，主要以乡镇驻地为中心，涵盖企事业单位及周边村庄。水源多为引河、深井、大口井，经水厂简易净化后通过管网将水送往用户。1986～1987年，投资40万元新建平塘4座，打井10眼，解决8个村、2.55万人的生活用水。1995年，投资983.45万元建设李权庄、姜山、水集、唐家庄4个乡镇集中供水工程，解决44个村、4.32万人的吃水问题。投资280万元的河头店集中供水工程，于1996年开工建设并当年通水，日供水能力达到700立方米，供应6个村庄5600人、670头大牲畜及7个企事业单位饮用水，1997年，投资213万元建设马连庄集中供水工程，日供水能力达到1000立方米，供应6个村庄、1.03万人、2000头大牲畜及22个企事业单位吃水。2000年，投资968.9万元建设李权庄、姜山、绕岭、望城4个街

80年代起，青岛市各乡镇驻地开始兴建集中供水工程，至2005年，全市累计投资4.8亿元，建成乡镇供水工程135处。图为莱西市水集镇供水工程。

道集中供水工程，共计铺设供水管道17千米，每日可向四镇供水1万立方米。2002年，为解决莱西市孙受、院上、店埠3镇人畜吃水困难及饮用水源污染问题，实施西南三镇集中供水工程，总投资3150万元，主要完成在孙受镇西周格庄村西新建日净水规模1.5万立方米水厂，产芝水库的水通过向青岛供水暗渠引至水厂，经净化处理后通过管网送到用户，供应172个村庄、13.2万人的生活用水。

至2005年底，莱西市总投资9166.3万元，建成供水工程24处、水源357处，铺设输水管道长6591千米。有309个企业用水、691个村、50.85万人用上自来水，普及率达80.3%。

平度市

城区供水　1979年，城区单位和居民生活用水主要为自打深井、修水塔，采用电动水泵提水，日供水能力1200立方米。1982年，因干旱所至水源干枯，东城区水源地打井4眼，日供水2500立方米；白沙河水源地打井13眼，日供水能力1.6万立方米。1989年，投资1325万元的丈岭水源地（云山水厂）开工建设，工程位于小沽河西岸，铺设44.84千米的输水管道横跨5个乡镇、36个村庄。工程建容积1400立方米的蓄水池和容积4000立方米的高位水池各1座、二级泵房1座，日最大供水量2.4万立方米。1996年，投资22.5万元实施白沙河水源地20眼供水井清洗、云山镇丁家庄扬水站接管3处工程，日增供水能力6000立方米。1997年，投资90万元，完成丈岭水源地4号泵房迁址工作，并在丈岭和白沙河水源地各打深水井1眼，日增供水能力4800立方米。1998年，投资40余万元，在丈岭丁家庄村南打45米深井一眼，日增供水量2400立方米；在白沙河水源地小渔村后打深20米、直径4米的大口井1眼，日增供水量2400立方米；并对部分水井进行清淤。1998～1999年，投资786万元，实施市区自来水管网改造工程，在青岛路、红旗路等供水主干线上铺设管线12.57千米。由于遇到连年干旱，地下水位不断下降，进入21世纪后，城区供水的供需矛盾日趋突出。平度将水源地延伸到历年蓄水较多的尹府水库。2000年，投资850余万元铺设15.3千米（云山石柱洼—开发区）水管，将尹府水库水引到市区，改善化肥厂、电厂的用水条件，又确保城区用水需要。2001年，总投资1700万元，完成日净水能力2万立方米的兴平水厂一期工程建设，该水厂的建成结束平度无净化水厂的历史。

2005年，平度市有北城区、东城区、白沙河、丈岭、尹府水库水源地，并兴建崮山水厂、云山水厂、兴平水厂，形成设备齐全、布局合理、适应平度经济发展的供水体系。供水面积达20平方千米，供16.5万人吃水，市区日供水能力6.9万立方米。

村镇供水　1982～1992年，投资8271万元完成23个乡镇除氟改水任务，占平度市乡镇总数的51.1%，使679个村、40.7万人喝上低氟水。1989年，投资1325万元建设丈岭水源地工程。该工程位于小沽河西岸，输水管道横跨5个乡镇、36个村庄，打机井、大口井26眼，建泵房23座、配电房6座，日最大供水量2.4万立方米。1996年，投资760万元在南村镇大沽河古河道打井取水，日供水能力3500立方米，解决全镇45个村、4万人及26个企事业单位用水。1997年，投资701万元完成旧店、崔召、大田、明村、祝沟、蟠桃、云山、李园、店子9个镇（街道）、20个缺水村庄的人畜吃水工程和李园、门村2个镇（街道）的集中供水工程，这两项工程分别被青岛市和平度市政府列入年度为群众解决的十件大事及城乡建设和改善人民生活方面重点办好的实事之一。1998年，投资1250万元完成旧店、长乐、同和3个镇（街道）集中供水工程和袁家沟等14个缺水村庄的人畜吃水工程。两项工程共解决27个村、3.5万人口和33个企事业单位的吃水困难问题。1999年，投资207万元解决张戈庄镇水质污染严重的村和企事业单位吃水，在距镇驻地1.25千米的泉组河一带打深25米砂层井6眼，铺设输水管道51千米，日供水1500立方米，解决12个村、46个企事业单位及5500人、1200头大牲畜用水问题。2001年，投资340万元对新河镇的咸水进行淡化，结束24个企事业单位和32个村、2.8万人长期饮用苦咸水的历史。2004年，平度市实施崔家集、白埠、万家、张舍等西4镇供水工程，工程总投资1200万元，较好地解决147个村、9.5万人的饮水问题。农村自来水化一期工程是平度市确定的2005年度改善人民生活方面重点办好的实事之一，共投资5974万元解决24个镇（街道）、410个村、25.9万人吃水困难。

至2005年，平度市共投资12739万元，建乡镇供水工程28处、村级供水工程1601项，输水管道1333千米。解决808个企事业单位和吃水困难的1372个村、91.46万人和15.87万头大牲畜的用水问题。其中，吃上自来水的1034个村、66.48万人，设固定点供水的338个村、24.98万人。由于水源解决难度大，仍有413个村季节性缺水。

胶州市

城区供水　1979年，胶州市有青年水库下游池子崖和庄里头水源地，水井12眼，最大日供水7000立方米。1982年，开发大沽河水源，建立自前韩至大店的第三水源地，有水井35眼，当年供水220万立方米。城区有自备水井63眼，年供水能力530万立方米，日供水1.45万立方米。1981～1987年，在胶莱镇前韩村西部打水井2眼，容量390立方米，铺设管线17千米，日供水1万立方米；在胶州东路前进街3号自来水公司院内建成加压站工程，建清水池2座，容量4210立方米，日净化处理水能力3.5万立方米；在北王珠镇后韩村东南，打联井1套、管井22眼，日产水1万立方米；在庄里头水厂院内建水力循环式澄清池2座，日净化处理水能力3万立方米。2001年，投资3300万元建成胶州市山洲水库并向城区供水，铺设输水管道25千米，途经洋河、九龙、营海、南关4个乡镇、35个村庄，山洲水库水经处理后进入城区供水管网。输水管道沿线设检修井12处，排气井21处、泄水井25处，日供水能力为2万立方米。2003年，投资1586万元的胶州路管线改造工程开工建设，工程西起胶高路，东至海尔大道，铺设管道7.85千米。

至2005年，胶州市有2个水厂、4处水源地、2个供水加压站，日供水能力6万立方米，输配水管网总长270千米，城区供水面积30平方千米，供21.7万人吃水，供水普及率达100%。

村镇供水　1979年后，由于持续大旱，造成人畜吃水困难。胶州市多方筹资，因地制宜，建成多处乡镇集中供水和单村供水工程，改善群众吃水困难。1981～1985年，投资6273万元建乡镇集中供水工程24处，供318个村用水；建联村供水工程4处8个村，日供水能力1600立方米；建单村供水工程364处，日供水能力7.2万立方米。进入90年代，胶州市筹措资金，采取拦、蓄、挖等措施，保障农村饮水安全。至1993年，累计投资4320万元，建小型水源工程312处、农村人畜饮水工程312处，铺设管道820千米，安装设备350台（套）。其中在里岔、胶西等镇建成集中供水工程9处。1994年后，按“突出重点、建管并举、按比例三级筹资和分级负责”的原则，每年解决一定数量的村庄和部分乡镇驻地吃水难问题。1995年，投资720万元建成3处集中供水工程，使张家屯、前店口、胶东3个镇驻地机关、村庄全部用上自来水。1996年，投资866万元在李哥庄、胶西镇建3处集中供水工程，解决4.66万人的吃水问题。至2000年，全市813个行政村中，有615个村、46.61万人吃上自来水。胶州市自2004年起实施村村通自来水工程，总投资1832万元，实施100个村自来水工程，年末解决8.35万人的吃水困难。

至2005年，胶州市累计投资1.25亿元，共建镇级集中供水工程19处、村级集中供水工程24处、单村和联村供水工程368处，解决56.8万农村人口吃水问题，日供水能力18.24万立方米。

有708个村通上自来水，自来水普及率达87%。

胶南市

城区供水　1979年，胶南水厂日供水能力5000立方米。1981年，建成二水厂日供水能力提高到2万立方米。80年代中期，为解决城区供水的供需矛盾，分3期建成铁山水库供水工程（即第三水厂和第四水厂），日供水能力5.75万立方米。随着城区用水量增加，1998年开工建设陡崖子水库调水工程，日供水能力9.75万立方米，基本满足城区供水。2005年，胶南市城市供水水源地主要有铁山水库、陡崖子水库，日供水能力6.5万立方米，城区自来水供水管道长230千米，管网覆盖面积97平方千米，供30万人生活用水，供水普及率100%。

村镇供水　1979年，除积米崖港区能实现集中供水外，胶南市供水基本依靠山泉、湾塘、沟河及自备水井。80年代，建成红石崖镇、六汪镇、灵山卫镇、宝山镇、胶河、王台镇驻地集中供水工程。其中，红石崖镇驻地供水工程于1988年建成。工程主要在龙泉王家村南建大口井1眼，在红石崖南岭建容量450立方米的高位水池1座，铺设管道总长4.01千米，供红石崖镇驻地机关、企业和红石崖村居民用水，日均供水量为838立方米。1994年，投资160万元建成河洛埠水库供水工程，设计日供水能力1500立方米。筹措资金125万元于1997年开工建设解家水库供水工程，该工程与河洛埠水库联供，日均供水量为1693立方米。1998年，投资300万元新建柏果树水源地，主要建成长40米、高2米的拦河闸1座、大口井1眼；在灵山卫南建容量800立方米的高位水池1座，安装输水管道7千米，设计日供水能力2000立方米。1999年，投资526.4万元建成宝山镇、六汪镇、黄山镇3处镇驻地供水工程，日供水3000立方米，解决10个村、1.86万人、96个企事业单位的饮水问题。2005年，胶南市共投资3017.34万元，新建成大口井167眼、蓄水池122座，铺设主输水管道178.06千米，解决185个村10.9万人吃水问题。

至2005年，胶南市人畜吃水工程共投资18207万元，建成乡镇驻地供水工程21处，铺设输水管道220.6千米，解决750个企事业单位和1050个村、74.61万人饮水问题。

第三节　海岛供水

青岛市有居民居住的海岛9个，总面积10.82平方千米。1978年，有25个村、1964户、8478人，耕地176.3公顷。由于海岛水源奇缺，吃水困难由来已久，除部分水井可取水外，大部分靠从陆地用船运水。1987年后，青岛市把解决海岛居民吃水列入议事日程，曾数次组织技术人员到海岛勘察水源，并拨专款补助海岛修建吃水工程，先后在胶南市灵山岛、斋堂岛、沐官岛，即墨市大管岛、小管岛、田横岛，黄岛区的竹岔岛修建吃水工程。主要建成海底输水、山上拦蓄、屋檐接水、修平塘、地窖等工程。1996年后，各级水利部门通过不断总结经验，增加海岛供水工程资金投入，从工程设计、施工到管理，按基建程序，进行论证、把关，对原有工程重建、扩建，提高海岛吃水工程效益、质量，居民吃水困难得到很大改善。

田横岛

位于即墨市东南海域孤岛，分东、中、西3个自然村，约1.5万余人，岛上地下水较贫乏。1983年，利用财政拨款1万元在东村打大口井1眼，基本满足人畜吃水。1985年，投资12万元修建蓄水3万立方米塘坝1座、40立方米蓄水池1座、引水管道1.35千米，引水到中村解决人畜吃水困难。1992年，三联集团在田横岛开发建设旅游度假村，田横岛用水开始从陆地引水。1992～2001年，建成何家寨集合井、洼里井、潘家水库3个供水点。何家寨集合井位于田横岛旅游度假区河家寨村周围，三联集团投资15万元建成直径8米的大口井1个，有2眼子井和1座平塘与其连通，铺设管道2千米，日供水能力200立方米。洼里井位于田横镇驻地，1997年建成，供水时是平塘。2001年，投资110万元建成潘家水库，铺设管道8.6千米，设计日供水能力1000立方米。2002年，三联集团投资50万元，改建成直径18米的大口井，日供水能力400立方米，铺设管道4.8千米。从山东头码头到岛上有2条海底管道相通，较早的一条为橡胶质，因常有渔船抛锚，遭到破坏无法修复。1993～1994年又铺设铸铁管道，在岛上建净水厂1座。2005年，已解决岛上用水问题。

灵山岛

位于胶南市东南海域孤岛，距陆地约20海里，总面积7.28平方千米，有3个行政村、13个自然村、710户、2529人。岛上有水井30多眼、小塘坝1座、大口井9眼。丰水年供水维持正常，干旱年难以保证供水。80年代初，连年大旱，岛上蓄水工程和水井全部枯竭。驻岛部队用船到陆地运水吃，如遇大风、大雾船不能航行，用水更加困难。1981年后，投资40多万元，在打渔口子、城口子和陈家村建3座密封式蓄水池，靠降雨蓄水，总蓄水能力4600立方米，铺设管道4.5千米，并配套建拦河坝、沉淀池各3处，正常情况岛上军民饮水基本得到解决。1997年，灵山岛又遇特大干旱，为彻底解决岛上吃水问题，1998年投资42万元，在灵山岛安装海水淡化设备1台，每小时淡化能力15立方米。1999年，投资210万元建成沟南崖5000立方米蓄水池1座、拦水坝1座、小型蓄水池100个，并安装海水淡化机1台，军民用水困难有所缓解。随着岛上经济发展和海上旅游业的开发，用水量日益增加，2002年，投资434.38万元建成蓄水5000立方米三角湾蓄水池1座，新铺设输水塑料管道6千米、输电线路1.2千米。该工程新增加供水能力70立方米/日，总供水能力达到188立方米/日，岛上军民用水基本得到解决。至2005年，该岛已建成饮用水井20眼、大口井2眼（非饮用水）、塘坝1座（非饮用水）；有蓄水池6座，总容量为15600立方米，小型集水窖252个，总容量5480立方米；安装海水淡化器2台，日产淡水30立方米。

斋堂岛

位于胶南市琅琊台东南海域，岛上有3个自然村、360户、1378人，陆地面积0.46平方千米，淡水资源极缺。1983年，投资24万元建成扬水站、引水管道、蓄水池、输水管和岛上调压池。完成从琅琊山前窑沟水库引水工程，采用海底倒虹吸方式，用海底管道输水上岛。铺设管道长3.13千米，日供水85立方米，基本解决岛上人畜吃水困难。进入21世纪，随着岛上经济与旅游的发展，需水量越来越大。为彻底解决供水困难，2001年，投资606.3万元建成琅琊镇皂户村东南直径6米、深10米的大口井1眼；台西村西建400立方米的高位水池1座；铺设海底输水管道长10千米，设计日供水能力1500立方米。该工程不但解决岛上人畜吃水困难，还为台东头、台西头2个村庄和琅琊湾内7个企业供上自来水。2005年，实际供水23.08万立方米，日均供水632.3立方米。

沐官岛

位于胶南市西南海域之中，总面积0.36平方千米，淡水资源十分贫乏。岛上1个行政村、56户、300人，耕地面积12.2公顷。由于岛小海拔低，原有3眼水井，日出水量约8立方米且水质不好，不能满足岛内人畜饮水需要。沐官岛吃水工程被列入青岛市政府2004年重点办好的17件实事之一。通过对沐官岛及陆地潮间带的地质和地形条件、周边陆地的水资源状况、海域的海水水质和水温等进行反复考察论证，采用海水淡化器淡化海水，为岛上提供生产、生活用水。工程于2004年7月开工，当年11月25日竣工通水。新建直径3米的大口井1眼、100立方米的海水沉淀池1座、50立方米蓄水池1座、20平方米海水淡化设备管理房1座，安装日产淡水15立方米的海水淡化器1台、海水机电泵1套，铺设给水管道1.25千米，总投资45.37万元。工程建成后，满足了岛内居民日常生活用水。

竹岔岛

位于黄岛区薛家岛街道陆地东约6.5千米的黄海中，岛上面积0.38平方千米。有居民610人，多数从事渔业和海产品养殖。岛上居民用水仅靠水质较好的1眼水井，因水源奇缺，严重影响海岛居民生活。1999年，投资110万元建成容量6000立方米蓄水池1座、高位水池1座、管道入户。2004年，投资70万元对蓄水池封盖，安装日处理能力10立方米水质净化设备1套、24立方米海水淡化器1套及配套设施，日供水能力34立方米，满足岛内居民日常生活用水。

大、小管岛

大管岛位于即墨市东南海域，有居民34户、112人。原有吃水井1眼，日出水量0.6立方米，每天人均不足7公斤水。1985年，投资4.4万元建成容量6000立方米蓄水池1座、泵站1座，并建环山截水渠。水池蓄满后可供岛上居民5年饮用。90年代初，岛上驻军在村西开挖深12米、直径5米大口井1眼，基本能满足岛上居民用水。2005年，投资40万元安装水泵1套，供水能力50立方米/日，并对村内管网进行一户一表改造。

小管岛位于即墨市东南海域，有居民26户、66人。由于地下水贫乏，岛上吃水井时常干涸。为彻底解决缺水问题，1986年，投资7.01万元在该岛东部山坡下建4500立方米蓄水池1座，经泵站将水送到村东岭蓄水池，再由管道送至村内。2005年，投资40万元在村东北新建拦水坝，拦蓄水量2.4万立方米，供水能力30立方米/日，并对村内管网进行一户一表改造。

女岛、赭岛

女岛位于即墨市东部海域，面积约1平方千米，岛上有十几户人家。原有7米深的吃水井1眼，因海水倒灌，井水咸化，已不能饮用。为解决该岛吃水问题，2005年，投资40万元从镇集中管网取水，铺设PVC管道从海底穿过入岛，彻底解决岛上用水问题。

赭岛位于即墨市田横岛东部海域，无常住居民。该岛原有水井2眼，但水位距地面深达15米，取水困难。1986年投资1000元，加工2个辘轳送到岛上安装使用，方便取水，解决用水问题。

第四节　除氟改水

青岛市高氟区主要分布在南胶莱河、北胶莱河流域和莱西市姜山洼、即墨市西北洼等洼区。历史上氟中毒现象在各市区均有出现，尤以即墨、莱西、平度市为甚。

1979年，青岛市进行相关区县普查。崂山县32个村、4.9万人进行抽样调查，患病人数4.2万人，患病率85%；对即墨县1099个自然村的2358眼饮水井进行含氟量检验，发现每升饮用水中含氟量在1毫克以上的有182个村，受氟害约16.24万人，患氟斑牙约4.16万人，患氟骨症2304人；莱西市氟区主要分布在夏格庄、姜山、李权庄、朴木、牛溪埠、绕岭、院上、武备、店埠9个乡镇的136个村，尤以夏格庄、姜山、李权庄为重。对9个乡镇的88个村、4.34万人抽样调查，有3.75万人患病，患病率86%；平度县45个乡镇中，36个乡镇的697个村用水的含氟量超过国家规定，2万人受害。有氟斑牙患者26.2万人，有氟骨症患者2.7万人。

1981年，青岛市和胶南县共同投资8万元，对大河东村进行防氟改水试点。新打机井1眼，深15米，水质良好，含氟量符合饮用水标准；建高15米、容量30立方米的水塔1座，安装输水管道1.35千米，使全村摆脱高氟水的危害。此后，各地都把防氟改水工作列入政府议事日程，相继成立防氟改水领导小组，把改水作为防氟害的主要措施。采取国家、集体、个人三方集资的办法，以先重（重病区）后轻（轻病区）、先易后难为原则，与农田水利建设、解决人畜饮水相结合，统一规划，统筹安排。截至1987年，崂山县投资247.2万元，先后组织实施大小10余项防氟改水工程，全面完成中等除氟改水工程。先后实施3期以棘洪滩镇为重点与上马镇海东屯等14个村小型降氟改水工程。打大口井4眼，建平塘1座、蓄水池13座，铺设主供水管道50千米，解决32个村、4.95万人吃水问题。1982年，发布《即墨县1982～1985年除氟改水工作规划》，从实际出发，因地制宜地确定改水形式，在3年内先解决含氟量每升2毫克以上的44个村饮水问题。1982～1985年，投资394.02万元，建成联办和单独办工程28处，工程有水塔、压力罐、直供3种形式，铺设管道236.7千米，使15个乡镇、135个村、10.94万人免除氟水之害，用上低氟卫生水，氟害基本解除。莱西县从1983年开始，先后建成双山村北深水机井供水、七间房村北大沽河截潜流供水、姜山三村深水机井供水、吴格庄村平塘供水等工程。至1992年，已解决高氟区74个村、4.2万人口的饮水问题。1982～1987年，平度县共投资2298.7万元，铺设地下管道2013千米，建蓄水池32处，打深井86眼，安装井泵96台，建立690余人的乡镇村三级供水管理队伍。全县23个乡镇、697个村完成除氟改水任务，使40.7万人喝上低氟水，减少氟骨病的发生。

至1993年，青岛市共投资4574.39万元，全面完成中等氟害的改水工程，使长期受氟害的80余万人喝上卫生水。

第六章　水 政

1988年，《中华人民共和国水法》（简称《水法》）颁布实施后，青岛市逐步建立完善水法规体系和水政执法体系。1989年，在市水利局设水政处，水政监察机构和水政队伍相继建立。同年，山东省水利厅将胶南市列为全省水政建设试点县之一。1990年，青岛市5市2区（即墨市、胶州市、胶南市、平度市、莱西市、崂山区、城阳区）水利局设置水政科，1993年加挂水政监察大队牌子。1994年成立青岛市水利治安办公室和水利巡回法庭，进一步加强水利执法力度。1990～1995年，查处水资源管理、河道管理、水土保持、水工程保护等违法案件500余起。1995年，全市建立起一支555人的水利执法队伍和2000人的村级水管员队伍，形成市、区（市）、乡镇、村四级配套的水利执法网络。1996年，制定执法责任制实施方案，执法人员全部持证上岗，做到“执法主体、目标责任、保障措施”三到位。当年，全市水利系统共查处水事案件46起，追回款物折人民币11万元。

2005年，组建青岛市水政监察支队，集中行使水行政处罚权和水利规费征收工作。同年，全市共查处水事案件2032起，调解水事纠纷1264起。各区（市）相继开展水利综合执法，组建水政监察大队，全市水政执法进入一个新阶段。

第一节　水费征收

1979年，由于用水无计划、供水不计量、水费标准低等原因，不仅产生争水、抢水矛盾，而且普遍存在着水费收缴不齐的问题。1982年，实施《山东省水利工程供水收费标准和使用管理规定》后，各县结合当地实际，相继出台水利工程农业用水收费规定。农村普遍实行家庭联产承包责任制后，农户开始拥有小型提水机械，部分农户成为提水灌溉经营专业户。1985年，国务院颁布实施《水利工程水费核定、计收和管理办法》，对水费标准、计收和管理做出规定。1990年，市政府印发《青岛市实施〈山东省水利工程水费计收和管理办法〉细则》，对水费标准进行调整。1993年，青岛市对大中型水库原水价调整。2001年，市政府颁布《青岛市乡镇供水工程管理办法》，对乡镇供水站经营管理及水费征收作出明确规定。2005年，全市各级水费计收由城建部门负责。

农业灌溉水费

青岛市农业灌溉水费的计收，因供水工程权属不同，水费标准和收费办法分为两种情况。国营大中型水库及引河灌区供水实行按方计费，由供水单位负责收费。随着国家水费政策的不断调整，用水价格有所提高。1990年，青岛市对水费标准又一次调整，引库自流灌区每立方米水费，由原来的3分提到3分5厘；引河灌区每立方米由2分5厘提到2分9厘；国营林场、牧场用水，每立方米收费4分，2005年仍执行此细则。1990年后，集体和个人经营的扬水站、机井及小水库等水利工程供水，因大多承包到联户或个人经营，实行按时、按方收费。

城市供水水费

80年代初，产芝水库、尹府水库向青岛市区供水后，全市有14座大中型水库向城市供水，供水收入已成为水库管理单位主要经济来源。1993年，大中型水库原水价由每立方米水费0.11元调至0.29元（含水资源费10%），各区（市）根据实际情况进行浮动。胶南市5座中型水库向城市供水，水价调至每立方米0.264元；吉利河水库向青岛经济技术开发区供水，每立方米按0.308元收费；胶南市城区引用水库水，每立方米收费0.16元。1990年，产芝、尹府水库水价每立方米水费0.11元；1993年，由0.11元调至0.15元；1999年，由0.15元调至0.24元；2005年，由0.24元调至0.35元。2005年，城阳区书院水库向城镇供水执行新水价，每立方米收费1.01元。

各区（市）城区供水水价由所在地物价部门核定，均按成本定价收费。2005年，城阳城区供水实行新水价。生活用水每立方米1.8元，基建用水每立方米3.8元，旅馆、饭店用水实行阶梯式计量水价，由原2.3元调整为基数内用水2.1元，基数外一档（超基数50%以内的）用水2.6元，基数外二档（超基数50%以外的）用水3.2元；浴池用水2.6元，其他洗浴和洗车用水5.3元；其他单位用水实行阶梯式计量水价，基数内用水2.2元，基数外一档（超基数50%以内的）用水2.7元，基数外二档（超基数50%以外的）用水3.3元。即墨市城区供水，1992年每立方米水价：生活用水0.5元，工业、商业用水0.7元，饮食用水1元，基本建设用水1.5元。2001年后，调整为生活用水1.55元，工业用水1.7元，饮食用水2.8元，基本建设用水2.8元。2005年仍沿用此标准。

乡镇供水水费

1979年，全市乡镇供水规模小，由乡镇水利站管理，多数供水站为无偿供水。90年代，乡镇建设规模扩大且企业大量增加，促使修建、扩建高标准、大流量的供水工程，发展现代化供水成为促进乡镇经济发展的重要基础。2001年，青岛市对乡镇供水站经营管理及水费征收作出明确规定，各供水站改变过去不收费、少收费的现象，逐步实现自收自支企业化管理。各供水站收费标准由当地物价部门规定指导价格，每立方米水费1～2元，个别供水站或公司，随供水成本浮动。2005年，全市132个乡镇、街道办事处驻地，全部实现供水自来水化，并建立较完善的供水管理机构，全市乡镇供水水费总收入6588万元。

第二节　规费征收

青岛市开征的水利规费主要有3种：水资源费、河道工程维护管理费和水土保持设施补偿费。水利规费属于政府性基金，纳入财政预算管理，专项列收列支。首先用于中央和市级安排的大中型水利工程项目的资金配套，其次用于全市的重点水利工程建设。

水资源费

1987年开始征收水资源费。收费标准：地表水每立方米0.02～0.05元，地下水每立方米0.03元；地热水每立方米0.2元。1993年，市政府印发《青岛市水资源费征收管理办法》，规定除农业灌溉、农户家庭生活用水、非经营性畜禽饮水及其他少量取水外，凡在行政区域内直接从地下、河流取水的单位和个人，均应按规定交纳水资源费。收费标准：地表水每立方米0.05元，地下水0.15～0.5元。2005年，重新发布《青岛市水资源费征收使用管理办法》，规定标准是地表水每立方米0.35元，地下水0.8元（已做规划的海水入侵区和地下水超采区的地下水，按照一般区域地下水征收标准的2倍征收）。征收的水资源费全部上交财政部门，纳入预算管理，专款专用，连年结转使用。主要用于开展水资源调查评价、规划和有关水资源开发利用、管理保护方面的科学研究，地下水回灌补源，水资源管理和保护，支持、补助或奖励城乡节约用水工作等。此后，水资源费收取标准由各区市依据规定进行调整。

1993～2005年青岛市水资源费征收情况表

表11-8　　单位：万元

年份	市内4区	崂山区	城阳区	黄岛区	即墨市	莱西市	平度市	胶州市	胶南市
1993	270.15	65.63	—	8.63	142.67	112.14	176.97	187.22	141.47
1994	305	52	24	15	141.85	144.01	255.85	204.4	168.55
1995	400.86	50	40	12.8	79.59	68.28	174	177.92	135.57
1996	430.98	43	46	6.91	131.18	92.18	198.3	180	136
1997	191.58	26.99	40	1.46	134.71	83.3	197.8	97.17	132
1998	410.5	42.42	40.2	4.9	141.92	81.7	181	85.11	97.88
1999	367.72	40	45.16	3.62	161.85	86	197	176.05	136
2000	209.75	41.62	46.17	4.1	163.5	84.46	190	164.34	160
2001	387.91	41.09	50	4.3	153.9	69	185	166.27	190
2002	471.44	40	52	4	159.92	113.47	104	190.49	200
2003	410.9	40	56	5	170	82	100	210	210
2004	376	36	66	6	210	82	101	225	230
2005	1077.81	29	66	6	195	260	209	309	400
合计	5310.7	547.7	541.6	82.7	1986.2	1358.6	2270	2373	2337.6

河道工程维护管理费

1997年，市政府转发《山东省河道工程修建维护管理费征收使用管理办法》，决定在全市开征河道工程修建维护管理费。1999年，市政府办公厅印发《关于进一步做好河道工程修建维护管理费征收工作的通知》，对河道工程修建维护管理费征收标准进行调整：对企事业单位按当年销售收入或营业收入的1‰征收；对银行按当年利息收入的0.6‰、保险公司按当年保费收入的0.6‰征收；各类信托投资公司、财务公司等按当年业务收入的1‰征收。1999年，市财政局、青岛市地税局、市水利局联合印发《青岛市河道工程修建维护管理费征收使用管理细则》，明确委托各级地方税务局代征河道工程修建维护管理费，全额上缴财政，实行预算管理，财政部门按其实际上缴金额提取5%返还工商、税务部门。各区（市）征收的河道工程修建维护管理费，按总额的20%上缴青岛市财政部门。

1999～2005年青岛市河道工程修建维护管理费收费情况表

表11-9　　单位：万元

年份	市内4区	崂山区	城阳区	黄岛区	即墨市	莱西市	平度市	胶州市	胶南市
1999	4600	314	—	289	—	40	57	—	—
2000	5000	1037	561	178	410	51	60	228	—
2001	5625	1029	826	220	501	45	62	206	—
2002	6052	1359	1028	225	453	52	61	197	—
2003	6900	1723	1286	280	657	42	60	188	—
2004	12400	1885	1540	510	794	58	303	768	400
2005	17400	2211	1860	1695	1020	230	616	912	700
合计	57977	9558	7101	3397	3835	518	1219	2499	1100

水土保持设施补偿费

1995年和1996年，市政府先后印发《青岛市水土保持设施补偿费和水土流失防治费收取使用管理暂行办法》和《关于认真执行水土保持有关规定，做好水土保持“两费”征收使用管理工作的通知》。全市各区（市）开征水土保持设施补偿费。收费标准为：水土保持设施补偿费，根据地形、地貌和植被面积，每平方米一次性交纳2元；水土流失防治费，需恢复植被的，按其破坏和占压土地面积，每平方米交纳2元；需恢复表层土的按每平方米交纳3元；弃土弃渣的按实际排放量每平方米交纳3元；需要采取工程措施的，按实际工程造价交纳。水土保持设施补偿费的使用，根据水土流失治理规划和年度计划，组织实施水土保持设施建设规划、科研、技术推广、小流域治理、宣传教育管理等工作。

1995～2005年青岛市水土保持设施补偿费征收情况表

表11-10　　单位：万元

年份	市内4区	崂山区	城阳区	黄岛区	即墨市	莱西市	平度市	胶州市	胶南市
1995	—	—	7.3	116	—	—	—	—	—
1996	83	—	26.6	149	5	—	40	43.3	—
1997	123	—	146.7	—	156	—	5	105.5	—
1998	160	—	152	27	27	—	12.8	61.1	—
1999	200	80	18	3	160	20	20	41.7	78
2000	180	80	16	10	150	24	30	33.1	57
2001	195	95	33	14	170	38	30	62.4	84
2002	380	138	70	20	519	40	38	80.7	110
2003	420	120	100	36	880	40	40	92.4	132
2004	450	158	110	40	808	40	102	114	130
2005	567	217	110	35	621	90	51	151	120
合计	2758	888	789.6	450	3496	292	368.8	785.2	711

第三节　水政监察

1990年，青岛市建立健全水政监察机构和监察队伍后，广泛宣传《水法》和依法处理水事案件，促进全市水利建设与管理秩序明显改观。1990～2005年，全市共查处水事案件2032起，调解水事纠纷1264起。

拒缴水资源费案

1996～1997年，平度市水利水产局多次到恒达石墨厂催缴1996年3月18日至1997年10月18日期间欠缴的水资源费，该厂拒不缴纳。厂内7眼自备井，均不按规定装置量水设施取水，违反《中华人民共和国水法》《山东省水资源管理条例》《青岛市水资源费征收使用管理办法》《青岛市取水许可制度实施办法》有关规定。为维护水法规的严肃性，平度市水利水产局对上述案件进行认真调查及取证工作。在调查过程中，厂方采取回避、不予理睬等手段，拒不配合调查。在掌握大量确凿证据后，平度市水利水产局决定对该厂进行处罚，限期在取水口安装经检测合格的水表，罚款2000元，补缴水资源费20064元，按日加收千分之三的滞纳金722.3元，限期送缴市水利水产局。厂方接到行政处罚决定书后，既没有复议也没有起诉，更没有执行处罚决定。最后，平度市水利水产局申请平度市人民法院强制执行，即从其银行账户上强制划拨应缴款项。

河道内非法建房案

2001年2月26日至3月13日，平度市崔召镇韩家村村民杨某，擅自在韩家村村南白沙河支流北岸河道内建房6间，侵占河道85平方米，触犯《中华人民共和国水法》和《中华人民共和国河道管理条例》。平度市水利水产局组织人员进行细致的调查和取证工作，在证据确凿的情况下，2001年3月13日，向杨某下达“责令停止水事违法行为通知书”，3月19日下达“行政处罚事先告知书”，4月16日下达“行政处罚决定书”，限2001年4月22日前拆除违法建筑，恢复河道原状；罚款1000元，限2001年4月22日前缴到平度市农业银行崔召分理处；逾期每日按罚款数额的3%加处罚款。杨某不服，2001年6月21日向平度市政府申请行政复议。2001年6月22日，平度市水利水产局收到平度市政府转来的行政复议申请书副本后，及时进行行政复议答复。平度市政府在认真审查被申请人平度市水利水产局对申请人杨某作出行政处罚的各项证据材料，在对有关问题进行调查了解的基础上，2001年8月15日，作出行政复议决定：维持被申请人平度市水利水产局对申请人杨某作出的行政处罚决定书。杨某服从复议决定，拆除违法建筑物，并接受处罚。

水库非法采砂案

2001年3月，胶南市小珠山水库管理所报称，有部分船未经批准，擅自在小珠山水库挖砂。经查，2000年后，黄岛区柳花泊街道东韩家台村、北庄村、洼洛村先后有50多艘船进入小珠山水库采砂，严重污染水源，威胁水库大坝安全。4月，青岛市水利局水政处组织黄岛、胶南依法清除水库内挖砂船。6月，挖砂船又擅自进入水库挖砂且不断增加，严重威胁小珠山水库安全度汛。为确保国家和人民生命财产安全，依法发布《胶南市人民政府防汛抗旱指挥部关于限期清除小珠山水库管理范围内采砂船及采砂管理房的通告》和《胶南市人民政府防汛抗旱指挥部清障责任通知书》。此后，大部分船在规定期限内撤出水库大坝管理范围，仍有个别船主置法律于不顾，将采砂船停放在水库管理范围内。6月15日，依据《防洪法》对停放在水库管理范围内的船及违法搭建的采砂简易房进行强制清除，共清理采砂船2艘，拆除简易房4处。

白沙河河道非法采砂案

2002年7月5～9日，城阳区夏庄街道中黄埠村村民于某，未经许可在白沙河中黄埠村村北河道管理范围内利用挖掘机、自卸汽车非法采砂。7月9日，城阳区水利局接到该街道举报后马上立案，当晚派出2名水政监察员前往非法采砂点调查，夏庄街道办事处分管领导组织街道农业办公室、公安派出所、交警中队和运管所等部门协助调查取证。经查，于某在白沙河管理范围内未经许可非法采砂的事实清楚，证据确凿。城阳区水利局根据《中华人民共和国水法》和《青岛市实施〈中华人民共和国水法〉的若干规定》有关规定，决定给予于某责令采取补救措施，限7日内恢复原状；罚款3500元的行政处罚。2002年7月17日，城阳区水利局向当事人于某送达行政处罚决定书，当事人于某7月22日到银行交纳罚款；8月20日，当事人将非法采砂处白沙河河道恢复原状。

拒交水土保持设施补偿费案

胶州市水利局水土保持监督管理人员在日常监督巡查中发现，胶州市铁建燃料有限公司在胶州市北关工业园一厂区建设生产厂房，破坏地形地貌和植被。该公司拒不办理水土保持方案审批手续，拒绝缴纳水土保持设施补偿费。2002年7月2日至8月12日，胶州市水利局执法人员对该厂房建设情况进行调查和实地勘验。该工程占地3.04万平方米，由胶州市铁建燃料有限公司征地建厂，租给青岛太阳鞋业有限公司使用。依据《青岛市实施〈中华人民共和国水土保持法〉的若干规定》和《青岛市水土保持设施补偿费和水土流失防治费的收取使用管理办法》规定，该公司应缴纳水土保持设施补偿费6.08万元。2002年8月12日，胶州市水利局给该公司下达“关于缴纳水土保持设施补偿费和办理水土保持方案审批手续的通知书”，该公司补办审批手续但拒不缴费。2003年3月18日，胶州市水利局对该公司下达“责令补缴水土保持设施补偿费决定书”，要求该公司补缴水土保持设施补偿费6.08万元。胶州市铁建燃料有限公司不服，2003年5月6日，向青岛市水利局申请行政复议。青岛市水利局做出维持胶州市水利局处罚决定。该公司不服复议决定，2003年7月1日，向胶州市人民法院提起行政诉讼。经法院审理，维持胶州市水利局处罚决定。

第十二篇　乡镇企业

青岛解放之初，党和政府恢复发展手工业和农村副业。到1950年，全市手工业户发展到3660个，从业人员达12795人。农业合作化时期，农村个体副业、手工业者先后加入农业合作社，组成铁木加工、农副产品加工等手工业工场、作坊，成为以后社队企业的萌芽。至1957年，全市手工业合作社达213个，社员23199人。在人民公社化和“大办钢铁”运动中，建立了一批公社办工业和队办企业。到1960年底，全市社办（包括街道办）工业企业536个，从事生产人员36023人，总产值1.82亿元。此后，贯彻“调整、巩固、充实、提高”方针，昔日盲目上马的一批社办、队办企业，由于基础差、管理不善而陷入困境或被淘汰。70年代，在加快实现农业机械化的大背景下，新建一批社队农机厂、农具厂。尽管“文化大革命”运动波及农村，但相对城市而言时间较短，社队企业获得一定程度发展。这一时期，全市社队企业以砖瓦灰砂石、小农机具及粮食加工、传统手工艺品加工为主，个别农机修理企业兼搞农机零配件和铸锻件加工，但绝大多数没有形成批量生产。

至1978年，全市农村公社工业96家，实现工业总产值9146万元；街道工业58家，实现工业总产值1.7亿元；家属五七工厂48家，实现工业总产值1015万元。

概　述

中共十一届三中全会之后，借助农村改革的强劲东风，青岛市乡镇企业在国民经济中异军突起，在市场经济大潮中乘势而上，实现了与城市的同步发展，并带有鲜明的地方特色。至2005年，全市乡镇企业总数达到17万家，乡镇企业总产值3689亿元，从业人员177万人；实现增加值878亿元，占当年全市国内生产总值的33%。当年，全市乡镇企业共为劳动者支付报酬159亿元，占全市农民纯收入的57%；全市农民人均纯收入中，来自乡镇企业的工资报酬达3365万元。青岛市乡镇企业的快速健康发展带动了乡镇经济实力增强和农民增收，对提前实现农村小康发挥了不可替代的作用。

复苏兴起阶段（1978～1983年）　1979年，青岛市被国家确定为城市综合改革试点城市后，市委、市政府将工作重点逐步由以城市为主向以城带乡、城乡一体发展转变，逐步理顺农村工作体制和工作关系，全市乡镇企业进入复苏兴起阶段。同年9月28日，中共中央在《关于加快农业发展若干问题的决定》中明确提出："社队工业要有一个大发展"。青岛市积极引导兴办乡镇企业，一些原来的社队副业在新体制下迅速恢复和发展，成为最初的乡（镇）、村办集体企业。1983年11月1～5日，市委、市政府召开全市多种经营社队企业工作会议，推行发展多种经营政策，提出社队企业的发展任务。同时，全市外商投资环境逐步改善，乡镇企业利用外资开始破题。

1978～1983年5年间，按照新的行政区划和统计口径，全市乡镇企业总产值年递增率为17.63%，其中工业总产值年递增14.76%。但由于种种历史的原因，尤其是缺乏统一规划和恰当引导，这一时期全市乡镇企业发展带有较大的盲目性。具体表现为：所上项目的技术档次一般很低，企业规模普遍偏小，产品质量和经济效益都比较差，工业结构中"五小"工业（小水泥、小砖瓦、小造纸、小电镀、小采矿）占比较大，基本处于"村村点火、户户冒烟"的初级阶段。

异军突起阶段（1984～1988年）　1984年，市委把发展乡镇企业列为经济工作的战略重点，全市乡镇企业进入快速发展阶段。当年，市委提出"城乡一体化"的方针，市、县、乡（镇）三级党委、政府普遍设置专管乡镇企业的副乡（镇）长。从1985年开始，市政府连续4年每年召开一次历时数月的全市城乡经济技术协作洽谈会，组织和发展横向经济联合。同时陆续出台政策，对乡镇企业实行行业归口管理，鼓励城市企业向农村转移、扩散产品及其产能，鼓励城市的科技人员到农村创业，从市区工业部门、科研机构、大专院校抽调干部下乡挂职等，大力支援乡镇企业发展。随着城市工业向农村扩散，乡镇企业发生三个显著变化：一是机床、钉扣机、双针平缝机等先进机器设备取代原有的落后生产工具和人工生产；二是城市科技人员到农村创业，成为乡镇企业的重要技术力量；三是市区工业部门、科研机构、大专院校抽调干部下乡挂职，支持乡镇企业的生产、经营和管理。这一时期，青岛市实施第一部乡镇企业发展规划——《青岛市乡镇企业发展规划（1986～1990年）》，对产业布局、总体规模、技术和管理、经济效益、对外开放等作出科学规划和总体安排，推动全市乡镇企业蓬勃发展第一个高潮的兴起。到1988年，全市乡镇企业呈现出规模扩大、结构优化、效益提高、素质改善的鲜明特点。一是总体规模进一步扩大。全市6个县（市、区）乡镇企业年总产值均超过10亿元，其中4个县（市、区）达到17亿元以上；全市163处乡镇（街道）中，乡镇企业年总产值过亿元的有27个，其中最高的达4.05亿元；全市有68个乡镇企业年产值超过1000万元，其中最高的达5000多万元。二是产业、产品结构趋向合理。1988年，在全市乡镇企业总产值中，商业饮食服务业和农业企业的增长率分别比平均数高出66.5和17.1个百分点；建筑企业则比平均数低25.1个百分点。在1988年全市乡、村两级工业总产值中，利用当地资源的农副产品加工业、建材工业、化学工业和以农机具生产及为大工业配套为主的机械工业，合计占87.95%。三是经济效益稳定提高。1988年，全市乡镇企业在资金严重短缺、电力供应不足、原材料价格大幅度上涨等情况下，实现纯利润8.08亿元，交纳税金3.73亿元，分别比上年增长52.3%、54.6%，比1983年增长2.8倍、3.7倍。全市乡（镇）办工业企业的全员劳动生产率达到1.85万元，比上年增长38.2%，比1983增长1.7倍。四是企业素质明显改善。从1982年至1988年底，青岛市乡镇企业先后获得部优产品奖32项、省优产品奖39项、市优产品奖52项。其中1988年获部优9项、省优11项、市优39项，获奖总数接近过去历年的总和。至1988年，全市有221家乡镇企业被评为三级以上计量单位，其中二级计量单位有9家，还有24家乡镇企业被评定为四级标准化水平企业。这一时期，全市有5家乡镇企业获青岛市质量管理奖、2家乡镇企业获部质量管理奖。在1988年国家组织的企业升级活动中，全市有2家乡镇企业被评为省级先进企业、34家乡镇企业被评为市级先进企业。在全市乡、村两级企业的职工队伍中，具有初级以上职称的专业技术人员达到2.36万人，占职工总数的3.25%。五是外向型经济取得突破性发展。1988年，青岛市乡镇企业出口产品交货值完成6.2亿元，比上年增长1.02倍，比1983年增长7.96倍。全市乡镇企业出口产品的种类达到208种，生产出口产品的乡镇企业达到819家，其中年交货值100万元以上的126家、500万元以上的24家、1000万元以上的5家，最高的达到3034万元。1988年，青岛市乡镇企业谈成并获批准的“三来一补”与中外合资、合作项目共29个，合同外资额达1961万美元，其中外商投资额1122万美元。

至1988年底，全市乡镇企业达到10.4万个，从业人员达到103万人，固定资产原值达到29.6亿元，全市乡镇企业总产值完成103亿元，其中工业总产值80亿元。乡镇企业总产值占全市社会总产值的30.65%，占全市农村社会总产值的67.18%；全市乡镇工业总产值占全市工业总产值的38.06%，对全市工业总产值增长的贡献率为63.27%。

治理整顿阶段（1989～1991年）

1989～1991年“三年治理整顿”时期，是中国经济体制改革遇到突出困难的时期，也是青岛市乡镇企业发展遭受严重挫折并努力走出困境的时期。

自1988年10月起，国家对乡镇企业采取“调整、整顿、改造、提高”的方针，全市乡镇企业进入“三年治理整顿”阶段。市委、市政府在贯彻中央决定的同时，坚持从本地实际出发，继续坚定不移地支持乡镇企业发展。在1988年底召开的全市农村工作会议和市委工作会议上，市委确定全市乡镇企业工作总的要求是：“发展速度要适当放慢，质量和水平要大大提高。”并提出实施“四个转变”，即：在生产建设上由外延扩大再生产为主转到以内涵扩大再生产为主上来，在资金来源上由单纯依赖贷款支撑转到以依靠企业自身积累和自筹资金为主上来，在发展目标上由片面重视产值增长转到重质量、重效益上来，在工作指导上由抓普遍发展转到抓重点乡镇、骨干企业、拳头产品上来。在具体工作中，还逐渐形成“三个一批”的指导思想，即根据乡（镇）、村和乡镇企业的不同情况区别对待，努力做到提高一批、巩固一批、发展一批。市委、市政府的科学决策极大地保护了广大农村干部群众的积极性，稳定了大力发展乡镇企业的信心和决心。1989年，市政府召开全市乡镇企业外经工作座谈会，通过树立典型、交流经验、出台政策、提供信息等，帮助乡镇企业在扩大对外开放中寻求新的发展门路，年复一年地“赶旱鸭子下水”，推动乡镇企业发展外向型经济。据1991年底统计，全市乡镇企业获批准的外经项目累计达到145个，其中“三资”项目101个，合同利用外资额达到1.3亿美元。全市有44个乡（镇、农村街道）办起了“三资”企业，占全市农村乡（镇、街道）总数的26.83%，部分乡（镇、农村街道）还初步开发相对集中的外商投资企业园区。全市出口创汇的乡镇企业达到728个，其中年出口交货值达500万元以上的68个、达1000万元以上的26个，最高的达到1.11亿元。

在“三年治理整顿”期间，青岛市乡镇企业顶住压力，经受住严峻考验，虽然乡镇企业总产值同比增幅有所回落，但仅用3年时间实现翻番。这一时期，全市5个县级市和崂山区乡镇企业总产值均超过25亿元，其中崂山区和即墨市、胶州市、平度市分别超过35亿元。在全市164个乡（镇、农村街道）中，乡镇企业年总产值过亿元的有71个，其中最高的达到8.17亿元。在全市乡、村两级工业企业中，年产值过百万元的达1975个，过千万元的达116个，其中最高的达到1.08亿元。另外，全市有127家乡镇企业被评为市级以上先进企业，其中部、省系统级先进企业48家，有69种产品分别获得市优以上称号，其中国优1种、部优22种、省优18种，全市乡镇工业优质产品覆盖率达到14%，乡（镇）办工业企业重点产品质量稳定提高率达到96.6%、主导产品标准覆盖率达到100%。乡镇企业安全生产工作普遍加强，乡（镇）办工业企业万元产值火灾直接损失降低到0.5元以下。

1991年，全市乡镇企业总产值完成209.79亿元，比1988年增长1.04倍。乡镇企业总产值占全市社会总产值的37.74%，乡镇工业总产值占全市工业总产值的46%。

再次腾飞阶段（1992～1996年）　以邓小平南方谈话公开发表和中共十四大召开为契机，青岛市乡镇企业发展进入第二次创业高峰期，乡镇企业日益成为全市发展外向型经济的重要力量。

1992年，市委、市政府调整全市对外开放总布局，提出以“一园二区三线”（次年改为“一园三区三线”）为重点，全面启动，整体开放，逐步形成各有侧重、优势互补、梯次拓展、合力并进的对外开放新格局。“一园”，即青岛高科技工业园；“三区”，即青岛经济技术开发区、青岛保税区、青岛石老人旅游度假区；“三线”，即沿烟青、济青、环海三条高等级公路建设50个左右乡镇工业园区，集中创办“三资”企业、“三来一补”和创汇项目。当年全市共批准乡镇企业外经项目331个，其中，“三资”项目311个，总投资4.48亿美元，合同利用外资2.92亿美元，分别比上年增长3.57倍、3.48倍、2.63倍，是过去历年总和的3.08倍、2.6倍、2.25倍。沿“三线”乡镇工业园区建设全面展开，当年经批准开发的40个乡镇工业园区，基本实现“四通一平”，基础设施建设总投入8000多万元，兴办“三资”企业143家，合同利用外资1.85亿美元。1992年，全市乡镇企业总产值完成274.27亿元，比上年增长30.74%，增幅提高6.06个百分点。其中乡镇办企业完成87.58亿元，村办企业完成116亿元，分别比上年增长37.35%、27.83%。如1995年9月组建的青岛万德集团有限公司，落户于胶南市城南工业园，厂区总面积6万平方米，建筑面积3万平方米，职工2000人，资产总额1.28亿元，生产皮衣、箱包、服装、皮鞋4大系列200多个品种的产品，销往国内20多个省市，并出口美国、德国、瑞士、日本和东南亚等60多个国家和地区。1995年实现出口交货值6.5亿元，创汇8000万美元，并被农业部、外经贸部评为全国乡镇企业出口创汇十强企业。1996年，全市共批准乡镇企业外资项目323个，合同外资5亿美元，占全市合同外资总额的31%，占全省乡镇企业合同外资总额的47.8%；实际利用外资2.6亿美元，占全市实际利用外资总额的34%，占全省乡镇企业实际利用外资总额的42%。

这一时期，乡镇企业在城乡经济结合上发挥了重要作用。青岛市实行“市带县”体制以后，通过工业调整，向各县（市）扩散工业项目。到1992年，市内工业与六县（市）签订经济技术协作项目3240个，落实项目2818个，实现利税12.5亿元，创汇2.01亿美元，安排劳动力18万人。乡镇企业为大城市工业配套，承担大量生产任务。如海尔集团在乡镇企业的配套厂有32家，70%的零件在农村生产。全市农村按照“贸工农”型进行经济结构和产业结构调整，市有关部门帮助农村建立对虾、贝类、肉食鸡、花生出口基地。1992年，农村外贸出口商品收购总值达39亿元，占全市的79.1%。全市出口创汇乡镇企业达到706家，出口商品收购总值完成20亿元，乡镇企业成为全市出口创汇的主力军。至1996年，全市乡镇企业出口交货值达到75.4亿元，占全市出口交货值总额的30.5%，占全省乡镇企业出口交货值总额的18.3%。

这一时期，也是乡镇企业加快所有制改革和上规模、上水平的重要时期。通过改制，个体私营、股份制和股份合作制逐渐成为乡镇企业的主要形式。其中，股份合作制主要有财产折股扩股改造型、资产折股职工参股共营型、法人参股共营型3种形式。通过兼并、联合、租赁、拍卖或与外资嫁接等，一部分原来较困难的企业走出困境，而一部分原来的骨干企业则发挥名优产品、拳头产品的辐射作用，利用其技术、管理和服务优势，壮大规模，形成一批跨区域、跨行业的企业集团。如青岛飞龙工艺品公司，1992年拥有20个下属经济实体（其中11个合资企业），职工总数达到4800人，固定资产原值达到4370万元。当年该公司完成工业总产值3.36亿元，实现利税1050万元，出口产品交货值完成2.7亿元，创汇1800万美元。至1993年底，全市共有274家乡镇企业实行股份合作制，其中，老企业改制238家，占87%；新建股份合作制企业36家，占13%。股本金总额1.21亿元，其中新吸收股本金540万元。另外，全市共批准成立乡镇企业集团12个，其中由国家科委批准并命名的集科工贸于一体的“星火”集团4个。1996年，全市乡镇企业改制累计达到1.09万家，改制面81.3%，比全省平均改制面高出25个百分点。全市组建乡镇企业集团达到60家，其中被市政府确定为重点扶持企业10家。

为推动全市乡镇企业第二次腾飞，市乡镇企业局出台《关于鼓励乡镇企业技术进步若干问题的实施意见》，修订编制《青岛市乡镇企业新技术发展规划》，组织开展以改进工艺、提高质量、降低消耗、搞好服务为主要内容的群众性企业管理活动，乡镇企业在技术进步和各项基础管理得到明显加强。1992年，全市有3万多名工程技术人员服务于乡镇企业，市直有关部门和企业选拔骨干665人，到农村乡镇挂职任副镇长，帮助发展乡镇企业。当年全市乡镇企业共开发具有较高技术含量、高附加值的新产品136种，并涌现出一批厂办科研所和以高科技产品生产为主的生产科研基地企业。同时，全市乡镇企业不断加大资金投入，进行技术改造和新产品、新技术、新工艺开发，加强全面质量管理。1996年，全市有4家乡镇企业通过ISO 9000国际质量认证，700多家乡镇企业通过全面质量管理验收。当年，全市乡镇企业用于技术改造和产品开发投入达22亿元，占固定资产投入的52%。

1996年，全市乡镇企业总产值达到525亿元，占全市农村社会总产值的81%；乡镇工业总产值达到393.7亿元，占全市工业总产值的41%；乡镇企业增加值完成128.3亿元，实现利税41亿元。

持续发展阶段（1997～2005年）　《中华人民共和国乡镇企业法》的颁布实施，为乡镇企业发展扫除政策上、体制上的障碍，并提供法制上的保障，全市乡镇企业进入深化改革、扩大规模、集群发展的新阶段。

这一时期的显著特点是，全面推进企业产

权制度改革，乡镇企业出现集团化、集群化发展趋势。改制的主要形式有：大型企业多采用股份制形式，中小企业多采用股份合作制形式，而对量大面广的小型、微利、亏损企业则实行出售。至2001年，全市乡镇企业改制工作基本完成，其中实行股份制的2117家、股份合作制的4068家，其余均实行了租赁、拍卖等形式的改制。经过改革、改制尤其是集团化改造，全市乡镇企业规模扩大，专业化、集约化程度提高，形成一批有地方特色和竞争优势的产业集群，如胶南市的机械产业集群、李沧区的汽车产业集群、莱西市的农产品加工产业集群、即墨市的纺织服装产业集群等。另外，一批乡镇工业园区逐渐形成规模和特色。2000年，即墨市城南、胶州市营海、莱西市望城、城阳区流亭等工业园区被授予全国示范工业园区称号。2001年，胶州市李哥庄镇被评为全国出口创汇十强乡镇，胶南市万德集团被评为全国乡镇企业出口创汇二十强，即墨市环秀街道等4个单位被评为全国乡镇企业出口创汇先进管理单位，青岛正进集团等8家乡镇企业被评为全国乡镇企业出口创汇先进企业。2002年，在全市乡镇工业园区中，又有6个被评为全国科技示范园区。同时，全市乡镇企业科技创新能力进一步增强，企业管理水平和产品质量持续提升。到2005年，全市有123家乡镇企业建立技术创新中心等研发机构，15种乡镇企业产品被评为山东名牌，7种乡镇企业产品获中国名牌称号。

第一章　主要行业

青岛是中国重要的轻纺工业、外贸港口、海洋科研和风景旅游城市。全市乡镇企业依托城市工业辐射，利用资源禀赋、外贸港口和科研人才等优势，其行业分布既有全国乡镇企业的一般特点，又具有自身鲜明的地方特色。

青岛市乡镇企业在产业发展中，坚持以市场需求为导向，在发展农产品加工、机械制造等传统行业的同时，充分利用当地资源和技术优势，形成一批新兴行业和企业。一是技术—市场—原料型，如乡镇纺织业和橡胶业。利用城市工业企业的技术人才和设备优势，从外地购进原料开展生产，逐步形成具有一定规模的主导产业。1995年全市乡镇纺织行业总产值达到38.84亿元。二是原料—技术—市场型，如服装加工业等。以本地纺织品为主要原料，引进生产技术，开拓国内外市场。90年代，以即墨市服装批发市场为依托，即发、红领、好事中、一诺、雪达等服装、服饰品牌次第生长，形成乡镇服装工业领军集团。2004年，即墨市规模以上针织服装服饰业企业完成工业增加值达40.4亿元。三是原料—市场—技术型，如水产品加工业等。利用本地原料，引进技术设备，对鱼、虾、贝类以及海带等进行冷冻、干制、腌制或罐藏生产，形成具有较高技术水平、较大市场规模、在全国占有重要地位的骨干行业。2000年，全市水产品出口占全国出口额的8.3%，居全国第一位。2005年，全市水产品加工企业36家，年产值达47.8亿元。

全市乡镇企业历经近30年发展，逐步形成机械制造、农副产品加工、建筑建材、纺织服装、化工橡胶、交通运输业、商业服务业等主要行业。

第一节　机械制造业

机械制造业在青岛乡镇企业中占有重要位置，是乡镇工业的支柱产业之一，主要有交通运输设备制造、电器机械及器材制造、电子及通信设备制造、仪器仪表及其他计量器具制造等。

70年代，以人民公社或生产队为单位兴办的农机修配厂，主要修理农具以及制造小型农具等，为当地农业生产服务。生产设备多是一些简单的钳工工具，制造工艺多为人工的敲敲打打，少数条件较好的修理厂具有简单的机床和电气焊设备。至1979年，全市乡镇机械制造业发展到中小农具工业、农机制造工业和工业用金属制品工业。当年，全市乡镇机械制造企业达到144家，从业人员1.8万人，总产值11.567万元，占乡镇工业企业总产值的46.6%。在主要产品中，金属切割机床788台、交流电动机3076台、农业用机械12448台、农机具配件187万件。

进入80年代，由于经济环境改善和城市工业向农村扩散，带动了乡镇机械制造业的发展。主要标志是原有的生产方式和产品结构逐渐发生变化，金属切削机床、锻压设备等较为先进的机器开始取代落后的生产工具，虽然产品仍以技术含量低的初级产品为主，但一些规模较大、技术设备较好的企业已能生产诸如工业锅炉、机床、电动机、球磨机等技术含量较高的产品。1985年，全市乡村两级机械工业企业发展到603家，从业人员3.21万人，实现产值2.65亿元。在主要产品中，铁制小农具347.58万件、开山工具7.83万件、“三车上棚”2.28万辆、车马挽具13.84万件、农用机械7608台、建筑建材机械1.21万件、农业产品加工机械3500件。

80年代中期，根据市场需求，加快新产品开发和技术改造，进一步调整优化产品结构。同时，对一些生产条件差、技术水平低、产品落后的企业实行关停并转。至1987年，全市乡村两级机械制造企业增加到471家，生产总值6.72亿元，从业人员5.9万人。其中，设备制造业271家，生产总值2.63亿元，农、林、牧、渔业机械制造业44家，生产总值5822万元，机械设备修理业136家，生产总值5821万元。80年代后期，青岛市通过组织产品扩散、科技下乡、干部挂职和广泛开展城乡经济协作等多种形式，发挥城市工业基础好、技术水平高、科研队伍和大专院校多的优势，带动乡镇机械制造业向高层次发展。主要标志是，新技术、新设备、新工艺更加广泛地得到采用，乡镇机械工业的技术水平不断提高，并形成一批规模较大、技术设备先进、管理水平较高、市场竞争力较强的骨干企业。1990年，青岛市乡镇机械制造业总产值30.71亿元，比1989年增长13.97%，占乡镇工业的比重由1989年的32.37%下降到31.15%。在主要产品中，铁质小农具683万件，比1989年增长11.83%；农机具配件242万件，比1989年增长7.82%；农副产品加工机械3752台，比1989年增长11.13%；建筑建材机械6130台，比1989年增长2.49%。青岛第二减速机厂、青岛楼山农机厂、青岛胶南第四纺织机械厂等晋升为国家二级企业。

1992年，在深化改革、扩大开放的大环境下，青岛市乡镇企业加快所有制改革，加快内部结构调整，推进建立现代企业制度，推进提高企业规模和管理水平。全市乡镇机械制造业逐步实

汉缆集团有限公司始建于1982年，主要生产汉河牌电线电缆。2005年，集团固定资产总值2.12亿元，工业总产值22.53亿元，实现利税2.41亿元。

现从修修补补到机械设备的配件生产和维修，从简单的单机制造到整机及成套机械、大型机械装备开发生产的跨越。至1997年，在全市乡镇机械制造业中，有普通机械制造业603家，从业人员4万余人，生产总值31.68亿元；专用设备制造业158家，从业人员1.2万余人，生产总值3.83亿元；交通运输设备制造业117家，从业人员6000余人，总产值4.06亿元；电子器械及器材制造业117家，从业人员1.5万余人，总产值17.07亿元；电子及通信设备制造业32家，从业人员2500余人，生产总值1.88亿元；仪器仪表及文化、办公用耗材制造业17家，从业人员1400余人，生产总值1.25亿元。

进入21世纪，青岛市乡镇机械制造业进入一个快速、健康发展的新时期。从现代企业制度建设、推进企业上市融资、争取上级支持等方面进一步加大对骨干企业的扶持力度。机械产品从普通产品向高科技产品发展，高技术含量、高附加值的电子电器产品和出口创汇产品所占比重不断加大，行业和产品结构进一步优化。规模以上骨干企业成为乡镇机械制造业经济增长的重要基础，在增加地方财政收入、支撑当地经济发展中的作用进一步显现。至2004年，在全市乡镇机械制造业中，有普通机械制造业167家，从业人员4.2万余人，生产总值144.16亿元；专用设备制造业17家，从业人员4681人，生产总值4.8亿元；交通运输设备制造业16家，从业人员5682人，生产总值33.27亿元；电气机械及器材制造业15家，从业人员6936人，生产总值87.97亿元；电子及通信设备制造业7家，从业人员1284人，生产总值3.37亿元；仪器仪表及文化、办公用机械制造业6家，从业人员1167人，生产总值2.06亿元。

全市乡镇机械制造业不仅在量上有了很大发展，而且在质上有了很大提高，形成一批极具地方特色和区域竞争优势的产业集群。如胶南市机械产业集群、李沧区汽车产业集群等。其中，胶南市机械产业集群以星火集团、泰发集团、振华集团、华天车辆、山东滨鹰包装机械有限公司等骨干企业为龙头，主要产品涵盖纺织机械、铸造机械、包装机械、橡胶机械、玻璃机械、制鞋机械、通用机械、金属制品（手推车）等门类。2005年，该产业集群完成工业总产值（现价）109.6亿元，工业增加值28.5亿元，产品销售收入100.7亿元，利税总额6亿元，出口交货值23.4亿元。当年，胶南市的综合实力和基本竞争力分别跃居全国百强县第34和25位，其中综合实力排名三年提升23个位次。

2001年青岛市乡镇机械制造业主要企业情况表

表12-1

企业名称	地址	产值（万元）	销售收入（万元）	利税（万元）	创汇（万美元）	主要产品
青岛福宏集团有限公司	城阳区棘洪滩镇	169368	16313	948		PE防寒材料板材
青岛泰发集团股份有限公司	胶南市隐珠镇	165144	165298	3886	5802	手推车、塑料制品、轮胎
青岛星火纺机纺织集团有限公司	胶南市王台镇	104729	104866	4330	769	喷水纺机、喷气纺机、其他纺机
青岛汉缆集团有限公司	崂山区沙子口镇	101346	104251	3742		电力电缆、电线、钢芯铝绞线
青岛变压器集团有限公司	城阳区城阳镇	84845	71842	2747		油浸变压器、干式变压器、电容器、箱式变电站

续表12-1

企业名称	地址	产 值（万元）	销售收入（万元）	利 税（万元）	创 汇（万美元）	主要产品
青岛特种汽车集团公司	城阳区城阳镇	52828	50327	4460	11	特种汽车、汽车配件
即墨市山前新国际集团公司	即墨市环秀镇	40012	36582	631		玛钢管件、仪表配件、地锚
青岛城阳制桶有限公司	城阳区城阳镇	30097	28469	1092		包装大桶、空调配件
益和电气设备股份有限公司	黄岛区	22000	18000	440		低压柜、特种变压器
青岛正得金属制品有限公司	胶州市南关街道	17800	1481	690	400	铁铝制品、钢木家具
山东滨鹰包装机械（集团）公司	胶南市藏南镇	16856	13525	489		包装机械
青岛东方铁塔股份有限公司	胶州市北关街道	15940	1500	2000		大型钢结构
青岛亚东橡机集团有限公司	胶南市黄山镇	15100	15600	312		平板硫化机、开炼机
青岛华宝集团公司	胶州市胶东镇	13570	13020	397		钢材、铝材、铁塔
青岛华天车辆有限公司	胶南市隐珠镇	12500	11945	260	959	手推车系列
青岛胶南减速机厂	胶南市六汪镇	11090	10611	438		减速机
即墨市兴华电器有限公司	即墨市	11000		181		电冰箱、洗衣机、厨具配件
青岛黄海集装箱有限公司	即墨市大信镇	10850	11135	1048	586	集装箱、钣金件
青岛华池包装机械有限公司	胶南市大村镇	9450	8050	380		瓦楞纸板线、成型机、印刷机
青岛顺德塑料机械有限公司	胶州市中云镇	7372	6930	325		塑料机械
青岛华青仪表集团有限公司	平度市南村镇	6700	6693	119		仪表
青岛豪迈电缆集团股份有限公司	胶州市阜安镇	5326	5326	193		电线电缆
青岛琴畅集团股份有限公司	莱西市水集镇	4506	6058	227		液化钢瓶、钢瓶阀

第二节　农副产品加工业

农副产品加工业是青岛市乡镇工业的重点行业之一。主要门类包括粮食加工、油料加工、采盐、罐头、饮料酒、糖果糕点、屠宰及肉类加工、乳品加工、水产加工、调味品、豆制品等。

70年代，由于青岛地区农产品总量少，特别是粮食生产不过关，不具备加工转化的条件，制约农副产品加工业的发展。1979年，全市社队企业中以农副产品为原料的生产企业仅有96家，从业人员8534人，年总产值4997万元。其中，食用植物油生产企业6家，从业人员148人，年产值25万元；淀粉生产企业5家，从业人员146人，年产值48万元；采盐企业3家，从业人员339人，年产值94万元；屠宰及肉类加工企业1家，从业人员193人，年产值523万元；乳制品生产企业3家，从业人员142人，年产值73万元。主要产品为食用植物油（年产7177吨）和粮食加工（年加工68.53吨）。另外有苹果干加工8吨，猪肠衣加工10万根。

进入80年代，青岛农业和农村经济发生深刻变化，尤其是粮棉油总产大幅度提高，经济作物种植面积持续扩大，农副产品市场、价格逐步放开，为农副产品加工业的发展创造良好的资源条件和更多社会需求，青岛市乡镇农副产品加工业进入新的发展时期。这一时期，除传统的粮油加工业获得较快发展外，新增糖果制造、糕点制造、罐头食品制造、调味品制造、白酒制造和饮料制造等行业和品种。至1985年，全市乡镇企业中以农副产品为原料的生产企业发展到4063家，是1979年的42倍；从业人员9万余人，是1979年的10倍多；年总产值6.07亿元，是1979年的12倍，比1984年增长45.55%，占青岛市乡镇企业工业总产值的35.84%。其中，粮食加工企业1332家，年产值2666万元；植物油加工企业624家，年产值3141万元；糖果制造企业4家，年产值6万元；糕点制造企业50家，年产值763万元；屠宰及肉类加工企业39家，年产值1700万元；乳制品加工企业4家，年产值382万元；罐头食品制造企业10家，年产值1038万元；调味品制造企业15家，年产值465万元；白酒制造企业10家，年产值42万元；饮料制造企业20家，年产值521万元。与1984年相比，除淀粉和奶制品产量下降外，其他产品均有增长。其中，原盐8333吨，增长13.37%；植物油2.1万吨，增长32.80%；粮食加工7.3亿公斤，增长28.9%；奶制品598.2吨，降低0.5%；罐头3068吨，增长23%；糖果5.5吨，增长38%；糕点3842吨，增长245.2%；果干、果脯2325吨，增长36.2%；饮料酒1.45万吨，增长345.7%；淀粉2323吨，降低15.5%；饲料2.1万吨，增长276.45%。在出口产品中，果干果脯交货量170吨，价值132万元；肠衣交货量13020吨，价值87万元；山楂片交货量376吨，价值165万元；肉食鸡交货量368吨，价值170万元。80年代后期，尽管全市乡镇农副产品加工能力还不高，特别是精加工、深加工能力较弱，开发新产品能力较低，但基本改变了作坊式生产，产品结构、质量和档次以及生产技术、生产规模都有很大改善和提高。1987年，以农副产品为主要原料的食品工业产值增长率达到71.34%，远超乡镇工业产值49.3%的增长速度。生产企业发展到4701家，从业人员13万余人，年产值超过12亿元。其中，水产品加工业规模逐渐扩大，加工企业达到46家，从业人员2570余人，年产值7100万元。

进入90年代，随着人民生活水平的不断提高和市场需求的扩大，乡镇农副产品加工业通过治理整顿、精简合并，企业规模和生产能力大幅提升。至1995年，全市乡镇企业中以农副产品为原料的生产企业达到3115家，从业人员15万余人，年产值超过190亿元。其中，粮油及饲料加工企业866家，年产值22.89亿元；水产品加工企业121家，年产值21亿元；植物油加工企业392家，年产值10亿元；软饮料制造企业49家，年产值3.5亿元；调味品制造企业26家，年产值1.7亿元；白酒制造企业24家，年产值1.78亿元；屠宰及肉类加工企业40家，年产值1.28亿元，糕点糖果制造企业29家，年产值2.35亿元；乳制品企业5家，年产值2800万元；罐头食品制造企业7家，年产值5820万元；啤酒制造企业2家，年产值3265万元；制茶企业7家，年产值376万元。主要产品产量为：粮食加工88.6万吨、食用植物油8.95万吨、奶制品1982吨、罐头5万吨、白酒1.67万吨、啤酒7800吨、软饮料6.63万吨、黄酒2250吨。全市乡镇农副产品加工出口企业发展到114家，出口交货值1.01亿元。

90年代后期，随着全市工业机制转换、产业结构调整，一批大中型工业企业开始组建，推进农副产品加工业的产业化经营。青岛市乡镇农副产品加工业扩大到水产品、肉食制品、蔬菜、水果、乳制品等领域，并成为全市乡镇工业中具有发展潜力的行业。至2000年，全市农副产品出口达到9.3亿美元，比1999年增长36.2%，占全市出口额的15.2%，其中水产品、花生及其制品出口分别占全国的8.3%和24.2%，均居全国第一位；禽肉、蔬菜出口额均居全省第一位。青岛市成为全国农副产品最大的进出口口岸，进出口总额中约42%是农副产品及其加工品。全市农副产品加工能力达到550多万吨，占全市农产品总量的42%。在激烈的市场竞争中，一大批规模大、效益好、市场竞争力强的企业脱颖而出，全市销售收入超过1亿元的农副产品加工企业达到27家，其中九连集团销售收入达到4.8亿元。2000年，全市乡镇企业中以农副产品为原料的生产企业减少至830家，从业人员减少至8.7万人，年产值116.3亿元。其中，粮油及饲料加工企业78家，年产值9.6亿元；植物油加工企业51家，年产值2.94亿元；屠宰及肉类蛋类加工企业40家，年产值4.6亿元；水产品加工企业81家，年产值28亿元；糕点糖果制造企业15家，年产值8354万元；乳制品企业2家，年产值584万元；罐头食品制造企业3家，年产值1700万元；调味品制造企业10家，年产值5600万元；饮料酒制造企业43家，年产值3.3亿元。

2000年以后，青岛市将开辟招商引资、启动民间投资、加快乡镇企业转型作为三条主线，提高农副产品加工转化比重，调整农副产品精深加工的比重，加快龙头企业发展，乡镇农副产品加工企业经营规模和经济效益不断提高，企业竞争能力不断增强。至2004年，青岛乡镇企业中以农副产品为原料的生产企业为499家，从业人员13万余人，年产值达到305亿元。其中，粮油及饲料加工企业31家，年产值13.7亿元；植物油加工企业2家，年产值1.7亿元；屠宰及肉类蛋类加

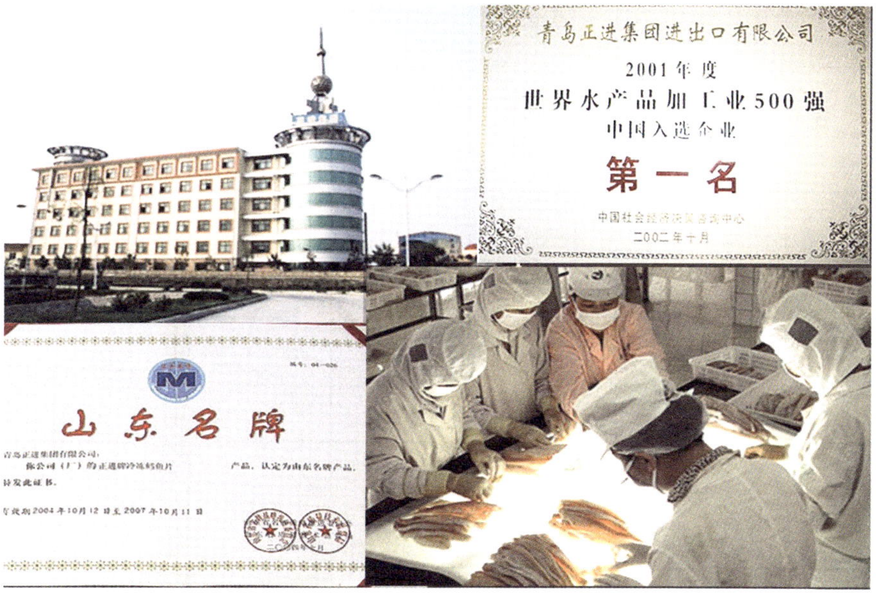

正进集团创建于1991年，是综合大型水产品加工企业集团。2002年，成为世界水产加工业500强，产品出口20多个国家和地区。

工企业9家，年产值16亿元；水产品加工企业36家，年产值47.8亿元；糕点糖果制造企业1家，年产值1.63亿元；乳制品企业5家，年产值1.63亿元；调味品制造企业2家，年产值1.42亿元；饮料酒制造企业16家，年产值6.16亿元（包括茶叶加工企业3家，年产值5377万元）。

2001年青岛市乡镇农副产品加工业主要企业情况表

表12-2

企业名称	地址	产值（万元）	销售收入（万元）	利税（万元）	创汇（万美元）	主要产品
青岛万福集团股份有限公司	莱西市水集镇	75921	73641	2125		蔬菜、肉制品、花生制品、有机肥
山东大洋食品集团公司	胶州市李哥庄镇	70334	33406	1392		鱿鱼片、生鱼片、工艺品
青岛九联集团股份有限公司	莱西市牛溪埠镇	60523	60019	1034	1509	鸡产品、鸡苗、饲料
青岛正进实业集团公司	城阳区城阳镇	52828	50327	4460	11	水产品
青岛佳元水产集团有限公司	城阳区城阳镇	32010	31040	819	2850	鳕鱼片、马哈鱼片
青岛浩大实业有限公司	城阳区流亭街道	21000	20268	867	2530	单冻明太鱼、蔬菜、牛奶
青岛亿路发集团有限公司	城阳区城阳镇	16550	13858	550	2200	生鱼片、模拟蟹肉、水产饲料
青岛红福集团有限公司	城阳区红岛镇	15176	14422	353	1740	冻鱼片
青岛浩源食品有限公司	城阳区红岛镇	9160	6902	478	560	水产品
青岛金华粮油食品集团	即墨市金口镇	7562	7312	210	220	小粒花生、油炸花生、烤花生果
青岛天祥食品有限公司	平度市郭庄镇	6230	6500	72	100	小麦粉、花生米、辣椒

第三节　纺织服装业

青岛市乡镇纺织服装工业，主要包括棉纺织、麻纺织、针织、服装、制鞋、制帽、皮革、羽绒及其制品等行业。

70年代，全市社队纺织服装生产厂家大都规模较小，主要生产再生布和将农民自留棉加工为自用的纺织品。1979年，全市乡镇纺织服装业企业48家，从业人员5000余人，年产值3293万元。其中，棉纺织15家，从业人员3068人，年产值2710万元；麻纺织1家，从业人员191人，年产值91万元；缝纫业23家，从业人员903人，年产值395万元；皮革业6家，从业人员331人，年产值188万元。

80年代初，由于农村棉花连年大幅度增产，国营纺织企业一时消化不了，乡镇纺织服装业随即兴起，棉纺织、针织品、缝纫、皮草皮革及其制品业发展迅速。至1985年，全市乡镇纺织服装业共有厂家200家，从业人员2.46万人，年总产值2.03亿元。其中，棉纺织59家，从业人员1.22万人，年产值1.28亿元；毛纺织13家，从业人员1336人，年产值809万元；麻纺织7家，从业人员1336人，年产值676万元；针织品业86家，从业人员7140人，年产值4689万元；缝纫业250家，从业人员1.22万人，年产值4937万元；皮草皮革及其制品业148家，从业人员7576人，年产值2382万元。

80年代中后期，青岛市乡镇纺织服装业开始采用分工序的流水作业生产方式，许多企业逐步淘汰落后设备，开始使用锁眼机、钉扣机、双针平缝机等专用设备，基本实现缝纫、剪裁、整烫电气化和操作模具化，产品档次随之提高。主要品种有西装、猎装、风雨衣、牛仔装、毛呢服装、衬衫、男式中山装、女式裙装和童装。同时，全市乡镇纺织服装业积极发展易起步、风险小、见效快的“三来一补”项目，企业数量、发展速度、经济效益得到极大提高，其中棉纺织、针织、服装、制鞋业发展最快。1987年，全市乡镇纺织行业有厂家273家，从业人员34326人，年总产值3.26亿元。其中，棉纺织92家，从业人员17941人，年产值2.08亿元；毛纺织14家，从业人员2895人，年产值3204万元；麻纺织11家，从业人员2320人，年产值1470万元；针织品业107家，从业人员7387人，年产值7770万元。在缝纫行业中，服装制造企业发展到274家，从业人员1.1万余人，年产值1.37亿元；制鞋企业54家，从业人员4932人，年产值5699万元。皮草皮革及其制品企业157家，年产值5699万元。全市乡镇纺织工业产值增长率为33.09%。

90年代尤其邓小平南方谈话之后，随着改革

喜盈门集团公司于1992年组建。2005年，集团固定资产2.6亿元，销售收入21亿，出口创汇6000万美元。喜盈门牌巾被系列成为中国名牌产品，喜盈门为中国驰名商标。

开放的不断深入，一些企业通过引进外资、引进先进的技术设备，与国内的服装研究机构合作，扩大生产规模，进一步提高产品质量和档次，改进服装的花色款式，创出自己的名牌产品。以即墨市投资建立的占地2万平方米、柜台摊位3000多个的蓬厦式服装批发市场为依托，青岛好事中服饰有限公司、青岛红领制衣有限公司、青岛即发集团得以迅速发展。即发、红领、好事中、一诺、雪达等品牌次第生长以及即发内衣、红领西服、好事中衬衣、一诺西服等，组成青岛乡镇纺织服装工业的品牌经营和规模经营的领军集团。至1995年，全市乡镇纺织行业有厂家281家，从业人员3.43万人，年总产值38.84亿元。其中，棉纺织138家，从业人员2.22万人，年产值23.31亿元；毛纺织12家，从业人员1925人，年产值3.76亿元；针织品业180家，从业人员8532人，年产值18.41亿元。在缝纫行业中，服装制造企业259家，从业人员1.91万人，年产值19.15亿元；制鞋企业83家，从业人员1.08万人，年产值9.84亿元。皮草皮革及其制品企业134家，从业人员1.2万人，年产值15.93亿元。在上述企业中，纺织业出口企业43家，交货额6.13亿元；服装业出口企业57家，交货额19.5亿元。主要产品产量为：毛巾（含枕巾等）2745.2万条、床罩单15.8万条、针织服装3728.1万件、皮鞋2883万双、布鞋937.2万双、服装17384.4万件（其中衬衫462.8万件、西装289.4万件、童装328.8万件）。青岛亨达皮鞋厂的贝亨牌皮鞋被评为1995年度全国乡镇企业名牌产品。

90年代后期，随着“九五”计划的实施，全市乡镇工业积极调整产业结构，纺织产业扩大到棉、化纤、印染精加工、纺织制品、毛织品、无纺布、针织、编织品等，服装鞋帽工业企业快速发展，规模不断扩大，产品品种、数量进一步增加。至2000年，全市乡镇纺织企业减少到64家，从业人员1.21万人，年总产值13.58亿元。其中，棉纺织26家，从业人员2548人，年产值8.45亿元；毛纺织2家，从业人员450人，年产值1.1亿元；针织品业12家，从业人员1252人，年产值7385万元。在缝纫行业中，服装制造企业减少到83家，从业人员1.11万人，年产值8.73亿元；制鞋业减少到16家，从业人员5491人，年产值4.58亿元。皮革、毛皮、羽绒及其制品企业44家，从业人员3684人，年产值2.2亿元。另外，在全市乡镇纺织服装行业中，纺织业出口企业44家，交货额1.16亿元；服装业出口企业90家，交货额23.35亿元。

进入21世纪，全市乡镇纺织服装业持续发展。主要纺织品有染纱、高档服装面料印染和针梭织服装加工等；主要皮革、皮毛产品有皮包、皮衣、皮鞋、皮箱、毛皮服装、人造革羽绒服制品等，其中箱包制品成为皮革制品的主要产品，出口到美国、日本、韩国等国家和中国香港地区。在服装制造方面，主要产品有西装、衬衣、休闲装等。其中，即墨市纺织服装产业集群初成规模，即墨成为中国的针织名城。2004年，即墨市规模以上针织服装服饰业完成增加值40.4亿元，占青岛市同行业增加值的40%。当年，即发牌休闲装被亚洲合作对话第三次外长会议指定为专用服装；红领牌西装成为第28届奥运会中国代表团专用礼仪西服，并当选为“中国服装十大影响力品牌”。2005年，即发集团同时拥有“中国驰名商标”“中国名牌”两项桂冠，连续5年蝉联中国针织行业综合竞争力第一名，年销售收入突破30亿元，拥有职工1万人。

至2004年，全市乡镇纺织行业生产厂家61家，从业人员1.6万人，年总产值50.85亿元；服装、鞋、帽制造业138家，从业人员40104人，年总产值68.22亿元；皮革、毛皮、羽绒及其制品业22家，从业人员6886人，年产值7.72亿元。在全市乡镇纺织服装行业中，纺织、服装类出口企业422家，交货额79.06亿元。

2001年青岛市乡镇纺织服装业主要企业情况表

表12-3

企业名称	地址	产　值（万元）	销售收入（万元）	利　税（万元）	创　汇（万美元）	主要产品
青岛喜盈门集团公司	城阳区城阳镇	52927	57694	1623	2015	巾被系列、纸类、包装材料、轮胎
青岛亨达集团有限公司	即墨市	18523	13045	315		皮鞋
青岛万德集团股份有限公司	胶南市大珠山镇	16049	16031	282	230	皮革服装、化纤服装
青岛金穗纺织品有限责任公司	胶南市红石崖镇	13846	12479	341		毛巾
青岛雪达集团有限公司	即墨市南泉镇	13421	13187	820	68	针织内衣
青岛颐和针织有限公司	即墨市	12906	12906	238		毛巾
青岛双星集团双星鞋厂	黄岛区	11499	10955	420	750	出口鞋、内销鞋
青岛红领服饰股份有限公司	即墨市	10102	5552	1216		西装
青岛好事中制衣有限公司	即墨市	5650	4357	136		衬衣、西装、领带

第四节　化学工业

青岛市乡镇化工业起步于70年代，当时只有磷肥、普钙、烧碱等产品，后逐步形成化学原料及化学制品制造业、塑料制造业、橡胶制造业等3大行业、40多种产品的产业格局。

70年代末，青岛社队化工业主要是针对农村市场，满足群众日常生活和农业生产需要，产品主要是常用肥料、日用化学用品等。1979年，全市乡镇化工业有石油加工业1家，从业人员86人，年产值16万元；化学工业43家，从业人员3472人，年产值3316万元。其中，化肥工业15家，从业人员845人，年产值577万元；有机化学工业2家，从业人员312人，年产值284万元；化学药品工业2家，从业人员88人，年产值106万元；橡胶加工工业4家，从业人员381人，年产值218万元；塑料加工业9家，从业人员458人，年产值227万元。

80年代初期，在当时的计划经济体制下，社队化工企业原料缺乏、资金短缺、技术落后，很难形成规模。从1979年到1985年的几年间，除橡胶制品业和塑料制品业发展较快外，全市乡镇化工业普遍发展缓慢，至1985年，青岛市乡镇化工业计有化学工业115家，从业人员6548人，年产值4344万元；橡胶制品业增加到87家，从业人员4873人，年产值3653万元；塑料加工业增加到197家，从业人员9671人，年产值5065万元。随后几

广源发集团公司于1994年在崂山废油加工厂基础上成立，主要产品为道路沥青。2005年，集团固定资产30亿元，销售收入66亿元，在全国500强企业中排名第403位。

年，全市乡镇化工业保持了平稳发展，但塑料制品工业仍旧保持较高的发展速度。1987年，青岛乡镇化工业计有化学工业202家，从业人员9457人，年产值1.12亿元；橡胶制品业111家，从业人员6352人，年产值6907万元；塑料加工业增加到292家，从业人员1.18万人，年产值1.1亿元；医药工业4家，从业人员367人，年产值1906万元；石油工业2家，从业人员367人，年产值942万元。

进入90年代，青岛市乡镇企业化工产品逐步拓展到精细化工产品、化学试剂、医药、润滑油、硅胶制品等领域，并由原来的初级产品向高科技、环保型产品发展，青岛广源发集团公司、泰发集团等一批企业迅速崛起，乡镇化工业逐步成为全市乡镇企业的骨干行业。至1995年，全市乡镇化工业共有化学原料及化学制品制造工业199家，从业人员1.18万人，年产值13.4亿元；橡胶制品业160家，从业人员1.73万人，年产值14.07亿元；塑料制品业增加到324家，从业人员1.92万人，年产值17.54亿元；医药制造业15家，从业人员901人，年产值2.88亿元；石油加工业7家，从业人员590人，年产值2.14亿元；化学纤维制造业13家，从业人员605人，年产值6473万元。另外，化工类出口企业达到30家，出口交货额5.06亿元。

90年代后期，青岛市乡镇化工业加快技术改造、产业结构调整和内外资引进，一批劣势石油化工企业存量资产迅速向骨干企业集聚，石油化工企业数量增多，各项经济指标大幅度提高；塑料制品工业由传统行业逐步向新兴行业渗透，企业规模不断扩大；橡胶工业发展迅速，其中胶南市橡胶产业呈现出集群化发展趋势。2000年，全市乡镇化工业共有化学原料及化学制品制造工业72家，从业人员9050人，年产值14.48亿元；橡胶制品业80家，从业人员19802人，年产值28.17亿元；塑料制品业131家，从业人员6325人，年产值10.98亿元；医药制造业8家，从业人员373人，年产值1.39亿元；石油加工业2家，从业人员1272人，年产值10.87亿元；化学纤维制造业4家，从业人员150人，年产值3900万元。另外，化工类出口企业29家，出口交货额7.38亿元。

2000年以后，随着亚洲金融危机影响的消逝，招商引资和外贸出口形势好转，以及青岛市实施市内企业“退城进乡”，带动乡镇化工业的新发展，并出现集团化发展趋势。2002年，青岛广源发集团进入全国工业企业500强，当年实现销售收入30多亿元。至2004年，青岛市乡镇化工业共有化学原料及化学制品制造工业40家，从业人员8845人，年产值31.49亿元；橡胶制品业78家，从业人员2.16万人，年产值57.9亿元；塑料制品业61家，从业人员7732人，年产值20.56亿元；医药制造业3家，从业人员236人，年产值5768万元；另外，化学纤维制造业2家，从业人员229人，年产值1.56亿元。化工类出口企业53

家，出口交货额9.61亿元。这一时期，胶南市橡胶产业集群成为青岛市乡镇化工业发展的最大亮点。至2005年，该产业集群共有橡胶轮胎生产企业146家。其中规模较大的企业有泰发集团、振华集团、东方工业品集团等企业，并拥有泰发、栈桥、星宇等知名品牌。

2001年青岛市乡镇化学工业主要企业情况表

表12-4

企业名称	地址	产 值（万元）	销售收入（万元）	利 税（万元）	创 汇（万美元）	主要产品
青岛广源发集团公司	城阳区夏庄镇	220550	218963	21021		沥青、材料油、油渣
青岛振华工业集团有限公司	胶南市隐珠镇	54790	46490	2060	1520	轮胎
青岛宏丰集团股份有限公司	城阳区流亭街道	19544	22824	1246		钣金件、涂料
胶州市精细化工有限公司	胶州市北关街道	12600	12678	607	110	染料
青岛海源集团有限公司	城阳区棘洪滩镇	12536	10980	96		化妆品、健康油漆
青岛安利橡胶有限公司	黄岛区	10739	9854	171	29	轮胎
青岛崂山海化集团公司	崂山区王哥庄镇	10009	11572	527		海藻酸钠、甘露醇等
青岛市平度宏华橡胶厂	平度市白埠镇	7565	6913	110		轮胎
青岛万年集团	崂山区王哥庄镇	7412	6383	334	232	刷子、纸箱、猪棕
青岛市平度天盛复合肥实业公司	平度市田庄镇	7357	7310	163		复合肥
青岛光明轮胎制造有限公司	平度市明村镇	5896	5758	340		轮胎
青岛同辉丽光集团有限公司	平度市香店镇	5760	5760	150	697	蜡烛

第五节　建筑建材业

在“文化大革命”时期，公社和村办建筑业被视为“变相单干”“黑包工”受到限制，未能发展成为企业形式。中共十一届三中全会以后，城乡建设日益兴旺，给青岛市乡镇建筑业提供快速发展的机会。当时，乡镇建筑业主要有两部分组成，一是由个体木匠、瓦匠组成的不固定的、临时性的建筑组，主要承担农民房屋的修建工程。二是乡镇组织的较为固定的建筑队伍（时称社队建筑队），主要承担农村公共建筑的建设任务。另外，一部分技术力量较为雄厚的乡镇建筑队开始向城市发展，补充国营和城镇集体建筑力量的不足。至1979年，全市乡镇建筑企业发展到328家，从业人员2.86万人，实现总收入3262万元。这一时期，由于大批基本建设项目上马，以及城乡居民住宅建设所形成的市场需求，客观上对农村建材工业发展产生了强大拉动力。与此同时，国家进一步放宽发展建材工业的政策，提出“大家办建材”的方针，鼓励国家、集体、个人一齐上，调动了广大农民发展建材工业的积极性。1979年，全市乡镇建材业发展到107家，从业人员近万人，年产值2749万元。其中，水泥生产厂家15家，从业人员1849人，产值533万元；砖瓦生产厂家50家，从业人员5755人，产值1340万元；土、砂、石开采20家，从业人员941人，产值234万元。

1983年3月，国务院对《民工包干省人省事速度快》一文作了重要批示，指出在城市建筑施工中有计划地使用一部分乡镇建筑队伍代替专业施工队伍，是建筑业劳动制度的一项重大改革。提出“六五”期间，国营建筑企业原则上不再增加固定工人，在施工任务增加时，采取与集体建筑队伍联合包工的办法，共同承担任务，逐步建立起城乡结合的建筑队伍体系。对新建工矿区和卫星城镇的一般民用建筑，要求本着就地就近原则，基本上依靠当地农村建筑队包工，国营企业在技术上、质量上、管理上给予必要的指导。大型工业项目，高级公共建筑、高层住宅以及其他技术复杂的工程，主要依靠国营建筑队伍承担，吸收农村建筑队伍分包部分技术简易的专业工程。这一批示在青岛得到很快落实，乡镇建筑企业除继续承担当地的建筑施工任务以外，开始从农村走向城市，带来乡镇建筑建材业的迅猛发展。至1984年，全市乡镇建筑企业发展到998家，从业人员6.67万人，年产值2.2亿元。乡镇建材业发展到201家，年产值3032万元。其中，水泥及水泥制品业37家，年产值489万元；砖瓦石灰及其他建材业135家，年产值1991万元。在主要建材产品中，石墨及其制品占山东省的73.3%，玻璃钢占山东省的83.9%，平板玻璃、玻璃纤维、大理石、花岗石、水磨石及油毡等产品，也分别占山东省的37%～56%。石墨、滑石、大理石、花岗石、水磨石、石棉制品等9种产品远销世界40多个国家和地区，创汇值约1800万美元，占山东省建材工业系统出口创汇总额的68%。

80年代后期，随着乡镇建筑企业素质的提高，其工程承揽能力大大增强，服务领域进一步扩大。至1990年，全市乡镇建筑企业达到5330家，从业人员15万余人。当年完成建筑竣工面积492万平方米，比1989年增加26万平方米；完成总产值14.35亿元，比1989年增长11.49%，占全部乡镇企业总产值的9.24%。在建材工业方面，在保持砖瓦、水泥、石墨等传统生产优势的同时，相继开发特种水泥、高强度水泥、釉面砖、马赛克、内外墙涂料、卫生陶具、钢塑门窗等轻质、高强、节能新型建筑材料，产品结构得到进一步优化。1990年，全市乡镇建材工业总产值达到15.25亿元，比1989年增长24.35%，在乡镇工业总产值中的比重由1989年的14.74%上升到15.47%。主要建材产品年产量为：水泥41万吨、砖40亿块、石墨加工15万吨、大理石加工20万平方米。山东南墅石墨矿工矿牌高碳石墨和锻造石墨乳、青岛电子材料厂黑鲤牌中碳石墨、平度大理石厂银光牌雪花白大理石板等获得国家质量奖，成为闻名国内外的名优拳头产品。

进入90年代，青岛市乡镇建筑企业纷纷加大人才和装备投入。一方面，不拘一格、不惜本钱吸引和聘用高中级技术人才，尤其是尽可能地吸纳大中专毕业生。另一方面，通过在县职工学校办培训班、在职业高中办建筑班、在市、县电大联办工民建大专班等方式，积极开展人才培养工作。同时，许多乡镇建筑企业摆脱了“一把瓦刀打天下”发展模式，舍得花大本钱，敢于负债投入，购置施工急需的现代化机械设备。青岛市、县（区）各级政府改变过去那种面面俱到的管理方式，集中精力抓重点企业和重点产品，努力培植优势产业、龙头企业和名优产品，促使其尽快形成规模优势。至1998年，全市乡镇建筑企业精简至2564家，从业人员16万，完成总产值48亿元。

在建材工业方面，组织实施外向型建材工

业发展战略，将深化企业改革与扩大对外开放结合起来，积极与国际著名大财团、大公司进行各种形式的合资合作，多渠道招商引资，利用外资对系统内老企业进行嫁接改造。这一时期，先后引进15条石墨、石材等具有国际先进水平的生产线，带动全市建材工业上规模、上水平。至1998年，在全市乡镇建材企业中，有土砂石开采企业250家，从业人员8781人，年产值7.07亿元；水泥制造企业13家，从业人员3638人，年产值3.65亿元；水泥制品企业187家，从业人员7870人，年产值7.04亿元；砖瓦制造企业301家，从业人员2.43万人，年产值8.38亿元。主要产品年产量为：水泥97.8万吨、水泥预制构件1887.92万立方米、砖43.6亿块、瓦5.52亿片、大理石板材86.6万平方米、花岗石板材255.5万平方米、水磨石板材24.41万平方米、日用陶瓷2万件。

2000年以后，青岛市乡镇建筑企业采取承包、租赁、兼并、联合、破产、重组、出售、转让、股份制和股份合作制等形式，深化企业制度改革，一些企业走上以建筑土建为主，兼营房地产、装饰装潢工程，辅以餐饮、娱乐等多种经营之路。部分建筑业企业在产业链纵向拉伸方面，延伸到房地产、建材生产、型材加工、机械制造、物业管理等产业；在经营领域横向拓展方面，涉足至电子生产、电力能源、宾馆旅游、基础设施等领域。其中，胶州建设集团等还将触角延伸到热电、微电子、石油加工、氧气制造、商场、渔业养殖、花卉种植等领域。2005年，《青岛建筑业五年发展实施纲要》和《青岛建筑业五年发展目标体系》《关于进一步加强建筑市场准入清出管理的意见》《关于加快建筑业产业结构调整的指导意见》《关于鼓励建筑业企业拓展外地市场的实施意见》《关于实施建筑业品牌经营战略的指导意见》《关于加快建筑业人才队伍建设的指导意见》等14个配套文件相继实施，引导青岛市建筑企业向规范化、品牌化和外向型方向发展。2004年，全市乡镇建筑企业共计5795家，从业人数16万余人，年总产值281.9亿元。其中，资质等级以外企业2720家，从业人员6.9万余人，年总产值80.9亿元。

2001年青岛市乡镇建筑建材业主要企业情况表

表12-5

企业名称	地址	产 值（万元）	销售收入（万元）	利 税（万元）	主要产品
海威集团公司	胶南市珠山街道	55146	38918	639	印刷制品、配电瓶、减速机、塑钢型材、轮胎、装饰材料
山东省建安集团公司	胶州市南关街道	48072	44321	650	
胶州市水泥厂	胶州市中云镇	47173	11507	548	水泥
山东红建建安集团公司	胶南市红石崖镇	35078	18026	589	
山东兴华建设集团有限公司	黄岛区辛安街道	30088	14561	849	房屋
青岛营海建设集团有限公司	胶州市营海镇	27000	27000	540	
青岛崂塑建材集团公司	崂山区沙子口镇	16296	14201	592	塑料异型材、塑钢门窗
青岛亚麦房地产发展有限公司	崂山区中韩镇	10517	8590	326	商品房
青岛开发区建筑工程有限公司	黄岛区	8209	8209	255	
青岛福瀛建设集团	黄岛区	7412	6383	334	商品房
青岛胶州南关建安股份有限公司	胶州市南关街道	5326	5326	193	

第六节　交通运输业

农村交通运输业是青岛市乡镇企业的重要产业之一，且主要以公路运输为主。

70年代，青岛农村交通运输业基本上是小型的装卸队和运输队，运输工具多为拖拉机、人力车和畜力车，技术装备水平较低，运输能力较小。1979年，全市乡镇交通运输企业377家，从业人员5102人，年收入1244万元，仅占全市乡镇企业总收入的2.55%。

1983年，中共中央《当前农村经济政策的若干问题》文件印发后，特别是1984年中央1号文件关于“农民可以从事长途贩运”政策的实施，为乡镇运输业的发展注入活力，青岛农村联户、个体运输企业迅速发展，货运、客运、装卸业务逐渐兴旺。此后，随着商品经济的发展，物资流通数量急剧膨胀，而国营运输能力严重不足，导致运输与流通的矛盾日渐突出，客观上对农村交通运输业的发展起到助推作用。同时，交通基础设施的改善，通车、通航里程的不断增加，以及车船制造业的发展，也为青岛农村交通运输业提供发展条件。一些地处城镇、集市及公路、铁路、水路沿线的乡（镇）村，充分发挥其地理位置优势，组织当地农民从事货场、码头物资搬运和客货运输，青岛市乡镇交通运输业进入一个新的发展时期。至1986年，全市乡镇交通运输企业发展到11245家，从业人员2.11万人，总收入9487万元。其中个体企业10583家，有载重汽车1991辆，个体企业总收入8270万元。这一时期，农村社队运输企业逐步解体，个体、联户办运输业所占比重大幅上升。1990年，全市乡镇交通运输企业发展到18082家，从业人员4.25万人，完成货物运输量1.96万吨。完成总产值5.27亿元，比1989年增长16.38%，占全部乡镇企业总产值的3.39%。

进入90年代，随着社会主义市场经济的发展，青岛市积极发展农村第三产业，股份合作性质企业及个体性质的交通运输业得到大发展，乡镇交通运输业不论是在总量上还是在整体水平上都有新的发展和提高。至1997年，全市乡镇交通运输企业发展到12297家，从业人员2.7万人，总收入13.78亿元。其中个体企业12091家，个体企业总收入10.34亿元。

经过改革开放十几年的发展，青岛乡镇交通运输业发生深刻变化。技术装备明显改善，运输工具已由过去的以人力车、畜力车和木帆船为主，逐步转向以机动车船为主，运输能力不断提高。运输领域有新的拓展，乡镇运输业不仅在传统的公路运输、内河运输上发展很快，而且已经涉足远洋运输、铁路运输和航空运输等新的领域。运输企业规模扩大，2000年，全市乡镇交通运

80年代，青岛市农村联户、个体运输企业迅速发展，货运、客运、装卸业务逐渐兴旺。图为由个体户经营的即墨市客运站。

输企业发展到18265家，从业人员4.18万人，总收入34.56亿元。其中个体企业17980家，个体企业总收入26.2亿元。

2000年之后，青岛市实施“村村通公交车、村村通柏油路”双通工程，以及高等级公路相继建设所形成的四通八达的交通网络，极大地促进了运输业的发展。同时，交通运输企业不断深化改革，企业兼营运输公司逐步脱离母体成为具有独立法人资格的运输公司，公司制及股份制合作运输企业成为道路货物运输的主要经营方式。尤其是中外合资成立的青岛机场顺达物流有限公司、青岛代新物流有限公司，促进传统交通运输业向现代交通运输仓储业转变。至2004年，全市乡镇交通运输仓储业达到23399家，从业人员10万余人，年总产值120.99亿元。

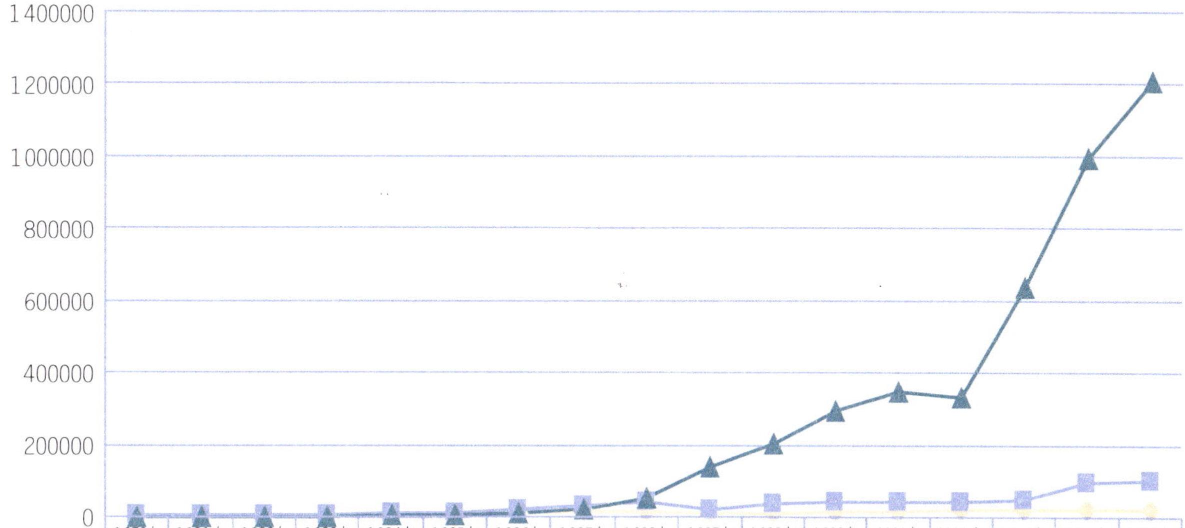

	1979年	1981年	1982年	1983年	1984年	1985年	1986年	1987年	1990年	1997年	1998年	1999年	2000年	2001年	2002年	2003年	2004年
企业数量（个）	377	215	481	265	2203	1886	11245	15437	18082	12297	13224	14432	18265	20963	19574	23175	23399
从业人数	5502	5831	5192	4142	10727	9862	21073	33789	42546	20921	36637	41127	41757	44793	48043	94991	100951
总产值（万元）	1244	1349	1439	1396	5397	7178	9487	22101	52712	137847	201034	293654	345638	332982	637799	996199	1209864

图12-1　1979～2004年青岛市乡镇交通运输业发展变化图

第七节　商业、饮食服务业

70年代，青岛农村供销合作社独立担负农村生产生活资料供应、农副产品收购、为农民提供综合服务等任务，在农村形成统一市场。每逢集市时，各乡镇驻地的小卖部及小招待所经营一些临时性小吃摊。到1979年，青岛农村乡镇主要是商业、餐饮、服务业等企业发展到649家，从业人员5881人，年收入1079万元，占全部乡镇企业总收入的2.62%。

80年代初期，由于政策放开不够，青岛农村商业、饮食服务业虽然有所增加，但发展比较缓慢。1980年10月，青岛新兴旅社正式营业，拥有1500个床位，成为全省较早由农民投资兴建的大型旅社之一。1983年，青岛市乡镇商业、餐饮及其他服务业等企业共计896家，从业人员1.8万人，年收入5885万元。其中，商店222家，从业人员2214人，年收入2182万元。1983年，中共中央在《当前农村经济政策的若干问题》文件中指出：“农村个体商业和各种服务业，经营灵活、方便群众，应当适当加以发展，并给予必要扶持；农民个人或合伙进行长途贩运，有利于扩大农副产品销售，有利于解决产地积压，销地缺货的矛盾，也应当允许。”青岛市制定一系列优惠政策，在资金、能源、税收、土地征用、农副产品购销、农民进城经商办店等方面给予扶持。大批农民因此从农业中脱离出来，进入商品流通领域，从事起商品购销活动。这一时期，各地农村城镇、集市相继兴办宾馆、旅社、商店、饭店、浴池、理发店、照相馆和各种修理门店、贸易货栈等。至1985年，青岛市乡镇商饮服务类企业共计3644家，从业人员2.89万人，年收入2.55亿元，比1984年增长46.82%，在全部乡镇企业所占比重也上升到10.88%。其中，商业1936家，从业人员1.02万人，年收入1.47亿元；饮食业590家，从业人员5328人，年收入2312万元；服务业719家，从业人员9171人，年收入3423万元。此后，全市农村经济的蓬勃发展，带动乡镇商饮服务业繁荣。一方面，个体私营商业发展迅猛，成为新的经济增长点，另一方面，乡村集体商业的经济实力不断增强，并且出现一些规模大、实力强、知名度高的商业企业。1991年，青岛市乡镇商业、饮食服务业完成总收入4.29亿元，比1990年增长15.99%，占乡镇企业总收入的2.05%。

进入90年代，市委、市政府进一步解放思想，深化改革，扩大开放，把发展商贸流通业的主体让位给企业，支持发展商农联合、内外联合、地区联合等形式的批发交易机构，吸引省内、沿黄领域各省市乃至全国各地的农工商企业前来批货供货，并建立起在市场经济条件下运行良好的竞争机制和激励机制。1995年，青岛市印发《关于深化完善中小商业企业改革的意见》，加快中小商业企业改革，促进个体、私营商业发展。这一时期的突出特点是，一批专业市场、批发市场的建设和发展，为繁荣青岛商业尤其是农村服务业提供重要载体。其中，城阳陶瓷建材批发市场交易额达到14亿元。1999年，崂山区高科园装饰城开工建设，并逐步发展成为长江以北地区最大的装饰材料、建材的集散地和交易中心。至2000年，全市乡镇批发零售贸易业企业达到5.12万家，从业人员13.25万人，年总产值87.95亿元，其中个体企业4.92万家，个体企业总产值63.54亿元；旅游饮食服务企业1.71万家，从业人员6.81万人，年总产值39.41亿元，其中个体企业1.63万家，个体企业总产值28.98亿元。

2000年，即墨布匹床上用品批发市场经改建后交付使用，以布匹、床上用品、窗帘、刺绣、花边等产品为主营品种，属全国百强工业品批发市场。

2000年之后，在各类专业市场不断涌现背景下，全市乡镇商业零售业进入规模化、专业化经营的整合阶段。传统的综合商场和大型超市以百货业为主，兼营家电、服装及副食品等各类商品。2004年，全市乡镇批发零售业4.65万家，从业人员15.23万人，年总产值35.22亿元，营业收入195.96亿元；住宿及餐饮业1.63万家，从业人员9.97万人，年总产值84.02亿元，年营业收入78.41亿元。

2001年青岛市乡镇商业、饮食服务业主要企业情况表

表12-6

企业名称	地址	产值（万元）	销售收入（万元）	利税（万元）
青岛东李企业集团公司	李沧区	41830	27830	1417
青岛大枣园集团公司	李沧区	34309	30057	780
青岛十梅庵集团公司	李沧区	29800	26730	1254
青岛市崂山达翁工贸总公司	李沧区	25669	24720	787
青岛李沧区河北工商联合公司	李沧区	23125	11769	692
青岛华东工贸总公司	李沧区	20672	20006	1208
李沧区青安工贸总公司	李沧区	19336	18871	708
青岛市李沧区城东工贸总公司	李沧区	8885	8770	301
青岛市李沧区河南工贸总公司	李沧区	8355	13551	1530
青岛仙家寨工贸公司	城阳区流亭街道	1526	15260	320

2001年青岛市乡镇其他行业主要企业情况表

表12-7

企业名称	地址	产值（万元）	销售收入（万元）	利税（万元）	创汇（万美元）	主要产品
青岛飞龙工艺品集团公司	胶州市李哥庄镇	208549	60404	386	16000	假发、球拍、家具、塑料制品、化纤假发
青岛前三湾集团公司	黄岛区	55180	43510	2600		配电柜、建筑安装、水产品加工、船舶修理、制冷设备、首饰加工
青岛宏泰印刷集团公司	平度市同和镇	23046	20009	556		铜管、纸、印刷品

续表12-7

企业名称	地址	产值（万元）	销售收入（万元）	利税（万元）	创汇（万美元）	主要产品
青岛四洲电力设备有限公司	胶州市中云镇	21674	6000			电力设备
青岛良木集团有限公司	城阳区流亭街道	20075	20052	1350	2000	家具及配件、实木门
青岛崂发包装制品集团有限公司	崂山区王哥庄镇	18385	17203	602	1028	纸箱、纸制品
胶南市海龙福利板纸有限公司	胶南市大村镇	17125	16391	625		机制纸
青岛市恒光热电有限公司	胶南市灵山卫镇	15395	14858	732		电、蒸汽
青岛北方发制品有限公司	城阳区流亭街道	15150	11959	260		曲线帘
青岛泰旭木业有限公司	城阳区惜福镇	14127	11650	646		塑料制品、防火板类、门窗
青岛崂山玻璃有限公司	崂山区沙子口镇	13698	13180	666		啤酒瓶
青岛金翔矿业集团公司	平度市旧店镇	13141	13100	680		成品金
山东王象集团公司	平度市张舍镇	12200	10100	226	440	铅笔、铅芯、蜡烛
青岛墨龙石墨有限公司	平度市张舍镇	11006	10009	133	15	中高碳石墨、石墨板材
青岛市李沧区造纸厂	李沧区楼山街道	9823	9826	740		箱板纸
青岛海达石墨有限公司	平度市张舍镇	11002	9606	107	23	中高碳石墨、石墨纸
青岛华龙包装有限公司	即墨市环秀镇	7500	6891	420		纸包装箱
平度市田庄石墨有限公司	平度市田庄镇	5680	5680	105	124	石墨
青岛长江陶瓷原料有限公司	平度市长乐镇	5100		356	41	透辉石

第二章 对外开放

中共十一届三中全会之后，尤其是1984年4月青岛市被列为全国14个进一步对外开放的沿海港口城市之后，全市乡镇企业充分利用国际国内两个市场、两种资源，逐步形成全方位、宽领域、多层次的对外开放新格局。一是扩大出口创汇。1979年，全市乡镇企业出口产值仅800多万元，至2005年，全市乡镇出口企业达2380家，完成出口交货值483亿元，涌现出胶州市李哥庄镇、即墨市环秀街道、胶南市万德集团、青岛正进集团等一批全国乡镇企业出口创汇先进单位和先进企业。二是大力招商引资。改革开放20多年，从“三来一补”项目起步，到合资、合作、外商独资，青岛市乡镇企业在利用外资、引进国外先进技术设备和管理经验、参与国际经济技术交流和合作、提高自身出口创汇能力等方面均取得较大进步。到1996年，全市批准乡镇企业“三资”项目共1763个，实际利用外资超过10亿美元。三是沿“三线”工业园区成为对外开放的重点区域。青岛市实施“一园三区三线”开发战略之后，青岛市及各区市沿“三线”建立50多个工业园区，为发展开放型经济提供有利的环境和条件。至1997年，53个园区共引进项目2502个，其中外商投资项目492个，合同外资7.2亿美元，实际利用外资3.9亿美元。2001年，青岛市制定和完善村级工业园区规划，新建日本、韩国、中国台湾工业园等乡镇工业园区。当年，全市各类乡镇工业园共完成工业总产值485.7亿元，完成出口交货值200亿元，实现利税31亿元。

第一节 对外贸易

70年代，青岛农村出口企业数量少，规模小，布局分散，产品档次低，出口渠道单一。至1979年，全市乡镇企业出口产品仅18种，出口产值878万元。

进入80年代，青岛市乡镇企业立足本地资源禀赋，发挥传统工艺和高科技工业产品发展较快的优势，大力发展出口商品生产，但企业规模较小、产品档次较低的问题依然较为突出。1980年，全市乡镇企业出口产品增加到52种，出口产值2043万元。此后几年，青岛市乡镇企业拓宽出口领域，出口产品品种和数量快速增长。至1986年，全市生产出口产品的乡镇企业达到431家，出口产品计有13大类180种，出口产品生产值完成1.85亿元，交货额完成1.66亿元，分别比1985年增长96.8%和89.6%。在431家出口企业中，工艺美术品生产企业173家、皮毛生产企业101家、食品生产企业36家、矿产品生产企业37家、化工产品生产企业13家、金属制品生产企业43家、其他企业43家。其中胶县发制品厂、氨基酸厂、胶南县隐珠车辆厂等5个企业年出口额均超过150万美元。

2000年后，城阳区不断改善招商引资的软硬环境，将对韩国企业的招商列为重中之重，带动了全区经济的迅猛发展。图为韩资企业一条街。

1986年青岛市乡镇企业出口产品生产交货量情况表

表12-8

产品名称		生产量		交货量	
		数量	金额（万元）	数量	金额（万元）
工艺美术类	抽纱		3		3
	刺绣	41万件	245	41万件	245
	地毯	365967平方米	699	336893平方米	209
	竹藤棕草柳制品		389		370
	玩具	4万个	3	3万个	2
皮毛类	貂皮	131168只	1505	110874只	1187
	皮褥子	7789条	22	8596条	21
	裘皮衣	1.22万件	160	1.22万件	160
食品类	果干果脯	72吨	76	52吨	55
	肠衣	417万根	159	416万根	157
	肉食鸡	60吨	37	57吨	35
	山楂饼	1220吨	549	250吨	120
矿产品类	花岗石	167立方米	4	149立方米	4
	石墨	25987吨	2162	23671	1969
	重晶石	2370吨	24	2270吨	23
机械	绞肉机	80106台	160	67600台	135
其他	毛刷	12万把	84	12万把	84
	颗粒饲料	0.4万吨	12	0.4万吨	12
	服装	5.9万件	51	5.9万件	50
	纺织品	720万件	1473	720万件	1419

80年代后期，青岛市把发展外向型经济作为乡镇企业的主攻方向，增加本地资源深加工和劳动密集型产品生产，对外贸易和经济技术协作取得突破。加快出口产品生产基地建设，以乡镇为单位的出口加工区逐渐形成，出口产品生产企业规模扩大、素质提高，成为青岛乡镇企业的骨干力量。1990年，全市乡镇出口企业达到740家，从事出口产品生产的职工7.83万人，出口产品187种，完成出口产品生产值14.13亿元，比1989年增长28.3%，占当年乡镇企业生产总值的14.33%；出口交货值完成12.59亿元，比1989年增长30%，占山东省乡镇企业出口交货值的28.36%。其中直接出口交货值8.18亿元，比1989年增长33.87%。出口交货值百万元以上的企业达到183家，其中千万元以上的22家。

1990年青岛市乡镇企业出口产品交货值前10名企业一览表

表12-9　　单位：万元

企业名称	出口交货值	企业名称	出口交货值
青岛飞龙工艺品公司	6403	胶州水泥厂	2222
即墨金华粮油加工厂	3348	崂山区王哥庄化工厂	2202
胶南市隐珠车辆厂	2820	平度市田庄石墨矿	2093
青岛市泽青实业有限公司	2430	崂山区城阳鞋厂	2040
青岛楼山织布厂	2404	青岛崂山工具厂	1881

进入90年代，青岛市乡镇出口企业队伍进一步扩大，自营出口获得突破，出口创汇持续增长，初步形成出口创汇支柱行业和拳头产品。至1995年，全市乡镇出口企业增长到1181家，从业人员18.44万人，完成出口产品生产值92.53亿元，出口交货值完成90.6亿元，其中直接出口交货值77.4亿元。按行业划分，服装类出口生产总值18.93亿元，出口交货值21.29亿元；工艺品类出口生产总值12亿元，出口交货值12.84亿元；机械类出口生产总值12.09亿元，出口交货值8.47亿元；轻工类出口生产总值11.74亿元，出口交货值13.85亿元；食品类出口生产总值9.21亿元，出口交货值10.12亿元。

90年代后期，青岛市抓住中国加入WTO的机遇，在更大范围内和更深程度上参与全球经济化进程，进一步完善全方位、多层次、宽领域对外开放格局。全市乡镇企业尤其是出口企业，加快产品结构调整和产业优化升级，千方百计扩大出口，实现对外贸易的稳定发展。至2000年，全市乡镇出口企业1195家，从业人员16.17万人，完成出口产品生产值174.55亿元，出口交货值完成152.64亿元，其中直接出口交货值125.91亿元。按行业划分，食品类产品大幅度增长，出口生产总值30.19亿元，出口交货值26.03亿元；机械类产品上升到第二大类，出口生产总值28.02亿元，出口交货值22.97亿元；工艺品出口生产总值25.39亿元，出口交货值22.97亿元；服装出口生产总值24.61亿元，出口交货值23.35亿元；轻工类出口生产总值14.7亿元，出口交货值13.37亿元；纺织类出口生产总值13亿元，出口交货值11.16亿元；矿产类出口生产总值12.84亿元，出口交货值8.31亿元。

2000年之后，世界经济增长放缓，非关税贸易保护措施增多，全市对外贸易受到较大影响。市委、市政府认真贯彻落实国家和省一系列扶持外贸出口政策，并采取积极措施，帮助出口企业渡过难关，全市乡镇企业在发展外向型经济上取得了新的突破。2001年，青岛市乡镇企业出口交货值196亿元，列山东省第一位，比2000年增长26%。胶州市李哥庄镇被评为全国出口创汇十强乡镇，胶南市万德集团被评为全国乡镇企业出口创汇二十强，即墨市环秀街道等4个单位被评为“全国乡镇企业出口创汇先进管理单位”，青岛正进集团等8家乡镇企业被评为全国乡镇出口创汇先进企业。

2005年，全市2380家乡镇出口企业累计完成出口交货值483亿元，同比增长29.14%，外贸出口占营业收入的14.8%，较2004年提高1.2%；食品类、纺织服装类、机械类产品出口占全市乡镇企业出口总量71%，并依然保持较强的竞争优势。

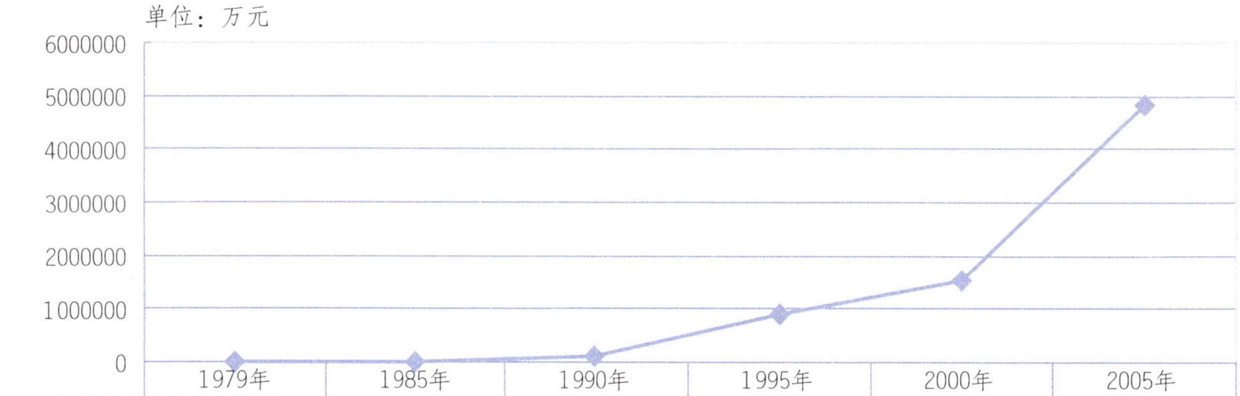

	1979年	1985年	1990年	1995年	2000年	2005年
出口额	786	8743	125905	905983	1526364	4830000

图12-2　1979～2005年青岛乡镇企业部分年份出口交货值发展情况示意图

第二节　利用外资

1984年5月，经国务院批准，青岛市开始直接利用外资。当时，由于对国际市场及国际经济技术交流与合作较为陌生，以及受主客观等因素的制约，全市乡镇企业利用外资进展缓慢。市委、市政府和各县（市）区党委政府积极为乡镇企业牵线搭桥，加强项目引进工作。至1987年，全市达成横向联合项目453项，引进资金1000余万元。同年，利用贸易补偿等形式引进项目4个，总投资800余万元，引进先进设备近40台（套）。1988年，通过参加交易会、出国或赴港澳考察洽谈以及利用境外关系招商等形式，全市乡镇企业在引进外资方面取得突破性进展。其中，流亭镇在一年内办起了托普顿电器、韩菊胶带等7家韩资企业，时称“韩资企业一条街”。当年全市乡镇企业共洽谈成交项目21项。其中，合资、合作项目10个，签约投资额1402万美元，外商投资额606万美元；“三来一补”项目5个，合同工缴费620万美元；补偿贸易项目6个，成交额447万美元。1989年春，市政府召开全市乡镇对外开放会议，推广流亭镇经验，并将招商引资列入年度考核指标。同年，在全国机电扩积、轻纺出口、“贸工农”基地企业技改项目招标中，青岛市乡镇企业有5个项目中标，共争取国家低息和贴息贷款478万元。当年全市乡镇企业共达成利用外资项目20个，合同总金额1349.36万美元，利用外资1289.21万美元。其中，“三资”项目10个，利用外资690.56万美元；补偿贸易项目6个，引进设备价款103.6万美元；来料加工项目4个，合同工缴费495.05万美元。1990年，青岛市乡镇企业共有27个“三资”和“三来一补”项目被批准，利用外资2181万美元（不含合同工缴费和劳务输出的收入），比1989年增长2倍。

90年代，是全市乡镇企业外经外贸实现跨越发展的重要时期。1991年，青岛市乡镇企业利用外资项目大幅度增多，共批准乡镇企业外经项目84个，比1990年增加58个，是历年总和的1.38倍，占全市当年批准外经项目的24.2%。其中，“三资”企业项目68个，合同利用外资金额达8037.32万美元，比1990年增长1.82倍，项目总数和合同利用外资金额分别占全市的49%、40%；“三来一补”项目16个，合同工缴费收入达348.21万美元，外商提供设备价款12万美元。至1991年底，全市乡镇企业累计获批准外经项目145个，其中“三资”企业项目101个，合同利用外资达1.3亿美元。同时，外资项目规模和产品档次有新的提高。在“三资”企业项目中，总投资额达到100万美元以上的有21个，占30.88%，投资额最大的达到2995万美元；机械、电子、仪表、家电及化工等技术含量较高的项目有16个，占23.53%；利用外资进行企业设备更新改造的项目有27个，占39%。青岛市沿海近郊仍为外资投放热点区域，而远郊区（市）对外资的吸引力逐渐增强。1991年，崂山区所属乡镇以其地理位置优势，共获批准外经项目38个，其中“三资”企业项目34个，合同利用外资达6292.7万美元，分别占全市所有乡镇的45.24%、50%、78.29%。平度市、莱西市新签外经项目分别为历年总和的1.5倍、4倍。到1991年底，全市有44个乡镇办起“三资”企业，占乡镇总数的26.83%，其中一些外向型经济起步较早或发展较快的乡镇，初步形成一批相对集中的外商投资企业园区。

1993年，即发集团与世界500强企业日本伊藤忠商社合资项目——青岛贵华针织有限公司举行签字仪式。

随后几年，乡镇企业在利用外资、引进国外先进技术设备和管理经验、参与国际经济技术交流与合作、提高自身出口创汇能力等方面均取得较大进步。至1996年底，全市乡镇企业共批准“三资”项目1763个，总投资28.5亿美元，合同外资22.75亿美元，实际利用外资10.5亿美元，开工“三资”企业累计达到1020家。90年代后期，青岛市乡镇企业利用外资继续向多元化发展，乡镇工业园区成为外商投资的热点，第二产业继续成为外商投资的主体，农副产品加工项目趋升，“以外引外”成为引进外资的重要方式，大项目引进成为招商引资的重点。2000年，全市新批准乡镇“三资”项目719个，合同外资11.4亿美元，实际利用外资4.8亿美元，比1999年分别增长72.5%、94%和60%。在当年新引进项目中，合同外资超过500万美元的项目有77个，超过千万美元的项目有22个，合同外资总额达到5.95亿美元。

2000年青岛市乡镇企业与外商、港澳台商合资合作情况表

表12-10　　单位：万美元

企业性质	企业个数	年平均人数	本年新签协议		本年实际投资额		累计投资额		增加值	营业收入	利润总额	上缴税金
			合同数	其中：客商投资	合计	其中：客商投资	合计	其中：客商投资				
中外合资企业	535	48179	145	20106	16733	12330	78976	45677	125576	836065	25061	21085
中外合作企业	54	10235	14	1869	1254	731	7182	3333	15085	50497	2047	2335
与港澳台合资企业	286	19276	43	5073	3559	2622	25265	13021	79363	294054	16405	13570
与港澳台合作企业	28	2689	4	1444	1694	693	3710	2296	11031	42493	2913	2887
合计	903	80379	206	28492	22240	16376	114733	64327	231055	923109	46426	39877

2000年之后，随着亚洲金融危机影响的消退，青岛市抓住全球经济增长和贸易机会增多的机遇，调整招商策略，整合园区布局，优化投资环境。同时，进一步加强基础设施建设，创新招商机制，采取更加优惠的招商政策，乡镇企业利用外资取得新发展，实现经济效益和社会效益双提升。2004年，全市新批准乡镇“三资”项目591个，从业人员85078人，年总产值121.42亿美元，营业收入113.59亿美元，利润总额57.51亿美元，上缴税金29.96亿美元。

2001～2004年青岛乡镇企业与外商、港澳台商合资合作情况表

表12-11　　单位：万美元

年份	企业性质	企业个数	从业人员年末人数	增加值	总产值	营业收入	利润总额	上缴税金
2001	港、澳、台商投资企业	625	92262	157395	—	638503	35707	22461
	外商投资企业	321	23398	118400	—	451531	20630	22560
2002	港、澳、台商投资企业	295	36990	96233	458847	425110	20710	9844
	外商投资企业	298	29636	100597	469120	414710	15777	11836
2003	港、澳、台商投资企业	229	39429	123940	583751	540578	25024	11179
	外商投资企业	305	36568	117603	472035	410887	16090	14324
2004	港、澳、台商投资企业	240	41924	136826	610993	565132	27152	13832
	外商投资企业	351	43154	139527	603241	570762	30353	16127

	1995年	1996年	1997年	1998年	1999年	2000年	2001年	2002年	2003年	2004年	2005年
利用外资金额	61444	70562	96370	60782	94886	62077	102809	110983	114363	116749	119194

图12-3　1995～2005年青岛市乡镇企业实际累计利用外资情况示意图

第三节　园区开发

1992年全市对外开放工作会议召开之后，印发《关于建立沿“三线”乡镇工业园区的意见》，相继批准设立55个沿“三线”乡镇工业园区。至1993年底，“三线”园区开发共投入基础设施建设资金3.14亿元，28个园区实现“四通一平”，其中10个园区初具规模。引进“三资”企业190家，总投资6.55亿美元。其中，1993年批准“三资”企业151家，合同利用外资4.19亿美元，分别占当年全市乡镇“三资”项目和合同利用外资金额的32.3%、68%。园区有内联企业305家，总投资3.3亿元。各区市在建设乡镇工业园的过程中，因地制宜、量力而行，并且和小城镇建设、区域经济中心的建立结合起来，统一规划、统筹兼顾。乡镇工业园区的兴建，改善乡镇企业的投资环境，成为外商和国内一些大中型企业投资的热点。1994年，各园区累计批准“三

即墨外向型工业加工区始建于1992年，1998年更名为山东省即墨经济开发区。2003年，区内有外资企业133家，实际利用外资5298万美元，出口创汇8991万美元。

资”企业项目291个，总投资达8.13亿美元，合同外资达6.45亿美元，其中新批准的“三资”企业项目达101个，总投资额达到1.58亿美元，合同外资额达到1.21亿美元，分别占当年全市乡镇企业这三项指标的37.1%、33.9%、30%。同时，各园区加快乡镇企业向园区集聚，加快内联项目落地，累计项目总投资达5亿多元。至1997年，沿“三线”工业园区共投入基础设施建设资金13.4亿元，开发总面积6000公顷。有53个园区共引进项目2502个，其中集体企业项目278个，个体私营企业项目1732个，外商投资项目492个、合同外资7.2亿美元、实际利用外资3.9亿美元。

1997年，市委、市政府积极鼓励和引导建立农村个体、私营经济园区，辐射和带动私营企业、乡镇企业向园区集聚。有条件的区市把乡镇经济园区发展纳入经济发展计划，实行统一规划、统一政策、统一管理、统一收费，加强园区配套服务和政策扶持，促进合同外资和实际利用外资快速增长。这一时期，乡镇工业园区项目引进由原来以工业项目为主逐步向第一、二、三产业领域全面拓展，产品出口以日本、美国、韩国等十大出口市场为主体，拓展到全球150多个国家和地区。同时，乡镇工业园区的功能定位发生重大变化，一批专业工业园区如橡胶工业园、纺织工业园、机械工业园、建材工业园、石材工业园等初具规模。如流亭建材工业园占地面积66.67公顷，引进外资5000万美元、内资3.4亿元。城阳金岭工业园内的青岛橡胶工业园，总规划占地面积约133.33公顷，一期项目除建设现代化子午胎生产线外，还有高附加值橡胶制品、乳胶制品、橡胶机械和模具等10余个项目，总投资37.5亿元。各类工业园区的建设与发展，带动了农村经济和社会发展，并成为小城镇建设的经济基础。如莱西市姜山镇财政收入的90%来自于该镇工业园区。至1999年底，全市共建立75个乡镇工业园区，其中民营工业园区和民营科技工业园区20个。引进外资项目726个（包括17家世界500强企业），实际到位资金7.5亿美元；引进内资项目312个，引进资金86亿元。当年，新引进外商投资项目97个，合同外资3.4亿美元，实际到位资金1.8亿美元，分别增长57%、83%、200%。

2001年，青岛市制定和完善村级工业园区规划，落实小城镇建设奖励资金600万元。新建日本、韩国及中国台湾工业园等多个乡镇工业园区。当年，全市累计建立各类乡镇工业园87个，其中青岛市批准55个，各区市批准32个。共完成工业总产值485.7亿元，实现利税31亿元，完成出口交货值200亿元。涌现出10个部级示范园区、3个部级科技示范园区、11个省级示范园区和6个市级示范园区。青岛市部分企业生产功能向乡镇经济园区转移，海尔、海信、澳柯玛等知名企业在这些园区建立分厂。2002年，青岛市进一步完善乡镇工业园区规划，强化分类指导，积极推动招商引资、强化功能、打造品牌。全市各类乡镇工业园区完成基本建设投入19亿元。87个工业园区共引进外资项目564个，实际利用外资5亿美元，引进内资43亿元，外贸出口38.6亿美元。其中，胶州市各类园区基础建设投入5.26亿元，实际利用外资2.88亿美元，外贸出口9.95亿美元，分别增长26.5%、29%和17%；城阳区各类园区基础建设投入4.03亿元，实际利用外资2.4亿美元，外贸出口8.53亿美元，分别增长31%、37%和21%。2003年，全市34个重点工业园区共投入基础建设资金33.9亿元，新建厂房685.9万平方米，新开工企业648家，园区内企业实现营业收入1098亿元，共安排就业岗位34.6万个。

2004年，青岛市开展园区清理整顿，乡镇企业园区数量精简到47个，园区内实有企业10075家，年营业收入10亿元以上乡镇企业园区18个。经过清理整顿，全市乡镇工业园区布局更加合理、特色更加鲜明。

2004年青岛市营业收入10亿元以上乡镇企业园区情况表

表12-12　　单位：万元

园区名称	企业个数	从业人员人数	营业收入	总产值	税金总额	利润总额	出口交货值	累计固定资产投资额
平度市南村工业园	896	10764	415250	644510	14502	11310	26900	34626
平度市同和工业园	363	13408	271315	285595	4642	7396	105601	192260
胶南市隐珠工业园	413	22334	513626	539307	11242	10111	223367	156823
即墨市经济开发区工业园	229	22800	517901	532303	9600	30008	25403	43800
城阳区青大工业园	123	5742	202604	193495	6861	5250	41020	137432
城阳区红岛工业园	243	7550	134238	217881	4058	3213	50456	5892
城阳区上马工业园	160	4078	367165	355612	4095	5057	420	15781
城阳区惜福镇工业园	126	13080	478000	508000	22936	27558	82000	15000
城阳区玉皇岭工业园	128	25600	156000	519000	120000	243000	132000	876420
胶州市阜安工业园	226	18000	329000	473000	18100	17480	109500	69500
胶州市李哥庄大沽河工业园	415	29985	375675	459560	6800	4350	283121	113584
胶州市营海工业园	371	10312	279043	246063	8755	5028	24310	164870
胶州市经济开发区工业园	335	12175	575090	596489	23200	11000	306360	462885
胶州市南关工业园	446	13762	104339	128389	3139	3890	85451	48780
胶州市胶东工业园	47	9890	146500	149630	3275	5585	53780	80500
胶州市张应工业园	73	12200	100965	91630	1585	800	13200	62730
胶州中云工业园	176	9833	252000	270000	7950	7977	69000	2150
黄岛区辛安工业园	78	17000	190000	210000	8000	15000	—	—

至2005年，全市乡镇企业通过发展乡镇企业专业村、产业镇、工业园区，以骨干企业为龙头，与产业链相配套的大量中小企业不断聚集，形成了一批具地方特色和区域竞争优势的产业集群，包括胶南市机械产业集群、李沧区汽车产业集群、莱西市农产品产业集群、即墨市纺织服装产业集群等。民营经济园区主要有：胶南市海滨工业园、胶州市大沽河工业园、青岛胶州湾工业园、青岛城阳新城工业园、青岛青大工业园、即墨市通济工业园、莱西市姜山工业园、莱西市水集工业园、平度市同和工业园、即墨经济开发区、城阳区流亭工业园、即墨市城南工业园、胶南市王台工业园、胶南市隐珠工业园、平度经济开发区、胶州市阜安工业园、平度市南村工业园、莱西经济开发区等，基本形成纺织服装、橡胶化工、农产品加工、机电、生物制药等5大民营优势产业。

第三章　管理与服务

1979年1月5日，中共青岛市委决定成立青岛市革命委员会人民公社企业局。随后崂山、即墨、胶县、胶南等相继成立人民公社企业局，对乡、村两级集体企业实施指导管理和协调服务。1980年3月，成立青岛市人民公社企业局供销公司。同年9月，青岛市革命委员会人民公社企业局改称青岛市人民公社企业局。1981年9月，青岛市人民公社企业局内部设立一室三科（办公室、计财科、生产技术科、调研科）。1984年4月27日，市委、市政府增设青岛市乡镇企业局，同时更改县多种经营社队企业局机构名称，统一调整为多种经营乡镇企业局。5月，青岛市乡镇企业职工中等专业学校成立。10月24日，市委、市政府决定成立青岛市乡镇企业局。主要职能是：积极推动乡镇企业体制改革，指导开展基本建设和技术改造，组织指导职工教育培训，加强安全生产、环境保护以及质量、劳动、财务管理，为乡镇企业提供服务。同年11月，青岛市乡镇企业局进行内部机构调整，设立一室四科（办公室、人事教育科、生产计划科、企业管理科、科学技术科）。12月，青岛市乡镇企业经济技术服务站成立。

1990年4月12～16日，全国乡镇企业质量工作会议在青岛召开。

1988年，青岛市乡镇企业协会成立，为非营利性的、自律性、综合性、服务性的经济类型社团组织。协会以服务于乡镇企业发展为宗旨，维护同业合法权益和市场秩序。建会初期，协会拥有会员企业240家。此后，结合青岛市乡镇企业行业特点和会员分布情况，设立纺织服装、机械、副产品加工、建筑建材、轻工、包装、化工、橡胶8个分会，基本形成协会分布合理、覆盖广泛的布局结构。至2005年，青岛市乡镇企业协会会员达400余人，其中

90%以上为青岛规模较大、实力较强的乡镇企业，成为青岛各行业社会组织中地位较高、影响较大、作用较强的社会中介组织。

2001年，市委、市政府印发《关于青岛市人民政府机构改革的实施意见》，确定撤销青岛市乡镇企业局，改称青岛市乡镇企业服务中心，为市政府直属事业单位，归属青岛市农业局管理。2004年，市委、市政府印发《关于青岛市人民政府机构改革的意见》，组建青岛市中小企业发展局，挂青岛市乡镇企业局牌子，为市经贸委下设的副局级机构。

第一节　经营体制

70年代，在计划经济体制下，青岛市社队企业产供销、人财物均不列入国家计划，靠企业自己“找米下锅”、自找销路。与国营企业相比，社队企业生产经营具有一定的自主性。中共十一届三中全会之后，有的乡镇企业借鉴农村改革的成功经验，开始实行承包经营责任制，并在职工中推行计件工资、固定工资加浮动工资等分配形式，实行百分考核等奖罚制度，使职工的劳动与企业效益紧密挂钩，调动了职工的劳动积极性。1981年，全市乡镇企业积极推行经济责任制，扩大了企业自主权，企业经营管理得到改善。主要有三种形式：第一种是直接实行计件工资制，计有企业109家；第二种是实行超定额计件工资制，计有企业215家；第三种是实行利润定额、超额分成工资制，计有企业152家。实行其他形式责任制的企业25家。当年，全市乡镇企业工业劳动生产率达5992元，比1980年增长275元。至1982年，青岛市乡镇企业经营责任制形式更加多样，主要有利润包干、专业承包、计件工资、小集体计件、超定额计件、浮动工资、计分计奖等。

1983年2月28日，山东省乡镇企业局在栖霞县召开经营承包责任制（利润大包干）经验交流会。会议之后，栖霞经验成为青岛市乡镇企业学习和推广的重点。至1983年底，全市乡镇企业实行利润大包干的有393家，占企业总数的39%。其他形式的承包经营责任制还有：实行超额利润分成制企业437家，占总数的43.4%；实行利润分成制企业45家，占总数的4.46%；实行“几定一奖”制企业61家，占总数的6%；实行其他形式的承包制企业72家，占总数的7.14%。在实行经营承包责任制的过程中，职工收入与劳动成果直接挂钩，分配形式主要有5种：计件工资、小集体计件、超定额计件、浮动工资和计分计奖。1984年7月，山东省委、省政府《关于大力发展乡镇企业的决定》提出，要完善经营承包责任制，普遍推行“一包三改”。“一包”即全面实行经营承包责任制，“三改”是改干部任免制为选聘制、改固定工资制为浮动工资制、改固定工为合同工。此后几年，青岛市将“一包三改”作为体制改革的重点，在乡镇企业中集中推行。到1990年，全市实行“一包三改”的乡镇企业达到90%。

进入90年代，随着经济体制改革的深化，乡镇企业产权不清晰、政企不分等问题逐步暴露出来，单靠完善经营承包责任制本身已难以解决。为不断完善乡镇企业经营机制，促进投资主体的多元化，实现生产要素的优化配置，推动乡镇企业的发展提高，青岛市组织对乡镇企业产权制度进行改革。1992年7月，在治理经济环境、整顿经济秩序的形势下，青岛市在乡镇企业产权转让方面迈出试探性步伐，开始乡镇企业股份合作制试点。股份合作制的形式主要有三种：一是资产折股、扩股改造型，其特点是对原来的乡镇企业进行清产核资和资产评估，将企业净资产存量划分为集体股和职工共有股，再根据企业发展需要确定扩股数量，向企业内部职工和社会募集资金入股，通过增加新股，扩大规模，组建股份合作制企业。二是资产折股、职工参股共营型，其特点是对原有乡镇企业进行资产重估，折成若干股份作为集体股，动员职工集资入股，或按劳折股，合作经营，按劳分红。三是法人参股共营型，其特点是生产要素突破地区、行业和所有制的界限，集多方优势于一体，实行优化组合，在资产权属不变的情况下，联营入股办厂，按股分红，共担风险。至1992年底，全市共有274家乡镇企业实行了股份合作制，其中老企业改制238家，占87%；新建股份合作制企业36家，占13%。股本金总额1.21亿元，其中新吸收股本金540万元。

1993年，青岛市乡镇企业股份合作制由点到面逐步推开，以股份合作制为主要内容的改革不断深化，实行股份合作制的企业达2135家。其中比较规范的有476家，共吸收职工和村民入股1.05亿元。乡、村两级股份合作制企业实现总产值21.3亿元，利税总额1.6亿元。同时，全市批准成立12个规模较大的乡镇企业集团，其中由国家科委批准并命名的集科、工、贸于一体的“星火”集团有4个。通过兼并、联合、租赁、拍卖或者与外资嫁接，一批长期经营困难的企业走出了困境。如崂山区将亏损多年的青岛第十二棉纺厂、十三棉纺厂和棘洪滩棉纺厂出租给外商，不仅使全区乡镇棉纺业获得新生，而且用收到的租金发展新的生产项目。1994年8月，市政府根据国务院办公厅《关于加强国有企业产权交易管理的通知》精神，对《青岛市出售国有小型企业产权暂行办法》作出补充规定：青岛市所属的国有、集体中小型企业产权（除国家另有规定的外）均可以出售。当年，全市乡镇企业进行产权制度改革的有6400多家，占应改制企业总数的44%。其中乡（镇）办企业占60%以上，村办企业占20%左右。另外，全市共组建市级以上乡镇企业集团22家，其中新批准10家。1995年12月，市政府印发《关于加快我市县域企业和市属小企业改革的通知》，指导乡镇企业等进行租赁、拍卖、兼并、联合、嫁接、破产，进一步优化资产结构。各区市出台鼓励政策，引导乡镇企业参与国有、集体企业改制。全市乡镇企业利用土地、劳动力等资源优势，加快企业嫁接步伐，吸纳合营企业、民营企业集中投资、集约化连片开发。当年，全市乡镇企业改制面达到71.1%。

1997年，市委、市政府部署全面实施乡镇企业二次创业，组织开展乡镇企业“回头看”，完善企业资产界定标准，健全各项配套制度，突破企业改制的难点，对部分“股不成、卖不出、改不动”的资不抵债企业，采取“先出售后改制”“以有效资产带等量债务分块盘活、零资产出售”等方式，盘活存量资产，实现资源合理配置，推动重点骨干企业加快改革步伐。至年底，全市乡村两级企业改制面达92%，其中，股份制和股份合作制占改制企业总数的12%，租赁、拍卖、嫁接、兼并等占88%。1998年，全市有302家股份合作制乡镇企业重新改制为股份有限公司或有限责任公司。部分大型骨干乡镇企业在规范改制的基础上，积极参与国有中小企业改制，其中有9家乡镇企业兼并、参股、收购15家国有企业，安排下岗职工4000多人，同时使企业走上多元化资本运营的道路。2000年，全市乡镇企业进一步推进产权制度改革，对大型镇办、村办企业实行公司制改造，组建股份有限公司。

至2001年，全市乡镇企业改制工作基本完成。实行股份制的2117家、股份合作制的4068家，其余均实行租赁、拍卖等形式的改制。

第二节　企业管理

70年代，青岛市社队企业特别是村办工业企业处于发展初期，规章制度不健全，企业管理非常薄弱。实行改革开放后，全市乡镇企业从建立岗位责任制入手，加强产供销和人财物管理。自1985年起，组织开展乡镇企业基础管理工作达标、企业管理达标升级、设备管理达标、安全生产达标以及“质量、品种、效益年”等活动，加强安全生产大检查和执法监察，落实环境保护目标责任制，全市乡镇企业管理工作逐步走向正轨。

基础管理

2001年，红领集团引进全套自动悬挂传输系统，实现生产设备现代化、管理网络化、物流控制智能化。红领西装成为第28届奥运会中国代表团唯一专用礼仪西服。

1980年，青岛市乡镇企业开始建立岗位责任制，与之相适应，企业内部管理得到加强。如，胶县和平公社对乡镇企业实行“八定一奖”管理办法，建立企业财务管理等40项规定和企业经营管理试行规定，实行计划、质量、定额、资金、物资管理和成本核算，企业基础管理得到改善。1985年，青岛市将乡镇企业基础管理作为一项重点工作来抓，实行经济责任制、劳动纪律、财务制度、劳动组织、领导班子建设等全面整顿，开展了标准化、计量、定额、信息、规章制度、基础教育、班组建设等七项基础管理工作达标活动。

1986年，国务院《关于加强工业企业管理若干问题的决定》提出：“要在全国范围内广泛开展以提高产品质量、降低物质消耗为主攻方向，以提高经济效益为目的，抓管理，上等级活动”（简称企业升级），并在产品质量、节能降耗、经济效益等方面分行业提出若干具体标准和国家特级企业、国家一级企业、国家二级企业、省级先进企业4个等级，实行定量考核，横向对比，逐级晋升。青岛市结合工业企业实际，组织开展“抓管理、上等级，全面提高企业素质”活动。1987年，青岛市第一次吸收乡镇企业参加市级质量管理奖评比，青岛楼山农机厂、青岛第四毛巾厂和青岛第二减速机厂等乡镇企业获奖。当年，青岛市乡镇企业新增验收合格的三级计量单位78家、二级计量单位3家，累计分别达到104家和4家。全市乡镇企业产品标准覆盖率达到72%。1988年，青岛第四毛巾厂等晋升为省级先进企业。

1989年，青岛市以企业升级、全面质量管理达标、设备管理达标为重点，组织开展乡镇企业管理达标活动。当年有2家企业被定为国家二级企业，5家企业被定为省级先进企业，122家企业被定为市级或省系统级先进企业，179家企业计量定级或升级，80家企业达到四级标准化水平。1990年，在青岛市首次开展的七项基础管理工作达标活动中，共有147家乡镇企业达标。至当年底，全市乡镇企业累计创市级以上先进企业287家。其中，国家二级企业5家、省级先进企业16家、省系统级先进企业118家、市级先进企业148家。1991年，青岛市印发《乡镇企业管理基础工作实施细则》，当年有274家乡镇企业管理基础工作达标验收合格。同年，全市有127家乡镇企业晋升为市级以上先进企业，其中部系统级先进企业10家、省系统级先进企业38家。全市乡镇工业优质产品覆盖率达到14%，重点产品质量稳定提高率达到96.6%，主导产品标准覆盖率达100%。全市乡镇企业基础管理工作逐步走上正轨。

1992年，重点开展现代化管理成果推广、企业现场管理和节能降耗等工作。全年共发表企业现代化管理成果55项，其中获省级、省系统级和市级成果奖各5项。以乡镇办企业为突破口，强化企业现场管理，当年有200多个乡镇办企业的现场管理达到行业标准要求。1995年，坚持以企业基础管理为突破口，树立样板，分类指导，集中开展“管理效益年”活动。针对企业基础管理的薄弱环节，重点加强企业财务管理，带动企业各项基础管理水平的提高。至年底，全市乡镇企业财会人员全部实现持证上岗，有176家企业基础管理工作达到部颁标准，163家企业达到现场管理一级标准，53家企业被评为省级设备管理先进企业。1997年，在乡镇企业中继续开展“管理效益年”活动。当年，有193家企业基础管理达标，191家企业现场管理达标。

2000年之后，青岛市加强乡镇企业发展战略研究，推进企业管理自主创新，实行决策民主化、科学化。同时，广泛开展学习海尔活动，积极推广OEC管理方法。许多具有一定规模、发展较好的企业，开始由过去的只关注价值链下游——营销到同时关注价值链的上游——研发。2001年，青岛即发集团入选山东省重点企业集团民营企业（乡镇企业）；2004年，青岛广源发集团、青岛泰发集团、青岛即发集团、青岛变压器集团、青特集团、青岛星火纺机纺织集团、青岛汉缆集团、青岛喜盈门集团入选山东省重点企业集团民营企业（乡镇企业）。2005年，全市123家乡镇企业建立技术创新中心和研发机构，有3家乡镇企业入围山东省工业100强企业。

2005年青岛市乡镇企业入围山东省工业100强企业名单

表12-13

百强中的名次	企业名称	主营业务收入（万元）
42	青岛广源发集团	662549
70	青岛泰发集团	482818
84	青岛即发集团	386747

质量管理

80年代，乡镇企业快速兴起，但产品质量、服务质量不高甚至掺假使杂、假冒伪劣等问题日益突出。青岛市及各县（区）乡镇企业主管部门设立专门机构和人员，逐步加强企业质量管理工作，多数企业开始重视产品和服务质量，加强计量和质量检测。这一时期，青岛市乡镇企业主管部门的工作重点是，通过组织企业参加农业部、山东省和青岛市产品质量评比活动，着力培育优质产品，引导企业走质量效益型发展之路。同时开展技术质量大检查，督促企业建章立制、完善管理，实行标准化生产。1981年，青岛市开展技术质量大检查和评比活动，重点考核17个产品，升级为优良产品的9种，一级品的8种。崂山县王戈庄公社机械厂生产的活扳手等7个产品被省社队企业局授予优良产品证书。1984年，全市乡镇企业有3种产品被评为山东省优质产品，分别是青岛第四毛巾厂喜盈门牌6－194毛巾被、青岛楼山农机厂TC－1.6型农用挂机以及崂山红旗化工厂发育牌食用小苏打；葵花牌杏脯等17种产品被评为市一类产品。

1986年，《青岛市乡镇企业工业产品质量管理暂行办法》对乡镇企业产品质量管理作出规定，揭开全市乡镇工业推行全面质量管理的序幕。在推行全面质量管理活动中，很多企业把推行全面质量管理列入企业工作目标和厂长任期目标责任制，并与工厂经济责任制挂钩，制定具体的管理考核细则。至1987年，实行全面质量管理

至2005年，青岛市乡镇企业共有9个产品获评“中国名牌”。图为九联集团股份有限公司的九连牌鸡肉食品获奖庆祝仪式。

的乡镇企业125家，建立质量控制小组（QC小组）448个，发表成果93个，实现直接效益42.4万元。当年获部水泥质量管理优良企业称号1家，获山东省水泥质量管理优良企业称号3家。1988年12月，青岛市有58家企业获得“青岛市出口纺织品质量许可证”，其中包括青岛第十一织布厂（胶州市）、青岛第十二织布厂（沧口区）、黄岛第一织布厂、青岛楼山织布厂等10家乡镇企业。这是青岛市乡镇企业出口产品首次获得国家认可的质量许可证，标志着全市乡镇纺织企业出口产品质量上了一个新的台阶。其后几年，青岛市认真贯彻《产品质量法》，乡镇企业产品质量水平明显提高。至1990年，全市乡镇企业累计创市以上优质产品256种，优质产品覆盖率达到14.8%。

1991年，青岛市在乡镇企业中开展“质量、品种、效益年”活动。为提高产品质量，许多企业加强计量、监测、检查和全面质量管理，并把产品质量同职工报酬直接挂钩。如崂山区城阳镇青岛第四毛巾厂实行质量工资制，使产品合格率大幅提高。当年，全市乡镇工业重点产品质量稳定提高率达到96.7%，监督性抽查合格率达到85.5%，创市以上优质产品69项。1988～1991年，青岛楼山农机厂、青岛第四毛巾厂、青岛城阳水泥厂、青岛市胶南第四纺织机械厂、青岛市崂山工具厂、青岛市楼山织布厂、青岛市第二减速机厂等7家乡镇企业先后获得农业部企业质量管理奖。

从90年代初期开始，青岛市在乡镇企业中宣传贯彻ISO 9000系列标准，并在一些全面质量管理基础较好的企业中开展贯彻执行ISO 9000系列标准的试点工作。1995年，平度田庄石墨矿通过ISO 9000国际质量标准认证，实现全市乡镇企业“零”的突破。当年，青岛市第二减速机厂长城牌圆柱齿轮减速机、青岛泰发集团公司泰发牌手推车、青岛市亨达皮鞋厂贝亨牌皮鞋被评为1995年度全国乡镇企业名牌产品。此后几年，青岛市重点推动乡镇企业ISO 9000质量标准认证工作。1997年，青岛市从北京聘请专家对骨干乡镇企业的厂长经理进行培训，并选择40余家企业进行重点攻关，按照ISO 9000质量标准体系要求建立管理系统。当年，全市有10家乡镇企业通过ISO 9000质量标准认证。至2001年，青岛市通过GB/T19000—ISO 9000（质量管理和质量保证）系列标准和其他国际标准体系认证的乡镇企业达258家。

在推进乡镇企业质量标准认证的同时，引导企业技术创新，创造企业自主品牌，2003年，青岛喜盈门集团的喜盈门牌巾被和青岛琴岛电热器有限公司的琴岛牌电热毯被评为“中国名牌”产品，成为全市乡镇企业的标杆。2004～2005年，全市有7家乡镇企业的7个产品被评为中国名牌，15家乡镇企业的15种产品被评为山东名牌，21家乡镇企业产品获青岛名牌称号。

青岛市乡镇企业"中国名牌产品"名单

表12-14

年份	企业名称	产品和商标
2003	青岛喜盈门集团公司	喜盈门牌巾被系列
	青岛琴岛电热器有限公司	琴岛牌电热毯
2004	青岛汉缆集团有限公司	Hanhe 汉河牌交联聚乙烯电力电缆
	青岛即发集团股份有限公司	即发牌内衣
2005	青岛英派斯（集团）有限公司	Impulse牌室内健身器材（电动跑步机）
	青岛变压器集团有限公司	青波牌110千伏及以下油浸式
	青岛亨达集团有限公司	亨达牌皮鞋
	青岛九联集团股份有限公司	九联牌速冻调理禽肉熟食品（鸡鸭）
	青岛圣元乳业有限公司	圣元牌乳粉

安全生产管理

进入80年代，全市乡镇企业进入快速发展时期。由于资金缺乏，购进的多是旧设备，沿用的仍是落后工艺，生产条件简陋，规章制度不健全，职工的安全意识和技术水平普遍较差，导致企业安全生产事故时有发生。为控制事故源头，消除事故隐患，青岛市加强了鞭炮、矿山、建筑工地等重点企业的安全生产检查与管理，开展了安全生产培训。1980年，为加强对爆炸物品的管理，组织对全市烟花爆竹企业的人员、生产、技术、运输、保管、厂房设备和安全情况进行摸底调查和重新审批登记。对不符合要求的，一律不发放许可证和营业执照。1982年，青岛市认真贯彻落实城乡建设环境保护部《关于加强集体所有制建筑企业安全生产的暂行规定》，检查和指导全市建筑企业加强安全基础工作。1987年上半年，在全市乡镇企业开展安全生产大检查。检查重点是小矿山、建材、鞭炮、化工、木器制造、纺织、造纸等行业，检查内容包括各级领导对安全生产的重视程度、安全生产管理规章制度、安全设施、劳动防护等。此次大检查共抽查了全市60个乡镇的189家企业，查处事故隐患500余项，其中边查边改的430项，限期整改的70余项。与此同时，市、县、乡镇三级管理机构均明确了分管安全生产的负责人，并配备专职或兼职安全工作人员。当年，全市有667家乡镇企业设立保卫科，配备专职消防人员1058名，建立义务消防队1056个，义务消防员2.74万余名。同年，市、县举办乡镇企业电气焊工、电工、司炉工、消防安全与烟花爆竹安全管理学习班18期，有989人次参加培训。

1989年，市政府印发《关于企业升级中安全指标考核和审批程序的通知》，将安全指标作为企业升级中有否决权的硬性指标之一。当年，市、县两级乡镇企业主管部门共进行安全检查36次，涉及117个乡镇382家企业；举办各种形式的安全生产培训班16期，培训782人次；全市乡镇企业共发生死亡事故15起，死亡20人，分别比1988年减少42%和63%；发生火灾22起，直接经济损失38万元，分别比1988年减少27%和30%；

全市乡镇企业评选出71家安全生产先进单位和100名安全管理先进工作者。1990年，青岛市开始在全市乡镇企业中开展安全生产达标活动，并每年对乡镇企业进行一次达标考核。

90年代，市、区（市）、乡镇各级管理部门均成立安全生产综合治理领导小组，各企业层层设立安全生产领导小组，规模企业设立专职安全机构，形成一个从上到下的安全生产网络。各乡镇、各企业利用录像室、广播站、黑板报等宣传阵地，宣传安全生产方针、政策、法律、法规、安全生产知识、安全操作规程。对重点行业重点企业厂长、经理进行安全资格培训，5年累计有1000多名厂长、经理接受安全生产培训。1996年，全市乡镇企业共发生死亡事故6起，死亡7人，分别比1989年下降60%和65%。重伤事故4起，重伤5人。发生火灾5起，经济损失18万元，分别比1989年下降77.3%和53.6%。

2000年之后，对乡镇企业的安全大检查和专项执法监察成为常态性工作。每年在危险物品、非煤矿山等重点领域进行执法大检查活动。在“五一”“十一”、春节等重要节庆日期间，组织对乡镇重点行业和重点企业安全生产工作进行检查，实现安全执法检查工作的制度化。2000年，青岛市加强对非煤矿山的整顿治理，崂山区123家采石场全部关停。2002年《中华人民共和国安全生产法》颁布实施后，青岛市成立非煤矿山安全整治领导小组，实施矿山专项整治。当年，全市乡镇企业没有发生一起重大事故。2004年1月，《青岛市禁止制作和限制销售燃放烟花爆竹的规定》发布实施，全市乡镇企业不再进行烟花爆竹生产。自2004年1月起，青岛市停止审批设计生产能力5000立方米以下的采石场，对生产能力5000立方米以下的进行整合或关停。

环境保护

在70年代末，乡镇企业处于初创时期，由于生产工艺落后，无治理设施，大部分废气、废水、废渣未经处理而直接排放。这一时期，由于乡镇企业数量不多，规模较小，企业布局分散，因而尚未造成严重的环境污染问题。80年代中期，乡镇企业环境污染问题，逐渐引起各级政府和乡镇企业主管部门的重视。

1985年，山东省政府印发《关于加强乡镇、街道企业环境管理的实施办法》，对乡镇企业环境管理作出明确规定。青岛市加强对乡镇企业环境保护工作的领导，制定强化环境管理的具体规定和措施。1987年12月，青岛市召开全市乡镇企业劳动卫生、环境保护、消防安全管理会议。会议提出防止资源破坏和环境污染，加强乡镇企业的环境保护管理的具体工作措施，组织开展创建环境优美工厂活动。1988年，青岛崂山罐头食品厂、青岛即墨万华埠电镀厂、青岛段泊岚胶纸印刷厂、青岛市幸福锅炉厂、胶州市乳制品厂、青岛乙炔气厂等18家企业入选山东省1988年度乡镇工业环境优美工厂，占全省的14%。

1991年，山东省在全省实行环境保护目标责任制。7月，省乡镇企业局分别与全省16个市地乡镇企业局签订1991～1992年度环境保护责任书。1992年，青岛市乡镇企业环境保护领导小组成立，加强对乡镇企业的环境保护工作领导。1993年，在省乡镇企业局组织的环保责任书完成情况全面考核评比中，青岛市等6个市地乡镇企业局被评为优良单位。其后几年，青岛市严格实行环保目标责任制，逐级落实乡镇企业污染治理任务，关停一批“十五小”污染企业（《国务院关于加强环境保护若干问题的决定》中明令取缔关停的十五种重污染小企业，以及原国家经贸委、国家发改委限期淘汰和关闭的破坏资源、污染环境、产品质量低劣、技术装备落后、不符合安全生产条件企业），对一批污染企业进行限期治理。1996年，对全市乡镇电镀企业进行环保检查，共检查电镀企业70余家，发放环保许可证50余家，对没有取得环保许可证的电镀企业予以取缔。同年，对全市乡镇“十五小”污染企业进行逐个摸底排查，共取缔、关停“十五小”污染企业27家，其中小造纸厂19家、小漂染厂3家、小制革厂2家、小炼油厂2家、小电镀厂1家。当年，帮助15家列入省、市限期治理和关停迁计划的乡镇企业开展治理整顿工作，有13家企业按期完成治理任务，胶州市华新化工厂和青岛崂山区王哥庄化工一厂转为1997年限期治理计划。

1997年，按照《环保法》《乡镇企业法》要求，青岛市严格执行“三同时”原则，在新建、改建和扩建工程时，防治污染和其他公害的设施与主体工程同时设计、同时施工、同时投产。当年，全市乡镇企业“三同时”执行率达到100%。同年，组织实施全市5000吨以下的草浆造纸企业的关停并转，5000吨以上的乡镇造纸企业的抄纸白水回收利用率达到100%。至年底，全市乡镇工业万元产值废水排放量由1992年的0.85%降至0.231%，降低了61.9%；万元产值废气排放量由1992年的0.932%降至0.311%，降低了62.2%；万元产值固体废弃物排放量由1992年的0.78%降至0.176%，降低了60.4%；万元产值的综合利用能耗由1992年的1.53%降至0.93%，降低了59%。当年限期治理的36个乡镇企业项目全部完成。在1998年5月省乡镇企业局组织的环保责任书完成情况考核评比中，青岛市等8个市地乡镇企业局被评为优秀单位。

2000年以后，青岛市在全面加强乡镇企业环保工作的同时，持之以恒地重点整治废水、废气和固体废弃物排放，并取得一定进展和成效。2003～2005年，全市共取缔关闭“十五小”污染企业36家。但由于乡镇企业面广量大，环境管理力量薄弱，资金和技术不足，环境污染尚未得到完全控制。

人才培养

70年代末期，青岛市社队企业的人才培养和技术传授，绝大部分采用传统的师傅带徒弟的方法，职工的专业技术培训基本上是空白。

进入80年代，随着各级乡镇企业管理机构的建立，乡镇企业职工教育培训工作被提上议事日程。这一时期主要是通过短期培训班，讲授企业急需的专业技术和管理知识。1980年，全市各县（区）共举办工办主任、企业厂长、支部书记、财会、统计和技术培训班25期1632人次。1982年，为学习外地先进经验，市、县、区多次组织乡镇企业干部前往烟台地区参观学习。当年举办市级企业管理学习班2期，举办县、区各种类型的业务学习班27期，共培训1346人，其中工办主任以上干部187人。在市场竞争日益激烈的形势下，市、县（区）乡镇企业管理机构普遍加强了职工业务培训，有的采取送出去和请进来的方法，与当地院校和科研单位挂钩，选拔优秀人员深造学习，聘请专家和社会上的技术人员到厂讲学和工作。1983年，全市举办各类培训班16期，共培训各类人员999人次。当年，平度县组织对机械行业的35名技术骨干进行技术考核，授予17人技术员职称；选送18名职工去大专院校、科研单位和电大学习，招聘社会闲散技术人员100余人，外出参观学习492人次。该县田庄公社铸机厂与七八个大专院校和科研单位挂钩，聘请教授和专家入厂讲课并帮助参与生产设计，提高了全厂职工的技术水平。1984年，全市乡镇企业重点加强聘请技术人员工作，当年全市共招聘各类人才1200人，其中工程师59人、助工34人、技师3人、技术员129人、技术工人1055人。

80年代后期，青岛市每年都坚持对大批乡镇主管领导、乡镇企业厂长、会计、统计、质检、计量人员和一些重要岗位的技术工人进行业务培训，坚持每年开展工程技术、会计、统计人员的技术职称评定工作，委托大、中专院校培养人才，自办电大班和技术性学校培训职工。1987年，青岛市乡镇企业培训中心成立。1990年，青岛市印发《关于进一步加强乡镇企业青工技术培训工作的意见》，成立了青岛市乡镇企业职工中等专业学校。当年，全市乡镇企业接受各种短期培训的达1万余人次，正在接受长期培训的达5000人以上，聘请专业人员2960人。全市乡镇企业中的经济类专业人员达到11439人，占全市乡镇企业总职工数的2.4%。

进入90年代后，青岛市乡镇企业职工培训工作更加系列化和正规化，各级乡镇企业主管机构进一步健全了训练网络，开拓了新的培训方式。1991年，仅市乡镇企业培训中心就举办各类短训班12期，培训740人次。乡镇企业正规学历教育共招新生1000人，其中函授中专720人，委托大中专学校代培280人。1992年，青岛市建立乡镇企业职工培训制度，当年，接受培训的干部职工达到4.5万人，比1991年增长30%。1995年，围绕提高专业技术人员和企业职工队伍素质，在乡镇企业中开展教育培训，全市乡镇企业共有9.5万余名干部职工参加各类教育培训，其中大专以上1200余名，中专4800余名，专业培训近9万名。1996年，青岛市在全市乡镇企业职工中开展职工思想道德教育，参加培训的职工达到2万余人次。

1997年，利用《乡镇企业法》实施的有利时机，青岛市组织对1000余名乡镇企业主管部门的机关干部和乡镇企业的厂长、经理以及管理人员分期分批进行《乡镇企业法》培训。同时，组织开展了乡镇企业领导干部财务基本知识培训、经济体制改革培训、乡镇企业资产评估人员取证培训、乡镇企业职工思想道德教育培训等各类培训班，培训人数超过10万人次。同年，青岛市乡镇企业培训中心和青岛市乡镇企业职工中等专业学校合并成为青岛市乡镇企业培训中心。该培训中心与青岛大学、中国海洋大学、青岛建工学院、山东大学、山东省委党校等联合办学，共开设8个专业，在校生达2460人。其中大本750人、大专1480人、大专专业证书230人。1999年，适应市场经济需要，青岛市开展乡镇企业中级工商管理培训，160名乡镇企业厂长（经理）参加中级工商管理班培训；组织9名机械制造工业高级管理人员赴香港参加蒋氏工业慈善基金有限公司组织的培训，组织10名乡镇企业领导干部参加经济领导干部跨世纪发展培训班，组织15人参加ISO 9000质量体系内部审核员培训班。

2001年，青岛市结合技术工种持证上岗制度，在乡镇企业中启动技术工人培训和考核鉴定工作，并组织开办乡镇企业专业技术职务资格考前辅导班；组织75名乡镇企业董事长、经理及负责人参加企业管理研究生课程班，组织40余名学员参加“乡企系统申请国际援助/贷款项目系列培训（青岛）班”；利用青岛的旅游资源和品牌资源，与其他省市联合开展横向联合培训。2002年，组织3批企业家参加“加入WTO与乡镇企业创新”高级研讨班，对30家拟上市企业的近60名中高级管理人员进行培训，组织两批30多家企业的负责人到澳大利亚、新西兰进行考察和开拓市场，组织43名全国乡镇企业家到南山集团参观学习。

此后，青岛市乡镇企业厂长经理培训和职工技能培训逐步走向社会化。

附　录

青岛市获得国家优秀乡镇企业家及全国乡镇企业家名单
（1978~2005年）

全国优秀乡镇企业家

国立坚	山东青岛第十织布厂	厂长
纪玉君	青岛喜盈门集团公司	董事长

全国乡镇企业家

王义锡	青岛面粉机械厂	厂长
周进善	青岛崂山仰口海洋化工集团公司	总经理
郭方华	青岛胶州水泥厂	厂长
张希春	青岛飞龙工艺品公司	总经理
崔兆启	青岛星火纺机纺织集团公司	董事长
臧德华	青岛楼山织布厂	厂长

青岛市获得山东省优秀乡镇企业家名单
山东省第一批优秀农民企业家名单（115人）
（1989年1月18日）

青岛市14人

纪玉君	青岛第四毛巾厂	厂长
陈仕禄	青岛市四方区新兴农工商公司	经理
王奇德	青岛崂山铸管厂	厂长
张希春	胶州市发制品总厂	厂长
张世安	青岛第九针织厂	厂长
焦学竹	青岛星火锅炉集团	总经理
史福良	青岛万福食品有限公司	总经理
崔兆启	胶南第四纺织机械厂	厂长
刘桂平	青岛泰发集团公司	董事长
菅池坤	青岛市黄岛针织服装厂	厂长
阎可文	青岛大信农工商公司	经理
石兰昌	青岛楼山农机厂	厂长
高先法	青岛崂山工具厂	党支部书记
李保杰	平度县散热器厂	厂长

山东省第二批优秀农民企业家名单（117人）
（1991年3月）

青岛市19人

国力坚	青岛第十织布厂	厂长
周进善	青岛崂山区王哥庄化工厂	厂长
张思夏	青岛电力电线电缆厂	厂长
蓝恭川	青岛琴波化工有限公司	总经理
李建政	青岛市胶州纺织机械器材总公司	总经理
郭方华	青岛胶州水泥厂	厂长
孙圣荣	青岛第一木工机械厂	厂长
周吉庆	青岛市平度石墨开发公司	总经理
张治国	山东省莱西市塑料制品厂	厂长
王启厚	青岛大枣园集团总公司	总经理
刘宗志	青岛金山实业发展总公司	总经理
华方廷	即墨市金华粮油食品集团公司	总经理
段吉昌	青岛宙龙海藻有限公司	总经理
薛云芝（女）	青岛第二刺绣厂	厂长
王熙元	青岛第十二棉纺织厂	厂长
刘全礼	胶南市第一建筑工程公司	经理
马吉仁	青岛市平度第四塑料制品厂	厂长
薛吉胜	青岛橡胶九厂二分厂	厂长
邹启和	青岛龙泉酒厂	厂长

山东省第三批优秀农民企业家名单（109人）
（1993年4月8日）

青岛市13人

金延玉	青岛黄海集装箱有限公司	董事长兼总经理
管仁亮	胶南市红石崖镇建筑工程公司	经理
闫作泉	青岛市染整厂	厂长
赵丕广	青岛华山实业总公司	总经理
吴俊南	青岛果品加工厂	厂长
胡星德	青岛钢锯条厂	厂长
董仲启	青岛崂山玻璃厂	厂长
任荣花（女）	青岛城阳鞋厂	厂长

王友旭	青岛市崂山区红埠木器厂	厂长
辛克禹	青岛工贸合营包装厂	厂长
王桂山	青岛新盛园肉制品厂	厂长
王成森	即墨市南泉建筑工程公司	经理
郑克堂	平度市旧店金矿	矿长

山东省第四批优秀乡镇企业家名单（219人）
（1995年12月15日）

青岛市18人

曹生政	青岛第二水泥厂	厂长
王希桓	青岛市崂山前金实业发展集团总公司	董事长、总经理
纪爱师	青岛特种汽车集团公司	董事长、总经理
董志水	青岛城阳金利达实业总公司	总经理
罗宗田	青岛市铜铝制品厂	厂长
陈成仁	山东省胶州市日用玻璃厂	厂长
孙文山	青岛大洋食品有限公司	董事长
刘新悦	青岛北海玻璃厂	厂长
马瑞海	青岛万家面粉厂	厂长
潘心健	莱西市康达齿轮厂	厂长
李廷玺	青岛第三橡胶机械厂	厂长
管善德	胶南市红石崖建筑工程公司	经理
高学奕	青岛市黄岛前湾工贸总公司	总经理
王孔升	青岛星宝公司	总经理
孙中圣	青岛市南区湛山农工商公司	总经理
朱心安	青岛南泉铝制品厂	厂长
仲进维	青岛浮山农工商公司	总经理
刘炳全	青岛第二减速机厂	厂长

第一、第二届青岛市乡镇企业优秀厂长（经理）名单（96人）
（2003年3月6日，经青岛市人民政府复评合格并公布）

胶州市15人

王金友	胶州市精细化工厂	董事长
刘从海	胶州市沽河水泥厂	厂长
臧义好	青岛金星机械制造股份有限公司	董事长
刘绪强	青岛春雨服装厂	总经理

赵桂旭	青岛顺德塑料机械有限公司	总经理
王克成	胶州市装潢印刷厂	厂长
闫炳润	山东省胶州市第二化工厂	总经理
韩方如	青岛东方铁塔集团有限公司	董事长
赵守平	青岛金华塑料有限公司	总经理
王明磊	青岛华光电缆集团股份有限公司	董事长
穆光福	青岛九龙建筑工程有限公司	董事长
姜炳新	青岛洋河建筑工程有限公司	总经理
曾贤香	胶州市阜安房地产开发公司	总经理
刘元献	青岛祥宇鞋业有限公司	总经理
于淑聪	青岛联益木业有限公司	董事长

胶南市12人

董见桂	胶南市高戈庄纸箱设备厂	董事长
逄增选	胶南交通机械厂	厂长
厉彦池	青岛胶南针织机械厂	总经理
庄胜仁	青岛市胶南美达实业总公司	总经理
李景贵	青岛引春机械有限公司	副总裁
滕连东	胶南市石桥工业总公司	总经理
王增旭	胶南飞超减速机有限公司	董事长
薛桂江	胶南市星华金属制品有限公司	董事长
张相基	胶南市民用经济园	董事长
丁仁喜	山东滨鹰包装机械有限公司	董事长
郝世温	胶南市郝家石桥工业总公司	董事长
薛万孝	青岛东方工业制品有限公司	董事长

即墨市7人

姜正修	青岛崂泉啤酒厂	总经理
李延森	即墨市营上建筑公司	总经理
张代理	青岛红领服饰股份有限公司	董事长
李瑞章	青岛皓远电脑商标有限公司	董事长
盖作璋	青岛永泰橡胶厂	总经理
王仁超	青岛亨达五金制品有限公司	总经理
李孝寿	青岛即墨利浩五金工具制造有限公司	总经理

平度市6人

刘召波	青岛海达石墨有限公司	董事长
王玉波	青岛长江陶瓷原料有限公司	总经理
蔺尚恩	平度市汇丰农业开发公司	总经理
于汉信	青岛天祥食品有限公司	董事长

于明森	青岛胜利锅炉有限公司	董事长
于钦田	青岛恒达轮胎有限公司	董事长

莱西市10人

于法家	青岛正元线绳制造有限公司	董事长
程绍亭	莱西市碳素制品厂	董事长
刘文生	青岛莱西方圆油管有限公司	董事长
李超训	莱西市海星建设有限公司	总经理
赵德国	莱西市水集建筑有限公司	董事长
左常海	青岛百盛包装容器有限公司	董事长
赵德福	莱西市建筑置业有限公司	董事长
王明磊	青岛东生集团股份有限公司	总经理
孙玉德	青岛威恩特金属制品有限公司	总经理
郝廷东	青岛远东抽纱有限公司	董事长

城阳区11人

李忠祖	青岛田城工贸公司	总经理
赵秀芳	青岛福宏集团有限公司	总经理
刘志河	青岛市城阳区河套建筑公司	董事长
徐胜明	青岛浩大实业有限公司	董事长
赵向进	青岛波尼亚食品有限公司	总经理
江爱范	青岛统帅集团公司	董事长
王敦顺	青岛海源集团有限公司	总经理
吕文良	青岛浩源食品有限公司	总经理
王军庆	青岛华东电缆电器有限公司	总经理
张明亮	青岛三利给水设备有限公司	总经理
吕文晓	青岛喜盈门集团公司副	总经理

黄岛区7人

刘顺年	青岛经济技术开发区金马鞋业总厂	董事长
高强绪	青岛市黄岛区第一织布厂	总经理
殷兴华	山东华兴建设集团有限公司	董事长
逄焕德	黄岛园林绿化工程公司	董事长
林钦茂	青岛茂源金属制品有限公司	董事长
张禄钊	青岛开发区城市建设工程公司	总经理
杨金政	青岛海达仪表有限公司	总经理

市南区4人

胡敏德	青岛钢卷尺厂	厂长
余仁高	青岛市进口汽车大修厂	厂长
田祥灏	青岛裕丰农工商公司	总经理

章贞辉	青岛浮山农工商公司	董事长

市北区4人

于正吉	青岛市市北区振华电冰柜配件厂	厂长
王恩玉	青岛市市北区双峰工贸总公司	董事长
王义贤	青岛浮山钢管防腐保温厂	厂长
肖相美	青岛市市北区振华农工商公司	总经理

李沧区6人

李少恩	青岛文昌企业总公司	董事长
刘世环	青岛防腐材料厂	厂长
王玮增	青岛东大工贸总公司	总经理
于延峰	青岛市坊子街工业公司	总经理
王广伦	青岛崂山李村房地产开发总公司	总经理
石忠安	青岛丛林染整有限公司	总经理

四方区3人

孙　华	青岛大山实业总公司	总经理
孙志开	青岛北海企业发展总公司	总经理
张绪强	青岛四方丰华农工商公司	总经理

崂山区11人

刘宗仁	青岛崂峰市政工程公司	总经理
姜录河	青岛沙子口自来水公司	总经理
刘学良	青岛东部电器工程有限公司	总经理
徐中举	青岛亚麦实业总公司	董事长
姚清善	崂山仰口建安集团	董事长
刘团治	青岛文武港橡塑有限公司	总经理
曲先洲	青岛华洲铸钢有限公司	董事长
王俊罡	青岛天鹅针织有限公司	总经理
戴宗瑞	青岛浮昌实业总公司	总经理
钟照同	青岛高新建筑安装工程有限公司	总经理
王孝云	青岛崂山王哥庄建筑工程公司	总经理

青岛市第三届优秀乡镇企业家名单（60人）
（2003年3月6日，青岛市人民政府通报表彰）

即墨市6人

王奎芳	青岛华南服装有限公司	总经理
邵　帅	青岛金华粮油食品集团	总经理
刘克忠	即墨市振兴电器配件厂	厂长

郝红贞	青岛即墨市广融包装有限公司	总经理
韩吉仑	青岛润德食品有限公司	董事长
朱心安	青岛涌泉纺织有限公司	总经理
莱西市7人		
姜殿平	莱西市东方实业公司	董事长
李海军	青岛华龙达房地产开发有限公司	董事长
李文玉	青岛三美立股份有限公司	董事长
马秀臻	青岛东生集团股份有限公司	总裁
李建修	青岛天富电信器材有限公司	总经理
黄令佳	青岛佳乐花生制品有限公司	董事长
吕志宝	青岛华艺装饰公司	董事长
胶州市5人		
郭培正	青岛柏兰食品有限公司	董事长
韩真如	青岛东方铁塔股份有限公司	总经理
姜秀云	青岛蓓蕾服装有限公司	董事长
鲁学德	青岛新德隆建筑安装有限公司	总经理
吴群澄	青岛顺通食品有限公司	董事长
胶南市7人		
冯学楼	青岛泰发集团公司	总经理
刘　强	胶南市第一建筑工程公司	董事长
马金磊	山东红建建安集团公司	董事长
崔松海	胶南市银桥工贸公司	董事长
高振堂	青岛仟和粉末化工公司	董事长
陈成俊	青岛远东电器集团公司	董事长
孙景文	青岛创升生物科技公司	总经理
平度市5人		
窦典梓	平度宏伟建筑工程有限公司	董事长
王建香	青岛天泰机械有限公司	董事长
车坚亭	青岛黑龙石墨有限公司	董事长
王雪云	青岛星辰机床有限公司	总经理
刘炳礼	平度市旧店金矿	矿长
城阳区10人		
李秀山	青岛红福集团有限公司	总经理
李永兆	青岛美高化工有限公司	董事长
纪明传	青岛通达实业总公司	总经理
杨和森	青岛铁路客车卧铺制造厂	总经理
张翠显	青岛喜盈门集团	副总经理

马开庭	青岛开通安装工程有限公司	总经理
柳忠林	青岛金潮混凝土有限公司	董事长
刘会玉	青岛铁路铆焊厂	厂长
单保平	青岛鹏飞集团有限公司	董事长
王可涛	城阳区王家女姑工业总公司	董事长

崂山区6人

王文国	青岛金岭实业总公司	总经理
江崇焕	青岛崂山万里江茶场有限公司	总经理
高玉讯	青岛万年集团	总经理
张信波	青岛福客来鞋业有限公司	总经理
王桂佳	青岛崂塑建材集团公司	副总经理
张志国	青岛鲁建农工商有限公司	董事长

李沧区5人

李可福	青岛东李企业集团	总经理
刘宝远	青岛市李沧区造纸厂	厂长
孙永恩	青岛虎山农工商联合公司	总经理
任志刚	青岛帅潮实业有限公司	总经理
胡林绪	青岛汽车配件三厂	厂长

黄岛区3人

薛长秋	青岛益和电器设备股份有限公司	副总经理
高赐恩	青岛康利水产食品有限公司	董事长
李忠玉	青岛伟业房地产公司	总经理

四方区2人

袁德君	青岛市河西实业总公司	总经理
崔岩峰	青岛富香园食品有限公司	总经理

市北区2人

刘锦明	青岛海城集团公司	总经理
王义解	青岛市浮山实业总公司	总经理

市南区2人

辛悦启	市南区永盛农工商公司	总经理
于志强	青岛电子检测仪器厂	厂长

编 后 记

《青岛市志（1978 ~ 2005）》经济卷（中）共12篇，涉及74个承编单位。2003年1月启动编纂工作，经过篇目论证、资料征集、初稿编写、各部门评议等阶段，至2011年形成评议稿，约180万字。2014年1月，青岛市史志办公室成立编纂组实施总纂工作，2014年12月形成总纂稿，约76万字。后经承编单位及编纂组等多轮修改、审校，并召开有关行业离退休领导干部和专家评审会。2016年4月形成送审稿，共计81万字、150幅图表、照片199幅。5月26日，山东省地方史志办公室组织专家进行了评审。

在本卷的编纂过程中，各承编单位认真组织，精心编纂，按时完成了撰稿任务。主要撰稿人员有：尹起新（商业经济篇），任旭、尹笃信（物资 供销篇），迟桂峰（对口支援与国内经济合作篇），刘希欣（对外经贸篇），董志文、朱义宝（旅游与节庆会展篇），赵海静（农业经济篇），王军、李强（种植业篇），姜胜勇（林业篇），王清信（畜牧业篇），于晓（海洋与渔业篇），田秀琴（水利篇）。乡镇企业篇在原乡镇企业局有关人员的帮助下，由市史志办编辑人员编纂完成。

本卷共收录52家商业企业发展概况，其中青岛利群集团、维客集团等47家企业分别编写初稿，并经市商务局审核后由市史志办总纂成稿；谦祥益、瑞蚨祥、盛锡福、劈柴院、李村大集5篇由市史志办编辑人员根据历史档案及文献资料整理编写，并征求了相关专家的意见。

本卷编纂工作得到市档案局、市统计局等单位的大力支持，在此深表谢意！

由于我们水平所限，疏漏和缺憾在所难免，敬请读者批评指正。

编　者

二〇一六年十月